FOM-Edition

FOM Hochschule für Oekonomie & Management

Reihe herausgegeben von
FOM Hochschule für Oekonomie & Management, Essen, Deutschland

Bücher, die relevante Themen aus wissenschaftlicher Perspektive beleuchten, sowie Lehrbücher schärfen das Profil einer Hochschule. Im Zuge des Aufbaus der FOM gründete die Hochschule mit der *FOM-Edition* eine wissenschaftliche Schriftenreihe, die allen Hochschullehrenden der FOM offensteht. Sie gliedert sich in die Bereiche Lehrbuch, Fachbuch, Sachbuch, International Series sowie Dissertationen. Die Besonderheit der Titel in der Rubrik Lehrbuch liegt darin, dass den Studierenden die Lehrinhalte in Form von Modulen in einer speziell für das berufsbegleitende Studium aufbereiteten Didaktik angeboten werden. Die FOM ergreift mit der Herausgabe eigener Lehrbücher die Initiative, der Zielgruppe der studierenden Berufstätigen sowie den Dozierenden bislang in dieser Ausprägung nicht erhältliche, passgenaue Lehr- und Lernmittel zur Verfügung zu stellen, die eine ideale und didaktisch abgestimmte Ergänzung des Präsenzunterrichtes der Hochschule darstellen. Die Sachbücher hingegen fokussieren in Abgrenzung zu den wissenschaftlich-theoretischen Fachbüchern den Praxistransfer der FOM und transportieren konkrete Handlungsimplikationen. Fallstudienbücher, die zielgerichtet für Bachelor- und Master-Studierende eine Bereicherung bieten, sowie die englischsprachige *International Series,* mit der die Internationalisierungsstrategie der Hochschule flankiert wird, ergänzen das Portfolio. Darüber hinaus wurden in der FOM-Edition jüngst die Voraussetzungen zur Veröffentlichung von Dissertationen aus kooperativen Promotionsprogrammen der FOM geschaffen.

Weitere Bände in der Reihe http://www.springer.com/series/12753

Rüdiger Buchkremer · Thomas Heupel ·
Oliver Koch
(Hrsg.)

Künstliche Intelligenz in Wirtschaft & Gesellschaft

Auswirkungen, Herausforderungen & Handlungsempfehlungen

Springer Gabler

FOM Hochschule

Hrsg.
Rüdiger Buchkremer
FOM Hochschule für Oekonomie & Management
Düsseldorf, Deutschland

Thomas Heupel
FOM Hochschule für Oekonomie & Management
Essen, Deutschland

Oliver Koch
FOM Hochschule für Oekonomie & Management
Frankfurt a. M., Deutschland

ISSN 2625-7114 ISSN 2625-7122 (electronic)
FOM-Edition
ISBN 978-3-658-29549-3 ISBN 978-3-658-29550-9 (eBook)
https://doi.org/10.1007/978-3-658-29550-9

Die Deutsche Nationalbibliothek verzeichnet diese Publikation in der Deutschen Nationalbibliografie; detaillierte bibliografische Daten sind im Internet über http://dnb.d-nb.de abrufbar.

Planung/Lektorat: Angela Meffert
Springer Gabler ist ein Imprint der eingetragenen Gesellschaft Springer Fachmedien Wiesbaden GmbH und ist ein Teil von Springer Nature.
Die Anschrift der Gesellschaft ist: Abraham-Lincoln-Str. 46, 65189 Wiesbaden, Germany

Geleitwort

© Bundesregierung/
Laurence Chaperon

Künstliche Intelligenz (KI) verändert unsere Wirtschaft. Für viele Anwendungen ist KI die Schlüsseltechnologie. Und gerade bei Schlüsseltechnologien ist unser deutscher Mittelstand stark. Mit künstlicher Intelligenz können kleine und mittelständische Unternehmen ihre Produktion optimieren und auch ganz neue Wertschöpfungsketten entwickeln.

Deutschland ist nach wie vor einer der wichtigsten Wirtschaftsstandorte der Welt. Wir sind Innovationsland und Innovationsweltmeister – auch und gerade im internationalen Wettbewerb mit den USA und Asien. Unseren leistungsstarken Mittelstand gibt es in dieser Form kein zweites Mal auf der Welt.

Nun steht er vor der Herausforderung, die KI schnell und effektiv in die Prozesse zu integrieren. Die FOM Hochschule für Oekonomie & Management schult die Wirtschaft und die Gesellschaft in diesem komplexen Themenbereich. Als Bildungs- und Forschungseinrichtung gelingt ihr der Transfer aus der Forschung in die Lehre und damit direkt zu den Studierenden. Sie arbeiten häufig in kleinen und mittelständischen Unternehmen. So trägt die FOM maßgeblich dazu bei, das KI-Wissen aus der Forschung in die vielen verschiedenen Unternehmen und Branchen zu tragen.

Diesen Transfer begrüße ich sehr, denn er richtet sich ausdrücklich an Berufstätige, die mit ihrem angewandten Wissen den Wirtschaftsstandort Deutschland nachhaltig stärken.

Dieser Sammelband zeigt die besondere Vielfalt der Themen des Wissenschaftsjahres 2019 „Künstliche Intelligenz“. Er schlägt eine Brücke zwischen Wissenschaft und Gesellschaft – in guter Tradition der Wissenschaftsjahre. Und er zeigt deutlich: Wir brauchen eine KI, die den Menschen dient.

Anja Karliczek
Mitglied des Deutschen Bundestages
Bundesministerin für Bildung und Forschung

Vorwort

Künstliche Intelligenz (KI) versetzt Maschinen in die Lage, aus Erfahrung zu lernen, sich auf neu eingehende Information einzustellen und Aufgaben zu bewältigen, die menschenähnliches Denkvermögen erfordern. Damit werden diese befähigt, bestimmte menschliche Aufgaben genauso gut oder sogar besser als Menschen auszuführen. Gerade im Zeitalter von Big Data, in dem Datenpakete größer und variabler sind und die Speicherung schneller erfolgen muss, wird die schnelle syntaktische und semantische Erfassung immer wichtiger. Methoden der KI kommen hier zum Einsatz. Mit dieser Datenflut wird es für den Menschen bald nicht mehr möglich sein, diese ohne technische Hilfsmittel zu bewerten und Handlungsschlüsse daraus zu ziehen. Hier werden das maschinelle Lernen, die Generierung von Algorithmen und Systemanalysen zukünftig von enormer Bedeutung sein. Mithilfe dieser Systeme können Informationen effektiver und effizienter analysiert und bewertet werden, um auf dieser Basis logische Schlüsse zu ziehen und Entscheidungswege vorzuschlagen.

Künstliche Intelligenz war auch das Thema des vom BMBF initiierten Wissenschaftsjahres 2019. Diverse Einrichtungen aus Wissenschaft, Forschung, Bildung und Wirtschaft haben sich anhand von Vorträgen, Gesprächsrunden sowie Mitmachprogrammen daran beteiligt, um das für die Allgemeinheit noch diffuse Thema künstliche Intelligenz in den breiteren gesellschaftlichen Dialog zu tragen. Wie soll eine Kooperation zwischen Mensch und Maschine künftig realisiert werden? Welche ethischen Implikationen sind daraus abzuleiten? Welche Einflüsse bestehen für das gesellschaftliche Miteinander? Welche Handlungs- und Entwicklungsmöglichkeiten bieten sich? Und welchen Herausforderungen müssen wir uns stellen?

Auch die FOM Hochschule wendet sich ausgewählten Fragestellungen im Kontext der künstlichen Intelligenz in Projekten und wissenschaftlichen Beiträgen zu. Der vorliegende Sammelband führt diese verschiedenen Forschungsarbeiten der Hochschule sowie ihrer Forschungspartner zusammen. Die Publikation richtet sich dabei an Akteure in Wissenschaft und Praxis und soll gleichermaßen in der Lehre auf die großen gesellschaftlichen Fragestellungen aufmerksam machen. Mit diesem Wunsch kommt die Hochschule zugleich auch der eigenen Leitbildzielsetzung nach:

- Die FOM Hochschule versteht sich als Hochschule der Wirtschaft für Berufstätige, die die Trennung von beruflichen und akademischen Ausbildungsangeboten überwindet und durch das Angebot dualer Studiengänge auch die Attraktivität mittelständischer Unternehmen auf dem Ausbildungsmarkt erhöht.
- Die Studienprogramme der FOM gelten vor diesem Hintergrund auch als Beiträge zur Kompetenzentwicklung für den Umgang mit künstlicher Intelligenz. Qualifizierung und Kompetenzentwicklung sind entscheidend dafür, dass die wirtschaftlichen Potenziale der Digitalisierung nutzbar gemacht und auch zukünftig Zugänge zum Arbeitsmarkt erschlossen werden können.
- Angewandte Forschung und anwendbare Lehre sind zentrale Merkmale des besonderen Formats der FOM, die von einer masterkongruenten Ausrichtung der Forschung nachhaltig gewährleistet wird. Ein Teil der in dieser Publikation enthaltenen Forschungsergebnisse wurde im Rahmen von Drittmittelprojekten und durch Forschungsgruppen an den Einrichtungen der FOM erzielt. Dabei macht die Hochschule Forschung zum integrativen Bestandteil der Lehre und bezieht dabei Studierende aktiv ein.

Nach allgemeinen Betrachtungen im Themenfeld „Grundlagen und Gesellschaft“ im ersten Teil befasst sich der zweite Teil mit Fragen zum Themenfeld „Mobilität und Arbeit“. Die nachfolgenden Kapitel reflektieren Überlegungen zu den Themenfeldern des Wissenschaftsjahres 2019: „Umwelt und Nachhaltigkeit“, „Gesundheit und Medizin“ sowie „Bildung und Kultur“. Der Band schließt mit Untersuchungen aus einem für die FOM spezifischen Themenfeld: „Konsumentenforschung und Sales Management“.

Großer Dank gilt den Autorinnen und Autoren, die diesen Sammelband mit einer Vielzahl an Beiträgen thematisch umfassend gestaltet haben. Die organisatorische Betreuung der Veröffentlichung lag in den Händen von Frau Heike Cosson (FOM Abteilung Publikationen) sowie Frau Angela Meffert (Lektorat Springer Gabler) und Frau Susanne Martus (Korrektorat). Herzlichen Dank für die Geduld und die ansprechende Gestaltung dieser Veröffentlichung.

Wir wünschen Ihnen eine inspirierende Lektüre und freuen uns, den Fachdialog mit Ihnen weiter fortzuführen.

Prof. Dr. Rüdiger Buchkremer
Prof. Dr. Thomas Heupel
Prof. Dr. Oliver Koch

Inhaltsverzeichnis

Über die Herausgeber

Prof. Dr. Rüdiger Buchkremer ist Professor für Wirtschaftsinformatik und Direktor des 2017 gegründeten ifid Institut für IT-Management und Digitalisierung an der FOM Hochschule. Seine Hauptforschungsthemen sind aktuell „Natural Language Processing" und Systemmedizin. Er ist Gutachter für mehrere internationale Journale und Mitherausgeber der Fachzeitschrift „AI". Vor der Tätigkeit an der Hochschule war er „CIO" eines Healthcare-DAX-Unternehmens. Er studierte Chemie, Mathematik und Physik an der Ruhr-Universität in Bochum und promovierte zum „Doctor of Philosophy" in Organischer Chemie an der Binghamton University in New York, USA. 2019 erhielt er den Forschungspreis der BCW-Gruppe.

Prof. Dr. Thomas Heupel ist seit 2007 hauptberuflicher Dozent für Betriebswirtschaftslehre, insbesondere Rechnungswesen und Controlling, und seit 2009 Prorektor für Forschung an der FOM Hochschule. Schwerpunkte seiner Arbeit liegen in den Bereichen Erfolgs- und Kostencontrolling, Automotive Industry Management, demografischer Wandel, ökologische Ökonomie sowie dem Management von KMU.

Prof. Dr. Oliver Koch ist seit über zehn Jahren Professor für Wirtschaftsinformatik und hat 2018 einen Ruf an die FOM Hochschule für Oekonomie & Management erhalten. Seit 2019 verantwortet er dort als Dekan den Hochschulbereich IT-Management sowie als Direktor das mis Institute of Management & Information Systems. Zudem hat er über 25 Jahre internationale Erfahrung als Unternehmensberater sowie als CEO der CTI CONSULTING. Im Fokus seiner Forschungstätigkeit stehen die Themen digitale Transformation, Enterprise Architecture Management, Robotic Process Automation sowie komplexe Softwaresysteme.

Verzeichnis der Beitragsautoren

Simon Bergmoser IBM Deutschland GmbH, Hamburg, Deutschland

Olga Boichak FOM Hochschule, Düsseldorf, Deutschland

Florian Bosten FOM Hochschule, Düsseldorf, Deutschland

Silvia Boßow-Thies FOM Hochschule, Hamburg, Deutschland

Daniel Braka FOM Hochschule, Düsseldorf, Deutschland

Rüdiger Buchkremer FOM Hochschule, Düsseldorf, Deutschland

Markus H. Dahm FOM Hochschule, Hamburg, Deutschland

Bart de Witte HIPPO AI/Digital Health Academy, Berlin, Deutschland

Ulf Dettmann FOM Hochschule, Mannheim, Deutschland

Manuel Di Stefano FOM Hochschule, Düsseldorf, Deutschland

Winand Dittrich FOM Hochschule, Frankfurt a. M., Deutschland

Stefan Ebener FOM Hochschule, Köln, Deutschland

Roman Englert Universität Siegen, Siegen, Deutschland

Michel Sebastian Erhardt FOM Hochschule, Düsseldorf, Deutschland

Hans-Jörg Fischer FOM Hochschule, Mannheim, Deutschland

Oliver Gansser FOM Hochschule, München, Deutschland

Matthias Gehrke FOM Hochschule, Frankfurt a. M., Deutschland

Nina Golowko FOM Hochschule, Frankfurt a. M., Deutschland

Vera Hagemann Universität Bremen, Bremen, Deutschland

Maren Hartmann FOM Hochschule, Düsseldorf, Deutschland

Thomas Heupel FOM Hochschule, Essen, Deutschland

Marc Hesenius Universität Duisburg-Essen, Essen, Deutschland

Nils Horn FOM Hochschule, Düsseldorf, Deutschland

Matthias Hudecek FOM Hochschule, München, Deutschland

Andreas Jürgens FOM Hochschule, Dortmund, Deutschland

Matthias Klumpp FOM Hochschule, Essen, Deutschland

Orhan Kocagöz FOM Hochschule, Nürnberg, Deutschland

Oliver Koch FOM Hochschule, Frankfurt a. M., Deutschland

Anna Kolmykova FOM Hochschule, Bremen, Deutschland

Jörg Kopecz FOM Hochschule, Bonn, Deutschland

Bianca Krol FOM Hochschule, Essen, Deutschland

Rainer Kühn kühn denken auf Vorrat, Odenthal, Deutschland

Sven Lauterjung FOM Hochschule, Essen, Deutschland

Frank Lehrbass FOM Hochschule, Essen, Deutschland

David Matusiewicz FOM Hochschule, Essen, Deutschland

Steven Mc Auley TinyBox, München, Deutschland

Friederike Müller-Friemauth FOM Hochschule, Köln, Deutschland

Christina Reich FOM Hochschule, München, Deutschland

Caroline Ruiner Universität Hohenheim, Stuttgart, Deutschland

Till Moritz Saßmannshausen Universität Siegen, Siegen, Deutschland

Sebastian Sauer FOM Hochschule, Nürnberg, Deutschland

Michael Schaffner FOM Hochschule, Berlin, Deutschland

Tamara Schulz FOM Hochschule, Frankfurt a. M., Deutschland

Holger Stein FOM Hochschule, Frankfurt a. M., Deutschland

Ute Twisselmann FOM Hochschule, Hamburg, Deutschland

Klemens Waldhör FOM Hochschule, Nürnberg, Deutschland

Wolfgang H. Waldmann FOM Hochschule, Stuttgart, Deutschland

Stephan Wildner CTI Consulting GmbH, Kassel, Deutschland

Tharseehan Yogendiran Bensheim, Deutschland

Teil I
Grundlagen und Gesellschaft

Moralische Maschinen – Zur ethischen Ununterscheidbarkeit von Mensch und Maschine

1

Ulf Dettmann und Jörg Kopecz

Inhaltsverzeichnis

Dieser Beitrag enthält mehr Fragen als Antworten. Es geht uns hier zunächst nur um eine grobe Kartierung zukünftiger Forschung zur Frage der moralischen Ununterscheidbarkeit zwischen Mensch und Maschine – in naher oder ferner Zukunft. Die Autoren beabsichtigen, die in diesem Beitrag genannten Zuschreibungsbedingungen für moralische Verantwortung, moralische Rechte und Pflichten für KI in weiteren Arbeiten zu spezifizieren und, wenn man so will, abzuarbeiten.

U. Dettmann (✉)
FOM Hochschule, Mannheim, Deutschland
E-Mail: ulf.dettmann@fom.de

J. Kopecz
FOM Hochschule, Bonn, Deutschland
E-Mail: joerg.kopecz@fom.de

R. Buchkremer et al. (Hrsg.), *Künstliche Intelligenz in Wirtschaft & Gesellschaft*, FOM-Edition, https://doi.org/10.1007/978-3-658-29550-9_1

Zusammenfassung

Je intelligenter und autonomer Maschinen werden, desto dringlicher stellt sich die Frage, ob Maschinen auch moralisch handeln und ob sie selbst Träger moralischer Rechte und Pflichten sein können. Mit dem technologischen Fortschritt und neuer Möglichkeiten von Deep Learning, Body Hacking, Neuromorphic Computing und Enhancement verschwimmen die Grenzen zwischen Mensch und Maschine immer mehr. Deshalb wird die Beantwortung der Frage, ob es prinzipielle Gründe gibt, die es ausschließen, dass Maschinen moralische Verantwortung für ihr Tun und Lassen haben, immer dringlicher. In diesem Beitrag werden verschiedene Vorschläge analysiert. Wir kommen zu dem Schluss, dass es möglich ist, dass hinreichend komplexe künstliche Systeme in naher oder ferner Zukunft Personen mit moralischen Rechten, Pflichten und moralischer Verantwortung sein können.

Der Philosoph Daniel Dennett wurde einmal folgendes gefragt: „In Ihren Arbeiten kommen Sie der Idee immer näher, dass wir Maschinen sind, dass die Natur eine große Maschine ist. Was für Gefühle haben Sie bei dieser Idee? Waren Sie je nervös angesichts der Tatsache, dass es tatsächlich so sein könnte?" Dennett antwortete: „Überhaupt nicht; denn ich denke, dass wir solche wundervollen Maschinen sind. Wenn man eine miese Vorstellung davon hat, was eine Maschine ist, wenn man glaubt, sie sei nichts weiter als ein aufgeblasener Toaster, wissen Sie, dann ist das nicht besonders aufregend. Aber wenn man sich klar macht, was die Maschinen, aus denen wir bestehen, alles können – sie können sich selbst reparieren, sie können Infektionen bekämpfen und sie können erstaunliche Berechnungen im Gehirn durchführen –, dann ist das gewaltig." (Beckermann 2008a, S. 133–134)

„Wenn man mir eine Maschine zeigte, die Sachen kann, wie ich sie kann – den Turing-Test bestehen, meine ich –, dann würde ich mich nicht etwa gekränkt oder bedroht fühlen, sondern im Einklang mit dem Philosophen Raymond Smullyan sagen: ‚Wie wunderbar sind doch Maschinen!'" (Hofstadter 1988, S. 551)

1.1 Künstliche Intelligenz

Anfang September 1955 reichte der 28-jährige John McCarthy, damals Assistenzprofessor für Mathematik am Dartmouth College in Hanover, New Hampshire, zusammen mit drei Kollegen bei der Rockefeller-Stiftung einen Antrag zur Förderung eines ambitionierten Projekts ein (McCarthy et al. 1955). Zehn ausgewählte Forscher sollten im Sommer 1956 zwei Monate lang herauszufinden versuchen „wie Maschinen dazu gebracht werden können, Sprache zu benutzen, Abstraktionen und Begriffe zu bilden, Probleme zu lösen, die zu lösen bislang dem Menschen vorbehalten sind, und sich selbst zu verbessern." Dieses Projekt nannte er „Artificial Intelligence", künstliche Intelligenz. Die „Dartmouth-Konferenz" gilt heute als Startschuss der KI-Forschung (Lenzen 2018, S. 21).

Was aber ist KI? Eine kurze und kompakte Definition von KI gibt Elaine Rich: „Artificial Intelligence is the study of how to make computers do things at which, at the moment, people are better.“ (Rich 1983) Betritt etwa ein Mensch einen ihm unbekannten Raum, so kann er binnen Sekundenbruchteilen die Szene erkennen und, falls nötig, genauso schnell Entscheidungen treffen und Aktionen planen. Autonome Roboter sind mit dieser Aufgabe heute noch überfordert. Nach der Definition von Rich ist aber genau das eine Aufgabe der KI und in der KI ist die Forschung an autonomen Robotern eines der wichtigsten Felder[1] (Ertel 2016, S. 3).

Mittlerweile boomt die künstliche Intelligenz und verfügt über immer mehr Eigenschaften und Fähigkeiten, die bisher allein dem Menschen vorbehalten waren. 2017 hat das Europäische Parlament deshalb veranlasst, eine Entschließung mit Empfehlungen an die Kommission zu zivilrechtlichen Regelungen im Bereich Robotik zu verabschieden. In dieser Entschließung hat das Europäische Parlament erste Vorschläge zu rechtlichen Regelungen über Roboter und die künstliche Intelligenz gemacht. Besonders der Vorschlag des Parlaments, langfristig die Einführung eines eigenen Rechtsstatus für *Roboter als elektronische Personen* zu erwägen, hat für enormen Diskussionsbedarf gesorgt.

Wir werden uns im Folgenden vor allem mit der Frage beschäftigen, inwiefern der Begriff der Person zentral für die Frage ist, ob Systeme der KI in naher oder ferner Zukunft als elektronische Personen moralische Rechte, Pflichten und moralische Verantwortung besitzen können und welche Auswirkungen dies auf die zurzeit noch geltende moralische Unterscheidbarkeit von Mensch und Maschine haben kann.

1.2 Künstliche Intelligenz und der Begriff der Person

Das Personsein spielt in unserer Kultur eine bedeutende evaluative Rolle. Der Mensch begreift sich seit jeher als von anderen Lebensformen verschieden, woraus sich spezifische normative Grundwerte wie etwa die Menschenwürde und der Personenstatus ableiten. Der Begriff der Person ist in der abendländischen Kultur seit der Antike ein Grundbegriff des menschlichen Selbstverständnisses (Mohr 2001, S. 25–36).

In der Philosophie wurde der Begriff der Person in der Regel als der Begriff angesehen, der das zum Inhalt hat, was wir Menschen unserem wahren Wesen nach sind oder wenigstens sein sollten[2]. Dass Personen genau diejenigen Wesen sind, die für ihr Handeln moralisch verantwortlich sind, gehört zu den zentralen Inhalten des Begriffs. Wir gehen davon aus, dass sie über eine schwer zu artikulierende Freiheit verfügen, die ihr Tun wirklich *ihr* Tun sein lässt, sodass es sie in ihrem Wesen zum Ausdruck bringt und sie dafür die Verantwortung tragen. Personen haben Rechte und Pflichten, weil sie gerade die

[1] Vgl. hierzu insbesondere Abschn. 1.5 dieses Beitrags.

[2] Die am häufigsten zitierten Definitionsversuche stammen von Boethius, Locke, Kant und Strawson (Leder 1999, S. 35–36).

Wesen sind, die Rechte wahrnehmen und einfordern und Pflichten anerkennen und ausüben können. Sie haben sozusagen einen „moralischen Sinn“, der mit ihrer Rationalität aufs Engste verflochten ist, und bilden deshalb den Adressatenkreis jeder Ethik und jeder Rechtsprechung. Nur Personen können Schuld auf sich laden und sich mit Gewissensbissen herumplagen. Ob Personen aber wirklich in einem relevanten Sinne frei sind und deshalb für ihr Tun Verantwortung tragen, ob sie Verdienste erwerben und Schuld auf sich laden können, ob ihr Tun in einem verständlichen Sinne anders und mehr *ihr Tun* ist als das irgendwelcher anderer Lebewesen oder Maschinen, oder ob es nur eine effektive *Methode sozialer Manipulation* ist, ihnen (und sich selbst) dies alles einzureden[3], ist eine zentrale philosophische Frage. Der üblichen Auffassung von Personalität würde ohne den Aspekt der Moral auf jeden Fall etwas Wesentliches fehlen (Leder 1999, S. 35).

Diese präskriptive Verwendung des Begriffs der Person sei an folgendem kurzen Beispiel illustriert: Experimente mit menschlichen Embryonen sind ethisch unzulässig, weil menschliche Embryonen Personen sind. Das unterstellte Personsein menschlicher Embryonen wird als Begründung für einen ethischen Anspruch herangezogen; es zeigt einen ausgezeichneten ethischen Status an. Oder umgekehrt: Wenn vorausgesetzt wird, dass menschlichen embryonalen Stammzellen ein ethischer Status zukommt, durch den sich ausschließlich Personen auszeichnen, dann folgt daraus, dass menschliche embryonale Stammzellen Personen sind. Bereits hier lässt sich aber fragen, warum wir wenig komplexen Systemen wie einer befruchteten Eizelle einen Sonderstatus zusprechen wollen, der dann aufgrund begrifflicher Festlegung alle anderen und möglicherweise deutlich komplexere Entitäten als Subjekte moralischer Rechte und Pflichten ausschließt.

Verbunden mit dem Personsein sind *zentrale Eigenschaften*, durch die sich der Mensch (bisher!) von anderen uns bekannten Lebensformen abgrenzt. Diese Eigenschaften, die mit dem Personsein verbunden sind, bilden zugleich die Grundlage dafür, dass Menschen sich und anderen als Personen einen besonderen ethischen und rechtlichen Status zuschreiben. Diese Eigenschaften und Fähigkeiten werden immer auch als Begründung dafür angeführt, weshalb der Mensch als autonome Person Respekt verdient und warum ihm bestimmte ethische Ansprüche und Rechte zukommen (Quante 2012, S. 1–2). Für Systeme der KI ist deshalb zunächst zu fragen, ob diese die für das Personsein charakteristischen Eigenschaften und Fähigkeiten in hinreichendem Maße besitzen (können) und ab wann sie als Personen zu gelten haben.

Geht man davon aus, dass das Personsein eine notwendige Bedingung dafür ist, Entitäten Rechte, Pflichten und moralische Verantwortung zuzuschreiben, dann muss folgende Frage beantwortet werden: Aufgrund welcher Eigenschaften und Fähigkeiten gehört eine Entität zur Klasse oder Art der Personen? Diesbezüglich gibt es eine Reihe

[3]In diese Richtung argumentieren z. B. die Hirnforscher Gerhard Roth und Wolf Singer.

von Vorschlägen[4], welche Bedingungen notwendig und hinreichend dafür sein sollen, Entitäten als Personen zu klassifizieren und damit zu ethisch relevanten Trägern von Rechten und Pflichten zu machen.

Die Analyse dieser Kriterien ist also wesentlich für die Frage, ob und unter welchen Bedingungen künstliche Systeme Träger ebendieser Rechte und Pflichten sein können.[5]

Als Kandidaten für die genannten Bedingungen werden unter anderem gehandelt:[6]

- Praktische Urteilskraft (vgl. Willaschek et al. 2017, Eintrag: *Urteilskraft.*),
- Intelligenz (vgl. z. B. Lenzen 2018, Kap. 1 und 3),
- Rationalität (vgl. z. B. Quante 2012, S. 1),
- Lernfähigkeit (vgl. z. B. Lenzen 2018, Kap. 2),
- Bewusstsein, Selbstbewusstsein, Selbsterkenntnis (vgl. z. B. Metzinger 1994, S. 41–70),
- Die Seele und das Ich (vgl. z. B. Beckermann 2008a),

[4]Vgl. z. B. Birnbacher (2001, S. 312); vgl. auch Sturma (2001, S. 17): „Die Philosophie der Person setzt sich begriffsgeschichtlich aus einer Vielzahl von Beiträgen zusammen, die oftmals völlig unbezüglich voneinander konzipiert worden sind. Erst im Rahmen der jüngeren Philosophie der Person zeichnen sich konturiertere Umrisse ab."

[5]Vgl. hierzu auch Leder (1999, S. 37): „Unproblematisch ist die Abgrenzung von Person und Sache. Personen sind Träger von Rechten und Pflichten und dürfen laut Kant niemals als Mittel zum Zweck gebraucht werden, sondern sind Zwecke an sich, während für Sachen gewöhnlicherweise gerade gilt, dass sie Mittel zum Zweck sind. Sklaven, die ja als Besitzgüter anderer Menschen betrachtet wurden, hatten im römischen Recht keine Rechte und Pflichten und galten folglich nicht als Personen." Interessant ist die Fußnote am Ende des ersten Satzes: *„Wäre die KI-Forschung ungleich erfolgreicher, als sie es bisher ist, könnte diese Unterscheidung vielleicht irgendwann einmal problematisch werden."* (Herv. von mir, U. D.) Das Buch erschien 1999. Seitdem ist in der KI-Forschung viel passiert!

[6]Vgl. Sturma (2001, S. 19): „Es wird häufig versucht, die semantische Binnenstruktur des Personbegriffs mit Listen von Fähigkeiten und Eigenschaften zu erfassen. Sie werden zwar nicht systematische Kernprobleme lösen können, mit ihnen kann aber immerhin inhaltliche Vielfalt erreicht werden, die gegenüber den verbreiteten abstrakten Definitionen auf jeden Fall einen semantischen Gewinn bedeutet." Vgl. dazu auch Leder (1999, S. 42): „Es gibt eine große Anzahl von Attributen, die Personen als für sie charakteristisch zugeschrieben werden. Diese lassen sich m. E. den folgenden fünf Themenkreisen zuordnen 1) Moral, Freiheit, Verantwortung; 2) Kognitive Merkmale; 3) Identität über die Zeit; 4) Soziale Bezogenheit; 5) Personsein als Aufgabe."

- Freier Wille[7] (vgl. z. B. an der Heiden und Schneider 2007; Beckermann 2008a; Bieri 2003; Heinrich 2017; Kane 2011; Keil 2017, 2018; Lampe et al. 2008; Pauen 2008; Pothast 2011), Autonomie (vgl. z. B. Baumann 2000; Birnbacher 2013; Merkel 2015; Prinz 2015),
- Wissen um die eigene zeitlich ausgedehnte Existenz (vgl. z. B. Quante 2012, S. 1),

[7]Der freie Wille und die Autonomie einer Person, sind aufs Engste miteinander verknüpft. Dennoch sind beide Begriffe nicht deckungsgleich. Menschen können einen freien Willen haben, aber davon nicht Gebrauch machen, indem sie beispielsweise ihre Meinung von denen anderer abhängig machen und deshalb nicht autonom handeln. In diesem Sinne argumentiert z. B. Kant in seiner Schrift „Beantwortung der Frage: Was ist Aufklärung?" Der philosophische Autonomiebegriff wurde während und seit der Aufklärung maßgeblich von Kants Moralphilosophie geprägt. Autonomie wird als die Möglichkeit und Aufgabe des Menschen bestimmt, sich selbst als freiheits- und vernunftfähiges Wesen zu bestimmen und entsprechend aus Freiheit nach dem Kategorischen Imperativ moralisch zu handeln. Während die Autonomie in der Philosophie eine imposante Geschichte hat, wird die Autonomie in der Robotik ein ganzes Stück niedriger gehängt und wie in der Psychologie (vgl. Deci und Ryan 2008), als etwas verstanden, von dem man mehr oder weniger haben kann. Die International Organization for Standardization definiert die Autonomie eines Roboters als die Fähigkeit, eine vorgesehene Aufgabe auf der Basis seines gegenwärtigen Zustands und seiner Wahrnehmungen ohne menschliche Intervention auszuführen (vgl. ISO 8373 2012). Damit ist nicht der starr programmierte Roboter gemeint, der an einem Fließband sehr lange vor sich hin arbeiten kann, ohne dass er in einem interessanten Sinne autonom wäre. Die Rede ist vielmehr von Systemen, die „komplexe Aufgaben trotz variierender Zielvorgaben und Ausgangssituationen selbstständig lösen." (Wahlster 2017) Dazu müssen sie in der Lage sein, ihre Handlungen ohne Fernsteuerung zu planen, wenn nötig den Plan zu verändern und ihn auszuführen. Je länger ihnen das gelingt, desto besser; idealerweise wäre ein autonomes System in der Lage, sein gesamtes Verhalten selbst zu organisieren. Dazu muss es seine Umwelt wahrnehmen, seine Aufgaben verstehen und seine Ressourcen abschätzen können. Und da eine Situation, die so komplex ist, dass sie ein autonomes System erfordert, nicht bis ins Detail vorgeplant werden kann, muss ein solches System mit unvollständiger und unsicherer Information umgehen können und mit solcher, die erst im Laufe der Handlung verfügbar wird. Idealerweise kann ein autonomes System auch mit anderen Systemen und mit Menschen zusammenarbeiten, erklären, warum es eine Handlung gewählt hat, und bei der Planung Einschätzungen über zukünftige Ereignisse ebenso einbeziehen wie Erinnerungen an bereits erfolgreich ausgeführte oder gescheiterte Handlungen. Und es kann einschätzen, wann es überfordert ist, und das Heft des Handelns wieder an den Menschen zurückgeben. Es gibt seit mindestens 1978, als Thomas Sheridan und William Verplank (vgl. Sheridan und Verplank 1977) eine Klassifikation unterschiedlicher Grade von Autonomie für „Unterwasser Teleoperatoren" vorschlugen, eine Reihe unterschiedlich differenzierter Klassifikationen für Autonomie für den Bereich Künstliche Intelligenz/Robotik (Lenzen 2018, Kap. 6: Die letzten Bastionen.). Autonomie kann allerdings auch lediglich auf der Ebene des Beobachters vorhanden sein. Soll heißen: Das System scheint sich zu entscheiden, tatsächlich aber sieht sein Verhalten nur kompliziert aus und ist in Wirklichkeit von ganz einfachen und deterministischen Mechanismen gesteuert! In diese Richtung argumentiert z. B. Daniel Dennett (1981) und Dennett (1993), der vorschlägt, dass wir Entitäten dann kognitive Fähigkeiten zuschreiben sollten, wenn sich ihr Verhalten am besten mit einem kognitiven Vokabular beschreiben lässt. Das heißt: Ein System ist genau dann ein intentionales System (ein System mit wirklichen Wünschen und Überzeugungen), wenn sich sein Verhalten verlässlich und umfassend in intentionaler Einstellung und nur in intentionaler Einstellung erklären und voraussagen lässt. Ob das System deterministisch oder nicht ist spielt hier keine Rolle mehr. Vgl. auch Fußnote 10.

- Verständnis für die evaluativen und normativen Aspekte der Wirklichkeit (vgl. z. B. Quante 2012, S. 1),
- Einsichtsfähigkeit[8],
- Emotionen (vgl. z. B. Mainzer 2019, Kap. 6–8 und Lenzen 2018, Kap. 6),
- Menschenwürde als Folge von Personalität[9]

Auffällig ist, dass all die Besonderheiten, die Personen auszeichnen sollen, keineswegs klar, sondern ihrerseits explikationsbedürftig sind[10]: Was meint „freier Wille", „Selbstbewusstsein" oder „praktische Urteilskraft?" Sind wir überhaupt vernünftige und freie Wesen in dem noch recht vagen Sinne, der uns vorschwebt? Auf welche Weise unterscheiden sich unser Gedächtnis und unser Erleben von Zeit von demjenigen anderer

[8]Moralische und rechtliche Verantwortlichkeit setzt Einsichtsfähigkeit und Urteilsvermögen voraus (vgl. Birnbacher 2013, S. 19). Nach § 20 StGB handelt ohne Schuld, „wer bei Begehung der Tat wegen einer krankhaften seelischen Störung, wegen einer tiefgreifenden Bewusstseinsstörung oder wegen Schwachsinns oder einer schweren anderen seelischen Abartigkeit unfähig ist, das Unrecht der Tat einzusehen oder nach dieser Einsicht zu handeln." Schuldunfähig kann also sein, wer im Moment der Tat nicht das Schuldhafte seines Handelns erkennt oder nicht in der Lage ist, sich zu steuern. Zur Frage nach den Rechten und Strafen für *Roboter* vgl. Gaede (2019) und Söbbing (2019).

[9]Diese und mögliche weitere Bedingungen sind dabei nicht klar abgegrenzt, sondern je nach Ansatz identisch, überlappend, in einer logischen Folgebeziehung stehend oder Ähnliches.

[10]Alan Turing hat, bezogen auf die Intelligenz, den umgekehrten Weg vorgeschlagen. Die Frage, ab wann eine Maschine als intelligent zu gelten habe, hielt er für eine Frage des Sprachgebrauchs und für zu belanglos, um sie überhaupt zu diskutieren. Bis zum Ende des 20. Jahrhunderts, so seine Prognose, werde man sich schlicht daran gewöhnt haben, von denkenden Maschinen zu sprechen. Deshalb schlug er sein berühmtes „Imitationsspiel", heute besser bekannt als Turing-Test vor (vgl. Abschn. 1.5 dieses Beitrags), mit dem ganz einfach zu beantworten sei, wann eine Maschine intelligent ist. Sie ist es dann, wenn wir eine Maschine und einen Menschen, die sich beide hinter einem Vorhang befinden, nicht mehr aufgrund der Antworten auf unsere Fragen voneinander unterscheiden können. Die Frage, ab wann eine Maschine intelligent ist, beantwortet man nicht dadurch, dass man eine Liste mit Eigenschaften erstellt, die definieren was „intelligent" sei, sondern durch einen Verhaltenstest. Können wir Menschen nicht mehr von Robotern unterscheiden, dann, so würde Turing vermutlich sagen, besitzen beide dieselben personalen Eigenschaften. Punkt! (Lenzen 2018, S. 25) Wenn sich das Verhalten von Menschen und Maschinen am besten mit demselben Begriffsinventar beschreiben lässt, dann sind sie sich maximal ähnlich (vgl. dazu auch Brüntrup 2018, Kap. 6).

Lebewesen? Worin besteht das Bewusstsein, und sind wir tatsächlich die einzigen, die so etwas haben?[11]

Es liegt auf der Hand, dass diese Begriffe für große Fragen bzw. Problembereiche der Philosophie stehen, die alle einer eigenständigen Untersuchung bzw. Darstellung bedürfen. Trotzdem sei es erlaubt zumindest anzudeuten, dass eine Klärung dieser Begriffe einen wesentlichen Einfluss darauf hat, ob man künstlichen Systemen Eigenschaften zuschreiben kann, die für die Diskussion um die KI und deren normativen Implikationen, relevant sind. Dabei sollte man aber nicht vergessen, dass auch Menschen nicht immer alle der hier genannten Kriterien erfüllen und wir dennoch nicht zögern, sie als Personen zu behandeln. Insofern liegt etwas Eigentümliches darin, dass wir einerseits eine beträchtliche Anzahl von Bedingungen formulieren können, die ein Wesen erfüllen muss, um als Person gelten zu können, andererseits aber von uns und anderen gar nicht verlangen, dass wir über alle diese Eigenschaften verfügen. Jemand wird von uns als eine Person wahrgenommen, auch ohne Anspielungen, Metaphern oder Witze zu verstehen, ohne Einsicht oder praktische Urteilskraft und ohne als besonders vernünftig zu gelten. Auch Menschen, die aufgrund einer Erkrankung oder Schädigung des Gehirns keine Emotionen empfinden können, bleiben selbstverständlich Personen mit Rechten und Pflichten.

[11]Die KI-Forschung dient auch dazu – und das wird gerne vergessen – dass sie uns dabei hilft, den Menschen besser zu verstehen: „Man habe nur wirklich verstanden, was man auch bauen könne", formulierte der Physiker und Nobelpreisträger Richard Feynman. Das bewegt auch heute viele KI-Forscher. Der Mensch mit seiner vielseitigen Intelligenz stellt das Vorbild. Und viele Programme und Roboter sind Hypothesen darüber, wie der Mensch funktioniert. Roboter und Dialogsysteme bringen Forscher dazu, Menschen (und Tiere) noch einmal ganz genau zu betrachten, um Hinweise zu bekommen, wie sie intelligentes Verhalten bewerkstelligen. Und sie zwingen sie, ihre Theorien so präzise zu formulieren, dass man sie in einer Maschine realisieren kann. Wenn wir die Leistungen der Roboter mit unseren eigenen vergleichen, zwingen uns die Maschinen dazu, auch über uns selbst noch einmal neu nachzudenken: Was genau ist eigentlich Intelligenz? Was ist Autonomie? Was ist Kreativität? Was macht den Menschen aus? Wenn wir heute ein viel differenzierteres Bild der menschlichen Intelligenz haben als in den 1950er-Jahren, liegt das auch daran, dass sich Computermodelle immer wieder als zu einfach erwiesen haben. Die Verwirrungsmaschinen können hier zu Präzisierungsmaschinen werden, die uns zeigen, worin wir wirklich gut sind." (Lenzen 2018, S. 20).

So ist bereits an dieser Stelle die Frage naheliegend, warum wir von künstlichen Systemen mehr verlangen sollten als von Menschen?[12] Matthias Leder bemerkt dazu folgerichtig in seinem Buch „*Was heißt es eine Person zu sein?*".

Nach der *realistischen* Auffassung

> „gibt es eine bestimmte Menge von Eigenschaften und Fähigkeiten, die ein Wesen besitzen muss, um eine Person zu sein. Wer über Selbstbewusstsein, Sprachfähigkeit, Bewusstsein der eigenen Identität über die Zeit und vielleicht noch einiges andere verfügt, ist eine Person; wer diese Fähigkeiten nicht besitzt ist keine. Diese Auffassung bringt es mit sich, dass viele Wesen, die wir für Personen halten, keine sind. Kleine Kinder, Säuglinge, von Embryonen ganz zu schweigen, aber auch Menschen im Koma, geistig Behinderte, manche psychisch Kranke und viele geistig degenerierte alte Menschen haben diese für Personalität als wesentlich erachteten Fähigkeiten nicht. [...] Sind wir, wenn wir nach einem Unfall ohne Bewusstsein auf der Intensivstation liegen, keine Personen, so dass unsere Interessen weniger zählen? [...] An dieser Stelle führt die Frage, was eine Person ist, geradewegs in hochaktuelle ethische Diskussionen wie die um Abtreibung, Sterbehilfe oder Organspende. Jemanden nur dann und solange als Person zu behandeln, wie er über die oben genannten Fähigkeiten und Eigenschaften aktuell verfügt, erscheint absurd. Aus dieser sicher richtigen Erkenntnis resultiert die *Potentialitätsauffassung* des Begriffs. Nach dieser Auffassung kommt es nicht darauf an, dass ein Wesen die für Personalität wesentlichen Eigenschaften im Moment oder gar jederzeit hat, sondern dass es ihm möglich ist, sie in seinem Dasein irgendwann einmal zu haben oder gehabt zu haben." (Leder 1999, S. 39–40)[13]

Bedeutet das, so die naheliegende Frage, dass wir bereits hinreichend komplexen künstlichen Systemen Personenstatus zusprechen müssen, weil KI-Experten es für wahrscheinlich halten, dass diese Systeme in absehbarer Zukunft über die genannten Fähigkeiten und Eigenschaften verfügen werden oder verfügen könnten?[14]

Die oben genannten Bedingungen für die Zuschreibung eines personalen Status sind nun in einer Weise miteinander verknüpft, dass Ergebnisse in einem Thema, z. B. in der Physikalismusdebatte, relevant sind für Argumente in anderen Themen. Dies sei an einem Beispiel illustriert, das die Interdependenz von Physikalismus, Willensfreiheit

---

[12]„Im Zusammenhang mit selbstfahrenden Autos wird immer wieder darauf hingewiesen, dass autonome Fahrzeuge Fehler machen können, die möglicherweise schlimme Folgen nach sich ziehen. Der Mensch, so die Argumentation, sei deshalb unverzichtbar, denn nur er könne eingreifen, wenn das Auto einen Fehler macht. Aber parallel zum menschlichen Versagen, gibt es eben auch technisches Versagen. Menschen verlangen, dass Maschinen niemals Fehler machen, aber es wird Situationen geben, in denen sie eine falsche Entscheidung treffen. Wenn sie deutlich weniger Fehler machen als Menschen", ist die Maschine trotzdem vorzugswürdig! (Wolfram Burgard, Professor für autonome intelligente Systeme an der Universität Freiburg. Zitiert nach Lenzen 2018, S. 127).

[13]Zur *Potentialitätsauffassung* gibt es allerdings eine Vielzahl von Argumenten, die diese Auffassung ebenfalls für problematisch oder sogar für eine Begriffskonfusion halten. (Vgl. auch Leder 1999, S. 40): Die Potenzialitätsauffassung „vermeidet zwar viele Absurditäten der realistischen, hat jedoch auch ihre Schwierigkeiten. Beispielsweise ein Mensch, der auf Grund eines genetischen Defekts schwachsinnig ist, hat nicht das Potenzial, Selbstbewusstsein, Sprachfähigkeit oder etwas Derartiges zu entwickeln, und wäre demnach keine Person."

[14]Das scheint der Hintergrund des Vorschlags, den Begriff der *elektronischen Person* einzuführen.

und künstliche Intelligenz betrifft[15]. Klarerweise grenzt die Position, die ein Wissenschaftler in der Geist-Gehirn-Debatte[16] vertritt, die Menge der Positionen ein, die derselbe Wissenschaftler noch in der Willensfreiheitsdebatte oder derjenigen um künstliche

[15]In den Debatten um den *Physikalismus* geht es unter anderem um folgende Fragen: Lässt sich alles, was es gibt, physikalisch erklären – auch der menschliche Geist? Lässt sich alles auf das Physische reduzieren? Ist der Bereich des Physischen kausal geschlossen? Realisiert das Physische das Mentale? Wie lässt sich mentale Verursachung erklären?

In den Debatten um *Willensfreiheit* fragt man sich: Sind wir physikalisch determiniert? Können wir freie Entscheidungen treffen? Sind wir für unsere Handlungen verantwortlich? Wie verhalten sich Freiheit und Determinismus zueinander? Welchen Beitrag kann die empirische Forschung leisten?

In der Debatte um *künstliche Intelligenz* werden diese Fragen verhandelt: Können Maschinen denken? Unterscheiden sich Menschen von Maschinen? Sind uns Computer geistig überlegen? Stellt maschinelle Intelligenz ein Modell für menschliche Kognition dar? Welchen wissenschaftlichen Nutzen kann künstliche Intelligenz haben? (Vgl. Backmann und Michel 2009).

[16]Die Geist-Gehirn-Debatte entspringt dem Leib-Seele-Problem. Das Leib-Seele-Problem ist das Problem der *psychophysischen Kausalität.* Es ist eines der ältesten Probleme der Philosophie. Kurz gesagt geht es hier um die Frage, wie sich die Bereiche des Physischen und des Mentalen zueinander verhalten. Unsere Welt ist ein komplexes physikalisches System, dessen Grundstrukturen von der Physik und den auf ihr aufbauenden Naturwissenschaften beschrieben werden. Wo ist der Ort des Geistes in diesem System? Wie verhalten sich Geist und Natur zueinander? Spielt der Geist eine bestimmte kausale Rolle in unserer Welt? Ist das Mentale auf das Physische zurückführbar? Sind alle unsere Erinnerungen, Überlegungen und Entscheidungen, sind alle unserer Gefühle und Empfindungen, sind Liebe und Schmerz metaphysisch durch das determiniert, was in unseren Hirnen vorgeht? Oder ist das Mentale ontologisch eigenständig? Grob gesagt kann man vier Hauptpositionen in dieser Debatte unterscheiden:

1. *Substanzdualismus:* Jeder Mensch hat neben dem Körper auch eine Seele; diese Seele ist eine immaterielle, vom Körper unabhängige Substanz, die das eigentliche Selbst des Menschen ausmacht und die auch ohne den Körper nach dessen Tod weiter existieren kann.

2. *Substanzphysikalismus:* Der Mensch ist wie alle anderen Lebewesen ein durch und durch physisches Wesen; es gibt keine vom Körper unabhängige immaterielle Seele.

3. *Eigenschaftsdualismus:* Mentale Eigenschaften sind in dem Sinne ontologisch selbstständig, dass sie weder selbst physische Eigenschaften sind noch auf solche Eigenschaften reduziert werden können.

4. *Eigenschaftsphysikalismus:* Mentale Eigenschaften sind allem Anschein zum Trotz doch physische Eigenschaften oder auf physische Eigenschaften reduzierbar (Beckermann 2011, S. 20–21).

Es versteht sich von selbst, dass aus diesen Hauptpositionen und deren Unterarten ganz unterschiedliche Antworten auf die Frage zu erwarten sind, ob künstlichen Systemen mentale Eigenschaften zugesprochen werden können. Der Physikalismus würde diese Frage mit „Ja" beantworten und damit keinen *substanziellen* Unterschied zwischen lebenden und künstlichen Systemen postulieren. Damit würde er auf die Frage, ob es denkbar ist, dass wir dereinst künstliche Systeme konstruieren können, die in allen relevanten Hinsichten mit uns identisch sind, ebenfalls – Optimismus vorausgesetzt – mit „Ja" beantworten bzw. es nicht aus prinzipiellen, begrifflichen oder metaphysischen Gründen ausschließen wollen (vgl. Beckermann 2011, 2008b; Brüntrup 2018; Metzinger 2013; Pauen 2005, 2016).

Intelligenz vertreten kann. Angenommen, es gäbe anerkanntermaßen schlagende Argumente gegen den Physikalismus, und das Mentale würde als etwas Nicht-Physisches, auf das Physische Irreduzibles anerkannt, ja vielleicht sogar als eigene Substanz, als Seele. In diesem Fall stellt sich sofort die Frage nach der Möglichkeit der mentalen Verursachung, also wie etwas Nicht-Physisches (wie eine Entscheidung) physische Wirkungen (wie eine Handlung) haben kann. Diese Frage allerdings muss auch in der Willensfreiheitsdebatte beantwortet werden, denn die Frage nach der Freiheit von Entscheidungen wird schnell fahl, wenn Entscheidungen nichts verursachen können.

Oder angenommen, es stünde gut um den Physikalismus. Wenn man dann noch die These des Determinismus hinzunimmt, also die These, dass zumindest im Gehirn alle relevanten Ereignisse notwendigerweise eintreten, also bereits lange vor ihrem Eintreten festgelegt sind, dann stellt sich schnell die Frage, welchen Sinn von „Freiheit" wir noch retten können in einer determinierten physikalischen Welt.

Ähnliches gilt für die Debatte um künstliche Intelligenz: Angenommen, der Physikalismus wäre falsch, wie könnten Maschinen dann intelligent sein, wenn Intelligenz eine mentale Eigenschaft ist, die sich nicht auf eine physische Eigenschaft reduzieren lässt? Oder andersherum: Bieten die Erfolge bei der Entwicklung intelligenter Maschinen oder Programme vielleicht einen Hinweis darauf, dass der Physikalismus wahr ist? Wenn dem so wäre, warum sollten dann künstliche Systeme nicht prinzipiell auch Personen sein *können* und damit Träger normativer Prädikate? Wenn schon eine programmierte Maschine geistbegabt ist, wie kann man dann noch behaupten, das Mentale sei eine eigene Substanz? Natürlich muss dazu erst einmal geklärt sein, wie es um die Entwicklung intelligenter Maschinen bestellt ist und ob der dort verwendete Intelligenzbegriff überhaupt einer ist, der demjenigen entspricht, den wir dem menschlichen Geist zusprechen. Und es muss geklärt werden, wie es um den Physikalismus bestellt ist, also wie vertretbar er in welcher Form ist, um zu entscheiden, welche Ergebnisse sich auf die anderen Debatten übertragen lassen (vgl. Backmann und Michel 2009, S. 8). Und von all den Antworten auf diese Fragen ist es dann wiederum abhängig, wie wir die Frage, ob künstliche Systeme Träger moralischer Rechte und Pflichten sein können, beantworten.

1.3 Künstliche Intelligenz, Enhancement und personale Identität[17]

Dem Begriff der personalen Identität kommt sowohl in der praktischen Philosophie wie auch in der *Metaphysik* eine zentrale Bedeutung zu. Personale *Identität,* verstanden als Zugehörigkeit einer Entität zur Klasse der Personen, ist ein Problem der praktischen Philosophie; aber auch als metaphysisches Problem aufgefasst ist sie indirekt für die praktische Philosophie relevant. In der Metaphysik wird personale Identität behandelt unter der Fragestellung, was die Bedingungen der diachronen Identität (vgl. Quante 2012, S. 9–10), d. h. der Identität im Zeitablauf, von Personen sind. Welche Bedingungen müssen erfüllt sein, um von einer Entität X zu einem Zeitpunkt t und von einer Entität Y zu einem von t unterschiedenen Zeitpunkt t', sagen zu können, es handele sich um ein und dieselbe Person? Die Antwort auf diese Frage hat unmittelbare Auswirkungen auf die Ausgangsfrage, ob künstliche Systeme Träger moralischer Rechte und Pflichten sein können. Die Überschrift, unter der diese Thematik verhandelt wird, lautet „Enhancement" (vgl. Amara 2016; Runkel 2010, Kap. II). Denn im Zentrum der Debatte um Enhancement[18] und Neuro-Enhancement (vgl. z. B. Beck 2013; Bender et al. 2012; Erny et al. 2018; Fenner 2019; Kipke 2011; Müller et al. 2009; Schöne-Seifert et al. 2009a, b; Schütz et al. 2016; Viertbauer und Kögerler 2019) steht die Frage, ob künstliche Systeme aus natürlichen Systemen hervorgehen können und ob diese mit den „Ursprungssystemen" in einer irgendwie gearteten Identitätsrelation stehen?[19] Sollte dies so sein, dann ist schwer begründbar, warum künstlichen Systemen nicht –

[17] „Die Philosophie der Person verfügt bei aller Fragmentarität ihrer Geschichte auch über einen vergleichsweise konturierten Bereich, nämlich die Theorie personaler Identität, die in ihren Problemstellungen und Lösungswegen systematisch wie philosophiegeschichtlich übersichtlich ist. Seit Lockes Grundlegung steht der Begriff der Person im Zentrum der folgenreichen Fragestellung, wie die Identität eines vernünftigen Individuums über die Zeit hinweg zu verstehen sei. Dahinter verbirgt sich die Beunruhigung, dass offenbar nicht selbstverständlich davon ausgegangen werden kann, dass ein Individuum in allen Stationen eines Lebens ein und dieselbe Person ist." (Sturma 2001, S. 12) Diese Beunruhigung ist berechtigt. Die Psychologie geht heute nämlich nicht mehr davon aus, dass es ein stabiles Selbst gibt, das über alle Zeitpunkte einer menschlichen Existenz hinweg konstant bleibt.

[18] In der Öffentlichkeit bekannt geworden ist Enhancement auch durch die Diskussion um Oskar Pistorius, der bei den Paralympics 2012 mit zwei künstlichen Beinen schneller lief als jeder Mensch vor ihm. Ebenso bekannt geworden ist das Beispiel des farbenblinden Neil Harbisson, der über eine im Kopf eingebaute Kamera Farben in Vibrationen übersetzt.

[19] Die damit zusammenhängende Debatte, ob es *ethisch legitim* ist, Menschen durch technische Hilfsmittel, zu verändern, zu optimieren und letztlich zu perfektionieren, ist hier nicht Gegenstand der Diskussion. Vgl. dazu aber beispielsweise die Überlegungen von Runkel (2010, S. 139): „Da ein wesentlicher Aspekt von Enhancement-Technologien in der Veränderbarkeit des Körpers durch biomedizinische Maßnahmen besteht und der Körper für das personale Selbstverständnis eine zentrale Rolle spielt, stellt sich infolgedessen die Frage, in wieweit er im Hinblick auf Integrität des Selbstverständnisses, Authentizität, personale Autonomie ....einer Person modifiziert werden darf."

unter bestimmten eher technischen Bedingungen – dieselben normativen Prädikate zugeschrieben werden können als „menschlichen Systemen"[20].

Die Diskussion über Enhancement und Neuro-Enhancement ist deshalb unmittelbar relevant für unsere Ausgangsfrage, denn für die KI stellt sich die Frage, inwiefern die Weiterentwicklung und Perfektionierung des Neuro-Enhancement notwendig in eine künstlichen Intelligenz mündet und was die künstliche Intelligenz dann noch substantiell von der menschlichen Intelligenz unterscheidet. Bereits heute gibt es viele Möglichkeiten, den Menschen durch Techniken des Enhancements und Neuro-Enhancements zu optimieren, zu verändern und Teile des Körpers und des Gehirns durch künstliche Implantate zu ersetzen. Frühe konkrete Konzepte hierzu findet man z. B. in Eckmiller (1993) und später z. B. in Gesang (2007). Besonders spektakulär sind sogenannte Gehirn-Computer-Schnittstellen[21] bzw. Brain-Computer-Interfaces, BCIs[22]:

> „Mit dieser Technik kann man erstaunliche Dinge tun: Miguel A. Nicolelis, Neuroingenieur an der Duke University, ließ in einem Versuch Signale aus den Hirnströmen einer Ratte, die in einem Käfig an der Duke University Aufgaben löste, via Internet ins Gehirn einer anderen Ratte übertragen, deren Käfig in Natal in Brasilien stand. Diese Ratte wählte auf der Basis der erhaltenen Hirnströme in 60 bis 75 Prozent der Fälle die richtige Lösung, ohne überhaupt die Aufgabe zu kennen. In einem anderen Versuch schaltete er die Signale aus den Hirnen von vier Ratten zu einem Gehirnnetzwerk, ‚Brainnet', zusammen. Gelang es ihnen durch Versuch und Irrtum, ihre Gehirnaktivität zu synchronisieren, bekamen die durstigen Tiere Wasser. Drei Affen, zu einem Brainnet verbunden, lernten gemeinsam einen virtuellen Roboterarm zu einem Ball zu bewegen, den sie auf einem Computerbildschirm sahen. Ein nichtinvasives Brainet könnte gelähmten Menschen in der Rehabilitation helfen, ihre Bewegungsfähigkeit zu verbessern, hofft Nicolelis. Zugleich betrachtet er die Brainets als Beginn einer neuen Art hybrider Computer. Brainets lassen manche Forscher bereits

[20]Der Begriff „menschliches System" ist möglicherweise für den einen oder anderen abschreckend. Dieser Begriff wird aber in der Biologie und der analytischen Philosophie gebraucht, um deutlich zu machen, dass Menschen sich nicht grundsätzlich von anderen biologischen (und künstlichen?) Lebewesen unterscheiden (vgl. hierzu Dettmann 1999).

[21]Diese Technik firmiert auch unter dem Begriff der „Neurobionik". Dazu zählt z. B. die Verbindung biologischer (vor allem menschlicher oder tierischer) Organismen zunächst mit Sensorik und Aktorik, die entweder fehlende biologische Funktionen ersetzen oder neue hinzufügen. Neurobionik hat sich zum Ziel gesetzt, die verloren gegangenen Sinne oder die Bewegungsfähigkeit von blinden, tauben oder querschnittgelähmten Menschen durch Implantationen von Mikrochips *(Neurochip)* ganz oder teilweise wiederherzustellen.

[22]„Eine Gehirn-Computer-Schnittstelle besteht im Wesentlichen aus drei Teilen: der erste, in der Regel ein Elektroenzephalogramm, EEG, registriert die schwachen Signale, die von der elektrischen Aktivität der Nervenzellen im Gehirn durch den Schädelknochen dringen. Dann kommt der Computer, der diese Signale filtert, analysiert und aufbereitet. Schließlich folgt eine Anwendung, ein Gerät, das mit diesen Signalen gesteuert wird. Das kann ein Computerprogramm sein, ein Rollstuhl, ein Lichtschalter, aber auch ein Roboter. Außerdem bekommt der Nutzer eine Rückmeldung darüber, was der Computer aus den eingehenden Signalen gemacht, was er ‚verstanden' hat." (Lenzen 2018, S. 115).

von neuen Superintelligenzen, einer neuen Art des gemeinsamen Denkens, Entscheidens und Kooperierens träumen; denn zumindest manche Aufgaben lösten die gekoppelten Rattengehirne schneller als eine Ratte allein. […] Wer trüge aber die Verantwortung, wenn ein Gehirnnetzwerk Fehler macht? Ist es überhaupt möglich, seine Gedanken so zu kontrollieren, wie man seine Handlungen kontrollieren kann? Würde etwa eine plötzlich aufkommende Wut, die einen Menschen dazu bringt, die Faust in der Tasche zu ballen, einen per Hirnwellen gesteuerten Roboter gleich zuschlagen lassen? Wäre der Mensch dann dafür verantwortlich zu machen?“ (Lenzen 2018, S. 116–117)[23]

Ein weiterer, bisher vernachlässigter Aspekt des Enhancements, betrifft die Plastizität des Gehirns. Wie verändern sich menschliche Eigenschaften, wenn die Plastizität und Anpassungsfähigkeit des Gehirns durch fremde, angekoppelte Systeme ein biologisch/evolutiv entstandenes Wesen wie den Menschen (oder Tiere) ergänzt bzw. verändert? Die Plastizität des Gehirns bewirkt, dass Implantate auf neuronaler Basis strukturelle Veränderungen in den Verarbeitungsstrukturen des Gehirns erzeugen. Da Teile des Cortexes nach dem Prinzip funktionaler Karten arbeiten, die Sensor- oder Aktorflächen funktional ergänzt repräsentieren, verändern sich diese Strukturen, wenn wie auch immer geartete Eingangssignale dort ankommen. Ein bekanntes Beispiel hierfür ist der Homunkulus des sensorsomatischen Cortexes.[24] So können Menschen Farben hören oder fühlen, wenn die richtigen Cortexareale angesprochen werden. Durch Lernen werden diese Karten dann erweitert oder geografisch verändert. Entfernt man den künstlichen Sensor, so empfindet der Mensch auch bei nichtbiologischen Signalen das Gefühl einer Amputation oder Blindheit. Darüber hinaus verändern diese Manipulationen auch unser gesamtes Denken: Wir benutzen Begriffe wie „begreifen“, „unerhört“ oder „einsehen“ für kognitive Begriffe, die jedoch offensichtlich aus unseren aktorischen oder sensorischen Fähigkeiten abgeleitet sind. Wenn wir geänderte sensorische Fähigkeiten haben, werden sich möglicherweise auch unsere Begriffe und damit unsere Art zu denken verändern. Wenn sich die Verknüpfung nicht nur auf die Sensorik oder Aktorik bezieht, sondern auch auf intellektuelle Fähigkeiten, wie das bei der KI der Fall ist, lässt sich dies weiter extrapolieren und man kann vermuten, dass dies auch Auswirkungen auf das ethische Selbstverständnis des Menschen und auf das Verständnis von Autonomie hat. Umgekehrt gilt dies auch für KI-Systeme: Es erhält weitere Fähigkeiten, die es zur Problemlösung nutzen kann und die seine Autonomie befördern.

---

[23]Auch die ersten erfolgreichen Synchronisationen von zusammengeschalteten Gehirnen zweier Menschen verliefen bereits erfolgreich! (Lenzen 2018, S. 116).

[24]Unter dem *Homunculus* versteht man ein Modell, das die neuronale Beziehung zwischen kortikalen Bereichen einerseits und Skelettmuskeln oder sensorischen Feldern andererseits darstellt, wobei benachbarte Körperregionen auf benachbarten Kortexgebieten abgebildet sind. Es repräsentiert somit die somatotopische Anordnung von motorischen Efferenzen oder sensorischen Afferenzen auf den jeweiligen Kortexarealen. Dementsprechend unterscheidet man einen motorischen und einen sensorischen Homunculus (DocCheck Medical Services GmbH o. J.).

Was folgt nun aber aus den neuen Möglichkeiten des Enhancements und Neuro-Enhancements für unsere Fragestellung?

Bleibt die Identität einer Person erhalten, deren Gehirn mit weiteren Gehirnen über Brainets interagiert? Was passiert mit der personalen Identität, wenn Implantate das menschliche Gehirn steuern? Gegenwärtig wird über die Möglichkeit gesprochen, echte Organe im 3-D-Drucker herzustellen. Wird dies in ferner Zukunft auch für Gehirne möglich sein? Ist die normative Sonderstellung des Menschen noch gegeben, wenn Techniken der Selbstmodellierung zur Anwendung kommen? Lösen sich mit Autonomie und Authentizität (Leefmann 2017) eventuell auch die Grenzen zwischen Mensch, Tier und künstlichen Systemen auf? Was würde passieren, wenn wir eines Tages den Menschen mit technischen Mitteln *komplett* verändern und verbessern, ihn also in ein künstliches System umwandeln könnten?[25]

Nehmen wir an, wir ersetzen zunächst das menschliche durch ein künstliches Skelett, menschliche Organe durch künstlich erzeugte Organe und einzelne Bauteile des Gehirns durch Implantate (vgl. Köchler 2001). Kämen wir an einen Punkt, ab dem wir sagen würden, diese Person ist zum Zeitpunkt t_2 nicht mehr dieselbe Person[26], die sie zum Zeitpunkt t_1 war (in ihrem Urzustand)?[27] Ab wann sollte das der Fall sein? Und wer entscheidet darüber? Vor allem aber: Wenn wir Menschen, unter bestimmten Einschränkungen, moralische Verantwortlichkeit und damit moralische Rechte und Pflichten zuschreiben, ab welchem Zeitpunkt würden wir sagen, dass dies nun nicht mehr möglich sei, da das „menschliche System" „zu künstlich" sei? Würden wir diesem System in jeder Phase seiner Veränderung dieselben moralischen Rechte und Pflichten zuschreiben,

---

[25]Sport-Doping, Pillen zur Verbesserung von Aufmerksamkeit und Gedächtnis, Stimmungsaufheller, Ritalin, Prozac, oder Genome-Editing und Schönheitschirurgie, all dies sind im Übrigen ebenfalls künstliche Maßnahmen zur Veränderung der menschlichen Natur. In all diesen Fällen verändern wir etwas bei einer Person und jedes Mal stellt sich die Frage, ob wir es noch mit derselben Person zu tun haben?

[26]In Bezug auf ihre personale Identität wohlgemerkt, nicht in Bezug auf ihre körperliche oder numerische Identität!

[27]Diese Fragestellung ist ein Beispiel der Haufen- oder Soritesparadoxie. Diese Paradoxie ist ein Phänomen, das bei vagen Begriffen auftritt. Die Paradoxie zeigt sich, wenn versucht wird, etwas als Haufen zu bestimmen: Es lässt sich keine konkrete, nicht willkürlich beschlossene Anzahl von Elementen angeben, aus denen ein Haufen mindestens bestehen müsste, denn der Begriff des Haufens beinhaltet, dass etwas, das ein Haufen ist, auch ein Haufen bleibt, wenn ein Teil seiner Elemente entfernt wird. Kehrt man diesen Gedanken um, so wird es schwierig zu sagen, ab wann eine Ansammlung von Elementen als Haufen gelten kann. Der Begriff „Haufen", verstanden als Anhäufung gleichartiger Teile, lässt sich anscheinend nicht klar definieren. Auch bei anderen ähnlich gelagerten vagen Prädikaten wird von *Sorites-Fällen* gesprochen, so z. B. beim Paradox vom Kahlköpfigen. Die Formulierung als Haufenparadoxie geht vermutlich auf Eubulides oder auf Zenon von Elea zurück, wie auch eine Reihe weiterer berühmter Paradoxien (vgl. Clark 2012; Cuonzo 2015; Kannetzky 2000; Sainsbury 2010).

dann müssten wir auch dem daraus entstandenen künstlichen System Rechte und Pflichten zuschreiben, da zu keinem Zeitpunkt t_n der Transformation eines menschlichen zu einem künstlichen System ein Punkt eintritt, an dem wir sagen würden, dass die Identität des Systems nun gebrochen sei und etwas *qualitativ* Neues begonnen hat. Dieselbe Überlegung betrifft auch eine weitere essenzielle Eigenschaft des Menschen, nämlich das Bewusstsein. Wenn wir davon ausgehen, dass sich eine menschliche Person zu einer künstlichen Person weiterentwickelt, ab welcher Stelle sollte dieses System sein Bewusstsein verlieren?[28] Können wir diese Stelle nicht benennen, müssen wir erklären, warum ein künstliches System mit Bewusstsein nicht zumindest denkbar ist.[29] Mit der Verbindung von Mensch und Maschine verschwimmen die Grenzen beider Systeme und wir können keine definierte prinzipielle Grenze mehr hinsichtlich des autonomem Denkens oder Handelns zwischen Mensch und Maschine festlegen. Die feste Grenze zwischen beiden Systemen löst sich auf.[30]

1.4 Künstliche Intelligenz, Neurowissenschaften und der freie Wille

Die rasanten Fortschritte der Hirnforschung und der KI in den letzten Jahren, haben der philosophischen Debatte um die Willensfreiheit neues Leben eingehaucht. Im Gegensatz zu vielen anderen akademischen Disputen hat es dieser bis in die Feuilletons der Zeitungen geschafft. Dadurch sieht sich eine breite Öffentlichkeit mit provokativen Thesen und beunruhigenden Schlussfolgerungen konfrontiert – geht es doch um nichts Geringeres als um die Frage nach der Schuldfähigkeit und Verantwortlichkeit des

[28]Auch hier haben wir wieder die Soritesparadoxie.

[29]Solche Gedankenexperimente erscheinen dem gesunden Menschenverstand als abwegig. In der Philosophie sind sie jedoch manchmal ein Hilfsmittel, um die Konturen eines Problems stärker herauszuheben Für das oben dargestellte Gedankenexperiment ist es also unerheblich, ob und wann wir dazu möglicherweise in der Lage sein sollten, solche künstlichen Systeme zu erschaffen. Es geht vielmehr darum, Klarheit darüber zu bekommen, was die notwendigen und hinreichenden Kriterien dafür sein sollten/sind, Systemen, menschlichen oder künstlichen, moralische Verantwortung, moralische Rechte und Pflichten zuzuschreiben.

[30]In Abschn. 1.5 wird im Kontext des Graceful Degradation das Konzept des Neuromorphic Computing eingeführt, um strukturell näher an der Performance biologischer neuronaler Systeme zu sein. (Einen gut lesbaren Überblick inklusive der Vorstellungen zur Sensorik geben Upadhyay et al. 2016). Damit ergibt sich generell die Möglichkeit, Enhancement von zwei Seiten zu betrachten: eine Ergänzung biologischer Funktionen, wie oben beschrieben, und eine biologische Ergänzung technischer Systeme, zunächst durch Kopieren von Strukturprinzipien, mittelfristig jedoch auch durch weitere biologisch motivierte oder erzeugte Strukturen wie z. B. echte Nervenzellen.

Menschen. Nach der traditionellen Auffassung ist Willensfreiheit die Fähigkeit, mithilfe der reinen Vernunft neue Kausalketten anzustoßen, ohne dass diese durch die Vergangenheit determiniert sind.[31] Namhafte Biologen und Psychologen bestreiten aber diese menschliche Fähigkeit zur freien Entscheidung. Sie betrachten alles Handeln als ein Produkt unwandelbarer Naturgesetze. Wie aber sind Freiheit, Autonomie und Verantwortung in einer Welt möglich, die durch Naturgesetze bestimmt wird? Eine Antwort darauf verspricht der sogenannte Kompatibilismus[32]. Der Kompatibilismus ist eine physikalistische Theorie[33], die daran festhält, dass jedes physische Ereignis vollständig durch die Angabe seiner physischen Ursachen erklärt werden kann. Das ist die Annahme der kausalen Geschlossenheit des physischen Bereichs. Die physischen Phänomene unterliegen ausschließlich physischen Kausalgesetzen, es gibt keine Intervention von außen und damit keine Intervention eines unverursachten Verursachers, keines Ichs und keiner Seele. Wenn die Auffassung des Physikalismus aber der Wahrheit entspricht, dann glauben viele daraus schließen zu können, dass wir keinen freien Willen besitzen und deshalb auch nicht für unsere Taten verantwortlich gemacht werden können[34]. Tun wir dies doch, dann können wir auch hinreichend komplexen künstlichen Systemen Verantwortung zuschreiben, denn es spricht dann nichts dafür, dass ein künstliches deterministisches System ganz anders behandelt werden sollte als ein menschliches deterministisches System. Oder aber wir halten am Glauben eines freien Willens fest, der mit dem Determinismus nicht vereinbar ist, dann muss erklärt werden, wie dieser freie

---

[31]Vgl. auch Rorty (1976, S. 136), die auf den engen Zusammenhang des Begriffs der Person und des freien Willens hinweist: Die Vorstellung einer Person ist in erster Linie „die Vorstellung eines einheitlichen Zentrums für Entscheidung und Handlung, die Einheit von rechtlicher und theologischer Verantwortung.“ Auch Leder (1999, S. 39) verknüpft den Begriff der Person mit dem Kriterium der Willensfreiheit: „Zentral für den Begriff der Person ist die Idee eines einheitlichen Ursprungs von Entscheidungen, so dass die Person zugleich die Einheit von Denken und Handeln und den letzten Ort der Verantwortung bildet und folgerichtig als Subjekt von Rechten und Pflichten anzusprechen ist.“ Genau genommen sprechen beide Autoren aber nur von einem einheitlichen Zentrum der Entscheidung, das, wie wir sehen werden, offen lässt, ob ein Wesen determiniert und trotzdem frei sein kann.

[32]Zu ihren Vertretern gehören so prominente Philosophen wie Harry Frankfurt, Daniel C. Dennett, Michael Pauen und Peter Bieri in der Gegenwart und Thomas Hobbes in der Vergangenheit. Die Gegenposition zum Kompatibilismus ist der Inkompatibilismus. Die Inkompatibilisten vertreten die Auffassung, dass Willensfreiheit mit dem Determinismus unvereinbar ist. Vgl. die Literaturangaben zur Willensfreiheit.

[33]Vgl. Fußnote 15 in diesem Beitrag.

[34]So argumentiert z. B. der Neurobiologe Gerhard Roth (vgl. zu dieser Thematik Lampe et al. 2008; Pauen und Roth 2016; Geyer 2004).

Wille in die Welt kommt[35]. Der Kompatibilismus ist davon überzeugt, dass sich freier Wille und Determinismus keineswegs ausschließen[36]. Hintergrund ist die Annahme, dass wir den Begriff des freien Willens falsch verwenden, dass wir die Bedeutung dieses Begriffs nicht verstanden haben. Verwenden wir diesen Begriff hingegen richtig – so die Annahme –, dann können wir erklären bzw. begründen, in welchem Sinne wir einen freien Willen haben, der dem Determinismus nicht widerspricht. Dann aber können wir nicht erklären, warum wir einen freien Willen haben sollten, der nicht auch künstlichen Systemen – unter bestimmten Bedingungen – zugeschrieben werden kann. Entweder wir halten also an der kausalen Geschlossenheit der Welt fest, dann spricht nichts dagegen, dass auch künstliche Systeme Träger moralischer Rechte und Pflichten sein können. Oder wir lehnen dieses Weltbild ab, dann haben wir das Problem, erklären zu müssen, warum die Naturwissenschaften so erfolgreich und die Dualisten so wenig erfolgreich in der Erklärung der Welt sind. Aus welchen Gründen sollten wir die kausale Geschlossenheit der Welt ablehnen und damit auf das Erfolgsmodell der Naturwissenschaften verzichten?[37]

Nachdem wir bisher die KI aus einer philosophisch-begrifflichen Perspektive betrachtet haben, sollen zum Schluss die Begriffe „KI", „Autonomie" und „Enhancement" aus einer systemtheoretischen Perspektive analysiert werden. Hier zeigt sich, wie komplex die Thematik ist und welche Probleme es aus Sicht der KI-Experten zu lösen gilt.

---

[35]„Wenn […] in die physischen Kausalketten – zumal auf der Makroebene – auf eine erhebliche und sich gänzlich dem Zugriff der Physik entziehende Weise interveniert werden könnte – wie dies bei mental verursachten Körperbewegungen der Fall zu sein scheint – dann wäre die Idee von verlässlichen physikalischen Gesetzen außer Kraft gesetzt. Die Vorstellung von Naturgesetzen, die alle physischen Ereignisse miteinander auf strengste Weise verknüpfen, wäre unterhöhlt. Wenn man also annimmt, dass beispielsweise im Gehirn nichtphysische Kräfte einen kausalen Einfluss nehmen könnten, dann wäre es unmöglich, alle Hirnprozesse aus physikalischen Ursachen zu erklären. Die physische Kausalität hätte dann Lücken, was den Begriff und die Formulierung der relevanten Naturgesetze selbst gefährdete. […] Wenn es wirklich die Konsequenz dieses Schrittes wäre, dass dadurch unserem gesamten gut etablierten naturwissenschaftlichen Wissen der Boden entzogen wäre, dann wäre der interaktionistische Dualist in einer denkbar schwachen Position. Wenn er überhaupt eine Chance haben will, seine Theorie einigermaßen plausibel zu machen, dann muss er zeigen, dass die physische Welt auf solche Weise für eine Einflussnahme des Mentalen offen ist, dass dadurch der innere gesetzmäßige Zusammenhang der physischen Welt (z. B. Energieerhaltung) nicht gefährdet ist." (Brüntrup 2018, S. 53–55).

[36]Der Kombatibilismus hat unter anderem auch den Vorteil, dass die oft zitierten Experimente von Libet, die gegen die Willensfreiheit zu sprechen scheinen, zu stumpfen Schwertern werden, wenn der Determinismus den freien Willen nicht ausschließt. (Vgl. Libet et al. 1983; Libet 1985. Und zur Kritik an diesen Experimenten: Beckermann 2008a, S. 57 und 88–90).

[37]Vgl. auch Sturma (2001, S. 17): „In der naturalistischen Einbettung des Personbegriffs liegt sein großer Vorzug gegenüber traditionellen Begriffen wie ‚Substanz', ‚Seele' und ‚Subjekt', mit denen jene spekulativen Setzungen und ontologischen Zweiweltenlehren einhergehen, für die insbesondere der Cartesianismus traurige Berühmtheit erlangt hat."

1.5 Künstliche Intelligenz – Die systemtheoretische Perspektive und der Begriff der „Autonomie"

Der Begriff künstliche Intelligenz (KI) weckt unmittelbar die Frage danach, was natürliche Intelligenz sei. Die Wissenschaft gibt hier vielfältige Antworten, die zunächst nichts mit den in diesem Aufsatz zentralen Begriffen „Person" oder „Autonomie" zu tun haben. Die einfachste Definition ist der oft zitierte Satz von Boring (1923, S. 35) „Intelligenz ist das was Intelligenztests messen"[38], der mittlerweile unter anderem durch Gottfredson abgelöst wurde: „Intelligence is a very general mental capability that, among other things, involves the ability to reason, plan, solve problems, think abstractly, comprehend complex ideas, learn quickly and learn from experience. It is not merely book learning, a narrow academic skill, or test-taking smarts. Rather, „it reflects a broader and deeper capability for comprehending our surroundings – ‚catching on,' ‚making sense' of things, or ‚figuring out' what to do." (Gottfredson 1997, S. 13)

Wir reden von künstlicher Intelligenz, wenn bei Computersystemen Eigenschaften und Fähigkeiten beobachtbar sind, die menschlichen Eigenschaften und Fähigkeiten gleichen. Dabei lassen sich generell zwei Klassen von Systemen unterscheiden: die der regelbasierten *Expertensysteme,* deren Regelwerke oder Grammatiken in speziell formulierten Sprachen abgebildet werden. Diese Systeme werden z. B. in der Medizindiagnostik oder -medikation intensiv eingesetzt und sind überall dort erfolgreich, wo kontrollierbare Umgebungen oder Randbedingungen klare Problemformulierungen zulassen. Das resultierende Systemverhalten ist komplett vorhersehbar und in allen Verästelungen abbildbar. Die Verantwortung für die Systemleistung (z. B. Haftung) liegt beim Erzeuger. So sind auch ethische Fragen eindeutig dem Produktverantwortlichen zuordenbar. In den 90er-Jahren wurden Ergänzungen in Form sogenannter Fuzzy-Technik vorgenommen, damit Expertensysteme auch mit unscharfen Eingangsdaten funktionieren konnten, ohne jedoch den festen Logikrahmen zu sprengen.

Ein anderer Entwurf sind die sogenannten *neuronalen Netze,* die nicht explizit alle Lösungswege einprogrammiert haben, sondern anhand von Beispielen eine Approximation zu einer gestellten Aufgabe erzeugen. Zurzeit erleben die neuronalen Netze eine Renaissance, die zunächst, kommend aus der Kybernetik der 50er- und 60er-Jahre, in den 80er- und 90er-Jahren des letzten Jahrhunderts einen ersten Boom hatten. Die praktischen Anwendungen (z. B. Gesichtserkennung, Prognoseverfahren) scheiterten jedoch an der mangelnden Rechnerleistung der damaligen Computer, und so kam es zum oft zitierten „Neuronalen Winter", der erst vor wenigen Jahren von einem

[38]Kritiker des Intelligenzbegriffs haben es oft zur Hand, um mit diesem Zirkelschluss den Intelligenzbegriff und insbesondere Intelligenztests ad absurdum zu führen. Boring hatte es aber umgekehrt gemeint. Er war überzeugt, dass die Tests tatsächlich Intelligenz messen konnten! Und tatsächlich ist die Intelligenz heute eines der am besten erforschten Konstrukte der Differentiellen Psychologie (vgl. z. B. Maltby et al. 2011).

beispiellosen Boom abgelöst wurde. Die Grundlagen für diese Idee des „Lernens“ wurde bereits 1949 gelegt, als der Psychologe Donald O. Hebb (2002) erste Lernregeln aufstellte, mit denen biologische neuronale Systeme modelliert werden sollten. *„Wenn ein Axon der Zelle A Zelle B erregt und wiederholt und dauerhaft zur Erzeugung von Aktionspotentialen in Zelle B beiträgt, so resultiert dies in Wachstumsprozessen oder metabolischen Veränderungen in einer oder in beiden Zellen, die bewirken, dass die Effizienz von Zelle A in Bezug auf die Erzeugung eines Aktionspotentials in B größer wird.“* Das heißt, in einem Netzwerk verstärken sich Verbindungen zwischen Rechenknoten immer dann, wenn diese zu einem möglichst „guten“ Gesamtergebnis beitragen. „Gut“ war dabei als Approximationsgüte an eine Zielfunktion definiert und der Grad der Anpassung der gewichteten Verknüpfungen der Knoten wurde durch eine Differenzfunktion abgebildet. In einem solchen programmierten System ist die Gesamtleistung des Systems nicht mehr explizit programmiert, sondern ist abhängig vom Lernverfahren und von den gezeigten Trainingsdaten. Die Frage, ob das so erzeugte emergente Verhalten als „autonom“ zu bezeichnen ist, beantworten die folgenden Ausführungen.

Nichtlineare Dynamik als Sprache neuronaler Netze: Neben den eben skizzierten Expertensystemen, die regelbasiert und damit strenger Logik folgend arbeiten, ist die Situation bei sogenannten neuronalen Netzen völlig anders: Ein neuronales Netz ist formal eine Superposition verschieden gerichteter Erzeugendenfunktionen, die nicht notwendigerweise orthogonal sein müssen, also keine Basis im mathematischen Sinne darstellen. Dennoch spannen diese Funktionen (in der Regel Sigmoidfunktionen oder Gauss-ähnliche Funktionen) einen (oft hochdimensionalen) Funktionenraum auf, in dem nichtlineare Approximationen bzw. Diskriminierungen verschiedener Muster möglich sind[39].

Generell wird zwischen überwachten und unüberwachten Systemen unterschieden. Die Optimierung dieses Funktionenraumes erfolgt in einem Fall durch sogenanntes „Lernen“ von Zielfunktionen, indem die Wichtungen (und gegebenenfalls weitere Funktionsparameter) in den Superpositionen der Funktionen optimiert werden. Je nach Verfahren unterscheidet man einfache Feedforward-Netze von komplexeren, z. B. lokalen Netzen oder rückgekoppelten (rekurrenten) Netzen mit eigener Aktivierungsdynamik. In einfachen Netzen ist die Zeit lediglich ein Parameter; komplexere Systeme bilden Dynamiken ab und haben daher Zeit als Variable in den Gleichungen. Während Erstere einfach in einen (oder mehrere) Fixpunkt(e) hineinlaufen, können rekurrente dynamische Netze Attraktordynamiken entwickeln, wie sie aus zahlreichen nicht linearen gekoppelten Systemen wie Aktivator-Inhibitorsysteme (Turing 1952) oder Hyperzyklen (Eigen und Schuster 1979) bekannt sind und wiederholt zur Modellierung biologischer oder evolutiver Prozesse genutzt wurden. Die damit verbundenen Probleme sind bekannt: Selten lassen sich diese geschlossen lösen, sondern es lassen sich nur Sonderfälle betrachten, Stabilitätsnachweise in der Nähe von Fixpunkten z. B. durch Störungsrechnung erbringen oder die

[39]Für das Problem der geeigneten Repräsentation von Daten oder Funktionen sei z. B. verwiesen auf: Seelen et al. (1995).

Art der Attraktordynamik in der Nähe der Lösungen eruieren. Die Komplexitätstheorie und auch die Chaostheorie haben hier ausführliche Betrachtungen dazu ermöglicht. In der Regel sind diese Systeme nur numerischen Methoden zugänglich oder nicht polynomial lösbar (vgl. z. B. Wegner 2003; Haken 1982). Transferiert man diese Betrachtungen auf KI mit künstlichen neuronalen Netzen (KNN), so ist nun eine der damit verbundenen Fragen, ob es KNN geben kann, die zwar nichtlineare, hochdimensionale und gekoppelte Dynamiken abbilden, jedoch

1. prinzipiell deterministisch sind, oder
2. nicht deterministisch sind.

Der erste Fall lässt sich nochmals unterteilen in solche Fälle, in denen der Determinismus praktikabel nachweisbar ist und in solche, die zwar deterministisch sind, die jedoch z. B. aufgrund der hohen Dimensionalität oder Zahl der möglichen Lösungen in praktischen Fällen nicht deterministisch erscheinen oder als solche nicht beobachtbar sind. Dies trifft unter anderem auf sogenannte np-vollständige Probleme zu, da deren mögliche Lösungskombinationen exponentiell mit dem Parameter p ansteigen (vgl. Garey und Johnson 1979). Im letzteren Fall mag ein solches System wie nichtdeterministisch erscheinen, z. B. indem bereits minimale Änderungen im Eingangsraum, die eigentlich identische Signale darstellen sollten, durch Halbleiterrauschen, Rundungsfehler im Algorithmus oder Ähnlichem zu anderen Ergebnissen im Lösungsraum führen. Mathematisch können Ursachen hierfür Bifurkationen sein, oder unterschiedliche Typen von Attraktoren. Es wurde bereits gezeigt, dass solche deterministischen Systeme äquivalent sind zu Müller Turing Maschinen bezüglich ihres Lösungsvermögens (Siegelmann 2014). Biologische Systeme haben eine besondere Robustheit, indem z. B. sogenannte *Graceful Degradation* dafür sorgt, dass minimale Abweichungen nicht zu einem völligen Versagen des Systems – im Extremfall bezüglich der Gesamtfunktion, in der Praxis bezüglich der Approximationsgüte – führt. Das damit verbundene notwendige *Wohlverhalten* ist sowohl in biologischen wie auch in künstlichen Systemen wünschenswert, führt jedoch ebenso in das bekannte Stabilitäts-Flexibilitätsdilemma, das für alle Systeme gilt: Bis zu welchen Variationen im Eingangsraum sollte ein System gleiche oder ähnliche Lösungen zeigen und ab wann sollte entweder eine andere stabile Lösung (Fixpunkt, lokales/globales Minimum) angesteuert werden bzw. ein Umschalten der Dynamik in ein anderes Muster erfolgen. Graceful Degradation analog zu biologischen Systemen wird in der Regel versucht durch sogenanntes Neuromorphic Computing nachzubilden: Die Struktur auf der gerechnet wird, ist dem biologischen Vorbild nachgebildet und möglichst problemadäquat gewählt. Diese Strukturen werden klassischerweise durch Selbstorganisation, z. B. in Form von Kohonen Karten oder Ähnlichem, erzeugt und stellen Formen des unüberwachten Lernens dar. Dies erzeugt auch eine strukturelle Robustheit gegen Störungen, da ähnliche Eingangsinformationen zu ähnlichen Orten im Funktionen- oder Vektorraum führen, in dem die Abbildung geschieht oder die Dynamik abläuft. Aufgaben, die KNN praktisch lösen sollen, wären folgende: *Auf der Input-Seite:* Klassifikationen,

Interpolationen und Extrapolationen (Prognosen), Prüfen von Hypothesen. *Auf der Output-Seite:* Generierung von Pfaden im Datenraum, die z. B. auf vordefinierte jedoch parametrierte Aktionen abgebildet werden können (z. B. nach rechts oder nach links lenken, bremsen mit – 5 m/s^2, nach erfolgter Spracherkennung und -klassifikation Auslösen der gewünschten Aktion etc.), selbstständiges Erkennen, wenn Prognosequalität zu klein wird (Entfernen vom trainierten Feature-Raum oder zu geringe Datendichte/Qualität im Feature-Raum), Existenz stabiler Lösungen, Graceful Degradation geeignete (d. h. problemadäquate) Repräsentationen von Eingangs- und Ausgangsdaten, Wohlverhalten im obigen Sinne in der Nähe definierter und analysierter Attraktoren.

1.6 Fazit

Es gibt eine Klasse neuronaler Netze, die aufgrund der oben beschriebenen Eigenschaften die Voraussetzungen für Autonomie besitzen, die über eine reine komplexe Abbildung hinaus geht und eigene Freiheitsgrade besitzen kann, zugleich jedoch eine definierte Problemklasse gut genug beherrscht, um auch das skizzierte Wohlverhalten zu zeigen: Mit den zur Zeit üblicherweise betrachteten Feed Forward überwacht trainierten neuronalen Netzen ist ein nichtdeterministisches Verhalten nicht zu erwarten. Wohl aber können diese Systeme, wenn z. B. in autonomen Fahrzeugen eingesetzt, autonom erscheinen, da aufgrund der hohen Dimensionalität und der Varianz der Eingangssituationen nicht alle in der Praxis eintretenden Situationen explizit programmiert, trainiert oder getestet werden konnten. Nichtdeterministische Systeme haben dagegen das prinzipielle Potenzial, Autonomie[40] zu zeigen, was nicht heißt, dass alle nichtdeterministischen Systeme sinnvolle Autonomie zeigen. Denn Autonomie setzt auch ein problemangepasstes Verhalten voraus, sonst ist es lediglich chaotisch und unvorhersagbar. Mit den oben beschriebenen Eigenschaften, kann künstlichen neuronalen Netzen also – unter bestimmten Bedingungen – echte Autonomie zugeschrieben werden. Und so stellt sich auch hier die Frage, in welchem Sinne sich künstliche Systeme essenziell vom Menschen unterscheiden, wenn wesentliche Eigenschaften, die für den Status einer Entität als Person relevant sind, bereits heute durch künstliche Systeme realisiert werden können. Die KI-Forschung nähert sich auf jeden Fall mit großen Schritten der „Menschwerdung" künstlicher Systeme und deshalb muss die Antwort auf unsere Ausgangsfrage, ob es prinzipielle Gründe gibt, die ausschließen, dass künstliche Systeme jemals moralisch ununterscheidbar vom Menschen sind, wahrscheinlich „nein" lauten![41]

[40] Vgl. Fußnote 7 dieses Beitrags. Autonomie ist mit dem Determinismus vereinbar, wenn man eine kompatibilistische Willenstheorie vertritt!

[41] Viele der am Anfang genannten Begriffe, die für die Frage des personalen Status künstlicher Systeme relevant sind, konnten wir an dieser Stelle leider nicht weiter thematisieren. Sie werden aber in weiteren Publikationen noch im Detail analysiert werden.

Literatur

Amara, P. (2016). Enhancement und Personale Identität. In R. Schütz, E. Hildt, & J. Hampel (Hrsg.), *Neuroenhancement: Interdisziplinäre Perspektiven auf eine Kontroverse (KörperKulturen)* (S. 95–108). Bielefeld: Transcript.

an der Heiden, U., & Schneider, H. (2007). *Hat der Mensch einen freien Willen? Die Antworten der großen Philosophen*. Stuttgart: Reclam.

Backmann, M., & Michel, J. G. (Hrsg.). (2009). *Physikalismus, Willensfreiheit, Künstliche Intelligenz*. Paderborn: Mentis.

Baumann, P. (2000). *Die Autonomie der Person*. Paderborn: Mentis.

Beck, B. (2013). *Ein neues Menschenbild? Der Anspruch der Neurowissenschaften auf Revision unseres Selbstverständnisses*. Münster: Mentis.

Beckermann, A. (2008a). *Gehirn, Ich, Freiheit. Neurowissenschaften und Menschenbild*. Paderborn: Mentis.

Beckermann, A. (2008b). *Analytische Einführung in die Philosophie des Geistes*. Berlin: De Gruyter.

Beckermann, A. (2011). *Das Leib-Seele-Problem. Eine Einführung in die Philosophie des Geistes*. Paderborn: W. Fink.

Bender, O., Kanitscheider, S., & Treml, A. K. (Hrsg.). (2012). *Enhancement oder die Verbesserung des Menschen: Die zweite Evolution?* Innsbruck: Otto König Gesellschaft.

Bieri, P. (2003). *Das Handwerk der Freiheit. Über die Entdeckung des eigenen Willens*. München: Hanser.

Birnbacher, D. (2001). Selbstbewusste Tiere und bewusstseinsfähige Maschinen. In D. Sturma (Hrsg.), *Person. Philosophiegeschichte – Theoretische Philosophie – Praktische Philosophie* (S. 301–321). Paderborn: Mentis.

Birnbacher, D. (2013). *Analytische Einführung in die Ethik*. Berlin: De Gruyter.

Boring, E. G. (1923). Intelligence as the tests test it. *New Republic, 36,* 35–37.

Brüntrup, G. (2018). *Philosophie des Geistes. Eine Einführung in das Leib-Seele-Problem*. Stuttgart: Kohlhammer.

Clark, M. (2012). *Paradoxien von A bis Z*. Stuttgart: Reclam.

Cuonzo, M. (2015). *Paradoxien*. Wiesbaden: Berlin University Press.

Deci, E. L., & Ryan, R. M. (2008). Self-Determination theory: A macrotheory of human motivation, development, and health. *Canadian Psychology, 49,* 182–185.

Dennett, D. C. (1981). Intentional systems. In D. C. Dennett (Hrsg.), *Brainstorms. philosophical essays on mind and psychology* (S. 3–22). Sussex: Harvester Press.

Dennett, D. C. (1993). *The intentional stance*. Cambridge: MIT Press.

Dettmann, U. (1999). *Der Radikale Konstruktivismus. Anspruch und Wirklichkeit einer Theorie*. Tübingen: Mohr Siebeck.

DocCheck Medical Services GmbH. (o. J.). Homunculus. https://flexikon.doccheck.com/de/Homunculus. Zugegriffen: 26. Aug. 2019.

Eckmiller, R. (1993). The challenge of neurotechnology. In Bothe, et al. (Hrsg.), *Neurobionics, an interdisciplinary approach to substitute impaired functions of the human nervous system* (S. 21–30). Amsterdam: Elsevier Science.

Eigen, M., & Schuster, P. (1979). *The hypercycle. A principle of natural selforganization*. Berlin: Springer.

Erny, N., Herrgen, M., & Schmidt, J. C. (Hrsg.). (2018). *Die Leistungssteigerung des menschlichen Gehirns: Neuro-Enhancement im interdisziplinären Diskurs*. Berlin: Springer.

Ertel, W. (2016). *Grundkurs Künstliche Intelligenz. Eine praxisorientierte Einführung*. Wiesbaden: Springer Vieweg.

Fenner, D. (2019). *Selbstoptimierung und Enhancement: Ein ethischer Grundriss*. Stuttgart: utb.

Gaede, K. (2019). *Künstliche Intelligenz – Rechte und Strafen für Roboter?: Plädoyer für eine Regulierung künstlicher Intelligenz jenseits ihrer reinen Anwendung (Robotik Und Recht, Band 18)*. München: Nomos.

Garey, M. R., & Johnson, D. S. (1979). *Computers and intractability: A guide to the theory of np-completeness (Series of books in the mathematical sciences)*. New York: W.H. Freeman.

Gesang, B. (2007). *Perfektionierung des Menschen*. Berlin: De Gruyter.

Geyer, C. (Hrsg.). (2004). *Hirnforschung und Willensfreiheit. Zur Deutung der neuesten Experimente*. Frankfurt a. M.: Suhrkamp.

Gottfredson, L. (1997). Mainstream Science on Intelligence. *Intelligence, 24*(1), 13–23. (Ablex Publishing corp.1997, Reprint from Wallstreet Journal 1994).

Haken, H. (1982). *Synergetik. Eine Einführung. Nichtgleichgewichts-Phasenübergänge und Selbstorganisation in Physik, Chemie und Biologie*. Berlin: Springer.

Hebb, D. O. (2002). *The organization of behavior" A neuropsychological theory*. New York: Taylor & Francis Inc.

Heinrich, J. H. (2017). *Willenlos. Der Willensbegriff zwischen antiker Moralpsychologie und modernen Neurowissenschaften*. Paderborn: Mentis.

Hofstadter, D. R. (1988). Ein Kaffeehaus-Gespräch über den Turing Test. In D. R. Hofstadter (Hrsg.), *Metamagicum. Fragen nach der Essenz von Geist und Struktur* (S. 529–551). Stuttgart: Klett Cotta.

ISO 8373. (2012). Autonomy: Ability to perform intended tasks based on current state and sensing, without human intervention": ISO 8373:2012, 2.2; https://www.iso.org/obp/ui/#iso:std:iso:13482:ed-ɪ:vɪ:en. Zugegriffen: 22. Aug. 2019.

Kane, R. (Hrsg.). (2011). *The Oxford handbook of free will*. Oxford: Oxford University Press.

Kannetzky, F. (2000). *Paradoxes Denken. Theoretische und praktische Irritationen des Denkens*. Paderborn: Mentis.

Keil, G. (2017). *Willensfreiheit*. Berlin: De Gruyter.

Keil, G. (2018). *Willensfreiheit und Determinismus*. Stuttgart: Reclam.

Kipke, R. (2011). *Besser werden: Eine ethische Untersuchung zu Selbstformung und Neuro-Enhancement*. Paderborn: Mentis.

Köchler, H. (Hrsg.). (2001). *Transplantationsmedizin und personale Identität: Medizinische, ethische, rechtliche und theologische Aspekte der Organverpflanzung*. Bern: Lang.

Lampe, E.-J., Pauen, M., & Roth, G. (Hrsg.). (2008). *Willensfreiheit und rechtliche Ordnung*. Frankfurt a. M.: Suhrkamp.

Leder, M. (1999). *Was heißt es eine Person zu sein?* Paderborn: Mentis.

Leefmann, J. (2017). *Zwischen Autonomie und Natürlichkeit: Der Begriff der Authentizität und die bioethische Debatte um das Neuro-Enhancement*. Münster: Mentis.

Lenzen, M. (2018). *Künstliche Intelligenz. Was sie kann und was uns erwartet*. München: C. H. Beck.

Libet, B. (1985). Unconscious cerebral initiative and the role of conscious will in voluntary action. *Behavioral and Brain Sciences, 8,* 529–566.

Libet, B., Gleason, C. A., Wright, E. W., & Pearl, D. K. (1983). Time of conscious intention to act in relation to onset of cerebral activity. *Brain, 106,* 623–642.

Mainzer, K. (2019). *Künstliche Existenz – Wann übernehmen Maschinen?* Heidelberg: Springer.

Maltby, J., Day, L., & Macaskill, A. (Hrsg.). (2011). *Differentielle Psychologie, Persönlichkeit und Intelligenz*. München: Pearson.

McCarthy, J., Minsky, M. L., Rochester, N., & Shannon, C. E. (1955). „A proposal for the Dartmouth Summer Research Project on Artificial Intelligence", 31. August 1955. http://raysolomonoff.com/dartmouth/boxa/dart-564props.pdf. Zugegriffen: 22. Aug. 2019.

Merkel, R. (2015). Freier Wille als Bedingung strafrechtlicher Schuldfähigkeit? In S. Muders, M. Rüther, B. Schöne-Seifert, & M. Stier (Hrsg.), *Willensfreiheit im Kontext. Interdisziplinäre Perspektiven auf das Handeln* (S. 109–140). Münster: Mentis.

Metzinger, T. (1994). Schimpansen, Spiegelbilder, Selbstmodelle und Subjekte. In S. Krämer (Hrsg.), *Geist – Gehirn – künstliche Intelligenz* (S. 41–70). Berlin: De Gruyter.

Metzinger, T. (Hrsg.). (2013). *Grundkurs Philosophie des Geistes. Band 2: Das Leib-Seele-Problem*. Münster: Mentis.

Mohr, G. (2001). Einleitung: Der Personbegriff in der Geschichte der Philosophie. In D. Sturma (Hrsg.), *Person. Philosophiegeschichte – Theoretische Philosophie – Praktische Philosophie* (S. 25–36). Paderborn: Mentis.

Müller, O., Clausen, J., & Maio, G. (Hrsg.). (2009). *Das technisierte Gehirn. Neurotechnologien als Herausforderung für Ethik und Anthropologie*. Münster: Mentis.

Pauen, M. (2005). *Grundprobleme der Philosophie des Geistes*. Frankfurt a. M.: Fischer.

Pauen, M. (2008). *Illusion Freiheit? Mögliche und unmögliche Konsequenzen der Hirnforschung*. Frankfurt a. M.: Fischer.

Pauen, M. (2016). *Die Natur des Geistes*. Frankfurt a. M.: Fischer.

Pauen, M., & Roth, G. (2016). *Freiheit, Schuld und Verantwortung. Grundzüge einer naturalistischen Theorie der Willensfreiheit* (3. Aufl.). Berlin: Suhrkamp.

Pothast, U. (2011). *Freiheit und Verantwortung. Eine Debatte, die nicht sterben will – und auch nicht sterben kann*. Frankfurt a. M.: Klostermann.

Prinz, W. (2015). Autonom handeln? In S. Muders, M. Rüther, B. Schöne-Seifert, & M. Stier (Hrsg.), *Willensfreiheit im Kontext. Interdisziplinäre Perspektiven auf das Handeln* (S. 57–74). Münster: Mentis.

Quante, M. (2012). *Person*. Berlin: De Gruyter.

Rich, E. (1983). *Artificial intelligence*. New York: Elsevier.

Rorty, A. O. (Hrsg.). (1976). *The identities of persons*. Berkley: University of California Press.

Runkel, T. (2010). *Enhancement und Identität, Die Idee einer medizinischen Verbesserung des Menschen als Normative Herausforderung*. Tübingen: Mohr Siebeck.

Sainsbury, R. M. (2010). *Paradoxien*. Stuttgart: Reclam.

Schöne-Seifert, B., Talbot, D., Opolka, U., & Ach, J. S. (Hrsg.). (2009). *Neuro-Enhancement. Ethik vor neuen Herausforderungen*. Paderborn: Mentis.

Schöne-Seifert, B., & Talbot, D. (Hrsg.). (2009). *Enhancement. Die ethische Debatte*. Paderborn: Mentis.

Schütz, R., Hildt, E., & Hampel, J. (Hrsg.). (2016). *Neuroenhancement: Interdisziplinäre Perspektiven auf eine Kontroverse (KörperKulturen)*. Bielefeld: Transcript.

Seelen, W.v, Kopecz, J., Bohrer, S., & Theimer, W. (1995). A neural architecture for visual information processing. *International Journal of Computer Vision, 16*, 229–260.

Sheridan,T. B., & Verplank, W. L. (1977). Human Control of Undersea Teleoperators. Technical Report, 15.3.1977–14.6.1977.

Siegelmann, C. (2014). The Super-Turing computational power of plastic recurrent neural networks. *Journal of Neural Systems, 24*(8), 1450029. https://doi.org/10.1142/S0129065714500294. (World Scientific).

Söbbing, T. (2019). *Fundamentale Rechtsfragen zur künstlichen Intelligenz: (AI Law) (@kit-Schriftenreihe)*. Frankfurt a. M.: Fachmedien Recht und Wirtschaft in Deutscher Fachverlag GmbH.

Sturma, D. (2001). Person und Philosophie der Person. In D. Sturma (Hrsg.), *Person. Philosophiegeschichte – Theoretische Philosophie – Praktische Philosophie* (S. 11–22). Paderborn: Mentis.

Turing, A. M. (1952). Philosophical transactions of the royal society of london. *Series B, Biological Sciences, 237*(641), 37–72.

Upadhyay, N. K., Joshi, S., & Yang, J. J. (2016). Synaptic electronics and neuromorphic computing. *Science China Information Sciences, 59*(6), 061404. https://doi.org/10.1007/s11432-016-5565-1.

Viertbauer, K., & Kögerler, R. (Hrsg.). (2019). *Neuroenhancement. Die philosophische Debatte.* Berlin: Suhrkamp.

Wahlster, W. (2017). Künstliche Intelligenz als Grundlage autonomer Systeme. *Informatik Spektrum, Sonderheft Autonome Systeme, 40*(5), 1–10.

Wegner, I. (2003). *Komplexitätstheorie, die Grenzen der Effektivität von Algorithmen.* Berlin: Springer.

Willaschek, M., Stolzenberg, J., Mohr, G., & Bacin, S. (Hrsg.). (2017). *Kant-Lexikon. Studienausgabe.* Berlin: De Gruyter.

Prof. Dr. Ulf Dettmann ist Professor für Wirtschaftsethik und Wissenschaftstheorie an der FOM Hochschule für Oekonomie & Management in Mannheim und publiziert hauptsächlich zu wirtschaftsethischen Themen. Er ist leitender Auditor für das Zertifikat „Ethik im Unternehmen" der DEKRA, Mitglied des Deutschen Netzwerks Wirtschaftsethik, des European Business Ethics Network und der Gesellschaft für analytische Philosophie. Zudem leitet er ein Beratungsinstitut, das Eignungsdiagnostiken und Seminare für mittelständische Firmen und Großunternehmen durchführt. Ulf Dettmann hat Philosophie, Psychologie und Mathematik in Heidelberg, Mannheim und Bielefeld studiert und über den Radikalen Konstruktivismus promoviert. Er war Geschäftsführer eines Seminaranbieters für Führungskräftetrainings.

Prof. Dr. Jörg Kopecz ist seit 2016 selbstständig als Berater und als Professor für Unternehmensführung & digitales Transformationsmanagement der FOM Hochschule für Oekonomie & Management in Bonn tätig. Er hat verschiedene Ehrenämter inne, unter anderem als Vorstandsmitglied des Arbeitskreises evangelischer Unternehmer und Mitglied des Digitalrates der EKHN. Jörg Kopetz hat Dipl.-Physik und Theologie studiert und in Neuroinformatik über lernende autonome Systeme promoviert. Er war im Oberen Führungskreis der Siemens AG zuständig für Kraftwerksautomatisierung Europa/GUS und ab 2013 als CFO und COO verantwortlich für den Deutschen Evangelischen Kirchentag.

Natural Language Processing in der KI

2

Eine Erfassung der aktuellen Patente- und Literatursituation

Rüdiger Buchkremer

Inhaltsverzeichnis

Zusammenfassung

In Bildern und Filmen zur künstlichen Intelligenz (KI) werden in den Medien häufig künstliche Gehirne und menschenähnliche Wesen aus Metall visualisiert. Auch die Bezeichnung „Machine Learning“ oder maschinelles Lernen vermittelt den Eindruck, dass sich KI fast ausschließlich mit der Entwicklung von Robotern beschäftigt. Tatsächlich leistet die Verarbeitung natürlicher Sprache einen enormen Beitrag zu den aktuellen Erfolgen der KI-Forschung und in der Wirtschaft. Während Patente ein Merkmal für den wirtschaftlichen Erfolg darstellen können, kommuniziert die

R. Buchkremer (✉)
FOM Hochschule, Düsseldorf, Deutschland
E-Mail: ruediger.buchkremer@fom.de

R. Buchkremer et al. (Hrsg.), *Künstliche Intelligenz in Wirtschaft & Gesellschaft*, FOM-Edition, https://doi.org/10.1007/978-3-658-29550-9_2

Wissenschaft in Form von Fachartikeln und Konferenzbeiträgen. Beide Facetten werden in diesem Beitrag untersucht. Zunächst wird der Ursprung der Bewertung von Sprache und Texten im Mittelalter vorgestellt. Daraus leitet sich eine integrierte Definition ab. Dass das „Natural Language Processing" (NLP) eine entscheidende Rolle in der Entwicklung des aktuellen KI-Hypes spielt, wird anhand von „Big Data" und der Analyse von unstrukturierten Informationen erklärt. Der Einfluss von NLP auf ethische Grundsätze und ein Ausblick runden diesen Beitrag ab.

2.1 Die Analyse von Texten und künstliche Intelligenz

Wenn Roboter sprechen oder „Alexa" den Wetterbericht liefert, ahnen viele Menschen nicht, dass sich dahinter ein vielstufiger Prozess verbirgt, in welchem die Textanalyse eine entscheidende Rolle spielt. Tatsächlich wird die entscheidende Technologie zur Verarbeitung von Fragen als „Natural Language Processing" und die Generierung von Texten und Sprache als „Natural Language Generation" (NLG) bezeichnet (Kacprzyk und Zadrozny 2010). Die heutigen „Bots" wie „Alexa" oder „OK Google" „verstehen" dabei bisher nur die Syntax. Die Semantik spielt jedoch ebenfalls eine entscheidende Rolle. Die Reihenfolge der Wörter, die Grammatik und die Satzzeichen geben den Inhalten eine zusätzliche Bedeutung. Die Erkennung von Humor, Ironie und Emotionen stellt aktuell noch eine Herausforderung dar, jedoch ist die Forschung auch hier auf einem guten Weg (Reyes et al. 2012). Dass Texte und Sprache eine bedeutsame Rolle spielen, wird auch bei der Betrachtung der sozialen Medien wie „Twitter" oder Messenger-Diensten wie „WhatsApp" klar. Nicht selten werden Nachrichten missverstanden oder es wird der Nachricht eine besondere Bedeutung zugerechnet, weil sie von einer bestimmten Personengruppe stammt. Dieses Phänomen wurde auch schon vor einigen Jahrhunderten erkannt.

Bereits im 15. Jahrhundert weist der mallorquinischen Humanist Antonio Llull (ca. 1510–1582) der „Grammatik" in Zusammenhang mit der Verwendung von Sprache oder Text eine besondere Bedeutung zu. Er definiert diese zunächst als „die Technik des Schreibens" und als „gut zu sprechen". Wesentliche Elemente einer Grammatik sieht er in der Orthografie, der Etymologie (Wortherkunft), der Syntax und der Prosodie (lautliche Eigenschaften). In seinen Schriften finden sich Anspielungen auf die damalige Autorität der Weisen oder Schriftstellerinnen und Schriftsteller, welche sich in der geschickten Anwendung einer Grammatik manifestieren (Martínez-Falero 2006).

Heute versuchen wir mit Methoden, welche der künstlichen Intelligenz (KI) zugeordnet werden können, neben semantischen Perspektiven, Nuancen in Texten zu erfassen und zu analysieren. Die Prinzipien von damals gelten heute genauso, denn bei der Untersuchung von Texten mit dem sogenannten „Natural Language Processing" (NLP) werden unter anderem die Anzahl, die Schreibweisen, Wortbausteine, Satzzeichen und die semantische Nähe von Wörtern analysiert (Buchkremer et al. 2019). Auch die Herkunft der Wörter spielt eine Rolle, denn die Benennungen und Bedeutungen ändern sich im Lauf der Zeit. Wir sprechen hier von „Word Sense Disambiguation“ (Wimmer und Zhou 2013). Das allgemeine Verständnis zu einer definierten Zeit, die Reihenfolge der Wörter oder der Abstand zueinander, Gruppierungen, Muster, die Satzzeichen und viele weitere Faktoren sind bei der Verarbeitung von natürlich und nicht-natürlich generierter Sprache relevant. Die bekanntesten Methoden werden auch als „Natural Language Processing“ und „Natural Language Generation“ zusammengefasst und werden seit Jahrzehnten der KI zugeschrieben.

Ein weiterer Vorteil der Untersuchung von Texten ist auch die hohe Geschwindigkeit, mit der komplizierteste Fragen (Queries) in einer großen Menge an Texten gesucht und die Ergebnisse zu Antworten transferiert werden können. „Text“ dient aufgrund der Geschwindigkeit der Analysen und weil es logische Zusammenhänge abbilden kann, auch als Zwischenformat, um z. B. Genom- oder Bilddaten zu untersuchen, wie in späteren Beispielen auch gezeigt wird.

Die Untersuchung und Generierung von Texten wird dem Methodenportfolio der künstlichen Intelligenz zugerechnet, welche in den 50er-Jahren durch Marvin Minsky und anderen ausgerufen wurde. Berühmt sind auch die Vorarbeiten durch Alan Turing aus den 40er-Jahren (Minsky 1961; McCarthy et al. 2006). Seither zählt NLP zu KI und gilt auch als Gründungstechnologie. Die Analyse von Texten hat sich im Laufe der Jahre weiterentwickelt. Zusammen mit dem Big-Data-Hype wurde eine weitere „Technologie“ populär, welche als „Deep Learning“ bezeichnet wird (LeCun et al. 2015). Das Lernen gehört ebenfalls zum Portfolio der KI. NLP und Deep Learning können zur vertieften Untersuchung von Texten kombiniert werden. Inzwischen existieren zahlreiche Übersichtsartikel zu KI, in denen mehrheitlich über Machine- oder Deep Learning berichtet wird (Ekbia 2010; O'Leary 2013; Parkes und Wellman 2015; Dwivedi et al. 2019). Fügen wir noch Roboter hinzu, dann haben wir die wesentlichen KI-Technologien beisammen (Dirican 2015). Während in den Medien Roboter gerne als menschenähnliche Maschinen dargestellt werden, haben diese „Bots“ äußerlich mit Menschen nicht viel zu tun. Die Arbeitsprozesse von Robotern werden heute mit „Robotic Process Automation“ tituliert und können ebenfalls der KI zugerechnet werden (van der Aalst et al. 2018).

Da die bisher genannten Autorinnen und Autoren keine integrierte Definition für KI vorschlagen, beziehen sich die in diesem Artikel besprochenen Beispiele und Analysen vorwiegend auf NLP/NLG und der folgenden Definition für KI:

▶ **Künstliche Intelligenz** beschreibt

- den Einsatz und die Analyse der Anwendung menschlicher Sinne (Lesen und Schreiben, Sehen, Fühlen, Hören, Sprechen),
- sowie menschliches Verstehen, Lernen, Adaptieren und Schlussfolgern,
- mit nicht-menschlichen Mitteln, z. B. einem Computer. Werden diese Verfahren von Menschen ausgeübt, werden sie allgemein als „intelligent“ bezeichnet.

Eine Erweiterung der Definition mit nicht-menschlichem Verhalten liegt insbesondere darin begründet, dass z. B. Computer Schlussfolgerungen aus Texten ziehen können, welche normalen Menschen verborgen sind, z. B. liefert die Vektorisierung von Texten (Salton et al. 1975) Erkenntnisse, welche mit „normalen“ menschlichen analytischen Fähigkeiten verschlossen sein würden. Und gehen wir davon aus, dass Computer technische Vorrichtungen sind, dann muss diese Definition durch den Einsatz von biologischen, chemischen und physikalischen Systemen erweitert werden. Zum Beispiel weisen Akyildiz et al. (2015) auf den Einsatz von biologischen und chemischen Nanomaterialien hin, welche ebenfalls als „Computer“ bezeichnet werden können.

Aktuelle Untersuchungen zur KI, z. B. in der Medizin, verwenden neben dem Lernen und der Robotik insbesondere das NLP als Basistechnologie, welches die nachfolgend illustrierten Beispiele zeigen. Zum NLP kann auch das „Natural Language Generation“ (NLG) gezählt werden, welches zum Erzeugen von Texten angewendet werden kann. Dabei geht es nicht nur um die semantische Kombination von Wörtern, sondern auch um die Übertragung oder Generierung einer Grammatik, welche mathematisch z. B. in Form einer Vektorisierung dargestellt und ausgewertet werden kann (Buchkremer et al. 2019).

Folgende Forschungsfragen sollen daher in diesem Artikel beantwortet werden:

- Wie hat sich der aktuelle Hype um KI über NLP und „Big Data“ entwickelt?
- Welche Rolle spielt die Textanalyse in der Wissenschaft und der Wirtschaft und wie verteilt sich diese integrierte KI quantitativ auf Patente und wissenschaftliche Publikationen und Konferenzberichte?
- Wie verteilen sich die aktuelle Forschung und die Patente nach Themen und nach Ländern?
- Wie kann sich NLP weiter entwickeln und worauf müssen wir vorbereitet sein?
- Welche Konsequenzen ergeben sich aus dem NLP für ethische Grundsätze?

2.2 Aktuelle Beispiele zu NLP/NLG

2.2.1 Das Erfassen von Bildern durch Textanalysen

Vinyals et al. (2015) beschreiben in ihrem vielfach zitierten Artikel mit dem Titel „Show and Tell: A Neural Image Caption Generator“ aus dem Jahr 2015, dass durch die Wandlung von Bildern in Textbausteine und die nachträgliche Anwendung einer Grammatik neue wertvolle Erkenntnisse erzielt werden können. Zum Beispiel ist die Aussage „Eine Gruppe von Leuten auf einem Marktplatz“ aussagekräftiger als „Vier Menschen – Obst – Gemüse – Asphalt“. Die Computeranalyse eines Bildes mit einer Betrachtung von Pixel für Pixel stellt sich deutlich aufwendiger dar. So kann z. B. über die Brücke „Text“ die Nähe eines Objekts durch die Proximität von entsprechenden Textbausteinen abgebildet werden. Dem Computer wird damit eine Logik vermittelt, welche Menschen verstehen und die wir auch durch Betrachten erkennen können. Dadurch, dass Gegenstände zu Texten umgewandelt werden können, „sieht“ der Computer mehr als die Menschen und kann eine Vielzahl von Bildern oder Filmen gleichzeitig analysieren.

Die (hierarchische) Textsuche verläuft im klassischen Computer im Vergleich zu einer relationalen Suche deutlich schneller, weshalb z. B. eine Genom-Analyse in Rekordzeit möglich ist (Clark et al. 2019).

Besonders gut gelingen Analysen von Texten, welche sich auf die syntaktische und semantische Nähe (Proximität) beziehen. Auch Gruppierungen und das Entdecken von Ausnahmen in Texten verlaufen in Computern vergleichsweise schnell.

2.2.2 Etablierung eines Notfall-Informationssystems durch die Analyse von Texten in sozialen Medien

Zur Analyse von Naturkatastrophen und um darauf schnell und adäquat reagieren zu können, sind nach Yin et al. (2015) die Wahrnehmung, das Verstehen und das Lernen aus vergangenen katastrophalen Ereignissen und die damit verbundene Projektion auf zukünftige Begebenheiten essenziell. Das soziale Netzwerk „Twitter" zeichnet sich durch seine schnelle Verfügbarkeit von Nachrichten aus. Es ist relativ einfach, das gesamte Netzwerk nach Nachrichten zu durchsuchen, aber auch besondere Verhaltensweisen, welche sich in einer anderen Art des Schreibens manifestieren, sind erkennbar. Leichte Veränderungen in der Schreibweise können mittels NLP entdeckt werden, so z. B. der Einfluss von Drogen oder Alkohol oder das Entstehen einer Krankheit, wie z. B. „Alzheimer". Eine „normale" Grammatik kann von den Menschen in einer Notfallsituation nicht erwartet werden. Daher ist es erforderlich, eine Notfall-Grammatik zu erstellen. Mit der Kombination von ortsspezifischen Informationen (Geotagging) kann somit schnell durch Textanalysen ein Überblick über eine Katastrophensituation erstellt werden, sofern viele Menschen vor Ort sind und diese dann auch maschinenlesbar kommunizieren. Mittels NLP können so besondere Menschen in einer großen Gruppe identifiziert werden, sofern diese Personen Texte produzieren. Nicht nur über Texte, sondern auch über Bilder und Filme können auffällige Personen am Verhalten in „real-time" identifiziert werden, sobald die Zwischenstufe NLP integriert wird. Dieses wird methodisch ausgewertet und hilft, das Leid zu reduzieren und in Zukunft früher zu erkennen oder ganz zu vermeiden.

2.2.3 NLP und NLG bei Chatbots und die Entwicklung von virtuellen Identitäten

Softwareroboter, welche gemeinhin auch als Bots bezeichnet werden, antworten scheinbar direkt auf Fragen, welche von Menschen oder anderen Bots gestellt werden. Auf Wunsch stellen sie Fragen, um bessere Antworten liefern zu können oder weil es für eine effiziente Kommunikation erforderlich ist. Durch die Verbreitung von sozialen Netzwerken erscheint es sinnvoll, die Aufmerksamkeit von Menschen durch Sprach- oder Chatbots zu gewinnen, z. B. im Vorfeld von Wahlen. NLG-Algorithmen können

Texte absichtlich so erstellen, dass sie einen bestimmten Zweck erfüllen (Ferrara et al. 2014). Hierbei können durch die Kombination von Wörtern mit einer entsprechenden Grammatik ähnliche Effekte erzeugt werden, vor denen Llull bereits im 15. Jahrhundert gewarnt hat (Martínez-Falero 2006).

Die Identifikation von Grammatiken und Emotionen weist demnach Vorteile auf. Genauso wie diese erkannt werden, können diese jedoch auch mittels NLG und Deep Learning generiert werden (Fake News). Wir müssen daher mit einer neuen Dimension von falschen Nachrichten, Bildern und auch Tönen rechnen (Lazer et al. 2018).

Ein Chatbot funktioniert prinzipiell wie folgt: Er erzeugt aus der Transkription einer Spracheingabe einen Suchalgorithmus, welcher durch Analyse oder den Vergleich mit anderen Texten zu einem Suchergebnis führt. Aus diesem Suchergebnis werden Konsequenzen abgeleitet, welche unter der Vorgabe einer Grammatik zu einem geschriebenen Text bzw. zu einer Antwort führen. Die maschinelle Verarbeitung erfolgt derart schnell und führt zu passenden Antworten, dass manchen Chatbots oder virtuellen Profilen menschliche Ähnlichkeit zugesprochen wird. Die technische Verarbeitung erfolgt zurzeit meist auf entfernten Servern, in aktuellen Studien verlagert sich dieser Prozess zunehmen auf lokale Instanzen (Netzwerke, Sensoren). In diesem Zusammenhang wird auch von Edge-AI gesprochen (Shi et al. 2016).

Durch virtuelle Profile oder durch die Integration von Dingen („Internet of Things") in soziale Netzwerke kommunizieren Menschen untereinander, aber auch „Maschinen" oder virtuelle Identitäten. Maschinen oder Dinge können ebenfalls untereinander kommunizieren. Als gemeinsame Transkriptionsformate dienen stets der Text und eine zugehörige Grammatik (siehe auch Soziales Internet der Dinge, SIoT) (Atzori et al. 2011).

Bei der „Unterhaltung" zwischen Robotern und Menschen beobachten wir somit einen ständigen Wechsel von NLP und NLG. Mit der Zeit lernen beide voneinander und verwenden Semantik, Syntax oder Grammatik der anderen Seite. Besonders merkwürdig wird es, wenn Bots sich auf längere Zeit ohne die Intervention von Menschen unterhalten. Sie entwickeln eine eigene Sprache (Steels 2003).

2.3 Die Entstehung des KI-Hypes aus der Notwendigkeit, bessere Textanalysen zu liefern

Welchem Umstand haben wir es zu verdanken, dass der aktuelle KI-Hype entstanden ist. Tatsächlich scheint es aus der Bewegung „Big Data" entstanden zu sein, wie Analysen des ifid Institut für IT Management & Digitalisierung aufzeigen (Buchkremer et al. 2019). Als die entscheidenden Umstände für die Entstehung von „Big Data" werden das „Web 2.0", insbesondere die sozialen Medien wie „Facebook", betrachtet (Fan und Gordon 2014).

Hintergrund: Seit vielen Jahren dient das sogenannte „Data Warehouse" als die zentrale Einheit innerhalb einer Unternehmens-IT-Architektur (Mendoza et al. 2015;

Gampfer et al. 2018). Informationen aus unterschiedlichen IT-Systemen werden hier über einen ETL- (Extrahieren, Transformieren, Laden) Prozess in das Data Warehouse übertragen und integriert. Als eines der prominentesten Verfahren analysiert OLAP (Online Analytical Processing) diese Daten in einem multidimensionalen Raum, welche häufig auch als „Data Cubes" bezeichnet werden. Eine besondere Gemeinsamkeit dieser Daten ist die Strukturiertheit. Das heißt, dass sämtliche Daten auch als Tabelle darstellbar sind. Die Informationen in den sozialen Medien bestehen jedoch in erster Linie aus unstrukturierten Informationen. Im Jahr 2015 galt es noch als eine besondere Herausforderung, unstrukturierte Informationen (z. B. Texte, Bilder oder Töne) systematisch in ein Data Warehouse zu integrieren (Mendoza et al. 2015).

Durch die Big-Data-Bewegung entstand somit der Bedarf, sehr große Datenmengen schnell zu untersuchen und dabei wurde die Zwischenstufe „NLP" wiederentdeckt. Inzwischen spricht viel für die konsequente Integration von unstrukturierten Inhalten in strukturierte Datensysteme wie das Data Warehouse, da die Datenzunahme im letzten Jahrzehnt im Wesentlichen auf diese Art von Daten beruht. Während sich die strukturierte Welt bemüht, unstrukturierte Daten zu integrieren, entwickelten Betreiber sozialer Plattformen Speicher- und Analysesysteme, welche es erlauben, strukturierte Inhalte zu speichern und mittels NLP schnell zu verarbeiten. Bei diesen Verfahren werden Daten nicht mehr verarbeitet und zu einer Tabelle strukturiert. Sie werden aus dem „Rohzustand" mit der Hilfe von NLG-Algorithmen („Queries") in unmittelbar generiert (Adnan et al. 2014). Diese „neuen" Verfahren werden heute gemeinhin mit „Big Data" zusammengefasst und beschreiben neben der schnelle Speicherung von unterschiedlichen Daten und Formaten die Analyse von unstrukturierten Inhalten (Gandomi und Haider 2015).

Die Verfahren von „Big Data" umfassen jedoch auch NLP und NLG. Somit lässt sich schlussfolgern, dass die aktuelle Prominenz von KI aus der Popularität von „Big Data" entstanden ist. Die Textanalyse diente als „Katalysator".

Künstliche Intelligenz hat sich einerseits in den 50er-Jahren entscheidend entwickelt, einen besonderen Schwung erhielt diese Technologie durch das Aufkommen der sozialen Medien und der Big-Data-Bewegung. Eine Rolle spielt hierbei die Analyse von unstrukturierten Informationen, insbesondere die Textanalyse. Der aktuelle Stand von dieser integrierten KI soll nachfolgend in der Wissenschaft und in der Wirtschaft untersucht werden.

2.4 Künstliche Intelligenz in Patenten und der Wissenschaft – eine integrierte Betrachtung

2.4.1 Die Patentsituation

Der Fortschritt in der Wissenschaft manifestiert sich in wissenschaftlichen Publikationen und Konferenzen, in der Wirtschaft werden häufig Patentanmeldungen zum Maßstab genommen. In den Medien wird häufig vernommen, dass China hier führend sei. In diesem Beitrag wird daher die Anzahl der Patentanmeldungen zu NLP untersucht. Um einen gesamtheitlichen Blick auf das Ergebnis zu bekommen, wird KI gesamtheitlich, gemäß der zuvor angegebenen Definition (mit Textanalysen) analysiert.

Die Anmeldung eines internationalen Patents, insbesondere mit weltweiter (WIPO-) Designation stellt einen kostspieligen und riskanten Prozess dar (Fernández-Ribas 2013). Viele Patentanmeldungen werden zurückgezogen, was dazu führt, dass ein Großteil der in Patentdatenbanken angegebenen Zitationen keine gültigen Patente mehr darstellen.

Um einen groben Überblick zu bekommen, konzentriert sich die nachfolgende Untersuchung auf WO-Patente, um den wirtschaftlichen Aspekt in den Vordergrund zu stellen. Nur Unternehmen, die mit einem wirtschaftlichen Erfolg rechnen, nehmen die enormen Kosten, die mit einer WO-Anmeldung einher gehen, in Kauf.

Die Suche nach Patenten verläuft über semantische Algorithmen (Shalaby und Zadrozny 2019). Der Suchalgorithmus sieht unter Berücksichtigung der integrierten Definition beispielsweise wie folgt aus: „MACHINE (W) LEARNING" OR „DEEP (W) LEARNING" OR „ARTIFICIAL (W) INTELLIGENCE" OR „NATURAL (W) LANGUAGE (W) PROCESSING" OR „TEXT (W) MINING OR (ANALY? (3 A) TEXT)"

Hier sind „W" und „A" sogenannte Proximitätsoperatoren, wobei W die Reihenfolge der Terme stets einhält und A eine beliebige Reihenfolge erlaubt. Das Fragezeichen „?" repräsentiert einen sogenannten Trunkierungsoperator, welcher eine beliebige Anzahl von Zeichen erlaubt.

Eine gesamtheitliche Suche (mit NLP) in der Datenbank „Inpadoc" liefert in der Kombination mit dem Suchstring für WO-Patente (WO/AC) folgende Reihenfolge (Tab. 2.1):

International klar führend waren und sind die Vereinigten Staaten von Amerika (US), gefolgt von China, Japan und Korea. Etwa zwei Drittel der Patente beziehen sich auf Machine- oder Deep Learning. Bezogen auf WO-Patente liegt China in einer ähnlichen

Tab. 2.1 WO-Patente KI gesamt – Datenbank Inpadoc über STN International (http://www.stn-international.de/) über alle Jahre

TERM #	# OCC	# DOC	% DOC	IN.CNY
1	2153	2153	48,84	US
2	555	555	12,59	CN
3	405	405	9,19	JP
4	315	315	7,15	KR
5	153	153	3,47	GB
6	138	138	3,13	DE
7	121	121	2,75	CA
8	95	95	2,16	IN
9	90	90	2,04	IL
10	72	72	1,63	NL

Tab. 2.2 WO-Patente KI gesamt > 01.01.2015 Datenbank Inpadoc über STN International (http://www.stn-international.de/)

TERM #	# OCC	# DOC	% DOC	IN.CNY
1	1457	1457	47,23	US
2	491	491	15,92	CN
3	288	288	9,34	JP
4	268	268	8,69	KR
5	103	103	3,34	GB
6	89	89	2,88	DE
7	77	77	2,50	CA
8	66	66	2,14	IL
9	65	65	2,11	IN
10	54	54	1,75	NL

Größenordnung wie Japan oder Korea. Deutschland erzielt einen beachtlichen sechsten Platz. Besonders deutlich wird die Leistung Deutschlands, wenn die Bevölkerung mengenmäßig hinzugezogen wird.

Die Reihenfolge in Tab. 2.2 bleibt auch in etwa bestehen, wenn nur aktuelle WO-Patente analysiert werden. Zur Untersuchung haben wir uns auf Patente mit dem Prioritätsdatum konzentriert, welches später als der 01.01.2015 ist.

Es hat sich demnach in den vergangenen vier Jahren in der Reihenfolge nicht viel verändert, obwohl eine leichte relative Zunahme von China beobachtbar ist. Der prozentuale Anteil von WO-Patenten mit chinesischem Ursprung hat sich leicht um zwei Prozentpunkte erhöht. Klar dominierend mit etwa 50 % Anteil sind die Vereinigten Staaten von Amerika.

Die Zunahme von KI in der Wirtschaft ist anhand der Patentanalyse erkennbar. Es stellt sich die Frage, ob die Zunahme bei Patenten auch in der Wissenschaft beobachtbar ist. Zu diesem Zweck werden nachfolgend die Fachliteratur und Konferenzbeiträge untersucht, ebenfalls unter Berücksichtigung der zuvor angeführten, ganzheitlichen Definition von KI (inklusive NLP und NLG).

2.4.2 Analyse der Fachpublikationen

Zur Analyse der wissenschaftlichen Fachpublikationen zu NLP und KI konzentrieren wir uns auf die Plattform „Web of Science" (WoS). WoS beinhaltet Titel und Abstracts, angereichert mit zusätzlichen Metadaten wie das für diesen Artikel verwendete „Forschungsgebiet". Seit vielen Jahren gilt WoS als „Gold Standard" für die wissenschaftliche Literaturanalyse. Die Ergebnisse sind vergleichbar mit „Scopus" und die Suche in der Datenbank liefert gegenüber „Google Scholar" deutlich aussagekräftigere Ergebnisse. WoS beinhaltet nur geprüfte, hochkarätige Fachartikel, welche in der Regel mit einem H-Index in der Thompson-&-Reuters-Datenbank versehen sind (Hirsch 2005;

Harzing und Alakangas 2016). Wir untersuchten das Fachgebiet KI unter besonderer Berücksichtigung des maschinellen Lernens und der Textanalysen (Web of Science, Core Collection 17.09.2019), Suchstring: **TOPIC:** ((„artificial intelligence“ OR „deep learning“ OR „machine learning“ OR „natural language processing“ OR „natural language generation“) OR (text* NEAR/2 analy*), **Timespan:**>=2010. **Indexes:** SCI-E XPANDED, SSCI, A&HCI, CPCI-S, CPCI-SSH, ESCI):

Hits: **158,314** (seit 2010, ca. 200.000 über alle Jahre)

Hinweis: Die Erweiterung auf die Suchbegriffe „Robotics“ und „Neuronale Netze“ hätte zu ca. 500.000 Treffern geführt – die zusätzlichen Treffer weisen einen hohen Anteil von Artikeln auf, welche nicht zu der zuvor angegebenen Definition von KI-Verfahren passen. Aufgrund der Vielzahl der Artikel zu Robotern, ohne dass KI-Verfahren (NLP, NLG, Learning) erwähnt werden, sollte dieser Aspekt separat untersucht werden. Das Ziel dieser Untersuchung ist nicht, quantitativ sämtliche Artikel zu KI zu erfassen, sondern insbesondere relevante, gerankte Publikationen zu erfassen, welche sich mit den Verfahren des maschinellen Lernens und der Textanalysen befassen.

Aus Abb. 2.1 ist ableitbar, dass der überwiegende Teil der Fachpublikationen zu KI weltweit in den Computer-, Ingenieur- und Telekommunikations-Wissenschaften publiziert wird. In der „zweiten Reihe“ fällt auf, dass in den Naturwissenschaften und in der Medizin ebenfalls relativ viel publiziert wird, der Anteil gegenüber den technischen Kategorien erscheint jedoch gering. Auffällig ist, dass KI in der Wirtschaftsforschung („Business Economics“) im Vergleich zu den vorab erwähnten Wissenschaften kaum angekommen zu sein scheint.

Die Analyse der Publikationen zum NLP/NLG und zur Textanalytik liefert ein etwas anderes Bild (Abb. 2.2). Neben der starken Prominenz der medizinischen

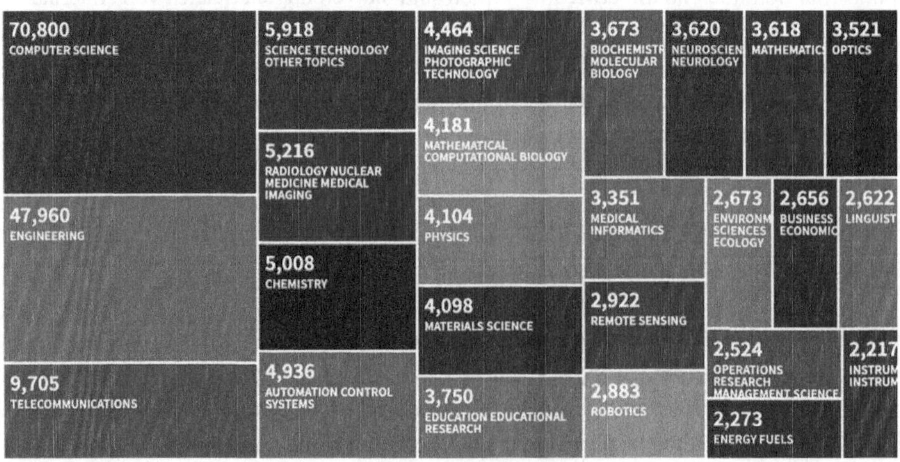

Abb. 2.1 Fachliteratur KI (Textanalysen und Lernen) nach Forschungsgebieten („Research Areas“)

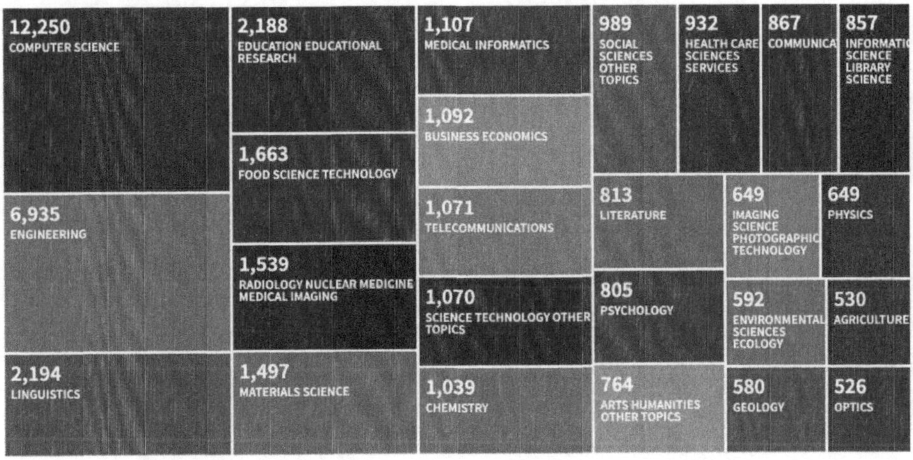

Abb. 2.2 Fachliteratur KI (nur Textanalysen) nach Forschungsgebieten („Research Areas")

Wissenschaften wird nun die Wirtschaft („Business Economics") deutlicher sichtbar. Dieses scheint daran zu liegen, dass Texte über soziale Medien und Bewertungen eine zunehmende Bedeutung in der Wirtschaft bekommen.

Interessant ist noch der relativ hohe Anteil an Bildanalysen, obwohl wir nach Textanalysen gesucht haben. Dieses Ergebnis bestätigt die Vermutung, dass zunehmend NLP bei der Bildanalyse eingesetzt wird, z. B. bei der Analyse von Röntgenbildern.

Auffällig und wenig überraschend ist der hohe Anteil in den Bereichen Literatur und Bibliotheken. NLP ermöglicht z. B. das Erfassen von Wissen aus umfangreichen Mengen an Texten bzw. aus der Fachliteratur. Dieses kann mittels NLP und entsprechender Visualisierung komfortabel ausgewertet und gegebenenfalls mit NLG zu neuen Texten zusammengeführt werden (Gampfer et al. 2018; Buchkremer et al. 2019).

Um die Analyse der KI-Patente auf Schlüssigkeit in der Wissenschaft zu untersuchen, wird eine integrierte Suchsequenz gemäß der in diesem Beitrag verwendeten Definition erzeugt und zu der Wissensdatenbank der Fachliteratur („Web of Science") gesendet. Die Ergebnisse werden nach Ländern gemäß der Adresse der Forschungsinstitute sortiert und visualisiert (Abb. 2.3).

Die Analyse der Länder aus Abb. 2.3, aus denen die Autorinnen und Autoren der Fachpublikationen stammen, zeigt auf, dass die Vereinigten Staaten von Amerika und China ähnlich wie bei den WO-Patenten dominieren, jedoch nimmt China hier einen größeren relativen Anteil ein. Beachtlich sind auch wieder die Publikationen aus Deutschland. Werden die Publikationen zu KI der europäischen Länder zusammengezählt, übertreffen diese sowohl die Vereinigten Staaten von Amerika als auch China. Gemessen an der Anzahl der Bewohner in den Regionen lässt sich ableiten, dass Australien, die Niederlande und die Schweiz in der KI besonders effizient sind.

Abb. 2.3 Fachliteratur KI (Textanalysen und Lernen) nach Ländern

Auch hier soll nun festgestellt werden, ob sich in den vergangenen Jahren etwas verändert hat, insbesondere mit dem Blick auf China, den USA und Europa (Abb. 2.4).

Ähnlich der Patentanalyse zeigt die Analyse der Fachliteratur zu KI der letzten zwei Jahre (Abb. 2.4), dass der Abstand der Vereinigten Staaten von Amerika zu China schrumpft ist. Europa ist nach wie vor dominierend in der Wissenschaft. Zu den „Newcomern" gehören Saudi-Arabien, Pakistan und Singapur.

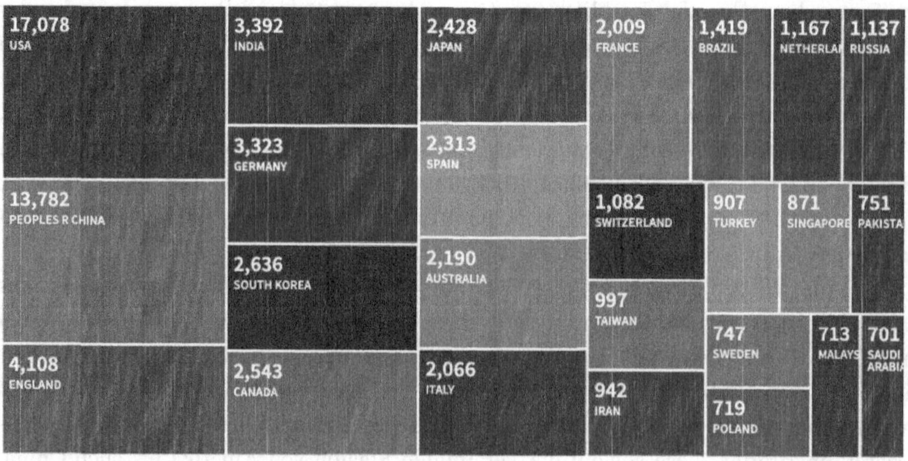

Abb. 2.4 Fachliteratur KI nach Ländern (>= 2018)

2.5 Schlussbetrachtung und die Zukunft von KI/NLP

In diesem Beitrag wird die Entwicklung der künstlichen Intelligenz mit dem Schwerpunkt auf die Untersuchung von Texten (NLP) beschrieben. Bereits im 15. Jahrhundert wurde auf die besondere Rolle der Sprache hingewiesen, wobei neben den Inhalten insbesondere der Grammatik eine Rolle zugesprochen wird. Das Methodenportfolio zur Untersuchung von Texten umfasst neben statistischen Methoden auch linguistische Verfahren. Darüber hinaus kann maschinelles Lernen bzw. „Deep Learning" eingesetzt werden. Um Texte neu zu erstellen wird eine vorhandene Grammatik mit Inhalten verbunden, um diese mittels „Natural Language Generation" zu neuen Beiträgen zusammenzuführen. NLP wird allerdings nicht nur in Kombination mit lesbaren Texten verwendet, es kann auch zur Analyse von Genomen (Clark et al. 2019) oder Bildern eingesetzt werden. Damit stellt es eine Schlüsseltechnologie dar. Textanalysen sind wahrscheinlich aus der Big-Data-Bewegung wieder populär geworden und sorgen aktuell für vielfältige Einsatzmöglichkeiten.

Eine übergreifend einsetzbare Definition für KI scheint nicht zu existieren. Insbesondere durch das intermediäre Format „Text" erscheint eine Fokussierung auf ursprünglich menschliche Sinne wie Sehen, Lesen, Schreiben und Lernen sinnvoll. Wir schlagen eine gesamtheitliche Definition für KI vor und untersuchen mittels dieser die Patent- und die Fachliteratur (Wirtschaft und Wissenschaft).

Die Analyse von (WO-)Patenten zur künstlichen Intelligenz zeigt im kommerziellen Bereich eine mächtige Dominanz der Vereinigten Staaten von Amerika. China hat sich insbesondere in der Wissenschaft entwickelt, wobei Australien, die Niederlande und die Schweiz hier besonders effizient sind. Deutschland und Europa stehen in der Wirtschaft gut und in der Wissenschaft sehr gut da.

Während Learning-Verfahren der KI insbesondere in den Computer- und Ingenieurwissenschaften verbreitet sind, scheinen sich textbezogene Verfahren wie NLP und NLG in betriebswirtschaftlichen Bereichen durchzusetzen.

Der besondere Vorteil der Schnelligkeit von Textanalysen hat NLP zu einer Brückentechnologie verholfen, von der wir noch viele neue Erkenntnisse durch die Analyse von vorhandenem Wissen und durch den Einsatz als Unterstützungsmedium bei der Untersuchung anderer Medien wie Bildern oder Tönen erwarten. Die Kombination einer Grammatik mit Inhalten kann mittels NLG allerdings auch zu einer großen Welle von falschen Neuigkeiten, sogenannten „Fake News" führen, was nicht auf Texte als Datenformat allein beschränkt ist.

NLG macht es möglich, Besonderheiten zwischen den Zeilen aufzudecken. Die Grammatik von Autorinnen und Autoren kann auf andere Menschen oder andere Computer übertragen werden. Die Suche nach Grammatiken kann anonyme Autorinnen und Autoren entlarven. Wir erwarten hier eine neue Form von Transparenz.

Ob mit NLP/NLG oder ohne, künstliche Intelligenz entwickelt sich rasant und wird sich in den kommenden Jahren als Methodik weiter durchsetzen. Nach den Natur- und

Ingenieurwissenschaften erwarten wir neue Erkenntnisse aus und für die Wirtschaft. Die Erfolge und Möglichkeiten sind nicht zu übersehen, allerdings müssen wir auch mit schädlichen Entwicklungen rechnen.

NLP und NLG sind in der Wissenschaft und der Wirtschaft bereits angekommen, die Medien werden es bald auch aufnehmen, da die klassische Untersuchung von Bildern mittels einfachem „Machine Learning" bereits zum Stand der Technik gehört.

Daher ist es erforderlich, Richtlinien und Rahmenwerke zur KI zu entwickeln, welche NLP und NLG stärker berücksichtigen. Jobin et al. (2019) haben kürzlich die globale Landschaft der Ethik-Richtlinien zu KI untersucht und haben folgende wichtigsten gemeinsamen Themenkomplexe identifiziert:

- **KI sollte transparent sein**
  KI schafft nicht nur Transparenz, auch die Algorithmen müssen verständlich sein. KI kann demnach niemals rassistisch sein, denn es werden Algorithmen verwendet, welche (noch) von Menschen entwickelt werden. NLG-Algorithmen sind für die normale Bevölkerung kaum verständlich. Daher müssen diese übersetzt werden. Die Wirkung eines NLG-Algorithmus kann z. B. durch „keyword in context" visualisiert werden (s. auch XAI oder Explainable AI (Alonso et al. 2018; Miller 2019)).
- **KI sollte gerecht und fair sein**
  Hier gilt das gleiche Prinzip wie bei der Transparenz. Eine KI kann Gerechtigkeit und Fairness lernen, es sind jedoch die Menschen, die der KI beibringen müssen, was darunter zu verstehen ist. Vorstellbar ist auch die Entwicklung von Fairness- und Gerechtigkeitsalgorithmen. NLG kann hier unterstützen, die besondere Sprache von ungerechten Einrichtungen oder Personen zu identifizieren.
- **KI sollte keine Schäden verursachen**
  Es ist wichtig, dass eine KI ausführlich getestet wird. Die Auswirkungen auf Menschen können im Labor getestet werden. Bei den Schäden sollten nicht nur materielle Schäden in Betracht gezogen werden. Insbesondere durch falsche Nachrichten (Fake News), welche durch NLG und Learning-Algorithmen erzeugt werden können, müssen erkannt und vermieden werden, wenn diese ungewollte Schäden verursachen.
- **KI sollte verantwortungsvoll sein**
  Die verantwortliche Nutzung von Sprache stellt eine besondere Herausforderung dar. Durch NLG und NLG besteht die Möglichkeit, Texte dahingehend zu generieren, dass nicht abzusehen ist, welche Folgen die Anwendung haben kann.
- **KI sollte die Privatsphäre beachten**
  Durch das Erkennen von Grammatiken und Nuancen kann NLG private Merkmale erkennen, deren sich die Menschen selbst nicht bewusst sind. Zum Beispiel ist die Anwendung von Satzzeichen oder Wörtern in einer Kombination derart persönlich, dass ich bei der Suche nach einer persönlichen Grammatik eine Person identifizieren kann, unabhängig vom Text, den diese Person schreibt. Außerdem ist damit erkennbar, welche Teile eines Textes oder eines anderen Dokuments wahrhaftig von den angegebenen Autoren stammen (Boyd und Pennebaker 2015).

Literatur

Adnan, M., Afzal, M., Aslam, M., et al. (2014). Minimizing big data problems using cloud computing based on Hadoop architecture. In: 2014 11th Annual High Capacity Optical Networks and Emerging/Enabling Technologies (Photonics for Energy). IEEE (S. 99–103).

Akyildiz, I. F., Pierobon, M., Balasubramaniam, S., & Koucheryavy, Y. (2015). The internet of bio-nano things. *IEEE Communications Magazine, 53,* 32–40. https://doi.org/10.1109/mcom.2015.7060516.

Alonso, J. M., Castiello, C., & Mencar, C. (2018). A bibliometric analysis of the explainable artificial intelligence research field. In *Communications in Computer and Information Science* (S. 3–15).

Atzori, L., Iera, A., & Morabito, G. (2011). SIoT: Giving a social structure to the internet of things. *IEEE Communications Letters, 15,* 1193–1195. https://doi.org/10.1109/lcomm.2011.090911.111340.

Boyd, R. L., & Pennebaker, J. W. (2015). Did Shakespeare write double falsehood? Identifying individuals by creating psychological signatures with text analysis. *Psychological Science, 26,* 570–582. https://doi.org/10.1177/0956797614566658.

Buchkremer, R., Demund, A., Ebener, S., et al. (2019). The application of artificial intelligence technologies as a substitute for reading and to support and enhance the authoring of scientific review articles. *IEEE Access, 7,* 65263–65276. https://doi.org/10.1109/access.2019.2917719.

Clark, M. M., Hildreth, A., Batalov, S., et al. (2019). Diagnosis of genetic diseases in seriously ill children by rapid whole-genome sequencing and automated phenotyping and interpretation. *Science Translational Medicine*. https://doi.org/10.1126/scitranslmed.aat6177.

Dirican, C. (2015). The impacts of robotics, artificial intelligence on business and economics. *Procedia – Social and Behavioral Sciences, 195,* 564–573. https://doi.org/10.1016/j.sbspro.2015.06.134.

Dwivedi, Y. K., Hughes, L., Ismagilova, E., et al. (2019). Artificial Intelligence (AI): Multidisciplinary perspectives on emerging challenges, opportunities, and agenda for research, practice and policy. *International Journal of Information Management, (July),* 101994. https://doi.org/10.1016/j.ijinfomgt.2019.08.002.

Ekbia, H. R. (2010). Fifty years of research in artificial intelligence. *Annual Review of Information Science and Technology, 44,* 201–242. https://doi.org/10.1002/aris.2010.1440440112.

Fan, W., & Gordon, M. D. (2014). The power of social media analytics. *Communications of the ACM, 57,* 74–81. https://doi.org/10.1145/2602574.

Fernández-Ribas, A. (2013). Review of policy research. *Review of Policy Research, 30,* i–ii. https://doi.org/10.1111/ropr.12008.

Ferrara, E., Varol, O., Davis, C., et al. (2014). The rise of social bots. *Communications of the ACM, 59*(7), 96–104. https://doi.org/10.1145/2818717.

Gampfer, F., Jürgens, A., Müller, M., & Buchkremer, R. (2018). Past, current and future trends in enterprise architecture—A view beyond the horizon. *Computers in Industry, 100,* 70–84. https://doi.org/10.1016/j.compind.2018.03.006.

Gandomi, A., & Haider, M. (2015). Beyond the hype: Big data concepts, methods, and analytics. *International Journal of Information Management, 35,* 137–144. https://doi.org/10.1016/j.ijinfomgt.2014.10.007.

Harzing, A. W., & Alakangas, S. (2016). Google scholar, scopus and the web of science: A longitudinal and cross-disciplinary comparison. *Scientometrics, 106,* 787–804. https://doi.org/10.1007/s11192-015-1798-9.

Hirsch, J. E. (2005). An index to quantify an individual's scientific research output. *Proceedings of National Academy of Sciences, 102,* 16569–16572. https://doi.org/10.1073/pnas.0507655102.

Jobin, A., Ienca, M., & Vayena, E. (2019). The global landscape of AI ethics guidelines. *Nature Machine Intelligence, 1,* 389–399. https://doi.org/10.1038/s42256-019-0088-2.

Kacprzyk, J., & Zadrozny, S. (2010). Computing with words is an implementable paradigm: Fuzzy queries, linguistic data summaries, and natural-language generation. *IEEE Transactions on Fuzzy Systems, 18,* 461–472. https://doi.org/10.1109/tfuzz.2010.2040480.

Lazer, D. M. J., Baum, M. A., Benkler, Y., et al. (2018). The science of fake news. *Science, 359*(80), 1094–1096. https://doi.org/10.1126/science.aao2998.

LeCun, Y., Bengio, Y., & Hinton, G. (2015). Deep learning. *Nature, 521,* 436–444. https://doi.org/10.1038/nature14539.

Martínez-Falero, L. (2006). La teoría gramatical de Antonio Llull: Las Institutiones absolutissimae in grammaticam latinam (1549). *Revista de Filología Española, 86,* 315–338.

McCarthy, J., Minsky, M. L., Rochester, N., & Shannon, C. E. (2006). A proposal for the dartmouth summer research project on artificial intelligence. *AI Magazine, 27,* 12–14.

Mendoza, M., Alegría, E., Maca, M., et al. (2015). Multidimensional analysis model for a document warehouse that includes textual measures. *Decision Support Systems, 72,* 44–59. https://doi.org/10.1016/j.dss.2015.02.008.

Miller, T. (2019). Explanation in artificial intelligence: Insights from the social sciences. *Artificial Intelligence, 267,* 1–38. https://doi.org/10.1016/j.artint.2018.07.007.

Minsky, M. (1961). Steps toward artificial intelligence. *Proceedings of the IRE, 49*(1), 8–30.

O'Leary, D. E. (2013). Artificial intelligence and big data. *IEEE Intelligent Systems, 28,* 96–99. https://doi.org/10.1109/mis.2013.39.

Parkes, D. C., & Wellman, M. P. (2015). Economic reasoning and artificial intelligence. *Science, 349*(80), 267–272. https://doi.org/10.1126/science.aaa8403.

Reyes, A., Rosso, P., & Buscaldi, D. (2012). From humor recognition to irony detection: The figurative language of social media. *Data & Knowledge Engineering, 74,* 1–12. https://doi.org/10.1016/j.datak.2012.02.005.

Salton, G., Wong, A., & Yang, C. S. (1975). A vector space model for automatic indexing. *Communications of the ACM, 18,* 613–620.

Shalaby, W., & Zadrozny, W. (2019). Patent retrieval: A literature review. *Knowledge and Information Systems, 61,* 631–660. https://doi.org/10.1007/s10115-018-1322-7.

Shi, W., Cao, J., Zhang, Q., et al. (2016). Edge computing: Vision and challenges. *IEEE Internet Things J, 3,* 637–646. https://doi.org/10.1109/jiot.2016.2579198.

Steels, L. (2003). Evolving grounded communication for robots. *Trends in Cognitive Sciences, 7,* 308–312. https://doi.org/10.1016/s1364-6613(03)00129-3.

van der Aalst, W. M. P., Bichler, M., & Heinzl, A. (2018). Robotic process automation. *Business & Information Systems Engineering, 60,* 269–272. https://doi.org/10.1007/s12599-018-0542-4.

Vinyals, O., Toshev, A., Bengio, S., & Erhan, D. (2015). Show and tell: A neural image caption generator. In *Proceedings of the IEEE Computer Society Conference on Computer Vision and Pattern Recognition, 07–12-June,* 3156–3164. https://doi.org/10.1109/cvpr.2015.7298935.

Wimmer, H., & Zhou, L. (2013). Word sense disambiguation for ontology learning. In *Proceedings of the Nineteenth Americas Conference on Information Systems* (S. 1–10).

Yin, J., Karimi, S., Lampert, A., et al. (2015). Using social media to enhance emergency situation awareness. *IJCAI International Joint Conference on Artificial Intelligence, 2015-Janua,* (4234–4239).

Prof. Dr. Rüdiger Buchkremer ist Professor für Wirtschaftsinformatik und Direktor des 2017 gegründeten ifid Institut für IT-Management und Digitalisierung an der FOM Hochschule. Seine Hauptforschungsthemen sind aktuell „Natural Language Processing" und Systemmedizin. Er ist Gutachter für mehrere internationale Journale und Mitherausgeber der Fachzeitschrift „AI". Vor der Tätigkeit an der Hochschule war er „CIO" eines Healthcare-DAX-Unternehmens. Er studierte Chemie, Mathematik und Physik an der Ruhr-Universität in Bochum und promovierte zum „Doctor of Philosophy" in Organischer Chemie an der Binghamton University in New York, USA. 2019 erhielt er den Forschungspreis der BCW-Gruppe.

KI in der Telekommunikation mit 5G

3

Roman Englert

Inhaltsverzeichnis

Danksagung: Für die zahlreichen und kritischen Diskussionen möchte der Autor besonders Armin B. Cremers danken, der durch seine Lehrstühle in China und seinen ehemaligen Lehrstuhl an der UCLA tiefe Einblicke in die jeweiligen KI-Forschungsschwerpunkte hat und auch an der KI-Ethik Konferenz der Pontifical Academy of Social Sciences (Vatican 2019) teilnahm. Weiterer Dank geht an Joachim Hertzberg und an Christian Bauckhage.

R. Englert (✉)
Universität Siegen, Siegen, Deutschland
E-Mail: Roman.Englert@t-online.de

R. Buchkremer et al. (Hrsg.), *Künstliche Intelligenz in Wirtschaft & Gesellschaft*, FOM-Edition, https://doi.org/10.1007/978-3-658-29550-9_3

Zusammenfassung

Die künstliche Intelligenz (KI) hat in jüngster Zeit eine Reife in Anwendungsbereichen wie Deep Learning oder Image Understanding erreicht. In diesem Beitrag werden die Anwendungsbereiche untersucht, die derzeit im Fokus der Forschung und Entwicklung in der Telekommunikation für 5G stehen. Zunächst wird ein Überblick über die KI und ihre wichtigsten Ansätze und Techniken gegeben. Die Analyse wird durch die aktuelle Diskussion des weltweiten KI-Rennens und den geplanten europäischen Aktivitäten bis 2023 ergänzt. Anschließend werden die wichtigsten Anwendungsbereiche der KI für die Telekommunikation und 5G detailliert dargestellt, darunter exemplarische Anwendungen wie das chinesische Hukou-System und das Deep Learning von Google zur Bias-Erkennung. Die F&E-Aktivitäten von Unternehmen wie Google und Huawei sind von grundlegender Bedeutung für die Entwicklung einer angewandten KI in der Telekommunikation. Daher werden die KI-Strategien von Huawei und Google beschrieben und diskutiert. Der Ausblick enthält eine kurze Beschreibung der KI-bezogenen drahtlosen Kommunikationsgeneration 6G.

3.1 KI in der Telekommunikation

Aktuelle Entwicklungen in der KI wie Deep Learning und zusätzlich die Einführung des Kommunikationsstandards 5G boosten die KI. Zahlreiche KI-Organisationen sind in den letzten Jahren gegründet worden: Die USA haben das weltweite KI-Netz „Partnership on AI“ gegründet (PAI 2019), das chinesische Regierungsprogramm Hukou und weitere (Groth und Nitzberg 2018, S. 154), und die EU hat mehrere Initiativen gebildet. Zum einen europaweit bis 2023 500 Institutionen mit KI-Fokus zu initiieren (Groth und Nitzberg 2018, S. 148) und zum anderen eine Expertenkommission für KI mit der Aufgabe Ziele und Aktionen für die EU zu definieren (EU_HLEG_AI 2019).

Das weltweite Rennen um die KI-Führerschaft läuft zwischen den USA und China ab (Groth und Nitzberg 2018, S. 70). Die EU sucht „ihren Platz“ in diesem Rennen, das doppelt so schnell ist wie der Entwicklungsfortschritt von Prozessoren (GoogleAI 2019). Hierbei kann sie auf den Entwicklungen von Technologieführern wie Huawei und Google aufsetzen. In diesem Beitrag wird die KI für die Telekommunikation und ihren Anwendungen beschrieben. Diese hat verschiedenste Anwendungen, z. B. in der Optimierung von drahtlosen Netzen (Englert 2005) und ebenfalls in Services für den Mobilfunk. Hierfür werden die KI-Technologie Entwickler und Lieferanten Huawei und Google mit ihren KI-Strategien beleuchtet. Zuerst werden im Folgenden einige Facetten des Begriffs KI beschrieben.

3.2 Angewandte KI

Die angewandte KI hat das Ziel, den Menschen im täglichen Leben zu unterstützen: Groth und Nitzberg (2018, S. 178) schreiben „Eine gut entwickelte KI kann, auch mit gewissen Begrenzungen, dem Menschen helfen objektivere und bessere Entscheidungen zu finden, die unser Leben und die Gesellschaft verbessern". Es stellt sich daher die Frage, was ist KI? Seit der Einführung des Begriffs Artificial Intelligence (dt. künstliche Intelligenz) im Jahre 1956 auf der Dartmouth Conference wurden verschiedene Versuche einer Definition getätigt. Vier gegenwärtig existierende Definitionen werden hier dargestellt und diskutiert:

1. Alan Turing untersuchte den Begriff maschinelles Lernen in den späten 1940ern und entwickelte für die KI einen Imitationstest (auch als Turing-Test bezeichnet). Dieser funktioniert wie folgt (Nilsson 2006): In einem Raum sitzt ein Mensch A an einer Konsole, die mit einem weiteren Raum verbunden ist, in dem ein Mensch B sich befindet und ein KI-System. Der Mensch B hat eine Konsole und das IT-System ebenfalls und beide sind mit der Konsole von Mensch A verbunden. Der Mensch A führt eine Konversation und stellt Fragen, sobald er nicht mehr unterscheiden kann, ob Mensch B oder das IT-System antwortet, wird das IT-System nach Turing als KI bezeichnet. Diese KI ist einem Menschen bezüglich der kognitiven Fähigkeiten ebenbürtig. Wichtig ist hierbei der Aspekt, dass diese Imitation der kognitiven Fähigkeiten vom IT-System berechnet werden muss, d. h. die KI berechnet die Imitation mit Algorithmen.
2. Stuart Russell und Peter Norvig (2009) erweitern 1995 die Turing-Definition um Handlungen mittels Software-Agenten (kurz: Agenten): „[AI deals with] general principles of rational agents [in general, in agents with limited rationality] und … with components for constructing them." Auf Deutsch bedeutet dies: „[KI handelt von] allgemeinen Prinzipien von rationalen Agenten (allgemein von Agenten mit beschränkter Rationalität) und… mit Komponenten, um sie zu konstruieren." Dies bedeutet insbesondere, dass ein Agent sich in einem Netzwerk bewegt, indem er das Netz von Knoten zu Knoten traversiert und an den Knoten (seine Umgebung) Aktionen ausführen kann, die er selbst berechnet.
3. Die Definition von John McCarthy, einer der Gründerväter der KI, unterscheidet zwischen der schwachen und der starken KI, wobei eine schwache KI eine Form der „Intelligenz" zur Lösung verwendet, z. B. ein Expertensystem zur Interpretation von Röntgenbildern, und die starke KI wie der Mensch denkt und handelt. Dies bedeutet, dass beide Formen der KI einen Menschen ersetzen können, für spezielle und allgemeine Aufgaben (Shubhendu und Vijay 2013). In dem Papier „Strategie Künstliche Intelligenz der Bundesregierung" von Ende 2018 wird diese KI-Definition angenommen (Bund_KI-Strategie 2018).

4. Ein erweiterter Ansatz für eine KI-Definition findet sich bei Joachim Hertzberg (Hertzberg 2004): „Die KI ist der Teil der Informatik, der mittels algorithmischer Modelle Leistungen des Denkens, Tuns und Wahrnehmens untersucht." Hierbei werden diese Leistungen untersucht und nicht zwangsweise als Ziel einer Berechnung bzw. Lösungssuche formuliert. Eine Untersuchung sollte eine Erklärung beinhalten, sodass die Leistung im wissenschaftlichen Sinne nachvollziehbar und replizierbar wird. Hertzberg annotiert, dass nicht notwendigerweise alle Leistungen untersuchbar sein müssen, und die Leistungen sich nicht nur auf das Denken beschränken, sondern auch das Tun und die Wahrnehmung. Insbesondere durch letztere Eigenschaft geht diese Definition von KI über diejenige von Russell und Norvig (2009) hinaus. Wichtig ist hierbei, dass die algorithmischen Modelle eine Berechnung darstellen, z. B mit neuronalen Netzen.

Die angewandte KI basiert auf grundlegenden Verfahren und Algorithmen, und auf Trainingsdatensätzen, die für angewandte Problemstellungen reale Domänen sind (Shubhendu und Vijay 2013): Suche insbesondere mit Heuristiken mit Eigenschaften wie z. B. Terminierung und Garantier zur Findung einer existierenden Lösung, maschinelles Lernen (ML) mit probabilistischen Methoden oder neuronalen Netzen (NN) wie im Deep Learning. Des Weiteren das Verstehen natürlicher Sprache (engl. natural language understanding (NLU)) und Robotik, welches meist auf probabilistischen Methoden von ML aufsetzt. Ausführliche Beschreibungen dieser Verfahren und algorithmische Analysen finden sich in Russell und Norvig (2009). Anzumerken ist, dass das KI-Strategiepapier der Bundesregierung (Bund_KI-Strategie 2018) diese aktuellen Themen kaum oder nur gering aufgreift, und teilweise auf Methoden von vor dem Durchbruch der KI fokussiert (Gallwitz 2019).

KI hat jedoch Limitierungen in seiner Mächtigkeit, den Menschen zu imitieren: In den 1930ern stellte Kurt Gödel seine Unvollständigkeitstheoreme vor (Paris und Harrington 1977). Das zweite Unvollständigkeitstheorem besagt, dass jede konsistente Axiomatisierung der Arithmetik notwendigerweise unvollständig ist, in dem Sinne, dass es wahre arithmetische Aussagen gibt, die nicht mit den Axiomen bewiesen werden können. Dies bedeutet, dass Aussagen wahr und gleichzeitig falsch sein können. Diese Eigenschaft wird bereits für Axiomensysteme mit moderater Komplexität, wie z. B. die Peano-Axiome (auch als Induktionsbeweistechnik bekannt), angenommen (Paris und Harrington 1977). Aus dieser Limitierung von KI-Systemen folgt, dass es keine widerspruchsfreie KI nach Turing geben kann, und somit auch keine starke KI, die den Menschen imitiert.

Pearl und Mackenzie (2018, S. 365) postulieren zur KI, dass zwei grundlegende Fragen offen sind, denen sich KI-Forscher widmen: Wie ein KI-System funktioniert und wie es Intelligenz simuliert bzw. berechnet. Die Antwort auf die erste Frage beeinflusst und bestimmt die zweite Frage. Sobald die Berechnungsfunktionen, die unser Leben bestimmen, verstanden sind, können sie auf Maschinen (Roboter bzw. Systeme) angewendet werden. Letzteres ist dann „nur" noch eine Engineering-Aufgabe, wenn auch eine harte.

Zusammenfassend kann man KI als eine Klasse von Algorithmen mit den im Folgenden charakterisierenden Eigenschaften darstellen:

- Die KI ist schwer zu definieren und bis heute gibt es (leicht) unterschiedliche Definitionen.
- Aufgaben werden in der KI als Suchprobleme repräsentiert.
- Der Problemlöser muss terminieren, d. h., wenn eine Lösung existiert, diese auch finden. Diese kann je nach Suchverfahren nicht die Optimale sein.
- Die Komplexität des Suchverfahrens bezüglich Zeit und Speicher muss sich formulieren lassen, um die Berechenbarkeit zu bestimmen.
- Der Problemlöser sollte Kontextwissen in Form von Heuristiken bei der Suche einbeziehen können.

Im Folgenden werden die KI-Strategien zweier führender Technologielieferanten, die auf den grundlegenden, aktuellen KI-Technologien basieren, beleuchtet.

3.3 KI-Strategie von Huawei und Google

Der weltweite Telekommunikationslieferant Huawei (HuaweiAI 2018) und der KI-Produktentwickler Google (GoogleAI 2019) werden die Zukunft der weltweiten KI-Entwicklung (mit-)bestimmen und deswegen hier näher betrachtet.

Die Firma Huawei beabsichtigt eine breit angelegte KI-Strategie umzusetzen. Diese besteht aus den folgenden fünf Kernbereichen (HuaweiAI 2018):

1. **KI-Forschung:** Die Entwicklung von fundamentalen Fähigkeiten für maschinelles Lernen in den Bereichen Bildverarbeitung und -verstehen, das Verstehen natürlicher Sprache und die Ableitung von Entscheidungen aus vorgegebenen Wissensbereichen. Hierbei sollen weniger Daten, ein geringerer Berechnungsaufwand und weniger Energie erforderlich werden. Zusätzlich strebt Huawei ein sicheres und vertrauenswürdiges maschinelles Lernen an, welches autonom und automatisiert abläuft.
2. **Full-stack KI-Portfolio:** Huawei beabsichtigt ein mächtiges und erschwingliches KI-Portfolie zu entwickeln und anzubieten, das sogenannte full-stack (dt. vollständiger Stapel) KI-Portfolio, welches alle Bereiche wie verteilte Cloud, Endgeräte, Algorithmen und Applikationen abdeckt. Dieses soll zusätzlich einfach zu nutzen und zu bedienen sein, und an beliebige Szenarien anpassbar (engl. multi-purpose).
3. **Die Entwicklung eines offenen Ökosystems mit Talenten:** Hierunter ist die Kollaboration mit Universitäten, Industrie und Partnern zu verstehen. Dieser Ansatz kann Huawei, wenn er erfolgreich ist, weltweite Akzeptanz ermöglichen.
4. **Stärkung des bestehenden Portfolios:** Die Einbringung von KI-Technologien und -Verfahren in existierende Produkte kann eine Stärkung der Produkte im Markt

bringen. Eine Konsequenz wird hiervon sein, dass es in Zukunft nur noch wenige Produkte ohne KI geben wird, zumindest von der Firma Huawei.

5. **Businesseffizienz:** Die Anwendung von KI auf Geschäftsprozesse von Huawei soll diese massiv effizienter gestalten. E-Mail-Spam-Filter mit KI sind schon weit verbreitet, ebenso Wett- und Voraussagesysteme für Wartung und Finanzwerkzeuge.

Mit dieser Strategie beabsichtigt Huawei die Akzeptanz von KI in beliebigen Industrien zu erhöhen und eine durchdringende Intelligenz für eine vollständig verbundene Welt zu erzielen.

Die Firma Google verfolgt mit ihrer KI-Strategie einen anderen Ansatz und somit komplementären Weg (GoogleAI 2019; CBInsights 2019): Google hatte bisher einen Fokus auf ihre Suchmaschine und das Sammeln von Daten durch seine Services wie E-Mail, Google Scholar und Maps/Earth. Das Geschäftsmodell basiert auf den Verkauf von auf Kunden individuell zugeschnittener Werbung, d. h. Werbung mit individuellen Präferenzen, wie z. B. das Hobby Kochen. In Zukunft möchte Google für KI-basierte Anwendungen die Enabler-Technologien (engl. enabling, dt. ermöglichen/jemanden befähigen) in Form von Plattformen und grundlegenden KI-Services wie Deep Learning bereitstellen. KI hat für spezifische Geschäftsbereiche von Google, wie autonomes Fahren oder Payment, eine sekundäre Bedeutung.

Für KI-basierte Services wird bereits für das nahende Jahr 2020 ein Geschäftsvolumen von mindestens fünf Mrd. US-Dollar prognostiziert (Groth und Nitzberg 2018). Um hieran zu partizipieren, intensiviert Google seit Jahren seine Bemühungen für Patente in den Bereichen Data Science und Computertechnologien (Anmerkung: Software und damit Algorithmen der KI sind nicht patentierbar). Allein im Jahr 2017 meldete Google 1100 KI-Patente an und dagegen nur 600 Patente in anderen Bereichen (GoogleAI 2019). Damit gehört Google zu den drei größten KI-Patentierern mit Microsoft und Samsung (Stand 2017/2018) vor Huawei < 680 Patente (Xiaomi 2019). Dies demonstriert die Bedeutung der KI für Google. Ist Google mit diesen Bemühungen erfolgreich, so wird Google einen weltweiten Einfluss auf die Bereiche der KI-Technologien und des KI-Business nehmen können und haben.

Zusammenfassend unterscheiden sich die Strategien der AI-Technologielieferanten Huawei und Google dadurch, dass Huawei eine full-stack KI-Strategie anbieten möchte und Google sich als KI-Enabler etablieren möchte. Beide Firmen definieren sich hierfür neu und unterstreichen die Bedeutung der KI für ihre Zukunft und die weltweiten Industrien und KI-Produkte von morgen.

3.4 Exemplarische Anwendungen

In diesem Abschnitt werden zwei Anwendungen beschrieben, das chinesische Hukou System (Groth und Nitzberg 2018, S. 154) und Deep Learning für nahezu beliebige Szenarien wie z. B. Gesichtserkennung. Zahlreiche weitere KI-Anwendungen sind in Shubhendu und Vijay (2013) dargestellt.

3.4.1 Das Hukou-System

Das Hukou-System in China dient der Wohnsitzkontrolle und, soweit es bereits in 40 Kommunen etabliert ist, auch als Kontrolle für einen gewünschten Lebensstil. So wird z. B. die Kreditvergabe über ein Punktesystem geregelt, in dem sich der potenzielle Kreditnehmer einen zum System konformen Lebensstil von einer offiziellen Behörde bescheinigen lässt (Groth und Nitzberg 2018, S. 154). Menschen, die konform leben, haben keine Einwände gegen das System, da sie hierdurch nicht benachteiligt werden. Für das System wird ein hoher technischer Aufwand betrieben, so werden z. B. an den Straßenkreuzungen Kameras mit KI-Bilderkennungschips installiert (Abb. 3.1).

Diese Kameras ermöglichen es, Menschen auf ihrem Weg von der Arbeit nach Hause in Echtzeit zu tracken. Sie sind mit einem KI-Bilderkennungschip ausgerüstet, können ungefähr 200 Gesichter per Frame detektieren und haben eine Leistung von derzeit 16 TOPS (Tera Operationen pro Sekunde). Zusätzlich können einige dieser Kameras Fahrzeuge und Gesten erkennen, wie die Huawei Atlas 200. Ihr Chip ist mit $52 \times 38 \times 10$ mm sehr kompakt.

3.4.2 Deep Learning mit Googles VM

Die zuvor dargestellte Strategie von Google ist bereits für vier KI-Anwendungen in der Cloud auf virtuellen Maschinen realisiert (Abb. 3.2): Callcenter für eine persönlichere Kundenansprache, die Analyse von Dokumenten (Klassifikation von Informationen), Talentsuche für den Personalbereich, und personalisierte Produktempfehlungen (GoogleAI_VM 2019).

Diese Produkte werden in der Cloud von Google angeboten, d. h. Firmen legen mit der Nutzung dieser KI-Anwendungen ihre Daten und die ihrer Kunden in die Google-Cloud. Die Rechtskonformität ist hiermit nur unter bestimmten Rahmenbedingungen gegeben. Hierdurch ist eine Kundenabhängigkeit gegeben, die auch durch die KI-Verfahren von Google verstärkt wird.

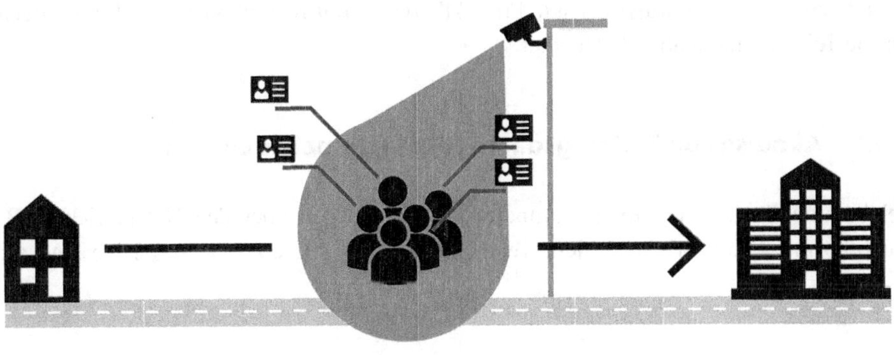

Abb. 3.1 Das Hukou-System enthält auch die öffentliche Erkennung von Personen

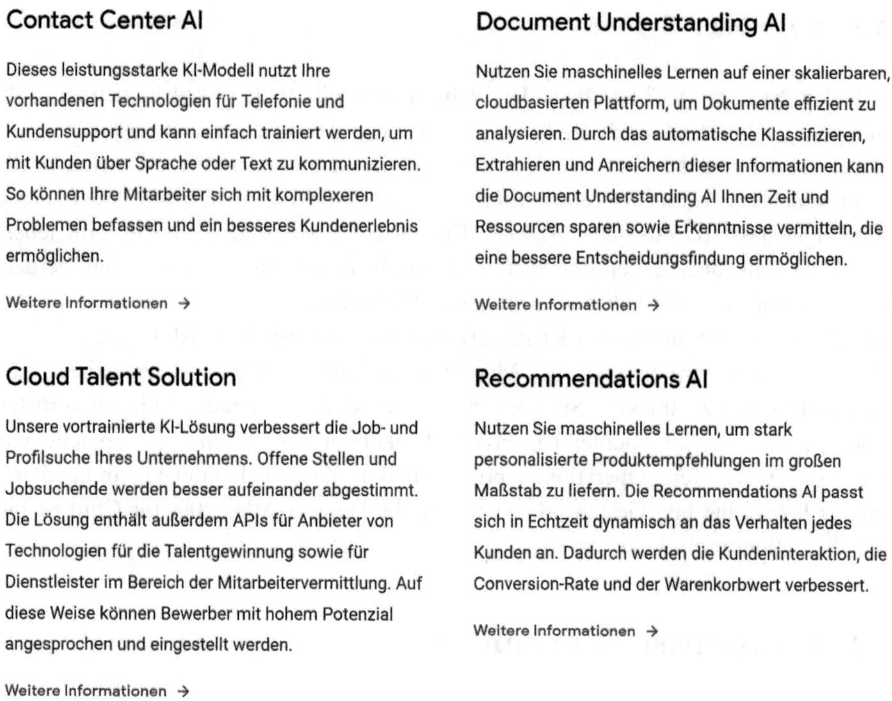

Contact Center AI

Dieses leistungsstarke KI-Modell nutzt Ihre vorhandenen Technologien für Telefonie und Kundensupport und kann einfach trainiert werden, um mit Kunden über Sprache oder Text zu kommunizieren. So können Ihre Mitarbeiter sich mit komplexeren Problemen befassen und ein besseres Kundenerlebnis ermöglichen.

Weitere Informationen →

Cloud Talent Solution

Unsere vortrainierte KI-Lösung verbessert die Job- und Profilsuche Ihres Unternehmens. Offene Stellen und Jobsuchende werden besser aufeinander abgestimmt. Die Lösung enthält außerdem APIs für Anbieter von Technologien für die Talentgewinnung sowie für Dienstleister im Bereich der Mitarbeitervermittlung. Auf diese Weise können Bewerber mit hohem Potenzial angesprochen und eingestellt werden.

Weitere Informationen →

Document Understanding AI

Nutzen Sie maschinelles Lernen auf einer skalierbaren, cloudbasierten Plattform, um Dokumente effizient zu analysieren. Durch das automatische Klassifizieren, Extrahieren und Anreichern dieser Informationen kann die Document Understanding AI Ihnen Zeit und Ressourcen sparen sowie Erkenntnisse vermitteln, die eine bessere Entscheidungsfindung ermöglichen.

Weitere Informationen →

Recommendations AI

Nutzen Sie maschinelles Lernen, um stark personalisierte Produktempfehlungen im großen Maßstab zu liefern. Die Recommendations AI passt sich in Echtzeit dynamisch an das Verhalten jedes Kunden an. Dadurch werden die Kundeninteraktion, die Conversion-Rate und der Warenkorbwert verbessert.

Weitere Informationen →

Abb. 3.2 Googles cloudbasierte KI-Anwendungen. (Quelle: GoogleAI_VM 2019)

3.5 Bedeutende Anwendungsbereiche der KI für die Telekommunikation und 5G

Die Telekommunikation ist derzeit von den Themen 5G und KI geprägt. 5G ist die neue Technologie für Kommunikationsnetze, die auch als Basis für die Digitalisierung der Gesellschaft verstanden wird, und KI fließt in immer mehr Produkte und Services ein. Die zuvor dargestellten angewandten KI-Methoden bilden hierfür die Basis. Im Folgenden werden zukunftsweisende Produktbereiche mit KI und KI-Herausforderungen für die Telekommunikation beleuchtet.

3.5.1 Akquise von Trainingsdaten für maschinelles Lernen

Telekommunikationsoperatoren sammeln unzählige Daten über den Netzbetrieb, z. B. Qualität und Abbrüche. Nach dem Telekommunikationsgesetz (TKG) § 113b sind sie verpflichtet, Verkehrsdaten einige Wochen zu speichern und dann zu löschen. Zusätzlich sichert das Bundesdatenschutzgesetz (BDSG) die zweckgebundene und sparsame Datenerhebung (nur für einen spezifischen Zweck und nur so viele Daten wie für diesen Zweck notwendig).

Dieser Datenpool besteht aus realen Daten, die einmal anonymisiert, keine Rückschlüsse auf Identitäten mehr ermöglicht (im Sinne von personenbezogenen Daten BDSG § 3), und zum Trainieren von KI-Systemen verwendet werden können. Eine wichtige Anwendung ist hierbei das sogenannte Predictive Maintenance (dt. voraussagende Wartung), bei dem z. B. Netzabbrüche vorausgesagt werden können. Dies erfolgt auf der Basis von Qualitätsmessungen in Funkzellen kombiniert mit registrierten Verbindungsabbrüchen, um vorauszusagen, wann es mit hoher Wahrscheinlichkeit zu einem Ausfall kommen wird. Auf Basis dieser Daten kann das Funknetz durch Konfigurationen vorzeitig stabilisiert werden.

Zahlreiche weitere Anwendungen ermöglichen nicht nur einen stabileren Netzbetrieb, sondern auch eine optimalere Nutzung der Funknetzressourcen. Die Optimierung beider Faktoren wird in Zukunft aufgrund der immer komplexer werdenden Anwendungen (z. B. Campusnetze für verschiedene parallele Zwecke wie Internet der Dinge und Breitbanddatenübertragung) und steigenden Netzanforderungen wie Zuverlässigkeit und geringe Latenz notwendig werden.

3.5.2 Standardisierte KI-Werkzeuge

Heutzutage gibt es bereits eine große Vielzahl von Werkzeugen für das maschinelle Lernen und Firmen wie Google entwickeln neue cloudbasierte KI-Anwendungen und bieten diese günstig an. Für Nutzer von ML-Werkzeugen ist die Auswahl schwierig, zumal verschiedene Werkzeuge zu verschiedenen Lernergebnissen führen können und dies meist in der Praxis tun. Zusätzlich ist eine unermessliche Vielzahl von Konfigurationen der Werkzeuge möglich. Betrachten wir ein Beispiel: Eine Firma entwickelt in verschiedenen Bereichen Produkte und verwendet hierfür verschiedene Werkzeuge für das maschinelle Lernen. Wie kann sichergestellt werden, dass die Produkte eine ähnliche Qualität und Zuverlässigkeit bezüglich ihrer KI aufweisen? Hierfür kann die Forderung nach sogenannten standardisierten KI-Werkzeugen notwendig sein.

Die Standardisierung von KI-Werkzeugen für die Entwicklung von KI-Produkten ermöglicht die gleichen Werkzeuge mit ähnlichen Konfigurationen für verschiedene Produkte zu nutzen und somit eine ähnliche Qualität in der KI zu erhalten.

3.5.3 Automatisierung von Prozessen

Eine große Herausforderung ist die Automatisierung von Prozessen und Arbeitsabläufen in Firmen. Sich wiederholende oder ähnliche Abläufe können automatisiert werden und idealweise autonom von KI-Systemen durchgeführt werden. Die Digitalisierung ist hierfür die Voraussetzung. Der Mensch kann sich dann Regelaufgaben entziehen und kreative Herausforderungen angehen.

Automatisierung geht eng mit der Verwendung von KI zusammen. Die meisten Arbeitsabläufe und Prozesse enthalten Entscheidungen, die analog von Menschen getroffen werden. Hierfür kann eine KI trainiert werden und diese Entscheidungen entwickeln, genauer mithilfe des gelernten Modells berechnen. In einem ersten Schritt kann die KI die Entscheidungen berechnen und diese werden von einem Menschen unterstützend verwendet. Sobald das KI-System eine genügend hohe Qualität erreicht hat, kann sich der Mensch anderen Aufgaben widmen und sollte nur noch stichprobenartig die Entscheidungen der KI prüfen.

3.5.4 Verstehen natürlicher Sprache

Oftmals sind KI-Produkte für eine Kommunikation mit dem Menschen intendiert, wie z. B. Chatbots in Callcentern für eine Vorqualifizierung des Kundenanliegens. Dies ermöglicht im Idealfall das Anliegen des Kunden vollständig zu lösen, oder ihn zu einem dedizierten Mitarbeiter zu leiten. Als Beispiel wird Tinka, ein Chatbot eines österreichischen Mobilfunkbetreibers, betrachtet (Tinka 2019; Abb. 3.3).

Tinka kann Kundenanliegen zu Tarifen und weiteren Themen lösen. Dieser Chatbot ist mit einer KI für das Verstehen natürlicher Sprache ausgestattet, d. h., gesprochene Umgangssprache wird weitestgehend verstanden und entsprechend darauf geantwortet. Chatbots sind immer auf inhaltliche Domänen spezialisiert und können somit innerhalb dieser Wissensdomäne mit einem Menschen kommunizieren und Anfragen beantworten.

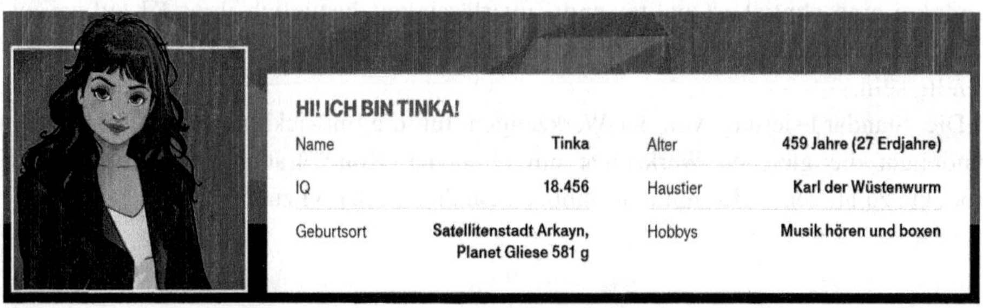

Abb. 3.3 Tinka – der Chatbot eines österreichischen Mobilfunkbetreibers. (Quelle: Tinka 2019)

3.5.5 Bias-Erkennung

Im maschinellen Lernen hilft ein Bias (dt. Vorurteil) für Vorwissen bzw. Heuristiken den Hypothesenraum zu beschreiben, den es zu explorieren gilt (Russell und Norvig 2009). Bei der Bias-Erkennung geht es darum herauszufinden, ob ein Trainingsdatensatz Vorurteile enthält oder ob dieser unvollständig ist. Dies kann zu unfairen Vorhersagen führen. Ein Beispiel hierfür ist der Trainingsdatensatz zur Gesichtserkennung von Google: Die Ghanaerin Joy Buolamwini fand heraus, dass die Gesichtserkennung nur dann funktioniert, wenn sie eine weiße Maske trägt (analog wie in Abb. 3.4 dargestellt).

Bias-Erkennung kann mit mathematischen Verfahren berechnet werden, sofern sie syntaktisch ist. Beispiele sind Kollinearität und Heteroskedastizität von Regressoren. Ist der Bias semantisch, wie im Fall der Gesichtserkennungssoftware, hilft nur die root-out-bias-Methode (Sloan 2018): Bei dieser werden Vorbedingungen innerhalb einer Organisation durch einen erfahrenen meist externen Experten erfragt. Hieraus lassen sich potenzielle Vorurteile erkennen und Anforderungen an den Trainingsdatensatz festlegen.

3.5.6 KI-Ethik für Produkte

Die EU hat 2018 eine Expertenkommission für Ethik in der KI gegründet und ein Papier mit ethischen Richtlinien für eine vertrauenswürdige KI veröffentlicht (EU_AI_Ethics 2019). In diesem Papier werden für eine vertrauenswürdige KI drei Dimensionen dargestellt:

Abb. 3.4 Test von Googles Gesichtserkennungssoftware.

1. Sie muss gesetzeskonform sein, d. h. alle anwendbaren Gesetze und Regularien erfüllen,
2. Ethisch sein, d. h. ethische Grundregeln und Werte erfüllen, und
3. robust sein, bezogen auf Technik und Gesellschaft. Hiermit ist gemeint, dass eine KI nicht missbraucht werden können soll.

Firmen wie die Deutsche Telekom AG haben für die Erstellung von KI-Produkten ebenfalls ethische Leitlinien (DTAG_Ethik 2019) herausgegeben. Auch der Vatikan hat sich in einer eigens organisierten Konferenz „Conference on *Robotics, AI und Humanity, Science, Ethics und Policy*" 2019 mit diesem Thema auseinandergesetzt und ein sogenanntes Final Statement veröffentlicht (Vatican 2019).

Der Bundesverband für KI e. V. hat ein freiwilliges Gütesiegel für KI-Produkte erstellt (KIBV_Siegel 2019). Dieses Gütesiegel basiert auf vier Prinzipien: Ethik, Bias, Transparenz, und Sicherheit und Datenschutz. Es kann von Unternehmen in Form einer Selbstverpflichtung erworben werden (Abb. 3.5).

KI Bundesverband e.V.

Selbstverpflichtungserklärung

Die Nutzer des KI-Gütesiegels verpflichten sich, die oben genannten Punkte zu berücksichtigen und anzuwenden.

Mit der unterzeichneten Erklärung ist das Unternehmen berechtigt, das KI Gütesiegel des KI Bundesverbandes e.V. in seiner Außenkommunikation (Website, etc.) zu nutzen.

Unternehmensbezeichnung: --

Ansprechpartner: --

Strasse: --

PLZ und Ort

Abb. 3.5 Selbstverpflichtungserklärung des KI-Bundesverbands e. V. (Quelle: KIBV_Siegel 2019)

3.6 Zusammenfassung und Ausblick

KI wird immer nur für eine begrenzte Anzahl von Domänen bzw. mit begrenztem Domänenwissen funktionieren wie in den obigen Anwendungsfeldern und in Englert (2005) dargestellt. Des Weiteren wird es nur eine schwache KI geben (wenngleich auch von beeindruckender Funktionalität) und die Existenz einer starken KI, die den Menschen simuliert, wird durch Gödels Unvollständigkeitstheorem ausgeschlossen. Somit kann KI mit fortschreitender Reife den Menschen in seinem Leben und Entscheidungen wertvoll unterstützen, und sie wird dabei dem Menschen untergeordnet sein. Die intensiven F&E Bemühungen von Firmen wie Huawei und Google haben in den letzten Jahren große Fortschritte gezeigt. Für Europa ist eine Herausforderung in der KI mehr Geschwindigkeit aufzunehmen und komplexe Anwendungen zu erstellen, die in Produktionsprozesse oder gesellschaftlich-relevante Bereiche, wie die Medizin, integriert werden können. Somit kann und sollte der Fokus in den zuvor dargestellten Anwendungsfeldern und damit in der Erstellung von KI-Anwendungen liegen. KI und der Kommunikationsstandard 5G für die Digitalisierung der Gesellschaft werden die Basis für die sechste Generation (6G) der mobilen Kommunikation, anvisiert für 2030+, bilden.

Literatur

BBC_Buolamwini. (2018). Bias in der Gesichtserkennungs-Software von Google. https://www.bbc.com/news/technology-45561955. Zugegriffen: Nov. 2018.

Bund_KI-Strategie. (2018). Strategie Künstliche Intelligenz der Bundesregierung. https://www.bmbf.de/files/Nationale_KI-Strategie.pdf. Zugegriffen: Juli 2019.

CBInsights. (2019). Google strategy teardown: Google is turning itself into an ai company as it seeks to win new markets like cloud und transportation. Research report. https://www.cbinsights.com/research/report/google-strategy-teardown/. Zugegriffen: Juni 2019.

DTAG_Ethik. (2019). Leitlinien für Künstliche Intelligenz. https://www.telekom.com/de/konzern/digitale-verantwortung/details/ki-leitlinien-der-telekom-523904. Zugegriffen: Juli 2019.

Englert, R. (2005). Planning to optimize the UMTS call set-up for the execution of mobile applications. *Journal of Applied Artificial Intelligence (JAAI), 19*(2), 99–107.

EU_AI_Ethics. (2019). The ethics guidelines for trustworthy AI. https://ec.europa.eu/futurium/en/ai-alliance-consultation/guidelines#Top. Zugegriffen: Juli 2019.

EU_HLEG_AI. (2019). EU high-level expert group on AI. https://ec.europa.eu/digital-single-market/en/high-level-expert-group-artificial-intelligence. Zugegriffen: Juli 2019.

Gallwitz, F. (2019). Künstliche Intelligenz: Die Bundesregierung setzt auf veraltete Konzepte. www.t-online.de. Zugegriffen: März 2019.

GoogleAI. (2019). "Artificial intelligence technology scan„ von Teqmine Technology Analysts, Mai 2018. https://teqmine.com/google-ai-strategy/. Zugegriffen: Juni 2019.

GoogleAI_VM. (2019). Google's KI-basierte cloud services. https://cloud.google.com/solutions/ai/?hl=de. Zugegriffen: Juli 2019.

Groth, O., & Nitzberg, M. (2018). *Solomon's code. Humanity in a world of thinking machines.* New York: Pegasus Books.

HuaweiAI. (2018): Huawei Releases AI Strategy und Full-Stack, All-Scenario AI Portfolio. https://www.huawei.com/en/press-events/news/2018/10/Huawei-HC-2018-Eric-Xu-AI. Zugegriffen: Juli 2019.

Hertzberg, J. (2004). Einführung in die KI. Vorlesung Wintersemester 2004/2005. http://www2.inf.uni-osnabrueck.de/hertzberg/Lehre/2004_WS/Vorlesung_KI-Intro/KI_WS04.html. Zugegriffen: Juli 2019.

KIBV_Siegel. (2019). KI Gütesiegel des KI Bundesverband e. V. https://ki-verband.de/ki-guetesiegel-ai-made-in-germany. Zugegriffen: Juli 2019.

Nilsson, N. (2006). Human-Level Artificial Intelligence? Be Serious! *AI Magazine, 26*(4), 68–75.

PAI. (2019). https://www.partnershiponai.org. Zugegriffen: Juli 2019.

Paris, J., & Harrington, L. (1977). A mathematical incompleteness in peano arithmetic. In J. Barwise (Hrsg.), *Handbook of Mathematical Logic*. Amsterdam: North-Holland.

Pearl, J., & Mackenzie, D. (2018). *The book of why: The new science of cause und effect*. New York: Basic Books, Science & Computers.

Russell, S., & Norvig, P. (2009). *Artificial intelligence: A modern Approach* (3 Aufl.). New York: Pearson.

Shubhendu, S., & Vijay,J. (2013). Applicability of artificial intelligence in different fields of life. *International Journal of Scientific Engineering und Research (IJSER), 1*(1), 28–35.

Sloan. (2018). Root-ou-bias Methode. https://sloanreview.mit.edu/article/the-risk-of-machine-learning-bias-and-how-to-prevent-it. Zugegriffen: Okt. 2018.

Tinka. (2019). Chatbot von T-Mobile Austria. https://www.magenta.at/tinka/start.php. Zugegriffen: Juli 2019.

Vatican. (2019). Final Statement AI. Conference organized jointly by the Pontifical Academy of Sciences (PAS) und the Pontifical Academy of Social Sciences (PASS), 16–17 May 2019, Casina Pio IV, Vatican City. http://www.pas.va/content/accademia/en/events/2019/robotics/statementrobotics.html. Zugegriffen: Juni 2019.

Xiaomi. (2019). Xiaomi ranks 11TH in the world for AI patent applications, beats Huawei und Qualcomm. https://www.gizmochina.com/2019/03/13/xiaomi-ranks-11th-in-the-world-for-ai-patent-applications-beats-huawei-and-qualcomm/. Zugegriffen: Juli 2019.

Prof. Dr. habil. Roman Englert ist Honorarprofessor und Fakultätsmitglied an der Universität Siegen, Wirtschaftsinformatik. Er hat in der Künstlichen Intelligenz promoviert und habilitiert und an verschiedenen Universitäten – TU Wien, TU Berlin, Rheinische Friedrich-Wilhelms-Universität Bonn, Universität Siegen, Ben Gurion University Israel – unterrichtet. Seit 2012 lehrt er zusätzlich an der FOM Hochschule. Seine Forschungsschwerpunkte sind Fragen der Mächtigkeit der KI, Bias Detection und Anwendungsfelder für 5G. Er ist Mitglied in Beiräten für internationale Horizon 2020 Projekte, bei Fraunhofer, T-Systems und der Universität Siegen. In der Wirtschaft hat er seit 2001 verschiedene Management-Positionen bei der Deutschen Telekom AG und ist dort als Scientific Director tätig. Roman Englert hat Stipendien von der DFG und dem Evangelischen Studienwerk Villigst e.V. erhalten, er hat über 60 internationale Publikationen und 16 Patente.

Die Nutzung von KI in Unternehmen aus Sicht der Selbstbestimmungstheorie

4

Matthias Hudecek und Steven Mc Auley

Inhaltsverzeichnis

Zusammenfassung

Verschiedene Studien beschäftigen sich mit der Akzeptanz und Nutzung von künstlicher Intelligenz (KI). Typischerweise kommt das Technik-Akzeptanz-Modell (TAM) zum Einsatz oder es werden verschiedene Persönlichkeitseigenschaften analysiert, die mit der Risikowahrnehmung in Beziehung stehen. Die Frage, wie Begeisterung in Form von selbstbestimmter Motivation für eine verantwortungsbewusste Anwendung von KI ausgelöst werden kann, wird dabei nicht beantwortet. Ziel des praxisorientierten Beitrags ist es daher, ein Modell zur Anwendung von KI auf Basis der

M. Hudecek (✉)
FOM Hochschule, München, Deutschland
E-Mail: matthias.hudecek@fom.de

S. Mc Auley
TinyBox, München, Deutschland
E-Mail: info@stevenmcauley.de

R. Buchkremer et al. (Hrsg.), *Künstliche Intelligenz in Wirtschaft & Gesellschaft*, FOM-Edition, https://doi.org/10.1007/978-3-658-29550-9_4

Selbstbestimmungstheorie vorzustellen, das fundamentale Erkenntnisse zur Entstehung von intrinsischer Motivation berücksichtigt. Zentral ist hierfür die Erfüllung der drei psychologischen Grundbedürfnisse Autonomie, Kompetenz und Zugehörigkeit.

4.1 Aktuelle Bedeutung von künstlicher Intelligenz für Unternehmen

Wer ist Cassie Kozyrkov? Sie ist als Chief Decision Scientist bei Google zuständig für die Demokratisierung von „Decision Intelligence Engineering", um die sichere und zuverlässige Nutzung von künstlicher Intelligenz (KI) zu ermöglichen und zu fördern. In den vergangenen Jahren hat sie in über 100 Projekten mehr als 15.000 Mitarbeiter von Google in den Bereichen Statistik, Entscheidungstheorie und Machine Learning (ML) geschult (Jákupsstovu 2018). Google hat somit bereits zum jetzigen Zeitpunkt erfolgreich eine zukunftsweisende Funktion etabliert, wenn andere Unternehmen noch darüber diskutieren, ob die Nutzung von KI sinnvoll sein könnte. Im Jahr 1956 wurde der Begriff künstliche Intelligenz das erste Mal öffentlichkeitswirksam verwendet. John McCarthy und Marvin Minsky veranstalteten Forschertreffen am Dartmouth College mit mehreren amerikanischen Wissenschaftlern der Psychologie, Mathematik, Informatik und Informationstheorie. Diese sogenannte Dartmouth-Konferenz markierte den Beginn von KI als eigenes Forschungsgebiet (Goertzel 2016). In den darauffolgenden Jahren wurde das Thema intensiv diskutiert, jedoch gab es nicht die erhofften Durchbrüche in der Forschung (Morikawa 2017). Derzeit erlebt künstliche Intelligenz eine Renaissance. Dank verbesserter Computerleistungen und Entwicklungen im Bereich Deep Learning (DL) und Machine Learning (ML) haben sich zahlreiche neue Anwendungsmöglichkeiten für KI ergeben. Insbesondere sind die Kosten für die Verwendung von KI drastisch gesunken, was die Verfügbarkeit und Zugänglichkeit erhöht (Agrawal et al. 2018). Durch die neu entstehenden Einsatzmöglichkeiten ergibt sich gleichzeitig auch ein Anpassungsdruck für die Unternehmen, um sich einen Wettbewerbsvorteil zu verschaffen. Manche Autoren prognostizieren in diesem Zusammenhang, dass die Unternehmen, die es weder schaffen, KI frühzeitig zur Lösung ihrer Probleme einzusetzen noch eine klare Strategie zur Implementierung von KI zu entwickeln, mittelfristig aussterben werden (Yao et al. 2018). Derzeit gehen zwar fast die Hälfte der befragten Personen einer Bitkom-Studie (2019) davon aus, dass KI bestehende Geschäftsmodelle disruptiv verändern wird. Gleichzeitig nutzen bisher jedoch nur zwölf Prozent der Unternehmen entsprechende Technologien. Einer Untersuchung der Beratungsgesellschaft PwC (2019) zufolge nutzen oder implementieren bisher sogar nur sechs Prozent der Unternehmen künstliche Intelligenz. Dennoch geht die überwiegende Mehrheit (71 %) der Befragten davon aus, dass KI mehr als Unterstützung menschlicher Arbeit fungieren wird, anstatt als vollständig autonom agierendes System (21 %). In beiden Fällen verändert dies bestehende Arbeitsabläufe drastisch und tangiert auf diese Weise viele

Beschäftigte in vielen Branchen. Die Implementierung und Nutzung von KI ist folglich ein anspruchsvoller Transformationsprozess, wobei Ansätze mit psychologischer Fundierung zum Einsatz kommen sollten. Ziel dieses Beitrags ist es daher, ein Modell vorzustellen, das die hierfür nötige Orientierung geben kann.

4.2 Die Selbstbestimmungstheorie nach Deci und Ryan

Die Selbstbestimmungstheorie (engl. Self-Determination Theory, SDT) ist eine umfassende Theorie zur Beschreibung von Motivation, persönlichen Zielen und psychischem Wohlbefinden (Deci und Ryan 2000). Ursprünglich wurde sie in den 1970er- und 80er-Jahren von den amerikanischen Psychologen Edward Deci und Richard Ryan entwickelt. Die Fundierung und Befundlage aus wissenschaftlicher Sicht sind als sehr gut einzustufen, nur wenige Theorien zu Bedürfnissen und Motiven haben zu derart umfangreicher Forschungsaktivität in der Psychologie geführt (Manganelli et al. 2018; Rigby und Ryan 2018; Van den Broeck et al. 2016). Bekannt ist die SDT in der Regel für die Unterscheidung in *extrinsische* und *intrinsische* Motivation. Extrinsische Motivation wird dabei von außen verursacht (z. B. Belohnung oder Bestrafung), wohingegen intrinsische Motivation gekennzeichnet ist durch die Freude und Befriedigung einer Person, eine bestimmte Tätigkeit auszuführen. Tatsächlich geht die Differenzierung innerhalb der SDT wesentlich weiter, da insgesamt zwischen fünf Formen der Motivation unterschieden wird (Deci und Ryan 2000). Diese bilden ein Kontinuum hinsichtlich ihrer Qualität (von ganz niedrig bis ganz hoch) und lassen sich zusätzlich in Bezug auf den Grad an Selbstbestimmung klassifizieren (siehe Abb. 4.1). Dabei wird zwischen kontrollierter und selbstbestimmter Motivation unterschieden. Kontrollierte (engl. controlled) Motivation ist auf Druck von außen oder innen zurückzuführen, wohingegen sich die selbstbestimmten (engl. autonomous) Formen der Motivation aus einer Identifikation mit oder Befürwortung einer bestimmten Tätigkeit speisen.

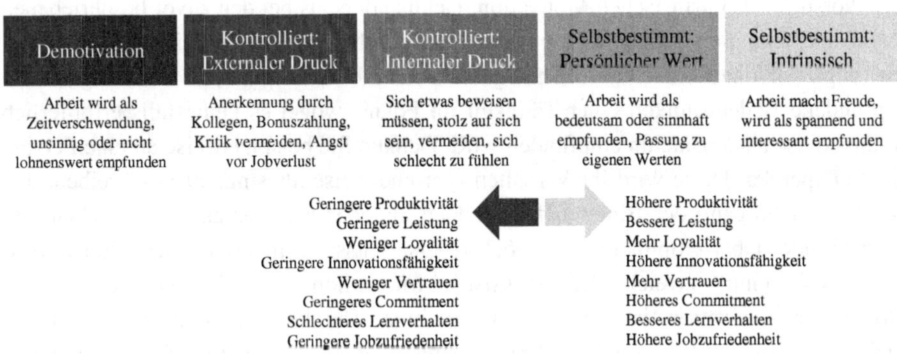

Abb. 4.1 Motivationsqualitätskontinuum entsprechend der Selbstbestimmungstheorie. (Quelle: Nach Rigby und Ryan 2018, S. 137)

Demotivation (engl. amotivation) markiert dabei das untere Ende. Letztlich handelt es sich gar nicht mehr um echte Motivation, da ein Individuum in diesem Zustand keinen Wert mit einer bestimmten Tätigkeit verknüpft, kein Interesse daran hat oder nicht das Gefühl hat, mit dieser Tätigkeit etwas Sinnvolles bewirken zu können. Die prototypische extrinsische Motivation kommt durch externalen Druck zustande (engl. external pressure) und wird daher auch als *externale* Motivation (engl. external motivation) bezeichnet. Eine Person fühlt sich demnach gezwungen, auf eine bestimmte Weise zu handeln, da positive oder negative Anreize (d. h. Belohnung oder Bestrafung) gesetzt werden. Diese Anreize können sowohl materieller (z. B. Gehalt oder Bonuszahlung) als auch sozialer Natur (z. B. Anerkennung, Lob oder Wertschätzung) sein. Des Weiteren kann externale Motivation nicht nur auf das Erreichen positiver Ergebnisse abzielen, sondern auch die Vermeidung negativer Konsequenzen zum Ziel haben. Dies könnte beispielsweise das Verhindern einer Kündigung (materiell) oder die Vermeidung von Kritik (sozial) sein. Die *introjizierte* Motivation (engl. introjected motivation) ist die nächste Form der extrinsischen Motivation. Sie basiert ebenfalls auf bestimmten Anreizen, jedoch werden diese nicht von anderen Personen oder der Umwelt gesetzt, sondern von dem Individuum selbst. Anders als die externale Motivation kommt die introjizierte Motivation durch internalen Druck (engl. internal pressure) zustande. Typischerweise geht es um den Drang, sich etwas beweisen zu müssen oder den Wunsch, stolz auf sich sein zu können. Häufig spielen auch Gefühle wie Scham oder Schuld eine Rolle, die als Konsequenz eines bestimmten Verhaltens auftreten. Ebenso wie beim externalen Druck fühlt sich eine Person beim internalen Druck gezwungen, ein bestimmtes Verhalten zu zeigen, weshalb es sich auch um eine kontrollierte Form der Motivation handelt. Beispielhaft hierfür wäre eine Person, die nur deshalb länger in der Arbeit bleibt, um nicht das Gefühl zu haben, ihre Teammitglieder im Stich zu lassen. Die nächste Stufe der Motivation markiert einen deutlichen Unterschied zu den vorangegangenen Motivationsformen. Zwar handelt es sich noch um eine extrinsische Form der Motivation, jedoch erfolgt nicht mehr eine kontrollierte, sondern eine selbstbestimmte Regulation. Die *identifizierte* Motivation (engl. identified motivation) entspricht somit in gewisser Weise einer Vorstufe der intrinsischen Motivation. Denn anders als bei den zuvor beschriebenen Arten sind nun persönliche Werte oder eine empfundene Sinnhaftigkeit der Tätigkeit (engl. personally meaningful) maßgeblich für die Motivation. Es steht folglich die empfundene Bedeutsamkeit einer Tätigkeit im Fokus, wobei es keinesfalls erforderlich ist, dass diese als angenehm empfunden wird. Denken Sie beispielsweise an eine Person, die Blut spendet. Diese wird ihr Verhalten typischerweise als sinnhaft beschreiben, den eigentlichen Vorgang der Blutentnahme jedoch als eher weniger angenehm sehen und keine Freude dabei empfinden. Die höchste Qualitätsstufe innerhalb des Motivationsqualitätskontinuums erreicht die *intrinsische* Motivation (engl. intrinsic motivation). Intrinsische Motivation ist gegeben, wenn eine Tätigkeit an sich als belohnend empfunden wird, weil sie Spaß und Freude bereitet oder interessant ist. Dabei sind keine weiteren Anreize von außen erforderlich, damit eine Person einer Tätigkeit nachgeht. Die positiven Auswirkungen einer derartigen motivationalen Orientierung sind dabei beachtlich. Dies betrifft sowohl die Produktivität (Haivas et al. 2013; Trépanier et al. 2015) und Zufriedenheit (Deci und Ryan 2008) als auch das Wohlbefinden (Gagné et al. 2015) und das Commitment (Gagné et al. 2015), welche sämtlich höher ausfallen. Im organisationalen Kontext sind Aufgaben vor allem dann intrinsisch motivierend, wenn sie als interessant und gewinnbringend empfunden werden und gleichzeitig ein Umfeld besteht, in dem ein Individuum lernen und sich entwickeln kann.

Eine zentrale Rolle für die Entstehung selbstbestimmter Motivation spielt dabei entsprechend der Selbstbestimmungstheorie die Befriedigung der drei angeborenen psychologischen Bedürfnisse Autonomie, Kompetenz und Zugehörigkeit. Nur wenn diese kontinuierlich erfüllt und nicht frustriert werden, kann intrinsische Motivation erhalten bleiben oder in ihrer Entstehung gefördert werden. Die drei Bedürfnisse liefern somit wichtige Stellschrauben innerhalb des organisationalen Alltags und sollten entsprechend Berücksichtigung finden. *Autonomie* (engl. autonomy) ist das Bedürfnis eines Individuums eigenverantwortlich zu handeln und sich psychologisch frei zu fühlen (Deci und Ryan 2000). Autonomie darf dabei nicht missverstanden werden als Drang, unabhängig von und ohne Rücksicht auf die Interessen oder Wünsche anderer zu handeln. Vielmehr geht es darum, Handlungsspielraum und eine gewisse Kontrolle über das eigene Tun zu empfinden. Das Autonomiebedürfnis spielte für die SDT von Beginn an eine zentrale Rolle. Es leitet sich aus der Vorstellung ab, dass Menschen ihr eigenes Handeln ursächlich beeinflussen möchten und nicht durch äußere Einflüsse und Kräfte wie eine Spielfigur „herumgestoßen" werden möchten (deCharms 1968). Als weiteres Grundbedürfnis beschreibt *Kompetenz* (engl. competence) das Bedürfnis eines Individuums, die Umwelt zu beeinflussen und neue Fähigkeiten zu entwickeln. Die entsprechenden Überlegungen gehen ursprünglich auf das Verständnis von Robert White (1959) zurück. Wo Autonomie also auf die Ursache des eigenen Handelns abzielt – eine Person möchte nicht wie ein Spielball durch die Gegend geworfen werden, sondern selbstbestimmt agieren – geht es beim Kompetenzbedürfnis darum, bestimmte Dinge herbeiführen und gestalten zu können. Es steht somit in einer ähnlichen Tradition wie die Selbstwirksamkeit, die ein wichtiges motivationales Prinzip in der sozial-kognitiven Theorie von Bandura (1977) darstellt und beschreibt, wie gut eine Person angenehme Zustände erreichen und unangenehme Zustände vermeiden kann. Das Bedürfnis nach Kompetenz rückte ursprünglich in den Fokus der SDT, weil Forscher nach einer Erklärung suchten, weshalb positive verbale Rückmeldung intrinsische Motivation ebenfalls erhöhen kann, obwohl es sich dabei um einen extrinsischen Anreiz handelt (Deci 1971, 1972; Deci et al. 1999). *Zugehörigkeit* (engl. relatedness) ist innerhalb der SDT schließlich das „jüngste" Bedürfnis und wurde als Erweiterung der ursprünglichen Formulierung der Theorie ergänzt. Es steht für das Bedürfnis eines Individuums, eine tragfähige Verbindung zu anderen Menschen zu empfinden. Anders gesagt geht es darum, andere Menschen zu mögen und sich um andere kümmern zu können sowie selbst gemocht zu werden und das Gefühl zu haben, dass sich andere um einen sorgen (Baumeister und Leary 1995). Typischerweise wird dieses Bedürfnis erfüllt, wenn sich eine Person als Teil einer Gruppe fühlt, enge Beziehungen zu anderen aufbaut und aufrechterhält oder das Gefühl von Gemeinschaft erlebt (Deci und Ryan 2000).

Ist ein Unternehmen langfristig an einer hohen Motivationsqualität der Beschäftigten interessiert, so sollte die Befriedigung von Autonomie, Kompetenz und Zugehörigkeit bei der Gestaltung und Ausübung der Tätigkeit explizit berücksichtigt werden. Ebenso sollten Strukturen und Prozesse so gestaltet werden, dass eine Erfüllung der drei Bedürfnisse bestmöglich gewährleistet wird (Rigby und Ryan 2018). Denn fatalerweise können häufig bereits Kleinigkeiten genügen, um die intrinsische Motivation bei Mitarbeitern nachhaltig zu zerstören – weshalb eine Sensitivität für entsprechende Wirkmechanismen umso wichtiger ist. Dies betrifft auch die Nutzung und Implementierung von KI.

4.3 Welche Rolle spielen die Grundbedürfnisse für die Nutzung von KI?

Die Selbstbestimmungstheorie hat sich inzwischen als Metatheorie zur Beschreibung und Erklärung menschlicher Motivation etabliert (Rigby und Ryan 2018). Sie ist daher nicht auf einen bestimmten Bereich beschränkt, sondern kann in den verschiedensten Kontexten eingesetzt werden. Daher kann davon ausgegangen werden, dass die Grundbedürfnisse auch im Zusammenhang mit der Nutzung von KI eine wichtige Rolle spielen. Sind eine hohe Motivationsqualität sowie eine aktive Beteiligung bei der Nutzung von KI seitens der Mitarbeiter gewünscht, sollte demnach darauf geachtet werden, dass bei der Implementierung von KI auf die Befriedigung von Autonomie, Kompetenz und Zugehörigkeit geachtet wird. Umgekehrt sind Probleme bei der Motivation sowie Widerstände seitens der Mitarbeiterinnen und Mitarbeitern zu erwarten, wenn die Grundbedürfnisse nicht hinreichend berücksichtigt werden. Es geht also um die Schaffung geeigneter Rahmenbedingungen, damit selbstbestimmte Motivation langfristig aufrechterhalten werden oder entstehen kann. Nachfolgend werden zwei Fallbeispiele skizziert, die den Autoren aus ihrer Zusammenarbeit mit Unternehmen bekannt sind. Es handelt sich um typische Situationen, mit denen sich in Zukunft immer mehr Organisationen konfrontiert sehen werden. Dabei zeigt sich immer wieder, dass den Grundbedürfnissen noch nicht die nötige Aufmerksamkeit geschenkt wird.

Fallbeispiel 1: Sachbearbeiterin in Versicherung

Frau Müller arbeitet seit 15 Jahren als Sachbearbeiterin in einer Versicherung. Sie ist im Bereich Schadensregulierung tätig und dabei unter anderem zuständig für die Bearbeitung von Schadensmeldungen bei Immobilien aufgrund von Elementarschäden. Sie empfindet ihre Tätigkeit dabei als sehr wichtig, da sie Menschen, die von einem Schaden betroffen sind, durch eine schnelle Bearbeitung des Antrags helfen kann. In letzter Zeit beobachtet Frau Müller zunehmend die Automatisierung zahlreicher Arbeitsschritte. Seitdem auf der vergangenen Betriebsversammlung kommuniziert wurde, dass ihr Unternehmen führend bei der Anwendung von künstlicher Intelligenz im Versicherungsbereich werden möchte, macht sie sich Sorgen, ob es ihre Tätigkeit in naher Zukunft noch geben wird. Sie weigert sich daher vehement eine neue Software zu nutzen, die auf KI basiert und in ihrer Abteilung erprobt wird. ◄

Fallbeispiel 2: Mitarbeiter im Customer Service eines Dienstleistungsunternehmens

Herr Maier arbeitet seit acht Jahren im Customer Service eines Dienstleistungsunternehmens. Er ist dabei sowohl für telefonische als auch für Anfragen per E-Mail zuständig. Herr Maier mag seine Tätigkeit, da er sich um die Anliegen von Kunden kümmern kann. Dabei schätzt er besonders, dass er im Rahmen bestimmter Vorgaben eigenständig Lösungen für die Probleme von Kunden finden kann. Kürzlich hat sein Unternehmen eine neue Vision 2025 verkündet, welche auch die Nutzung von KI beinhaltet. Ein Ziel soll beispielsweise sein, dass bestimmte Kundenanfragen im Customer Service durch KI-gestützte Systeme autonom bearbeitet werden können. Herr Maier steht den Entwicklungen skeptisch gegenüber. Er ist der Meinung, dass eine KI das nicht so gut kann wie ein Mensch. Auf der anderen Seite sieht er auch Potenziale, da Anfragen schneller beantwortet werden könnten. Er könnte sich daher durchaus vorstellen, mit einer hybriden Form (d. h. Beantwortung der Anfragen durch KI und Mensch) zu arbeiten. ◄

Die Beispiele zeigen, wie KI den Arbeitsalltag von Beschäftigten betreffen kann, wenn Unternehmen verstärkt auf die Nutzung entsprechender Technologien setzen. Dabei ergeben sich gerade in Bezug auf die Grundbedürfnisse verschiedene Probleme. Die Autonomie der Mitarbeiterinnen und Mitarbeiter kann – wie in jedem Transformationsprozess – erheblich beeinträchtigt werden, wenn seitens der Unternehmensführung einfach eine Strategie ausgearbeitet wird, ohne die Beschäftigten ernsthaft zu beteiligen. Dies ist in beiden der zuvor geschilderten Beispiele der Fall. Sowohl Frau Müller als auch Herr Maier hatten keine Möglichkeit sich bei der Planung einzubringen, sondern die geplanten Veränderungen wurden ad hoc kommuniziert. Das Gefühl, Handlungsspielraum und eine gewisse Kontrolle über das eigene Tun zu empfinden, geht somit verloren. Zudem besteht das Risiko, dass Freiräume, die aufgrund der Ausübung der derzeitigen Tätigkeit empfunden werden, verloren gehen. Besonders drastische Auswirkungen ergeben sich in beiden Beispielen auf das Kompetenzerleben der Personen. Frau Müller macht sich explizit Sorgen, ob es ihre Tätigkeit in Zukunft noch geben wird, was aus Sicht der Selbstbestimmungstheorie einem drohenden Kompetenzverlust entspricht. Werden bestehende Tätigkeiten, in denen sich Individuen bisher als handlungswirksam erleben, durch automatisierte Prozesse ersetzt, wird folglich das Bedürfnis nach Kompetenz frustriert. Die Möglichkeit, im Rahmen der eigenen beruflichen Tätigkeit bestimmte Dinge herbeizuführen und zu gestalten, geht zunächst einmal verloren.

Schließlich kann auch das Bedürfnis nach Zugehörigkeit angegriffen werden. Hierbei werden verschiedene Ebenen adressiert. Zum einen kann das Zugehörigkeitsgefühl beeinträchtigt werden, indem sich bestehende Arbeitsabläufe verändern, die bisher den Umgang und Kontakt mit Menschen beinhalten. Sowohl bei Frau Müller als auch Herrn Maier wäre dies der Fall. Zum anderen besteht die Gefahr, dass das Bedürfnis nach Zugehörigkeit, das sich über die Mitarbeit im Unternehmen und den Kontakt mit den Kolleginnen und Kollegen definiert, frustriert wird, falls eine Tätigkeit ersatzlos wegfällt.

Zusammengenommen demonstrieren die beiden Beispiele, dass die Nutzung von KI erhebliches Potenzial mit sich bringt, die Erfüllung der Grundbedürfnisse zu beeinträchtigen. An dieser Stelle soll nochmal betont werden, dass die Selbstbestimmungstheorie grundsätzlich erfordert, dass für optimale Entwicklung der Motivation *alle* drei Bedürfnisse erfüllt werden müssen. Für eine nachhaltige Beeinträchtigung der selbstbestimmten Motivation genügt es somit bereits, wenn über einen längeren Zeitraum eines der Grundbedürfnisse nicht erfüllt wird. Ist dies der Fall, werden bei Mitarbeiterinnen und Mitarbeitern im Unternehmen zum einen Widerstände zu beobachten sein. Zum anderen wird Verhalten zukünftig primär durch kontrollierte Motivationsformen getrieben. Denn wenn die aktive Beteiligung seitens der Beschäftigten ausbleibt oder Widerstände auftreten, ist davon auszugehen, dass in Unternehmen mit den üblichen Mechanismen einer externalen Regulation (z. B. Androhung von Sanktionen oder sonstigen negativen Konsequenzen) reagiert wird. Dies ist in mehrerlei Hinsicht ungünstig. Das Wohlbefinden und die Zufriedenheit der Beschäftigten gehen zurück (Van den Broeck et al. 2016). Zudem sinken die Performance sowie das Job-Engagement, wenn Personen primär aufgrund einer kontrollierten anstatt einer selbstbestimmten Motivation agieren (Trépanier et al. 2015; Vallerand 1997). Dies kann nicht im Interesse eines wirtschaftlich denkenden Unternehmens sein, da auf diese Weise wertvolle Potenziale für Kreativität und Innovation verloren gehen. Es gilt daher bei der Nutzung und Implementierung von KI einen Weg zu finden, der die Grundbedürfnisse berücksichtigt.

4.4 Darstellung eines integrativen Modells zur Nutzung von künstlicher Intelligenz in Unternehmen

Insgesamt ist die Studienlage zur Akzeptanz und Nutzung von künstlicher Intelligenz noch recht gering. So ergibt eine Suche bei der Datenbank PsycINFO für psychologische Forschung für die Schlagworte „artificial intelligence“, „perception“ „usage“ gerade einmal 105 Treffer für die vergangenen 30 Jahre (bzw. anders ausgedrückt: 3,5 Studien pro Jahr). Einige Studien beschäftigen sich dabei, wie eine höhere Akzeptanz für die Nutzung von KI in bestimmten Unternehmenskontexten erreicht werden kann (z. B. Dahm und Dregger 2018). Weitere Untersuchungen widmen sich allgemeiner der Frage, welche Zusammenhänge zwischen Persönlichkeitseigenschaften und der Risikowahrnehmung von KI bestehen (z. B. Wissing und Reinhard 2018).

Wiederum andere Studien beschäftigen sich mit der Wahrnehmung moderner Technologien und damit verbundener Auswirkungen aus Sicht der Mitarbeiterinnen und Mitarbeitern von Unternehmen (Brougham und Haar 2018). Oftmals kommt dabei das Technik-Akzeptanz-Modell (TAM, Ajzen 1985) zum Einsatz. Das Modell ist eine Weiterentwicklung der Theorie des überlegten Handelns (Ajzen et al. 1980; Fishbein und Ajzen 1975), die davon ausgeht, dass das Verhalten einer Person maßgeblich von ihrer Verhaltensabsicht abhängt. In seiner ursprünglichen Fassung postuliert das TAM, dass die Einstellung gegenüber der Nutzung (engl. attitude toward using) abhängig ist von der wahrgenommenen Nützlichkeit (engl. perceived usefulness) sowie der wahrgenommenen Benutzerfreundlichkeit (engl. perceived ease of use). Die Einstellung gegenüber der Nutzung beeinflusst dann wiederum die eigentliche Verhaltensabsicht bzw. Intention zur Nutzung (engl. intention to use). Neben vielfältiger Kritik (Benbashat und Barki 2007) hat das TAM in den vergangenen Jahren auch immer wieder diverse Erweiterungen und Modifikationen erfahren (Miltgen et al. 2013; Venkatesh und Bala 2008; Venkatesh und Davis 2000). Motivationale Aspekte werden jedoch – wenn überhaupt – nur am Rande berücksichtigt und die Frage, wie Begeisterung in Form von intrinsischer Motivation für eine verantwortungsbewusste Anwendung von KI ausgelöst werden kann, wird dabei nicht beantwortet. Vorliegend wird daher ein integratives Modell zur Nutzung von künstlicher Intelligenz in Unternehmen vorgestellt, bei dem ein besonderer Fokus auf die Grundbedürfnisse entsprechend der Selbstbestimmungstheorie gelegt wird (siehe Abb. 4.2).

Ziel des Ansatzes ist es zu beschreiben, wie die Nutzung von KI in selbstbestimmter Motivation erfolgen kann. Von zentraler Bedeutung sind daher die drei Grundbedürfnisse Autonomie, Kompetenz und Zugehörigkeit. Eine bestimmte KI-basierte Technologie sollte so im Unternehmen eingesetzt werden, dass sie zur Erfüllung der Bedürfnisse beiträgt und diese nicht frustriert. Denn geschieht Letzteres, so kann gemäß der Selbstbestimmungstheorie keine selbstbestimmte Motivation entstehen oder eine entsprechende vorhandene Motivation wird zerstört. In Anlehnung an die erste Fassung des TAM wird zudem zwischen der wahrgenommenen Nützlichkeit sowie den wahrgenommenen Problemen differenziert, die durch die Nutzung einer bestimmten KI-basierten Technologie entstehen. Es sollte analysiert werden, wie sich diese auf die Erfüllung der Bedürfnisse auswirken, wobei sowohl positive als auch negative Auswirkungen denkbar sind. Ein Beispiel, wonach ein Aspekt von KI zur Bedürfnisbefriedigung beiträgt, wäre, dass durch die Nutzung von KI Zeitkontingente frei werden, da bestimmte Aufgaben automatisiert erledigt werden. Wird diese Zeit dann den Beschäftigten zur freien Einteilung überlassen – z. B. für Fortbildungsmaßnahmen –, fördert dies das Autonomiebedürfnis und kann zudem das Kompetenzerleben steigern. Ebenso sollten etwaige negative Wirkungen – Beispiele hierfür wurden bereits bei der ersten Auseinandersetzung mit den Fallbeispielen beschrieben – berücksichtigt werden, die insbesondere aufgrund von wahrgenommenen Problemen entstehen. Diese

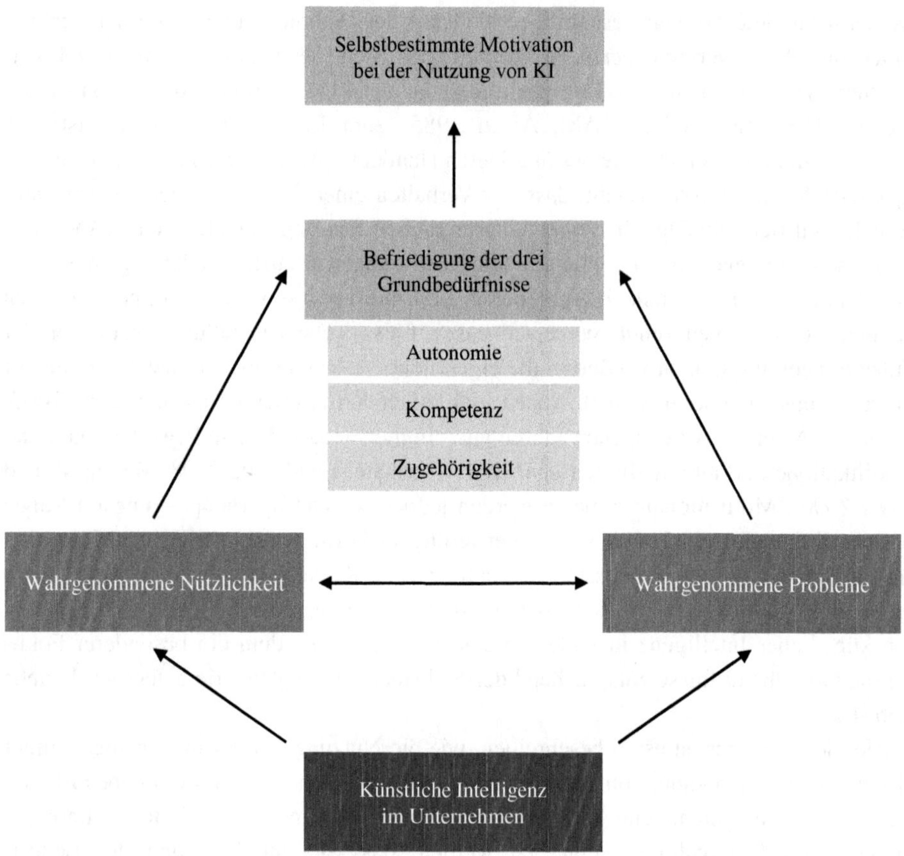

Abb. 4.2 Integratives Modell zur Nutzung und Akzeptanz von KI in Unternehmen unter Berücksichtigung der drei Grundbedürfnisse Autonomie, Kompetenz und Zugehörigkeit nach der Selbstbestimmungstheorie

gilt es im weiteren Verlauf der Implementierung so zu adressieren, dass sich möglichst keine dauerhaften negativen Effekte auf die Grundbedürfnisse manifestieren. In Bezug auf die Fallbeispiele würde dies zunächst bedeuten, dass eine klare und transparente Kommunikation zu erfolgen hat, welche die Befürchtungen der Beschäftigten ernst nimmt. Ebenso wäre es wichtig, den Beschäftigten Freiräume sowohl bei der Mitgestaltung der Implementierung als auch bei der Ausarbeitung von Funktionen oder Rollen zu gewähren. Dies kann gleichzeitig dazu beitragen, einem Gefühl der Nutzlosigkeit (d. h. einem nicht mehr vorhandenen Kompetenzerleben) vorzubeugen. Neben der Ausarbeitung neuer Funktionen oder Rollen ist es schließlich auch wichtig, die Mitarbeiterinnen und Mitarbeiter bei der Entwicklung neuer Kompetenzen hinreichend zu unterstützen.

4.5 Abschließende Gedanken und Implikationen für die Praxis

Neben klassischen Ansätzen wie dem Technik-Akzeptanz-Modell sollte bei der Nutzung und Implementierung von KI in Unternehmen auch die Motivation der Mitarbeiter berücksichtigt werden. Als theoretischer Ausgangspunkt eignet sich hierfür die Selbstbestimmungstheorie, wonach den drei Grundbedürfnissen eine besondere Bedeutung zukommt. Bei der Entwicklung einer KI-Strategie für eine Organisation sollte stets berücksichtigt werden, wie sich in diesem Zusammenhang geplante Vorhaben auf die Erfüllung von Autonomie, Kompetenz und Zugehörigkeit auswirken. Hilfreich kann dabei das im Folgenden dargestellte Working-Sheet (siehe Abb. 4.3) sein, das den Wirkmechanismen des zuvor beschriebenen integrativen Modells folgt.

Zunächst sollten verschiedene Aspekte zur wahrgenommenen Nützlichkeit von KI ermittelt werden. Anschließend sollte eine Sammlung der wahrgenommenen Probleme erfolgen, die sich durch die Nutzung und Implementierung aus Sicht der Mitarbeiterinnen und Mitarbeiter ergeben. In einem nächsten Schritt sollte für jedes der drei Grundbedürfnisse analysiert werden, welche möglichen Beeinträchtigungen sich ergeben können. Dies stellt einen besonders wichtigen Aspekt dar, weshalb der Analyse die nötige Zeit und Aufmerksamkeit gewidmet werden sollte. Abschließend – und nicht weniger wichtig – sollten Lösungen entwickelt werden, die einen konstruktiven Umgang mit den zuvor ermittelten Beeinträchtigungen ermöglichen und einer Frustration der Grundbedürfnisse vorbeugen. In Ergänzung bieten sich bei der Ausarbeitung einer KI-Strategie zudem folgende Fragen als Checkliste an, die nach Bearbeitung des Working-Sheets im Sinne des integrativen Modells sämtlich mit „ja" beantwortet werden sollten:

- Bestehen Möglichkeiten zur Mitwirkung bei der Nutzung und Implementierung von KI?
- Wurde auf eine Beteiligung der Beschäftigten beim Prozess zur Implementierung geachtet?
- Erfolgt eine klare und transparente Kommunikation gegenüber den Beschäftigten?
- Wird den Widerständen und Bedenken der Beschäftigten ein echtes Forum zur Auseinandersetzung gegeben?
- Gibt es realistische Vorstellungen zur Entwicklung neuer Rollen und Funktionen für die Tätigkeiten, die durch KI ersetzt werden?
- Werden den Beschäftigten Freiräume bei der Einteilung freiwerdender Zeit durch die Nutzung von KI eingeräumt (z. B. zu Fortbildungszwecken oder für eigene Projektideen)?

Sinnvollerweise sollte das Working-Sheet dazu genutzt werden, in einen Austausch bzw. Diskurs mit den Beschäftigten zu treten. Wie bereits im Rahmen der Fallbeispiele dargestellt wurde, können sich gravierende Probleme ergeben, wenn eine KI-Strategie lediglich „Top-down" definiert und implementiert wird.

Working-Sheet zur Anwendung des integrativen Modells

Das Working-Sheet dient zur Analyse, wie es durch die Nutzung und Implementierung von KI in Unternehmen zu einer Beeinträchtigung der Grundbedürfnisse bei den Beschäftigten kommen kann. Sinnvollerweise werden die Punkte gemeinsam mit den Mitarbeiterinnen und Mitarbeitern erarbeitet und diskutiert.

Wahrgenommene Nützlichkeit: Welche Chancen ergeben sich aus Sicht der Beschäftigten bei der Nutzung und Implementierung von KI?

✍
✍
✍

Wahrgenommene Probleme: Welche Probleme und Befürchtungen ergeben sich aus Sicht der Beschäftigten bei der Nutzung und Implementierung von KI?

✍
✍
✍

Welche möglichen *Beeinträchtigungen* ergeben sich dadurch für die drei Grundbedürfnisse?

Autonomie	Kompetenz	Zugehörigkeit
①	①	①
②	②	②
③	③	③

Welche *Möglichkeiten und Lösungen* können der Beeinträchtigung der drei Grundbedürfnisse entgegenwirken?

Autonomie	Kompetenz	Zugehörigkeit
①	①	①
②	②	②
③	③	③

Abb. 4.3 Working-Sheet zur Anwendung des integrativen Modells

Abschließend gilt es anzumerken, dass das in diesem Beitrag vorgestellte Modell zwar auf einer sehr guten theoretischen Fundierung aufbaut und sich auch praktisch bewährt, jedoch bisher keine empirische Prüfung der Wirksamkeit erfolgt ist. Aus wissenschaftlicher Sicht empfiehlt sich daher den postulierten Wirkmechanismus über die Erfüllung der Grundbedürfnisse im Unternehmenskontext zu untersuchen. Hierfür müssten in einem ersten Schritt die wahrgenommene Nützlichkeit sowie die wahrgenommenen Probleme für eine konkrete Nutzung von KI erfasst werden. Im zweiten Schritt werden der Grad der Bedürfniserfüllung sowie die Motivationsqualität bei den Beschäftigten gemessen, wobei sich etablierte Instrumente wie die Work-related Basic Need Satisfaction Scale (WBN-S, Van den Broeck et al. 2010) und die Multidimensional Work Motivation Scale (MWMS, Gagné et al. 2015) aus Studien zur Selbstbestimmungstheorie anbieten. Im Idealfall erfolgt dabei eine Messung über mehrere Messzeitpunkte hinweg, sodass nicht nur Zusammenhänge, sondern auch etwaige Veränderungen analysiert werden können.

Literatur

Agrawal, A., Gans, J., & Goldfarb, A. (2018). *Prediction Machines: The Simple Economics of Artificial Intelligence*. Boston: Harvard Business Review Press.

Ajzen, I. (1985). A theory of planned behavior. In J. Kuhl & J. Beckmann (Hrsg.), *Action control, from cognition to behavior* (S. 11–39). Berlin: Springer.

Ajzen, I., Fishbein, M., & Heilbroner, R. L. (1980). *Understanding attitudes and predicting social behavior*. Englewood Cliffs: Prentice-Hall.

Bandura, A. (1977). Self-efficacy: Toward a unifying theory of behavioral change. *Psychological Review, 84,* 191–215.

Baumeister, R. F., & Leary, M. R. (1995). The need to belong: Desire for interpersonal attachments as a fundamental human motivation. *Psychological Bulletin, 117,* 497–529.

Benbashat, L., & Barki, H. (2007). Quo vaids, TAM? *Journal of the Association for Informations Systems, 8*(4), 212–218.

Bitkom. (2019). Industrie 4.0: Künstliche Intelligenz zieht in Fabrikhallen ein. http://www.bitkom.org/Presse/Presseinformation/Industrie-40-Kuenstliche-Intelligenz-zieht-Fabrikhallen-ein. Zugegriffen: 24. Aug. 2019.

Brougham, D., & Haar, J. (2018). Artificial Intelligence, Robotics, and Algorithms (STARA): Employees' perceptions of our future workplace. *Journal of Management & Organization, 24*(2), 239–257.

Dahm, M., & Dregger, A. (2018). Der Einsatz von künstlicher Intelligenz im HR: Die Wirkung und Förderung der Akzeptanz von KI-basierten Recruiting-Tools bei potenziellen Nutzern. In B. Hermeier, T. Heupel, & S. Fichtner-Rosada (Hrsg.), *Arbeitswelten der Zukunft. Wie die Digitalisierung unsere Arbeitsplätze und Arbeitsweisen verändert* (S. 249–271). Wiesbaden: Springer Gabler.

deCharms, R. (1968). *Personal causation*. New York: Academic.

Deci, E. L. (1971). Effects of externally mediated rewards on intrinsic motivation. *Journal of Personality and Social Psychology, 18*(1), 105–115.

Deci, E. L. (1972). Intrinsic motivation, extrinsic reinforcement, and inequity. *Journal of Personality and Social Psychology, 22*(1), 113–120.

Deci, E. L., & Ryan, R. M. (2000). The „What“ and „Why“ of goal pursuits: Human needs and the self- determination of behavior. *Psychological Inquiry, 11*(4), 227–268.

Deci, E. L., & Ryan, R. M. (2008). Facilitating optimal motivation and psychological well-being across life's domains. *Canadian Psychology, 19,* 14–23.

Deci, E. L., Ryan, R. M., & Koestner, R. (1999). A meta-analytic review of experiments examining the effects of extrinsic rewards on intrinsic motivation. *Psychological Bulletin, 125,* 627–668.

Fishbein, M., & Ajzen, I. (1975). *Belief, attitude, intention and behavior: An introduction to theory and research.* Boston, MA: Addison-Wesley.

Gagné, M., Forest, J., Vansteenkiste, M., Crevier-Braud, L., van den Broeck, A., Aspeli, A. K., Bellerose, J., Benabou, C., Chemolli, E., Güntert, S. T., Halvari, H., Indiyastuti, D. L., Johnson, P. A., Molstad, M. H., Naudin, M., Ndao, A., Olafsen, A. H., Roussel, P., Wang, Z., & Westbye, C. (2015). The multidimensional work motivation scale: Validation evidence in seven languages and nine countries. *European Journal of Work and Organizational Psychology, 24*(2), 178–196.

Goertzel, D. B. (2016). *AGI revolution: An inside view of the rise of artificial general intelligence.* Los Angeles: Humanity+Press.

Haivas, S., Hofmans, J., & Pepermans, R. (2013). Volunteer engagement and intention to quit from a self-determination theory perspective. *Journal of Applied Social Psychology, 43,* 1869–1880.

Jákupsstovu, G. (2018). Machine learning is a tool – and people need to learn how to use it. http://www.thenextweb.com/artificial-intelligence/2018/04/09/cassie-kozyrkov-interview. Zugegriffen: 1. Aug. 2019.

Manganelli, L., Thibault-Landry, A., Forest, J., & Carpentier, J. (2018). Self-Determination theory can help you generate performance and well-being in the workplace: A review of the literature. *Advances in Developing Human Resources, 20*(2), 227–240.

Miltgen, C. L., Popovic, A., & Oliveira, T. (2013). Determinants of end-user acceptance of biometrics: Integrating the "Big 3" of technology acceptance with privacy context. *Decision Support, 56,* 103–114.

Morikawa, M. (2017). Firms' expectations about the impact of AI and robotics: Evidence from a survey. *Economic Inquiry, 55*(2), 1054–1063.

PwC. (2019). Künstliche Intelligenz in Unternehmen. http://www.pwc.de/de/digitale-transformation/kuenstliche-intelligenz/kuenstliche-intelligenz-in-unternehmen.html. Zugegriffen: 23. Sept. 2019.

Rigby, C. S., & Ryan, R. M. (2018). Self-Determination theory in human resource development: New directions and practical considerations. *Advances in Developing Human Resources, 20*(2), 133–147.

Trépanier, S.-G., Forest, J., Fernet, C., & Austin, S. (2015). On the psychological and motivational processes linking job characteristics to employee functioning: Insights from self-determination theory. *Work & Stress, 29*(3), 286–305.

Vallerand, R. J. (1997). Toward a hierarchical model of intrinsic and extrinsic motivation. In M. P. Zanna (Hrsg.), *Advances in experimental social psychology* (S. 271–360). San Diego: Academic Press.

Van den Broeck, A., Ferris, D. L., Chang, C.-H., & Rosen, C. C. (2016). A review of self-determination theory's basic psychological needs at work. *Journal of Management, 42*(5), 1195–1229.

Van den Broeck, A., Vansteenkiste, M., De Witte, H., Soenens, B., & Lens, W. (2010). Capturing autonomy, competence, and relatedness at work: Construction and initial validation of the Work-related Basic Need Satisfaction scale. *Journal of Occupational and Organizational Psychology, 83,* 981–1002.

Venkatesh, V., & Bala, H. (2008). Technology acceptance model 3 and a research agenda on interventions. *Decision Science, 39,* 273–315.

Venkatesh, V., & Davis, F. (2000). A theoretical extension of the technology acceptance model: Four longitudinal field studies. *Management Science, 46*(2), 186–204.
White, R. W. (1959). Motivation reconsidered: The concept of competence. *Psychological Review, 66,* 297–333.
Wissing, B. G., & Reinhard, M.-A. (2018). Individual differences in risk perception of artificial intelligence. *Swiss Journal of Psychology, 77*(4), 149–157.
Yao, M., Zhou, A., & Jia, M. (2018). *Applied artificial intelligence: A handbook for business leaders*. Middletown: Topbots Inc.

Prof. Dr. Matthias Hudecek ist Professor für Wirtschaftspsychologie an der FOM Hochschule für Oekonomie & Management in München. Zudem forscht er als wissenschaftlicher Mitarbeiter an der Universität Regensburg. Als Diplompsychologe und Experte für People und Culture befasst er sich insbesondere mit den Themen Motivation und Persönlichkeitsentwicklung im organisationalen Kontext. Bei seiner freiberuflichen Tätigkeit als Berater versteht er sich als Entwicklungshelfer, der Menschen, Teams und Organisationen zur besseren Zusammenarbeit und Erreichung ihrer Ziele befähigt. Zudem unterstützt er Unternehmen bei der Gestaltung und Umsetzung einer modernen Unternehmenskultur.

Steven Mc Auley ist AI & China Strategy Lead des globalen Innovation Think Tanks Tinybox mit Sitz in San Francisco und Teams in London, München und Shenzhen. Als Wirtschaftspsychologe und Mitglied des Deutsch-Chinesischen Vereins für Künstliche Intelligenz untersucht er, warum Unternehmen beim Einsatz von künstlicher Intelligenz scheitern. Er versorgt Organisationen wie BMW, Accenture und SAP mit den Werkzeugen und Systemen für technologiegetriebene Use Cases, die die Grundlage für innovationsgetriebenes Wachstum bilden.

Juristische Aspekte der KI

5

Die elektronische Person als juristische Konsequenz der Entwicklung intelligenter Maschinen, oder: Wann ist eine Maschine so intelligent, dass sie Einkommensteuer zahlen muss?

Hans-Jörg Fischer

Inhaltsverzeichnis

Zusammenfassung

Die vorhersehbare Entwicklung der künstlichen Intelligenz (KI) wird bei immer stärkerer Perfektionierung zu einem zunehmenden Einsatz der KI auch bei komplexen Prozessen führen. Die zunehmende Autonomie KI-basierter Systeme wirft die Frage nach einer Eigen- oder Fremdverantwortlichkeit perfektionierter KI-Systeme auf. Auf juristische Fragestellungen angewandt stellt sich die Frage von rechtlichen Lücken

Der Verfasser ist wissenschaftlicher Gesamtstudienleiter der FOM Hochschulzentren in Mannheim und Karlsruhe. Herrn Robert Reeck, LLB, wird für seine Unterstützung und die in zahlreichen Gesprächen gewonnenen Anregungen gedankt.

H.-J. Fischer (✉)
FOM Hochschule, Mannheim, Deutschland
E-Mail: hans-joerg.fischer@fom.de

R. Buchkremer et al. (Hrsg.), *Künstliche Intelligenz in Wirtschaft & Gesellschaft*, FOM-Edition, https://doi.org/10.1007/978-3-658-29550-9_5

bei Handlungen KI-basierter Maschinen, insbesondere bei Haftung und Zurechnung von Erträgen aus Leistungen. Damit stellt sich die Frage, ob das Spektrum der bisher rechtlich geregelten Rechtspersönlichkeiten – natürliche und juristische Personen – der Erweiterung bedarf. Ausgehend von dem diesbezüglichen Vorschlag des Europäischen Parlaments für eine „elektronische Person“ und einer kritischen Betrachtung dieser neuen Rechtspersönlichkeit werden Umfang und Grenzen eines solchen Konstruktes untersucht und die sich daraus ergebenden Folgefragen erörtert.

5.1 Einführung

Der Begriff der künstlichen Intelligenz (KI), auf Englisch artificial intelligence (AI), ist aus dem gegenwärtigen Diskurs über die Zukunft des Menschen nicht mehr wegzudenken. Geprägt wurde der Begriff der AI im Rahmen der Dartmouth Conference 1956 (Bostrom 2014, S. 19; vgl. auch AI@50 2006)[1], inspiriert von den Arbeiten von Alan Turing, der Mathematik, Kybernetik und Informatik maßgeblich beeinflusste.

Der heutige Stand der KI ist von drei Entwicklungsstufen geprägt. Ausgehend von Maschinen, die bereits maschinelles Lernen in einem beschränkten Ausmaß beherrschten und dies zur Mustererkennung einsetzen konnten, wurde dies mit der Entwicklung künstlicher neuronaler Netze stetig verbessert[2].

Nunmehr wurde durch die Schaffung mehrschichtiger Neuronenvernetzungen – ähnlich wie im menschlichen Gehirn – die Durchführung komplexerer Aufgaben wie Bilderkennung möglich (Nielsson 2014, S. 256). Die künstlichen neuronalen Netze sind inzwischen weiterentwickelt worden. Mit dem Begriff des „deep learning“ wird die Fähigkeit von Maschinen bezeichnet, selbstständig Sachverhalte zu erlernen (Wierse und Riedel 2017, S. 83). Allerdings handelt es sich hierbei nach wie vor um „Inselbegabungen“, also hervorragende Eigenschaften, jedoch nur auf einem begrenzten Gebiet. Ein Beispiel hierfür mag AlphaGo sein, das das traditionelle und bekannte „Go“ Spiel beherrscht, jedoch nur dieses (Perez 2017, S. 27).

Der gegenwärtige Stand der KI kann auch als „schwache KI“ bezeichnet werden, da diese Funktionalitäten stets nur unterstützende Funktionen haben können[3].

Das Fernziel der Forschung ist jedoch die Schöpfung einer „starken“ KI, d. h. der Nachbildung und Perfektionierung des menschlichen Gehirns. Die Frage, ob die Entwicklung

[1]Alan Turing war allerdings schon 1954 verstorben.

[2]Zur Begriffsbestimmung und Einordnung in den rechtlichen Kontext vgl. Herberger (2018, S. 2825).

[3]Die grundsätzliche Unterscheidung zwischen schwacher und starker KI geht auf ein 1980 veröffentlichtes Gedankenexperiment („chinesisches Zimmer“) des amerikanischen Philosophen John Searle zurück und hat sich inzwischen als feste Begrifflichkeit durchgesetzt (vgl. Nielsson 2014, S. 309).

einer „starken“ KI, also einer „menschenähnlichen“ Maschine technisch überhaupt möglich ist, wird im Rahmen dieses Beitrags nicht erörtert.

Es mag sein, dass es aus heutiger Sicht nicht möglich erscheint, entsprechende Algorithmen zu programmieren, die zur Schaffung eines solch fortgeschrittenen Konstruktes führen würden, dass dieses wie ein Mensch autonom agieren könnte. Geht man jedoch davon aus, dass technische Entwicklungen auch in der Vergangenheit kaum voraussehbar waren – dies wird schnell klar, wenn man sich 1994 vorstellt, dass es 2019 sehr schnelle Smartphones gibt, die mobil den sofortigen Zugriff auf ein (schnelles) Internet ermöglichen – dann ist es sehr wahrscheinlich, dass es zu einem nicht näher bestimmbaren Zeitpunkt in der Zukunft möglich sein wird, Maschinen mit diesen „menschenähnlichen“ Qualitäten, eben einer „starken“ KI, zu entwickeln.

Eine solche „starke“ KI hätte folgende Eigenschaften (Perez 2017, S. 88):

- Eigenes Bewusstsein
- Mehr als Simulation
- Kreativität
- Fantasie
- Empathie
- Gegebenenfalls Moral und Ethik

Im letzteren Punkt gab es in den letzten Jahren einen intensiven Diskurs im Hinblick auf den Fall der „Roboterfrau“ Sophia. Hierbei handelt es sich um einen Roboter mit menschenähnlichem Äußeren, der 2015 fertiggestellt wurde. Diese Maschine hatte das Gesicht einer Frau und konnte menschliche Mimik und Gestik imitieren. Mit der Deep-Learning-Technologie konnte diese Maschine aber auch zum Teil autonom Fragen beantworten (vgl. Hambling 2018, S. 197)[4].

Im Rahmen eines Interviews 2016 erklärte die „Roboterin“ Sophia auf eine diesbezügliche Frage, dass sie Menschen töten wolle, was in der Folge zu einer Kontroverse führte (Lenzen 2016, S. 1). Hier wird die Fragestellung, wie eine Maschine bei wachsendem Grad der Autonomie die ethischen Parameter auf einem sozial und gesellschaftlich angemessenen Niveau halten kann, deutlich. Hiervon ausgehend sind vorliegend die juristischen Implikationen der starken KI zu untersuchen.

Es ist darauf hinzuweisen, dass die Erörterungen in der Folge nicht die Frage umfassen sollen, ob eine Entwicklung einer „starken“ KI wünschenswert ist, sofern dies technisch überhaupt möglich ist. Von einem ethischen Standpunkt her spricht viel dafür, dass eine solche „starke“ KI nicht wünschenswert ist (Bendel 2018), da sie ihre Handlungen keinen ethischen Parametern unterwerfen dürfte, außer man würde dies in die Programmierung integrieren. Die Erfahrung zeigt jedoch, dass alles, was technisch machbar ist oder wird, auch umgesetzt, also „gemacht“ wird. Es ist daher die Auf-

[4]2017 erhielt die „Roboterin“ Sophia die Staatsbürgerschaft von Saudi-Arabien (Welt 2017).

gabe der Rechtswissenschaft, juristische Strukturen nicht nur für die gegenwärtigen technischen und gesellschaftlichen Umwälzungen zu kreieren, sondern auch künftige mögliche Entwicklungen in eine rechtlich adäquate Form zu bringen.

5.2 Haftung

Die Frage der schwachen und starken KI bei Maschinen ist zunächst sehr relevant bei der Haftung für Handlungen einer Maschine. Eine Maschine mit „schwacher" KI hat niemals die Möglichkeit einer eigenen Entscheidung. Sie ist sozusagen „Sklavin" ihrer eigenen Programmierung bzw. Konstruktion. Sofern somit durch Handlungen der Maschine ein Schaden ausgelöst wird, beruht dieser kausal und zurechenbar auf eine schadensauslösende Programmierung bzw. Konstruktion.

Sofern Schäden jedoch durch Handlungen einer Maschine mit „starker" KI, also mit einem sehr großen Grad an Autonomie, ausgelöst wird, könnte die Zurechnung zum Programmierer bzw. Konstrukteur nicht ohne Weiteres gegeben sein. Denn eine Maschine mit starker KI würde eigene Entscheidungen treffen, sodass die Verursachung von Schäden durch ihr Handeln eher ihr zurechenbar wäre. Für den Hersteller der Maschine sind dagegen die Handlungen einer Maschine mit „starker" KI nur mit einer gewissen Wahrscheinlichkeit vorhersehbar (Jandl 2018), wobei bei zunehmender Autonomie die Wahrscheinlichkeit abnehmen dürfte.

Vor diesem Hintergrund stellt sich die Frage, ob bei Handlungen von Maschinen mit starker KI Regelungslücken beim gegenwärtigen Recht der Produzentenhaftung und der Produkthaftung bestehen werden.

Zunächst haftet nach den Grundsätzen der Produzentenhaftung der Konstrukteur bzw. Programmierer verschuldensabhängig gemäß § 823 Abs. 1 BGB für die im Sinne des § 276 BGB vorsätzliche oder fahrlässige Verletzung von absoluten Rechten des Geschädigten wie Leben, Körper oder Eigentum.

Es handelt sich dabei um eine Haftung für die Verletzung von Verkehrssicherungspflichten (Sprau 2016, § 823, RN 170, 172) und verpflichtet ihn zu umfangreichen Maßnahmen zur Produktbeobachtung bei Inverkehrbringen (Sprau 2016, § 823, RN 52, 175) und gegebenenfalls auch zur Durchführung von Rückrufaktionen (Sprau 2016, § 823, RN 176).

Zudem greift bei der Haftung für Handlungen von Maschinen auch die Gefährdungshaftung des Programmierers bzw. Konstrukteurs nach dem Produkthaftungsgesetz. Diese Haftung ist verschuldensunabhängig und damit weitgehender als die vorgenannte Produzentenhaftung. Diese weitergehende Haftung ist eine Kausalhaftung im Sinne einer adäquaten Kausalität und eines Zurechnungszusammenhangs (Sprau 2016, § 1 ProdHaftG, RN 9) und schafft somit eine Verantwortlichkeit für den eine Kausalkette auslösenden Verursacher ohne Rücksicht auf persönliche Vorwerfbarkeit im Sinne eines Verschuldens, d. h. Fahrlässigkeit oder Vorsatz im Sinne des § 276 BGB.

Beide Haftungstatbestände richten sich an den Programmierer bzw. Konstrukteur bzw. den Hersteller gemäß § 4 ProdHaftG, der durch seine Tätigkeit alle Bedingungen dafür gesetzt hat, dass ein Schaden durch eine Maschine kausal herbeigeführt wurde.

Die vorstehend genannten Haftungstatbestände greifen somit nur für die eingangs dargestellt „schwache" KI. Denn diese ist sozusagen „Sklavin" ihrer Programmierung und kann nicht anders, d. h. nur ihrer Programmierung gemäß, entscheiden. Die schadensauslösende Ursache ist somit die Programmierung bzw. Konstruktion, die den Schaden beim Handeln der Maschine auslöst.

Es gibt Überlegungen, die Problematik der Haftung für schadensauslösendes Handeln autonomer Systeme mit der Tierhalterhaftung des BGB zu lösen (so Borges 2018, S. 980).

Gemäß § 833 BGB wird bei der Haftung des Tierhalters zwischen der Haftung für Nutztiere und für Luxustiere unterschieden. Demzufolge haftet der Tierhalter gemäß § 833 S. 1 BGB für die Schäden, die durch Luxustiere (Haustiere, keine Nutztiere) verursacht werden, nach den Grundsätzen der Gefährdungshaftung im Sinne einer Kausalhaftung. § 833 S. 2 BGB enthält ein Haftungsprivileg für Schäden, die durch Nutztiere verursacht werden. In diesem Fall ist die Haftung als reine Verschuldenshaftung ausgestaltet.

Demzufolge würde eine Übertragung der Tierhalterhaftung auf autonome Systeme zu vergleichsweise merkwürdigen Erwägungen führen. Denn wie könnte bei der Haftung autonomer Systeme unterschieden werden, ob es sich um einen „Luxus"-Roboter oder um einen „Nutz"-Roboter handelt (Borges 2018, S. 982)?

Eine ähnliche Interessenlage bei der Haftung für selbstständig handelnde Wesen besteht gemäß § 832 BGB bei der Haftung der Eltern für ihre Kinder. Hier wird – ähnlich wie bei der Nutztierhaftung, eine Verschuldenshaftung etabliert, allerdings zusätzlich mit einer Beweislastumkehr. Es bleibt aber bei der für eine „schwache KI" typischen Zurechenbarkeit an den Schöpfer/Programmierer/Konstrukteur.

Auch eine nur für „schwache KI" brauchbare Position wäre eine Versicherungslösung, nach der für ein autonomes System eine Pflichthaftpflichtversicherung abzuschließen wäre, das derzeit insbesondere für Teilautonome oder autonome Fahrzeuge diskutiert wird (hierzu Lutz 2015, S. 119).

Postuliert man eine „starke KI", dürfte eine von Analogien zu bisherigen Regelungen des BGB abweichende Betrachtung erforderlich sein. Denn eine solche „starke KI" hat einen eigenen Entscheidungsspielraum, sodass als Verursacher des durch Handeln der Maschine hervorgerufenen Schadens die Maschine selbst infrage kommt. Haftungsrechtlich bedeutet ein mit „starker KI" handelndes autonomes System, dass wegen der fehlenden Vorhersehbarkeit eine Zurechnung beim und damit eine Haftung des Konstrukteurs/Programmierers nicht infrage kommt.

Demzufolge könnte nur die Maschine selbst in Haftung genommen werden. Hier würde somit hinsichtlich der Haftung nach der Produzentenhaftung gemäß § 823 Abs. 1 BGB sowie der Produkthaftung nach dem Produkthaftungsgesetz eine Regelungslücke entstehen. Denn Träger von Rechten, aber auch von Pflichten, somit auch von Haftungsplichten, können nur Personen sein.

5.3 Personen als Träger von Rechten und Pflichten nach bisheriger Rechtslage

Das deutsche Zivilrecht kennt nach heutigem Stand nur zwei rechtsfähige Personen. Die natürliche Person gemäß §§ 1 ff. BGB und die juristische Person gemäß §§ 21 ff. BGB. Bei der natürlichen Person handelt es sich ausschließlich um Menschen.

Die juristische Person, erstmals im BGB seit 1900 geregelt, betrifft im BGB den eingetragenen Verein, der aber auch Vorbild und Grundstruktur für die Kapitalgesellschaften ist. Eingetragene Genossenschaften, Körperschaften und rechtsfähige Stiftungen des privaten und öffentlichen Rechts haben ebenfalls rechtliche Selbstständigkeit als juristische Person.

Zur Zeit der Einführung des BGB wurde die Rechtsfigur der juristischen Person kontrovers diskutiert (Ellenberger 2016, Einf. v. § 21, RN 1). Der Sinn der Konstruktion einer juristischen Person ist jedoch evident, denn bei einem Fehlen dieser Rechtsfigur müsste bei jeder natürlichen Person, die für eine Körperschaft handelt, die handelnde Person in Anspruch genommen werden. Dies würde zu wenig sachgerechten Ergebnissen führen und ist daher kaum praktikabel. Der Gesetzgeber des BGB hatte dann auch folgerichtig die juristische Person als Zweckschöpfung eingeführt, bei der es sich definitorisch um eine Zusammenfassung von Personen und Sachen zu einer rechtlich geregelten Organisation handelt (Ellenberger 2016, Einf. v. § 21, RN 1).

Eine Maschine mit einer „starken KI“ lässt sich unter keiner der vorgenannten, bisher bekannten rechtsfähigen Personen einordnen. Weder ist sie ein „Mensch“ im Sinne einer natürlichen Person, sie ist aber auch keine „Zusammenfassung von Personen und Sachen“ im Sinne der Definition einer juristischen Person. Vor diesem Hintergrund stellt sich die Frage nach einem Bedarf für eine neue Rechtsform der „elektronischen Person“. Diese wird im Folgenden umschrieben.

5.4 Die Empfehlungen des Europäischen Parlaments vom 16.02.2017 zur „elektronischen Person"

Das Europäische Parlament (EP) nahm sich des Themas der technologischen Entwicklung zur KI bereits in 2016 an und fasste seine Erkenntnisse in einer Empfehlung am 16.02.2017 zusammen[5]. Hintergrund war die Erkenntnis, dass zum einen die Nachfrage nach Robotern (mit derzeit noch „schwacher“ KI) stetig zugenommen hat, zum anderen aber auch die technische Entwicklung bei Robotern eine Erweiterung der Einsatzfelder zu erwarten lässt. Bei seinen Erwägungen diesbezüglich hat das Europäische

[5]Entschließung des Europäischen Parlaments v. 16.02.2017 mit Empfehlungen an die Kommission, Az. 2015/2103 (INL), https://oeil.secure.europarl.europa.eu/oeil/popups/ficheprocedure.do?lang=en&reference=2015/2103(INL).

Parlament auch ethische Fragestellungen einbezogen und diese insbesondere auf Forschende auf dem Gebiet der Robotik bezogen[6].

Als sehr innovativ sind auch die Überlegungen des Europäischen Parlaments zur Anwendung der vom Science-Fiction Schriftsteller Isaac Asimov entwickelten Robotergesetze zu bezeichnen, bei denen es sich um vier Regeln zum ethischen „Verhalten" intelligenter Roboter handelt, von denen das erste und wichtigste Gesetz den Inhalt hat, dass ein Roboter kein menschliches Wesen verletzen darf[7]. Das Europäische Parlament sah hierbei die Pflicht zur Einhaltung der Asimovschen Robotergesetze bei den Konstrukteuren, Herstellern und Bedienern, solange Roboter nicht „ihrer selbst bewusst" sind, mit anderen Worten, solange noch keine Roboter mit „starker" KI existieren[8].

Ob die ethischen Grundlagen der Asimovschen Robotergesetze derzeit allgemeinverbindliche Grundlage für Konstrukteure und Hersteller intelligenter Maschinen ist, ist fraglich. Denn schon heute werden diese Gesetze verletzt, wenn in der Rüstungsindustrie Kampfdrohnen hergestellt oder die Entwicklung von Kampfrobotern vorangetrieben wird.

Bei den wesentlichen Empfehlungen des Europäischen Parlaments handelt es sich um:

- Schaffung einer einheitlichen Definition des Begriffs „intelligente Roboter"
- Schaffung eines Registers für intelligente Roboter
- Schaffung einer Europäischen Agentur für Robotik und künstliche Intelligenz
- Schaffung eines ethischen Verhaltenskodex für Robotikingenieure bei der Erschaffung intelligenter Roboter („Charta über Robotik")
- Einführung einer Pflichthaftpflichtverletzung für Hersteller und Eigentümer intelligenter Roboter („Roboter-Haftpflicht")
- Einführung eines Entschädigungsfonds für Roboterschäden
- Für „ausgeklügeltste" autonome Roboter Schaffung des Status der „elektronischen Person" mit speziellen Rechten und Pflichten

Mit dieser letzten Empfehlung einer „e-personality" brachte das Europäische Parlament den Begriff der elektronischen Person in die Diskussion. Es ist bemerkenswert, dass die elektronische Person nur als einer von mehreren Punkten eingeführt wird. Diese Rechtsform soll eben nur für bestimmte technische Entwicklungen, eben in Form der starken KI, infrage kommen. Das Europäische Parlament hat mit dieser begrifflichen Prägung den Versuch gemacht, vorausschauend zu agieren.

---

[6]Entschließung des Europäischen Parlaments, a. a. O., Präambel.

[7]Entschließung des Europäischen Parlaments, a. a. O., Buchstabe L; der Autor Isaac Asimov entwickelte beriet 1942 drei Robotergesetze, die später um ein viertes Robotergesetz ergänzt wurden (vgl. Laßmann 2017, Kap. 2., 2.2.).

[8]Entschließung des Europäischen Parlaments, a. a. O., Buchstabe L.

5.5 Kritik an den Empfehlungen des Europäischen Parlaments

Die vorliegenden Empfehlungen des Europäischen Parlaments stießen auf Kritik von KI-Herstellern und Entwicklern. In einem offenen Brief vom April 2018 von 285 Wissenschaftlern und Praktikern auf diesem Gebiet an die EU-Kommission wurde moniert, dass der Gedanke an eine neue Rechtsform für Roboter „verfrüht" sei. Der aktuelle Stand der Technik werde dabei überbewertet (Bendel 2018).

Zu den Kritikpunkten des vorgenannten offenen Briefes gehört es auch, dass den Robotern mit einer „elektronischen Person" fundamentale Werte wie Menschenrechte, Menschenwürde und Unversehrtheit zuzugestehen wären, mit weiteren Folgen wie dem Anspruch auf eine Staatsbürgerschaft sowie Ansprüche auf Vergütung geleisteter Tätigkeiten (o. V. o. J.).

Dies sei jedoch unvereinbar mit der Charta der Grundrechte der Europäischen Union vom 2000, in Kraft seit 2009, sowie der Europäischen Konvention zum Schutz der Menschenrechte und Grundfreiheiten (EMRK) von 1950. Denn in beiden Kodifikationen stehe allein der Mensch im Mittelpunkt. Auch Rechtskonstruktionen wie der anglo-amerikanische „Trust" könnten nicht verwendet werden (o. V. o. J.).

Weiterhin kritisierte der Europäische Wirtschafts- und Sozialausschuss (EWSA) in seiner Stellungnahme vom 31.05.2017 die Überlegungen des Europäischen Parlaments zur europäischen Person als „moralisch riskant" und missbrauchsanfällig – eine Abschreckwirkung bei der Haftung gehe verloren, wenn dies vom Hersteller auch eine Maschine mit KI übertragen würde (EWSA 2017).

Zusammenfassend lässt sich die Kritik auf zwei Felder konzentrieren: der große Abstand der Vision „starke KI" zum heutigen Stand der Technik sowie die derzeit bestehenden Rechtsnormen.

Vor diesem Hintergrund erscheint diese Kritik nicht stichhaltig.

Der heutige Stand der Technik kann gerade nicht ausschlaggebend sein für die technische Entwicklung in den nächsten 20 oder 30 Jahren. Wir kennen heute einen technischen Standard, der zum Teil vor 20 Jahren noch nicht voraussehbar war, z. B. Smartphones. Das Europäische Parlament hat die Überlegungen zur „elektronischen Person" ja gerade für die Zukunft angestellt, nicht für die Gegenwart.

Der Verweis auf den Widerspruch zu den Normen der EU-Grundrechtscharta sowie der EMRK hält einer historischen wie auch einer wörtlichen Auslegung kaum stand.

Denn die EMRK aus 1950 und die EU-Grundrechtscharta aus 2000 konnten eine technische Entwicklung bis heute und überdies für die nächsten 30 Jahre nicht voraussehen. Normen orientieren sich stets auch nach gesellschaftlichen und technischen Veränderungen.

Zudem sprechen die EMRK und die EU-Grundrechtscharta selbst zum Teil von Personen als Rechtsträger, sodass damit auch „elektronische Personen" erfasst werden könnten. Die Kritikpunkte hinsichtlich des Verweises auf EMRK und EU-Grundrechtscharta dürften dem Rechtsinstitut der elektronischen Person somit kaum entgegenstehen.

In diesem Zusammenhang ist auch die Position der Bundesregierung zu erwähnen, die unter Federführung des Bundeswirtschaftsministeriums mit der Arbeitsgruppe „rechtliche Rahmenbedingungen" in einem „Fachpapier" zur Erforderlichkeit einer elektronischen Person in 2019 Stellung genommen hat. Sie ist insoweit konsequent, als dass sie keine Notwendigkeit für die Einführung einer elektronischen Person bei der „schwachen" KI sieht (BMWI 2019). Damit besteht kein Widerspruch zu den Empfehlungen des Europäischen Parlaments, das eine elektronische Person ausschließlich als für „ausgeklügeltste" Systeme, also für Maschinen mit „starker" KI als erforderlich ansieht. Diesen Aspekt hat die Bundesregierung in ihrem Fachpapier nicht berücksichtigt, wohl auch da diesbezüglich die technischen Möglichkeiten noch nicht bestehen.

In eine ähnliche Richtung wie die deutsche Bundesregierung geht auch der Bericht einer UNESCO-Kommission zu ethischen Fragen bei Robotern. Hier wird zumindest dann keine Notwendigkeit für eine Personenqualität intelligenter Maschinen gesehen, solange nicht typische menschliche Fähigkeiten wie freier Wille, Ichbewusstsein, moralisches Handeln oder eine persönliche Identität vorliegen (UNESCO COMEST 2017, Art. 201).

Zuzugeben allerdings ist, dass eine elektronische Person dogmatisch etwas völlig Neues wäre – denn auch bei der juristischen Person gibt es noch einen gewissen Bezug zu Menschen. Juristische Personen entwickeln sich aus einem Zusammenschluss von Menschen und sie handeln auch durch Menschen (Organe) – ein Konzept, dass bei einer elektronischen Person so nicht mehr bestehen würde, sodass sich die Folgefrage stellt, wie sich die elektronische Person in die Wertvorstellungen der Rechtsordnung einbinden lässt (BMWI 2019).

Somit ist die „elektronische Person" zwar zum gegenwärtigen Zeitpunkt noch nicht praxisrelevant, es ist jedoch sehr wahrscheinlich, dass sie es in der Zukunft sein wird.

5.6 Die Schwelle zur elektronischen Person – „Fischer/Reeck'sche Schwelle"

Vor diesem Hintergrund stellt sich die Frage, nach welchen Kriterien eine Maschine eine „starke KI" entwickelt, sodass ihr als „ausgeklügeltster" Roboter, so wie vom Europäischen Parlament umschrieben, eine elektronische Person zuzubilligen ist.

Eine solche Maschine müsste eine Schwelle bestimmter Fähigkeiten überschritten haben. Bei diesen Fähigkeiten handelt es sich im Einzelnen um:

- Vollkommen selbstlernende Technologie
- Mentale Autonomie, dies umfasst:
  - Eigener Wille und die Fähigkeit, diesen zum Ausdruck zu bringen
  - Eigenes Bewusstsein, Reflexion, Einsichtsfähigkeit
  - Emotionen (nicht simuliert)
  - Formal-operative Intelligenz

Sofern ein intelligenter Roboter diese postulierte, sogenannte „Fischer/Reeck'sche Schwelle" überschreitet oder überschritten hat, hätte dies zur Folge, dass hinsichtlich der Haftung für schadensauslösendes Handeln eine Regelungslücke bestehen würde. Diese Regelungslücke könnte durch die Rechtskonstruktion der „elektronischen Person" ausgefüllt werden.

Die vorgenannte „Fischer/Reeck'sche Schwelle" kann an unterschiedlichen Zeitpunkten im Existenzzyklus eines Roboters überschritten werden. Denkbar wäre das Erreichen der „Fischer/Reeck'schen Schwelle", wenn der Roboter bereits bei seiner Konstruktion sämtliche Kriterien dieser „Fischer/Reeck'schen Schwelle" erfüllen würde.

Wahrscheinlicher ist jedoch bei selbstlernenden Systemen, dass die Überschreitung der „Fischer/Reeck'schen Schwelle" erst im Laufe der Zeit, nach Absolvierung eines Lernprozesses bzw. eines gewissen „Reifeprozesses" bei der Maschine, überschritten wird. Folglich würde auch die Qualifikation der intelligenten Maschine als elektronische Person mit allen Rechten und Pflichten erst im Verlauf des Existenzzyklus der Maschine entstehen.

Parallel zum organischen und inkrementellen Wachstum der technischen und kognitiven Fähigkeiten der Maschine wächst auch die Wahrscheinlichkeit der Überschreitung der „Fischer/Reeck'schen Schwelle" und somit die Qualifikation zur „elektronischen Person". Dies würde in der Praxis eine signifikante Rechtsunsicherheit nach sich ziehen, sodass diesbezüglich das Bedürfnis nach Nachweis- oder Registrierungsmöglichkeiten entsteht.

Als Folge der Überschreitung der „Fischer/Reeck'schen Schwelle entsteht das Bedürfnis nach technischen Parametern, die Grundlage für die Messung der Überschreitung der „Fischer/Reeck'schen Schwelle" bilden können – mit anderen Worten müssten nicht nur Intelligenz, sondern auch der anderen Faktoren der Autonomie der intelligenten Maschine wie mentale, nicht kognitive Fähigkeiten nicht nur einer Messung zugänglich sein und entsprechende Messeinheiten geschaffen werden, sondern auch tatsächlich gemessen werden können. Die Entwicklungstiefe selbstlernender Technologie oder Intelligenz ist evident messbar, aber wie steht es mit der Messbarkeit von Emotionen, eines eigenen Willens oder der Einsichtsfähigkeit der intelligenten Maschine?

Für den Fall der Messbarkeit der Überschreitung der „Fischer/Reeck'schen Schwelle" könnte als Folge die Problematik entstehen, ob dann die Maschine ihre Kosten „abarbeiten" müsste oder ob sie sich „freikaufen" müsste. Beide Szenarien implizieren jedoch eine Kollision mit dem eingangs erwähnten Prinzips der rechtlichen Autonomie bzw. eigenen Rechtspersönlichkeit der intelligenten Maschine.

Denn beide Gestaltungen würden die Position der intelligenten Maschine in einer Situation eines „Sklaven" sehen, was nicht mit einer Persönlichkeit als selbstständige Trägerin von Rechten und Pflichten vereinbar wäre. Denkbar wäre zwar eine „teilberechtigte" Person, d. h. eine eigene Rechtspersönlichkeit mit weniger Rechten, dem ist aber entgegenzuhalten, dass die Frage der Abgrenzung von einer „vollberechtigten" Person schwierig und kaum lösbar bleibt.

5.7 Folgefragen

Zudem stellen sich bei Akzeptanz einer „elektronischen Person“ noch zahlreiche, bisher ungelöste Folgeprobleme. Wenn eine intelligente und autonome Maschine ein selbstständiger Träger von Rechten und Pflichten ist, dann müsste sie sich auch „selbst gehören“. Unklar ist somit, wie sich das zivilrechtliche Verhältnis zum Programmierer bzw. Konstrukteur darstellt. Immerhin hat der Konstrukteur die Maschine auf eigene Kosten hergestellt.

Eine weitere Folgefrage entsteht, wenn intelligente Maschinen andere intelligente Maschinen herstellen. Zwar wäre damit die Frage einer eventuellen Vergütung für einen menschlichen Konstrukteur in den Hintergrund gerückt, es würden dann aber andere Themen wie Verwandtschaft sowie familienrechtliche und erbrechtliche Fragen in den Vordergrund rücken. Würde dies z. B. dazu führen, dass es gegenseitige Unterhaltspflichten zwischen Maschinen gäbe? Wären dann die Kosten der Herstellung der intelligenten Maschinen durch andere intelligente Maschinen relevant? Oder wäre dies wie bei menschlichen Eltern zu betrachten, die ihren Kindern die zum Teil beträchtlichen Kosten der Erziehung, Nahrung, Kleidung, Ausbildung selbstverständlich nicht in Rechnung stellen würden? Denkt man das Konstrukt der „starken“ KI konsequent weiter, so wäre wohl auch hier von letzterer Konstellation auszugehen.

Zudem stellt sich in diesem Zusammenhang die Frage, wem eine Maschine mit „starker“ KI „gehört“, wenn diese von anderen Maschinen hergestellt wurden. Die Herstellung verursacht Kosten in Form von Material und zeitlichem Einsatz der Maschine („Lohnkosten“ bzw. „Unternehmerlohn“). Eine konsequente Umsetzung des Konzepts der elektronischen Person würde es erfordern, dass die geschaffene Maschine „sich selbst gehört“ mit der zwingenden Folge, dass bei der geschaffenen Maschine keine Fragen des Eigentums eine Rolle spielen können, so wie das auch bei natürlichen Personen der Fall ist. Evident „gehören“ auch Kinder nicht ihren Eltern, auch wenn Eltern nach den §§ 1629, 1929 BGB die Personen- und Vermögenssorge für das Kind und den Minderjährigen ausüben.

Die eigene Persönlichkeit einer intelligenten Maschine sowie die diesbezüglichen Eigentumsfragen sind im Übrigen schon sehr früh in den Medien thematisiert worden. So erfolgte dies in der 35. Episode der Serie „Star Trek – The Next Generation“, die den Titel „Wem gehört Data“ trug. Dieser Film aus dem Jahr 1989 fand in der Folge eine Rezeption in der Wissenschaft mit ungewöhnlichen neuen Denkansätzen, die mit einer Analyse der Begriffe „Person“, „Ichbewusstsein (self-awareness)“ und „Bewusstheit (consciousness)“ zur Entwicklung des gedanklichen Konzepts der elektronischen Person beitrug (Anderson 2000). Hier führte sozusagen „Fiction“ zu „Sciences“.

Wenn eine intelligente Maschine Träger eigener Rechte und Pflichten hätte, dann würde sich im Übrigen die Frage stellen, ob sie dann auch die Ergebnisse ihrer eigenen Arbeit behalten dürfte bzw. die diesbezügliche Vergütung. Fall sie aber eine Vergütung erhält, dann müssten die Einkünfte einer solchen intelligenten Maschine auch der Einkommensbesteuerung unterliegen.

So wurde in 2017 bereits Bill Gates zitiert, der eine Einkommensteuer von Robotern mit „starker“ KI als notwendig ansah, um das Gemeinwesen zu finanzieren (Klindt und Kuhlmann 2017). Wie könnten auch sonst die Sozialsysteme in Staat und Gesellschaft finanziert werden, wenn eine solch intelligente Maschine, die Menschen mit Steuer- und Sozialabgabepflichten ersetzt, ohne diese Steuern und Abgaben die Ergebnisse ihrer Leistung ungeschmälert behalten dürfte?

Schließlich resultiert aus dem hohen Autonomiegrad einer intelligenten Maschine in der Rechtsform der „elektronischen Person“ auch, dass sie einen Entscheidungsspielraum bei ihren Handlungen hat, sie kann folglich auch vorwerfbar handeln und somit dem Strafrecht unterliegen. Hier stellt sich die Frage, welche Arten von Strafen als Sanktion für vorwerfbares Verhalten einer Maschine überhaupt sinnvoll sind. Aus Gründen der Generalprävention ist die Verhängung von Strafen bei vorwerfbarem Verhalten von intelligenten Maschinen mit „starker“ KI zum Schutz der Gesellschaft ebenso sinnvoll wie die Strafen bei vorwerfbarem Verhalten von Menschen.

Betrachtet man jedoch den Strafzweck der Spezialprävention, scheint eine sinnvolle Anwendung von Strafen bei einer Maschine mit „starker“ KI schwer vorstellbar. Wenn eine Maschine eine Vergütung für ihre Tätigkeit bekommt und Vermögen besitzen kann, könnte eine Geldstrafe sicherlich die gleichen Wirkungen hervorrufen wie bei einem Menschen. Bei schweren Vergehen ist es jedoch höchst fraglich, ob eine Freiheitsstrafe eine ähnliche Wirkung haben kann.

Ob es allerdings angemessen wäre, die Maschine einfach abzuschalten, was ihre komplette Inaktivität zur Folge hätte, dürfte nicht unumstritten sein. Gerade bei der Frage des Abschaltens ist zu klären, ob die Abschaltung im Sinne einer endgültigen Stilllegung erfolgt, was praktisch einer „Todesstrafe“ für Maschinen gleichkäme. Ob dann auch zusätzlich die Hardware der künstlichen Intelligenz zerlegt oder zerstört werden würde, wäre von diesem Hintergrund zweitrangig. Erfolgt die Abschaltung jedoch nur vorübergehend, wäre ein angemessener Sanktionscharakter darstellbar, indem die Strafhöhe sich auf die Dauer der Abschaltung auswirkt.

5.8 Fazit

Die zügige technologische Entwicklung hat das Europäische Parlament bereits 2017 auf den Gedanken nach neuen Wegen der rechtlichen Einordnung von intelligenten Maschinen gebracht. Das Europäische Parlament hat damit eine mutige, zukunftsorientierte Haltung mit großer Weitsicht gezeigt, stützte sich aber auch auf Grundsätze und Entwicklungen aus der Science-Fiction-Literatur. Diesbezüglich würde, denkt man diesen Gedanken konsequent weiter, eine rechtliche Gleichstellung von autonomen und intelligenten Maschinen mit Menschen bei Überschreitung einer Schwelle von bestimmten, „menschentypischen“ Fähigkeiten (Fischer/Reeck’sche Schwelle) der wahrscheinlichste Weg sein, die vorliegende Entwicklung in der Zukunft rechtlich fassen zu können.

Zwar erscheint diese Vorgehensweise ausgehend vom heutigen technischen Standard und vom heute angenommenen Personenbegriff noch utopisch. Es muss jedoch unter der Prämisse einer kontinuierlichen bis stürmischen Weiterentwicklung der diesbezüglichen Technologie sichergestellt werden, dass die damit verbundenen juristischen, aber auch ethischen Folgefragen parallel zu dieser Entwicklung gelöst werden können. Denn die technische Entwicklung nimmt keine Rücksicht auf juristische oder ethische Vorbehalte – wie die Erfahrung zeigt, sind ethische und technische Reife oft unterschiedlich ausgeprägt – sobald etwas technisch machbar ist, wird sich auch ein Akteur finden, der dies in die technische Praxis umsetzt. Dies ist nicht immer wünschenswert, aber realistisch.

Es spricht viel dafür, dass das Konstrukt einer „elektronischen Person" eine zweckmäßige Lösung für eine zukünftige „starke" KI sein wird. Andere Konstrukte wie Versicherungen der Hersteller/Schöpfer, Trust/Treuhandmodelle und Ähnliches versprechen keine nachhaltigen Lösungen für den Fall einer postulierten „starken" KI und können höchstens zur Problemlösungen bei Vorstufen im Bereich einer sich von der „schwachen" hin zur „starken" KI entfaltenden Entwicklung herangezogen werden.

Weitere Forschung ist notwendig, um rechtlich bindende Kriterien zu identifizieren und zu definieren, ab denen ein autonomes System mit den Kriterien einer „starken" KI als selbstständige elektronische Person mit Rechten und Pflichten zu qualifizieren ist. Sofern eine solche elektronische Person rechtlich präzise umschrieben werden kann, ist auch eine gesetzliche Definition der Rechtsfolgen einer solchen Qualifikation im Schuldrecht, Sachenrecht, Familienrecht, Erbrecht und Strafrecht möglich. Dies wird zu einer entsprechenden Ergänzung des BGB bzw. der entsprechenden internationalen Zivilrechtskodifikationen führen müssen.

Literatur

AI@50. (2006). Conference Program. http://www.dartmouth.edu/~ai50/program.html. Zugegriffen: 3. Nov. 2019.

Anderson, D. L. (2000), Consortium on Cognitive Science Instruction, What is a person? http://www.mind.ilstu.edu/curriculum/what_is_a_person/what_is_a_person.php. Zugegriffen: 3. Nov. 2019.

Bendel, O. (2018), Diskussion um die elektronische Person, 21.04.2018. http://www.informationsethik.net/?p=6435. Zugegriffen: 3. Nov. 2019.

BMWI (Hrsg.). (2019), Fachpapier der Arbeitsgruppe „rechtliche Rahmenbedingungen", Künstliche Intelligenz und Recht im Kontext von Industrie 4.0, Berlin, 27.05.2019. https://www.plattform-i40.de/PI40/Redaktion/DE/Downloads/Publikation/kuenstliche-intelligenz-und-recht.html. Zugegriffen: 3. Nov. 2019.

Borges, G. (2018). Rechtliche Rahmenbedingungen für autonome Systeme. *NJW, 14,* 977–982.

Bostrom, N. (2014). *Superintelligenz: Szenarien einer kommenden Revolution.* Berlin: Suhrkamp.

Ellenberger, J. (2016). Einf. v. § 21. In Palandt, O., *Bürgerliches Gesetzbuch: BGB. Kommentar* (75. Aufl.). München: Beck.

EWSA, Künstliche Intelligenz – die Auswirkungen der künstlichen Intelligenz auf den (digitalen) Binnenmarkt sowie Produktion, Verbrauch, Beschäftigung und Gesellschaft, Stellungnahme vom 31.05.2017, Berichterstatterin Catelijne Muller, https://www.eesc.europa.eu/en/our-work/opinions-information-reports/opinions/artificial-intelligence. Zugegriffen: 3. Nov. 2019.

Hambling, D. (2018). *We: Robot – the Robots that already rule the world*. London: Quarto.

Herberger, M. (2018). „Künstliche Intelligenz" und Recht – ein Orientierungsversuch. *NJW, 39*, 2825–2829.

Jandl, F. (2018), E-Person – Rechtspersönlichkeit für Roboter? Legal Technology Journal (LTJ), 07.12.2018, https://legal-technology.net/rechtspersoenlichkeit-e-person/. Zugegriffen: 3. Nov. 2019.

Klindt, T., & Kuhlmann, N. (2017), Grundfragen der Digitalisierung – Haben Roboter Rechte? Legal Tribune Online (LTO), 11.11.2017, https://www.lto.de/recht/zukunft-digitales/l/digitalisierung-rechte-fuer-roboter-elektronische-person-rechtspersoenlichkeit/2/. Zugegriffen: 3. Nov. 2019.

Laßmann, G. (2017). *Asimovs Robotergesetze: Was leisten sie wirklich? ebook*. Hannover: Heise Medien.

Lenzen, M. (2016). *Künstliche Intelligenz – was sie kann & was uns erwartet*. München: Beck.

Lutz, L. (2015). Autonome Fahrzeuge als rechtliche Herausforderung. *NJW, 68*, 119–123.

Nilsson, N. J. (2014). *Die Suche nach künstlicher Intelligenz: Eine Geschichte von Ideen und Erfolgen*. Berlin: AKA.

Perez, C. E. (2017). *The deep learning AI playbook – strategy for disruptive artificial intelligence*. North Charleston: Create Space Independent Publishing Platform.

Sprau, H. (2016). Unerlaubte Handlungen. (§§ 823–853). In Palandt, O., *Bürgerliches Gesetzbuch: BGB. Kommentar* (75. Aufl.) (S. 1372–1492). München: Beck.

UNESCO, COMEST (World Commission of the Ethics of Scientific Knowledge and Technology), Art. 201, 2017, https://unesdoc.unesco.org/ark:/48223/pf0000253952. Zugegriffen: 3. Nov. 2019.

Welt. (2017). Roboter „Sophia" bekommt saudi-arabischen Pass. https://www.welt.de/vermischtes/article170106321/Roboter-Sophia-bekommt-saudi-arabischen-Pass.html. Zugegriffen: 16. Jan. 2020.

Wierse, A., & Riedel, T. (2017). *Smart Data Analytics: Mit Hilfe von Big Data Zusammenhänge erkennen und Potentiale nutzen*. Berlin: de Gruyter.

o. V. (o. J.). Open Letter to the European Commission – Articifial Intelligence and robotics. http://www.robotics-openletter.eu/. Zugegriffen: 3. Nov. 2019.

Prof. Dr. Hans-Jörg Fischer lehrt als Professor für Wirtschafts- und Steuerrecht an der FOM Hochschule für Oekonomie & Management in Mannheim und Karlsruhe, seine Lehrfächer sind insbesondere Handels- und Gesellschaftsrecht, Sachenrecht und Steuerrecht. Er ist als Rechtsanwalt, Fachanwalt für Steuerrecht und für Handels- und Gesellschaftsrecht und Steuerberater Inhaber einer Kanzlei mit Standorten in Mannheim und München, die sich ausschließlich mit Themen des Steuer- und Wirtschaftsrechts beschäftigt.

6 Die Matrix – KI in der Generalisierbarkeitstheorie

Wolfgang H. Waldmann

Inhaltsverzeichnis

Zusammenfassung

Die Generalisierbarkeitstheorie (G-Theorie) ist ein Algorithmus zur Generierung allgemeiner und präziser wissenschaftlicher Theorien. In ihren G-Studien analysiert sie faktorielle Designs gekreuzter und genesteter Daten auf multiplen Ebenen und

---

W. H. Waldmann (✉)
FOM Hochschule, Stuttgart, Deutschland
E-Mail: wolfgang.waldmann@fom.de

R. Buchkremer et al. (Hrsg.), *Künstliche Intelligenz in Wirtschaft & Gesellschaft*, FOM-Edition, https://doi.org/10.1007/978-3-658-29550-9_6

ermittelt die maximale Zahl von Effekten als zufällige Varianzkomponenten. Einerseits kann damit geforscht werden, z. B. zur Führung in Unternehmen (360-Grad-Feedback; Management-Derailment). Andererseits optimiert sie in ihren D-Studien psychometrische Prognosen. Die Präzision ihrer Generalisierungen (Generalisierungskoeffizienten) ist in Erweiterung der Spearman-Brown-Prophecy-Formula der klassischen Testtheorie eine Funktion der Zahl jeder Anzahl der Bedingungen (Stufen) je Facette. Die freie Software R ermöglicht alle notwendigen Berechnungen. Zum Nachvollziehen für den Praktiker zeigt der Beitrag die R-Syntax zur Analyse von Brennans (2001) synthetischen Datenmatrizen, namentlich mit dem R-Paket gstudy.

6.1 Künstliche Intelligenz in der Welt der Arbeit

Nach Frey und Osborne (2013) arbeiten 47 % der Beschäftigten in den USA in Berufen, die in den nächsten 20 Jahren mit hoher Wahrscheinlichkeit (größer als 70 %) automatisiert werden können. Algorithmen übernehmen deren Tätigkeiten. Jedoch identifiziert die Studie *Engineering Bottlenecks.* Menschen orientieren sich in gänzlich neuen Situationen und verfügen über kreative als auch soziale Intelligenz. Ingenieure sind nicht in der Lage – so die Autoren – Maschinen diese Fähigkeiten und Fertigkeiten im prognostizierten Zeitraum beizubringen. Das muss nach Waldmann (2019) auch für die personale Führung in Unternehmen gelten; so sind es diese ingenieurmäßigen Beschränkungen, welche die Automatisierung der personalen Führung verhindern. Ganz im Gegenteil, die Anforderungen an Führungskräfte wachsen – so mit der Beherrschung artifizieller Intelligenz. Von einem solchen intelligenten System ist in diesem Beitrag die Rede – die Generalisierbarkeitstheorie.

6.2 Grundzüge der G-Theorie

Die Generalisierbarkeitstheorie (G-Theorie) ist ein Algorithmus zur Generierung möglichst allgemeiner und präziser wissenschaftlicher Theorien. Damit erfüllt sie Forderungen des kritischen Rationalismus (Popper 1976). Das Kriterium der Allgemeinheit kommt in den *Universen zulässiger Beobachtungen* und der *Generalisierung* zum Tragen, das Kriterium der Präzision in den *Erwartungswerten.* Der *univers score* (Merkmalausprägung des Messobjektes) ist der Erwartungswert des Test-Scores. Generalisierbarkeitskoeffizienten quantifizieren die Präzision der statistischen Schlüsse. Brennan (2001, S. vii) charakterisiert die G-Theorie als das vielleicht am breitest definierte Messmodell, das gegenwärtig existiert, und als ein Hauptbeitrag zur Psychometrie. Abb. 6.1 gibt einen Überblick (Brennan 2001, S. 5).

Die G-Theorie ist zum einen ein Abkömmling aus klassischer Testtheorie (KTT) und ANOVA (Brennan 2001). Ihre Weiterentwicklung ist an der Terminologie zu erkennen. Worunter die ANOVA Faktoren mit Stufen versteht, differenziert die G-Theorie in

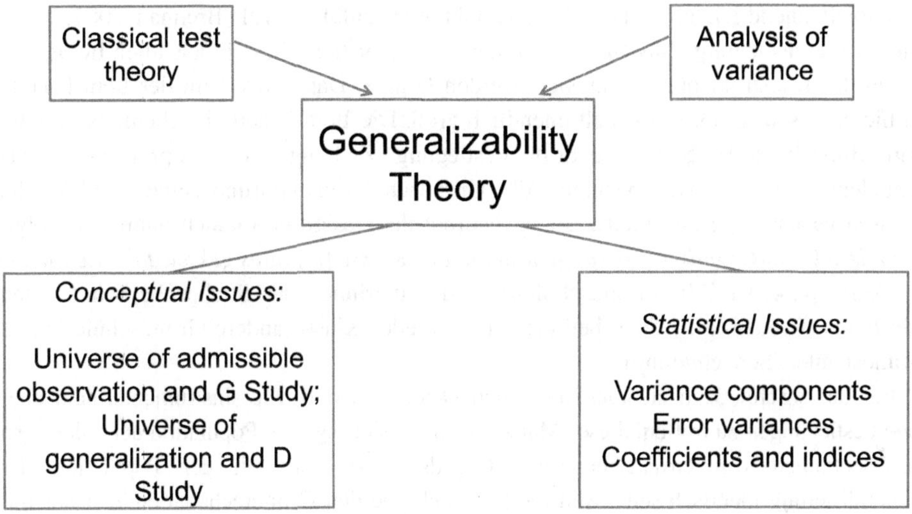

Abb. 6.1 Eltern und konzeptueller Rahmen der Generalisierbarkeitstheorie. (Quelle: Brennan 2001, S. 5)

Mess-Objekt und Mess-Facette, deren Stufen sie Bedingungen nennt. Die G-Theorie ist flexibel. Messobjekte können Personen (Führungskräfte, Schüler, Dozenten), Arbeitsplätze, Teams, Klassen in Schulen oder Kurse an der Universität sein. Messobjekt oder Facette kann jede Art ähnlicher Bedingungen sein, je nach Erkenntnis- und Anwendungsinteresse. Das Prinzip der Symmetrie erlaubt es dem Forscher, diese Festlegung erst in der D-Studie zu treffen (Brennan 2001, S. 17, 60; Shaveslon und Webb 1991, S. 130). Das faktorielle Design der G-Theorie generiert höchstmögliche Information, realisiert durch Zerlegung des Messwertes in die maximale Anzahl von Komponenten. Der undifferenzierte und amorphe Fehler der KTT offenbart sich damit in der G-Theorie als $Fehler_1$, $Fehler_2$, … $Fehler_n$. Döring und Bortz (2016, S. 464) würdigen die Generalisierbarkeitstheorie deshalb als Erweiterung der klassischen Testtheorie (ebenso Brennan 2001), dergemäß sich Testwerte nicht nur aus wahren Merkmalsausprägungen der Testpersonen sowie zufälligen Messwerten zusammensetzen, sondern weitere Faktoren wie Beurteiler- oder Methodeneffekte hinzukommen.

Zum anderen unterliegt der G-Theorie eine ausgeprägte konzeptionelle und statistische Konzeption, wie in Abb. 6.1 skizziert. Ein fiktives Szenario aus der Schulforschung und Schulevaluation möge dies verdeutlichen: Eine Schulbehörde – so sei angenommen – habe eine Forscherin beauftragt, die Kenntnisse der Grundrechenarten von Grundschülern zu untersuchen und daraus ein präzises Messinstrument zu entwickeln. Folgende erste Festlegung sei für die G-Studie getroffen worden: Die *Population der zulässigen Beobachtungen* umfasst alle jetzigen und alle zukünftigen Grundschülerinnen/Grundschüler; die Population der Messobjekte ist hiernach sehr groß, prinzipiell unendlich groß. Der Personenfaktor ist zufällig (vgl. Brennan 2001, S. 7). Die zweite Festlegung: Das *Universum der zulässigen Items* besteht aus allen Items, mit denen das Konstrukt operationalisiert werden könnte. Das Universum der Item-Facette ist hiernach sehr groß, prinzipiell unendlich groß. Die Item-Facette ist ebenfalls zufällig (vgl. Brennan 2001, S. 7). Die dritte Festlegung: Ziehung von Stichproben aus verschiedenen Klassen. Das bedeutet, die Grundschülerinnen/Grundschüler sind in die Klassen genestet (geschachtelt). Das g-theoretische Design ergibt sich damit wie folgt: *Grundschülerin/Grundschüler (p) genestet in der Klasse (k), alles gekreuzt mit den Items (i);* kurz (p : k) x i. Alle Grundschüler/Grundschülerinnen der Stichprobe beantworten alle Items (Kreuzung), jedoch befinden sich in jeder Klasse andere Grundschülerinnen/ Grundschüler (Schachtelung).

Für die anschließend zu konstruierenden D-Studien, d. h. Messinstrumente, sind analoge Festlegungen zu treffen, dieses Mal zur Generalisierung. Die Population der zulässigen Beobachtungen von Grundschülerinnen/Grundschülern soll mit der Population der Generalisierung identisch sein. Weil die Schulbehörde den Grundrechenarten-Test nur mit ihren 20 Curriculums-Items durchführen und nicht auf andere Items generalisieren möchte, soll für die Item-Facette diese Beschränkung gelten; die Item-Facette ist fix.

Das Design der D-Studien lautet: *Grundschülerin/Grundschüler (p) genestet in der Klasse (K), alles gekreuzt mit den fixen Items (I);* kurz *(p : K) x I.* Die Matrix ist hier identisch mit jener der G-Studie, jedoch sind die Klasse und die Items mit Großbuchstaben symbolisiert. G-Studien ermitteln durchschnittliche Varianzkomponenten, d. h., Anzahl der Bedingungen (Stufen) $n=1$, z. B. $i=1$. Der Großbuchstabe, z. B. $I=12$ Items, steht für die Anzahl der Bedingungen (Stufen) in der D-Studie.

Die statistische Fragestellung schließlich, wie sie Abb. 6.1 aufzeigt, ist mit der konzeptionellen Fragestellung verbunden. Die Mehr-Ebenen-Analyse der Konzeptionsphase manifestiert sich in genesteten und/oder gekreuzten Designs. Wie die experimentalpsychologische Forschung im Labor nutzt die G-Theorie ein faktorielles Design, das es erlaubt, Variationsquellen zu identifizieren und zu quantifizieren. Aber sie ist primär nicht an festen, sondern an zufälligen Effekten interessiert; sie ist eine Theorie zufälliger Effekte, was bedeutet, Variablenausprägungen werden zufällig gezogen. Das NHST-Ritual mit seinen *p*-Werten (vgl. Cumming und Calin-Jageman 2017) ist hier irrelevant; sie testet keine statistischen Nullhypothesen auf Signifikanz (Cronbach et al. 1972, S. 192 f.). Wie die Metaanalyse fokussiert die G-Theorie auf Punkt- und Bereichsschätzungen (vgl. hierzu Schmidt und Hunter 2015). Brennan (2001) widmet sein Kap. 6 dem Thema Konfidenzintervalle. Dieses Paradigma steht im Einklang mit der *Neuen Statistik* der Effektstärken und Vertrauensintervalle (vgl. Cumming und Calin-Jageman 2017). Letztendlich resultiert die statistische Auswertung der G-Theorie in zufälligen Varianzkomponenten sowie Indizes, namentlich Generalisierbarkeitskoeffizienten (siehe Abschn. 6.6 und 6.7).

In den einschlägigen Methoden-Lehrbüchern ist die G-Theorie noch nicht angekommen (siehe z. B. in Bortz und Schuster 2010; Eid et al. 2017; Field et al. 2012; Sauer 2019; Sedlmeier und Renkewitz 2013). Eine Ausnahme ist Döring und Bortz (2016, S. 464) mit der schon erwähnten Würdigung als Erweiterung der klassischen

Testtheorie. Möglicherweise liegt diese geringe Rezeption an einem wahrgenommenen Mangel an Software. Mit der freien Software R kann dem abgeholfen werden. Abschn. 6.7 zeigt, wie man die Datenmatrizen in G-Studien analysiert und die zufälligen Varianzkomponenten errechnet. Als Benchmark bieten sich hierzu Brennans (2001) vier Designs synthetischer Daten an: p x i (Brennan 2001, Tab. 2.2, S. 28), i : p (Brennan 2001, Tab. 2.8, S. 43), p x i x o (Brennan 2001, Tab. 3.1, S. 72) und p x (r : t) (Brennan 2001, Tab. 3.2, S. 73). In Abschn. 6.7 findet sich hierzu dreierlei: 1) die R-Syntax, 2) das Formelwerk für die darauf aufbauenden D-Studien sowie 3) im Formelwerk die Varianzkomponenten, die aus den G-Studien stammen.

6.3 Multiple Ebenenanalyse mit Nestung – lmer()-Funktion

Die G-Theorie berücksichtigt ausdrücklich die Ebenenstruktur der Daten – genestete und gekreuzte Designs. Das gilt für andere Forschungsansätze nicht ohne Weiteres. Angenommen – weiteres fiktives Beispiel der Evaluationsforschung –, zwei neue Unterrichtsmethoden sollen getestet werden. Der Zufall entscheide, welche der Klassen 4A, 4B oder 4C der Schule die Treatments erfahren (Experimentalgruppen) und welche nicht (Kontrollgruppe). Die Daten mögen in einer Einweg-Varianzanalyse ausgewertet werden. Welches Mehr-Ebenen-Problem könnte auftreten? Die Schülerinnen/Schüler sind in die Klassen geschachtelt – eine weitere Ebene kommt ins Spiel, hier der Faktor Klasse. Das wahrscheinlichkeitstheoretische Problem ist das übliche Stichprobenmodell – Zufallsstichprobe aus einer einzigen großen Urne. In genesteten Daten ist die Unabhängigkeitsannahme der Fehler in der Regel jedoch verletzt. In dem Untersuchungsplan gibt es nicht nur den Faktor Training, sondern auch den Faktor Klasse. Wenn er nicht in das Experiment mit einbezogen wird, aber wirkt, z. B. homogenisiert, dann gelangen die Experimentatoren womöglich zu falschen Schlüssen (Eid et al. 2017, S. 728). Der Typ-I-Fehler könnte in einem höheren Maße als spezifiziert vorkommen (Finch et al. 2019, S. 29).

Multi-Ebenen-Analysen berücksichtigen genestete Daten und modellieren zufällige Effekte. Die Gemeinsamkeit des linearen statistischen Modells (vgl. Finch et al. 2019, S. 1) lohnt für die G-Theorie-Forschung, da sie die einschlägige Software der Multi-Ebenen-Regressionsanalyse nutzen kann. In R ist dies das lme4-Paket mit der lmer()-Funktion. Darauf komme ich bei der Besprechung der Varianzkomponentenschätzung mit REML zurück.

6.4 Effekt-Komponenten-Analyse und Messwertzerlegung

Die faktoriellen Designs der G-Studien sind Datensiebe, welche die zufälligen Effekte trennen und sortieren. Im ersten Schritt sind diese Effekte zu identifizieren. Als Algorithmus zu ihrer Extraktion eignen sich Venn-Diagramme (1); das ist die

Effekt-Komponenten-Analyse. Im zweiten Schritt sind die Effekte so in ein lineares Modell zufälliger Effekte einzubringen, dass der Messwert durch sie ausgedrückt werden kann. Dies gipfelt in der (tautologischen) Messwertzerlegung (2) mit der Definition der Effekte (3). Abb. 6.2 stellt die drei Analyseschritte für das vollständig gekreuzte Design p x i x o und das teilweise genestete Design p x (r : t) dar. Es sind dies die im Abschn. 6.7 auszuwertenden Zwei-Facetten-Designs Brennans (2001) synthetischer Daten.

Zur Analyse des teilweise genesteten Designs p x (r : t) in Abb. 6.2 zeichnet man einen p-Kreis und einen t-Kreis so, dass sich die Kreise zum Teil überschneiden; denn *p* und *t* kreuzen sich. In den t-Kreis kommt zur Gänze der r-Kreis (echte Teilmenge = Nestung), aber so, dass er sich auch mit dem p-Kreis überschneidet; denn *p* ist mit der Nestung (r : t) gekreuzt. In allen Venn-Diagrammen offenbaren die Teilflächen die gesuchten Effekte, so z. B. ν_{p}, d. h. der Personeneffekt. Der Messwert kann in tautologischer Weise als Linearkombination der Effekte, d. h. Abweichungswerte, ausgedrückt werden, was die Gleichungen in Abb. 6.2 zum Ausdruck bringen.

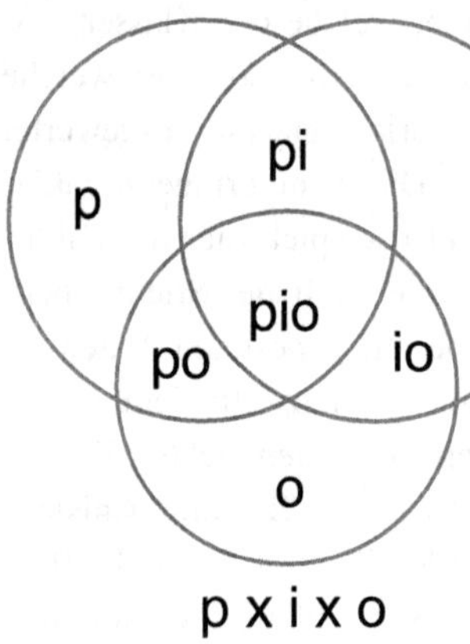

$$\begin{aligned} X_{pio} &= \mu \\ &+ (\mu_p - \mu) \\ &+ (\mu_i - \mu) \\ &+ (\mu_o - \mu) \\ &+ \mu_{pi} - \mu_p - \mu_i + \mu \\ &+ \mu_{po} - \mu_p - \mu_o + \mu \\ &+ \mu_{io} - \mu_o - \mu_i + \mu \\ &+ X_{pio} - \mu_{pi} - \mu_{po} - \mu_{io} \\ &+ \mu_p + \mu_i + \mu_o - \mu \end{aligned} \qquad \begin{aligned} X_{pio} &= \mu \\ &+ \nu_p \\ &+ \nu_i \\ &+ \nu_o \\ &+ \nu_{pi} \\ &+ \nu_{po} \\ &+ \nu_{io} \\ &+ \nu_{pio} \end{aligned}$$

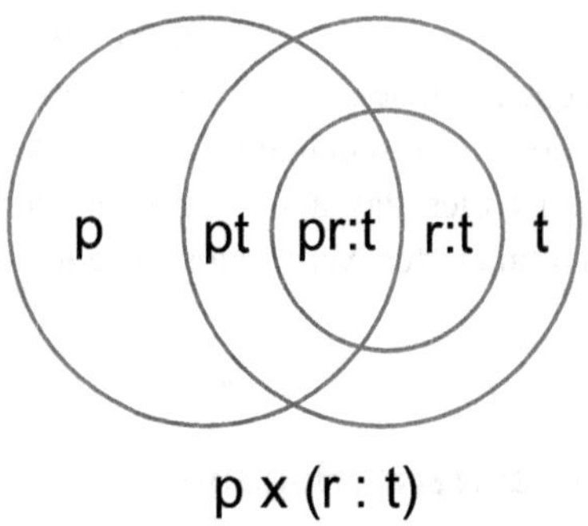

$$\begin{aligned} X_{prt} &= \mu \\ &+ (\mu_p - \mu) \\ &+ (\mu_t - \mu) \\ &+ (\mu_{rt} - \mu_t) \\ &+ \mu_{pt} - \mu_p - \mu_t + \mu \\ &+ X_{prt} - \mu_{rt} - \mu_{pt} + \mu_t \end{aligned} \qquad \begin{aligned} X_{prt} &= \mu \\ &+ \nu_p \\ &+ \nu_t \\ &+ \nu_{r:t} \\ &+ \nu_{pt} \\ &+ \nu_{pr:t} \end{aligned}$$

Abb. 6.2 Effekt-Komponenten-Analyse, Messwertzerlegung und lineares Modell zufälliger Effekte der Designs r x i x o und p x (r : t). (Quelle: Auszug aus Brennan 2001, unter Anpassung der Facetten an die der synthetischen Daten, S. 56)

Das allgemeine lineare Modell quantifiziert Effekte über Varianzen. Die (tautologische) Zerlegung des Testwertes in Effekte gilt auch hier. Der Messwert kann für die betrachteten Designs in sieben bzw. fünf unabhängige Varianzkomponenten zerlegt werden:

$$\sigma^2(X_{pio}) = \sigma^2_p + \sigma^2_i + \sigma^2_o + \sigma^2_{pi} + \sigma^2_{po} + \sigma^2_{io} + \sigma^2_{pio}$$

$$\sigma^2(X_{prt}) = \sigma^2_p + \sigma^2_t + \sigma^2_{r:t} + \sigma^2_{pt} + \sigma^2_{pr:t}$$

Die je Design zu erwarteten zufälligen Varianzkomponenten der Effekte $\alpha - \sigma^2_{(\alpha)}$ – gilt es zu ermitteln.

6.5 Methoden zur Schätzung von Varianzkomponenten

6.5.1 Erwartete mittlere Abweichungsquadrate

Die Varianz $\sigma^2_{(\alpha)}$ kann nicht beobachtet, sondern muss geschätzt werden, $\hat{\sigma}^2_{(\alpha)}$. Dies geschieht nach der in diesem Abschnitt zu besprechenden Methoden über mittlere Abweichungsquadrate, und zwar solche, die zu erwarten sind, EMS(α), und solche, die empirisch ermittelt werden, MS(α). Die ANOVA liefert die MS(α). Wer die statistische Maschinerie verstehen möchte, rechnet von Hand. Einfacher geht es mit Softwareprogrammen, z. B. für das Ein-Facetten-Design mit der Analysefunktion des Statistikprogrammes von Excel: *Anova: Zweifaktorielle Varianzanalyse ohne Messwiederholung.* Man erhält die Freiheitsgrade, die Quadratsummen, die mittleren Quadratsummen, die Prüfgröße *F*, die *p*-Werte und die kritischen Werte. Die letzten drei Kennwerte haben hier keine Bedeutung. Das Gleiche leistet die aov()-Funktion des Basispaketes von R.

Wie der Parameter EMS(α) und der Kennwert MS(α) zur Schätzung der zufälligen Varianzkomponenten $\hat{\sigma}^2_{(\alpha)}$ in Beziehung gesetzt werden, zeigt Abb. 6.3 für die vier ausgewählten Brennan-Designs. Ihre Struktur ist identisch mit Brennans (2001) Matrizen synthetischer Daten Abb. 6.3.

6.5.2 Restricted maximum likelihood (REML)

6.5.2.1 lmer()-Funktion

Hier ist die zweite Methode der Varianzkomponentenschätzung: Restricted Maximum Likelihood (REML). Das lme4-Paket der Software R bietet sich hierzu an (Jiang 2018). Dessen lmer()-Funktion ermittelt fixe und zufällige Effekte (Bates et al. 2015). Zufällige Effekte wünscht die G-Theorie. Die Funktion lmer() kann direkt angewandt werden.

	p x i	
α	EMS(α)	$\hat{\sigma}^2_{(\alpha)}$
p	$\sigma^2_{(pi)} + n_i\sigma^2_{(p)}$	$[MS_{(p)} - MS_{(pi)}]/n_i$
i	$\sigma^2_{(pi)} + n_p\sigma^2_{(i)}$	$[MS_{(i)} - MS_{(pi)}]/n_p$
pi	$\sigma^2_{(pi)}$	$MS_{(pi)}$
	i : p	
α	EMS(α)	$\hat{\sigma}^2_{(\alpha)}$
p	$\sigma^2_{(i:p)} + n_i\sigma^2_{(p)}$	$[MS_{(p)} - MS_{(i:p)}]/n_i$
i:p	$\sigma^2_{(i:p)}$	$MS_{(i:p)}$
	p x i x h	
α	EMS(α)	$\hat{\sigma}^2_{(\alpha)}$
p	$\sigma^2_{(pih)} + n_i\sigma^2_{(ph)} + n_h\sigma^2_{(pi)} + n_i n_h\sigma^2_{(p)}$	$[MS_{(p)} - MS_{(pi)} - MS_{(ph)} + MS_{(pih)}]/n_i n_h$
i	$\sigma^2_{(pih)} + n_p\sigma^2_{(ih)} + n_h\sigma^2_{(pi)} + n_p n_h\sigma^2_{(i)}$	$[MS_{(i)} - MS_{(pi)} - MS_{(ih)} + MS_{(pih)}]/n_p n_h$
h	$\sigma^2_{(pih)} + n_i\sigma^2_{(ph)} + n_p\sigma^2_{(ih)} + n_i n_p\sigma^2_{(h)}$	$[MS_{(h)} - MS_{(ph)} - MS_{(ih)} + MS_{(pih)}]/n_i n_p$
pi	$\sigma^2_{(pih)} + n_h\sigma^2_{(pi)}$	$[MS_{(pi)} - MS_{(pih)}]/n_h$
ph	$\sigma^2_{(pih)} + n_i\sigma^2_{(ph)}$	$[MS_{(ph)} - MS_{(pih)}]/n_i$
ih	$\sigma^2_{(pih)} + n_p\sigma^2_{(ih)}$	$[MS_{(ih)} - MS_{(pih)}]/n_p$
pih	$\sigma^2_{(pih)}$	$MS_{(pih)}$
	p x (i : h)	
α	EMS(α)	$\hat{\sigma}^2_{(\alpha)}$
p	$\sigma^2_{(pi:h)} + n_i\sigma^2_{(ph)} + n_i n_h\sigma^2_{(p)}$	$[MS_{(p)} - MS_{(ph)}]/n_i n_h$
h	$\sigma^2_{(pi:h)} + n_i\sigma^2_{(ph)} + n_p\sigma^2_{(i:h)} + n_i n_p\sigma^2_{(h)}$	$[MS_{(h)} - MS_{(i:h)} - MS_{(ph)} + MS_{(pi:h)}]/n_i n_p$
i:h	$\sigma^2_{(pi:h)} + n_p\sigma^2_{(i:h)}$	$[MS_{(i:h)} - MS_{(pi:h)}]/n_p$
ph	$\sigma^2_{(pi:h)} + n_i\sigma^2_{(ph)}$	$[MS_{(ph)} - MS_{(pi:h)}]/n_i$
pi:h	$\sigma^2_{(pi:h)}$	$MS_{(pi:h)}$

Abb. 6.3 Erwartete mittlere Abweichungsquadrate und Schätzer der Varianzkomponenten zufälliger Effekte der vier ausgewählten Designs. (Quelle: Brennan 2001, S. 435–436)

Für das Design p x i *(Brennan, Tab. 2.2)* mit den Spaltenüberschriften *Person, Item* und *Score* lautet der Funktionsaufruf:

lmer(Score ~ (1|Person) + (1 | Item), data = Brennan. Tab. 2.2).

Die Ausgabe in R liefert die Standardabweichungen *(Std. Dev.)*. Man muss sie nur noch quadrieren, um die Varianzen zu erhalten.

6.5.2.2 gstudy()-Funktion

Das gtheory-Paket, das es nun seit 2016 gibt, baut auf dem lme4-Paket auf; es wurde speziell für die G-Theorie angepasst (Moore 2016; Huebner und Lucht 2019). So geht es noch komfortabler. Dessen gstudy()-Funktion ermittelt die absoluten und relativen Varianzen (Prozente). Wie bereits angekündigt, werden damit in Abschn. 6.7 Brennans (2001) Datenmatrizen analysiert und ausgewertet.

6.6 Von der G-Studie zu den Messinstrumenten

G-Koeffizienten quantifizieren die Präzision der Generalisierungen, insbesondere die der Generalisierung vom beobachteten Testwert zum *univers score* (Merkmalsausprägung des Messobjektes). Die folgenden Notationen orientieren sich an Shavelson und Webb (1991, S. 93). Der G-Koeffizient $E\rho^2_{Rel}$ heißt *Generalisierbarkeits-Koeffizient* und ist bei relativen Entscheidungen anzuwenden (der beste Bewerber); darum auch der Name *relativer G-Koeffizient*. Der G-Koeffizient $Ø_{Abs}$ heißt *Index of dependability* und ist bei absoluten Entscheidungen anzuwenden (der Bewerber, der das Kriterium erfüllt), darum auch der Name *absoluter G-Koeffizient*. Die Varianzkomponenten σ^2_{Rel} und σ^2_{Abs} im Nenner sind die jeweiligen Fehlervarianzkomponenten bei relativen sowie absoluten Entscheidungen. Die Gleichungen, welche die Präzision der Generalisierung anzeigen, lauten:

$$E^2_{Rel} = \frac{\sigma^2_p}{\sigma^2_p + \sigma^2_{Rel}}$$

$$Ø_{Abs} = \frac{\sigma^2_p}{\sigma^2_p + \sigma^2_{Abs}}$$

Die Varianzkomponenten der G-Studien charakterisieren durchschnittliche Facetten, d. h., Beobachtungen vom Umfang $n = 1$. Der absolute G-Koeffizient für das Design p x i lautet in diesem Fall:

$$\Phi^2_{Abs} = \frac{\sigma^2_p}{\frac{\sigma^2_p}{p=1} + \frac{\sigma^2_i}{I=1} + \frac{\sigma^2_{pi}}{I=1}}$$

Der Kennwert Φ^2_{Abs} charakterisiert demnach einen Mini-Test, der lediglich aus einem Item ($I = 1$) besteht. Messinstrumente der Praxis umfassen eine größere Anzahl von Items. Wie der Formel zu entnehmen ist, wachsen die G-Koeffizienten mit wachsender Anzahl der Bedingungen (Stufen) in der D-Studie. Ein solcher Zusammenhang ist aus der klassischen Testtheorie bekannt, nämlich als Spearman-Brown-Prophecy-Formula. Diese Formel ist jedoch auf das Ein-Facetten-Design beschränkt. Die G-Koeffizienten als Funktion der Anzahl der Bedingungen (Stufen) können hingegen für jedes Design ermittelt werden (Brennan 2001, S. 20, 45 f.).

Der folgende Abschn. 6.7 simuliert G-Studien mit Brennans (2001) Designs synthetischer Daten und der darauf aufbauenden D-Studien, d. h. Messinstrumente. Der erste Teil der R-Syntax wandelt Brennans (2001) Datenmatrizen für R in die Langform um. Der zweite Teil ist die Anwendung der Funktion gstudy(), die zufällige absolute und relative Varianzkomponenten (Prozente) nach der REML-Methode ermittelt (Abschn. 6.5.2). Die Ergebnisse können mit den auf vier Stellen gerundeten Berechnungen gemäß der Methode erwarteter mittlerer Abweichungsquadrate

(Abschn. 6.5.1) verglichen werden, die insofern als Benchmark gelten. Die auf den Varianzkomponenten aufbauenden D-Studien schließen sich an.

6.7 R-Syntax und Formelwerk der Generalisierung

6.7.1 p x i mit p x I

In diesem Ein-Facetten-Design sind die Items mit der Person gekreuzt, d. h., jede Person beantwortet alle Items.

```
Person<-as.factor(rep(1:10,each=12))
Item<-as.factor(1:12,times=10)
Person<-as.factor(rep(1:10,each=12))
Item<-as.factor(rep(1:12,times=10))
Score<-
c(1,0,1,0,0,0,0,0,0,0,0,1,1,1,0,0,1,0,0,0,0,0,1,1,1,1,1,0,0,0,0,0,0,1,1,0,1,1,0,0,1,0,0,0,
0,1,1,1,1,1,0,1,0,0,0,0,1,1,1,0,1,1,1,0,0,0,0,1,1,1,1,1,1,0,0,0,0,0,1,1,1,1,0,1,1,1,1,1,0,
0,1,1,1,1,1,1,1,1,1,1,0,1,1,1,1,1,1,1,1,1,1,1)
Brennan.Tab.2.2<-data.frame(Person,Item,Score)
Formula.Brennan.2.2<-Score~(1|Person)+(1|Item)
gBrennan.2.2<-gstudy(data = Brennan.Tab.2.2, Formula.Brennan.2.2)
gBrennan.2.2
```

Das Messinstrument des gekreuzten Designs p x I, das auf den zufälligen Varianzkomponenten beruht und dessen Facetten-Zahl mit jener aus der G-Studie identisch sein soll ($I = 12$), weist folgende G-Koeffizienten auf:

$$E^2_{\mathrm{Rel}} = \frac{\sigma^2_p = 0{,}0574}{\frac{\sigma^2_p = 0{,}0574}{p=1} + \frac{\sigma^2_{pi} = 0{,}1269}{I=12}} = 0{,}844$$

$$\Phi^2_{\mathrm{Abs}} = \frac{\sigma^2_p = 0{,}0574}{\frac{\sigma^2_p = 0{,}0574}{p=1} + \frac{\sigma^2_i = 0{,}0754}{I=12} + \frac{\sigma^2_{pi} = 0{,}1269}{I=12}} = 0{,}773$$

Die Varianzkomponenten aus beiden Methoden (Abschn. 6.5.1 und 6.5.2) stimmen überein.

Der G-Koeffizient $E\rho^2_{\mathrm{Rel}}$ ist identisch mit Cronbachs Alpha (Brennan 2001, S. 35).

6.7.2 i : p mit I : p

In diesem Ein-Facetten-Design sind die Items in der Person genestet, d. h., jede Person beantwortet verschiedene Items.

```
Person<-as.factor(rep(1:10,each=8))
Item<-as.factor(rep(1:8,times=10))
Score<-c(2,6,7,5,2,5,5,5,4,5,6,7,6,7,5,7,5,5,4,6,5,4,5,5,5,9,8,6,5,7,7,6,4,3,5,6,4,5,6,4,
4,4,4,7,6,4,7,8,2,6,6,5,2,7,7,5,3,4,4,5,6,6,6,4,0,5,4,5,5,5,5,3,6,8,7,6,6,8,8,6)
Brennan.Tab.2.8<-data.frame(Person,Item,Score)
Formula.Brennan.2.8<-Score~(1|Person)
gBrennan.2.8<-gstudy(data = Brennan.Tab.2.8, Formula.Brennan.2.8)
gBrennan.2.8
```

Das Messinstrument des genesteten Designs I : p, das auf den zufälligen Varianzkomponenten beruht und dessen Facetten-Zahl mit jener aus der G-Studie identisch sein soll ($I = 8$), weist folgende, identische G-Koeffizienten auf:

$$E^2_{Rel} = \Phi^2_{Abs} = \frac{\sigma^2_p = 0{,}6108}{\frac{\sigma^2_p = 0{,}6108}{p=1} + \frac{\sigma^2_{i:p} = 2{,}0250}{I=8}} = 0{,}707$$

Die Varianzkomponenten stimmen in beiden Berechnungsmethoden (Abschn. 6.5.1 und 6.5.2) überein.

6.7.3 p x i x o mit p x I x O

In diesem vollständig gekreuzten Zwei-Facetten-Design sind die Personen mit den Items und den Beobachtungszeitpunkten (Occasion) gekreuzt. Jede Person wird mit allen Items zu jedem Beobachtungszeitpunkt gemessen.

```
Person<-as.factor(rep(1:10,each=8))
Occasion<-as.factor(rep(1:2,each=4,times=10))
Item<-as.factor(rep(1:4,times=10))
Score<-c(2,6,7,5,2,5,5,5,4,5,6,7,6,7,5,7,5,5,4,6,5,4,5,5,5,9,8,6,5,7,7,6,
    4,3,5,6,4,5,6,4,4,4,4,7,6,4,7,8,2,6,6,5,2,7,7,5,3,4,4,5,6,6,6,4,
    0,5,4,5,5,5,5,3,6,8,7,6,6,8,8,6)
Brennan.Tab.3.1<-data.frame(Person,Item,Score,Occasion)
Formula.Brennan.3.1<-Score~
(1|Person)+(1|Item)+(1|Occasion)+
(1|Person:Item)+(1|Person:Occasion)+(1|Occasion:Item)
gBrennan.3.1<-gstudy(data = Brennan.Tab.3.1, Formula.Brennan.3.1)
gBrennan.3.1
```

Der Doppelpunkt (:) bedeutet in der R-Syntax nicht genestet, sondern Interaktion, allzumal in diesem Design gar keine Schachtelung vorkommt.

Das Messinstrument des gekreuzten Designs p x I x O, das auf den zufälligen Varianzkomponenten beruht und dessen Facetten-Zahlen mit jenen aus der G-Studie identisch sein sollen ($I = 4$, $O = 2$), weist folgende G-Koeffizienten auf:

$$E\rho^2_{Rel} = \frac{\sigma^2_p = 0{,}5528}{\frac{\sigma^2_p=0{,}5528}{p=1} + \frac{\sigma^2_{pi}=0{,}5750}{I=4} + \frac{\sigma^2_{po}=0{,}1009}{O=2} + \frac{\sigma^2_{pio}=0{,}9352}{IO=4*2}} = 0{,}55$$

Für den absoluten G-Koeffizienten (Φ^2_{Abs}) stellen die drei letzten Summanden im relativen G-Koeffizienten $(E\rho^2_{Rel})$ die im Nenner zu addierende restliche Fehlervarianz (δ^2_{Rel}) dar:

$$\Phi^2_{Abs} = \frac{\sigma^2_p = 0{,}5528}{\frac{\sigma^2_p=0{,}5528}{p=1} + \frac{\sigma^2_i=0{,}4417}{I=4} + \frac{\sigma^2_o=0{,}0074}{O=2} + \frac{\sigma^2_{io}=0{,}1565}{IO=4*2} + \delta^2_{Rel}} = 0{,}55$$

6.7.4 p x (r : t) mit p x (R : T)

In diesem teilweise genesteten Zwei-Facetten-Design sind die Beurteiler (rater) in den Aufgaben (tasks) genestet; d. h., jeder Beurteiler beurteilt nur eine Aufgabe. Die Person ist mit dieser Nestung gekreuzt; d. h., jede Person wird in allen Aufgaben eingeschätzt, jedoch von jeweils verschiedenen Beurteilern.

```
Person<-as.factor(rep(1:10,each=12))
Task<-as.factor(rep(1:3,each=4,times=10))
Rater.N.Task<-as.factor(rep(1:12,times=10))
Score<-
c(5,6,5,5,5,3,4,5,6,7,3,3,9,3,7,7,7,5,5,5,7,7,5,2,3,4,3,3,5,3,3,5,6,5,1,6,7,5,5,3,3,1,4,3,5,3,
3,5,9,2,9,7,7,7,3,7,2,7,5,3,3,4,3,5,3,3,6,3,4,5,1,2,7,3,7,7,7,5,5,7,5,5,5,4,5,8,5,7,7,5,5,4,3,
2,1,1,9,9,8,8,6,6,6,5,5,8,1,1,4,4,4,3,3,5,6,5,5,7,1,1)
Brennan.Tab.3.2<-data.frame(Person,Rater.N.Task,Score,Task)
Formula.Brennan.3.2<-
Score~(1|Person)+(1|Rater.N.Task)+(1|Person:Task)+(1|Task)
gBrennan.3.2<-gstudy(data=Brennan.Tab.3.2, Formula.Brennan.3.2)
gBrennan.3.2
```

Die Nestung wurde durch die Nestung der Datenmatrix erzeugt und durch den Variablennamen *Rater.N.Task* dokumentiert (vgl. Jiang 2018).

Das Messinstrument des teilweise genesteten Designs p x (R : T), das auf den zufälligen Varianzkomponenten beruht und dessen Facetten-Zahlen mit jenen aus der G-Studie identisch sein sollen ($R=4$, $T=3$), weist folgende G-Koeffizienten auf:

$$E\rho^2_{Rel} = \frac{\sigma^2_p = 0{,}4731}{\frac{\sigma^2_p=0{,}4731}{p=1} + \frac{\sigma^2_{pt}=0{,}5596}{T=3} + \frac{\sigma^2_{pr:t}=2{,}3802}{RT=4*3}} = 0{,}55$$

Für den absoluten G-Koeffizienten (Φ^2_{Abs}) stellen die zwei letzten Summanden im relativen G-Koeffizienten $(E\rho^2_{Rel})$ die im Nenner zu addierende restliche Fehlervarianz (δ^2_{Rel}) dar:

$$\Phi^2_{Abs} = \frac{\sigma^2_p = 0{,}4731}{\frac{\sigma^2_p = 0{,}4731}{p=1} + \frac{\sigma^2_t = 0{,}3252}{T=3} + \frac{\sigma^2_{r:t} = 0{,}6475}{RT=4*3} + \delta^2_{Rel}} = 0{,}46$$

6.8 Führungsforschung im Drei-Facetten-Design (r : s : p) x i

Waldmann (2003) untersuchte das drei-Facetten-Design (r : s : p) x i. Das bedeutet: Beobachter/Rater (Mitarbeiter, Kollege), genestet in der hierarchischen Stelle (Mitarbeiter, Kollege), genestet in der Führungskraft, gekreuzt mit Items. Die Zielpersonen wurden in den Unternehmen anhand zweier Fragenbogen eingeschätzt: a) aktuelle/allgemeine Führung sowie b) Gefahr der Führungskraft, ihre Führungsposition zu verlieren (Spin-off, Derailment). Der Fragebogen zu den Allgemeinen/Aktuellen Führungsmerkmalen enthält 50 Items, der Fragebogen zu den Spin-out-Faktoren, Karrierehemmnisse (Derailment) umfasst 16 Items. Mit diesen Instrumenten wurden 117 Führungskräfte (Vorgesetzte für Mitarbeiter, Kollegen für Kollegen) von jeweils zwei Mitarbeitern und zwei Kollegen eingeschätzt.

Hieraus soll eine G-Studie zur Forschung sowie vier D-Studien vorgestellt werden. Zunächst die G-Studie. Die zentrale These von 360-Grad-Beurteilungssystemen, bei der die vorgesetzte Zielperson rundum eingeschätzt wird, lautet: Die hierarchischen Stellen beobachten und erkennen nicht nur die gleichen Führungsaspekte (Reliabilität), sondern beobachten und erkennen auch verschiedene Führungsaspekte. Jede Stelle ist insofern in der Lage, die Einschätzung durch zusätzliche Validität valider zu gestalten. Mit dem Drei-Facetten-Design wurde diese These der inkrementellen Validität für Mitarbeiter und Kollegen geprüft. Eine notwendige (nicht zureichende) Voraussetzung ist ein Stelleneffekt. Ein solcher Stelleneffekt konnte gezeigt werden; es finden sich systematische Unterschiede in den Beurteilungen von Mitarbeitern und Kollegen, und zwar in beiden Führungsaspekten. Die Summe der prozentualen Varianzkomponenten der Effekte $\nu_{s:p}$ und $\nu_{si:p}$ beträgt sieben Prozent für Allgemeine/Aktuelle Führung und zwölf Prozent für die Derailment-Gefahr. Dieses Resultat würde inkrementelle Validität ermöglichen. Dahinter könnte sich aber auch ein konsensualer Halo verbergen (vgl. Nachreiner 1978).

Im Hinblick auf zu entwickelnde Messinstrumente wurde die hierarchische Stelle (Mitarbeiter, Kollege) als fix betrachtet und aus dem Design entfernt. Für Kollegen und Mitarbeiter als Beurteilende (Rater) sowie die beiden Führungsaspekte entsteht das teilweise genestete Design (r : p) x i. Sie wurden in separaten G-Studien analysiert.

Die konkreten Messinstrumente der D-Studien sollten jeweils $I = 16$ Items umfassen. Die Item-Facette wurde als fix betrachtet, zumal ein Testanwender oder Testkonstrukteur nicht auf andere Items generalisieren möchte. Abb. 6.4 und 6.5 zeigen den Generalisierbarkeitskoeffizient als Funktion der Zahl der Kollegen und Mitarbeiter, welche die Zielperson einschätzen. Dies getrennt für die beiden Führungsaspekte.

Die grundsätzliche Unterschiedlichkeit der G-Koeffizienten für die vier Komponenten aus Beurteilergruppe und Führungsaspekt ist augenfällig. Die Präzision des statistischen Schlusses ist höher für das Spin-off sowie für Mitarbeiter. Ein Kollege, der 16 Items

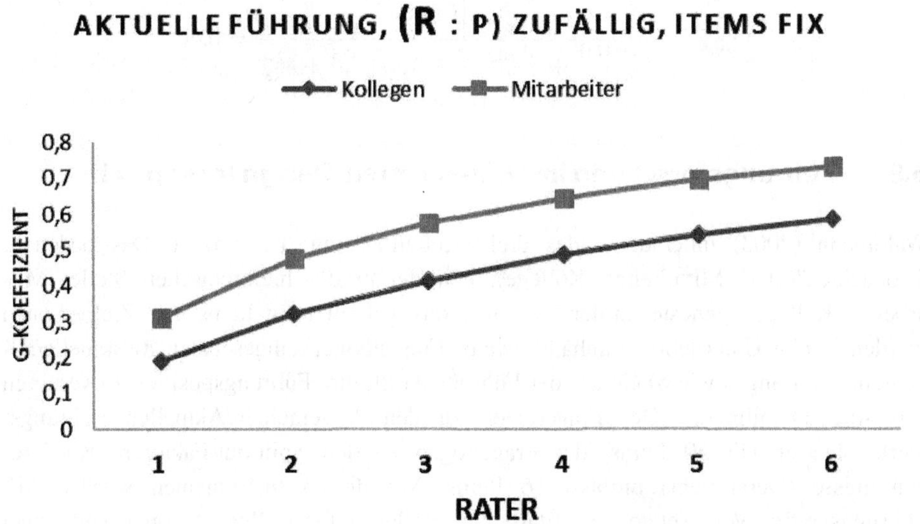

Abb. 6.4 G-Koeffizient des zufälligen D-designs (R : p) mit I = 16 fixen Items bei Kollegen und Mitarbeitern als Rater in Bezug auf aktuelle Führungsaspekte als Funktion der Zahl der Rater. (Quelle: In Anlehnung an Waldmann 2003, S. 138)

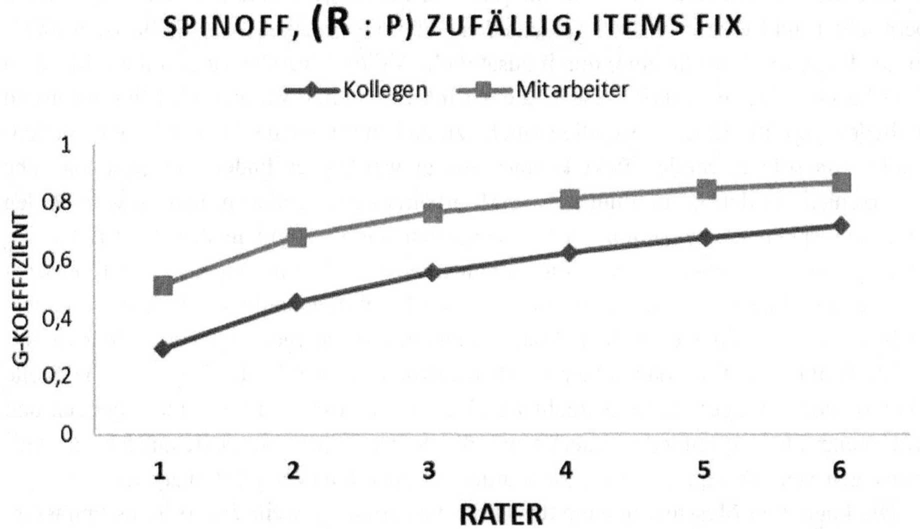

Abb. 6.5 G-Koeffizient des zufälligen D-designs (R : p) mit I = 16 fixen Items bei Kollegen und Mitarbeitern als Rater in Bezug auf Spin-off-Faktoren als Funktion der Zahl der Rater. (Quelle: In Anlehnung an Waldmann 2003, S. 138)

des Fragebogens zur aktuellen Führung beantwortet, generiert einen G-Koeffizient $\left(E\rho^2_{Rel} = \emptyset_{Abs}\right)$ von 0,1907, ein Mitarbeiter, der auf den Derailment-Fragebogen reagiert, dagegen von 0,5166. Mitarbeiter sind sich demnach in hohem Maße darin einig, dass ihre Führungskraft scheitern kann. Andererseits wachsen die G-Koeffizienten mit der Anzahl der Bedingungen (Stufen), hier mit der Zahl der Beurteiler. Schätzen z. B. sechs Mitarbeiter die Derailment-Gefahr ihres Vorgesetzten ein, so steigt der G-Koeffizient auf beachtliche 0,8651.

Der Anwender entscheidet schließlich unter Abwägung theoretischer, ökonomischer und praktischer Aspekte, mit wie viel Items welcher Führungsaspekte mit welchen und wie vielen Beurteilern gemessen werden soll.

6.9 Fazit und ökonomischer Nutzen

Künstliche Intelligenz im Unternehmen erhöht die Anforderungen an die Führungskraft – die intelligenten Systeme müssen beherrscht werden. Das Ziel des Beitrages war es deshalb, dem Praktiker im Unternehmen, namentlich der Führungskraft, die Generalisierbarkeitstheorie näher zu bringen. Wer Varianzkomponenten schätzen möchte, der kann sich an dem R-Code zur Analyse der vier Designs von Brennan (2001) orientieren. Auch andere als diese Designs lassen sich erschließen. Die Ermittlung der zufälligen Effekte ist der erste Schritt. Die Testentwicklerin basiert darauf psychometrische Messinstrumente als Funktion der Anzahl der Bedingungen (Stufen). Die G-Koeffizienten charakterisieren die Präzision der Vorhersagen. Für valide Auswahlverfahren gilt: Je höher der G-Koeffizient, desto höher ist der ökonomische Nutzen für das Unternehmen. Der von Waldmann (2019) um den Beta-Parameter des Beta-Delta-Modells der Verhaltensökonomie erweiterte Entscheidungsalgorithmus der dynamischen Investitionsrechnung leistet hier Dienste. Damit lässt sich der (auch) durch die G-Theorie generierte Nutzen für das Unternehmen in Euro beziffern und quantifizieren.

Literatur

Bates, D., Maechler, M., Bolker, B., & Walker, S. (2015). Fitting linear mixed-effects models using lme4. *Journal of Statistical Software, 67*(1), 1–48.

Bortz, J., & Schuster, C. (2010). *Statistik für Human- und Sozialwissenschaftler* (7. Aufl.). Heidelberg: Springer.

Brennan, R. L. (2001). *Generalizability theory*. New York, NY: Springer.

Cronbach, L. J., Gleser, G. C., Nanda, H., & Rajaratnam, N. (1972). *The dependability of behavioral measurements: Theory of generalizability for scores and profiles*. New York: Wiley.

Cumming, G., & Calin-Jageman, R. (2017). *Introduction to the new statistics: Estimation, open science, & beyond*. New York: Routledge.

Döring, N., & Bortz, J. (2016). *Forschungsmethoden und Evaluation in den Sozial- und Humanwissenschaften* (5. Aufl.). Heidelberg: Springer.

Eid, M., Gollwitzer, M., & Schmitt, M. (2017). *Statistik und Forschungsmethoden* (5. Aufl.). Weinheim: Beltz.
Field, A., Miles, J., & Field, Z. (2012). *Discovering statistics using R*. London: Sage.
Finch, W. H., Bolin, J. E., & Kelley, K. (2019). *Multilevel modeling using R* (2. Aufl.). Boca Raton: CRC Press.
Frey, C. B., & Osborne, M. A. (2013). *The future of employment: How susceptible are jobs to computerization?* University of Oxford. https://www.oxfordmartin.ox.ac.uk/downloads/academic/The_Future_of_Employment.pdf. Zugegriffen: 25. Febr. 2018.
Huebner, A., & Lucht, M. (2019). Generalizability Theory in R. *Practical Assessment, Research & Evaluation,* 24 (5). https://pareonline.net/getvn.asp?v=24&n=5.
Jiang, Z. (2018). Using the linear mixed-effect model framework to estimate generalizability variance components in R: A lme4 package application. *Methodology: European Journal of Research Methods for the Behavioral and Social Sciences, 14*(3), 133–142. https://doi.org/10.1027/1614-2241/a000149.
Moore, C. T. (2016). *gtheory: Apply Generalizability Theory with R. R package version 0.1.2.* https://CRAN.R-project.org/package=gtheory.
Nachreiner, F. (1978). *Die Messung des Führungsverhaltens; zur Validität von Fragebogen zur Beschreibung des Vorgesetztenverhaltens.* Bern: Huber.
Popper, K. R. (1976). *Logik der Forschung* (6. Aufl.). Tübingen: Mohr.
Sauer, S. (2019). *Moderne Datenanalyse mit R*. Wiesbaden: Springer-Gabler.
Schmidt, F. L., & Hunter, J. E. (2015). *Methods of meta-analysis: Correcting error and bias in research findings* (3. Aufl.). Los Angeles: Sage.
Sedlmeier, P., & Renkewitz, F. (2013). *Forschungsmethoden und Statistik: Ein Lehrbuch für Psychologen und Sozialwissenschaftler* (2. Aufl.). Hallbergmoos: Pearson.
Shavelson, R., & Webb, N. M. (1991). *Generalizability theory: a primer*. London: Sage.
Waldmann, W. H. (2003). *360°-Beurteilung als Führungsaudit: Eine Überprüfung der Konstruktvalidität mit der Generalisierbarkeitstheorie*. München: Hampp.
Waldmann, W. H. (2019). Führung 4.0 von Teams in der digitalen Revolution. In U. Schwegler (Hrsg.), *Den Wandel gestalten: zukunftsorientiert führen* (S. 1–45). Essen: MA Akademie. https://www.fom.de/forschung/publikationen.html#!acc=arbeitspapiere-der-fom/accid=9122.

Prof. Dr. Wolfgang H. Waldmann lehrt seit September 2013 an der FOM Hochschule für Oekonomie & Management in Stuttgart Wirtschaftspsychologie, insbesondere Arbeits- und Organisationspsychologie, Verhaltensökonomie und Künstliche Intelligenz. Er studierte in Mannheim und Gainesville (USA) als Fulbright-Stipendiat Psychologie und Wissenschaftstheorie. Er arbeitete als Personalleiter und nach seiner berufsbegleitenden Promotion zum 360-Grad-Feedback als selbstständiger Personal- und Organisationsentwickler sowie als Outplacement- und Karriereberater.

Informationsextraktion und kartografische Visualisierung von Haushaltsplänen mit AutoML-Methoden

7

Daniel Braka, Rüdiger Buchkremer und Stefan Ebener

Inhaltsverzeichnis

D. Braka · R. Buchkremer (✉)
FOM Hochschule, Düsseldorf, Deutschland
E-Mail: ruediger.buchkremer@fom.de

D. Braka
E-Mail: daniel.braka@fom-net.de

S. Ebener
FOM Hochschule, Köln, Deutschland
E-Mail: email@stefan-ebener.com

R. Buchkremer et al. (Hrsg.), *Künstliche Intelligenz in Wirtschaft & Gesellschaft*,
FOM-Edition, https://doi.org/10.1007/978-3-658-29550-9_7

Zusammenfassung

Eine Vielzahl der aktuell digital verfügbaren Haushaltspläne ist in unstrukturierten Formaten eingebettet und daher nicht unmittelbar durch Rechner interpretierbar. Aus diesem Grund gewinnen Methoden der Informationsextraktion zunehmend an Bedeutung. Unser Ansatz kombiniert optische Zeichenerkennung mit „Natural Language Processing" basierend auf maschinellen Lernmethoden zur Identifizierung von gesuchten Inhalten. Mithilfe einer regelbasierten Python-Applikation werden Informationen extrahiert und anschließend auf „Google Maps" visualisiert. Zunächst beschreiben wir die Vorgehensweise zur Erstellung des Datenkorpus. Ein trainiertes „Machine-Learning Natural-Language-Modell" (AutoML = Automated Machine Learning) wird eingesetzt. Eine Python-Anwendung verbindet alle für die Prozessierung relevanten Schritte. Unsere Methode bietet eine Effizienzsteigerung bei der Extraktion und Analyse von Haushaltsplänen.

7.1 Ratsinformationssysteme in Deutschland

7.1.1 Was sind Bürger- und Ratsinformationssysteme?

Der digitale Wandel hat mit Bürger- und Ratsinformationssystemen (RIS) Einzug in die Kommunalverwaltung gehalten (Gack und Rudel 2013). RIS sind umfassende Informations- und Dokumentenmanagementsysteme, die für die Verwaltung von Gemeinden und Stadtstaaten eingesetzt werden. Mit ihnen lassen sich Verwaltungsabläufe im Rahmen der Ratsarbeit effizienter gestalten und der Dialog mit den Bürgern verbessern (Osner 2004). Mandatsträger sollen idealerweise Aufgaben der Gemeinderatsarbeit von der Entscheidungsvorbereitung bis zur Archivierung von Beschlüssen durch einen unkomplizierten Zugang zu den dafür relevanten Informationen unterstützt werden (Schwabe 2003). Das RIS dient dabei als Kommunikationsplattform für die Kommunalverwaltung. Der Informationsgehalt und die Nutzergruppen der Bürger- und Ratsinformationssysteme wurden seither erweitert. RIS richten sich inzwischen nicht nur an die für die Gemeinderatsarbeit zuständigen Mandatsträger, sondern auch an den Rat, die Verwaltung und die Öffentlichkeit (Osner 2004, S. 20–25). Das Differenzierungsmerkmal zwischen *Bürger-* und *Rat*sinformationssystemen basiert auf unterschiedlichen Zugriffsrechten auf Inhalte. Das Bürgerinformationssystem stellt somit öffentliche Dokumente bereit, während das Ratsinformationssystem zusätzlich nicht-öffentliche Inhalte per sicherem Zugang unter Berücksichtigung der Zugriffsrechte der jeweiligen Ratsmitglieder verfügbar macht (Osner 2004). Internetplattformen dienen als Bindeglied zwischen den Nutzern sowie den RIS. Über diese Plattformen können umfangreiche Informationen abgerufen und Online-Services der Verwaltung (Treffpunkt Kommune 2017) angesteuert werden.

RIS sollen eine schnelle, kostensenkende und transparente Kommunikation zwischen allen Beteiligten ermöglichen (Osner 2004) und dadurch mehr Bürgernähe erzeugen. Der Informationsanspruch der Bevölkerung samt der Möglichkeit, sich individuell und interessenspezifisch über die Internetplattform der Gemeinden zu informieren, geht einher mit dem Wunsch nach mehr Transparenz und wird durch RIS beantwortet. Bisher wurde diese Kommunikation vor allem durch kommunale Presseämter und lokale Medien übernommen (Osner 2004).

7.1.2 Ratsinformationssysteme als Datenquellen

Die Grundlage aller Bürger- und Ratsinformationssysteme ist eine datenbankgestützte Anwendung, in der hauptsächlich (aber nicht nur) PDF-Dokumente gespeichert sind (Osner 2004). PDF-Dateien sind für die meisten Benutzer in gängigen aktuellen Internetbrowsern ohne den Einsatz weiterer Software darstellbar und werden daher für den Einsatz in RIS empfohlen (Osner 2004). Allerdings gibt es keine Restriktion, ausschließlich PDF-Dokumente zu verwenden, was zu einer Diversität von unterschiedlichen Formaten innerhalb der RIS führt.

Daten im Rahmen eines Big-Data-Konzepts (Gandomi und Haider 2015) können in drei unterschiedliche Gruppen klassifiziert werden: nutzergenerierte, transaktionsgenerierte und sensorgenerierte Daten. Daneben existieren Daten, welche als „Crowd Data" bezeichnet werden, die von einer großen Personengruppe dezentral nach relativ informellen Regeln erarbeitet werden, was unter den Begriff „Crowdsourcing" fällt (Senatsverwaltung für Stadtentwicklung und Wohnen 2017). Bei vielen Dokumenten im RIS handelt es sich um nutzergenerierte Dokumente. Haushaltspläne können sowohl nutzergenerierte, als auch transaktionsgenerierte Daten enthalten, wie z. B. Ergebnispläne, welche verschiedene Geldflüsse aus Transaktionen darstellen, aber auch Planungen von erwarteten Aufwendungen und Erträgen beinhalten. Die Informationsgewinnung aus nutzergenerierten Dokumenten gestaltet sich als schwierig, da diese keinen einheitlichen Regeln entsprechen und keine einheitliche Struktur aufweisen. Darüber hinaus ist eine Vielzahl von Informationen in Bildformaten innerhalb von PDF-Dokumenten eingebettet. Obwohl das PDF-Format unangefochten an erster Stelle zur Informationsweitergabe steht (Adobe Inc. 2006, S. 23 f.), besitzt es einige Nachteile, wenn es um die Weiterverarbeitung der Inhalte geht (NDSA Standards and Practices Working Group 2014). Das ursprüngliche Ziel, verschiedene Inhalte in diversen Formaten innerhalb des Dokuments zu erlauben (Adobe Inc. 2006, S. 23 f.) ist der Grund, warum PDF-Dokumente nur schwer zu editieren und Informationen zu extrahieren sind (NDSA Standards and Practices Working Group 2014). In der Konsequenz sind die Informationen nicht einfach extrahier- und maschinenlesbar (NDSA Standards and Practices Working Group 2014).

In Ergänzung dazu stellen Internet-Module von RIS oft eigene Suchmasken bereit und lassen ihre Inhalte nicht durch Suchmaschinen wie Google durchsuchen. Dadurch können Inhalte erst durch eine explizite manuelle Suche auf der jeweiligen Internetpräsenz der Gemeinde oder des integrierten RIS entdeckt werden, was das maschinelle Auffinden verhindert. Die jeweiligen Suchmasken suggerieren den Bürgern darüber hinaus, dass man sich auf unterschiedlichen Internetpräsenzen befindet und erschweren auch ihnen das Auffinden von Dokumenten (Osner 2004).

Der Bereitschaft der öffentlichen Träger zur größtmöglichen Transparenz steht somit die technische Limitierung der Abrufbarkeit der Informationen gegenüber.

7.1.3 Informationsabruf aus Ratsinformationssystemen

Die Qualität des Informationsabrufs aus Bürger- und Ratsinformationssystemen ist von der Struktur der Applikation und den Schnittstellen abhängig. Als Empfehlung für RIS Hersteller wird ein Architekturansatz über eine Drei-Schichten-Architektur von „Frontend", „Middleware" und „Backend" mit klar definierten Schnittstellen nahegelegt, um das etablierte Nutzerverhalten nicht zu beeinträchtigen (Osner 2004). Eine einheitliche Architektur und standardisierte Schnittstellen sind auch für den maschinellen Abruf von Informationen im Kontext von eGovernment, Open Data und Open Government wichtig (Open Knowledge Foundation 2019a). Allerdings scheint bislang keine Verpflichtung für RIS-Entwickler, sich an Standards für die Offenlegung von Daten zu halten.

Aus diesem Grund ist die Initiative zur „Standardisierung des offenen Zugriffs auf parlamentarische Informationssysteme in Deutschland" – OParl entstanden. Informationen aus RIS sollen im Zuge von „Open Data" den Bürgern und Unternehmen für die Weiterverarbeitung leichter bereitgestellt werden (Open Knowledge Foundation 2019b). Die Gründe für das verstärkte Offenlegen von Daten sind je nach Nutzergruppe unterschiedlich. Ein Baustein ist dabei die Verpflichtung der Parlamente gegenüber der Bevölkerung, diese über den Fortschritt der parlamentarischen Arbeit zu informieren. Mit der OParl-Initiative wird maßgeblich festgelegt, dass die Daten möglichst barrierefrei, nutzbar und so universell wie möglich bereitgestellt werden sollen (Open Knowledge Foundation 2019a).

Open Data ist ein Konzept, zu dem sich auch die Stadt Düsseldorf in ihrer digitalen Strategie im Sinne einer transparenten Verwaltung bekannt hat. Daten, die sowohl nutzergeneriert, transaktionsgeneriert oder sensorgeneriert sein können, werden in möglichst strukturierter und weiter bearbeitbarer Form zur Verfügung gestellt (Senatsverwaltung für Stadtentwicklung und Wohnen 2017). Interessant sind hierbei insbesondere Datensätze, die völlig neu erschlossen werden müssen, weil sie bisher nicht maschinenlesbar sind (Landeshauptstadt Düsseldorf 2019).

7.2 Die Kombination von „Natural Language Processing" und Machine Learning

Im Folgenden sollen eine Begriffsabgrenzung und Übersicht der Methoden und Teilbereiche der künstlichen Intelligenz erfolgen, da sie im empirischen Teil Anwendung finden.

7.2.1 Künstliche Intelligenz und Automatisierung

Bereits in den 1950er-Jahren listeten Minsky und Kollegen Fähigkeiten auf, welche ein Computer besitzen muss, um Kriterien der künstlichen Intelligenz zu erfüllen (Minsky 1961; McCarthy et al. 2006). In diesen Ausführungen sind thematische Ebenen beschrieben, die sich seither differenziert und weiterentwickelt haben (siehe folgende Übersicht):

Thematische Ebenen nach Minsky und McCarthy, s. a. Russel und Norvig (2016)

- **Natural Language Processing:** Verarbeitung von natürlicher Sprache
- **Knowledge Representation:** Speichern und Visualisieren
- **Automated Reasoning:** Die gespeicherten Informationen nutzen, um automatisiert Fragen zu beantworten und neue Schlussfolgerungen zu ziehen
- **Machine Learning:** Der Computer „lernt", um neue Muster erkennen und erschließen zu können

Wie in der Übersicht erkennbar ist, wird die Automatisierung bereits sehr früh der künstlichen Intelligenz zugeordnet. Zunächst werden diese Verfahren eingesetzt, um automatisch Rückschlüsse zu ziehen. Diese Automatisierungsprozesse können jedoch auch auf das maschinelle Lernen erweitert werden (Li et al. 2019).

Als wissenschaftliche Disziplin umfasst KI weitere, vielfältige Ansätze und Techniken wie z. B. Varianten des maschinellen Lernens (Beispiele dafür sind „Deep Learning" und bestärkendes Lernen), maschinelles „Denken" (es umfasst Planung, Terminierung, Wissensrepräsentation und Schlussfolgerung, Suche und Optimierung) und die Robotik (sie umfasst Steuerung, Wahrnehmung, Sensoren und Aktoren sowie die Einbeziehung aller anderen Techniken in cyber-physische Systeme) (Ashrafian 2014).

Im Folgenden soll insbesondere auf die Methoden eingegangen werden, die für Analyse von Relevanz sind: Natural Language Processing, maschinelles Lernen und im speziellen „Automated Machine Learning (AutoML)".

7.2.2 Natural Language Processing

Für Computer stellt die Verarbeitung von natürlicher Sprache eine besondere Herausforderung dar. Das Verständnis von unstrukturierten Inhalten ist ein Kernproblem bei der Aufgabenbewältigung mithilfe von künstlicher Intelligenz. Diesem Problem widmet sich das Natural Language Processing (NLP). Natural Language Processing ist ein Teilgebiet der Informatik und handelt von der Verarbeitung natürlicher Sprache. NLP erfüllt drei grundlegenden Aufgaben: Generierung von natürlicher Sprache, Verständnis von natürlicher Sprache und die Transformation bzw. Zusammenfassung von natürlicher Sprache (McCrae 2016, S. 2). Die Anfänge von NLP reichen bis in die 1950-Jahre zurück, als festgestellt wurde, dass Übersetzungen von einer Sprache in eine andere zu komplex sind und nicht über einfache Zuordnungen ausgedrückt werden können (Bates 1995, S. 9977). Die einst regelbasierten NLP-Systeme wurden zunehmend von Systemen, die auf maschinellem Lernen beruhen, verdrängt. Größere Datenmengen, sinkende Kosten, sowie steigende Leistungsfähigkeit heutiger Computer ermöglichen die Lösung immer komplexerer Probleme (Schindler 2016, S. 2). Anwendungsbeispiele für NLP sind zahlreich: Klassifizierung von Texten in unterschiedliche Kategorien mittels Annotierungen, wodurch Inhalte unkompliziert gefunden werden (Chen et al. 2006), die Übersetzung von Texten, die gleichermaßen natürlich klingen, wie ihr Pendant (Coldewey und Lardinois 2017) oder die Interaktion zwischen Mensch und Maschine, bei der Computer in der Lage sind, natürliche Unterhaltungen zu führen (Leviathan und Matias 2018) sind nur einige der möglichen Anwendungsszenarien.

Bei der Textklassifikation kommt den semantischen Annotationen eine große Bedeutung zu, da einzelne Wörter kontextbezogen eine Doppeldeutigkeit besitzen können. Bei einem Pferd kann es sich sowohl um das Tier handeln, aber auch um die Schachfigur. Bei dieser Mehrdeutigkeit handelt es sich um eine Polysemie (Alonso Bel und Pedersen 2011). „Word-sense disambiguation" bezeichnet den Vorgang der Identifikation der Bedeutung eines Wortes und der Auflösung seiner Mehrdeutigkeit. Sie zählt zu einer der Herausforderungen von NLP (Vickrey et al. 2005). Textklassifikationen können in mehrere Kategorien unterschieden werden. Menschliche manuelle Klassifikation, die zeit- und kostenintensiv ist und dafür qualitativ hochwertige Resultate liefert und automatische Klassifikation mithilfe von Computern, die auf regelbasiertem, maschinellem Lernen oder Hybrid-Systemen beruhen, die schneller und kostengünstiger sind (Leviathan und Matias).

7.2.3 Maschinelles Lernen

Von dem Begriff künstliche Intelligenz ebenfalls abzugrenzen, obwohl oftmals synonym verwendet, ist der Begriff des maschinellen Lernens. Maschinelles Lernen ist ein Themengebiet aus dem Bereich der Computerwissenschaften und eine Teilmenge von künstlicher Intelligenz, bei dem ein System ohne basierendes Regelwerk (regelbasiertes

System) eine Aufgabenstellung durch selbstständiges Lernen löst (Alpaydin 2010). Je mehr Daten dem System zur Verfügung stehen, desto besser können die Algorithmen zur Prädiktion von Ergebnissen angepasst werden (Alpaydin 2010). „Machine Learning" unterteilt sich grob in zwei Kategorien: Supervised Learning und Unsupervised Learning (Sarle 2019).

Unsupervised learning versucht Aussagen basierend einzig auf den Input-Daten zu liefern. Das heißt, es gibt keine Output-Daten und auch keinen Supervisor, von dem diese bereitgestellt werden. Dem System werden lediglich Input-Daten gegeben. Es versucht aus den Input-Daten selbstständig Strukturen und Muster zu erkennen, die häufiger als andere auftauchen, um somit Gruppen in den unstrukturierten Daten zu finden. Anwendungsfälle sind z. B. Segmentierung von Kundengruppen basierend auf deren demografischen Daten, um Marketingstrategien abzuleiten (Alpaydin 2010).

Supervised Learning besitzt Input und Output und versucht ein Modell zu finden, das aus Vorhersagen basierend auf dem Input trifft. Die Daten, mit denen das System trainiert wird, werden vom Supervisor bereitgestellt und enthalten sowohl Input als auch den dazugehörigen korrekten Output. Das Erlernen der gesuchten Funktion wird teilweise durch den Einsatz von neuronalen Netzwerken erreicht. Nach Haykin ist ein neuronales Netzwerk (NN) ein massiv parallel verteilter Prozessor, der eine natürliche Tendenz hat, Erfahrungswissen zu speichern und zur Verfügung zu stellen. Es ähnelt dem menschlichen Gehirn in zweierlei Hinsicht:

1. Das Wissen wird vom Netzwerk durch einen Lernprozess erworben.
2. Die Verbindungsstärke zwischen Neuronen, die als synaptische Gewichte bezeichnet werden, dienen zur Speicherung des Wissens (Haykin 2008).

Neuronale Netzwerke können für eine Vielzahl von Aufgabenstellungen eingesetzt werden und ermöglichen, durch Parallelisierung und die Fähigkeit zu lernen, gute Annäherungslösungen für komplexe Probleme in großem Maßstab zu finden. In der Praxis zeigt sich jedoch, dass NN nicht ganzheitlich für eine Problemlösung, sondern domänenspezifisch eingesetzt werden: Ein komplexes Problem wird in mehrere kleinere Teilaufgaben heruntergebrochen und die Teilaufgaben an das NN, für das es die domänenspezifischen Fähigkeiten besitzt, zur Lösung übergegeben (Haykin 2008).

Als Beispiel können in der Medizin Modelle zur Vorhersage z. B. dafür verwendet werden, um aus Röntgenbildern Krankheiten oder Frakturen zu erkennen (Borkowski et al. 2019). Die Modelle lassen sich auch dafür nutzen, um bestimmte Arten von Dokumenten anhand des Textes, wie z. B. Patente zu erkennen (Mahabal et al. 2019). Diese Art der Verwendung wird Klassifizierung genannt (Alpaydin 2010). Bei der Klassifizierung wird versucht, eine zu einer Gruppe zugehörige Entität zu erkennen. Dabei gibt es binäre Klassifikationen, die ein Dokument zu lediglich zwei Kategorien zuordnen (Alpaydin 2010). Das Ergebnis ist hierbei binär, also 0 oder 1. Daneben existieren multiple Klassifikationen, die ein Dokument zu einer Reihe von Kategorien zuordnen können (Alpaydin 2010), wie z. B. Genres von Büchern. Das Dokument könnte dann den Kategorien „Roman“, „Fantasy“, „Krimi“ oder „Science-Fiction“, „Unbekannt“ zugeordnet werden.

Erste neuronale Netzwerke, wurden bereits in den 1960er-Jahren entwickelt. Diese waren meist flach und bestanden aus nur wenigen Ebenen. Das Training von tiefen neuronalen Netzwerken gestaltete sich zunächst schwierig und erst 2009 gelang der Durchbruch, bei dem überwachte tiefe neuronale Netzwerke (supervised deep neural networks) domänenspezifische internationale Mustererkennungswettbewerbe gewinnen. Deep Learning ist ein Fachbegriff für diese tiefen neuronalen Netzwerke, die mehrere Ebenen aufweisen und dadurch sehr gute Ergebnisse liefern (Schmidhuber 2015). Jedoch gibt es keine feste Grenze, ab welcher Anzahl von Ebenen Deep Learning beginnt (Schmidhuber 2015). Der Begriff kann nach Jürgen Schmidhuber auch als neuer Begriff für künstliche neuronale Netzwerke gesehen werden (Schmidhuber 2017).

7.2.4 AutoML-Systeme

Durch den Erfolg von neuronalen Netzwerken und bedingt durch die Herausforderungen, die mit der Datenaufbereitung, Feature-Extraktion, Modellauswahl, Hyperparameter-Optimierung und Analyse der Vorhersageergebnisse einhergehen, ist der Bedarf für unkompliziert anzuwendende neuronale Netzwerke gestiegen. Durch die starke Nachfrage sind AutoML-Systeme (Automated Machine Learning) entstanden, die Zeit und Aufwand reduzieren sollen (Li et al. 2019). Die Entwicklung von Machine-Learning-Modellen stellt einen aufwendigen Prozess dar, welcher darüber hinaus technisches Wissen voraussetzt, welches z. B. in kleineren Arbeitsgruppen oder -Unternehmen nicht immer vorhanden ist. Hier setzen AutoML-Methoden an, welche nicht immer den perfekten Algorithmus liefern, aber durch den Einsatz von Standard-Mechanismen brauchbare Ergebnisse erzielen können (Li et al. 2019).

Firmen wie Google sind dem steigenden Bedarf und dem Wunsch nach einfacher Verwendung nachgegangen und haben 2017 erste AutoML-Angebote auf den Markt gebracht (Google 2019a). Daneben stellt Google vortrainierte Modelle bereit, die direkt verwendet werden können. Bei einer Textanalyse kann ein vorher trainiertes Produkt wie die Google Natural-Language API verwendet werden, um eine Inhaltsklassifizierung in ca. 700 Kategorien oder eine Entitätsanalyse durchzuführen (Google 2019b). Dadurch reduziert sich das Time-to-Market, da die Funktionalität bereits unmittelbar zur Verfügung steht. Lediglich eine Anbindung an ein komplexeres Gesamtsystem würde den Aufwand erhöhen.

Einige Kundenbedürfnisse erfordern jedoch eine spezifische Anpassung an den Anwendungsfall. Für eine benutzerdefinierte Anpassung der Modelle an den jeweiligen Anwendungsfall stehen hierfür AutoML-Systeme bereit (Google 2019a). Mit der „Google Cloud AutoML Natural Language“-Lösung können Modelle auf Texte angewendet werden, um eine angepasste Inhaltsklassifizierung durchzuführen (Google 2019c). Das System gehört zur Kategorie *Überwachtes Lernen mit neuronalen Netzwerken* für eine

Mustererkennung anhand von bereitgestellten Input- und Output-Daten, wobei Input-Daten die zu analysierenden Texte und Output-Daten Annotationen zu den Texten sind. Gesucht wird das Mapping von Text zu Annotation, damit im weiteren Verlauf Texte klassifiziert werden können und zu den zuvor trainierten Annotationen zugeordnet werden können.

Bereits einsetzbare vortrainierte Modelle, wie z. B. AutoML-Modelle stellen einen Kompromiss zwischen Aufwand und Spezialisierung auf den jeweiligen Anwendungsfall dar. Die Angebote sind breit gefächert und bieten eine vereinfachte Analyse von Bildern, Videos, Texten mit unstrukturierten Daten, Konversationen und Tabellen mit strukturierten Daten. Konkrete Anwendungsbeispiele finden sich unter anderem in der Textanalyse von E-Mails um SPAM zu filtern oder in der medizinischen Diagnostik, um Krankheiten anhand von Bildern zu erkennen (Borkowski et al. 2019). Genau solche „Probleme“ können mit AutoML-Systemen ohne umfangreiche Expertise im Bereich des maschinellen Lernens gelöst werden. Nach Truong et al. (2019) liefern die meisten getesteten AutoML-Systeme angemessene Ergebnisse (Li et al. 2019). Nach Borkowski et al. haben die getesteten AutoML-Systeme von Google und Apple sehr gut für die Diagnose von Lungen- und Darmkrebs abgeschnitten (Borkowski et al. 2019).

Google Cloud AutoML Natural Language wird im weiteren Verlauf dazu verwendet, um aus einem großen Datenbestand Haushaltspläne anhand einer Textanalyse zu identifizieren. Die Dokumente sollen dazu in die Kategorien „Haushaltsplan“ und „Unbekannt“ unterteilt werden.

7.3 Auswahl der Daten und Erkennung von Haushalts- und Ergebnisplänen

Eine explorative Datenanalyse zeigt, dass Ratsinformationssysteme viele wertvolle Informationen wie z. B. Haushaltspläne von Gebietskörperschaften enthalten. Das Ziel der folgenden Analyse ist die Isolierung aller Haushaltspläne und die Extrahierung der darin enthaltenen Informationen sowie die anschließende Visualisierung von berechneten Kennzahlen auf einer Karte. Es wird ein vierphasiger Ansatz gewählt, der das komplexe Problem in Teilaufgaben gliedert, was die Fehleranfälligkeit des Prozesses verringert und die Qualität der Ergebnisse erhöht.

Die einzelnen Stufen der mehrphasigen Verarbeitung gliedern sich in folgende übergeordnete Teilschritte:

1. Erkennung von Haushaltsplänen
2. Erkennung von Gesamtergebnisplänen
3. Informationsextraktion von Gesamtergebnisplänen
4. Kartografierung der Kennzahlen

Die zu untersuchenden Dokumente werden zunächst manuell von den Internetplattformen der Gebietskörperschaften heruntergeladen, da kein automatisiertes Verfahren für diese Aufgabe genutzt werden kann. Um einen ähnlichen Anwendungsfall zu überprüfen, werden weitere andersartige Ratsdokumente heruntergeladen, um eine Varianz herzustellen, die die Überprüfung des Klassifikationsmechanismus ermöglichen. Eine Ordnerstruktur wird manuell angelegt, um darin Kontextinformationen zu der Kategorie Gebietskörperschaft (Gemeinde, kreisfreie Stadt, Landkreis) zu speichern. Der Dateiname der Haushaltspläne wird manuell erweitert, um darin zusätzlich die Informationen Erstellungsjahr und Name der Gebietskörperschaft zu speichern. Diese Informationen werden für die Kartografierung aufgrund von Doppelbelegung von Namen der einzelnen Gemeinden, kreisfreien Städten und Landkreisen, benötigt. Aus den heruntergeladenen PDF-Dokumenten werden jeweils die ersten fünf Seiten entnommen und als neues PDF-Dokument gespeichert. Der Prozess kann beschleunigt werden, wenn nur fünf Seiten anstatt des gesamten Dokumentes betrachtet werden. Gescannte Seiten innerhalb eines PDFs existieren nun als eingebettete Bilder, aus der eine Software nicht ohne weitere Bearbeitungsschritte Text lesen kann. Die Informationen in den Bildern müssen erst mittels optischer Zeichenerkennung verfügbar gemacht werden. Aus diesem Grund wird das fünfseitige PDF-Dokument zunächst per *Google Cloud Vision API* via optischer Zeichenerkennung (englisch für OCR – Optical Character Recognition) analysiert, um die Texte aus den PDF-Dokumenten zu extrahieren.

Für die Klassifizierung der fünfseitigen PDF-Dokumente wird ein Modell mit den zuvor extrahierten Texten von gültigen Haushaltsplänen mittels *Google AutoML Text Classification* trainiert. Dazu werden die Text-Dokumente mit Annotationen in den Online-Service hochgeladen. Die Annotierung erfolgt über einen Ordnernamen, in dem sich die jeweilige Gruppe von Entitäten befindet und als Zip-Datei zusammengefasst hochgeladen wird. Alternativ lassen sich die Annotationen zu einem späteren Zeitpunkt über die Web-Applikation anpassen. 50 Haushaltspläne und 42 andere Dokumente aus Ratsinformationssystemen werden verwendet, um eine Unterscheidung zwischen möglichst ähnlichen Dokumenten zu trainieren. Normalerweise wird eine Anzahl von 1000 Elementen und mehr pro Kategorie empfohlen. Bei der Verwendung von AutoML genügt allerdings eine deutlich geringere Anzahl – bereits zehn Elemente je Kategorie können zum Training ausreichend sein (Google Cloud 2019). Eine Klassifizierung erfolgt nun in die Gruppen „Haushaltsplan" und „Unbekannt". Die Nicht-Haushaltsplan-Dokumente werden dabei als „Unbekannt" klassifiziert. Nach einem mehrstündigen Training steht eine API für das Modell bereit, mit der neue, unbekannte Texte klassifiziert werden können. Der extrahierte Text von den unbekannten fünfseitigen Dokumenten wird jetzt an diese *Google AutoML Text Classification API* gesendet. Aus der Antwort der API wird dann die Wahrscheinlichkeit für die jeweiligen Kategorien entnommen, um zu entscheiden, ob es sich um einen Haushaltsplan handelt oder nicht. Die Wahrscheinlichkeit bewegt sich in einem Intervall zwischen 0 und 1, wobei 0 für unwahrscheinlich und 1 für sehr wahrscheinlich steht. Die Mindestwahrscheinlichkeit für einen gültigen Haushaltsplan wird auf 0.7 festgelegt. Man spricht hier vom sogenannten Konfidenzintervall.

Die in den Haushaltsplänen enthaltenen Ergebnispläne, auf die zugegriffen werden soll, werden identifiziert, indem ein Haushaltsplan in seine Einzelseiten aufgeteilt, der Text extrahiert und klassifiziert wird. Die Einzelseiten werden nach dem gleichen Verfahren per *Google Cloud Vision API* analysiert und Texte werden aus den PDF-Dateien extrahiert. Ein weiteres Modell der *Google AutoML Text Classification* zur Identifikation von Ergebnisplänen wird mit 46 Ergebnisplänen und 167 anderen Dokumenten trainiert, um wiederum als „Ergebnisplan" oder „Unbekannt" klassifiziert zu werden. In den unbekannten Dokumenten sind auch Teilergebnispläne enthalten, die dem gesuchten Ergebnisplan stark ähneln. Die Texte der Einzelseiten werden an die *Google AutoML Text Classification API* gesendet und bewertet. Aufgrund der starken Ähnlichkeit der voneinander zu separierenden Inhalte wird der Grenzwert hier für einen gültigen Ergebnisplan auf 0.4 festgelegt. Zusätzlich wird die Filterung von Ergebnisplänen um eine regelbasierte Anweisung ergänzt. Diese legt fest, dass die Analyse der Einzelseiten eines Dokumentes abgeschlossen ist, sobald der erste Ergebnisplan identifiziert wurde.

7.4 Informationsextraktion und Kartografierung

Die **Informationsextraktion** der erkannten Ergebnispläne erfolgt über eine separate Anwendung (tabula-py) innerhalb einer Python-Applikation, welche die einzelnen Schritte miteinander verbindet. Damit lassen sich Tabellen aus PDF-Dokumenten extrahieren. Hierbei muss es sich allerdings um textbasierte PDF-Dokumente handeln. Die eingelesenen Tabellen werden für die Weiterverwendung aufbereitet. Dieser Teil der Applikation beinhaltet festgelegte Regeln, die sich sowohl auf den Aufbau der Tabelle beziehen und die Informationen neu positionieren als auch auf die genaue Erkennung von speziellen Zeilen und Spalten. Für eine Weiterverwendung werden die Daten in einem Zielformat benötigt, bei dem zwingend das Jahr für die Vorhersage bekannt sein muss. Um eine Zeile mit Jahren aus der eingelesenen Tabelle zu identifizieren und deren Jahreswerte zu filtern, wurden Regeln und Algorithmen implementiert.

Abb. 7.1 enthält eine Tabelle mit einer Zeile, in der sich auch Jahreswerte befinden. Die Zellen enthalten dabei die Werte „Nr.", „Bezeichnung", „2017", „2018 2019". Im ersten Schritt wurde ein Algorithmus entwickelt, der eine solche Zeile identizifiert und feststellt, dass es sich hierbei um die Zeile mit den Vorhersagejahren handelt. Im nächsten Schritt werden regelbasiert nur die Spalten für eine weitere Verwendung extrahiert, die genau aus einer vierstelligen Zahl bestehen.

Das Zielformat muss neben dem Vorhersagejahr auch die Bezeichnung der Kennzahl beinhalten. Dazu wurde für jede Kennzahl eine eindeutige Bezeichnung festgelegt, um diese später über verschiedene Dokumente hinweg von diversen Gebietskörperschaften eindeutig zu identifizieren. Zu einer festgelegten Auswahl an Informationen zählen Steuern, Zuwendungen, Ordentliche Erträge, Personalaufwendungen, Aufwendungen für Sach- und Dienstleistungen, Transferaufwendungen, Ordentliche Aufwendungen und Ordentliches Ergebnis. Die Werte in den Zellen der Spalte Bezeichnungen in Abb. 7.1

Gesamtergebnisplan

Nr.		Bezeichnung	vorläufiges Jahresergebnis 2017	Haushaltsansatz 2018	Haushaltsansatz 2019	Finanzplanzeitraum 2020	Finanzplanzeitraum 2021	Finanzplanzeitraum 2022
1	+	Steuern und ähnliche Abgaben	1.634.716.493,67	1.590.224.000	1.659.142.000	1.685.869.000	1.695.011.000	1.721.323.000
2	+	Zuwendungen und allgemeine Umlagen	495.671.595,48	357.066.997	369.366.154	371.413.910	368.105.401	307.227.247
3	+	Sonstige Transfererträge	31.702.218,56	34.084.123	35.587.583	33.087.583	33.087.583	33.087.583
4	+	Öffentlich-rechtliche Leistungsentgelte	346.521.344,22	273.048.360	271.242.514	273.293.210	275.634.383	275.696.451
5	+	Privatrechtliche Leistungsentgelte	138.277.162,79	100.288.793	98.852.792	98.833.108	98.864.538	99.053.231
6	+	Kostenerstattungen und Kostenumlagen	227.088.773,94	230.408.063	240.430.955	232.103.770	234.728.718	236.451.449
7	+	Sonstige ordentliche Erträge	255.776.552,37	217.718.230	229.048.004	191.946.727	175.328.561	160.255.293
8	+	Aktivierte Eigenleistungen	3.641.740,52	2.665.227	1.225.044	1.077.693	953.591	943.891
9	+	Bestandsveränderungen (+/-)	0,00	0	0	0	0	0
10	**=**	**Ordentliche Erträge**	**3.133.395.881,55**	**2.805.503.793**	**2.904.895.046**	**2.887.625.001**	**2.881.713.775**	**2.834.038.145**
11	-	Personalaufwendungen	-572.608.162,66	-597.882.740	-595.903.971	-602.454.771	-603.872.371	-603.465.371
12	-	Versorgungsaufwendungen	-52.809.053,11	-59.785.700	-49.144.000	-50.142.600	-50.646.900	-51.146.600
13	-	Aufwendungen für Sach- und Dienstleistungen	-551.703.187,94	-574.746.480	-580.155.719	-575.571.155	-569.636.178	-566.916.608
14	-	Bilanzielle Abschreibungen	-187.735.099,51	-178.652.973	-178.726.780	-176.897.607	-176.085.364	-175.420.727
15	-	Transferaufwendungen	-1.119.504.678,94	-1.096.723.907	-1.169.583.664	-1.139.347.839	-1.163.314.867	-1.175.818.417
16	-	Sonstige ordentliche Aufwendungen	-407.174.145,34	-332.173.114	-329.720.624	-326.810.088	-316.533.223	-315.129.101
17	**=**	**Ordentliche Aufwendungen**	**-2.891.534.327,50**	**-2.839.964.914**	**-2.903.234.758**	**-2.871.224.060**	**-2.880.088.903**	**-2.887.896.824**
18	**=**	**Ordentliches Ergebnis (Zeilen 10 und 17)**	**241.861.554,05**	**-34.461.121**	**1.660.288**	**16.400.941**	**1.624.872**	**-53.858.679**

Abb. 7.1 Ausschnitt des Gesamtergebnisplans aus dem Haushaltsplan-PDF-Dokument der Stadt Düsseldorf 2019

enthalten unter anderem die Werte „+Steuern und ähnliche Abgaben", „=Ordentliche Erträge", „- Aufwendungen für Sach und Dienstleistungen", „=Ordentliche Aufwendungen". Die Zeilen werden identifiziert und mittels String-Vergleich überprüft, ob gewisse Zeichenketten enthalten sind. Danach erfolgt eine Aufbereitung der enthaltenen Zahlen der gefilterten Zeilen. Diese enthalten wie in Abb. 7.1 Tausendertrennzeichen und Kommata für Cent-Beträge. Diese werden in Zahlen ohne Trennzeichen und mit einem Punkt anstelle des Kommas konvertiert – „1.634.716.493,67" wird zu „1634716493.67". Das ist notwendig, da sonst keine Kennzahlen berechnet werden können, da Gleitkommazahlen in Programmiersprachen in der Regel einen Punkt für die Trennung des Nachkommaanteils nutzen. Ordentliche Erträge und Ordentliche Aufwendungen stellen dabei die wichtigsten Zeilen dar, denn ohne diese kann keine Berechnung der verschiedenen Kennzahlen erfolgen – je nachdem, ob es sich um Ertragskennzahlen oder Aufwandskennzahlen handelt.

Nachdem die Zeilen mit der Auswahl von verschiedenen Erträgen und Aufwendungen identifiziert und aufbereitet wurden, können daraus spaltenweise die jeweiligen Kennzahlen, wie z. B. Steuer- oder Transferaufwandsquote, berechnet werden. An dieser Stelle müssen die Jahreszahlen mit den Zeilen der berechneten Kennzahlen wieder zusammengeführt werden. Dieser Vorgang geschieht über den Spaltenindex und die Spaltenanzahl, die sowohl bei der Jahreszahlextraktion als auch bei der Kennzahlenberechnung erhalten wurde. Weitere Daten für das Zielformat sind die Informationen über den Namen der Gemeinde, Erstellungsjahr und ob es sich um eine Gemeinde, einen Landkreis oder eine kreisfreie Stadt handelt. Diese werden innerhalb der Python-Applikation aus dem Dateipfad und Dateinamen extrahiert.

Danach werden die Informationen zu jeder Kennzahl, Ertrag und Aufwendung eines Dokumentes als ein Eintrag in der Datenbank gespeichert. Innerhalb der Datenbank liegen die Informationen wie in Abb. 7.2 dargestellt vor. Dabei sind die extrahierten und berechneten Informationen des Haushaltsplans von 2019 der Stadt Düsseldorf zu erkennen. Es ist zu sehen, dass es sich bei Düsseldorf um eine kreisfreie Stadt handelt und das Erscheinungsjahr des Haushaltsplans aus dem Jahr 2019 ist. Insgesamt sind 18 Zeilen dargestellt, die sich in 3×6 Zeilen für Ordentliche Erträge, Steuern und ähnliche Abgaben und die berechnete Steuerquote untergliedern. Die Prognose Jahre zeigen die Jahre von 2017 bis 2022 für jede der drei Gruppen. Obwohl es sich um einzelne Zeilen handelt, besteht eine Abhängigkeit, da berechnete Informationen aus den extrahierten Daten gewonnen werden. So zeigt die Abb. 7.2 die Steuerquote und gleichzeitig die für die Berechnung notwendigen Steuern und ähnlichen Abgaben, als auch die Ordentlichen Erträge für das Prognosejahr 2022. Damit ist es möglich, einzelne Kennzahlen aus dem Haushaltsjahr für ein Prognosejahr von mehreren Gebietskörperschaften abzufragen.

Damit die gesammelten Informationen kartografiert werden können, wird eine separate Datenbank mit geografischen Informationen zu den einzelnen Gemeinden, kreisfreien Städten und Landkreisen benötigt. Dazu werden frei verfügbare Karten daten (GADM 2013) verwendet und mithilfe einer dafür geschriebenen Applikation in

◢	id [PK] intege	name text	kreis text	bezeichnung text	jahr_erscheinung smallint	jahr_prognose smallint	data numeric
1	56	Düsseldorf	Kreisfreie Stadt	Ordentliche Erträge	2019	2017	3133395881.55
2	57	Düsseldorf	Kreisfreie Stadt	Ordentliche Erträge	2019	2018	2805503793.0
3	58	Düsseldorf	Kreisfreie Stadt	Ordentliche Erträge	2019	2019	2904895046.0
4	59	Düsseldorf	Kreisfreie Stadt	Ordentliche Erträge	2019	2020	2887625001.0
5	60	Düsseldorf	Kreisfreie Stadt	Ordentliche Erträge	2019	2021	2881713775.0
6	61	Düsseldorf	Kreisfreie Stadt	Ordentliche Erträge	2019	2022	2834038145.0
7	62	Düsseldorf	Kreisfreie Stadt	Steuern und ähnliche Abgaben	2019	2017	1634716493.67
8	63	Düsseldorf	Kreisfreie Stadt	Steuern und ähnliche Abgaben	2019	2018	1590224000.0
9	64	Düsseldorf	Kreisfreie Stadt	Steuern und ähnliche Abgaben	2019	2019	1659142000.0
10	65	Düsseldorf	Kreisfreie Stadt	Steuern und ähnliche Abgaben	2019	2020	1685869000.0
11	66	Düsseldorf	Kreisfreie Stadt	Steuern und ähnliche Abgaben	2019	2021	1695011000.0
12	67	Düsseldorf	Kreisfreie Stadt	Steuern und ähnliche Abgaben	2019	2022	1721323000.0
13	68	Düsseldorf	Kreisfreie Stadt	Steuerquote	2019	2017	52.1707615465
14	69	Düsseldorf	Kreisfreie Stadt	Steuerquote	2019	2018	56.6822972747
15	70	Düsseldorf	Kreisfreie Stadt	Steuerquote	2019	2019	57.115385366
16	71	Düsseldorf	Kreisfreie Stadt	Steuerquote	2019	2020	58.3825461899
17	72	Düsseldorf	Kreisfreie Stadt	Steuerquote	2019	2021	58.8195474063
18	73	Düsseldorf	Kreisfreie Stadt	Steuerquote	2019	2022	60.7374675968

Abb. 7.2 In die Datenbank importierte Informationen aus dem Ergebnisplan des Haushaltsplans Düsseldorf von 2019 als Tabelle

die Datenbank importiert. Für die Zuordnung zwischen den Tabellen wird der Name des jeweiligen Gebiets verwendet. Damit die Kennzahlen visualisiert werden können, werden sie mittels einer Farbskala konvertiert. Die Skala reicht dabei von 0–100, wobei 0 weiß und 100 schwarz darstellt. Aktuell werden nur Kennzahlen für die Kartografierung mittels der *Google-Maps-Platform* verwendet. Um hierbei die Information über Gemeinden in Abhängigkeit ihrer berechneten Kennzahlen, wie z. B. der Steuerquote zu visualisieren, werden die zuvor importierten Polygondaten der einzelnen Gebietskörperschaft einzeln auf der Karte per API-Zugriff gezeichnet. Dabei muss beachtet werden, dass eine Gebietskörperschaft nicht nur aus einem Polygon besteht. Diese kann mehrere voneinander getrennte Polygone besitzen wie z. B. „Inseln". Der zu visualisierende Kartenbereich wird nun als HTML-Datei erstellt, welche sämtliche Kennzahlen und Polygone enthält.

7.5 Ergebnisse

Aus unserem Datenbestand werden Haushaltspläne identifiziert, Ergebnispläne identifiziert, Informationen aus den Ergebnisplänen extrahiert und diese kartografiert. Die Erfolgsquote der einzelnen Verarbeitungsphasen lassen sich aus Tab. 7.1 und 7.2 entnehmen. Die dargestellte Karte in Abb. 7.3 zeigt die kartografierten Steuerquoten der Gemeinden und kreisfreien Städte aus Nordrhein-Westfalen. Es ist zu erkennen, dass nur ein Teil der Gebietskörperschaften kartografiert werden konnte und viele Elemente nicht dargestellt sind.

Tab. 7.1 Erfolg der einzelnen Phasen bei der Kartografierung von Dokumenten der Gemeinden

Phase	Aufgabe	Anzahl	Positiv		Negativ		Erfolgsquote (%)
I	Haushaltspläne	399	Richtig Positiv	Falsch Positiv	Richtig Negativ	Falsch Negativ	90,48
			321	34	40	4	
II	Ergebnispläne	153647	251	31	153322	43	99,95
III	Informationsextraktion	282	105		177		37,23
IV	Kartografierung	105	97		8		92,38

Tab. 7.2 Erfolg der einzelnen Phasen bei der Kartografierung von Dokumenten der kreisfreien Städte und Landkreise

Phase	Aufgabe	Anzahl	Positiv		Negativ		Erfolgsquote (%)
I	Haushaltspläne	47	Richtig Positiv	Falsch Positiv	Richtig Negativ	Falsch Negativ	100
			47	0	0	0	
II	Ergebnispläne	38985	37	9	38938	1	99,97
III	Informationsextraktion	46	14		32		30,43
IV	Kartografierung	14	9		5		64,29

Die Elemente sind gut voneinander zu unterscheiden und besitzen erkennbare und genaue Grenzen in einem hohen Detailgrad. Die Darstellung der Elemente in unterschiedlichen Graustufen ermöglicht eine Auskunft über die ungefähre Höhe der Steuerquote. Jedoch sticht ein Element heraus, da es im Vergleich zu allen anderen Elementen annähernd weiß dargestellt ist und somit eine Steuerquote von augenscheinlich null Prozent vorliegt. Bei dem Element handelt es sich um die kreiszugehörige Stadt Recklinghausen. Aus dem Ergebnisplan Originaldokument aus dem Jahr 2019 wurde durch eine manuelle Prüfung eine Steuerquote von 1,5 % für das Vorhersagejahr 2019 berechnet. Das Ergebnis konnte durch eine weitere Überprüfung der Datenbank bestätigt werden, in der sich eine berechnete Steuerquote von 1,58 % befindet. Die Darstellung mittels der Einzeichnung von Polygonen ist damit erfolgreich. Insgesamt haben die unterschiedlichen AutoML-Modelle bei der Unterscheidung zwischen Haushaltsplänen und Ergebnisplänen gute Ergebnisse geliefert, allerdings ist ihr Einsatz domänenspezifisch. Die Nutzung eines regelbasierten Systems (Python Applikation) zur Informationsextraktion

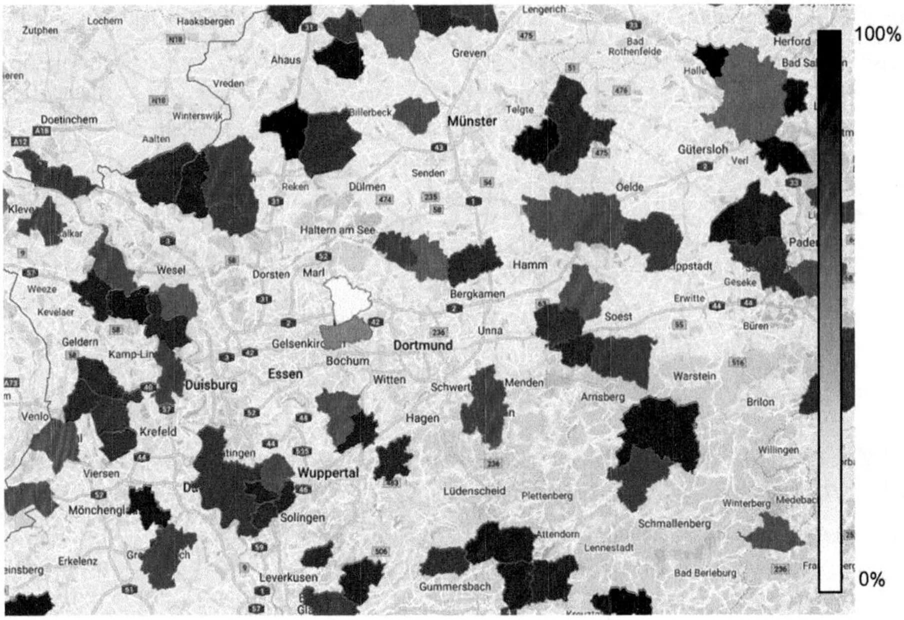

Abb. 7.3 Kartografierte Steuerquote von Gemeinden und kreisfreien Städten aus Nordrhein-Westfalen

zeigt eine deutliche Reduktion der Erfolgsquote. Allerdings zeigt sich auch, dass Herausforderungen bei der Informationsextraktion von tabellarischen Inhalten bestehen und ein regelbasiertes System erforderlich machen.

Insgesamt lassen sich die Informationen kartografieren, jedoch mit Informationsverlusten, wodurch die Identifizierung weiterer Zusammenhänge nicht mehr möglich ist (siehe Tab. 7.1 und 7.2).

Die Erfolgsquoten bei der Analyse von Haushalts- und Ergebnisplänen sowie der Kartografierung liegt bei über 90 %.

In beiden Grafiken ist ersichtlich, dass die Informationsextraktion noch Raum für Verbesserungen liefert. Die möglichen Gründe für das schlechte Abschneiden werden in der nachfolgenden Diskussion spezifiziert.

7.6 Diskussion

Sprachklassifizierungsmodelle bieten mithilfe von maschinellem Lernen eine vielversprechende Möglichkeit, bisher unbekannte Informationen zu erschließen. Cloud-Produkte, z. B. wie in unserem Fall die der Firma Google, senken durch einfache Bedienung die Einstiegshürde für Benutzer, sodass eine Anwendung ohne entsprechendes Programmier-Know-how möglich wird. In unserem Versuch wurde sich bewusst der komplexen Aufgabenstellung, der Kartografierung von Haushaltsplänen gewidmet, um zu zeigen, wie sich Methoden des maschinellen Lernens für die Lösung eines komplexen Problems eignen, wie gut sie sich in ein Gesamtsystem einbringen lassen und welche Aufgaben hierdurch erfolgreich bewältigt werden können.

Über mehrere Phasen hinweg wurden sowohl AutoML-Modelle für die Klassifizierung von Dokumenten als auch regelbasierte Systeme für die Informationsextraktion und Kartografierung verwendet. In Phase I werden die Haushaltspläne von unbekannten Dokumenten getrennt. Phase II überprüft die Einzelseiten eines Dokumentes, um Ergebnispläne zu identifizieren. In Phase III werden Informationen aus den Ergebnisplänen mithilfe eines regelbasierten Systems extrahiert, gefiltert und aufbereitet. Es zeigt sich, dass hierbei die geringste Erfolgswahrscheinlichkeit besteht, was aufgrund einer Vielzahl von Regeln nicht verwunderlich ist. Phase IV widmet sich der Kartografierung der Informationen. Alle Phasen sind miteinander über eine Python-Anwendung verbunden und stellen ein Gesamtsystem dar, welches eine Auswahl von Dokumenten verarbeitet.

Die Verwendung der *Google Vision API* hat sich einfach gestaltet und konnte selbst unlesbare Inhalte erkennen und Informationen zugänglich machen. Auch schwierig identifizierbare Bilder oder z. B. um 90 Grad gedrehte Seiten konnten erkannt und erfolgreich ausgelesen werden. Auch Tabellen werden erkannt und die Inhalte als Text extrahiert. Jedoch ist eine reine Textrepräsentation von Tabellen umständlich und fehleranfällig bei der Weiterverarbeitung, da eine Entitätsextraktion auf der Buchstaben- oder Wortposition aufbaut, welche bei Tabellen unvorteilhaft ist. An dieser Stelle wären Formate für die Repräsentation von strukturierten Daten, wie sie Amazon bereits im Angebot hat (Kashif Imran 2019) wünschenswert.

Nach dem Auslesen konnten die Inhalte mithilfe von *Google Cloud AutoML Natural Language* eindeutig identifiziert werden. Benutzerdefinierte Klassifizierungen von Texten in unterschiedlichen Kategorien wurden ermöglicht. Ebenfalls konnte der Vorteil von AutoML-Systemen, mit wenigen zum Training zur Verfügung stehenden Dokumenten gute Ergebnisse zu erzielen, herausgestellt werden. Natürlich würde es die Pipeline erheblich vereinfachen, wenn PDF-Dokumente direkt analysiert werden könnten, anstatt vorher Text manuell extrahieren zu müssen. Dies wäre eine Aufgabe der Informationsanbieter, in diesem Fall der Kommunen. Die Kartografierung der extrahierten Zahlen erfordert Wissen über den Kontext. Benötigt werden neben Namen der Gebietskörperschaft, dem Erstellungsjahr des Dokuments und die Information darüber, ob es sich um eine Gemeinde, einen Kreis oder eine kreisfreie Stadt handelt. Falls nur ein Teil der Informationen im Dokument enthalten ist, können diese nicht einfach extrahiert werden. Die AutoML-Modelle können diese allgemeinen Auskünfte über Dokumente nicht liefern. Selbst wenn die Informationen enthalten wären, müsste eine weitere Applikation aufgrund der Doppelbelegung von Namen Kontextinformationen beschaffen. Durch Vereinheitlichung von Haushaltsplänen seitens der Kommunen könnte die Erfolgsquote der Klassifizierung deutlich gesteigert werden. Diese Vereinheitlichungen könnten es zudem ermöglichen, dass Gebiete eindeutig z. B. über maschinenlesbare Codes zugeordnet und identifiziert werden können.

Letztlich zeigt sich, dass eine zu rigorose Automatisierungsstrategie zu Problemen führen kann. Das Gesamtsystem ist nach derzeitigem Stand nicht „intelligent" genug und besitzt keine Kontextinformationen. Es kann besser klassifizieren als ein rein regelbasiertes System, intelligent im zuvor beschriebenen Sinn ist es dennoch nicht. Wenn Dokumente falsch erkannt werden, führt das bei mangelnder Überwachung schnell zu inkorrekten Informationen, die sich nur mit viel Aufwand korrigieren lassen. Bei einem automatisierten Verfahren ergibt sich ein Trade-off zwischen Aufwandsreduktion und Korrektheit der Informationen. Ein Fehler bei der automatisierten Informationsextraktion kann zu fehlerhaften Informationen von vielen Gebietskörperschaften führen, während dieses bei manueller Eingabe nicht ins Gewicht fällt. Dafür kann ein Großteil der Informationen ohne Aufwand verarbeitet werden. Abhilfe würden auch hierbei einheitliche Dokumentenformate schaffen. Strukturierte Haushaltspläne könnten dann dafür sorgen, dass die Informationen fehlerfrei ausgewertet werden können und so eine vollständig automatisierte Verarbeitung möglich ist.

Eine Reduktion der Erfolgsquote bei der Informationsextraktion aus Ergebnisplänen ist auf das Lesen von tabellarischen Formaten zurückzuführen. Diese können mittels OCR zwar extrahiert werden, jedoch in nicht einfach weiter zu verarbeitender Weise. Es gibt aktuell Produkte am Markt, die Tabellen lesen können, jedoch würden auch diese das Problem nicht gänzlich lösen, da die Tabellen in ein Zielformat überführt und ihre Inhalte bereinigt werden müssen. Es bleibt abzuwarten, wie gut die Produkte in der Zukunft nicht nur Tabellen erkennen und diese als solche lesbar bereitstellen, sondern auch so aufbereiten können, dass sie für eine einheitliche Weiterverarbeitung geeignet sind.

Insgesamt konnte die Gesamtaufgabe der Kartografierung von Haushaltsplänen bei dem Versuch mithilfe eines regelbasierten Systems gelöst werden, welches sowohl die einzelnen Phasen der Verarbeitung miteinander verbindet, als auch einige der darin enthaltene Aufgaben regelbasiert bewältigt. Hierin besteht die Herausforderung für zukünftige maschinelle Lernsysteme: Miteinander verbundene Aufgabenstellungen müssen als eine Aufgabe gelöst werden. Dennoch tragen die Systeme jetzt schon zu einer Produktivitätssteigerung gegenüber manueller repetitiver Arbeit bei.

7.7 Fazit und Ausblick

Zusammenfassend lässt sich feststellen, dass Cloud-Services, wie z. B. das *Google Cloud AutoML*-System, maschinelles Lernen demokratisiert und für eine breitere Zielgruppe nutzbar macht. Obwohl grundsätzliche Programmierkenntnisse erforderlich sind, um die Anwendung mit den verschiedenen Schnittstellen *Google Vision, Google Cloud AutoML Natural Language* und *Google-Maps-Platform* zu verbinden, ist der Einsatz unkompliziert und stellt gute Ergebnisse bereit. Tabellarische Inhalte können zwar gelesen werden, jedoch werden Verfahren benötigt, mit denen diese auch konvertiert werden können. Wir gehen davon aus, dass weitere Produkte auf den Markt kommen werden, mit deren Hilfe sich diese Inhalte in guter Qualität weiterverarbeiten lassen werden.

Die größte Herausforderung besteht weiterhin darin, eine komplexe aus mehreren unterschiedlichen Teilaufgaben bestehende Gesamtaufgabe zu lösen. Diese Erkenntnis deckt sich mit den Aussagen von Haykin (2008). Noch sind die eingesetzten Systeme nur zu einer Lösung von speziellen Teilaufgaben bereit, die sie aber gut bewältigen, wie unser Beispiel zeigt und welche sich prinzipiell in großem Maßstab einsetzen lassen. Unsere Ergebnisse zeigen das Potenzial bei der Verwendung von maschinellem Lernen zur Unterstützung von menschlichen Aufgaben, dennoch stellen sie bislang keinen Ersatz dar.

Literatur

Adobe Inc. (2006). PDF (Portable Document Format), version 1.7, Base level (ISO 32000-1:2008). https://www.adobe.com/content/dam/acom/en/devnet/pdf/pdf_reference_archive/pdf_reference_1-7.pdf. Zugegriffen: 2. Sept. 2019.

Alonso Bel, N. H. M, & Pedersen, B. S. (2011). Identification of sense selection in regular polysemy using shallow features. In: Proceedings 18th Nordic Conference on Computational Linguistics NODALIDA 2011 May 11–13, 2011, Riga Latv 18–25.

Alpaydin, E. (2010). *Introduction to machine learning* (2. Aufl.). Cambridge: MIT Press.

Ashrafian, H. (2014). Artificial Intelligence and Robot Responsibilities: Innovating Beyond Rights. *Science and Engineering Ethics, 21,* 317–326. https://doi.org/10.1007/s11948-014-9541-0.

Bates, M. (1995). Models of natural language understanding. *Proceedings of the National Academy of Sciences of the United States of America, 92,* 9977–9982.

Borkowski, A. A., Wilson, C. P., Borkowski, S. A., et al. (2019). Google Auto ML versus Apple Create ML for Histopathologic Cancer Diagnosis; Which Algorithms Are Better? *Pathology and Laboratory Medicine Services, 18.*

Chen, D., Müller, H.-M., & Sternberg, P. (2006). Automatic document classification of biological literature. *BMC Bioinformatics, 7,* 370. https://doi.org/10.1186/1471-2105-7-370.

Coldewey, D., & Lardinois, F. (2017). DeepL schools other online translators with clever machine learning. https://techcrunch.com/2017/08/29/deepl-schools-other-online-translators-with-clever-machine-learning/. Zugegriffen: 3. Sept. 2019.

Gack, P., & Rudel, G. (Hrsg.). (2013). *Kommunale Politik gestalten: Grundlagen, Rahmenbedingungen, Handlungsmöglichkeiten: Kommunalpolitische Schriftenreihe; 12.* Bamberg: Petra-Kelly-Stiftung.

GADM. (Hrsg.). (2013). GADM. https://gadm.org/download_country_v3.html. Zugegriffen: 5. Sept. 2019.

Gandomi, A., & Haider, M. (2015). Beyond the hype: Big data concepts, methods, and analytics. *International Journal of Information Management, 35,* 137–144. https://doi.org/10.1016/j.ijinfomgt.2014.10.007.

Google Cloud. (2019). AutoML Natural Language Beginner's guide. In: cloud.google.com. https://cloud.google.com/natural-language/automl/docs/beginners-guide. Zugegriffen: 10. Nov. 2019.

Google. (2019a). Cloud AutoML: Train high-quality custom machine learning models with minimal effort and machine learning expertise. https://cloud.google.com/automl/. Zugegriffen: 10. Nov. 2019.

Google. (2019b). Natural language: Derive insights from unstructured text using google machine learning. https://cloud.google.com/natural-language/. Zugegriffen: 10. Nov. 2019.

Google. (2019c). AI and machine learning products: Innovative machine learning products and services on a trusted platform. https://cloud.google.com/products/ai/ Y3 – 2019, 03. September M4 – Citavi.

Haykin, S. (2008). *Neural networks and learning machines* (3. Aufl.). New York: Pearson.

Kashif Imran. (2019). Automatically extract text and structured data from documents with Amazon Textract. https://aws.amazon.com/de/blogs/machine-learning/automatically-extract-text-and-structured-data-from-documents-with-amazon-textract/. Zugegriffen: 10. Nov. 2019.

Landeshauptstadt Düsseldorf. (2019). Open Data Düsseldorf. https://opendata.duesseldorf.de/. Zugegriffen: 10. Nov. 2019.

Leviathan, Y., & Matias, Y. (2018). Google duplex: An AI system for accomplishing real-world tasks over the phone. https://ai.googleblog.com/2018/05/duplex-ai-system-for-natural-conversation.html. Zugegriffen: 8. Sept. 2019.

Li, Z., Guo, H., Wang, W. M., et al. (2019). A blockchain and automl approach for open and automated customer service. *IEEE Transactions on Industrial Informatics, 15,* 3642–3651. https://doi.org/10.1109/tii.2019.2900987.

Mahabal, A., Baldridge, J., Karagol Ayan, B., et al. (2019). Text classification with few examples using controlled generalization. In: *Proceedings of the 2019 Conference of the North. Association for Computational Linguistics, Stroudsburg, PA, USA*, (S. 3158–3167).

McCarthy, J., Minsky, M. L., Rochester, N., & Shannon, C. E. (2006). A proposal for the dartmouth summer research project on artificial intelligence. *AI Magazine, 27,* 12–14.

McCrae, J. P. (2016). Putting ontologies to work in NLP: The lemon model and its future.

Minsky, M. (1961). Steps toward artificial intelligence. *Proceedings of the IEEE, 49*(1), 8–30.

NDSA Standards and Practices Working Group. (2014). The Benefits and Risks of the Pdf/A-3 File Format for Archival Institutions : an NDSA report. 1–24.

Open Knowledge Foundation. (2019a). OParl 1.1 Spezifikation. https://oparl.org/spezifikation/. Zugegriffen: 10. Nov. 2019.

Open Knowledge Foundation. (Hrsg.). (2019b). Open Knowledge Foundation. https://okfn.de/. Zugegriffen: 3. Sept. 2019.

Osner, A. (Hrsg.). (2004). *Ratsinformationssysteme erfolgreich einführen: Ein Leitfaden für Politik und Verwaltung*. Gütersloh: Verl. Bertelsmann-Stiftung.

Russell, S. J., & Norvig, P. (2016). *Artificial intelligence* (3. Aufl.). Boston: Pearson.

Sarle, W. S. (2019). Newsgroup artificial neural networks. ftp://ftp.sas.com/pub/neural/FAQ.html. Zugegriffen: 3. Sept. 2019.

Schindler, T. (2016). Seminar KI: gestern, heute, morgen: Natural Language Processing and Machine Learning.

Schmidhuber, J. (2015). Deep learning in neural networks: An overview. *Neural Networks, 61,* 85–117. https://doi.org/10.1016/j.neunet.2014.09.003M4-Citavi.

Schmidhuber, J. (2017). Künstliche Intelligenz wird alles ändern. Handelsblatt 1–6.

Schwabe, G. (2003). Ratsinformationssysteme. https://www.zora.uzh.ch/id/eprint/57176/1/20120125142146_merlin-id_3157.pdf. Zugegriffen: 3. Sept. 2019.

Senatsverwaltung für Stadtentwicklung und Wohnen. (2017). *Big Data und Crowd Data für die Berliner Stadtentwicklungsplanung*. Berlin: Senatsverwaltung für Stadtentwicklung und Wohnen.

Treffpunkt Kommune. (2017). Kommunen zeigen sich online von der besten Seite – Treffpunkt Kommune. https://www.treffpunkt-kommune.de/kommunen-zeigen-sich-online-von-der-besten-seite/. Zugegriffen: 3. Sept. 2019.

Truong, A., Walters, A., Goodsitt, J., et al. (2019). Towards Automated Machine Learning: Evaluation and Comparison of AutoML Approaches and Tools. 9.
Vickrey, D., Biewald, L., Teyssier, M., & Koller, D. (2005). Word-sense disambiguation for machine translation. HLT/EMNLP 2005 – Hum Lang Technol Conf Conf Empir Methods Nat Lang Process Proc Conf (S. 771–778).

Daniel Braka ist Software-Engineer bei der Vodafone GmbH und entwickelt insbesondere Cloud-basierte Microservices. Aktuell befindet er sich im Master-Studiengang Big Data & Business Analytics der FOM Hochschule in Düsseldorf.

Prof. Dr. Rüdiger Buchkremer ist Professor für Wirtschaftsinformatik und Direktor des 2017 gegründeten ifid Institut für IT-Management und Digitalisierung an der FOM Hochschule. Seine Hauptforschungsthemen sind aktuell „Natural Language Processing" und Systemmedizin. Er ist Gutachter für mehrere internationale Journale und Mitherausgeber der Fachzeitschrift „AI". Vor der Tätigkeit an der Hochschule war er „CIO" eines Healthcare-DAX-Unternehmens. Er studierte Chemie, Mathematik und Physik an der Ruhr-Universität in Bochum und promovierte zum „Doctor of Philosophy" in Organischer Chemie an der Binghamton University in New York, USA. 2019 erhielt er den Forschungspreis der BCW-Gruppe.

Dr. Stefan Ebener leitet als Manager Customer Engineering für Google Cloud ein internationales Machine Learning- und KI-Expertenteam. Seine Leidenschaft gilt den datengetriebenen Zukunftstechnologien und der Weiterentwicklung von Technologiekompetenzen in Unternehmen und Gesellschaft; er tritt regelmäßig als Keynote-Speaker zu diesen Themen auf. Darüber hinaus ist er freiberuflicher Dozent der Wirtschaftsinformatik an der FOM Hochschule für Oekonomie & Management und beschäftigt sich neben Machine Learning, künstlicher Intelligenz und Big Data mit dem Thema „Opinion Leader Identification & Management". Seine Forschungsschwerpunkte liegen in den Bereichen Text Mining, Machine Learning sowie der Wettbewerbs- und Ausschreibungsanalyse. Als ausgebildeter Data Scientist verfügt er über praktische

Erfahrungen im Aufbau von Data Pipelines sowie der Modellentwicklung. Stefan Ebener engagiert sich darüber hinaus im Forschungsbereich „Business Analytics“ im ifid Institut für IT-Management & Digitalisierung der FOM Hochschule und ist Mitglied der d*Health Academy, die ein grundlegendes Verständnis zu Geschäftsprozessen und -modellen im Gesundheitswesen vermittelt.

Wege zu Entscheidungen der Nutzung von KI auf Basis eines gesellschaftlichen Lernprozesses

8

Markus H. Dahm und Ute Twisselmann

Inhaltsverzeichnis

M. H. Dahm (✉) · U. Twisselmann
FOM Hochschule, Hamburg, Deutschland
E-Mail: markus.dahm@fom.de

U. Twisselmann
E-Mail: ute.twisselmann@t-online.de

R. Buchkremer et al. (Hrsg.), *Künstliche Intelligenz in Wirtschaft & Gesellschaft*, FOM-Edition, https://doi.org/10.1007/978-3-658-29550-9_8

Zusammenfassung

Die Gesellschaft muss Antworten auf viele Fragen zur KI-Nutzung finden. Dieses Kapitel möchte die Mechanismen und das Umfeld beleuchten, in der eine Gesellschaft Einigung über Fragen zur KI-Nutzung finden kann. Für die Öffentlichkeit und die Politik überraschend hat sich in den letzten 20 bis 30 Jahren ein mächtiges Lösungs- und Anwendungsportfolio zusammen mit großen Technologiekonzernen gebildet, bevor die Veränderungen von der Gesellschaft vollständig adaptiert werden konnten. Heute scheint das öffentliche Interesse und Wissen über KI weit hinter der gesellschaftlichen Relevanz und dem technischen Fortschritt hinterherzuhinken. In einer Demokratie ist eine fundierte öffentliche Diskussion Voraussetzung, damit wichtige Fragen zum KI-Einsatz beantwortet werden können. Zur Befeuerung und Befähigung dieser öffentlichen Diskussion sind eine stärkere Sensibilisierung der persönlichen Betroffenheit, beispielsweise durch eine stärkere Präsenz in den allgemeinbildenden Medien, und eine hohe politische Aufmerksamkeit notwendig.

8.1 Einleitung

Neue Technologien wie künstliche Intelligenz (KI) rufen viele Hoffnungen und Ängste hervor. Science-Fiction-Filme wie „Odyssee 2001“ oder „Short Circuit“ skizzieren Szenarien von Gefahren und vielfältigen Möglichkeiten.

Schon die Erfindung des Buchdrucks mit variablen Lettern gab reformatorischen und wissenschaftlichen Ideen Schub, die das Ende der mittelalterlichen Gesellschaftsordnung einleiteten (Giesecke 2006, S. 162, Abschn. 4.2 und 3.5). Jeder, der heute um die bestehende soziale Ordnung bangt, hat vielleicht recht. Der Wandel der Zeit kann nicht aufgehalten werden. Die Gesellschaft kann aber versuchen, die neue Ordnung aktiv zu gestalten und sie wird vielfältige Antworten finden müssen:

- Wie kann man die Bürger vor Manipulationen durch KI schützen?
- Ist eine KI-Steuer zum Abfedern der sozialen Folgen von KI nötig?
- Was bedeutet Selbstbestimmung über die eigenen Daten wirklich?
- Widerspricht es der menschlichen Würde, wenn Roboter einen alten Menschen pflegen oder Kinder beaufsichtigen?
- Welche Art von Entscheidungen darf ein KI-System treffen? Dürfen z. B. Richter bei der Urteilsfindung auf KI-Systeme zurückgreifen?

Die Liste ließe sich beliebig verlängern. Am Ende ist es eine existenzielle Frage, wie und in welchem Zusammenhang in Zukunft KI-Lösungen genutzt werden und ob sich diese Nutzung als ein Fluch oder Segen für die Gesellschaft erweisen wird.

Es ist nicht zu erwarten, dass die Fragen zur KI-Nutzung von Expertengremien in kürzester Zeit beantwortet werden. Ziel dieses Beitrags ist es daher zu beleuchten, wie in der Gesellschaft Antworten auf Fragen zur KI-Nutzung gefunden werden können. Die öffentliche Diskussion dieser Fragen scheint kaum begonnen zu haben, wobei sich die KI-Technologie unter Federführung einiger Konzerne rasant weiterentwickelt. So wie auch im 16. Jahrhundert die Elite von den Auswirkungen des Buchdrucks überrollt wurde, der es erstmals jedermann ermöglichte, frei zu publizieren, überschlägt sich die KI-Welle auch gerade jetzt (Giesecke 2006, S. 188 f.).

Wünschenswert ist es, dass es die Gesellschaften in Deutschland, Europa oder weltweit schaffen, KI-Entwicklungen so zu steuern, dass

- sie von Nutzen für die Allgemeinheit sind,
- keinen Schaden für Umwelt und Gesellschaft bedeutet,
- niemand in der Gesellschaft seine Existenzfähigkeit verliert; beispielsweise weil er aufgrund seines Alters, krankheitsbedingt oder ortsbedingt keinen oder wenig Zugriff zu KI-Lösungen hat und
- die Grundwerte unserer Gesellschaft erhalten bleiben oder nach reiflicher Diskussion innerhalb einer gut informierten Öffentlichkeit angepasst werden.

Im Folgenden wird der Beitrag darstellen, wie das Zusammenspiel mit der Gesellschaft bei der Einführung neuer Technologien heute aussieht, bevor daraus Handlungsfelder abgeleitet werden. Zuerst wird dazu beleuchtet, wie Unternehmen die Transformation durch KI im Kleinen bewältigen.

8.2 Der Mikrokosmos – Unternehmenstransformation durch KI

Ein Unternehmen startet eine KI-Transformation, um ein Unternehmensziel wie z. B. Kostensenkung oder Umsatzsteigerung zu erreichen. Man hat eine grobe Innovationsidee: Zum Beispiel mithilfe von KI und sozialen Medien den Bedarf von potenziellen Kunden besser prognostizieren zu können, um ihnen gezielt passende Services, beispielsweise Kredite oder Versicherungen, anzubieten.

Vieles ist beim Start des neuen Projektes noch unklar:

- Kann man den Bedarf anhand der verfügbaren Daten hinreichend gut abschätzen?
- Welche Kanäle der Werbung und Ansprache akzeptieren die Kunden? Was verschreckt sie vielleicht?
- Wird so nur der eigene Umsatz gesteigert oder hilft man auch indirekt der Konkurrenz?
- Welche Trends können dem Erfolg entgegenstehen?

Zusätzlich können unbeabsichtigte Seiteneffekte entstehen:

- Gibt es signifikante Kundensegmente, die z. B. wegen geringer Nutzung sozialer Medien nicht angesprochen werden oder deren vom KI-System erstelltes Profil irreführend ist?
- Gibt es gegebenenfalls ungewollte Diskriminierungseffekte, die dazu führen, dass bestimmte Bevölkerungsgruppen einige Services nicht angeboten bekommen oder nur zu schlechteren Bedingungen?

Um ein KI-System einzuführen, das von den Mitarbeitern, Kunden und Zulieferern akzeptiert wird und die erwarteten Vorteile ohne gleichzeitige gravierende Nachteile auf anderer Ebene bringt, gibt es einen wichtigen Erfolgsfaktor: Eine KI-Transformation ist ein Lernprozess einer oder mehrerer Organisation(en) und als solcher muss diese Transformation auch geplant, durchgeführt und begleitet werden.

Die Elemente dieses Lernprozesses sind die folgenden (siehe auch Twisselmann und Hilgenberg 2019):

Vision: Die Einführung eines KI-Systems erfolgt auf der Basis einer Strategie mit einem Unternehmensziel wie Kosteneinsparung, Umsatzsteigerung oder auch Kapazitätserhöhung. Für einige KI-Anwendungen wie z. B. Chatbots gibt es schon funktionierende Beispiele, die man erkunden und auf das eigene Unternehmen übertragen kann. Oft ist aber anfangs noch nicht klar, wie im Detail die Ziele mit der KI-Lösung erreicht werden können und welche unerwünschten Nebenwirkungen gegebenenfalls auftreten.

Macht: KI-Systeme verändern Entscheidungswege. Erst einmal müssen Experten ihr Wissen an die KI-Software weitergeben. Entscheidungsräume sind Machträume. Mitarbeiter geben Machträume in der Regel nicht ohne Widerstand auf. Die Frage der Rollenverteilung zwischen KI und Mensch muss beantwortet werden. Eine Jobrolle kann durch die Einführung von KI abgewertet werden. Ein Beispiel ist „Predictive Maintenance". Hier kann es sein, dass Techniker, die zuvor ihren Tag und Wartungspläne ihrer Maschinen eigenständig geplant haben, nach der „Predictive Maintenance"-Einführung ihre Serviceaufträge vorgeplant bekommen. Die Technikerrolle ist damit auf der einen Seite für Berufseinsteiger leichter auszufüllen. Die erfahrenen Techniker werden sich aber herabgesetzt fühlen.

Beeinflussen KI-Systeme auch noch das Leben von Menschen (z. B. Entscheidung über Kreditkonditionen oder Kreditvergabe auf Basis eines automatisierten Scorings) kann eine KI-Systemeinführung auch gesetzliche und gesellschaftliche Akzeptanz benötigen. Wenn sich im Extremfall ungeprüfte Algorithmen im Markt stark durchsetzen oder durch ein Monopol durchgesetzt werden, kann es zu Diskriminierungseffekten kommen (vgl. O'Neil 2016).

Vertrauen: Kann KI das?

Wenn die Einführung einer KI-Lösung angekündigt wird, so reagieren die Menschen auf diese Ankündigung sehr unterschiedlich:

- **Typ A:** Einige sind neugierig und zeigen Interesse, an einer Machbarkeitsstudie des KI-Systems teilzunehmen.
- **Typ B:** Die Skeptiker äußern Bedenken, die gegen den Einsatz der KI-Lösung sprechen.
- **Typ C:** Andere reagieren ablehnend, da sie Nachteile oder den Verlust des Arbeitsplatzes befürchten.
- **Typ D:** Manche reagieren passiv, da sie nicht erwarten, dass die Lösung zum Einsatz kommt.

Menschen fällt es schwer sich etwas vorzustellen, das sie noch nie zuvor gesehen oder erfahren haben. Daher wird der Lernprozess am besten durch ein agiles, iteratives Vorgehen begleitet.

Zu Beginn gibt es diverse Erwartungen an die neue KI-Lösung. Diese werden in folgenden Schritten verifiziert:

- Die neugierigen Leute (Typ A) sind geeignet, ein kleines aber dringliches Projekt als Testballon aufzusetzen. In KI-Projekten ist das oft die erste Machbarkeitsstudie, die mit einem Design-Thinking-Workshop startet, um ein zu erwartendes Erfolgserlebnis für die Betroffenen zu identifizieren und umzusetzen.
- Ist die Machbarkeitsstudie erfolglos, hat der Typ B recht. Der Schaden ist aber begrenzt. Liegen zumindest Teilerfolge vor, so ist ein wichtiger Lernschritt erfolgt: Es wurde erkannt, was (schon) funktioniert und was (noch nicht) funktioniert und oft auch warum das so ist. Durch Erfolge erhöhen sich die Chancen, die Gruppe der neugierigen Mitarbeiter zu vergrößern, indem die Erkenntnisse und das daraus abgeleitete weitere Vorgehen den Kollegen vermittelt und mit den Skeptikern die Gründe der Dinge, die weniger gut liefen, diskutiert werden.
- Auf Basis der Erfolge sucht man nun eine Möglichkeit des produktiven Einsatzes zuerst in kleinem Rahmen. Wichtig ist, die betroffenen Mitarbeiter in das Design des Produktivprozesses einzubinden. Auch hier sind Methoden wie Design Thinking sehr hilfreich, da sie den Menschen in den Vordergrund stellen. Zusätzlich kann in einer Art „Laborumgebung" durch Simulation die Zusammenarbeit mit dem KI-System getestet werden, bevor der Produktivprozess endgültig entschieden wird.

So werden die Mitarbeiter mit dem System vertraut bevor es produktiv gesetzt wird. Genau dieser Vertrauensaufbau ist in jedem Schritt wichtig und muss den Fähigkeiten der betroffenen Organisation angepasst sein. Bei der Einführung eines Finanz-Dashboards kann es z. B. hilfreich sein, im ersten Schritt nur Daten, die bisher nie gemeinsam gezeigt wurden, zusammenzuführen. Wenn die Mitarbeiter diese neue

Datenkombination sehen, induziert das oft Ideen zu Erkenntnissen, die man gewinnen kann, die sich ohne die neue Datensicht niemand vorstellen konnte.

Das Ziel einer KI-Transformation ist also, kontinuierlich Vertrauen in die Lösung und den Umgang mit ihr aufzubauen, gleichzeitig die Fähigkeit, die Lösung zu nutzen und ihre Grenzen zu erkennen, zu steigern. Parallel wird gegebenenfalls an der Lösung weiterentwickelt, um mögliche Mängel zu beseitigen oder hilfreiche Anpassungen vorzunehmen.

8.3 Der Makrokosmos – KI in der Gesellschaft und der Politik

Viele Faktoren der Mikrokosmosebene spiegeln sich auf der gesellschaftlichen Ebene wider: Eine Firma entwickelt ein KI-Produkt und bringt es auf den Markt. Die Kunden verwenden es und nehmen es an oder verwerfen es. Nur bekommen die Kunden im Gegensatz zu den Mitarbeitern in der Firma keine Schulungen und bekommen auch keine Gelegenheit, das Produkt oder die dazugehörigen Prozesse zu beeinflussen. Der einzelne Kunde möchte damit vielleicht auch gar behelligt werden. Soll aber die Industrie alleine vorgeben, wie unsere KI-Lösungen aussehen?

Die Initiative D21 e. V. hat in ihrer Studie (Initiative D21 e. V. 2018, S. 40) hervorgebracht, dass die emotionale Ablehnung für KI-Lösungen steigt, je größer die vermutete Abhängigkeit von dieser Lösung ist. Daher bestehen bei Lösungen wie Pflegerobotern oder autonomen Fahrzeugen nach dieser Studie das größte emotionale Unwohlsein.

Heute werden selbstfahrende Fahrzeuge schon in nichtöffentlichen und gut kontrollierbaren Bereichen, wie beispielsweise im Hamburger Hafen (HHLA o. J.) eingesetzt. Für den Einsatz auf öffentlichen Straßen gibt es verständlicherweise einige Bedenken und offene Fragen, wie z. B. die Haftung im Falle eines Unfalls.

Im Zusammenhang mit autonomen Fahrzeugen werden gerne Unfallszenarien kreiert, die zu einem moralischen Dilemma führen: Soll das selbstfahrende Auto in einem Dilemmaszenario lieber einen alten Mann oder ein kleines Kind überfahren? Grundsatzentscheidungen dieser Art am grünen Tisch zu treffen, ist schwierig und moralisch sogar zweifelhaft. Das ist ein Grund, warum man mit solchen Dilemmafragen eine gute Blockadewirkung erzielt. Statt aber zu fordern, dass man alle Fragen beantwortet, bevor selbstfahrende Fahrzeuge eingesetzt werden, setzen innovative Unternehmen und Städte auf Lernzyklen, wie in der Mikrokosmosebene.

In der Hafencity in Hamburg setzt der Hamburger Verkehrsverbund testweise autonome Minibusse auf zuvor ausgewiesenen öffentlichen Strecken ein (Hamburger Hochbahn AG 2019). Allerdings muss anfangs noch ein Fahrbegleiter an Bord sein, der alles überwacht und bei Bedarf eingreifen kann. Da heutzutage die Bordelektronik eines Fahrzeugs alles aufzeichnet, wird sich gut nachvollziehen lassen, ob das Eingreifen des Fahrbegleiters nötig war und wie die Selbststeuerung des Autos zu optimieren ist. Diese Lernstufe kann genutzt werden, um

- die Fähigkeiten der selbstfahrenden Autos zu verbessern,
- den Bürgern und Fachleuten ein besseres Bild zu vermitteln, in welchen Situationen selbstfahrende Autos besser und wo sie schlechter als menschlich gesteuerte Fahrzeuge sind.
- schrittweise Erweiterungen der Pilotstrecken auf Basis der Erfahrungen zu planen.

Dort, wo der Mensch der bessere Fahrer bleibt, wird man dann dem menschlichen Fahrer weiterhin die Kontrolle zubilligen müssen. Es wird auch Grauzonen geben, in denen es Menschen schwerfallen wird die Kontrolle abzugeben; beispielsweise Fahrer, die gerne schnell über Autobahnen fahren und eine vorgesteuerte Geschwindigkeit, die den Gesamtfluss optimiert, ungern akzeptieren.

Durch das schrittweise Vorgehen werden Hypothesen verifiziert und den Bürgern Gelegenheit gegeben, selbst Erfahrungen zu sammeln. Bei Erfolg der probeweisen Erweiterungen wird Vertrauen aufgebaut. Mit den guten und schlechten Erfahrungen sehen die Menschen klarer, welche Veränderungen sie gutheißen und welche ihre eigenen Möglichkeiten, Machträume oder Rechte beschneiden. Die Diskussion in der Gesellschaft um Werte und Visionen wird genährt und die Bürger müssen die Gelegenheit bekommen, fundiert ihre Wünsche in die Debatte einzuwerfen und die Visionen mitzugestalten.

Im Prinzip arbeitet die Gesellschaft heute schon mit Lernzyklen – nur dass diese Zyklen größtenteils eher zufällig und scheinbar willkürlich durchlaufen werden. Es sind einzelne Firmen, die Neues probieren und in rechtliche Grauzonen vorstoßen, wo rechtliche Regelungen bis dato nicht nötig waren.

Die ursprüngliche Frage wandelt sich also in: Wie soll die Gesellschaft diesen Lernprozess steuern?

- Sind Technologiekonzerne die einzigen Motoren dieses Lernprozesses?
- Welche Funktion können Universitäten, Verbraucherverbände und NGOs übernehmen?
- Welche Förderung ist von staatlicher Seite nötig?
- Wie kann die breite Bevölkerung mit realistischem Zeitaufwand fundierte Kenntnis über Auswirkungen neuer Technologien und Regelungen aufbauen?
- Welche Regelkreise sorgen dafür, dass alle relevanten Gruppen einbezogen und gehört werden?

Innovationen haben schon in der Vergangenheit die Gesellschaft verändert. Um die Wirkungsweise dieser Innovationen zu ergründen, werden zunächst einige Beispiele aus der Historie betrachtet:

8.4 Historische Beispiele

8.4.1 Der Buchdruck mit variablen Lettern im 15. Jahrhundert

Die schon erwähnte Erfindung des Buchdrucks mit variablen Lettern im 15. Jahrhundert veränderte die europäische Gesellschaft von Grund auf: Waren Bücher vorher selten und teuer und somit für nur wenige verfügbar, wurde es danach zumindest für die Bevölkerung in den Städten interessant, lesen zu lernen. Das Neue Testament von Luther erlangte in kurzer Zeit eine sagenhafte Auflage von über 100.000 Exemplaren und antike Schriften wurden auch verfügbar gemacht (Giesecke 2006, S. 65). Hatte zuvor die Kirche noch eine Art Wissens- und Publikationsmonopol, so ergoss sich plötzlich eine Flut von alternativen Bildungs- und Informationsmöglichkeiten (Giesecke 2006, S. 185–191). Die Fragen, die damals gestellt wurden, sind heute erstaunlich aktuell:

- Wer gewährleistet, dass Flugblätter keine Falschinformationen enthalten. vs. Wer gewährleistet, dass ein Blog keine Verleumdungen enthält?
- Wer ist der Autor und ist er zuverlässig? vs. Wer garantiert, dass ein Blog wirklich von einem Menschen und nicht von einem Social Bot geschrieben wurde?
- Sind die verbreiteten Inhalte konform mit der Meinung der Kirche oder verstoßen sie gegen die guten Sitten? vs. Sind die verbreiteten Inhalte extremistisch oder kriminell?

Jeder, der im 16. Jahrhundert um die bestehende Sozialordnung bangte, hatte recht. Die Kirche verlor ihre Bildungshoheit und langsam entstand die moderne Wissenschaft (Giesecke 2006, Abschn. 4.3). Es begann der jahrhundertelange Weg zum Presse- und Autorenrecht. Und ähnlich wie die diversen Zensurversuche ab dem 16. Jahrhundert, ist auch die DSGVO erst der Anfang (Giesecke 2006, Abschn. 5.5).

Die Erfindung des Buchdrucks war eine typische Bottom-up-Entwicklung. Der Buchdruck wurde zu einer Zeit entwickelt, in der auch andere günstige Entwicklungen parallel geschahen. Zum einen gab es eine finanzstarke Bürgerschaft in den Handelsstädten, die es sich leisten konnte, Flugblätter in Auftrag zu geben. Während Kirche und Staat das neue Medium nutzten, um ihre Verwaltung zu optimieren (Giesecke 2006, S. 226 f.), wollten alle, die neue Ideen verbreiten, mit dem Buchdruck die breite Masse ohne Kontrolle durch Institutionen erreichen (Giesecke 2006, Abschn. 4.4 und 3.5). Auch hier gibt es Parallelen zur heutigen Zeit. Seriöse und wissenschaftliche Veröffentlichungen erwartet man auch heute eher in klassischen Medien als in sozialen Medien. Der arabische Frühling nutzte soziale Medien zur Diskussion und Koordination.

Aus der Entwicklung des Buchdrucks lässt sich ableiten, dass sowohl breite Bildung als auch eine gesellschaftlich akzeptierte Kontrolle auf hinreichender Ebene notwendig sind. Heute würde man es ablehnen, dass die katholische Kirche die Meinungsfreiheit eingrenzt. Die Frage, wie man Fake News erkennt oder die Verbreitung unsittlicher und krimineller Inhalte, wie beispielsweise Kinderpornografie, verhindert, ist heute genauso aktuell wie 1530.

8.4.2 Die Geschichte des Internets

Das Internet hat eine ungewöhnliche Entwicklung durchlaufen. Es startete quasi als Militärprojekt. Die US Army wollte Ende der 1950er-Jahre ein sicheres Kommandonetzwerk entwickeln lassen. Aus den Vorgaben dieses Netzwerks entstand Ende der 1960er- und 1970er-Jahren das ARPANET, das mehrere US-Universitäten verband und verschiedene Kommunikationskanäle (Telefon, Funk, Satellit und Ethernet) verbinden konnte (Kyas 1994, Kap. 2).

Bis in die 1980er-Jahre war das Internet also ein zentral verwaltetes amerikanisches Forschungsnetzwerk, militärischen Ursprungs, das für die Öffentlichkeit oder kommerzielle Nutzung keine Bedeutung hatte.

Grundlage des Internets sind als Infrastruktur die Server und Datenleitungen, die auch Backbone genannt werden. Der nächste wichtige Schritt war, dass sowohl kommerzielle Netzwerke, als auch auf anderen Kontinenten und in anderen Ländern lokale Internet-Backbones entstanden, sodass Daten, die innerhalb eines Landes versendet wurden, nicht immer über die USA liefen oder kommerziell genutzt werden durften. Auch diese Entwicklung erforderte die starke Unterstützung von staatlicher Seite und großen finanziellen Aufwand.

In den 1990er-Jahren wurde vom Forschungszentrum CERN in der Schweiz das WWW (World Wide Web) entwickelt (Kyas 1994, S. 248). Man wollte den Wissenschaftlern den Zugriff auf eigene Forschungsergebnisse erleichtern. Basis des WWW sind Hypertextdokumente im HTML-Format.

Zusätzlich verfügten seit der Erfindung des PCs in den 1980er-Jahren auch immer mehr Kleinunternehmen und Privathaushalte über einen Rechner mit Internetverbindung über Telefonmodem. Jeder konnte mit geringem finanziellen Aufwand im Netz publizieren. Spätestens von nun an kehrt sich die Entwicklung des Internets um, von einer zentralen zu einer dezentralen Weiterentwicklung und der Weg für das kommerzielle Internet war bereitet.

Heutige Diskussionen ähneln in mancher Hinsicht denen im 16. Jahrhundert. Genauso wenig, wie man 1530 wusste, ob der Autor eines Flugblattes seriös war, weiß man heute nicht, ob eine Webseite vertrauenswürdig ist oder von Kriminellen gestaltet wurde. In Deutschland wird durch das Teledienst- und später das Telemediengesetz unter anderem die Haftung und Informationspflichten für Internetdienste geregelt (BMWI 2007). Laufend finden neue Anpassungen statt und vieles ist in das europäische Recht übergegangen. Der Umgang mit Veröffentlichungen im Web ist aber weltweit alles andere als einheitlich. China verfügt beispielsweise über eine Internetzensur, die gewisse Teile des Netzes für seine Bürger sperrt. Wie im 16. Jahrhundert gibt es also wieder unterschiedliche Ansätze der Kontrolle, die mal sehr liberal und mal sehr streng sind.

Heute ist es für uns selbstverständlich, Informationen aus dem Web nachzulesen. Alte Instrumente, wie z. B. das Telefonbuch sind kaum noch gebräuchlich. Recherchen, die früher Monate brauchten, kann man über die Onlinekataloge der Bibliotheken nicht selten innerhalb von Stunden oder Tagen erledigen.

Immer mehr Menschen erlernen in den 1990er-Jahren den Umgang mit PCs. Die gesellschaftliche Adaption an das neue Medium beginnt.

8.4.3 Die Dot.Com-Welt

Die ersten Webseiten enthielten anfangs nur Text und Grafik. Bald wurden diverse Möglichkeiten (JavaScript, PHP und andere) entwickelt, Webseiten dynamisch zu verändern und die Interaktion mit dem User zu ermöglichen. Aus Webseiten wurden Webapplikationen. Die neuen Möglichkeiten ermöglichen den Firmen und Konzernen ihre Lieferketten effizienter zu gestalten und zu kontrollieren. ERP-Systeme wurden mit Webapplikationen verbunden. Es entstehen sowohl streng kontrollierte lokale Netzwerke innerhalb der Zuliefererkette oder Firma, als auch öffentliche Marktplätze. Das WWW wird damit zur kommerziellen Plattform für Onlinekäufe und Onlinemarktplätze. Damit startete der dot.com-Boom. Sowohl Internetnutzer als auch neue Geschäftsideen für das Internet zeigten eine rasante Entwicklung ab Ende der 1990er-Jahre. Allein zwischen 2001 und 2003 stieg die Internetnutzung in Deutschland laut der D21-Studie von 37 % auf 50 % (Initiative D21 e. V. 2018, S. 10). Erfolgsgeschichten von Firmen wie Amazon oder eBay schürten die Erwartungen an die Internetfirmen ins Unermessliche.

Heute können sich viele Menschen ein Leben ohne Onlineshopping nicht mehr vorstellen. In den 1990er-Jahren musste man beim Kauf einer Fernfahrkarte, die man heute online bekommt, noch Schlange stehen. Hat das Automobil die Pferde verdrängt, so leidet der Einzelhandel heute unter dem Onlinehandel und das Transportvolumen für Pakete und das zugehörige Verpackungsmaterial steigt rasant an. So stieg der Anteil des B2C-Volumens (Sendungen von Firmen zu Endkunden) am stark gestiegenen Gesamttransportvolumen der Kurier-, Express- und Paketdienste in Deutschland zwischen 2009 und 2017 von 45 % auf 61 % aufgrund der E-Commerce-Entwicklung (Esser und Kurte 2018).

Für den Normalverbraucher bietet das Internet viele Informationen kostenlos. Die Identifizierung preisgünstigster Angebote ist im Internet sehr viel effizienter, als in den Einkaufsstraßen. Der Verbraucher bezahlt diese kostenlosen Informationen mit Werbung und Tracking seiner Webseitenbesuche über Cookies.

Die Menschen hatten zwar gelernt, das für sie neue Medium Computer und Internet zu bedienen, aber wenige sind Experte genug zu verstehen, welche Datenspuren sie im Netz hinterlassen und dass E-Mail-Verkehr eher mit dem Versenden einer Postkarte, die jeder lesen kann, als mit einem verschlossenen Brief vergleichbar ist. Die neuen Geschäftsmodelle, wie Onlinehandel und -Banking ermöglichen so neue Betrugsmethoden. Basiskenntnisse zur IT-Sicherheit mit Themen wie Datenverschlüsselung, Cookies, Firewalls, Viren, Phishing und Trojanern, müssten heute zum Allgemeinwissen für jedermann gehören und schon in der Schule unterrichtet werden.

Die Kommerzialisierung des Internets benötigte anfangs viel Kapital, das von Konzernen oder Investoren bereitgestellt wurde. Staatliche Förderung nahm einen geringeren Stellenwert ein, da die Postgesellschaften, die Teile der Netzwerkinfrastruktur bereitstellten, mittlerweile privatisiert waren.

Die neuen Technologien legten die Basis für die nächste Stufe.

8.4.4 Die bisherige Geschichte von Big Data

Zum Beginn dieses Jahrtausends entwickelten sich neben den großen Suchmaschinen, wie Google, die Social-Media-Kanäle. Beispiele sind hier Facebook, Twitter und WhatsApp.

Suchmaschinen ermöglichen erst ein effektives Navigieren im Netz. Zuvor gab es beispielsweise Taschenkalender, die neben Informationsseiten zu Porto und Maßeinheiten, Internetadressen zu diversen Themen abgedruckt hatten. Seit es Google gibt, braucht man diese Webadressenlisten nicht mehr. Dafür ist man heute geradezu auf die Benutzung von Suchmaschinen angewiesen, die sich jede Suchanfrage gut merken.

Die Verwendung von Social Media stieg mit der Verbreitung des Smartphones weiter stark an. In weniger als zehn Jahren wurde aus einem kleinen Studentennetzwerk, das in einem Studentenwohnheim von Mark Zuckerberg betrieben wurde, ein Internetgigant, der über persönliche Daten, inklusive Fotos, Blogeinträge, Likes, Onlinekaufverhalten von Millionen von Menschen weltweit verfügt. So behauptet die Studie von Youyou et al. (2015), dass ein Algorithmus einen Menschen fast so gut einschätzen kann, wie der Ehepartner, wenn die Anzahl der für die Analyse verfügbaren „Likes" von dieser Person groß genug ist.

In den sozialen Netzwerken verkünden viele Menschen Details des täglichen Lebens. So erstaunt es nicht, dass Marketingspezialisten versuchen, aus den Daten der Netzwerke individuelle Profile abzuleiten, um die passenden Produkte oder Services jedem Internetnutzer zur richtigen Zeit anbieten zu können. Mag individualisierte Werbung noch Vorteile haben, so können Profile auch in kritischen Bereichen eingesetzt werden, z. B. um Haftstrafen festzulegen, zu entscheiden, ob man einen Kredit oder Versicherungsvertrag bekommt oder ob man eine Universität besuchen darf. China experimentiert mit einem „Social Credit System", das Bürger bewertet und Einfluss auf wichtige Lebensbereiche wie Studienplatzvergabe, Krankenversicherung und Jobvergabe haben kann.

Laut der Studie der Initiative D21 e. V. (2018, S. 48) ist fast jedem zweiten Internetnutzer bewusst, dass Apps und Dienste persönliche Daten weitergeben können. Nur überschaut selbst mancher IT-Spezialist kaum, wohin diese Daten weitergegeben und wofür daraus erstellte Profile verwendet werden. Und mehr als die Hälfte der Befragten der D21-Studie (Initiative D21 e. V. 2018, S. 40) fühlt sich unwohl mit der Beratung durch virtuelle Berater oder digitale Assistenten, die letztendlich auf solche Profile zurückgreifen müssen. Daten wurden zur neuen Ressource mit einer Geschwindigkeit, mit der die Öffentlichkeit nicht mithalten kann.

Soziale Medien sind auch der perfekte Ort, um politische Meinungen zu verbreiten, da sie über „Likes" und „Shares" Beiträge im Schneeballsystem verbreiten. Genau hier setzt ein möglicher Missbrauch an, wie die Diskussionen um Beeinflussung des Wahlkampfs in den USA zeigen. Heute kann auch ein Social Bot unter Tausenden von Scheinidentitäten Beiträge verbreiten und eine Zustimmungsbreite vortäuschen, die nicht der statistischen Zustimmungsquote in der realen Bevölkerung entspricht. Hinzu kommt, dass soziale Medien die Bildung von Filterblasen und Echokammern (Zweig et al. 2017) fördern. Anhand der Likes, Shares und Kommentare erstellen soziale Medien ein Profil, das auch die Priorisierung der Beiträge, die man zu sehen bekommt, beeinflusst. Auf Basis des Profils einer Person und der Profile der Kontakte, werden der Person auch neue Kontakte vorgeschlagen. Das Ergebnis sind Zellen gemeinsamer Ansichten, die kaum noch andere Darstellungen zu sehen bekommen. Werden solche Meinungsblasen dann noch durch Social Bots beeinflusst und vergrößert, dann sind die Möglichkeiten der Meinungsbeeinflussung weitreichender als durch die Methode der Propaganda, die in den 20er-Jahren des 20. Jahrhunderts entstand.

Die nächste Stufe der Datenerhebung, die weitgehende Rückschlüsse auf persönliches Verhalten zulässt, erfolgt mit dem „Internet of Things" und „Smart Home": Beispielsweise senden Automobile schon heute viele Daten über Fahrverhalten an den Hersteller oder Versicherer bieten eine „Blackbox" für das Auto an, mit der man bei entsprechender Fahrweise Versicherungsbeiträge sparen kann.

Durch soziale Medien hat die Öffentlichkeit wertvolle Medien in die Hand bekommen, sich auch mit weit entfernt lebenden Freunden und Kollegen auszutauschen. Der arabische Frühling ist ein Kind dieser Entwicklung. Gleichzeitig bieten die neuen technischen Möglichkeiten und Medien aber auch eine noch nie dagewesene Möglichkeit der Manipulation der Öffentlichkeit, die von großen Konzernen als auch von politischen Kräften genutzt werden können.

In der Weiterentwicklung haben sich innerhalb kürzester Zeit Weltkonzerne etabliert, die fast schon über eine Art Daten- oder Servicemonopol verfügen oder zumindest der Monopolisierung immer näher kommen. Hier ist zu klären, wie man zu große Abhängigkeiten von diesen Konzernen und ihren Services vermeiden kann.

8.4.5 Kryptowährungen – neue Zahlungssysteme

Da Kryptowährungen auf Verschlüsselungsmechanismen und rechenintensiven Mining-Algorithmen basieren, die eine Art „Bankenfunktion" übernehmen, soll auch dieser Aspekt mit berücksichtigt werden. Mit Bitcoin wurde in den letzten zehn Jahren eine Währung geschaffen, die auch explizit gewollt keiner Zentralbanksteuerung unterliegt. Allein das Vertrauen zwischen den jeweils miteinander agierenden Tauschpartnern sichert diese Währung. Ein Vorteil der Kryptowährungen ist es, dass Zahlungen direkt zwischen zwei Personen, wie mit Bargeld, ohne eine Bank als Vermittler stattfinden (Bitcoin Projekt o. J.). Bitcoin basiert auf einer Tauschbörse innerhalb eines Computerspiels. Es hört sich an wie das Herausgeben eines „Spielgeldes". Wenn aber Menschen Vertrauen in dieses Spielgeld fassen, wird es quasi zur Währung.

Die Blockchain-Transaktionen der Kryptowährungen brauchen ein leistungsstarkes dezentrales Rechnernetzwerk, an dem sich bei Bitcoin jeder beteiligen kann, der das nicht unbeträchtliche Kapital für Serverfarmen und Strom bereitstellt. Unterliegen Banken als Vermittler für Finanzdienstleistungen einer strengen Kontrolle der Bankaufsicht und müssen strenge Auflagen erfüllen, so verlässt man sich bei Kryptowährungen auf die Mathematik der Verschlüsselung. Theoretisch kann niemals, mit den derzeit verfügbaren Rechnerkapazitäten und -Kosten, eine Server-CPU alleine die zentrale Blockchain verändern. Die zentrale Blockchain gilt so lange als sicher, solange die meisten an den Blockchain-Transaktionen beteiligten CPUs ehrlich arbeiten.

Bitcoins werden zudem in der maximalen Menge von 21 Mio. Bitcoins zur Verfügung gestellt. Die Box der Pandora wurde endgültig geöffnet, indem Tauschbörsen für gesetzliche Währungen in Bitcoins eingerichtet wurden. Die Wertentwicklung gegenüber den gesetzlichen Währungen ist offen. Da das Bitcoin-Mengenziel nicht an die damit gehandelten Werte und Dienstleistungen angepasst werden kann, sind der Spekulation Tür und Tor geöffnet.

Wie zu erwarten, gab es auch schon bei Kryptowährungen einen Crash und der Ruf nach einer Regulierung durch Finanzaufsichtsbehörden wird lauter. Zumal auch immer mehr Privatanleger in Kryptowährungen investieren und mehr und mehr Firmen diese Währungen akzeptieren.

Transfers in Kryptowährung sind nur anonym nachzuvollziehen und sind damit das ideale Zahlungsmittel für kriminelle Geschäfte und Geldwäsche.

Sollten sich Kryptowährungen durchsetzen oder gesetzliche Währungen neben Bargeld auch als Kryptowährungen mit festem Umtauschsatz existieren, so könnten klassische Finanztransaktionen quasi ohne Banken getätigt werden. Der Erfindungsreichtum für neue Finanzservices auf Basis von Blockchain wird sicher groß sein. Die Banken und Finanzaufsichtsbehörden müssten sich neu erfinden.

Blockchain-Technologie ermöglicht neben Finanztransaktionen auch die Vereinfachung anderer Verträge, Vereinbarungen und Prüfungen, die einige Lieferketten und Geschäftsmodelle verändern werden. In Zukunft kann man vielleicht direkt per Smartphone-App prüfen, ob ein Kleidungsstück, das man kaufen möchte, wirklich aus Biobaumwolle unter Fair-Trade-Bedingungen in Ecuador gefertigt wurde.

8.5 Schlussfolgerungen für die Gesellschaft

In den letzten zehn bis 20 Jahren wurden durch Technologiefirmen und kleine Start-ups Technologien in einem Umfang und einer Geschwindigkeit verbreitet, die das tägliche Leben, Prozesse und Geschäftsbeziehungen in sehr kurzer Zeit revolutionieren. Diese Technologien machen den Verbrauchern das Leben einfacher, helfen Unternehmen ihre Zuliefererketten zu optimieren und die Einhaltung von Regeln und Vorgaben zu kontrollieren und versprechen große Potenziale im Umweltschutz, der Medizin, als auch im militärischen Bereich. Hinzu kommt, dass Kryptowährungen den Finanzmarkt in noch nicht vorhersehbarer Weise verändern können.

Für die Öffentlichkeit und die Politik entstand so mit Webapplikationen, Social Media, Suchmaschinen, Analysewerkzeugen und Kryptowährungen ein mächtiges Lösungs- und Anwendungsportfolio. Gleichermaßen haben sich mit Facebook, Google, Amazon weitere große Konzernlandschaften gebildet. Parallel haben viele Staaten wichtige Teile der notwendigen Infrastruktur, wie die Telekommunikations- und Stromnetze, privatisiert. Diese Konstellation entstand, bevor die Veränderungen vom Durchschnittsbürger vollständig verarbeitet und alle Auswirkungen validiert werden konnten. Zusammen mit den neuen, international ausgerichteten technischen Möglichkeiten wird der Einfluss einiger Großkonzerne auf öffentliche Belange immer dominanter. Diese Spirale wird heute allein durch das Ziel, sehr viel Geld zu verdienen, angetrieben. Für Konzerne und Start-ups ist es reizvoll, diese Lücke zwischen technischer Innovation und gesellschaftlicher Adaption weiterhin auszunutzen. Man bewegt sich weiter in (noch) rechtliche Grauzonen hinein, kann seine Claims abstecken und mit viel Glück Quasimonopole aufbauen. Die Technologiekonzerne können also durch Beschleunigung der technischen Entwicklung gewinnen. Es herrscht eine Art Goldgräberstimmung.

Im Gegensatz dazu steht das relativ schwache allgemeine Bewusstsein dafür, welche Aktivitäten im Netz und in sozialen Medien Daten auf welchen Datenservern hinterlassen und welche Profile daraus erstellt werden oder wozu diese Profile verwendet werden. Erst recht kann vermutlich niemand einschätzen, wie die eigene Meinungsbildung durch Social Bots und bezahlte Werbung und Priorisierung beeinflusst wird.

Gesellschaftliche Anpassungsprozesse erfolgen in einem Regelkreis. Bildung und Informationsmöglichkeiten liefern eine wichtige Säule für die Meinungsbildung, siehe Abb. 8.1. Bürger und Verbraucher interagieren auf verschiedenste Arten miteinander und tauschen sich aus. So wird die eigene Meinung immer wieder herausgefordert und in der

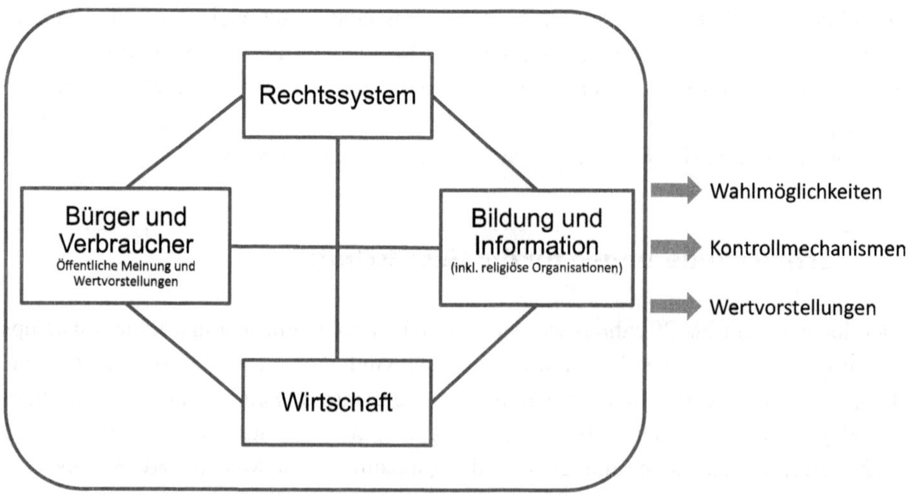

Abb. 8.1 Gesellschaftliche Anpassungsprozesse

Diskussion bei Bedarf angepasst. Nicht umsonst ist in demokratischen Gesellschaften die freie Meinungsäußerung und die Versammlungsfreiheit ein hohes Gut. Das Rechtssystem inklusive der Rechtsprechungspraxis liefert eine weitere Orientierung. Gesetze bedürfen aber der laufenden Anpassung. Die öffentliche Meinung als auch die Lobby der Technologiegiganten konkurrieren hier um den Einfluss auf Politik und Gesetzgebung. Aber: Auch die politischen Institutionen können sich nur mit einer begrenzten Anzahl an Themen befassen. Demokratisch verantwortlich handelnde Bürger und Medien haben hier die Aufgabe, Prioritäten zu beeinflussen, wie es jüngst bei den „Fridays for Future"-Aktionen passiert ist.

Aus den angebotenen Möglichkeiten und rechtlichen und wirtschaftlichen Rahmenbedingungen ergeben sich die Wahlmöglichkeiten des Einzelnen. Gibt es gewisse Wahlmöglichkeiten nicht mehr, schlafen leicht die Wertvorstellungen zu diesem Thema ein. In Gegenden, wo es keinen öffentlichen Nahverkehr gibt, ist es nicht sinnvoll, ein schlechtes Umweltgewissen zu haben, wenn man mit dem Auto fährt. Als weiteres Beispiel mag jeder für sich überdenken, welche Konsequenzen die Abmeldung seines Facebook- oder LinkedIn-Accounts hätte.

Es ist also mehr als höchste Zeit, die gesellschaftliche Anpassung und den technischen Fortschritt zu synchronisieren, bevor die Wertvorstellungen stärker von den vollendeten technischen Tatsachen als von der öffentlichen Diskussion bestimmt werden. Der technologische Fortschritt findet international statt und lässt sich daher kaum verlangsamen oder kontrollieren. In jedem Fall ist daher die gesellschaftliche Adaption zu beschleunigen.

8.5.1 Digitale Kompetenz (Bildung und Information)

Als Basis einer erfolgreichen demokratischen Diskussion um die Auswirkungen der KI muss eine breite Population in der Bevölkerung die Entwicklungen nachvollziehen können. Viele Bürger haben sich aber nie wirklich mit mathematischen oder IT-Fachgebieten beschäftigt und hoffen, dass man diese Themen den Fachleuten überlassen kann.

Laut der Studie der Initiative D21 e. V. (2018) gelten 16 Mio. Menschen in Deutschland als digital Abseitsstehende und 38 % der Bevölkerung im Alter über 14 sind wenig oder gar nicht daran interessiert, digitale Kompetenzen auszubauen.

Es ist daher wichtig, digitale Bildung auch Bürgern mit wenig Interesse an IT nahezubringen. Die „Umsetzungsstrategie der Bundesregierung zur Gestaltung des digitalen Wandels" (Presse- und Informationsamt der Bundesregierung 2019) ist eine Sammlung diverser Initiativen der Bundesministerien und enthält daher das Thema Digitale Kompetenz als eines von fünf Handlungsfeldern.

Diese digitale Bildung muss in der Breite weniger klassisches IT-Wissen und Programmierkenntnisse vermitteln, sondern primär eine fundierte Vorstellung der Möglichkeiten und Grenzen der IT-Systeme und der KI vermitteln. Um z. B. zu verstehen, dass man eine WLAN-Verbindung verschlüsseln kann und die Anforderungen an Verschlüsselungstechnologien über die Zeit ansteigen, braucht man nicht im Detail die Verschlüsselungsalgorithmen zu verstehen.

Für die junge Generation ist die Gestaltung des Informatik- oder Berufsschulunterrichts zu überdenken. Für andere Altersgruppen, die beruflich wenig auf digitale Kompetenzen angewiesen sind, können Medien und NGOs eine wichtige Rolle spielen. So wurde von der Bundesarbeitsgemeinschaft der Senioren-Organisationen e. V. (BAGSO) im Rahmen der Umsetzungsstrategie der Bundesregierung zur Gestaltung des digitalen Wandels (Presse- und Informationsamt der Bundesregierung 2019) das Portal „www.wissensdurstig.de" um Themen zur Digitalisierung erweitert. In einer Studie der Robert-Bosch-Stiftung (Rasmussen 2019) werden diverse gemeinnützige Organisationen beschrieben, die das Thema Digitalisierung vorantreiben, indem sie z. B. Schulen oder Flüchtlinge mit Hardware versorgen oder digitale Kompetenzen vermitteln. Digitale Kompetenzen könnten verstärkt in beliebten Fernsehsendungen und beliebten nicht IT-fachlichen Zeitungen oder Magazinen thematisiert werden, um so verstärkt Menschen zu erreichen, die wenig Kontakt zur IT haben.

8.5.2 Gesetze und Wettbewerbsregeln für digitale Lösungen

In Europa gibt es heute schon diverse Regelungen beispielsweise im Rahmen der Telekommunikation und der europäischen DSGVO. Die DSGVO ist in ihrer Umsetzung noch nicht perfekt. Sie ist aber das Instrument, die informationelle Selbstbestimmung der Bürger zu sichern. Die Flut von Datenschutzbestätigungen, die jeder heute unterschreiben muss, ist zwar lästig, macht aber stärker bewusst, wer alles persönliche Daten verarbeitet. Die Bürger und Verbraucher müssen Transparenz über die Verwendung ihrer Daten von ihren Geschäftspartnern fordern. Die DSGVO gibt uns die Grundlage dazu.

Die schon erwähnte „Umsetzungsstrategie der Bundesregierung zur Gestaltung des digitalen Wandels" (Presse- und Informationsamt der Bundesregierung 2019) enthält unter anderem diverse Initiativen zur Erweiterung bzw. Schaffung von gesetzlichen Regelungen für Telemedien, Mobilplattformen, autonome Systeme und automatisiertes und vernetztes Fahren.

Interessant ist in dieser Umsetzungsstrategie auch die Einrichtung von regulatorischen Experimentierräumen (Reallabore) im Handlungsfeld „Förderung digitaler Technologien und Innovationen". In diesen Reallaboren sollen Technologien und Geschäftsmodelle zeitlich und räumlich begrenzt getestet werden können, die mit den heutigen Gesetzen und Regularien nicht abgedeckt werden können. Damit ist es möglich, dass Behörden für ein bestimmtes Projekt in einem eingegrenzten Umfeld, alternative „Experimentregularien" zulassen können, um die Auswirkung der neuen Technologien besser zu verstehen. Das ermöglicht Behörden, Unternehmen und Nutzern gemeinsam einen Lernprozess zu durchlaufen, mit dem Ziel, praxistaugliche und für Bürger und Firmen nutzbringende Regularien zu entwerfen.

Die Politik wird in ihren Bestrebungen, Regelungen zu entwerfen, die dem Wohl der Bürger dienen, und Firmen genügend Investitionsanreize zu bieten, vielen Einflüssen ausgesetzt. Je höher ein Thema im Fokus in der öffentlichen Diskussion steht, desto größer ist auch die Wahrscheinlichkeit, dass es von der Regierung aufgenommen wird – und umgekehrt.

8.5.3 Kontrollinstanzen

Eine große Befürchtung, wenn KI-Systeme eigenständig Entscheidungen treffen, besteht darin, dass es zu Diskriminierungen kommt. Dieses kann beispielsweise passieren, wenn ein Kredit-Scoring-Algorithmus so erfolgreich ist, dass er von fast allen Banken genutzt wird. KI-Algorithmen analysieren häufig historische Daten. Es werde nun angenommen, der Algorithmus erkennt eine unglückliche zufällige Scheinkorrelation zwischen Zahlungsverhalten und Postleitzahl. Dann könnte es passieren, dass Leute mit bestimmten Postleitzahlen schlechtere Kredit-Scorings erhalten (vgl. O'Neil 2016). Als Konsument hat man die Erwartungshaltung, dass so eine wichtige und breit eingesetzte Lösung vom Hersteller und den Banken entsprechend getestet und überprüft wird. Genauso wie es für Automobile TÜV-Prüfungen gibt, ist es denkbar, für KI-Lösungen eine Kontrollinstanz einzurichten. Hierzu gibt es bereits erste Ansätze:

- Die Studie der Robert-Bosch-Stiftung (Rasmussen 2019) beschreibt die gemeinnützige Organisation AlgorithmWatch, die das Ziel hat, Prozesse algorithmischer Entscheidungsfindung zu betrachten und einzuordnen, die eine gesellschaftliche Relevanz haben.
- Im Rahmen der Umsetzungsstrategie der Bundesregierung zum Thema „Digitalisierung gestalten“ (Presse- und Informationsamt der Bundesregierung 2019) wird die Initiative „Algorithmen-basierte Entscheidungen überprüfbar machen“ genannt, die eine Vorstudie für Handlungsfelder auf dem Gebiet der Algorithmenkontrolle darstellt.

Internet- und Social-Media-Konzerne verfügen über Unmengen an Daten ihrer Nutzer, die wiederum Basis neuer Geschäftsmodelle und damit ein wichtiger Wettbewerbsvorteil sind. Je mehr Menschen in einem sozialen Netzwerk Mitglied sind, desto interessanter ist das Netzwerk für Werbungtreibende und desto mehr wächst die Datenbasis, die wiederum vermarktet werden kann. Es entsteht dadurch eine neue Art von Daten- oder Verbundkartellen. So kann langfristig eine übergroße Abhängigkeit der Verbraucher, Händler oder Drittanbieter zu einer Plattform entstehen.

In einer vom Bundeswirtschaftsministerium veranlassten Studie (Schweitzer et al. 2018) werden die daraus resultierenden wettbewerbswidrigen Verdrängungsmöglichkeiten beschrieben und berücksichtigt. Beispielsweise werden folgende Themen behandelt:

- Anwendbarkeit des Konzepts der „Marktbeherrschung“ im Kartell- und Wettbewerbsrecht auf digitale Plattformen und Anpassung entsprechender Prüfmethoden
- Missbrauchskontrolle für Intermediäre Plattformen (z. B. Onlinemarktplätze, Suchmaschinen)
- Konzepte der „Datenmacht“ und „Datenabhängigkeit“
- Systematischer frühzeitiger Aufkauf von Start-ups als Marktabschottungsstrategie
- Gewährleistung eines breiten Zugangs zu großen Datensets für Zwecke der KI

8.5.4 Ethische Grundlagen der KI

Konzerne arbeiten weltweit. Daher sind auch weltweite Standards zu Big Data und KI vonnöten – quasi eine Art digitale Menschenrechte.

Im Volkszählungsurteil von 1983 wurde das Recht auf informationelle Selbstbestimmung aus Artikel 1 des Grundgesetzes abgeleitet. Im nächsten Schritt ist die prinzipielle Abgrenzung von Mensch und KI zu klären. Beispiele für entsprechende Themen sind:

- Darf ein Roboter oder Social Bot sich als Mensch ausgeben?
- Welche Art von Entscheidungen darf nur von einem Menschen gefällt werden?
- Welche Art von Tätigkeiten müssen von einem Menschen durchgeführt werden?
- Welche Art von Mischung von KI und Mensch (z. B. durch Implantate) sind ethisch vertretbar.
- Welches Zusammenspiel gibt es zwischen digitaler Identität und Privatsphäre/Menschenwürde und welche Schutzbedarfe leiten sich daraus ab?

Erste Initiativen „digitale Grundrechte“ zu formulieren existieren bereits – beispielsweise eine Bürgergruppe, die von der ZEIT-Stiftung mitinitiiert wurde, hat einen ersten Entwurf einer Digitalcharta schon 2016 erarbeitet und mit europäischen und deutschen Regierungsvertretern diskutiert (Initiative der ZEIT-Stiftung 2018).

Die deutsche Bundesregierung hat im September 2018 eine Datenethikkommission ins Leben gerufen, die als reine Expertenkommission gebildet wurde und deren erste Ergebnisse im Herbst 2019 vorliegen sollen (BMI o. J.).

Die Europäische Kommission hat im Dezember 2018 einen ersten Entwurf der „Ethics Guidelines for Trustworthy AI“ (The European Commission’s High-Level Expert Group on Artificial Intelligence 2019) herausgebracht. Auch dieser Entwurf wurde explizit zur Diskussion öffentlich bereitgestellt. Interessanterweise hat die EU hier das Vorgehen gewählt, aus den bestehenden Grundrechten, ethische Prinzipien abzuleiten und diese auf die Fragen der Anwendung von KI zu übertragen.

Derzeit gibt es bereits Ansätze „digitale Menschenrechte“ zu formulieren, die teils von kleinen Bürgergruppen und Stiftungen, teils von Expertenkommissionen der Regierungen ausgehen. Alle Ansätze sehen sich als erste Entwürfe, die sich in der öffentlichen Diskussion und Praxis beweisen müssen. Das Ziel dieser Bestrebungen ist am Ende, „digitale Menschenrechte" in einer juristisch bindenden Form festzuschreiben. Heute stehen diese Aktivitäten noch am Anfang und sind interessierten Experten bekannt. Es ist aber eine möglichst breite Beteiligung der Öffentlichkeit in der weiteren Diskussion der Entwürfe wichtig, um am Ende einen weiten öffentlichen Rückhalt für und ein breites Verständnis dieser „digitalen Menschenrechte" zu erhalten.

8.5.5 Macht des Verbrauchers oder Bürgers

Die breite Diskussion der Ergebnisse vieler genannter Initiativen in der Öffentlichkeit hat kaum begonnen. Damit ist der breite Rückhalt dieser Ergebnisse in der Bevölkerung ungesichert. Sollte die Öffentlichkeit mögliche Schwachstellen in den Regularien und Instanzen zur Digitalisierung finden, so ist ein hoher Fokus des Themas in der öffentlichen Diskussion wichtig, um von der Regierung beachtet zu werden. Damit sich die breite Öffentlichkeit an der Diskussion um die Digitalisierung angemessen beteiligt und Signale setzt, ist das Verhalten der Bürger entscheidend, denn Verbraucher und Bürger haben Möglichkeiten, die weitere Entwicklung mit zu beeinflussen, wie man gerade aktuell an der „Fridays-for-Future-Bewegung" sieht:

- Digitalisierung sollte nicht nur als Thema für Experten abgetan werden. Jeder ist aufgerufen, wie beim Thema Umweltschutz, Möglichkeiten der Weiterbildung und Informationsrecherche zu nutzen und eine Basisqualifikation für seine täglichen Entscheidungen im Netz zu treffen.
- Dazu gehört auch vermehrt selbstkritisch zu entscheiden, welche Onlineservices oder Services wie Smart Home man wirklich in welchem Maße nutzen möchte. Neben den Kosten und Vorteilen ist zu prüfen, ob die vermeintlich kostenlosen oder günstigen Services wirklich (daten-)kostenlos sind und welche langfristigen Abhängigkeiten entstehen können.
- Da die Politik nur sehr langsam reagieren kann, ist die Nutzung, Bildung und aktive Unterstützung entsprechender bürgerinitiierter Interessengruppen sehr wichtig, um Informationen zum Thema Auswirkung von KI zu verbreiten, Verbraucher zu beraten und die öffentliche Aufmerksamkeit auf mögliche Risikofelder zu lenken.

Eine gut informierte und interessierte Öffentlichkeit hat heute, dank Social Media, Internet- und Smartphone-Technologien, ein breites Spektrum an Möglichkeiten, seine Interessen auszuloten und zu kommunizieren.

8.6 Fazit

Bei der Entwicklung der Einsatzmöglichkeiten von KI treffen diverse Interessen aufeinander, die schon heute unterschiedliches Gewicht, Voraussetzungen und Kompetenzen haben. Wie zu Zeiten Gutenbergs findet eine gesellschaftliche Adaption an die Innovationen reaktiv statt. Im Unterschied zum 15. und 16. Jahrhundert verläuft die Entwicklung aber sehr viel schneller. In dem Beitrag wurde herausgearbeitet, dass die Technologiekonzerne als Haupttreiber der KI-Innovationen von der Beschleunigung der Innovationen profitieren können und gleichzeitig eine demokratische Ordnung die Diskussion in der Öffentlichkeit braucht, um notwendige Regeln und Wertanpassungen einzuführen. Expertengremien und staatliche Institutionen adressieren bereits wichtige Themen, wie beispielsweise Profiling im Datenschutz, KI-Ethik und Anpassung des Kartellrechts. Große Teile der Bevölkerung scheinen heute aber mehr auf die Rolle des Konsumenten als des fundierten Akteurs beschränkt zu sein. Zudem ist auch das Interesse an Weiterbildung zum Thema Digitalisierung schwach ausgeprägt. Bleibt die Rolle großer Bevölkerungsanteile weiterhin passiv, erhöht sich die Gefahr, dass.

- das Thema Digitalisierung und KI von Regierungsorganisationen mit relativ schwacher Priorität behandelt wird,
- die Bevölkerung neue KI-Services nicht hinreichend kritisch hinterfragen kann oder Lösungen schwer vergleichbar sind. Ist es beim Thema Umweltschutz leicht erkennbar, ob Waren in Plastik verpackt sind, ist bei Innovationen wie beispielsweise Smart Home nicht sofort erkennbar, welche Abhängigkeiten oder Profile entstehen.
- durch die KI-Innovationen schädliche Einflüsse und Voraussetzungen (wie beispielsweise Quasimonopole) entstehen, die nachträglich kaum oder erst sehr spät zu korrigieren sind.
- KI-Lösungen direkt durch Social Media oder indirekt durch Veränderungen der Wahlmöglichkeiten das Wertesystem der Gesellschaft beeinflussen, in einer Weise, die nicht durch breite demokratische Diskussion getragen wird.

Um diese passive Rolle der Bevölkerung zu verändern, ist zunächst eine verstärkte Sensibilisierung für die Themen der KI-Innovationen nötig, indem aufgezeigt wird, wie der Einzelne heute schon von KI-Lösungen betroffen ist. Hier können auch die in Abschn. 8.5.2 erwähnten Reallabore ein Vehikel sein, KI-Lösungen im öffentlichen Einsatz vorzutesten und Vertrauen bei den Bürgern aufzubauen. Neben der Anpassung der Bildungsangebote (Presse- und Informationsamt der Bundesregierung 2019) können auch die Medien einen verstärkten Beitrag leisten, Personen, die wenig Interesse an IT haben, zu informieren.

Digital gut gebildete und aktive Bürger können zwar eine breite demokratische Diskussion führen und die Anpassung von Regelwerken beeinflussen. Es braucht aber unterstützend das Thema Digitalisierung und KI überblickende gesellschaftliche Institutionen, die eine Ausbalancierung der Interessen zum Ziel haben und stark genug sind, diese Ausbalancierung gegenüber internationalen Konzernen auch durchzusetzen. Die Bundesregierung hat zwar eine Staatsministerin für Digitales im Bundeskanzleramt ernannt (Deutscher Bundestag o. J.). Allerdings verfügt diese nicht über den Überbau eines Ministeriums und kann daher nur eingeschränkt agieren.

Vielleicht ist es zunächst sinnvoll, ein europäisches Bündnis von Industrie, Forschung, Politik, Verbraucherverbänden und NGOs zu schaffen, das gemeinsam Rahmenbedingungen für die gesellschaftliche Entwicklung schafft, indem es:

- Ethische Leitlinien für KI weiterentwickelt auf Basis der zukünftigen Erfahrungen mit KI
- „Laborumgebungen" für den Test von KI-Systemen schafft, die ein Unternehmen nicht bereitstellen kann, wie z. B. eine Pilotautobahn für selbstfahrende Autos
- Skalierungskriterien entwickelt, die messen, ab wann ein Algorithmus einen zu großen Einfluss hat und gegebenenfalls einer besonderen Kontrolle bedarf
- Bildung zu KI für alle Altersgruppen vorantreibt
- Über Trends, Chancen und Gefahren der KI informiert
- Gegebenenfalls eigene Forschungseinrichtungen unterhält
- Alle Mitglieder verpflichtet, die ethischen Leitlinien einzuhalten
- Sich der öffentlichen Diskussion und Kontrolle durch NGOs und juristische Systeme stellt.

Die Gesellschaft geht sehr spannenden Zeiten entgegen, die der Renaissance kaum nachstehen. Der schnelle Start einer breiten, fundierten gesellschaftlichen Diskussion zu KI kann die aktive Gestaltung eines Wandels, der von der Breite der Bevölkerung mitgetragen wird, fördern.

Literatur

Bitcoin Projekt (o. J.). Häufig gestellte Fragen. https://bitcoin.org/de/faq#wie-schwierig-ist-es-eine-bitcoin-zahlung-durchzufuehren. Zugegriffen: 1. Sept. 2019.

BMI (Bundesministerium des Inneren) (o. J.). Datenethikkommission. https://www.bmi.bund.de/DE/themen/it-und-digitalpolitik/datenethikkommission/datenethikkommission-node.html. Zugegriffen: 1. Sept. 2019.

BMWI (Bundesministerium für Wirtschaft und Energie) (2007). Telemediengesetz. https://www.bmwi.de/Redaktion/DE/Gesetze/Technologie-Innovation/tmg-telemediengesetz.html. Zugegriffen: 1. Sept. 2019.

Deutscher Bundestag (o. J.). Biographie Staatsministerin Dorothee Bär. https://www.bundestag.de/abgeordnete/biografien/B/baer_dorothee-518098. Zugegriffen: 1. Nov. 2019.

Esser, K., Kurte, J. (2018). *KEP-Studie 2018 – Analyse des Marktes in Deutschland* (S. 18), Berlin: Bundesverband Paket-und Expresslogistik BIEK e. V.

Giesecke, M. (2006). *Der Buchdruck in der frühen Neuzeit.* Berlin: Suhrkamp Verlag.

Hamburger Hochbahn AG (2019). Projekt HEAT. https://www.hochbahn.de/hochbahn/hamburg/de/Home/Naechster_Halt/Ausbau_und_Projekte/projekt_heat; Zugegriffen: 1. 9. 2019.

HHLA (Hamburger Hafen und Logistik AG) (o. J.). Wie von Geisterhand. https://hhla.de/de/container/altenwerder-cta/so-funktioniert-cta.html. Zugegriffen: 1. Sept. 2019.

Initiative D21 e. V. (Hrsg.), (2018). *D21-Digitaler Index 2017/ 2018*. Berlin: Initiative D21 e. V., ISBN: 978–3-9818331-4-0

Initiative der ZEIT-Stiftung (überarbeitete Fassung 2018). Charta der digitalen Grundrechte der Europäischen Union. https://digitalcharta.eu (Autorenliste unter: https://digitalcharta.eu/intiatorinnen-und-initiatoren/) Zugegriffen: 1. Sept. 2019.

Kyas, O. (1994). *Internet. Zugang, Utilities*, Nutzen: Datacom Verlag.

O'Neil, C. (2016). *Weapons of math destruction: How big data increases inequality and threatens democracy*. Broadway Books.

Presse- und Informationsamt der Bundesregierung (Hrsg.) (2019). *Umsetzungsstrategie der Bundesregierung zur Gestaltung des digitalen Wandels*. Berlin: Presse- und Informationsamt der Bundesregierung.

Rasmussen, W. (2019). Digitalisierung braucht Zivilgesellschaft: Stiftung Neue Verantwortung, PHINEO, Bertelsmann Stiftung, Robert Bosch Stiftung. https://www.bosch-stiftung.de/de/publikation/digitalisierung-braucht-zivilgesellschaft. Zugegriffen: 1. Sept. 2019.

Schweitzer, H., Haucap, J., Kerber, W., Welker, R. (2018). Modernisierung der Missbrauchsaufsicht für marktmächtige Unternehmen – Studie im Auftrag des Bundesministerium für Wirtschaft und Energie. https://www.bmwi.de/Redaktion/DE/Publikationen/Wirtschaft/modernisierung-der-missbrauchsaufsicht-fuer-marktmaechtige-unternehmen.pdf?__blob=publicationFile&v=15. Zugegriffen: 1. Sept. 2019.

The European Commission's High-Level Expert Group on Artificial Intelligence (26.04.2019). Ethics Guidelines for Trustworthy AI: European Commission. https://ec.europa.eu/knowledge4policy/publication/ethics-guidelines-trustworthy-ai_en. Zugegriffen: 22. Feruar. 2020.

Twisselmann, U., Hilgenberg, M. (2019). Wegbereiter kognitiver Transformationen. In Dahm, M., Thode, S. (Hrsg.). *Strategie und Transformation im digitalen Zeitalter*, S. 201–221; FOM Edition, Wiesbaden: Springer Gabler.

Youyou, W., Kosinski, M., Stillwell, D. (2015). Computer-based personality judgments are more accurate than those made by humans. In *PNAS 2015*, Bd. 112, S. 1036–1040.

Zweig, K., Deussen, O., & Krafft, T. (2017). Algorithmen und Meinungsbildung. In *GI Informatik Spektrum*, Jahrgang 40. Ausgabe 4, S. 319–326.

Prof. Dr. Markus H. Dahm begleitet Organisationen in Strategie-, Transformations- und Change-Prozessen. Der Fokus liegt auf Digitalisierung, KI-Anwendung, Organisationsentwicklung und Change-Management. Er ist Führungskraft in der Beratungs-Practice Digital Change & Transformation in der IBM Deutschland GmbH. Er publiziert regelmäßig zu aktuellen Management- und Leadership-Fragestellungen in wissenschaftlichen Fachmagazinen, Sammelbänden, Blogs und Online-Magazinen sowie der Wirtschaftspresse und ist auch Autor und Herausgeber zahlreicher Bücher. Markus Dahm hat Lehraufträge am Hasso Plattner-Institut in Potsdam und der Kühne Logistics University in Hamburg. An der FOM Hochschule für Oekonomie & Management in Hamburg lehrt und forscht er in der Rolle eines

Honorarprofessors. Als Digital Transformation Thought Leader ist er als Speaker zu Themen wie New Ways of Work, Digital Leadership und Digital Mindset sowie agile Organisationsgestaltung auf Konferenzen und Symposien gefragt.

Dr. Ute Twisselmann ist nach über 17 Jahren Erfahrung als Business & Strategie Consultant bei der IBM Deutschland GmbH seit 2018 als selbstständige Dozentin an der FOM Hochschule für Oekonomie & Management in Hamburg tätig. Sie verfügt über eine breite Erfahrung aus vielfältigen Strategieprojekten in unterschiedlichsten Industrien. Der Schwerpunkt ihrer Arbeit war sowohl die Entwicklung als auch Begleitung von Advanced-Analytics-Projekten als Change-Managerin oder Projektleiterin. Nach ihrem Studium der Mathematik und theoretischen Physik an der Universität Göttingen hat sie bei der IBM ihre Karriere in der Produktentwicklung im IBM-Labor Böblingen begonnen und am Wissenschaftlichen Zentrum Heidelberg als Mathematikerin fortgesetzt, bevor sie 2002 in die Beratungssparte der IBM wechselte.

Teil II

Mobilität und Arbeit

KI zur Unterstützung neuer Arbeitswelten in Produktion, Handel und Logistik

9

Chancen und Herausforderungen einer digitalen Arbeitsgestaltung für Industrie-4.0-Konzepte

Matthias Klumpp, Marc Hesenius, Caroline Ruiner und Vera Hagemann

Inhaltsverzeichnis

M. Klumpp (✉)
FOM Hochschule, Essen, Deutschland
E-Mail: matthias.klumpp@fom.de

M. Hesenius
Universität Duisburg-Essen, Essen, Deutschland
E-Mail: marc.hesenius@uni-due.de

C. Ruiner
Universität Hohenheim, Stuttgart, Deutschland
E-Mail: caroline.ruiner@uni-hohenheim.de

V. Hagemann
Universität Bremen, Bremen, Deutschland
E-Mail: vhagemann@uni-bremen.de

R. Buchkremer et al. (Hrsg.), *Künstliche Intelligenz in Wirtschaft & Gesellschaft*, FOM-Edition, https://doi.org/10.1007/978-3-658-29550-9_9

Zusammenfassung

Kernelement zum Umgang mit neuen Arbeitswelten ist die Selbstwirksamkeitserwartung der Arbeitskräfte. Insbesondere bei Transport- und Kommissioniertätigkeiten in Produktion, Logistik und Handel kommen zunehmend individualisierte digitale Anwendungen zum Einsatz, die Elemente künstlicher Intelligenz beinhalten. Dazu stellt der Beitrag aus dem Projekt DIAMANT beispielhaft Unternehmensanforderungen in digitalen Veränderungsprozessen vor und entwirft ein E-Coaching-Konzept zur Unterstützung für Mitarbeitende und Führungskräfte. Dies basiert auf Elementen des maschinellen Lernens und der computergestützten Sprachverarbeitung. Ziel des Beitrages ist es, ein E-Coaching-Konzept für digitale Arbeitskontexte vorzustellen und im Hinblick auf Chancen und Herausforderungen einer digitalen Arbeitsgestaltung für Industrie-4.0-Konzepte zu diskutieren. Dazu werden Elemente spezifischer Bots beschrieben, die Mitarbeitende automatisiert zu Fragen des Umgangs mit digitalen Technologien zu unterstützen vermögen.

9.1 Einführung

Digitalisierungstendenzen bestimmen Innovationen und Wettbewerbsfähigkeit der Unternehmen in globalen Wertschöpfungsketten in zunehmendem Maße und werden durch Konzepte wie Internet der Dinge, Physical Internet oder Industrie 4.0 propagiert (Frank et al. 2019; Liu et al. 2019). Insbesondere bei Lager-, Verpackungs-, Transport- und Kommissioniertätigkeiten kommen zunehmend individualisierte digitale Anwendungen als Smartphone- oder Tablet-App zum Einsatz, die Elemente künstlicher Intelligenz wie maschinelles Lernen oder computergestützte Spracherkennung verwenden (Armstrong 2014; Armstrong et al. 2016; Gunasekaran und Ngai 2014). Damit verändern sich die Tätigkeiten grundlegend und werden komplexer. Entsprechend wandeln sich die Anforderungen an menschliche Arbeit (Autor et al. 2003). Zum Umgang mit Komplexität und Veränderungen sind Abstraktions- und Problemlösungsfähigkeiten erforderlich, die andere Kompetenzprofile der Beschäftigten bedingen. Gleichzeitig ist die Selbstwirksamkeit als Überzeugung der Arbeitskräfte, den gestellten (neuen) Anforderungen gewachsen zu sein, für den Umgang mit Veränderungen in digitalen Arbeitskontexten zentral (Klumpp et al. 2019a). Im Rahmen der Kompetenzentwicklung spielen digitale Medien bereits eine wichtige Rolle, werden jedoch noch nicht durchgängig in Unternehmenskontexten eingesetzt.

Ziel dieses Beitrages ist es, ein E-Coaching-Konzept zur Stärkung der Selbstwirksamkeitserwartung von Mitarbeitenden in digitalen Produktions-, Handels- und Logistikkontexten vorzustellen und im Hinblick auf die Chancen und Herausforderungen einer digitalen Arbeitsgestaltung für Industrie-4.0-Konzepte zu diskutieren. Hierzu greifen wir auf Daten und Konzepte des Projekts DIAMANT zurück, das seit 2018 vom Bundesministerium für Arbeit und Soziales (BMAS) gefördert wird (http://diamant.digital). Mit den Veränderungen der Arbeitswelt einhergehend entsteht aufseiten der Mitarbeitenden und Führungskräften der Bedarf nach räumlich und zeitlich flexibler Unterstützung, wie beispielsweise durch E-Coaching.

Ähnlich wie Informationen in digitalen Kontexten in der Regel innerhalb kurzer Zeit beschafft werden können, möchten Personen persönliche Rückmeldung zu ihrem Handeln oder ihren Ideen bekommen, direkt, wenn sie es brauchen und selbst bestimmen, wann sie die Zeit für Beratung in Anspruch nehmen (Kluge und Hagemann 2016). Nachfolgend werden derartige Funktionalitäten für ein E-Coaching aufgezeigt sowie die Implementierung speziell im Kontext von Produktions-, Handels- und Logistikprozessen diskutiert.

Der Beitrag ist wie folgt gegliedert: In Abschn. 9.2 werden die theoretischen Grundlagen digitaler Produktions- und Logistikkonzepte erläutert. Abschn. 9.3 befasst sich mit der Frage der spezifischen Anforderungen an Mitarbeitende in Digitalisierungsprojekten, die durch innovative Anwendungen wie ein E-Coaching unterstützt werden sollen. In der technischen Umsetzung werden dazu in Abschn. 9.4 konzeptionelle Elemente des E-Coachings und relevante KI-Funktionalitäten – insbesondere spezifische Bots – beschrieben, die Mitarbeitende automatisiert bei Fragen des Umgangs mit digitalen Technologien unterstützen. Abschn. 9.5 evaluiert die Einsatzmöglichkeiten einer digitalen Arbeitsgestaltung sowie die dafür relevanten Anwendungen und Voraussetzungen bezüglich der KI. Abschn. 9.6 beschließt den Beitrag mit der Diskussion zu Chancen und Herausforderungen sowie einem Ausblick in Richtung weiterführender Forschungsfragen.

9.2 Entwicklung und Status der Digitalisierung in der Logistik

Ausgehend von verschiedenen Statusaufnahmen zur Digitalisierung in der Logistik wie beispielsweise dem Positionspapier der Bundesvereinigung Logistik (BVL 2014) können folgende Punkte für den Stand der digitalen Technologie- und Organisationsentwicklung in Unternehmen aus den Bereichen Produktion, Handel und Logistik festgehalten werden:

- Es besteht eine Reihe von Konzeptüberlegungen, welche unter verschiedenen Schlagworten grundsätzlich die Interkonnektivität von Akteuren und Gegenständen (Material, Güter, Maschinen, Transportressourcen) in Wertschöpfungsketten thematisieren.
- In einer praxisbezogenen Sicht gibt es wenige Erkenntnisse bezüglich der tatsächlichen Nutzung bzw. der Vorteile der propagierten Konzepte. Insbesondere kann aus einigen Forschungsergebnissen der Faktor Mensch bzw. die Mensch-Maschine-Interaktion als wesentliche Hürde für eine Umsetzung identifiziert werden (Klumpp et al. 2019b; Stölzle et al. 2018).

- Es liegen unterschiedliche Umsetzungsstände auch in verschiedenen Branchen vor. Insbesondere zergliederte Branchen mit vielen kleineren Unternehmen wie die Transport- oder die Maschinenbaubranche werden als sehr zögerlich in der Umsetzung von Digitalisierungskonzepten wahrgenommen (Loske und Klumpp 2019).
- Die Logistikbranche als international orientierte und weltweit vernetzte Gemeinschaft von flussorientierten Akteuren ist prädestiniert und in Vorreiterpositionen bei der Gestaltung digitaler Wertschöpfungsketten und Arbeitsprozesse (Phan et al. 2017).

Aus den vorliegenden Erkenntnissen, ist ein besonderes Interesse an der Frage der Einbindung von Mitarbeitenden in Change-Prozesse bei Digitalisierungsprojekten und auch eine entsprechende digitale Unterstützung wie in einem E-Coaching abzuleiten. Dazu wird zuerst im folgenden Abschn. 9.3 auf die spezifischen Anforderungen an Mitarbeitende und deren Kompetenzen in Digitalisierungsprojekte eingegangen.

9.3 Digitalisierungsprojekte und die Anforderungen an Mitarbeitende und deren Kompetenzen

Im Umgang mit Digitalisierungsprojekten und vor allem für die Einführung für E-Coaching sind aufseiten der Mitarbeitenden eine hohe Computeraffinität bzw. geringe Computeraversion und eine hohe Internet-Selbstwirksamkeitserwartung wichtig. Auch wenn Computer und andere elektronische Geräte Teil des täglichen Lebens sind, zeigen Personen unterschiedliche Einstellungen gegenüber ihrem Umgang oder gar eine Abneigung, Computer und andere technische Geräte zu nutzen. Computeraversion meint dabei „a negative affective state (discomfort or apprehension) relating to computer technology“ (Schulenberg und Melton 2008, S. 2621). Eine positive Einstellung gegenüber dem Umgang mit Computern beeinflusst die Motivation positiv, sich damit in einem Coaching-Prozess auseinanderzusetzen. Internet-Selbstwirksamkeit ist definiert als „the belief in one’s capabilities to organize and execute courses of Internet actions required to produce given attainments“ (Eastin und LaRose 2000, S. 1). Ist diese Form der Selbstwirksamkeit – d. h. die Überzeugung von Individuen oder Gruppen, ein bestimmtes Verhalten ausüben zu können und Herausforderungen gewachsen zu sein – hoch ausgeprägt, haben Personen Vertrauen in den eigenen Umgang mit Internetanwendungen. Die Beurteilung der eigenen Fertigkeiten beeinflusst die Motivation der Mitarbeitenden und ihr Verhalten, diese Anwendungen zu nutzen (Bandura 1986). Die Computeraffinität und die Selbstwirksamkeit sind wichtige Ressourcen aufseiten der Mitarbeitenden, um mit Herausforderungen und somit neuen Anforderungen am Arbeitsplatz umgehen zu können.

Weitere Anforderungen an Mitarbeitende für sich verändernde Arbeitsplätze im Rahmen von Digitalisierungsprojekten sind die Offenheit für Neues und Flexibilität (Hermann et al. 2017). Auch die Bereitschaft, ein Leben lang zu lernen und sich zu motivieren, eigene Verhaltensweisen zu verändern, frühere Arbeitsschritte zu vergessen und neue anzunehmen, werden von den Mitarbeitenden gefordert. Gerade die Offenheit für Erfahrungen und Extraversion aufseiten der Mitarbeitenden begünstigen Lernprozesse (Barrick und Mount 1991). Die Selbstwirksamkeit von Mitarbeitenden ist ein wichtiger positiver Einflussfaktor auf den Lernerfolg, da Personen mit einer hohen Selbstwirksamkeit nach Interventionen eine veränderte und bessere Leistung zeigen als Personen mit geringer Selbstwirksamkeit (Tannenbaum und Yukl 1992). Förderliche Faktoren der Selbstwirksamkeit sind z. B. ein interner locus of control, geringe Ängstlichkeit sowie positive Ausprägungen von Gewissenhaftigkeit und Leistungsorientierung (Gully et al. 2002; Judge et al. 2007). Die Selbstwirksamkeit ist eine wichtige Voraussetzung, eine positive Motivation zu Lernen zu entwickeln, welche wiederum über den Lernprozess vermittelt zu einer erfolgreichen Verhaltensänderung im Rahmen von Digitalisierungsprojekten beitragen kann (Colquitt et al. 2000). Personen mit einer höheren Selbstwirksamkeitserwartung und Motivation zu Lernen werden demnach eher Coaching-Situationen aufsuchen und Prozesse für Veränderungen anstoßen (Kluge und Hagemann 2018). Zur Stärkung der Selbstwirksamkeitserwartung gibt es insgesamt vier Hebel: die Bewältigungserfahrung, die stellvertretende Erfahrung, die verbale Informationsvermittlung und die psychologischen und affektiven Zustände (siehe Abb. 9.1).

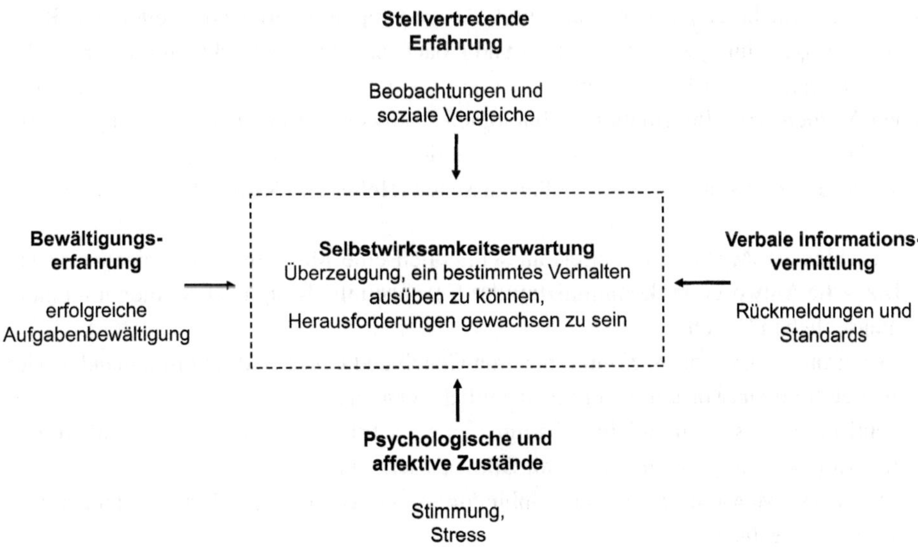

Abb. 9.1 Die Möglichkeiten zur Stärkung der Selbstwirksamkeitserwartung. (Quelle: Eigene Darstellung in Anlehnung an Bandura 1986)

Die Bewältigungserfahrung wird gefördert durch Probehandeln, d. h. spezifische Aufgaben, formulierte Lernziele und überprüfbare Teilziele, die eine erfolgreiche Aufgabenbewältigung begünstigen. Die stellvertretende Erfahrung kann die Selbstwirksamkeit positiv beeinflussen, wenn es in Verhaltensbereichen an eigenen Erfahrungen fehlt, jedoch andere Personen beobachtet werden können bzw. diese an ihrem Wissen teilhaben lassen. Die verbale Informationsvermittlung stärkt die wahrgenommene Selbstwirksamkeit, wenn eine Person ihre Verhaltensausführung selbst nur schwer einschätzen kann und Informationen über Fachinhalte oder ein Feedback von anderen erhält. Die psychologischen und affektiven Zustände wie Stimmung und Stress beeinflussen die wahrgenommene Selbstwirksamkeit, weshalb ein Zeit- und Konfliktmanagement sowie ein offener Austausch über Schwierigkeiten zielführend ist (Bandura 1986; Kluge und Hagemann 2018; Klumpp et al. 2019a). Ein E-Coaching-Konzept zur Förderung der Selbstwirksamkeit sollte somit die hier aufgeführten Aspekte berücksichtigen.

9.4 Konzeptionelle Elemente des E-Coachings und relevante KI-Funktionalitäten

Eine Möglichkeit von Digitalisierung im Coaching betrifft die Coaching-Beziehung, die ohne persönlichen Kontakt zwischen Coach und Coachee auskommen kann. Wird beispielsweise auf E-Mail-Austausch, Telefon, Chat oder Videotelefonie zurückgegriffen, wird von Distance-Coaching oder auch E-Coaching gesprochen (Kluge und Hagemann 2016). Ebenso können Coaching-Sitzungen in virtuellen Räumen stattfinden, in denen die teilnehmenden Personen durch Avatare repräsentiert sind (Heller und Koch 2018). Die Beziehung zwischen Coach und Coachee, einer der Wirkfaktoren für erfolgreiches Coaching, wird dabei durch einen auf das Coaching abgestimmten Einsatz von neuen Medien bzw. Informationstechnologien nachweislich nicht beeinträchtigt (Berry et al. 2011). Eine Möglichkeit der Klassifizierung von digitaler Unterstützung im Coaching-Prozess kann folgendermaßen aussehen (Heller und Koch 2018):

- Maschine vs. Mensch: Generiert ausschließlich eine Maschine – beispielsweise ein Bot – die Antwort oder kommuniziert der Coachee mittels digitaler Medien mit einem menschlichen Coach?
- Synchron vs. asynchron: Kommunizieren Coach und Coachee direkt miteinander oder erfolgt die Beantwortung von Fragen zeitlich versetzt?
- Schriftliche vs. mündlich: Erfolgt eine schriftliche oder eine mündliche Kommunikation, gegebenenfalls mit Bildwahrnehmung?
- Avatar vs. Mensch: Wird eine Einbindung von Avataren als Repräsentanten von Menschen realisiert?

Das E-Coaching-Konzept des vorliegenden Beitrags baut auf der synchronen schriftlichen Kommunikation in Form eines Avatars mit einer Maschine, im Konkreten einem Chatbot, auf. Die hier vorgestellte Form des E-Coachings eignet sich für berufliche Themen gut, da über 50 % befragter Coaches bei diesem Thema der Meinung sind, dass digitale Kommunikationskanäle genauso gut oder besser sein können als das klassische Face-to-Face-Coaching (Heller und Koch 2018). Es handelt sich um ein E-Coaching-System für Beschäftigte und Führungskräfte, um die Selbstwirksamkeit, die lern-, kompetenz- und gesundheitsförderliche Arbeitsgestaltung auszubauen und das selbstgesteuerte, flexible und kontextbezogene Lernen mit Unterstützung digitaler Medien zu fördern. Integriert werden spezifische Aufgaben, formulierte Lernziele und überprüfbare Teilziele, die z. B. in Probehandeln umgesetzt werden können, die Begleitung von Problemlösungsprozessen und die Anwendung von Fragetechniken. Ermöglicht werden sollen auch der Erfahrungsaustausch und die Begleitung durch Mentorinnen und Mentoren. Hinterlegt werden außerdem Informationen über Fachinhalte und die Möglichkeit von Feedback. Zuletzt sollen Möglichkeiten für ein Zeit- und Konfliktmanagement geschaffen werden, indem beispielsweise ein offener Austausch über Schwierigkeiten ermöglicht wird. Die Ressourcen der Mitarbeitenden im Umgang mit neuen Arbeitsanforderungen werden so gestärkt. Als Form der digitalen Personalentwicklung wird das Lernen und Arbeiten als integratives System behandelt und ein Mentoring und Coaching im Digitalisierungsprozess integriert. Hierbei geht es insbesondere darum, den Umgang mit neuen Technologien im Arbeitsprozess und die Interaktion im Team stetig, selbstbestimmt, zeit- und ortsunabhängig zu unterstützen und nachhaltig weiterzuentwickeln. Entsprechend sollen nicht nur die Fachkenntnisse im Umgang mit neuen Technologien und Arbeitsanforderungen erweitert werden, sondern explizit die Selbstwirksamkeitserwartung der Mitarbeitenden gestärkt werden.

Die Grundlagen für den Dialog zwischen Mensch und Maschine – oder im vorliegenden Fall Coachee und Chatbot – liefern Technologien der künstlichen Intelligenz. Tatsächlich begleitete das Konzept eines Chatbots die Entwicklung von künstlicher Intelligenz schon in den frühen Phasen in den 50er- und 60er-Jahren des vergangenen Jahrhunderts: Bereits 1966 stellte Joseph Weizenbaum mit ELIZA ein Programm vor, das eine Konversation führen konnte (Weizenbaum 1966). ELIZA nahm einen Text des Nutzenden entgegen, analysierte den Inhalt und lieferte eine passende Antwort, zumeist in Form einer Frage, um eine Fortführung des Dialogs zu ermöglichen. Dabei stand vor allem die momentane Wahrnehmungs- und Gefühlswelt der Nutzenden im Mittelpunkt. Tatsächlich gaukelte ELIZA aber ein wirkliches Verständnis nur vor, denn im Kern bestand ELIZA nur aus einem Algorithmus, der nach festgelegten Regeln die Eingabe in eine Gegenfrage umwandelte und so einen fortwährenden Dialog simulierte. Dazu wurde die Satzstellung analysiert und Schlüsselworte identifiziert, die wiederum für die Antwort verwendet wurden.

Heutige Chatbots können über die Fähigkeiten ELIZAs hinausgehen. Sie beantworten konkrete Fragestellungen und in diesem Sinne hilfreich sein, nicht nur – wie ELIZA – einen endlosen Dialog weiterführen. Somit muss aus der Eingabe des Nutzenden (zumeist als Utterance bezeichnet) eine Intention (Intent) abgeleitet werden, die mit einer passenden Antwort verknüpft ist. Um die beste Antwort zu finden, muss neben der

Intention auch der genaue Kontext der Anfrage abgeleitet werden können. Intentionen können somit über bestimmte Schlüsselwörter (Entities) weiter verfeinert werden, die vom Chatbot identifiziert und korrekt interpretiert werden müssen. Genau hier ist die Schwierigkeit bei der Entwicklung von Chatbots zu finden: Es muss eine Verknüpfung von Utterances der Nutzenden, ihrer Intentionen sowie der detaillierten Ausgestaltung durch Entities konfiguriert werden, um eine passende Antwort zu identifizieren. Damit einher geht aber zwangsläufig, dass ein derartiger Chatbot ein hochspezialisierter Gesprächspartner ist, dessen Wissen auf den konfigurierten Teilbereich beschränkt ist. Die hohe Kunst der Entwicklung ist letztlich, diesen Teilbereich für den jeweiligen Anwendungsfall so auszugestalten, dass der Bot als kompetenter Ansprechpartner wahrgenommen wird. Dadurch wird aber auch deutlich, dass der Bot eine gewisse (fachliche) Intelligenz aufweisen und die Technik auf den jeweiligen Einsatzzweck angepasst werden muss. Die Komponenten der künstlichen Intelligenz finden sich in diesem Umfeld vorwiegend in der Verarbeitung natürlicher Sprache – engl. Natural Language Processing (NLP) – und der Identifikation, Priorisierung und Zuordnung von Schlüsselwörtern bzw. Entities ihren Einsatzzweck.

9.5 Einsatzmöglichkeiten des E-Coachings

Im Mittelpunkt des angedachten Konzepts stehen zwei unterschiedliche Einsatz- bzw. Coaching-Möglichkeiten: 1. Unterstützung bei allgemeinen Fragestellungen an digitalisierten Arbeitsplätzen sowie 2. konkrete Hilfestellungen bei Schwierigkeiten mit digitalisierten Arbeitsplätzen zu geben (woraus folgt, dass der Bot ein grundlegendes Verständnis für die Tätigkeiten und Einzelschritte am jeweiligen Arbeitsplatz bzw. im Unternehmen benötigt). Beide Ansätze, auf die im Folgenden detaillierter eingegangen wird, benötigen eine leicht unterschiedliche Interaktion und streben verschiedene Zielstellungen an, wie Abb. 9.2 verdeutlicht. Denkbar sind über die genannten Aspekte hinaus noch

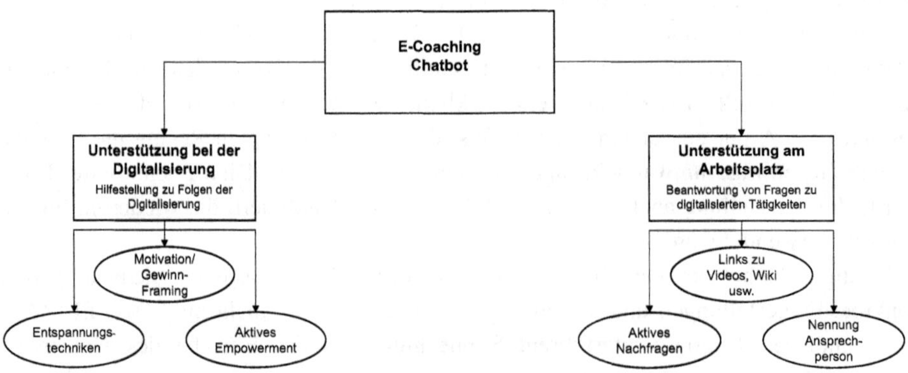

Abb. 9.2 Verschiedene Aspekte des E-Coaching-Systems

weitere Anwendungsgebiete wie beispielsweise ein E-Coaching zu spezifischen Führungsherausforderungen oder zur persönlichen und individualisierten Weiterbildung.

1. Zur Unterstützung bei allgemeinen Fragestellungen kann auf verschiedene Erkenntnisse aus dem aktuellen Stand der Wissenschaft zurückgegriffen werden, die über den Bot verfügbar gemacht werden. Darüber werden insbesondere die Bereiche der stellvertretenden Erfahrung sowie die verbale Informationsvermittlung durch die Zurverfügungstellung von Links zu Videos und Wikis und die Nennung von Ansprechpersonen adressiert. Ein besonders interessanter Aspekt ist, dass der Bot aktiv nachfragen kann, um Benutzenden die Reflektion über vergangene Erfahrungen zu ermöglichen. Dazu kann auf bereits erfolgte Digitalisierungsprojekte und die Erfahrungen des Mitarbeitenden zurückgegriffen werden. Oder es können Erfahrungen anderer Mitarbeitenden im Unternehmen referenziert und vorgestellt werden. Hier ist ein individuelles Einverständnis der Nutzenden erforderlich, da sich zwangsläufig die Notwendigkeit zur Speicherung persönlicher Daten ergibt. Allerdings ermöglicht eine Personalisierung auch weitere interessante Möglichkeiten, z. B. das Sammeln von Achievements oder den Verweis auf ähnlich gelagerte Problem- und Fragestellungen von Kolleginnen und Kollegen (gegebenenfalls um auf diese für Rückfragen zu verweisen).
2. Für die Beantwortung spezifischer Fragen zur Digitalisierung am Arbeitsplatz benötigt man einen Austausch mit dem jeweiligen Unternehmen, um die entsprechende Konfiguration vornehmen zu können. Ziel ist hier vor allem, den Bot als ersten Ansprechpartner bei Fragen zu veränderten Prozessen oder der Bedienung neuer technischer Geräte bei Digitalisierungsprojekten einzusetzen. Dazu soll auf bereits bestehende Infrastruktur zurückgegriffen werden: Ein typisches Problem ist, dass neue Vorgänge zwar im Intranet z. B. in Form eines Wikis beschrieben werden, diese Dokumentation aber von Mitarbeitenden nicht gefunden wird, da hierfür eine interne Suchmaschine bedient werden muss. Der Bot kann hier Hilfestellung leisten, in dem er Mitarbeitenden diese Sucharbeit abnimmt und in seiner Antwort auf passende Wiki-Einträge, Videos und ähnliche Dokumente verlinkt. In diesen wird den Mitarbeitenden dann die eigentliche Information zur Verfügung gestellt. Alternativ kann der Bot auch Ansprechpersonen im Unternehmen vorschlagen, die weiterhelfen können.

Zur Sicherstellung des Erfolgs kann der Bot auch proaktiv nachfragen, ob die zur Verfügung gestellten Informationen hilfreich waren. Nutzende können über ein Bewertungssystem ihre Erfahrungen mitteilen (hier soll auf das aus Webshops bekannte System mit bis zu fünf Sternen zurückgegriffen werden) und der Bot kann entsprechend auf die Bewertung reagieren, z. B. in dem er Mitarbeitende beglückwünscht oder motiviert. Gleichzeitig können diese Informationen zur Optimierung der Hilfestellung und Überarbeitung verlinkter Materialien ausgewertet werden. Allerdings setzt eine derartige Funktionalität die Identifizierung der Nutzenden voraus, deren Zustimmung notwendig ist. Wird diese verweigert, gilt auch hier, dass der Bot anonym genutzt werden kann, auch wenn daraus Einschränkungen in der Interaktion folgen, um erweiterte Gruppen von

Mitarbeitenden zu erreichen. Es wird davon ausgegangen, dass eine Individualisierung in Verbindung mit der Nutzung personenbezogener Daten den potenziellen Nutzerkreis einschränkt, da einzelne Personen durch Befürchtungen zur personenbezogenen Identifikation möglicherweise nicht teilnehmen werden.

9.6 Chancen und Herausforderungen einer digitalen Arbeitsgestaltung für neue Arbeitswelten in Produktion und Logistik

Ziel dieses Beitrages war es, ein E-Coaching-Konzept zur Stärkung der Selbstwirksamkeitserwartung von Mitarbeitenden in digitalen Produktions- und Logistikkontexten vorzustellen, um den Umgang mit neuen Technologien im Arbeitsprozess und die Interaktion im Team sowie die Führungsbeziehung zu gestalten. Damit sind eine Vielzahl von *Chancen* verbunden, so werden beispielsweise a) die Kompetenzen der Mitarbeitenden zum Umgang mit neuen Technologien und Veränderungen im Arbeitsprozess weiterentwickelt. Es handelt sich hierbei um eine Form der digitalen Personalentwicklung, die b) auf die spezifischen Belange der Unternehmen und Bedarfe der Mitarbeitenden abgestimmt ist. Konkret fördert c) ein E-Coaching für Mitarbeitende und Führungskräfte den Umgang mit neuen Technologien im Arbeitsprozess stetig, und bietet d) die Möglichkeit, den Prozess selbstbestimmt, zeit- und ortsunabhängig zu unterstützen und nachhaltig weiterzuführen.

Neben diesen Chancen können insbesondere *Herausforderungen* in den spezifischen Arbeitsbedingungen in Produktion, Handel und Logistik gesehen werden – wie beispielsweise ein hoher Zeitdruck bzw. eine Arbeits- und Taktverdichtung, die durch Digitalisierung und die damit verbundene Transparenz erhöht wird (Gunasekaran et al. 2017; Orlikowski 2016). Darauf wird bei der Umsetzung eines E-Coachings wie hier konzipiert einzugehen sein. Zudem stellt die Verarbeitung von Informationen insbesondere in sprachgeführten und digitalen Systemen teilweise eine Herausforderung für gewerbliche und geringqualifizierte Mitarbeitende dar – darauf wird auch heute schon teilweise mit Piktogrammdarstellungen oder Leuchtanzeigen reagiert. E-Coaching-Systeme müssen auf diese Herausforderungen zugeschnitten sein, um wesentliche Anwendungshürden zu vermeiden und eine hohe Nutzerakzeptanz zu erreichen.

Aus der vorgestellten Konzeptentfaltung ist zu erkennen, dass noch interessante Forschungsfragen für die Zukunft bestehen, welche die Gestaltung von digitalen Arbeitskontexten in Produktion, Handel und Logistik mit einer Unterstützung durch Anwendungselemente der KI betreffen. Gleichzeitig ist das betriebspraktische Interesse von Unternehmen sehr hoch, da Geschwindigkeits-, Qualitäts- und Kostenverbesserungen erwartet werden (Ales et al. 2018). Zentral ist dabei jedoch die Gestaltung einer sicheren und motivierenden Arbeitsumgebung für die Mitarbeitenden, um auch für die beteiligten Unternehmen eine erfolgreiche Digitalisierung zu ermöglichen. Dabei kann ein E-Coaching eine strukturierte und wichtige Unterstützung sein.

Literatur

Ales, E., Curzi, Y., Fabbri, T., Rymkevich, O., Senatori, I., & Solinas, G. (2018). *Working in digital and smart organizations: Legal, economic and organizational perspectives on the digitalization of labour relations*. Heidelberg: Springer.

Armstrong, S. (2014). *Smarter than us – The rise of machine intelligence*. Berkeley: MIRI.

Armstrong, S., Bostrom, N., & Shulman, C. (2016). Racing to the precipice: A model of artificial intelligence development. *AI & SOCIETY, 31,* 201–206.

Autor, D. H., Levy, F., & Murnane, R. J. (2003). The skill content of recent technological change – An empirical exploration. *Quarterly Journal of Economics, 2003,* 1279–1333.

Bandura, A. (1986). *Social foundations of thought and action. A social cognitive theory*. New Jersey: Prentice-Hall.

Barrick, M. R., & Mount, M. K. (1991). The big five personality dimensions and job performance: A meta-analysis. *Personnel Psychology, 44,* 1–26.

Berry, R., Ashby, J., Gnilka, P., & Matheny, K. (2011). A comparison of face-to-face and distance coaching practices: Coaches‘ perceptions of the role of the working alliance in problem resolution. *Consulting Psychology Journal: Practice and Research, 63,* 243–253.

BVL. (2014). *Logistik und IT als Innovationstreiber für den Wirtschaftsstandort Deutschland – Die neue Führungsrolle der Logistik in der Informationstechnologie* (S. 2014). Bremen: BVL Positionspapier.

Colquitt, J. A., LePine, J. A., & Noe, R. A. (2000). Toward an integrative theory of training motivation: A meta-analytic path analysis of 20 years of research. *Journal of Applied Psychology, 85,* 678–707.

Eastin, M., & LaRose, R. (2000). Internet self-efficacy and the psychology of the digital divide. *Journal of Computer-Mediated Communication, 6,* https://doi.org/10.1111/j.1083-6101.2000.tb00110.x.

Frank, A. G., Dalengogare, L. S., & Ayalac, N. F. (2019). Industry 4.0 technologies: Implementation patterns in manufacturing companies. *International Journal of Production Economics, 210,* 5–26.

Gully, S. M., Payne, S. C., Koles, K. L. K., & Whiteman, J.-A. K. (2002). The impact of error training and individual differences in training outcomes: An attribute-treatment interaction perspective. *Journal of Applied Psychology, 87,* 143–155.

Gunasekaran, A., & Ngai, E. W. T. (2014). Expert systems and artificial intelligence in the 21st century logistics and supply chain management. *Expert Systems & Applications, 41,* 1–4.

Gunasekaran, A., Subramanian, N., & Papadopoulos, T. (2017). Information technology for competitive advantage within logistics and supply chains: A review. *Transportation Research Part E, 99,* 14–33.

Heller, J., & Koch, A. (2018). Digitalisierung im Coaching. In J. Heller, C. Triebel, B. Hauser, & A. Koch (Hrsg.), *Digitale Medien im Coaching* (S. 1–4). Berlin: Springer.

Hermann, T., Hirschle, S., Kowol, D., Rapp, J., Resch, U. & Rothmann, J. (2017). *Auswirkungen von Industrie 4.0 auf das Anforderungsprofil der Arbeitnehmer und die Folgen im Rahmen der Aus- und Weiterbildung*. In V.P. Adelfinger & T. Hänisch (Hrsg.), Industrie 4.0. Wie cyber-physische Systeme die Arbeitswelt verändern (S. 239–254). Wiesbaden: Springer.

Judge, T. A., Jackson, C. L., Shaw, J. C., Scott, B. A., & Rich, B. L. (2007). Self-efficacy and work-related performance: The integral role of individual differences. *Journal of Applied Psychology, 92,* 107–127.

Kluge, A., & Hagemann, V. (2018). Lernen als Grundlage von Coaching. In S. Greif, H. Möller, & W. Scholl (Hrsg.), *Handbuch Schlüsselkonzepte im Coaching* (S. 335–342). Heidelberg: Springer.

Kluge, A., & Hagemann, V. (2016). Neue und Soziale Medien in der Fertigung und der Personalentwicklung – am Beispiel von Industrie 4.0 und E-Coaching aus Sicht der AO-Psychologie. *Wirtschaftspsychologie, 18,* 5–21.

Klumpp, M., Hagemann, V., Ruiner, C., Neukirchen, T. & Hesenius, M. (2019a). *Arbeitswelten der Logistik im Wandel – Gestaltung digitalisierter Arbeit im Kontext des Internet der Dinge und von Industrie 4.0.* In B. Hermeier, T. Heupel & S. Fichtner-Rosada (Hrsg.), Arbeitswelten der Zukunft (S. 67–85). Wiesbaden: Springer Gabler.

Klumpp, M., Hesenius, M., Meyer, O., Ruiner, C., & Gruhn, V. (2019b). Production logistics and human-computer interaction — State-of-the-art, challenges and requirements for the future. *International Journal for Advanced Manufacturing.* https://doi.org/10.1007/s00170-019-03785-0.

Liu, S., Zhang, Y., Liu, Y., Wang, L., & Wang, X. V. (2019). An ‚Internet of Things' enabled dynamic optimization method for smart vehicles and logistics tasks. *Journal of Cleaner Production, 215,* 806–820.

Loske, D. & Klumpp, M. (2019). *Digitalisierung in der Unternehmerpraxis.* Logistik für Unternehmen, Springer VDI. Zugegriffen: 2. 2019.

Orlikowski, W. J. (2016). Digital work: A research agenda. In B. Czarniawska (Hrsg.), *A Research Agenda for Management and Organization Studies* (S. 88–96). Northampton: Edward Elgar Publishing.

Phan, S., Ballot, E., Huang, G. Q., & Montreuil, B. (2017). Physical Internet and interconnected logistics services: Research and applications. *International Journal of Production Research, 9,* 2603–2609.

Schulenberg, S. E., & Melton, A. M. A. (2008). The computer aversion, attitudes, and familiarity index: A validity study. *Computers in Human Behavior, 24,* 2620–2638.

Stölzle, W., Schmidt, T., Kille, C., Schulze, F., & Wildhaber, V. (2018). *Digitalisierungswerkzeuge in der Logistik: Einsatzpotenziale, Reifegrad und Wertbeitrag Impulse für Investitionsentscheidungen in die Digitalisierung – Erfolgsgeschichten und aktuelle Herausforderungen* (S. 2018). Gallen, St. Gallen: Positionspapier SCM Universität St.

Tannenbaum, S. I., & Yukl, G. (1992). Training and development in work organizations. *Annual Review of Psychology, 43,* 399–441.

Weizenbaum, J. (1966). ELIZA – a computer program for the study of natural language communication between man and machine. *Communications of the ACM, 9*(1), 36–45.

Prof. Dr. Matthias Klumpp ist Professor für Logistikmanagement an der FOM Hochschule für Oekonomie & Management in Essen und Projektleiter am Fraunhofer-Institut für Materialfluss und Logistik (IML) in Dortmund. Seine Forschungsschwerpunkte liegen in den Bereichen Digitalisierung, Qualifizierung, Mensch-Maschine-Interaktion und Nachhaltigkeit in globalen Wertschöpfungsketten.

Dr. Marc Hesenius ist Postdoc am Lehrstuhl für Software Engineering der Universität Duisburg-Essen. Seine Forschungsschwerpunkte liegen im Bereich der Entwicklungsprozesse und -Werkzeuge für datengetriebene Anwendungen sowie den technischen Aspekten von Mensch-Maschine-Interaktion, insbesondere Gestensteuerung.

Prof. Dr. Caroline Ruiner ist Professorin für Soziologie an der Universität Hohenheim. Zuvor war sie Juniorprofessorin für Soziologie mit dem Schwerpunkt Arbeits- und Organisationssoziologie an der Universität Trier und wurde an der Fakultät für Sozialwissenschaften der Ruhr-Universität Bochum habilitiert. Ihre Forschungsschwerpunkte sind neue Arbeitsbeziehungen (New Employment Relationships) sowie die Auswirkungen des Wandels von Arbeit auf individueller, organisationaler und überbetrieblicher Ebene.

Prof. Dr. Vera Hagemann ist Professorin für Personalwesen/-psychologie im Fachbereich Wirtschaftswissenschaft an der Universität Bremen. Ihre Forschungsschwerpunkte sind Kompetenzerwerb, High Responsibility Teams, Feedback sowie Veränderungen der Arbeits- und Führungsbeziehungen und Anforderungen und Ressourcen der Mitarbeitenden in sich wandelnden Arbeitskontexten aufgrund von Digitalisierung.

Vertrauen in KI – Eine empirische Analyse innerhalb des Produktionsmanagements

10

Till Moritz Saßmannshausen und Thomas Heupel

Inhaltsverzeichnis

Der vorliegende Beitrag fußt auf einer Langfassung, die im Shaker Verlag unter dem Titel *Vertrauen in Entscheidungen künstlicher Intelligenz im Produktionsmanagement* erschienen ist (siehe Saßmannshausen 2019).

T. M. Saßmannshausen (✉)
Universität Siegen, Siegen, Deutschland
E-Mail: till.sassmannshausen@uni-siegen.de

T. Heupel
FOM Hochschule, Essen, Deutschland
E-Mail: thomas.heupel@fom.de

R. Buchkremer et al. (Hrsg.), *Künstliche Intelligenz in Wirtschaft & Gesellschaft*, FOM-Edition, https://doi.org/10.1007/978-3-658-29550-9_10

Zusammenfassung

Ob Industrie 4.0, Big Data, Predictive Analytics oder Robotik – die digitale Transformation hat viele Facetten. Sie führt aber nicht nur zu einem Paradigmenwechsel in der industriellen Produktion. Auch komplexe kognitive Tätigkeiten sind durch die fortschreitende Entwicklung der künstlichen Intelligenz (KI) einem Wandel unterzogen. Smarte Assistenten halten Einzug in die Arbeitswelt und erfordern eine Kooperation von KI und Mensch. KI agiert anders als bisherige Systeme – autonom statt automatisch – und somit bisweilen für den Menschen unerwartet, überraschend und nicht immer nachvollziehbar. In dieser Konstellation ist Vertrauen ein essenzieller Faktor, der über das Funktionieren der Mensch-KI-Kooperation entscheidet. Im Rahmen des vorliegenden Beitrages sollen daher mit einer empirischen Analyse innerhalb des Produktionsmanagements die Einflussfaktoren auf das Vertrauen sowie deren Wirkmechanismen identifiziert werden.

10.1 Einleitung

Im Zuge der fortschreitenden digitalen Transformation werden sich die Technologien des privaten und beruflichen Alltags durch Algorithmen der künstlichen Intelligenz (KI) grundlegend verändern (PricewaterhouseCoopers 2017, S. 11). Sie werden proaktiv, autonom und für den Menschen immer undurchsichtiger. KI wird zukünftig komplexe Aufgaben und Entscheidungen, wie beispielsweise das Designen eines neuen Produktes oder die Entwicklung einer Unternehmensstrategie, übernehmen (World Economic Forum 2015, S. 21; Baccala et al. 2018, S. 16). Damit bildet KI in produzierenden Unternehmen das Pendant zur Robotik: Während Roboter das *Machen* der „Blue Collar Worker" erleichtern, wird KI das *Denken* der „White Collar Worker" unterstützen (McAfee und Brynjolfsson 2017, S. 82 f.). Die langfristige Einschätzung ist, dass KI das Produktionsmanagement, wie wir es heute kennen, derart verändern wird, dass die menschliche Intelligenz für neuartige Tätigkeiten (New Collar) genutzt werden kann (World Economic Forum 2015, S. 21; Burggräf et al. 2018, S. 83 f.). Durch diese Veränderung werden Einsparungen in Milliardenhöhe erwartet (Baccala et al. 2018, S. 16). Damit diese Potenziale gehoben werden können, müssen sich die Menschen auf diese neue Technologie einlassen und somit eine funktionierende Kooperation ermöglichen. Um die Chancen einer erfolgreichen Kooperation zu erhöhen, kann das Mensch-KI-System entsprechend gestaltet werden. Aktuelle Forschung zu *Explainable AI* (Waltl und Vogl 2018, S. 1 ff.) oder die *Ethics Guidelines for Trustworthy AI* der EU-Kommission (High-Level Expert Group on Artificial Intelligence 2019, S. 13) sowie die Bemühungen von Softwarekonzernen wie IBM (Cutler et al. 2019, S. 19 f.) legen den Fokus zur Gestaltung von Mensch-KI-Systemen aktuell auf Gestaltungsgrößen der KI selbst. Welche weiteren und gegebenenfalls KI-unabhängigen Einflussfaktoren für die Gestaltung einer vertrauensvollen Kooperation maßgeblich sind, soll der vorliegende Beitrag beantworten.

10.2 Grundlagen

KI hat in den letzten Jahren, durch Fortschritte im Bereich der statistischen Mustererkennung und der lernenden Algorithmen (Machine Learning), bewiesen, dass sie in speziellen Domänen dem Menschen überlegen ist (McAfee und Brynjolfsson 2017, S. 67 ff.). Einige der prominentesten Beispiele sind der Sieg des neuronalen Netzwerks *AlphaGo* über den weltbesten Go-Spieler Lee Sedol im Jahr 2016 (Silver et al. 2016, S. 484 ff.), der Sieg eines KI-Algorithmus in heads-up, no-limit Texas Hold'em Poker über professionelle Spieler (Moravčík et al. 2017, S. 508 ff.) sowie der Sieg eines KI-Bots in einem komplexen Multiplayer Game (Dota 2) gegen die besten menschlichen Spieler (Bansal et al. 2018, S. 1). In realwirtschaftlichen Anwendungen macht sich KI insbesondere durch Bild- und Texterkennung, z. B. zur Gesichtserkennung oder zur Erstellung von Diagnosen, verdient (Brynjolfsson und McAfee 2016, S. 113 ff.). Zukünftig wird KI das Potenzial zugeschrieben, Wissensarbeit zu übernehmen (McAfee und Brynjolfsson 2017, S. 82 f.), sodass sich menschliche Tätigkeiten in Richtung kreativer, problemlösender und überwachender Tätigkeiten entwickeln (Dombrowski et al. 2014, S. 144). Damit wird KI, beispielsweise in Form eines Assistenten für bestimmte Entscheidungen (Wenzel et al. 2017, S. 177 ff.), einen Beitrag dazu leisten, die steigende Komplexität und Unsicherheit im Management zu bewältigen. Dies macht interaktive, kooperative Entscheidungsmechanismen zwischen künstlicher und menschlicher Intelligenz erforderlich (McAfee und Brynjolfsson 2017, S. 82 f.).

Burggräf et al. (2018, S. 83 f.) beschreiben die Kooperationsformen von KI und Mensch im Produktionsmanagement in fünf Stufen: von alleinigem menschlichen Management über verschiedene Assistenzgrade bis hin zu völlig autonomer Entscheidungsfindung durch KI. Erste Ansätze von KI im Produktionsmanagement zeigen bereits seit 1980 ihre Nützlichkeit (Poddig 1992, S. 28 ff.; Russell und Norvig 2016, S. 24). Hierzu zählen insbesondere Methoden des Operations Research, als Beispiele seien hier die Fuzzy-Logik, genetische Algorithmen oder auch wissensbasierte Systeme genannt (Kruse et al. 2012, S. 2 f.; Russell und Norvig 2016, S. 22 ff.). Aktuelle Anwendungsfälle belaufen sich auf Assistenzsysteme in den Bereichen Datenanalyse, Qualitätskontrolle und Predictive Maintenance (Nuissl 2018, S. 51 f.). Auch das öffentlich geförderte Forschungsprojekt CyProAssist geht nicht über einen Assistenten zur Auswertung von Fertigungsdaten zur Entscheidungsunterstützung hinaus (Wenzel et al. 2017, S. 177 ff.). Es kristallisiert sich heraus, dass KI im Produktionsmanagement aktuell eine Assistenzfunktion für spezielle Aufgaben der operativen Produktionsplanung und -steuerung einnimmt (Burggräf et al. 2018, S. 85). In Form sogenannter adaptiver Assistenzsysteme zur Entscheidungsunterstützung, beispielsweise durch präskriptive Datenanalyse (Freitag et al. 2015, S. 25), wird KI auch auf höheren Entscheidungsebenen im Produktionsmanagement eine wichtige Rolle zugesprochen (Winkler et al. 2017, S. 219 f.). Der Einsatz von KI im Management bietet die Chance, Entscheidungen, die heute allzu oft auf Basis subjektiver Meinungen getroffen werden, zu objektivieren

(McAfee und Brynjolfsson 2017, S. 45, 85). Auch der Psychologe und Nobelpreisträger Daniel Kahneman postuliert *„Immer wenn wir das menschliche Urteil durch eine Formel ersetzen können, sollten wir dies zumindest in Betracht ziehen"* (Kahneman 2012, S. 288). Begründet wird diese Aussage mit Studienergebnissen, die zeigen, dass der Mensch selbst unter identischen Rahmenbedingungen keine reproduzierbaren Entscheidungen trifft (Kahneman 2012, S. 124 ff.).

Da in der näheren Zukunft nicht von einer vollständigen Verdrängung des Menschen in Produktionssystemen auszugehen ist, lässt es sich weiterhin als sozio-technisches System bezeichnen (Ullrich et al. 2017, S. 293). Zur Erhaltung oder Steigerung der Gesamtsystemleistung ist es essenziell, dass die neue Technologie vom Menschen angenommen wird (Jockisch 2010, S. 248 f.; Ullrich et al. 2017, S. 296 ff.). Hier hat sich als Zielgröße für Technologien der Robotik das Konzept der Akzeptanz etabliert (Jockisch 2010, S. 237 ff.; Ullrich et al. 2017, S. 298 f.). Bei KI handelt es sich hingegen um eine Technologie, die nicht als Tool, sondern als soziale Einheit verstanden wird, daher liegt der Fokus auf dem Konzept des Vertrauens (Banavar 2016, S. 3 ff.; Visser et al. 2018, S. 1412 f.; Hancock et al. 2019, S. 199).

Luhmann (2009, S. 1) folgend kann Vertrauen als das *„Zutrauen in die eigenen Erwartungen"* beschrieben werden. Unter funktionaler Betrachtung schützt Vertrauen vor Überforderung, in dem es die Komplexität, insbesondere die Komplexität der zukünftigen Welt, reduziert (Luhmann 2009, S. 24, 27 ff.). Der Wirkmechanismus zur Komplexitätsreduktion ist die Erwartung von Sicherheit in ungewissen bzw. risikobehafteten Situationen (Kassebaum 2004, S. 12 f.; Luhmann 2009, S. 1, 9). Diese Erwartung von Sicherheit ermöglicht und vereinfacht das Handeln in einer komplexen Welt (Kassebaum 2004, S. 12 f.; Luhmann 2009, S. 1, 9). Der Preis dafür ist das Risiko, mit der die Erwartung nicht zutrifft. Luhmann bezeichnet Vertrauen daher treffend als riskante Vorleistung zur Vereinfachung der Lebensführung (Luhmann 2009, S. 27, 31, 55, 93).

Eng mit dem Vertrauen verbunden ist das Misstrauen, es stellt das nicht konvertierbare Gegenteil von Vertrauen dar. Nicht konvertierbar im Sinne der Polaritäten bedeutet hier, dass es sich bei Misstrauen nicht bloß um fehlendes Vertrauen handelt. Misstrauen bietet eine funktional äquivalente Strategie zur Komplexitätsreduktion, jedoch mit übermäßig negativen Erwartungen (Luhmann 2009, S. 92 f.). Sowohl Vertrauen als auch Misstrauen besitzen die Eigenschaft, sich jeweils selbst zyklisch zu verstärken (Sydow 1995, S. 185 f., 1998, S. 38; Klaus 2002, S. 103). In der Literatur ist diese Rekursivität als *Self-Heightening Cycle of Trust* bekannt (Sydow 1995, S. 185 f., 1998, S. 38; Klaus 2002, S. 103). Während Transparenz und offener Informationsaustausch Vertrauen und damit höhere Leistung und Loyalität der Mitarbeitenden schaffen (Cook und Wall 1980, S. 47; Lee 2004, S. 633), wird durch das Zurückhalten von Informationen Misstrauen und ein Zwang zur Kontrolle bestärkt (Gigerenzer 2008, S. 228 f.; Bullinger und Kullmann 2013, S. 8; Nerdinger 2014, S. 62).

10.3 Forschungsdesign

Das in diesem Beitrag adressierte Forschungsfeld setzt sich zusammen aus den Facetten *künstliche Intelligenz, Produktionsmanagement* und *Vertrauen.* Das Ziel ist die Beantwortung der Forschungsfrage *„Wovon hängt das Vertrauen in Entscheidungen einer künstlichen Intelligenz im Kontext des Produktionsmanagements ab?“.* Die Beantwortung dieser Forschungsfrage wird in einem Erklärungsmodell münden.

Da das skizzierte Forschungsfeld wenig erforscht ist und Ergebnisse aus angrenzenden Forschungsfeldern nur teilweise adaptierbar sind, ist es erforderlich, Annahmen zu generieren (Witt 2001, S. 3 f.). Diese gilt es in begründete Hypothesen zu überführen und schlussendlich zu überprüfen. Für dieses Vorhaben zeichnet sich die Mixed-Methods-Forschungsstrategie aus, die sich durch ihren Pragmatismus bei der Methodenwahl auszeichnet (Denscombe 2017, S. 163, 172 f.). Innerhalb der Mixed-Methods-Strategie existiert eine Vielzahl möglicher Forschungsdesigns (Kelle 2014, S. 158; Denscombe 2017, S. 164). Aufbauend auf den in der Literatur vorherrschenden Designtypen stellt Abb. 10.1 eine Strukturierung sowie die Einordnung des betrachteten Vorhabens in einer Morphologie dar. Die Morphologie wurde abgeleitet aus Denscombe (2017, S. 163 ff.); Kelle (2014, S. 158 ff.); Kumar (2014, S. 20 ff.); Schreier et al. (2010 , S. 268).

In vorliegendem Beitrag wird das Forschungsdesign nach Barton und Lazarsfeld (1984, S. 82 ff.) verfolgt, es zeichnet sich durch die Verwendung einer qualitativen Methode als Hilfsmethode zur Hypothesengenerierung (bottom-up) mit anschließender quantitativer Methode zur Hypothesenprüfung (top-down) aus. Dieses Design lässt sich wie folgt in die dargestellte Morphologie einordnen: Bei der *Kombination* wird hier die Ausprägung der isolierten Anwendung der Methoden mit systematischem Einbezug der Ergebnisse verwendet. Die *Funktion* folgt der aufeinander aufbauenden Entwicklung der Analyse (Denscombe 2017, S. 171). Woraus sich eine explorative, sequenzielle Reihenfolge der Forschungsmethoden ableiten lässt. Dabei ist aufgrund der relativen *Gewichtung* die zweite (quantitative) Methode als dominant gegenüber der ersten (qualitativen) Methode zu bezeichnen. Zusammengefasst lassen sich die beiden Phasen des Forschungsdesigns als Induktion und Deduktion bezeichnen. Die Induktion

<table>
<tr><th>Merkmale</th><th colspan="4">Ausprägungen</th></tr>
<tr><td>Kombination</td><td colspan="2">Anwendungsmix</td><td colspan="2">Ergebnisintegration</td></tr>
<tr><td rowspan="2">Funktion</td><td colspan="3">Triangulation</td><td rowspan="2">Entwicklung der Analyse</td></tr>
<tr><td>Akkurat</td><td colspan="2">Komplett</td></tr>
<tr><td rowspan="2">Reihenfolge</td><td rowspan="2">Simultan</td><td colspan="3">Sequenziell</td></tr>
<tr><td colspan="2">Erklärend</td><td>Explorativ</td></tr>
<tr><td>Gewichtung</td><td colspan="2">Äquivalent</td><td colspan="2">Dominant</td></tr>
</table>

Abb. 10.1 Morphologie des Designs von Mixed-Methods-Forschung (fett: Einordnung des betrachteten Forschungsprojekts). (Quelle: Saßmannshausen 2019)

der ersten Phase zeichnet sich durch ihren explorativen (entdeckenden) Charakter aus, während die zweite, deduktive Phase einen konfirmatorischen (bestätigenden) Charakter aufweist.

10.4 Vorstudie zur Hypothesenentwicklung

In dieser ersten Forschungsphase werden über eine qualitative Studie, flankiert durch existierende Theorien, explorativ Zusammenhänge aufgedeckt und begründet Hypothesen generiert (Induktion). Primäres Ziel ist es, mittels zirkulären Vorgehens, die vorherrschenden Strukturen zu verstehen (Entdeckungszusammenhang).

10.4.1 Methode

Die Datenerhebung der qualitativen Vorstudie erfolgt mittels Experteninterviews und die darauf aufbauende Datenauswertung bedient sich der Methode der qualitativen Inhaltsanalyse. Die Experteninterviews zielen darauf ab, systematisch und theoriegeleitet exklusives Wissen über Entscheidungsstrukturen sowie potenzielle Einflussfaktoren auf Vertrauen in KI im Produktionsmanagement zu erfragen (Mey und Mruck 2010, S. 427; Kaiser 2014, S. 6). Als Probanden werden ausgewiesene Experten des Produktionsmanagements aus dem Netzwerk der Autoren akquiriert.

Zur strukturierten Beschreibung der Experteninterviews dient die Morphologie in Abb. 10.2. Die Morphologie wurde abgeleitet aus Lamnek (2005, S. 331) und Aghamanoukjan et al. (2009, S. 424). Fett hervorgehoben ist das Design, dem dieser Beitrag folgt. Die Interviews sollen der Ermittlung von spezifischem Wissen dienen und werden daher als mündliche Einzelinterviews durchgeführt, was bei Experteninterviews den Regelfall darstellt (Helfferich 2014, S. 571). Damit Orientierung gegeben und dennoch Flexibilität ermöglicht wird, kommt die Form des halb-standardisierten

<table>
<tr><th>Merkmale</th><th colspan="6">Ausprägungen</th></tr>
<tr><td>Intention</td><td colspan="3">Ermittelnd</td><td colspan="3">Vermittelnd</td></tr>
<tr><td>Probandenstruktur</td><td colspan="2">Einzelinterview</td><td colspan="2">Gruppen-interview</td><td colspan="2">Paper & Pencil</td></tr>
<tr><td>Standardisierung</td><td colspan="2">Standardisiert</td><td colspan="2">Halb-Standardisiert</td><td colspan="2">Nicht standardisiert</td></tr>
<tr><td>Fragenart</td><td colspan="3">Geschlossen</td><td colspan="3">Offen</td></tr>
<tr><td>Kommunikationsstil</td><td colspan="2">Hart</td><td colspan="2">Weich</td><td colspan="2">Neutral</td></tr>
<tr><td rowspan="2">Kommunikationsform und Medium</td><td colspan="2">Mündlich</td><td colspan="4">Schriftlich</td></tr>
<tr><td>Persönlich</td><td>Telefonisch</td><td>Persönliche Post</td><td>Post-einwurf</td><td colspan="2">Beilagen</td></tr>
</table>

Abb. 10.2 Morphologie des Designs von Interviewstudien (fett: Einordnung der betrachteten Experteninterviews). (Quelle: Saßmannshausen 2019)

Interviews zur Anwendung (Aghamanoukjan et al. 2009, S. 422; Mey und Mruck 2010, S. 430). Hier kann der Proband in einem vom Interviewer zu definierenden Rahmen frei zu Wort kommen (keine Antwortvorgaben) (Mayring 2002, S. 67). Das Interview ähnelt eher einem Gespräch, das als asymmetrisch bezeichnet wird, da die Rollen Interviewer und Befragter klar verteilt sind (Helfferich 2014, S. 560; Döring und Bortz 2016, S. 357 f.). Der Interviewer lenkt den Fokus des Gesprächs anhand der offenen Fragen eines Leitfadens immer wieder zurück auf die Problemstellung. Es ist dem Interviewer jedoch freigestellt, einzelne zusätzliche Inhalte aufzunehmen und klärende oder weiterführende Nachfragen zu stellen, wenn dies für den Kontext der Untersuchung sinnvoll erscheint (Helfferich 2014, S. 562). Diese Befragungsform wird insbesondere dann empfohlen, wenn Vorwissen zum Thema beim Interviewer vorhanden ist (Atteslander 2008, S. 132).

Der Interviewleitfaden ist in vier Hauptblöcke gegliedert, die um eine Einleitung, persönlichen Daten des Interviewpartners sowie einen Schlussteil erweitert sind. Im Rahmen der Einleitung werden das Forschungsvorhaben und die Rolle des Experteninterviews im Kontext des Gesamtvorhabens erläutert. Dabei ist das primäre Ziel, die wahrheitsgemäße Auskunftsbereitschaft zu fördern, um eine sozial erwünschte Beantwortung der Fragen zu vermeiden (Kromrey 2009, S. 360). Anschließend legen die Probanden ihre Erfahrung dar, um ihren Expertenstatus sicherzustellen. Die daran anschließenden Teile gehen nacheinander auf Entscheidungen, Vertrauen, künstliche Intelligenz im Produktionsmanagement sowie deren Kombination ein. Diese Reihenfolge zielt darauf ab, sich den Effekt zunutze zu machen, dass Probanden nach der Beantwortung allgemeiner Fragen bei der Beantwortung spezifischer Fragen mehr Aspekte berücksichtigen (Beutin 2008, S. 147). Abschließend wird im letzten Teil die persönliche Bewertung der Probanden zum Thema abgefragt. Zur Sicherstellung der Gütekriterien qualitativer Forschung, gilt es die Subjektivität durch methodische Kontrolle und Reflexion zu begrenzen (Helfferich 2014, S. 572 f.). Hierzu wird ein Pretest mit zwei Personen durchgeführt und anschließend der Leitfaden auf Basis des Feedbacks angepasst.

Die Experteninterviews wurden insgesamt mit vier Experten durchgeführt. Die ersten beiden Interviews fanden mit Führungskräften produzierender Unternehmen des Maschinen- und Anlagenbaus statt. Die letzten beiden Interviews wurden mit Angestellten von Forschungseinrichtungen mit großem Beratungsanteil im Bereich des Produktionsmanagements durchgeführt. Die Kombination aus wirtschafts- und wissenschaftsorientierten Sichtweisen dient der Erzeugung eines holistischen Bildes zu den Entscheidungsstrukturen sowie möglichen Einflussfaktoren von Vertrauen in künstliche Intelligenz im Produktionsmanagement.

Die Datenauswertung der Experteninterviews erfolgt mittels qualitativer Inhaltsanalyse nach Mayring, die eine etablierte und häufig angewandte Methode zur Textanalyse insbesondere von Transkripten halb-strukturierter Interviews darstellt (Mayring 2010, S. 601; Mayring und Fenzl 2014, S. 543). Die qualitative Inhaltsanalyse zeichnet sich durch ihren Fokus auf Kategorien (Codiereinheiten) aus, die je nach gewählter

Technik auf theoretischer (deduktiver) oder empirischer (induktiver) Basis erstellt werden (Mayring und Fenzl 2014, S. 544). In Anbetracht der vorliegenden Fragestellung und des Datenmaterials (Transkripte) empfiehlt sich die Technik der zusammenfassenden qualitativen Inhaltsanalyse (Mayring und Fenzl 2014, S. 552). Diese dient, durch eine induktive Kategorienbildung, dem explorativen Charakter der ersten Phase dieses Forschungsvorhabens (Mayring und Fenzl 2014, S. 552). Das stark regelgeleitete Vorgehen dieser Technik besteht aus vier sequenziellen Schritten: Paraphrasierung der wichtigsten Textstellen in Kurzform; Generalisierung durch Angleichen der Abstraktionsniveaus aller Paraphrasen; erste Reduktion um unwichtige oder doppelte Paraphrasen; zweite Reduktion durch Bündeln der verbleibenden Paraphrasen (Mayring und Fenzl 2014, S. 543; Döring und Bortz 2016, S. 542).

10.4.2 Ergebnisse

Bei der Bildung der Kategorien (Schritte eins bis vier) wurden die Transkripte mehrfach durchlaufen und die induktiv entwickelten Kategorien iterativ immer weiter angepasst. Hierfür wurde die Webapplikation *QCAmap* von Mayring und Frenzl (2014, S. 551) (www.qcamap.org) verwendet. Tab. 10.1 enthält die Kategorien sowie deren Gruppierung in vier Bereiche. Aus diesen Kategorien wurden theoriegeleitet Einflussfaktoren auf das Vertrauen abgeleitet. Damit bildet diese systematische Darstellung nach Poser (2012, S. 87), analog zu anderen Klassifikationssystemen, den Anfang jedes wissenschaftlichen Vorhabens, da es den Phänomenbereich ordnet und Grenzen zieht.

Unter Zuhilfenahme des integrativen Vertrauensmodells in Organisationen (Mayer et al. 1995, S. 715 ff.) sowie des Technologieakzeptanzmodells (Venkatesh und Davis 2000, S. 188; Ullrich et al. 2017, S. 299) wurde die Art und Weise des Einflusses auf das Vertrauen der Einflussfaktoren hypothetisiert. Abb. 10.3 zeigt die Übersicht aller aufgestellten Hypothesen in einem Hypothesenmodell (auch Strukturmodell). Die Hypothesen H_1 und H_2 lassen sich als gerichtete, bivariate und lineare Zusammenhangshypothesen mit den Einflussfaktoren als Prädiktoren (Antezedensvariablen) und dem Vertrauen als Kriterium (Konsequenzvariable) charakterisieren (Döring und Bortz 2016, S. 146). Demgegenüber handelt es sich bei den Hypothesen H_3, H_4, H_7 und H_8 um gerichtete Unterschiedshypothesen, die die Einflussfaktoren als unabhängige Variablen und das Vertrauen als abhängige Variable annehmen (Döring und Bortz 2016, S. 146). Zusätzlich wird für die Einflussfaktoren der Vertrauenden sowie der Entscheidungssituation ein moderierender (indirekter) Effekt angenommen, der sich in

Tab. 10.1 Kategorien und abgeleitete Einflussfaktoren

Bereich	Kategorie	Einflussfaktoren
Eigenschaften der künstlichen Intelligenz	Vertrauen abh. von positiver Erfahrung/Referenzen	Wahrgenommene Fähigkeit[a]
	Vertrauen abh. von zugeschriebener Kompetenz	
	Vertrauen abh. von Ergebnisqualität	
	Vertrauen abh. von Nachvollziehbarkeit/Verständnis	Wahrgenommene Nachvollziehbarkeit[b]
	Vertrauen abh. von Nutzerfreundlichkeit	(nicht weiter berücksichtigt)[c]
Eigenschaften des Vertrauenden	Vertrauen abh. von Expertenstatus	Expertenstatus
	Vertrauen abh. von digitaler Affinität/Sozialisation	Digitale Affinität
Eigenschaften der Entscheidungssituation	Entscheidungsfrist/-horizont	Vorhersagbarkeit[d]
	Entscheidungen faktenbasiert vs. Bauchgefühl	
	Entscheidungskontrolle möglich vs. unmöglich	
	Entscheidungshierarchie/-funktion/-aufgabe	Fehlerkosten[d]
	Entscheidungstragweite (Impact)	
Eigenschaften des Umfeldes	Vertrauen abh. von gesell. Image/Philosophie	(nicht weiter berücksichtigt)[c]
	Vertrauen abh. von Einführungsstrategie	(nicht weiter berücksichtigt)[c]

[a]Siehe integratives Vertrauensmodell in Organisationen nach Mayer et al. (1995, S. 715 ff.)
[b]Siehe die Initiativen zu Explainable AI (XAI) oder öffnen der Blackbox, u. a. Baccala et al. (2018, S. 17) oder Waltl und Vogl (2018, S. 1)
[c]Das Technologieakzeptanzmodell führt zu der Annahme, dass dieser Einflussfaktor nicht direkt, sondern indirekt über die bereits berücksichtigen Einflussfaktoren wirkt, u. a. Jockisch (2010, S. 240)
[d]Siehe Dilemma der Planung, u. a. Kiener et al. (2018, S. 7), und Decision Automation Map nach Dhar (2016)

den ungerichteten Unterschiedshypothesen H_{5a}, H_{5b}, H_{6a}, H_{6b}, H_{9a}, H_{9b}, H_{10a} und H_{10b} widerspiegelt (Döring und Bortz 2016, S. 146). Diese aufgestellten Hypothesen gilt es nachfolgend auf ihre Signifikanz zu prüfen.

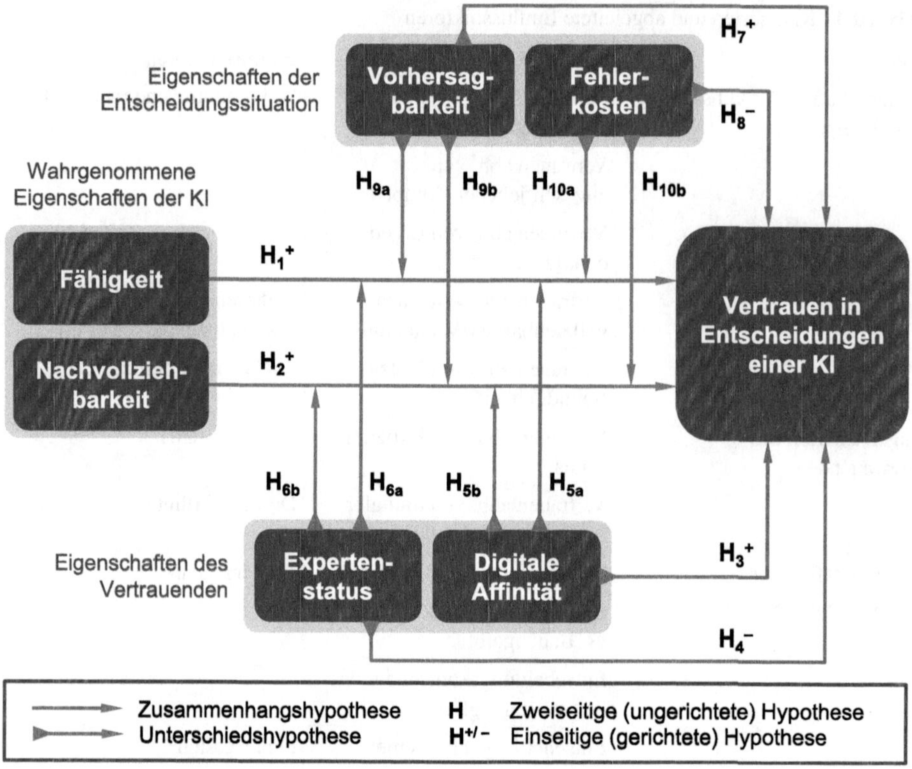

Abb. 10.3 Hypothesenmodell (Strukturmodell). Die Darstellung der Pfeile folgt zur leichteren Unterscheidung von Zusammenhangs- und Unterschiedshypothesen der Gestaltungsrichtlinie nach Kepplinger und Mair (2016, S. 219 ff.), zudem lässt sich durch den Zusatz eines Plus- oder Minus-Zeichens erkennen, dass es sich um eine gerichtete Hypothese handelt. (Quelle: Saßmannshausen 2019).

10.5 Hauptstudie zur Hypothesenprüfung

In dieser zweiten Forschungsphase werden über eine quantitative Studie die aufgestellten Hypothesen statistisch überprüft bzw. falsifiziert (Deduktion). Geleitet durch ein lineares Vorgehen ist es das primäre Ziel die entdeckten Strukturen zu bestätigen (Begründungszusammenhang) (Witt 2001, S. 4; Poser 2012, S. 119).

10.5.1 Methode

Die im Rahmen dieses Beitrags stattfindende quantitative Studie zielt darauf ab, die identifizierten und hypothetisierten Einflussfaktoren auf das Vertrauen in KI im Produktionsmanagement zu prüfen. Als etablierte Methode zur quantitativen Datenerhebung im

Merkmale	Ausprägungen			
Intention (erfragen von)	Präferenzen	Zufriedenheit	**Meinungen**	Verhalten
Kommunikationsform und Medium	Mündlich		**Schriftlich**	
	Persönlich	Telefonisch	Postalisch	**Webbasiert**

Abb. 10.4 Morphologie des Designs von Umfragestudien (fett: Einordnung der betrachteten Umfrage)

Zusammenhang mit Vertrauensstudien haben sich Umfragen herausgestellt (Kassebaum 2004, S. 23 ff.). Abb. 10.4 zeigt die grundlegenden Varianten einer Umfragestudie und die hier gewählte Ausprägungen einer Onlineumfrage zur Meinungsabfrage in Form einer Morphologie. Die Morphologie wurde abgeleitet aus Denscombe 2017 (S. 11 ff.).

Da die hypothetisierten Einflussfaktoren Konstrukte (latente Variablen) darstellen und somit nicht direkt messbar sind, ist es erforderlich, sie durch ein Messsystem zu operationalisieren, bevor sie in einen Fragebogen überführt werden können (Kumar 2014, S. 82). Das Messsystem legt direkt messbare Items bzw. Indikatoren fest, anhand derer ein Konstrukt erhoben werden soll (Döring und Bortz 2016, S. 227). Es ist zu empfehlen, bereits existierender Messinstrumente (Skalen) mit wissenschaftlich geprüfter Güte zu verwenden (Döring und Bortz 2016, S. 229). Zur Messung des *Vertrauens* wird auf die fünfstufige Likert-Skala KUSIV3 nach Beierlein et al. (2014, S. 2 f.) zurückgegriffen. Für die *wahrgenommene Fähigkeit* kommt die fünfstufige Likert-Skala von Schyns et al. (2014, S. 2 f.) zur Anwendung, während für die *wahrgenommene Nachvollziehbarkeit* eine eigene Skala entwickelt wurde. Analog wurde für die *digitale Affinität* auf Items der Skalen zur Technikaffinität (Karrer et al. 2009, S. 197 f.) und Technikbereitschaft (Neyer et al. 2016, S. 2 f.) zurückgegriffen und eine eigene fünfstufige Likert-Skala entwickelt. Der *Expertenstatus* lässt sich durch Adaption der Kompetenzstufen, die maßgeblich auf der Berufserfahrung in Jahren basieren, messen (Benner 2017, S. 68 ff.). Da es sich hierbei um eine Einzelitem-Messung handelt, wurde zur Steigerung der Validität und Reliabilität statt einer klassischen Likert-Skala die Methode des Branching verwendet, um die Zuordnung zu einer der fünf Item-Stufen festzulegen (Malhotra et al. 2009, S. 305 ff.; Lubian 2010, S. 6136).

Anders als bei den bisherigen Konstrukten werden die *Vorhersagbarkeit* und die *Fehlerkosten* nicht vom Probanden über Selbstauskunftsfragen bewertet. Stattdessen werden, abgeleitet aus den Experteninterviews, vier Entscheidungssituationen (Szenarien) kreiert. In jedem Szenario empfiehlt ein KI-Assistent eine spezifische Entscheidung, auf die sich die Selbstauskunftsfragen zu Fähigkeit, Nachvollziehbarkeit und Vertrauen beziehen. Hier zeigt sich der experimentelle Charakter dieser Umfrage, dem bei Studien zum Vertrauen eine besondere Rolle zukommt (Kassebaum 2004, S. 32). *Szenario 1* (Layoutoptimierung) beschreibt eine Entscheidungssituation im Produktionsmanagement mit mittlerer Vorhersagbarkeit und mittleren Fehlerkosten. Konkret geht es um die Neupositionierung von Maschinen im Layout einer Produktion. In *Szenario 2* (Auftragsannahme) rät der KI-Assistent dazu, einen Auftrag abzulehnen, da keine Kapazitäten verfügbar sind. Bei einem angegebenen Auftragswert von 800.000 EUR ist hier mit hohen Fehlerkosten zu rechnen. Die Vorhersagbarkeit der Situation ist ebenfalls hoch. Die gleiche Vorhersagbarkeit gilt für *Szenario 3* (Reihenfolgeplanung), in der ein KI-Assistent die Auftragsreihenfolge plant, was tendenziell niedrigere Fehlerkosten mit sich bringt (Wiendahl 2014, S. 331 ff.). Demgegenüber stellt *Szenario 4* (Produktionserweiterung) eine Situation mit niedriger Vorhersagbarkeit und hohen Fehlerkosten (hier 800.000 EUR) dar. Der KI-Assistenten empfiehlt zur strategischen Erhöhung der technologischen Flexibilität die Erweiterung der Produktion.

In Erweiterung zu den bisher aufgeführten Variablen sollen zusätzlich die demografischen Merkmale Alter, Geschlecht, höchster Bildungsabschluss und Tätigkeitsfelder abgefragt werden. Alle vier sind manifeste Variablen und lassen sich direkt abfragen. Dabei orientieren sich die Auswahloptionen für den höchsten Bildungsabschluss an den typischen Kategorien des Statistischen Bundesamtes (Hoffmeyer-Slotnik et al. 2010, S. 31 f.). Die Tätigkeitsfelder entsprechen den Kategorien der Bundesagentur für Arbeit (Bundesagentur für Arbeit 2011, S. 17). Zusammengenommen umfasst der Fragebogen 20 zum Teil reverskodierte Items. Dabei folgt die Fragebogenstruktur der Empfehlungen von Döring und Bortz (2016, S. 406). Innerhalb des Fragebogens sind die Items in verschiedene Blöcke eingeteilt. Die Blockbildung folgt dabei dem Kredo der Clusterbildung nach Intra-Homogenität und Inter-Heterogenität (Gausemeier et al. 1996, S. 273). Die Reihenfolge der Items dient der leichten kognitiven Verarbeitung, so bauen die Items logisch aufeinander auf und es wechseln sich einfachere und schwerere Items ab (Kumar 2014, S. 191; Döring und Bortz 2016, S. 408). Darüber hinaus wurde zur leichteren Unterscheidung der Szenarien jedem der vier KI-Assistenten ein eigener Name gegeben. Der so gestaltete Fragebogen wurde einem Pretest mit drei Personen unterzogen und bewirkte neben einer Verbesserung des Fragebogens auch Hinweise zur Bearbeitungsdauer (ca. zwölf Minuten).

Für die Durchführung der Umfrage wurde der Fragebogen über die Onlineplattform *umfrageonline* vom 01.08.2018 bis zum 14.08.2018 veröffentlicht. Die Zielgruppe der Untersuchung sind alle aktuell oder ehemals berufstätigen Menschen. Potenzielle Probanden für diese Teilerhebung wurden über persönliche Mitteilungen (E-Mail, WhatsApp, XING, FOM-Nachrichten) und über Posts in den sozialen Netzwerken (Facebook, XING, LinkedIn, ResearchGate) angesprochen. Diese zufällige Auswahl der Stichprobe wird als Gelegenheitsstichprobe, genauer als Selbstselektions-Stichprobe, bezeichnet (Döring und Bortz 2016, S. 305 f.).

10.5.2 Ergebnisse

Am Ende des Erhebungszeitraums haben 182 Probanden an der Umfrage teilgenommen (Bruttostichprobe). Da 52 Probanden die Umfrage nicht final beendet haben, beläuft sich die Abbruchrate auf 28,6 % und die Nettostichprobe auf 130 Probanden (für die Überprüfung der Hypothesen 1 bis 6 können Datensätze von 152 Probanden genutzt werden). Von dieser Nettostichprobe sind 67 % männlich und 33 % weiblich. Hinsichtlich der Altersverteilung lässt sich eine Häufung (ca. 41,6 %) in der Altersspanne von 25 bis 30 Jahren feststellen, während 21,5 % der Probanden darunter und 36,9 % darüber einzuordnen sind.

Tab. 10.2 Reliabilität der Konstrukte

Konstrukt	Items	Tau-äquivalente Reliabilität
Vertrauen	3 (2)	0,40 (0,66)
Wahrgenommene Fähigkeit	3	0,74
Wahrgenommene Nachvollziehbarkeit	2 (1)	0,32 (k. A.)
Expertenstatus	1	k. A.
Digitale Affinität	4	0,58

Vor der Auswertung gilt es die Daten zu bereinigen und aufzubereiten (Döring und Bortz 2016, S. 584). Dies umfasst die Zuordnung numerischer Werte zu den verbalen Antwortoptionen (Kodierung). Die anschließende Transformation der Daten beinhaltet die Bildung von Gesamtscores für die einzelnen Konstrukte. Diese lassen sich über den Mittelwert der einzelnen Itemwerte bilden (Beierlein et al. 2014, S. 2). Die anschließende Auswertung wurde mit der Statistiksoftware R durchgeführt.

Als erste Auswertung gilt es die Güte der Messinstrumente über die Kriterien der Objektivität, Reliabilität und Validität zu prüfen. Die *Objektivität* ist durch die Verwendung von vollstandardisierten Tests gewährleistet (Döring und Bortz 2016, S. 440, 442). Die *Reliabilität* gibt die Zuverlässigkeit eines Messinstrumentes an und kann über Reliabilitätskoeffizienten bestimmt werden (Döring und Bortz 2016, S. 443 f.). Für die vorliegenden Messinstrumente empfiehlt sich die tau-äquivalente Reliabilität (Cronbachs Alpha) als Maß für die interne Konsistenz (Cho 2016, S. 660). Voraussetzungen für die Verwendung ist ein identischer Einfluss (sogenannte Faktorladungen) aller Items (Cho 2016, S. 655), welcher bei den vorliegenden Kurzskalen aufgrund der ähnlichen Itemformulierung unterstellt werden kann. Tab. 10.2 stellt die tau-äquivalente Reliabilität (Cronbachs Alpha) der Konstrukte dar. Bei den Konstrukten Vertrauen und wahrgenommene Nachvollziehbarkeit kann die Reliabilität durch Löschen eines Items verbessert werden, sodass diese Items nicht länger zu berücksichtigen sind (Spector 1992, S. 32; Homburg und Giering 1996, S. 3 ff.; Field 2009, S. 675).

In Erweiterung zu den bisher genannten Gütekriterien gibt die *Validität* an, inwiefern das gemessen wird, was zu messen beabsichtigt war (Döring und Bortz 2016, S. 445). Bei den Konstrukten, die über etablierte Skalen gemessen werden, kann die Validität angenommen werden.[1] Bei den anderen Konstrukten wird die Validität durch präzise Formulierung der Items sowie die Branching-Methode angestrebt (Malhotra et al. 2009, S. 305 ff.; Lubian 2010, S. 6136).

[1]Für die Validität der Skala für Vertrauen siehe Beierlein et al. (2014, S. 8 ff.), für die Validität der Skala für wahrgenommene Fähigkeit siehe Schyns et al. (2014, S. 5) und für die Validität der Skala für digitale Affinität siehe Karrer et al. (2009, S. 197) sowie Neyer et al. (2016, S. 8 ff.).

Im Anschluss an die Überprüfung der Messinstrumente können die aufgestellten Hypothesen getestet werden. Das zur Prüfung definierte Signifikanzniveau ist $\alpha = 0{,}05$. Es besagt, dass eine Hypothese bei einer Irrtumswahrscheinlichkeit (sogenannte α-Fehler oder Fehler 1. Art) von kleiner 5 % vorläufig angenommen werden kann (Döring und Bortz 2016, S. 669 f.). Tab. 10.3 stellt die Ergebnisse der Hypothesenprüfung dar.

Tab. 10.3 Ergebnisse der Untersuchung

Hypothese	Gruppe	Stichprobe	Korrelation r/Mittelwert μ	Signifikanz	
H_1	(nicht erforderlich)	$n_1 = 152$	$r_1 = 0{,}48$	$p_1 = 1{,}99 \cdot 10^{-10}$ ***	✓
H_2	(nicht erforderlich)	$n_2 = 152$	$r_2 = 0{,}34$	$p_2 = 1{,}09 \cdot 10^{-5}$ ***	✓
H_3	Digital affin	$n_3 = 33$	$\mu_3 = 2{,}71$	$p_3 = 0{,}0078$ **	✓
	Nicht digital affin	$n_{3'} = 119$	$\mu_{3'} = 2{,}31$		
H_4	Experte	$n_4 = 62$	$\mu_4 = 2{,}26$	$p_4 = 0{,}0274$ *	✓
	Nicht-Experte	$n_{4'} = 90$	$\mu_{4'} = 2{,}50$		
H_{5a}	Digital affin	$n_{5a} = 33$	$r_{5a} = 0{,}61$	$p_{5a} = 0{,}1927$	✗
	Nicht digital affin	$n_{5a'} = 119$	$r_{5a'} = 0{,}42$		
H_{5b}	Digital affin	$n_{5b} = 33$	$r_{5b} = 0{,}33$	$p_{5b} = 0{,}9726$	✗
	Nicht digital affin	$n_{5b'} = 119$	$r_{5b'} = 0{,}33$		
H_{6a}	Experte	$n_{6a} = 62$	$r_{6a} = 0{,}35$	$p_{6a} = 0{,}1455$	✗
	Nicht-Experte	$n_{6a'} = 90$	$r_{6a'} = 0{,}54$		
H_{6b}	Experte	$n_{6b} = 62$	$r_{6b} = 0{,}43$	$p_{6b} = 0{,}2534$	✗
	Nicht-Experte	$n_{6b'} = 90$	$r_{6b'} = 0{,}27$		
H_7	Vorhersagbar	$n_7 = 130$	$\mu_7 = 2{,}39$	$p_7 = 0{,}9990$	✗
	Nicht vorhersagbar	$n_{7'} = 130$	$\mu_{7'} = 2{,}67$		
H_8	Niedrige Kosten	$n_8 = 130$	$\mu_8 = 2{,}33$	$p_8 = 0{,}7675$	✗
	Hohe Kosten	$n_{8'} = 130$	$\mu_{8'} = 2{,}39$		
H_{9a}	Vorhersagbar	$n_{9a} = 130$	$r_{9a} = 0{,}33$	$p_{9a} = 0{,}0001$ ***	✓
	Nicht vorhersagbar	$n_{9a'} = 130$	$r_{9a'} = 0{,}68$		
H_{9b}	Vorhersagbar	$n_{9b} = 130$	$r_{9b} = 0{,}35$	$p_{9b} = 0{,}6074$	✗
	Nicht vorhersagbar	$n_{9b'} = 130$	$r_{9b'} = 0{,}41$		
H_{10a}	Niedrige Kosten	$n_{10a} = 130$	$r_{10a} = 0{,}59$	$p_{10a} = 0{,}0073$ **	✓
	Hohe Kosten	$n_{10a'} = 130$	$r_{10a'} = 0{,}33$		
H_{10b}	Niedrige Kosten	$n_{10b} = 130$	$r_{10b} = 0{,}46$	$p_{10b} = 0{,}2830$	✗
	Hohe Kosten	$n_{10b'} = 130$	$r_{10b'} = 0{,}35$		

*$p \leq 0{,}05$: signifikant; **$p \leq 0{,}01$: sehr signifikant; ***$p \leq 0{,}001$: höchst signifikant

Die Zusammenhangshypothesen H_1 und H_2 werden mittels Korrelationsrechnung geprüft (Döring und Bortz 2016, S. 678). Aufgrund des quasimetrischen (kardinalen) Skalenniveaus der vorliegenden Gesamtscores fällt die Wahl auf die Produkt-Moment-Korrelation (auch Bravais-Pearson-Korrelationskoeffizient) (Döring und Bortz 2016, S. 678; Bourier 2018, S. 208). Der Zusammenhang lässt sich in beiden Fällen als höchst signifikant bezeichnen, wodurch H_1 und H_2 *vorläufige Gültigkeit* besitzen, d. h. zwischen dem Vertrauen und der wahrgenommenen Fähigkeit sowie zwischen dem Vertrauen und der wahrgenommenen Nachvollziehbarkeit besteht ein positiver Zusammenhang.

Die gerichteten Unterschiedshypothesen H_3, H_4, H_7 und H_8 werden über einen Mittelwertvergleich geprüft (Döring und Bortz 2016, S. 146). Hierzu werden je Konstrukt zwei Gruppen (Teil-Stichproben) berechnet.[2] Diese werden anschließend über den Zweistichproben-t-Test für unabhängige Stichproben hinsichtlich eines signifikanten Unterschiedes bewertet (Raab et al. 2018, S. 217 f.). Der t-Test zeigt einen signifikanten Unterschied zwischen den Mittelwerten im Falle der Hypothesen H_3 und H_4, weshalb sie *vorläufig Gültigkeit* besitzen. Demgegenüber sind die Hypothesen H_7 und H_8 *nicht bestätigt,* wobei die Gegenhypothese zu H_7 vorläufige Gültigkeit besitzt. Damit zeigt sich, dass die Gruppen der digital Affinen sowie die Gruppe der Nichtexperten ein höheres Vertrauen aufweisen als die jeweilige Gegengruppe. Zudem scheint ein höheres Vertrauen bei höherer Unsicherheit vorzuliegen.

Abschließend werden die angenommenen Moderatoreneffekte in den ungerichteten Unterschiedshypothesen H_{5a}, H_{5b}, H_{6a}, H_{6b}, H_{9a}, H_{9b}, H_{10a} und H_{10b} geprüft. Hierzu werden erneut je Konstrukt zwei Gruppen (Teil-Stichproben) gebildet und je Gruppe die Produkt-Moment-Korrelation berechnet (Hedderich und Sachs 2018, S. 773 ff.). Um zu bestimmen, ob die Korrelationen zweier Gruppen signifikant voneinander abweichen, müssen die Korrelationen mittels Fisher-z-Transformation in eine z-Verteilung überführt (Rasch et al. 2014, S. 87; Hedderich und Sachs 2018, S. 773 ff.) und dann die Prüfgröße „Z" (Field 2009, S. 191; Eid et al. 2011, S. 547 f.) berechnet werden. Mit dieser Prüfgröße lässt sich über die Standard-Normalverteilung (Tabelle oder Programm) die Signifikanz ermitteln.[3] Die Ergebnisse zeigen, dass die Annahme eines Moderatoreneffektes in den meisten Fällen nicht zu halten ist, so sind die Hypothesen H_{5a}, H_{5b}, H_{6a}, H_{6b}, H_{9b} und H_{10b} *nicht bestätigt.* Jeweils ein Moderatoreneffekt der Vorhersagbarkeit sowie der Fehlerkosten konnte nachgewiesen werden, so sind die Hypothesen H_{9a} und H_{10a} als

[2]Bei der digitalen Affinität und dem Expertenstatus geschieht dies auf Basis des Gesamtscores (Trennung bei 2,5) und bei der Vorhersagbarkeit und den Fehlerkosten auf Basis des jeweiligen Szenarios.

[3]Diese Signifikanz gilt nach Field (2009, S. 191) für einseitige Tests und muss für zweiseitige Tests verdoppelt werden.

vorläufig gültig anzusehen. Insgesamt besitzen sechs der 14 Hypothesen vorläufige Gültigkeit. Welche Erkenntnisse und Empfehlungen sich aus diesen Ergebnissen ableiten lassen wird nachfolgend erörtert.

10.6 Diskussion

Im Zentrum der Untersuchung standen die direkten Zusammenhänge potenzieller Einflussfaktoren auf das Vertrauen in eine künstliche Intelligenz. Es konnten beide vermuteten linearen Zusammenhänge bestätigt werden, sie folgen den Prinzipien „Je höher die wahrgenommene Fähigkeit, desto höher das Vertrauen" und „Je höher die wahrgenommene Nachvollziehbarkeit, desto höher das Vertrauen". Dabei wird das erste Prinzip durch die Fehlerkosten und die Vorhersagbarkeit moderiert: In Entscheidungssituationen mit *niedrigen Fehlerkosten* bzw. *niedriger Vorhersagbarkeit* (hoher Unsicherheit) ist der *Zusammenhang stärker* als in Situationen mit hohen Fehlerkosten bzw. hoher Vorhersagbarkeit. Während der erste Moderatoreneffekt zu erwarten war, ist der Moderatoreneffekt der Vorhersagbarkeit etwas überraschend, da er in entgegengesetzter Richtung angenommen wurde, deren Gegenhypothese aber höchste Signifikanz zeigt. Weitere Einflussfaktoren auf das Vertrauen bilden die Eigenschaften des Vertrauenden. *Experten* des Produktionsmanagements und nicht *digital affine* Personen vertrauen weniger in eine KI als Nichtexperten und digitale affine Personen.

Jeder identifizierte Einflussfaktor konnte einem Bereich (KI, Vertrauenden, Situation) zugewiesen werden. Interessanterweise zeigen die Ergebnisse, dass jeder der Bereiche einen anderen Wirkmechanismus auf das Vertrauen in eine KI besitzt (vgl. Abb. 10.5). Während die *wahrgenommenen Eigenschaften der KI* in einem positiven linearen Zusammenhang mit dem Vertrauen stehen, hängen die *Eigenschaften des Vertrauenden* über Unterschiedseffekte mit dem Vertrauen zusammen und die *Eigenschaften der Entscheidungssituation* wirken moderierend auf den Zusammenhang zwischen der wahrgenommenen Fähigkeit und dem Vertrauen.

Die gewonnenen Erkenntnisse lassen sich beispielsweise bei der Einführung eines KI-Assistenten nutzen, um ein möglichst hohes Vertrauen der Mitarbeitenden in die KI zu erlangen. Es hat sich gezeigt, dass Experten des Produktionsmanagements zu geringerem Vertrauen neigen als Nichtexperten. Demzufolge ist anzuraten, einen KI-Assistenten zuerst bei unerfahreneren Mitarbeitern mit digitaler Affinität einzusetzen. Um weiter das Vertrauen zu fördern, empfehlen sich Entscheidungssituationen mit geringer Vorhersagbarkeit (hoher Unsicherheit) und geringen Fehlerkosten. Die Ergebnisse legen nahe, dass einem KI-Assistenten in Situationen, die für den Menschen zu komplex sind, eine höhere Fähigkeit und somit mehr Vertrauen zugeschrieben wird, solange die Fehlerkosten überschaubar sind. In diesen Situationen stellt die KI eine wirkliche Hilfe dar und im Falle einer Fehlentscheidung sind die Auswirkungen beherrschbar.

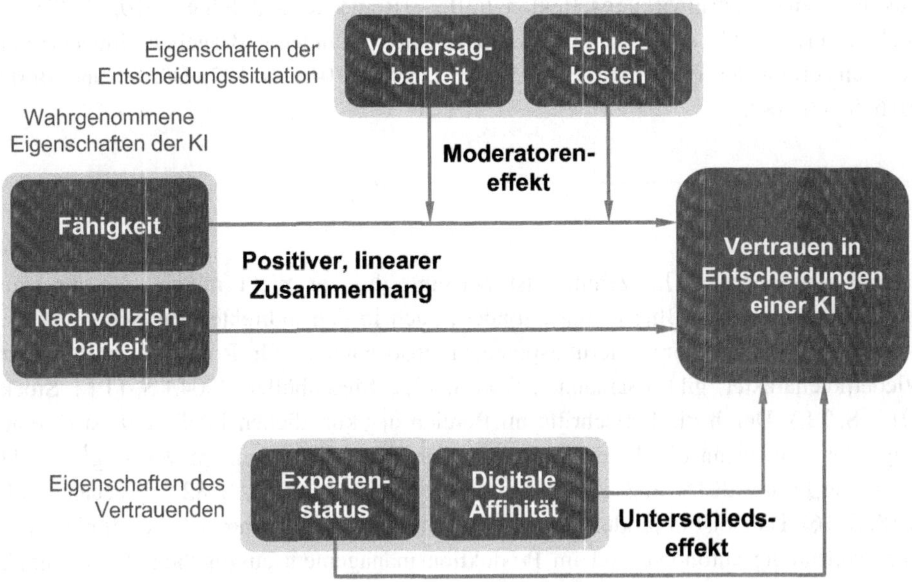

Abb. 10.5 Effekte der Einflussfaktoren (Erklärungsmodell). (Quelle: Saßmannshausen 2019)

Darüber hinaus sollte unabhängig von der Charakteristik der Entscheidungssituation oder des Menschen für ein hohes Vertrauen eine hohe Nachvollziehbarkeit sichergestellt werden.

Die beschriebenen Erkenntnisse besitzen keine Allgemeingültigkeit, sondern werden durch die Grenzen dieses Forschungsvorhabens limitiert. Die Hauptrestriktion wird durch die Stichprobe gebildet. Für Aussagen bezüglich der Grundgesamtheit ist entweder eine Vollerhebung oder eine repräsentative Stichprobe erforderlich (Döring und Bortz 2016, S. 292, 631 ff.). Darüber hinaus limitiert die Analyse der Messinstrumente die Aussagekraft: Für die Validität wurde inhaltlich argumentiert (Inhaltsvalidität), ohne eine quantitative Absicherung vorzunehmen (Döring und Bortz 2016 S. 446). Innerhalb dieser Restriktionen lassen sich die Erkenntnisse nicht ohne Weiteres auf andere Branchen übertragen, da die konstruierten Entscheidungssituationen (Szenarien) ausschließlich potenzielle Anwendungsfälle einer KI im *Maschinen- und Anlagenbau* beschreiben. Zur Übertragung der Erkenntnisse auf andere Branchen sollte sichergestellt werden, dass ähnliche Rahmenbedingungen vorherrschen, wie beispielsweise eine komplexe Auftragsabwicklung durch Einzel- und Kleinserienfertigung.

Darüber hinaus lassen die Ergebnisse keine Aussage zur Kausalität (Ursache-Wirkungs-Beziehung) (Döring und Bortz 2016, S. 54) oder zu möglichen Wechselwirkungseffekten zwischen den Einflussfaktoren, über die explizit geprüften Moderatoreneffekte hinaus, zu. Die genannten Limitationen dienen als Ansatzpunkt für zukünftige Forschung, so lassen sich beispielsweise über ein Strukturgleichungsmodell

Aussagen zu Wechselwirkungseffekten treffen (Reinecke und Pöge 2010, S. 775 ff.; Fuchs 2011, S. 3 ff.) oder über Replikationsstudien in anderen Branchen Hinweise zur Generalisierung der Erkenntnisse aufdecken (Jacoby 2013, S. 187; Döring und Bortz 2016, S. 42, 104).

10.7 Fazit

Bereits seit mehreren Jahrzehnten ist bekannt, dass es nicht nur in den direkten Produktionsbereichen (Blue Collar), sondern auch in den indirekten Bereichen (White Collar) ein hohes Automatisierungspotenzial insbesondere für Routinetätigkeiten mit Wiederholcharakter gibt (Sämann 1970, S. 422; Mesenhöller 2004, S. 11 f.; Stock 2013, S. 7 f.). Durch die Fortschritte im Bereich der künstlichen Intelligenz ist es eine Frage der Zeit, wann die Automatisierung auch in das Management vordringt (World Economic Forum 2015, S. 21; McAfee und Brynjolfsson 2017, S. 82 f.; Baccala et al. 2018, S. 16). Dabei ist in produzierenden Unternehmen in der näheren Zukunft nicht von einer vollständig autonomen KI im Produktionsmanagement auszugehen (Ullrich et al. 2017, S. 293). Stattdessen wird eine Kooperation von Mensch und KI angenommen. Eine Kombination, bei der die KI als Assistent dient und Entscheidungen vorschlägt, die schlussendlich von einem Menschen getroffen werden. Damit dieses Team effektiv und effizient zusammenarbeitet, ist es essenziell, dass die KI vom Menschen angenommen wird (Jockisch 2010, S. 248 f.; Ullrich et al. 2017, S. 296 ff.). Als Indikator dafür wurde das Konstrukt Vertrauen herangezogen (Banavar 2016, S. 3 ff.; Visser et al. 2018, S. 1412 f.; Hancock et al. 2019, S. 199).

Das Ziel des vorliegenden Beitrages war es, die Forschungsfrage *„Wovon hängt das Vertrauen in Entscheidungen einer künstlichen Intelligenz im Kontext des Produktionsmanagements ab?“* zu beantworten. In Anbetracht dieser Ergebnisse konnte ein maßgeblicher Beitrag zur Beantwortung geleistet werden. Eine vollumfängliche Erklärung der Einflussfaktoren wurde aufgrund des Studiendesigns nicht erreicht, sodass z. B. Kausaleffekte in weiteren Forschungsvorhaben zu prüfen sind.

Der generierte wissenschaftliche Mehrwert und die praktischen Leitlinien zur Gestaltung des Vertrauens in KI-Assistenzsysteme bilden einen ersten Ansatz, um den Einsatz von KI-Assistenten zu erleichtern. Insbesondere vor dem Hintergrund des anhaltenden Fachkräftemangels bieten KI-Assistenten zukünftig eine sinnvolle und gegebenenfalls notwendige Ergänzung der menschlichen Managementfähigkeit. Das hier entwickelte Erklärungsmodell beschreibt die Stellschrauben, um auf individueller Ebene eine vertrauensvolle Basis zwischen Mensch und KI zu schaffen. Auch der bereits erwähnte weitere Forschungsbedarf bewegt sich auf der Ebene der Individuen. Als Ausblick soll an dieser Stelle der Fokus auf die Systemebene gelenkt werden. Wenn KI Einzug in das Management hält, stellt sich die Frage nach künftigen Managementaufgaben und dem künftigen Managementverständnis (New Collar). Darüber hinaus bleibt zu klären (oder abzuwarten), welche Auswirkungen die genannten Entwicklungen auf das Managementsystem als solches haben und welche Managementkonzepte zur Bewältigung zukünftiger Komplexität erforderlich sind. Dies soll verdeutlichen, dass es bis zum großflächigen Einsatz von KI im Produktionsmanagement noch viele Fragen zu beantworten gilt.

Literatur

Aghamanoukjan, A., Buber, R., & Meyer, M. (2009). Qualitative interviews. In R. Buber & H. H. Holzmüller (Hrsg.) *Qualitative Marktforschung. Konzepte – Methoden – Analysen* (2. Aufl., S. 415–436). Wiesbaden: Gabler (Lehrbuch).

Atteslander, P. (2008). *Methoden der empirischen Sozialforschung* (12. Aufl.). Berlin: Schmidt.

Baccala, M., Curran, C., Garrett, D., Likens, S., & Rao, A. et al. (2018). 2018 AI predictions. 8 insights to shape business strategy. PwC. https://www.pwc.com/us/AI2018. Zugegriffen: 01. Dec. 2019.

Banavar, G. (2016). *Learning to trust artificial intelligence systems. Accountability, compliance and ethics in the age of smart machines*. Somers (USA): IBM.

Bansal, T., Pachocki, J., Sidor, S., Sutskever, I., Mordatch, I. (2018). Emergent complexity via multi-agent competition. In *arXiv preprint arXiv:1710.03748* o. Jg. (o. H.). https://arxiv.org/abs/1710.03748.

Barton, A. H., & Lazarsfeld, P. F. (1984). Einige Funktionen von qualitativer Analyse in der Sozialforschung. In Christel Hopf & Elmar Weingarten (Hrsg.), *Qualitative Sozialforschung* (S. 41–89). Stuttgart: Klett-Cotta.

Beierlein, C., Kemper, C., Kovaleva, A. J., & Rammstedt, B. (2014) *Interpersonales Vertrauen (KUSIV3). Zusammenstellung sozialwissenschaftlicher Items und Skalen*. ZIS – GESIS Leibniz Institute for the Social Sciences. https://doi.org/10.6102/zis37.

Benner, P. E. (2017). *Stufen zur Pflegekompetenz*. From novice to expert. (3. Aufl.). Bern: Hogrefe.

Beutin, N. (2008). Verfahren zur Messung der Kundenzufriedenheit im Überblick. In C. Homburg (Hrsg.), *Kundenzufriedenheit. Konzepte – Methoden – Erfahrungen* (7. Aufl., S. 121–171). Wiesbaden: Gabler.

Bourier, G. (2018). *Beschreibende Statistik. Praxisorientierte Einführung – Mit Aufgaben und Lösungen* (13. Aufl.). Wiesbaden: Springer Gabler.

Brynjolfsson, E. & McAfee, A. (2016). *The second machine age*. Wie die nächste digitale Revolution unser aller Leben verändern wird (6. Aufl.). Kulmbach: Börsenmedien AG.

Bullinger, A. C., & Kullmann, G. (2013). *Das Konzept Systemvertrauen*. Vertrauen als Grundlage von Zusammenarbeit und wirtschaftlichem Erfolg. Chemnitz: aw&l Wissenschaft und Praxis (Ergebnisbericht zum Verbundprojekt).

Bundesagentur für Arbeit (2011). Klassifikation der Berufe 2010 (Bd. 1). *Systematischer und alphabetischer Teil mit Erläuterungen*. Nürnberg: Bundesagentur für Arbeit.

Burggräf, P., Wagner, J., & Koke, B. (2018). Artificial intelligence in production management. A review of the current state of affairs and research trends in academia. In: *International Conference on Information Management and Processing (ICIMP)* IEEE, London, 82–88.

Cho, E. (2016). Making reliability reliable. A systematic approach to reliability coefficients. *Organizational Research Methods 19* (4), 651–682.

Cook, J., & Wall, T. (1980). New work attitude measures of trust, organizational commitment and personal need non-fulfilment. *Journal of Occupational and Organizational Psychology 53* (1), 39–52. http://onlinelibrary.wiley.com/doi/10.1111/j.2044-8325.1980.tb00005.x/full.

Cutler, A., Pribić, M., & Humphrey, L. (2019). *Everyday ethics for artificial intelligence.* A practical guide for designers & developers (5. Aufl.). IBM. https://www.ibm.com/watson/assets/duo/pdf/everydayethics.pdf. Zugegriffen: 09. Juni. 2020.

Denscombe, M. (2017). *The good research guide. For small-scale social research projects* (6. Aufl.). London: Open University Press.

Dhar, V. (2016). When to trust robots with decisions, and when not to. *Harvard Business Review.* https://hbr.org/2016/05/when-to-trust-robots-with-decisions-and-when-not-to, zuletzt aktualisiert am 17. Mai. 2016, zuletzt geprüft am 02. Juli. 2018.

Dombrowski, U., Riechel, C., & Evers, M. (2014). Industrie 4.0. Die Rolle des Menschen in der vierten industriellen Revolution. In W. Kersten, H. Koller & H. Lödding (Hrsg.). *Industrie 4.0. Wie intelligente Vernetzung und kognitive Systeme unsere Arbeit verändern* (S. 129–153). Berlin: Gito (Schriftenreihe der Hochschulgruppe für Arbeits- und Betriebsorganisation e.V. (HAB).

Döring, N., & Bortz, J. (2016). *Forschungsmethoden und Evaluation in den Sozial- und Humanwissenschaften* (5. Aufl.). Berlin, Heidelberg: Springer.

Eid, M., Gollwitzer, M., & Schmitt, M. (2011). *Statistik und Forschungsmethoden* (2. Aufl.). Weinheim-Basel: Beltz.

Field, A. (2009). *Discovering statistics using SPSS and sex and drugs and rock'n' roll* (3. Aufl.). Los Angeles: SAGE Publications.

Freitag, M., Kück, M., Alla, A. A., & Lütjen, M. (2015). *Potenziale von Data Science in Produktion und Logistik. Teil 1 – Eine Einführung in aktuelle Ansätze der Data Science. Industrie 4.0 Management 31* (5), 22–26.

Fuchs, A. (2011). Methodische Aspekte linearer Strukturgleichungsmodelle. Ein Vergleich von kovarianz- und varianzbasierten Kausalanalyseverfahren. Research Papers on Marketing Strategy No. 2. Würzburg: Julius-Maximilians-Universität Würzburg.

Gausemeier, J., Fink, A., & Schlake, O. (1996). *Szenario-Management. Planen und Führen mit Szenarien* (2. Aufl.). München: Carl Hanser.

Gigerenzer, G. (2008). *Bauchentscheidungen. Die Intelligenz des Unbewussten und die Macht der Intuition* (13. Aufl.). München: Goldmann.

Hancock, P. A., Stowers, K. L., & Kessler, T. T. (2019). Can we trust autonomous systems? In Hasan Ayaz & Frédéric Dehais (Hrsg.), *Neuroergonomics* (S. 199), London: Academic Press.

Hedderich, J., & Sachs, L. (2018). *Angewandte Statistik. Methodensammlung mit R* (16. Aufl). Berlin: Springer Spektrum.

Helfferich, C. (2014). Leitfaden- und Experteninterviews. In Nina Baur & Jörg Blasius (Hrsg.), *Handbuch Methoden der empirischen Sozialforschung* (S. 559–574). Wiesbaden: Springer VS.

High-Level Expert Group on Artificial Intelligence (2019). *Ethics guidelines for trustworthy AI.* European Commission. https://ai.bsa.org/wp-content/uploads/2019/09/AIHLEG_EthicsGuidelinesforTrustworthyAI-ENpdf.pdf. Zugegriffen: 09. Juni. 2020.

Hoffmeyer-Slotnik, J. H. P., Glemser, A., Heckel, C. Heyde, C. v. d., Quitt, H., & Hanefeld, U. et al. (2010). Statistik und Wissenschaft. *Demographische Standards Ausgabe 2010* (5. Aufl., Bd. 17). Wiesbaden: Statistisches Bundesamt.

Homburg, C. & Giering, A. (1996). *Konzeptualisierung und Operationalisierung komplexer Konstrukte. Ein Leitfaden für die Marketingforschung. Marketing ZFP 18* (1), 3–24.

Jacoby, J. (2013). *Trademark surveys. Designing, implementing, and evaluating surveys.* Chicago: American Bar Association.

Jockisch, M. (2010). Das Technologieakzeptanzmodell. In G. Bandow & H. H. Holzmüller (Hrsg.) *"Das ist gar kein Modell!". Unterschiedliche Modelle und Modellierungen in Betriebswirt-*

schaftslehre und Ingenieurwissenschaften (1. Aufl., S. 233–254). Wiesbaden: Gabler (Gabler Research).

Kahneman, D. (2012). *Schnelles Denken, langsames Denken.* München: Siedler.

Kaiser, R. (2014). *Qualitative Experteninterviews.* Wiesbaden: Springer.

Karrer, K., Glaser, C., & Clemens, C. (2009). Technikaffinität erfassen – der Fragebogen TA-EG. In A. Lichtenstein, C. Stößel & C. Clemens (Hrsg.), *Der Mensch im Mittelpunkt technischer Systeme. Berliner Werkstatt Mensch-Maschine-Systeme* (Bd. 8, S. 196–201). Düsseldorf: VDI.

Kassebaum, U. B. (2004). *Interpersonelles Vertrauen. Entwicklung eines Inventars zur Erfassung spezifischer Aspekte des Konstrukts.* Dissertation. Hamburg: Universität Hamburg.

Kelle, U. (2014). Mixed Methods. In Nina Baur & Jörg Blasius (Hrsg.), *Handbuch Methoden der empirischen Sozialforschung* (S. 153–166). Wiesbaden: Springer VS.

Kepplinger, D., & Mair, M. (2016). Forschungsfrage und Hypothesenmodell. So machen Sie (sich) Ihre Projektziele klar! Dietmar Kepplinger 5/219, 6/319. In *Tourismus Wissen – quarterly* o. Jg. (5 & 6), 219 bzw. 319 (erschinen in zwei Teilen).

Kiener, S., Maier-Scheubeck, N., Obermaier, R., & Weiß, M. (2018). *Produktionsmanagement. Grundlagen der Produktionsplanung und -steuerung* (11. Aufl.). Berlin: De Gruyter Oldenbourg.

Klaus, E. (2002). *Vertrauen in Unternehmensnetzwerken. Eine interdisziplinäre Analyse.* Wiesbaden: Deutscher Universitätsverlag.

Kromrey, H. (2009). *Empirische Sozialforschung. Modelle und Methoden der standardisierten Datenerhebung und Datenauswertung* (12. Aufl.). Stuttgart: Lucius & Lucius.

Kruse, R. J., Borgelt, C., Klawonn, F., Moewes, C., Ruß, G., & Steinbrecher, M. (2012). *Computational Intelligence. Eine methodische Einführung in Künstliche Neuronale Netze, Evolutionäre Algorithmen, Fuzzy-Systeme und Bayes-Netze.* Wiesbaden: Vieweg, Teubner (Studium).

Kumar, R. (2014). *Research methodology. A step-by-step guide for beginners* (4. Aufl.). Los Angeles: SAGE Publications.

Lamnek, S. (2005). *Qualitative Sozialforschung. Lehrbuch* (4. Aufl.). Weinheim-Basel: Beltz.

Lee, H.-J. (2004). The role of competence-based trust and organizational identification in continuous improvement. *Journal of Managerial Psychology, 19*(6), 623–639.

Lubian, D. (2010). Measuring attitudes: Using branching and numerical scales. In *64th Annual Conference of the American Association for Public Opinion Research (AAPOR)* Mai 13–16, Chicago, Illinois, S. 6135–6149.

Luhmann, N. (2009). *Vertrauen. Ein Mechanismus der Reduktion sozialer Komplexität* (4. Aufl.). Stuttgart: Lucius & Lucius.

Malhotra, N., Krosnick, J. A., & Thomas, R. K. (2009). Optimal design of branching questions to measure bipolar constructs. *Public Opinion Quarterly, 73*(2), 304–324. https://doi.org/10.1093/poq/nfp023.

Mayer, R. C., Davis, J. H., & Schoorman, F. D. (1995). An integrative model of organizational trust. *The Academy of Management Review, 20*(3), 709–734.

Mayring, P. (2002). *Einführung in die qualitative Sozialforschung* (5. Aufl.). Weinheim-Basel: Beltz.

Mayring, P. (2010). Qualitative Inhaltsanalyse. In Günter Mey & Katja Mruck (Hrsg.), *Handbuch Qualitative Forschung in der Psychologie* (S. 601–613). Wiesbaden: Springer VS.

Mayring, P., & Fenzl, T. (2014). Qualitative Inhaltsanalyse. In Nina Baur & Jörg Blasius (Hrsg.), *Handbuch Methoden der empirischen Sozialforschung* (S. 543–556). Wiesbaden: Springer VS.

McAfee, A., & Brynjolfsson, E. (2017). *Machine, platform, crowd. harnessing our digital future.* New York: W.W. Norton & Company.

Mesenhöller, E. (2004). Zeitdatenermittlung in indirekten Bereichen bei Einsatz von Work-flow-Management-Systemen. zugl.: Dissertation, Universität Dortmund. Aachen: Shaker.

Mey, G., & Mruck, K. (2010). Interviews. In Günter Mey & Katja Mruck (Hrsg.), *Handbuch Qualitative Forschung in der Psychologie* (S. 423–435). Wiesbaden: Springer VS.

Moravčík, M., Schmid, M., Burch, N., Lisý, V., Morrill, D., & Bard, N. (2017). DeepStack: Expert-level artificial intelligence in heads-up no-limit poker. *Science, 356*(6337), 508–513.

Nerdinger, F. W. (2014). Interaktion und Kommunikation. In Friedemann W. Nerdinger, Gerhard Blickle, & Niclas Schaper (Hrsg.), *Arbeits- und Organisationspsychologie* (3. Aufl., S. 55–70). Berlin: Springer.

Neyer, F. J., Felber, J., & Gebhardt, C. (2016). *Kurzskala zur Erfassung von Technikbereitschaft (technology commitment). Zusammenstellung sozialwissenschaftlicher Items und Skalen.* ZIS – GESIS Leibniz Institute for the Social Sciences. https://doi.org/10.6102/zis244.

Nuissl, N. (2018). Durch KI wird Software zum Wettbewerbsfaktor. *Industrieanzeiger, 140*(11), 50–53.

Poddig, T. (1992). *Künstliche Intelligenz und Entscheidungstheorie*. Wiesbaden: Deutscher Universitätsverlag.

Poser, H. (2012). Wissenschaftstheorie. *Eine philosophische Einführung* (2. Aufl.). Stuttgart: Reclam.

PricewaterhouseCoopers (2017). *Sizing the prize*. https://www.pwc.com/gx/en/issues/analytics/assets/pwc-ai-analysis-sizing-the-prize-report.pdf, zuletzt aktualisiert am 05. Okt. 2017, zuletzt geprüft am 01. Dec. 2019.

Raab, G., Unger, A., & Unger, F. (2018). *Methoden der Marketing-Forschung. Grundlagen und Praxisbeispiele* (3. Aufl.). Wiesbaden: Springer Gabler.

Rasch, B., Friese, M., Hofmann, W., & Naumann, E. (2014). *Quantitative Methoden 1. Einführung in die Statistik für Psychologen und Sozialwissenschaftler.* (4. Aufl.). Berlin: Springer.

Reinecke, J., & Pöge, A. (2010). Strukturgleichungsmodelle. In Christof Wolf & Henning Best (Hrsg.), *Handbuch der sozialwissenschaftlichen Datenanalyse* (1. Aufl., S. 775–804). Wiesbaden: Springer VS.

Russell, S. J., Norvig, P. (2016). *Artificial intelligence. A modern approach.* (3. Aufl.). London: Pearson Education.

Sämann, W. (1970). Rationalisierung der Büroarbeit als Zukunftsaufgabe. *REFA-Nachrichten, 23*(6), 421–425.

Saßmannshausen, T. M. (2019). *Vertrauen in Entscheidungen künstlicher Intelligenz im Produktionsmanagement – eine empirische Analyse*. Düren: Shaker (Wirtschaftswissenschaftliches Forum der FOM, 59).

Schreier, M. & Odag, Ö. (2010). Mixed methods. In G. Mey & K. Mruck (Hrsg.). *Handbuch Qualitative Forschung in der Psychologie*. Wiesbaden: Springer VS, S. 263–277.

Schyns, B., & Collani, G. V. (2014). Berufliche Selbstwirksamkeitserwartung. Zusammenstallung sozialwissenschaftlicher Items und Skalen: ZIS - GESIS Leibniz Institute for the Social Sciences.

Silver, D., Huang, A., Maddison, C. J., Guez, A., Sifre, L., & Driessche, G. v. d. (2016). Mastering the game of Go with deep neural networks and tree search. In *Nature* 529 (7587), S. 484–489.

Spector, P. E. (1992). *Summated rating scale construction*. Thousand Oaks: SAGE Publications.

Stock, T. (2013). Ein Verfahren zur Personalplanung und -steuerung und Restrukturierung der Aufbauorganisation für eine bedarfsorientierte und wandlungsfähige Produktion. zugl. Dissertation, Universität Stuttgart. Stuttgart: Fraunhofer.

Sydow, J. (1995). Konstitutionsbedingungen von Vertrauen in Unternehmensnetzwerken. Theoretische und empirische Einsichten. In R. Bühner, K. D. Haase, & J. Wilhelm (Hrsg.), *Die Dimensionierung des Unternehmens* (S. 177–220). Stuttgart: Schäffer-Poeschel.

Sydow, J. (1998). Understanding the constitution of interorganizational trust. In C. Lane & R. Bachmann (Hrsg.), *Trust within and between Organizations* (S. 31–63). Oxford: Oxford University Press.

Ullrich, A., Vladova, G., Gronau, N., & Jungbauer, N. (2017). Akzeptanzanalyse in der Industrie 4.0-Fabrik. Ein methodischer Ansatz zur Gestaltung des organisatorischen Wandels. In R. Obermaier (Hrsg.). *Industrie 4.0 als unternehmerische Gestaltungsaufgabe. Betriebswirtschaftliche, technische und rechtliche Herausforderungen* (2. Aufl.). Wiesbaden: Springer Gabler, S. 291–307.

Venkatesh, V., Davis, F. D. (2000). A theoretical extension of the technology acceptance model. Four longitudinal field studies. *Management Science 46* (2), 186–204.

Visser, E. J. de, Pak, R., Shaw, T. H. (2018). From ‚automation' to ‚autonomy': the importance of trust repair in human-machine interaction. *Ergonomics 61*(10), 1409–1427. https://doi.org/10.1080/00140139.2018.1457725.

Waltl, B., & Vogl, R. (2018). Explainable artificial intelligence. The new frontier in legal informatics. *Jusletter IT* 22 (o. H.).

Wenzel, K., Singer, A., Struwe, S., & Lutze, T. (2017). Modulare Assistenzsysteme für heterogene Produktionsumgebungen – CyProAssist. *ZWF Zeitschrift für wirtschaftlichen Fabrikbetrieb, 112*(3), 177–181. https://doi.org/10.3139/104.111688.

Wiendahl, H.-P. (2014). *Betriebsorganisation für Ingenieure* (8. Aufl.). München: Hanser.

Winkler, H., Seebacher, G., & Oberegger, B. (2017). Effizienzbewertung und -darstellung in der Produktion im Kontext von Industrie 4.0. In R. Obermaier (Hrsg.). *Industrie 4.0 als unternehmerische Gestaltungsaufgabe. Betriebswirtschaftliche, technische und rechtliche Herausforderungen* (2. Aufl., S. 219–243). Wiesbaden: Springer Gabler.

Witt, H. (2001). Forschungsstrategien bei quantitativer und qualitativer Sozialforschung. *Forum Qualitative Social Research* 2 (1), Art. 8. http://nbn-resolving.de/urn:nbn:de:0114-fqs010189. Zugegriffen: 22. Mai. 18.

World Economic Forum (2015). Deep shift. Technology tipping points and societal impact. Global Agenda Council on the Future of Software & Society: Survey Report.

Till Moritz Saßmannshausen, M.Sc. M.Sc. ist Gruppenleiter für Produktionsmanagement am Lehrstuhl International Production Engineering and Management (IPEM) der Universität Siegen sowie freiberuflicher Dozent zum Themengebiet Digitale Transformation und Industrie 4.0 an der FOM Hochschule. Dabei fokussiert er seine Arbeit auf organisatorische und menschenzentrierte An- und Herausforderungen.

Prof. Dr. Thomas Heupel ist seit 2007 hauptberuflicher Dozent für Betriebswirtschaftslehre, insbesondere Rechnungswesen und Controlling, und seit 2009 Prorektor für Forschung an der FOM Hochschule. Schwerpunkte seiner Arbeit liegen in den Bereichen Erfolgs- und Kostencontrolling, Automotive Industry Management, demografischer Wandel, ökologische Ökonomie sowie dem Management von KMU.

KI-Widerstände auf der Mitarbeiterebene in produktive Dynamik überführen

11

Wie die Akzeptanz von Veränderungsprozessen auf der Mitarbeiterebene systematisch erarbeitet werden kann

Michael Schaffner

Inhaltsverzeichnis

M. Schaffner (✉)
FOM Hochschule, Berlin, Deutschland
E-Mail: michael.schaffner@fom.de

R. Buchkremer et al. (Hrsg.), *Künstliche Intelligenz in Wirtschaft & Gesellschaft*, FOM-Edition, https://doi.org/10.1007/978-3-658-29550-9_11

Zusammenfassung

Künstliche Intelligenz (KI) wird zu den disruptiven Technologien gerechnet, die im Zuge einer digitalen Transformation zu radikalen Umbrüchen von Geschäftsprozessen, Berufsfeldern und Geschäftsmodellen führen können. KI wird aber auch zu den wichtigsten Bausteinen zur Sicherung der Wettbewerbsfähigkeit in der deutschen und internationalen Wirtschaft gerechnet. Die Durchdringung in der betrieblichen Praxis liegt jedoch noch hinter den Erwartungen zurück. Zwar gibt es Studien, die das Anwendungspotenzial beschreiben helfen, dennoch ist KI für viele Entscheider und Mitarbeitende noch nicht greifbar genug. Dies führt zu Akzeptanzproblemen. Aus Anwendersicht sind daher Maßnahmen zu ergreifen, damit es in Change-Prozessen zu einem „Erleben" dieser Veränderung kommt und nicht zu einem „Ertragen".

11.1 KI in Unternehmen

Die künstliche Intelligenz (KI) gilt als Schlüsseltechnologie, die ein erhebliches volkswirtschaftliches Potenzial birgt. Einer Studie des iit zufolge wird bis 2023 mit dem Einsatz der KI im produzierenden Gewerbe in Deutschland eine zusätzliche Bruttowertschöpfung in Höhe von ca. 31,8 Mrd. EUR erwartet (vgl. iit 2019, S. 5). Dies entspricht etwa einem Drittel des gesamten Wachstums des produzierenden Gewerbes in Deutschland innerhalb dieses Zeitraums. Das größte Potenzial bieten laut der iit-Studie dabei die KI-Anwendungen in Predictive Analytics, intelligente Assistenzsysteme, Robotik, intelligente Automatisierung sowie intelligente Sensorik. Zu den wichtigsten Anwendungsbereichen werden gezählt: Forschung und Entwicklung (FuE), Planung und Produktion, Marketing und Vertrieb, aber auch der Kundenservice – auf den im weiteren Verlauf vertiefend eingegangen wird. Die Studie empfiehlt insbesondere für KMU die Umsetzungshemmnisse zu reduzieren, wobei in erster Linie der Datenzugang, die Datenqualität, die IT-Sicherheit und Interoperabilität als zentrale Systemvoraussetzungen sowie der schnelle Auf- und Ausbau der beruflichen und akademischen Bildung für KI-Themen adressiert wird (vgl. iit 2019, S. 6).

Laut einer Studie des Instituts IDC aus Juni 2019 gaben mehr 60 % der befragten Unternehmen an, mit der Einführung von künstlicher Intelligenz (KI) ihr Geschäftsmodell zu verändern. Gleichzeitig wurde aber auch attestiert, dass viele KI-Projekte bereits in der Umsetzung scheitern (vgl. Jyoti 2019). Laut der IDC-Studie, an der weltweit fast 2500 Unternehmen teilgenommen haben, sind zu hohe Erwartungen und fehlendes Fachwissen der Mitarbeiter die Hauptgründe für das Scheitern der KI-Projekte.

Eine wichtige Vorstufe von KI ist die Robotic Process Automation (RPA) und die damit einhergehende Digitalisierung von Geschäftsprozessen, bei der klar definierte, regelbasierte Anweisungen prozessiert werden (z. B. Buchungsprozesse). Mit RPA werden zeitaufwendige und hochrepetitive Prozesse automatisiert und die Mitarbeiter entsprechend entlastet. RPA dient der Produktivitätssteigerung von geistigen

Tätigkeiten. Der RPA fehlt damit zwar das Selbstlernpotenzial von KI und führt auch eher nicht zu umwälzenden Geschäftsmodellinnovationen, schafft aber durch die Digitalisierung der Geschäftsprozesse einen Einstieg für KI. Einer aktuellen Studie von PWC zufolge, zu der 500 deutsche Unternehmen befragt wurden, ist die Nutzungsrate für die softwaregesteuerte Prozessautomation relativ gering (vgl. PWC 2019, S. 6). Lediglich 29 % der befragten Unternehmen unter 500 Mitarbeitern nutzen RPA, größere Unternehmen bewegen sich zwischen 40 und 50 %. PWC kommt damit zu dem Schluss, dass ohne digitale Datenprozesse auch die KI-Tauglichkeit der Unternehmen fraglich ist. Mit dem Ergebnis, dass rund 50 % der deutschen Unternehmen eher als KI-fern zu bezeichnen ist (bei Unternehmensgrößen unter 500 Mitarbeitenden sind es sogar 83 %), kommt die Studie zu dem Schluss, dass ein KI-Bewusstsein und ein Vertrauen in diese Technologie noch zu gering ausgeprägt sei. Dieses fehlende Vertrauen würde vor allem dadurch geschaffen, so die Studie, dass für Entscheider und Mitarbeitende die Potenziale von KI-Lösungen noch zu wenig greifbar seien.

Der fehlenden Akzeptanz von KI auf Entscheider-, Führungs- und Fachkräfteebene muss daher eine verstärkte Aufmerksamkeit geschenkt werden.

11.2 Theoretische Ansätze zur Akzeptanzförderung

Die klassische Betriebswirtschaftslehre setzt zur Förderung von bestimmten Verhaltensweisen auf Verbote, Gebote und ökonomische Anreize, wobei von einem rationalen Verhalten der Akteure ausgegangen wird. Menschen weisen jedoch oft Verhaltensmuster auf, die mit der Vorstellung des „homo oeconomicus" nicht vereinbar sind – hier setzt die Verhaltenswissenschaft an, die soziologische und psychologische Phänomene menschlichen Verhaltens in einem betriebswirtschaftlichen Kontext setzt.

Zur Akzeptanzförderung von Technologie kann das Technologieakzeptanzmodell (TAM) herangezogen werden (siehe Abb. 11.1), das versucht, Aussagen darüber zu treffen, warum Personen eine bestimmte Technologie (hier z. B. KI) nutzen oder nicht

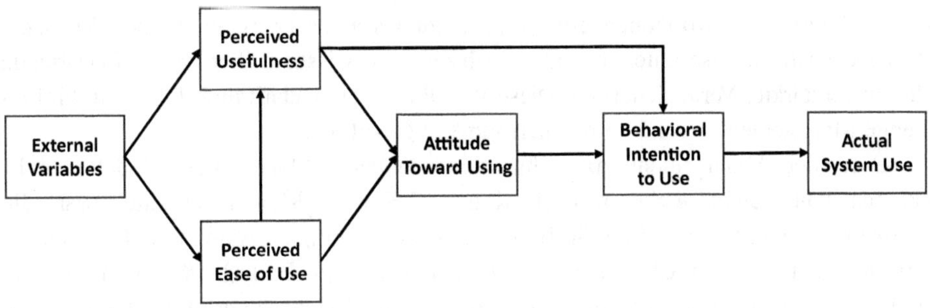

Abb. 11.1 Technologieakzeptanzmodell (TAM). (Quelle: In Anlehnung an: Davis et al. 1989, S. 985)

nutzen (vgl. Davis et al. 1989, S. 985 ff.). In der Marktforschung wird das TAM zur Vorhersage der Adoption von Neuerungen angewendet. Das TAM geht davon aus, dass die Einstellung einer Person zur Nutzung von Technologie (Attitude Toward Using) von zwei Variablen abhängig ist:

- der wahrgenommenen Nützlichkeit (Perceived Usefulness) und
- der wahrgenommenen Benutzerfreundlichkeit (Perceived Ease of Use).

Dabei wird die wahrgenommene Nützlichkeit als subjektive Empfindung der Person bezeichnet, dass durch die Anwendung einer bestimmten Technologie die Arbeitsleistung verbessert wird. Die wahrgenommene Benutzerfreundlichkeit misst die subjektive Wahrnehmung der Person, ob das Erlernen zur Nutzung der neuen Technologie mit einem hohen oder geringen Aufwand verbunden ist. Die Nutzungsabsicht (Behavioral Intention to Use) wird schließlich durch die grundlegende Einstellung der Person gegenüber der Technologie sowie maßgeblich durch die wahrgenommene Nützlichkeit bedingt, woraus sich letztlich die Nutzung (bzw. Nichtnutzung) der Technologie ergibt (Actual System Use). In einer Erweiterung von Venkatesh und Davis entstand im Jahr 2000 das TAM2, bei dem die Eingangsvariablen (External Variables) ausdifferenziert wurden in soziale und kognitive Einflüsse (z. B. subjektive Normen, Image, Job-Relevanz, Erfahrungen) (vgl. Venkatesh und Davis 2000).

Das eigentlich robuste TAM-Modell wird aufgrund der Unterstellung einer positiven Grundeinstellung gegenüber neuer Technologie kritisiert. Außerdem sind aus Sicht der Anwender die Eingangsvariablen nicht alle beeinflussbar, sodass sich die Förderung von Akzeptanz unter Zuhilfenahme des Technologie-Akzeptanz-Modells aus Anwendersicht nur bedingt gestalten lässt.

Zur Förderung von Akzeptanz kann und wird auch oft auf das Management von Veränderung (Change-Management) als Erklärungsansatz zurückgegriffen. Widerstandsphänomene werden vor allem bei fundamentalen Veränderungen – wie der digitalen Transformation – beobachtet, da die persönliche Erfahrung durch neue Entwicklungen systematisch und radikal entwertet wird (vgl. Kreutzer et al. 2017, S. 21). Die Befürchtung ist dabei, dass künstliche Intelligenz die menschliche Fachexpertise ersetzt. Gelernte Komfortzonen gilt es daher zu verlassen (z. B. im Sinne: Wie kann KI meine Fachexpertise unterstützen?), doch die Ungewissheit über das zu Erwartende führt zu verstärkter Verunsicherung. Diese Wandlungsbereitschaft und -fähigkeit wird im Change-Management besondere Aufmerksamkeit gewidmet.

Die in der Managementpraxis diskutierten Change-Management-Modelle (z. B. 3-Phasen von Lewin, 8-Stufen nach Kotter, 7-S nach McKinsey) sind zwar alle praktikabel, versagen aber ohne die Bereitschaft der beteiligten Akteure, z. B. wenn die Notwendigkeit für einen Change nicht akzeptiert wird (vgl. Galli 2018). Beim Umgang mit diesen Widerständen wird dessen zerstörerische Kraft dann sogar oft noch potenziert, wenn seitens aller Beteiligten voreilige Schlüsse bezüglich der Ursachen, Folgen oder Begleiterscheinungen gezogen werden. Diese soziale Dynamik wirkt kontraproduktiv, wenn beispielsweise (vgl. Nagel et al. 2018, S. 359)

- Widerstände einzelnen Personen in abwertender Weise zugesprochen werden („Du bist veränderungsresistent."),
- durch Diskreditierung („Du bist unsachlich.") versucht wird, die eigene Position im Machtgefüge zu stärken,
- immer nur anderen die Schuld am Widerstandsverhalten zugesprochen wird oder
- die Trägheit von Management und Organisation verantwortlich gemacht wird.

Widerstand unterliegt einem Rechtfertigungsgrund, wenn sich die Fronten dann verhärten. Führungskräften aber einfach nur zu raten, dem Widerstand etwas Positives abzugewinnen oder Widerständler mit Partizipation zu begegnen, ist meist wenig hilfreich. Zu abstrakt bleiben oft diese Managementempfehlungen. Ziel muss es sein, Widerstände in eine produktive Dynamik zu überführen.

Das Technologieakzeptanzmodell und Change-Management bieten zwar hilfreiche Ansätze, die Akzeptanz von innovativer Technologie zu fördern, doch sollten für die betriebliche Praxis auch praktikablere Instrumente entwickelt werden, die weniger „top-down" wirken, sondern „bottom-up" stärker auf die Erlebenswelt der beteiligten Akteure fokussieren. Dabei kann von der Annahme ausgegangen werden, dass Mitarbeitenden die „Greifbarkeit" technologischer Potenziale vermittelt werden muss – wie dies die PWC-Studie empfiehlt. Dieser These wird im Weiteren gefolgt.

11.3 Entwicklung einer „Matrix Digital Change"

Schlüsseltechnologien, wie die KI, wirken immer revolutionär auf Organisationen. Ein revolutionärer organisatorischer Wandel erfolgt meist radikal. In der digitalen Transformation wird dabei häufig von Disruption gesprochen, dem radikalen Umbruch („kreative Zerstörung") von Berufsgruppen, Branchen oder Geschäftsmodellen. Radikale Veränderungen werden von den betroffenen Personen oft nicht akzeptiert. Der Veränderungsprozess sollte daher kontinuierlich, in kleineren Lernschritten und über einen längeren Zeitraum erfolgen (vgl. Vahs 2012, S. 396).

> Dieser evolutionäre Prozess geht von einem „Erleben" der Veränderung aus und nicht von einem „Ertragen" (Schaffner 2019b, S. 52).

Widerstand gegen Veränderung entsteht, wenn gegensätzliche Meinungen oder Auslegungen aufeinandertreffen. Jeder Veränderungsprozess birgt die Gefahr, dass Abwehrhaltungen eingenommen werden, um – aus jeweiligen Perspektiven – vermeintlich Schützenswertes zu erhalten. Widerstand ist ein mentales Modell der Organisationspsychologie, dem zerstörerische Kraft beigemessen wird und die Zielerreichung einer Veränderung gefährdet. Daher wird Veränderungswiderstand oft eher als Last, denn als Ressource verstanden.

11.3.1 Produktiver Umgang mit Widerstand

Eine aktuelle empirische Studie (vgl. Nagel et al. 2018, S. 359) hat gezeigt, dass offener oder verborgener Widerstand als konstitutives Element des organisationalen Geschehens gesehen werden muss. Hierfür wurden die Beweggründe von Widerstand analysiert, die aus organisationspsychologischer Sicht kognitive, emotionale und intentionale Bestandteile aufweist (vgl. Piderit 2000, S. 785 ff.):

- Kognitiv urteilen die Akteure auf einer „inneren Skala", ob eine Veränderung unerlässlich für den Unternehmenserfolg ist oder ruinös.
- Emotional wird eine Veränderung danach beurteilt, ob sie Begeisterung auslöst oder Angst.
- Die intentionale Dimension berücksichtigt unter anderem die Machbarkeit bzw. Unerreichbarkeit eines Changes.

Beispiel

Ein Manager ist verzückt von dem Gedanken der „künstlichen Intelligenz" (emotional), da KI im Zuge von Industrie 4.0 neue Geschäftsmodelle ermöglicht (kognitiv). Die Einstellung ändert sich mit der Erkenntnis, dass KI-Projekte ohne Beteiligung von motivierten Fachexperten nicht konzipiert werden können (kognitiv). Obwohl der Change notwendig erscheint (kognitiv), wird es zu einem „Kampf gegen Windmühlen" mit ungewissem Ausgang (intentional), da KI für viele Mitarbeitende wenig greifbar erscheint. Eine zusätzlich unklare Ausrichtung des Managements führt zur Entmutigung (emotional). ◀

Das Fallbeispiel zeigt, dass Widerstand häufig mehrdeutig ist, mit Kenntnis der Ausprägungen aber auch besser erkennbar und gestaltbar wird. Die Autoren der Studie raten daher, Achtsamkeit walten zu lassen und die Widerstandssituation aus verschiedenen Perspektiven umfassend wahrzunehmen. Dazu gehört vor allem auch die Einnahme unterschiedlicher Positionen. Vorschnelle Schlüsse in Widerstandssituationen würden Führungskräfte wie Mitarbeitende oft dazu verleiten, sich nicht genauer damit auseinanderzusetzen (vgl. Nagel et al. 2018, S. 360).

Aus der Akzeptanzforschung ist zudem bekannt, dass das Kennen, Können, Wollen und Sollen[1] einer Strategie die Erfolgsfaktoren für Change-Prozesse sind (siehe Abb. 11.2). In der relativen Wichtigkeit wird dem Können und Verstehen der Strategie (Sinn und Zweck) mit ca. 50 % die höchste Bedeutung beigemessen. Es folgen die aktive Beteiligung und Förderung von Promotoren (Sollen) mit knapp 21 % sowie die

[1] „Sollen" ist hier aus Sicht der Beteiligten als ein spezifisches Struktur-, Organisations- und Rollenkonzept zu verstehen, um eine Strategie umsetzen zu können, und nicht als Umsetzungszwang für die Beteiligten.

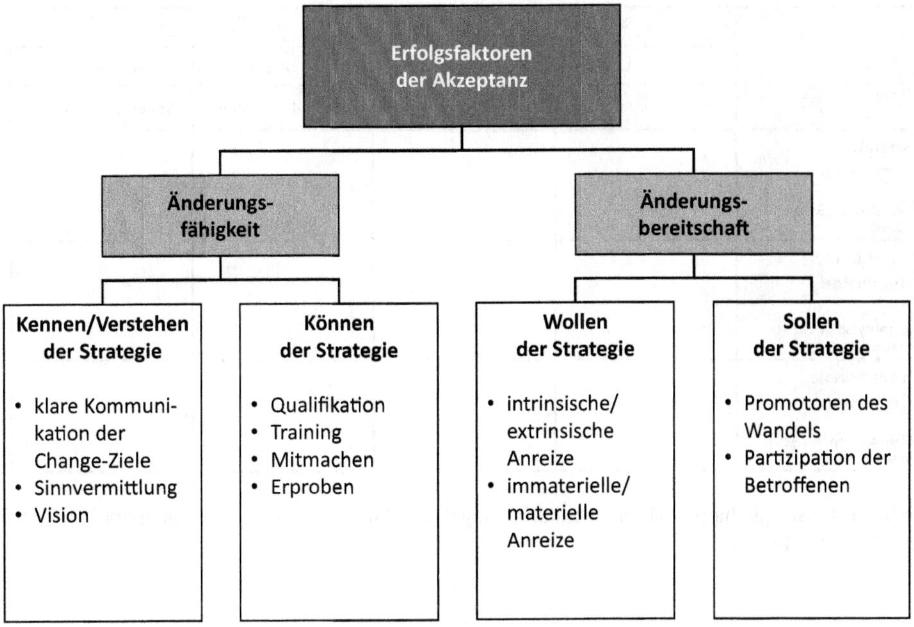

Abb. 11.2 Erfolgsfaktoren der Akzeptanz. (Quelle: In Anlehnung an Werani und Smeijkalv 2014, S. 251)

Qualifizierung (Können) mit rund 15 % und die Motivation (Wollen) mit ca. 14 % (vgl. Werani und Smeijkalv 2014, S. 251). Das „Sollen der Strategie" ist dabei als Mitarbeiter-Aktivierung und -Motivation zu verstehen und nicht als Anweisung zum Mitmachen in Form einer klassische „Command-and-Controll"-Strategie.

11.3.2 Aktive Gestaltung von Change-Management

Die Erkenntnisse aus den Studien zu Widerstand und Akzeptanz zusammenführend, kann so eine Matrix für Maßnahmen entwickelt werden, um die Adoption innovativer Neuerungen (Change) zu unterstützen. In der Abb. 11.3 sehen Sie ein beispielhaftes Suchfeldraster (Modell: „Matrix Digital Change"). Ziel ist es dabei, Maßnahmen zu den Erfolgsfaktoren für Akzeptanz zu ermitteln, die positiv auf die Widerstandsdimensionen wirken – damit neue Technologien (hier: KI) greifbarer werden. Der Ansatz wird von der These getragen, dass eine digitale Transformation gelingt, wenn der Change kognitiv als unerlässlich gesehen wird, emotional begeistert und intentional machbar erscheint.

Unternehmenssituationen sind so spezifisch, dass diese Maßnahmen individuell, z. B. in Workshops, entwickelt werden müssen. Aus dem Modell wird durch die Kombination mit einem Branchen- oder Firmenszenario ein praktikables Konzept. Im Folgenden wird versucht, ein Suchfeldraster exemplarisch zu skizzieren.

Beurteilung des Veränderungsprozesses (hier: Einführung von KI)	Erfolgsfaktoren der Akzeptanz			
	Änderungsfähigkeit		Änderungsbereitschaft	
	Kennen der Strategie	Können der Strategie	Wollen der Strategie	Sollen der Strategie
Kognitive Dimension (unerlässlich anstatt ruinös)	• …	• …	• …	• …
Emotionale Dimension (begeisternd anstatt beängstigend)	• …	• …	• …	• …
Intentionale Dimension (machbar anstatt unerreichbar)	• …	• …	• …	• …

Abb. 11.3 Beispielhafte „Matrix Digital Change“ für Maßnahmen zur Akzeptanzförderung für künstliche Intelligenz

> The best way to predict the future is to create it.

Um Betroffene zu Beteiligten zu machen, ist laut Akzeptanzforschung das Strategieverständnis am wichtigsten. Wenn aber die Unternehmensstrategie unscharf oder unbekannt ist, könnte es die Aufgabe der Fachabteilungen sein, diese aktiv mitzugestalten – gemäß dem Motto „The best way to predict the future is to create it.“ (Abraham Lincoln zugeschrieben).

Industrie 4.0 ist nicht nur ein Motor für „smart information“ (semantisch modellierte, „intelligente“ Information), sondern kann sich über die KI auch als ein Inkubator für die Neugestaltung und strategische Positionierung von Unternehmen, Geschäftsbereichen und Abteilungen im Sinne neuer Geschäftsmodelle entwickeln (vgl. Fraunhofer 2019; Schaffner 2017a). Geschäftsmodelle in Industrie 4.0 entstehen evolutionär oder disruptiv (vgl. Wieselhuber 2015, S. 22 ff.):

- Das Geschäftsmodell „Evolution“ setzt auf eine enge Kooperation mit IT-Spezialisten. Dabei bleibt die Branchenlogik bestehen. Der Fokus liegt auf der digitalen Veredelung von Produkten & Leistungen, Digitalisierung von Produktfunktionen sowie produktnahe digitale Services (z. B. Predictive Maintenance). Das Erlösmodell besteht aus bezahlten Zusatzdiensten.
- Beim Geschäftsmodell „Disruption“ wird die Branchenlogik stark verändert (z. B. Carsharing großer Automobilkonzerne). Hierzu werden globale Kooperationsnetzwerke geschaffen (z. B. I&K-Technologie, Internet-Ökonomie), um im neuen „Eco-System“ eine radikal neue Wert- und Serviceorientierung zu realisieren.

Wenn das mögliche Geschäftsmodell in den Umrissen bekannt ist, verliert die Zukunft meist ihren Schrecken. Hier sollte das neue Konzept ansetzen und aus Sicht der Beteiligten (Bottom-up-)Maßnahmen zur Akzeptanzförderung entwickeln, damit der Einsatz von KI als unerlässlicher Schritt interpretiert wird, dies emotional zu Begeisterung führt und als intentional machbar erscheint.

11.4 Anwendungsfall: Instandhaltung

Eine aktuelle Fraunhofer-Studie listet acht Anwendungsfelder für künstliche Intelligenz in produktionsnahen Bereichen auf: Automatisierungstechnik, digitale Assistenzsysteme, Logistik, Produkt- und Prozessentwicklung, Prozessoptimierung und -steuerung, Qualitätsmanagement und -kontrolle, Ressourcenplanung sowie Instandhaltung (vgl. Fraunhofer 2019 S. 14). Der zuletzt genannte Anwendungsfall wird exemplarisch als Fallbeispiel weiter ausgeführt.

KI-Anwendungen in der Instandhaltung konzentrieren sich beispielsweise auf die bedarfsgerechte Optimierung von Wartungsintervallen. Die Instandhaltungstechniker können sich dadurch verstärkt auf Wartungs- und Problemlösungsprozesse konzentrieren. Bei der vorausschauenden Wartung (Predictive Maintenance) wird der Wartungszeitpunkt auf Basis der Betriebsmittelabnutzung ermittelt. Mithilfe von Condition Monitoring (Zustandsüberwachung) werden physikalische Größen sensortechnisch erfasst, z. B. Schwingungen, Temperatur, Geräusche, Lageparameter, und algorithmisch verrechnet. Die Wartungsaktivitäten können sich dabei auf abnutzende Komponenten reduzieren, anstatt eine Komplettwartung anzustoßen. Ein Drifting von Maschinenparametern, Trendanalysen und komplexe Mustererkennungen (z. B. Auswertung von Assistenzdaten mit dem Ziel drohende Ausfälle im Kontext von Zuständen an Dritt-Komponenten) helfen, teure Maschinenausfälle durch eine gezielte Wartung zu vermeiden.

Dabei wird in der Fraunhofer-Studie der Wissensrepräsentation und -semantik für die Instandhaltung nur eine mittlere Bedeutung zugemessen (vgl. Fraunhofer 2019, S. 15). Dies kann auch anders interpretiert werden. Schließlich setzt eine intelligente Instandhaltung eine ontologische Beschreibung[2] aller in der Informationsversorgung relational verknüpften Topics (z. B. Bauteil, Komponente, Fehler- und Zustandsbeschreibung, Werkzeug, Ersatzteil, Anleitung, Technikerqualifikation) voraus. Aktuelle Studien gehen davon aus, dass sich die Arbeitswelt der für die Instandhaltung zuständigen technischen

[2]Eine Ontologie beschreibt einen Wissensbereich (Knowledge Domain) mithilfe einer standardisierenden Terminologie sowie logischen Beziehungen zwischen den dort definierten Begriffen (z. B. beschrieben im Datenformat RDF). Das gemeinsame Vokabular wird in der Regel in Form einer Taxonomie (Klassifikation von Termini in Kategorien) gegeben (Hesse 2005).

Dokumentation (bzw. technische Kommunikation) gravierend verändert und technische Redakteure zu Semantikmodellierern werden (vgl. Schaffner 2019a).

11.4.1 Intelligente Information als Grundlage für KI wird derzeit noch vernachlässigt

So kam die Gesellschaft für technische Kommunikation e. V. (tekom) 2015 zu dem Ergebnis, dass in den vorherrschenden Diskursen über die Digitalisierung der industriellen Fertigung die Frage vernachlässigt wird, wie sich die Bereitstellung von Informationen für die Nutzer von physischen Produkten, Software oder Dienstleistungen zukünftig gestalten soll, um unter anderem auch KI-Anwendungen überhaupt zu ermöglichen. Zur Jahrestagung 2015 hat die tekom daher die Initiative „in^3" (intelligent information initiative) ins Leben gerufen (vgl. tekom 2015). Aus dieser Initiative ging 2016 der Arbeitskreis „Information 4.0" hervor, der sich mit der Integration einer intelligenten Bereitstellung von Nutzungsinformation in Konzepten der Industrie 4.0 beschäftigt hat. Dieser Arbeitskreis hat im Zeitraum März 2016 bis Dezember 2017 an der Entwicklung eines standardisierten Datenmodells gearbeitet, das eine automatisierte, kontextabhängige und individuelle Bereitstellung von Nutzungsinformationen ermöglicht.[3] Der tekom-Arbeitskreis „Information 4.0" hat zum 18. April 2018 die erste Version v1.0 des Standards iiRDS (intelligent information Request & Delivery Standard) veröffentlicht, der kontinuierlich erweitert wird (vgl. iirds 2019). Der Standard iiRDS definiert eine Ontologie sowie ein Paketformat für die Auslieferung technischer Informationen, das die herstellerunabhängige Auslieferung und Verschlagwortung von Dokumentation gestattet (vgl. Parson 2017, S. 26).

Auch im Forschungsprojekt „Technische Kommunikation 4.0" das KCT KompetenzCentrum für Technologie- und Innovationsforschung an der FOM Hochschule konnten erste Antworten auf die Forschungsfrage gefunden werden, wie sich der Arbeitskontext für die Mitarbeitenden in der technischen Kommunikation verändern wird.[4] Die prognostizierte Entwicklung der technischen Kommunikation hin zu einer ontologischen Arbeit ist jedoch noch von verschiedenen Randbedingungen abhängig, beispielsweise ob und wie der iiRDS-Standard sowie die Idee einer sich ändernden Arbeitsorganisation in der Branche adoptiert wird. Dabei kommt erschwerend hinzu, dass in der tekom-Branchenstudie 2017 Akzeptanzprobleme erkennbar sind und die technische Kommunikation in den Unternehmen noch nicht angemessen auf Industrie 4.0 vorbereitet erscheint. So ist für 44,5 % der in der tekom-Studie befragten Experten

[3]Der Autor des vorliegenden Beitrages war Projektkoordinator des mit SCRUM-Methode durchgeführten Entwicklungsprojektes „iiRDS".

[4]Der Autor des vorliegenden Beitrages war ebenfalls Projektleiter des Forschungsprojekts „Technische Kommunikation 4.0".

der Status von intelligenter Information, einer der wichtigsten Grundlagen für künstliche Intelligenz, in Industrieunternehmen noch kein Thema (vgl. Straub 2017, S. 47).

So stellt sich für die Instandhaltung – als KI-Anwendungsfall – die Frage, wie „smart Information" Einzug in die Erstellung der für die Instandhaltung notwendigen Informationsbestände und semantischen Modelle halten kann. Hierfür wird im weiteren Verlauf das unter dem Abschn. 11.3 vorgestellte Suchfeldraster für Maßnahmen zur Akzeptanzförderung von künstlicher Intelligenz exemplarisch gefüllt (vgl. Schaffner 2019b).

11.4.2 Zukunft der Instandhaltung erlebbar machen

Industrie 4.0 setzt auf eine vertikale Integration der IT-Systeme in einem Unternehmen und die horizontale Integration entlang der Wertschöpfungskette (vgl. Schaffner 2017b, S. 115). Unter „intelligente Information" wird verstanden, dass Informationsfragmente so zu organisieren sind, dass diese automatisiert, kontext-abhängig und individualisiert im Bedarfsfall orchestriert werden – und zwar über den gesamten Produktlebenszyklus hinweg (von der Konstruktion bis zur Entsorgung). Dies setzt voraus, dass Daten mithilfe von Metadaten strukturiert sind, interpretiert werden können und der Handlungskontext (Knowledge Domain) durch ein semantisches Modell virtuell repräsentiert wird (Ontologie). Dieser Aufgabe hat sich der tekom-Arbeitskreis „Information 4.0" mit dem Standard iiRDS (intelligent information Request & Delivery Standard) gewidmet (vgl. Kreutzer und Parson 2018). Der Arbeitskontext der technischen Redakteure wird sich nachhaltig verändern. Denn nicht mehr das Schreiben der redaktionellen Texte wird künftig im Vordergrund stehen, sondern die ontologische Beschreibung der Informationsversorgung. Technische Redakteure werden möglicherweise zu Semantikmodellierern in drei Kernfeldern (vgl. Schaffner 2019a, S. 120):

- Fabrik 4.0
- Wertkette 4.0
- Information 4.0

In der Abb. 11.4 sehen Sie eine Übersicht, wie sich die Industrie 4.0 und die künstliche Intelligenz auf mögliche Aufgaben der Informationswirtschaft aus Sicht der technischen Kommunikation auswirken kann.

11.4.3 KI in der Fabrik 4.0

Aus der vertikalen Integration ergibt sich der Anspruch an eine „Fabrik 4.0", die durch eine Integration der verschiedenen IT-Systeme auf den unterschiedlichen Hierarchieebenen gekennzeichnet ist und bei der CPS (cyber-physikalische Systeme) flexibel und frei konfigurierbar werden. Diese autonome Steuerung der Fertigungsabläufe

Abb. 11.4 Industrie 4.0/künstliche Intelligenz – mögliche Aufgaben der Informationswirtschaft aus Sicht der technischen Kommunikation

durch die Produktionsfraktale setzt eine ontologische Beschreibung der Geschäftsprozesse sowie der Interaktionen zwischen allen Assets voraus. Gleichzeitig müssen die relevanten Objekte (organische wie anorganische) durch Embedded Systems in die digitale Vernetzung integriert werden (z. B. RFID-Mitarbeiterkennung, Sensorik mit funkfähigem Minicomputer). Zudem sind für die relevanten Betriebszustände entlang der Lebenszyklen aller Objekte (z. B. Installation, Bedienung, Wartung, Service, Entsorgung) die Wissensdomänen der Anwendungskontexte sowie der handelnden Experten zu modellieren und ontologisch zu beschreiben. Aus der automatisierten Auswertung der umfangreichen Sensor-, Betriebs- und Assistenzdaten lassen sich Betriebszustände überwachen (Condition Monitoring), bislang unbekannte Fehlerursachen und Wirkungszusammenhänge oder Lösungsmuster identifizieren (Big Data Analytics). Eine besondere Aufmerksamkeit ist dabei den noch ungenutzten Daten (Dark Data) zu widmen. Diese zu identifizieren und in einem Digitalisierungskonzept bereitzustellen, wird eine strategische Aufgabe zur Sicherung der Wettbewerbsfähigkeit beigemessen, was eine neue Aufgabe für die technische Kommunikation sein könnte.

11.4.4 KI in der Wertkette 4.0

Die horizontale Vernetzung führt zu einer „Wertkette 4.0", die für eine Integration verschiedener IT-Systeme entlang der Wertschöpfungskette (vom Rohstoff über die

Zuliefer- und Herstellerindustrie bis zum Endkunden und zur Entsorgung) steht und für eine hochgradige Datentransparenz durch die Bewirtschaftung von Produktlebenslaufakten für jedes Asset sorgt. Es muss sichergestellt werden, dass die digitalen Zwillinge (Industrie-4.0-Verwaltungsschale) mit allen notwendigen Informationen dauerhaft und in allen relevanten Ausprägungen (z. B. fremdsprachlich, mehrmedial, formatflexibel) bestückt werden. Zudem sind die Kommunikationswege des Wissenstransfers zu organisieren, um keine relevanten Informationen zu verlieren (beispielsweise Serviceinformationen aus dem Kundendienst, Stücklisten-Modifikationen nach Instandhaltungsarbeiten, Änderungen an Zulieferteilen etc.).

11.4.5 KI in der Information 4.0

Beide zuvor genannten Ansprüche an die Industrie-4.0-konforme Informationswirtschaft setzt eine adäquate Informationslandschaft voraus („Information 4.0"), die in erster Linie durch standardisierte Daten geprägt wird. Denn Automaten benötigen für Such-, Kommunikations- und Entscheidungsaufgaben Informationen darüber, wie Daten strukturiert und zu interpretieren sind (Metadaten) sowie eine Repräsentation der zugrunde liegenden Begriffe und deren logischen Zusammenhänge (Ontologie). Für die automatisierte, kontextabhängige und individuelle Bereitstellung von Nutzungsinformationen sind Logiken zu definieren und dynamisch aktuell zu halten, die einen Request auslösen (z. B. Sensordaten, Ergebnisse aus Big-Data-Analysen) und Informationsartefakte zielgruppenspezifisch, multimedial und multilingual für ein entsprechendes Delivery (z. B. Anstoß einer vorausschauenden Wartung, Bereitstellung notwendiger Wartungsinformationen) ontologisch verknüpfen.

11.4.6 KI-spezifische Leitfragen der technischen Kommunikation 4.0

Redakteure oder Knowledge-Manager in der technischen Kommunikation 4.0 werden künftig von anderen Leitfragen als bislang geleitet, z. B. (vgl. Schaffner 2017b, S. 121):

- Welche Sensorwerte, Statusmeldungen, Assistenzdaten etc. identifizieren eine Situation eindeutig?
- Welche Anforderungen müssen an Embedded Systems zur Kontextidentifizierung gestellt werden?
- Welche Geschäftsprozesse sind semantisch zu modellieren?
- Welche ontologischen Beziehungen zu relevanten Ressourcen (Ersatzteile, Werkzeuge, Techniker, verknüpfte Komponenten etc.) müssen modelliert werden?
- Wie lassen sich logische Beziehungen (z. B. Fehlerabhängigkeiten, neue Einsatzszenarien) über die gesamte Produktlebenszeit aktualisiert halten?

- Welche Daten sind verborgen (Dark Data), aber essenziell für die Identifizierung bislang unbekannter Fehler, Fehlerursachen oder Problemlösungsstrategien?
- Wie können bislang unbekannte logische Beziehungen zwischen Topics identifiziert werden, die semantisch modelliert gehören?

11.4.7 Erhöhung der Selbstwirksamkeit

Mögliche Handlungsoptionen dürfen nicht abstrakt und theoretisch bleiben. Mitarbeitenden muss daher ermöglicht werden, sich in Sachgebiete einzuarbeiten und eigene Erfahrungen zu sammeln. Dabei ist der Selbstwirksamkeit besondere Aufmerksamkeit zu widmen, um das Vertrauen in die eigenen Fähigkeiten zu steigern sowie schwierige Situationen und Herausforderungen meistern zu können. Zur Steigerung der Selbstwirksamkeit gehören unter anderem (vgl. Bandura 1994):

- persönliche Erfolgserlebnisse (direkte Könnenserfahrung)
- Beobachten von erfolgreichen Beispielen und Vorbildern (stellvertretende Erfahrungen)
- soziale Unterstützung seitens der Führung und positive Rückmeldungen aus der Gruppe
- Interpretation und positive Steuerung von Emotionen und Empfindungen.

Übertragen auf den Kontext der technischen Kommunikation gehören hierzu beispielsweise Communities-of-Practice mit der FuE-Abteilung, die Mitarbeit im iiRDS-Arbeitskreis oder die Kooperation mit Industrie-4.0-Labs. Vorbild können Innovationsführer sein. So gründet sich der Innovationserfolg von 3M beispielsweise darauf, dass die Mitarbeiter 15 % ihrer Arbeitszeit an selbst gewählten Ideen und Projekten arbeiten dürfen.

In Abb. 11.5 sehen Sie ein exemplarisches Suchfeldraster („Matrix Digital Change“) für die digitale Transformation in der technischen Kommunikation. Dargestellt sind mögliche Maßnahmen zur Überführung von Widerständen in eine produktive Dynamik.

11.4.8 Agilität als Nährboden

Die Auslegung technologischer Chancen oder Gefahren einer digitalen Transformation birgt ein großes Potenzial für gegensätzliche Standpunkte – Beispiel: „KI schafft Arbeitsplatze“ contra „KI zerstört Arbeitsplätze“. Letztlich wissen wir es (noch) nicht. Wenn die Folgen oder Ergebnisse unseres Handelns nicht langfristig absehbar sind, wird in der heutigen Managementpraxis gerne nach Agilität gerufen. Denn nur in langfristig stabilen Organisations-, Technik- und Marktumgebungen können Handlungsschritte klassisch über Maßnahmenpläne sowie systematisch geplant werden.

Beurteilung des Veränderungsprozesses (hier: Einführung von KI)	Erfolgsfaktoren der Akzeptanz			
	Änderungsfähigkeit		Änderungsbereitschaft	
	Kennen der Strategie	Können der Strategie	Wollen der Strategie	Sollen der Strategie
Kognitive Dimension (unerlässlich anstatt ruinös)	• Klare Geschäftsmodell-Vision für KI • Projektion auf die Fachabteilung	• Firmenspezifische Konzepte für - Fabrik 4.0 - Information 4.0 - Wertkette 4.0	• Persönliche Ziele im Kontext „KI", „Industrie 4.0" etc. identifizieren	• Anerkennung der Unternehmensstrategie, wenn zu Positionspapieren zugearbeitet wird
Emotionale Dimension (begeisternd anstatt beängstigend)	• Fachabteilung als Schlüsselpartner positionieren • Normative Erwartungen im Umgang mit KI definieren (Organisationskultur)	• Pilotprojekt, Test-Umgebung als Nukleus etablieren • Selbstwirksamkeit fördern	• Wertschätzung von Eigeninitiativen • KI-/Industrie-4.0-Teamziele in Zielvereinbarungen verankern • Weiterbildung (z.B. „Umgang mit Misserfolgen")	• Kreative Freiräume • Kooperation mit KI-/Industrie-4.0-Labs, Instituten, Hochschulen etc. • Mitwirkung in spezifischen Arbeitskreisen (z.B. tekom iiRDS, VDMA KI, bitkom AI)
Intentionale Dimension (machbar anstatt unerreichbar)	• Operative Leitfragen entwickeln • Umsetzbarkeit gestaltbar machen	• Testing von Metadaten- und ontologischen Modellen (z.B. iiRDS) • Weiterbildung („Ontologie", „Semantik" etc.)	• Prinzip der kleinen Schritte • Strategien partizipativ entwickeln (z.B. mittels SWOT, BSC) • Selbstwirksamkeit fördern	• agiles Task-Management (z.B. Scrum, Kanban) • Communities of Practice (z.B. mit FuE, IT, Produktion, Service)

Abb. 11.5 Maßnahmen zur Überführung von Widerständen in eine produktive Dynamik – ein exemplarisches Suchfeldraster für die digitale Transformation in der technischen Kommunikation

Sind die Umgebungen hingegen volatil, unsicher/unbestimmt, komplex und ambig (VUKA-Welt), wird versucht, sich iterativ einem Optimum zu nähern (Agilität). Zielfindung und Maßnahmenplanung erfolgen in rekursiven Schleifen, sind niemals faktisch und immer im Fluss. Dabei werden alle Beteiligten einbezogen, informiert und zur Mitwirkung an der Gestaltungsarbeit aufgefordert. Die Agilität ist dabei deutlich mehr als nur Flexibilität. Vielmehr umfasst sie zusätzlich die Antizipation naher Zukunftswahrscheinlichkeiten. Auf diese Weise werden alle mitgenommen und Widerstände sind weniger wahrscheinlich.

11.5 Ausblick

Für die technische Kommunikation bietet sich mit Industrie 4.0 und Intelligenter Information (KI) eine einmalige Chance der strategischen Positionierung im Unternehmen. Wissensmanagement als neue Aufgabe für technische Redakteure zu verstehen, ist keine neue Erkenntnis. Einzig die Relevanz auf der Managementebene zu kommunizieren, ist bislang der große Hemmschuh gewesen. Denn das Management war bisher nur schwer zu überzeugen, da die Effektivität von Wissensmanagement kaum zu beschreiben und die Effizienz über ein Return on Investment noch schwerer kalkulierbar ist. Mit Industrie 4.0 und KI ist das Management nun ausreichend sensibilisiert, dass versucht werden kann, das Wertschöpfungsthema des „intelligenten Contents“ bzw. der „intelligenten Information“ zu platzieren (vgl. Schaffner 2018).

Industrie 4.0 und KI-Szenarien sind bereits heute Realität – zumindest in Pilot- und Forschungsprojekten. Die Durchdringung in der durch KMU-geprägten Wirtschaftspraxis wird jedoch die große Herausforderung sein. Denn die digitale Transformation in Wertschöpfungsketten wird durch die horizontale Integration aller Wirtschaftsakteure geprägt – weltweit und über alle Branchen hinweg. Im Vergleich mit den zurückliegenden industriellen Revolutionen wird Industrie 4.0 eine Durchdringungsphase von mindestens 20–30 Jahren nachgesagt. Dies bedeutet, dass wir frühestens um das Jahr 2040 herum von einer Industrie 4.0 sprechen könnten. Voraussetzung für die horizontale Integration ist die vertikale Integration, also der durchgängige Informations- und Datenfluss innerhalb einer Organisation vom Vertrieb über die Produktentwicklung bis hin zur Produktion und zur Logistik. Hierfür müssen beispielsweise alle Prozessdaten der Kern-Wertschöpfungskette (Entwicklung, Fertigung, Zulieferung, Vertrieb etc.) sowie der Supportprozesse (z. B. Personal, Controlling etc.) vertikal verfügbar sein, integriert werden (z. B. zentrale Datenhaltung, Metadatenstrukturen) und in Echtzeit analysierbar sein (Big und Dark Data Analytics). Ob und wann dies übergreifend in den kleinen und mittelständischen Unternehmen der Fall sein wird, kann zum jetzigen Zeitpunkt nur schwer vorhergesagt werden (vgl. Schaffner 2017c).

Literatur

Bandura, A. (1994). Self-efficacy. In V. S. Ramachaudran (Hrsg.), Encyclopedia of human behavior (Bd. 4, S. 71–81). New York: Academic Press.

Davis, F. D., Bagozzi, R. P., & Warshaw, P. R. (1989). User acceptance of computer technology: A comparison of two. In *Management Science*, 35. Jhg. Heft 8, S. 982–1003.

Fraunhofer (Hrsg.) (2019). Einsatzfelder von künstlicher Intelligenz im Produktionsumfeld; Studie im Auftrag des Ministeriums für Wirtschaft, Arbeit und Wohnungsbau Baden-Württemberg; Stuttgart März 2019.

Galli, B. J. (2018): Change management models: A comparative analysis and concerns. In *IEEE Engineering Management Review*, 43. Jhg., Heft 3, S. 124–132.

Hesse, W. (2005). Ontologien. In Gesellschaft für Informatik (Hrsg.) Lexikon. https://gi.de/informatiklexikon/ontologien. Zugegriffen: 19. Febr. 2018.

iirds (2019). iiRDS – The International Standard for Intelligent Information Request and Delivery. In tekom (Hrsg.) iiRDS. www.iirds.org. Zugegriffen: 16. Sept. 2019.

iit (Hrsg.) (2019). Potenziale der Künstlichen Intelligenz im Produzierenden Gewerbe in Deutschland. Institut für Innovation und Technik (iit) in der VDI/ VDE Innovation + Technik GmbH, im Auftrag des BMWi; Berlin Juli 2018.

Jyoti, R. (2019). Artificial intelligence global adoption trends and strategies. IDC Survey, Doc #US45120919, Juni 2019.

Kreutzer, R. T., Neugebauer, T., & Pattloch, A. (2017). *Digital Business Leadership*. Wiesbaden: Springer Gabler.

Kreutzer, M., & Parson, U. (2018). Intelligente Lieferung. In technische Kommunikation, 40. Jhg., Heft 4, S. 22–29.

Nagel, E., Keis, P., & Ott, P. (2018) Widerstand in Veränderungsprozessen. In Zeitschrift für Organisation (zfo), (S. 357–362) 87. Jhg., Heft 5.

Parson, U. (2017). Das Datenmodell der Technischen Dokumentation in iiRDS. In J. Hennig & M. Tjarks-Sobhani (Hrsg.), *Intelligent Information; Schriften zur technischen Kommunikation*, (Bd. 22, S. 26–38+) Stuttgart: tcworld.

Piderit, S. K. (2000). Rethinking resistance and recognizing ambivalence: A multidimensional view of attitudes toward an organizational change. In *Academy of Management Review*, 25. Jhg., Heft 4, S. 783–794.

PWC (Hrsg.) (2019). Künstliche Intelligenz in Unternehmen. Februar 219.

Schaffner, M. (2017a). *Flexibility of infonomics in the industrial production of machines and plants – knowledge management in the industry 4.0*. BMBF-Projekt DigiTrans CD, Shandong Agricultural University, 26. 02. 2017, Taian (China).

Schaffner, M. (2017b). Industrie 4.0 als Motor für „intelligente Information“. In J. Hennig, & M. Tjarks-Sobhani (Hrsg.). *Intelligent Information; Schriften zur technischen Kommunikation* (Bd. 22, S. 111–124). Stuttgart: tcworld.

Schaffner, M. (2017c). Wir schreiben das Jahr 2035. Interview auf dem Intelligent Information Blog (iiBlog) der tekom e.V. https://intelligent-information.blog/de/augmented-intelligence-industrie-4-0-ein-tag-in-der-zukunft.

Schaffner, M. (2018). Arbeitswelten der Zukunft – 5 Antworten aus der Innovationsforschung. Blogbeitrag auf dem Wissenschaftsbog der FOM Hochschule, www.fom-blog.de/2018/12/arbeitswelten-der-zukunft-5-antworten-aus-der-innovationsforschung/#more-8103.

Schaffner, M. (2019a): Industrie 4.0 – Technische Redakteure werden zu Semantikmodellierern. In B. Hermeier, T. Heupel, & S. Fichtner-Rosada, (Hrsg.): Arbeitswelten der Zukunft – Wie die Digitalisierung unsere Arbeitsplätze und Arbeitsweisen verändert (S. 107–129) Wiesbaden: Springer Gabler.

Schaffner, M. (2019b). Widerstand wird zu Dynamik. In technische kommunikation, 2019. Heft 2, 41. Jg., S. 52–58.

Straub, D. (2017). Branchenkennzahlen für die Technische Dokumentation 2017. Stuttgart: tcworld.

tekom (2015). Intelligente Information. www.tekom.de/technische-kommunikation/intelligente-information.html. Zugegriffen: 15. Febr. 2018

Vahs, D. (2012). *Organisation* (8. Aufl.). Stuttgart: Schäffer-Poeschel.

Venkatesh, V., & Davis, F. (2000). A theoretical extension of the technology acceptance model: Four longitudinal field studies. In *Management Science*, 46. Jahrgang, Heft 2, S. 186–204.

Werani, T., & Smeijkal, A. (2014). Erfolgsfaktoren für strategische Veränderungen. In Zeitschrift für Organisation (zfo), 83. Jhg., Heft 3, S. 250–256.

Wieselhuber (Hrsg.) (2015). Geschäftsmodell-Innovation durch Industrie 4.0 – Chancen und Risiken für den Maschinen- und Anlagenbau, In Zusammenarbeit mit Fraunhofer IPA, München.

Prof. Dr.-Ing. Michael Schaffner ist seit 2013 Professor für Allgemeine Betriebswirtschaftslehre, insbesondere Organisationslehre, Technologie- und Innovationsmanagement sowie wissenschaftlicher Studienleiter an der FOM Hochschule für Oekonomie & Management in Berlin. Als kooptierter Wissenschaftler forscht er am KCT KompetenzCentrum für Technologie- und Innovationsmanagement sowie am iaim Institute of Automation & Industrial Management auf den Gebieten Industrie 4.0 und Wissensmanagement in Produktionsumgebungen und für Technische Dokumentation. Er ist Gründer und Inhaber der BIOS Dr.-Ing. Schaffner Beratungsgesellschaft mbH, Berlin.

Intelligent Robotic Process Automation

12

Konzeption eines Ordnungsrahmens zur Nutzung künstlicher Intelligenz für die Prozessautomatisierung

Oliver Koch und Stephan Wildner

Inhaltsverzeichnis

Zusammenfassung

Robotic Process Automation (RPA) ist eines der neuen Anwendungsfelder von verschiedenen Informationstechnologien im Bereich des Prozessmanagements. RPA verspricht signifikante Verbesserungen bei Durchlaufzeiten und Prozessqualität bei der Automatisierung von Prozessen. Als nächste Evolutionsstufe nach einer regelbasierten Automatisierung zeichnet sich für die künstliche Intelligenz (KI) ein klarer Anwendungsfall ab. An dieser Stelle ist zu untersuchen, welche Rolle genau

O. Koch (✉)
FOM Hochschule, Frankfurt a. M., Deutschland
E-Mail: oliver.koch@fom.de

S. Wildner
Stephan Wildner, CTI Consulting GmbH, Kassel, Deutschland

R. Buchkremer et al. (Hrsg.), *Künstliche Intelligenz in Wirtschaft & Gesellschaft*, FOM-Edition, https://doi.org/10.1007/978-3-658-29550-9_12

KI bei RPA spielen kann und wie sich eine Implementierung von RPA mit KI sinnvoll umsetzen lässt. Dabei ist zu fragen, an welcher Stelle und in welchem Reifegrad bereits Implementierungen vorhanden sind und wo noch Handlungsoptionen bestehen. Hierfür wird RPA zunächst und nachfolgend KI strukturiert und so ein Ordnungsrahmen für Anwendungsfälle der KI für RPA geschaffen.

12.1 Einführung

Robotic Process Automation (RPA) umfasst die softwarebasierte und robotergestützte Bearbeitungsautomatisierung von strukturierten sowie regelkonformen Geschäftsprozessen und Aufgaben, die bis dato durch menschlichen Einsatz bewältigt werden. Dieser Ansatz birgt erkennbare Potenziale zur Prozessoptimierung und -kostensenkung (Mendling et al. 2018, S. 301–302; Willcocks et al. 2015) und erscheint zudem als zielführendes minimalinvasives Vorgehen für die Integration heterogener IT-Systeme in Bezug auf eine durchgehende Prozessintegration und die Zusammenführung verteilter Datenquellen in einem Zusammenspiel mit weiteren etablierten Integrationstechnologien.

Als nächste Stufe nach einer programmierten oder regelbasierten Automatisierung zeichnet sich für die künstliche Intelligenz (KI) ein klarer Anwendungsfall ab. Hier stellt sich die Frage, welche Rolle genau KI bei RPA spielen kann und wie sich eine Implementierung von RPA mit KI sinnvoll umsetzen lässt, respektive an welcher Stelle sowie in welchem Reifegrad bereits Implementierungen existieren und wo noch Handlungsoptionen bestehen.

Um Einsatzpotenziale strukturiert erarbeiten und um bestehende Lösungen vergleichbar einordnen zu können, bedarf es einer Systematik hinsichtlich einer Konvergenz der Technologien RPA und KI. Hierfür werden in Forschung und Praxis Ordnungsrahmen verwendet (Becker und Schütte 2004; Scheer 1997). Ziel ist es, einen solchen Ordnungsrahmen auf Basis eines RPA-Architekturmodells unter Einbeziehung existierender KI-Systematiken auf globaler Ebene zu definieren, welcher den Einstiegspunkt für weitere, detaillierte Einsatzuntersuchungen oder Potenzialanalysen bietet.

Zunächst wird ausgeführt, was RPA ausmacht und wie es sich in den Themenbereich KI sowie organisatorische Fragestellungen einordnet. Nachfolgend werden die Nutzeffekte des Einsatzes von KI im Rahmen von RPA gesammelt und systematisiert. Hierfür wird zunächst RPA und nachfolgend KI strukturiert und so ein Ordnungsrahmen für Anwendungsfälle der KI für RPA geschaffen.

In diesem Zusammenhang wurden durch Recherchen in der einschlägigen wissenschaftlichen Literatur und in Publikationen, die sich aus praktischer Sicht an IT-Entscheider richten, Ansatzpunkte zur Entwicklung eines Ordnungsrahmens für die Kategorisierung von Anwendungsmöglichkeiten von KI in der RPA gesucht und systematisiert. Zudem wurden verschiedene RPA-Systeme technisch evaluiert und Befragungen von Herstellern durchgeführt.[1]

12.2 Von der Automatisierung betrieblicher Einzelfunktionen hin zu Intelligent RPA

Die digitale Transformation hat zum Ziel, die Wettbewerbsfähigkeit einer Organisation zu verbessern, indem deren Wertschöpfungskette möglichst umfänglich mit Informationstechnologie (IT) unterstützt wird und auf diese Weise nicht nur wiederholt eine Vorgangsoptimierung stattfindet, sondern auch die Ergänzung oder Kreation von Produkten und Dienstleistungen erreicht wird (siehe Wildner et al. 2017, S. 85–86).

Zentral hierfür ist seit Beginn der elektronischen Datenverarbeitung die Automatisierung von Arbeitsschritten und Abläufen. IT bietet aufgrund von Geschwindigkeits- und Qualitätsvorteilen bei der Prozessausführung Vorteile gegenüber einem menschlichen Bearbeiter. Mithilfe der Prozessautomatisierung können sich menschliche Akteure auf komplexe Abläufe sowie Entscheidungen konzentrieren und somit unmittelbaren Nutzen, unter anderem für den Kunden, bieten (Hofmann et al. 2019, S. 3; Mendling et al. 2018, S. 302; Smeets et al. 2019, S. 22; Willcocks et al. 2015, S. 6). Dies gilt in verstärktem Maße in Bereichen, in denen hohe Vakanzen im relevanten Fachpersonal zu verzeichnen sind (Reder 2019, S. 14). Automatisierung unterstützt zudem die Reaktionsfähigkeit von Unternehmen und ihren internen Abläufen auf externe Einflüsse (Frömling 2019; Hofmann et al. 2019, S. 5; Smeets et al. 2019, S. 26).

Das Business Process Management (BPM) bildet den konzeptionellen Rahmen dafür. Es definiert die Tätigkeiten, Rollen und Voraussetzungen, die für die Digitalisierung von Prozessen in einer Organisation notwendig sind (siehe Gadatsch 2010, S. 1–6). Prozesse müssen zuerst identifiziert werden, d. h., welche Prozesse laufen in einer Organisation überhaupt ab bzw. sollten – aus Sicht von Strategie und Geschäftsmodell – implementiert werden. Dann werden Prozesse aus fachlicher Sicht mit ihrem Ablauf, auslösenden Ereignissen, beteiligten Rollen etc. beschrieben und können anschließend in der Organisation umgesetzt werden. Was folgt, ist eine Überprüfung der Prozesse an zuvor festgelegten Kennzahlen, um die erfolgreiche Durchführung der Prozesse zu prüfen und gegebenenfalls die Prozessbeschreibung zu verbessern.

Prozesse werden meist durch betriebliche Anwendungssysteme unterstützt. Deswegen müssen die fachlichen Beschreibungen von Prozessen an die technischen Fähigkeiten der unterstützenden IT-Systeme angepasst werden. Hier erfolgt somit ein erneuter Modellierungsschritt, bevor die Prozesse durch die IT-Systeme ausgeführt und in ihrer

[1]Untersucht wurden die Systeme der Hersteller Automation Anywhere, Blue Prism, NICE und UiPath, die nach Forrester (2019) entweder Marktführer („Leaders“) sind bzw. im Falle von NICE der Leistungsträger („Strong Performer“) mit der größten Marktpräsenz.

Ausführung überwacht werden. Diese operative Ebene wird als Workflow Management (WFM) bezeichnet (siehe Gadatsch 2010, S. 3 und 52–53).

An dieser Stelle setzt RPA, die robotergesteuerte Prozessautomatisierung, an. Darunter wird ein Ansatz zur Prozessautomatisierung verstanden, bei welchem die Tätigkeiten, die ein menschlicher Nutzer in einem Workflow ausführt, durch einen Softwareroboter (Bot) ersetzt werden. Der Bot imitiert das menschliche Verhalten, indem er z. B. über Screen Scraping Daten in Kontrollelemente von Programmen eingibt, bearbeitet, kopiert oder durch Systemaufrufe Programme startet (Allweyer 2016, S. 2; Czarnecki und Auth 2018, S. 116–117). Ziel ist es, wie zuvor bereits ausgeführt, den Anteil menschlicher Arbeit an Workflows zu eliminieren bzw. zu minimieren.

Das Emulieren des Nutzers durch einen Bot ist nicht an die Grenzen einer einzelnen Software gebunden, sondern kann systemübergreifend erfolgen. Bestehende Systeme werden dabei nicht verändert, und der Workflow wird quasi als ergänzende Schicht, ohne jegliche programm- oder datentechnische Integration, hinzugefügt (Van der Aalst et al. 2018). Hierin liegen auch die zentralen Erwartungen an den Einsatz von RPA begründet (Bingler 2019; Czarnecki und Auth 2018, S. 117): Indem man durch diesen Ansatz kaum in die bestehende IT-Landschaft eingreift, sollten sich Prozesse mit wesentlich geringerem Aufwand und in kürzerer Zeit realisieren lassen als eine Veränderung existierender bzw. die Einführung neuer Systeme nach der Überarbeitung eines Geschäftsprozesses. Dies macht aktuell den entscheidenden Unterschied zu den bisherigen Ansätzen für die Prozessautomatisierung aus.[2]

Entsprechend hoch sind die Erwartungen hinsichtlich des Umfangs an Prozessen, die automatisiert werden können und den damit verbundenen Einsparpotenzialen: Laut Gartner sollen schon im Jahr 2020 90 % der großen und mittelgroßen Unternehmen zumindest einen RPA-unterstützten Prozess im Einsatz haben (Arup und Tornbohm 2018; siehe außerdem Hofmann et al. 2019, S. 1). Laut einer Aufstellung von Smeets et al. (2019, S. 22–23) kann mit einer Kosteneinsparung von durchschnittlich 25 % durch RPA gerechnet werden; der Return on Investment liegt in der Regel innerhalb des ersten Jahres nach der RPA-Implementierung. Im Einzelfall kann der Return on Investment aber auch signifikant höher liegen (siehe z. B. Lacity et al. 2015).

Erste Einsatzszenarien von RPA beginnen mit der regelbasierten Abbildung von Prozessen. Der Prozessablauf wird definiert und dokumentiert, wobei Verzweigungen im Prozessablauf oder die Durchführung bestimmter Aktionen an klare Bedingungen gebunden sind.

Die nächste Entwicklungsstufe besteht in der Kombination von RPA mit Techniken der KI (Czarnecki und Auth 2018; Hofmann et al. 2019, S. 3). Dies wird als Cognitive Process Automation (CPA), Cognitive RPA, Cognitive Automation oder Intelligent (Process) Automation bezeichnet (Berruti et al. 2017; Bingler 2019; Bremmer 2019; Huang und Vasarhelyi 2019, S. 9; Safar 2019).

---

[2]Eine Übersicht mit RPA-Fallstudien findet sich bei Zhang und Liu (2018, S. 29) und Smeets et al. (2019, S. 22).

Für die Automatisierung sollen dabei verschiedene Techniken aus dem Bereich der KI zum Einsatz kommen. Genannt werden hier (Berruti et al. 2017; Bremmer 2019; Van der Aalst et al. 2018, S. 270–271; Safar 2019): Machine Learning, welches für Predictive Analytics oder Image Analytics eingesetzt werden soll, Natural Language Processing (NLP), Text Mining, Optical Character Recognition (OCR) und Intelligent Character Recognition (ICR). So wird beispielsweise von einer Anwendung bei einem Telekommunikationsunternehmen berichtet, wo bei kundenseitigen Störungsmeldungen bei der Hotline stets ein Experte zurate gezogen werden musste, um die Ergebnisse einer Prüfsoftware zu interpretieren, die für die Suche nach den Ursachen der Störung zum Einsatz kam. Das Unternehmen hat anhand vorhandener Datensätze ein Machine-Learning-Modell trainiert, was nun anstelle des Experten zum Einsatz kommt und die Ergebnisse interpretiert. So kann der Servicemitarbeiter auch ohne tiefe Fachkenntnisse die Ursachen des Problems suchen und den Kunden helfen (Bremmer 2018, S. 37). Die Erwartung an einen KI-Einsatz bei RPA besteht hier darin, dass auch komplexere Prozesse (im Sinne eines weiteren Entscheidungsspielraums) automatisiert werden können (Czarnecki et al. 2019, S. 799–801; Mendling et al. 2018, S. 301). So sollen KI-gestützte, automatische Prozesse sich einerseits hinsichtlich des Prozessablaufs anpassen können, indem sie Abläufe erlernen, die zuvor nicht durch Konfiguration oder Programmierung implementiert wurden. Andererseits wird erwartet, dass solche Systeme auch auf der Ebene der Prozessausführung bzw. -steuerung adaptiv agieren können, z. B. dass automatisiert weitere Prozessinstanzen gestartet werden, wenn dafür aktuell Bedarf besteht. Allerdings wird KI von Unternehmen im Bereich der Prozessautomatisierung noch nicht weitflächig eingesetzt (Bremmer 2019).

Ein wichtiger Schritt beim Prozessmanagement ist die Definition und Dokumentation der Prozesse als Basis für die Analyse und Optimierung. Dies ist eine zeitaufwendige Tätigkeit, die in der Unternehmenspraxis oft ohnehin bereits knappe Personalressourcen aus den Fachabteilungen bindet, weil Prozesse manuell zu erfassen und (im Idealfall in BPM-Systemen) zu modellieren sind. Mit Process Mining wird dafür Abhilfe geschaffen, indem Prozesse stattdessen anhand der in den IT-Systemen über sie auffindbaren Spuren (z. B. Logs von Vorgängen, Transaktionsdaten) rekonstruiert und analysiert werden (Bayer 2019, S. 14–15; Peters und Nauroth 2019, S. 3–5). Process Mining setzt dafür Techniken der Massendatenauswertung (spezifisch Data Mining) und immer stärker KI ein, um relevante Daten in Systemen zu identifizieren und Prozesse zu analysieren (Bayer 2019, S. 16).

Damit wird – neben den eigentlichen Prozessen – eine Teilaufgabe des Prozessmanagements automatisiert. Diese automatisierte Bestandsaufnahme von Prozessen unterstützt die Einführung von RPA (Reder 2019, S. 15; Van der Aalst et al. 2018, S. 271).

RPA soll an dieser Stelle jedoch weitergehend betrachtet werden: Man kann die robotergesteuerte Prozessautomatisierung auch als Paradigma für die zukünftige Entwicklung des Prozessmanagements per se ansehen. Die Zielsetzung dabei bleibt identisch, nur dass Prozesse nicht nur digitalisiert, sondern mithilfe von KI gezielt automatisiert werden. RPA wird damit zu einem Gesamtansatz, der Business Process Management bzw. Workflow Management, KI und Process Mining zusammenführt und Prozesse schrittweise, aber zielgerichtet und dort, wo es Sinn macht, durch Softwareagenten ablöst – eine „Intelligent Robotic Process Automation" (siehe auch die Abgrenzung der Definitionen von RPA und „intelligent process automation" bei IEEE 2017, S. 11 und siehe Berruti et al. 2017).

Dieses umfassendere Verständnis für RPA ordnet sich ein in aktuelle Entwicklungen im Bereich der digitalen Transformation und versucht diese in das Prozessmanagement einzubeziehen:

- Marktforscher sagen für den Arbeitsplatz der Zukunft einen steigenden Einsatz von Spracherkennung, Chatbots und virtuellen Assistenten voraus (Pütter 2018). Dies sind durchgängig KI-unterstützte Elemente, die nicht nur allein, sondern in Kombination mit automatischen Prozessen genutzt werden können. Hier können sich Synergien ergeben, wenn Spracherkennung beispielsweise für die Erfassung und Ausgabe von Daten oder die Steuerung RPA-gestützter Prozesse genutzt wird oder virtuelle Assistenten in die Planung und Koordination von RPA-gestützten Prozessen eingebunden werden.
- Außerdem gibt es Bestrebungen, das Servicemanagement, wie es aus dem IT-Service-Management bekannt ist, auch in anderen Unternehmensbereichen zu übernehmen (Tisson 2019). Die Idee ist, nicht nur für die IT-Abteilung entsprechende Services zu definieren (z. B. die Bereitstellung eines neuen Smartphones oder das Zurücksetzen eines Passworts) und über entsprechend digitalisierte und automatisierte Prozesse anzubieten, sondern auch für den Vertrieb, das Marketing oder das Personalwesen. Damit werden Geschäftsprozesse im Sinne möglichst klar beschriebener Services definiert und umgesetzt und ein „Enterprise-Service-Management" etabliert.
- Um Verbesserungspotenziale in Prozessen zu erkennen bzw. auch schnell Prozesse für neue Dienste zu testen und produktiv zu setzen, braucht es ein Prozessmanagement, das den Status von Prozessen schnell erfassen und adäquat reagieren kann (wie es z. B. bei Vaske 2019 vorgeschlagen wird). Dadurch kann zukünftig ein sogenannter digitaler Zwilling eines Unternehmens aus Prozesssicht, z. B. ein digitales Abbild für Analyse und Steuerungszwecke, geschaffen werden. Automatisierung und KI können hier bei der schnellen Reaktion auf Ereignisse oder Abweichungen und bei der Auswertung der gesammelten Daten helfen.

Diese Prozessautomatisierung im weiteren Sinne unter Nutzung von KI soll im Weiteren untersucht werden.

12.3 Architekturmodell von RPA-Systemen

Ausgehend von der Definition für RPA in Abschn. 12.2 sowie vorgenommener Systemevaluationen lassen sich RPA-Systeme hinsichtlich ihrer Funktionalität – unter besonderer Berücksichtigung einer potenziellen Unterstützung durch KI – grundsätzlich nach folgender Logik systematisieren (siehe Abb. 12.1, siehe unter anderem auch Hofmann et al. 2019, S. 3–4):

Im Bereich Process Enactment erfolgt die eigentliche Verarbeitung der Schritte eines RPA-basierten Workflows. Dies geschieht vergleichbar mit den Workflow Enactment Services gemäß dem Workflow Reference Models der WfMC (1995), der aus einer oder mehreren Workflow-Laufzeitumgebungen bestehen kann, um Workflow-Instanzen zu erstellen, zu verwalten und auszuführen.

Ein Rules Framework im Sinne eines unternehmensweiten Geschäftsregelmanagementsystems[3] sollte angebunden werden können. Dies ermöglicht der Laufzeitumgebung eine weitgehend automatisierte Abwicklung von Geschäftsvorfällen, ohne zwingend Benutzer einbinden zu müssen, sowie die Vermeidung einer redundanten Pflege von Geschäftsregeln.

Das Triggern und die Eingabeparameter eines Workflows werden durch die Komponente Input & Eventhandling behandelt. An dieser Stelle wird das System

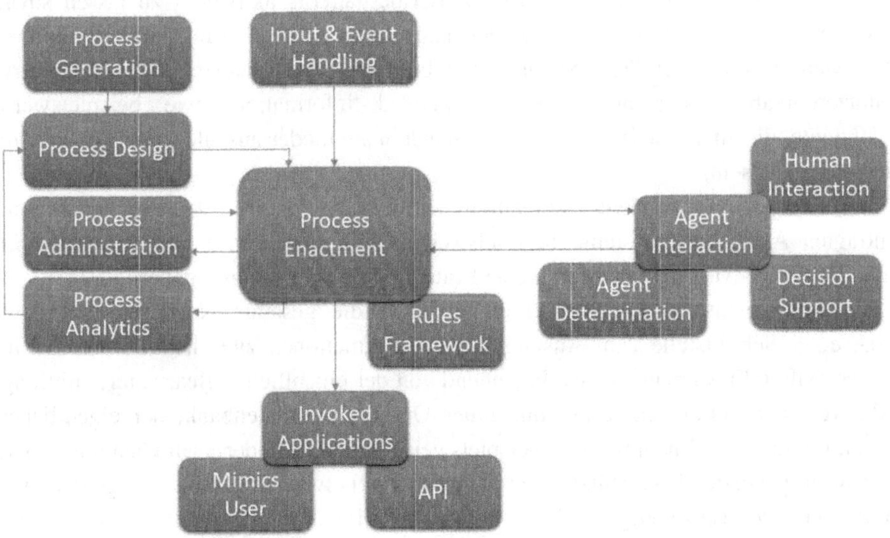

Abb. 12.1 RPA-Framework

[3]Vgl. hierzu beispielsweise das Business Rules Framework BRFplus der SAP (2019).

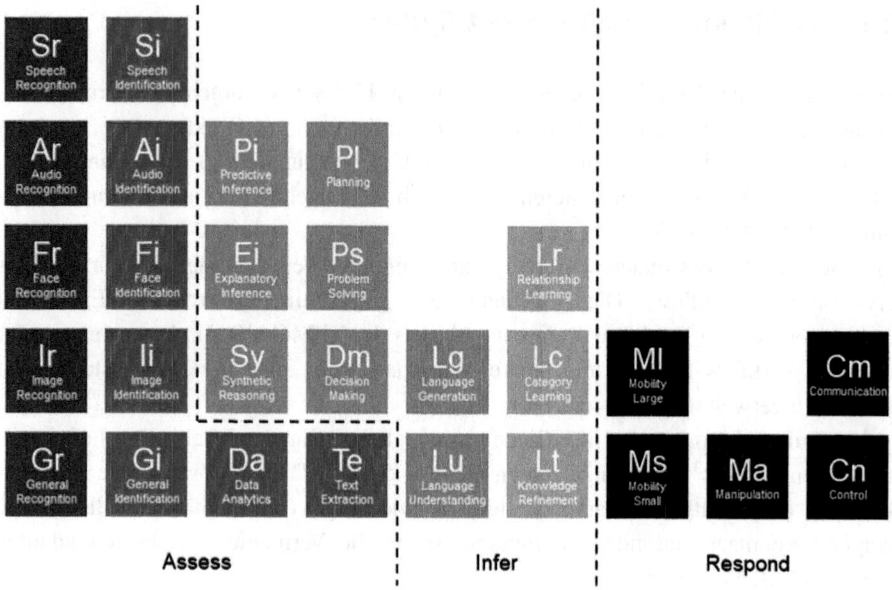

Abb. 12.2 Periodensystem der künstlichen Intelligenz. (Quelle: Bitkom 2018)

ertüchtigt, sich im Sinne eines Publish-Subscribe-Patterns aktivieren zu lassen sowie Eingaben verschiedenster Natur entgegenzunehmen. Diese Eingabedaten können CI (coded information) Data Streams wie beispielsweise Dateien oder strukturierte Benutzereingaben oder auch NCI (non-coded information) wie beispielsweise Dokumente, die zunächst OCR-seitig zu behandeln sind, oder auszulesende Masken von Quellsystemen sein.

Die Komponente Invoked Applications umfasst den Aufruf der zur Ausführung benötigten Anwendungssysteme beispielsweise durch den Aufruf von Methoden im Sinne einer API-Nutzung oder durch eine Emulation von Benutzereingaben.

Die Komponente Agent Interaction behandelt die gesamte Nutzerinteraktion im Sinne einer Schnittstelle zum Austausch von Informationen zwischen Benutzern und dem Workflow Enactment Service beginnend von der eigentlichen Bearbeiterermittlung, inklusive einer optionalen Anbindung einer Organisationsdatenbank, der eigentlichen Interaktion mit dem Endanwender, beispielsweise über Apps oder auch Chatbots, sowie einer weitergehenden Unterstützung der Anwender bei etwaigen Entscheidungsprozessen im Rahmen der Einzelaufgabe. Eine Verwaltung eingehender Arbeitsschritte für den User im Sinne einer Inbox (User Work Item List) ist ebenfalls integraler Bestandteil der Komponente.

Das übergreifende Themenfeld Process Management setzt sich aus den Komponenten Process Design, Process Administration und Process Analytics sowie der zusätzlichen Komponente Process Generation zusammen. Process Design umfasst eine Definitionskomponente zur Workflow-Modellierung. Die Komponente Process Administration umfasst geeignete Administrations- und Monitoringwerkzeuge. Process Analytics ermöglicht eine über das eigentliche Monitoring hinausgehende Analyse von Prozessen mit Methoden des Data Minings, beispielsweise unter Anbindung von Process Mining Tools, um eine systemimmanente Prozessoptimierung zu ermöglichen. Die Komponente Process Generation umfasst die langfristige Vision der Entwicklung eines selbstlernenden Systems, das Prozesswissen automatisiert erfasst, analysiert und letztendlich einen intelligenten Softwareroboter erstellt, der den erlernten Prozess umsetzen kann.[4]

12.4 Systematisierung von KI

Zur weitergehenden Schaffung eines Ordnungsrahmens für die Prozessautomation unter Verwendung von KI ist zudem ein verlässliches Verständnis für KI zu schaffen.

Künstliche Intelligenz kann allgemein wie folgt definiert werden (McCarthy et al. 2006): Computer werden in die Lage versetzt, Aspekte des Lernens und überhaupt jegliche Eigenschaft von Intelligenz zu simulieren, sodass sie Probleme lösen können, die bisher dem Menschen vorbehalten waren und sich dabei auch selbst verbessern können.

Im Laufe der Zeit wurden viele Techniken entwickelt, die sich mit der Erkennung von Elementen oder Objekten in Text-, Sensor- und audiovisuellen Daten, der Repräsentation dieser Elemente in einem für Computer verständlichen Format, dem Aufbau und Training (selbst-)lernfähiger Systeme für verschiedenste Zwecke und der Erzeugung von Text und Sprache beschäftigen.

Aus der Sicht von Anwendern aus Organisationen ist es oftmals nicht trivial, diese Menge an verfügbaren Techniken zu überblicken, sie sinnvoll zu ordnen und hinsichtlich ihrer Anwendbarkeit für konkrete betriebliche Fragestellungen zu bewerten und auszuwählen. KI findet jedoch zunehmend Anwendung, und Entscheider müssen in die Lage versetzt werden, bezüglich eines KI-Einsatz entscheidungsfähig zu sein (Bitkom 2018).

Vor diesem Hintergrund ist eine Definition für KI entstanden, die auf einer Anzahl von einzeln beschriebenen Grundelementen fußt und im Sinne eines Periodensystems aufgebaut ist (siehe Abb. 12.2).

Insgesamt werden 28 Grundelemente definiert: Sie lassen sich in drei Gruppen fassen, die typische Verarbeitungsschritte einer KI-basierten Datenverarbeitung darstellen (Bitkom 2018):

[4] Vgl. hierzu weitergehend das laufende Forschungsprojekt KI.RPA (https://www.aws-institut.de/ki-rpa).

- **Assess:** In diesem Verarbeitungsschritt geht es um die Erfassung von Informationen. Hier werden Grundelemente definiert, die unbekannte Muster in Daten erkennen. Das kann allgemein gemeint sein (wie im Grundelement Data Analytics). Das bezieht sich aber auch auf das Erkennen von Objekten in Bildern oder relevanten Signalen in Audiodaten – entweder im Allgemeinen (Image Recognition oder Audio Recognition) oder im Speziellen (Face Recognition oder Speech Recognition). Von dem Erkennen wird noch einmal unterschieden, ob man einem erkannten Objekt auch Bedeutung zuweisen kann (Identification), auch hier wieder allgemein (Image oder Audio Identification zur Identifikation von konkreten Objekten oder Audiosignalen) und spezifisch (Face oder Speech Identification zur Identifikation konkreter Gesichter oder individueller Sprecher). Zu Assess gehört außerdem das Erkennen von Elementen und deren Bedeutung in Textdaten (Text Extraction).
- **Infer:** Darauf folgen die Auswertung der Informationen, die Ableitung von Handlungsoptionen und eine Entscheidung. Hierzu zählen zunächst Grundelemente, die helfen, die Beziehungen zwischen einzelnen Elementen in Textdaten zu verstehen (Language Understanding) und die einem System helfen zu lernen, indem Daten kategorisiert (Category Learning) oder zueinander in Beziehung gesetzt werden (Relationship Learning). Basierend darauf können Erkenntnisse aus Daten mithilfe von Modellen errechnet (Synthetic Reasoning) und Prognosen erstellt werden (Predictive Inference). Mit Problem Solving und Planning werden Lösungen, z. B. die optimale Abfolge gewisser Arbeitsschritte in der Produktion, gesucht. Anschließend kann automatisch aus den gegebenen Lösungen eine passende ausgesucht werden (Decision Making). Auch in den Bereich Infer gehören Mechanismen zur stetigen Erweiterung der Wissensbasis für die Entscheidung (Knowledge Refinement) und Möglichkeiten, die Entscheidungen von KI-Systemen für Menschen nachvollziehbar zu machen (Explanatory Inference).
- **Respond:** Schließlich wird auf Basis der Entscheidung eine Reaktion des KI-Systems ausgelöst. Dafür werden Grundelemente definiert, die Fähigkeiten bereitstellen, um Kommunikation zwischen Maschinen und Personen vorzunehmen (Communication, z. B. mit einem Chatbot im Kundendienst) oder um Dienste und Geräte dynamisch zusammenstellen und kontrollieren zu können (Control). Manipulation beschreibt die Planung und Durchführung der Handhabung eines physischen Objekts (z. B. die korrekte Ansteuerung eines Roboters mit Greifer). Schließlich werden Elemente beschrieben, die die Steuerung und Kontrolle von mobilen Robotern (Mobility Small) bzw. autonomen Fahrzeugen (Mobility Large) anbieten.

Letztlich wird ein KI-basiertes System immer Elemente aus allen drei Gruppen beinhalten und wird – je nach Einsatzzweck – auch mehrere Elemente pro Gruppe miteinander kombinieren.

12.5 Ordnungsrahmen zur Nutzung künstlicher Intelligenz für die Prozessautomatisierung

Aus Abschn. 12.3 ergeben sich durch thematische Zusammenfassung der dort beschriebenen Komponenten die in Abb. 12.3 dargestellten Bereiche, die für einen Ordnungsrahmen zur Nutzung von KI unterschieden werden können:

- Interface Area
- Agent Area
- Process Area

In sämtlichen Bereichen kann KI in verschiedenen Ausprägungen und unterschiedlichem Umfang zum Einsatz kommen.

Die dato im Rahmen der vorliegenden Analyse vorgefundenen Anwendungsoptionen werden in dieser Hinsicht in der Folge genauer beschrieben. Sich aus dem Ordnungsrahmen ergebende noch nicht ausgeschöpfte Unterstützungspotenziale werden nicht explizit benannt, können jedoch zur Entwicklung weitergehender Ansätze zukünftig herangezogen werden.

Die *Interface Area* umfasst die Komponenten, die Input und Output von Prozessen betreffen, z. B. die Bereitstellung und Aufbereitung von Daten für den Prozess im Vorfeld seiner Ausführung und die durch den Prozess ausgelösten Aktionen, wenn dieser endet.

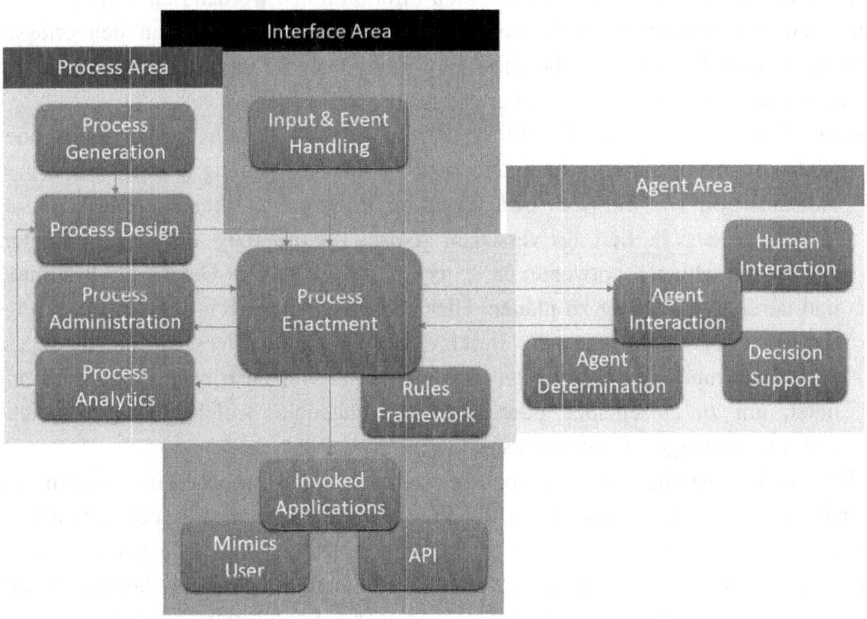

Abb. 12.3 RPA-Areale

- Der Schwerpunkt liegt hier im Schritt Assess, d. h. der Erfassung von Informationen:
  - **Erkennung:** So können Techniken der KI eingesetzt werden, um relevante Daten in einer Menge von Daten zu erkennen. Dies kann allgemein geschehen (General, Image oder Audio Recognition), das kann aber auch bereits spezifische Daten betreffen (Face oder Speech Recognition sowie Text Extraction). Hier kommt beispielsweise Computer Vision zum Einlesen von Daten aus Applikationen, OCR zum Lesen von Belegen zum Einsatz.
  - **Identifikation:** An dieser Stelle wird über die Erkennung relevanter Daten hinaus auch eine Identifikation – d. h. eine Zuschreibung von Bedeutung (beispielsweise die Identifikation eines konkreten Objekts oder Sprechers) – vorgenommen. Auch dies kann allgemein geschehen (General, Image oder Audio Identification) oder spezifische Daten betreffen (Face oder Speech Identification). Beispielsweise ist die Erkennung relevanter Datenfelder in Masken auch nach Wechsel des Erscheinungsbildes (Responsive Design, Releasewechsel, Änderung der Bildschirmauflösung) vonnöten. Letzteres kommt sowohl im Rahmen des Inputs als auch in der Komponente Invoked Applications zum Einsatz.
  - **Kombination:** Kommt eine Kombination von KI-Techniken in Betracht, die eine genauere Identifikation von Informationen erlaubt, so könnte einerseits nur Image Identification oder Text Extraction zum Einsatz kommen, es könnte aber diesen Techniken Data Analytics nachgelagert sein, um tiefergehende Analysen mit den vorgelagerten Elementen durchzuführen.
- Für die Auswertung von Informationen im Schritt Infer ist besonders die Inferenz von Interesse: Basierend auf den erfassten Informationen werden Schlussfolgerungen gezogen. Das beinhaltet auch, dass zuvor versucht wird, zwischen den erfassten Informationen Beziehungen herzustellen (Relationship Learning). Dies kann beispielsweise im Rahmen des Eventhandlings von Nutzen sein.
- Respond, d. h. die Reaktion des KI-Systems, umfasst in diesem Areal – insbesondere in der Komponente Invoked Applications – folgende Ausprägung:
  - **Komposition von Services und Geräten:** Es kommen Techniken zum Einsatz, die den Prozess in die Lage versetzen, je nach Anforderung, die für den Fortgang des Prozessablaufs notwendigen externen Services und Geräte zu bestimmen und deren Verwendung zu planen. Hier kann zukünftig auch eine Entscheidungsfindung integriert werden, die Beschreibungen von Services aus einem Service Repository und/oder Smart Contracts auf Basis von Distributed-Ledger-Technik nutzt, um zu entscheiden oder sogar auszuhandeln, welcher Service welcher Applikation aufgerufen werden soll.

Die *Process Area* beinhaltet die Komponenten, die für die eigentliche Prozessausführung zuständig sind bzw. das Management der Prozesse unterstützen, d. h. der Entwurf von Prozessen – bis hin zur Erzeugung von Prozessbeschreibungen aus vorliegenden Daten –, die Administration und das Monitoring von Prozessen und ihre Analyse. Hier kann bei der Beschreibung der KI-Nutzung direkt auf die einzelnen Komponenten abgestellt werden.

In den Komponenten Process Design, respektive Process Generation kann KI wie folgt zum Einsatz kommen:

- **Process Mining:** Die Erhebung der Informationen über die Prozesse erfolgt mithilfe von Process Mining.
  - Hier kommen Techniken zur Erkennung von Prozessen per se aus dem Schritt Assess zum Einsatz: Data Analytics und General Recognition, ergänzt um weitere Formen der Recognition, je nachdem in welcher Form die Daten vorliegen, die in das Mining eingebunden werden. Über Zugriff auf Datenbanken hinaus kann hier dann Image bzw. Face und Audio bzw. Speech Recognition eingesetzt werden.
  - Darauf aufbauend können mit Techniken der Identification Prozesse konkreter zugeordnet werden (spezifische Aufgaben oder Prozessvarianten, ausführende Personen, oder Ähnliches).
  - Durch die Einbindung von Formen des Lernens kann die Erkennung der Prozesse, Prozessschritte und ihres Kontextes verbessert werden. Dies erfolgt durch Datenkategorisierungen (Category Learning), das Erlernen von Beziehungen zwischen erhobenen Daten (Relationship Learning) und die permanente Verfeinerung der Wissensbasis, auf der die Erkennungsalgorithmen aufbauen (Knowledge Refinement).
- **Autonomes Process Mining:** In einem weiteren Schritt kann das Process Mining darauf aufbauend vollständig automatisiert werden. Das RPA-System überwacht dazu die IT-Landschaft, zeichnet Vorgänge auf und leitet selbsttätig Prozessbeschreibungen daraus ab. Hier würde ein selbstlernendes System Software-Roboter anhand des menschlichen Verhaltens trainieren, die Prozesse analysieren und anpassen.

Die Einbindung von Process Mining in RPA erscheint zwar per se zielführend (Reder 2019; Rother 2018), allerdings ist durchaus Skepsis angebracht, wie weit diese Einbindung in der praktischen Anwendung mit einem RPA-Werkzeug gehen sollte. So ist überdenkenswert, ob ein automatisiertes System eigenständig die per Mining erhobenen Prozesse begutachten und gegebenenfalls anpassen kann, oder ob dies weiterhin durch menschliche Sachbearbeiter erfolgen soll. In Branchen, die einer starken Regulierung und umfangreichen Compliance-Anforderungen unterliegen, ist es ohnehin notwendig, Prozesse auf der Basis eines menschlichen Mehraugenprinzips freizugeben, um eine kontinuierliche Nachverfolgbarkeit von Prozessabläufen sicherzustellen.

Beim Process Mining stellt sich zudem die Frage, wie hoch der Detaillierungsgrad im Rahmen der Prozesserfassung sein kann: Werden beispielsweise lediglich Aufrufe einzelner Transaktionen als Teil von Prozessen erfasst oder kann die komplette Interaktion eines Nutzers mit den IT-Systemen dokumentiert und folglich analysiert werden.

Bei der Process Analysis kann KI wie folgt helfen:

- **Vorschläge:** Das RPA-System kann Vorschläge für die Verbesserung der Prozesse machen, indem es eigenständig Analysen anhand von Vorgaben der Prozessmodellierer vornimmt (Data Analytics) und beispielsweise automatisch Ist-Prozesse mit Soll-Prozessen oder Referenzmodellen vergleicht (siehe auch Rother 2018).
- **Automatische Optimierung:** Die Optimierung kann auch weitergehend automatisiert werden, indem das System selbsttätig Prozessvarianten auswählt, die entsprechend der vorgegebenen Kennzahlen zu bevorzugen sind. Ein RPA-System könnte auch selbst Prozessvarianten erstellen (sei es basierend auf festen Regeln oder mithilfe explorativer Optimierungsverfahren). Deren Ablauf könnte es entweder durch Simulation oder – wie im Sinne eines A/B-Testings bei der Softwareentwicklung für das World Wide Web – durch tatsächliche operative Ausführung testen und anhand der Ergebnisse vergleichen und verbessern. Hierfür würden Techniken aus dem Schritt Infer (Planning, Problem Solving, Decision Making) genutzt und mit Möglichkeiten der Communication und Control (aus dem Schritt Respond) kombiniert.

In der Process Administration kann KI auf folgende Weise eingesetzt werden:

- **Vorschläge bzw. Planung:** Für den Einsatz von Bots, die zu erzeugende Menge an Instanzen etc. werden durch Auswertungen der existenten Prozessablaufinformationen über den Zeitablauf hinweg Empfehlungen gemacht, respektive in einem weiteren Schritt Planungen vorgeschlagen. Dafür kommt Predictive Inference in Zusammenhang mit Data Analytics zum Einsatz.
- **Komposition von Services und Geräten:** Über die Planung hinaus übernimmt das RPA-System an dieser Stelle auch die Zusammenstellung aller Services, d. h. Service-Aggregation, auch über Systemgrenzen hinweg, die für die Ausführung von Prozessen notwendig sind. Das heißt, man bindet Techniken zur Manipulation aus dem Schritt Respond ein.
- **Automatische Ausführung:** Das RPA-System übernimmt die Einsatzplanung und Durchführung der Prozesse komplett selbst. Es passt sich anhand der durch das Monitoring zurückgelieferten Kennzahlen selbst an. Technisch würde hier ein Schwerpunkt im Training und der Verbesserung eines lernenden Systems im Bereich Infer liegen.

Die Einbindung von KI in RPA bedeutet nicht zwangsläufig, dass RPA-Werkzeuge zukünftig selbst mit KI-Komponenten ausgestattet werden. Bei den Herstellern ist erkennbar, dass man sich nur auf wenige eigene KI-Anwendungen fokussiert (meist in Bezug darauf, aus unstrukturierten Daten strukturierte Daten zu machen, um sie der Prozessausführung bereitstellen zu können). Vielmehr ist es so, dass die Hersteller Plattformstrategien verfolgen, in deren Zentrum die Abarbeitung der Prozesse steht. KI-Komponenten werden von Drittanbietern eingebunden, indem Konnektoren geschaffen werden oder Module auf einer Art Marktplatz bzw. in einem App Store angeboten werden.

Die *Agent Area* lässt sich weitergehend wie in Abb. 12.4 dargestellt unterteilen.

Die Komponenten in der Agent Area nehmen im Bereich Human Interaction Benutzereingaben in beliebiger Form (H2M, Human-to-Machine) entgegen, respektive interagieren ausgehend mit dem Anwender im Sinne einer M2H-Kommunikation (Machine-to-Human). Der Strukturierungsgrad der Daten nimmt dabei in Richtung der Komponente Agent Interaction kontinuierlich zu. KI-Technologien strukturieren die eingehenden Daten in Form von aufgelagerten Schichten. Vice versa erfolgt Selbiges im Rahmen einer Outbound Communication.

Wenn Intent und Data Objects extrahiert und die eingehenden Daten hinreichend strukturiert sind, durchlaufen sie die nächste Stufe der Verarbeitung und können über die M2M-Schnittstelle (Machine-to-Machine) an das Process Enactment weitergeleitet werden. Ab dieser Stelle können die Elemente des Workflows im Sinne einer servicebasierten Integration von Anwendungen verknüpft werden.

Die Kanäle der ein- und ausgehenden Benutzerinteraktion können beliebiger Natur und auch differenter Struktur sein. Hier kommen – je nach gewünschter Art der Kommunikation – verschiedene Ausprägungen digitaler Assistenten, z. B. Chatbots oder Sprachdialogsysteme (Interactive Voice Response, IVR), oder Help-Desk-Systeme zum Einsatz.

- Der Schritt Assess kann hier auf die Daten zugreifen, die durch den Input bereits bereitgestellt sind, und jene, die sich aus der Interaktion mit den Agenten ergeben. Hier können analog zur Interface Area drei Stufen unterschieden werden:
  - Die Erkennung wiederholter Vorgänge oder Anfragen durch Agenten und der dafür im Kontext stehenden Informationen.
  - Die Identifikation konkreter Vorgänge oder (insbesondere menschlicher) Agenten. Bei Letzteren kann gegebenenfalls eine Einschätzung der Personen hinsichtlich gewisser Merkmale (z. B. ihres emotionalen Status mittels einer Sentiment Analysis als Teil der Text Extraction bzw. des Language Understanding) erfolgen.
  - Die Kombination verschiedener Techniken, um die Wissensbasis bzw. den Fähigkeitenumfang der Assistenten zu erweitern bzw. zu verfeinern.

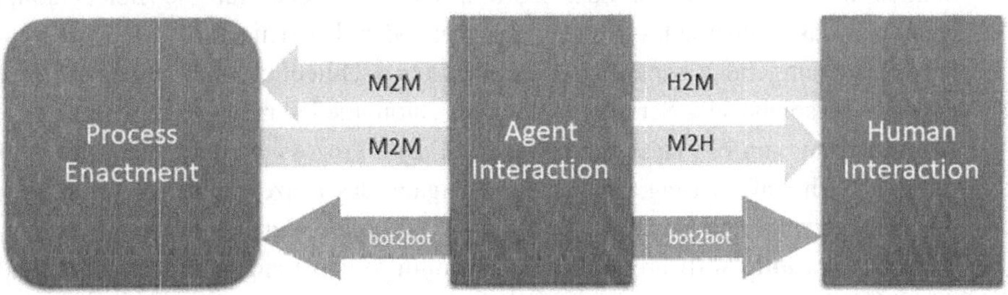

Abb. 12.4 Agent Area

- Die Auswertung von Informationen wird gerade beim Einsatz digitaler Assistenten in großem Umfang nötig sein und umfasst:
  - **Inferenz:** Innerhalb eines Prozesses werden basierend auf den erfassten Informationen Schlussfolgerungen gezogen oder Prognosen erstellt (Synthetic Reasoning, Predictive Inference). Dabei wird auf erlerntes Wissen über Beziehungen zwischen Daten (Relationship Learning) und Gruppierungen (Category Learning) zurückgegriffen.
  - **Problemlösung und Planung:** Basierend darauf kann ein Prozess für bestimmte Aufgaben mithilfe von KI Lösungen erzeugen (beispielsweise für die Einsatzplanung von Personen oder Routen in der Logistik).
  - **Entscheidungsfindung:** Innerhalb des Prozesses werden nicht nur Informationen zueinander in Beziehung gesetzt und Lösungen erzeugt, sondern es erfolgt abschließend auch eine automatische Auswahl einer der möglichen Lösungen als Entscheidung, die entweder dem Agenten als Vorschlag vorgelegt oder sogar automatisch durch den Softwareroboter getroffen wird.
  - Über diese drei Punkte hinaus ergeben sich hier noch zwei weitere Aspekte:

    Verfeinerung von Wissen: Hierunter ist zu verstehen, dass ein Prozess nicht nur mit den aktuell vorliegenden Informationen agiert, sondern er Mechanismen nutzt, um neues Wissen (z. B. aus der Konversation mit dem Nutzer) in die Modelle einzufügen, die er zur Inferenz, Problemlösung, Planung und Entscheidungsfindung nutzt.

    Erklärung von Systemen: Da KI-Systeme oft Techniken nutzen, in welchen sich getroffene Entscheidungen nicht nachvollziehen lassen (Black Box AI), können Prozesse durchaus zusätzlich Techniken zum Einsatz bringen, um die Entscheidungen wieder offenzulegen. Dies kann für bestimmte Prozesse, in welchen eine Rechenschaftspflicht gefordert ist (z. B. bei Banken) vonnöten sein.
- Respond umfasst – insbesondere in der Komponente Agent Interaction – folgende Ausprägungen:
  - **Manipulation von Objekten:** Ein Prozess wird durch KI-Techniken in die Lage versetzt, ein physisches Objekt (was letztlich auch als Agent verstanden werden kann) für eine bestimmte Aufgabe, die ihm ein Agent erteilt hat, zu steuern. Dies können in einem Haushalt oder Büro „smarte" Objekte für die Beleuchtung, Heizung, das Sicherheitssystem, Fernseher oder Küchengeräte sein. In einer Produktionsumgebung kann dies Maschinen oder schließlich auch mobile Objekte (seien es beispielsweise Serviceroboter oder autonome Fahrzeuge) umfassen.
  - **Komposition von Services und Geräten:** Der Prozess wird in die Lage versetzt, je nach Anforderung, die für den Fortgang des Prozessablaufs notwendigen externen Services und Geräte (z. B. Agenten) zu aggregieren.
  - **Kommunikation:** Softwareroboter gehen mithilfe von Language Generation und deren Ausgabe als Text oder Audio auf den Menschen ein.

Zukünftig sind auch Szenarien denkbar, bei denen Bots im Sinne einer M2H-Kommunikation interagieren, wobei der jeweilige Bot sein Gegenüber als menschlichen Gegenpart behandelt, indem er mithilfe von natürlicher Sprache (als Text- oder Audio-Stream) kommuniziert. Dies ist zwar aus Performancegesichtspunkten ineffizient, ermöglicht jedoch eine bot2bot-Kommunikation (Bot to Bot) jenseits von Protokollen, Schnittstellen oder Error Logs.[5]

12.6 Fazit

Klassische RPA-Implementierungen haben sich in der Praxis bereits bewähren können. Erste erfolgreiche Umsetzungen weisen starke Ähnlichkeiten, insbesondere hinsichtlich deren Überschaubarkeit betreffend Prozessgröße, Quantität an Entscheidungsschritten sowie involvierten Applikationen, auf (Forrester 2018).

Um weitergehenden Nutzen zu generieren, erscheint allen untersuchten Anbietern eine Konvergenz der Technologien RPA und KI jedoch als conditio sine qua non.

Zur strukturierten Erarbeitung von Einsatzpotenzialen und um bestehende Lösungen vergleichbar einordnen zu können, wurde ein Ordnungsrahmen zur KI-unterstützten Prozessautomatisierung entwickelt.

Im Rahmen der Untersuchung konkreter Implementierungen wurde deutlich, dass die Kernbereiche aller untersuchten RPA-Systeme sich primär auf die in Abschn. 12.5 beschriebene Process Area, insbesondere die Komponente Process Enactment, beziehen. Von besonderer Bedeutung ist dato der Einsatz von Machine Learning, Natural Language Processing (NLP), Text Mining, Optical Character Recognition (OCR) und Intelligent Character Recognition (ICR) in der in Abschn. 12.5 beschriebenen Interface Area von RPA-Systemen. Vom Umgang mit strukturierten Daten, über semi-strukturierte Daten – im Sinne von Template basierenden Ansätzen – bis hin zu einer zukünftigen Handhabung unstrukturierter Daten – wie beispielsweise Verträgen oder Anschreiben – sind Ansätze vorzufinden.

Dato sind Bots hinsichtlich eigener Entscheidungsfähigkeiten statisch und regelbasiert, unterstützen jedoch Compliance- und Sicherheitsaspekte, wenn auch im Rahmen des Verfahrensdesigns besonderes Augenmerk auf eine hinreichende Validierung der Verfahren gelegt werden muss. Zukünftig ist vermehrt mit Ansätzen zu rechnen, die mithilfe maschinellen Lernens empirische Daten laufender Prozesse und weiterer Informationsquellen verwenden, um die Notwendigkeit des menschlichen Eingriffes in die Entscheidungsfindung zu minimieren. Hierbei wird es jedoch unter anderem auch aus Compliance-Gesichtspunkten von Relevanz sein, zuverlässige und interpretierbare

[5] Vgl. hierzu weitergehend das dato unter Beteiligung der Autoren stattfindende Forschungsprojekt WiViTe (https://wivite.de/).

Entscheidungen – im Sinne einer „Reliable and Interpretable Artificial Intelligence“ (White-Box AI) – zu generieren.

Der Benutzerinteraktion kommt zudem eine weitergehende Bedeutung zu. Szenarien einer bot2bot-Kommunikation im Sinne einer Lingua franca auf nicht-technischer Ebene erscheinen zielführend.

Literatur

Allweyer, T. (2016). Robotic Process Automation – Neue Perspektiven für die Prozessautomatisierung. https://www.kurze-prozesse.de/blog/wp-content/uploads/2016/11/Neue-Perspektiven-durch-Robotic-Process-Automation.pdf. Zugegriffen: 30. Aug. 2019.

Arup, R., & Tornbohm, C. (2018). Competitive landscape: consulting and system integration service providers for robotic process automation. https://www.gartner.com/doc/re-prints?id=1-5CSS61I&ct=180814&st=sb. Zugegriffen: 5. Febr. 2019.

Bayer, M. (2019). Process Mining verspricht Durchblick im Prozessdschungel. *Computerwoche, 19–20,* 14–17.

Becker, J., & Schütte, R. (2004). *Handelsinformationssysteme: Domänenorientierte Einführung in die Wirtschaftsinformatik.* Landsberg/Lech: Moderne Industrie.

Berruti, F., Nixon, G., Taglioni, G., & Whiteman, R. (2017). Intelligent process automation: the engine at the core of the next-generation operating model. https://www.mckinsey.com/business-functions/digital-mckinsey/our-insights/intelligent-process-automation-the-engine-at-the-core-of-the-next-generation-operating-model. Zugegriffen: 16. Nov. 2019.

Bingler, D. (2019). Ist RPA mehr als eine Brückentechnologie? *Computerwoche.* https://www.computerwoche.de/a/print/ist-rpa-mehr-als-eine-brueckentechnologie,3547366. Zugegriffen: 22. Aug. 2019.

Bitkom. (2018). Digitalisierung gestalten mit dem Periodensystem der Künstlichen Intelligenz. Ein Navigationssystem für Entscheider. https://www.bitkom.de/Bitkom/Publikationen/Digitalisierung-gestalten-mit-dem-Periodensystem-der-Kuenstlichen-Intelligenz. Zugegriffen: 19. Aug. 2019.

Bremmer, M. (2018). Robotic Process Automation bei der Telekom. *Computerwoche, 36–37,* 36–37.

Bremmer, M. (2019). So schöpfen Unternehmen das Automatisierungspotenzial aus. *Computerwoche.* https://www.computerwoche.de/a/so-schoepfen-unternehmen-das-automatisierungspotenzial-aus,3546702. Zugegriffen: 15. Aug. 2019.

Czarnecki, C., & Auth, G. (2018). Prozessdigitalisierung durch Robotic Process Automation. In T. Barton, C. Müller, & C. Seel (Hrsg.), *Digitalisierung in Unternehmen* (S. 113–131). Wiesbaden: Springer Vieweg.

Czarnecki, C., Bensberg, F., & Auth, G. (2019). Die Rolle von Softwarerobotern für die zukünftige Arbeitswelt. *HMD, 56*(4), 795–808.

Forrester. (2018). Look To Four Use Case Categories To Push RPA And AI Convergence. https://reprints.forrester.com/#/assets/2/1463/RES141542/reports. Zugegriffen: 16. Sept. 2019.

Forrester. (2019). The Forrester Wave™: Robotic Process Automation Services, Q4 2019. https://www.forrester.com/report/The+Forrester+Wave+Robotic+Process+Automation+Services+Q4+2019/-/E-RES146255. Zugegriffen: 15. Nov. 2019.

Frömling, S. (2019). Prozessautomatisierung bei Finanzdienstleistungen. *Computerwoche.* https://www.computerwoche.de/a/print/prozessautomatisierung-bei-finanzdienstleistungen,3546319. Zugegriffen: 23. Aug. 2019.

Gadatsch, A. (2010). *Grundkurs Geschäftsprozessmanagement. Methoden und Werkzeuge für die IT-Praxis: Eine Einführung für Studenten und Praktiker*. Wiesbaden: Vieweg + Teubner.

Hofmann, P., Samp, C., & Urbach, N. (2019). Robotic process automation. *Electronic Markets*. https://doi.org/10.1007/s12525-019-00365-8.

Huang, F., & Vasarhelyi, M. A. (2019). Applying robotic process automation (RPA) in auditing: A framework. *International Journal of Accounting Information Systems*. https://doi.org/10.1016/j.accinf.2019.100433.

IEEE (2017). IEEE Guide for Terms and Concepts in Intelligent Process Automation. https://ieeexplore.ieee.org/document/8070671. Zugegriffen: 13. Februar. 2019.

Lacity, M., Willcocks, L., & Craig, A. (2015). *Robotic Process Automation at Telefónica O2*. The Outsourcing Unit Working Research Paper Series, Paper 15/02, The London School of Economics and Political Science.

Mendling, J., Decker, G., Hull, R., Reijers, H. A., & Weber, I. (2018). How do machine learning, robotic process automation, and blockchains affect the human factor in business process management? *Communications of the Association for Information Systems, 43*(19), 297–320.

McCarthy, J., Minsky, M., Rochester, N., & Shannon, C. (2006). A proposal for the dartmouth summer research project on artificial intelligence. *AI Magazine,* 27(4), 12–14 (Erstveröffentlichung 1955).

Peters, R., & Nauroth, M. (2019). *Process-Mining. Geschäftsprozesse: smart, schnell und einfach.* Wiesbaden: Springer Gabler.

Pütter, C. (2018). Der Gartner Hype Cycle Digital Workplace 2018. *CIO.* https://www.cio.de/a/der-gartner-hype-cycle-digital-workplace-2018,3588979. Zugegriffen: 27. August 2019.

Reder, B. (2019). Process Mining und Automatisierung sind Schlüsselelemente der Digitalisierung. *Computerwoche, 30–31,* 14–17.

Rother, T. (2018). Process Mining ist das Bindeglied zwischen BPM und Business Intelligence. *Computerwoche, 38–39,* 36–37.

Safar, M. (2019). Wenn der Bot selbst entscheidet. *Computerwoche, 30–31,* 18–19.

SAP (2019). Business Rule Framework plus (BRFplus). https://help.sap.com/erp_mdg_addon70/helpdata/en/9a/6b67ce7c26446483af079719edf679/frameset.htm. Zugegriffen: 15. Sept. 2019.

Scheer, A.-W. (1997). *Wirtschaftsinformatik: Referenzmodelle für industrielle Geschäftsprozesse.* Berlin: Springer.

Smeets, M., Erhard, R., & Kaußler, T. (2019). *Robotic Process Automation (RPA) in der Finanzwirtschaft. Technologie – Implementierung – Erfolgsfaktoren für Entscheider und Anwender.* Wiesbaden: Springer Gabler.

Tisson, H. (2019). Enterprise-Service-Management. In M.H. Dahm & S. Thode (Hrsg.), *Strategie und Transformation im digitalen Zeitalter. Inspirationen für Management und Leadership* (S. 237–255). Wiesbaden: Springer Gabler.

Van der Aalst, W., Bichler, M., & Heinzl, A. (2018). Robotic Process Automation. *Business & Information Systems Engineering, 60*(4), 269–272.

Vaske, H. (2019). Celonis stellt Prozess-Management in Realtime in Aussicht. *Computerwoche, 19–20,* 18–20.

WfMC (1995). The Workflow Reference Model. http://www.wfmc.org/standards/docs/tc003v11.pdf. Zugegriffen: 13. Sept. 2019.

Wildner, S., Koch, O., & Weber, U. (2017). Stand und Entwicklungspfade der Digitalen Transformation in Deutschland. In R. Obermaier (Hrsg.), *Industrie 4.0 als unternehmerische Gestaltungsaufgabe* (S. 85–96). Wiesbaden: Springer Gabler.

Willcocks, L., Lacity, M., & Craig, A. (2015). *The IT function and robotic process automation.* The Outsourcing Unit Working Research Paper Series, Paper 15/05, The London School of Economics and Political Science.

Zhang, N., & Liu, B. (2018). Alignment of business in robotic process automation. *International Journal of Crowd Science, 3*(1), 26–35.

Prof. Dr. Oliver Koch ist seit über zehn Jahren Professor für Wirtschaftsinformatik und hat 2018 einen Ruf an die FOM Hochschule erhalten. Seit 2019 verantwortet er dort als Dekan den Hochschulbereich IT Management sowie als Direktor das mis Institute of Management & Information Systems. Zudem hat er über 25 Jahre internationale Erfahrung als Unternehmensberater sowie als CEO der CTI CONSULTING. Im Fokus seiner Forschungstätigkeit stehen die Themen Digitale Transformation, Enterprise Architecture Management, Robotic Process Automation sowie Betriebliche Informationssysteme.

Dr. Stephan Wildner ist Projektmanager bei CTI CONSULTING und berät seit über fünf Jahren Unternehmen zu den Themen Digitale Transformation, Enterprise Architecture Management und Business Process Management. Er hat umfangreiche Erfahrungen in der Softwareentwicklung im Bereich Text Mining und forscht zu den Themen Digitale Transformation, Enterprise Architecture Management und Wissensmanagement.

Entscheiden bei Unsicherheit

13

KI-System als Nudge beim Wissenstransfer

Winand Dittrich und Tamara Schulz

Inhaltsverzeichnis

Zusammenfassung

Ziel des Artikels ist eine konzeptuelle Bestimmung der Begriffe Wissenstransfer und Wissenstranslation im Zusammenhang ihrer wachsenden Bedeutung in einer zunehmend digitalisierten Wirtschaft. Hierbei werden verschiedene Ansätze bei der Anwendung von KI hervorgehoben sowie Möglichkeiten und Grenzen des Einsatzes aufgezeigt. Oftmals werden KI-Systeme genutzt, um uns zu Entscheidungen zu bringen, welche wir sonst nicht getätigt hätten. KI-Nudging bedarf der evidenzbasierten Fundierung, der Transparenz, der ethischen Bewertung und des sozialen Konsenses. Es wird vorgeschlagen, bisherige Wissensmodelle (z. B. Knowledge to Action Model, Innovationsdiffusionstheorie) durch den Nudging-Ansatz zu ergänzen. Abschließend werden ein selbstentwickeltes Modell des Wissenstransfers und Vor- und Nachteile im Wissenstransfer diskutiert. Anhand des weiterentwickelten Modells

W. Dittrich (✉) · T. Schulz
FOM Hochschule, Frankfurt a. M., Deutschland
E-Mail: winand.dittrich@fom.de

T. Schulz
E-Mail: tamara.schulz@fom.de

R. Buchkremer et al. (Hrsg.), *Künstliche Intelligenz in Wirtschaft & Gesellschaft*,
FOM-Edition, https://doi.org/10.1007/978-3-658-29550-9_13

können Empfehlungen für die Entwicklung und Anwendungen von KI-Systemen im Bereich Wissensmanagement vorgeschlagen werden, um den Prozess des Wissenstransfers zu optimieren und den Herausforderungen der Digitalisierung und Globalisierung gerecht zu werden.

Wissen ist Macht – über Wissen zu verfügen, war noch nie so wichtig, wie in der gegenwärtigen Zeit, auch wenn die Weisheit vor über 400 Jahren formuliert wurde. Durch Digitalisierungsprozesse, Einsatz von Maschinen und Robotern, Internationalisierung, Globalisierung sowie Komplexitätssteigerung der Arbeitsinhalte wird die traditionelle körperliche Arbeit immer mehr von der wissensbasierten Arbeitsweise verdrängt. Durch den Einsatz von künstlichen Intelligenzen sowie kognitiven Maschinen können, neben dem schnellen Transfer von Wissen innerhalb verschiedener Anspruchsgruppen, insbesondere intellektuelle Defizite überwunden und eingedämmt werden. Durch die Globalisierung ist es besonders für Mitarbeiter wichtig, sich schnell und virtuell auszutauschen, um schnelle Lösungen für neuartige Probleme zu generieren. Leider birgt dieser Trend die Gefahr, dass besonders komplexes Wissen durch Nichtspeicherung verloren geht oder nicht ganz umfänglich von A nach B transferiert werden kann. Zukünftig stehen nicht allein Großunternehmen, sondern vermehrt auch die kleinen und mittelständischen Unternehmen vor folgenden Herausforderungen:

- Die demografische Entwicklung hat zur Folge, dass die nachfolgenden Generationen (x, y, z) oftmals schon rein zahlenmäßig kleiner sind als die Babyboomer-Generation. Hinzu kommt noch der Mangel an Fach- und Führungskräften, der neben der Populationsgröße auch ein Problem adäquater Ausbildungsmöglichkeiten darstellt.
- Es hat sich eine Diskrepanz zwischen der Bedeutung von Wissen, beispielsweise für die Entwicklung von künstlicher Intelligenz, und der explosionsartigen Zunahme und Komplexität von Wissen ergeben.
- Die Entwicklung von Industrie 4.0 oder Arbeitswelt 2.0 hat zu einer starken Veränderung der Arbeitsplatzfluktuation geführt. Die Träger von Wissen sind einerseits wertvoller denn je geworden, andererseits aber häufiger und unerwarteter als jemals zuvor können diese Personen zu einem anderen Unternehmen wechseln.

Nach einer Studie der Nordakademie (2008) in Zusammenarbeit mit von Studnitz Management Consultants zum Thema „Wissensmanagement – Wissenstransfer und Arbeitsmarktwandel" aus dem Jahr 2008 beurteilten 76,4 % der befragten Unternehmen die Sicherung des Wissens ausscheidender Mitarbeiter als unzureichend (Nordakademie 2008). Eine innerbetriebliche Transparenz für Organisationen ist notwendig, um wettbewerbsfähig zu bleiben. Wissen im Zusammenhang mit der Wirtschaft umfasst vor allem Patente, Prozesse, Technologien, Fähigkeiten und Erfahrungen der Mitarbeiter sowie Informationen über Kunden, Märkte, Lieferanten und politisch-rechtliche Bedingungen. Wissen gilt heute als wichtiger Produktionsfaktor, aber nicht als isolierter Faktor, vielmehr als integrierendes Element, um die Qualität von Produkten und Dienstleistungen aufrecht zu erhalten und vor allem zu optimieren. Insofern wurde in der im September 2015 neu gefassten DIN EN ISO 9001:2015 erstmals gefordert, mit Wissen bewusst und geplant umzugehen. Aus der gezielten Anforderung sowie aus strategischen Überlegungen der Unternehmensführung kann man ableiten: Vorhandenes Wissen muss identifiziert, gespeichert und verbreitet werden, sodass das Unternehmen einen ständigen Zugriff hat. Wissen nimmt einen so hohen Stellenwert ein, dass es integraler Bestandteil des strategischen Managements sein sollte, um den Wissensbestand zielführend zu steuern. Hinzu kommen erschwerende Barrieren, wie Faktoren, welche die Wissensübertragung stören oder sogar verhindern können. Wechseln gleich mehrere Wissensträger das Unternehmen ohne vorhandene Wissenstransferabläufe, dann kann dies durchaus existenzgefährdend sein. In Erweiterung des Eingangssatzes gilt nach Ansicht der Autoren heutzutage mehr denn je:

▶ Wissen ist Macht, digitales Wissen ist Weltmacht.

13.1 IBM Watson

Am Beispiel eines der wohl erfolgreichsten Systeme der künstlichen Intelligenz, nämlich IBM Watson, werden Möglichkeiten und Grenzen solcher Systeme aufgezeigt. IBM Watson ist ein artifizielles kognitives System, auch bekannt als das Paradebeispiel künstlicher Intelligenz. Bekannt wurde IBM Watson durch seine Teilnahme am Fernsehquiz Jeopardy! (Ferrucci 2012; Goel et al. 2016) Durch seine natürliche Sprachverarbeitung kann es die menschliche Sprache verstehen und kann mit menschenähnlicher Genauigkeit Rückschlüsse zu Textpassagen ziehen. Aufgrund dynamischen Lernens wird IBM Watson durch jede Interaktion intelligenter und entwickelt sich mit seinen Anwendern weiter. IBM Watson ist ein tiefes NLP (Natural Language Processing)-System – es erreicht Genauigkeit, indem es versucht so viel Kontext wie möglich zu bewertet (High 2012). Dabei nimmt es Wissen auf, indem es den Korpus in Form bringt. Veraltete, irrelevante oder potenziell unzuverlässige Quellen sortiert es aus. Watson versteht die menschliche Sprache nicht direkt, sondern lediglich deren Eigenschaft. Mit einem Algorithmus analysiert es wichtige Merkmale des Korpus einer Frage, die es mit dem Korpus einer möglichen Antwort vergleicht. Es gibt über hundert verschiedene Algorithmen, mit denen Watson die Korpusse miteinander vergleicht, um einen Vertrauensintervall zu erhalten (Hoyt et al. 2016). Es wiederholt den Prozess solange, bis es die stärkste Antwort gefunden hat. Besonders wichtig sind hierbei Kontextfaktoren wie räumliche oder zeitliche Faktoren, die mit Frage und Antwort in Einklang zu bringen sind. Diese Konzepte tragen dazu bei, dass Watson menschenähnliche Entscheidungen treffen kann. Mit „ASK Watson" hat IBM Einzug in die medizinische Diagnostik genommen. Besonders im Bereich der Onkologie-Diagnose kam Watson zum Einsatz (High 2012). Durch den Einsatz von kognitiven Systemen kann die Fehlerquote der

Untersuchungsergebnisse von 30 % auf elf Prozent gesenkt werden, erklärt Bart Witte (IBM Director Digital Health DACH) (Garbs 2016). Besonders interessant ist hierbei, dass man durch die Verwendung von Watson zwar die richtigen Ergebnisse erhält, jedoch feststellt, dass die falschen Fragen gestellt wurden und andere, wichtigere Fragen gestellt werden müssen. Durch Inferenzketten (Schlussfolgerungen) können sich bessere Therapien ableiten. So ist es bekannt, dass bei einer Diabetes-Erkrankung der Blutzuckerspiegel gänzlich erhöht ist, jedoch ist es wichtiger, die nächsten Schritte im Blick zu halten, um Folgeerkrankungen zu vermeiden. Hierbei kann eine Inferenzkette helfen, um Schlussfolgerungen zu ziehen und versteckte Folgen zu vermeiden (Hoyt et al. 2016). Des Weiteren können durch die Interaktion mit Watson Antworten auf Fragen entstehen, die man so nie gestellt hätte. Für die medizinische Betreuung eines Patienten erweist sich dies als Vorteil, da so unter Umständen Erkrankungen aufgedeckt werden, welche möglicherweise übersehen worden wären (High 2012). Die medizinische Variante von IBM Watson, Watson Oncology Advisor hat allein Zugriff auf über einer Mio. wissenschaftlicher Artikel sowie weiteren Dokumenten, Labordaten und Ähnlichem (Garbs 2016). Jedoch das bekannteste und negativste Beispiel für den Einsatz von IBM Watson ist die Zusammenarbeit mit University of Texas M. D. Anderson Cancer Center in Houston (Schmidt 2017). Fünf Jahre nach Beginn der Zusammenarbeit wurde das Projekt eingestellt und niemals bei tatsächlichen Patienten eingesetzt. Experten gaben an, dass Watson Schwierigkeiten mit der Verarbeitung von Fallbeispielen und Arztnotizen sowie anderen unstrukturierten, textlastigen Dokumenten hatte. Die Herausforderung für Watson, unstrukturierte Datensätze sinnvoll zu verarbeiten, ist höher als zunächst erwartet wurde (Chen et al. 2016). Watson hatte Schwierigkeiten, das Akronym ALL für akute lymphatische Leukämie von der Abkürzung ALL für Allergie zu unterscheiden. Watson müsste alle Texte im Zusammenhang mit weißen Blutkörperchen und Knochenmarktransplantation ausschließlich Leukämie zuordnen. Auch in der automatisierten Übertragung von Patientendaten gab es Schwierigkeiten. Medizinische Attribute waren nicht leicht zu erfassen, viele von ihnen befanden sich in den handschriftlichen Aufzeichnungen der Ärzte. Nichtsdestotrotz konnte Watson eine 90 % Richtigkeit in der Behandlungsempfehlung bei einem Pilotprojekt mit Lungenkarzinomen verbuchen. Es bleibt aber die Frage offen, wie man mit den zehn Prozent Fehlerquotienten umgehen soll. Für eine adäquate Behandlungsempfehlung müssen die Datensätze dagegen strukturierter eingelesen werden, was aber nur schwierig umzusetzen ist (Schmidt 2017; Ahmed et al. 2017). Die Ärzte müssten während der Konsultation ihre Aufzeichnungen schon strukturieren, was zum Leid der Patienten sich wiederum auf die Behandlungszeit auswirkt. Watson soll Zeit schaffen und die Gesamtüberlebensrate verbessern (Schmidt 2017). Kognitive Systeme können die Bemühungen für bessere Patientenergebnisse verstärken (Ahmed et al. 2017). Es bleibt aber abzuwarten, ob sich kognitive Systeme in der medizinischen Diagnostik durchsetzen werden.

Für die Zukunft müssen trotz allem Vorkehrungen geschaffen werden, wie mit den Antworten von Maschinen, die die Intelligenz von Menschen bei Weitem übersteigt, umzugehen sei (Goel et al. 2016). Watson-ähnliche Maschinen werden in der Zukunft zwei Teilziele verfolgen. Zum einen werden künstliche Intelligenzen den Menschen dabei helfen, unüberwindbare kognitive Lücken zu schließen, anderseits dem Anwender auch ermöglichen, eigene Fähigkeiten aufzubauen (Holtel 2014; Hildebrandt 2013). Letzteres verweist jedoch auch auf eine riesige Herausforderung bei der Entwicklung von KI-Systemen. IBM Watson hat gelernt, Daten jedweder Art, seien es Texte oder Bilder, zu lesen, einzuordnen und eine Wertigkeit zuzuordnen. In der Psychologie wird diese Fähigkeit auch explizites Wissen genannt. Diese Art des Wissens entspricht unter anderem dem Auswendiglernen von Zahlen, Erinnern von Urlaubsreisen oder Lösen von Denksportaufgaben. Explizites Wissen können Personen sich relativ leicht ins Bewusstsein rufen und anderen beschreiben. Es ist daher auch relativ einfach weiterzugeben. Der Wissenstransfer stellt aus rein technischer Sicht keine besondere Schwierigkeit dar, auch wenn das Eine-Million-Euro-Quiz nicht immer einfach zu gewinnen sein wird. Eine andere Art des Wissens bereitet jedoch mehr oder weniger regelmäßig größere Schwierigkeiten, wenn es auf andere Personen übertragen werden soll. Hierbei handelt es sich um das sogenannte implizite Wissen, welches meist rein unbewusst verarbeitet wird und daher oftmals kaum direkt beschreibbar ist. Aus diesem Grund ist diese Art des Wissens auch sehr schwer nur zu vermitteln (Goel et al. 2016). Es ist unmittelbar an den Wissensträger gebunden, da es eine Person sich über Jahre durch Übung bzw. Erfahrung selbst angeeignet hat. Beispielsweise hat noch niemand das Surfen oder Skateboard-Fahren aus einem Buch oder durch Beschreibungen gelernt, hier hat nur das Selbst-Ausprobieren geholfen. Handlungs- und Erfahrungswissen lässt sich kaum in Worte fassen und daher kann diese Form des Wissens nicht direkt transferiert werden (Chen et al. 2016). Für diese letztere Art des Wissens gerät IBM Watson deutlich an seine Grenzen und folglich liegt hierin eine der großen Herausforderungen für die künstliche Intelligenz und für die Industrie 4.0 (Ahmed et al. 2017). Gleichzeitig stellt diese Situation auch die Chance für Menschen hinsichtlich des sinnvollen Umgangs mit KI-Systemen dar. Ein sinnvoller Umgang kann sich nicht allein an der technischen Machbarkeit orientieren, sondern kann in der Zukunft ebenfalls die Werte und Bedürfnisse der sozialen Lebenswelt mit einbeziehen (Goel et al. 2016). Erst durch die Kombination von technischer Exzellenz mit sozialen Faktoren gewinnt die KI eine Dimension, die als Fortschritt für Mensch und Wirtschaft gesehen werden kann. Diese sozialen Faktoren können nur durch Kommunikation und Interessenausgleich gefunden und umgesetzt werden. Der Austausch und die Debatte um KI (oder zukünftig mit KI?) sollten uns nicht mit Angst erfüllen, sondern sind vielmehr der erste Schritt zur sinnvollen Anwendung von KI. Genau aufgrund der Tatsache, dass Werte und Bedürfnisse (noch) nicht einbezogen werden können, scheint auch in den letzten Jahren die anfängliche Euphorie über IBM Watson bzw. ähnliche KI-Instrumente einer eher realistischen Einordnung gewichen zu sein. Derartige KI-Systeme sind zwar sehr erfolgreiche „Korrelationsmaschinen" mit engem Funktionsbereich trotz der vielfältigen Einsatzgebiete, dennoch lassen sie jegliche autonome Interpretationsmöglichkeiten der Realität vermissen.

13.2 Wissenstransfer

Der Wissenstransfer beschreibt einen Prozess, bei dem Wissen von einem Punkt zu einem anderen transferiert werden soll. Dabei ist es schwierig, einen geeigneten Begriff für die Beschreibung des Wissensübertragungsprozesses zu finden. Wissensaustausch umfasst neben dem Austausch von Wissen auch soziale und ethische Aspekte wie Kommunikation, Wissensmanagement, Zwei-Wege-Transferierung (multidirektionale Kommunikation) zwischen Forschern und Anwendern, Entwicklung von Richtlinien und vielem mehr (Canadian Institutes of Health Research 2004). Besonders wichtig ist die Erkenntnis, dass die Darbietung von Wissen nicht ausreicht, um die nötigen Effekte in der Praxis zu erzielen (Grimshaw et al. 2012). Knowledge Transfer ist wohl der bekannteste und meist genutzte Begriff für die Wissensübertragung. Schwierig hierbei ist jedoch, dass der Begriff „Transfer" nicht impliziert, dass das Wissen auch genutzt und umgesetzt wird, sondern nur, dass das Wissen unidirektional übertragen wurde (Graham et al. 2006). Nachfolgend wird daher der Begriff Knowledge Translation statt Knowledge Transfer genutzt. Die Canadian Institutes of Health Research (CIHR) arbeitet seit vielen Jahren sehr erfolgreich auf diesem Gebiet und schlug folgende prägende Definition für Knowledge Translation vor:

> „Knowledge translation is the exchange, synthesis and ethically-sound application of knowledge – within a complex system of interactions among researchers and users – to accelerate the capture of the benefits of research [for Canadians] through improved health, more effective services and products, [and a strengthened health care system]." (Canadian Institutes of Health Research 2004, S. 4)

Das CIHR stützt sich dabei auf die Forschung von Landry et al. (2003). Ihre Forschungen über Akzeptanz und Einführung von Forschungswissen haben ergeben, dass die Bedürfnisanpassung der Ergebnisse zur Akzeptanzsteigerung führt, sowie unidirektionale Kommunikation nicht effektiv ist (Landry et al. 2003). Somit ist der wichtigste Aspekt bei der Knowledge Translation die Schließung der Lücke zwischen Forschern und Researchern auf der einen Seite und bereits vorhandenem Wissen der Anwendergruppen auf der anderen Seite (McKibbon et al. 2013) Durch Zusammenarbeit mit der Definition von Knowledge Translation des Canadian Institutes for Health Research (CIHR) (2004) entwickelten McKibbon und Kollegen zwölf der notwendigsten Prozessschritte im Wissenstransfer: das Wissen, welches transferiert oder übersetzt werden muss; die Notwendigkeit des Wissens; Vermittlung des Wissens; wie das Wissen angewandt wird; wer erhält das Wissen; wer hat das Wissen; was sind wichtige Zusatzinformationen; welche Skills werden gebraucht; welche Werkzeuge werden gebraucht, um das Wissen zu implementieren; was sind Barrieren oder Vermittler für die Durchführung; was sind die Ergebnisse und wie können diese gemessen werden und wie wird das Projekt bewertet und bewacht (McKibbon et al. 2013). Mit seinem Knowledge-to-Action Framework hat Graham et al. (2006) einen prägenden Beitrag zur Forschung über Wissenstranslation geschaffen (Glegg und Hoens 2016). Im Gegensatz zur gängigen Literatur benutzt Graham den Begriff „Action“, da dieser von den Anspruchsgruppen im Hinblick auf den Gebrauch des Wissens besser verstanden wurde als das allgemeine „Practice“. Der neue Begriff verweist auch auf die aktive Rolle der Beteiligten bei der Wissensübertragung. Der Ansatz besteht im Wesentlichen aus zwei Prozessen: Wissenskreation und Aktion. Die Aktionsphasen in diesem Modell können nacheinander oder sogar zeitgleich ablaufen. Ebenfalls kann die Wissenskreation auf die Aktionsphasen Einfluss nehmen (Graham et al. 2006).

Das Modell visualisiert die Definition von Knowledge Exchange der Canadian Foundation for Healthcare Improvement.

> „Knowledge exchange is collaborative problem-solving between researchers and exchange decision makers that happens through linkage and exchange. Effective knowledge exchange involves interaction between decision makers and researchers and results in mutual learning through the process of planning, producing, disseminating, and applying existing or new research in decision-making.“ (Canadian Foundation for Healthcare Improvement 2019)

Im Inneren des Modells (siehe Abb. 13.1) entsteht die Wissenskreation durch den Wissenstrichter. Das Wissen fällt hier von oben herein und rutscht durch den Trichter. Während das ungeordnete Wissen aus Primär- und Sekundärstudien im ersten Schritt durch den Trichter rutscht, bekommt dieses bis zum Ende hin mehr Gehalt, wird gefiltert

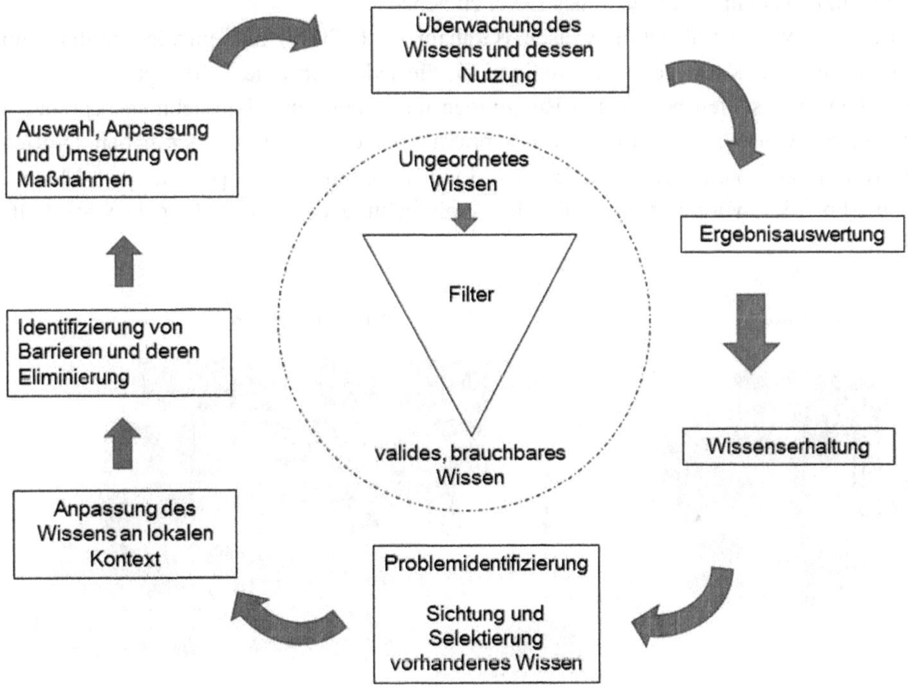

Abb. 13.1 Knowledge-to-Action-Zyklus. (Quelle: In Anlehnung an Graham et al. 2006, S. 19)

und wird brauchbarer für die Anspruchsgruppen. Ziel ist, dass am Ende nur noch valides und brauchbares Wissen übrig ist. Durch den Austausch mit den Anwendergruppen ist es den Wissenskreatoren jederzeit möglich, die Wissensgenerierung auf die Bedürfnisse der Nutzer anzupassen und die Forschungsfragen zu überarbeiten (Graham et al. 2006). Der Aktionszyklus folgt einem bestimmten Kreislauf. In der Regel wird ein Problem beschrieben, was identifiziert und gelöst werden soll. Nach der ersten Sichtung und Selektion des vorhandenen Wissens wird das Wissen an den Kontext angepasst. Vor der Implementierung werden Barrieren, welche die Implementation verzögern und unnötig gefährden würden, gesucht und versucht zu eliminieren. Barrieren können a) objektiv (z. B. räumliche Distanz, kein bekannter Stellvertreter), b) subjektiv (fehlende Kommunikation, Blockade) oder c) latent (Ablehnung, fehlende Loyalität, interkulturelle Differenzen) vorhanden sein. Sind die positiven Voraussetzungen geschaffen, wird das benötigte Wissen in die Organisation implementiert. Monitoring und Evaluation sind nach der Implementierung die wichtigsten Werkzeuge zur Beurteilung von Erfolg und Misserfolg der Aktion. Durch die genaue Auseinandersetzung mit den Ergebnissen können Barrieren, welche neu aufgetreten oder schlichtweg übersehen worden sind, identifiziert und direkt angegangen werden. Dies sind Möglichkeiten einer schnellen und effizienten Lösungskultur, welche die Chance bieten, dass gescheiterte Implementationsversuche ohne größeren Zeitverlust wiederholt werden können. Im Nachgang wird das Wissen versucht kontinuierlich aufrecht zu erhalten, um die Problemlösung zu gewährleisten und das Output auf ein neues Level zu heben.

Bei der Wissenstranslation weisen (Graham et al. 2006) auf einzelne Stufen und Übergänge beim Knowledge Translation hin, die jedoch in einer wirtschaftsbezogenen Umgebung mit seinen begrenzten Ressourcen und einem auf Unternehmen begrenzten Verständnis von Wissen oftmals wenig praktikabel erscheinen. Daher haben Dittrich und Biniok (2018) eine Modifikation des Modells („Lean knowledge-to-action"-Modell, siehe Abb. 13.2) vorgenommen, die zur Vereinfachung und Anwendung in wirtschaft-

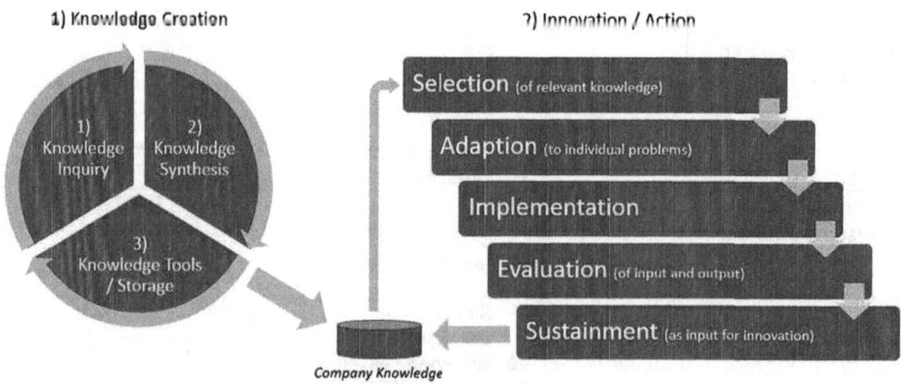

Abb. 13.2 Lean knowledge-to-action model. (Quelle: Dittrich und Biniok 2018, S. 240)

lichen Zusammenhängen genutzt wurde. Unter Beibehaltung der wesentlichen Elemente konnte die Neukonzeption des Ansatzes eine gewisse Konfusion und Überfrachtung bei der Anwendung auf Unternehmen vermieden werden. Das modifizierte Modell verweist auf die zwei wesentlichen Prozesse: Wissenskreation und Innovation bzw. Aktion. Während der erste Prozess sehr ähnlich zu Grahams Modell ist, ergibt sich eine wesentliche Ergänzung im zweiten Schritt. Es wird ein neuer Fokus auf die Wissensspeicherung und Wissensinstrumente gelegt. Wissenstranslation bedarf der Speicherung des Wissens außerhalb des Wissensträgers. Der aktuelle Ort oder die Form der Wissensspeicherung scheint unerheblich und allein dem Zugang zum Wissen kommt eine enorm hohe Bedeutung zu. Wissensspeicherung wird zur Grundlage und zum Startpunkt für die zweite Stufe, nämlich Wissenstranslation als Aktion oder auch Innovation. Die Auswahl und Implementierung von Wissen kann aufgrund des allgemeinen Wissensspeichers sehr detailliert und individualisiert erfolgen. Die Art und Weise der Wissenstranslation richtet sich nach den festgestellten Anforderungen, wobei die sprachgebundene Vermittlung zumeist der bildlichen unterlegen scheint („Ein Bild sagt mehr als 1000 Worte"). Nicht allein die Revision von Fehlern ist durch den im Modell dargestellten Rahmen gewährleistet, sondern auch die gänzliche Neuentwicklung von Lösungen oder die Bewertung und Umsetzung von Ideen. Nach der Implementierung oder Problemlösung wird das verwendete Wissen neu bewertet und kann so als Innovation oder Aktion neu abgespeichert werden. Hiermit wird gleichzeitig ein Beitrag zum Qualitätsmanagement geleistet. Durch Wissenstranslation entstehen sicherlich Kosten und daher ist ein Prüfstand nicht allein aus Gründen der Wissensoptimierung unumgänglich. Nach einem sinnvollen Zeitraum ist der Erfolg der Wissenstranslation zu überprüfen und das Wissen entweder beizubehalten oder zu verwerfen. Die Stufe des Wissenserhalts ermöglicht am Ende die erneute Nutzung des Wissens und dient als Ausgangslage für die weitere Wissenstranslation. Aus diesem Grund gewinnt das strategieorientierte Wissensmanagement in Unternehmen eine hohe Bedeutung und wird zu einem wichtigen Bestandteil der Gesamtunternehmensstrategie.

Auch ein Ideenmanagement kann die Wissensentwicklung und die Lösungskultur unterstützen. Ein gezieltes Ideenmanagement liefert den geordneten Rahmen, wie Ideen gesucht, bewertet und eingeführt werden. Damit wird es wahrscheinlicher, dass die neuen Ideen zu einer Innovation werden und dem Unternehmen einen Erfolg bringen. Worauf Bullinger und Schäfer (1997) bereits zu Beginn des digitalen Umbruchs zutreffend hinwiesen, gilt heute mehr denn je: Heutzutage genügt es nicht mehr allein auf Veränderungen zu reagieren, vielmehr sind Unternehmen zunehmend gefordert, direkt proaktiv Veränderungen und Marktanpassungen einzuleiten und erfolgreich umzusetzen. Durch ein vorhandenes Ideenmanagement im Unternehmen gibt es einen Kanal, in den Mitarbeiter ihre Ideen einreichen können. Diese Entwicklung stellt alle Beteiligten vor neue Herausforderungen, die auch neue Formen des Wissensmanagements benötigen. Informationen des Trendscouting, Methoden des Crowdsourcing oder auch des Roadmapping, sowie direkt spezialisierte IT-Systeme können hierbei nutzbringend für Unternehmen eingesetzt werden, wenn es gelingt, diese

Werkzeuge in ein Gesamtunternehmenskonzept des Wissensmanagements zu integrieren (Durst et al. 2015). Ohne ein solches Konzept kann es vorkommen, dass Ideen nur zufällig entstehen und weiterentwickelt werden. Mithilfe des Ideenmanagements besteht somit die Chance, so viele Ideen wie möglich einzusammeln und zu bewerten. Viele Ideen sind für die Entstehung von Innovationen wichtig, da die meisten Einfälle nicht zu erfolgreichen Innovationen führen, da sich z. B. kein zusätzlicher Kundennutzen generieren lässt. Des Weiteren wird eine große Anzahl von Ideen benötigt, da die Produktlebenszyklen immer kürzer werden (Beyer und Seidel2006). Das heißt, dass in kürzerer Zeit immer mehr Innovationen realisiert werden müssen, um wettbewerbsfähig bleiben zu können.

Da es häufig dazu kommt, dass Innovationen oder neue Ideen aus diversen Gründen nicht umgesetzt werden, scheint es sicherlich vorteilhaft zu sein, das Ideenmanagement mit einem Wissensmanagement, wie z. B. in einer lernenden Organisation, zu integrieren, da so die komplette Wissensbasis im Unternehmen für die Ideen genutzt werden kann. Durch Wissensnutzung entstehen Ideen, aus Ideen werden Innovationen, aus Innovationen werden Wettbewerbsvorteile und aus diesen werden Gewinne. Die gesamte Wertschöpfungskette der Wissenstranslation muss modelliert, organisiert und gemessen werden, um dauerhaft Wettbewerbsvorteile generieren zu können.

Durch die Umsetzung der Methode der lernenden Organisation gekoppelt mit dem Ideenmanagement erhöhen sich die Chancen, um mehr Innovationen fördern zu können, da das Wissen und die Ideen Grundlage von Innovationen sind. Beide Konzepte können sich gegenseitig positiv beeinflussen und somit Auswirkungen auf die Entstehung von Innovationen haben. Dies lässt sich damit begründen, dass mithilfe des Ideenmanagements das Wissen erzeugt, geteilt, genutzt und gespeichert werden kann. Dies ist für ein Unternehmen von Bedeutung, da das Wissen ein Wettbewerbsfaktor für die Innovationsfähigkeit eines Unternehmens ist. Mit dem Faktor Wissen können Produkte und Prozesse schneller entwickelt und daher neue Innovationen effektiver auf den Markt gebracht werden (Dittrich und Biniok 2018). Ein weiteres wichtiges Modell im Bereich des Wissenstransfers ist Rogers‘ klassische Innovationsdiffusionstheorie. Fünf Schritte bilden den von Rogers beschriebenen Innovationsprozess (siehe Abb. 13.3): 1) Wissen

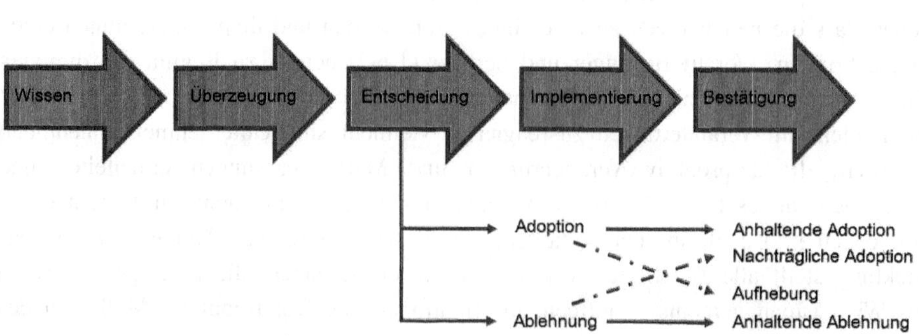

Abb. 13.3 Aspekte der Innovationsdiffusionstheorie. (Quelle: In Anlehnung an Rogers 1983, S. 165)

(knowledge), 2) Überzeugung *(persuasion)*, 3) Entscheidung *(decision)*, 4) Umsetzung *(implementation)*, 5) Bestätigung *(confirmation)* (Rogers 1983, S. 21; Scott-Findlay und Estabrooks 2006, S. 202).

Ein potenzieller Anwender erhält innovatives Wissen (1) aus der Forschung und muss verstehen, wie dieses funktioniert und angewandt werden kann. Da Individuen nicht frei von Werten und Vorstellungen sind und maßgeblich von ihrer Umwelt beeinflusst werden, legt sich das Individuum nach dem Wissenserhalt fest, ob es von den neuartigen Kenntnissen überzeugt (2) ist oder nicht. Hilfreich sind hierbei vor allem die von Rogers festgelegten Attribute (siehe Abb. 13.4), welche eine Innovation vorzuweisen hat, um eine bessere Akzeptanz herbei zu führen. Die Attribute sind relativer Vorteil (ein Nutzen muss ersichtlich sein), Kompatibilität (Innovation muss zu bestehenden Werten und Erfahrungen passen), Komplexität (Wissen braucht eine gewisse Komplexität, darf jedoch nicht zu schwierig sein), Testbarkeit (Innovation muss zu Testen möglich sein) und Beobachtbarkeit (Rogers 1995). Ebenfalls kann durch den gezielten Einsatz von Wissenvermittlern (Knowledge Brokern/Change Agents) die soziale Interaktion mit dem Nutzer intensiviert werden, da so seine Bereitschaft, eine Innovation anzunehmen, erhöht wird (Glegg und Hoens 2016). Wenn es zu einer positiven Entscheidung kommt (3), wird der Anwender das Wissen umsetzen (4). Re-Interventionen und Anpassungen des Wissens auf die jeweilige eigene Umgebung während dieser Phase sind gewollt und tragen zur Akzeptanz bei. Die letzte Phase Bestätigung (5) kann der Anwender entscheiden, ob die bereits getroffenen Veränderungen eine Verbesserung herbeigeführt haben und somit weiterhin bestärkt werden oder ob es diesbezüglich noch einmal seine Meinung ändert und auf alte Verhaltensweisen zurückgreift. Auf die Rolle der Innovationsentscheidung (spontan oder instruiert) wird hier nicht weiter eingegangen (Rogers 1983). Rogers (1995) warnt vor der Überadoption aufgrund von Überbewertung der fünf Attribute. Eine Innovation kann als gute Entscheidung wahrgenommen werden, weil ein Attribut, wie z. B. relativer Vorteil und das verbundene Prestige damit, alle

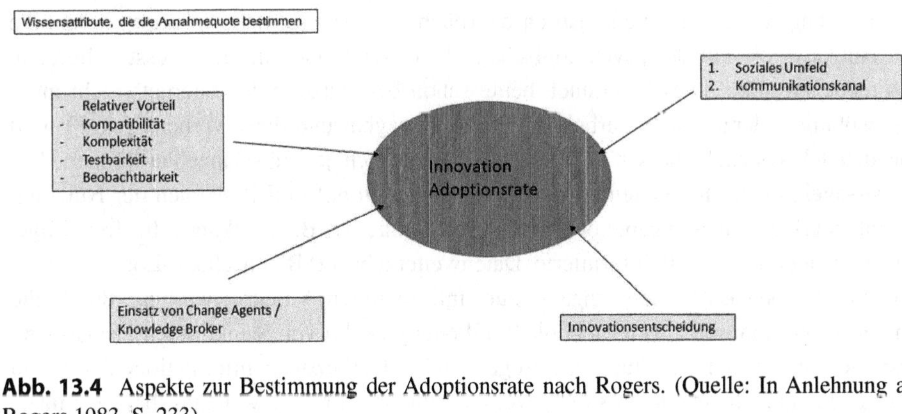

Abb. 13.4 Aspekte zur Bestimmung der Adoptionsrate nach Rogers. (Quelle: In Anlehnung an Rogers 1983, S. 233)

anderen überlagert. Eine Annahme einer Innovation sollte immer mehreren Attributen gerecht werden.

Besonders wichtig innerhalb dieses Prozesses ist die Aufgabe des Knowledge Brokers. Durch den Knowledge Broker kann Wissen effektiv von der Forschung in das Unternehmen transferiert werden, dabei managen Knowledge Broker vor allem die Implementierung des Wissens in den Unternehmenskontext (Kothari and Wathen 2013; Flodgren et al. 2011; Glegg und Hoens 2016; Rogers 1995). Durch den Einsatz eines Knowledge Brokers kann eine unabhängige Anlaufstelle, sowohl für Mitarbeiter als auch Führungskräfte, geschaffen werden, bei der Kritik, Verbesserungswünsche sowie Feedback fachgerecht verarbeitet werden können (Davies et al. 2007). Das verbessert die interne Kommunikation aber auch den organisatorischen Ablauf um ein Vielfaches. Besonders kann der Knowledge Broker dadurch, dass sein Haupttätigkeitsfeld in der Wissenstranslation liegt, Forschungsergebnisse suchen, diese bewerten und allgemein entsprechend für alle Anspruchsgruppen zusammenfassen, so dass sie in den Unternehmenskontext eingebracht werden können (Ellen et al. 2011). Interne Kommunikation erweist sich als Schlüsselfaktor für das Gelingen der Wissenstranslation. In den letzten Jahren wurde der Knowledge Broker mehr und mehr durch Techniken des Nudging ersetzt oder ergänzt. Nudging bezieht sich auf psychologische Prozesse der am Wissenstransfer beteiligten Personen. Nudging verweist auf eine Reihe von Techniken, die darauf abzielen, potenzielle Nutzer für den Wissenstransfer zu gewinnen. Am bekanntesten sind hierbei die Techniken der großen Internetplattformen Google, Facebook oder Amazon, mit denen sie Personen dazu bewegen, innerhalb von Anwendungsprogrammen bestimmte Entscheidungen zu treffen, die dazu führen, Produkte zu kaufen oder persönliche Daten preiszugeben bzw. Zugriffsrechte zu vergeben. Zum Beispiel werden häufig Farben oder die Reihenfolge der Wahlmöglichkeiten in einem Menü als Push-Faktoren genutzt (unter anderem Wahlen an erster Stelle werden bevorzugt genutzt oder rot unterlegte Fenster weisen auf unsichere Optionen hin, sichere Optionen sind orange und vertrauenswürdige grün). Zukünftig werden daher „smarte" Webseiten in einer vernetzten IT-Umgebung vorrangig eine künstlich-oberflächliche Wohlfühlatmosphäre schaffen, die den Nutzer direkt auf der psychologischen Ebene, dann auch im unbewussten Bereich, ansprechen werden. Dies ist ja auch heute schon bei Nutzung des Internets nicht mehr ungewöhnlich, denn Nutzer verhalten sich voraussagbar und diese Vorhersagekraft wird von den KI-Systemen besser genutzt als es Menschen je selbst angeben können. Die Vorhersagekraft der KI-Systeme beruht unter anderem auf drei Prinzipien der Nutzung: a) unbemerkte Dateneingabe oder Datenverfolgung (z. B. Tracking), b) freiwillige, bewusste aber nicht voll informierte Datenweitergabe (z. B. Facebook-Login) und c) umfassende, bewusste Dateneingabe zur unfreiwilligen Weiterverwertung durch die Anwenderprogramme (z. B. Facebook-Profil oder jede Art von Steckbriefen). Smart sind Systeme dann, wenn sie situationsbezogen und nutzerbezogen Informationen während einer IT-Sitzung so nutzen, dass die jeweilige Situation direkt anwendungsbezogen interpretiert und gesteuert werden kann. Somit kann der Arbeits- oder auch Lebensalltag direkt beeinflusst werden und häufig auch ohne bewusste Entscheidungsfindung durch die beteiligten Personen. Was in Gefahren- oder kritischen Situationen noch als vorteilhaft angesehen wird, kann in Standardsituationen schnell als manipulativ oder hochgradig paternalistisch empfunden werden. Systeme der künstlichen Intelligenz werden diese Möglichkeiten sicherlich verstärkt ausbauen und zu nutzen versuchen. Das Design von Internetseiten oder KI-Systemen basiert mehr und mehr auf der Einbeziehung psychologischer Elemente menschlichen Verhaltens, indem beispielsweise zielgerichtete, strukturell organisierte oder semantische Informationen über eine Person indirekt oder direkt abgefragt und gespeichert werden. Die verschiedenen Informationen werden nicht mehr allein als Zeichenketten erhoben und abgespeichert, sondern der Nutzer selbst gibt durch die Nutzung Hinweise auf die gewünschte, aber unfreiwillige Interpretation z. B. „Vorschläge für Dich“ oder „Das könnte Sie auch interessieren“. Eine gänzlich neue Art und Weise des „Outsourcings“ von Nutzerdaten oder des Nutzerverhaltens als Teil des IT-Netzwerks hat sich bereits etabliert. Damit werden solche KI-Systeme direkt zum Nudge für die Wissenstranslation. Die bewusste Verarbeitung und die darauf aufbauenden Entscheidungen einzelner Personen werden so überflüssig erscheinen und durch interpretationsfähige Algorithmen ersetzt werden. Was einerseits zur Erleichterung bei der Wissenstranslation beitragen kann, indem menschliche Entscheidungen in eine vorteilhafte Richtung begünstigt werden, wirft andererseits gravierende Fragen zu gesellschaftlichen, ethischen und die Privatheit betreffenden Themen in noch nie dagewesener Weise auf.

13.3 Fazit

Die Kombination der verschiedenen Ansätze des Wissensmanagements ermöglicht einen umfassenden und zukunftsorientierten Rahmen für die strategie- und prozessorientierte Gestaltung der Wissenstranslation. In diesem Sinne wurde das von Dittrich und Biniok (2018) entworfene „Lean knowledge-to-action“-Modell hier um zusätzliche Kriterien ergänzt und damit zum „Multidimensionals lean knowledge-to-action model“ weiterentwickelt (siehe Abb. 13.5). Die Kontextbedingungen der Wissenstranslation wurden nun ebenfalls aufgegriffen und als Voraussetzungen neu eingebettet. Insbesondere Rogers‘ Kriterien (Rogers 1995) wurden in dem „Multidimensional lean knowledge-to-action model“ berücksichtigt. In diesem multidimensionalen Wissenstranslationsmodell stehen die Vorbedingungen innerhalb der Organisation, bisherige Praxis, Innovationsfähigkeit, Bedürfnisse und Probleme plus kulturelle Normen im Fokus der Wissensbeschaffung. Diese Vorbedingungen ebnen den Weg im Wissensbeschaffungsprozess. Der Wissensbeschaffungsprozess im direkten Zusammenhang von Anfrage, Synthese und Werkzeug/Lagerung. Anders als beim „Action-to-Knowledge“-Rahmen ist die Wissenskreation kein Trichter, bei dem das Wissen hindurch fällt und somit mehr an Gehalt bekommt, sondern ein fortwährender Kreislauf. Das symbolisiert vor allem den stetigen Prozess der Erneuerung von Wissen innerhalb dieses Modells. Aus diesem fortwährenden Prozess der Wissensgenerierung kann relevantes Wissen für

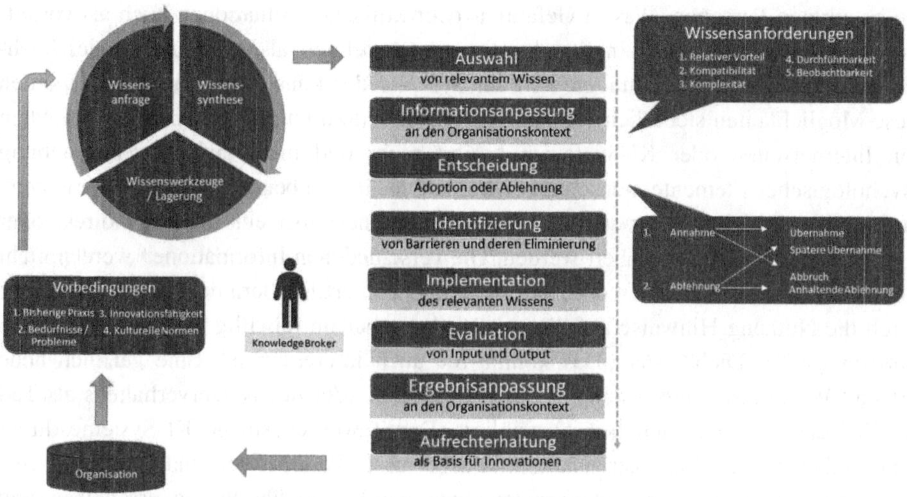

Abb. 13.5 Multidimensionales „lean knowledge-to-action"-Modell

die jeweilige Organisation jederzeit ausgewählt werden und flexibel an sich ändernde Bedürfnisse und organisatorische Problematiken angepasst werden. Wurde brauchbares Wissen identifiziert, wird das Wissen an den Organisationskontext angepasst (Landry et al. 2003). Dabei unterliegt das Wissen den Bedingungen der Innovationsdiffusionstheorie (Rogers 1983). Nur wenn das Wissen einen relativen Vorteil aufweist (Davies et al. 2007), kompatibel und komplex ist sowie Durchführbarkeit und Beobachtbarkeit aufweist (Rogers 1995) kann über Adoption oder Ablehnung entschieden werden. Wie bereits in Rogers Innovationsdiffusionsprozessmodell (Rogers 1983) wird in der Entscheidungsphase festgelegt, ob es zu einer sofortigen Übernahme des neuen Wissens kommt, die Übernahme aufgrund von Unstimmigkeiten abgebrochen wird, das Wissen zunächst abgelehnt jedoch später, nach beispielweise einigen Anpassungen, übernommen wird oder ob es zu einer anhaltenden Ablehnung kommt. Wird das Wissen angenommen, werden eventuelle Barrieren identifiziert und versucht zu eliminieren. Im Anschluss wird das relevante Wissen implementiert. Wie auch schon bei Grahams „Action-to-Knowledge"-Modell (Graham et al. 2006) werden Out- sowie Input evaluiert, Ergebnisse an den Organisationskontext angepasst und das implementierte Wissen für neue Innovationen aufrecht gehalten. Das interessante an diesem Modell ist, dass mehrere Wissenstranslationsprozesse nicht nacheinander ablaufen, heißt erst, wenn einer abgeschlossen ist, sondern fortwährend neues Wissen generiert wird, neue Bedürfnisse entstehen, Wissen abgelehnt wird, dafür direkt neues Wissen nachkommt. Es ist zu empfehlen, die Einbindung den hier weiterentwickelten Wissenstranslationsprozess (siehe Abb. 13.5) als Grundlage für die Weiterarbeit mit künstlichen Intelligenzen im Bereich des Wissensmanagements als Teil der Unternehmensstrategie einzubinden.

Besonders hinsichtlich Entscheidungsprozessen ist festzuhalten, dass der Einsatz von KI sowohl unterstützend als auch behindernd wirken kann. Business Intelligence, beispielsweise im Human Resource Management, wird so zu einer Art Navigator, d. h. weg von einem reinen Verwaltungsinstrument hin zu dem strategischen Kernfaktor in der Personalarbeit. Wie kann diese Fokussierung erreicht werden? Hierfür wurde von Dittrich (2017) das MIDKIN-Konzept entwickelt. MIDKIN steht für mental, innovativ, digital, kommunikativ, integrativ und networking. Das Konzept bezieht sowohl Kontextfaktoren (digital, innovativ, networking) als auch psychologische Kernfaktoren (mental, kommunikativ, integrativ) in die Nutzung von Wissenstranslation und KI-Systemen mit ein. Es ist ein innovativer, theoretischer Ansatz zur schnellen Auffassung relevanter Faktoren und fokussiert beide Aspekte zum besseren Verständnis des Entscheidungsverhaltens. Auch wenn das MIDKIN-Konzept primär menschliches Entscheidungsverhalten besser verständlich werden lässt, so ist es für KI-Systeme gleichermaßen anwendbar. Es obliegt den Anwendern, den Prozess der Wissenstranslation ganzheitlich zu bewerten und den Nutzen abzuwägen. Wie bereits bei Watson ersichtlich, können kleinste Verständigungsprobleme zwischen Anwendern und KI zu Komplikationen führen. Durch wiederholende Prüfschleifen und Validierungsprozesse können diese möglichen Gefahren minimiert werden. Es bleibt spannend zu beobachten, wie sich künstliche Intelligenz, besonders im Bereich des Wissenstransfers/-translation, in den nächsten Jahren weiterentwickeln und wie die größte Herausforderung des Wissensmanagements für die KI angegangen wird, nämlich implizites Wissen in explizites Wissen zu überführen und im Zuge der Wissenstranslationsprozesse weiter zu vermitteln.

Literatur

Ahmed, M. N., Toor, A. S., O'Neil, K., & Friedland, D. (2017). Cognitive computing and the future of health care cognitive computing and the future of healthcare: The cognitive power of IBM Watson has the potential to transform global personalized medicine. *IEEE pulse, 8*(3), 4–9.

Beyer, G., & Seidel, G. (2006). Gestaltung eines systematischen Ideenmanagements. In T. Sommerlatte, G. Beyer, & G. Seidel (Hrsg.), *Innovationskultur und Ideenmanagement, Strategien und praktische Ansätze für mehr Wachstum* (S. 379–403). Düsseldorf: Symposion Publishing.

Bullinger, H. J., & Schäfer, M. (1997). *Entwicklungstrends und Herausforderungen im Informationszeitalter. Business Television: Beginn einer neuen Informationskultur in den Unternehmen.* Stuttgart: Schäffer-Poeschel.

Canadian Institutes of Health Research. (2004). *Knowledge Translation Strategy 2004–2009: Innovation in Action.* Ottawa: ON, Kanada.

Canadian Foundation for Healthcare Improvement. (2019). *Canadian Foundation For healthcare improvement.* https://www.cfhi-fcass.ca/PublicationsAndResources/ResourcesAndTools/GlossaryKnowledgeExchange.aspx. Zugegriffen: 21. Febr. 2019.

Chen, Y., Argentinis, J. E., & Weber, G. (2016). IBM Watson: how cognitive computing can be applied to big data challenges in life sciences research. *Clinical therapeutics, 38*(4), 688–701.

Davies, H., Powell, A., & Rushmer, R. (2007). *Healthcare professionals' views on clinician engagement in quality improvement: A literature review*. London: The Health Foundation.
Dittrich, W. (2017). Business intelligence als navigator. *HR Performance, 2/2017*, 58–59.
Dittrich, W., & Biniok, M. (2018). Knowledge transfer as driver for innovation culture in heterogeneous economic zones. In F. Bakirci, T. Heupel, O. Kocagöz, & Ü. Özen (Hrsg.), *German-Turkish Perspectives on IT and Innovation Management* (S. 229–246). Wiesbaden: Springer Gabler.
Durst, C., Durst, M., Kolonko, T., Neef, A., & Greif, F. (2015). A holistic approach to strategic foresight: A foresight support system for the German Federal Armed Forces. *Technological Forecasting and Social Change, 97,* 91–104.
Ellen, M. E., Lavis, J. N., Ouimet, M., Grimshaw, J., & Bédard, P.-O. (2011). Determining research knowledge infrastructure for healthcare systems: A qualitative study. *Implementation Science, 6*(1), 60.
Ferrucci, D. A. (2012). Introduction to "this is watson". *IBM Journal of Research and Development*, 56(3.4), 1–1.
Flodgren, G., Parmelli, E., Doumit, G., Gattellari, M., O'Brien, M., Grimshaw, J., & Eccles, M. P. (2011). Local opinion leaders: Effects on professional practice and health care outcomes. *UK: Cochrane Database System Review, (1).*
Garbs, H. (2016). *IBM Watson in der Onkologie*. https://www.goingpublic.de/ibm-watson-in-der-onkologie. Zugegriffen: 20. Sep. 2018.
Glegg, S. M., & Hoens, A. (2016). Role domains of knowledge brokering: a model for the health care setting. *Journal of Neurologic Physical Therapy, 40,* 115–123.
Goel, A., Anderson, T., Belknap, J., Creeden, B., Hancock, W., Kumble, M., & Goel, A. (2016). Using Watson for constructing cognitive assistants. *Advances in Cognitive Systems, 4,* 1–16.
Graham, I. D., Logan, J., Harrison, M. B., Straus, S. E., Tetroe, J., Caswell, W., & Robinson, N. (2006). Lost in knowledge translation: Time for a map? *The Journal of Continuing Education in the Health Professions, 26,* 13–24.
Grimshaw, J. M., Eccles, M. P., Lavis, J. N., Hill, S. J., & Squires, J. E. (2012). Knowledge translation of research findings. *Implementation Science, 7*(1), 50.
High, R. (2012). *The era of cognitive systems: An inside look at IBM Watson and how it works.* IBM Coroperation: Redbooks.
Hildebrandt, M. (2013). From Galatea 2.2 to Watson – and back? In *Human law and computer law: comparative perspectives* (pp. 23–45). Springer, Dordrecht.
Holtel, S. (2014). Short Paper: More than the end to information overflow how IBM Watson will turn upside down our view on information appliances. *IEEE World Forum on Internet of Things (WF-IoT)*, (S. 187–188). IEEE.
Hoyt, R. E., Snider, D. H., Thompson, C. J., & Mantravadi, S. (2016). IBM Watson analytics: Automating visualization, descriptive, and predictive statistics. *JMIR Public Health and Surveillance, 2*(2), e157.
Kothari, A., & Wathen, C. N. (2013). A critical second look at integrated knowledge translation. *Health Policy, 109,* 187–191.
Landry, R., Lamari, M., & Amara, N. (2003). Extent and determinants of utilization of university research in government agencies. *Public Administration Review, 63,* 192–205.
McKibbon, K., Lokker, C., Keepanasseril, A., Colquhoun, H., Haynes, R., & Wilczynski, N. (2013). WhatisKT wiki: A case study of a platform for knowledge translation terms and definitions — Descriptive analysis. *Implementation Science, 8,* 13.
Nordakademie/von Studnitz Management Consultants GmbH (2008). *Studie Wissensmanagement. Wissenstransfer und Arbeitsmarktwandel.* https://www.nordakademie.de/fileadmin/downloads/Forschung/Studie_Wissensmanagement.pdf. Zugegriffen: 11. Nov. 2009.
Rogers, E. M. (1983). *Diffusion of innovations* (3. Aufl.). New York: The Free Press.

Rogers, E. M. (1995). *Diffusion of innovations* (4. Aufl.). New York: The Free Press.
Schmidt, C. (2017). M. D. Anderson breaks with IBM Watson, raising questions about artificial intelligence in oncology. *Journal of the National Cancer Institute, 109,* 4–5.
Scott-Findlay, S., & Estabrooks, C. A. (2006). Knowledge translation and pain management. In A. Finley, P. McGrath, & C. Chambers (Hrsg.), *Bringing pain relief to children* (S. 199–227). Totowa: Humana Press.

Prof. Dr. Winand Dittrich ist Professor für Internationales Management und wissenschaftlicher Leiter des KCI KompetenzCentrum für interdisziplinäre Wirtschaftsforschung & Verhaltensoekonomie an der FOM Hochschule für Oekonomie & Management in Frankfurt a. M. Seine Forschungsgebiete sind Verhaltensökonomie, Innovation und Wandel, Personalmanagement, Entscheidungsfindung, mentale Leistungsfähigkeit, Kommunikation und Marketing sowie öffentliches Verständnis von Wissenschaft. Er publizierte über 60 anerkannte Fachartikel in internationalen Zeitschriften und zahlreiche Buchkapitel.

Tamara Schulz (B.Sc.) ist seit April 2019 wissenschaftliche Mitarbeiterin im Bereich Support Forschung an der FOM Hochschule für Oekonomie & Management in Frankfurt a. M. Berufsbegleitend zu ihrer vorherigen Tätigkeit als Assistentin Marketing bei einem mittelständischen IT-Unternehmen absolvierte sie den Bachelorstudiengang Wirtschaftspsychologie an der FOM. Unter der Leitung von Prof. Dr. Winand Dittrich forschte sie in ihrer Abschlussarbeit zu Barrieren in der Wissenstranslation.

Vom smarten Berater zur smarten Maschine

14

Künstliche Intelligenz in der Finanzbranche

Sven Lauterjung

Inhaltsverzeichnis

Zusammenfassung

Die Zukunft der Finanzbranche ist digital. Der Wandel lässt sich nicht auf eine Erweiterung bestehender Strukturen reduzieren, sondern die Branche wird sich in ihren Grundfesten verändern. Waren die bisherigen Innovationen bereits mit

S. Lauterjung (✉)
FOM Hochschule, Essen, Deutschland
E-Mail: sven.lauterjung@fom-net.de

R. Buchkremer et al. (Hrsg.), *Künstliche Intelligenz in Wirtschaft & Gesellschaft*, FOM-Edition, https://doi.org/10.1007/978-3-658-29550-9_14

erheblichen Umwälzungen verbunden, so stellen Digitalisierung und künstliche Intelligenz das klassische Bankensystem insgesamt infrage. Aus Regulierungsdruck, Niedrigzinspolitik, FinTechs und der Veränderung der Lebensgewohnheiten der Menschen entsteht ein Kostendruck, der auf den Instituten lastet. FinTechs übernehmen Elemente des klassischen Bankengeschäfts. Der Zahlungsverkehr findet bereits neben Banken statt und die Möglichkeiten, sich Wagniskapital abseits klassischer Bankkredite zu beschaffen, werden größer. Das Anlagegeschäft rückt in den Fokus der jungen digitalen Unternehmen. Diese Entwicklung wird eine Beschleunigung erfahren, wenn sich die künstliche Intelligenz als Technologie durchsetzt. Für die Institute ist es dann eine Existenzfrage, sich organisatorisch anzupassen.

14.1 Einleitung

Vor kaum 25 Jahren, im Jahre 1995, verkaufte Amazon das erste Buch über seine Internetplattform. Dies war der erste Schritt in eine ganz neue Welt des Buchhandels. Das damalige Start-up weitete sein eigenes Geschäft in einer gigantischen Art und Weise aus und erwirtschaftet gegenwärtig weltweit mit rund 250.000 Mitarbeitern knapp 280 Mrd. US$ Umsatz (vgl. Amazon 2018).

Anders als seine Mitbewerber erkannte Amazon die Zeichen der Zeit und veränderte so nicht nur den klassischen Buchmarkt, sondern löste ihn faktisch auf. Dies konnte erreicht werden, indem Amazon konsequent die technologischen Möglichkeiten nutzte, wo sie vorhanden waren, oder eben neue, zu den eigenen Ansprüchen passende, Technologien selbst entwickelte.

Ehemalige Branchengiganten des US-amerikanischen Buchhandels wie Barnes & Nobles oder Dillons standen der Entwicklung hilflos, die klassischen kleinen Buchläden völlig machtlos, gegenüber. Auch nach dem ersten Schock, der den stationären Handel traf, waren die älteren Unternehmen kaum in der Lage, angemessene Strategien zu entwickeln. Selbst die prinzipiell vom Amazon-Konzept nicht weit entfernten deutschen Versandhändler, verfolgten die Ausdehnung des Angebotes von Amazon und das eigene Ausscheiden aus dem Markt wie unbeteiligte Dritte. Verstärkt wurde die Entwicklung durch aggressive Wachstumsstrategien seitens Amazons (vgl. Kesting 2017, S. 3).

Wenn es sich auch um einen anderen Markt handelt, so ist dieses Beispiel geeignet zu zeigen, wie technologische Neuerungen, ein innovatives Geschäftsmodell und der „Hunger" junger Unternehmen Märkte verändern und Marktanteile in großer Geschwindigkeit neu zu ordnen vermögen (vgl. Kollmann 2011, S. 1).

Der Motor von Veränderungen in der Wirtschaft sind Innovationen. Die Informationstechnik innoviert sowohl Produkte als auch Geschäftsprozesse. Innovationen gelten in dem Kontext klassisch als Schutz vor Wettbewerbern, da Wettbewerbspositionen durch einen Innovationsvorsprung gut zu verteidigen sind. In einzelnen Phasen überschlagen sich jedoch die technologischen Sprünge auf eine Art und Weise, die etablierten Unternehmen überfordern kann. Diese Gesetzmäßigkeiten galten annähernd für das Verschwinden der Manufakturen beim Auftauchen der Dampfmaschinen, aber auch für das Verschwinden von Nokia, das mit der Vorstellung des iPhones eintrat (vgl. Baltes und Freyth 2017, S. 5).

Als unternehmerische Quelle der Innovationen in der Finanzbranche treten sogenannte FinTechs an die Öffentlichkeit. FinTechs streben an, in den neu geordneten Märkten die klassischen Banken abzulösen oder ihnen mindestens beachtliche Marktanteile streitig zu machen. Die jungen Unternehmen treffen dabei auf eine geschwächte Bankbranche, die unter den Folgen zunehmender staatlicher Regulierung, der Nullzinspolitik der Europäischen Zentralbank und dem mangelnden Vertrauen der Kunden leiden (vgl. Alt und Puschmann 2016, S. 221).

Die Erwartung an die anstehenden Veränderungen ist gewaltig. In einer Umfrage gaben 60 % der dort befragten CEOs an, dass KI die Welt umfassender verändern wird, als es das Internet vermochte (vgl. PricewaterhouseCoopers 2019).

Diese Untersuchung beleuchtet die Möglichkeiten von Banken, durch die Einbeziehung künstlicher Intelligenz strategisch ihre Wettbewerbsfähigkeit zu erhalten und operativ wieder Gewinne zu erwirtschaften. Der Schlüssel zur Überwindung der gegenwärtigen Krise der Bankenbranche liegt in der Reduzierung der Fixkosten und der Vertiefung bestehender und potenzieller Kundenbeziehungen. Dieser Schlüssel wird die künstliche Intelligenz sein.

14.2 Status quo und Anforderungen an die Bank der Zukunft

14.2.1 Gegenwärtige Bankenlandschaft in Deutschland

Banken und Sparkassen in Deutschland blicken auf eine lange und erfolgreiche Geschichte zurück. Der Finanzsektor ist ein zentraler Akteur innerhalb der Wirtschaft und hat eine hohe volkswirtschaftliche Bedeutung. Klassisch gehört der Finanzsektor zum Dienstleistungssektor und verfügte über eine im Grundsatz erstaunliche Reputation.

Der Bankensektor in Deutschland basiert auf drei Säulen. Zunächst gibt es die privaten Banken, wie z. B. die Deutsche Bank oder die Commerzbank, daneben bestehen öffentlich-rechtliche Institute, wie die Sparkassen. Die dritte Säule bildet sich aus den genossenschaftlich organisierten Banken. Außerhalb dieser klassischen Einteilung existieren Banken mit speziellen Aufgaben, z. B. die Förderbanken, die Realkreditinstitute oder die Bausparkassen (vgl. Gilquin 2014, S. 420).

Die einzelnen Sektoren sind dabei unterschiedlich groß, so stehen den etwa 120 Spezialbanken ungefähr 380 private Banken gegenüber. Diese beiden Sektoren liegen in absoluten Zahlen deutlich hinter den Sparkassen und Genossenschaftsbanken mit etwa 1300 Instituten (vgl. Bankenverband 2019).

Ausgehend vom Aufbau des operativen Ansatzes sind für den deutschen Bankensektor die Universalbanken typisch. Universalbanken bieten ganzheitliche Finanzdienstleistungsbündel an.

Als klassische Kreditbanken werden die Großbanken, die Regionalbanken und die Zweigstellen ausländischer Banken definiert. Die Sparkassen sind regelmäßig öffentlich-rechtliche Institute. Die Träger der Sparkassen sind Kommunen und Gemeinden, wobei als Folge von Fusionen einzelne Sparkassen auch mehreren Gemeinden oder Kommunen zugeordnet werden können. Sparkassen fokussieren ihre Geschäftsfelder auf die Verwaltung von Spareinlagen und die Kreditvergabe. Dem Rentabilitätsziel ist dabei das Ziel der Förderung der lokalen Wirtschaft beigeordnet. Übersteigen einzelne Wünsche die Möglichkeiten der zuständigen Sparkasse, schließen sich Sparkassen zusammen. Landesbanken konzentrieren sich auf Aufgaben, die für die einzelnen Sparkassen zu groß sind und treten auf dem Markt als Konkurrenten zu den Großbanken auf. Diese Struktur ist nicht in jeder Beziehung innovationsfreundlich (vgl. Hartmann-Wendels 2019, S. 34–35).

Als Mittelstandsbanken verstehen sich die Kreditgenossenschaften. In dieser Funktion versorgen sie typischerweise kleine und mittlere Unternehmen mit Kapital. Als weitere Spezialbank gelten die Realkreditinstitute, die langfristige Darlehen zur Finanzierung von Immobilien oder öffentlichen Projekten zur Verfügung stellen (vgl. Lamprecht 2006, S. 29).

Die breite Masse der Bevölkerung bedient sich bei der Erledigung ihrer Bankgeschäfte der öffentlich-rechtlichen oder der genossenschaftlichen Banken. Das Geschäft mit vermögenden Privatkunden liegt größtenteils bei den privaten und kapitalmarktorientierten Großbanken (vgl. Löber 2012, S. 60).

14.2.2 Entwicklung des Bankenmarktes

Der deutsche Bankenmarkt befindet sich in einer stetigen Konsolidierungsphase. Von den ungefähr 4700 Banken, die um 1990 in Deutschland aktiv waren, blieben nach Fusionen und Übernahmen kaum noch 1800 Banken auf dem nationalen Markt erhalten. Ausgangspunkt waren dabei noch mehr als 13.000 Banken um das Jahr 1957 in Deutschland (vgl. statista 2019).

Die Konsolidierung ist für die Bankenbranche ein stetiger Begleiter, in der Regel erfolgt sie durch Fusionen. Einen Schwerpunkt bilden dabei der Genossenschaftssektor und Institute im öffentlich-rechtlichen Bereich. Als verstärkender Faktor treten zunehmend Private-Equity-Gesellschaften in Erscheinung (vgl. Dahmen und Bruch 2019).

Trotz dieser Entwicklung ist die absolute Zahl deutscher Institute im internationalen Vergleich noch sehr hoch. Die Überkapazitäten im deutschen Bankensektor, bei gleichzeitig sehr schwacher Ertragslage stellen die treibende Kraft für die weiteren Konsolidierungsbestrebungen auf dem Markt dar. Die Gewinne der deutschen Banken gaben seit 1999 trotz der stetigen Bemühungen um grob ein Drittel nach (vgl. Bundesbank 2019).

Eine Untersuchung durch Horváth & Partners führte zu dem Ergebnis, dass 72 % der Institute gegenwärtig eine Fusion anstreben, wenn diese nur das Kriterium eines späteren wirtschaftlichen Mehrwertes erfüllt. Dies zeigt nicht nur eine abstrakte Absicht auf, da etwa ein Drittel der Institute bilaterale Gespräche führen, um Fusionen aktiv anzubahnen (vgl. Der Bank Blog 2018).

Da der angestrebte positive Effekt durch Fusionen und Übernahmen stets ausblieb, steht die Frage nach der Sinnhaftigkeit einer Fortführung dieser Bemühungen wie ein rosa Elefant im Raum.

Zur Auflösung dieser Problemstellung untersuchte Horváth & Partners in einer anderen Studie die tatsächlichen Auswirkungen der Fusionen und verglich diese mit der Branchenentwicklung. Im Ergebnis konnte nachgewiesen werden, dass Fusionen zur Erreichung von Wachstumszielen geeignete Mittel sein können, sie jedoch nicht sinnvoll sind, wenn es nur um eine Kostensenkung der Institute geht. Es konnten faktisch keine Kostensenkungssynergien nachgewiesen werden (vgl. Horvath und Partner 2018).

14.2.3 Herausforderungen an deutsche Banken

„Profitable Banken sind kein Nice-to-have, sondern ein Must-have für eine große und exportorientierte Volkswirtschaft wie die deutsche.“ (Peters 2019)

Für die nationalen Akteure ist aus dieser Aussage abzuleiten, dass die Institute an ihrer Entwicklung arbeiten müssen. Die bedeutsamste Entwicklung der Gegenwart ist die Digitalisierung. Aus der volkswirtschaftlichen Bedeutung lässt sich zusätzlich schlussfolgern, dass auch der Staat aufgerufen ist, den Instituten eine Atempause zu verschaffen, damit sich diese auf die neuen Herausforderungen konzentrieren können (vgl. Peters 2019).

Einer ganzheitlichen Digitalisierung in den Instituten steht als erste Hürde die heterogene digitale Infrastruktur in den jeweiligen Banken gegenüber. Die Systeme umfassen in der Regel eine Mischung aus den Produkten verschiedenster Anbieter und verschiedener Eigenschöpfungen. Die Programme stammen aus unterschiedlichsten Jahren und sind auch nicht ohne Weiteres kompatibel oder für den gegenseitigen Datenaustausch gerüstet. Negativ verstärkt wird diese Störung durch eine Folge der vergangenen Fusionstätigkeit, konkret durch die Migration der verschiedenen IT-Infrastrukturen und Softwarelösungen in ein einheitliches Konzept (vgl. Alt und Puschmann 2016, S. 41).

Daraus ergibt sich ein Dilemma für die Banken, da die hochqualifizierten Mitarbeiter in diesem Bereich für den Erhalt der bestehenden Systeme eingesetzt werden und so für eine vollumfängliche Neukonzeption der IT-Infrastruktur im Institut nicht zur Verfügung stehen. Tiefgreifende Veränderungen in der IT einer Bank sind aufgrund dieser gewachsenen IT-Strukturen kaum umsetzbar oder würden bis zur Marktreife sehr viel Geld und Zeit in Anspruch nehmen (vgl. Schiefelbein und Friedrich 2013, S. 53).

Bei jeder Anpassung der Systeme darf die Bedrohung der IT-Systeme durch externe Angreifer nicht außer Acht gelassen werden. Insgesamt sind 76 % der CEOs von Banken der Ansicht, dass Cyber-Attacken Risiken darstellen, gleichzeitig halten aber auch 86 % der befragten CEOs die eigenen Systeme für sicher (vgl. PricewaterhouseCoopers 2019).

Entschiede sich eine Bank zu einem radikalen Schritt und würde ein in jeder Beziehung neues System aufsetzen, so würde sich die Frage stellen, wie die bestehenden Systeme migriert werden könnten. Ganz praktisch muss die Möglichkeit bestehen, auch 30 Jahre alte Datensätze sicher aufrufen zu können. Eine moderne Bank-IT muss aus dieser Entwicklung vielfältige Schnittstellen zwischen den eigenen IT-Systemen und den Möglichkeiten der Nutzer ableiten. Stützt sich die Bank-IT weiterhin auf händisch eingefügte Schnittstellen, werden Hürden für künftige Modernisierungen erzeugt (vgl. Alt und Puschmann 2016, S. 154).

Banken sind verpflichtet, die immer neueren Anforderungen durch die regulatorischen Richtlinien in ihre Systeme zu implementieren. Der strenge und umfangreicher werdende ordnungspolitische Rahmen produziert aus sich heraus bereits ein stetig wachsendes und an Flexibilität einbüßendes IT-System (vgl. Schnabel und Martin 2016, S. 64).

Da Krisen stets Chancen innewohnen, können die Herausforderungen der Digitalisierung den Banken auch die Möglichkeit geben, das Banking der Zukunft vollkommen neu zu gestalten. Perspektivisch werden die Daten und die Fähigkeit, diese zu verarbeiten, die zentralen Inhalte im Wettbewerb der Banken um die Kunden sein. Die Produkte, die den Kunden angeboten werden, können so individuell maßgeschneidert werden. Die daraus entstehende stärkere Kundenbindung korreliert mit einer Reduzierung der Angestellten in der gesamten Finanzbranche, speziell im operativen Geschäft. Die Arbeit als klassischer Produktionsfaktor wird substituiert durch den Faktor Wissen. Die Verarbeitungsfähigkeit der gewaltigen Datenmengen der Big Data wird mithilfe von Algorithmen größer und perspektivisch durch den Einsatz künstlicher Intelligenzen optimiert. Die künstliche Intelligenz wird in der Lage sein, das klassische Beratungsgeschäft auch aus Sicht der Kunden zu optimieren (Fraunhofer 2017, S. 10).

14.3 Vierte industrielle Revolution

14.3.1 Natürliche Intelligenz

Die Psychologie versteht unter dem Begriff der Intelligenz ein Sammelsurium sehr unterschiedlicher Ausprägungen der kognitiven und geistigen Fähigkeiten von Menschen. Die Komplexität der Intelligenz zeigt sich bereits in der Hürde, ein fundamentstiftendes Verständnis von Intelligenz zu entwickeln (vgl. Lackner 2013, S. 198).

Die Forschung unterteilt hilfsweise in verschiedene Formen von Intelligenz. Übliche Forschungsansätze stellen dabei auf die Bereiche einer mathematischen, sprachlichen, technischen, musischen oder einer sozial-emotionalen Intelligenz ab (vgl. Holling et al. 2004, S. 52).

Versuche, die Intelligenz einer subjektiven und damit wenig validen Beurteilung zu entziehen, mündeten in der Konstruktion von Testverfahren zu Beurteilung einer individuellen Intelligenz. Diese Testverfahren sollten helfen, den Entwicklungsstand von Kindern zu beurteilen und wurden um 1900 von Paul Broca und Sir Francis Galton eingeführt (vgl. Bergmann 2014, S. 51).

Eine Erweiterung erfuhren die Testverfahren um 1912 durch Wilhelm Stern, der den Intelligenzquotienten einführte. Ziel war es, eine altersgerechte Intelligenzbeurteilung zu ermöglichen (vgl. Neuronation 2019).

Alle Testverfahren vernachlässigen jedoch einzelne Formen von Intelligenz. Eine Lösung für dieses Problem sieht die Forschung in der Einführung ergänzender Testverfahren zur Ermittlung z. B. der emotionalen Intelligenz (vgl. Funke und Vaterrodt 2009, S. 60).

Neuere Forschungsansätze versuchen der Zerfaserung der Ausprägungen von Intelligenz zu begegnen und unterteilen Intelligenz in zwei Formen, in die fluide Intelligenz und in die kristalline Intelligenz.

Die kristalline Intelligenz umfasst nach dieser Aufteilung die Fähigkeit, eigene Potenziale zu nutzen und gleichzeitig diese Potenziale durch die Aufnahme neuen Wissens zu erweitern. Ergänzt wird die kristalline Intelligenz durch die fluide Intelligenz. Diese umfasst die mentale Leistungsfähigkeit eines Menschen, z. B. die Fähigkeit, logisch korrekte Schlüsse zu ziehen, die Konzentrationsfähigkeit und die Fähigkeit neue Dinge zu erlernen, sowie die Verarbeitungsgeschwindigkeit neuer Informationen (vgl. Funke und Vaterrodt 2009, S. 46).

Zentral für die Intelligenzforschung ist die Informationsverarbeitungsfähigkeit. Wird verstanden, wie ein Mensch Informationen verarbeitet und welche Faktoren diese Fähigkeit positiv oder negativ beeinflussen, kann z. B. die Lehre in Schule und Studium verbessert werden (vgl. Neuronation 2019).

Das Verständnis natürlicher Intelligenz stellt eine logische Voraussetzung zur Entwicklung künstlicher Intelligenz dar.

14.3.2 Wesen der KI

Der weltberühmte Physiker Stephen Hawking bewertete die künstliche Intelligenz als das Beste oder das Schlechteste, was der Menschheit passieren könne und begründete damit eine verbreitete Sichtweise (vgl. Cellan-Jones 2014).

Künstliche Intelligenz ist kein neues Phänomen, sondern bewegt die Menschen regelmäßig seit über 50 Jahren. Ihre Möglichkeiten, die damit verbundenen Fantasien und Ängste treiben Wirtschaftswissenschaftler und Philosophen in ähnlicher Weise an wie Schriftsteller und Filmemacher.

Die Möglichkeit zur Nutzbarmachung von künstlicher Intelligenz rückt näher und weitet sich bereits aus. Denn die Leistungsfähigkeit moderner Rechensysteme übertrifft die ihrer Vorgänger erheblich. Dies ist der Ausgangspunkt für fortschreitende Entwicklungen.

Künstliche Intelligenz beschreibt die Fähigkeit einer Maschine, Probleme selbstständig zu erkennen und ein Problemlösungsverfahren anzuwenden. Dabei gilt es zu unterscheiden, ob eine Maschine programmierte Lösungen für bestimmte Probleme anbietet oder ob sie Probleme erkennt und dann den Problemen angemessene Lösungsverfahren entwickelt. Die Breite möglicher Einsatzfelder steht einer zentralen Definition entgegen und so bietet Literatur, Praxis und Wissenschaft eine Vielzahl von Definitionsversuchen an. Allgemein ist die künstliche Intelligenz ein Teilgebiet der Informatik, die sich mit der Entwicklung künstlicher Agenten beschäftigt. Dieser künstliche Agent vermag es, Probleme zu lösen und das eben ohne menschliche Begleitung. Im Rahmen der jeweiligen autonomen Problemlösung werden intelligente Inhalte produziert, welche eine zukünftige Problemlösung effizienter ermöglichen (vgl. Kollmann 2019, S. 118).

Es lässt sich nicht eindeutig feststellen, ob der Schachcomputer „Deep Blue" im Jahr 1996 den Schachweltmeister Garri Kasparow im Schach besiegen konnte, weil er intelligenter war als Kasparow, oder ob er nur über jede relevante Information zu Schachstrategien verfügte und automatisiert auf Kasparows Aktivitäten reagierte. Inhaltsgleich stellt sich die Frage auch für den Sieg der vermeintlichen künstlichen Intelligenz „AlphaGo" im Jahr 2016 im Go über den damaligen Weltmeister Lee Seedol.

Ein automatischer Ablauf ist keine künstliche Intelligenz, Ähnliches leisteten auch bereits Fliehkraftregler in den ersten Dampfmaschinen. Der Fliehkraftregler war in der Lage, die Geschwindigkeit einer Maschine zu steuern Eine intelligente Handlung war das jedoch nicht, sondern nur die Folge von physikalischen Vorgaben. Ähnliches kann auch den klassischen Go- oder Schachcomputern unterstellt werden.

Jedoch bereits die nächste Evolutionsstufe, der Computer Alpha Go Zero, wurde nicht mehr mit umfangreichem Wissen ausgestattet, sondern bekam nur die Spielregeln von Go als Grundausstattung. Ausgestattet mit diesen Grundlagen begann Go Zero nun gegen sich selbst zu spielen. Dank seines neuronalen Netzes und der durchdachten Algorithmen wählte er den jeweils nächsten Zug aus seinen bisherigen Erfahrungen heraus. Als Gewinnanreiz erhielt Go Zero jeweils Belohnungspunkte und wurde ergänzend darauf programmiert, die Anzahl der Belohnungspunkte stets zu steigern. Spielstrategien, mit denen er nun siegte, vertiefte der Computer, erfolglose Strategien verwarf er.

Go Zero war in der Lage, Wissen aus dem Nichts zu erlangen und tat dies auch sehr erfolgreich. Der Zweig der KI-Forschung fokussiert sich auf das Reinforcement Learning.

Theoretisch lernte Go Zero das Spiel fast genauso, wie es ein Mensch lernen würde. Praktisch würde ein Mensch sogar noch von einem Lehrer angeleitet, was ihm einen Vorteil verschaffen müsste. Die Kompensation eines Lehrers liegt für Go Zero schlicht in der Geschwindigkeit des Trainings. Die Bedenkzeit zwischen zwei Zügen lag bei Go Zero bei weniger als einer halben Sekunde und die Trainingsdauer lag bei 24 h am Tag und sieben Tagen in der Woche.

Die Überlegenheit gegenüber Menschen bewies bereits das Vorgängerprogramm, seine grundsätzliche Überlegenheit bewies Go Zero dann, als er in einer Serie von 100 Spielen seinen Vorgänger AlphaGo mit 100 zu 0 schlug (vgl. Süddeutsche Zeitung 2017).

Diese Fähigkeiten und diese Überlegenheit können natürlich auch auf Geschäftsprozesse übertragen werden. Für Banken sind in der Welt der künstlichen Intelligenz drei Fähigkeiten von besonderer Wichtigkeit.

Die bereits eingeführte Fähigkeit die eigene Leistung zu verbessern, nur durch die Prüfung und die Analyse von Daten, wird als maschinelles Lernen bezeichnet. Die Sammlung und Verarbeitung von umfangreichen Datenmengen aus den Kundenbeziehungen reicht jedoch nicht aus, sondern ist um ein Analyseverfahren zu erweitern.

Die Predictive Analytics beschreibt die Fähigkeit von Computern, auf der Grundlage von Datenmodellen zukünftige Eintrittswahrscheinlichkeiten bestimmen zu können und verstärkende Handlungsanweisungen erteilen zu können, um die Eintrittswahrscheinlichkeiten beeinflussen zu können. Predictive Analytics wird definiert als Analyse zukünftigen Kundenverhaltens auf der Basis von in Data-Mining-Prozessen gewonnenen Daten (vgl. Kollmann 2019, S. 431).

Als dritte Fähigkeit vereinfacht eine automatische Spracherkennung, die die Interaktion zwischen Mensch und Maschine vereinfacht. Mag sie auch gegenwärtig noch nicht ausgereift sein, so dürfte an der mittelfristig zur Verfügung stehenden Fähigkeit eines Computers, die Sprache eines Menschen genau verstehen zu können und daraus entsprechende Befehle ableiten zu können, kein Zweifel bestehen. Kritische Untertöne oder die Stimmungslage des Gesprächspartners vermag die Software noch nicht perfekt zu erkennen (vgl. Deloitte 2018).

Legt man als Maßstab jedoch die mentale Intelligenz der Gesamtbevölkerung an, leidet die KI hier an einer fast menschlichen Schwäche.

Künstliche Intelligenz besitzt die Fähigkeit sich selbst zu optimieren, sowie die Fähigkeit, sich an neue Spielregeln zu gewöhnen. Spielregeln sind nichts anderes als ein ordnungspolitischer Rahmen, dem Banken in der Realität stets und sehr stringent unterworfen sind (vgl. Süddeutsche Zeitung 2017).

14.3.3 Beherrschung von Big Data

Die enorme Zunahme der Daten weltweit wird nicht überraschen, der Umfang jedoch schon. Das Volumen der Datenmenge wird von 33 Zettabytes in 2018 auf 175 Zettabytes in 2025 steigen. Die zentrale Beschleunigung erfährt dieser Prozess zum einen durch das Internet der Dinge, aber auch durch die Verlagerung des Speicherortes aus klassischen Rechenzentren in die Cloud. Diese cloudbasierten Rechenzentren werden 2025 etwa die Hälfte der Datenmenge speichern (vgl. Seagate 2018, S. 3).

Das Internet der Dinge beschleunigt diese Entwicklung und führt dazu, dass die Menschen etwa drei Mal pro Minute in unterschiedlichster Weise mit Daten interagieren.

Ein Zettabyte entspricht der kaum zu greifenden Größe von einer Mrd. Terabyte. Würde die Datenmenge des Jahres 2025 auf DVDs gebrannt und diese DVDs würden gestapelt, dann würde der Stapel die Strecke von der Erde bis zum Mond 23-mal überbrücken. Bliebe man lieber am Boden, dann könnte man mit diesem Stapel die Erden 222 umspannen (vgl. Seagate 2018, S. 7).

Gegenwärtig pflegen fünf Mrd. Menschen tagtäglich in irgendeiner Art und Weise Umgang mit Daten. Die absolute Zahl der User wird bis zum Jahr 2025 auf etwa sechs Mrd. steigen. Das wird dann etwa 75 % der weltweiten Bevölkerung entsprechen (vgl. Seagate 2018, S. 5).

Diese Entwicklung wird auch ursächlich dafür sein, dass der relative Anteil privater Daten deutlich abnehmen wird. Für das Jahr 2025 werden geschätzt knapp 60 % der Daten von Unternehmen abgespeichert und nur noch 40 % von den privaten Nutzern. Damit kehrt sich die Verteilung im Vergleich zum Jahr 2018 um (vgl. Seagate 2018, S. 11).

Big Data ist mithilfe klassischer Verfahren nicht beherrschbar. Solche Massendaten sind vielfach zu komplex, zu unsortiert, schwer interpretierbar oder einfach nur zu umfangreich. Exemplarisch sei nur auf die Vielzahl von Kontakten mit Sprachassistenten, das in Mode geratene Sammeln von Gesundheitsdaten oder die gewaltigen Mengen an Daten, die die Finanzmärkte dieser Welt produzieren, verwiesen. Eine eingängige Definition der Big Data beschreibt Big Data selbst als Datensätze, die aufgrund ihrer Größe nicht mit klassischen Datenbanksoftwaretools beherrschbar sind. Big Data verlangt neue Methoden, Daten zu erfassen, zu speichern, zu verwalten und zu analysieren (Manyika et al. 2011, S. 1).

Big Data dient dabei als Sammelbegriff für das gesamte Universum großer Datenmengen und die Ansätze eben diese zu beherrschen (vgl. BigData Insider 2019). Eine klassische Sichtweise auf Big Data definiert den Begriff über die sogenannten drei grundlegenden V (vgl. Salzig 2016). Im Einzelnen:

Volume definiert die produzierten Daten in einem bestimmten Zeitraum. Diese Datenmenge entspricht hier stets einer Menge, die nicht mehr auf konventionelle Weise gespeichert oder verarbeitet werden kann.

Variety beschreibt die vielfältigen auftauchenden Datentypen und die jeweiligen Datenquellen. Die unterschiedlichen Datensätze, z. B. Audio-, Film-, Bild- oder Textdateien weisen in der Regel auch zueinander keine offensichtliche Beziehung auf.

Velocity gibt das Tempo an, mit der die Daten produziert und verarbeitet werden. Die verfügbaren Technologien erlauben hier den Einsatz extrem schneller Verfahren (vgl. Feldmann 2012, S. 5).

Diese eher technische Sichtweise aus der Informatik findet eine Ergänzung aus den betriebswirtschaftlichen Notwendigkeiten heraus. Big Data sind nur nutzlose Datenmengen, wenn am Ende nicht ein Nutzenbeitrag von ihnen ausgeht (vgl. Marr 2015, S. 21). So werden die ursprünglichen drei Punkte durch zwei weitere ergänzt:

Validity steht für die Qualitätssicherung der jeweiligen Daten steht. Ein angemessenes Qualitätsniveau sichert gleichermaßen die Wahrhaftigkeit und auch die

Glaubwürdigkeit der jeweiligen Datensätze. Big Data selbst stellt keine eigenen Qualitätsansprüche.

Value beschreibt den Mehrwert, der für den Nutzer oder für das nutzende Unternehmen generiert werden kann (vgl. Bauer et al. 2017, S. 131).

Der Mehrwert von Big Data für Banken ist dabei unbestritten. 96 % der Banken-CEOs sehen den Rückgriff auf innovative Datenanalysen zur Identifikation von Kundenwünschen als sehr wichtig an. Tatsächlich umgesetzt wird dies jedoch nur in acht Prozent der Institute. Diese Lücke kann durch den Einsatz von KI geschlossen werden (vgl. PricewaterhouseCoopers 2019).

„Der Einsatz von KI kann erheblich dazu beitragen, die Qualität, Verlässlichkeit und Nutzbarkeit von Datenaggregation und -analyse zu verbessern. Damit kann diese Technologie zu einem Innovations- und Wachstumstreiber für die gesamte Bankenbranche werden und deren Wandel hin zu digitalen Ökosystemen beschleunigen", sagt Clemens Koch (PricewaterhouseCoopers 2019).

14.4 Durch KI zur Bank 4.0

Die Bank 4.0 lehnt sich in ihrem Ansatz an den Produktionsbereich an, indem eine Verknüpfung zur Industrie 4.0 gefunden wird.

Die Industrie 4.0 definiert wiederum die vollumfängliche Digitalisierung über die gesamte Wertschöpfungskette. Es wird in einer Zusammenführung der Informations- und Kommunikationssysteme mit moderner Produktionssteuerung und weitreichender Automatisierung ein Internet der Dinge erzeugt. Dies soll in einer ganzheitlichen Vernetzung sämtlicher Marktteilnehmer, inklusive der Kunden geschehen (vgl. Frietsch et al. 2016).

Digitalisierung begegnet den Menschen im Alltag über die Möglichkeiten, die ihnen ihre Endgeräte eröffnen. Zunehmend unbewusst findet die Datengewinnung, die Präsentation von Informationen oder die Aufnahme von Befehlen statt (vgl. Zies und Schmid 2015, S. 9).

Gegenwärtig durchdringen bereits 27 Mrd. IoT-Geräte den Alltag. Ausgehend von 7,7 Mrd. Menschen auf der Welt sind das bereits mehr als drei digitale Begleiter pro Menschen. Die Zahl der smarten Endgeräte wird weiterwachsen. Für das Jahr 2025 könnten nach Schätzungen bereits 75 Mrd. IoT erreicht werden (vgl. visualistan 2019).

Maßgeblich wird neben Smartphones oder Dash-Buttons, die gleichzeitige Ausbreitung und Entwicklung von Wearables sein (vgl. Appelfeller und Feldmann 2018, S. 158).

Bisherige Strategien, nach denen digitale Kanäle zwar genutzt, diese aber nicht vollumfänglich zu gleichberechtigten Elementen der Kommunikationsstrategie einer Bank werden, sind den technischen Realitäten nicht mehr angemessen. Ein ganzheitlicher Ansatz wäre eine Kundenbeziehung, die auf einem Omnichannel-Ansatz im Banking beruht (vgl. Bühler und Maas 2017, S. 56).

Der zentrale Ansatz in diesem Modell ist eine möglichst vollumfängliche Bereitstellung an Kanälen, mit denen der Kunde in sämtlichen Alltagssituation und nach seinen technischen Präferenzen den für ihn optimalen Zugangsweg wählen kann. Losgelöst vom gewählten Kanal sind einheitliche Prozesse, eine stetige Datenverfügbarkeit und eine optimale Customer Experience zu erreichen (vgl. Oberle et al. 2016, S. 8).

Die Customer Experience zielt darauf ab, an vielfältige Wahrnehmungspunkte eines Kunden anzudocken. Der Kunde wird bereits in die Produktentwicklung integriert und durch weitergehende Erfahrungen an die Bank gebunden. Es handelt sich um ein Instrument zur Schaffung positiver Kundenerfahrungen, um emotionale Bindungen zwischen Bank und Kunden zu entwickeln und zu etablieren (vgl. Tiffert 2019, S. 15).

Den jeweiligen Trends oder den technischen Möglichkeiten zu folgen ist keine ausreichende Strategie. Die Banken müssen bei der Strategieentwicklung darauf abstellen, die relevanten Bedürfnisse und die realisierbaren Mehrwerte ihrer Kunden zu identifizieren. Auf der Grundlage dieser Erkenntnisse können die Banken in einem nächsten Schritt bestimmen, welche Wirkungen mit welchen Erlebnissen erzeugt werden sollen.

Eine Herausforderung besteht für die Banken zukünftig darin, sämtliche Kundenkontakte über Selbstbedienungsgeräte, Apps, smarte Geräte, Onlinebanking, Wearables, Telefone oder die klassischen Filialen so zu verknüpfen, dass ein reibungsloser Kanalwechsel jederzeit möglich ist (vgl. Götzl 2016, S. 11).

War bisher ein qualifizierter Kundenberater in der Lage, seinen Kunden nach langer vertrauensvoller Beziehung ganzheitlich zu beraten, so ist dies zukünftig auf den beschriebenen Wegen zu realisieren. Die Big-Data-Analyse und die bedarfsgerechte Datenfreigabe ermöglichen die Vorhersage von Kundenwünschen und eine unmittelbare Bereitstellung eines Lösungsangebotes (vgl. Nagl und Bozem 2017, S. 148).

Die Verknüpfung der Möglichkeiten der künstlichen Intelligenz mit denen der Big Data eröffnet den Banken eine neue Zukunftsperspektive. Das bisherige und nur begrenzt erfolgreiche Vorgehen, durch Fusionen ertragreicher zu werden, kann und sollte zugunsten einer Digitalisierungsstrategie zurückgestellt werden. Eine Konzentration auf eine Digitalisierung der Banken reicht nicht aus. Eine nur gegenwärtige Sicherung der Wettbewerbsvorteile und eine vollumfängliche Fokussierung auf Effizienzfragen ist ungenügend und greift zu kurz. Bank 4.0 stellt darauf ab, die Kundenwünsche vorherzusehen und zu befriedigen, indem Innovationen ganzheitlich entwickelt und umgesetzt werden (vgl. Kollmann und Schmidt 2016, S. 73).

14.4.1 Operatives Bankmanagement

Im September 2019 erreichte der Leitzins der EZB einen historischen Tiefpunkt. Mussten die Geschäftsbanken bisher 0,4 % Strafzins hinnehmen, wenn sie liquide Mittel bei der EZB anlegen wollten, so wurde diese Gebühr nun sogar noch auf 0,5 % ausgedehnt (vgl. ecb 2019).

Der Wegfall klassischer EinnahmequellenKreutzer steht einem ausgeprägten Fixkostenblock gegenüber. Das Verhältnis von Verwaltungsaufwand zu Ertrag fällt in Banken in der Regel sehr ungünstig für die Banken aus. Den implodierenden Erträgen stehen jedoch unveränderte Verwaltungskosten gegenüber (vgl. Gischer und Richter 2014, S. 8).

FinTechs stehen nicht vor diesen Problemen, da sie aus ihrer Natur der Neugründung heraus geringe Verwaltungskosten haben. Sie verfügen im Gegensatz zu den älteren und trägen Banken über die Möglichkeit, ihre eigenen Geschäftsmodelle an die Anforderungen der Bank 4.0 anzulehnen. Der daraus resultierende Wettbewerbsvorteil der FinTechs entspringt unmittelbar der schöpferischen Kraft der Neugründung, gepaart mit der Abwesenheit des Ballastes der Vergangenheit (vgl. Kollmann 2011, S. 1).

Erinnert man sich an Technologien wie Betamax, MiniFloppy, an Internetanwendungen wie SecondLive, StudiVZ oder an Unternehmen wie Nokia oder Commodore, so könnte man den Schluss ziehen, nicht jeder Innovation folgen zu müssen oder eben, dass kein Geschäftskonzept in Stein gemeißelt ist.

Wie ein Banking 4.0 aussehen wird, vermag gegenwärtig niemand belastbar zu prognostizieren. Dem klassischen Bankensektor bietet sich aber bereits gegenwärtig die Gelegenheit, reale Probleme zu lösen, indem die erfolgreichen Strategien der jungen Unternehmen in die eigene Strategie übernommen werden. Aus dem Kreis der Führungskräfte von Banken rechnen etwa 75 % damit, dass der Rückgriff auf innovative Technologien für die eigene Bank in den nächsten fünf Jahren ein wesentlicher Wachstumstreiber sein wird (vgl. PricewaterhouseCoopers 2019).

Strategie beschreibt in diesem Kontext den Aufbau von Ressourcen. Für den klassischen Finanzsektor geht es darum, im besten Fall Wettbewerbsvorteile zu generieren und in einem wahrscheinlicheren Fall überhaupt wettbewerbsfähig zu bleiben.

Ausgehend von einer Gemengelage aus Digitalisierung, Margendruck, diversifizierten Kundenbedürfnissen und regulatorischen Anforderungen sind die klassischen Geschäftsbanken gezwungen, ihre Kosten zu reduzieren. Die knapper werdenden Ressourcen sind dann betont effizient und kundenorientiert einzusetzen.

In der Abwicklung von Wertpapiergeschäften, beim Zahlungsverkehr oder in den Personalabteilungen der Banken ergeben sich vielfältige Potenziale zur Kostenreduzierung. So könnten Funktionen ohne unmittelbaren Einfluss auf die Differenzierungspotenziale der Banken an externe Dienstleister ausgelagert werden (vgl. PricewaterhouseCoopers 2019).

Im Rahmen des Outsourcings kann es einerseits gelingen, eine operative Verbesserung der Geschäftsprozesse durch den Einsatz spezialisierter Anbieter zu erreichen. Eigene Ressourcen können zum Zwecke der Kostenreduzierung abgebaut werden oder neu eingeteilt werden, um im Kerngeschäft eingesetzt zu werden (vgl. Bartmann et al. 2011, S. 29).

Anwendungen der künstlichen Intelligenz reduzieren die betriebliche Komplexität, da keine eigenen Callcenter mehr im bisherigen Umfang betrieben werden müssen.

Stattdessen wird jede unpersönliche Kommunikation von der künstlichen Intelligenz übernommen.

Mit der Reduzierung der Kosten geht eine gleichzeitige Steigerung der Qualität einher. Als Folge der Automatisierung werden Fehlerquoten reduziert und beachtliche Einsparungen bei den Betriebskosten realisiert. Durch das intelligente Zusammenwirken mit den Prozessen zur Digitalisierung, eröffnen sich Möglichkeiten zur Optimierung von Geschäftsprozessen (vgl. Schallmo und Rusnjak 2017, S. 20).

Bei der Umsetzung von Strategien verfügen die klassischen Banken sogar über Wettbewerbsvorteile gegenüber den FinTechs. Zu den Wettbewerbsvorteilen zählen die vorhandene Kundenbasis, die damit einhergehende Datenvielfalt, das Know-how der Mitarbeiter und das in langjährigen Kundenbeziehungen aufgebaute Vertrauen. Das Vertrauen in die eigene Bank mag nicht mehr dem Niveau aus der Zeit vor der Finanzkrise entsprechen, es ist aber im Grundsatz noch vorhanden (vgl. Pratz und Eistert 2014, S. 25).

Im Rahmen des Shareholder Value besteht die Gefahr, dass die Veränderungen anhand der realisierten Einsparungen bewertet werden. Bei diesem Vorgehen würden Innovationspotenziale vernachlässigt und kostenverursachende Veränderungen gemieden werden. Die langfristige Komponente des Shareholder Value verbietet zudem eine zentrale Fokussierung auf nur kurzfristige Finanzkennzahlen (vgl. Mangelmann 2016, S. 138).

Die Fokussierung auf Kostenaspekte würde konkret dazu führen, dass Investitionen in die Zukunft verschoben würden, zukunftssichernde Modifikationen ausblieben und eine ganzheitliche Datenverfügbarkeit in weite Ferne rücken würde. Dadurch würden die bisherigen Marktführer im Retail Banking sukzessive von den Wettbewerbern verdrängt, die eine konsequente End-to-End-Digitalisierung vorantreiben (vgl. Hach et al. 2016, S. 18).

In innovativen Märkten, die vor der weitgehenden Einführung von künstlicher Intelligenz stehen, würde eine abwartende Grundhaltung unmittelbar zum Verlust von Marktanteilen führen (vgl. Kesting 2017, S. 8).

Das Ziel einer Bank muss es sein, sich in ein flexibles, kreatives und effizient agierendes Unternehmen mit einem durchgängig digitalen Geschäftsmodell zuKesting wandeln. Dies geht im Rahmen einer digitalen Strategiewahl mit einem fundamentalen Transformationsprozess einher. Einen Schwerpunkt bildet dabei die Etablierung einer ganzheitlichen Innovationskultur, zukunftssichernden Investitionen in die IT und das Marketing, sowie Nutzung vorhandener Datenmengen (vgl. Rafat et al. 2017, S. 59–90).

14.4.2 CRM im Bankmanagement

Das Bankenumfeld sorgt unter den gegenwärtigen Rahmenbedingungen für einen bisher nicht gekannten Wettbewerb unter den Instituten. Ursächlich hierfür sind die Vergleichsportale im Internet, die Preise und Produkte vergleichbar machen, sowie die bei allen Instituten umfangreichen Unterstützungsangebote für einen Wechsel der persönlichen

Bankverbindung und die bereits beschriebenen FinTechs als neue Mitbewerber (vgl. Brühl 2017, S. 177).

Diese Rahmenbedingungen stören die Wertschöpfungsprozesse der Banken, bis hin zum Verlust der strategischen Potenziale. Da Banken nur in wenigen Ausnahmen altruistisch handeln, dominiert in den Zielvorstellungen des Managements der Shareholder-Value-Ansatz.

Eine Stärkung der eigenen Wertschöpfungsketten liegt in der Etablierung von Konzepten zur langfristigen Kundenbindung. In anderen Branchen hat sich hierfür das ganzheitliche Marketingkonzept des Customer-Relationship-Management bewährt (vgl. Silber 2008, S. 46).

Customer-Relationship-Management ist eine Strategie, die dem Shareholder-Value-Ansatz dient, indem die Beziehungen zu den Kunden in den Mittelpunkt der Aufmerksamkeit rücken. Es verknüpft dabei die Potenziale, die sich aus der Digitalisierung und aus verschiedenen Marketingstrategien ergeben. Die Aktivitäten erstrecken sich ebenfalls auf relevante Stakeholder. Das Customer-Relationship-Management bietet einen Rahmen, Daten so zu nutzen, dass sie für die Kunden tatsächlich einen Mehrwert stiften (vgl. Payne und Frow 2005, S. 168).

Die sich in der Big Data bankseitig bereits verfügbaren Daten und die noch zu sammelnden Daten sind dazu zu analysieren.

Smart-Analytics-Verfahren stellen in diesen Prozessen auf das intelligente Analysieren ab und die Predictive Analytics dient dann zur Erstellung von Prognosen aus der Big-Data-Analyse.

Mithilfe dieser Verfahren wird aus der reinen Verwaltung der Big Data ein Prozess eingeleitet, der eine wirtschaftliche Verwertung erlaubt.

Gleichzeitig wächst der Erkenntnisgewinn der bisher bereits praktizierten Prognoseerstellung, beispielsweise als Unterstützung der Bewertung von Bonität in Kreditvergabeverfahren sprunghaft an und schließt alle Geschäftsbereiche einer Bank ein.

Das Verständnis des Kunden und seines Verhaltens wird verbessert und zu einem Fundament zukünftiger Effizienzsteigerungen.

Die Effizienzsteigerung wird auch in einem sich selbst beschleunigenden Prozess bestehen, da das Data Mining dann zielführender betrieben werden kann. Data Mining beschreibt den systematischen Ansatz statistischer Verfahren zum Aufspüren von Links oder Trends aus der Datenfülle der Big Data. Durch den Einsatz künstlicher Intelligenz lassen sich nicht nur vorgegebene Hypothesen prüfen, die KI kann Hypothesen auf der Grundlage von Big Data selbst aufstellen (vgl. Scherk et al. 2017, S. 6).

Versteht die Bank ihre Kunden, dann können die angebotenen Produkte personalisiert werden. Durch diese Produktdifferenzierung entzieht sich die Bank den Vergleichen mit den Mitbewerbern, sie kann sich von diesen abgrenzen und reduziert die Preiseffekte auf die Entscheidungen der Kunden. Die Personalisierung kann z. B. erreicht werden, indem im Rahmen einer Immobilienfinanzierung reflektiert wird, wann in der jeweiligen Familiensituation welche finanziellen Belastungen anstehen und die Rückzahlung des ursprünglichen Darlehns smart daran angepasst wird (vgl. Böckermann 2011, S. 82).

Gleichzeitig kann das Wissen über den Kunden und ihre Umgebung dazu genutzt werden, beispielsweise Versicherungen maßgeschneidert anzubieten oder zu aktualisieren.

FinTechs schlagen mithilfe der Ergebnisse von Predictive-Analytics-Instrumenten ihren Kunden bereits kostengünstigere Strom- oder Handyanbieter vor. Im Bereich der Commodity-Produkte folgen Kunden diesen Empfehlungen, solange sie dem vorschlagenden Unternehmen vertrauen.

Künstliche Intelligenz ist jedem menschlichen Berater überlegen, da die Analyse des Kundenverhaltens und die Reaktion darauf realtime erfolgen. Identische Handlungen unterschiedlicher Kunden werden innerhalb eines individuellen Bezugsrahmens auf der Basis weiterer Daten ausgewertet (vgl. Wahlmüller-Schiller 2017, S. 361).

Anbieter wie die indische Intellect Design Arena Limited setzen bereits Systeme um, welche für Kunden und Banken gleichermaßen positive Erfahrungen stiften. Konkret führt die Aus- und Bewertung des Kundenverhaltens antizipativ zu einem individuellen Angebot. Die Benutzerfreundlichkeit verbessert sich, wenn z. B. die KI die Bedienoberfläche den Kundenwünschen anpasst. Ein weitergehender Nutzen für die Bank zeigt sich in der maßgeschneiderten Präsentation von Angeboten für den Kunden. Der Einsatz künstlicher Intelligenz fördert die Komplexitätsreduzierung im Bankenbereich. Die unmittelbare Verknüpfung von technologischen Möglichkeiten und dem operativen Umgang mit dem Kunden werden zum Erfolgsfaktor über die Banken hinaus für die gesamte Finanzbranche (vgl. intellectdesign 2019).

Nach Einschätzung von Forrester wagen sich bisher nur wenige Anbieter an das komplexe Thema der automatisierten Personalisierung und Optimierung von Kundenschnittstellen heran. Das aber werde sich ändern. Die „AI-powered CX Optimization" (CX = Customer Experience) stehe inzwischen auf der Roadmap vieler Anbieter. IT-Entscheider könnten davon ausgehen, dass derartige Fähigkeiten innerhalb der kommenden zwei Jahre auch in gängige Standardsoftware Einzug hielten.

Die aus solchen Innovationen resultierenden Vereinfachungen von Geschäftsmodellen, die auf der Verknüpfung intelligenter Prozessautomatisierung und Produktvereinfachung beruhen, wirken sich positiv auf die Transparenz und den Kundenkomfort aus (vgl. Büschelberger 2018, S. 34).

Als Vorteil gegenüber den FinTechs wird hier die Möglichkeit genutzt, im Omnichannel auch physische Zugangswege anzubieten. Diese Fähigkeit ermöglicht eine Differenzierung gegenüber den FinTechs. Erweitern die klassischen Banken ihr Angebot um ausgewählte Technologien, dann können die vorhandenen offensichtlichsten Schwächen zumindest teilweise kompensiert werden (vgl. Mennesson 2016, S. 9).

Vermag eine Bank eine solch vertrauensvolle Beziehung zu den Kunden zu entwickeln, so besteht durch die Generierung neuer Kunden auch keine Notwendigkeit mehr, auf Fusionsstrategien zu setzen.

14.4.3 Umsetzung der KI im Bankensektor

Bankprodukte sind in der Regel immaterielle Güter, also nicht physische Vermögensgegenstände, wie z. B. Informationen, Dienstleistungen oder Rechte. Die zentrale Aktivität ist der Umgang mit Informationen in Prozessen (vgl. Alt und Puschmann 2016, S. 36). Dem Kunden gegenüber stellt sich diese Aktivität als Finanzdienstleistung dar. Finanzdienstleistungen sind sehr gut geeignet, um vollumfänglich digitalisiert zu werden (vgl. Bieberstein 2015, S. 5).

In erster Linie digitale Prozesse wiederum eignen sich besonders für die Implementierung in die Struktur einer KI, denn zur Weiterentwicklung der angebotenen Finanzdienstleistungen und im Sinne einer fortschreitenden Personalisierung sammeln Banken ja laufend Daten und bauen ihre Big Data aus. Diese Daten umfassen sämtliche Aktivitäten der Kunden innerhalb der Bank selbst, via externe Dienste wie z. B. der Schufa über das gesamte Finanzgebaren der Kunden und darüber hinaus im Idealfall der Banken auch über sämtliche weitere sonstigen privaten als auch geschäftlichen Aktivitäten hinaus. Wie bereits in die Arbeit eingeführt, handelt es sich bei der bankseitigen Umsetzung hierbei weniger um ein technisches als vielmehr um ein regulatorisches Problem. Die Leistungserbringung innerhalb der Banksysteme erfolgt bereits gegenwärtig weitgehend datenbasiert und könnte praktisch ohne menschliche Eingriffe die gesamte Wertschöpfung abbilden. Mit Blick auf bereits existierende Lösungen wie der RoboAdvisor oder der Chatbots, wird auch der gegenwärtige Anteil menschlicher Beratung zugunsten der Digitalisierung abnehmen (vgl. Alt und Puschmann 2016, S. 36).

Zur weitergehenden Analyse der Einsatzmöglichkeiten der KI in Banksystemen ist eine Analyse des Geschäftsmodells einer Bank hilfreich. Abgestellt werden sollte hier auf die jeweiligen Prozesse innerhalb der Kundenbeziehungen bzw. auf die jeweiligen bankinternen Prozesse. Derart generisch abgebildete Systeme offenbaren all jene Prozesse, die sich für die Digitalisierung eignen oder zeigen Hemmnisse auf, die es auf dem Wege der Digitalisierung zu überwinden gilt. Es werden in allen Prozessen Daten gesammelt und verarbeitet. Daher bietet ein autonomes Datenmanagement Banken umfangreiche Möglichkeiten, schneller, präziser und effizienter zu werden (vgl. Pertl 2019, S. 91 f.).

Für eine Betrachtung der Einsatzmöglichkeiten von KI in Banken in Anlehnung an derartige generische Geschäftsmodelle lassen sich in einer Grobbetrachtung drei Einsatzbereiche spezifizieren, nämlich Front-, Middle- und Backoffice. Unter die Kategorie des Front Office fallen alle Anwendungen, die unmittelbare Interaktionen mit den Kunden beinhalten. Diesen extern wirkenden Prozessen stehen interne Prozesse gegenüber, so stellen die Bereiche im Backoffice die unmittelbare Leistungserbringung der Banken sicher. Begleitende Funktionen werden im Middleoffice zusammengefasst. Begleitend sind z. B. die IT selbst, aber auch das Risikomanagement oder die Umsetzung der Compliance (vgl. Kaya 2019, S. 5).

14.4.3.1 Frontoffice

Klassische Bankfilialen als Ort der Erledigung von Finanzgeschäften verlieren an Bedeutung. Diese Entwicklung beschränkt sich nicht auf Banken, sondern auf sämtliche linearen Dienstleistungsangeboten. Möglichkeiten zur Interaktion werden unabhängig von Ort und Zeit gewünscht. Gegenwärtig werden bereits 60 % der Bankgeschäfte von Privatkunden über Onlinekanäle abgewickelt. Ein Drittel der Kunden nutzt das Smartphone. Insgesamt verdoppelte sich der Rückgriff auf smarte Endgeräte seit 2012 (vgl. Zillmann 2015, S. 9).

Die Steigerung übertrifft eine nur demografische Begründung und lässt schlussfolgern, dass die Akzeptanz von Onlinebanking in sämtlichen Ausprägungen weiterhin deutlich zunehmen wird. Durch die Reduzierung von Filialen, der entsprechenden Mitarbeiter und der Reduzierung von Sicherheitsdienstleistungen ergeben sich erhebliche Einsparpotenziale.

Findet KI Anwendung in Banken, dann befindet sie sich in praktisch allen Bereichen in Einführungsphasen. Ein augenscheinlicher Bedarf durch die unmittelbare Konkurrenz zu den FinTechs ergibt sich in der Interaktion mit den Kunden. Die Schnittstelle zwischen der Bank und den Kunden wird als Frontoffice beschrieben und steht bisher im Fokus der KI-Implementierung.

Voice Assistants

Voice Assistants können als Ansprechpartner in einer Voice-First-Plattform, wie z. B. Amazon Alexa, Siri oder Google Home, eingesetzt werden. Wenn KI-Assistenten zum Kontaktpunkt für Handel und Kundeninteraktion werden, dann werden Finanzprodukte in deren Produktprogramm integriert. Die Technologie wandelt Audiodaten in Text, bevor sie KI anwendet und konkrete Finanzprodukte anbietet (vgl. Kreutzer und Sirrenberg 2019).

Chatbots

Chatbots sind digitale Assistenten innerhalb einer externen Social Media, bzw. einer Messaging Plattform oder als Teil des bankeigenen Internetangebotes, die mit dem Kunden interagieren und deren Anliegen ohne Beteiligung eines Bankmitarbeiters bearbeiten. Mithilfe der Technik des „Natural Language Processing" kann getippter Text und seine verschiedenen Permutationen verstanden und mit Entscheidungsbäumen abgeglichen werden. Chatbots eignen sich sowohl zum Einleiten von Aufgaben als auch zum Bereitstellen von Informationen (vgl. Kay 2019, S. 6).

Chatbots durchdringen den Alltag der Konsumenten, nicht immer mit deren Wissen. Sie interagieren im Rahmen der Business-to-Consumer-Kommunikation für die Unternehmen mit Kunden und beantworten Fragen, die die Kunden schriftlich oder mündlich erreichen. Neuere Entwicklungen erweitern das Spektrum der Chatbots um Bilderkennungssoftware (vgl. Cornelius 2019, S. 67).

Chatbots setzen dabei auch auf emotionale Beziehungen zu ihren Nutzern. Die chinesische Anwendung XIAOICE soll z. B. nicht nur produktive Funktionen übernehmen, wie z. B. die alternative Anwendung Cortana, sondern auch längere Gespräche mit den Nutzern führen. Im Rahmen dieser längeren Gespräche soll XIAOICE dann nicht nur unmittelbare Aufgaben lösen, sondern emotionale und intellektuelle Bedürfnisse der Nutzer identifizieren und befriedigen.

In der Praxis greift die Bank of America seit 2016 auf einen Chatbot zurück. Von den ca. 24 Mio. Kunden, die die mobilen Banking-Angebote nutzen, greifen mittlerweile sechs Mio. regelmäßig auf den Chatbot zurück. Im bisherigen Einsatz beantwortete die Anwendung mehr als 35 Mio. Anfragen (vgl. Finextra 2019).

Der Chatbot kann dabei sowohl eher klassische Wünsche wie Auskünfte zu Kontoständen, Kartensperrungen oder Terminvereinbarungen mit menschlichen Beratern erfüllen als auch anspruchsvolle Fragestellungen beantworten, z. B. zu den personalisierten Möglichkeiten, die eigene Kreditwürdigkeit zu verbessern (vgl. Cornelius 2019, S. 68).

Aus einem wenig smarten Chatbot wurde innerhalb sehr kurzer Zeit dank der KI die virtuelle Finanzassistentin Erica, ein Aushängeschild der Bank of America.

„Unser High-Tech- und High-Touch-Ansatz bedeutet, dass wir unseren Kunden bei ihren finanziellen Bedürfnissen ein Leben lang helfen und ihnen dabei jederzeit einen außergewöhnlichen Service bieten, egal über welchen Kanal unsere Kunde ihre Banking-Geschäfte erledigen", sagt Dean Athanasia, Co-Head of Consumer und Small Businesses bei BofA. Die Bank of America wächst neben dem Ausbau des klassischen Filialnetzes und der zunehmenden Verbreitung des Chatbots Erica auch durch die Einrichtung von vier Finanzcenter im vergangenen Jahr, in denen keine Menschen mehr aktiv sind (vgl. Finextra 2019).

Diese KI-basierten Filialen sind mit einem smarten Bildschirm, einem Konferenzraum, einer Ausstellung der neuesten Technologien der Bank und einem digitalen Empfang ausgestattet. Die Geldautomaten der jüngsten Generation sind technisch angelehnt an die intuitive Nutzung von Smartphones. Die Kunden können an diesem Gerät kartenlos Geld abheben, aber auch sämtliche Funktionen der Chatbots Erica nutzen.

Biometrische Anwendungen

Biometrische Anwendungen gleichen die individuellen und damit einzigartigen physikalischen Eigenschaften der Kunden mit Datenbanken ab, um so die Identität sicher feststellen zu können. Exemplarisch kann sich eine Bank auf den über ein Smartphone erfassten Fingerabdruck oder die Gesichtserkennung verlassen, um eine mobile Zahlung zu authentifizieren. Weitergehend werden Banken die Spracherkennung als Passwort für den Kundenservice verwenden. Diese Verfahren werden klassische Identifikationsverfahren ersetzen (vgl. Sokolin und Low 2018, S. 31).

14.4.4 Middleoffice

Das Middleoffice fokussiert auf Tätigkeiten im Risikomanagement, in der Compliance und in der IT. Der Einsatz von KI-Anwendungen ist in diesem Bereich sinnvoll, weil hier arbeits- und kostenintensive Prozesse vorherrschen. Speziell steht die Effizienzsteigerung des operationellen Risikomanagements im Mittelpunkt. Dies soll exemplarisch erreicht werden durch Betrugserkennung oder digitalisierte KYC-Verfahren.

RegTech-Monitoring
RegTech ist eine Wortschöpfung aus „regultory" und „technology". In der praktischen Umsetzung innerhalb der IT-Struktur einer Bank ermöglichen sie die schnelle und kostengünstige Umsetzung neuer Regulierungsvorgaben. RegTech-Anwendungen finden sich weiterhin im Einsatz bei der Überwachung der Kommunikation, der Finanztransaktionen oder der Identifizierung eigener Mitarbeiter in sensiblen Prozessen oder Bereichen. Die KI versetzt RegTech in die Lage, auf anormale Aktivitäten unmittelbar zu reagieren. In einer konkreten Anwendung könnte einem Kapitalmarkthändler ab einer bestimmten, für den Händler individuell ungewöhnlichen Herzfrequenz, der Handelszugang beschränkt werden (vgl. Sokolin und Low 2018, S. 31).

Anti-Fraud- & Risk-Management
KI wäre in der Lage, z. B. Transaktionen im Kreditkartenbereich in Echtzeit zu überwachen und die Transaktion bei erkannten Unstimmigkeiten vorerst zu unterbinden. Das gewinnt schon deshalb an Bedeutung, da der Anteil derartiger Zahlungsvorgänge zukünftig in erheblichem Umfang zunehmen wird (vgl. Mai 2018, S. 2). Gegenwärtig ist es Banken nur möglich, etwa fünf Prozent der Transaktionen mit zeitlicher Verzögerung zu prüfen (vgl. Sokolin und Low 2018, S. 31).

Know-Your-Customer(KYC)-Verfahren
Automatisierte und von KI geleitete Entscheidungen in Echtzeit setzen voraus, dass die KI in der Lage ist, den Vertragspartner jederzeit sicher zu identifizieren. Die Identität von Kunden kann durch entsprechende Algorithmen nahezu in Echtzeit durchgeführt werden, da auf biometrische oder vergleichbare Daten zu Identifikation zurückgegriffen werden kann. Schlägt eine eindeutige Identifizierung fehl, so kann die KI weitergehende Prüfschritte in den Prozess einfügen (vgl. Kaya 2019, S. 6).

Legal- und Compliance-Workflows
Banken eröffnet sich die Möglichkeit, die Überwachung der Compliance zu automatisieren. Der Pool der bereits bestehenden Daten wird um die unstrukturierten Datenquellen z. B. aus dem Internet erweitert. Die Einhaltung regulatorischer Anforderungen wird so valider geprüft, als es in klassischen Verfahren möglich ist. Das gilt ergänzend für die Implementierung veränderter Compliance-Richtlinien. In vergleichbarer Art und

Weise werden juristische Dokumente analysiert und rechtskonform bearbeitet. Denkbar wäre hier z. B. die vollautomatisierte Kommunikation mit Notaren im Immobilienbereich, wenn es um die Ablösung oder Einrichtung bestehender Grundschulden geht. Weitergehend ist eine individuelle juristische Bewertung durch die KI vorstellbar. Diese KI-basierte Bewertung würde Prozesse im Kontext einer Analyse von Bilanzdaten entsprechend zu überwachenden Unternehmen erheblich vereinfachen (vgl. Kaya 2019, S. 6).

14.4.5 Backoffice

Beachtliche Hemmnisse bei der Einführung der KI wirken im Backoffice der Finanzinstitute. Banken kämpfen gegenwärtig mit stetig steigenden Problemen, ihre unterschiedlichen bereits bestehenden EDV-Systeme zu erhalten und miteinander zu vernetzen. Die Fusionstätigkeit verstärkte diesen Effekt laufend, da im Rahmen der Fusion unterschiedliche IT-Systeme zu verbinden waren. Diese Effekte entfalten häufig nach Jahre nach den eigentlichen Fusionen negative Wirkungen. Derlei Prozesse binden nicht nur in beachtlichem Umfang finanzielle Ressourcen, sondern noch beachtlicher, sie binden die ohnehin begrenzten IT-Fachkräfte in den Banken und halten sie so von wichtigeren Aufgaben fern.

Versicherungs- oder Kreditprüfungen
Vor Abschluss einer Versicherung oder eines Kreditvertrages folgt auf das Procedere im Frontoffice ein umfangreicher Prozess im Backoffice. Klassischerweise gilt hier das Vier-Augen-Prinzip, das zwar Sicherheit stiftet, aber eben auch den Anteil der Personalkosten in dem Prozess wesentlich erhöht.

Exemplarisch könnten auch Kreditentscheidungen unmittelbar und vollumfänglich entschieden und dem Kunden praktisch in Echtzeit präsentiert werden. Die kostspieligen Vier-Augen-Prinzipien der klassischen Banken wären dann nicht mehr nötig. Weiterhin ist für diese strategische Ausrichtung die ganzheitliche Reorganisation der Geschäftsprozesse im Backoffice notwendig. Durch die End-to-End-Digitalisierung werden Systeme, Prozesse und Daten ganzheitlich vernetzt und vereinheitlicht (vgl. Korschinowski 2016, S. 14).

Den Kosteneinsparungspotenzialen stehen jedoch Risiken gegenüber, da die EU-Datenschutzgrundverordnung Kunden das Recht einräumt, umfänglich über die Ablehnungsgründe informiert zu werden, sollte eine KI den jeweiligen Antrag ablehnen. Das Recht erstreckt sich auf abgelehnte Kontoeröffnungen, Kreditanträge oder Versicherungen jeder Art (vgl. DSGVO, Artikel 13).

Investment-Management
Im Wertpapierbereich vermag die KI die Tätigkeit klassischer Analysten zu ersetzen. Die streng logischen Urteile der KI sind denen der menschlichen Analysten überlegen.

Die Erkenntnisse der Behavioral Finance unterstreichen diese Vermutung. Der unmittelbare Vorteil ergibt sich dadurch, dass die KI in der Lage ist, die Bilanzen und sonstigen Verlautbarungen einer Unternehmung zu erfassen, zu analysieren und im Markt- und Branchenbezug zu bewerten vermag. Der Ansatz, auf das Gefühl des Händlers vertrauen zu können, lässt sich empirisch nicht bestätigen (vgl. Delling 2010, S. 129 ff.).

14.5 Fazit

Data Mining und die gewaltige Aufgabe der Digitalisierung stiften nur das technische Fundament für den Einsatz einer künstlichen Intelligenz. Menschliche Akteure werden dadurch nicht überflüssig, sie werden aber in einzelnen Bereichen unterstützen und in anderen Bereichen auch ersetzen.

Die Bank 4.0 wird ein Technologieunternehmen sein, das klassische Bankgeschäfte betreiben wird. Den Instituten bieten sich gewaltige Chancen, sie sehen sich aber auch erheblichen Risiken ausgesetzt. Sie können das eigene Institut in einem sich wandelnden Markt neu aufstellen und die Chancen nutzen, die ihnen die Möglichkeiten der künstlichen Intelligenz bieten.

Die künstliche Intelligenz muss in einen fruchttragenden Bezugsrahmen gestellt werden. Das bedeutet, dass neben der Entwicklung der künstlichen Intelligenz auch der Bezugsrahmen selbst entwickelt werden muss. Zum Bezugsrahmen gehört auch eine gesellschaftliche Debatte über den Grad des Datenschutzes. Können im Sinne der gegenwärtigen DSGVO personenbezogene Daten nicht vollumfänglich verarbeitet und verwertet werden, kann es keinen ganzheitlichen KI-Ansatz geben.

Bankprodukte werden als Ergebnis von Big Data und künstlicher Intelligenz bereits in naher Zukunft personalisiert sein. Sie werden den vorhandenen und möglichen Kunden auf allen Kanälen angeboten werden. Dabei wird ihr Wissensvorsprung die Banken in die Lage versetzen, ihren Kunden personalisierte Produkte anzubieten, bevor diese sich den Vorteilen und den Notwendigkeiten dieser Produkte bewusst sind. Dennoch entscheidet am Ende eines jeden KI-Prozesses ein Mensch.

Künstliche Intelligenz wird die Zukunft der Banken bestimmen und kann erhebliche positive Entwicklungen mit sich bringen. Aber auf der anderen Seite werden als Folge der Entwicklung der künstlichen Intelligenz nicht alle Banken eine Zukunft haben.

Literatur

Alt, R., & Puschmann, T. (2016). *Digitalisierung der Finanzindustrie – Grundlagen der Fintech-Evolution*. Heidelberg: Springer.

Amazon. (2018). Amazon Annual Report. https://ir.aboutamazon.com/static-files/0f9e36b1-7e1e-4b52-be17-145dc9d8b5ec. Zugegriffen: 12. Aug. 2019.

Appelfeller, W., & Feldmann, C. (2018). *Die digitale Transformation des Unternehmens: Systematischer Leitfaden mit zehn Elementen zur Strukturierung und Reifegradmessung*. Berlin: Gabler.

Baltes, G., & Freyth, A. (2017). Die radikal neuen Anforderungen unserer Zeit und die Konsequenz für Veränderungsarbeit. In G. Baltes & A. Freyth (Hrsg.), *Veränderungsintelligenz: Agiler, innovativer, unternehmerischer den Wandel unserer Zeit meistern*. Wiesbaden: Springer.

Bankenverband. (2019). Zahlen, Daten, Fakten – Statistik-Service des Bankenverbandes. https://bankenverband.de/statistik/banken-deutschland/kreditinstitute-und-bankstellen/. Zugegriffen: 22. Aug. 2019.

Bartmann, D. et al. (2011). *Retail Banking – Zukunftsorientierte Strategien im Privatkundengeschäft*. Frankfurt a. M.: Frankfurt School Verlag.

Bauer, T. et al. (2017). Big Data in der wirtschaftswissenschaftlichen Forschung. In C. König, et al. (Hrsg.), *Big Data: Chancen, Risiken Entwicklungstendenzen* (S. 129–148). Wiesbaden: Springer.

Bergmann, J. (2014). *The Darwin effect: Its influence on nazism, eugenics, racism, communism, capitalism & sexism*. Green Forest: New Leaf Publishing Group.

Bieberstein, I. (2015). Theorie – Besonderheiten der Distribution von Finanzdienstleistungen. In H. Brock & I. Bieberstein (Hrsg.), *Multi- und Omnichannel-Management in Banken und Sparkassen: Wege in eine erfolgreiche Zukunft* (S. 3–27). Wiesbaden: Springer Gabler.

BigData Insider. (2019). Was ist Big Data?. https://www.bigdata-insider.de/was-ist-big-data-a-562440/. Zugegriffen: 24. Aug. 2019.

Böckermann, F. (2011). *Customer Knowledge Management in der Konzeptphase der Neuproduktentwicklung*. Wiesbaden: Springer.

Brühl, V. (2017). Banking 4.0 – strategische Herausforderungen im digitalen Zeitalter. *Zeitschrift für das gesamte Kreditwesen, 4*, 177–181.

Bühler, P., & Maas, P. (2017). Transformation von Geschäftsmodellen in einer digitalisierten Welt. In M. Bruhn & K. Hadwich (Hrsg.), *Dienstleistungen 4.0: Geschäftsmodelle – Wertschöpfung – Transformation* (Bd. 2, S. 43–70). Wiesbaden: Springer.

Bundesbank. (2019). Die Banken in Deutschland. https://www.bundesbank.de/de/service/schule-und-bildung/schuelerbuch-geld-und-geldpolitik-digital/die-banken-in-deutschland-613922. Zugegriffen: 20. Aug. 2019.

Büschelberger, J. (2016). Geschäftsmodellprüfung im Fokus der Bankenaufsicht. In D. Tschuschke & D. Heithecker (Hrsg.), *Geschäftsmodellanalyse – Praxisorientierter Umgang mit neuen SREP- und MaRisk-Anforderungen* (S. 11–28). Heidelberg: Finanz Colloquium.

Cellan-Jones, R. (2014). Stephan Hawking warns artificial intelligence could end mankind. https://www.bbc.com/news/technology-30290540. Zugegriffen: 22. Aug. 2019.

Cornelius, A. (2019). *Künstliche Intelligenz: Entwicklungen, Erfolgsfaktoren und Einsatzmöglichkeiten*. Freiburg: Haufe-Lexware.

Dahmen, M., & Bruch, S. (2019). Mehr Ertrag statt weniger Kosten. die bank – Zeitschrift für Bankpolitik und Praxis. http://www.die-bank.de/home/mehr-ertrag-statt-weniger-kosten-11264/. Zugegriffen: 22. Aug. 2019.

Delling, P. (2010). *Risikoverhalten von Aktienfondsmanagern*. Wiesbaden: Springer Gabler.

Deloitte. (2018). Künstliche Intelligenz für eine neue Dimension der Entscheidungsfindung. https://www2.deloitte.com/de/de/pages/technology-media-and-telecommunications/articles/kuenstliche-intelligenz-ki.html. Zugegriffen: 14. Aug. 2019.

Der Bank Blog. (2018). 70 Prozent der Bankmanager erwarten weitere Fusionen. https://www.der-bank-blog.de/bankmanager-erwarten-fusionen/studien/banking-trends/38624/. Zugegriffen: 12. Aug. 2019.

DSGVO, Verordnung (EU) 2016/679 des europäischen Parlamentes und des Rates vom 27. April 2016 zum Schutz natürlicher Personen bei der Verarbeitung personenbezogener Daten, zum freien Datenverkehr und zur Aufhebung der Richtlinie 95/46/EG (Datenschutz-Grundverordnung).

Ecb. (2019). Monetary policy decisions. https://www.ecb.europa.eu/press/pr/date/2019/html/ecb.mp190912~08de50b4d2.en.html. Zugegriffen: 13. Sept. 2019.

Feldmann, B., et al. (2012). Big data in healthcare hype and hope. https://de.scribd.com/document/107279699/Big-Data-in-Healthcare-Hype-and-Hope. Zugegriffen: 29. Aug. 2019.

Finextra. (2019). Bank of America's Erica chatbot wins over customers. https://www.finextra.com/newsarticle/33579/bank-of-americas-erica-chatbot-wins-over-customers. Zugegriffen: 28. Aug. 2019.

Fraunhofer. (2017). INNOVATIONSFORUM »BANK & ZUKUNFT (S. 10). https://www.bankundzukunft.de/content/dam/bankundzukunft/de/documents/Projektbeschreibung-Bank-und-Zukunft-2017.pdf. Zugegriffen: 4. Aug. 2019.

Friedrich, H., & Schiefelbein, M. (2013). Paradigmenwechsel im Banking. In O. Everling & R. Lempka (Hrsg.), *Finanzdienstleister der nächsten Generation* (S. 49–68). Frankfurt a. M.: Frankfurt School Verlag.

Frietsch, R., Beckert, B., Daimer, S., Lerch, C., Meyer, N., Neuhäusler, P., Rothengatter, O., Lichtblau, K., Fritsch, M., Kempermann, H., & Lang, T. (2016). Die Elektroindustrie als Leitbranche der Digitalisierung. Innovationschancen nutzen, Innovationshemmnisse abbauen. https://www.zvei.org/fileadmin/user_upload/Presse_und_Medien/Publikationen/2016/November/Die_Elektroindustrie_als_Leitbranche_der_Digitalisierung_-_Innovationsstudie/ZVEI-Innovationsstudie-2016.pdf. Zugegriffen: 22. Nov. 2019.

Funke, J., & Vaterrodt, B. (2009). *Was ist Intelligenz?* München: Beck.

Gilquin, G. (2014). Der deutsche Bankensektor. *Wirtschaftsdienst, 2014*(6), 420.

Gischer, H., & Richter, T. (2014). Produktivitätsmessung von Banken: die Cost Income Ratio – ein belastbares Performancemaß? http://www.fww.ovgu.de/fww_media/femm/femm_2014/2014_08.pdf. Zugegriffen: 10. Aug. 2019.

Götzl, S. (2016). Das Geschäftsmodell der Volksbanken und Raiffeisenbanken im digitalen Zeitalter. In D. Hellenkamp & K. Fürderer (Hrsg.), *Handbuch Bankvertrieb: Theorie und Praxis im Zukunftsdialog* (S. 3–24). Wiesbaden: Springer.

Hach, W., et al. (2016). *Think Act: Plan D – konsequent digital: Wie Finanzdienstleister durch End-to- End-Digitalisierung ihre Zukunft sichern*. München: Roland Berger Strategy Consultants.

Hartmann-Wendels, T. (2019). *Bankbetriebslehre*. Heidelberg: Springer.

Holling, H., et al. (2004). *Intelligenzdiagnostik*. Göttingen: Hofgrefe.

Horvath & Partner. (2018). „Fusionen unter Gleichen" erfolgreich anbahnen und umsetzen. https://www.horvath-partners.com/de/media-center/studien/fusionen-unter-gleichen-erfolgreich-anbahnen-und-umsetzen/. Zugegriffen: 11. Aug. 2019.

Intellectdesign. (2019). https://www.intellectdesign.com/. Zugegriffen: 18. Nov. 2019.

Kaya, O. (2019). Künstliche Intelligenz im Bankensektor. https://www.dbresearch.de/PROD/RPS_DE-PROD/PROD0000000000496371/Künstliche_Intelligenz_im_Bankensektor%3A_Ein_bisher.pdf. Zugegriffen: 4. Jan. 2020.

Kesting, P. (2017). Wie sich Innovationen auf Märkte und etablierte Unternehmen auswirken. In R. Smolinski, et al. (Hrsg.), *Innovationen und Innovationsmanagement in der Finanzbranche* (S. 3–20). Wiesbaden: Springer. 147–166.

Kollmann, T. (2011). *E-Entrepreneurship: Grundlagen der Unternehmensgründung in der Net Economy*. Wiesbaden: Gabler.

Kollmann, T. (2019). *E-Business: Grundlagen elektronischer Geschäftsprozesse in der Digitalen Wirtschaft* (7., überarb. u. erw. Aufl.). Wiesbaden: Springer Gabler.

Kollmann, T., & Schmidt, H. (2016). *Deutschland 4.0 Wie die Digitale Transformation gelingt.* Wiesbaden: Springer.

Korschinowski, S. (2016). Digitalisierung im Unternehmen Nachdruck verleihen. *Audit Committee Quarterly, 2016,* 14. Frankfurt a. M.: Audit Committee Institute e. V.

Kreutzer, R., & Sirrenberg, M. (2019). *Künstliche Intelligenz verstehen. Grundlagen, Use-Cases, unternehmenseigene KI-Journey.* Wiesbaden: Springer Gabler.

Lackner, M. (2013). *Talent-Management spezial: Hochbegabte, Forscher und Künstler erfolgreich führen.* Wiesbaden: Springer.

Lamprecht, D. (2006). Der Member Value von Genossenschaftsbanken unter sich ändernden Wettbewerbsbedingungen. In Obbecke, J. et al. (Hrsg.) *Perspektiven für Sparkassen und Genossenschaftsbanken* (S. 17–29). Stuttgart: Dt. Gemeindeverlag.

Löber, D. (2012). *Private banking in Deutschland.* Wiesbaden: Gabler.

Mai, H. (2018). Kartenbetrug in Deutschland. https://www.dbresearch.de/PROD/RPS_DE-PROD/PROD0000000000484136/Kartenbetrug_in_Deutschland%3A_Geringer_Anteil%2C_aber.PDF. Zugegriffen 4. Jan. 2020.

Mangelmann, R. (2016). Digitale Transformation in der Finanzbranche – Auswirkungen neuer Technologien und eines veränderten Kundenverhaltens auf Geschäftsmodell und Unternehmensführung. In T. Petry (Hrsg.), *Digital Leadership – Erfolgreiches Führen in Zeiten der Digital Economy* (S. 129–150). Freiburg: Haufe-Lexware.

Manyika, J., Chui, M., Brown, B., et al. (2011) Big data: The next frontier for innovation, competition, and productivity. McKinsey Global Institute. https://www.mckinsey.com/~/media/McKinsey/Business%20Functions/McKinsey%20Digital/Our%20Insights/Big%20data%20The%20next%20frontier%20for%20innovation/MGI_big_data_exec_summary.ashx. Zugegriffen: 20. Nov. 2019.

Marr, B. (2015). *Big data: Using SMART big data, analytics and metrics to make better decisions and improve performance.* New Jersey: Wiley.

Mennesson, T., et al. (2016). *Traditionelle Unternehmen in der digitalen Welt – Nachzügler haben das Nachsehen.* Berlin: Oliver Wyman.

Nagl, A., & Bozem, K. (2017). *Geschäftsmodelle 4.0: Business Model Building mit Checklisten und Fallbeispielen.* Wiesbaden: Springer.

Neuronation. (2019). IQ-Test. https://www.neuronation.de/content/iq-test-0. Zugegriffen: 15. Aug. 2019.

Oberle, S., et al. (2016). *Bankberatung der Zukunft – Die Chancen der Digitalisierung im Retail Banking nutzen.* Hamburg: Sopra Steria Consulting.

Payne, A., & Frow, P. (2005). A strategic framework for customer relationship management. *Journal of Marketing, 69*(4), 167–176.

Pertl, P. (2019). *Regionalbanken zwischen Digitalisierung, Regulierung und Niedrigzinsumfeld: So bleiben Sparkassen und Genossenschaftsbanken profitabel.* Wiesbaden: Springer Gabler.

Peters, H.-W. (2019). Banken brauchen dringend mehr Rückenwind. https://bankenverband.de/newsroom/reden_und_interviews/peters-lage-banken/. Zugegriffen: 27. Aug. 2019.

Pratz, A., & Eistert, T. (2014). Zukunft für die Filialbank. *Die Bank, 2,* 22–27.

PricewaterhouseCoopers. (2019). Banken forcieren digitalen Wandel durch KI. https://www.pwc.de/de/pressemitteilungen/2019/banken-forcieren-digitalen-wandel-durch-ki.html. Zugegriffen: 1. Sept. 2019.

Rafat, S., et al. (2017). Design 4 Change – Wie Finanzdienstleister agile Innovationsmethoden und neue Managementparadigmen anwenden. In R. Smolinski, et al. (Hrsg.), *Innovationen und Innovationsmanagement in der Finanzbranche* (S. 59–90). Wiesbaden: Springer.

Salzig, C. (2016). Was ist Big Data? – Eine Definition mit fünf V. https://blog.unbelievable-machine.com/was-ist-big-data-definition-fünf-v. Zugegriffen: 17. Aug. 2019.

Schallmo, D., & Rusnjak, A. (2017). Roadmap zur Digitalen Transformation von Geschäftsmodellen. In D. Schallmo, et al. (Hrsg.), *Digitale Transformation von Geschäftsmodellen – Grundlagen, Instrumente und Best Practices* (S. 1–32). Wiesbaden: Springer Fachmedien.

Scherk, J., et al. (2017). *Künstliche Intelligenz – Artificial Intelligence*. Linz: Pöchhacker Innovation Consulting.

Schnabel, I., & Martin, A. (2016). Banken zwischen Innovation und Regulatorik. In A. Dombrent (Hrsg.), *Bankenaufsicht im Dialog 2016* (S. 64–82). Frankfurt a. M.: Fritz Knapp Verlag.

Seagate. (2018). The digitization of the world – From edge to core. https://www.seagate.com/files/www-content/our-story/trends/files/idc-seagate-dataage-whitepaper.pdf. Zugegriffen: 12. Juli 2019.

Silber, A. (2008). *Schnittstellenmanagement im CRM-Prozess des Industriegütervertriebs: Modellbasierte Analyse und Gestaltung der Verbesserungspotenziale*. Wiesbaden: Springer.

Sokolin, L., & Low, M. (2018). #Machine Intelligence & Augmented Finance (2018): #Machine Intelligence & Augmented Finance. https://autonomous.app.box.com/v/augmentedfinance. Zugegriffen: 30. Dez. 2019.

Statista. (2019). Anzahl der Kreditinstitute in Deutschland in den Jahren von 1957 bis 2018. https://de.statista.com/statistik/daten/studie/36315/umfrage/anzahl-der-kreditinstitute-in-deutschland-seit-2003/. Zugegriffen: 18.Aug. 2019.

Süddeutsche Zeitung. (2017). Computer spielt Go gegen sich selbst – und wird unschlagbar. https://www.sueddeutsche.de/digital/kuenstliche-intelligenz-champion-aus-dem-nichts-1.3713570. Zugegriffen: 4. Aug. 2019.

Tiffert, A. (2019). *Customer Experience Management in der Praxis*. Wiesbaden: Springer.

Visualistan. (2019). The bright future of IoT and how it will change our lives. https://www.visualistan.com/2019/07/the-bright-future-of-iot-and-how-it-will-change-our-lives-infographic.html. Zugegriffen: 10. Aug. 2019.

Wahlmüller-Schiller, C. (2017). Künstliche Intelligenz – wohin geht die Reise? *Elektrotechnik & Informationstechnik, 7,* 361–363.

Zies, I., & Schmid, U. (2015). *Mehr Tempo, weniger Altlasten: IT-Architektur im digitalen Zeitalter*. München: Bain & Company.

Zillmann, M. (2015). Banken – Den digitalen Wandel gestalten. https://www2.deloitte.com/content/dam/Deloitte/de/Documents/financial-services/Branchendossier_Finance_2015_Deloitte.pdf. Zugegriffen: 30. Dez. 2019.

Sven Lauterjung ist seit 15 Jahren selbstständiger Unternehmensberater für Corporate Finance. An der FOM Hochschule für Oekonomie & Management lehrt er seit 2007 im Bereich Finance and Accounting. Sven Lauterjung studierte Wirtschaftswissenschaften an der Universität Duisburg-Essen. Nach verschiedenen Stationen in der Praxis wurde er wissenschaftlicher Mitarbeiter am Lehrstuhl für Finanzwirtschaft und Banken in Essen und promoviert zur optionsbasierten Bewertung von Unternehmen in Extremphasen.

Die Anwendung von Machine Learning zur Gewinnung von Erkenntnissen aus Dokumentenstapeln

15

Stefan Ebener

Inhaltsverzeichnis

Zusammenfassung

„Document Understanding“ ist das tiefe Verständnis eines Textes. Im Kern geht es um die Konvertierung von unstrukturierten Daten in Informationen und für Unternehmen gleichermaßen um die die Einhaltung von Governance- und Compliance-Richtlinien. Zum Einsatz kommt zumeist eine Sammlung von verschiedenen Methoden, zu denen unter anderem die Document Classification oder auch die Entity Extraction gehören. Viele Ansätze beruhen auf regelbasierten Systemen respektive auf statistischen Verfahren.

S. Ebener (✉)
FOM Hochschule, Köln, Deutschland
E-Mail: email@stefan-ebener.com

R. Buchkremer et al. (Hrsg.), *Künstliche Intelligenz in Wirtschaft & Gesellschaft*, FOM-Edition, https://doi.org/10.1007/978-3-658-29550-9_15

Der Einsatz von Machine Learning zur massenhaften Erschließung unstrukturierter Dokumente eröffnet neue Wege, um unter anderem Beziehungen zwischen Dokumenten sichtbar zu machen. ML ermöglicht Vorhersagen zur Dokumentenklassifizierung oder etwa die Extraktion von Wissen aus Textpassagen, Grafiken oder Feldern jenseits einfacher Mustererkennung. ML stellt Möglichkeiten einer semantischen Suche über Dokumente hinweg zur Verfügung und legt den Grundstein für erweiterte Analysen beispielsweise der Anomalieerkennung.

15.1 Kompakte Einführung – Eine Dokumentenverarbeitung ist kein Dokumentenverständnis

Eine Dokumentenerfassung und Dokumentenverarbeitung gehört heute zu jeder modernen Unternehmung, um geschäftsrelevante Unterlagen sicher, transparent und vor allem automatisch zu verarbeiten. Noch vor wenigen Jahren lag der Fokus vieler dieser Systeme auf einer strukturierten Ablage und der Archivierung. Sogenannte Dokumentenmanagementsysteme (DMS) waren weit verbreitet und hatten das Hauptaugenmerk darauf, wie Datensätze gespeichert, zusammengestellt, nachverfolgt und verwaltet werden können. Für externe Audits war insbesondere die Versionskontrolle von Dokumenten eine wichtige Funktionalität.

Viele Dokumentenmanagementsysteme wurden im Laufe der Jahre durch Enterprise Content Management Systeme (ECM) abgelöst. Ein ECM ist als eine Reihe von Softwaresystemen zu verstehen, die mit einer leistungsstarken Enterprise Management Software zusammengeführt wird. Sogenannte Content Management Services ermöglichen, unter Berücksichtigung der Zugangsberichtigung, die systematische Erfassung, die logische Organisation und die Bereitstellung der Inhalte für die jeweilige Zielgruppe. Dabei konzentriert sich das ECM in der Regel auf die Verwaltung unstrukturierter elektronischer Dokumentformate, z. B. E-Mail, Grafiken, Bilder, Webinhalte, Videos, Multimedia-Aufzeichnungen und andere Ressourcen (Aiello et al. 2003a).

Die Anforderungen an ein modernes ECM liegen unter anderem darin, beliebige dokumentenbasierte Geschäftsprozesse sicherer und effizienter zu gestalten: z. B. Lieferscheine mit den jeweiligen Wareneingängen bzw. Materialbelegen automatisch zu verknüpfen, Eingangsrechnungen automatisch auszulesen, elektronisch zu prüfen und freizugegeben, E-Mails gezielt mit Projekten in Verbindung zu bringen oder eigene Dokumente in Microsoft Office oder Google G Suite zu erzeugen und automatisch mit SAP zu verknüpfen.

Der überwiegende Teil der genannten Anforderungen zur Unterstützung der jeweiligen Geschäftsprozesse beruhen darauf, möglichst viele Informationen in einem Dokument zu erfassen und kontextspezifisch weiterzuverarbeiten. Dabei ist das Verständnis des jeweiligen Dokumentes entscheidend für die Qualität und Geschwindigkeit des Geschäftsprozesses, immer mit dem Ziel, Betriebskosten zu minimieren sowie optimierte interne Abläufe zu fördern.

Document Understanding – zu Deutsch: das Dokumentenverständnis – umfasst eine Reihe modernster Machine Learning basierender Technologien, um Texte automatisch zu extrahieren, zu kategorisieren und ein tiefgreifendes Verständnis zu ermitteln. Damit bietet es Unternehmen einen besseren Kontext sowie tiefgreifende Einblicke, um Abläufe und Entscheidungen zu verbessern. Für viele Unternehmen ist dies relevant, da 80 % aller Unternehmensdaten unstrukturiert sind (Text, PDF, Berichte, Bilder usw.) (Gharehchopogh und Khalifelu 2011). *Document Understanding* ermöglicht es Unternehmen, damit ihr Compliance- und Risk-Management zu verbessern, die betriebliche Effizienz zu steigern und Geschäftsprozesse zu verbessern (Prince und Labadié 2007).

Das Compliance- und Risk-Management hat – nicht erst seit dem Dieselskandal oder der Telekom-Spitzelaffäre – erheblich an Bedeutung gewonnen und nimmt in vielen Unternehmen nun eine Schlüsselrolle ein. Mit *Document Understanding,* also der systematischen Analyse von Textdokumenten, wie beispielsweise Richtlinien, Verträgen und rechtlichen Vereinbarungen, Finanzberichten usw. auf Abweichungen oder riskante Vertragsbedingungen, können Risiken frühzeitig identifiziert und verringert werden (Hamdaqa und Hamou-Lhadj 2009). Zudem ermöglicht das Bestimmen des Dokumententyps, beispielsweise Dokumente aus den Bereichen Recht, Finanzen, Marketing usw., bei der automatischen Kategorisierung und Übermittlung an die entsprechende Geschäftsfunktion (Hardy et al. 2002).

Document Understanding kann als ein Obergriff für eine Sammlung verschiedener Methoden verstanden werden, zu denen nach allgemeiner Auffassung unter anderem 1) *Named Entity Recognition,* 2) *Sentiment Analysis,* 3) *Text Classification,* 5) *Information Extraction* und 6) *Text Summarization* zählen. Diese Methoden sind in einem übergeordneten Workflow zu sehen, der sie als Komponenten durch eine systematische Organisation in einem orchestrierten und wiederholbaren Aktivitätsmuster aneinanderreiht. Der Workflow transformiert Daten unstrukturierter Dokumentenstapel in Informationen, die mittels ausgefeilter Such- und Analysefunktionen dem Unternehmensbenutzer einfacher und schneller zugänglich sind (Vincent 2007; Dengel 2003).

15.2 Machine Learning als Schlüsselkomponente der modernen Erkenntnisgewinnung aus Dokumentenstapeln

Machine Learning (ML) gilt für Unternehmen als Schlüsselkomponente der digitalen Transformation, die das Potenzial hat, eine Vielzahl von existierenden Geschäftsprozessen zu revolutionieren und fundamentale Veränderungen in unserer Gesellschaft voranzutreiben. In der Gewinnung von Erkenntnissen aus Dokumentenstapeln verspricht man sich von *Machine Learning* eine Reduzierung der Fehlerquote bei gleichzeitiger Steigerung des Verarbeitungsvolumens, eine Verbesserung der Bearbeitungszeit und eine Steigerung der Produktivität für nachgelagerte Wertschöpfungsprozesse. Darüber hinaus soll ML helfen, durch das Aufdecken nicht trivialer Zusammenhänge zusätzliche Erkenntnisse zu liefern (Gray und Rumpe 2017).

Unter *Machine Learning* versteht man ein Programm oder System, das ein Vorhersagemodell aus Eingabedaten erstellt (trainiert). Das System verwendet das erlernte Modell, um nützliche Vorhersagen aus neuen (nie zuvor gesehenen) Daten zu generieren, die aus derselben Verteilung stammen wie die, die zum Trainieren des Modells verwendet wurde. Etwas allgemeiner gefasst, kann maschinelles Lernen als „ein Ansatz zur Erlangung künstlicher Intelligenz angesehen werden, bei dem durch die Erfahrung eines Systems, Muster in einem Datensatz gefunden werden." Durch den anhaltenden Hype rund um *Machine Learning* wurde zuletzt auch der Begriff *Artificial Intelligence* (AI)/ künstliche Intelligenz (KI) als Synonym für den generellen Ansatz maschinellen Lernens verwendet. Tatsächlich aber beschreibt künstliche Intelligenz ein nicht menschliches Programm oder Modell, das anspruchsvolle Aufgaben lösen kann. Man könnte auch sagen, künstliche Intelligenz ist die Wissenschaft, Dinge intelligent zu machen.

15.2.1 Regelbasierende Systeme im Vergleich zu Machine Learning

Die Anfänge des *Document Understanding* lagen in Systemen, die teilweise mittels einfachster Ausdrücke, aber auch mit komplexen, teils verschachtelten Regelwerken arbeiteten. Viele der Methoden, die später durch den Einsatz von *Machine Learning* perfektioniert wurden, basieren auf den Regelwerken der 80er-Jahre (Nigyogi und Srihari 1986). Abb. 15.1 und 15.2 visualisieren den wesentlichen Unterschied zwischen einem regelbasierenden System und den Ansatz von *Machine Learning*.

Die klassische Programmierung versucht anhand eines Regelwerkes aus den dazugehörigen Daten entsprechende Antworten abzuleiten und damit eine Gesetzmäßigkeit zu finden. Im Rahmen des *Document Understandings* ist dies beispielsweise das Auffinden von Textblöcken oder Grafiken in einem Dokument. Im Laufe der Jahre wurde hierfür eine Reihe von Strategien entwickelt, zu denen unter anderem die *Binary Knowledge Rules, Control Rules* oder auch die *Strategy Rules* gehören (Nigyogi und Srihari 1986).

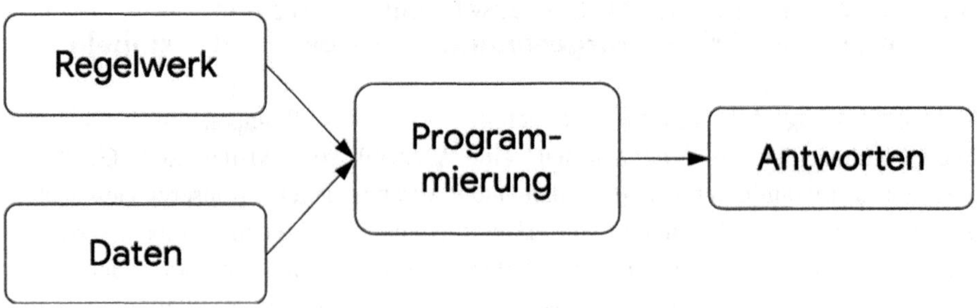

Abb. 15.1 Ansatz klassischer Programmierung

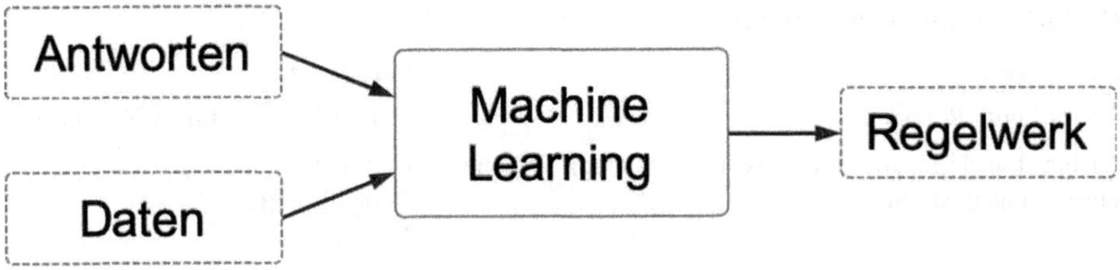

Abb. 15.2 Machine-Learning-Ansatz

Vielfach nutzen regelbasierende Systeme auch reguläre Ausdrücke (Regular Expression), um Muster in Dokumenten aufzuspüren, sie zu kategorisieren oder auch Entitäten auszulesen. Wie machtvoll dies sein kann haben Zweig und Padmanabhan (2005) bewiesen, in dem sie Tausende von Patentanträgen automatisch analysieren ließen. Ein einfacher regulärer Ausdruck für die Erkennung eines Datums ist beispielsweise: dd.MM.yyyy -> 10.12.2018 oder auch d-M-yy -> 1-2-18.

Beim *Machine-Learning*-Ansatz werden Daten samt den dazugehörigen Antworten, sogenannte „Labeled data", verwendet, um daraus automatisch ein Regelwerk abzuleiten. Dies wird insbesondere dann eingesetzt, wenn komplexe und nicht triviale Zusammenhänge in Dokumenten beispielsweise für eine Kategorisierung oder Clustering herangezogen werden sollen (Dengel und Dubiel 1995).

Die wichtigste Erkenntnis aus dem Vergleich von regelbasierten Systemen zu *Machine Learning* ist, dass maschinelles Lernen probabilistisch ist und statistische Modelle anstelle deterministischer Regeln verwendet (Holzinger 2018). Jedoch gibt es zu bedenken, dass ein Algorithmus für das maschinelle Lernen oft als „Black Box" fungiert. Zwar mögen sich die Ein- und Ausgänge nahe an der realen Welt orientieren, jedoch sind die internen Abläufe und Abhängigkeiten schwer zu beschreiben. Existiert die Anforderung, getroffene Entscheidung zu erklären, eignen sich einige Algorithmen des maschinellen Lernens nur bedingt. Hier können wiederum komplexe Regelwerke ihren Vorteil ausspielen (Gunning 2017; Samek et al. 2017).

15.2.2 Transfer Learning als Grundlage der agilen Modellentwicklung

Die Bedeutung von *Machine Learning* für die Gewinnung von Erkenntnissen aus Dokumentenstapeln lässt sich insbesondere anhand der vielen Methoden aufzeigen, die inzwischen darauf vertrauen (vgl. auch Abschn. 15.2.3). Für den Einsatz von *Machine Learning* im Rahmen des *Document Understanding* existiert eine Vielzahl von vorentwickelten Modellen, die mit geringem Aufwand in die eigene Applikation eingebunden werden können. Diese sind aus der Cloud zu konsumieren, was im Regelfall per API passiert, oder auch für den On-Premise-Einsatz herunterladbar (vgl. Tab. 15.1).

Tab. 15.1 Auszug vorentwickelter Machine-Learning-Modelle

Einsatzzweck	Modellname
Named Entity Recognition	Stanford Named Entity Recognizer
Machine translation, question answering systems, chatbots, sentiment analysis etc	ULMFiT Google's BERT Transformer
Word Embeddings	ELMo Flair

Die großen Technologiekonzerne, wie Google, AWS oder Microsoft, bieten umfassende Modelle als ML-as-a-Service zu einer Vielzahl von Problemstellungen an. Populäre Dienste sind beispielsweise die Google Cloud Vision API, Text-to-Speech, Translation, Natural Language oder auch eine Recommendation Engine. Wann immer es darum geht, häufig gestellte bzw. allgemeine Probleme zu lösen, können diese Services die meisten Anfragen, ohne weitere Trainings, out-of-the-box lösen (Tramèr et al. 2016).

Für spezialisierte bzw. benutzerdefinierte Aufgaben, mit einer Anforderung an eine hohe Genauigkeit, bedarf es aber auch weiterhin der Notwendigkeit der Entwicklung eigener ML-Modelle. Dies erfordert eine größere Menge an Trainingsdaten und vor allem Zeit. Dies zu umgehen, ist das Ziel von *Transfer Learning* (Dai et al. 2007).

Transfer Learning ist eine maschinelle Lernmethode, bei der ein für eine Aufgabe entwickeltes Modell als Ausgangspunkt für ein Modell für eine zweite Aufgabe wiederverwendet wird. Bereits erlerntes Wissen wird transferiert. Ziel des Transferlernens ist eine Reduzierung der Zeit, die erforderlich ist, um die Zielaufgabe bei gegebenem Wissen vollständig zu erlernen. Dies steht im Vergleich zu der Zeit, die erforderlich ist, um sie von Grund auf neu zu erlernen (Olivas et al. 2009).

Beim *Transfer Learning* vertraut man auf ein vorab trainiertes Modell, welches in der Regel anhand eines großen Benchmark-Datensatzes trainiert wurde. Populäre Beispiele sind VGG (Facial Recognition), Deeplabv3 (Image Segmentation) oder auch MobileNet (Object Detection). Ähnelt das zu lösende Problem dem Problem, welches gelöst werden soll, wird üblicherweise ein vorab trainiertes Modell aus der veröffentlichten Literatur (beispielsweise ImageNet), von Open-Source (beispielsweise YOLO) oder einem der Technologie-Konzerne (AutoML Vision) verwendet (Pan und Yang 2010).

Für die Gewinnung von Erkenntnissen aus Dokumentenstapeln ist *Transfer Learning* deshalb unabdingbar, da es Unternehmen eine schnelle Möglichkeit eröffnet, auch hochspezifisches Wissen respektive Fachtermini zu extrahieren, welches womöglich nur für das eigene Unternehmen von Interesse ist.

15.2.3 Begutachtung verschiedener Methoden zum Dokumentenverständnis

Für die Gewinnung von Erkenntnissen aus Dokumentenstapeln steht heute eine Reihe von Methoden bereit, deren Ursprung mitunter in die 20er-Jahre des letzten Jahrhunderts zurückreichen. Die nachfolgenden Komponenten sollen daher jeweils kompakt hinsichtlich deren Einsatzes in der Erlangung eines Dokumentenverständnisses erläutert werden. Anschließend liegt der Fokus auf den Verbesserungen der jeweiligen Methode durch den Einsatz von *Machine Learning.*

15.2.3.1 Optical Character Recognition

Unter *Optical Character Recognition* oder auch *Optical Character Reader* (OCR) versteht man die elektronische Umwandlung von Bildern aus getipptem, handgeschriebenem oder gedrucktem Text in maschinencodierten Text. OCR ist heute eine gängige Methode der Digitalisierung, die nicht nur in vielen Softwareprodukten eingebettet ist, sondern auch in unterschiedlichsten Szenarien Anwendung findet. Genannt seien die Erfassung von Reisepässen, Rechnungen oder auch Visitenkarten. Das OCR-Verfahren ist als Vorstufe zur elektronischen Bearbeitung, Analyse und Speicherung von Texten zu sehen und ist die Basis der nachfolgend aufgelisteten Techniken (vgl. unter anderem Named Entitiy Recognition, Sentiment Analysis etc.) (Mori et al. 1999).

Die anfängliche Realisierung von OCR beruhte auf der Erkennung einzelner Buchstaben einer bestimmten Schriftart und musste je Schrift eigens trainiert werden. Es handelte sich dabei um das sogenannte „Matrix-Matching“, auch als Mustererkennung oder Bildkorrelation bekannt (Cash und Hatamian 1987). Heute sieht eine gängige Pipeline für OCR zunächst die Bilderfassung, die Texterkennung (Text detection), die Separierung der Buchstaben (Character segmentation) und schließlich die eigentliche Erkennung der Buchstaben (Character recognition) vor (Wang et al. 2011). Im Zuge zunächst einfacher Machine-Learning-Implementierungen wurden die Glyphen als „Features“ verstanden und mit Algorithmen wie beispielsweise dem „k-nearest neighbours“ immer weiter verbessert (Deng 2012). State-of-the-art sind neuronale Netzwerke, die für eine Reihe an Aufgaben im OCR-Prozess herangezogen werden, dazu gehört *pattern recognition, time series prediction, function approximation, clustering,* etc. (Marinai und Fujisawa 2008).

Heutige Systeme verfügen über ein hohes Maß an Erkennungsgenauigkeit unabhängig der Schriftart und sind darüber hinaus in der Lage, handgeschriebene Dokumente mit nahezu menschlicher Präzision zu digitalisieren. Aktuelle Benchmarks sprechen von einer Genauigkeit von 98 % (Tanner 2004).

15.2.3.2 Named Entity Recognition

Named Entity Recognition (NER) ordnet Entitäten aus Texten vordefinierten Kategorien wie beispielsweise Städte, Unternehmen, Personen etc. zu. Das Hauptaugenmerk liegt darin, Dokumente mit einer Fülle an semantischem Wissen anzureichern und damit das Thema eines bestimmten Textes schneller zu verstehen (Ratinov und Roth 2009). Daraus ergibt sich eine Reihe an populären Anwendungsfällen, zu denen unter anderem die Textklassifizierung gehört. Hierbei werden in einem Dokument beispielsweise automatisch Entitäten (sogenannte Named entities) identifiziert, die das Dokument wiederum automatisch in definierte Hierarchien einteilt und so eine reibungslose Inhaltserkennung ermöglicht (Cimiano und Völker 2005). Ein weiterer Anwendungsfall ist die Optimierung von Suchalgorithmen mithilfe der NER. Hierbei werden bei einer Suchanfrage nicht alle Dokumente nach dem vorgegebenen Schlagwort durchsucht, sondern bereits vorab relevante Entitäten (auch Tags), die jedem dieser Dokumente zugeordnet sind, separat gespeichert. Dies beschleunigt den Suchprozess erheblich (Guo et al. 2009).

▶ **Beispielhafte Annotierung durch Named Entity Recognition**
Max kaufte einen VW Tiguan für 31.000 EUR → $[\text{Max}]_{\text{Person}}$ kaufte einen $[\text{VW}]_{\text{Unternehmen}}$ Tiguan für $[31.000\ \text{EUR}]_{\text{Preis}}$.

NER basierte in den Anfängen auf einer einfachen Mustererkennung, die zumeist mit Lookup-Listen (beispielsweise für Städtenamen, Vornamen etc.) oder *Regular Expression* (beispielsweise für Datum, Preise etc.) arbeitete (Shaalan und Raza 2008). Später kamen Methoden der Computerlinguistik und statistische Modelle hinzu (Kapetanios und Tatar 2013). Ein Nachteil statistischer NER-Systeme lag jedoch darin, dass eine große Menge manuell annotierter Trainingsdaten vorliegen musste. *Machine Learning* adressiert diese Herausforderung, indem es mit *semi-supervised learning* den Annotierungsaufwand minimiert und mit verschiedenen Klassifizierern (conditional random fields) arbeitet (Lin und Wu 2009; Furman und Wilson 1978; Han et al. 2013). Inzwischen wird das Problem der *Entity Recognition* mit diversen Methoden des *Machine Learnings* aufgegriffen und so ist es nicht verwunderlich, dass neben supervised-, auch *semi-supervised* und *unsupervised-learning* zum Einsatz kommen (Nadeau und Sekine 2007). Nach wie vor obliegt die Genauigkeit eines NER-Systems in der Datenqualität der von Menschen annotierten Entitäten, was zuletzt etliche Crowdsourcing-Projekte auf den Plan gerufen hat (Zhai et al. 2013). Ein State-of-the-art-NER-System ist heute in der Lage, auf dem Niveau eines Individuums zu operieren. MUC-7[1] erzielte beispielsweise einen Wert von 93,39 % für F-measure. Für den gleichen Datensatz erzielte eine menschliche Vergleichsgruppe 97,60 % respektive 96,95 % (Chinchor und Robinson 1997; Nrl et al. 1998).

[1]Kurzbezeichnung für einen Trainingsdatensatz bereitgestellt durch die Message Understanding Conferences.

15.2.3.3 Document/Text Classification

Bei der Textklassifizierung, die auch als Text-Tagging, Textkategorisierung, Dokumentenklassifizierung oder Dokumentenkategorisierung bezeichnet wird, wird Text in organisierte Gruppen eingeteilt. Mithilfe von *Natural Language Processing* können Klassifikationsalgorithmen Texte automatisch analysieren und anhand des Inhalts eine Reihe vordefinierter Tags oder Kategorien zuweisen. Bekanntestes Beispiel für den Einsatz einer Textklassifizierung ist die Prüfung, ob eingehende E-Mails an den Posteingang gesendet oder in den Spam-Ordner gefiltert werden sollen. Eine andere Art ist die Stimmungsanalyse (vgl. Sentiment Analysis), deren Ziel es ist, die Polarität des Textinhalts zu identifizieren und im Anschluss zu kategorisieren. Ein gutes Beispiel ist die Klassifikation von Filmen anhand von positiver oder negativen Rezensionen beispielsweise unter Verwendung von TensorFlow[2].

Historisch lässt sich *Text Classification* in zwei Bereiche aufteilen: die inhaltsbasierte Klassifizierung (Content-based) und die Indizierung (request-based). Ersteres beruht auf einer Gewichtung bestimmter Themen in einem Dokument, das damit die Kategorie bestimmt, der das Dokument zugeordnet ist. Die Gewichtung kann je nach Einsatzzweck angepasst werden und entscheidet somit, wie stark ein Dokument über ein Thema handeln muss. Bei der Indizierung beruht die Klassifizierung auf der Anforderung des Benutzers. Bedeutet, unter welcher möglichen Kategorie soll ein Dokument gefunden werden können. Die relevanteste Kategorie bzw. die mit der höchsten Wahrscheinlichkeit wird dem Dokument schließlich zugeordnet (Mooney und Roy 2000; Liu et al. 2004; Yu und Xu 2008).

Mit Machine Learning hat ein weiterer Bereich in die *Text Classification* Einzug gehalten, das sogenannte *Automatic document classification.* Insbesondere bei der massenhaften Klassifikation von Dokumenten und Büchern eine unerlässliche Methode. Man unterscheidet hierbei nach den klassischen Machine-Learning-Bereichen *supervised-, unsupervised* und *semi-supervised document classification.* Auf die *Text Classification* übertragen bedeutet dies, eine Kategorisierung von Dokumenten anhand von durch Menschen bereitgestellten Kennzeichnungen, ein Clustering ohne weitere externe Informationen sowie eine Kategorisierung, bei der Teile der Dokumente durch einen externen Mechanismus gekennzeichnet wurden (Sebastiani 2002; Ikonomakis et al. 2005; Khan et al. 2010). In der Vergangenheit erforderten viele Machine Learning basierende Dokumentenklassifizierungsansätze aufgabenspezifische Modifikationen und komplette Modelltrainings (Do und Ng 2005). Hier hat zuletzt *Transfer Learning* zu einer erheblichen Verbesserung der Genauigkeit in der Klassifizierung beitragen können und die Fehlerrate um bis zu 24 % reduzieren können (Howard und Ruder 2018).

[2]https://www.tensorflow.org/tutorials/keras/text_classification_with_hub

15.2.3.4 Sentiment Analysis

Die *Sentiment Analysis* hat sich zur Aufgabe gemacht, affektive Zustände und subjektive Informationen systematisch zu identifizieren, zu extrahieren und zu quantifizieren. Insbesondere im Marketing haben sich diese Informationen als nützlich erwiesen, um Stimmungsbilder zu Produkten, Kampagnen oder Personen auszuwerten. Stimmungsanalysen werden heute im großen Stil für Daten von Social Media oder etwa für transkribierte[3] Audio- und Video-Dateien eingesetzt (Pang und Lee 2008; Pak und Paroubek 2010; Passonneau 2011).

Gegenwärtige Ansätze der *Sentiment Analysis* lassen sich in zwei wesentliche Bereiche unterteilen: wissensbasierte Techniken und statistische Methoden. Wissensbasierte Techniken klassifizieren den Text nach bestimmen Kategorien, sogenannten Affektkategorien, die einen Abgleich anhand von Wortlisten bzw. einer Datenbank durchführen. Die Datenbank beinhaltet eindeutige Affektwörter wie glücklich, traurig oder ängstlich und kann zudem eine wahrscheinliche Affinität zu bestimmten Emotionen aufzeigen (Stevenson et al. 2007; Cambria et al. 2013). Statistische Methoden machen sich *Machine Learning* und *Natural Language Processing* zunutze, allen voran *Support Vector Machines* (SVM), aber zuletzt auch *Deep-Learning*-Algorithmen (Glorot et al. 2011; Basari et al. 2013; Yuan und Zhou 2013). Die Verwendung von Machine Learning im Kontext einer *Sentiment Analysis* ermöglicht das Training von komplexen Modellen, um beispielsweise sprachspezifische Stimmungen respektive Bewertungen jenseits eindeutiger Affektwörter oder Affinitäten erfassen zu können. Dies kann in Form einer binären Like-/Dislike-Bewertung oder einer detaillierteren Skala beispielsweise 1–10 erfolgen. Auch hier ist *Transfer Learning* in vielfachen Implementierungen vorzufinden (Guerra et al. 2011; Yoshida et al. 2011).

15.2.3.5 Text Summarization

Die Textzusammenfassung bezieht sich auf die Technik zum Kürzen langer Textteile. Ziel ist es, eine kohärente und flüssige Zusammenfassung zu erstellen, in der nur die wichtigsten Punkte des Dokuments aufgeführt sind. Mathematisch ausgedrückt soll eine Teilmenge von Daten gefunden werden, die die Informationen der gesamten Menge enthält. Generell existieren zwei Ansätze: die der Extraktion und die der Abstraktion. Extraktive Methoden arbeiten mit der Auswahl einer Teilmenge vorhandener Wörter, Phrasen oder Sätze im Originaltext, um die Zusammenfassung zu bilden. Abstrakte Methoden können neue Texte generieren, die eine semantische Repräsentation des Ursprungstextes beinhaltet (Jindal et al. 2015).

Die automatische Zusammenfassung von Texten ist ein häufiges Problem im *Machine Learning* respektive dem *Natural Language Processing.* Modelle für *Machine Learning* werden so trainiert, dass sie zunächst Dokumente analysieren (vgl.

[3]Vielfach erfolgt eine Transkription für Audio- und Video-Daten durch das entsprechende System automatisch.

Document/Text Classification), anschließend nützliche Informationen destillieren (vgl. Named Entity Recognition), bevor die erforderlichen zusammenfassenden Texte ausgegeben werden. In diesem Zusammenhang wird oft von der „Keyphrase extraction" gesprochen. Wie auch bei der *Document Classification* kommen *supervised-* und *unsupervised-learning*-Methoden zum Einsatz (Kiyani und Tas 2017).

15.3 Workflow zur Gewinnung von Erkenntnissen aus Dokumentenstapeln

Kapitel zwei hat bereits die Bedeutung einer Orchestrierung der einzelnen Methoden zur Gewinnung von Erkenntnissen aus Dokumentenstapeln aufgegriffen. Im Folgenden soll nun zunächst ein übergeordneter Workflow vorgestellt werden, bevor dieser anhand eines konkreten Beispiels – die Analyse von Patentdokumenten – erläutert wird.

Der entwickelte Workflow (vgl. Abb. 15.3) basiert auf den kondensierten Informationen, der in Kapitel zwei erläuterten Methoden sowie einigen der führenden Veröffentlichungen aus dem Bereich des *Document Understanding* (Taylor et al. 1993; Aiello et al. 2003b; Dang 2005; Handley et al. 2005; Lee und Chen 2005; Vincent 2007; Pinto et al. 2014; Buchkremer et al. 2019). Der Workflow verfolgt das Ziel, dem Betrachter einen Leitfaden bzw. eine Orientierung für notwendige wie existierende Methoden in der jeweiligen Phase hin zur Gewinnung von Erkenntnissen aus Dokumentenstapeln – dem *Document Understanding* – zu geben. Nicht jede der beispielhaft aufgeführten Methoden muss tatsächlich auch Anwendung finden, jedoch wird jede der fünf Phasen durchlaufen, um von den Rohdaten zu einem Dokumentenverständnis gelangen zu können. Mindestens eine Methode jeder Phase findet somit in der Regel ihren Einsatz.

Eine umfassende Analyse von Dokumenten beginnt mit der Suche nach Informationsquellen (Search & source data), um ein zuvor definiertes Ziel zu erreichen: Bessere Entscheidungen, Einhaltung der Compliance-Richtlinien, frühzeitige Erkennung von

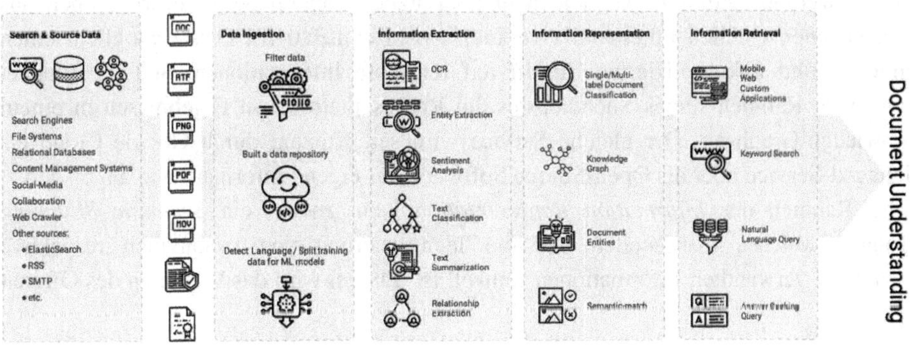

Abb. 15.3 Workflow zur Gewinnung von Erkenntnissen aus Dokumentenstapeln

Risiken oder auch die Identifizierung von unternehmenskritischen Informationen in ungeschützten Dokumenten. Bei der Identifizierung relevanter Quellen sollte der Fokus nicht ausschließlich auf unternehmensinterne Datenbestände fallen, auch externe Quellen wie beispielsweise Patentdatenbanken, Nachrichten-Streams oder Social Media können eine Rolle spielen. Entscheidend für die Wahl der Datenquelle ist das definierte Ziel und nicht der Datenbestand oder dessen Menge. Man unterscheidet daher zwischen einem Top-Down-Ansatz, ausgehend vom definierten Ziel hin zu den erforderlichen Daten, und dem Bottom-Up-Ansatz, bei dem versucht wird, in den vorliegenden Daten geschäftsrelevante Informationen zu finden. Letzteres hat sich in der Praxis als der schwierigere Weg herauskristallisiert.

In der Phase der Datenakquise (Data Ingestion) fallen Dokumente in unterschiedlichster Form an: In ausgedruckter Form als Buch, Zeitschrift oder Geschäftsbericht oder bereits digitalisiert als Bild-, PDF-, Office- sowie als Audio- oder Video-Datei. Hier können für digitale Inhalte bereits erste Filtermaßnahmen, soweit nicht bereits durch die vorhergehende Phase erfolgt, angewendet werden. Ziel ist der Aufbau eines umfassenden Daten-Repositories sowie die Separation von Daten für das Training von *Machine-Learning*-Modellen. Letztere sollten eine hohe Qualität und eine gute Beschriftung (Label) aufweisen. In der Praxis hat sich gezeigt, dass eine frühzeitige Identifizierung der Sprache inklusive des Einsatzes spezifischer Modelle je Sprache zu den besten Ergebnissen führt. Daher ist es nicht unüblich, mehrere Modelle für die gleiche Aufgabe aber für unterschiedliche Sprachen im Einsatz zu haben.

In der Phase der *Information Extraction* folgen neben Methoden der Datenvorverarbeitung (beispielsweise *OCR*) auch erste Methoden der Informationsgewinnung wie beispielsweise der *Entity Extraction* oder der *Sentiment Analysis*. Darüber hinaus können Methoden zur Anreicherung von Informationen eingesetzt werden, worunter *Text-Classification* und *-Summarization* zählen.

Eine strukturierte Repräsentation von Informationen *(Information Representation)* kann auf verschiedene Arten erfolgen. Die Grundlage bildet in der Regel die Speicherung der Daten in einer Datenbank. Neuere Ansätze organisieren die Informationen in einem Knowledge-Graph, welcher eine Art Wissensdatenbank darstellt. Hierbei werden Entitäten, Metadaten und zusätzlich angereicherte Informationen aus verschiedenen Quellen miteinander verknüpft (Lin et al. 2015). Dies ermöglicht einen schnellen und unkomplizierten Zugriff auf relevante Informationen. Seit 2012 bietet Google im Rahmen seines Suchdienstes die Repräsentation von Ergebnissen in einem Knowledge-Graph an. Der gleiche Service wird seit Kurzem durch Google Cloud als Managed-Service oder als Open-Source Software[4] für eigene Informationen angeboten.

Im Rahmen der *Information Representation* kann zudem ein *Semantic Matching* erfolgen, welches insbesondere für die Identifizierung von synonymen respektive semantisch verwandten Informationen sinnvoll ist. Zudem wird das Verfahren des Öfteren

[4]https://github.com/cayleygraph/cayley

eingesetzt, um neue Daten aufzuspüren *(Knowledge discovery)* oder Daten in bestehende Bestände zu integrieren. *Semantic Matching* ist eine Ontologie-Matching-Technik, die semantisch verwandte Knoten identifiziert (Hasan et al. 2012).

Die letzte Phase stellt das *Information Retrieval* dar, die eine gezielte Abfrage respektive Suche von Informationen mobil, per Web oder in einer spezifischen Anwendung bereitstellt. Auch hier haben sich eine Reihe an standardisierten Verfahren etabliert, zu denen vor allem das *Keyword-Search*-Verfahren zählt. Dieses Verfahren ist aus dem Bereich der *Search Engine Optimisation* (SEO) bekannt, bei der eine Steigerung der Menge und Qualität der Zugriffe auf eine Website durch organische Suchmaschinenergebnisse anhand von Schlüsselwörtern erreicht werden soll. Übertragen auf das *Information Retrieval* bzw. *Document Understanding* wird durch eine einfache Datenbankabfrage hinsichtlich einer Übereinstimmung von Schlüsselwörtern im vorliegenden Volltext respektive den extrahierten Entitäten vorgegangen. Dem gegenüber steht der Einsatz von *Natural Language Query,* einer Abfrage in natürlicher Sprache, die aus normalen Begriffen des Benutzers, ohne spezielle Syntax oder Formatierung besteht. Hierbei können Begriffe in beliebiger Form, einschließlich einer Aussage, einer Frage oder einer einfachen Liste von Schlüsselwörtern eingegeben werden. Ein neuer Ansatz stellt das *Answer-Seeking-Query*-Verfahren dar, welches durch Google in 2015 patentiert[5] wurde. Hierbei wird eine Frage hinsichtlich der inhaltlichen Terme klassifiziert und das Ergebnis durch ein Scoring potenzieller Antworten repräsentiert.

Der vorgestellte Workflow, samt ausgewählter Methoden, soll nun beispielhaft auf Patentdokumente angewendet werden, um das Potenzial von *Machine Learning* zur Gewinnung von Erkenntnissen aus Dokumentenstapeln aufzuzeigen. Patentdokumente verfügen über ein kondensiertes Wissen und eignen sich im besonderen Maße für die *Competitive Intelligence* (Stack 1998), die Vorhersage von aufkommenden Technologien (Daim et al. 2006) oder auch um den Wert von geistigem Eigentum zu bewerten (Lanjouw et al. 1998). Abb. 15.4 zeigt ein typisches US-Patent, bei dem relevante Entitäten beispielhaft von eins bis acht gekennzeichnet wurden. Diese Informationen sollen extrahiert und für verschiedene Methoden im Rahmen des Workflows genutzt werden.

Betrachtet man den Lebenszyklus eines Patentdokumentes aus Sicht der Erkenntnisgewinnung wird man zwangsläufig mit einer Reihe an Herausforderungen konfrontiert. Die Informationen kommen aus unterschiedlichen Dokumententypen, sind zumeist unstrukturiert, in verschiedenartiger Formatierung, beinhalten unterschiedliche Sprachen sowie Fachtermini. Die Dokumente sind in benannten Ordnern lose gespeichert, liegen in einem DCM-System mit wenigen Metadaten oder gar ohne jegliche Struktur, analog oder digital vor. Gemäß der ersten Phasen – *Search & Source Data* sowie *Data Ingestion* – sollten die Patentdaten nach definierten Filtern (beispielsweise Zeitraum, US-/EU-Patent) abgefragt und zentral gespeichert werden, bevor sie durch ein OCR-System digitalisiert werden. Dieser Schritt mündet bei den meisten Services in einer JSON-Datei.

---

[5] https://patents.google.com/patent/US20170011116A1/en

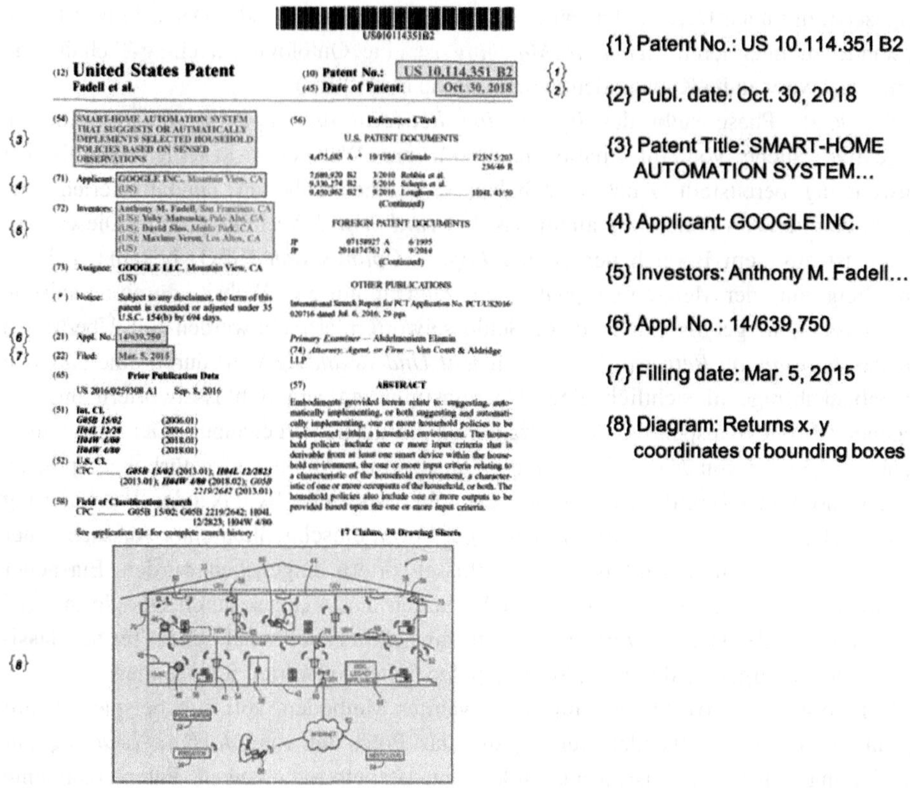

Abb. 15.4 Dokument eines US-Patentes mit markierten Entitäten. (Quelle: Google Patents o. J.)

Auf Basis der digitalisierten Patente kann nun eine erste spezifische Methode angewendet werden. Diese kann aus dem Bereich der *Information Extraction* oder auch schon aus dem Bereich der *Information Representation* gewählt werden. Letzteres wäre beispielsweise Dokumente zu klassifizieren und somit weitere Metadaten hinzuzufügen. Ein Patent muss dabei nicht zwingend nur einer Kategorie angehören. Multi-Label-Klassifikation ist in der Praxis ein gängiges Mittel. Am Beispiel der Dokumente sollen die Patente nach deren Einsatzzweck (vgl. Tab. 15.2) klassifiziert werden, wofür fertige Modelle existieren. Spezifische Kategorien können wiederum mit *Transfer Learning* auf elegante Weise trainiert werden.

Für das Training eines benutzerdefinierten Modells mithilfe von *Transfer Learning* müssen repräsentative Beispiele des zu klassifizierenden Inhalts bereitgestellt werden. Dies sollte im Optimalfall bereits währen der *Data-Ingestion*-Phase erfolgt sein. Bei den Beispielen handelt es sich um Textauszüge, die mit einer Kategoriebeschriftung versehen sind. Gemäß den Vorteilen des *Transfer Learnings* – geringere Zahl von Trainingsdaten – müssen lediglich mindestens zehn Beispieltexte je Label vorliegen. Ein Text kann in der Regel aber über ein oder mehr Label verfügen.

Tab. 15.2 Inhaltliche Kategorisierung von Patendokumenten – ML-Modellausgabe

Kategorie	Konfidenz
Computer Vision	0,961
Med Tech	0,030
Cryptocurrencies	0,009

Eine besondere Herausforderung liegt in dem Umgang mit „out of domain"-Dokumenten. Soll beispielsweise ein Modell trainiert werden, das Unternehmensdokumente anhand ihres Dokumententyps (Rechnung, Geschäftsplan, Richtliniendokument, Geheimhaltungsvereinbarung usw.) klassifiziert, beginnt man im Normalfall bei dem Training eines Modells, welches zu Testzwecken zunächst auf einem reduzierten Datensatz arbeitet. Dies hat zur Folge, dass in der Anfangszeit die meisten Dokumente hinsichtlich der Vorhersage noch „out of domain" sind. Der Dokumententyp wird also nicht richtig vorhergesagt und stattdessen das Dokument unter Verwendung einer der vorhandenen Beschriftungen klassifiziert. Dies geht zulasten der Genauigkeit. Hierbei ist die Empfehlung, zwei Modelle für den verringerten Datensatz zu trainieren. Neue Dokumente werden zunächst an das Filtermodell gesendet. Bei positiver Rückmeldung erfolgt eine Weiterleitung an das Klassifizierungsmodell, welches dann die richtige Kategorie wiedergibt.

- **Klassifizierungsmodell:** Ein Modell, das Dokumente in die existierenden Kategorien einordnet.
- **Filtermodell:** Ein Modell, das vorhersagt, ob ein Dokument in die existierenden Kategorien passt oder „out of domain" ist.

Im Anschluss können weitere Methoden Anwendung finden. Insbesondere die Extrahierung von Entitäten samt dessen Speicherung in einer Datenbank oder einem Knowledge-Graph ermöglicht neben komplexen Suchabfragen auch eine visuelle Darstellung der Erkenntnisse im Rahmen gängiger *Information-Retrieval*-Strategien (vgl. Abb. 15.5).

15.4 Fazit und Ausblick

Machine Learning hat die Erkenntnisgewinnung im Rahmen des *Document Understanding* in den vergangenen Jahren erheblich vorangebracht. Ein überwiegender Teil der Methoden verwendet inzwischen ML zur Verbesserung existierender Verfahren bzw. wurden durch *Machine Learning* neue Ansätze eingeführt. Insbesondere für Compliance- und Risk-Management ist die systematische Analyse von Textdokumenten ein hochaktuelles Thema.

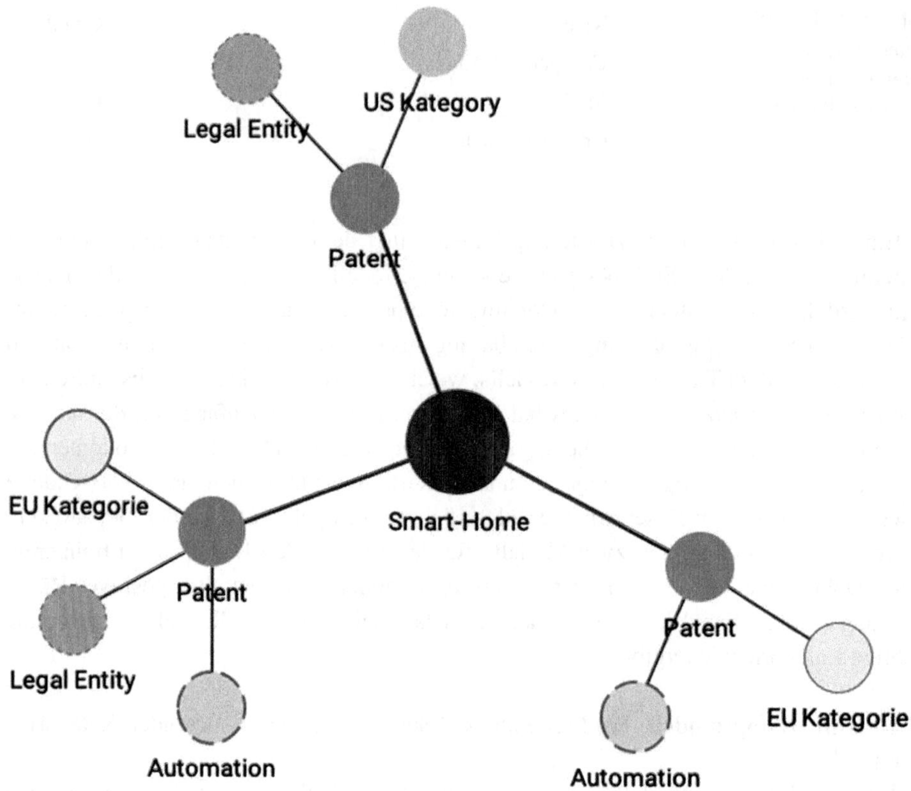

Abb. 15.5 Beispielhafte Darstellung eines Knowledge-Graphs für Patente

Für ein besseres Verständnis, was *Document Understanding* heute im Zusammenspielt mit *Machine Learning* leisten kann, lohnt sich ein Blick auf die Historie relevanter Methoden wie *OCR, Named Entity Recognition, Document Classification* samt *Sentiment Analysis* sowie der *Text Summarization.* Die Orchestrierung dieser Methoden macht schließlich das eigentliche *Document Understanding* aus. Der vorgestellte Workflow zeigt, welche Phasen ein Dokumentenstapel durchläuft und welche Optionen für die Erkenntnisgewinnung existieren. Entscheidend ist zu verstehen, dass nicht jede Methode Anwendung finden muss, wohl aber jede Phase durchlaufen und mindestens eine Methode genutzt wird.

Die kontinuierliche Verbesserung eines Dokumentenverständnisses verliert auch in Zukunft keineswegs an Bedeutung. Insbesondere in Zeiten stetig zunehmender Informationen, sind wir auf Algorithmen und Logiken angewiesen, um geschäftsrelevante Erkenntnisse zu identifizieren und Risiken schnell abzuwägen. Ein Fokus zukünftiger Arbeiten liegt ohne Zweifel in der Weiterentwicklung einzelner Methoden des *Document Understanding.* Insbesondere die Ansätze des *Deep Learning* versprechen eine verbesserte

Genauigkeit und die Auflösung komplexer und verschachtelter Dokumente samt Grafiken. Dazu zugehörig ist jedoch auch die Bestimmung einer optimalen Architektur und ein besseres Verständnis der „Deep Learning-Black Box"-Herausforderung zu meistern. Die Generierung bzw. Beschaffung von genügend repräsentativen und annotierten Trainingsdaten zu möglichst geringen Kosten zählt zu einem weiteren Gebiet zukünftiger Arbeiten. *Transfer Learning* bietet mit der Idee der Übertragbarkeit von Modellen aus verschiedenen Domänen und Problemen ein weiteres und sehr breites Forschungsgebiet.

Betrachtet man den ganzheitlichen Workflow eines *Document-Understanding*-Systems benötigt die Industrie Lösungen, die hinsichtlich Modularität, Flexibilität, Skalierbarkeit, Interoperabilität und Interaktivität einsetzbar sind. Kurzum: Die Anwendung von *Machine Learning* zur Gewinnung von Erkenntnissen aus Dokumentenstapeln ist heute mit verschiedenen Methoden und übergeordneten Systemen möglich, bietet aber für die Zukunft noch ausreichend Raum für Wissenschaft und Forschung. Denn, bis hin zu einem „echten" Dokumentenverständnis ist es noch ein weiter Weg.

Literatur

Aiello, M., Monz, C., Todoran, L., & Worring, M. (2003a). Document understanding for a broad class of documents. *Journal on Document Analysis and Recognition, 5,* 1–16. https://doi.org/10.1007/s10032-002-0080-x.

Aiello, M., Monz, C., Todoran, L., & Worring, M. (2003b). Document understanding for a broad class of documents. *Journal on Document Analysis and Recognition.* https://doi.org/10.1007/s10032-002-0080-x.

Basari, A. S. H., Hussin, B., Ananta, I. G. P., & Zeniarja, J. (2013). Opinion mining of movie review using hybrid method of support vector machine and particle swarm optimization. *Procedia Engineering, 53,* 453–462. https://doi.org/10.1016/j.proeng.2013.02.059.

Buchkremer, R., Demund, A., Ebener, S., et al. (2019). The application of artificial intelligence technologies as a substitute for reading and to support and enhance the authoring of scientific review articles. *IEEE Access, 7,* 65263–65276. https://doi.org/10.1109/ACCESS.2019.2917719.

Cambria, E., Schuller, B., Xia, Y., & Havasi, C. (2013). New avenues in opinion mining and sentiment analysis. *IEEE Intelligent Systems, 28,* 15–21.

Cash, G. L., & Hatamian, M. (1987). Optical character recognition by the method of moments. *Comput Vision, Graph Image Process, 39,* 291–310.

Chinchor, N., & Robinson, P. (1997). MUC-7 named entity task definition. *Proceedings of the Sixth Message Understanding Conference (MUC-6), 21.*

Cimiano, P., & Völker, J. (2005). Towards large-scale, open-domain and ontology-based named entity classification. *International Conference Recent Advances in Natural Language Process RANLP, 2005*(1), 166–172.

Dai, W., Yang, Q., Xue, G. R., & Yu, Y. (2007). Boosting for transfer learning. *International Conference Proceedings Series, 227,* 193–200. https://doi.org/10.1145/1273496.1273521.

Daim, T. U., Rueda, G., Martin, H., & Gerdsri, P. (2006). Forecasting emerging technologies: Use of bibliometrics and patent analysis BT – Tech Mining: Exploiting Science and Technology Information Resources. *Technological Forecasting and Social Change, 73,* 981–1012. https://doi.org/10.1016/j.techfore.2006.04.004.

Dang, H. T. (2005). Overview of DUC 2005. In *Proceedings of the document understanding conference.*
Deng, L. (2012). The MNIST database of handwritten digit images for machine learning research. *IEEE Signal Processing Magazine, 29,* 141–142. https://doi.org/10.1109/MSP.2012.2211477.
Dengel, A., & Dubiel, F. (1995). Clustering and classification of document structure-a machine learning approach. In *Proceedings of 3rd international conference on document analysis and recognition,* 587–591.
Dengel, A. R. (2003). Making documents work: Challenges for document understanding. In *Proceedings of the international conference on document analysis and recognition,* ICDAR.
Furman, B. L., & Wilson, G. A. (1978). Effects upon plasma glucose of inhibitors of 5Ht uptake and their interaction with 5???Hydroxytryptophan in producing hypoglycaemia. *Journal of Pharmacy and Pharmacology, 30,* 53P–53P. https://doi.org/10.1111/j.2042-7158.1978.tb10760.x.
Gharehchopogh, F. S., & Khalifelu, Z. A. (2011). Analysis and evaluation of unstructured data: Text mining versus natural language processing. In *5th International Conference on Application of Information and Communication Technologies (AICT),* 1–4.
Glorot, X., Bordes, A., & Bengio, Y. (2011). Domain adaptation for large-scale sentiment classification: A deep learning approach. *Proceedings of the 28th International Conference on Machine Learning ICML, 2011,* 513–520.
Google Patents. (o. J.). Smart-home automation system that suggests or autmatically implements selected household policies based on sensed observations. Zugegriffen: 23. Dez. 2019.
Gray, J., & Rumpe, B. (2017). Models for the digital transformation. *Software & Systems Modeling, 16,* 307–308. https://doi.org/10.1007/s10270-017-0596-7.
Guerra, P. H. C., Veloso, A., Meira, W., & Almeida, V. (2011). From bias to opinion: A transfer-learning approach to real-time sentiment analysis. *Processding ACM SIGKDD International Conference on Knowledge Discovery and Data Mining,* 150–158. https://doi.org/10.1145/2020408.2020438.
Gunning, D. (2017). Explainable artificial intelligence (xai). *The Defense Advanced Research Projects Agency (DARPA), nd Web 2.*
Guo, J., Xu, G., Cheng, X., & Li, H. (2009). Named entity recognition in query. *Proceedings of the 32nd Annual International ACM SIGIR Conference on Research and Development in Information Retrieval, SIGIR, 2009,* 267–274. https://doi.org/10.1145/1571941.1571989.
Hamdaqa, M., & Hamou-Lhadj, A. (2009). Citation analysis: An approach for facilitating the understanding and the analysis of regulatory compliance documents. *ITNG 2009 – 6th International Conference on Information Technology- New Generations, 2009,* 278–283. https://doi.org/10.1109/ITNG.2009.161.
Han, A. L.-F., Wong, D. F., & Chao, L. S. (2013). Chinese named entity recognition with conditional random fields in the light of Chinese characteristics BT – Language processing. In M. A. Kłopotek, J. Koronacki, M. Marciniak, et al. (Hrsg.), *Intelligent information systems* (S. 57–68). Berlin: Springer.
Handley, J. C., Namboodiri, A. M., & Zanibbi, R. (2005). Document understanding system using stochastic context-free grammars. *International Conference on Document Analysis and Recognition, ICDAR, 2005,* 511–515. https://doi.org/10.1109/ICDAR.2005.93.
Hardy, H., Shimizu, N., Strzalkowski, T., et al. (2002). Cross-document summarization by concept classification. *SIGIR Forum (ACM Spec Interes Gr Inf Retrieval), 2002,* 121–128.
Hasan, S., O'Riain, S., & Curry, E. (2012). Approximate semantic matching of heterogeneous events. *Proceeding of the 6th ACM International Conference on Distributed Event-based system DEBS', 12,* 252–263. https://doi.org/10.1145/2335484.2335512.
Holzinger, A. (2018). From machine learning to explainable AI. In *2018 World Symposium on Digital Intelligence for Systems and Machines (DISA),* S. 55–66.

Howard, J., & Ruder, S. (2018). Universal language model fine-tuning for text classification. *ACL 2018 – 56th Annual Meeting of the Association for Computational Linguistics Proceeding Conference, 1,* 328–339.

Ikonomakis, M., Kotsiantis, S., & Tampakas, V. (2005). Text classification using machine learning techniques. *WSEAS Transactions on Computers, 4,* 966–974.

Jindal, R., Malhotra, R., & Jain, A. (2015). Techniques for text classification: Literature review and current trends. *Webology, 12,* 1–28.

Kapetanios, E., & Doina Tatar, C. S. (2013). Natural language processing: Semantic aspects (S. 346). https://doi.org/10.1201/b15472.

Khan, A., Baharudin, B., Lee, L. H., & Khan, K. (2010). A review of machine learning algorithms for text-documents classification. *Journal of Advanced Information Technology, 1,* 4–20.

Kiyani, F., & Tas, O. (2017). A survey automatic text summarization. *Pressacademia, 5,* 205–213. https://doi.org/10.17261/pressacademia.2017.591.

Lanjouw, J. O., Pakes, A., & Putnam, J. (1998). How to count patents and value intellectual property: The uses of patent renewal and application data. *The Journal of Industrial Economics, 46,* 405–432.

Lee, L. S., & Chen, B. (2005). Spoken document understanding and organization. *IEEE Signal Processing Magazine, 22*(5), 42–60. https://doi.org/10.1109/MSP.2005.1511823.

Lin, D., & Wu, X. (2009). Phrase clustering for discriminative learning. *Proceedings of the Joint Conference of the 47th Annual Meeting of the ACL and the 4th International Joint Conference on Natural Language Processing of the AFNLP, 2,* 1030–1038. https://doi.org/10.3115/1690219.1690290.

Lin, Y., Liu, Z., Sun, M., et al. (2015). Learning entity and relation embeddings for knowledge graph completion. *Proceeding of National Conference on Artificial Intelligence, 3,* 2181–2187.

Liu, T., Chen, Z., Zhang, B., et al. (2004). Improving text classification using local latent semantic indexing. *Proceeding – Fourth IEEE International Conference on Data Mining, ICDM, 2004,* 162–169.

Marinai, S., & Fujisawa, H. (2008). *Machine learning in document analysis and recognition.* Heidelberg: Springer.

Mooney, R. J., & Roy, L. (2000). Content-based book recommending using learning for text categorization. *Proceeding of ACM International Journal on Digital Libraries, 2000,* 195–204.

Mori, S., Nishida, H., & Yamada, H. (1999). *Optical character recognition* (1. Aufl.). New York: Wiley.

Nadeau, D., & Sekine, S. (2007). A survey of named entity recognition and classification. *Lingvisticae Investigationes, 30,* 3–26.

Nigyogi, D., & Srihari, S. N. (1986). A rule-based system for document understanding. *Proceeding of AAAI, 1986,* 789–793.

Nrl EM, Nrl DP, & Nyu RG. (1998). MUC-7 EVALUATION OF IE TECHNOLOGY : Overview of Results MUC-7 Program Committee. Program.

Olivas, E. S., Guerrero, J. D. M., Martinez, S. M., et al. (2009). Handbook of research on machine learning applications and trends: Algorithms, methods, and techniques (S. 1–703). https://doi.org/10.4018/978-1-60566-766-9.

Pak, A., & Paroubek, P. (2010). Twitter as a corpus for sentiment analysis and opinion mining. *LREc, 2010,* 320–1326.

Pan, S. J., & Yang, Q. (2010). A survey on transfer learning. *IEEE Transactions on Knowledge and Data Engineering, 22,* 1345–1359.

Pang, B., & Lee, L. (2008). Opinion mining and sentiment analysis. *Foundations and Trends in Information Retrieval,* 2(1–2), 1–135.

Passonneau, R. (2011). Sentiment analysis of twitter data. *Proceeding of Work Language Social Media (LSM 2011), 2011,* 30–38.

Pinto, D., Gómez-Adorno, H., Vilariño, D., & Singh, V. K. (2014). A graph-based multi-level linguistic representation for document understanding. *Pattern recognition letters*. https://doi.org/10.1016/j.patrec.2013.12.004.

Prince, V, & Labadié, A. (2007). Text segmentation based on document understanding for information retrieval. In *Lecture Notes in Computer Science (including subseries Lecture Notes in Artificial Intelligence and Lecture Notes in Bioinformatics)*

Ratinov, L., & Roth, D. (2009). Design challenges and misconceptions in named entity recognition. *CoNLL 2009 – Proceedings of Thirteen Conference on Computational Natural Language Learning, 2009,* 147–155.

Samek W., Wiegand T., & Müller K.-R. (2017). Explainable artificial intelligence: Understanding, visualizing and interpreting deep learning models. *ITU Journal: ICT Discoveries, Special Issue No. 1 – Impact Artificial intelligence (AI) Communication Network Service, 1*(1), 39–48.

Sebastiani, F. (2002). Machine learning in automated text categorization. *ACM Computing Surveys, 34,* 1–47. https://doi.org/10.1145/505282.505283.

Shaalan, K., & Raza, H. (2008). Arabic named entity recognition from diverse text types. In *International Conference on Natural Language Processing,* S. 440–451.

Stack, K. P. (1998). Competitive intelligence. *Intelligence and National Security, 13,* 194–202. https://doi.org/10.1080/02684529808432511.

Stevenson, R. A., Mikels, J. A., & James, T. W. (2007). Characterization of the affective norms for english words by discrete emotional categories. *Behavior Research Methods, 39,* 1020–1024.

Tanner, S. (2004). *Deciding whether optical character recognition is feasible*. London: King's Digital Consultancy Services, 1–11.

Taylor, S. L., Lipshutz, M., Dahl, D. A., &Weir, C. (1993). An intelligent document understanding system. In *Proceedings of 2nd International Conference on Document Analysis and Recognition (ICDAR '93),* S. 107–110.

Tramèr, F., Zhang, F., Juels, A., et al. (2016). Stealing machine learning models via prediction apis. In *25th ${$USENIX$}$ Security Symposium (${$USENIX$}$ Security 16),* S. 601–618.

Vincent, L. (2007). Google book search: Document understanding on a massive scale. In *Proceedings of the International Conference on Document Analysis and Recognition,* ICDAR

Wang, K., Babenko, B., & Belongie, S. (2011). End-to-end scene text recognition. *Proceedings of the IEEE International Conference on Computer Vision, 2011,* 1457–1464. https://doi.org/10.1109/ICCV.2011.6126402.

Yoshida, Y., Hirao, T., Iwata, T., et al. (2011). Transfer learning for multiple-domain sentiment analysis – Identifying domain dependent/independent word polarity. *Proceeding of the National Conference on Artificial Intelligence, 2,* 1286–1291.

Yu, B., & Xu, Z. ben. (2008). A comparative study for content-based dynamic spam classification using four machine learning algorithms. *Knowledge-Based Syst, 21,* 355–362. https://doi.org/10.1016/j.knosys.2008.01.001.

Yuan, Y., & Zhou, Y. (2013). Twitter Sentiment Analysis with Recursive Neural Networks. *CS224D Course Projects, 2013,* 1–8.

Zhai, H., Lingren, T., Deleger, L., et al. (2013). Web 2.0-based crowdsourcing for high-quality gold standard development in clinical natural language processing. *Journal of Medical Internet Research, 15*. https://doi.org/10.2196/jmir.2426.

Zweig, G. G., & Padmanabhan, M. (2005). *Information extraction from documents with regular expression matching*. Washington: U.S. Patent and Trademark Office.

Dr. Stefan Ebener leitet als Manager Customer Engineering für Google Cloud ein internationales Machine-Learning- und KI-Expertenteam. Seine Leidenschaft gilt den datengetriebenen Zukunftstechnologien und der Weiterentwicklung von Technologiekompetenzen in Unternehmen und Gesellschaft; er tritt regelmäßig zu diesen Themen als Keynote-Speaker auf. Darüber hinaus ist er freiberuflicher Dozent der Wirtschaftsinformatik an der FOM Hochschule für Oekonomie & Management und beschäftigt sich neben Machine Learning, künstlicher Intelligenz und Big Data mit dem Thema „Opinion Leader Identification & Management“. Seine Forschungsschwerpunkte liegen in den Bereichen Text Mining, Machine Learning sowie der Wettbewerbs- und Ausschreibungsanalyse. Als ausgebildeter Data Scientist verfügt er über praktische Erfahrungen im Aufbau von Data Pipelines sowie der Modellentwicklung. Stefan Ebener engagiert sich darüber hinaus im Forschungsbereich „Business Analytics“ im ifid Institut für IT-Management & Digitalisierung der FOM Hochschule für Oekonomie & Management und ist Mitglied der d*Health Academy, die ein grundlegendes Verständnis zu Geschäftsprozessen und -modellen im Gesundheitswesen vermittelt.

Teil III

Umwelt und Nachhaltigkeit

KI in der Logistik – Multiagentenbasierte Planung und Steuerung in der Transportlogistik

16

Anna Kolmykova

Inhaltsverzeichnis

Zusammenfassung

Steigende Komplexität und Dynamik in der Logistik bei der wachsenden Anforderung an die Effizienz der Prozesse stimuliert die Suche nach intelligenten, digitalen und nachhaltigen Lösungen. Um die Anforderungen der Transportlogistik zu bewältigen, wurde ein Selbststeuerungssystem auf Grundlage von Methoden der verteilten künstlichen Intelligenz entwickelt, das in der Lage ist, die Routenplanung und Fahrzeugbelegung in Echtzeit dezentral zu planen. Die dezentralen Ressourcen und die verteilte Auftragsstruktur von Ganz- und Teilladungen werden mittels autonom agierender Agenten abgebildet. In diesem Beitrag wird zunächst auf die Eigenschaften von Agenten und Multiagentensystemen eingegangen und es werden Interaktionsformen und Mechanismen erläutert. Es erfolgt eine Zuordnung in das Forschungsfeld der verteilten künstlichen Intelligenz. Die Vorteile der Methodenanwendung in der Logistik werden diskutiert. Anschließend wird ein Multiagentensystem als Beispielanwendung dieser Technik vorgestellt.

A. Kolmykova (✉)
FOM Hochschule, Bremen, Deutschland
E-Mail: anna.kolmykova@fom.de

R. Buchkremer et al. (Hrsg.), *Künstliche Intelligenz in Wirtschaft & Gesellschaft*, FOM-Edition, https://doi.org/10.1007/978-3-658-29550-9_16

16.1 Verteilte künstliche Intelligenz und Multiagentensysteme

Durch *künstliche Intelligenz* (KI) wird intelligentes Verhalten des Menschen nachgebildet. Intelligenz basiert zwar auf der Gehirnstruktur menschlicher Individuen, dennoch wird sie durch die soziale Interaktion mit dem Umfeld bestimmt. Außerdem verteilt sich das Wissen zwischen mehreren Individuen, die unabhängig in ihren Umfeldern sozialisieren und agieren, jedoch zwecks der Problemlösung interagieren und kooperieren. Die zu lösenden Probleme werden zunehmend komplexer und bestehen aus mehreren Teilen, die in Zeit und Raum verteilt sind. Daher findet sich neben den klassischen KI ein Ansatz der verteilten intelligenten Lösungsfindung, die durch Interaktion zwischen unabhängigen und autonomen Einheiten, sogenannt *Agenten,* zustande kommt (vgl. Schier und Fischer 1996, S. 7).

Verteilte künstliche Intelligenz (VKI) ist ein Teilgebiet der künstlichen Intelligenz, welches sich mit Systemen beschäftigt, die aus Gesellschaften von Einzelkomponenten zusammengesetzt sind. Das intelligente Verhalten des gesamten Systems resultiert aus dem individuellen Verhalten der Einzelkomponenten. In den verteilten Systemen können die Teilaufgaben auf die einzelnen Komponenten zugewiesen werden, die parallel an der Aufgabe bzw. Lösung eines Problems arbeiten. Beim Ausfall einzelner Komponenten können deren Aufgaben von anderen übernommen werden.

Solche Komponenten, die autonome Handlungen in ihrer Umgebung ausführen, um bestimmte Ziele zu erreichen, werden *Agenten* genannt. Ein Agent kann seine Umgebung wahrnehmen und durch seine Aktionen beeinflussen. Ein „intelligenter" Agent besitzt eine Wissensbasis, die er für die Lösung von Aufgaben und für Interaktionen mit anderen Agenten und mit der Umgebung braucht. Sie verfolgen eigene Ziele und können Pläne zum Erreichen der Ziele entwerfen.

Michael Wooldridge (2009, S. 11) definiert *Agenten* als rechnende Einheiten, die in einer Umwelt autonom agieren, um ihre Ziele zu realisieren. Die Handlungsentscheidungen eines Agenten basieren nicht direkt auf der Umgebung, sondern auf seinen Wahrnehmungen der Umgebung (siehe Abb. 16.1). Ein Agent ist kein isoliertes System, er interagiert kontinuierlich mit seiner Umgebung durch Wahrnehmungen und Aktionen. *Interaktivität mit der Umgebung* ist eine der fundamentalen Eigenschaften der Agenten.

Dank seiner kognitiven Fähigkeiten über diese Umgebung zu schlussfolgern, können Agenten unabhängig operieren. Sie können individuell komplexe Aufgaben ausführen und ihr Verhalten darstellen. Üblicherweise sind intelligente Agenten maschinelle Systeme bzw. Softwareprogramme (auch Softwareagenten genannt), die eigenständig wahrnehmen, entscheiden und handeln. Dabei ist ein *zielgerichtetes Handeln* eine der wichtigen Eigenschaften: Ein Agent dient einem Zweck; er hat eine Aufgabe zu erfüllen und verfolgt mit seinen Handlungen gewisse Ziele. Die Autonomie und Zielverfolgung sind dabei die entscheidenden Punkte, die einen Softwareagenten von beispielsweise einer objektorientierten Programmierung unterscheiden.

Nach Definition weisen Agenten die folgenden grundlegenden Eigenschaften auf: Autonomie, soziale Fähigkeit, Reaktivität und Pro-Aktivität (vgl. Wooldridge und

Abb. 16.1 Agent und seine Umgebung

Jennings 1995, S. 116 ff.). Die drei letzten Eigenschaften bilden die Voraussetzung für intelligentes Verhalten (vgl. Wooldridge 2002, S. 7 ff.).

Autonomie bedeutet, dass ein Agent eigene Entscheidungen treffen und sein Verhalten ohne Interventionen von außen kontrollieren kann. Zwar ist es seine Bestimmung, eine nützliche Dienstleistung anzubieten, der Agent kann aber frei und flexibel entscheiden, ob ein Service angeboten wird oder nicht. Diese Eigenschaft lässt es zu, dass auf externe Einflüsse flexibel reagiert werden kann. Das ermöglicht dem Agenten in einer nicht-deterministischen und dynamischen Umgebung zu bestehen. *Nicht-deterministische* Umgebungen sind solche Umgebungen, wo nach jeder Aktion Unsicherheit über den Zustand der Umgebung herrscht. Eine *dynamische* Umgebung verändert sich nicht nur durch die Aktion des Agenten, sondern auch ohne seinen aktiven Einfluss.

Ein intelligenter Agent ist *reaktiv,* er beobachtet ständig seine Umgebung und reagiert unverzüglich und in angemessener Weise auf die Veränderungen in dieser Umgebung.

Weiterhin können die Agenten *pro-aktiv* ihre Ziele verfolgen, ergreifen also eigenständig die Initiative. Es wird nicht nur auf Veränderungen reagiert, sondern es werden zielgerichtete Aktionen ausgeführt, um die Umgebung aktiv zu beeinflussen (vgl. Lockemann 2006, S. 16).

Intelligente Agenten sind in der Lage, einen effektiven Ausgleich hinsichtlich reaktivem und zielgerichtetem Verhalten zu erzielen. Die Möglichkeit einer intelligenten Anpassung an eine sich ändernde Umwelt ist die Voraussetzung der realitätsbezogenen Modellierung in der KI.

Intelligente Agenten verfügen über die *soziale Fähigkeit,* d. h. sie sind in der Lage, mit anderen (maschinellen oder menschlichen) Agenten in Interaktion zu treten und zu kommunizieren, einschließlich aller Formen der Interaktion wie Kooperation, Wettbewerb, Kollaboration oder Verhandlungen (vgl. Ferber 2001, S. 335).

Es gibt zwei Hauptformen der *Interaktion:* Kollaboration und Koordination. Bei der ersten geht es um die Verteilung der Arbeit auf mehrere Agenten, bei der zweiten – um die Organisation der Aktivitäten der einzelnen Agenten in Raum und Zeit.

Die einzelnen Agenten kooperieren, um bestimmte Ziele zu erreichen. Die Kooperation zwischen Agenten gleicht der in kleinen Gruppen von Individuen, in denen Aktivitäten koordiniert und aufgetretene Konflikte durch Verhandlungen gelöst werden müssen.

Eine Form der Koordination ist das *Vertragsnetzsystem* (Contract Net Protocol). Die Aufgabenverteilung erfolgt nach einem marktähnlichen Koordinierungsmechanismus, nämlich dem Prinzip der Aushandlung des „besten Angebots" von Agenten, die um die Bearbeitung von Teilaufgaben konkurrieren (vgl. Smith 1980; Burkhard 2003). Die Agenten können autonom entscheiden, ob sie ein Kontraktangebot annehmen oder zugunsten eines besseren Angebotes ablehnen. Da für eine Aufgabe mehrere Agenten zur Verfügung stehen, müssen beispielsweise starkbeanspruchte Agenten nicht notwendigerweise bei der Vergabe einer Aufgabe berücksichtigt werden. So kann dynamische Ressourcenverteilung durch mehr Flexibilität zur Minimierung von Ressourcenengpässen und Systemausfällen führen.

Die *Kommunikation* dient zur Übermittlung von Informationen, aber auch dazu, bei anderen Agenten ein bestimmtes Verhalten zu verursachen. Kommunikation ist somit eine besondere Form der Aktion, die nicht die Umgebung, sondern die Zustände anderer Agenten beeinflusst. Es lassen sich drei Kommunikationsformen unterscheiden (vgl. Lockemann 2006, S. 21 ff.):

- **„Blackboard-Systeme":** Ein zentraler Datenspeicher bietet eine Plattform, auf der Agenten Nachrichten schreiben und auslesen können. Das schwarze Brett hat die einem Protokoll vergleichbare Aufgabe, den bisherigen Verlauf des Problemlösungsprozesses zentral zu dokumentieren.
- **„Broadcast-System":** Die Nachrichten werden an alle Agenten versandt. Hierdurch werden alle Agenten regelmäßig auf den gleichen Informationsstand gebracht, was zu hohen Datenaustauschmengen führt
- **„Direkte Kommunikation":** Die Nachrichten werden jeweils zwischen zwei Agenten ausgetauscht, was hohe Datenaustauschmengen verursacht (vgl. Eymann 2003, S. 56).

Der Vorteil von Blackboards liegt in der Bereitstellung aller benötigten Informationen mit geringen Datenaustauschmengen an alle Agenten. Die Informationen werden zentral gespeichert und stehen dauerhaft zur Verfügung. Ein redundanter Nachrichtenaustausch der einzelnen Agenten miteinander kann vermieden werden.

Damit die Interaktionen zwischen den Agenten erfolgreich verlaufen, muss jeder Agent über Wissen bezüglich der Modelle und Rollen anderer Agenten verfügen. Dieses Wissen reduziert die Unsicherheit, die sich aus der Existenz anderer Agenten in derselben Umgebung ergibt. Außerdem muss der Agent sich darauf verlassen, dass seine Mit-Agenten sich an gewisse, vorab festgelegte Spielregeln halten.

Die Agenten, die an komplexen Problemstellungen arbeiten, kooperieren und konkurrieren in den Gesellschaften – den Agentensystemen. Ein Zusammenschluss mehrerer heterogener Agenten, die an der Lösung eines bestimmten Problems arbeiten, z. B. an der Erstellung des Zeitplans für die Maschinennutzung, wird *Multiagentensystem* (MAS) genannt (vgl. Burkhard 2003, S. 944 ff.). Ein solches System wird durch seine einzelnen Agenten, die Interaktionen zwischen ihnen und die Umwelt, und nicht durch einen global optimierenden Algorithmus, spezifiziert. Als Teile der MAS müssen Agenten kommunizieren, da jeder Agent über unvollständige Informationen und Fähigkeiten zur Lösung des Problems verfügt. Dementsprechend gibt es keine globale Systemkontrolle, die Steuerung der Entscheidungsfindung ist dezentral. Verteilung einzelner Problemstellungen auf die autonomen Einheiten und schließlich deren Organisation zu einem Ganzen kann Synergieeffekte hervorrufen und höhere Intelligenzleistung erbringen. Daher stellt die Forschung über Multiagentensysteme einen Unterbereich der VKI-Forschung dar.

16.2 Multiagentensysteme in der Logistik

Die Gründe für die Anwendung der VKI, vor allem als Ansatz zur Lösung verteilter Probleme, in der Logistik sind vielfältig:

1. Verteilte Probleme entstehen bei der Analyse, Identifikation, Fehlersuche und Steuerung von physisch verteilten Systemen, bei denen eine zentralisierte Übersicht schwierig ist. Die komplexen Logistiksysteme und deren Probleme sind physisch verteilt, wie beispielsweise Transportnetze oder Produktionsverbunde.
2. Die zahlreichen Systemkomponenten wie Fahrzeuge und Standorte sind funktional heterogen. Diese können als autonome Einheiten, die miteinander interagieren, modelliert werden.
3. Logistische Probleme in komplexen sozio-technischen Systemen erfordern die Zusammenarbeit mehrerer Spezialisten. Jeder von ihnen hat eine Teilansicht des Systems und keiner kann das ganze System allein koordinieren.
4. Für das modellierte Logistiksystem ist es wichtig, sich an Veränderungen in der Struktur oder der Umgebung anzupassen. Neue Umgebungsbedingungen durch beispielsweise die veränderte Verkehrssituation stellen neue Anforderungen an das System, dessen Anpassung durch VKI unterstützt werden kann.
5. Mit globalen Lösungen lassen sich diese dezentralen Bedingungen nicht genügend berücksichtigen.

Die Anwendung eines MAS ist dementsprechend für die Szenarien geeignet, die verteilte Informationen, Aufgaben und Ressourcen enthalten, wie z. B. das

Vehicle-Routing-Problem in der Transportlogistik (vgl. Schier und Fischer 1996, S. 16 ff.).

Das *Vehicle-Routing-Problem* (VRP) wird klassisch folgend formuliert: Gegeben ist die Liste von Kunden mit festen Forderungen, die von einer Fahrzeugflotte mit Kapazitätsbeschränkungen in optimaler Reihenfolge zu bedienen ist. Die statischen Lösungen liefen auf eine Eingabe (eine Auftragsliste) eine statische Ausgabe (einen Tourplan). Eine Lösung für die nicht-deterministische Umgebung findet sich bei den konventionellen Modellen des VRP nicht. Ändert sich die Auftragslage (beispielsweise durch Forderungen eines neuen Kunden, Staumeldungen oder Belieferungsprobleme) müssen alle bisher geplanten Touren verworfen und vollständig neu berechnet werden. Ist dies nicht möglich, da die Belieferung schon begonnen hat, muss manuell weiter disponiert werden. Aufgrund des kurzen Planungshorizonts und der aktuellen Verkehrssituation ist das Dispositionsproblem immer dynamisch. Die unvorhergesehenen Ereignisse können nicht in ihrer Gänze berücksichtigt werden.

Das VRP kann als MAS modelliert werden, in dem autonom agierende Agenten (Fuhrunternehmen, Fahrzeuge) durch Interaktion (Verteilen und Austauschen von Aufträgen) versuchen, ein gemeinsames Ziel (möglichst optimale Lösung des Problems) zu erreichen. Dabei besteht die Möglichkeit, an bestehenden Plänen festzuhalten und diese, soweit es Restriktionen wie Be- und Entladezeitfenster und Ladekapazitäten zulassen, zu modifizieren.

Darüber hinaus ist die *Skalierbarkeit* eines MAS aufgrund seines modularen Aufbaus hoch. Ein Ansatz, bei dem neue Agenten dem System einfach beitreten und austreten können, ermöglicht ein hohes Maß an Flexibilität. Modularität erlaubt es den Agenten, sich auf die Lösung eigener Teilaufgaben zu konzentrieren, – parallel und mit weniger Aufwand. Dezentralität der Struktur trägt zur Erhöhung der Sicherheit im System in Bezug auf mögliche Ausfälle einzelner Komponenten bei. Außerdem kann die Modellierung von Systemen schrittweise erfolgen.

Weitere Vorteile liegen in einer *Komplexitätsreduktion.* In hochkomplexen vernetzten Logistiknetzwerken bietet die Systems-in-System-Architektur der MAS eine Lösung für die Komplexitätsbewältigung. Mehrere Standorte und Stufen des Logistiknetzwerks können eingebunden werden. Der Beitrag von Agenten liegt dabei in einer Komplexitätsreduktion der Abstimmung durch Verteilung von Aufgaben auf autonom agierende Komponenten im Gesamtsystem.

Anstelle der zentralen Koordinationsansätze, die sich für die Steuerung komplexer Logistiksystemen als wenig anpassungs- und reaktionsfähig erwiesen haben, rückt die Selbststeuerung mit dem Ziel, die Zeit- und Kosteneffizienz, Flexibilität und Fehlerrobustheit der Logistiksysteme sicherzustellen, in den Mittelpunkt. *Selbststeuerung* ist dezentrale und autonome Entscheidungsfindung in heterarchischen Strukturen (vgl. Scholz-Reiter und Höhns 2006, S. 749). Dieser dezentrale Ansatz der Selbststeuerung kann auf Grundlage der VKI erfolgen. Die Selbststeuerung in den logistischen Systemen in nicht-vorhersagbaren Umgebungen wird durch die Repräsentation der logistischen

Objekte durch die Softwareagenten in MAS und Realisierung der Fähigkeit zum Treffen autonomer Entscheidungen erreicht.

Zusammengefasst eignet sich eine intelligente Selbststeuerung logistischer Systeme auf Basis der MAS für die Lösung der komplexen und verteilten Probleme in zwischenbetrieblichen Logistik-Netzwerken. Probleme wie die Aushandlung der Zuordnung von Transportkapazitäten und Belegungsproblemen bei der dynamischen Tourenplanung (vgl. Schuldt 2011, S. 94–95).

16.3 Anwendung

Das zu modellierende System besteht aus einem Automobilzulieferer mit mehreren Standorten deutschlandweit, der allein in Bremen von mehr als 64 Zulieferern versorgt wird, und den in seine Zulieferkette eingebundenen Lieferanten und Spediteure. Den Bedarf an Komponenten lassen sich die Unternehmen just-in-time oder just-in-sequence anliefern. Dadurch steigt die Zahl der Transporte zwischen Versender und Empfänger im Lieferantennetzwerk. Die Aufgabe der Logistik dabei ist die Bündelung des zwischenbetrieblichen Güterverkehrs und effiziente Disposition, um zusätzliche Kosten durch steigende Anlieferungen und ein komplexeres Transporthandling zu verringern.

Durch ein selbststeuerndes MAS werden die Bündelung von Lieferungen von Materialien und Teilkomponenten zwischen Zulieferfirmen und Abnehmerunternehmen abgestimmt und die Transporte in Liefernetzwerken durch intelligente Softwareagenten koordiniert. Durch diese Bündelung sollen doppelte Transporte von benachbarten Zulieferern an ein Abnehmerwerk (bzw. mehrere benachbarte Abnehmerwerke) zusammengefasst werden und dadurch redundante Transportfahrten eingespart werden. Gleichzeitig soll die Fahrzeugauslastung erhöht werden, indem Kleinsendungen auf ungenutzte Transportkapazitäten verteilt werden und damit einerseits eigenständige Fahrten für Kleinsendungen vermieden werden und andererseits die Fahrzeugauslastung und Nutzung bestehender Ladeflächen des eingesetzten Fuhrparks erhöht wird. Der Einsatz von MAS ermöglicht eine bessere Abstimmung von Zulieferern, Spediteuren und Komponentenherstellern im Netzwerk, was zur Verkürzung der Zeit zwischen Bestellung und Anlieferung, Kosteneinsparungen beim Transport von Waren und beim Handling des Wareneingangs und Minimierung der Bestandshaltung führt.

Bei der Modellierung handelt sich um ein modifiziertes VRP. Dabei werden Abruf- und Lieferinformationen zwischen den Betrieben mittels eines MAS dezentral koordiniert. Die Softwareagenten übernehmen die Sammlung und Verarbeitung von Informationen und die Optimierung dezentraler Problemstellungen des Lager- und Fahrzeugkapazitätsmanagements sowie der Routenplanung. Im Sinne der Selbststeuerung führen die Agenten vor allem die Aufgaben wie Zuordnung von Aufträgen zu Lastkraftwagen (Optimierung der Kapazitätsauslastung) und Tourenplanung zwischen Herstellern und Abnehmern (Optimierung der Lieferreihenfolge) durch. Diese Aufgaben sind hoch komplex. Zunächst muss eine effiziente Zuordnung von Gütern zu Lastkraftwagen und von Lastkraftwagen zu Strecken erfolgen. Diese Zuteilungen sind durch Beschränkungen wie die Kapazität der Lastkraftwagen, Zeitfenster der Kunden, Zeitbeschränkungen der Fahrer (z. B. Ruhezeiten) und besondere Anforderungen an die Ladung (z. B. Gefahrgut) begrenzt.

Gleichzeitig unterliegt das System einer hohen Dynamik, die in erster Linie in der just-in-time-Belieferung des Kunden begründet ist. Weitere dynamische Einflüsse bestehen in der aktuellen Straßenverkehrssituation sowie in Produktionszeit- und Produktionsmengenschwankungen der Zulieferer. Zusätzliche Faktoren wie Stau und Lastkraftwagen-Ausfall erfordern eine schnelle Umplanung der ursprünglichen Route. Darüber hinaus wird der Planungsprozess unter Unsicherheit und mit unvollständigen Informationen durchgeführt.

Durch Nutzung von VKI wird eine bessere Anpassung an komplexe und nicht vorhersagbare Situationen ermöglicht und die Koordination in dynamischen Umgebungen erleichtert. Der Fahrer bzw. das Fahrzeug kennt den aktuellen Stand des Lieferprozessfortschritts und gegebenenfalls freier Kapazitäten und der Disponent verfügt über die Information zur aktuellen Auftragssituation. Durch ein MAS könnten z. B. Eilaufträge automatisch nach einer Realisierungslösung suchen und dem Disponenten einen bereits mit den Fahrzeugkapazitäten abgestimmten Vorschlag zur Umdisposition liefern.

Im MAS erfolgt die Zuweisung verschiedener Ressourcen wie Laderaumkapazitäten im Rahmen von Verhandlungen (basierend auf den Angeboten zwischen den Agenten). Zu diesem Zweck wurden den Agenten die verschiedenen *Rollen* entsprechend ihrer Aufgaben zugewiesen. So werden die menschlichen Disponenten von Dispositionsagenten repräsentiert, die Aufträge ausschreiben. Die Fahrzeuge werden ebenfalls durch Agenten repräsentiert, die auf die Ausschreibungen nach einer Eignungsprüfung ein Angebot erstellen. Die Lkw-Agenten vertreten die Fahrzeuge mit ihren zeitlichen und räumlichen Einschränkungen. Aus den eingegangenen Angeboten werden durch die Dispositionsagenten die besten Angebote für die Zuteilung von Transportaufträgen im Hinblick auf die Tourenplanung ausgewählt.

Die Abb. 16.2 gibt einen Überblick über die verschiedenen Agentenrollen und die Verhandlungsbeziehungen zwischen den verschiedenen Agentenklassen. Die Strukturierung der Agentenrollen orientiert sich dabei an der jeweils zu lösenden Aufgabe.

Der Verhandlungsprozess nach dem Contract Net Protocol beginnt zwischen dem Dispositionsagenten und den Fahrzeugagenten damit, dass der Disponent den Auftrag allen Lkw-Agenten anbietet. Der Dispositionsagent verfügt über die vorliegenden Transportaufträge. Im Auktionsverfahren zwischen dem Dispositionsagenten und den Lkw-Agenten werden die Aufträge in erster Linie nach der Distanz und in zweiter Linie nach der Fahrzeugauslastung vergeben. Die Lkw-Agenten prüfen, ob sie die Anforderungen zur Durchführung der Bestellung erfüllen: Zum Beispiel, ob der Anhänger für den Transport der spezifischen Ladung ausgelegt ist. Wenn die Anforderung erfüllt werden kann, wird ein Algorithmus gestartet, der den „Preis“ des Gebots festlegt. Das Ergebnis des Algorithmus ist kein Geldwert, sondern eine abstrakte

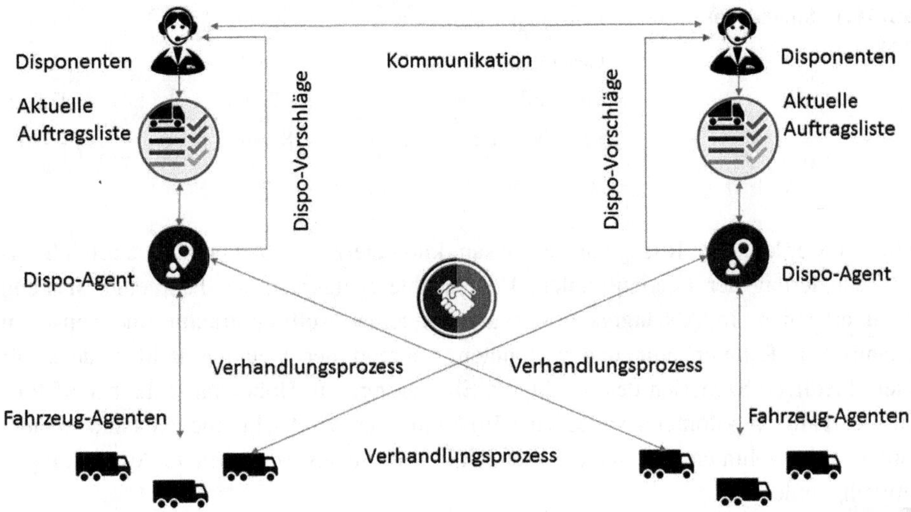

Abb. 16.2 Modell des MAS. (Quelle: In Anlehnung an Haasis et al. 2010, S. 134)

Einheit, die als Kosten betrachtet werden kann. Sie deckt verschiedene Faktoren ab, die die Kosten des Transports beeinflussen, beispielsweise alle möglichen Umwelteinflüsse wie Verkehrssituation, Änderungen von Kundenaufträgen usw. Der Spediteur wählt dann das niedrigste Gebot, um eine optimale Auftragszuordnung zu den Lkws zu gewährleisten. Der Auftrag wird dann fest in den Tourenplan des Lkw-Agenten eingefügt. Aus den Verhandlungen wird die Auftragsliste generiert. Bei unerwarteten Hindernissen wie Staus oder Unfälle wird die Tour neugeplant. Lenk- und Ruhezeiten werden eingeplant. Durch das MAS werden auch die ausgeschriebenen Aufträge im Dispositionsplan berücksichtigt, die aufgrund der Datenmenge und der damit verbundenen Datenkomplexität vom menschlichen Disponenten nicht bearbeitet werden könnten.

Um die Leistung des MAS zu bewerten, wurde das System mit realen Daten des Logistikdienstleisters getestet.[1] Die Tests basieren auf vergangenen Kundenaufträgen.

Die Tab. 16.1 zeigt die Simulationsergebnisse für einen Testtag mit 70 Lkws und 160 Aufträgen. Hier werden die resultierende Kilometerzahl der Fracht- und Leerfahrten sowie gesamte Fahrkilometerzahl aus der herkömmlichen Disposition mit den MAS-Ergebnissen verglichen.

Daraus folgt eine Verbesserung der Effizienz im System des Logistikdienstleisters. Die von den Kraftlastwagen zurückgelegte Gesamtstrecke kann um ca. zehn Prozent

---

[1]Die Anwendung eines MAS wurde realisiert im Rahmen des Projektes „Entwicklung und Pilotanwendung eines Software-Demonstrators zur Verkehrsvermeidung auf der Basis Autonomer Multiagenten Transport Koordination" im Rahmen der Initiative „Intelligente Logistik im Güter- und Wirtschaftsverkehr" des Bundesministeriums für Wirtschaft und Technologie.

Tab. 16.1 Simulationsergebnisse

Fahrzeugkilometer	Traditionell	MAS
Gesamtkilometerzahl	35.637	31.798
Frachtkilometer	27.558	27.052
Leerkilometer	8.079	4.746

reduziert werden. Der Rückgang der Gesamtkilometerzahl resultiert hauptsächlich aus der Reduzierung der Leerlaufmeilen. Eine leichte Steigerung der Fahrzeugauslastung ist zu erkennen. In Abhängigkeit der tagesaktuellen Auftragsstruktur und sonstigen dynamischen Rahmenbedingungen konnten während der weiteren Feldversuche für unterschiedliche Szenarien des Spediteurs Einsparungen in Höhe von sechs bis elf Prozent der Fahrzeugkilometer sowie eine Erhöhung der durchschnittlichen Fahrzeugauslastung nach Volumen von sieben und zwölf Prozent als verkehrliche Auswirkungen ermittelt werden.

Darüber hinaus verarbeitet das intelligente System 1800 Aufträge in weniger als sechs Minuten und liefert aktuelle Ergebnisse im Vergleich zu herkömmlichen Tourenplanungssystemen, die statische Daten über Nacht auswerten müssen (vgl. Haasis et al. 2010, S. 138).

Der größte Vorteil einer dezentralen und dynamischen Planung durch Softwareagenten liegt in der hohen Flexibilität. So werden beispielsweise bei nachträglichen Auftragsänderungen der Kunden oder Fahrzeugausfällen kurzfristig neue Vorschläge generiert und in den Dispositionsplan reibungslos eingefügt. Weiterhin bietet eine solche Steuerung insgesamt eine größere Robustheit der Tourenplanung gegenüber Abweichungen. Lokale, unvorhergesehene Störungen im Ablauf führen nicht unmittelbar zu Änderungen in der Gesamtdisposition. Zudem ermöglicht die Architektur des Multiagentensystems eine Einbindung von externen Frachtenbörsen und Ausschreibungsplattformen, um die Auslastung des Systems zu optimieren.

Die effizienteren Dispositionsprozesse führen zu einer intensiveren Fahrzeugauslastung durch Abbau von redundanten Lieferverkehren sowie durch verbesserte Bündelung von Kleinladungen. Neben den betriebswirtschaftlichen Vorteilen werden durch die Vermeidung der Fahrten, Verringerung der Kilometerzahl und Konsolidierung von Teilladungen, der Kraftstoffverbrauch sowie die Emissionen reduziert.

Ein weiterer Vorteil des autonomen Verhaltens der dezentralen Agenten ist die reibungslose Skalierbarkeit in Bezug auf die Zahl der zu disponierenden Transportmittel und der abzuarbeitenden Aufträge.

16.4 Fazit

Der dynamische und komplexe Prozess der Transportplanung und Steuerung in der Beschaffungslogistik ist ein geeignetes Feld für den Einsatz von MAS. Insbesondere in Bezug auf Konzepte der autonomen Steuerung im Rahmen der Industrie 4.0 (vgl. Gath et al. 2016) und der intelligenten Produkte für das Internet of Things (vgl. Sánches López et al. 2011, S. 164–165) gewinnt die Methode der VKI an die Aktualität.

Die dynamische und dezentrale Steuerung der Fahrzeugbelegung und Routenplanung durch MAS hat zwei Hauptziele erreicht: Erhöhung des Auslastungsgrades der Fahrzeuge durch Versandbündelung sowie Optimierung der Tourenplanung. Der entwickelte Mechanismus der Aushandlung der Kapazitätszuordnung und Belegungsprobleme können zur Lösung von weiteren komplexen und verteilten Problemen in zwischenbetrieblichen Logistiknetzwerken beitragen, wie etwa Koordination von Bestandsmanagement und Distributionsnetzwerken.

Gewiss ist es nicht möglich, jeden einzelnen Einfluss der Umwelt zu berücksichtigen. Für die Modellierung der MAS ist es jedoch wichtig, detaillierte Kenntnisse über das Verhalten und die Interaktionen der Agenten miteinander und deren Umgebung zu erlangen. Das ist eine der Limitationen dieses Ansatzes (vgl. Clausen et al. 2019, S. 47). Im Gegensatz zu einem Computersystem ist ein Mensch immer in der Lage, unregelmäßige oder spezielle Aufträge zu bearbeiten. Zwar kann ein MAS die Interaktion auf hohem Verhandlungs- und Kooperationsniveau organisieren, was die optimierungsbasierten Algorithmen der Tourenplanung nicht anbieten, es ist jedoch wichtig, eine soziale Interaktion zwischen menschlichen Disponenten und Fahrern zu gewährleisten. Ferner ist die MAS-Anwendung in den sozio-technischen Systemen, was die Supply Chains ultimativer Art darstellen (vgl. Kolmykova 2016; Clausen et al. 2019), zu untersuchen.

Literatur

Burkhard, H.-D. (2003). Software-Agenten. In G. Görz, C.-R. Rollinger, & J. Schneeberger (Hrsg.), *Handbuch der Künstlichen Intelligenz* (4. Aufl., S. 943–1020). München: Oldenbourg.

Clausen, U., et al. (2019). Agent-based simulation in logistics and supply chain research: Literature review and analysis. In U. Clausen, et al. (Hrsg.), *ICPLT 2019: Advances in production, logistics and traffic, LNLO* (S. 45–59). Cham: Springer.

Eymann, T. (2003). *Digitale Geschäftsagenten*. Berlin: Springer.

Ferber, J. (2001). *Multi-agent system: An introduction to distributed artificial intelligence, Harlow*. München: Addison Wesley Longman.

Gath, M., Herzog, O., & Edelkamp, S. (2016). Autonomous, adaptive, and self-organized multi-agent systems for the optimization of decentralized industrial processes. In J. Kolodziej, et al. (Hrsg.), *Intelligent agents in data intensive computing* (S. 71–98). Cham: Springer.

Haasis, H.-D., Wildebrand, H., & Zimmermann, F. (2010). Amatrak – Künstliche Intelligenz in der Tourenplanung. In H.-D. Haasis, et al. (Hrsg.), *Maritime Wirtschaft –Theorie, Empirie und Politik* (S. 127–142). Frankfurt: Lang.

Kolmykova, A. (2016). *Supply Chain Integration*. Berlin: Springer.

Lockemann, P. C. (2006). Agents. In S. Kirn, O. Herzog, P. Lockemann, & O. Spaniol (Hrsg.), *Multiagent engineering. Theory and applications in enterprises* (S. 17–34). Berlin: Springe.

Sánches López, T. et al. (2011). Resource management in the internet of things: Clustering, synchronisation and software agents. In D. Uckelmann et al. (Hrsg.), *Architecting the internet of things* (S. 159–191). Heidelberg: Springer.

Schier, D., & Fischer, K. (1996). *Ein Multiagentenansatz zum Lösen von Fleet-Scheduling-Problemen*. DFKI-D-96-01.

Scholz-Reiter, B., & Höhns, H. (2006). Selbststeuerung logistischer Prozesse mit Agentensysteme. In G. Schuh (Hrsg.), *Produktionsplanung und –steuerung. Grundlagen, Gestaltung und Konzepte* (3.Aufl., S. 745–780). Berlin: Springer.

Schuldt, A. (2011). *Multiagent coordination enabling autonomous logistics*. Berlin: Springer.

Smith, R. G. (1980). The contract-net protocol, high-level communication and control in a distributed problem solver. *IEEE Transactions on Computation, 29,* 1104–1113.

Wooldridge, M. (2009). *An introduction to multiagent systems* (2. Aufl.). Chichester: Wiley.

Wooldridge, M., & Jennings, N. R. (1995). Intelligent agents: Theory and practice. *The Knowledge Engineering Review, 10*(2), 115–152.

Prof. Dr. Anna Kolmykova ist Professorin für Wirtschaftsingenieurwesen und Logistik an der FOM Hochschule für Oekonomie & Management in Bremen. Sie ist Modulleiterin für Supply Chain Management. Zudem ist sie für die Module Globale Logistik, Supply Chain Management und International Production and Logistics an der Hochschule Bremen verantwortlich. Sie ist kooptierte Wissenschaftlerin des ild Institut für Logistik und Dienstleistungsmanagement und des iaim Institute of Automation & Industrial Management. Die Schwerpunkte ihrer Forschung liegen in den Bereichen der Prozess-, Systemoptimierung und Integration der internationalen Supply Chains insbesondere unter Anwendung der Ansätze künstlicher Intelligenz und Industrie 4.0.

Smart Mobility – Beitrag der KI zur Nachhaltigkeit

17

Orhan Kocagöz

Inhaltsverzeichnis

Zusammenfassung

Die Beförderung von Personen belastet die natürlichen Lebensgrundlagen, wobei das Potenzial besteht, Mobilität durch intelligente Verkehrssysteme nachhaltiger zu gestalten. Es stellt sich die Frage, inwieweit künstliche Intelligenz (KI) zur Nachhaltigkeit von Mobilität beitragen kann. Unternehmen können ihre Mobilitätsangebote

O. Kocagöz (✉)
FOM Hochschule, Nürnberg, Deutschland
E-Mail: orhan.kocagoez@fom.de

R. Buchkremer et al. (Hrsg.), *Künstliche Intelligenz in Wirtschaft & Gesellschaft*, FOM-Edition, https://doi.org/10.1007/978-3-658-29550-9_17

auf digitalen Plattformen aggregiert bereitstellen und durch Servitization (Carsharing, Ride-Pooling) Verkehrsmittelkapazitäten effizienter einsetzen. Diese On-Demand-Mobility führt zu einer Entmaterialisierung von Mobilität, da sich Konsumenten kein Fahrzeug kaufen müssen und bestehende Kapazitäten unter den Verkehrsteilnehmern geteilt werden können. Mit KI kann eine Optimierung von Routen gelingen, damit sich die Mobilität der Menschen reduziert. Mit KI lassen sich jedoch nicht alle Probleme lösen: Konsumenten müssen gemäß der Suffizienz im Rahmen der ökologischen Nachhaltigkeit vereinzelt auf Fahrten und Reisen verzichten, um die Biokapazität zu schonen.

17.1 Mobilität zwischen Grundversorgung und Umweltbelastung

82 Mio. Menschen in Deutschland legten 2017 insgesamt 3,2 Mrd. km (Nobis und Kühnimhof 2018, S. 30) zurück. Menschen fahren zur Arbeit oder zum Einkaufen, besuchen Freunde oder verreisen in nahe und ferne Länder. Mobilität kann aber auch selbst Ziel der Handlung sein. Das Fahren wird sozusagen zum Prozess der Begierde, wenn Menschen mit dem eigenen Automobil, Motorrad oder Fahrrad unterwegs sind. Somit ist Mobilität nicht mehr nur ein Weg zum Ziel, sondern kann mittlerweile als Grundbedürfnis angesehen werden.

Ein zentrales Problem, das die Mobilität mit sich bringt, sind die ausgestoßenen CO_2-Emissionen. Verkehr und Transport in Deutschland sind verantwortlich für 18 % der CO_2-Emissionen (Umweltbundesamt 2019). Es kommt unter anderem der Mobilität wegen zur Erwärmung der Erde und somit zu einer starken Beeinträchtigung der Biokapazität. Mit anderen Worten zerstören die Menschen mit ihrer Mobilität nicht nur ihre eigenen, sondern auch die Lebensgrundlagen zukünftiger Generationen. Es wird deutlich, dass Mobilität zur Sicherstellung der Bedürfnisse und zur Schonung der Umwelt besser geregelt werden muss.

Zu den möglichen Instrumenten gehören auch Technologien, digitalisierte Systeme und künstliche Intelligenz (KI). Im Folgenden soll aufgezeigt werden, wie diese einen Beitrag leisten (können), um Mobilität effizienter zu gestalten. Die Entwicklung von Mobilitätslösungen soll aber auch der Nachhaltigkeit dienen, indem Akteure ihre Handlungen und Strategien danach ausrichten und letztendlich eine Schonung der Ressourcen gelingt. Dies gilt auch für KI selbst, die einerseits Menschen bei der Mobilität unterstützen und andererseits durch mehr Effizienz gleichzeitig den Verkehr reduzieren soll. Es ist ein Auftrag an die Akteure, die nicht nur in der Politik und Wissenschaft zu suchen sind. Es sind vor allem die Anbieter von Verkehrsdienstleistungen bzw. Unternehmen sowie Konsumenten, die mit ihrer Entscheidung die Nachhaltigkeit in der Mobilität im Wesentlichen festlegen.

17.2 Begriffserläuterungen

17.2.1 Smart Mobility

Mobilität stellt eine Dienstleistung am Menschen dar, die mithilfe von Fahrzeugen, Systemen und Technologien erfolgt. Letztere haben an Leistungsintensität zugelegt, sodass immer mehr von smarter bzw. intelligenter Mobilität auszugehen ist. Insgesamt ist Smart Mobility ein Themenkomplex mit Fokussierung sowohl auf Fahrgäste als auch auf die Technologie (Papa und Lauwers 2015, S. 545). Beispiele für die Möglichkeiten an smarten Mobilitätsdiensten sind Verkehrssteuerungssysteme, mobile Applikationen zur schnellen Findung von Mobilitätsanbietern und schließlich Navigationssysteme, die Fahrer den schnelleren bzw. kürzeren Weg zum Ziel zeigen. Smart Mobility wird zu einem den Menschen vor, während und nach der Fahrt begleitenden Dienst, der informiert, leitet und schließlich unterstützt. Zusammenfassend betrachtet soll Smart Mobility den menschlichen Bedürfnissen dienen (Flügge 2016, S. 2). Diese funktionelle Betrachtung reicht aber nicht aus, um Smart Mobility vollumfänglich zu erklären.

Smart Mobility stellt auch ein Ökosystem aus Technologien, Verkehrsmitteln und Daten sowie Mobilitätslösungen dar (Jeekel 2017, S. 4305). Eine zentrale Anwendung lässt sich daraus nicht ableiten, denn einerseits gibt es die Beförderung von Menschen sowie den Transport von Gütern und andererseits die Mobilität in unterschiedlichen geografischen Räumen wie der Stadt, dem Umland, dem nationalen und internationalen Verkehr. Hinzu kommen technologische Systeme und eine Verkehrswegeinfrastruktur sowie Unternehmen, die mit unterschiedlichen Geschäftsmodellen Dienstleistungen anbieten. Aufgrund dieser Vielschichtigkeit ist für Smart Mobility auch eine strukturelle Betrachtungsweise erforderlich.

Im vorliegenden Kontext soll Smart Mobility als ein dynamisches System mit vielen Akteuren und permanenter Mensch-Maschine-Interaktion verstanden werden, das vor allem Mobilität sicherstellen, die Wegezeit verkürzen, die Annehmlichkeiten der Dienstleistungen, vor allem der Fahrt selbst, steigern sowie die Kosten für die Inanspruchnahme von Verkehrsmitteln reduzieren soll (Kocagöz und Kocagöz 2019, S. 206). Es soll aber auch deutlich werden, dass Smart Mobility letztendlich auch der Nachhaltigkeit dienen soll.

17.2.2 Nachhaltigkeit

Für die Menschen in Deutschland gehört Umwelt- und Klimaschutz zu den aktuellsten Problemen (BMU et al. 2019, S. 17). Entsprechend drängt sich das Thema Nachhaltigkeit immer mehr in die Agenda der Unternehmen und Konsumenten. Dabei erreichte Nachhaltigkeit spätestens im Jahre 1974 einen erhöhten Aufmerksamkeitsstatus mit der sogenannten Brundtland-Kommission (Grunwald und Kopfmüller 2012, S. 23–25). Den

Ergebnissen dieser Kommissionsarbeit zufolge soll es zu einer Schonung der Lebensgrundlagen kommen, um nicht nur die jetzige Generation mit Ressourcen gerecht zu versorgen, sondern die Biokapazität derart zu pflegen, damit die Nachkommen in der Zukunft ebenfalls in den Genuss natürlicher Grundlagen kommen. Nachhaltigkeit wird somit zu einem Auftrag an die Menschheit.

Nachhaltigkeit basiert dabei auf den Säulen Soziales, Ökologie und Ökonomie (Wheeler und Elkington 2001, S. 1). Wenn auch die ökologische Komponente im Vordergrund des vorliegenden Beitrags steht, so ist die soziale Gerechtigkeit und eine ausgewogene ökonomische Entwicklung ebenfalls zentraler Bestandteil von Nachhaltigkeit. Es soll letztlich eine Schonung der Lebensgrundlagen gelingen, ohne die gesellschaftspolitischen Anliegen und wirtschaftlichen Belange der Menschheit zu vernachlässigen. Diese Vereinbarkeit von teils konkurrierenden Zielsetzungen stellt aus wirtschaftlicher Sicht eine Herausforderung für Konsumenten und Produzenten dar.

In der Betriebswirtschaftslehre findet Nachhaltigkeit somit immer mehr einen Platz in einer werteorientierten Unternehmensführung (Dillerop und Stoi 2016, S. 71–73). Die Lösung von gesellschaftlich relevanten Problemen wird zu einer zentralen Bestimmung des Unternehmens (Meynhardt 2019, S. 18). Nachhaltigkeit wird somit nicht nur zu einem Faktor, der während der unternehmerischen Tätigkeit berücksichtigt werden soll, sondern zum – mitunter zentralen – Zweck der Unternehmenspolitik. Für den einzelnen Menschen wird Nachhaltigkeit zu einer persönlichen Einstellung bei Konsumentscheidungen.

17.2.3 Künstliche Intelligenz

Als Oberbegriff steht künstliche Intelligenz (KI) für Anwendungen, die Daten verarbeiten, um einen Ist-Zustand zu beschreiben (Description), Vorhersagen zu treffen (Prediction) und Handlungsempfehlungen (Prescription) zu geben (Kreutzer und Sirrenberg 2019, S. 3). Im vorliegenden Fall soll von einer schwachen KI ausgegangen werden, in der angestrebt wird, „… menschliche Intelligenz auf (technischen) Maschinen zu simulieren, um sie für den Menschen gewinnbringend und nutzbringend einzusetzen“ (Otte 2019, S. 35).

Digitalisierung, also die Umwandlung von analogen Fahrplänen in virtuelle Buchungssysteme, ist der erste Schritt, das Suchen von Verbindungen von einer Maschine tätigen zu lassen. Ähnlich gilt das für Autofahrer, die keine Straßenkarte mehr lesen, sondern über ein Navigationssystem geleitet werden. Basierend auf den Bedürfnissen der jeweiligen mobilen Menschen lassen sich weitere Systeme entwickeln. Ziel sollte es für KI sein, den Anforderungen der Menschen zu entsprechen.

Smart Mobility impliziert auch künstliche Intelligenz (Jeekel 2017, S. 4305). Denn Verkehrsströme sollen effizient gelenkt, indem Navigationsdienste die besten Routen ermitteln und empfehlen. Das Auffinden von Verkehrsmitteln und die Abwicklung von Transaktionen sind weitere Funktionen von Smart Mobility, die von KI ermöglicht werden. Aus Sicht des Konsumenten sind Echtzeitdaten für Verfügbarkeiten von Verkehrsmitteln und Verspätungen sowie Anschlussfahrmöglichkeiten von Interesse.

Für die Unternehmen sind vor allem Vorhersage (Predictive Analytics) und Optimierungsmöglichkeiten (Prescriptive Analytics) relevant. Vorhersage über Nachfrageströme sind wichtig, um kurzfristig Verkehrsmittelkapazitäten bereitzustellen. Unternehmen aus dem Verkehrssektor benötigen auch eine optimale Wartung und Instandhaltung von Flotten, sofern sie diese selbst betreiben (Fuhr und Schütz 2015, S. 37). KI wird somit entlang der gesamten Dienstleistungskette eingesetzt.

Aber auch bei der Netzplanung lassen sich Verbindungen und Verknüpfungen optimieren, wenn Passagier- und Kapazitätsdaten ausgewertet werden. Für die Mobilität bedeutet KI somit auch, dass große Menge an Daten gesammelt und ausgewertet werden, mit dem Ziel, Kapazitäten effizient einzusetzen und neue Lösungen anzubieten. Digitalisierung bildet die Grundlage für das Sammeln von Big Data, sodass KI in einem weiteren Schritt relevante Empfehlungen für Unternehmen und Konsumenten generiert (Kreutzer und Sirrenberg 2019, S. 78–80).

17.3 Nachhaltigkeit und Mobilität

17.3.1 Ausgewogene Ressourcennutzung

Der Umgang mit Ressourcen steht im Mittelpunkt der Nachhaltigkeit. Ressourcen im Sinne der Nachhaltigkeit ist die Gesamtheit der Oberfläche mit Wäldern, Feldern, Seen und sämtliche Gewässer. Diese Biokapazität bietet nicht nur ein Angebot an wirtschaftlich verwertbaren Ressourcen, sondern eine Masse, die Abfälle und Emission aufnehmen kann (Global Footprint Network 2019). Eine ausgewogene Ressourcennutzung ist deshalb notwendig, um einerseits das Angebot nicht zu stark zu beanspruchen und andererseits die Biokapazität in ihrer Funktionsweise nicht zu beeinträchtigen. Zum Erhalt der Biokapazität gehört nicht nur die Schonung von Wäldern, Flüssen und Ozeanen, sondern auch die Achtung der Biodiversität.

Diese Biokapazität wird kaum belastet, sofern Menschen zu Fuß gehen. Es wird keine Materie für maschinelle Elemente erzeugt und es erfolgt keine Belastung der Atmosphäre, da keine Emissionen von einem Verkehrsmittel entstehen. Fahrzeuge finden aber in der Mobilität breite Verwendung, damit sich Menschen schneller und bequemer fortbewegen. Für die Herstellung von Verkehrsmitteln entlang der gesamten Wertschöpfungskette sind den produzierenden Systemen materielle Rohstoffe, Teile und Komponenten sowie Wasser und Energie zuzuführen. Diese Ressourcen werden der Biokapazität entnommen und diese muss zugleich Emissionen und Abfälle sowie das gebrauchte Verkehrsmittel am Ende des Nutzungszyklus aufnehmen.

17.3.2 Grundstrategien

Zu den Grundstrategien der Nachhaltigkeit zählen Suffizienz, Effizienz und Konsistenz (Huber 1995, S. 31). Im Einzelnen ist darunter zu verstehen, dass Menschen genügsam leben und somit wenig konsumieren, Unternehmen bei der Leistungserstellung möglichst wenig Inputgüter einsetzen und schließlich mit der Konsistenz eine Vereinbarung des wirtschaftlichen Handelns mit ökologischen Vorgaben gelingt.

Im Rahmen der Mobilität entspricht Suffizienz dem Verzicht auf das Reisen bzw. auf das Fahren mit dem eigenen Pkw. Entweder wird darauf bewusst verzichtet oder die Notwendigkeit, eine Strecke zurückzulegen, entfällt. Suffizienz impliziert jedoch nicht nur Verzicht, sondern auch eine gewisse Genügsamkeit, indem sich Menschen mit ressourcenschonenderen Mitteln fortbewegen. Mit anderen Worten sollen Menschen zu Fuß gehen, mit dem Fahrrad oder mit öffentlichen Verkehrsmitteln fahren.

Suffizienz liegt jedoch nicht immer in der Entscheidungsgewalt der Fahrenden selbst. So müssen Erwerbstätige zum Ort der Arbeitsstätte pendeln, sodass Verzicht in diesem Falle erst dann möglich ist, wenn Homeoffice ermöglicht und praktiziert wird. Suffizienz ist von den Menschen aber nicht nur aus Nachhaltigkeitsgründen einzufordern, sondern um Verstopfungen der Straßen zu vermeiden. Auch wenn es problematisch erscheint, letztendlich muss ein Teil der Menschen Verzicht üben, damit für viele andere Verkehrsteilnehmer ein zügiges Vorankommen ermöglicht wird.

Das Streben nach Effizienz gehört zu den Grundstrategien des wirtschaftlichen Handelns. Unternehmer setzen je nach maschineller und menschlicher Leistung möglichst wenige Inputgüter ein, um mehr Output zu erzeugen. Es wird also weniger Material, Energie und Wasser verbraucht, ohne dass sich die Menge an Output reduziert oder die Qualität vermindert. Nicht nur in der Wertschöpfungskette, sondern auch bei den Produkten ist Effizienz ein wichtiges Ziel. So ist es im Interesse der Airlines, dass die Flugzeuge durch Leichtbauweise weniger Kraftstoff verbrauchen. Auch eine höhere Auslastung von Fahrzeugen in der Logistik führt zu einer intensiveren Ausschöpfung von Ressourcen und Kapazitäten. Mit Maßnahmen zur Steigerung der Effizienz lassen sich wirtschaftliche und ökologische Ziele gut vereinbaren. Allerdings führt dies zu einem Rebound-Effekt, da es infolgedessen zu einer vermehrten Nachfrage nach effizienten Systemen kommt und die erzielte Einsparung kompensiert wird (Dyckhoff und Souren 2008, S. 51).

Eine Vollauslastung von Kapazitäten gelingt jedoch nicht immer. Leerfahrten in der Logistik oder leere Sitze in Flugzeugen und Zügen lassen sich trotz Effizienzbestreben der Unternehmen nicht immer vermeiden. Noch weniger effizient handeln jedoch die Konsumenten selbst. Autofahrer nutzen ihr eigenes Fahrzeug meist einzeln und dieses durchschnittlich nur 46 min pro Tag (Nobis und Kühnimhof 2018, S. 70). Mit anderen Worten werden natürliche Ressourcen in großen Mengen verwendet, um ein Fahrzeug herzustellen, das nur zu bestimmten Zeiten benötigt wird und meist nur für eine Person. Die private Nutzung von Fahrzeugen ist ineffizient.

Eine Vereinbarkeit von Natur und Technik soll durch die Konsistenz, einer weiteren Grundstrategie der Nachhaltigkeit, gelingen. Dabei sollen Fahrzeuge möglichst ressourcenneutral erzeugt werden, indem die eingesetzten Materialien nach Nutzung wieder dem Rohstoffkreislauf zugeführt werden. Es ist jedoch Wasser und Energie sowohl bei der Herstellung und Wiederverwertung nötig, sodass der Einsatz von Ressourcen minimiert, aber nicht komplett vermieden werden kann. Die Entwicklung von nachhaltigen Geschäftsmodellen kann ebenfalls als konsistent bezeichnet werden (Wunder 2017, S. 390).

17.3.3 Prinzipien und Konzepte

Mit dem Kooperationsprinzip sollen sowohl Unternehmen als auch Konsumenten Lösungen entwickeln, die die Nachhaltigkeit sicherstellen (Dyckhoff und Souren 2008, S. 52). Bei den Unternehmen bedeutet dies, dass sie bestimmte Dienstleistungen, wie dem Transport von Gütern, an spezialisierte Logistikunternehmen auslagern, die die Mengen bündeln und somit effizient von einem zum anderen Standort transportieren können. Dies setzt eine Abstimmung und Kooperationsbereitschaft der jeweiligen Unternehmen voraus, um die Transaktionskosten so gering wie möglich zu halten. Beim intermodalen und grenzüberschreitenden Verkehr kommt es an Umschlagsplätzen oder an nationalen Grenzen zu einem Wechsel von Fahrzeugen oder Transportkapazitäten. Eine Kooperation zwischen zwei Verkehrsanbietern ist ebenfalls erforderlich, um an zentralen Umsteigebahnhöfen Abläufe abzustimmen und den Verkehrsmittelbruch reibungslos zu gestalten.

Mit Servitization erweitern die Unternehmen ihre Wertschöpfung, indem sie nicht nur Fahrzeuge fertigen, sondern diese auch vermieten, verleasen oder für die Nutzung bereitstellen (Lusch und Vargo 2006, S. 282–283). Es kommt zu einer Veränderung des Geschäftsmodells, da das Industrie- zusätzlich zu einem Dienstleistungsunternehmen wird. Das Angebot besteht nunmehr nicht nur mehr darin, die Transaktion, also den Verkauf des Fahrzeugs an den Endkonsumenten, abzuwickeln, sondern eine dauerhafte, wiederkehrende Geschäftsbeziehung mit dem Nutzer einzugehen. Im Falle der Automobilwirtschaft produziert ein Unternehmen, um sie in ausgewählten Städten als Fahrzeug zu vermieten und somit nur die Nutzungszeit in Rechnung zu stellen. Für die gesamte Branche wird dies in Zukunft vor allem in Städten und Metropolen zum notwendigen Geschäftsmodell, da Konsumenten immer weniger Fahrzeuge als Besitzgegenstand nachfragen (Steiner 2019, S. 17).

Mit der Entflechtung von urbanen Systemen soll ein wichtiges Konzept der Nachhaltigkeit Erwähnung finden (Banister 2008, S. 75). Allerdings liegt dies nur bedingt im Einflussbereich von Unternehmen und Konsumenten, da die Siedlungs- und Gewerbestrukturen von politischen Gremien festgelegt werden. Dies kann zu Zentren und Peripherien führen, sodass Personen für die Erwerbstätigkeit lange Strecken zurücklegen müssen. Hinzu kommt, dass mit der Anzahl der Mitglieder in einem Haushalt die alltäglichen Wege zunehmen und Strecken variieren. In der Folge kommt es zu einem zweiten Fahrzeug im Haushalt, womit der ökologische Fußabdruck zunimmt. In ländlichen Regionen ist mit längeren Distanzen zu rechnen, wohingegen in Städten Wohnung, Arbeitsstätte und Schulen sowie Einkaufsmöglichkeiten mit öffentlichen Verkehrsmitteln besser erreichbar sind. Die Entwicklung von Raumstrukturen wird damit auch aus Sicht der Mobilität zu einer Herausforderung für die politische Administration. Eine Entflechtung ist auch deswegen notwendig, weil der Platz zu einer knappen Ressource in der Stadt wird. Dies ist auch Folge des ruhenden Verkehrs durch Pkws. Weitere Mobilität wird dadurch eingeschränkt und Nachhaltigkeitsziele werden dadurch auch nicht erreicht.

17.4 Digitalisierung und künstliche Intelligenz in der Mobilität

17.4.1 Grundlagen der intelligenten Mobilität

Um den Beitrag der KI zur nachhaltigen Mobilität zu erörtern, soll zunächst verdeutlicht werden, um welche Art von Dienstleistung es sich bei der Mobilität handelt. Bei der Beförderung von Personen sollen diese in einem festgelegten Zeitabschnitt mit einem Verkehrsmittel von einem zum anderen Standorten gelangen. Digitale Dienste begleiten die jeweilige Fahr- oder Beförderungsleistung. Es ist also eine Dienstleistung am und mit Menschen, die sich mithilfe von Verkehrsmitteln von einem zum anderen Standort fortbewegen. Sowohl im Vorfeld als auch während der Fahrt benötigt der Reisende Informationen und muss für die Ticketbuchungen Transaktionen abschließen. Digitale Unterstützungssysteme ermöglichen es, dass Reisende viele Aktivitäten innerhalb einer mobilen Dienstleistungskette selbst vornehmen können.

Als Beispiel für die Nutzung von digitalen Informationen im Vorfeld der Reise können alle Buchungsportale von Verkehrsgesellschaften genannt werden. So lassen sich aus einem Fahrplan geeignete Verbindungen auswählen. Im Anschluss können Reisende mithilfe einer mobilen Applikation eine Buchung selbst vornehmen und das Ticket elektronisch speichern lassen. Auch am Tag der Reise kann das Einchecken mobil und virtuell durchgeführt werden, sodass der Kontakt mit dem Personal des Dienstleisters auf ein Minimum beschränkt wird. Die Fahrt wird zu einem Prozess aus einer Kombination von Menschen und Maschine, die den Austausch von Kunden und Unternehmen reduziert und auf eine virtuelle Ebene transferiert.

Aus Sicht des Unternehmens muss eine Buchungsplattform eine Reihe von Mehrwerten erbringen: Eine kundennutzenmaximale Webseite erstellt eine Übersicht mit allen Verbindungen, ermöglicht dem Kunden eine Selektion der passenden Fahrt nach festgelegten Kriterien und kann infolge eine Transaktion bzw. Buchung abwickeln (Kollmann 2019, S. 58). Dieser Mehrwert kann für den Kunden noch gesteigert werden, indem die jeweilige Webseite eines Anbieters zu einer marken- und verkehrsmittelübergreifenden Buchungsplattform zusammengefasst, in der alle Verbindungen von verschiedenen Anbietern aggregiert offeriert werden. Somit werden Angebot und Nachfrage zusammengeführt, indem Transaktionskosten gesenkt und eine Fahrdienstleistung möglichst schnell zustande kommt.

Eine Weiterentwicklung der digitalen Dienste im Sinne der künstlichen Intelligenz wäre beispielsweise das Einbeziehen von Flug- und Bahnverbindungsdaten bereits bei der Terminfestlegung. Dies setzt voraus, dass ein elektronischer Kalender geführt wird, der im Vorfeld einer Terminansetzung eventuelle Alternativen mit entsprechenden günstigen Verbindungsdaten herausfindet. Mit anderen Worten werden geschäftliche Termine so gelegt, dass für den Reisenden günstige Mobilitätsverbindungen entstehen. Es geht darum, dass der Reisende nicht nur alle notwendigen Informationen, sondern darüber hinaus Alternativen erhält, aus denen die geeignete ausgewählt werden kann.

17.4.2 Effiziente Mobilität

Mit den bisherigen digitalen Informationssystemen erhält der Reisende ausreichend viele Daten, um seine Mobilitätskette besser zu steuern. Ein Angebot an verschiedenen Mobilitätsangeboten auf einer gemeinsamen Plattform führt zu einer Vergleichbarkeit von Preisen und Fahrtzeiten, sodass Kunden eine Übersicht aller Alternativen erhalten und zumindest eine Grundlage geschaffen wird, um vom Auto in öffentliche Angebote umzusteigen. Diese Plattformen bilden Servitization ab, indem die Dienstleistung bei Bedarf in Anspruch genommen wird. Eine derartige On-Demand-Nutzung von Mobilität entspricht dem Effizienzgedanken, da eine Leistung nur dann bestellt, wenn sie auch benötigt wird (Liyanage et al. 2019, S. 3). Der Reisende bezahlt somit nur für die in Anspruch genommene Leistung. Ähnlich wie Unternehmen, die Transportleistungen nur dann anfordern, wenn sie benötigt werden und somit keinen Fuhrpark anlegen, der Fixkosten verursacht. Für eine effiziente Vorgehensweise bei der Mobilität müssen Kunden auf einen Zusatznutzen eines in Eigentum befindlichen Pkws verzichten können, um bei Bedarf aus verschiedenen Alternativen auszuwählen. Ein persönlicher Pkw impliziert einen permanenten Zugriff auf Mobilität. Eine digitale Plattform mit ausreichend vielen und verschiedenen Verkehrsmittelangeboten schafft ebenfalls die Grundlage für das Gefühl, stets auf ein Angebot zurückgreifen zu können. Ausreichend viel bedeutet, dass verschiedene Anbieter bereitwillig eine Zusammenführung ihrer Angebote auf einer Plattform ermöglichen. Mit Reach Now oder Jelbi gibt es erste Lösungen für verkehrsmittelübergreifende Angebote (t3n 2019). Eine vollumfängliche Lösung wird dann erreicht, wenn Automobilhersteller das Servitization konsequent umsetzen und sich somit auf derartigen Plattformen mit eigenen Angeboten präsentieren.

Eine digitale Plattform schafft die Grundvoraussetzung für das Matching von Angebot und Nachfrage. Wenn ausreichend viele Angebote zur Verfügung stehen und es zu entsprechend vermehrten Transaktionen kommt, dann wächst die Datenvielfalt und lernende Systeme können mit der Auswertung und Verarbeitung beginnen, um Angebote zu verbessern und zu verfeinern. Soll KI einen Beitrag für bessere Mobilität und mehr

Nachhaltigkeit leisten, dann ist es notwendig, den virtuellen Datenpool zu füllen, sodass nicht nur viele und qualitativ gute Angebote entstehen, sondern auch Fahrdienstleistung in Echtzeit vermittelt wird. Kunden ohne eigene Verkehrsmittel erhalten somit einen permanenten Zugriff auf Mobilität. Allerdings müssen Kunden im Gegenzug mobile Applikationen nutzen, ihre Standortangaben freigeben, ihre Präferenzen offenlegen und somit einen Datenabdruck über ihr Mobilitätsverhalten hinterlegen. Erst dann kann KI Angebote optimieren, Vorhersagen treffen und Handlungsanweisungen erteilen. Transparenz und Zurverfügungstellung von Daten werden damit essenziell für eine effizientere Mobilität und damit auch zu einer nachhaltigeren Fortbewegung.

Bestehende Kapazitäten effizienter zu nutzen, ist auch in der Idee des Teilens enthalten (Scholl 2019, S. 9). Mit Carsharing wird ein Fahrzeug unter mehreren Nutzern und bei Ridesharing wird lediglich die Fahrt geteilt (Bundesverband Carsharing 2019). Weitere Geschäftsmodelle, die eine hohe Kapazitätsauslastung anpeilen, sind Ride-Hailing (klassisches Taxi sowie Uber) und als besseres Beispiel Ride-Pooling. Dabei bietet ein Unternehmen ein Sammeltaxi für mehrere Personen an, die unterwegs eingesammelt und unter Berechnung der schnellstmöglichen Route zum jeweiligen Zielort befördert werden (Diehl 2019, S. 34). Auch dies gelingt nur, wenn eine Rechenleistung in kürzester Zeit eine Route berechnen kann, die bei zusätzlicher Nachfrage wieder angepasst wird. Somit wird eine Kapazität nicht nur mehrfach, sondern auch intensiver genutzt. Ein Beispiel hierfür ist Moia von Volkswagen, das in Hannover und Hamburg einen derartigen Dienst anbietet (Moia 2019). Allerdings müssen Fahrgäste zum Abholort einen kurzen Weg zu Fuß zurücklegen, da ein Aufsammeln nicht an jedem Ort möglich ist. Auch entspricht der Ausstiegspunkt nicht immer dem exakten Zielort. Denn die berechnete Route soll die schnellste Lösung für alle Fahrgäste darstellen. Mit jeder abgeschlossenen Fahrt lassen sich Daten sammeln und verarbeiten, um Angebote weiterzuentwickeln. Ein Ride-Pooling eignet sich insbesondere für ländliche Regionen, da dort das Angebot an öffentlichen Verkehrsangeboten gering ist.

Effizienz dient der Nachhaltigkeit vor allem durch gemeinsame und intensivere Nutzung von bestehenden Kapazitäten von Verkehrsmitteln. Öffentliche Verkehrsmittel gelten als nachhaltig, weil sie die Nachfrage an Fahrgästen bündeln, um somit die Belastung von Ressourcen pro Person reduzieren. Dies muss auch für Personenkraftwagen gelingen, die in großer Anzahl zur Verfügung stehen, aber nur von wenigen Menschen genutzt werden. Mit Plattformen, Kooperation von Anbietern und das gezielte Anbieten von verschiedenen Verkehrsmitteln gelingt es aber auch, dass sich der Zugang zu allen Verkehrsmitteln öffnet und ein Umsteigen leichter möglich ist.

17.4.3 Reduzierte Mobilität

Effizienz reicht jedoch allein nicht aus, um die Mobilität nachhaltiger zu gestalten. Das Verzichten auf das Fahren bzw. Fahren mit dem eigenen Pkw als Suffizienz soll im Folgenden als reduzierte Mobilität verstanden werden. Bei Banister (2008, S. 75) findet sich ein paradigmatischer Ansatz nachhaltiger Mobilität: Substitution, Umsteigen auf öffentliche Verkehrsmittel, wegeverkürzende Siedlungspolitik (Entflechtung) sowie die Effizienz. Da Letzteres bereits im vorhergehenden Abschnitt thematisiert wurde, soll zunächst auf die Entflechtung des öffentlichen Raumes eingegangen werden. Eine Vielzahl des Verkehrs entsteht durch das Pendeln in die Städte bzw. Arbeitsstätten. Der Einsatz von intelligenten Systemen zur Steuerung des Verkehrsflusses kann für die städtische Administration eine wertvolle Hilfe sein, um Staus und Behinderungen im Straßenverkehr zu mindern. Allerdings sind es die Unternehmen, die ihre Standorte selbst bestimmen und diese anschließend nur bedingt ändern. Im Falle eines Standortwechsels erscheint somit eine Abstimmung mit verkehrspolitischen Entscheidungsträgern unerlässlich, um zumindest eventuelle Verkehrsströme in die Findung eines Unternehmensstandorts einzubinden.

Eine Entflechtung könnte womöglich kurzfristig gelingen. So könnten zumindest für Büroarbeitsplätze an Stadträndern bzw. günstig gelegenen Standorten campusartige Co-Working-Plätze entstehen, die nicht nur von Start-ups und Freiberuflern, sondern auch von Mitarbeitern verschiedener Unternehmen genutzt werden können. Dadurch verringert sich für manche Arbeitnehmer der Weg zur eigentlichen Arbeitsstätte. In gleicher Weise kann auch das Arbeiten von zuhause aus ermöglicht und ausgeweitet werden, um den Pendelverkehr nicht nur zu reduzieren, sondern gar nicht entstehen zu lassen. Um diese Potenziale auszuschöpfen, müssten in einem Unternehmen alle Arbeitswegedaten der infrage kommenden Mitarbeitern ausgewertet werden, um das Pendeln in die Arbeitsstätte zu vermeiden oder durch Fahrgemeinschaften zu reduzieren. Im Idealfall lassen sich somit nicht nur Fahrten der Mitarbeiter von einem, sondern von mehreren benachbarten Unternehmen optimieren. Der Einsatz von KI sollte sich somit nicht nur auf die Berechnung der optimalen Routen im Gütertransport in der Logistik fokussieren, sondern auch auf die An- und Rückfahrt der Arbeitnehmer und Angestellten in einem Unternehmen. Co-Working als Geschäftsmodell vereinigt zudem die Idee des Teilens und der effizienten Nutzung von bestehenden Kapazitäten.

Sofern der Bedarf für die Mobilität wegfällt, besteht auch keine Notwendigkeit von A nach B zu fahren (Substitution). Wie bei Homeoffice auch lassen sich einige alltäglichen Aktivitäten mithilfe von Digitalisierung und Endgeräten erledigen, ohne aus dem Haus zu gehen. Dies gilt beispielsweise für das Einkaufen von Lebensmitteln und Haushaltsartikeln. Ohnehin wird vom Onlineshopping immer mehr Gebrauch gemacht, sodass sich die Fahrten zu den Einkaufsstätten ersatzlos streichen lassen. Im Gegenzug setzen Unternehmen dynamische Routenberechnungsprogramme ein, um bei der Distribution der bestellten Waren möglichst Kapazitäten voll auszulasten und die kürzesten Wege zu finden. Auch hier ist jedoch eine Vertiefung der Kooperation der Unternehmen untereinander möglich, um Straßenzüge nicht von verschiedenen Kurierdiensten anfahren zu lassen.

Gemäß Banister (2008, S. 75) ist das Umsteigen auf öffentliche Verkehrsmittel auch als reduzierte Mobilität einzustufen, da damit auf das eigene Pkw zugunsten von nachhaltigeren Beförderungsmöglichkeiten verzichtet wird. Die intensivere Nutzung von öffentlichen Verkehrsmitteln ist von mehreren Faktoren abhängig. Entscheidend ist ein ausgeweitetes Angebot an Fahrmöglichkeiten durch Erreichbarkeit und Verfügbarkeit sowie die Zuverlässigkeit der Beförderung. Hinzu kommen eine Erleichterung und Vereinfachung der digitalen Transaktionen, um öffentliche Verkehrsmittel zu nutzen. Die Deutsche Bahn AG ermöglicht mit ihrem DB Navigator auch das Buchen von Tickets der regionalen Verkehrsverbünde (Deutsche Bahn 2019). Dieser Dienst ist wichtig für ein unkompliziertes Nutzen von öffentlichen Verkehrsmitteln. Die verschiedenen lokalen Angebote müssen integriert werden, damit Fahrgäste in einer Mobilitätskette einen Dienst nutzen und somit unkompliziert einsteigen sowie bezahlen können.

Der Einsatz von KI sollte sich aber nicht nur auf Aktivitäten beschränken, die einen Kundenkontakt enthalten. Es sind auch Prozesse einzubeziehen, die zur Sicherstellung der Leistungsbereitschaft der Flotte dienen. Dazu gehört beispielsweise die laufende Beobachtung der Bahnstrecken mit einer Länge von 30.000 km auf etwaige Störungen durch umstürzende Bäume. In Zusammenarbeit mit Start-ups erfolgt eine Auswertung von Satellitenbildern und Daten zur schnelleren Identifikation von Risiken, die zu Verzögerungen im Betriebsablauf führen können (Bigdata Insider 2019). Damit die Bahn pünktlicher wird, müssen derartige Störungen schneller und kostengünstiger behoben werden. Eine qualitativere Bahn ist eine Grundvoraussetzung für weitere Fahrgäste. Die permanente Suche nach Einsatzmöglichkeiten von KI zur Steigerung der Dienstleistungsqualität gehört somit zu den vorrangigen Aufgaben von Verkehrsunternehmen im Rahmen des digitalen Wandels.

17.4.4 Grenzen der künstlichen Intelligenz

Für eine nachhaltige Mobilität ist es notwendig, dass generell Fahrten reduziert werden und insbesondere Autofahrer auf öffentliche Verkehrsmittel umsteigen. Damit dies gelingt, sind mehrere Maßnahmen durchzuführen. Ein Einsatz von KI ist dabei nur ein Baustein. Ob die Menschen im Homeoffice arbeiten oder von zu Hause einkaufen ist oftmals auch eine Entscheidung, die die Betroffenen selbst treffen können. Ein Verzicht auf Fahrten dürfte eng mit dem Alternativangebot verknüpft sein. Wenn Unternehmen Lebensmittel und Haushaltsartikel zuverlässig und bei Bedarf nach Hause liefern, kann eine Fahrt zur Einkaufsstätte entfallen.

Auch das Angebot an öffentlichen Verkehrsmitteln lässt sich durch KI verbessern und effizienter steuern. Allerdings müssen dafür auch finanzielle Mittel bereitgestellt werden, um den Ausbau zu ermöglichen. Maßnahmen wie City-Maut, erhöhte Parkgebühren oder günstigere Ticketpreise für öffentliche Verkehrsmittel sind Gegenstand von Entscheidungen der politischen Administration. Es wird deutlich, dass nachhaltige Mobilität nur gelingt, wenn mehrere Maßnahmen ineinandergreifen. Entsprechend sind einfache digitale Dienste erforderlich, aber auch intelligentere Systeme wie eine dynamische Routenoptimierung von Gütertransporten und Personenbeförderungen. Dies ist aber auch nur möglich, wenn Menschen bereitwillig ihre Mobilitätsdaten zur Verfügung stellen und miteinander verknüpfen lassen, um optimale Vorhersagen zu treffen und Handlungsempfehlungen zu geben.

Die Grenzen von KI werden auch deutlich, wenn Ride-Hailing-Dienste wie Uber und Lyft erfolgreiche Geschäftsmodelle aufbauen können, aber bisher keinen spürbaren Nachhaltigkeitsbeitrag leisten können. Eher das Gegenteil ist der Fall, denn am Beispiel von San Francisco wurde festgestellt, dass die Gesamtanzahl der Fahrzeuge auf den Straßen mit diesen Diensten zugenommen hat (Erhardt et al. 2019). Neue Antriebskonzepte, digitale Dienste und neue Geschäftsmodelle benötigen also Zeit, bis sie sich aus Sicht der Nachhaltigkeit bemerkbar machen.

17.5 Mit Nachhaltigkeit zur intelligenten Mobilität

Auch wenn Energieerzeugung und Industrieunternehmen viel CO_2-Emissionen verursachen, so bleibt die Mobilität im Mittelpunkt der öffentlichen Diskussion. Einerseits müssen tagtäglich Wege möglichst in kurzer Zeit und in geringen Kosten zurückgelegt werden, andererseits sind Anstrengungen nötig, um die Belastung der Biokapazität zu begrenzen. Dies wird zur großen Herausforderung, denn es ist davon auszugehen, dass politische Entscheidungen zu treffen sind, die zu höheren Abgaben oder zu Verboten führen könnten. Es sind aber auch die Konsumenten, die es in der Hand haben, die geeigneten Verkehrsmittel auszuwählen, um wirkungsvoll zur Nachhaltigkeit beitragen. Es ist zudem im Interesse der Wirtschaft, innovative Technologien und neue Geschäftsmodelle einzusetzen, um kommerzielle Ziele mit Nachhaltigkeit zu vereinbaren. Schließlich soll Mobilität ermöglicht und nicht durch überlastete Straßen eingeschränkt werden.

Es wurde deutlich, dass künstliche Intelligenz (KI) vor allem einen Beitrag zur effizienten Mobilität und somit indirekt auch zur Nachhaltigkeit leisten kann. Schwieriger wird es sein, Menschen zur Suffizienz zu bewegen. Daher müssten alle Anstrengungen genutzt werden, um das Angebot an öffentlichen Verkehrsmitteln zu erweitern, zu modernisieren und schließlich auch intelligenter zu gestalten. KI kann dabei vor allem helfen, Fahrzeuginstandhaltung zu optimieren, Verkehrsströme zu lenken und Kapazitäten effizienter zu nutzen. Insbesondere Automobilhersteller sollten ihre Geschäftsmodelle überarbeiten, indem sie verstärkt Servitization anbieten, damit das Angebot an öffentlichen Verkehrsmitteln sinnvoll ergänzt wird. Auch eine Zusammenarbeit wird notwendig sein, damit Menschen digitale Plattformen vorfinden, auf denen zu jeder Zeit ausreichende Verkehrskapazitäten zur Verfügung stehen. Es ist also im Wesentlichen die Angebotsseite gefragt, um wirksam Nachfrage zu induzieren.

Die größere Herausforderung wird jedoch sein, Verkehr insgesamt zu reduzieren, ohne die individuelle Mobilität einzuschränken. Dies kann mit einer Bündelung gelingen, indem bestehende Kapazität gemeinschaftlich genutzt werden. Unweigerlich drängt sich jedoch die Frage auf, ob Konsumenten auf ihre Individualität verzichten können, indem sie kein eigenes Fahrzeug besitzen, um öffentliche Angebote zu nutzen. Diese müssen so attraktiv sein, damit es auch hinreichend genutzt wird. Es wird zudem Zeit vergehen, bis ein umfangreiches Angebot vorliegt, damit Menschen darauf zurückgreifen. Mit Technologien, Geschäftsmodellen und Innovationen lassen sich durchaus Erfolge erzielen, um Mobilität nachhaltig zu gestalten. Die Verteuerung von Fahrzeughaltung und Nutzung von Verkehrswegen wäre eine Möglichkeit, Menschen zu öffentlichen Verkehrssystemen und Ride-Pooling-Angeboten zu bewegen. Allerdings dürfte die öffentliche Akzeptanz für höhere Steuern und Sperrung von Innenstädten sehr gering zu sein. Umso mehr ist eine rasche Implementierung und Weiterentwicklung von KI-Lösungen nötig, um zumindest eine Grundlage für ein besseres Angebot an Verkehrsdienstleistungen zu schaffen und indirekt zur Nachhaltigkeit beizutragen.

Literatur

Banister, D. (2008). The sustainable mobility paradigm. *Transport Policy, 15,* 73–80.

Bigdata Insider. (2019). Wie Satellitendaten der Deutschen Bahn helfen, Sturmschäden vorzubeugen. https://www.bigdata-insider.de/wie-satellitendaten-der-deutschen-bahn-helfen-sturmschaeden-vorzubeugen-a-840535/. Zugegriffen: 2. Sept. 2019.

Bundesministerium für Umwelt, Naturschutz und nukleare Sicherheit (BMU) und Umweltbundesamt (UBA). (2019). *Umweltbewusstsein in Deutschland 2018.* Berlin.

Bundesverband Carsharing. (2019). Was ist Carsharing? https://www.carsharing.de/alles-ueber-carsharing/ist-carsharing/ist-carsharing. Zugegriffen: 2. Sept. 2019.

Deutsche Bahn. (2019). Tickets für den VVW ab sofort im DB Navigator erhältlich. https://www.deutschebahn.com/pr-berlin-de/aktuell/presseinformationen/Tickets-fuer-den-VVW-ab-sofort-im-DB-Navigator-erhaeltlich-4198840. Zugegriffen: 2. Sept. 2019.

Diehl, K. (2019). *Stadtentwicklung durch neue Mobilitätsformen. Der Nahverkehr, 6*(2019), 33–35.

Dillerop, R., & Stoi, R. (2016). *Unternehmensführung* (5. Aufl.). München: Vahlen.

Dyckhoff, H., & Souren, R. (2008). *Nachhaltige Unternehmensführung.* Berlin: Springer.

Erhardt, G. D., Roy, S., Cooper, D., Sana, B., Chen, M., & Castiglione, J. (2019). Do transportation network companies decrease or increase congestion? *Science Advances, 5*(5), eaau2670.

Flügge, B. (2016). Einführung. In B. Flügge (Hrsg.), *Smart Mobility: Trends, Konzepte, Best Practices für die intelligente Mobilität* (S. 1–4). Wiesbaden: Springer.

Fuhr, B., & Schütz, R. (2015). Predictive Analytics @ Deutsche Lufthansa AG. *IM + io Fachzeitschrift für Innovation, Organisation und Management, 4,* 34–39.

Global Footprint Network. (2019). Glossary. https://www.footprintnetwork.org/resources/glossary/. Zugegriffen: 2. Sept. 2019.

Grunwald, A., & Kopfmüller, J. (2012). *Nachhaltigkeit* (2. Aufl.). Frankfurt: Campus.

Huber, J. (1995). Nachhaltige Entwicklung durch Suffizienz, Effizienz und Konsistenz. In P. Fritz, J. Huber, & H. W. Levi (Hrsg.), *Nachhaltigkeit in naturwissenschaftlicher und sozialwissenschaftlicher Perspektive* (S. 31–46). Stuttgart: Wissenschaftliche Verlagsgesellschaft.

Jeekel, H. (2017). Social sustainability and smart mobility: Exploring the relationship. *Transportation Research Procedia, 25,* 4296–4310.

Kocagöz, E., & Kocagöz, O. (2019). Akilli Ulasim (Smart Mobility). In E. S. Bayrak Meydanoglu, M. Klein, & D. Kurt (Hrsg.), *Dijital Dönüsüm Trendleri* (Trends im Digitalen Wandel), (S. 199–224). Istanbul: Filiz Kitabevi.

Kollmann, T. (2019). *E-Business* (7. Aufl.). Wiesbaden: Springer.
Kreutzer, R. T., & Sirrenberg, M. (2019). *Künstliche Intelligenz verstehen*. Wiesbaden: Springer.
Liyanage, S., Dia, H., Abduljabbar, R., & Bagloee, S. A. (2019). Flexibile mobility on-demand: An environmental scan. *Sustainability, 11*(1262), 1–39.
Lusch, R. F., & Vargo, S. L. (2006). Service-dominant logic: Reactions, reflections and refinements. *Marketing Theory, 6*(3), 281–288.
Meynhardt, T. (11. Februar 2019). Purpose – mehr al seine Managermode? *Frankfurter Allgemeine Zeitung, 35,* 18.
Moia. (2019). Das ist Moia. https://www.moia.io/de-DE/ueber-moia. Zugegriffen: 2. Sept. 2019
Nobis, C., & Kuhnimhof, T. (2018). Mobilität in Deutschland – MiD Ergebnisbericht. Studies von infas, DLR, IVT und infas 360 im Auftrag des Bundesministers für Verkehr und digitale Infrastruktur (FE-Nr. 70.904/15). Bonn. www.mobilitaet-in-deutschland.de
Otte, R. (2019). *Künstliche Intelligenz für dummies*. Weinheim: Wiley-VCH.
Papa, E., & Lauwers, D. (2015). Smart mobility: Opportunity or threat to innovate places and cities. *Proceedings REAL CORP 2015, 5–7*(2015), 543–550.
Scholl, G. (2019). Systematisierung des Peer-to-Peer Sharing. In S. Behrendt, C. Henseling, & G. Scholl (Hrsg.), *Digitale Kultur des Teilens* (S. 5–12). Wiesbaden: Springer.
Steiner, A. (21. Juli 2019). Das Auto ist out. *Frankfurter Allgemeine Zeitung, 29,* 17.
t3n. (2019). Jelbi geht an den Start: Neue BVG-App verbindet Öffis, Taxis, Bike- und Ride-Sharing. https://t3n.de/news/jelbi-bvg-app-verbindet-oeffis-taxi-bike-und-ride-sharing-zusammen-1169794/. Zugegriffen: 2. September 2019
Umweltbundesamt. (2019). Emissionsquellen. https://www.umweltbundesamt.de/themen/klima-energie/treibhausgas-emissionen/emissionsquellen#textpart-1. Zugegriffen: 2. Sept. 2019.
Wheeler, D., & Elkington, J. (2001). The end of the corporate environmental report? Or the advent of cybernetic sustainability reporting and communication? *Business Strategy and the Environment, 10,* 1–14.
Wunder, T. (2017). Nachhaltige Geschäftsmodelle. *Zeitschrift für Führung und Organisation, 6,* 389–393.

Prof. Dr. Orhan Kocagöz ist seit 2010 hauptberuflicher Dozent für Betriebswirtschaftslehre, insbesondere Internationales Management, an der FOM Hochschule für Oekonomie & Management in Nürnberg und kooptierter Wissenschaftler im KCE KompetenzCentrum für Entrepreneurship & Mittelstand. Schwerpunkte seiner Arbeit liegen in den Bereichen Mobilität, Mittelstand und Entrepreneurship sowie Standortstrategien von Unternehmen.

Teil IV
Gesundheit und Medizin

Nutzerakzeptanz und Potenziale von KI im Gesundheitswesen

18

Markus H. Dahm, Simon Bergmoser und Tharseehan Yogendiran

Inhaltsverzeichnis

M. H. Dahm (✉)
FOM Hochschule, Hamburg, Deutschland
E-Mail: markus.dahm@fom.de

S. Bergmoser
IBM Deutschland GmbH, Hamburg, Deutschland
E-Mail: simon.bergmoser@de.ibm.com

T. Yogendiran
Bensheim, Deutschland

R. Buchkremer et al. (Hrsg.), *Künstliche Intelligenz in Wirtschaft & Gesellschaft*,
FOM-Edition, https://doi.org/10.1007/978-3-658-29550-9_18

Zusammenfassung

Dieser Beitrag analysiert, wie im Gesundheitswesen eingesetzte Assistenzsysteme, die mit künstlicher Intelligenz (KI) arbeiten, von potenziellen Patientinnen und Patienten aufgenommen und akzeptiert werden. Es werden drei konkrete Szenarien mithilfe eines angepassten Technologieakzeptanzmodells getestet, welches verschiedene Aspekte in Betracht zieht. Insgesamt zeigt die Erhebung, dass der Einsatz von KI als ein bedeutsames Thema erkannt wird und in einer assistierenden Rolle akzeptiert wird. Jedoch besteht bei Patientinnen und Patienten die Befürchtung, dass Gesundheitsdaten falsch genutzt werden. Darüber hinaus wird weiterhin eine persönliche Behandlung von Ärzten gewünscht. Auf der Forschung aufbauend werden Handlungsempfehlungen darüber gegeben, wie eine höhere Akzeptanz eines KI-Systems erreicht werden kann. Im Kern dieser Handlungsempfehlungen stehen Maßnahmen des Veränderungsmanagements wie Aufklärung, sowie eine transparente und schrittweise Einführung.

18.1 Einleitung

Die Technologie der künstlichen Intelligenz (KI) ist in den letzten Jahren zu einem wichtigen Thema in der Wirtschaft geworden und hat über mehrere Branchen hinweg Anwendung gefunden (vgl. Ammann und Zentner 2018, S. 67–69). Somit hat die KI sowohl in den Medien als auch in der Öffentlichkeit eine große Aufmerksamkeit gefunden, unter anderem auch aufgrund der potenziellen Auswirkungen auf den Arbeitsmarkt. Aus der Firmenperspektive wird die KI mit einer verbesserten und skalierbaren Datenauswertung verbunden. Jedoch sind auch bekannte Persönlichkeiten wie Elon Musk und Stephen Hawking der Ansicht, dass die KI für die Menschheit gefährlich sei. Laut Hawking sei es möglich, dass ein Mensch die KI so gestalten könne, dass die KI die Fähigkeit besitze, sich selbst zu verbessern und sich zu replizieren. Somit könne eine „neue Lebensform" entstehen, welche die Fähigkeiten und Leistungen der Menschen bei Weitem überträfe (vgl. Buxmann und Schmidt 2019, S. 189–190).

Unter anderem findet die KI auch in der Gesundheitsbranche Anwendung. In der Branche des deutschen Gesundheitswesens besteht ein großes Potenzial für eine Weiterentwicklung. Aktuelle Zahlen des vdek (Verband der Ersatzkassen) zeigen, dass die Gesundheitsausgaben im Jahre 2018/2019 ca. 356,5 Mrd. EUR betragen (vgl. Ersatzkassen 2017). Laut Prognose werden diese in den nächsten Jahren steigen, ebenso wie die Kosten je versicherter Person (siehe Abb. 18.1), wodurch die medizinische Versorgung teurer wird. Durch diesen Anstieg entsteht ein Innovationsdruck, welcher Raum für KI-Anwendungen gibt. Statista schätzt, dass die Ausgaben für KI im Gesundheitswesen bis 2025 auf 36,1 Mrd. US$ weltweit ansteigen werden, was einem 17-Fachen der Ausgaben in 2018 entspricht (vgl. Radtke 2020).

Seit dem Gesetz für sichere digitale Kommunikation und Anwendungen im Gesundheitswesen (E-Health-Gesetz) 2015 stehen Deutschlands Position im digitalen Gesundheitswesen sowie potenzielle Anwendungsmöglichkeiten im Vordergrund. Im aktuellen Fokus der „Digital Health" in Deutschland stehen jedoch Themen wie Telemedizin und mobile Health. Ebenso werden mögliche Verbesserungen in der medizinischen Versorgung durch Bedenken rund um Datenschutz überschattet (vgl. Thiel und Deimel 2018). Dadurch ergibt sich ein klarer Rahmen für die Forschung rund um die Akzeptanz von KI im Gesundheitsbereich. Steigende Kosten bieten Innovationsdruck, jedoch muss beim Einsatz von KI ebenfalls beachtet werden, dass diese auch im Kontext einer Debatte rund um das Thema Datenschutz bestehen muss.

Abb. 18.1 Leistungsausgaben der gesetzlichen Krankenversicherung je Versicherten in Euro. Zahlen der vdek (2019)

18.1.1 Problemstellung

Innovationen wie intelligente Chatbots erleichtern Interaktionen zwischen Menschen und Maschinen. So können sich Menschen immer besser mit Maschinen vernetzen. Jedoch bedeutet dies auf der anderen Seite auch, dass sich die Art der zukünftigen Kommunikation und die Zusammenarbeit mit Maschinen verändert wird. Wie am Beispiel von Ada Health zu sehen ist, sind Chatbots auch imstande, im Gesundheitswesen die Rolle des digitalen Patientinnen- und Patientenberaters zu übernehmen und das Leben vieler Patientinnen und Patienten zu erleichtern (vgl. Jansen 2017). Ebenfalls kann beispielsweise Krebsfrüherkennung durch Bilderkennungsalgorithmen verbessert werden wie bereits im Fachjournal Nature beschrieben – Hautkrebs konnte von einem Algorithmus genauso gut erkannt werden wie von einem Hautarzt (vgl. Esteva et al. 2017).

Dennoch bleibt es nicht einfach zu beurteilen, in welchem Umfang der Einsatz von KI im deutschen Gesundheitsmarkt akzeptiert wird. Durch die hohe Relevanz in vielen anderen Branchen (z. B. Automobil, Telekommunikation, Handel, Konsumgüter) und den potenziellen Möglichkeiten im Gesundheitswesen ergibt sich allerdings ein hohes Interesse an einer solchen Untersuchung (vgl. Keirath 2019). Die Relevanz wird auch durch das Bundesgesundheitsministerium bestätigt, das schreibt: „Ziel muss es sein, die Daten in Zukunft zu nutzen, um Zusammenhänge aufzuzeigen und Ansätze zu finden, Krankheiten und Risiken in Zukunft besser zu erkennen, damit Prävention und Behandlungen frühzeitiger eingeleitet werden können.“ (Bundesgesundheitsministerium 2019).

Es stellt sich nun die Frage, inwiefern ein Einsatz verschiedener KI-Anwendungen von Patientinnen und Patienten als positiv und wertvoll wahrgenommen wird und wie groß das Potenzial von KI-basierten Technologien im deutschen Gesundheitswesen ist. Das Ziel ist es, herauszufinden, welche Faktoren einen Einfluss auf die Akzeptanz durch Patientinnen und Patienten nehmen. Wichtig ist es dabei, dass diese Faktoren mithilfe von messbaren Variablen bestimmt werden können.

Daraus abgeleitet wurden folgende Kernfragen untersucht:

1. Wie werden KI-basierte Systeme im deutschen Gesundheitswesen insbesondere von Patientinnen und Patienten wahrgenommen?
2. Welche Faktoren beeinflussen bei einem KI-basierten System den wahrgenommenen Mehrwert?
3. Unter welchen Umständen kann eine KI der Ärztin oder dem Arzt einen direkten und den Patientinnen und Patienten einen indirekten Mehrwert über eine Assistenzfunktion bieten?

18.1.2 Zielsetzung

Das Ziel dieses Beitrages ist es, die Akzeptanz solcher KI-basierter Assistenzsysteme im deutschen Gesundheitswesen zu ermitteln. Dafür ist es zunächst wichtig zu klären, von welchen Faktoren ein typisches KI-basiertes System beeinflusst wird, damit diese für die Zusammenarbeit im ambulanten und stationären Sektor berücksichtigt werden können. Mithilfe eines angepassten Technologieakzeptanzmodells wird eine Grundlage aus den relevanten Einflussfaktoren geschaffen. Mithilfe des TAM-Modells ist es möglich, den Grad der Akzeptanz zu beurteilen und zu überprüfen, ob die definierten Faktoren sich für eine Messung eignen. Ein weiteres Ziel ist es, die Nutzungspotenziale einer solchen Technologie zu identifizieren. Grundsätzlich ist zu beachten, dass bei den in dieser Studie genannten Einsatzszenarien nicht das Delegieren der Entscheidungsfindung im Vordergrund steht, sondern viel mehr die Assistenz des KI-basierten Systems bei Ärztinnen und Ärzten.

18.2 Methodisches Vorgehen

18.2.1 Entwicklung des Health-Care-TAM-Modells

Zunächst wird eine Grundlage für die darauffolgende empirische Untersuchung geschaffen. Es wird das deutsche Gesundheitswesen als Rahmen für den Untersuchungsgegenstand definiert und mithilfe eines Akzeptanzmodells untersucht. Um dem Untersuchungsgegenstand gerecht zu werden, wurde das Akzeptanzmodell TAM 2 ausgewählt und in einer angepassten Form als „Health Care (HC) TAM"-Modell benutzt. Auf dem HC-TAM-Modell aufbauend werden anhand der Faktoren Hypothesen aufgestellt, die mithilfe einer quantitativen Analyse verifiziert oder falsifiziert werden. Ebenso wird auf Basis dieser Faktoren ein Fragebogen konzipiert.

Das Technologieakzeptanzmodell (TAM) dient als Grundlage aller anderen Technologieakzeptanzmodelle und wurde von Davis et al. (1989, S. 984) im Jahre 1986 eingeführt. Damals basierte dies auf der Theorie des geplanten Handelns von Aizen und Fishbein. Im Vergleich dazu stehen beim TAM die Aussagen, warum eine neue Technologie genutzt bzw. nicht genutzt werden sollte, im Mittelpunkt. So gilt es, Determinanten zu identifizieren, die zur Akzeptanz der jeweiligen neuen Technologien führen.

Im Jahr 2000 arbeitete Davis mit einem Partner namens Venkatesh an einer Erweiterung des TAM-Modells, wobei die Elemente des wahrgenommenen Nutzens und der Verhaltensabsicht näher betrachtet wurden. Somit wurde das bis dahin bestehende TAM-Modell um die Einflusselemente Erfahrung (Experience), Freiwilligkeit der Nutzung (Voluntariness), subjektive Norm (Subjective Norm), Image (Image), Arbeitsrelevanz (Job Relevance), Ergebnisqualität (Output Quality) sowie Sichtbarkeit des Ergebnisses (Result Demonstrability) ergänzt. Dabei werden die Schlüsselfaktoren des wahrgenommenen Nutzens in sozialbeeinflussenden und kognitiv-instrumentellen Konstrukte eingeteilt, welche beide die Nutzerinnen- und Nutzerakzeptanz beeinflussen können (vgl. Venkatesh und Davis 2000, S. 186–204).

Unter den sozial beeinflussenden Elementen wurden die Faktoren Nutzungsbereitschaft, Alter und Erfahrung ausgewählt. Zudem wurden neue kognitive-instrumentelle

Elemente wie die Datensicherheit, Verlässlichkeit der Ergebnisse sowie die Aversion gegenüber Technologien als relevante Einflussfaktoren herangezogen. Die Untersuchung der Akzeptanz von KI-basierten Systemen im Gesundheitswesen wird nach dem adaptierten Health-Care-TAM-Modell durchgeführt. Auf Basis dieses Modells wurde im weiteren Verlauf der Untersuchung eine Umfrage konzipiert. Die Ergebnisse dieser Umfrage wurden anschließend mit Methoden der Reliabilitäts- und explorativen Faktoranalyse ausgewertet. So können Zusammenhänge (Korrelationen), Verteilungen (Varianz) sowie Mittelwerte und Standardabweichungen analysiert und statistisch beschrieben werden.

18.2.2 Quantitative Analyse

Grundsätzlich stehen bei einer empirischen Untersuchung zwei Methoden zur Auswahl: Die qualitative und die quantitative Methode. Um eine hohe Genauigkeit zu ermöglichen ist es wichtig, eine Vielzahl an Personen hinsichtlich KI-Technologien im Gesundheitswesen zu befragen, welche Erfahrungen als Patientinnen und Patienten sie haben. Außerdem werden exakt quantifizierbare Ergebnisse benötigt, um einerseits eine höhere Vergleichbarkeit der Ergebnisse sicherstellen zu können und andererseits statistische Zusammenhänge ermitteln zu können. Durch einen großen Stichprobenumfang kann außerdem eine hohe externe Validität geschaffen werden (vgl. Döring und Bortz 2016, S. 22–24).

Die konkreten Fragen und Aussagen wurden anschließend systematisch in eine Umfrage eingebaut und zur Datenerhebung genutzt. Umfragen dienen als ein geeignetes Datenerhebungsinstrument dazu, Zusammenhänge des Health-Care-TAM-Modells sowie aufgestellte Hypothesen anhand von objektiv dargelegten Ergebnissen zu überprüfen. Darüber hinaus können auch weitere Zusammenhänge hervorgehoben werden, welche nur durch eine Zielgruppe mit Erfahrung als Patientin oder Patient belegt werden kann. Über eine solche Herangehensweise können theoretisch vorhandene Daten und Information mithilfe der Erfahrung und Wahrnehmung der Umfrageteilnehmer abgeglichen werden.

18.3 Durchführung

Der Untersuchungsgegenstand dieser Forschung ist die Akzeptanz von KI-Assistenzsystemen in typischen Einsatzszenarien des Gesundheitswesens. Hierfür wurden drei Einsatzszenarien entwickelt, worin eine technische Anwendung eines KI-Assistenzsystems im Gesundheitswesen grundsätzlich möglich ist. Mithilfe einer Erläuterung dieser Einsatzszenarien wurden die Teilnehmer in einer Umfrage gebeten, sich die jeweiligen Szenarien vorzustellen und daraufhin aus der Sicht einer Patientin oder eines Patienten Entscheidungen über das Verhalten zu treffen. Nach der Erläuterung dieser Szenarien wurden Szenario bezogene Aussagen aufgelistet, welche mithilfe einer Likert-Skala beurteilt werden konnten. Jede dieser Aussagen basiert auf einem bestimmten Faktor des Health-Care-TAM-Modells. Daraus kann rückschließend die Akzeptanz anhand des Health-Care-TAM-Modells analysiert werden.

So wurden die folgenden drei Szenarien ausgewählt:

- **Szenario 1:** Das KI-System als Assistent bei der Diagnose: *„Sie sind als Patient bei einer ärztlichen Untersuchung, weil Sie eine komplexe oder seltene Erkrankung haben. Ihr Arzt verfügt jedoch über wenig Erfahrungswissen, um diese diagnostizieren zu können. An dieser Stelle steht dem Arzt ein KI-Assistenzsystem zur Verfügung, welches basierend auf einer großen Datenmenge sowie ähnlichen Vorfällen verschiedene potenzielle Krankheiten mit einer Wahrscheinlichkeit diagnostizieren kann. So hat der Arzt genügend Unterstützung, um anhand der Auflistung dieser Krankheiten schneller zu überprüfen, welche dieser Krankheiten zutrifft."*
- **Szenario 2:** Das KI-System für personalisierte Medizin: „Ihr Arzt muss Ihnen ein Arzneimittel gegen Ihre Krankheit verschreiben. Bei der KI-Analyse Ihres Lebensstils und Ihrer medizinischen Vorgeschichte stellt sich heraus, dass Sie gegen zwei Inhaltsstoffe allergisch reagieren. So ist es dem Arzt möglich, Ihnen ein passgenaues Arzneimittel oder eine personalisierte Behandlungsmethode anzubieten, welche möglichst nebenwirkungsfrei ist." (Vgl. Gaber 2019)
- **Szenario 3:** Das KI-System für Bilderkennung: *„Sie wurden beim Fußballspielen am Bein verletzt und müssen daraufhin zu einem Radiologen gebracht werden, um per MRT das Bein zu untersuchen. Um Fehldiagnosen zu vermeiden, benutzt der Arzt eine KI-basierte Bilderkennungssoftware. Dadurch kann eine genauere Diagnose geschaffen werden. Der Arzt gibt der Software ein Bild und ein bestimmtes Merkmal vor, das sie wiedererkennen muss. So werden alle Problemstellen automatisch markiert, welche verdächtig sind. Anschließend kann der Arzt anhand dieser Erkenntnisse der KI die Ursache bewerten und eine Diagnose stellen."*

18.3.1 Konstruktion des TAM-Modells

Um eine möglichst genaue Akzeptanzforschung durchführen zu können, erfolgt die Übertragung des TAM-Modells auf das Gesundheitswesen. Dies geschieht durch eine Anpassung der Einflussfaktoren an die Zielgruppe. Aus dem angepassten Modell heraus werden Hypothesen hinsichtlich der Einflussfaktoren auf das Verhalten der Patientinnen und Patienten abgeleitet. Mithilfe des neu entstandenen Health-Care-TAM-Modells wird zum einen in der Umfrage getestet, inwieweit das angepasste Health-Care-TAM-Modell (HC-TAM) eine ideale Erweiterung des ursprünglichen TAM-Modells ist. Zum anderen können aus den Resultaten und Auswertungen dieser Studie neue Ansätze und Anknüpfungspunkte abgeleitet werden, welche Einflussfaktoren verbessert werden sollten, damit die KI-Assistenzsysteme im Gesundheitswesen durch Patientinnen und Patienten akzeptiert werden. Der endgültige Einfluss auf das Patientenverhalten kann mithilfe dieser Studie nicht analysiert werden. Jedoch ist es möglich, externe Einflussfaktoren herauszustellen, die einen besonderen Einfluss auf die Verhaltensabsicht der Patientinnen und Patienten haben.

Zunächst wird auf Basis des vorhandenen TAM-Modells nach Venkatesh und Davis eine Anpassung des Modells anhand einer Literaturrecherche durchgeführt.

Es wurden verschiedene Aussagen formuliert, womit die Korrelation einzelner Faktoren untersucht werden soll. Mithilfe von aufgestellten Hypothesen (H1, …, H5) werden die Wirkungen der Variablen im Rahmen der Untersuchung mit einem Hypothesentest erfasst. Im Folgenden werden die angewendeten Hypothesen abgebildet:

- **H1:** Je größer die Datensicherheit und die Verlässlichkeit der Ergebnisse, desto höher die Nutzungsbereitschaft und Verhaltensabsicht.
- **H2:** Personen mit einer Aversion gegenüber Technologie sind weniger bereit, die Nutzung von KI zu akzeptieren.
- **H3:** Je höher die Erfahrung im technischen Bereich, umso wahrscheinlicher wird der Einsatz von KI als nützlich wahrgenommen.
- **H4:** Der wahrgenommene Zusatznutzen hat einen positiven Einfluss auf die Verhaltensabsicht gegenüber der Nutzung.
- **H5:** Je älter der Patient, umso geringer ist die Nutzungsbereitschaft.

Anhand der aufgezählten Hypothesen wurde das Health-Care-TAM-Modell, wie in Abb. 18.2, gezeigt konzipiert.

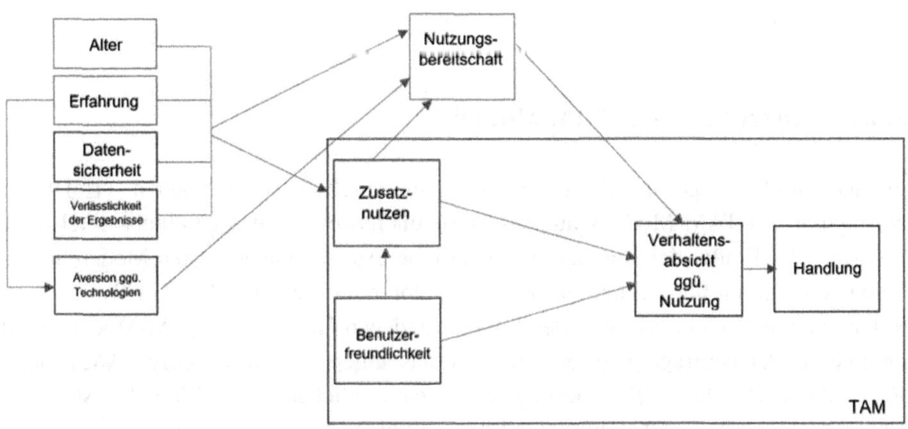

Abb. 18.2 Untersuchungsmodell basierend auf dem HC-TAM-Modell

18.3.2 Durchführung der Umfrage

Die Umfrage wurde über eine Umfrage-Plattform namens www.umfrageonline.com erstellt, worin nach dem Baukastenprinzip im gewünschten Format die Fragen erstellt werden konnten. Nach der Fertigstellung der Umfrage wurde ein Link generiert, womit jeder Teilnehmer direkt auf die Umfrage gelangen konnte. Die Umfrage galt erst dann als vollständig, wenn die Umfrage vom Teilnehmer nach Beantwortung aller Fragen abgeschlossen wurde. Somit wurden ausschließlich vollständige Umfragen ausgewertet. Die Zielgruppe dieser Erhebung waren alle Menschen, welche als Patientinnen und Patienten eine ambulante oder eine stationäre Behandlung erlebt hatten. Zum einen wurde die Zielgruppe durch das Alter eingegrenzt. Ein Mindestalter von 16 Jahren wurde vorausgesetzt. Zum anderen wurden nur Personen in Deutschland befragt, da sich diese Untersuchung auf das deutsche Gesundheitswesen konzentriert. Die Bearbeitungszeit der Umfrage betrug 10–15 min. Die Aussagen aus der Umfrage werden mithilfe einer vierwertigen Likert-Skala (1 = stimme überhaupt nicht zu, 2 = stimme eher nicht zu, 3 = stimme eher zu, 4 = stimme voll und ganz zu) beantwortet.

18.4 Ergebnisse und Interpretation

Mithilfe der Hypothesentestung sowie der Umfrage konnten bereits wichtige Zusammenhänge gezielt bestätigt bzw. abgelehnt werden. Nach der Auswertung der Einflussstärken einzelner Faktoren konnte ein Überblick dieser Wechselwirkungen gegeben werden. Anhand dieser Analysen werden nun die einzelnen Bedürfnisse und Antworten der Umfrageteilnehmer in Bezug auf die Faktoren interpretiert. Hierbei werden alle Aussagen aus der Umfrage in die Interpretation mit einbezogen.

18.4.1 Datensicherheit

Insgesamt zeigen die Ergebnisse der Aussagen bezüglich der Datensicherheit ein knappes Ergebnis von durchschnittlich 2,37 von 4,0, wonach nicht allen Aussagen gleichermaßen zugestimmt oder nicht zugestimmt wurden.

Den Ergebnissen zufolge unterstützen die meisten Teilnehmer die Nutzung der KI, solange ihre Daten anonymisiert verwaltet werden und die Patientinnen und Patienten Einblicke über den gespeicherten Datensatz sowie dessen Speicherort und Nutzungszweck erhalten können. In einer Studie der Firma Bearingpoint konnten zwischen 2017 und 2019 zwar kleine Rückgänge bei der Sorge um die Datensicherheit und andere Risikofaktoren beobachtet werden. Doch gaben auch bei der Befragung 2019 noch 54 % an zu befürchten, dass ihre Gesundheitsdaten in Apps nicht ausreichend geschützt sind (vgl. Dillmann 2019).

18.4.2 Verlässlichkeit der Ergebnisse

Aus den beantworteten Aussagen ist zu entnehmen, dass 72 % aller Befragten dem KI-System im Rahmen der drei beschriebenen Szenarien vertrauen. Ca. 85 % der Befragten sind der Ansicht, dass ein KI-Assistenzsystem mithilfe vieler analysierten Daten eine hohe Verlässlichkeit bietet. Es wird deutlich, dass zum einen die Verlässlichkeit der Ergebnisse eine große Rolle aus Sicht des Patienten spielt, da es sich hierbei um medizinische Herausforderungen handelt. Zum anderen ist es aus Sicht der Patientinnen und Patienten vorstellbar, dass durch den richtigen Einsatz von KI-Systemen ein verlässlicheres Ergebnis durch die Ärztin oder den Arzt hervorgebracht werden kann. Somit kann bestätigt werden, dass die Vorteile der einzelnen Szenarien vom Großteil der Zielgruppe erkannt werden.

In den Kommentaren wurde von den Teilnehmern verdeutlicht, dass die Verlässlichkeit ohne eine aktive Ergebnisbewertung der Ärztin oder des Arztes nicht unbedingt gegeben ist. Insbesondere sei die Nachvollziehbarkeit der KI-Analyse sehr wichtig und eine Voraussetzung der Ärztin oder des Arztes, um ein solches System nutzen zu können. Außerdem sei die Verlässlichkeit der Ergebnisse abhängig von den Daten, mit denen die KI trainiert wird. Demzufolge muss sicher sein, dass die angewendeten Trainingsdaten auf Richtigkeit überprüft werden. Dies könnte durch eine Standardisierung oder einem Zertifizierungsprozess abgebildet werden.

18.4.3 Aversion gegenüber Technologien

Es ist aus den Ergebnissen zu entnehmen, dass die meisten Teilnehmer sich nicht klar positioniert haben. So wurde in der Umfrage die Aussage, dass die Diagnosedaten ohne das Wissen und Kontrolle des Patienten zu unbekannten Zwecken gegen sie verwendet werden könne, von den meisten mit „stimme eher nicht zu" oder „stimme eher zu" beantwortet. Der Grund hierfür könnte mit einer möglichen geringen Erfahrung mit KI erklärt werden. Somit wurde noch keine Möglichkeit gegeben, das Vertrauen gegenüber einer KI aufzubauen, wodurch die meisten Teilnehmer sich nicht deutlich positionieren konnten.

18.4.4 Nutzungsbereitschaft

Die Aussagen zum Thema Nutzungsbereitschaft beziehen sich insbesondere auf die Neugier der Patientinnen und Patienten gegenüber einer KI. An den Antworten ist zu erkennen, dass der Großteil der Teilnehmer neugierig ist, mehr von den Analysefähigkeiten der KI zu erfahren. 51 % der Teilnehmer sind sehr neugierig, mehr von den Analysen der KI-Systeme zu erfahren. Auf der anderen Seite sind acht Teilnehmer nicht neugierig und stimmen dem gar nicht zu. Für die meisten scheint eine grundsätzliche

Neugier ein Motiv für eine Verhaltensabsicht zu sein. Daraus ist abzuleiten, dass der Großteil der Teilnehmer nicht abgeneigt ist, eine KI als assistierendes System bei Arztterminen mit einzubeziehen.

18.4.5 Zusatznutzen

Der Zusatznutzen wird mit Aussagen untersucht, worin die Teilnehmer die Arbeit der Ärztin oder des Arztes mit und ohne eine eingesetzte KI gegenüberstellen. So stimmen insgesamt 77 % der Teilnehmer nicht zu, dass die Ärztin oder der Arzt ohne die KI-Unterstützung die bessere Diagnose stellen kann und sehen im Einsatz einer KI einen Mehrwert. Jedoch sind 60 % der Meinung, dass die Ärztin oder der Arzt sich nicht auf das KI-System verlassen sollte. Diese Zustimmung verdeutlicht, dass der Zusatznutzen nur mithilfe der Ärzte entsteht. Der Mehrwert ist in den beschriebenen Szenarien durch die hohe Intelligenz und Analysegeschwindigkeit aller Daten durch KI gegeben.

18.4.6 Benutzerfreundlichkeit

Die Aussagen, die bezüglich der Benutzerfreundlichkeit getroffen wurden, fokussieren sich auf die Wertschätzung der Patientinnen und Patienten während der Behandlung. So fühlen sich 49 % der Teilnehmer durch den Einsatz von KI wertgeschätzt. Nur 37 Teilnehmer (knapp 13 %) fühlen sich insgesamt durch den Einsatz der KI als Patient nicht wertgeschätzt. Hier stellt sich die Frage, ob der Einsatz einer KI für eine geringere Servicequalität spricht oder für eine verbesserte Servicequalität. So ist es wichtig, dass die KI im Hintergrund eingesetzt wird und die Ärztin oder der Arzt im Vordergrund für den Service die Verantwortung trägt. Hierbei können KI-basierte Systeme als Hilfsmittel den Service der Ärztin oder des Arztes gegenüber den Patientinnen und Patienten verbessern, aber nicht den Service der Ärztin oder des Arztes ersetzen. Durch die Wahrnehmung der verbesserten Servicequalität der Ärztin oder des Arztes kann ein höherer wahrgenommener Zusatznutzen sichergestellt werden. Insgesamt wurde der Aussage, sich durch den Einsatz eines KI-Systems weniger wertgeschätzt zu fühlen, mit einem arithmetischen Mittel von 1,8 nicht zugestimmt.

18.4.7 Verhaltensabsicht gegenüber Nutzung

Wie bereits in der Interpretation der Nutzungsbereitschaft erläutert, wird durch die Neugier gegenüber der Technologie eine hohe Verhaltensabsicht entwickelt. Etwa 74 % der Teilnehmer würde dem System in den beschriebenen Szenarien vertrauen. Darüber hinaus würden ca. 90 % der Teilnehmer wissen wollen, ob und inwiefern die Ärztin oder der Arzt mithilfe eines KI-basierten Assistenzsystems bessere Diagnosen stellen kann. Aus diesem Motiv heraus entsteht eine hohe Verhaltensabsicht, die KI bei einer Behandlung unterstützend zu benutzen. Ebenso benutzen 89 % der Befragten bereits KI-Systeme wie z. B. Siri, Alexa oder Fahrassistenten im privaten Umfeld regelmäßig.

18.5 Ableitung der Handlungsempfehlungen

18.5.1 Aufklärung der Patientinnen und Patienten über den konkreten Einsatz sowie die Vorteile der KI

Da bei 82 % der Teilnehmer die Befürchtung besteht, dass die KI in Zukunft den Menschen ersetzen kann, ist im Allgemeinen mit der Thematik der KI offen umzugehen. Darum ist es in erster Linie notwendig, als Akteur im Gesundheitswesen über verschiedene Kommunikationsmedien die Vorteile einer KI-Implementierung in einem Einsatzszenario zu erläutern und dabei den Aspekt Schutz von Patientendaten zu berücksichtigen. Ebenso soll die Aufgabe der KI als ein Assistent im Hintergrund deutlich gemacht werden. Somit wird den Patientinnen und Patienten klar, dass durch die Abhängigkeit der KI gegenüber den Ärzten keine Arbeitsplätze ersetzt werden können. Vielmehr werden hier Analysemedien geschaffen, die anhand einer sehr hohen Anzahl an Daten schnelle und sichere Analysen durchführen können. KI begleitet Patienten über Grenzen zwischen verschiedenen Ärzten und Pflegepersonal hinweg (vgl. Soestmann 2019), und dies sollte entsprechend erläutert werden. Dennoch zeigt die Untersuchung, dass viele Patienten, genauso wie Ärzte, ausreichend informiert und aufgeklärt werden müssen. In diesem wie vielen anderen Zusammenhängen ist „Erklärbarkeit“ für IBM eine der fünf wichtigen Säulen der ethischen KI (vgl. IBM 2019; Hartmann 2018). Der emanzipierte Nutzer sollte im Mittelpunkt der Digitalisierung im Gesundheitswesen stehen.

18.5.2 Akzeptanzförderung durch eine bessere Kommunikation

Ein weiteres Ergebnis der Umfrage war, dass eine vollständige Akzeptanz durch besonders vollständige Datensicherheit nicht erreicht werden kann. Ca. 61 % der Teilnehmer haben große Angst um ihre Gesundheitsdaten und 57 % die Befürchtung, dass die Ärzte sich voll und ganz auf die Kompetenz der KI verlassen könnten. Gerade in der Zeit der digitalen Transformation ist es wichtig, die Akzeptanz von Innovationen mit der Implementierung sicherzustellen. Eine Implementierung von KI-basierten Systemen kann sich auf die Ärzte sowie Patientinnen und Patienten auswirken, da Behandlungenprozesse sowie Methoden angepasst werden müssen. Zudem besteht die Möglichkeit, dass neue Berufsprofile entstehen. An dieser Stelle müssen besonders Führungskräfte innerhalb des Gesundheitswesens den Angestellten gegenüber deutlich machen, dass es sich hierbei um ein langsam wandelndes Berufsprofil handelt und die Mitarbeiter sich durch Weiterbildungsmöglichkeiten dem anpassen können.

18.5.3 Schritt-für-Schritt-Einführungen von assistierenden KI-Systemen

Während der Transformation der Diagnose- und Behandlungsprozesse sollten die Einführungen schrittweise erfolgen. Auf diese Weise entstehen nur kleine und überschaubare Umstellungen, welche fokussiert auf bestimmte Bereiche des Gesundheitswesens durchgeführt werden können. Zu diesem Zweck sollten mögliche Einsatzbereiche auch unter dem Aspekt erprobt werden, wie stark die unterstützende Rolle der KI ist. Die Levels of Automation von Miller und Parasuraman (2007, S. 57–75) (siehe Abb. 18.3) bieten Anhaltspunkte, um einzuschätzen, welche Arten von Unterstützung am Beginn einer Einführung am wenigsten disruptiv sind. Eine Einführung von KI-Systemen, die nicht über die dritte Stufe hinausgehen, ist weniger störend und eignet sich besser. Während der ersten Schritte sollte KI in Bereichen eingesetzt werden, die leicht erklärbar und leicht kontrollierbar sind. Es wurden deshalb zunächst nur Szenarien in den niedrigeren Graden der Automatisierung abgefragt.

18.5.4 Investitionsanreize für die Aus- und Weiterbildung von medizinischen Fachangestellten schaffen

Neben den Investitionen in die Technologie und der Implementierung ist für eine erfolgreiche Umstellung der Arbeitsprozesse eine Weiterbildung der medizinischen Fachangestellten von höchster Notwendigkeit (vgl. PricewaterhouseCoopers 2018). Mithilfe dessen können neue Fähigkeiten erlangt werden, wodurch viele Fachangestellte von Routinetätigkeiten entlastet werden und stattdessen mit analytischen Fertigkeiten verantwortungsvolle Tätigkeiten übernehmen. Um diese Veränderung gut und effektiv

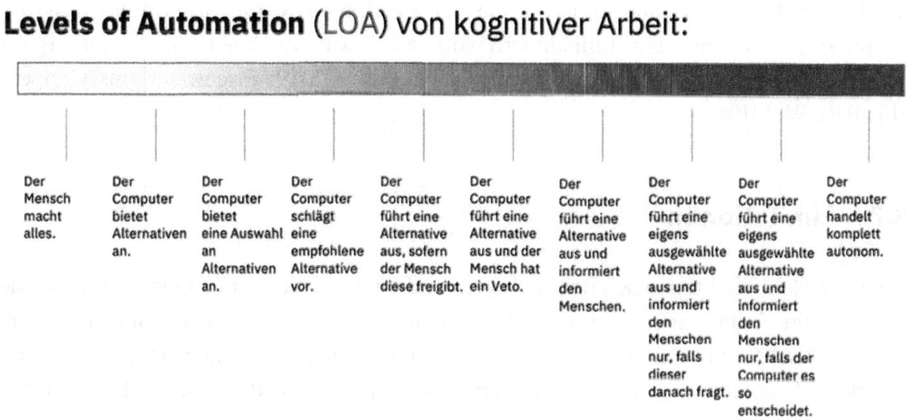

Abb. 18.3 Levels of Automation. (Quelle: Nach Miller und Parasuraman 2007)

umzusetzen, benötigt es Aus- und Weiterbildung. In der Schweiz beispielsweise gibt es einen „Leitfaden für Bildungsverantwortliche", der darauf abzielt, Gesundheitspersonal mit „elektronischer Gesundheit" vertraut zu machen. In England wird medizinisches Fachpersonal ebenfalls seit einigen Jahren im Umgang mit IT in ihrer Arbeit geschult und an Universitäten ausgebildet (vgl. Thiel und Deimel 2018).

18.6 Fazit

Ziel dieses Beitrages war die Untersuchung der Akzeptanz und das damit bestehende Potenzial von KI-basierten Assistenzsystemen im deutschen Gesundheitswesen. Dabei wurde zum einen der Fokus auf die Entwicklung eines TAM-Modells gelegt, worüber ermittelt werden konnte, welche messbaren Faktoren die Akzeptanz einer Patientin und eines Patienten beeinflussen. Zum anderen war es möglich, zu erkennen, welche dieser Faktoren entscheidend für den Erfolg eines KI-basierten Systems ist. So wurden die Faktoren mithilfe einer Umfrage methodisch gemessen, wobei Hypothesen und Fragestellungen aus den Faktoren abgeleitet wurden.

Im Allgemeinen lässt sich sagen, dass die zu Beginn des Beitrages aufgestellten Forschungsfragen mithilfe der empirischen Untersuchung beantwortet werden konnten. Anhand der Umfrageergebnisse wurde festgestellt, inwiefern die allgemeine Einstellung zu neuen Technologien und inwiefern die Vorteile sichtbar und greifbar sind. Es wurde ersichtlich, dass insbesondere junge Menschen mehrere Berührungspunkte mit neuen Technologien haben und aus dieser häufigen Auseinandersetzung heraus eine Offenheit für Innovation entwickelt haben. Ebenso ist bei Berufstätigen der IT-Dienstleistungsbranche eine Greifbarkeit und ein Verständnis für die Vorteile der KI in einer Assistenzfunktion vorhanden. Betrachtet man die Analyse des konzipierten HC-TAM-Modells, so wird deutlich, dass die kognitiven instrumentellen sowie die sozialbeeinflussenden Konstrukte sehr entscheidend für den wahrgenommenen Zusatznutzen sind. Durch die Auswertung und Analyse der Ergebnisse wurde festgestellt, dass die Akzeptanz bei den meisten Teilnehmern vorhanden war. Zu einem ähnlichen Ergebnis kamen auch andere Untersuchungen (vgl. VMWare 2019; PricewaterhouseCoopers 2017; BVDW 2019).

18.7 Limitationen

Zum einen steht die Frage nach dem richtigen und zweckgerechten Umgang mit Gesundheitsdaten im Raum. So haben viele Menschen Angst vor einer mangelnden Sicherheit und Missbrauch ihrer Daten von unautorisierten Akteuren. Zum anderen ist eine mangelnde Kommunikation des Mehrwerts und der Vorteile durch die KI erkennbar, sodass seitens der Wirtschaft den Ärzten gegenüber sowie auch seitens der gesamten Gesundheitsbranche den Menschen gegenüber ein Bewusstsein hierfür geschaffen werden muss. Eine große Herausforderung wird danach sein, mit einer ständig selbst lernenden Technologie richtig umzugehen. Da der Einsatz von KI-basierten Systemen gerade im Gesundheitswesen fehlerfreie Ergebnisse liefern muss, ist es von hoher Wichtigkeit gerade in dieser Branche, für die Richtigkeit und Zuverlässigkeit der Daten zu sorgen.

Trotz vieler Vorteile besteht eine große Verantwortung bei den Akteuren der deutschen Gesundheitsbranche, die KI ausschließlich zu unterstützenden Zwecken und für Zweitmeinungen einzusehen. Dadurch soll gewährleistet werden, dass die Ergebnisse der KI durch die hohe Kompetenz der Ärzte überprüft und „genehmigt“ werden. So erhält die künstliche Intelligenz in der Gesundheitsbranche die Bedeutung einer „unterstützenden Intelligenz“.

Als Kern dieser empirischen Untersuchung basiert das Technologieakzeptanzmodell 2 auf einer erweiterten Forschung aus dem Jahre 2000. Zusätzlich ist zu berücksichtigen, dass die Grundlage auf einer Marktsituation basiert, worin die Technologien nicht den heutigen Komplexitätsgrad besitzen. Aufgrund dessen lässt sich vor allem eine hochkomplexe Technologie wie die KI in Bezug auf die Akzeptanz schwer ermitteln.

Eine weitere Limitation stellt der Stichprobenumfang dar. In Rahmen der Umfrage konnten nur ca. 175 Teilnehmer befragt werden, woraus die Zielgruppe der „Patientinnen und Patienten in Deutschland“ nicht vollständig abgedeckt werden konnte. Um die deutschlandweit repräsentative Positionierung zu ermitteln, bedarf es eines wesentlich höheren Stichprobenumfangs.

18.8 Ausblick

Die Ergebnisse aus der durchgeführten Umfrage sind im Großen und Ganzen positiv. Dennoch besteht die Gefahr, dass die Teilnehmer bei der Beantwortung der Umfrage nicht unbedingt ehrlich geantwortet haben. Anstatt die Aussagen auf sich selbst zu beziehen, ist es auch in einer Umfrage möglich, im Sinne der Allgemeinheit zu antworten, wodurch die Antworten den Selbstbezug verlieren.

Im Hinblick auf zukünftige Forschungen kann anhand der aktuellen Akzeptanzmessung untersucht werden, welche Faktoren mithilfe welcher Maßnahmen verbessert werden können. Darüber hinaus können die Ergebnisse mit einer Akzeptanzanalyse der Ärzte abgeglichen werden. Dabei kann es ein Forschungsziel sein, positive sowie negative Korrelationen zwischen den Faktoren der Zielgruppe Ärztin/Arzt einerseits und Patient/Patientinnen andererseits zu ermitteln.

Literatur

Ammann, B., & Zentner, R. (2018). Cédric Villani und die Künstliche Intelligenz. *Mitteilungen der Deutschen Mathematiker-Vereinigung, 26*(2–3), 67–69.

BVDW. (2019). Bundesverband Digitale Wirtschaft (BVDW) e. V. https://www.bvdw.org/themen/publikationen/detail/artikel/bevoelkerungsfrage-zum-thema-health/. Zugegriffen: 11. Juni. 2020.

Bundesgesundheitsministerium. (2019). E-Health – Digitalisierung im Gesundheitswesen. https://www.bundesgesundheitsministerium.de/e-health-initiative.html#c2848. Zugegriffen: 27. Aug. 2019.

Buxmann, P., & Schmidt, H. (2019). *Sigularity und weitere kritische Debatten über Künstliche Intelligenz* (S. 189–196). Berlin: Springer Gabler.

Davis, F. D., Bagozzi, R. P., & Warshaw, P. R. (1989). User acceptance of computer technology: A comparison of two theoretical models. *Management Science, 35*(8), 982–1003.

Dillmann, R. (2019). Smarte Gesundheit 2019. https://www.bearingpoint.com/de-de/unser-erfolg/insights/smarte-gesundheit-2019/ Zugegriffen: 6. Jan. 2020.

Döring, N., & Bortz, J. (2016). *Forschungsmethoden und Evaluation*. Heidelberg: Springer.

Ersatzkassen. (31 January 2017). https://www.vdek.com/presse/daten/d_versorgung_leistungsausgaben.html Zugegriffen: 13. März 2019.

Esteva, A., Kuprel, B., Novoa, R. A., Ko, J., Swetter, S. M., Blau, H. M., & Thrun, S. (2017). Dermatologist-level classification of skin cancer with deep neural networks. *Nature, 542,* 115–118.

Gaber, F. (2019). Personalisierte Medizin. https://www.roche.de/medien/medienpartner/personalisierte-medizin.html. Zugegriffen: 13. März 2019.

Hartmann, M. (2018). Eine Frage der Ethik – Wie KI verantwortungsvoll weiterentwickelt werden kann. https://www.ibm.com/de-de/blogs/think/2018/08/28/eine-frage-der-ethik-wie-ki-verantwortungsvoll-weiterentwickelt-werden-kann/. Zugegriffen: 6. Jan 2020.

IBM. (2019). Everyday Ethics for AI. https://www.ibm.com/design/ai/ethics/everyday-ethics/. Zugegriffen 5. Nov. 2019.

Jansen, J. (31 Oktober 2017). Ada Health: Siri, was fehlt mir? https://www.faz.net/aktuell/wirtschaft/kuenstliche-intelligenz/gesundheitsstartup-ada-health-bekommt-40-millionen-euro-15270716.html. Zugegriffen: 5. März 2019.

Keirath, P. (29 November 2018). Nur jedes zweite Unternehmen in Deutschland beschäftigt sich aktiv mit KI. https://www.bcg.com/de-at/d/press/BCG_2018_Nov29_GAMMA_AIGap-208523. Zugegriffen: 13. Marz 2019.

Miller, A., & Parasuraman, R. (2007). Designing for flexible interaction between humans and automation: Delegation interfaces for supervisory control. *Human Factors, 49*(1), 57–75.

PricewaterhouseCoopers. (2017). Sherlock in health how artificial intelligence may improve quality and efficiency, whilst reducing healthcare costs in Europe. https://www.pwc.de/de/gesundheitswesen-und-pharma/studie-sherlock-in-health.pdf. Zugegriffen: 11. Juni. 2020.

PricewaterhouseCoopers. (2018). Interview „Künstliche Intelligenz in der Medizin sorgt für Qualität und Wirtschaftlichkeit". https://www.pwc.de/de/gesundheitswesen-und-pharma/interview-kuenstliche-intelligenz-in-der-medizin.html. Zugegriffen: 13.März 2019.

Radtke, R. (2020). Umsatz durch künstliche Intelligenz im Gesundheitswesen weltweit in den Jahren 2018 und 2025. https://de.statista.com/statistik/daten/studie/971348/umfrage/umsatz-durch-kuenstliche-intelligenz-im-gesundheitswesen/ Zugegriffen: 6. Jan. 2020.

Soestmann, K. (2019). Digitale Services demokratisieren das Gesundheitswesen – wenn sie gut gestaltet sind. https://medium.com/aperto-an-ibm-company/digitale-services-demokratisieren-das-gesundheitswesen-wenn-sie-gut-gestaltet-sind-9307736dc884 Zugegriffen 6. Jan. 2020.

Thiel, R., & Deimel, L. (2018). *#SmartHealthSystems. Digitalisierungsstrategien im internationalen Vergleich*. Gütersloh: Bertelsmann Stiftung.

Venkatesh, V., & Davis, F. D. (2000). A theoretical extension of the technology acceptance model: Four longitudinal field studies. *Management Science, 46*(2), 186–204.

VMWare. (2019). VMware Studie zu Künstlicher Intelligenz zeigt: Verbraucher vertrauen auf neue Technologien im Gesundheitsbereich. https://www.vmware.com/de/company/news/releases/2019/vmware-artificial-intelligence-study-shows-consumers-are-trusting-in-new-healthcare-technologies-040419.html. Zugegriffen: 17. März 2019.

Prof. Dr. Markus H. Dahm begleitet Organisationen in Strategie-, Transformations- und Change-Prozessen. Der Fokus liegt auf Digitalisierung, KI-Anwendung, Organisationsentwicklung und Change-Management. Er ist Führungskraft in der Beratungs-Practice Digital Change & Transformation in der IBM Deutschland GmbH. Er publiziert regelmäßig zu aktuellen Management- und Leadership-Fragestellungen in wissenschaftlichen Fachmagazinen, Sammelbänden, Blogs und Online-Magazinen sowie der Wirtschaftspresse und ist auch Autor und Herausgeber zahlreicher Bücher. Markus Dahm hat Lehraufträge am Hasso Plattner-Institut in Potsdam und der Kühne Logistics University in Hamburg. An der FOM Hochschule für Oekonomie & Management in Hamburg lehrt und forscht er in der Rolle eines Honorarprofessors. Als Digital Transformation Thought Leader ist er als Speaker zu Themen wie New Ways of Work, Digital Leadership und Digital Mindset sowie agile Organisationsgestaltung auf Konferenzen und Symposien gefragt.

Simon Bergmoser ist seit 2015 bei der IBM Deutschland GmbH, zunächst als dualer Student und später als Berater im Bereich Relationship and Change-Management. Vor dem dualen Studium in International Business schloss er ein Studium in Peace Studies in Bradford (UK) ab. Durch die Synthese beider Studiengänge ergeben sich die Schwerpunkte seiner Arbeit: die strategische Entwicklung von Geschäftsbeziehungen in Konfliktsituationen und der Umgang mit künstlicher Intelligenz in der VUCA-Welt der digitalen Transformation.

Tharseehan Yogendiran war von 2016 bis 2019 dualer Student im Studiengang Wirtschaftsinformatik im Bereich Sales & Consulting an der Dualen Hochschule Baden-Württemberg und Consultant bei der IBM Deutschland GmbH in der Digital Change & Transformation Practice. Schwerpunkte seiner Arbeit sind digitale Transformation, das deutsche Gesundheitswesen, künstliche Intelligenz sowie Big Data.

Maschinelles Lernen und Smartwatches zur Unterstützung eines selbstbestimmten Lebens älterer Personen

19

Klemens Waldhör

Inhaltsverzeichnis

Zusammenfassung

Wunsch der Politik, aber auch der meisten Betroffenen selbst, ist, dass älteren Personen ein gesundes Leben im eigenen Haushalt möglich ist. Problematisch ist aber, dass sowohl die Anzahl der älteren Personen in den kommenden Jahren überproportional zunimmt als auch altersbedingt Einschränkungen durch Krankheiten und Pflegebedürftigkeit bestehen. Der Autor hat mit Kollegen verschiedene Anwendungen im Bereich AAL (Ambient Assisted Living) entwickelt, die unter Verwendung von Smart-Home-, Sensor- und Smartwatch-Technologien und dem Einsatz von KI und

K. Waldhör (✉)
FOM Hochschule, Nürnberg, Deutschland
E-Mail: klemens.waldhoer@fom.de

R. Buchkremer et al. (Hrsg.), *Künstliche Intelligenz in Wirtschaft & Gesellschaft*,
FOM-Edition, https://doi.org/10.1007/978-3-658-29550-9_19

Machine-Learning-Technologien, etwa zur Erkennung gesundheitsgefährdender Situationen (z. B. Dehydrierungserkennung), das Leben zu Hause unterstützen und damit sowohl die betroffenen Personen als auch deren Angehörige und Pflegepersonal unterstützen. Der Beitrag gibt einen Überblick über die dahinterliegenden Machine-Learning-Techniken und zeigt anhand der Sturz- und Trinkerkennung praktische Anwendungsmöglichkeiten dieser Technologien im Pflegebereich auf.

19.1 Einführung und Motivation

Ein erklärtes Ziel der Sozial- und Gesundheitspolitik ist, älteren Personen ein gesundes und selbstbestimmtes Leben im eigenen Haushalt zu ermöglichen. Dies wird aber zusehends durch die demografische Entwicklung erschwert. Die Anzahl der älteren Personen in den kommenden Jahren wird überproportional basierend auf der zunehmenden Lebenserwartung zunehmen. Diese an sich positive Entwicklung wird aber durch altersbedingte Einschränkungen wie Krankheiten (Demenz, Gebrechlichkeit, …) die Pflegebedürftigkeit erhöhen. So wird der Anteil der Hochbetagten (über 80) von 6 % (2014) auf 13 % (2050) steigen, sich also verdoppeln (Haustein et al. 2016). Andererseits gibt es im Pflegebereich schon heute zu wenig qualifiziertes Personal und dieser Trend wird sich vermutlich noch weiter verstärken. Durch den Einsatz von intelligenter Technologie, bestehend aus einer Kombination von Hardware (Computer, Sensorik, Robotik, …) und Software – hier insbesondere Methoden der künstlichen Intelligenz und maschinellem Lernen – wird schon seit Längerem versucht, die Betroffenen, aber auch das Pflegepersonal von bestimmten Tätigkeiten zu entlasten bzw. diese zu unterstützen. In diesem Beitrag sollen für zwei Gefahrenquellen Stürze und Exsikkose (Austrocknung durch mangelnde Flüssigkeitsaufnahme), die für ältere Menschen ein großes Risiko bergen, untersucht werden. Mit Lösungen, die auf Smartwatches und Techniken des maschinellen Lernens beruhen, soll gezeigt werden, wie diesem Betroffenenkreis eine sinnvolle Unterstützung gegeben wird.

19.1.1 Stürze

Stürze stellen ein nicht unerhebliches Risiko für ältere Personen dar und führen oft zu Krankenhausaufenthalten und langen und teuren Heilungsprozessen, in vielen Fällen auch mittel- oder unmittelbar zum Tod. Stürze im höheren Alter werden begünstigt durch persönliche Faktoren wie Gleichgewichts- und Koordinationsprobleme, verminderte Reaktionsfähigkeit, Sehschwäche, Nachlassen der Muskelkraft, Vorerkrankungen, Medikamenteneinnahmen, aber auch durch Umgebungsfaktoren wie Beleuchtung, unbekannte Umgebungen, Unebenheiten etc. Dazu kommen noch sich meist negativ auswirkende eigene Sturzerfahrungen, die zu einer erhöhten Unsicherheit führen. Stürze haben basierend auf diesen Faktoren einen sehr unterschiedlichen Verlauf. Insbesondere haben für ältere im Vergleich zu jüngeren Personen bei sonst gleichen Voraussetzungen Stürze dramatischere Konsequenzen. Kann ein jüngerer Mensch noch gegensteuern und den Sturz abmildern, fallen ältere Menschen oft ungebremst zu Boden und verletzen sich schwer. Im Gegensatz zur im Folgenden dargestellten Problematik der Exsikkose ist bei Stürzen eine unmittelbare Hilfe notwendig, um die Folgeschäden zu minimieren. Noury et al. (2007) geben dazu einen sehr guten Überblick.

19.1.2 Exsikkose

Exsikkose (umgangssprachlich oft als Dehydrierung bezeichnet; siehe dazu Scholz 2013) stellt durch die von ihr verursachte mentale Verwirrung eine der am meisten praxisrelevanten Ursachen von Stürzen und Unfällen im Leben älterer Menschen dar. Ältere Menschen haben mit zunehmendem Alter ein stark nachlassendes Durstgefühl und können deshalb diese inhärente Gefahr nicht mehr ausreichend wahrnehmen. Zusätzlich verstärken die ungewohnten Klimaveränderungen vor allem in den immer heißer werdenden Sommern das Risiko weiter. Es gibt zwar entsprechende alters-, gewichts- und geschlechtsspezifische Empfehlungen (Deutsche Gesellschaft für Ernährung 2019), wie viel Liter Flüssigkeit eine Person pro Tag zu sich nehmen soll, diese werden aber sehr oft auch von jüngeren Menschen mit normalem Durstempfinden nicht eingehalten. Umso mehr gilt dies für ältere Personen. Natürlich wäre eine aktive und selbstorganisierte Kontrolle der Flüssigkeitsaufnahme wünschenswert. Insbesondere für Personen mit mentalen Einschränkungen wie bei Demenz ist dies auch gar nicht mehr möglich. Wünschenswert ist hier eine externe Möglichkeit, das Trinkverhalten zu erfassen und die Betroffenen durch entsprechende Benachrichtigungen zu ermuntern oder gegebenenfalls Pflegepersonal oder Angehörige zu verständigen, wenn über einen definierten Zeitraum keine Aufnahme erfolgte.

19.1.3 ADLs und EDLs

ADLs (Activities of Daily Living; deutsch: Aktivitäten des täglichen Lebens) und EDLs (Events of Daily Living; deutsch: Ereignisse des täglichen Lebens) stellen zwei Konzepte aus dem Bereich AAL (Ambient Assisted Living) dar.

ADLs (siehe dazu Fialka-Moser 2001; Mlinac und Feng 2016) bezeichnen wiederkehrende Tätigkeiten zur Erfüllung der physischen und psychischen menschlichen Grundbedürfnisse. Dazu gehören Tätigkeiten wie Essen, Trinken, Gehen, Schlafen, Ausscheidung, Körperpflege, im weiteren Umfang auch Tätigkeiten wie Schreiben, Lesen, Spielen etc. ADLs kennzeichnet vor allem eine regelmäßige Wiederkehr aus und stellen erwünschte, notwendige und bis zu einem gewissen Grad vorhersagbare Tätigkeiten dar.

EDLs (Lutze und Waldhör 2016) unterscheiden sich von ADLs vor allem durch ihr Gefahren- und Gesundheitsgefährdungspotenzial und ihre in den meisten Fällen

Unvorhersehbarkeit. Dazu zählen Ereignisse wie Stürzen, Fortlaufen oder Umherirren infolge von Demenz, Verwirrtheit, aber auch Tätigkeiten wie Nichtausschalten eines Herdes, Nichtabsperren der Haustüre beim Verlassen des Hauses oder Ähnliches. Wobei hier ein gradueller Unterschied im Gefährdungspotenzial vorhanden ist. Sturz oder Herdnichtausschalten stellen eine unmittelbare Bedrohung der Gesundheit dar, Nichtabsperren der Wohnungstüre ist weniger gefährlich.

Die Konzepte ADL und EDL unterscheiden sich vor allem durch die Notwendigkeit des Zeitpunktes einer Intervention. Während EDLs eine unmittelbare Gefährdung darstellen und einer unmittelbaren Reaktion bedürfen, etwa durch einen Rettungseinsatz, können aus ADLs zukünftige Gefahrenpotenziale oder Veränderungen abgeleitet werden.

19.2 Smarte Objekte als unterstützende Technologien im AAL-Bereich

Smarte Objekte sind eine neue Kategorie von technischen Geräten, die sich im Kontext des Internets der Dinge entwickelt haben. Sie zeichnen sich vor allem durch ihre Kommunikationsmöglichkeiten mit ihrer Umgebung und anderen smarten Objekten aus. Beispiele dafür sind RFID Tags, Smart Home mit allen Sensoren, Smart Speaker und zentral in diesem Beitrag Wearables und Smartwatches (Waldhör 2019).

Smartwatches und darauf laufende Smartwatch-Apps (Abb. 19.1) eignen sich hervorragend für die Unterstützung eines sicheren und selbstbestimmten Lebens älterer Menschen. Smartwatches und bis zu einem gewissen Grad auch Fitnesstracker kombinieren vier entscheidende Vorteile gegenüber anderen AAL-Systemen:

1. Sie werden typischerweise wie eine normale Uhr während des ganzen Tags getragen, vom Aufstehen am Morgen bis zum Schlafengehen bei Nacht.
2. Sie sind innerhalb des Hauses und außer Haus einsetzbar.
3. Sie stigmatisieren den Träger im Gegensatz zu dedizierten Notfallknöpfe nicht.
4. Sie sind weitgehend akzeptiert und kostengünstig.

Die Erkennung kritischer Situationen in allen Umgebungen sind ein zentraler Aspekt in der Anwendung von Smartwatches bzw. Wearables im Allgemeinen (Prajapati et al. 2015). In den Arbeiten von Lutze und Waldhör (2015, 2016, 2017a, b) werden KI-basierte Modelle und Implementierungen beschrieben, die Smartwatches mit serverbasierten Ansätzen verbinden, um ADLs/EDLs zuverlässig zu erkennen (Guttenberger und Waldhör 2016). Insbesondere werden hier auch Prognosemodelle entwickelt (Lutze und Waldhör 2017a), die zur Erkennung langfristiger Veränderung im Verhalten von Pflegebedürftigen eingesetzt werden können. Das System stellt eine Kombination aus serverbasierter Erkennung und lokaler Erkennung dar, was wiederum die Korrektheit der Erkennungsraten durch Abgleich erhöht.

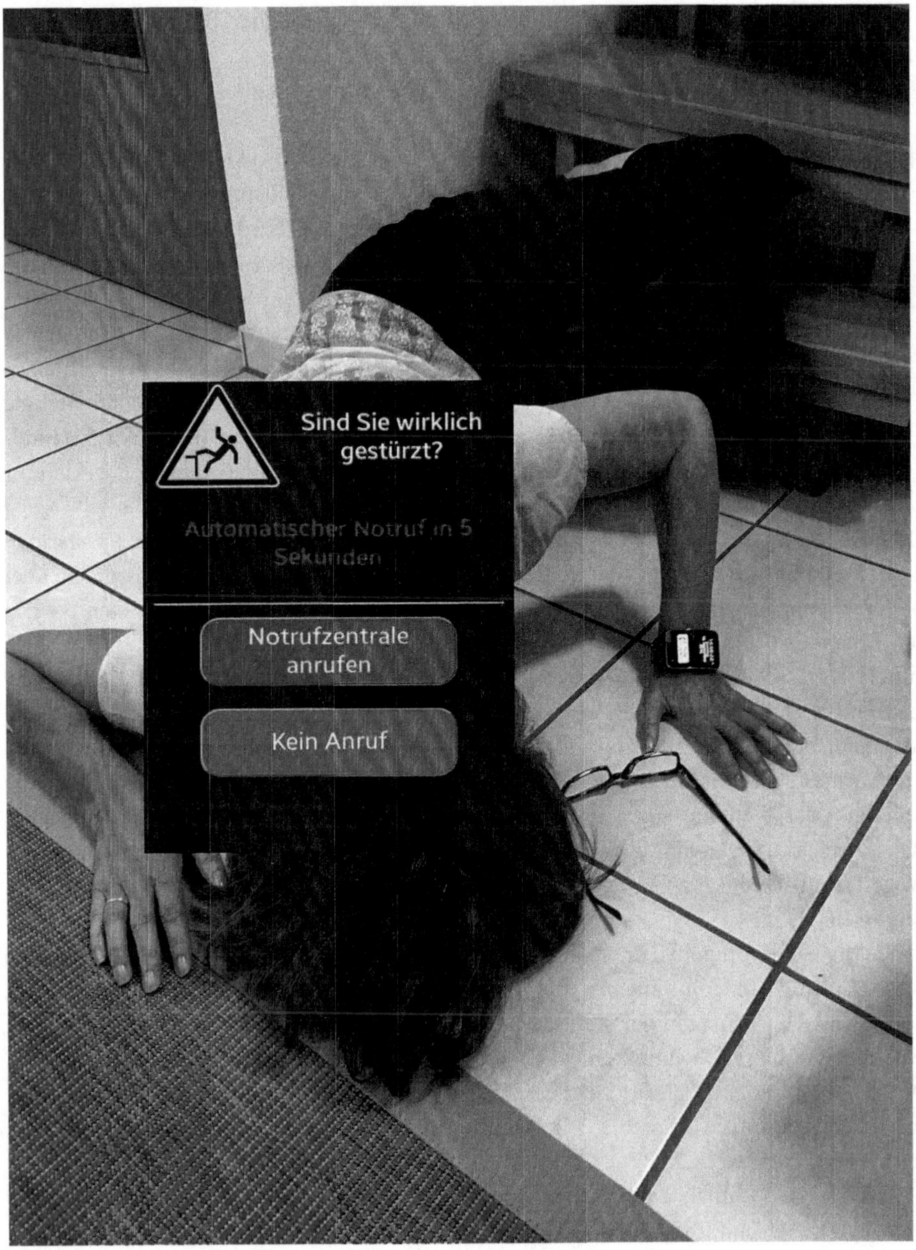

Abb. 19.1 Beispielhafte Anwendung der ADL/EDL-Erkennung mit Smartwatch Samsung Gear S

Im Folgenden sollen kurz alternative Erkennungsmöglichkeiten für die ADL Trinken bzw. die EDL Sturz beschrieben werden.

Trinkerkennung wird derzeit mittels folgender Ansätze realisiert:

a) Speziell aufbereitete Trinkgefäße, die mit Sensorik im Boden oder im Rand des Gefäßes ausgestattet sind und durch diese Sensoren den Füllstand bzw. die Menge im Behältnis sowie das Trinken erkennen. Der gravierendste Nachteil dieser Lösung ist, dass alle potenziellen Trinkgefäße mit dieser Sensorik ausgestattet sein müssen und entsprechend teuer sind.
b) Mittels Videoüberwachung (entweder mobil in einer Brille oder durch Kameras in den entsprechenden Räumlichkeiten) wird Trinkerkennung über KI-basierte Bildverarbeitung realisiert, was aber Datenschutzprobleme, insbesondere für nichtbeteiligte Personen verursacht und generell abgelehnt wird. Zusätzlich wird Flüssigkeitsaufnahme außerhalb der videoüberwachten Zone bei festen Installationen nicht erkannt.

Stürzen wird im stationären Bereich mit unterschiedlichen Ansätzen erkannt. Eine Methode verwendet wie in der Trinkerkennung Kameras mit entsprechender Bilderkennungs- und Klassifikationssoftware, weitere Systeme sind Sturzmatten oder in den Boden fest integrierte Sensorik. Andere Systeme überwachen den Fußbodenbereich mittels Infrarot- oder Ultraschallsensoren. Die Erkennungsraten dieser Systeme sind relativ hoch, haben aber den Nachteil, dass fest installierte Systeme sehr teuer sind und vor allem bei Wohnungswechsel die Investitionen verloren sind. Zusätzlich haben sie den Nachteil, dass ihr Nutzen mit dem Verlassen der Wohnung endet und diese Systeme außerhalb der Wohnung keinen Schutz mehr bieten. Viele Unfälle erfolgen aber außer Haus, verstärkt hier durch die Problematik, dass insbesondere ältere Personen für kurze Wege („Einkauf um die Ecke") auf das Mitführen eines Mobiltelefons verzichten bzw. vergessen.

Smartwatches umgehen dieses Problem durch Verlagerung in ein Alltagsgerät, das die Person ständig mit sich führt und stigmatisierende Eigenschaften aufweist. Ein Problem ist, dass die Uhr meist auf der nicht-dominaten Hand (je nach Händigkeit) getragen wird, weil dies als natürlich und wenig behindernd empfunden wird und so gelernt wurde. Dies kann entweder durch Erlernen des Anlegens auf die dominante Hand oder durch ein zusätzliches einfaches Wearable („CoBand") gelöst werden, das an der dominanten Hand getragen wird (Abb. 19.2).

Das CoBand enthält einfache Hardware und Sensorik wie Beschleunigungsmesser oder Gyrometer und übermittelt die so erhobenen Daten an die Smartwatch oder an das Smartphone. Insbesondere können mit CoBand neben einer hochzuverlässigen Trink- und Trinkmengenerkennung auch beidhändige Essenstätigkeiten zuverlässig erkannt werden, die allein mit einer Smartwatch an einer Hand nicht mit einer höheren Genauigkeit von 35 % gemäß verschiedenen internationalen Studien erkannt werden kann.

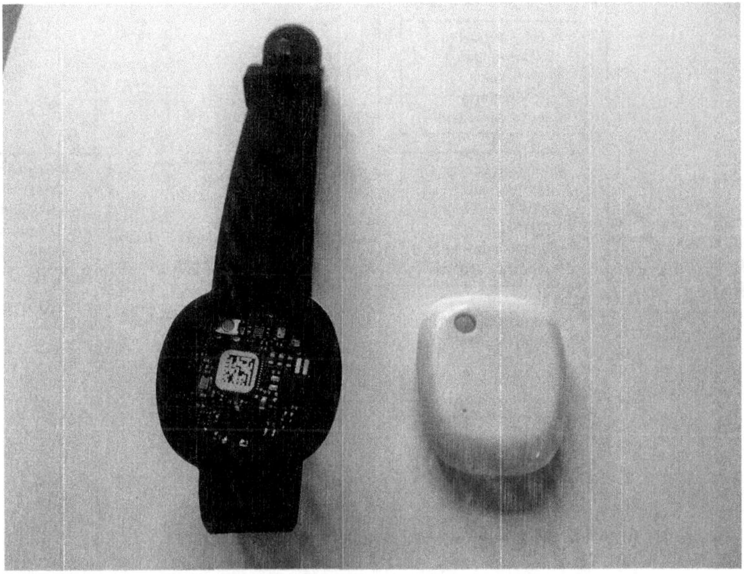

Abb. 19.2 Beispiel für ein CoBand basierend auf mbientlab-Sensorik. (Quelle: https://mbientlab.com/)

19.3 KI- und ML-basierte Erkennung von ADLs und EDLs mit Smartwatches

Sollen die Aktivitäten mit einer Smartwatch oder ähnlichem Wearable zur Trinkerkennung oder Ähnliches eingesetzt werden, müssen diese zuerst für ein ML-Modell aufbereitet werden. Erster Schritt ist hierbei die Datenerfassung der unterschiedlichen Aktivitäten, der zum Erlernen und Klassifizieren der Aktivitäten dient. Die betrachteten ADLs/EDLs zeichnen sich vor allem durch eine relativ begrenzte Zeitdauer aus. So wird ein Trinkvorgang normalerweise innerhalb von etwa zehn Sekunden beendet sein, ein Sturz innerhalb weniger Sekunden. Aus praktischen Gründen werden daher zum Training Aktivitäten in 10-s-Intervallen aufgezeichnet. In dieser Zeit werden Beschleunigungs-, Gyrometer und Magnetometerdaten erfasst. Die verwendete Samsung Gear S unterstützt auch Barometerdaten, diese werden miterfasst, es zeigte sich aber, dass hier die Aufzeichnungsintervalle zu lange sind, als dass diese sinnvoll verwendet werden konnten. Im Laufe der Datenerfassung stellte sich zusätzlich heraus, dass die Magnetometerdaten ebenfalls unzuverlässig aufgezeichnet werden. Daher wurde bei der finalen Modellbildung auf ihre Verwendung verzichtet. Vergleiche von Modellen mit und ohne Magnetometerdaten zeigten auch, dass diese nicht zu einer verbesserten Erkennung beitragen.

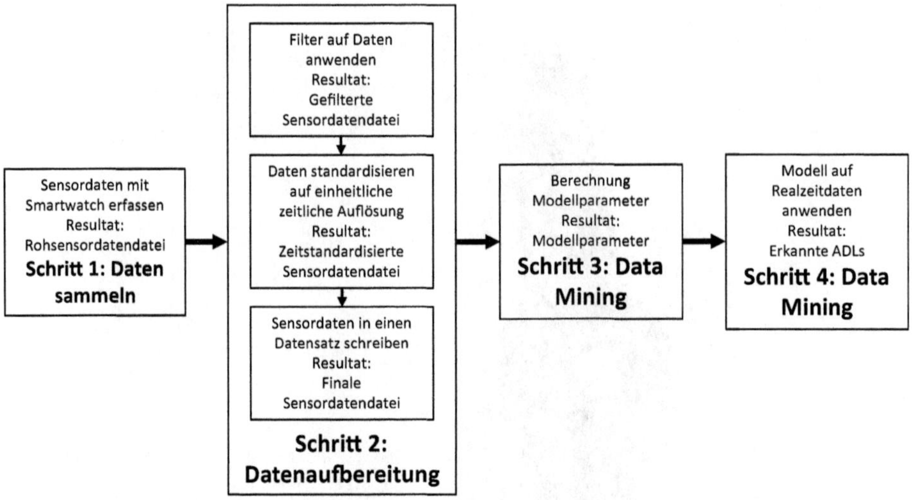

Abb. 19.3 Vorgehensmodell Erfassung und Auswertung Sensordaten

Abb. 19.3 zeigt das grundsätzliche Vorgehensmodell.

Als Basis für die Datenerfassung wurde eine Smartwatch-App für die Samsung Gear S (Betriebssystem Tizen) entwickelt (siehe Abb. 19.4). Mit dieser App wurden alle hier beschriebenen ADLs und EDLs erfasst. Die Probanden wurden gebeten, eine bestimmte Aktivität wie Trinken auszuführen. Sie starteten dazu die Erfassungs-App und führten die gewünschte Aktivität in einem 10-s-Zeitraum durch. Die erfassten Aktivitäten wurden in einer Datei lokal in der Smartwatch gespeichert und am Ende des Experiments zur Auswertung auf einen PC übertragen. Am PC erfolgte dann das Trainieren und Testen der ML-Modelle.

Der Ablauf der Aktivitätenerhebung sieht wie in Abb. 19.4 dargestellt in der Samsung Gear S Benutzeroberfläche wie folgt aus (adaptiert nach Lutze und Waldhör 2017b): Benutzer wählt in 1) gewünschte ADL und Benutzernamen; 2) startet den Erfassungsprozess; 3) informiert den Benutzer, dass die Erfassung in einer Sekunde beginnt; 4) zeigt die laufende Datenerfassung für zehn Sekunden; 5) zeigt an, dass die Erfassung in zwei Sekunden endet und 6) benachrichtigt den Benutzer, dass eine zweite Erfassung startet. 6) hängt von der Art der ADL ab, die erfasst wird, Sturz typischerweise nur einmal, während Trinken öfters hintereinander erfasst wird.

Die folgenden Auswertungsschritte basieren auf einem Standard-CRISP-Modell (Larose und Larose 2015).

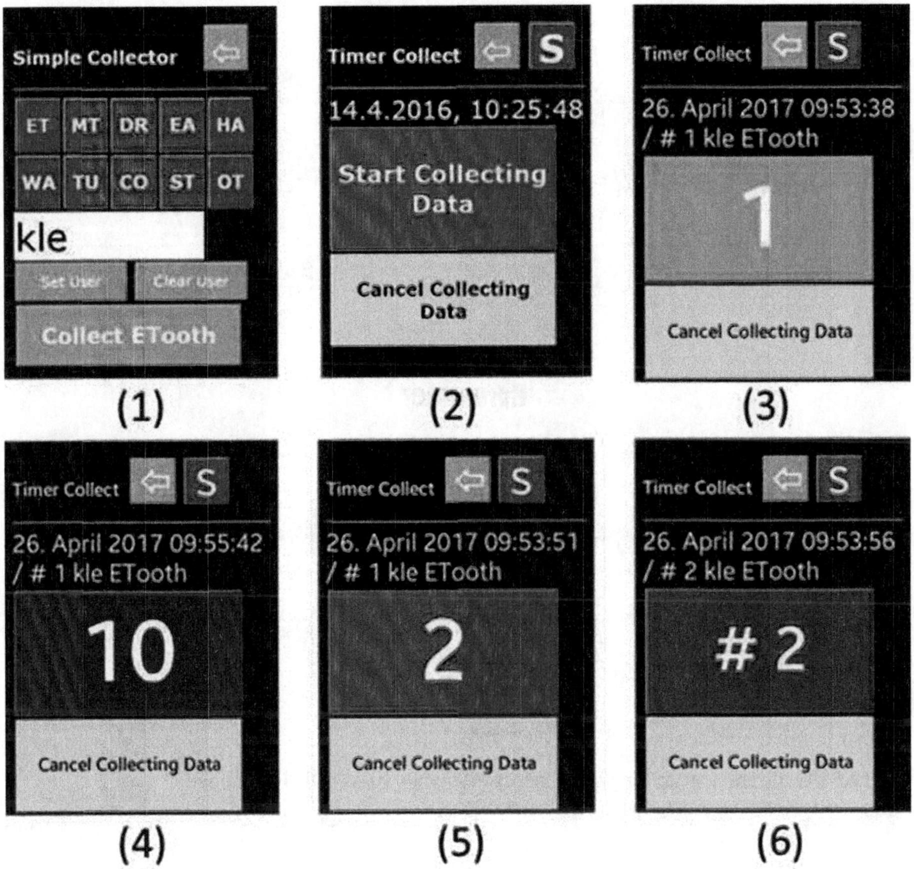

Abb. 19.4 Samsung Gear S Benutzeroberfläche

1. Datennormalisierung: Die Rohsensordaten (Abb. 19.5 und 19.6) wurden standardisiert in ein Intervall von jeweils 20 ms interpoliert.
2. Berechnung von 39 verschiedenen statistischen Kennzahlen wie Mittelwert, Minima, Maxima, Streuung etc. der standardisierten Sensordaten.
3. Für jede ADL wurde ein neuer Eintrag in einer CSV-Datei erzeugt (Abb. 19.7). Hier wurden auch fehlende Werte entfernt, da sich zeigte, dass die Magnetometerdaten in vielen Fällen fehlten.
4. Basierend auf dieser Datei wurden verschiedene ML-Modelle trainiert. Dazu wurde das Statistikprogram R und RapidMiner eingesetzt. Verwendet wurden unter anderem: logistische Regression, neuronale Netze, verschiedene Bäume.

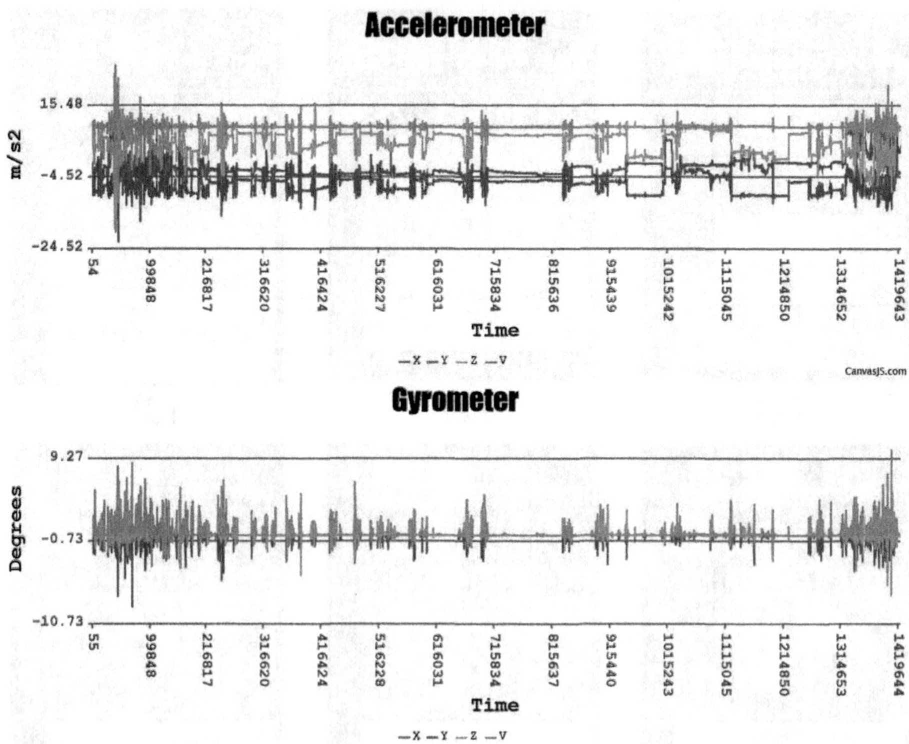

Abb. 19.5 Grafische Darstellung der Sensorwerte einer 10-s-ADL-Erfassung


```
20051;20051;1450272690819;GST;true;3;-157;Drive;kle;true
20383;20383;1450272693674;GA;-4.2592244148254395;-2.194218397140503;8.3629150390625;-0.16563796997070312;-0.2985348701477051;-0.4857463836669922
20384;20384;1450272693674;GR;-10.559920310974121;6.042959690093994;4.883199691772461
20385;20385;1450272693715;GA;-4.153940200805664;-2.117647886276245;8.664410591125488;-0.04828310012817383;-0.17757153511047363;-0.1474008560180664
20386;20386;1450272693715;GR;-10.498879432678223;2.807839870452881;4.639039993286133
20387;20387;1450272693716;GA;-4.3310089111328125;-2.218146562576294;8.511269569396973;-0.1802816390991211;-0.2224562168121338;-0.2404336929321289
20388;20388;1450272693716;GR;-10.254719734191895;2.868880033493042;1.4039199352264404
20389;20389;1450272693739;GA;-4.187439441680908;-2.287538528442383;8.539983749389648;-0.029369831085205078;-0.23347854614257812;-0.16937541961669922
20390;20390;1450272693739;GR;-10.254719734191895;2.868880033493042;1.4039199352264404
20391;20391;1450272693756;GA;-4.0247273445129395;-2.242074966430664;8.353343963623047;0.10667371749877793;-0.15041208267211914;-0.2848119735717773 4
20392;20392;1450272693756;GR;-15.076879501342773;4.2117600440979;-2.3195199966430664
```


Abb. 19.6 Rohsensordaten der Smartwatch. Jeder Sensor liefert eine Datenzeile für die x, y und Z Messwerte zusammen mit dem Erfassungszeitpunkt in Millisekunden. WA = Beschleunigungsmesser, WG = Gyrometer, WM = Magnetometer

19.4 Ergebnisse

Im Folgenden sollen die Ergebnisse basierend auf einem neuronalen Netzwerkansatz vorgestellt werden.

In einer ersten Analyse wurden die ADLs/EDLs in vier Kategorien eingeteilt: Trinken, Zähneputzen, Stürzen und alle anderen Aktivitäten. Zähneputzen wurde aufgenommen, da es aus der Literatur Hinweise gibt, dass sich verändernde Hygieneaktivi-

ACC.ZC_X	ACC.ZC_Y	ACC.ZC_Z	...	ACC.MEAN_Z	ACC.SD_Y	GYR.ZC_X	ACTIVITY
0	82	39	...	4.34083573	2.55596739	87	Comb
0	81	40	...	5.3805763	2.04349355	107	Comb
82	0	0	...	4.50360789	1.83203915	94	Drink
24	0	0	...	3.74075199	5.65520525	120	Drink
0	0	6	...	4.20948926	5.46076168	71	Eat
0	6	0	...	4.13021336	6.34172876	84	EShave
0	0	53	...	3.43561234	5.98092861	90	EShave
30	2	39	...	4.00581057	5.60997578	128	ETooth
0	6	6	...	3.59402789	6.50202609	91	EShave
24	28	77	...	3.80754762	6.10485199	71	Wash
41	26	79	...	4.03990255	4.79287513	58	Wash

Abb. 19.7 Beispiel eines ADL-Datensatzes. Eine Zeile erfasst ein Experiment. MEAN = Mittelwert der 10-s-Periode, IQ = Interquartilsabstand, SD = Standardabweichung, Activity bezeichnet die aufgezeichnete Aktivität, hier Comb = Kämmen etc

täten (etwa unregelmäßige Durchführung) auf eine Verschlechterung des Zustandes einer Person hindeuten können.

Eine Frage, die mit dieser Untersuchung auch geklärt werden sollte, war, ob die Erkennung stark personenspezifisch ist, daher die verschiedenen Bewegungsmuster der ADLs/EDLs, die pro Person trainiert werden müssen und für jede Person ein eigenes ML-Modell erstellt werden muss oder ob ein allgemeines Modell für alle Personen ausreichend genau ist.

Abb. 19.8 zeigt, dass alle Erkennungsraten für die ADLs über 90 % liegen. Dies wird auch durch eine Kreuzvalidierung unterstützt (Abb. 19.9). Dies bekräftigt, dass es nicht unbedingt notwendig ist, personenspezifische Modelle zu trainieren. In weiteren – hier nicht dargestellten – Untersuchungen wurde überprüft, wie sich personenspezifische Modelle verhalten. Es zeigte sich, dass diese nur in Spezialfällen bessere Ergebnisse liefern, vor allem dann, wenn es um Tätigkeiten ging, die sich in der Bewegungsausführung nur geringfügig unterscheiden (etwa Zähneputzen und Kämmen). Dies ist insofern ein wichtiges Ergebnis, als es damit möglich ist, eine Smartwatch mit einem bereits

Training General Model	true Other	true Drink	true Tooth	true Tumble	class precision
pred. Other	**541**	2	12	7	96.26%
pred. Drink	2	**134**	0	7	93.71%
pred. Tooth	9	5	**446**	1	96.75%
pred. Tumble	6	5	2	**338**	96.30%
class recall	96.95%	91.78%	96.96%	95.75%	**1517**

Abb. 19.8 Recall und Precision des trainierten allgemeinen Modells

Cross Validation General Model	true Other	true Drink	true Tooth	true Tumble	class precision
pred. Other	184	0	3	3	96.84%
pred. Drink	1	48	0	0	97.96%
pred. Tooth	4	4	158	0	95.18%
pred. Tumble	2	1	1	107	96.40%
class recall	96.34%	90.57%	97.53%	97.27%	516

Abb. 19.9 Recall und Precision des trainierten allgemeinen Modells mit Kreuzvalidierung basierend auf einem 66/33 %-Split der Daten

vortrainierten Modell auszuliefern. Zur Verbesserung der individuellen Erkennung kann im Laufe der Verwendung ein individuelles Modell erstellt werden, das insbesondere Fehlklassifikationen neu eintrainiert.

Wendet man das allgemeine Modell auf Testdaten (also Daten, die das Modell noch nie gesehen hat) an (Abb. 19.10), ergibt sich ein differenziertes Bild. Stürze werden perfekt erkannt, obwohl fünf der acht Personen in den Trainingsdaten nicht vorkamen. Zähneputzen und Trinken zeigten verschiedene Fehlklassifikationen (False/Positives). Ein Grund kann darin liegen, dass noch mehr Trainingsdaten notwendig sind, insbesondere von verschiedenen Personen. Ein anderer Grund kann auch darin liegen, dass Kämmen und Zähneputzen immer in der Nähe des Kopfes stattfinden und daher einen ähnlichen Sensordatenverlauf erzeugen. Aus diesen Versuchsreihen ergibt sich, dass Trinken und Stürzen, aber auch andere ADLs/EDls, mit einer genügend hohen Genauigkeit erfasst werden können, sodass sie auch in der Praxis eingesetzt werden können.

In verschiedenen weiteren Untersuchungen wurden Verbesserungsmöglichkeiten des Modells diskutiert und durchgeführt (z. B. Dobrenizki et al. 2017).

Ein Problem der Sturzerkennung im Gegensatz zu Trinken ist die Durchführung des Trainings. Aus naheliegenden Gründen konnten keine Versuche mit realen älteren Personen durchgeführt werden, sondern diese wurden mit einer deutlich jüngeren Klientel erfasst. Insofern ist eine Übertragbarkeit auf die intendierte Zielgruppe der Senioren problematisch. In Full (2019) wurde daher ein Alterssimulationsanzug

Test Model	true Drink	true Tooth	true Other	true Tumble	class precision
pred. Drink	17	0	0	0	100.00%
pred. Tooth	3	10	1	0	71.43%
pred. Other	1	0	11	0	91.67%
pred. Tumble	0	0	0	8	100.00%
class recall	80.95%	100.00%	91.67%	100.00%	51

Abb. 19.10 Recall und Precision auf Testdaten

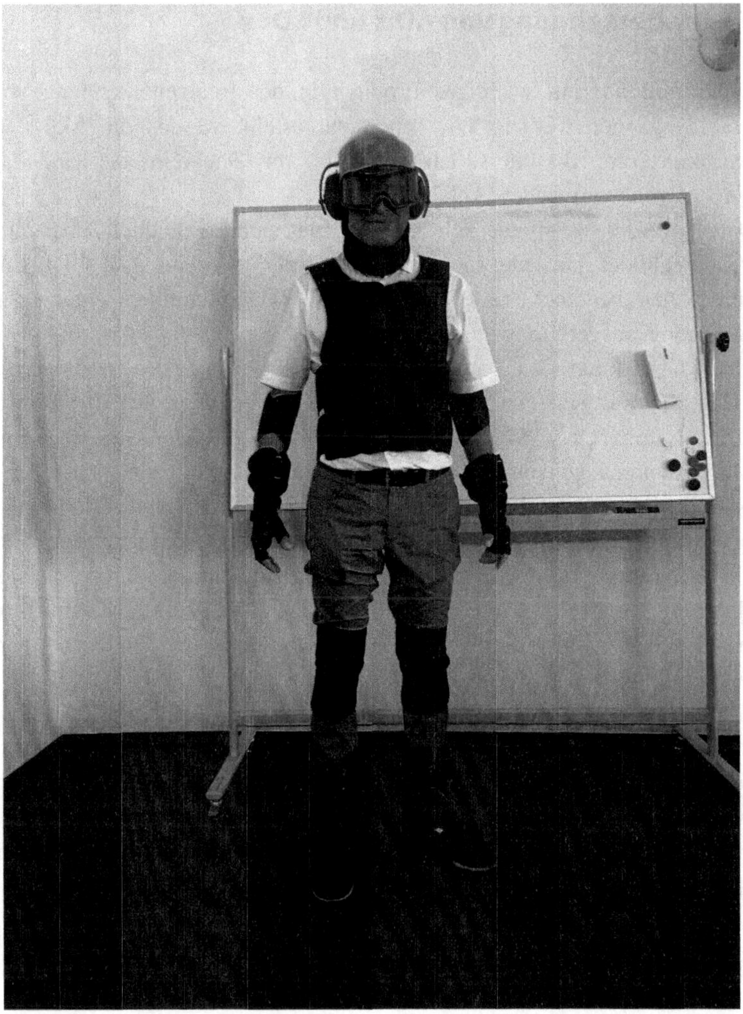

Abb. 19.11 Alterssimulationsanzug

(Abb. 19.11) eingesetzt, um mit jüngeren Personen durch künstliche Alterung eine realitätsnähere Situation zu erzeugen. Full (2019) erreichte mit diesem Ansatz sehr gute Erkennungsraten von über 99.99 % für die beiden ADLs/EDLs Trinken und Stürzen. In dieser Studie wurden anhand eines vorgefertigten Versuchsaufbaus unterschiedliche Sturz- und Trinkszenarien eingesetzt, um die Bandbreite der Varianten der Aktivitäten zu erhöhen.

19.5 Realzeiterkennung von ADls und EDLs

Im Folgenden soll auf ein wichtiges Problem in der Realzeiterkennung von ADLs und EDLs eingegangen werden. Wie schon dargestellt, werden die Aktivitäten über die Auswertung von 10-s-Intervallen ermittelt. Im Dauereinsatz wird dazu eine „Windowing"-Ansatz verwendet (Abb. 19.12).

Die Daten werden kontinuierlich erfasst und sich sekündlich überschneidende 10-s-Intervalle gebildet. Für jedes dieser 10-s-Intervalle wird eine ADL/EDL-Erkennung durchgeführt. Dies bedeutet, dass pro Stunde 3600 Erkennungsvorgänge, pro Tag 86.400 Erkennung ausgeführt werden. Dies unter der Annahme, dass die Betroffenen die Smartwatch wirklich den ganzen Tag tragen. Unter realen Bedingungen wird das eher nicht der Fall sein, so werden die meisten Personen die Uhr beim Schlafen ablegen. Diese permanenten Messungen haben einschneidende Konsequenzen für die gewünschte Erkennungsgenauigkeit – abhängig von der erkannten ADL. Für Trinkerkennung sind Fehlklassifikationen nicht so dramatisch wie für Stürze. Die meisten Sturzerkennungsverfahren können Stürze sehr genau (>90 %) erkennen. Eine hohe True/Positive (T/P)-Rate wird gegebenenfalls bei der Implementierung durch eine wenn auch geringe Halse/Positive (F/P)-Rate (z. B. fünf Prozent) konterkariert. Überprüft ein ML-Modell pro Sekunde basierend auf den Sensordaten ADLs und EDLs, so würden pro Stunde bei einer False/Positive-Rate von fünf Prozent ~180 Fehlalarme ausgelöst, selbst bei einem Prozent verbleiben noch 36 Fehlalarme. Dies ist für den praktischen Einsatz untauglich und würde zur Ablehnung durch die Nutzer führen. Oder dazu führen, dass Hilfsorganisationen nach dem dritten oder vierten Fehlalarm keine Unterstützung mehr schicken würden.

Wie kann nun diese Fehlalarmquote insbesondere für Stürze reduziert werden? Dazu bieten sich mehrere Möglichkeiten an:

1. Verbesserte Modelle mit verschiedenen Techniken zur Datenverbesserung einsetzen wie in Full (2019) dargestellt.
2. Betrachtung von mehreren Sekundenintervallen in Folge: Man betrachtet 2–4 aufeinanderfolgende Intervalle. Wenn in allen Intervallen dieselbe ADL erkannt wurde,

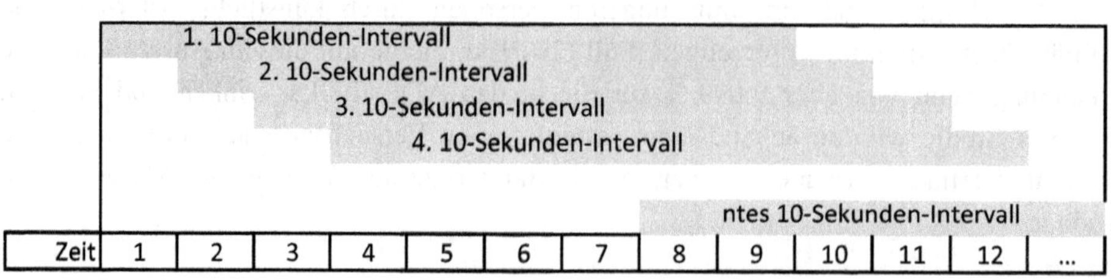

Abb. 19.12 Windowing-Ansatz bei der kontinuierlichen Sensordatenerfassung in Realzeitanwendung

erhöht sich die Wahrscheinlichkeit, dass es sich um die korrekt erkannte ADL handelt, deutlich. Dies konnte im Rahmen verschiedener Analysen von Langzeitsensoraufnahmen als probates Mittel der False/Positve-Unterdrückung evaluiert werden.

3. Verbessern des Modells mit Integration der False/Positive-Fehlalarme: Die Fehlalarme werden nachträglich korrekt klassifiziert und damit das ursprüngliche Modell neu trainiert. Dies brachte massive Verbesserungen in der False/Positive-Quote. Je nach ADL konnte die Fehlerquote auf 0.000528374 % (etwa zehn pro Tag) gesenkt werden.
4. Weitere Prüfungen, etwa des Pulses, können Hinweise geben, ob wirklich ein Sturz vorliegt. Im Falle einer Ohnmacht kann dies ebenso erkannt und als Hinweis für ein Sturzereignis gewertet werden.
5. Kombination der Methoden 2–4.
6. Der Träger wird in jedem Fall gefragt, ob eine Notfallalarmierung durchgeführt werden soll. Nur im Falle einer Nichtreaktion auf die Nachfrage wird die definierte Notfallkette ausgelöst.

19.6 Implementierung einer plattformübergreifenden KI-Architektur zum Einsatz im Bereich AAL – der xHealth-Ansatz

Im Folgenden soll eine modellhafte Implementierung einer Gesundheitsplattform dargestellt werden, die verschiedene Aspekte der ADL/EDL-Erkennung zu einem Gesamtsystem integriert.

Die durch xHealth möglichen individuellen Verhaltensinterventionen durch spezifische Hinweise an die Älteren, entlasten pflegende Angehörige zu Hause und/oder das Pflegepersonal in Betreuungseinrichtungen von der Routineaufgabe der regelmäßigen Beobachtung der zu Pflegenden. Pflegepersonal ist bekanntermaßen eine der am meisten knappen Ressourcen der Gesundheitswirtschaft. Durch die unmittelbare Erkennung eingetretener Gefahrensituationen (z. B. Sturz) und entsprechende Alarmierung vermeidet xHealth lange Zeiten der medizinischen Nichtversorgung der Verunfallten, die durch die typischerweise in diesem Zeitraum eintretende irreversible Schädigung zu besonders hohen gesundheitlichen Folgekosten führt.

Im Sinne einer „leichtgewichtigen KI" muss insbesondere Wert auf die energieeffiziente Realisierung der Erkennungssoftware und der auf maschinellem Lernen (ML) basierten Erkennungsmodelle gelegt werden. Ziel muss eine gesicherte Tragedauer der Wearables von mindestens einem Tag sein.

Abb. 19.13 beschreibt beispielhaft die Architektur des xHealth-Systems, das in kleinen Testszenarios bereits erfolgreich als Proof-of-Concept realisiert wurde.

In der Abbildung wird die Kommunikation zwischen den Smartwatch-Trägern und einem zentralen Cloud Service mit sowohl vor als auch nachgelagerter ADL/EDL-Erkennung am Beispiel der Trinkerkennung skizziert. Neben der betreuten Person

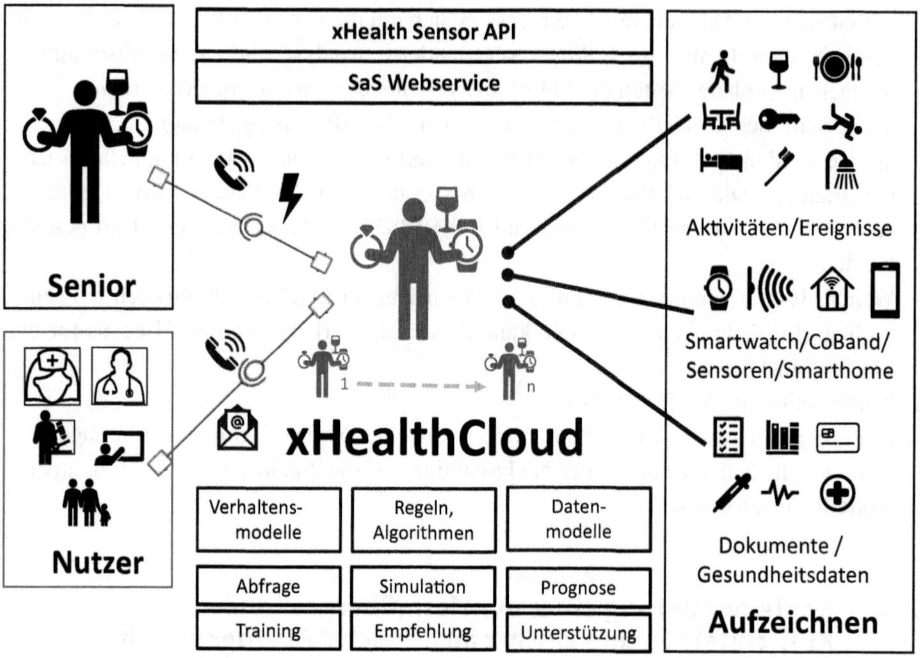

Abb. 19.13 xHealth-Architektur

können weitere Kommunikationspartner integriert werden, etwa Verwandte, Nachbarn, Ärzte etc. Erkennungsmodelle werden sowohl in der Smartwatch, Mobiltelefon und der Cloud gespeichert. Welches Modell aktuell zur Anwendung kommt und wo erkannt wird, hängt von dem Komplexitätsgrad und der Dringlichkeit ab. Stürze werden direkt in der Smartwatch erkannt, Trinken im Normalfall in der Cloud. Wenn keine Cloud verfügbar ist, wird alternativ eine lokale Erkennung durchgeführt. Das Training der Modelle erfolgt grundsätzlich in der Cloud. Die Kommunikation zwischen CoBand und Smartwatch erfolgt über BLE. Die verschiedenen Zustände werden in der Cloud gespeichert und können Hinweise auf Verhaltensänderungen geben. In der Abbildung ist mit den beiden Symbolen Blitz und Telefon angedeutet, dass der Senior, wenn ein Schwellwert für die Trinkmenge unterschritten wird, eine entsprechende Aufforderung zum Trinken erhält. Werden weitere Schwellenwerte unterschritten, können zusätzlich Betreuungspersonen informiert werden.

Abb. 19.14 zeigt die Architektur des xHealth-Systems als Schichtenmodell. Das Modell zerlegt das System in drei Schichten, wobei die einzelnen Schichten in Subsysteme mit spezifischen Aufgaben unterteilt werden: Ausgabeschicht (Presentation) ist für die Darstellung der Sensordaten und Ereignisse (ADLs) zuständig, die verschiedenen Anwendungen werden in der Application-Schicht gekapselt, die Infrastrukturschicht übernimmt einerseits die Kommunikation, andererseits die Speicherung der ver-

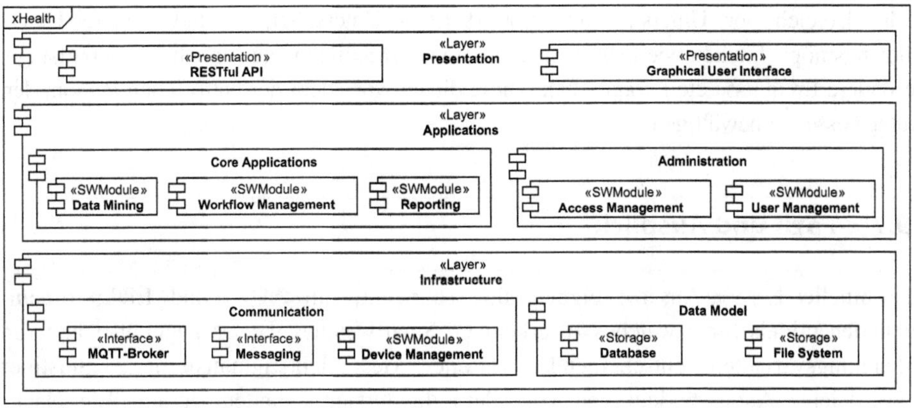

Abb. 19.14 Softwarearchitektur xHealth. (Quelle: Nach Guttenberger und Waldhör 2016)

schiedenen Daten. Die unterschiedlichen Schichten kommunizieren vorwiegend über REST-basierte Botschaften. Die KI-Komponenten sind in den Core Applications enthalten, der aktuelle Prototyp beschränkt sich auf ML-Module (Data Mining). Die Übermittlung der Sensordaten erfolgt über das Device Management in Infrastructure-Schicht, während Sicherheitsaspekte (Authentication) über das Subsystem Administration und Access Management geprüft werden.

Die xHealth-Architektur ist offen konzipiert, sodass sie durch Hinzufügen neuer Services sehr einfach über entsprechende API-Calls um neue Dienstleistungen in der passenden Schicht erweitert werden kann. In der aktuellen Implementierung werden vor allem auch durch maschinelle Lernverfahren gestützte Algorithmen eingesetzt. Diese können durch auf klassische KI-Verfahren basierende Ansätze wie regelbasierte Systeme oder Expertensysteme ergänzt werden. So könnte ein Empfehlungssystem (Abb. 19.13 – Empfehlung), basierend auf der aktuellen Wetterlage und Vorlieben der Person, Ratschläge bezüglich der Bekleidung geben. Diese würde durch Erweiterung der Application-Schicht um ein Empfehlungssubsystem erfolgen.

Es bietet sich an, in das Gesamtsystem auch natürlichsprachliche Hilfekomponenten, z. B. Smart Speaker zu integrieren (Waldhör 2017, 2019). Wird ein potenziell bedrohliches Ereignis wie Sturz von der Uhr zu Hause erkannt, so kann über eine Smart-Speaker-App eine Klärung der Situation veranlasst werden. Der Nutzer kann über den Smart Speaker direkt mit der Notfallzentrale verbunden werden. Der Vorteil gegenüber der direkten Kommunikation über die Smartwatch ist die bessere Verständlichkeit, die Lautstärke und die Möglichkeit, in die App einen intelligenten Dialog einzubauen. So könnten per App bereits über einen durch ärztliche Spezialisten geführten Dialog erste Hilfemaßnahmen einleiten und die Schwere der Verletzung ermitteln. Damit können unnötige Ausfahrten der Hilfsdienste vermieden werden.

Im Bereich der Unterstützung (Abb. 19.13 – Unterstützung) sind weitere Unterstützungsmöglichkeiten wie Erinnerungsfunktionen (Medikamenteneinnahme, Geburtstage, besondere Ereignisse etc.) vorgesehen. Diese dienen vor allem der betroffenen Person, den Alltag besser zu bewältigen.

19.7 Fazit und Ausblick

Maschinelles-Lernen-Ansätze eignen sich sehr gut, um ADLs und EDLs ortsungebunden mittels Smartwatches zu erkennen. Smartwatches weisen gegenüber anderen Erkennungsvarianten entscheidende Vorteile wie Nichtstigmatisierung, günstiger Preis, leichte Anpassbarkeit und vor allem die Ortsungebundenheit auf. Ein Nachteil ist derzeit noch die Laufzeit. Typische Laufzeiten von Smartwatches liegen im Bereich von ein bis zwei Tagen. Dies ist aber stark vom Einsatz abhängig. Wird GPS etwa zur Lokalisierung verwendet, reduzieren sich die Einsatzzeiten ohne entsprechende Maßnahmen rapide. Gleiches gilt für die Erkennung der Aktivitäten direkt in der Uhr. Hier muss der Ansatz verfolgt werden, nur essenzielle ADL/EDL-Erkennungen direkt auf der Uhr (wie Sturz) durchzuführen, weitere Erkennungen entweder auf einem verbundenen Mobiltelefon oder in der Cloud durchzuführen und an die Smartwatch zurückzumelden. Dies kann unter anderem durch eine Weiterentwicklung der xHealth-Software-Architektur, basierend auf EDGE-Computing-Ansätzen basierend zu einer KI-Microservice-Architektur, erreicht werden. Zu testen ist auch, wie mit anderen Kommunikationsmöglichkeiten, z. B. basierend auf LoRa bzw. LoRaWAN (Low Power, Wide Area (LPWA) networking protocol) (LoRa Alliance 2019), auch in ungünstigen Fällen, an den kein Kontakt durch WLAN oder Mobiltelefonie möglich ist, zumindest unidirektional Informationen an einen zentralen Server geschickt werden können und die Hilfekette ausgelöst werden kann.

In einem weiteren Schritt ist an die Repräsentation der zu unterstützenden Person in Form eines digitalen Zwillings gedacht. Basierend auf persönlichen Daten, der Gesundheitshistorie und den in der Vergangenheit aufgezeichneten Daten sowie aus der Literatur bzw. aktuellen Forschungen können Simulationen durchgeführt werden, wie sich der Zustand einer Person verändern wird. So könnten aus veränderten Schlafgewohnheiten und Hygieneverhalten auf eine Verschlechterung des Gesundheitszustandes bei Demenz geschlossen werden und mit bekannten Verhaltensmustern abgeglichen werden. Werden stärkere Veränderungen erkannt, könnten diese den Angehörigen bzw. medizinischem Personal zur Überprüfung übermittelt werden.

Weitere wichtige Punkte sind die Aspekte der DSGVO sowie insbesondere eine revisionssichere Speicherung der Sensordaten. Neben der notwendigen Zustimmung der betroffenen Personen muss gewährleistet werden, dass Aktionen des Systems (wie der Benachrichtigung über einen Sturz) nachvollzogen = erklärt werden können. Das Gleiche gilt für den Fall, dass die Person stürzt, aber keine Warnung verschickt wird. Die Folge könnten hier rechtliche Auseinandersetzungen bei etwaigen Folgeschäden sein. In diesem Zuge muss garantiert werden können, dass Sensordaten, die als Basis für die Entscheidung dienten, nicht im Nachhinein verändert werden können. Dies kann z. B. durch den Einsatz einer Blockchain erfolgen. In Wieber (2019) wurde auf Basis des Open Source Frameworks BigchainDB (https://www.bigchaindb.com/) gezeigt, dass damit eine revisionssichere Speicherung möglich ist, wobei aber Aspekte der Performance in Blockchain-Ansätzen zu berücksichtigen sind. Typischerweise sind in diesen Anwendungsfällen bis zu 1000 Sensordaten pro Sekunde abzuspeichern. Es muss daher garantiert werden, dass dies mit dem gewählten Ansatz möglich ist. In weiterer Folge muss dargelegt werden können, wie das System zu einer Entscheidung oder Nichtentscheidung über einen Alarm kam. Diese Nachvollziehbarkeit und Erklärbarkeit von Ausgaben insbesondere von neuronalen Netz-basierten Architekturen ist derzeit intensiver Stand der Forschung. Allgemeine Lösungen existieren hier aber noch nicht.

Die hier präsentierten Modelle sind nicht nur für den Bereich des selbstbestimmten Lebens geeignet. So kann eine Sturzerkennung auch für jüngere Personen durchaus interessant und wichtig sein, etwa wenn beim Ausüben einer sportlichen Betätigung der Sportler verunfallt. Weitere Anwendungsmöglichkeiten ergeben sich auch im Bereich des betrieblichen Gesundheitsmanagements (siehe Waldhör 2018).

Literatur

Deutsche Gesellschaft für Ernährung. (2019). Wasser: Richtwerte für die Zufuhr von Wasser. https://www.dge.de/wissenschaft/referenzwerte/wasser/. Zugegriffen: 6. Nov. 2019.

Dobrenizki, A., Full, F., & Schwesig, M. (2017). *Bewegungsdaten in neuronalen Netzen (unveröffentlichte Seminararbeit)*. Nürnberg: FOM Hochschule für Oekonomie & Management.

Fialka-Moser, V. (Hrsg.). (2001). *Kompendium der Physikalischen Medizin und Rehabilitation: Diagnostische und therapeutische Konzepte*. Vienna: Springer Vienna. https://doi.org/10.1007/978-3-7091-3780-2.

Full, F. (2019). *Methoden zur Generierung und Klassifizierung von Sensordaten für die ADL-Erkennung (Bachelorthesis)*. Nürnberg: FOM Hochschule für Oekonomie & Management.

Guttenberger, M., & Waldhör, K. (2016). xHealth: Eine MQTT und REST basierte Architektur zum Zugriff auf Sensordaten smarter Objekte. In H. C. Mayr & M Pinzger (Hrsg.), *INFORMATIK 2016 Lecture Notes in Informatics (LNI)* (S. 1851–1864). Bonn: Gesellschaft für Informatik & Springer (Lecture Notes in Informatics (LNI), P-259).

Haustein, T., Mischke, J., Schönfeld, F., & Willand, I. (2016). Ältere Menschen in Deutschland und der EU. https://www.destatis.de/DE/Themen/Gesellschaft-Umwelt/Bevoelkerung/Bevoelkerungsstand/Publikationen/Downloads-Bevoelkerungsstand/broschuere-aeltere-menschen-0010020169004.pdf;jsessionid=C597D2D9130AEA74791EE6F6872A82EF.internet741?__blob=publicationFile. Zugegriffen: 6. Nov. 2019.

Larose, D. T., & Larose, C. D. (2015). *Data mining and predictive analytics (Second edition). Wiley series on methods and applications in data mining*. Hoboken: Wiley.

LoRa Alliance. (2019). Home page|LoRa Alliance™. https://lora-alliance.org/. Zugegriffen: 8. Nov. 2019, Zugegriffen: 8. Nov. 2019.

Lutze, R., & Waldhör, K. (2015). SmartWatches als Hausnotrufsysteme der nächsten Generation. In VDE, DGBMT, & zukunftlebensräume (Hrsg.), *8. AAL Kongress – Zukunft Lebensräume 2015*. Berlin: VDE.

Lutze, R., & Waldhör, K. (2016). Integration of Stationary and Wearable Support Services for an Actively Assisted Life of Elderly People: Capabilities, Achievements, Limitations, Prospects – A Case Study. In W. Wahlster (Hrsg.), *Advd Technologies,Societal Change. Zukunft Lebensräume 2016* (Ambient Assisted Living) (S. 466–474). Frankfurt: Springer Nature.

Lutze, R., & Waldhör, K. (2017a). Personal Health Assistance for Elderly People via Smartwatch Based Motion Analysis. In C. Giraud-Carrier (Hrsg.), *2017 IEEE International Conference on Healthcare Informatics: 23-26 August 2017, Park City, Utah: Proceedings* (S. 124–133). Piscataway: IEEE.

Lutze, R., & Waldhör, K. (2017b). Utilizing Smartwatches for Supporting the Wellbeing of Elderly People. In D. Lindörfer, H. Khachfe, & B. Gersbeck-Schierholz (Hrsg.), *HealthInfo 2017: The second international conference on informatics and assistive technologies for health-care, medical support and wellbeing* (S. 1–9). Athens: IARIA.

Mlinac, M. E., & Feng, M. C. (2016). Assessment of activities of daily living, self-care, and independence. *Archives of Clinical Neuropsychology : The Official Journal of the National Academy of Neuropsychologists, 31*(6), 506–516. https://doi.org/10.1093/arclin/acw049.

Noury, N., Anthony Fleury, A., & Rumeau, P. (2007). Fall detection – Principles and methods. In N. Lovell & E. McAdams (Hrsg.), *Proceedings of the 29th Annual International Conference of the IEEE EMBS* (S. 1663–1666).

Prajapati, T., Bhatt, N., & Mistry, D. (2015). A survey paper on wearable sensors based fall detection. *International Journal of Computer Applications, 115*(13), 15–18. https://doi.org/10.5120/20211-2475.

Scholz, J. (2013). *Notfallmedizin* (3. Aufl.). Stuttgart: Georg Thieme Verlag KG.

Waldhör, K. (2017). Natürlichsprachliche Anwendungen in der Medizin: Alexa, welche Nebenwirkungen hat Aspirin? Die medizinische Beratung der Zukunft. *KU Gesundheitsmanagement, 2017*(12), 18–20.

Waldhör, K. (2018). Anwendungen von Smartwatches und Wearables im Betrieblichen Gesundheitsmanagement. In D. Matusiewicz & L. Schneider (Hrsg.), *Digitales Betriebliches Gesundheitsmanagement. Theorie und Praxis*. Wiesbaden: Springer-Gabler.

Waldhör, K. (2019). Smarte Objekte – Wie Smart Speaker und Smarthome die medizinische und pflegerische Versorgung zu Hause unterstützen werden. In M. A. Pfannstiel, P. Da-Cruz, & H. Mehlich (Hrsg.), *Digitale Transformation von Dienstleistungen im Gesundheitswesen VI: Impulse für die Forschung* (1. Aufl., S. 389–406). Wiesbaden: Springer Fachmedien Wiesbaden GmbH & Springer Gabler.

Wieber P. (2019). *Design, Prototyping und Evaluierung einer Android Wear-App zur Speicherung von Fitnessdaten in der Blockchain*. Bachelor-Thesis, Nürnberg.

Prof. Dr. Klemens Waldhör ist seit 2010 hauptberuflich Lehrender an der FOM Hochschule für Oekonomie & Management in Nürnberg, im Jahr 2010 wurde er zum Professor für Wirtschaftsinformatik berufen. Seine wissenschaftlichen Interessen und Forschungen beschäftigen sich mit den Themen Smartwatches und Wearables im Bereich AAL, Data Mining, künstliche Intelligenz, Projektmanagement sowie Übersetzungsunterstützung. Er engagiert sich zudem als kooptierter Wissenschaftler im ifid Institut für IT-Management und Digitalisierung sowie in der Forschungsgruppe „Digitale Gesundheit" des ifgs Institut für Gesundheit & Soziales.

Analyse von Krankenhausbewertungen – Die Messung der Patientenzufriedenheit mit Methoden der KI

20

Andreas Jürgens und Rüdiger Buchkremer

Inhaltsverzeichnis

A. Jürgens
FOM Hochschule, Dortmund, Deutschland
E-Mail: andreas.juergens@fom-net.de

R. Buchkremer (✉)
FOM Hochschule, Düsseldorf, Deutschland
E-Mail: ruediger.buchkremer@fom.de

R. Buchkremer et al. (Hrsg.), *Künstliche Intelligenz in Wirtschaft & Gesellschaft*, FOM-Edition, https://doi.org/10.1007/978-3-658-29550-9_20

Zusammenfassung

„Qualität soll zum Maßstab für die Vergütung medizinischer Behandlungen werden", sehen Gesetzesvorlagen aus dem Jahr 2015 vor. In diesem Kontext wird festgestellt, dass die seit 2003 etablierten „Qualitätsreports" noch unzureichende Grundlagen für eine adäquate Qualitätsmessung liefern. Daher wird in diesem Beitrag ein Konzept dargestellt, welches Sekundärdaten in Form von Analysen von Forenbeiträgen aus Patientenforen mit „Natural Language Processing" untersucht, um die damit in Zusammenhang stehende Zufriedenheit (Sentiment Mining) zu erfassen. Die dazu gehörende Verfahrensweise der Texterfassung, -aufbereitung und -analyse wird in diesem Beitrag ebenfalls erläutert.

20.1 Einleitung

„Die Qualität soll zum Maßstab für die Vergütung von medizinischen Behandlungen in deutschen Krankenhäusern werden", schreibt die FAZ am 10.06.2015 (Mihm 2015). Damit wird Bezug auf eine Gesetzesvorlage genommen, nach der die Krankenhäuser Zuschläge für gute Qualität und Abzüge für schlechte Leistungen erhalten sollen (Biallas 2015). Seit 2003 sind Krankenhäuser verpflichtet, einen Qualitätsbericht zu veröffentlichen, um den Vorgaben des Sozialgesetzbuches (SGB) im Buch V § 137 nachzukommen (Bundesministerium der Justiz 1988). Diese Berichte werden vom *Gemeinsamen Bundesausschuss* gesammelt und geprüft. Auf dieser Basis werden weitere Qualitätsberichte erstellt, die einen allgemeinen Eindruck von der Qualität der medizinischen Versorgung ermöglichen sollen (Wissenschaftliches Institut der AOK 2015). Die Messung der Qualität beschränkt sich bisher auf eine Auswahl von Kennzahlen zu operativen Daten und deren Vergleich zum Bundesdurchschnitt. Detailliertere Informationen sind nicht ersichtlich. Darüber hinaus sind die einzelnen Qualitätsberichte nur über spezielle Portalseiten oder Internetpräsenzen von Krankenkassen publiziert (Gemeinsamer Bundesausschuss 2015). Mit der Bewertung der erlebten Qualität beschäftigen sich hingegen Diskussionsforen und Webseiten. Diese sammeln die Bewertungen von Patienten, die den Aufenthalt und die Behandlung in Freitexten bewerten (Glover et al. 2015). In verschiedenen Veröffentlichungen wurde bereits erläutert, dass die Wahrnehmung der Servicequalität auch die Zufriedenheit beeinflusst (Ladhari und Rigaux-Bricmont 2013) und die Untersuchung von Texten im Internet für die Analyse von Trends und Meinungen genutzt werden kann (Andronis et al. 2011). Trends und Meinungen zu erkennen und entsprechend zu reagieren, ist ein zentraler Punkt im strategischen Management (Ludwig et al. 2014). Für Krankenhäuser wird die Identifikation von Qualitätskriterien daher zunehmend an Bedeutung gewinnen, wenn das Gesetz zur monetären Vergütung der Qualität umgesetzt wird (Gemeinsamer Bundesausschuss 2015). In dieser Arbeit wird dokumentiert, ob durch die Analyse von Patientenbewertungen eine allgemeine Aussage zur erlebten Qualität eines

Krankenhauses abgeleitet werden kann. Dazu sollen einerseits die Qualitätskriterien analysiert werden, die einen großen Einfluss auf die Bewertung durch Patienten haben können. Ein Ziel dieser Arbeit ist, aus den Bewertungen Maßnahmen vorzuschlagen, mit denen die Patientenzufriedenheit verbessert werden kann. Dazu ist ein tieferes Verständnis der Bewertungen notwendig, um zu verstehen, welche Themen diskutiert werden. Der Schwerpunkt der Analyse liegt darauf, ein Verfahren zu entwickeln, mit welchen Informationen hinsichtlich der Bewertungskriterien aus Texten extrahiert werden können, um die Patientenzufriedenheit abzuleiten und letztlich zu beeinflussen.

Konkret sollen folgende Fragestellungen behandelt werden:

1. Welche Themen und Themenschwerpunkte werden von Patienten diskutiert?
2. Welche Kriterien haben Einfluss auf die Meinungsbildung von Patienten?
3. Wie könnten Krankenhäuser die Zufriedenheit ihrer Patienten beeinflussen?

Damit werden die Stufen der Reife eines Vorhersagemodells gezielt untersucht, um letztlich eine Handlungsempfehlung für Krankenhäuser abzuleiten (Gajzler 2001).

20.2 Grundlagen und Methodik

Im Internet finden sich in den letzten Jahren vermehrt Inhalte, die von Benutzern verfasst wurden, um ihre Meinungen und Erfahrungen mit anderen Nutzern zu teilen (Williams et al. 2012). In diversen Veröffentlichungen wird zur Analyse von unstrukturierten Informationen das Werkzeug *Text Mining* bzw. *Natural Language Processing* empfohlen (Losiewicz et al. 2000; Mehler und Wolff 2005; Gampfer et al. 2018; Buchkremer et al. 2019). In diesem Abschnitt werden elementare Arbeitsschritte vorgestellt, die für eine Textanalyse erforderlich sind. Weiter wird aufgezeigt, welche weiterführenden Analysen mit statistischen Mitteln und Funktionalitäten des Data Minings möglich sind.

20.2.1 Grundlagen zu Data Mining und Text Mining

Das Text Mining ist eine Unterform des Data Minings, welches in der Regel auch zu den Funktionalitäten von Business-Intelligence-Systemen gehört (Gluchowski und Kemper 2006). Das Data Mining konzentriert sich vornehmlich auf die Entdeckung von nicht trivialen Mustern, um Korrelationen von Attributen aufzuzeigen (Mahesh et al. 2012). Dabei kommen statistische Verfahren zum Einsatz, die Zusammenhänge von Daten beschreiben. Diese Zusammenhänge sind oft nicht ersichtlich und nicht durch einfache Beobachtungen zu erarbeiten (Buchkremer 2015). Dabei identifiziert ein Data-Mining-System nicht direkt den kausalen Zusammenhang, sondern die Korrelation. Durch diese Erkenntnis können z. B. Kunden segmentiert werden. Unabhängige Variablen werden als Inputs (Ursprung), die abhängige Variable wird als Target (Ziel) bezeichnet. Ein Modell analysiert daher, welche Inputs ein Target beschreiben, mit dem Ziel, neue Daten zu bewerten und anhand der Inputs den Wert des Targets vorherzusagen (Liu und Tuzhilin 2008). Das Text Mining befasst sich vor allem mit der Aufbereitung von Texten, um die daraus resultierenden Daten zu extrahieren, die anschließend mit weiteren Methoden untersucht werden können. Es stellt demnach eine Vorverarbeitung des Data Minings dar, mit dem Ziel, Eingabevariablen und Inputs aus den Textinformationen zu erzeugen. Zur Erstellung der *Document Collection* (Aliguliyev 2010), bzw. dem Korpus (Buchkremer et al. 2019), werden geeignete Datenquellen gewählt. *Retrieve and preprocess document* beschreibt den Beschaffungsprozess, auch *Information Retrieval* genannt, bei dem die relevanten Dokumente und Informationen selektiert und für die weitere Verarbeitung aufbereitet werden. Der Prozess *Analyze Text* beinhaltet die Extraktion der Informationen, deren Zusammenfassung und Gruppierung. Dieser Prozess ist iterativ, da durch die Zusammenfassung und Gruppierung neue Informationen erschlossen werden können. Ziel dieses Segments ist es, neue Eingangsvariablen – Inputs – zu generieren. Die weiterführende Analyse findet in einem separaten System statt. Dies verdeutlicht die Rolle des Text Minings als Vorstufe des Data Minings, welches im Prozess *Management-Information-System* zur Anwendung kommt. Hier werden Zusammenhänge untersucht, die in Modellen beschrieben werden können. Die Interpretation der Ergebnisse kann dann zu einem Erkenntnisgewinn führen, der als letzter Aspekt *Knowledge* dargestellt ist (Gajzler 2001; Buchkremer et al. 2019).

Im nachfolgenden Abschnitt wird demnach zuerst die Erstellung der Datenbasis erläutert, die mit dem *Information-Retrieval*-Prozess einhergeht. Anschließend wird die Textanalyse erläutert.

20.2.2 Daten sammeln – Information Retrieval

Interne Daten sind in einem Unternehmen oft bereits in einer strukturierten Form vorhanden. Sie werden durch Datenbankserver oder in einem *Data Warehouse* bereitgestellt. Falls noch keine strukturierte Form der Daten existiert, müssen Daten zuerst gesammelt, selektiert und strukturiert werden. Moderne Big-Data-Tools speichern diese Informationen auch unstrukturiert in Form von sogenannten Data Lakes. Zur weiteren Analyse müssen unstrukturierte Informationen, z. B. Texte, in eine strukturierte Form gebracht werden (Buchkremer et al. 2019).

Webseiten enthalten per se strukturierte Informationen, die durch Steuerzeichen und Programmcodes ein dynamisches Layout erzeugen. Zur Beschaffung dieser Informationen wird daher ein passender *Web Crawler* eingesetzt. Die Daten können durch einen *HTML-Parser* in Textinformationen umgewandelt werden, indem die *HTML*-Steuerzeichen der Webseite entfernt werden (Toshniwal und Agrawal 2004). Das Gesamtbild stellt sich dementsprechend wie folgt dar: Die Crawler liefern Daten von definierten Datenquellen und Webseiten. Durch Text-Parser werden Steuerzeichen und irrelevante Teile entfernt und die Rohtexte somit isoliert. Die Selektion der *relevanten*

Inhalte kann durch Konzepte realisiert werden, wobei ein Schlagwortkatalog (oder eine Taxonomie oder Ontologie) zusätzliche Klassifikationsinformationen liefern kann. Das Ergebnis der Selektion relevanter Texte wird als Korpus bezeichnet und ist die Ausgangsbasis für die weitere Textanalyse und wird gegebenenfalls durch zusätzliche Informationen durch die Klassifikation der Taxonomie ergänzt (El Jerroudi 2010; Buchkremer et al. 2019).

20.2.3 Die Textanalyse

Für die Analyse eines Textes werden diese in eine berechenbare Form gebracht, um eine Untersuchung mit statistischen Methoden zu ermöglichen. Dazu muss definiert werden, welche Terme – jedes einzelne, eindeutige Wort – für die Fragestellung relevant sind (Aliguliyev 2010). Daher werden die Worthäufigkeit und das Termgewicht definiert. Die Multiplikation der Worthäufigkeit mit dem Termgewicht hat dabei zum Ziel, durch eine entsprechende Skalierung die irrelevanten Terme geringer zu gewichten und sie so bei den weiterführenden Analysen weniger stark oder gar nicht zu berücksichtigen (Aliguliyev 2010).

Um die Worthäufigkeit zu ermitteln, wird eine *BOW-Matrix* erstellt. BOW steht für Bag of Words (englisch *Tasche voller Wörter*) und beschreibt den Container aller Terme, die in den Texten auftreten (Gajzler 2001).

Die IDF – die Inverse Document Frequency – zeigt hingegen die inverse Häufigkeit der Terme in Dokumenten.

Dazu wird folgende Formel verwendet (Nohr 2005):

n sei die Anzahl der Dokumente im Korpus und

d_i die Anzahl der Dokumente, in denen der Term i vorkommt

$$IDF_i = 1 + log_2 \frac{n}{d_i}$$

G_i kann demnach Werte zwischen 1 und ∞ annehmen.

Tritt ein Term einmal in jedem Dokument auf, so wird das Termgewicht (Aliguliyev 2010) der IDF den Wert 1 annehmen. Tritt ein Term hingegen nur in wenigen Dokumenten auf, wird der Wert größer. Eine obere Grenze gibt es nicht, da die theoretische Anzahl von Dokumenten in einem Korpus nicht begrenzt ist.

Zusammenfassend lässt sich festhalten, dass die grundlegende Aufbereitung von Texten in einer Matrix stattfindet, die je nach Umfang der Texte eine hohe Komplexität entwickeln kann. Für die weitere Verarbeitung ist daher empfehlenswert, die Komplexität zu verringern, indem Terme ausgeschlossen werden, die keinen Erkenntnisgewinn liefern können. Die Matrix wird mit den Häufigkeiten eines Terms im jeweiligen Text gefüllt. Konzentrierte Terme werden durch die inverse Häufigkeitsmessung – *IDF* – identifiziert.

Entsprechend der Methodik in der Veröffentlichung *Tapping the power of text mining* (Fan et al. 2006) und der Modellbeschreibung von Marcin Gajzler (2001) wird nachfolgendes Forschungsmodell für die Analyse festgelegt und umgesetzt.

20.3 Praktische Umsetzung

In diesem Abschnitt wird die praktische Umsetzung auf Basis der Methodik, die im vorstehenden Abschnitt erläutert wurde, vorgestellt. Die Realisierung erfolgt mit den Softwarepaketen der Firma SAS in der Version 9.3. Im Folgenden wird vorgestellt, wie die Auswahl der Quellen und deren Analyse durchgeführt wurden.

20.3.1 Auswahl geeigneter Datenquellen

Viele Webseiten befassen sich mit medizinischen Fragen und deren Bewertungen für Ärzte und Krankenhäuser (Du und Kamakura 2012). Die Qualität der Analyse ist maßgeblich von der Auswahl der Datenquellen abhängig (Lübke und Vogt 2014). Daher werden Qualitätsmerkmale definiert, die eine Quelle erfüllen muss. Die Ergebnisse der Auswertung sind in Tab. 20.1 dargestellt.

Tab. 20.1 Auswahl der Datenquelle

	Unabhängigkeit	Quantität	Historie	Freitext	Relevanz	Auswahl
www.weisse-liste.de	Ja	Ja	Ja	Nein	Ja	Nein
www.klinik-bewertungen.de	Ja	Ja	Ja	Ja	Ja	Ja
www.kranken-hausbewertung.de	Ja	Ja	Ja	Nein	Ja	Nein
www.pj-ranking.de/ranking	Ja	Ja	Ja	Ja	Nein	Nein
www.tk.de/tk/klinikfuehrer	Nein	Ja	Ja	Nein	Ja	Nein
www.kranken-haus-experte.de	Nein	Ja	Ja	Nein	Nein	Nein
www.jameda.de/kliniken	Ja	Ja	Ja	Nein (zu knapp)	Ja	Nein
www.klinikum-westfalen.de	Nein	Nein	Ja	Nein	Ja	Nein

Damit beschränkt sich die Quelle für die Auswertung der Patientenbewertungen nur auf die Internetquelle www.klinikbewertungen.de. Diese Plattform bietet einen quantitativ umfassenden Eindruck mit rund 120.000 Freitextbewertungen für rund 2000 Krankenhäuser im Bundesgebiet. Es soll an dieser Stelle betont werden, dass die Nutzung mehrerer Quellen die Gefahr minimiert, systematische Fehler aufgrund verzerrter Daten zu machen (Lübke und Vogt 2014).

20.3.2 Erstellung einer Dokumentensammlung

Zur Erstellung der Datenbasis wird das *SAS Information Retrieval Studio* verwendet. Um einzelne Bewertungen von einer Webseite zu extrahieren, mussten zuerst die Struktur und der Quelltext untersucht und der Crawler entsprechend angepasst werden (Anthes und Gary 2012).

20.3.3 Textanalyse

Im „SAS Enterprise Miner" werden die Aktionen zur Datenaufbereitung und Analyse in einer grafischen Kette dargestellt. Jede Operation wird in einem entsprechenden *Knoten* abgebildet und konfiguriert (Schendera 2004). Dieser *Text-Parsing*-Knoten separiert Texte in einzelne Wörter und bietet Werkzeuge zur Reduktion der Komplexität der Informationen an (Gentsch 1999). Da viele *Füllwörter* für die aktuelle Analyse des Stimmungsbildes keine Bewandtnis haben, können diese pauschal ausgeschlossen werden. Außerdem kann das *Stemming* verwendet werden. Des Weiteren bietet sich die Nutzung einer Stopp-Liste an, in der Wörter definiert werden, die aus den Texten ausgeschlossen werden sollen. Für die Forschung dieser Arbeit ist es relevant zu wissen, welche Wörter einzelne semantische Gruppen bilden. Daher wird die *Worthäufigkeit* in Form der inversen Häufigkeit der Wörter in Dokumenten gezählt. So können später Dokumentengruppen definiert werden, die besondere Wörter konzentriert beinhalten (Chakraborty et al. 2013).

Der *Text-Topic*-Knoten fasst Begriffe zusammen, die thematisch miteinander auftreten. Dieser Knoten ist wichtig für die Identifikation von Themen, die in den Bewertungen diskutiert werden (Chali 2005).

Hier werden z. B. Terme gefunden, die konzentriert miteinander auftreten und im Zusammenhang eine Sinndeutung erlauben. Zu diesen Themen kann die Semantik gemessen werden. Um diese zu bestimmen, werden positive und negative Wörter gezählt. So lässt sich bewerten, ob ein Thema positiv oder negativ wahrgenommen und diskutiert wird. Der schematische Aufbau der Textanalyse ist in Abb. 20.1 dargestellt.

In der vorliegenden Untersuchung konnten neben den Freitextbewertungen auch die Zufriedenheit in einer Sterne-Skala exportiert werden. Diese erlaubt eine präzise Messung der Zufriedenheit der Bewertenden, ohne die Semantik messen zu müssen.

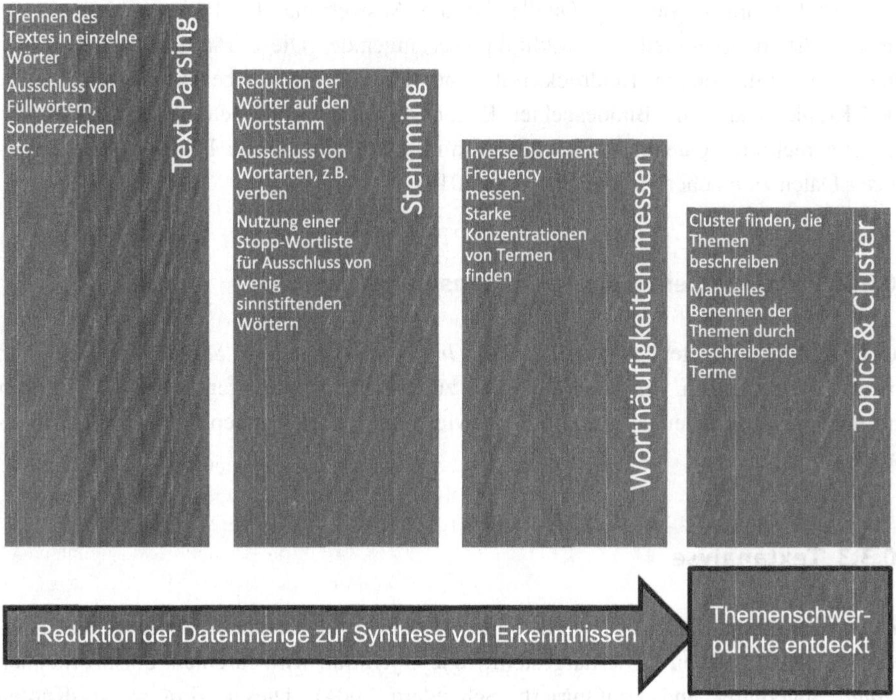

Abb. 20.1 Schematische Darstellung der Textanalyse

Damit konnte eine Korrelation zwischen den identifizierten Themenfeldern und der Zufriedenheit gemessen werden. So kann ein Themenfeld präziser mit der Zufriedenheit in Verbindung gebracht werden.

Die Ergebnisse der Textanalyse werden im nächsten Abschnitt dargestellt und diskutiert.

20.4 Analyse der Ergebnisse

In diesem Abschnitt werden die Ergebnisse interpretiert und zur Beantwortung der Forschungsfragen genutzt. Entsprechend des Reifegradmodells nach Gartner (Gartner Group 2015) wird die Diskussion der Ergebnisse und die Beantwortung der Forschungsfragen mit aufsteigender Reife sortiert durchgeführt.

Die Verteilung der Zufriedenheit ist in Tab. 20.2 dargestellt.

Das verstärkte Vorkommen guter Bewertungen stützt den Satisfaction/Non-Satisfaction Bias (Kobussen et al. 2014). Dieser besagt, dass eine Bewertung vor allem dann abgegeben wird, wenn eine Erfahrung besonders positiv oder besonders negativ

Tab. 20.2 Verteilung der Zufriedenheit in der Datenquelle

Bewertungskategorie insgesamt	Absolute Häufigkeit	Anteil in %
Recht gute Erfahrung	65.407	57,3
Weniger gute Erfahrung	12.930	11,3
Keine gute Erfahrung	9362	8,2
Schlechte Erfahrung	26.418	23,2
Summe	114.163	100

war. Dieser Umstand ist bei der weiteren Betrachtung der Ergebnisse zu berücksichtigen. Es kann zudem festgestellt werden, dass die Mehrzahl der Bewertungen eine deutlich positive Zufriedenheit mit dem Krankenhausaufenthalt widerspiegelt.

Die Bewertungen scheinen überlegt und ausführlich formuliert zu sein, welches der Syntax und dem Umfang der Bewertungen entnommen werden kann. Dieses trifft sowohl auf positive wie auch auf negative Bewertungen zu. Das legt die Vermutung nahe, dass die Patienten bewusst im Nachhinein Zeit investieren, um die Bewertung vollständig und korrekt abzugeben.

20.4.1 Welche Kriterien bewerten Patienten?

Die Text Topics, also die Themenschwerpunkte, die in Bewertungen benannt werden, geben Aufschluss, welche Sachverhalte für Patienten relevant sind. Die markantesten Themen sind in Tab. 20.3 aufgeführt und mit beispielhaften Bewertungsausschnitten versehen.

Diese Themen stellen damit den Fokus für Patienten dar, welche in den Bewertungen dominieren. Diese Erkenntnis hilft zu verstehen, in welchen Dimensionen Patienten denken und ihre Bewertungsgrundlage verstehen. Diese Grundlagen unterscheiden sich maßgeblich von den Qualitätskriterien, die vom gemeinsamen Bundesausschuss gemessen werden. Dort wurden vornehmlich Sterblichkeitsraten bei bestimmten Behandlungen, die Anzahl von Eingriffen einer Fachrichtung und Ähnliches gemessen. Augenscheinlich unterscheidet sich die gefühlte Wahrnehmung der Patienten massiv von den statistischen Auswertungen des gemeinsamen Bundesausschusses und belegt damit, warum Patienten diese statistischen Daten als unzureichend empfinden, um die Zufriedenheit zu messen.

Im Weiteren soll die zweite Forschungsfrage untersucht werden. Diese soll die Wirkungsrichtung der Themenschwerpunkte nennen und helfen die Kriterien zu finden, die positiv oder negativ das Meinungsbild beeinflussen.

Tab. 20.3 Bewertungsthemen mit Textauszügen

Thema	Bewertungsausschnitt
Behandlung und Pflege	Ich bin entsetzt über die Behandlung von Patienten […] Sehr schlecht. Pflegepersonal scheint das Wohlergehen der Patienten nicht wirklich zu kümmern […]
Beratung und Aufklärung	Die Voruntersuchung und die Aufklärungsgespräche mit den einzelnen Ärzten waren verständlich und ausführlich […] Sehr ausführliches und verständliches Aufklärungsgespräch […]
Pflegepersonal	Die Krankenschwestern sind alle nett […] Ich war sehr zufrieden mit den Krankenschwestern und dem Personal in der Klinik […]
Stationen und Fachabteilungen	Beim Besuch der Mutter auf der Intensiv-Station wurden mir der Zutritt durch das Pflegepersonal verwehrt […] Mein Vater war auf der Station 2 […]
Zimmer und Ausstattung	Trotz einer negativen Bemerkung über die Zimmer und das Essen muss ich sagen, dass diese Kritiken nicht berechtigt sind. […] Saubere Einzelzimmer, gutes abwechslungsreiches Essen […]

20.4.2 Welche Kriterien haben Einfluss auf die Meinungsbildung?

Die Themenschwerpunkte und deren Wirkungsrichtung werden in diesem Abschnitt untersucht. Ziel ist es, die Themenschwerpunkte mit positiven oder negativen Bewertungen in Verbindung zu bringen. Bei einer Textanalyse kann dazu das Sentiment bestimmt werden, also die Häufigkeit von positiven oder negativen Worten, die Rückschluss auf die Stimmung eines Themas erlauben.

Da in diesem Untersuchungskontext jedoch auch eine klare Bewertung der Patienten zur Verfügung stand, wurde gemessen, inwieweit Themen mit positiven oder negativen Bewertungen korrelieren. Durch die Vermischung von Themen konnte keine klare Korrelationsanalyse durchgeführt werden, sondern es wurde eine Mischung aus Sentiment und Korrelation angewandt. Diese Analyse wurde unterstützt, indem die Bewertungen je Thema und Wirkungsrichtung intensiv untersucht wurden. Die Stärke der Attribute wurde als Priorität in einer gesonderten Spalte benannt, um die Stärke des Einflusses zu benennen. Die Ergebnisse dieser Analyse stellen sich wie in Tab. 20.4 gezeigt dar.

Die Auswertungen der Texte zeigen, dass die medizinische Beratung den größten und diskriminierenden Einfluss auf die Zufriedenheit der Patienten hat. Es gibt keine Bewertung mit einer guten Zufriedenheit, wenn dieses Attribut nicht erfüllt ist. Eine gute Aufklärung im Vorfeld, sowie klare und verständliche Informationen bei der Visite und anschließender Heilbehandlung wird in den Bewertungen weit stärker als der medizinische Erfolg berücksichtigt. Ein negativer Ausgang eines Aufenthaltes – der

Tab. 20.4 Bewertungsthemen mit Textauszügen

Thema	Wirkungsrichtung	Priorität
Behandlung und Pflege	Starker Einfluss auf die Zufriedenheit in positive wie negative Richtung	Hoch
Beratung und Aufklärung	Massiver Einfluss auf die Zufriedenheit	Sehr hoch
Pflegepersonal	Die Freundlichkeit des Pflegepersonals hat hohen Einfluss auf die Zufriedenheit	Hoch
Stationen und Fachabteilungen	Die Station hat kaum bzw. keinen Einfluss auf die Wirkungsrichtung der Bewertung	Sehr gering
Zimmer und Ausstattung	Die Ausstattung des Zimmers sowie das Essen und Serviceangebot haben nur geringen positiven Einfluss auf die Bewertung	Gering

Tod eines Patienten, oder ein irreversibler Schaden, der nicht durch die medizinische Behandlung behoben werden konnte, führt nicht zwangsläufig zu einer negativen Zufriedenheit der Beteiligten. Entscheidend ist, ob ein Patient sich „als Mensch" wahrgenommen fühlt oder nicht. Patienten bewerten die Qualität der medizinischen Behandlung in der Regel nicht.

Die Behandlung und Pflege, sowie das Pflegepersonal als Gesamtes hatte recht hohen Einfluss auf die Zufriedenheit. Diese Themengruppe kann bei sehr positiver Wahrnehmung aber keine guten Ergebnisse erreichen, wenn die Beratung und Pflege nicht positiv bewertet ist.

Keinen oder nur sehr geringen Einfluss hat das Thema Station und Fachabteilung. In welchem Bereich der Patient behandelt wurde, stellt nahezu keinen messbaren Einfluss dar.

Das Thema Zimmer und Ausstattung, zu dem auch WLAN im Zimmer und das Essen gehören, kann nur gering positiv wirken. Gutes Essen kann bei Problemen der medizinischen Betreuung zu einer positiven Bewertung führen. Außerdem führt schlechtes Essen bei guter Betreuung nicht zu einer schlechten Bewertung. Aus den Texten geht hervor, dass die Erwartung an Zimmerausstattung und Essen mit geringem Niveau erwartet und nicht stark gewichtet wird. Die Wahrnehmung ist hier deutlich anders als z. B. in einem Hotel. Dies wird in den Bewertungen auch direkt benannt.

Damit sind die Kriterien und deren Wirkungsweise benannt. Im nächsten Teil wird untersucht, wie Krankenhäuser reagieren können, um auf die Einflüsse zu reagieren und positiv auf die Meinungsbildung einzuwirken.

20.4.3 Wie können Krankenhäuser reagieren?

Um die Patientenzufriedenheit zu steigern, können Krankenhäuser die Ergebnisse der vorstehenden Analysen nutzen.

Die Kriterien und Wirkungsrichtungen zeigen, dass die Beratung und Aufklärung durch Ärzte den höchsten Stellenwert bei den Bewertungen der Patientinnen und Patienten genießen.

Medizinische Behandlungen werden als Vertrauensgüter klassifiziert. Das bedeutet, dass der Konsument nicht vor, während oder nach der Leistungserbringung deren Qualität bemessen kann. Die Qualität eines Arztbesuchs setzt Vertrauen in die Fähigkeiten des Arztes voraus, dass er eine korrekte Diagnose stellen kann. Während der Behandlung ist der Patient nicht in der Lage, die Qualität zu messen. Auch nach der Behandlung ist die Zeit der Gesundung für den Patienten nicht mit der Messung der Behandlungsqualität in Verbindung zu bringen. Die einzige Möglichkeit eines Konsumenten, die Leistung eines Vertrauensgutes zu bewerten, besteht in der gefühlten Transparenz, die ihm entgegengebracht wird (Kopetsch 2010).

Krankenhäuser (und Krankenversicherer) sollten Ärzten daher die notwendige Zeit einräumen, sich ausreichend mit den Patientinnen und Patienten zu beschäftigen und sie umfassend zu informieren.

Falls die Patienten keine Informationen über den Fortgang der Behandlung oder Gesundung erhalten, haben sie auch nicht den Eindruck, Fortschritte zu erfahren. Ärztinnen und Ärzte sollten für diese Tätigkeit sensibilisiert werden, eventuell können Anreizsysteme implementiert werden, welche gezielt die Beratungsleistung messen und in einem Bonussystem berücksichtigen.

Weiterhin sollten das Pflegeteam und die Ärzteschaft gleichsam informiert werden, sodass während der Behandlung beide Parteien als Ganzes wahrgenommen werden. Negative Eindrücke einer Partei genügen, um das Gesamtbild zu trüben. Besonders im Hinblick auf die reduzierten Personaldecken (Schelling 2011) in Krankenhäusern sollte dieser Umstand berücksichtigt werden. Zudem sollten Krankenhäuser bei Kürzungen und Optimierungen der Personalbestände die Auswirkungen auf die Zufriedenheit der Patienten bedenken.

Ausstattung der Zimmer und Essen haben nur einen geringen Einfluss auf die Patientenzufriedenheit.

Von einem Krankenhausessen wird nicht erwartet, dass dies mit einem hochwertigen Restaurant konkurrieren kann. Auch die Größe und zweckdienliche Ausstattung der Zimmer wird nicht mit einem Hotel verglichen. So sind Initiativen in diesen Bereichen, wie das Angebot von erlesenem Essen, WLAN auf jedem Zimmer oder ein besonderes Entertainment-Programm nur Nebensächlichkeiten in den Augen der Patienten. Stimmen die medizinischen Leistungen nicht, können diese Kriterien nicht für eine Verbesserung der Zufriedenheit sorgen.

20.5 Fazit und Ausblick

Diese Forschungsarbeit befasst sich mit der Fragestellung, ob Bewertungen von Patientinnen und Patienten aus Internetportalen genutzt werden können, um Kriterien zu identifizieren, welche die Patientenzufriedenheit maßgeblich beeinflussen. Durch die beschriebenen Verfahren konnte aufgezeigt werden, dass sich das Werkzeug Text Mining eignet, eine große Anzahl von Texten zu untersuchen und deren Eigenschaften zu beschreiben. Die wesentlichen Erkenntnisse dieser Arbeit sind, dass Patienten einen hohen Wert auf die Aufklärung und Beratung durch das Krankenhauspersonal legen, sowie „als Menschen" behandelt und umsorgt werden möchten. Die Serviceorientierung ist ein wichtiger Grundstein für Krankenhäuser. Um die Zufriedenheit der Patienten zu steigern, sollten sich das Pflegepersonal und die behandelnden Ärzte gezielt mit den Patienten beschäftigen. Die vorliegende Datenbasis ist nicht frei von Kritik. Sämtliche Analysen stützen sich auf Daten einer einzigen umfangreichen Datenquelle. Hier könnten verzerrte Daten vorliegen. Dieser Punkt könnte in weiterführenden Forschungen genauer untersucht werden.

Literatur

Aliguliyev, R. M. (2010). Clustering techniques and discrete particle swarm optimization algorithm for multi-document summarization. *Computational Intelligence, 26,* 420–448. https://doi.org/10.1111/j.1467-8640.2010.00365.x.

Andronis, C., Sharma, A., Virvilis, V., et al. (2011). Literature mining, ontologies and information visualization for drug repurposing. *Briefings in Bioinformatics, 12,* 357–368. https://doi.org/10.1093/bib/bbr005.

Anthes, G. (2012). HTML5 leads a web revolution. *Communications of the ACM, 55,* 16. https://doi.org/10.1145/2209249.2209256.

Biallas, J. (2015). Deutscher Bundestag – Mehr Qualität in Krankenhäusern. Der Bundestag. https://www.bundestag.de/presse/hib/2015_07/381168-381168. Zugegriffen: 9 Sept. 2019.

Buchkremer, R. (2015). Text Mining im Marketing- und Sales-Umfeld. In M. Lang (Hrsg.), *Business Intelligence erfolgreich umsetzen* (S. 101–119). Düsseldorf: Symposion.

Buchkremer, R., Demund, A., Ebener, S., et al. (2019). The application of artificial intelligence technologies as a substitute for reading and to support and enhance the authoring of scientific review articles. *IEEE Access, 7,* 65263–65276. https://doi.org/10.1109/access.2019.2917719.

Bundesministerium der Justiz. (1988). § 137 Richtlinien und Beschlüsse zur Qualitätssicherung.

Chakraborty, G., Pagolu, M., & Garla, S. (2013). *Text mining and analysis: Practical methods, examples, and case studies … – Dr. Goutam Chakraborty, Murali Pagolu, Satish Garla – Google Books*. Cary: SAS Institute Inc.

Chali, Y. (2005). Topic detection of unrestricted texts: Approaches and evaluations. *Applications of Artificial Intelligence, 19,* 119–136. https://doi.org/10.1080/08839510590887441.

Du, R. Y., & Kamakura, W. A. (2012). Quantitative trendspotting. *Journal of Marketing Research, 49,* 514–536. https://doi.org/10.1509/jmr.10.0167.

El Jerroudi, Z. (2010). *Eine interaktive Vorgehensweise für den Vergleich und die Integration von … – Zoulfa El Jerroudi – Google Books, Schriften zu Kooperations- und Mediensystemen* (1. Aufl.). Essen: BoD–Books on Demand.

Fan, W., Wallace, L., Rich, S., & Zhang, Z. (2006). Tapping the power of text mining. *Communications of the ACM, 49,* 76–82. https://doi.org/10.1145/1151030.1151032.

Gajzler, M. (2001). Technological and economic development of economy Baltic journal on sustainability = Ūkio technologinis ir ekonominis vystymas. Technika

Gampfer, F., Jürgens, A., Müller, M., & Buchkremer, R. (2018). Past, current and future trends in enterprise architecture – A view beyond the horizon. *Computers in Industry, 100,* 70–84. https://doi.org/10.1016/j.compind.2018.03.006.

Gartner Group. (2015). Big data analytics – Predictive analytics – Gartner glossary. https://www.gartner.com/it-glossary/predictive-analytics. Zugegriffen: 9 Sept. 2019.

Gemeinsamer Bundesausschuss. (2015). Qualitätsberichte der Krankenhäuser – Gemeinsamer Bundesausschuss. Gemeinsamer Bundesausschuss. https://www.g-ba.de/themen/qualitaetssicherung/datenerhebung-zur-qualitaetssicherung/datenerhebung-qualitaetsbericht/. Zugegriffen: 9 Sept. 2019.

Gentsch, P. (1999). *Wissen managen mit innovativer Informationstechnologie*. Wiesbaden: Gabler.

Glover, M., Khalilzadeh, O., Choy, G., et al. (2015). Beyond patient experience surveys: Leveraging social media to glean patient feedback. *Journal of Medical Internet Research, 12,* 1–10. https://doi.org/10.1016/j.chb.2011.12.016.

Gluchowski, P., & Kemper, H.-G. (2006). Quo Vadis Business Intelligence. *Business Intelligence Spektrum, 1*(1), 12–19.

Kobussen, G., Kalagnanam, S., & Vaidyanathan, G. (2014). The impact of better-than-average bias and relative performance pay on performance outcome satisfaction. *Account Perspect, 13,* 1–27. https://doi.org/10.1111/1911-3838.12022.

Kopetsch, T. (2010). *Dem deutschen Gesundheitswesen gehen die Ärzte aus! Studie zur Altersstruktur- und Arztzahlentwicklung* (5. Aufl.). Berlin: Bundesärztekammer und Kassenärztliche Bundesvereinigung.

Ladhari, R., & Rigaux-Bricmont, B. (2013). Determinants of patient satisfaction with public hospital services. *Health Marketing Quarterly, 30,* 299–318. https://doi.org/10.1080/07359683.2013.844015.

Liu, B., & Tuzhilin, A. (2008). Managing large collections of data mining models. *Communications* of the *ACM, 51*(2), 85–89.

Losiewicz, P., Oard, D. W., & Kostoff, R. N. (2000). Textual data mining to support science and technology management. *The Journal of Intelligent Information Systems, 15,* 99–119. https://doi.org/10.1023/a:1008777222412.

Lübke, K., & Vogt, M. (2014). *Angewandte Wirtschaftsstatistik. Daten und Zufall* (S. 195–211). Wiesbaden: Springer Fachmedien Wiesbaden.

Ludwig, S., de Ruyter, K., Mahr, D., et al. (2014). Take their word for it: The symbolic role of linguistic style matches in user communities. *MIS Quarterly, 38,* 1201–1217.

Mahesh, S., Trumbach, C. C., & Walsh, K. R. (2012). Visualizing technology mining results on life cycle axes: A study of server virtualization. *Information Knowledge Systems Management, 11,* 321–343. https://doi.org/10.3233/iks-2012-0213.

Mehler, A., & Wolff, C. (2005). Einleitung: Perspektiven und Positionen des Text Mining. *LDV-Forum, 20*(1).

Mihm, A. (2015). Gröhes Krankenhausreform im Kreuzfeuer der Kritik. FAZ. https://www.faz.net/aktuell/wirtschaft/wirtschaftspolitik/groehes-krankenhausreform-im-kreuzfeuer-der-kritik-13640354.html. Zugegriffen: 9 Sept. 2019.

Nohr, H. (2005). *Grundlagen der automatischen Indexierung: ein Lehrbuch – Holger Nohr – Google Books* (3. Aufl.). Berlin: Logos Verlag.

Schelling, P. (2011). Personalabbau in der Klinik und rechtliche Verantwortung. *Anaesthesist, 60,* 567–570. https://doi.org/10.1007/s00101-011-1892-1.

Schendera CFG. (2004). *Datenmanagement und Datenanalyse mit dem SAS-System – Vom Einsteiger zum Profi*. München: Oldenbourg.

Toshniwal, R., & Agrawal, D. P. (2004). Tracing the roots of markup languages. *Communications of the ACM, 47,* 95–98. https://doi.org/10.1145/986213.986218.

Williams, D. L., Crittenden, V. L., Keo, T., & McCarty, P. (2012). The use of social media: An exploratory study of usage among digital natives. *Journal of Public Affairs, 12,* 127–136. https://doi.org/10.1002/pa.1414.

Wissenschaftliches Institut der AOK. (2015). Qualitätsicherung mit Routinedaten (QSR). AOK Gesundheitskasse. https://www.qualitaetssicherung-mit-routinedaten.de/. Zugegriffen: 9 Sept. 2019.

Andreas Jürgens lehrt als Dozent an der FOM Hochschule und setzt sich mit der Implementierung von Business-Intelligence-Methoden in seinem Unternehmen auseinander. Dies erforscht er ebenfalls im Rahmen seiner Promotion. Seine Schwerpunkte liegen im internationalen IT-Projektmanagement sowie in Business-Intelligence- und Data-Mining-Methoden. Nach einer umfangreichen technischen Ausbildung im IT-Bereich schloss Andreas Jürgens 2014 sein Studium zum Bachelor of Administration mit dem Schwerpunkt International Management an der FOM Hochschule in Dortmund ab. Daran knüpfte er in seinem Master-Studium an und vertiefte die Verbindung von IT und BWL im Studiengang IT-Management. Seine Master-Arbeit aus dem Jahr 2016 stand ganz im Zeichen des Text Minings und der Wertschaffung aus der Analyse unstrukturierter Informationen.

Prof. Dr. Rüdiger Buchkremer ist Professor für Wirtschaftsinformatik und Direktor des 2017 gegründeten ifid Institut für IT-Management und Digitalisierung an der FOM Hochschule. Seine Hauptforschungsthemen sind aktuell „Natural Language Processing" und Systemmedizin. Er ist Gutachter für mehrere internationale Journale und Mitherausgeber der Fachzeitschrift „AI". Vor der Tätigkeit an der Hochschule war er „CIO" eines Healthcare-DAX-Unternehmens. Er studierte Chemie, Mathematik und Physik an der Ruhr-Universität in Bochum und promovierte zum „Doctor of Philosophy" in Organischer Chemie an der Binghamton University in New York, USA. 2019 erhielt er den Forschungspreis der BCW-Gruppe.

KI in Gesundheit und Medizin

21

Rüdiger Buchkremer, Bart de Witte und David Matusiewicz

Inhaltsverzeichnis

Zusammenfassung

In diesem Beitrag wird auf Basis von Studien und aktuellen Fachpublikationen eine Übersicht über den Einsatz von künstlicher Intelligenz in der Medizin gegeben. Zunächst wir eine quantitative thematische Einordnung von Fachpublikationen vorgenommen. Nachfolgend werden Einordnungen der KI in der Systemmedizin,

R. Buchkremer
FOM Hochschule, Düsseldorf, Deutschland
E-Mail: ruediger.buchkremer@fom.de

B. de Witte
HIPPO AI/Digital Health Academy, Berlin, Deutschland
E-Mail: bart@hippoai.org

D. Matusiewicz (✉)
FOM Hochschule, Essen, Deutschland
E-Mail: david.matusiewicz@fom.de

R. Buchkremer et al. (Hrsg.), *Künstliche Intelligenz in Wirtschaft & Gesellschaft*, FOM-Edition, https://doi.org/10.1007/978-3-658-29550-9_21

der Dermatologie, der Kardiologie, der Onkologie und der Medikamentenentwicklung vorgestellt. Im Anschluss wird über das Verhältnis Mensch vs. Maschine, exponentielle Technologien, KI, ML, Blockchain, VR, Geschäftsmodelle/Plattformökonomien, Krankenhaus und Versorgungsstrukturen, Faktor Mensch, neue Dreiecksbeziehung: Patient-Arzt-Maschine, Open Data, Open AI berichtet.

21.1 Einleitung

Stephen F. Kingsmore und seine Mitarbeiter beschreiben im Jahr 2019 in der Fachzeitschrift „Science Translational Medicine“, wie mittels künstlicher Intelligenz (KI) innerhalb von Stunden das Genom von schwer erkrankten Kindern ausgewertet wird. In jedem Fall wurden die Therapieansätze aufgrund der zusätzlichen Diagnosen verändert. Diese beeindruckenden Erkenntnisse zeigen, wie KI sinnvoll in der medizinischen Diagnose eingesetzt werden kann. Möglicherweise ist nicht allen Leserinnen und Lesern sofort klar, warum es sich hier um KI handelt und wieso diese den Prozess stark beschleunigt. Die Autoren bezeichnen ihr Verfahren als „Clinical Natural Language Processing“ (Clark et al. 2019). Dabei handelt es sich um ein Verfahren, dem „Natural Language Processing“, welches schon zu Zeiten der ersten Veröffentlichungen der KI zugerechnet wird. Mit der inzwischen berühmt gewordenen Konferenz in Dartmouth im Jahr 1956 wurde das Zeitalter der künstlichen Intelligenz eingeläutet (Patel et al. 2009). Doch dauerte es noch mindestens 15 Jahre, bis KI auch in der Medizin in Fachpublikationen sichtbar wurde. Interessant ist, dass schon damals stets ein interdisziplinärer Ansatz verfolgt wurde, sodass z. B. Wissenschaftler aus den Computerwissenschaften, der Genetik, der Chemie und sogar der Philosophie mit den Medizinern zusammenarbeiteten. Medizinische Informationen wurden in den 70ern in Textform kodiert, sodass diese in Wissensmanagementsystemen leichter gefunden werden konnten. Sehen wir uns die aktuelle Situation der Fachpublikation zum Einsatz von KI in der Literaturdatenbank „Web of Science“ über alle Disziplinen verteilt an, stellen wir fest, dass sich in einem Großteil der Fachpublikationen einem anderen, ursprünglich menschlichen Prozess widmet, dem Lernen. Insbesondere in der Radiologie wird KI eingesetzt, um Krankheitsherde in Bildern zu entdecken. Dabei „lernt“ der Computer anhand von vielen Bildern mittels „Machine Learning“, wie die radiologische Diagnose verbessert werden kann (Hosny et al. 2018).

Der Autor Marvin Minsky (1961) beschrieb KI in seiner Publikation aus dem Jahr 1961 mit den folgenden fünf Komponenten: Suchen, Mustererkennung, Lernen, Planen und Induktion, was er mit „Grammatik“ oder „Sprache“ konkretisierte. Es geht bei der künstlichen Intelligenz also um Vorgänge, welche ursprünglich nur Menschen zugesprochen wurden. Tatsächlich zählt inzwischen auch die Menschenähnlichkeit dazu. Dabei handelt es sich um Maschinen, welche eine Ähnlichkeit zu menschlichen Tätigkeiten und auch zum äußerlichen Erscheinungsbild aufweisen. Diese sogenannten Roboter werden trainiert, damit sie Tätigkeiten ausüben, die den Menschen unterstützen können. Zur Abgrenzung der Begrifflichkeiten KI und ML lässt sich Folgendes festhalten. Während die künstliche Intelligenz eher den strategischen Ansatz beschreibt, beschreibt das maschinelle Lernen eher das „Tun". Eine weitere saloppe und doch recht einfache Definition von KI ist die folgende. Wenn man ein Gespräch führt mit einem anderen Menschen und einer KI und beide sind jeweils durch einen Vorhang verdeckt und man merkt nicht, hinter welchem Vorhang sich der Mensch und hinter welchem sich die Maschine befindet, dann kann man von künstlicher Intelligenz sprechen. An der Stelle ist allerdings auch kritisch anzumerken, dass heute noch nicht einmal die „menschliche" Intelligenz verstanden hat, sodass hier der Begriff künstliche Intelligenz auch durchaus kritisch hinterfragt werden kann.

Übertragen auf aktuell verwendete Begrifflichkeiten in Zusammenhang mit der Informationstechnologie können wir folgende Verfahren für die Medizin herleiten und Beispiele aus der Medizin nennen:

- Machine Learning (beinhaltet Deep Learning) – Analyse von radiologischen Bildern
- Natural Language Processing – Textanalyse von Patientenakten und wissenschaftlichen Publikationen
- Robotics – Pflegeroboter und Operationsassistenten
- Expertensysteme – Diagnoseunterstützung und Therapievorschläge.

An der Stelle ist anzumerken, dass große Daten (Big Data) an sich bedeutungslos sein können, erst durch die Verarbeitung der Daten bietet das Potenzial, neue Erkenntnisse zu erschließen und Durchbrüche in der Medizin zu beschleunigen. Hier wird dann von Smart Data gesprochen. Dies hat wiederum das Potenzial, die gegenwärtige klinische Praxis und damit Versorgungssituation zu verändern. Ärzte können große Datenmengen analysieren, wobei derzeit noch viel Zeit und ausgefeilte Analysetools wie Supercomputer benötigt werden. Der Aufstieg der künstlichen Intelligenz im Zeitalter der großen Datenmengen könnte den Ärzten jedoch helfen, die Behandlungsprozesse zu verkürzen und die Qualität der Patientenversorgung in der klinischen Praxis zu verbessern.

21.2 Fallbeispiele KI in der Medizin

Im Folgenden werden einige Fallbeispiele aus dem Umfeld der Medizin diskutiert. Mittlerweile gibt es mehrere Tausend Studien, bei denen der Einsatz von künstlicher Intelligenz in der Medizin untersucht wurden. Das Feld des Einsatzes der künstlichen Intelligenz ist breit und kann beispielsweise nach bestimmten Diagnostikverfahren, Fachdisziplinen oder Krankheitsbildern erfolgen. Im Folgenden werden einige Fallbeispiele aus dem Umfeld der Medizin kurz skizziert, um einen Eindruck zu vermitteln, in welchen Bereichen heute schon KI Einzug gefunden hat.

21.2.1 Anwendungsfeld: KI in der Radiologie

Die Analyse von radiologischen Bildern stellt aktuell das in der Fachliteratur quantitativ am weitesten entwickelten Forschungsgebiet der Medizin dar. Zur Bestätigung dieser Hypothese haben wir am 11.11.2019 in der Datenbank „Web of Science" sämtliche Publikationen zu KI der letzten fünf Jahre nach Forschungsgebieten visualisiert (Suchalgorithmus: Web of Science, Core Collection 11.11.2019, Suchstring: TOPIC: ("artificial intelligence" OR "deep learning" OR "machine learning" OR "natural language processing" OR "natural language generation") OR (text* NEAR/2 analy*), Timespan: >=2015. Indexes: SCI-EXPANDED, SSCI, A&HCI, CPCI-S, CPCI-SSH, ESCI) zeigt Abb. 21.1.

Abgesehen von den Computerwissenschaften (allgemein), dem Ingenieurwesen und der Telekommunikation ist „Radiologie und Medical Imaging" das Fachgebiet mit den meisten Publikationen der letzten zehn Jahre. Tatsächlich kommt hier in erster Linie das „Deep Learning" zum Einsatz. Der Computer „lernt" anhand von klassifizierten Bildern und wendet das Erlernte auf unbekannte an. Darüber hinaus kann KI auch Hinweise liefern, wonach Ärztinnen und Ärzte suchen sollen, wenn sie eine Krankheit analysieren. Zum Beispiel wurden für die Krankheit NSCLC (Non-Small-Cell Lung Cancer) erfolgreich Vorhersagen für distale Metastasen gemacht (Hosny et al. 2018). Bei der Analyse von radiologischen Bildern verfügt der Computer über zwei Vorteile gegenüber menschlichen Radiologen. Einerseits ist es möglich, das Ergebnis mit Millionen anderen Bildern zu vergleichen, anderseits lernt der Computer auch aus dem Bereich, der als „nicht erkrankt" klassifiziert wird, denn tatsächlich verändert sich oft auch das gesunde Gewebe in der Nähe eines Tumors. Dieses führt zu der Vorhersage, dass AI in naher Zukunft die Qualität menschlicher Vorhersagen aufgrund von radiologischen Bildern

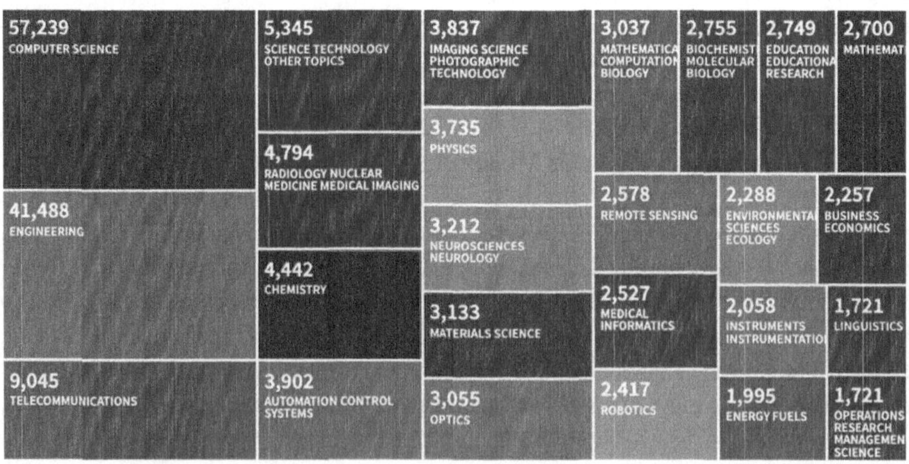

Abb. 21.1 Überblick über alle Forschungsbereiche der KI der letzten fünf Jahre

übertreffen wird (Hosny et al. 2018). Wir gehen davon aus, dass sich dieses Fachgebiet weiter entwickeln wird. Wir nehmen an, dass sich Deep Learning von radiologischen Bildern zu einem elementaren Baustein innerhalb von ganzheitlichen Konzepten wie das holistische systemmedizinische „P4-Verfahren“ (predictive, preventive, personalized and participatory) entwickeln wird. Methodisch erwarten wir insbesondere neue Erkenntnisse durch die Anwendung von „Natural Language Processing“ zur Erfassung von Zusammenhängen in Bildern (Vinyals et al. 2015).

21.2.2 Anwendungsfeld: KI in der Kardiologie

Übergreifende Herzstudie

Die Apple Heart Study App, die im November 2017 gestartet wurde, ist mit Daten von 419.093 Probanden die umfangreichste Studie zur Herzgesundheit. Apple führt diese Forschungsstudie in Zusammenarbeit mit Stanford Medicine durch, um die Technologie zur Detektion und Analyse unregelmäßiger Herzrhythmen wie Vorhofflimmern – einer der häufigsten Ursachen für Schlaganfälle – zu verbessern. Zu den wichtigsten Ergebnissen der Studie gehören: Vergleiche zwischen der unregelmäßigen Pulserfassung auf der Apple Watch und gleichzeitigen elektrokardiographischen Patch-Aufnahmen zeigten, dass der Pulserfassungsalgorithmus einen positiven Vorhersagewert von 71 % aufweist. 84 % der Teilnehmer, die unregelmäßige Pulsmeldungen erhielten, befanden sich zum Zeitpunkt der Meldung im Vorhofflimmern. Rund ein Drittel (34 %) der Teilnehmer, die unregelmäßige Pulsmeldungen erhielten und über eine Woche danach ein EKG-Patch verwendeten, hatten Vorhofflimmern. Da Vorhofflimmern ein intermittierender Zustand ist, ist es nicht verwunderlich, dass es bei der anschließenden EKG-Pflasterüberwachung unentdeckt bleibt. Insgesamt suchten 57 % derjenigen, die unregelmäßige Pulsmeldungen erhielten, medizinische Hilfe (Arnaout und Mofrad 2018). Andere Studien, die vom Team hinter der Cardiogram-App und Forschern der University of California, San Francisco, durchgeführt wurden, haben gezeigt, dass die Apple Watch in der Lage ist, einen abnormalen Herzrhythmus mit einer Genauigkeit von 97 % zu erkennen. Mithilfe von Deep-Learning-Modellen, die auf Daten von 284.335 Patienten trainiert und an zwei unabhängigen Datensätzen von 12.026 und 999 Patienten validiert wurden, prognostizierte ein Team aus England, kardiovaskuläre Risikofaktoren, kardiovaskuläre Risikofaktoren, die bisher nicht als vorhanden oder in Netzhautbildern quantifizierbar galten. Beispielsweise wurde das Alter, Geschlecht, Raucherstatus, systolischer Blutdruck und schwere kardiale Komplikationen vorausgesagt (Poplin et al. 2018).

Herzinfarkt

Die Möglichkeit der künstlichen Intelligenz, neue Assoziationen zu erkennen, die vom Menschen noch nicht entdeckt wurden, ist wahrscheinlich die vielversprechendste Chance. So haben britische Forscher beispielsweise Daten von 295.000 Patienten an maschinelle Lernalgorithmen weitergegeben, um die Krankengeschichte mit der Rate der

Herzinfarkte zu korrelieren. Dann wurden die Algorithmen mit Datensätzen von weiteren 82.000 Patienten versorgt und gebeten, vorherzusagen, welche einen Herzinfarkt erleiden würden. Dies waren Patienten, deren spätere Vorgeschichte von Herzinfarkten bereits bekannt war. Die Ergebnisse der Algorithmen wurden mit den Vorhersagen verglichen, die auf den aktuellen „Best Practice"-Richtlinien des American College of Cardiology/ American Heart Association (ACC/AHA) basieren, die das Alter der Patienten, die Rauchgeschichte, den Cholesterinspiegel, die Diabetesgeschichte usw. umfassen. Die KI-Algorithmen haben eine bessere Vorhersagekraft gehabt als der Goldstandard der Behandlung. Alle vier eingesetzten KI-Methoden haben deutlich besser abgeschnitten als die ACC/AHA-Richtlinien. Mit einem neuronalen Netz wurden bis zu 7,6 % mehr Ereignisse als die ACC/AHA-Methode entdeckt, und es traten insgesamt 1,6 % weniger Fehlalarme auf. Bei einer Stichprobe von rund 83.000 Datensätzen sind dies rund 355 Patienten, denen hätte das Leben gerettet werden können. Einige der Risikofaktoren, die die maschinell lernenden Algorithmen, auf die sich die stärksten Prädiktoren beziehen, sind nicht in den ACC/AHA-Richtlinien enthalten, wie beispielsweise schwere psychische Erkrankungen und die Einnahme oraler Kortikosteroide (Weng et al. 2017).

Elektrokardiogramms (EKG)

Ein weiteres Beispiel präsentierten Wissenschaftler der Mayo Clinic in Florida im August 2019, indem sie ein System mit künstlicher Intelligenz vorstellten, das in der Lage ist, Patienten mit rezidivierendem Vorhofflimmern auf der Grundlage eines Standard-Elektrokardiogramms (EKG) zu erkennen, auch wenn der Herzrhythmus zum Zeitpunkt der 10-Sekunden-Aufnahme normal ist. Dieser Algorithmus erkennt Muster von Herzrhythmusstörungen, die der Arzt nicht sehen kann, auch wenn das Herz normal schlägt. Das Team hat ein Convolutional Neural Network (CNN) an insgesamt knapp 650.000 EKG-Aufnahmen von 18.000 Patienten trainiert. Das System erkennt auf Basis einer einzelnen EKG-Aufzeichnung wiederkehrendes Vorhofflimmern mit einer Sensitivität von 79,0 % und einer Spezifität von 79,5 %. Werden mehrere EKG-Aufnahmen pro Patient einbezogen, erhöhen sich die Werte auf 82,3 % und 83,4 % (Attia et al. 2019).

Herzinsuffizienz

In einem wissenschaftlichen Team aus unterschiedlichen Universitäten wurden hierarchische neuronale Netzwerke (CNN) trainiert, die sehr effektiv Muster und Strukturen in Daten erkennen können, um eine Herzinsuffizienz (CHF) vorauszusagen. Eine Herzinsuffizienz (CHF) ist eine chronisch fortschreitende Erkrankung, welche die Leistungsfähigkeit der Herzmuskulatur beeinträchtigt. Typischerweise verlässt man sich für die CHF-Diagnose auf die Herzratenvariabilität, die zeitaufwendig und fehleranfällig sind. Das Team hat das CNN-Modell an großen, öffentlich zugänglichen EKG-Datensätzen mit Probanden mit chronischer Herzinsuffizienz sowie gesunden, nicht-arrhythmischen Herzen trainiert und getestet. Das Modell lieferte 95 %ige Genauigkeit: Das Modell ist eines der ersten, die bekannt sind, die morphologischen

Merkmale des EKGs zu identifizieren, die spezifisch mit der Schwere der Erkrankung zusammenhängen (Porumb und Ladanza 2020).

Echokardiografie
Die Echokardiografie ist für die Diagnose und das Management praktisch aller Herzerkrankungen unerlässlich. Die erforderliche menschliche Interpretation hat jedoch das volle Potenzial der Echokardiografie für die Präzisionsmedizin begrenzt. Rima Arnaout von der University of California, San Francisco, und Kollegen verwendeten eine maschinelle Lerntechnik, um einem Computer beizubringen, verschiedene Arten von Videos und Standbildern zu erkennen, die durch Echokardiogrammtests erzeugt wurden. Nach dem Training des Computers mit echten Scans von Patienten mit verschiedenen Herzerkrankungen zeigten die Forscher, dass ihr Modell die Anatomie des Herzens korrekt klassifizieren konnte, die in Videos mit einer Genauigkeit von 98 % gezeigt wurden. Die Genauigkeit der Standbilder sank auf 92 %, lag aber immer noch über dem Durchschnitt von 80 %, der von vier professionellen Echokardiografen erreicht wurde, die an demselben Datensatz getestet wurden (Arnaout und Mofrad 2018).

21.2.3 Weitere exemplarische Anwendungsfelder

Anwendungsfeld: KI sagt Verhalten von freien Radikalen falsch vorher
Bei freien Radikalen handelt es sich um eine populärwissenschaftliche Bezeichnung von in der Regel hoch reaktiven Molekülen (Carocho und Ferreira 2013). Eine KI würde den aktuellen Wissensstand analysieren und würde wahrscheinlich zu dem Schluss kommen, dass diese Moleküle sich auch im menschlichen Körper ähnlich aggressiv wie im Reagenzglas verhalten. Tatsächlich verhalten sich reaktive Zwischenstufen innerhalb von räumlich eingeschränkten Systemen völlig anders als in „Freiheit" (Buchkremer 1993; Brinker et al. 1993) – eine signifikante Beobachtung, welche Cram et al. (1991) gelang, wofür er später auch den Nobelpreis bekam. Eine künstliche Intelligenz hätte damals, basierend auf dem Stand des Wissens, völlig falsche Vorhersagen über das Verhalten von freien Radikalen in Zellorganellen oder Enzymen gemacht. Inzwischen ist dieses Verhalten weitgehend bekannt, sodass eine KI aus dem Jahr 2019 richtige Vorhersagen bei diesem Anwendungsfeld machen würde. Zusammenfassend kann man sagen, dass eine künstliche Intelligenz nur das Wissen vermitteln kann, mit welchem diese vorab „gefüttert" wurde.

Anwendungsfeld: KI liefert schnelle Diagnose für Alkaptonurie
In einem Fallbeispiel wird die Situation eines männlichen Patienten beschrieben, welcher über einen Zeitraum von etwa 20 Jahren über drei Symptome klagte, welche stets unabhängig voneinander behandelt wurden: Schluckauf, Rückenschmerzen (Arthritis) und von Geburt an starke Verfärbungen des Urins. Da letztere Symptome keine Beschwerden verursachten, wurden diese Kenntnisse nach Aussage des Erkrankten

von den behandelnden Ärzten nicht aktiv in die Diagnose einbezogen. Eine relativ einfache Suche nach Verfärbungen im Urin mittels „Natural Language Processing" bzw. „Information Retrieval" in der Datenbank „Medline", durchsucht mit einem Proximitätsalgorithmus (urin* NEAR/3 (dark* OR color* OR brown*)) und der Kombination mit dem Suchbegriff „arthritis" hätte relativ unvermittelt zu Treffern mit der Thematik „Alkaptonurie" (Kalevski et al. 2007) geführt.

21.2.4 Kritische Diskussion um die Chancen und Grenzen

Der Arzt lernt heute noch rund 10.000 Fragen während des Medizinstudiums. Es gibt rund 12.000 Befundmöglichkeiten und 10.000 Krankheiten. Und jedes Krankheitsbild setzt sich wiederum aus 80, 100 oder sogar 400 Symptomen zusammen. Dafür sei das menschliche Gehirn einfach nicht gebaut, sagt der Hirnforscher Martin Hirsch von ada (Ärztezeitung online 2018). Wenn die Antwort-Frage-Systematik in der Arzt-Patienten Kommunikation letztlich auch auf Mustererkennung basiert, so stellt sich zurecht die Frage, wie der Faktor Mensch hier neu einzusortieren ist. Folgt ein Krankheitsbild nicht auch einem festen Muster – es heißt ja auch „Krankheitsbild" und nicht „Krankheitsgemälde" (vgl. ausführlich zur Digitalisierung der Medizinerausbildung – Matusiewicz et al. 2019). Gerade im Bereich der bildgebenden Diagnostik (nehmen wir beispielsweise das Beispiel der Röntgenbilder), dass ein Computer besser Muster erkennen und diese mit einer sehr großen Datenbank und der Krankengeschichte abgleichen kann, als es ein Arzt mit dem menschlichen Auge und kognitiver Limitierung tun kann. IBM Watson Imaging verwendet beispielsweise multimodale Analytics (einerseits werden standardisierte und wiederkehrende Analysen qualitätsgesichert unterstützt und gleichzeitig ein freies und agiles Experimentieren ermöglicht) und bewertet nicht nur Bilder aber auch die gesamte Krankenakte und interpretiert somit auch den Kontext des Patienten (IBM researchers 2017). In Zukunft wird es ein Dreiergespann aus Arzt, Patient und Maschine geben. Da der Faktor Mensch auch ein Risiko im Gesundheitswesen darstellen kann (schätzungsweise 20–30 % aller Diagnosen im ambulanten Bereich sind nicht korrekt), erscheint es sinnvoll, über die Chancen der KI im Gesundheitswesen nachzudenken, ohne die Risiken nicht zu vernachlässigen (Matusiewicz und de Witte 2019).

Als eine Chance kann in diesem Zusammenhang die Offenheit bei KI-Entwicklungen gesehen werden. Offenheit kann sich dabei auf verschiedene Dinge beziehen. Zum Beispiel: offene Daten, offener Quellcode, offene Wissenschaft, offene Methodik, offene organisatorische Ziele. Offene KI, könnte als generelles Fundament für die KI-Entwicklungen in der Medizin gesetzt werden, was bedeutet, dass es die Zusammenarbeit fördern kann. Je mehr verschiedene potenzielle KI-Entwickler das Gefühl haben, dass sie die Entwicklungen und Ergebnisse für das Gemeinwohl voll und ganz teilen müssen, desto weniger wird das eigene Interesse priorisiert, und desto mehr steht das Gemeinwohl im Vordergrund. Solch ein kooperativer Ansatz würde sich wahrscheinlich positiv auswirken. Ein offenes Entwicklungsszenario für die KI in der Medizin, und die

Zusammenarbeit von Außenstehenden könnte sogar die Risiken minimieren und eine höhere Sicherheit begünstigen, da die Teilnehmer altruistisch motiviert sind.

Als Grenzen der Digitalisierung sind Datenschutz und Datensicherheit zu nennen und das Recht der Patienten auf Selbstbestimmung und dem Recht auf Nichtwissen. Hier ist weitere Forschung notwendig, um die Chancen und Grenzen auf eine breitere empirische Basis zu stellen.

21.3 Schlussbetrachtung und Fazit

Der vorliegende Beitrag hat gezeigt, dass es bereits heute schon bei verschiedenen Fachgebieten und Erkrankungen zahlreiche Beispiele gibt, bei denen KI erfolgreich mit einer ausreichend guten Spezifität und Sensitivität genutzt wird. Gerade im Bereich der Radiologie und Kardiologie wurden in den letzten Jahren einige Studien veröffentlicht, die punktuell auch zeigen, dass die Maschine eine bessere Alternative zum Menschen darstellt. In der am Anfang dargelegten medialen Diskussion erscheint es daher wichtig, dass man nicht Mensch vs. Maschine (hier: Arzt vs. KI) gegenüberstellt, denn der Vergleich hinkt alleine schon deshalb, weil ein Individuum einem neuronalen Netzwerk gegenübergestellt wird. Vielmehr müsste man eine größere Gruppe von Ärzten einem neuronalen Netzwerk gegenüberstellen, wie es bei vielen Studien auch gemacht wird. Das Ergebnis ist jedoch meist eindeutig, dass ein Arzt und eine Maschine gemeinsam zu besseren Ergebnissen kommen als einer der beiden vermeintlichen Kontrahenten. So scheint das Erfolgsteam Arzt und KI eine sinnvolle Kombination im Sinne eines Zentaur-Modells zu sein. Der Arzt wird immer die letzte Entscheidung treffen müssen und damit kann die KI als ein wichtiges Entscheidungsunterstützungssystem gesehen werden.

Literatur

Arnaout, R., & Mofrad, M., et al. (2018). Fast and accurate view classification of echocardiograms using deep learning. npj *Digital Medicine 1*(6). https://doi.org/10.1038/s41746-017-0013-1.

Ärztezeitung online (2018). KI statt Arzt – oder Hilfe für den Arzt? https://www.aerztezeitung.de/praxis_wirtschaft/digitalisierung_it/kuenstliche_intelligenz/article/978620/symptomchecker-lupe-ki-statt-arzt-hilfe-arzt.html. Stand 2018, Abfrage 0109/2019.

Attia, Z., Noseworthy, P. S., & Lopez-Jimenez, F. (2019). An artificial intelligence-enabled ECG algorithm for the identification of patients with atrial fibrillation during sinus rhythm: A retrospective analysis of outcome prediction. https://doi.org/10.1016/S0140-6736(19)31721-0.

Brinker, U. H., Buchkremer, R., Kolodziejczyk, M., et al. (1993). Carbenes in constrained systems I: 1,3 C-H, Insertion reaction of adamantylidene within the β-Cyclodextrin cavity. *Angew Chemie Int Ed English, 32,* 1344–1345. https://doi.org/10.1002/anie.199313441.

Buchkremer R (1993) Carbenes within constrained systems. State University of New York, Binghamton.

Carocho, M., & Ferreira, I. C. F. R. (2013). A review on antioxidants, prooxidants and related controversy: Natural and synthetic compounds, screening and analysis methodologies and future perspectives. *Food and Chemical Toxicology, 51,* 15–25. https://doi.org/10.1016/j.fct.2012.09.021.

Clark, M. M., Hildreth, A., Batalov, S., et al. (2019). Diagnosis of genetic diseases in seriously ill children by rapid whole-genome sequencing and automated phenotyping and interpretation. *Science Translational Medicine*. https://doi.org/10.1126/scitranslmed.aat6177.

Cram, D. J., Tanner, M. E., & Thomas, R. (1991). The taming of cyclobutadiene. *Angewandte Chemie International Edition in English, 30,* 1024–1027. https://doi.org/10.1002/anie.199110241.

Hosny, A., Parmar, C., Quackenbush, J., et al. (2018). Artificial intelligence in radiology. *Nature Reviews Cancer, 18,* 500–510.

IBM Researchers (2017). IBM researchers bring AI to radiology. https://www.youtube.com/watch?v=XLb0xUe80uo, Stand 2017, Abfrage 07/2018.

Kalevski, S. K., Haritonov, D. G., & Peev, N. A. (2007). Alcaptonuria with lumbar disc prolapse: case study and review of the literature. *Spine J, 7,* 498. https://doi.org/10.1016/j.spinee.2006.06.399.

Matusiewicz, D., Aulenkamp, J., & Werner, J. (2019). Effekte der digitalen Transformation des Krankenhauses auf den Wandel des Berufsbildes Arzt. In J. Klauber, M. Geraedts, J. Friedrich, & J. Wasem (Hrsg.) *Krankenhausreport 2019 – das digitale Krankenhaus* (S. 101–114). Heidelberg: Springer.

Matusiewicz, D., & de Witte, B. (2019). Risikofaktor Mensch – Ist die Maschine der bessere Arzt? In V. Oubaid (Hrsg.) *Der Faktor Mensch – Personalmanagement und Patientensicherheit* (S. 13–30). Berlin: MWV.

Minsky, M. (1961). Steps toward artificial intelligence. Proc. IRE.

Patel, V. L., Shortliffe, E. H., Stefanelli, M., et al. (2009). The coming of age of artificial intelligence in medicine. *Artificial Intelligence in Medicine, 46,* 5–17. https://doi.org/10.1016/j.artmed.2008.07.017.

Poplin, R., Varadarajan, A. V., et al. (2018). Prediction of cardiovascular risk factors from retinal fundus photographs via deep learning. *Nature Biomedical Engineering*. https://doi.org/10.1038/s41551-018-0195-0.

Porumb, M., & Ladanza, E, et al. (2020). A convolutional neural network approach to detect congestive heart failure. https://doi.org/10.1016/j.bspc.2019.101597.

Vinyals, O., Toshev, A., Bengio, S., & Erhan, D. (2015). Show and tell: A neural image caption generator. Proc IEEE Comput Soc Conf Comput Vis Pattern Recognit 07. 12. June: 3156–3164. https://doi.org/10.1109/cvpr.2015.7298935.

Weng, S. F., Reps, J., & Ka, J. et al. (2017). iCan machine-learning improve cardiovascular risk prediction using routine clinical data? https://doi.org/10.1371/journal.pone.0174944.

Prof. Dr. Rüdiger Buchkremer ist Professor für Wirtschaftsinformatik und Direktor des 2017 gegründeten ifid Institut für IT-Management und Digitalisierung an der FOM Hochschule. Seine Hauptforschungsthemen sind aktuell „Natural Language Processing“ und Systemmedizin. Er ist Gutachter für mehrere internationale Journale und Mitherausgeber der Fachzeitschrift „AI“. Vor der Tätigkeit an der Hochschule war er „CIO“ eines Healthcare-DAX-Unternehmens. Er studierte Chemie, Mathematik und Physik an der Ruhr-Universität in Bochum und promovierte zum „Doctor of Philosophy“ in Organischer Chemie an der Binghamton University in New York, USA. 2019 erhielt er den Forschungspreis der BCW-Gruppe.

Bart de Witte ist Gründer der Digital Health Academy und der HIPPO AI Foundation. Er ist ein inspirierender und preisgekrönter Experte im Digital-Health-Bereich, wo er als Executive Director für SAP und IBM im Einsatz war. Bart de Witte begleitete die Gründung und das Wachstum von einem Dutzend digitaler Gesundheitsunternehmen als Mentor und dozierte an verschiedenen Universitäten in Deutschland, Belgien, der Schweiz und Österreich. Er ist Teil der Gründungsfakultät des European Institute of Exponential Technologies and Desirable Futures, futur.io. Ein Institut, das sich darauf konzentriert, alternative europäische Strategien für die gegenwärtige Postmoderne zu finden.

Prof. Dr. David Matusiewicz ist Professor für Medizinmanagement an der FOM Hochschule. Seit 2015 verantwortet er als Dekan den Hochschulbereich Gesundheit & Soziales und leitet als Direktor das Forschungsinstitut für Gesundheit & Soziales (ifgs). Darüber hinaus ist er Gründungsgesellschafter bzw. Business Angel von zahlreichen Start-ups im Gesundheitswesen. David Matusiewicz ist Gründer der Digital Health Academy in Berlin. Zudem ist er Autor, Herausgeber und Keynote-Speaker.

Die Anwendung von Natural Language Processing zur kompakten Erfassung einer Krankheit

22

Ermittlung der markanten Autorinnen und Autoren, der wichtigsten Fachzeitschriften, sowie der therapeutischen Möglichkeiten am Beispiel der „Colitis Ulcerosa"

Olga Boichak und Rüdiger Buchkremer

Inhaltsverzeichnis

Zusammenfassung

Um die traditionelle und berühmte „Stecknadel im Heuhaufen" zu den Behandlungsmöglichkeiten bei einer Krankheit zu erfassen, ist es erforderlich, im ersten Schritt einen Überblick über das existierende Fachwissen zu ermitteln. Ein sogenanntes „Korpus" kann mittels der öffentlich verfügbaren Datenbank „PubMed" unter Verwendung von „Natural Language Processing" (NLP) erzeugt werden. Die weitere Systemanalyse und -visualisierung liefert ein Mengengerüst, eine Übersicht über die markantesten Forscherinnen und Forscher, die relevantesten Fachzeitschriften sowie die wichtigsten und möglicherweise präzisesten Behandlungsmöglichkeiten. Mit

O. Boichak · R. Buchkremer (✉)
FOM Hochschule, Düsseldorf, Deutschland
E-Mail: ruediger.buchkremer@fom.de

O. Boichak
E-Mail: olgaboichak@yahoo.com

R. Buchkremer et al. (Hrsg.), *Künstliche Intelligenz in Wirtschaft & Gesellschaft*, FOM-Edition, https://doi.org/10.1007/978-3-658-29550-9_22

diesem Fachartikel wird demonstriert, wie auf eine relativ einfache Art und Weise die erste Literaturgrundlage zur Untersuchung von Behandlungsmöglichkeiten der Krankheit „Colitis Ulcerosa" erstellt werden kann.

22.1 Natural Language Processing im Medizinbereich

Künstliche Intelligenz wird als die disruptivste Technologie für Gesundheitsdienste im 21. Jahrhundert bezeichnet (Lewis et al. 2019). Ein wichtiger Faktor, der den medizinischen Fortschritt vorantreibt, ist die weltweite Verfügbarkeit der medizinischen Informationen aus der Literatur, die weitgehend gesammelt, digitalisiert und über medizinische Datenbanken, wie „PubMed" abrufbar gemacht werden (Vanopstal et al. 2013). PubMed bietet neben der Sammlung von medizinischen Fachartikeln umfassende erweiterte Möglichkeiten, um z. B. nach Therapien oder Diagnosen zu suchen. Zusätzlich zu den Metadaten, wie Datum, Titel oder die Namen der Autoren werden die Fachartikel mit einem ausgefeilten System von medizinischen Fachbegriffen, den „Medical Subject Headings" (MeSH) beschlagwortet. Unter Ausnutzung dieser Informationen können damit auch ohne umfassende Fachkenntnisse in der Medizin mittels „Natural Language Processing" (NLP) Übersichten erstellt werden. Die umfangreiche Treffermenge wird in Form von Systemvisualisierungen übersichtlicher.

Die inzwischen universelle Verfügbarkeit großer Mengen an medizinischen Texten und Zeitschriften hat es zudem ermöglicht, bessere Algorithmen für die Sprachverarbeitung zu entwickeln. Die große Menge an Daten, die online und im Internet verfügbar ist, kann automatisch klassifiziert und interpretiert werden (Shortliffe 2019). Zur Bewältigung der komplexen Data-Mining-Aufgabe wird oftmals Natural Language Processing, ein computergestützter Ansatz zur Analyse von Freitext oder Sprache, ausgewählt (Cai et al. 2016). Die Integration von NLP zur Analyse von narrativem Text in die Krankheitsforschung hat mehrere Vorteile. Erstens können so nicht nur „State of the Art"-Informationen über die Krankheit extrahiert werden, sondern auch ungewöhnliche Symptome, neue Behandlungsmöglichkeiten, Medikamente und Untersuchungen identifiziert werden. Zweitens trägt es dazu bei, das Vertrauen in die Krankheitsdiagnose und eine entsprechende Therapie zu erhöhen. Drittens ermöglicht NLP die Identifizierung von Umweltfaktoren (Essen, Sport, Lebensstil), die während der Therapie von Bedeutung sein können. Viertens gibt NLP die Möglichkeit, Fachexpertinnen und -Experten zu finden, die sich mit einer Krankheit intensiv beschäftigen. Fünftens ermöglicht die NLP-Analyse der Medizintexte den „Blick über den Tellerrand" und identifiziert Faktoren, die beispielsweise bei der Behandlung einer Krankheit länderübergreifend von Bedeutung sein könnten. Das daraus resultierende Wissen kann sowohl in der Lehre als auch in der klinischen Praxis, zur Unterstützung der ärztlichen Entscheidung, genutzt werden. Ein großer Vorteil der linguistischen NLP-Natursprachverarbeitung zur Erkennung von Konzepten im Medizinbereich besteht auch darin, dass dieser Ansatz für jede beliebige Krankheit angewendet und von anderen wiederverwendet werden kann. Um herauszufinden, welche Erkenntnisse anhand der NLP-Analyse der medizinischen Fachartikel gewonnen werden können, wurde die Krankheit Colitis Ulcerosa ausgewählt.

22.2 Colitis Ulcerosa

Colitis Ulcerosa (CU) ist eine chronische, rezidivierende und remittierende entzündliche Erkrankung des Dickdarms mit einem unvorhersehbaren Verlauf, der durch lähmende gastrointestinale Symptome gekennzeichnet ist und am häufigsten Erwachsene im Alter von 30 bis 40 Jahren betrifft. Die Gesundheitsversorgung, die emotionalen Belastungen sowie die damit einhergehenden Symptome beeinträchtigen die Lebensqualität der betroffenen Menschen und deren Fähigkeit zu arbeiten und produktiv zu sein (Høivik et al. 2013; Pravda 2019).

Zu Beginn des 21. Jahrhunderts ist die entzündliche Darmerkrankung zu einer globalen Krankheit mit zunehmender Häufigkeit in Schwellenländern geworden, deren Gesellschaften zunehmend verwestlicht sind. Studien (119 Inzidenz- und 69 Prävalenzstudien), die auf den Untersuchungen von Datenbanken „MEDLINE“ und „Embase“ basieren, zeigen, dass die höchsten gemeldeten Prävalenzwerte von Colitis Ulcerosa in Europa (505 pro 100.000 in Norwegen) und Nordamerika (286 pro 100.000 in den USA) erreicht wurden. Obwohl sich die Inzidenz in den westlichen Ländern stabilisiert hat, bleibt die Belastung hoch, da die Prävalenz 0 bis 3 % übersteigt (Ng et al. 2017). Verfügbare Studien aus Mexico deuten auf einen dreifach höheren Anstieg der bereinigten Inzidenzraten von UC in den letzten 20 Jahren hin (Yamamoto-Furusho et al. 2018). Die jährlichen direkten und indirekten Kosten im Zusammenhang mit Colitis Ulcerosa werden auf 12,5 bis 29,1 Mrd. EUR in Europa und 8,1 bis 14,9 Mrd. US$ in den USA geschätzt (Cohen et al. 2010).

Einige klassische therapeutische Strategien zum medizinischen Management von CU zielen darauf ab, die Reaktion des Immunsystems der Patienten mit Aminosalicylaten, Antibiotika, Kortikosteroiden, Thiopurinen, Methotrexat und biologischen Wirkstoffen gegen Messung des sogenannten Tumornekrosefaktors (TNF), ein Entzündungsbotenstoff, zu kontrollieren. Obwohl sie bei der Behandlung mehrerer UC-Beschwerden erfolgreich sind, haben diese Medikamente eine begrenzte Wirksamkeit, und variable Reaktionen können zu unvorhersehbaren Ergebnissen führen. Zielmoleküle für biologische Wirkstoffe und Zelltherapie sind die neuen Ansätze zur Behandlung von chronisch entzündlichen Darmerkrankungen (CED), die bereits vielversprechende Ergebnisse gezeigt haben. Die ideale Therapie sollte Entzündungen reduzieren, ohne eine Immunsuppression zu bewirken und bleibt eine Herausforderung für das Gesundheitspersonal (Sales-Campos et al. 2015). Das Management von CED hat sich in den letzten zwei Jahrzehnten vor allem durch das Auftreten von TNF-Antagonisten verändert. Kürzlich wurden alternative Medikamente zugelassen, die gegen Leukozyten-Trafficking-Moleküle (Vedolizumab) oder andere entzündliche

Zytokine (Ustekinumab) gerichtet sind. Neue Therapeutika werden derzeit in CED entwickelt und stellen vielversprechende Targets dar, da sie andere Wirkmechanismen beinhalten (JAK-Moleküle, Smad 7 Antisense-Oligonukleotid etc.) (Flamant und Roblin 2018). Die Transplantation von fäkalen Mikrobiota (FMT) und Probiotika wurden auch als vielversprechende Kandidaten zur Wiederherstellung des mikrobiellen Gleichgewichts bei mehreren immunvermittelten Krankheiten wie CED untersucht. Diese mikrobiellen Therapien haben gezeigt, dass sie sowohl das dysbiotische Milieu als auch die Produktion von Entzündungsmediatoren reduzieren können, was zu einer Remission führt, insbesondere bei UC. Trotz dieser vielversprechenden Ergebnisse gibt es immer noch keinen Konsens über die Relevanz solcher Behandlungen bei CED als mögliche klinische Strategie (Basso et al. 2019). Obwohl es viele Therapieansätze gibt, kulminiert die Erkrankung bei 1 von 3 Individuen mit CU in einer totalen Kolektomie als Folge eines Versagens der medizinischen Behandlung (Kinugasa und Akagi 2016). In UC ist eine weitere Situation das Risiko einer Pouchitis nach einer Analanastomose des ilealen Beutels. Dieses Risiko liegt zwischen 14 % und 59 % (Flamant und Roblin 2018).

Diese Daten verdeutlichen den Forschungsbedarf zur Prävention entzündlicher Darmerkrankungen und zu Innovationen im Gesundheitswesen, um diese komplexe und kostspielige Krankheit zu bewältigen.

22.3 Systemmedizin, Präzisionsmedizin und die Erstellung eines Datenkorpus

Zur gesamtheitlichen, systemmedizinischen Untersuchung einer Krankheit ist es erforderlich, sämtliche verfügbaren Informationen zu erfassen. Dazu gehören zusätzlich zur klassischen phänotypischen, organbezogenen Betrachtung auch die Erfassung des Genoms, des Microbioms, des Proteoms, des Metabolioms, aber auch des sozialen Umfelds und der Umgebung, in der Patientinnen und Patienten verweilen (Loscalzo und Barabasi 2011; Vogt et al. 2016). Ein großer Teil dieser Informationen befindet sich bereits in unstrukturierter Form in Fachartikeln. Weitere Hinweise befinden sich in der Beschlagwortung (Tagging) und weiteren Metadaten zu den Fachartikeln. Daher kann ein erster Schritt die Erstellung eines Literaturkorpus sein, wie es von Buchkremer et al. beschrieben wird (Gampfer et al. 2018; Buchkremer et al. 2019). Um eine sinnvolle Therapie möglichst präzise zu finden, muss die individuelle Situation von Patientinnen und Patienten in den Gesamtkontext der verfügbaren Daten gesetzt werden. Viele verstehen darunter nur den gentechnischen Ansatz, welcher zwar stets relativ präzise, genau genommen aber nur ein Teil des Ganzen ist (Vogt et al. 2016). Nachfolgend wird beschrieben, wie unter Zuhilfenahme von Natural Language Processing unter Ausnutzung der sogenannten MeSH- (Medical-Subject-Headings-) Beschlagwortungen und der Nutzung einer ansprechenden Visualisierung relativ schnell ein erster

Systemmedizin-Korpus erstellt und ausgewertet werden kann. Mit diesem Korpus können Ärztinnen und Ärzte, aber auch Patientinnen und Patienten erste Forschungsfragen zu einer Krankheit beantworten.

22.4 Forschungsfragen, Methodik und Untersuchungsgegenstand

Im Prozess der NLP-Analyse der medizinischen Fachliteratur wird zuerst versucht, eine Herangehensweise für die Erstellung des ersten Systemmedizin-Korpus zu einer beliebigen Krankheit zu entwickeln. Weiterhin soll anhand des erstellten Korpus geforscht werden, welche Autoren sich mit der Therapie von Colitis Ulcerosa am häufigsten beschäftigen. Darüber hinaus können z. B. auch die Zeitschriften definiert werden, welche die meisten Artikel zur Therapie von Colitis Ulcerosa publizieren. Im Anschluss wird versucht, die möglichen erfolgreichen Komponenten der Therapie von Colitis Ulcerosa zu präsentieren.

Da es sich im vorliegenden Projekt um ein medizinisches Thema handelt, wurde entschieden, die Datenbeschaffung mittels der Suchoberfläche PubMed[1] durchzuführen. PubMed ist die weltweit größte und wichtigste medizinische bibliografische Datenbank. Sie wird von der National Library of Medicine (USA) erstellt und ist kostenfrei zugänglich (US National Library of Medicine 1996).

Für die Auswahl der medizinischen Artikel, auf deren Basis die Analyse durchgeführt wurde, wurde ein MeSH- (Medical- Subject- Headings-) Thesaurus, der für die Indexierung von Artikeln für PubMed verwendet wird, benutzt. Die Artikel sind mithilfe von folgendem Suchalgorithmus ausgewählt worden: „Colitis, Ulcerative/therapy". Somit wurden bei der Analyse nur die Artikel in Betracht gezogen, die, entsprechend der Beschlagwortung, einen unmittelbaren Bezug zu der Therapie der Krankheit Colitis Ulcerosa haben. Darüber hinaus wurden explizit Artikel selektiert, welche einen Abstract beinhalten.

Die ausgewählten Artikel, insgesamt 9727, wurden dann mithilfe von Mendeley[2], einem Literaturverwaltungsprogramm zum Organisieren, Austauschen und Zitieren von wissenschaftlichen Artikeln, erfasst und gespeichert.

Weiterhin wurden die im Mendeley-Desktop abgespeicherten Artikel als BibTex-File exportiert und in das CSV-Format umgewandelt. Die bereinigte CSV-Datei wurde in das RapidMiner Studio[3], eine Umgebung für maschinelles Lernen und Data-Mining, transferiert, um einen Data-Mining-Prozess für die gewonnenen Daten durchzuführen (RapidMiner incorporated 2019). Es wurde eine Sequenz von RapidMiner-Operatoren

[1] https://www.ncbi.nlm.nih.gov/pubmed/ zuletzt abgerufen am 28.10.19.

[2] https://www.mendeley.com/ zuletzt abgerufen am 28.10.19.

[3] https://rapidminer.com/zuletzt abgerufen am 28.10.19.

benutzt, um zu dem gewünschten Ergebnis zu kommen. Zuerst wurde mit dem Operator „Retrieve“ auf gespeicherte Informationen im Repository zugegriffen und die CSV-Datei in den Prozess geladen. Anhand des Operators „Nominal to text“ wurden dann die nominalen Attribute in Zeichenkettenattribute konvertiert. Weiterhin wurden mittels des Operators „Process Documents from Data“ aus den Zeichenkettenattributen Wortvektoren erzeugt, wobei durch die sogenannte „Prunning-Filterung“ vorbestimmt wurde, sodass die Wörter, die weniger als zwei Zeichen und mehr als 10.000 Zeichen beinhalten, nicht berücksichtigt werden sollen. Innerhalb des Operators „Process Documents from Data“ wurde ein Zwischenprozess mit den entsprechenden Operatoren erstellt, um zu bestimmen, wie die zu erzeugenden Wortvektoren aussehen sollten. Der Zwischenprozess, in dem Textdaten gefiltert und bereinigt wurden, ist in der Abb. 22.1 dargestellt.

Hier wurde zuerst mithilfe des Operators „Tokenize“ der gesamte Text in eine Folge von sogenannten „Tokens“ aufgeteilt, wobei jedes Token aus einem einzigen Wort bestehen sollte. Als nächster Schritt wurden durch die Anwendung des Operators „Transform Cases“ alle Zeichen des Dokuments in Kleinbuchstaben umgewandelt. Die RapidMiner-Software beinhaltet eine integrierte „Stopword-Liste“ für Wörter der englischen Sprache, sodass es möglich ist, mithilfe des Operators „Filter Stopwords (English)“ die Wörter herauszufiltern, die einem der Stopwörter entsprechen. Stopwörter sind die Wörter, die in der weiteren Analyse des Textes nicht berücksichtigt werden sollen, da sie sehr häufig auftreten und keine Relevanz für die Erfassung des Inhaltes der Analyse aufweisen. Mit dem Operator „Stem (Porter)“ wurde für das Textkorpus der Porter-Stemming-Algorithmus angewendet, der die Länge der Wörter so lange reduziert, bis eine Mindestlänge erreicht ist. Im nächsten Schritt kommt der Operator „Generate n-Grams“ zum Einsatz. N-Gramm ist definiert als eine Reihe von aufeinanderfolgendem Token der Länge n. Es wurde entschieden, die maximale Länge der n-Gramme auf 2 zu setzen. Somit darf ein n-Gramm höchstens aus zwei Wörtern bestehen. Anschließend wird der Operator „Filter Tokens (by Length)“ angewendet, um zu bestimmen, welche minimale Anzahl der Zeichen ein Token beinhalten darf. In unserem Fall darf ein Token nicht weniger als zwei Zeichen beinhalten.

Nachdem im Zwischenschritt aus den Zeichenkettenattributen Wortvektoren erzeugt werden, wird im Hauptprozess der Operator „Multiply“ angewendet, um zwei unabhängige Kopien des Textkorpus zu erstellen. Für jede der Kopien werden dann

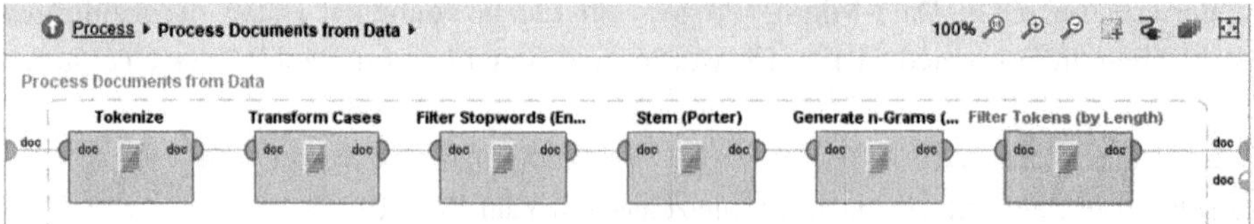

Abb. 22.1 Prozess „Documents from Data“

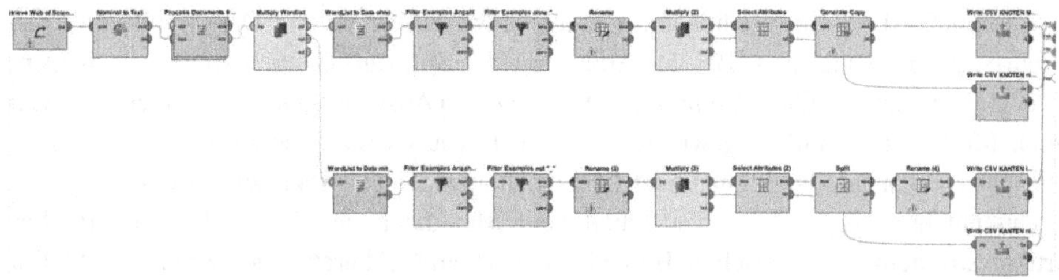

Abb. 22.2 RapidMiner-Prozess

mittels des Operators „WordList to Data" die Listen der Wörter in jeweils einen Datensatz umgewandelt. Der Operator „Filter Examples" wählt aus, welche Beispiele des bestehenden Textes beibehalten und welche entfernt werden müssen. In unserem Fall wurde zunächst für beide Kopien des Textkorpus vorbestimmt, dass das Gesamtvorkommen eines Datensatzes größer als 1 sein soll. Mit der weiteren Anwendung des gleichen Operators wurden in einer Kopie alle Datensätze, die aus einem Wort bestehen, herausgefiltert (15.835 Datensätze), während die zweite Kopie nur die Datensätze mit zwei Wörtern beinhalten sollte (64.322 Datensätze). In den beiden Kopien werden anschließend mithilfe des Operators „Rename" die Spalten mit dem Namen „Word" in die Spalte mit dem Namen „Label" umbenannt. In der Kopie, die die Datensätze mit zwei Wörtern beinhaltet, wird zusätzlich die Spalte „Total" (Gesamtvorkommen) in „Weight" umbenannt. Mithilfe des Operators „Select Attributes" werden für die weitere Bearbeitung in einer Kopie nur die Spalten „Total" und „Label" ausgewählt und in der anderen Kopie die Spalten „Label" und „Weight" beibehalten. Anschließend wird in der Kopie mit den Spalten „Label" und „Total" die Spalte „Label" mittels des Operators „Generate Copy" in die Spalte „ID" umbenannt. Für die andere Kopie wird der Operator „Split" angewendet. Dieser Operator erzeugt neue Attribute aus den ausgewählten Nominalattributen (Spalte „Label"), indem er die Nominalwerte in Teile aufteilt. In unserem Fall werden die Datensätze, die zwei Wörter beinhaltet haben, in zwei Spalten, „Label 1" und „Label 2" aufgeteilt. Im nächsten Schritt werden diese zwei Spalten umbenannt in die Spalten „Source" und „Target". Als letzter Schritt im RapidMiner-Prozess wird der Operator „Write CSV" verwendet, um die beiden Kopien im CSV-Format abzuspeichern.

Der zuvor beschriebene RapidMiner-Prozess wird in der Abb. 22.2 dargestellt.

Der RapidMiner-Prozess wird so konzipiert, dass die Ergebnisse als CSV-Dateien mit Knoten und Kanten anschließend in die Software zur Netzwerkanalyse und Visualisierung Gephi[4] importiert werden können.

[4]https://gephi.org/zuletzt abgerufen am 28.10.19.

Anschließend werden die im RapidMiner aufbereiteten Daten mithilfe der Gephi-Software visualisiert. Bei der Arbeit mit der Software Gephi werden verschiedene Filter (Ego Netzwerk, Giant Component, Wertebereich Ausgangsgrad), Statistiken (mittlerer Grad, Modularität, mittlere gewichteter Grad), Layouts (Bezeicher-Justierung, Noverlap, OpenOrd) und andere Funktionalitäten benutzt, um den Datenbestand zu analysieren.

Untersuchungsgegenstand der Arbeit sind Metadaten der 9727 wissenschaftlichen Artikel aus dem medizinischen Bereich zum Thema „Therapie der Krankheit Colitis Ulcerosa". Zu den Metadaten zählen in dem Fall folgende Daten, die in Spalten geordnet sind:

- Autoren des Artikels,
- Titel des Artikels,
- Zeitschrift, in der der Artikel publiziert wurde,
- Jahr, in dem der Artikel publiziert wurde,
- Abstract – Zusammenfassung des Inhalts des jeweiligen Artikels.

Die Sprache der Datenbasis der vorliegenden Arbeit ist Englisch. Die Quelle der Daten ist die medizinische Datenbank PubMed.

22.5 Überblick über aktuelle Erkenntnisse zur Therapie der Colitis Ulcerosa

Zur ersten, durch medizinisches Fachpersonal bewerteten Erfassung der empfohlenen Diagnosen und Therapien zu Colitis Ulcerosa verweisen wir ausdrücklich auf die Betrachtung der AWMF-Richtlinien[5]. Die Arbeitsgemeinschaft der Wissenschaftlichen Medizinischen Fachgesellschaften e. V. besteht aus 179 wissenschaftliche Fachgesellschaften (+3 assoziierte) aus allen Bereichen der Medizin. Die AWMF vertritt Deutschland im Council for International Organizations of Medical Sciences CIOMS. Nachfolgend beschreiben wir Erkenntnisse, welche wir aus der Analyse des Systemmedizin-Korpus ermittelt haben.

Die Diagnose der Krankheit CU basiert auf einer Kombination von Symptomen, endoskopischen Befunden, Histologie und dem Fehlen alternativer Diagnosen (Dignass et al. 2012a). Nach Cosnes haben 30 bis 60 % der Patienten mit CU eine Proktitis, 16 bis 45 % eine linksseitige Kolitis und 14 bis 35 % eine ausgedehnte Pancolitis. Dazu kann die Krankheit bei 10 bis 19 % der Patienten nach fünf Jahren und bei bis zu 28 % der Patienten nach zehn Jahren proximal fortschreiten. Die Symptome und die Behandlungsstrategie können je nach Ausmaß der Erkrankung unterschiedlich sein (Cosnes et al. 2011).

[5]https://www.awmf.org/awmf-online-das-portal-der-wissenschaftlichen-medizin/awmf-aktuell.html zuletzt abgerufen am 28.10.2019.

Die Erstlinientherapie bei einer leichten bis mittelschweren Erkrankung sind die 5-ASA-Medikamente, die als Suppositorien, Einläufe oder orale Formulierungen verabreicht werden können. Es scheint keinen signifikanten Unterschied in der Wirksamkeit oder Sicherheit zwischen verschiedenen 5-ASA-Formulierungen zu geben. Sulfasalazin scheint eine ähnliche Wirksamkeit wie 5-ASA-Medikamente zu haben, ist aber tendenziell weniger gut verträglich (Feagan et al. 2013; Bressler et al. 2015).

Patienten, die auf 5-ASA-Medikamente nicht ansprechen oder keine Remission erzielen, können mit Kortikosteroiden behandelt werden. Rektale Kortikosteroide können als Zweitlinientherapie appliziert werden, um eine Remission bei Proktitis oder linksseitiger Colitis Ulcerosa zu induzieren. Topisches 5-ASA scheint den topischen Kortikosteroiden bei der Induktion einer Remission überlegen zu sein. Die klinische und endoskopische Verbesserung kann höher sein, wenn man rektales 5-ASA und Kortikosteroide kombiniert (Mulder et al. 1996). Patienten mit mittelschwerer bis schwerer Colitis können mit Thiopurinen oder biologischen Medikamenten oder beidem behandelt werden. Thiopurine (Azathioprin oder 6-Mercaptopurin) können bei Patienten mit steroidabhängigen mittelschweren bis schweren Erkrankungen zur Aufrechterhaltung der Remission eingesetzt werden (Dignass et al. 2012b; Bressler et al. 2015). Anti-TNF-α Medikamente, wie Infliximab (IFX), Adalimumab (ADA) und Golimumab, sind wirksam bei der Induzierung und Aufrechterhaltung der Remission bei mittelschweren bis schweren Krankheiten (Järnerot et al. 2005; Rutgeerts et al. 2005; Reinisch et al. 2011; Sandborn et al. 2014). Infliximab kann auch bei Patienten eingesetzt werden, die mit einem schweren Krankheitsverlauf in das Krankenhaus eingeliefert werden und bleibt die aktuell am häufigsten verwendete biologische Substanz bei dieser Krankheit. Infliximab scheint den Verlauf und die Prognose einer akuten schweren UC durch die Verbesserung der langfristigen Ergebnisse als Rettungstherapie verbessert zu haben (Viscido et al. 2019).

Patienten mit akuter schwerer CU werden zunächst mit intravenösen Kortikosteroiden behandelt, auf die ca. 65 % ansprechen. Für Patienten, die innerhalb von drei bis fünf Tagen nicht auf intravenöse Kortikosteroide ansprechen, kann eine rettungsmedizinische Therapie mit entweder Ciclosporin oder Infliximab durchgeführt werden. Beide Medikamente sind bei akuter schwerer Colitis Ulcerosa gleichermaßen wirksam. Wenn auf eines dieser Medikamente nicht reagiert wird, sollte eine Kolectomie in Betracht gezogen werden (Turner et al. 2007; Wong et al. 2019).

Adalimumab und Vedolizumab (VDZ) haben ihre Wirksamkeit bei UC-Patienten mit mittelschweren bis schweren Symptomen gezeigt, die Infliximab nicht vertragen können. Favale et al. (2019) befasst sich in ihrem Artikel damit, die Wirksamkeit von ADA und VDZ bei Patienten mit UC, die an IFX versagt haben, zu vergleichen. Klinische Aufzeichnungen von UC-Patienten aus acht italienischen CED-Überweisungszentren, die an der IFX scheiterten und Kandidaten für eine ADA oder VDZ waren, wurden rückwirkend überprüft. Der primäre Endpunkt war das therapeutische Versagen in Woche 52. Sekundäre Endpunkte waren der Therapieabbruch in den Wochen 8, 24 und 52, das diskontinuationsfreie Überleben und die Sicherheit. Die Studie hat gezeigt, dass das

Überleben ohne Therapieabbruch in der Gruppe der IFX-Sekundärfehlfunktionen, die VDZ erhielten, signifikant höher als in der Gruppe der ADA war. Daraus folgt, dass Vedolizumab die Therapie der Wahl bei UC-Patienten sein könnte, die ein sekundäres Versagen von IFX zeigten (Favale et al. 2019).

Wong thematisiert die Bedeutung biologischer Behandlungen für CED-Patienten. Biologische Wirkstoffe können die Notwendigkeit einer Operation verzögern. Im Laufen der Zeit werden kontinuierlich neue biologische Therapien eingeführt (Wong et al. 2019).

22.6 Ergebnisse und Diskussion

Die ersten Erkenntnisse dieser Untersuchung ließen sich mithilfe von RapidMiner-Visualisierungsfunktionen darstellen. In der Abb. 22.3 wurde auf der Y-Achse die alphabetische Namensliste der Autoren der analysierten Artikel platziert. Auf der X-Achse wurde die Anzahl der Artikel pro Autor dargestellt. Es lässt sich erkennen, dass es eine Reihe von Autoren gibt, die bei insgesamt einem bis fünf Artikeln die Rolle des Hauptautors übernommen haben. Gleichzeitig gibt es auch sogenannte „Ausreißer", bei denen Hauptautoren von mehr als acht Artikeln zum Thema Colitis Ulcerosa gefunden werden konnten.

Abb. 22.4 zeigt einen Überblick über die Hauptautoren, die mehr als sieben Artikel zum Thema „Therapie von Colitis Ulcerosa" publiziert haben.

Eine einfache Internetrecherche bestätigt die Annahme bezüglich der großen Erfahrung der Autoren. William Sandborn scheint einer der weltweit führenden Experten im Management der Erkrankung Colitis Ulcerosa zu sein. Er leitet das Zentrum für entzündliche Darmerkrankungen an dem akademischen Krankenhaus UC San Diego

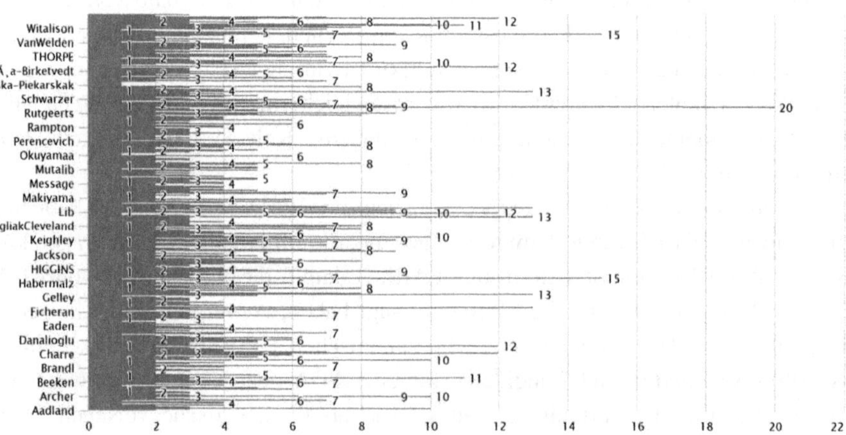

Abb. 22.3 Autoren und Anzahl der Publikationen

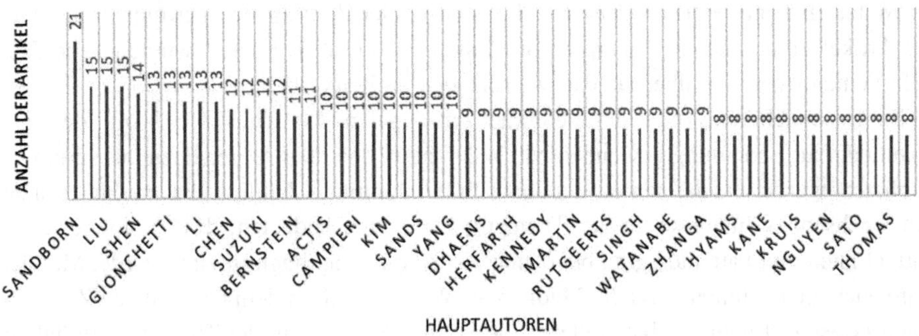

Abb. 22.4 Autoren, die am häufigsten zum Thema „Therapie von CU" publiziert haben

Health in San Diego, Kalifornien, und führt klinische Studien zum Thema Colitis Ulcerosa durch. Sandborn hat insgesamt fast 600 Artikel in renommierten Fachzeitschriften veröffentlicht und seine klinischen Studien haben maßgeblich dazu beigetragen, moderne Therapien für die Behandlung von entzündlichen Darmerkrankungen zu entwickeln (UC San Diego Health 2019). Bo Shen ist ein Mitarbeiter der Abteilung für Gastroenterologie und Hepatologie des akademischen medizinischen Zentrums im Krankenhaus Cleveland mit Sitz in Cleveland, Ohio. Zu seinen Spezialgebieten zählen unter anderem die entzündlichen Darmerkrankungen. Er hat mehrere Forschungsprojekte durchgeführt und hat auch eine Reihe von Artikeln in Fachzeitschriften über gastrointestinale Blutungen, chronische lymphatische Leukämie, bösartige lymphoproliferative Erkrankungen und das Reizdarmsyndrom veröffentlicht (Cleveland Clinic 2019).

Stephen Hanauer ist Gastroenterologe und spezialisiert auf Colitis Ulcerosa. Als Professor an der Feinberg School of Medicine leitet er zahlreiche klinische Studien zur Behandlung von entzündlichen Darmerkrankungen. Dazu hat Hanauer eine Datenbank für 6000 Patientinnen und Patienten für das Register der entzündlichen Darmerkrankungen erstellt (Northwestern Medicine 2019).

Es hat sich im Laufe der Analyse der Ergebnisse herausgestellt, dass unter dem Namen Liu nicht nur ein Hauptautor, sondern mehrere Autoren mit dem gleichen Namen zusammengefasst wurden. Individuell haben die Autoren mit dem Namen Liu nicht genügend Artikel veröffentlicht, um in der Reihe der Autoren zu sein, die am häufigsten zum Thema „Colitis Ulcerosa" publiziert haben.

Die Analyse der Ärztinnen und Ärzte könnte einem Patienten helfen, die Experten zu finden, die nicht nur erfahrene Spezialisten sind, sondern sich auch für die Weiterentwicklung der möglichen Therapien der Krankheit interessieren und darauf verweisen. Außerdem kann mithilfe dieser Auswertungen relativ schnell und komfortabel ein Netzwerk der Medizinerinnen und Mediziner erstellt werden, welches nicht nur für Patienten, sondern auch für die Ärzteschaft von Interesse sein könnte.

Weitere Erkenntnisse werden über die Analyse der Zeitschriften gewonnen, in denen die Artikel zum Thema „Therapie von Colitis Ulcerosa" publiziert wurden. Abb. 22.5 liefert einen Überblick über die Fachzeitschriften im Zeitverlauf.

Es ist ersichtlich, dass in allen Fachzeitschriften das Thema CU mit der Zeit quantitativ an Bedeutung gewonnen hat. Während in den 80er-Jahren dazu nur vereinzelt publiziert wurde, erscheinen ab dem Jahr 2000 signifikant häufiger Fachpublikationen. Ein wachsendes Interesse an der Thematik kann auch bedeuten, dass es immer mehr Patientinnen und Patienten gibt, bei denen die Erkrankung diagnostiziert wurde. Möglich wäre auch anzunehmen, dass die Medizin als Wissenschaft in dem betrachteten Zeitraum einen Fortschritt gemacht hat, welcher die Weiterforschung an der Thematik ermöglicht hat. Diese Annahmen werden im Rahmen dieser Arbeit nicht ausführlich erläutert und bedürfen einer weiteren Analyse. Es lässt sich auch anhand von der Abb. 22.6 erkennen, dass es Zeitschriften gibt, in denen Artikel zum Thema „Therapie von Colitis Ulcerosa" häufiger veröffentlicht wurden als in anderen Zeitschriften. Die Verteilung der Zeitschriften in absteigender Reihenfolge der Häufigkeit mit einer kumulativen Linie auf der sekundären Achse als prozentualer Anteil der Gesamtheit stellt das Pareto-Diagramm dar (siehe Abb. 22.6). Im Laufe der Analyse hat sich herausgestellt, dass es Fachzeitschriften gibt, die exklusiv über die entzündlichen Darmerkrankungen publizieren, wie z. B. „Inflammatory bowel diseases" oder „Journal of Crohn's and Colitis".

Eine Reihe weiteren Erkenntnisse ist durch die Analyse der Daten mithilfe der Gephi-Software entstanden. Die wichtigsten Begriffe, die alle analysierten Artikel behandelt haben, sind, wie Abb. 22.7 zeigt, Patient, Colitis Ulcerosa, Krankheit und Behandlung. Diese sogenannten „Knoten" sind mit vielen anderen Knoten mithilfe von Kanten verbunden und formen ein taxonomisches Gesamtbild des Themas „Therapie von Colitis Ulcerosa".

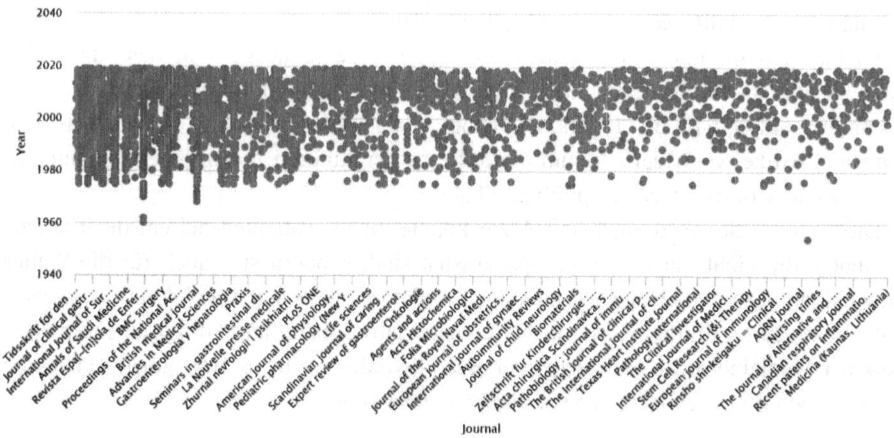

Abb. 22.5 Fachzeitschriften mit den Artikeln zum Thema „CU" im Zeitverlauf

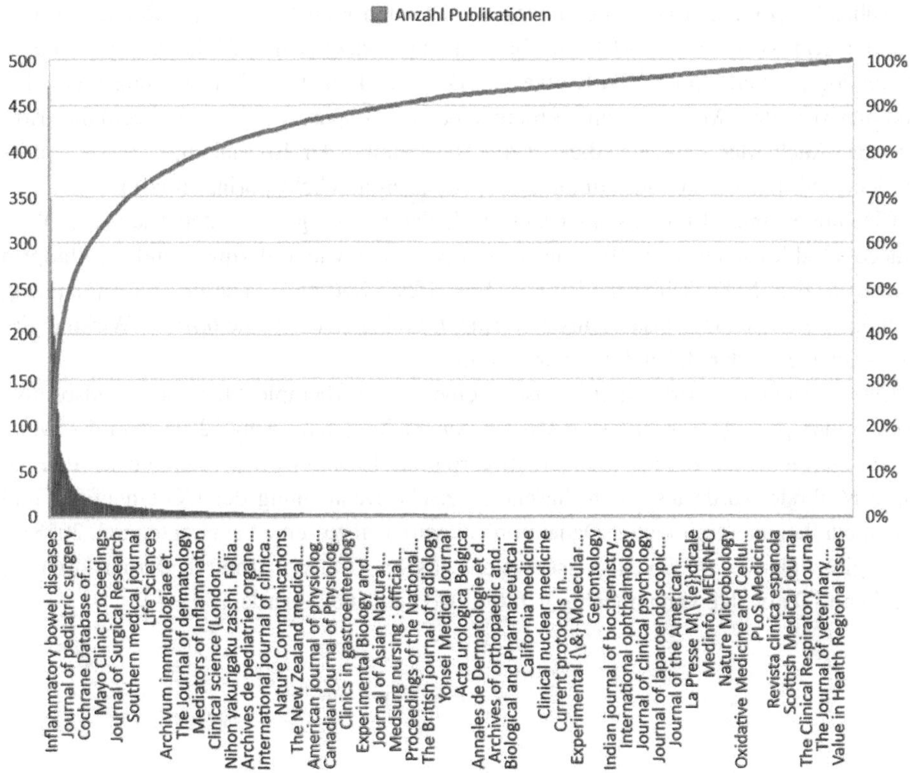

Abb. 22.6 Pareto-Diagramm „Anzahl Publikationen in verschiedenen Zeitschriften“

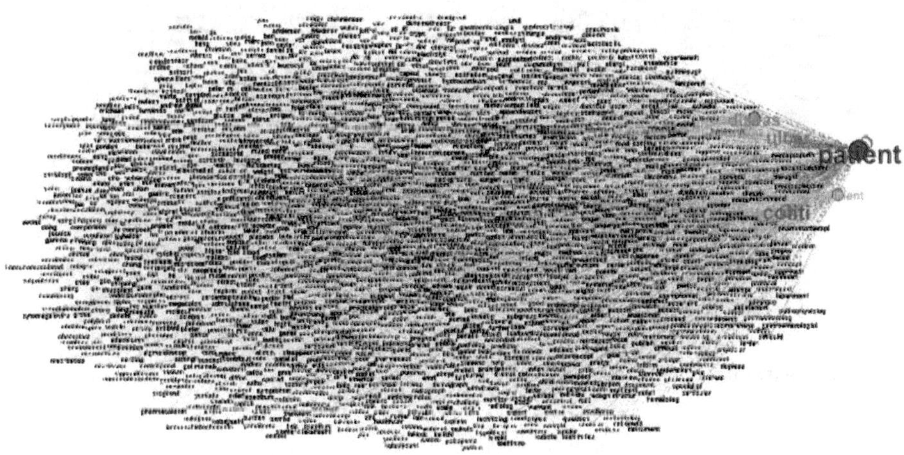

Abb. 22.7 Taxonomisches Gesamtbild „Therapie von Colitis Ulcerosa“

Abb. 22.8 gibt einen Überblick über die relevanten Begriffe zur Behandlung der analysierten Krankheit. Es bedarf keiner besonderen medizinischen Bildung, um die Fachterminologie innerhalb der Wortwolke zu erkennen. Folgende Untersuchungsmethoden sind hier vertreten: Mukosektomy, Proctocolectomy, Laparoscopy, Appendectomie, Kolektomie. Auch Medikamente, die für die Behandlung der Erkrankung CU verwendet werden, sind in der Textwolke zu finden: Corticosteroid, Ciclosporin, Infliximab etc.

Ein interessantes Ergebnis lässt sich nach der Filterung der Daten nach dem Wort „Success" ablesen (Abb. 22.9). Solche Medikamente wie Infliximab und Azathioprin stehen in der Nähe (Proximität) des Begriffes „Success". Dieser Zusammenhang bestätigt die Forschungsansätze aus dem Kap. 6 und deutet auf eine positive Wirkung der Medikamente bei der Behandlung von CU hin.

Eine weitere Erkenntnis ist eine CU-Therapie-Methode, adsorptive Granulomonozytapherese, die in Japan zur Anwendung kam. Abb. 22.10 zeigt die Wortwolke, die durch die Filterung des Text-Korpus nach dem Wort „Japan" entstanden ist. Diese Methode wurde als nicht-pharmakologische Behandlung der UC eingeführt und schien bei Patienten mit kurzer Dauer von UC wirksam zu sein (Yamamoto et al. 2018).

Es gibt viele weitere Erkenntnisse, welche aus den Grafiken ermittelt werden könnten. Die Gephi-Textwolke kann beliebig gefiltert und dargestellt werden.

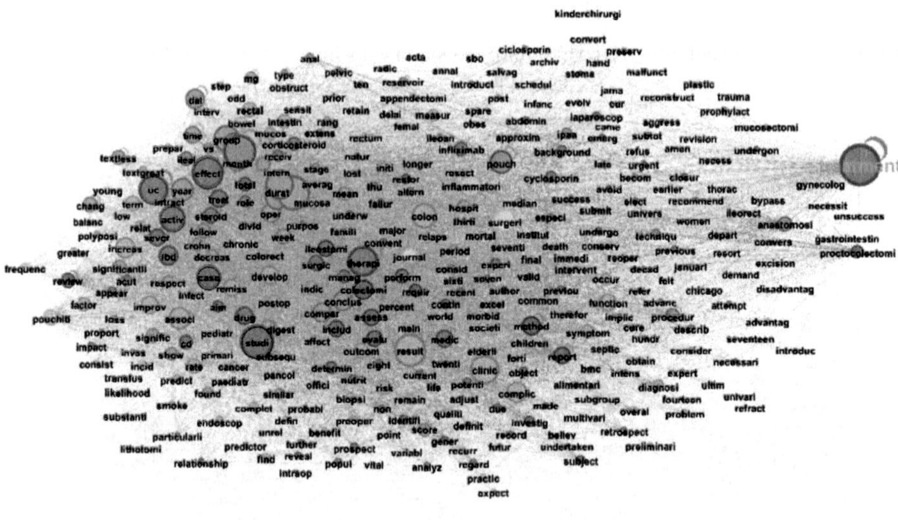

Abb. 22.8 Textwolke „CU, Behandlung"

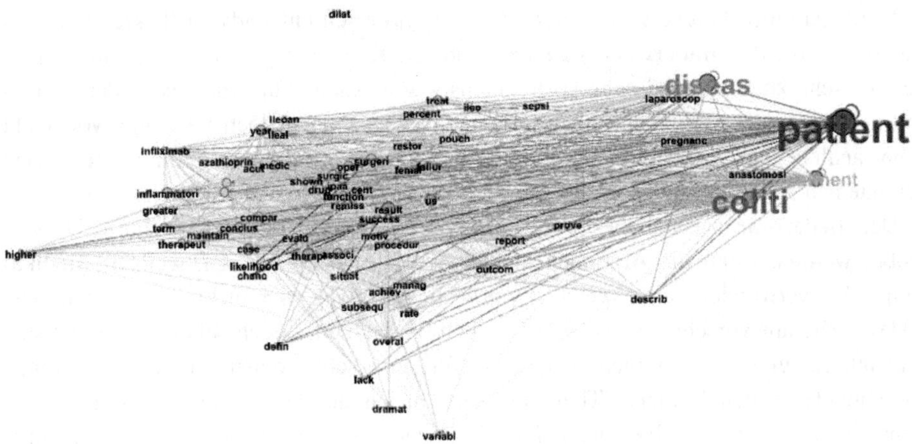

Abb. 22.9 Textwolke „Success“

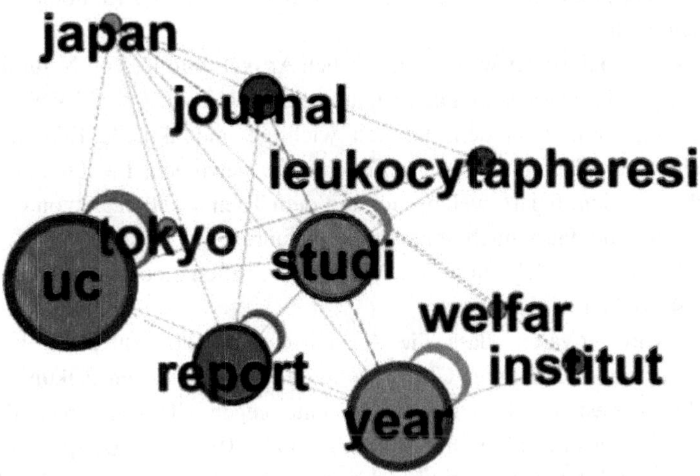

Abb. 22.10 Textwolke „Granulomonozytapherese“

22.7 Fazit und Ausblick

Im Rahmen dieser Untersuchung wird einerseits eine einfache Literaturrecherche zum Thema „Therapie von Colitis Ulcerosa“ durchgeführt und andererseits eine praktische Analyse der wissenschaftlichen Fachartikel zu dem gleichen Thema mithilfe von gängigen Tools wie Mendeley, RapidMiner und Gephi umgesetzt.

Die Literaturrecherche zeigt, dass CU eine chronisch-entzündliche Erkrankung des Dickdarms ist, die mittlerweile zu einer globalen Krankheit geworden ist und je nach Verlauf sehr komplex und sehr kostenintensiv sein kann. Für jede Phase der Krankheit scheint es eine therapeutische Empfehlung zu geben, jedoch als Folge von nicht angewandten, bekannten medizinischen Behandlungen führt die Erkrankung bei vielen Patienten zu einem terminalen Ausweg, dem operativen Entfernen des Dickdarms.

Der Bedarf an zusätzlicher Forschung und an Präzisionsmedizin bei CU wird größer werden, wenn die Ärztinnen und Ärzte entscheiden müssen, welches Medikament sie verwenden und welchen molekularen Weg sie nehmen wollen. Die AMWF-Therapievorschläge sind sehr nützlich, betrachten jedoch selten die aktuellsten Erkenntnisse und die Therapien, welche nur für einen sehr kleinen Teil der Patientinnen und Patienten gelten. Folgende Therapieansätze haben laut dieser Analyse bereits bei der Behandlung von CU vielversprechende Ergebnisse gezeigt: Tofacitinib, Etrolizumab, Anti-α4-Integrintherapie, Curcumin, Infliximab-biosimilar, Vedolizumab, FMT- und andere Produkte. Ein besseres Verständnis von Pharmakogenomik, Biomarkern und klinischen Merkmalen ist erforderlich, um die Therapie auf einzelne Patienten zuzuschneiden. Weitere zukünftige Forschungsschwerpunkte sind die Kombination von biologischen Therapien.

Die praktische Analyse der wissenschaftlichen Artikel mithilfe von Natural Language Processing hat gezeigt, dass es möglich ist, auf relativ einfache Art und Weise auch ohne umfassende Vorkenntnisse in dem Bereich wichtige und aktuelle Erkenntnisse über die Krankheit, deren Therapie und/oder Experten zu gewinnen. Im Rahmen der Arbeit werden Mediziner identifiziert, welche sich mit dem Thema „Therapie von CU" intensiv beschäftigen und die tatsächlich eine große Erfahrung in dem Bereich nachweisen können. Dazu wird festgestellt, in welchen Fachzeitschriften eine „Therapie von CU" am häufigsten beschrieben wird.

Allgemein wird erwartet, dass die Anzahl der Medikamente, die verschiedene Krankheitsbilder der Erkrankung CU modulieren, in der näheren Zukunft zunehmen wird. Es gibt mindestens 27 neue Medikamente gegen CU, bei denen die Studien bereits abgeschlossen oder aktiv sind (Khanna et al. 2016). Ein Beispiel ist der orale Pan-Janus-Kinase-Inhibitor Tofacitinib oder ein subkutaner monoklonaler Antikörper Etrolizumab, welche in den Studien höhere klinische Remissionsraten als Placebos gezeigt haben (Sandborn et al. 2012; Vermeire et al. 2014). Nach Yoshimura erhöhte eine orale Anti-α4-Integrintherapie die klinische Remission und die endoskopische Heilung (Yoshimura et al. 2015). Ein orales Medikament, der den Sphingosin-1-Phosphat-Rezeptor hemmt, hat ebenfalls seine Wirksamkeit gezeigt (Sandborn et al. 2016). In einer kleinen Studie mit 5-ASA-Nicht-Reagenten erhöhte Curcumin, als Zusatztherapie, die endoskopische Remission bei den Patienten mit leichter bis mittlerer CU (Lang et al. 2015). Biosimilare biologische Medikamente sollten die Therapiekosten senken. Erste Studienergebnisse mit einem Infliximab-Biosimilar, CT-P13, haben gezeigt, dass die endoskopische Heilung bei CU wirksam ist (Farkas et al. 2016). Studien über die Wirksamkeit der Stuhlmikrobiotentransplantation bei CU haben zu widersprüchlichen Ergebnissen geführt. Während die Ergebnisse einer Studie keine Verbesserung der klinischen und endoskopischen Remission nach zwölf Wochen mit zwei Infusionen von FMT-Produkten von gesunden Spendern über einen Nasenschlauch aufweisen, zeigt eine zweite Studie eine höhere endoskopische Remission nach sieben Wochen, bei Patienten, die mit wöchentlichen FMT-Einläufen behandelt werden (Moayyedi et al. 2015; Rossen et al. 2015). Die Ergebnisse der bisher größten randomisierten FMT-Studie, FOCUS, zeigen eine höhere Rate an klinischer und endoskopischer Remission oder Reaktion nach acht Wochen nach der ersten Verabreichung von FMT durch Koloskopie, gefolgt von Einläufen fünfmal pro Woche (Paramsothy et al. 2016). Obwohl diese Ergebnisse vielversprechend erscheinen, sind die Nachweise für die Empfehlung von FMT bei CU noch unzureichend. Insbesondere scheint die FMT zur Behandlung von rezidivierendem Clostridium difficile bei Patienten mit entzündlichen Darmerkrankungen sicher, aber weniger wirksam zu sein (Kelly et al. 2014). Ein weiterer Forschungsbedarf besteht in der Bestimmung der idealen Behandlungsziele. Das Optimum an Symptomkontrolle und Schleimhautheilung, das zur Vermeidung langfristiger Komplikationen erforderlich ist, muss noch vollständig verstanden werden. Histologische Remission könnte letztendlich zum Ziel der Therapie bei CU werden (Peyrin-Biroulet et al. 2014).

Insgesamt kann durch diese Untersuchung gezeigt werden, dass es relativ einfach erscheint, unter Ausnutzung eines Thesaurus (MeSH) einen Korpus mit relevanten Artikeln zu Therapie oder Diagnose zu erstellen. Erste Erkenntnisse können aus den nachfolgenden Systemvisualisierungen ermittelt werden – detaillierte Resultate werden durch die Kombination von Data-Science- und Fachwissen erzielt. Ein Literaturkorpus in Kombination mit vorhandenen Richtlinien und der Erfahrung der behandelnden Ärztinnen und Ärzte könnte in Zukunft eine Basis für Therapiegespräche bilden. Data-Science-Experten mit medizinischem Fachwissen können aus dem Korpus mögliche interessante Ansätze für Diagnose und Therapie ermitteln, welche nachfolgend durch ein Ärzteteam beurteilt werden.

Literatur

Basso, P. J., Saraiva Câmara, N. O., & Sales-Campos, H. (2019). Microbial-based therapies in the treatment of inflammatory bowel disease – An overview of human studies. *Front Pharmacologica, 9,* 1–11. https://doi.org/10.3389/fphar.2018.01571.

Bressler, B., Marshall, J. K., Bernstein, C. N., et al. (2015). Clinical practice guidelines for the medical management of nonhospitalized ulcerative colitis: The Toronto consensus. *Gastroenterology, 148,* 1035–1058.e3. https://doi.org/10.1053/j.gastro.2015.03.001.

Buchkremer, R., Demund, A., Ebener, S., et al. (2019). The application of artificial intelligence technologies as a substitute for reading and to support and enhance the authoring of scientific review articles. *IEEE Access, 7,* 65263–65276. https://doi.org/10.1109/ACCESS.2019.2917719.

Cai, T., Giannopoulos, A. A., Yu, S., et al. (2016). Natural language processing technologies in radiology research and clinical applications. *Radiographics, 36,* 176–191. https://doi.org/10.1148/rg.2016150080.

Cleveland Clinic. (2019). Bo Shen, MD | Cleveland Clinic. In: my.clevelandclinic.org.

Cohen, R. D., Yu, A. P., Wu, E. Q., et al. (2010). Systematic review: the costs of ulcerative colitis in Western countries. *Alimentary Pharmacology & Therapeutics, 31,* 693–707. https://doi.org/10.1111/j.1365-2036.2010.04234.x.

Cosnes, J., Gower-Rousseau, C., Seksik, P., & Cortot, A. (2011). Epidemiology and natural history of inflammatory bowel diseases. *Gastroenterology, 140,* 1785–1794. https://doi.org/10.1053/j.gastro.2011.01.055.

Dignass, A., Eliakim, R., Magro, F., et al. (2012a). Second European evidence-based consensus on the diagnosis and management of ulcerative colitis Part 1: Definitions and diagnosis. *Revista de Gastroenterologia de Mexico, 79,* 263–289.

Dignass, A., Lindsay, J. O., Sturm, A., et al. (2012b). Second European evidence-based consensus on the diagnosis and management of ulcerative colitis part 2: Current management. *Journal of Crohn's and Colitis, 6,* 991–1030. https://doi.org/10.1016/j.crohns.2012.09.002.

Farkas, K., Rutka, M., Golovics, P. A., et al. (2016). Efficacy of infliximab biosimilar CT-P13 induction therapy on mucosal healing in ulcerative colitis. *Journal of Crohn's and Colitis, 10,* 1273–1278. https://doi.org/10.1093/ecco-jcc/jjw085.

Favale, A., Onali, S., & Caprioli, F. et al. (2019). Comparative efficacy of vedolizumab and adalimumab in ulcerative colitis patients previously treated with infliximab. Inflamm Bowel Dis 1–10. https://doi.org/10.1093/ibd/izz057

Feagan, B. G., Chande, N., & MacDonald, J. K. (2013). Are there any differences in the efficacy and safety of different formulations of Oral 5-ASA used for induction and maintenance of remission in ulcerative colitis? evidence from cochrane reviews. *Inflammatory Bowel Diseases, 19,* 2031–2040. https://doi.org/10.1097/MIB.0b013e3182920108.

Flamant, M., & Roblin, X. (2018). Inflammatory bowel disease: Towards a personalized medicine. *Therapeutic Advances in Gastroenterology,* 11

Gampfer, F., Jürgens, A., Müller, M., & Buchkremer, R. (2018). Past, current and future trends in enterprise architecture - A view beyond the horizon. *Computers in Industry, 100,* 70–84. https://doi.org/10.1016/j.compind.2018.03.006.

Høivik, M. L., Moum, B., Solberg, I. C., et al. (2013). Work disability in inflammatory bowel disease patients 10 years after disease onset: Results from the IBSEN study. *Gut, 62,* 368–375. https://doi.org/10.1136/gutjnl-2012-302311.

Järnerot, G., Hertervig, E., Friis-Liby, I., et al. (2005). Infliximab as rescue therapy in severe to moderately severe ulcerative colitis: A randomized, placebo-controlled study. *Gastroenterology, 128,* 1805–1811. https://doi.org/10.1053/j.gastro.2005.03.003.

Kelly, C. R., Ihunnah, C., Fischer, M., et al. (2014). Fecal microbiota transplant for treatment of clostridium difficile infection in immunocompromised patients. *American Journal of Gastroenterology, 109,* 1065–1071. https://doi.org/10.1038/ajg.2014.133.

Khanna, R., Jairath, V., Vande Casteele, N., et al. (2016). Efficient early drug development for ulcerative colitis. *Gastroenterology, 150,* 1056–1060. https://doi.org/10.1053/j.gastro.2016.03.013.

Kinugasa, T., & Akagi, Y. (2016). Status of colitis-associated cancer in ulcerative colitis. *World Journal of Gastrointestinal Oncology, 8,* 357. https://doi.org/10.4251/wjgo.v8.i4.351.

Lang, A., Salomon, N., Wu, J. C. Y., et al. (2015). Curcumin in combination with mesalamine induces remission in patients with mild-to-moderate ulcerative colitis in a randomized controlled trial. *Clinical Gastroenterology and Hepatology, 13,* 1444–1449.e1. https://doi.org/10.1016/j.cgh.2015.02.019.

Lewis, S. J., Gandomkar, Z., & Brennan, P. C. (2019). Artificial intelligence in medical imaging practice: Looking to the future. *Journal of Medical Radiation Sciences.* https://doi.org/10.1002/jmrs.369.

Loscalzo, J., & Barabasi, A. L. (2011). Systems biology and the future of medicine. *Wiley Interdisciplinary Reviews Systems Biology and Medicine, 3,* 619–627. https://doi.org/10.1002/wsbm.144.
Moayyedi, P., Surette, M. G., Kim, P. T., et al. (2015). Fecal microbiota transplantation induces remission in patients with active ulcerative colitis in a randomized controlled trial. *Gastroenterology, 149,* 102–109.e6. https://doi.org/10.1053/j.gastro.2015.04.001.
Mulder, C. J., Fockens, P., Meijer, J. W., et al. (1996). Beclomethasone dipropionate (3 mg) versus 5-aminosalicylic acid (2 g) versus the combination of both (3 mg/2 g) as retention enemas in active ulcerative proctitis. *European Journal of Gastroenterology and Hepatology, 8,* 549–553.
Ng, S. C., Shi, H. Y., Hamidi, N., et al. (2017). Worldwide incidence and prevalence of inflammatory bowel disease in the 21st century: a systematic review of population-based studies. *Lancet, 390,* 2769–2778. https://doi.org/10.1016/S0140-6736(17)32448-0.
Northwestern Medicine. (2019). Stephen B. Hanauer, MD | Northwestern Medicine. In: nm.org.
Paramsothy, S., Kamm, M., & Walsh, A. et al. (2016). OP017 Multi-donor intense faecal microbiota transplantation is an effective treatment for resistant ulcerative colitis: A randomised placebo-controlled trial.
Peyrin-Biroulet, L., Bressenot, A., & Kampman, W. (2014). Histologic remission: The ultimate therapeutic goal in ulcerative colitis? *Clinical Gastroenterology and Hepatology, 12,* 929–34.e2. https://doi.org/10.1016/j.cgh.2013.07.022.
Pravda, J. (2019). Can ulcerative colitis be cured? *Discovery Medical, 27,* 197–200.
RapidMiner incorporated. (2019). Lightning Fast Data Science Platform for Teams|RapidMiner©. In: rapidminer.com.
Reinisch, W., Sandborn, W. J., Hommes, D. W., et al. (2011). Adalimumab for induction of clinical remission in moderately to severely active ulcerative colitis: Results of a randomised controlled trial. *Gut, 60,* 780–787. https://doi.org/10.1136/gut.2010.221127.
Rossen, N. G., Fuentes, S., van der Spek, M. J., et al. (2015). Findings from a randomized controlled trial of fecal transplantation for patients with ulcerative colitis. *Gastroenterology, 149,* 110–118.e4. https://doi.org/10.1053/j.gastro.2015.03.045.
Rutgeerts, P., Sandborn, W. J., Feagan, B. G., et al. (2005). Infliximab for induction and maintenance therapy for ulcerative colitis. *New England Journal of Medicine, 353,* 2462–2476. https://doi.org/10.1056/NEJMoa050516.
Sales-Campos, H., Basso, P. J., Alves, V. B. F., et al. (2015). Classical and recent advances in the treatment of inflammatory bowel diseases. *Brazilian Journal of Medical and Biological Research, 48,* 96–107.
Sandborn, W. J., Feagan, B. G., Marano, C., et al. (2014). Subcutaneous golimumab induces clinical response and remission in patients with moderate-to-severe ulcerative colitis. *Gastroenterology, 146,* 85–95. https://doi.org/10.1053/j.gastro.2013.05.048.
Sandborn, W. J., Feagan, B. G., Wolf, D. C., et al. (2016). Ozanimod induction and maintenance treatment for ulcerative colitis. *New England Journal of Medicine, 374,* 1754–1762. https://doi.org/10.1056/NEJMoa1513248.
Sandborn, W. J., Ghosh, S., Panes, J., et al. (2012). Tofacitinib, an Oral Janus Kinase inhibitor, in active ulcerative colitis. *New England Journal of Medicine, 367,* 616–624. https://doi.org/10.1056/NEJMoa1112168.
Shortliffe, E. H. (2019). Artificial intelligence in medicine: Weighing the accomplishments, hype, and promise. *Yearbook of Medical Informatics, 28,* 257–262. https://doi.org/10.1055/s-0039-1677891.
Turner, D., Walsh, C. M., Steinhart, A. H., & Griffiths, A. M. (2007). Response to corticosteroids in severe ulcerative colitis: A systematic review of the literature and a meta-regression. *Clinical Gastroenterology and Hepatology, 5,* 103–110. https://doi.org/10.1016/j.cgh.2006.09.033.

UC San Diego Health. (2019). William Jeffery Sandborn, MD – Gastroenterology | UC San Diego Health. In: providers.ucsd.edu.

US National Library of Medicine (1996) PubMed – NCBI. In: ncbi.nlm.nih.gov.

Vanopstal, K., Buysschaert, J., Laureys, G., & Vander Stichele, R. (2013). Lost in PubMed. Factors influencing the success of medical information retrieval. *Expert Systems with Applications, 40,* 4106–4114. https://doi.org/10.1016/j.eswa.2013.01.036.

Vermeire, S., O'Byrne, S., Keir, M., et al. (2014). Etrolizumab as induction therapy for ulcerative colitis: A randomised, controlled, phase 2 trial. *Lancet (London, England), 384,* 309–318. https://doi.org/10.1016/S0140-6736(14)60661-9.

Viscido, A., Papi, C., Latella, G., & Frieri, G. (2019). Has infliximab influenced the course and prognosis of acute severe ulcerative colitis? *Biologics: Targets and Therapy, 13,* 23–31.

Vogt, H., Hofmann, B., & Getz, L. (2016). The new holism: P4 systems medicine and the medicalization of health and life itself. *Medicine, Health Care and Philosophy, 19,* 307–323. https://doi.org/10.1007/s11019-016-9683-8.

Wong, D. J., Roth, E. M., Feuerstein, J. D., & Poylin, V. Y. (2019). Surgery in the age of biologics. *Gastroenterology Reports, 7,* 77–90.

Yamamoto-Furusho, J. K., Gutiérrez-Grobe, Y., López-Gómez, J. G., et al. (2018). Consenso mexicano para el diagnóstico y tratamiento de la colitis ulcerosa crónica idiopática. *Review Gastroenterology México, 83,* 144–167. https://doi.org/10.1016/j.rgmx.2017.08.006.

Yamamoto, T., Iida, T., Ikeya, K., et al. (2018). A multicenter retrospective study aiming to identify patients who respond well to adsorptive granulomonocytapheresis in moderately to severely active ulcerative colitis. *Clinical and Translational Gastroenterology, 9,* 170. https://doi.org/10.1038/s41424-018-0037-0.

Yoshimura, N., Watanabe, M., Motoya, S., et al. (2015). Safety and efficacy of AJM300, an oral antagonist of α4 integrin, in induction therapy for patients with active ulcerative colitis. *Gastroenterology, 149,* 1775–1783.e2. https://doi.org/10.1053/j.gastro.2015.08.044.

Olga Boichak (M.A, B.Sc.) ist hauptberufliche Data-Analystin und Studentin des Master-Studiengangs Big Data und Business Analytics an der FOM Hochschule. Schwerpunkte ihrer Arbeit liegen in den Bereichen Datenanalyse, Business Intelligence und Controlling.

Prof. Dr. Rüdiger Buchkremer ist Professor für Wirtschaftsinformatik und Direktor des 2017 gegründeten ifid Institut für IT-Management und Digitalisierung an der FOM Hochschule. Seine Hauptforschungsthemen sind aktuell „Natural Language Processing" und Systemmedizin. Er ist Gutachter für mehrere internationale Journale und Mitherausgeber der Fachzeitschrift „AI". Vor der Tätigkeit an der Hochschule war er „CIO" eines Healthcare-DAX-Unternehmens. Er studierte Chemie, Mathematik und Physik an der Ruhr-Universität in Bochum und promovierte zum „Doctor of Philosophy" in Organischer Chemie an der Binghamton University in New York, USA. 2019 erhielt er den Forschungspreis der BCW-Gruppe.

[illegible]

Teil V
Bildung und Kultur

Entwicklung einer Plattform zur Anwendung von Methoden der KI zur Unterstützung von Textanalysen auf Basis von Python und TensorFlow

23

Michel Sebastian Erhardt, Manuel Di Stefano, Florian Bosten und Rüdiger Buchkremer

Inhaltsverzeichnis

M. S. Erhardt · M. Di Stefano · F. Bosten · R. Buchkremer (✉)
FOM Hochschule, Düsseldorf, Deutschland
E-Mail: ruediger.buchkremer@fom.de

M. S. Erhardt
E-Mail: michel_sebastian.erhardt@fom-net.de

M. Di Stefano
E-Mail: manuel.di_stefano@fom-net.de

F. Bosten
E-Mail: florian.bosten1@fom-net.de

R. Buchkremer et al. (Hrsg.), *Künstliche Intelligenz in Wirtschaft & Gesellschaft*, FOM-Edition, https://doi.org/10.1007/978-3-658-29550-9_23

Zusammenfassung

Zur Analyse von Texten mit „Natural Language Processing“ oder „Machine Learning“ stehen viele kommerzielle Softwareprodukte zur Verfügung. In diesem Beitrag wird vorgestellt, wie ein System auf Basis von Open Source Tools realisiert werden kann. Damit das System möglichst universell einsetzbar ist, wird auf die Programmierparadigma datenstrom- sowie parallelorientiert besonderer Wert gelegt. Die Fokussierung der ganzheitlichen Betrachtung beginnt bei dem funktionalen Systementwurf, konkretisiert über den technischen Systementwurf und finalisiert durch die Komponentenspezifikation. Mittels des Best-Practice-Ansatzes wird hierbei geprüft, ob erforderliche Komponenten bereits verfügbar sind oder individuelle Lösungen programmiert werden müssen. Es kommen dabei Komponenten von führenden Institutionen im Bereich „künstliche Intelligenz“ zum Einsatz. Die Besonderheit liegt darin, dass die verschiedenen Komponenten ineinandergreifen und auch ohne Programmierkenntnisse verwendet werden können.

23.1 Einleitung

Der weltweite Datenbestand im Jahr 2018 umfasst nach Expertenschätzung etwa 33 Zettabyte und soll bis zum Jahr 2025 auf 175 Zettabyte anwachsen. Im selben Zeitraum wird die Anzahl der Menschen, die täglich mit diesen Daten interagieren, voraussichtlich von fünf auf sechs Mrd. steigen (Reinsel et al. 2018, S. 1–28). Durch die Interaktionsmöglichkeiten der Benutzer in Verbindung mit dem Web 2.0 entsteht ein großer Anteil von User-Generated Content. In diesem sind zahlreiche bisher nicht entdeckte Informationen in überwiegend unstrukturierten Daten in Form von Texten sowie Bildern vorhanden (Kaisler et al. 2013, S. 995–1004).

Der effiziente Erhalt der Informationen aus dem User-Generated Content bedarf der Verwendung von Textanalyseverfahren bzw. NLP („Natural Language Processing“). Mittels unterschiedlicher Techniken wie der Klassifizierung, dem Clustering oder dem Einsatz neuronaler Netze erfolgt die Identifikation mittels Muster (Sukanya und Biruntha 2012, S. 269–271). Die Realisierung neuronaler Netze über ML („Machine Learning“) als Teilaspekt der „künstlichen Intelligenz“ besitzt hierbei die Fähigkeit der selbstständigen Erkennung dieser Muster aus vergangenheitsbasierten Rohdaten, welche auch im Rahmen des Web 3.0 Anwendung finden (Choudhury 2014, S. 8096–8100; Goodfellow et al. 2016, S. 1–3).

Die Bedeutung ist daher offensichtlich und die Entwicklung einer Plattform, die Textanalyse mittels ML auf Basis von frei verfügbaren (Open Source) Tools ermöglicht, trifft somit den „Nerv der Zeit“. Dabei soll diese Plattform unstrukturierte Daten in englischer sowie deutscher natürlicher Sprache wissenschaftlich ohne detaillierte Programmierkenntnisse analysieren können und nicht auf eine spezifische Fragestellung ausgerichtet sein, sondern eine universelle Anwendung ermöglichen. Auf diese Weise ist gewährleistet, dass neben der systematischen Suche nach neuen Erkenntnissen, auch eine Vertiefung der Thematik des MLs inkludiert ist.

23.2 Voraussetzungen der Entwicklung

In der Entwicklung kommt das V-Modell nach Boehm (1979, S. 711–719) zum Einsatz, welches auf dem Wasserfallmodell von Royce (1970, S. 1–9) basiert und es um eine Qualitätssicherung ergänzt (Pfeifer und Schmitt 2014, S. 874). Die Bezeichnungen und auch die Anzahl der einzelnen Phasen hin zur Programmierung sowie deren Pendant im Rahmen der Qualitätssicherung können je nach Umsetzung variieren (Spillner und Linz 2012, S. 42).

Nutzungsanforderungen der Plattform

Die detaillierte Anforderungsdefinition umfasst knapp 80 individuelle Nutzungsanforderungen, die in sechs Kategorien gruppiert sind. Drei dieser Anforderungen sind dabei optionaler Natur. Die primäre Struktur folgt dem EVA-Prinzip (Eingabe, Verarbeitung, Ausgabe), welche zusätzlich um Voraussetzung, Export und Protokollierung erweitert ist. Unterhalb der einzelnen Gruppierungen befinden sich erneute Cluster, welche nun genannt und mit Beispielen versehen sind.

Zu den Voraussetzungen gehören die Systemumgebung, bei der beispielsweise eine optionale GPU-Unterstützung (Graphics Processing Unit) definiert ist, Anforderungen zur Usability hinsichtlich Benutzeroberfläche und die Plattformgüte, die mittels unterschiedlicher KPIs (Key Performance Indikators) gemessen wird. In der Eingabe sind Anforderungen wie an das Daten-Management hinsichtlich Produkttyp und einer Serieneingabe aufzufinden. Im Zuge der Verarbeitung wird auf die Datenaufbereitung wie beispielsweise das Entfernen oder Ersetzen von Zeichenketten, die Definition von Hyperparametern wie „LSTM“ (Long Short-Term Memory) und die Auswahl des „Optimizers“ eingegangen. Die Darstellung wie beispielsweise der Accuracy (Genauigkeit) oder einer Visualisierung sind in der Kategorie Anzeige hinterlegt. Zusätzlich werden im Export unterschiedliche Anwendungsfälle definiert. Hierzu gehören insbesondere die Aufbereitungen für weitere statistische Verarbeitungen. Abschließend existieren Anforderungen zur Protokollierung, damit die Verarbeitung stets nachvollzogen werden kann.

Gemäß der nachfolgenden Entwicklungsphasen erfolgt in Anlehnung an Balzert (2011, S. 109–115) eine Klassifizierung der dedizierten Nutzungsanforderungen entsprechend der Qualitätsmerkmale eines Produktes. Insgesamt lassen sich ca. drei Viertel den funktionalen sowie ein Viertel den technischen Qualitätsmerkmalen zuordnen.

Verwendung von Basiselementen
Im Rahmen der Nutzungsanforderungen wird auf Wordvektoren (im Folgenden „Vektoren" genannt) sowie Rezensionen (im Folgenden „Texte" genannt) verwiesen. Hierbei handelt es sich jeweils um bereits konstruierte bzw. extrahierte Basiselemente.

Ein dedizierter *Vektor* repräsentiert ein Wort bzw. eine Zeichenkette in einem multidimensionalen Vektorenraum („Vector Space"). Dabei erfolgt die Positionierung mittels Algorithmus unter Berücksichtigung der jeweiligen Semantik und Syntaktik. Hierbei können das Korpus, die Herangehensweise sowie der Algorithmus variieren wie Mikolov et al. (2013, S. 1–12) und Pennington et al. (2014, S. 1532–1543) exemplarisch demonstrieren. Zur Anwendung in der Entwicklung kommen die Vektoren „glove.6B", welche auf einem „Wikipedia-Dump" von 2014 sowie „Gigaword Edition 5" beruhen und insgesamt 400.000 Wörter bzw. Zeichenketten repräsentieren (Pennington et al. 2014, S. 1532–1543).

Die Analyse von unstrukturierten Daten in natürlicher Sprache beruht auf *Texten.* Diese schriftlichen Formulierungen müssen für das eingesetzte quantitative Verfahren in ausreichender Anzahl vorliegen. Zum Einsatz kommen 1.987.116 extrahierte Texte des Unternehmens Amazon.com zu 3866 unterschiedliche ASINs (Amazon Standard Identification Number) von Ende des Jahres 2015. Die ASINs wurden mittels „Amazon Product Advertising API" (Application Programming Interface) zu den sechs Kategorien Digitalkamera, Drucker, Handy, Filme nach Genre, Musik-CDs & Vinyl sowie Videospiele ermittelt.

23.3 Funktionaler Systementwurf

Der funktionale Systementwurf fasst gleichartige Nutzeranforderungen in Funktionen zusammen. Des Weiteren werden die grafische Oberfläche sowie die hierzugehörigen Dialogabläufe spezifiziert (Johner 2018; Spillner und Linz 2012, S. 42).

23.3.1 Abbildung inhaltlicher Anforderungen

Funktionen der Erstellung
Gleichwohl die funktionalen Nutzungsanforderungen auf bereits konstruierten Vektoren sowie extrahierten Texten beruhen, ist es von Vorteil, die Funktionalitäten der Erstellung in der Plattform zu berücksichtigen. So kann beispielsweise bei Bedarf eine Aktualisierung der Basiselemente durchgeführt werden.

Über eine integrierte Aktivität müssen neue *Vektoren* mittels unterschiedlicher externer Ausführungen erzeugt werden können, da die Erstellung dieser über verschiedene Varianten erfolgen kann. Hierbei können mehrere externe Skripte und/oder Programme mit einer jeweils frei definierten Anzahl von Parametern zur Anwendung kommen (GitHub 2018a; Google 2013).

Eine zielgerichtete wissenschaftliche Untersuchung in Verbindung mit einer Vorhersagbarkeit auf Grundlage vorhandener *Texte* basiert auf einem überwachten Lernen („supervised learning"). Infolgedessen müssen Texte über ein „Label" verfügen (Goodfellow et al. 2016, S. 101–104). Diese können dabei direkt extrahierbar sein (z. B. Sternebewertungen von Kunden) oder sich indirekt aus einem bzw. aus mehreren Merkmalen bestimmen lassen, wie beispielsweise mittels einer „Sentimentanalyse" der Rezensionsbegründung (Mudambi und Schuff 2010, S. 185–200; Pang et al. 2002). Durch die Vielzahl von online zur Verfügung stehenden und bereits durch Benutzer klassifizierten Texten, bietet sich hier ein Download mittels Crawler sowie eine hierauf aufbauende Extraktion an.

Funktionen der Verarbeitung

In der Klassifizierung der Verarbeitung sind jene Funktionen bestimmt, welche eine Veränderung bei den Vektoren bzw. Texten erwirken und/oder eine Vorbereitung für die jeweils nachfolgenden Aktivitäten vollziehen.

Um in den Analysen über zusätzliche Möglichkeiten zu verfügen, bedarf es in der *Vektorenverarbeitung* zusätzlicher Funktionalitäten. Die optionale Erweiterung um eine „Default Line" sowie eines „Unknown Word" mittels frei definierter Werte ermöglicht dabei eine bessere Interpretation der Vektoren. Ähnliches gilt für das „Extremum", welches über die Angabe des minimalen bzw. maximalen Wertes und einer Schrittweite verschiedene Extremwerte integriert.

Je nach Erstellungsart und/oder Herkunft können die *Texte* in unterschiedlichen Varianten vorliegen. Unter Beachtung einer weiteren Verarbeitung sowie eventuellen Bestimmung des Labels (z. B. „Helpfulness") ist eine Vereinheitlichung unabdingbar. Darüber hinaus ist ein Filter für die Selektion bestimmter Texte (z. B. Produktkategorie) sowie des Labels essenziell. Den Abschluss bildet eine optionale Anpassung, bei der die Texte modifiziert werden können (z. B. Entfernung von HTML-Code).

Für das im Anschluss folgende Modelltraining ist die Überführung der Texte von natürlicher in eine formale Sprache in Form der Vektoren unter Beibehaltung der Labelinformationen unerlässlich (Deshpande 2017). Neben dieser Aktivität stehen noch zusätzliche Funktionen der Textverarbeitung erstmals in der *Zusammenführung* zur Verfügung. Vorhandene Texte müssen zwecks Erhöhung der Erkennungsrate einer „Tokenization" sowie optionalen Möglichkeiten der Transformationen in Kleinbuchstaben unterzogen werden. Zusätzlich soll wahlweise ein Korrekturversuch von nicht in den Vektoren repräsentierten Wörtern auf Basis einer Rechtschreibkorrektur erfolgen, um die Erkennungsquote abermals zu verbessern. Voraussetzung für eine weitere Verarbeitung ist darüber hinaus eine Symmetrisierung der Textlängen.

Auf Grundlage der Zusammenführung kann das überwachte Lernen des *Modells* erfolgen (Goodfellow et al. 2016, S. 101–104). Für eine explizite Analyse bzw. für das Aufzeigen von Interdependenzen sind durchweg umfangreiche Möglichkeiten der Hyperparametrisierung vonnöten. Hierzu zählen der „BIAS", um in der Korrektur eine Varianz zu ermöglichen, sowie der „Dropout" und der eingesetzte Optimizer. Darüber hinaus der LSTM, weshalb der „Forget-BIAS“ anpassbar sein muss, um eine „Überladung“ vermeiden zu können (Gers et al. 2000, S. 2451–2471; Jozefowicz et al. 2015, S. 2342–2350). Außerdem sollen Zwischenergebnisse in regelmäßigen Abständen zwecks weiterer Untersuchungen ausgewiesen sowie visualisiert werden.

Funktionen der Analysen

Die Gruppierung der Analysen umfasst die Funktionen, welche auf den gleichnamigen Verarbeitungen aufbauen. Dabei werden keine Änderungen an den bestehenden Datensätzen vorgenommen.

Die Ausgabe der *Vektorenanalyse* umfasst drei Funktionen. Eine Aktivität muss die eventuell angereicherten Vektoren beispielsweise angesichts einer Kontrolle exportieren. Ferner sind insbesondere die „Nachbarn“ im multidimensionalen Vektorenraum (inklusive deren Distanzangabe) sowie Clusterbildung zwecks zweidimensionaler Visualisierung auf Basis der Vektoren für weitere Untersuchungen unverzichtbar.

Je Label ist in der *Textanalyse* eine Visualisierung in Form eines Balkendiagramms erforderlich, sodass Erkenntnisse direkt gewonnen werden können. Diese basieren dabei auf der Textlänge, den Wortarten, dem Sentiment und/oder der Lesbarkeit. Zwecks weiterer Analysen ist ein Export der dedizierten Ergebnisse unter Hinweis auf den originären Text notwendig. Gleiches gilt für eine Ad-hoc-Auswertung für die Eingabe von Freitext. Ferner ist eine Duplikationserkennung für die Aussagekraft weiterer Erkenntnisse unverzichtbar, da geringfügige Produktdifferenzierungen (z. B. farblich) oftmals über dieselben Texte verfügen.

Zwecks weiterer textlicher Untersuchungen ist in der *Zusammenführungsanalyse* ein erneuter Export unverzichtbar, der transformierte Texte, erkannte Vektoren sowie eventuelle Korrekturversuche aufzeigt.

Die *Modelltrainingsanalyse* soll sowohl auf die End- als auch Zwischenergebnisse angewendet werden können. Mittels einer Aktivität müssen die zugrunde liegenden Vektoren an einer frei zu definierenden Textstelle gegen das trainierte Modell bewertet werden können. Um beispielsweise die Qualität unterschiedlicher Vektoren vergleichen zu können, ist eine reproduzierbare Prüfung der Accuracy gegen eine Zusammenführung essenziell. Gleiches gilt für die Kalkulationsschritte sowie -visualisierungen, welche ein prognostiziertes Endergebnis nach jedem Verarbeitungsschritt („Timestep“) auf Basis eines frei zu definierenden Textes (ad hoc) oder durch Auswahl von Texten ausgeben. Auf Grundlage der Kalkulationsschritte soll darüber hinaus eine Verarbeitung sämtlicher Texte unter Berücksichtigung verschiedener Filter (Stopwords, Label, Suchwort) erfolgen. Um darüber hinaus weitere Analysen zu ermöglichen, ist ein Modellexport ebenfalls relevant.

23.3.2 Grafische Benutzeroberfläche

Der Entwurf der grafischen Benutzeroberfläche sowie die darauf stützende Benutzerinteraktion erfolgt unter Berücksichtigung der Methode „Persona" nach Cooper (2004, S. 123–147) in Anlehnung an Marsden et al. (2014, S. 91–104). Über die Erschaffung von fiktiven Personen kann das Verständnis der späteren Benutzer erhöht werden. Auf Basis der Zielsetzungen sowie der technischen Nutzungsanforderungen können drei Personas („P") identifiziert werden. Bei P1 handelt es sich um einen thematisch versierten Benutzer mit rudimentären Programmierkenntnissen, welcher über die Plattform Ergebnisse prüft und/oder neue Erkenntnisse erzielen möchte. P2 verfolgt die gleichen Absichten, verfügt hingegen aber über umfangreiche Programmierkenntnisse. Diese sind bei der thematisch interessierten P3 unbekannt und der Fokus besteht darin, das Wissen bezüglich ML über die Plattform zu schärfen.

Der Entwurf der grafischen Benutzeroberfläche und die darauf aufbauenden Dialoge orientiert sich an den Empfehlungen der ISO 9241-110 (2006; „Dialoggestaltung") sowie ISO 9241-112 (2017; „Informationsdarstellung") in Anlehnung an Heinecke (2012, S. 3 f.) unter Berücksichtigung der unterschiedlichen Erwartungskonformität. Die Mensch-System-Interaktion soll mittels Maus und Tastatur erfolgen. Zwecks kompakter Darstellung wird der gesamte Prozess inklusive der entsprechenden Analysen auf einer Bildschirmausgabe ermöglicht. Versierte Benutzer (P1, P2) erhalten hierdurch einen direkten Zugriff auf gewünschte Funktionalitäten, aber auch interessierte Benutzer (P3) bekommen eine anschauliche Visualisierung. In Verbindung mit einer direkt über die Plattform erreichbaren Dokumentation kann eine Lernförderlichkeit sowie Selbstbeschreibungsfähigkeit unterstützt werden. Gleiches gilt für zielgerichtete Dialoge der Plattform (insbesondere bei Fehleingaben), da aufgrund des vorhandenen Platzangebots Erläuterungen nicht direkt an den einzelnen Elementen hinterlegt werden können. Die Steuerbarkeit mittels Standardwerten und entsprechender Fehlertoleranzen bei frei definierbaren Werten unterstützt dies zusätzlich für alle definierten Personas. Durch die direkte Darstellung bzw. Anpassbarkeit aller relevanten Optionen und Parameter ist ein originärer Dialogablauf nicht vorhanden. Nahezu ausschließliche spezifische Rückmeldungen werden den Benutzern angezeigt.

23.4 Technischer Systementwurf

Die originäre Systemarchitektur des Produktes erfolgt im technischen Systementwurf (auch Grobentwurf genannt). Dabei muss die Phase so beschaffen sein, dass die Anforderungen abgebildet sowie geprüft werden können (Johner 2018).

23.4.1 Grobarchitektur der Plattform

Ungeachtet dessen, dass die technischen Nutzungsanforderungen nur gut ein Viertel der Anforderungsdefinition repräsentieren, sind solche für die Entwicklung der zugrunde liegenden Architektur der Plattform unerlässlich. Die Entwicklung erfolgt in Anlehnung an das Architekturmuster „Pipes and Filters". Dieses koppelt verschiedene Verarbeitungsschritte sequenziell aneinander und beruht, wie verschiedene ML-Frameworks, auf dem Programmierparadigma der Datenstromorientierung (Goll 2014, S. 288). Im Fokus steht dabei die Verarbeitung von Daten nicht als monolithisches Gebilde, sondern über dedizierte Aktivitäten bzw. Aktionen. Dadurch ermöglicht diese Vorgehensweise eine triviale Erweiterung sowie die parallele Verarbeitung (Goll 2011, S. 839 ff.).

Angesichts der differenzierten Qualitätsmerkmale erfolgt im Rahmen der Entwicklung eine Unterscheidung in zwei Bereiche. Die Realisierung der funktionalen Nutzungsanforderungen wird ausschließlich über dedizierte Plattformmodule in der *Modularchitektur* abgebildet. Das UML-Aktivitätsdiagramm (Unified Modeling Language) in Abb. 23.1 visualisiert diese sowie deren Kommunikationsschnittstellen zur Basisarchitektur.

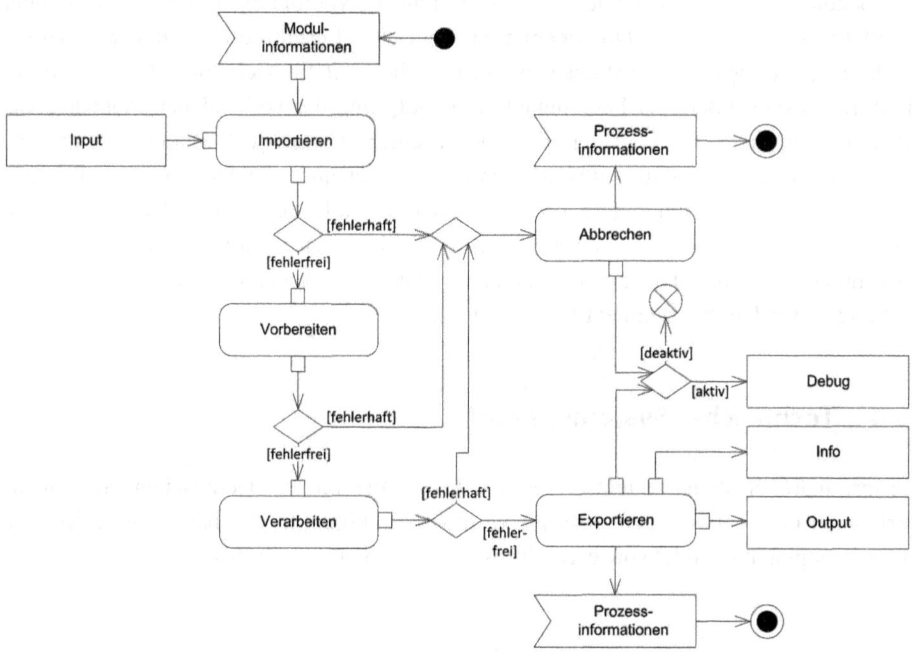

Abb. 23.1 UML-Aktivitätsdiagramm der Modularchitektur

Die *Basisarchitektur* repräsentiert ein spezifisches „Framework", das den überwiegenden Teil der technischen Nutzeranforderungen abbildet und so von den originären Verarbeitungsaktivitäten in Form der Plattformmodule entkoppelt wird. Die Ausführung der Plattform sowie die Kommunikationsmöglichkeit der grafischen Benutzeroberfläche mit den einzelnen Plattformmodulen sind in der Abb. 23.2 dargestellt.

Auf Grundlage der Modellierungen werden zunächst die Basiskomponenten über die verschiedenen Aktionen abgeleitet sowie die daraus resultierenden Schnittstellen detektiert. Die Komponenten „Systemanforderung" und „Eingabeprüfung" resultieren aus den gleichnamigen Prüfaktionen und sind mittels der „Benutzeroberfläche", die den Aktionen „Menü laden" sowie „Frame laden" der Basisarchitektur entstammen, angebunden. Die „Prozessverarbeitung" beruht auf den Prüfaktionen der „Ausführungs- sowie Prozessinformationen" und der „Informationsverarbeitung". Dabei werden

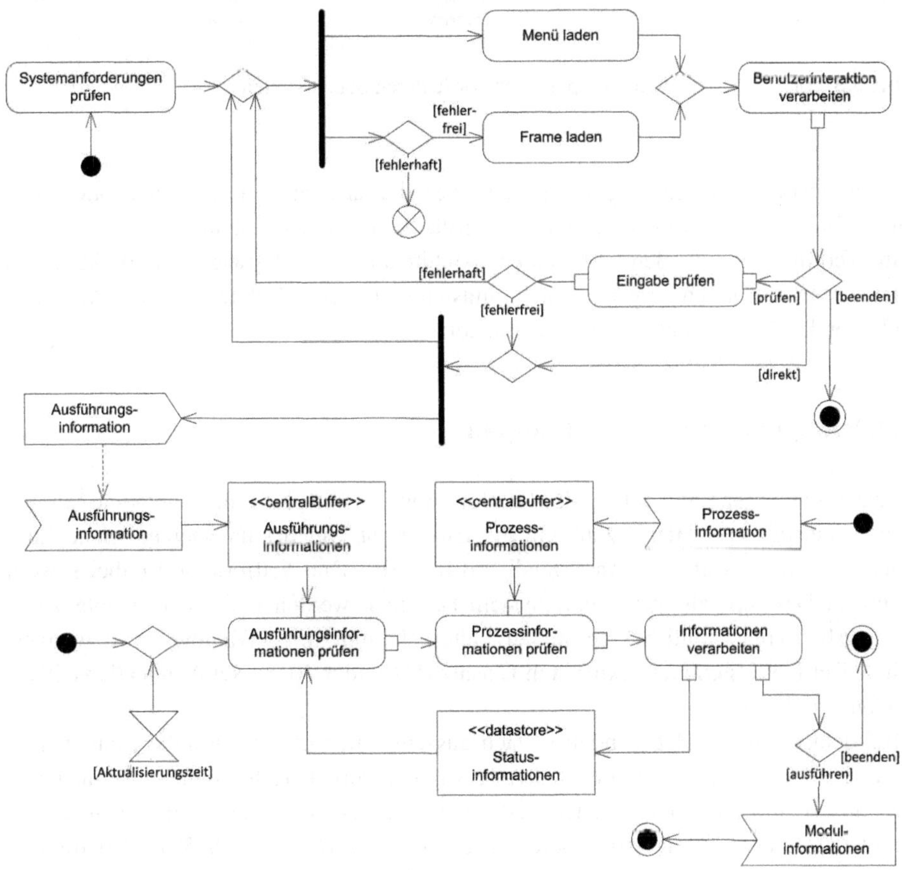

Abb. 23.2 UML-Aktivitätsdiagramm der Basisarchitektur

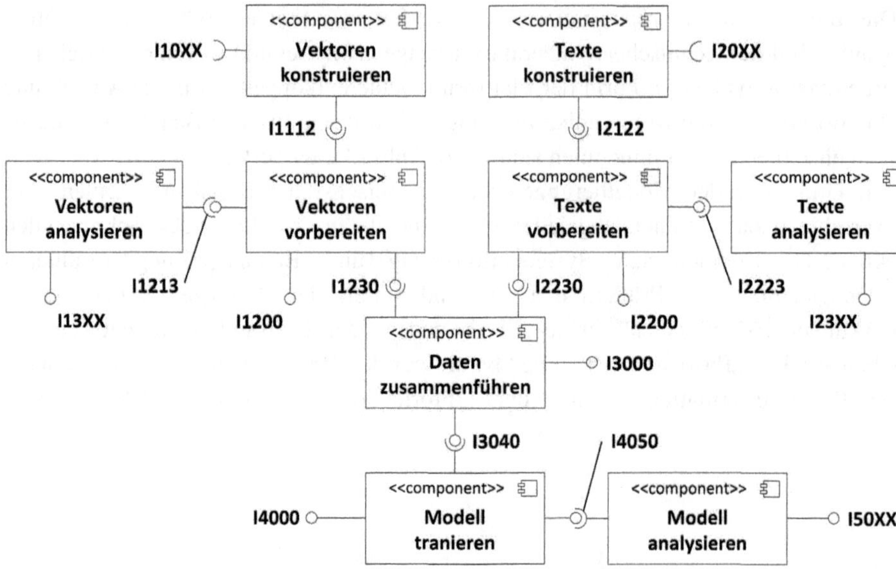

Abb. 23.3 Übersicht der Modulkomponenten sowie deren Schnittstellen

Ausführungsinformationen ausschließlich über die „Eingabeprüfung" akzeptiert und Statusinformationen nur in der „Benutzeroberfläche" direkt dargestellt.

In Verbindung mit dem gewählten Architekturmuster sowie den funktionalen Nutzungsanforderungen ergeben sich hinsichtlich der Module die in Abb. 23.3 resultierenden Komponenten sowie Schnittstellen.

23.4.2 Allgemeine Voraussetzungen

Zwecks fokussierter Entwicklung der Plattform müssen verschiedene allgemeine Voraussetzungen erfüllt sein. Hierzu zählt ein *Betriebssystem,* welches unterschiedlichen Kategorien zugeordnet werden kann (Mandl 2014, S. 16). Die Plattform soll dabei sowohl auf einem Desktop- als auch Serversystem betrieben werden können. Um potenzielle Nutzungsbarrieren möglichst gering zu halten, kommt mit „Windows" die weitverbreitete Betriebssystemarchitektur zum Einsatz (ITCandor 2018; Net Applications 2018; StatCounter 2018).

Bei dem originären *ML* handelt es sich ausschließlich um angewandte Mathematik. Da diese auf komplexe Strukturen bzw. Algorithmen zurückgreift, kommen Frameworks zum Einsatz, um die verschiedenen Teile über wiederverwendbare Funktionen mittels Schnittstellen abzubilden bzw. bereitzustellen (Balzert 2011, S. 577; Goodfellow et al. 2016, S. 28–76). Vorteil durch die Verwendung ist unter anderem der Fokus auf die Entwicklung sowie eine Vergleichbarkeit. Die Architektur von GPUs ermöglicht es dabei, verschiedene Algorithmen performanter verarbeiten zu können als CPUs (Central Processing Unit), wie Thambawita et al. (2014, S. 1–4) aufzeigen. Aufgrund dessen sowie einer optional GPU-Unterstützung der Plattform erfolgt die Auswahl des Frameworks unter Berücksichtigung einer entsprechenden Kompatibilität. Das Unternehmen NVIDIA verfügt im relevanten Segment der „Add-in Boards" über die Marktführerschaft, sodass eine entsprechende Kompatibilität notwendig ist (Dow 2018). Eine Marktanalyse auf Basis der Voraussetzungen offenbart neun populäre ML-Frameworks (NVIDIA 2018). Angesichts der freien Verfügbarkeit und hohen Akzeptanz der Community auf GitHub in Form der Beobachtungen („Watch"), positiven Rückmeldungen („Star") sowie erstellten Abspaltungen („Fork") fällt die Entscheidung auf TensorFlow (GitHub 2018b). Hierbei handelt es sich um ein Produkt des Unternehmens Google, welches mittels „Apache Software License Version 2" zur Verfügung steht (Google 2018a).

Aufgrund des gewählten ML-Frameworks muss die verwendete *Programmiersprache* hiervon unterstützt werden. Das Tensorflow API ist für die Programmiersprachen Python, JavaScript, C++, Java, Go sowie Swift verfügbar. Die Variante für Python ist dabei am umfassendsten und intuitiv in der Bedienung, sodass diese zur Anwendung kommt (TensorFlow 2018a). Bei Python handelt es sich um eine universelle, höhere Programmiersprache, welche in der Regel mittels Interpreter ausgeführt wird. Dabei werden verschiedene Programmierparadigmen unterstützt, sodass das datenstromorientierte Architekturmuster „Pipes and Filters" umgesetzt werden kann (Steyer 2018, S. 2–4).

23.4.3 Realisierung mittels Fremdkomponenten

Aufgrund einer effizienten Entwicklung der Plattform kommen Fremdkomponenten zum Einsatz. Hierbei erfolgt die Auswahl in Anlehnung an eine „Make-or-Buy-Entscheidung". Die inhaltlichen Anforderungen an die Funktionen der Erstellung sehen unter anderem die Aktualisierung der Texte vor. Bei der Generierung kommt dabei eine Fremdkomponente in Form von Perl-Skripten zum Einsatz. Da die Fremdkomponente von Esuli (2017) unter einer „General Public License Version 3" zur Verfügung steht, die die Funktionalitäten *Download und Extraktion* umfänglich erfüllt und hierdurch eine identische Datenstruktur aufgebaut wird, kommt diese zum Einsatz.

Die Verarbeitung natürlicher Sprache ist aufgrund der differenzierten Semantik sowie Syntaktik eine bedeutsame Herausforderung der Informatik. Mittels *NLP*, welche gewöhnlich auf ML-Algorithmen beruhen, können beispielsweise die Arten der einzelnen Wörter erkannt, das Sentiment bestimmt oder eine Tokenization durchgeführt werden (Goodfellow et al. 2016, S. 448–465; Kiser 2016). Die Produkte Apache OpenNLP, Natural Language Toolkit, Standford NLP und MALLET sind dabei nach Kiser (2016) für diese Ausgaben geeignet und frei verfügbar. Aufgrund der hohen

Akzeptanz im wissenschaftlichen Umfeld sowie der Erfüllung der entsprechenden Funktionen kommt das CoreNLP-Toolkit der Universität Stanford nach Manning et al. (2014, S. 55–60) zur Anwendung. Die Integration des unter der „General Public License Version 3" stehenden Java-Toolkits erfolgt für die englische sowie deutsche Sprache (Stanford University 2018).

Bei 10 bis 15 % der Eingaben enthalten Suchmaschinenanfragen nach Cucerzan und Brill (2004) Rechtschreibfehler. Sind solche in Texten vorhanden, kann dies dazu führen, dass im Rahmen der Zusammenführungsverarbeitung eine Transformation der natürlichen Sprache in repräsentierende Vektoren nicht gelingt. Angesichts der Verwendung von „Hunspell" in beispielsweise Mozilla Firefox, Google Chrome sowie OpenOffice zwecks *Rechtschreibprüfung* bzw. -korrektur und der potenziellen Möglichkeit der Realisierung eines „Korrekturversuchs" erfolgt dessen Implementierung. Durch die Bereitstellung des Softwarecodes unter der „Lesser General Public License Version 3" in der Programmiersprache C++ bedarf es angesichts des definierten Betriebssystems einer Cross-Compilation (GitHub 2018c). Die Rechtschreibprüfung von Hunspell basiert auf Wörterbüchern. Für die englischen Standardvarietäten kommt das „Open-Office Extension" von Pinto (2019) zur Verwendung, welches unter „Lesser General Public License Version 3" steht. Die Realisierung der deutsche Sprache erfolgt über die jeweiligen Standardwörterbücher von OpenOffice unter „General Public License Version 3" nach Baumann et al. (2017).

23.5 Komponentenspezifikationen

Über die vorangegangene Phase kann die Komponentenspezifikation (auch Feinentwurf genannt) unter Berücksichtigung der funktionalen Anforderung erfolgen. Hierzu zählt insbesondere der innere Aufbau (Balzert 2011, S. 484 f.; Spillner und Linz 2012, S. 42).

23.5.1 Basiskomponenten

Mittels der *Systemanforderung* werden die vollständigen Ausführungsgrundlagen, Fremdkomponenten und infolge der kompakten Darstellung auf einer Bildschirmansicht auch die Mindestauflösung geprüft und bei Abweichungen darauf hingewiesen. Hierbei ist zwischen „Warnung" und „Fehler" zu unterscheiden, welche jeweils einen unterschiedlichen Schweregrad repräsentieren. Bei einer Warnung ist die weitere Verwendung der Plattform möglich, der Betrieb kann aber nicht gewährleistet werden (z. B. durch eine nicht getestete Fremdkomponentenversion). Stattdessen erfolgt bei einem Fehler kein Zugriff auf den Prozess inklusive der entsprechenden Analysen (z. B. Fremdkomponente kann nicht angesprochen werden).

Die grafische *Benutzeroberfläche* ist zwecks trivialerer Ansteuerungsmöglichkeit in die zwei Komponenten („Menü" und „Frame") aufgegliedert. Das Menü gewährt den direkten Zugriff auf Servicefunktionalitäten, wie beispielsweise die Ausführung externer Programme (z. B. TensorBoard) oder den Einblick in die Dokumentation. Die einzelnen Plattformmodule des ganzheitlichen Prozesses können jeweils mittels einer Auswahlgrafik (Zahnrad) mit den zugehörigen Parametern über den Frame ausgeführt werden. Zugehörige Managementfunktionalitäten ermöglichen eine Löschung („D“), den Aufruf des erstellen Protokolls („I“) und die Aktualisierung verfügbarer Quelldatensätze sowie Optionen („R“). Hierbei erfolgt die Darstellung in Anlehnung an Heinecke (2012, S. 165–191) unter Berücksichtigung der ISO 9241-112 (2017).

Die Prüfung relevanter Aktivitäten erfolgt hinsichtlich potenzieller Ausführungsfehler einheitlich über die Basiskomponente der *Eingabeprüfung*. Dabei stellt diese eine exklusive Kommunikationsverbindung zwischen der grafischen Benutzeroberfläche und Prozessverarbeitung dar.

Die *Prozessverarbeitung* ermöglicht eine parallele Ausführung von verschiedenen Aktivitäten, weshalb hier das Paradigma der Parallelprogrammierung angewendet wird. Dabei muss die Gesamtaufgabe in entsprechende Teilbereiche untergliedert werden, welche eine unabhängige Ausführung mit einem möglichst geringen Synchronisationsaufwand erlauben (Wagenknecht 2016, S. 195–210). Durch die unterschiedlichen Plattformmodule ist die Voraussetzung erfüllt und die Realisierung erfolgt in Anlehnung an Völkl (2018, S. 54–58) mittels der Variante „Prozess“, sodass die jeweilige Ausführung in einem dedizierten Speicherbereich verarbeitet wird (Wagenknecht 2016, S. 196 ff.). Diese Basiskomponente fungiert dabei als zentrale Steuerungsinstanz, welche in regelmäßigen Zyklen die anvisierten Modulaktivitäten unter Berücksichtigung der laufenden sowie wartenden Ausführungen und der maximalen Anzahl von zeitgleichen Betriebssystemprozessen über das Prinzip „first come, first served“ ausführt.

23.5.2 Plattformmodule

Sämtliche Plattformmodule verfügen über eine Protokollierung der jeweiligen Ausführungen, sodass beispielsweise neben den gewählten Funktionalitäten Erkenntnisse hinsichtlich der Ausführungszeit gewonnen werden können. Darüber hinaus liegt eine starke Diversifikation vor.

Vektoren

Anhand der *Konstruktion* von Vektoren wird die integrierte Möglichkeit zur Erstellung dieser über die Plattform abgebildet. Dabei erfolgt die Aktivität nicht über eine Eigen- oder Fremdkomponente, sondern mittels einer Schnittstelle. Über den Ausführungsstring können die zu verarbeitenden Skripte und/oder Programme mittels des Präfixes „-->“ identifiziert werden. Jeweils nachfolgende Optionen und/oder Parameter (über Semikolon getrennt) werden als Argumente der jeweiligen Ausführung interpretiert.

Die *Vorbereitung* der Vektoren umfasst neben drei optionalen Erweiterungen gemäß dem funktionalen Systementwurf (Default Line, Extremum, Unknown Word) die

Trennung der Wörter bzw. Zeichenketten von den originären Vektoren, um im weiteren Prozess eine effiziente Ladung zu ermöglichen.

In der direkten *Analyse,* auf Basis der vorbereiteten Vektoren, stehen zwei Varianten zur Verfügung, welche neben der jeweiligen Aufgabe vor allem das Verständnis für Vektoren unterstützen sollen. Aufgrund der potenziell umfangreichen Vektorenanzahl sowie deren Dimensionen bedarf es der Findung der nächstliegenden Nachbarn eines Algorithmus wie Schwarzer et al. (2002, S. 1–17) gegenüber einer Brute-Force-Methode aufzeigen. Die Realisierung erfolgt daraufhin mittels „K-D Tree" in Anlehnung an Bentley (1975, S. 509–517). Infolge der herausragenden Ergebnisse von t-SNE (t-distributed Stochastic Neighbor Embedding) nach van der Maaten und Hinton (2008, S. 2579–2605) im Rahmen einer Visualisierung von mehrdimensionalen Daten, wird eine hierauf basierende Berechnung in Anlehnung an TensorFlow (2018b) umgesetzt.

Texte

Analog zu den Vektoren wird mittels *Konstruktion* die Möglichkeit zur Bereitstellung neuer und/oder aktualisierter Texte abgebildet. Die Verarbeitung erfolgt über die integrierte Fremdkomponente des Downloads und der Extraktion. Die Aufsplitterung ermöglicht in diesem Fall eine hohe Flexibilität, bedarf jedoch auch unterschiedlicher Varianten in der Ausführung. Durch eine Strukturänderung seitens Amazon.com sind zwei Varianten der Extraktion nötig. Die „Version 1" bezieht sich auf bereits vorhandene Rohdaten bzw. auf dessen Struktur, hingegen kann die „Version 2" für aktuelle Downloads verwendet werden.

In Anlehnung an die *Vorbereitung* der Vektoren erfolgt dies ebenfalls für die Texte. Neben einer Labelbestimmung werden optionale Veränderungsmöglichkeiten mittels regulärer Ausdrücke hinsichtlich Muster, Zeichenketten und mehrfache Leerzeichen realisiert. Zusätzlich wird bereits an dieser Stelle eine Tokenization sowie Voranalyse integriert, wodurch die Texte in nachfolgenden Prozessschritten performanter genutzt werden können. Zum Einsatz kommen die Fremdkomponenten NLP und Rechtschreibprüfung. Dabei umfasste die Voranalyse die Erkennung von Wortarten, das durchschnittliche Sentiment, die Anzahl der Sätze, Wörter (inklusive deren Schreibweise) und Buchstaben. Auf Basis der resultierenden Informationen erfolgt darüber hinaus die Berechnung der Lesbarkeit nach Coleman und Liau (1975, S. 283–284) sowie Senter und Smith (1967, S. 1–14), welche je Text gespeichert werden.

Die *Analyse* der Texte umfasst drei Varianten. Im Rahmen der Visualisierung je Label mittels Balkendiagramm finden die Ergebnisse der Voranalyse Anwendung. Die Berechnung erfolgt auf Grundlage der gewählten Erkennungen und/oder Berechnungen der Texte. Eine Ad-hoc-Ausführung ermöglicht darüber hinaus anhand der Eingabe von Freitext die gleichen Verarbeitungsschritte wie bei der Voranalyse der Texte. Des Weiteren wird eine Duplikationserkennung mittels Hashfunktion auf Basis der einzelnen Texte realisiert.

Transformation

In der *Zusammenführung* werden die einzelnen Wörter bzw. Zeichenketten der Texte jeweils durch den Index des repräsentierenden Vektors transformiert. Optional erfolgt dieser Schritt mittels Kleinbuchstaben, um die Erkennungsrate gegenüber einer „Case-Sensitivity"-Variante zu erhöhen. Scheitert die Aktivität, so kann über die Fremdkomponenten der Rechtschreibprüfung bei Bedarf der Schritt auf Basis eines Korrekturversuchs wiederholt werden. Gelingt eine Transformation nicht, so kommt der erste Vektor (Index 0) oder bei Bedarf ein definiertes Wort zum Einsatz (z. B. Unknown Word). Über die Längenangabe erfolgt darüber hinaus noch eine Symmetrisierung der Texte. Sobald einer dieser die entsprechende Länge erlangt hat, wird die Verarbeitung beendet. Ist die Länge nicht erreicht, so wird der Text mit Indizes „0" vervollständigt, welcher bei optionaler Anpassung der Vektoren der Default Line entspricht. Zwecks späterer inhaltlicher Analysen erfolgt unter anderem eine Speicherung der verwendeten Indizes.

Modell

Das *Training* des Modells erfolgt mittels überwachten Lernens auf Grundlage der Zusammenführung. Dabei ist dieses an Deshpande (2017) angelehnt und kann der Abb. 23.4 entnommen werden. Die Durchführung wird über die definierten Hyperparameter der inhaltlichen Anforderungen sowie der Anzahl von Iterationen und der Durchlaufgröße („Batch-Size") realisiert. Als Optimizer stehen „Adam", „GradientDescent", „Momentum" und „NesterovMomentum" mit den jeweiligen Parametern zur Verfügung (TensorFlow 2018c, d, e). Die Speicherung der End- sowie Zwischenergebnisse ermöglicht darüber hinaus das Modell gegen andere Texte zu verifizieren (z. B. hinsichtlich „Overfitting"). Zusätzlich werden diese Ergebnisse im Rahmen des Trainings zwecks Visualisierung an TensorBoard, welches inzwischen fester Bestandteil von TensorFlow ist, übertragen (TensorFlow 2018f).

Sämtliche *Modelltrainingsanalysen* können auf die End- als auch Zwischenergebnisse angewendet werden. Eine Untersuchung ermöglicht dabei zufällige sowie mittels Zusammenführung reproduzierbare Prüfungen hinsichtlich der Accuracy des Modells. Des Weiteren können über die verwendeten Vektoren die Auswirkungen der einzelnen Wörter bzw. Zeichenketten in dem ML-Modell an beliebiger Stelle analysiert werden. Eine Realisierung der Kalkulationsschritte sowie -visualisierungen erfolgt in Anlehnung an den originalen Programmcode von TensorFlow (GitHub 2018d, 2019) und prognostiziert ein Endergebnis nach jedem Verarbeitungsschritt beispielsweise auf Basis einer Serieneingabe von Texten. Bei der Visualisierung erfolgt darüber hinaus die grafische Darstellung der LSTM-Zellen in Anlehnung an Olah (2015). Auf Grundlage der Kalkulationsschritte wird entsprechend der inhaltlichen Anforderungen eine Untersuchung sämtlicher Texte unter Berücksichtigung verschiedener Filter ermöglicht.

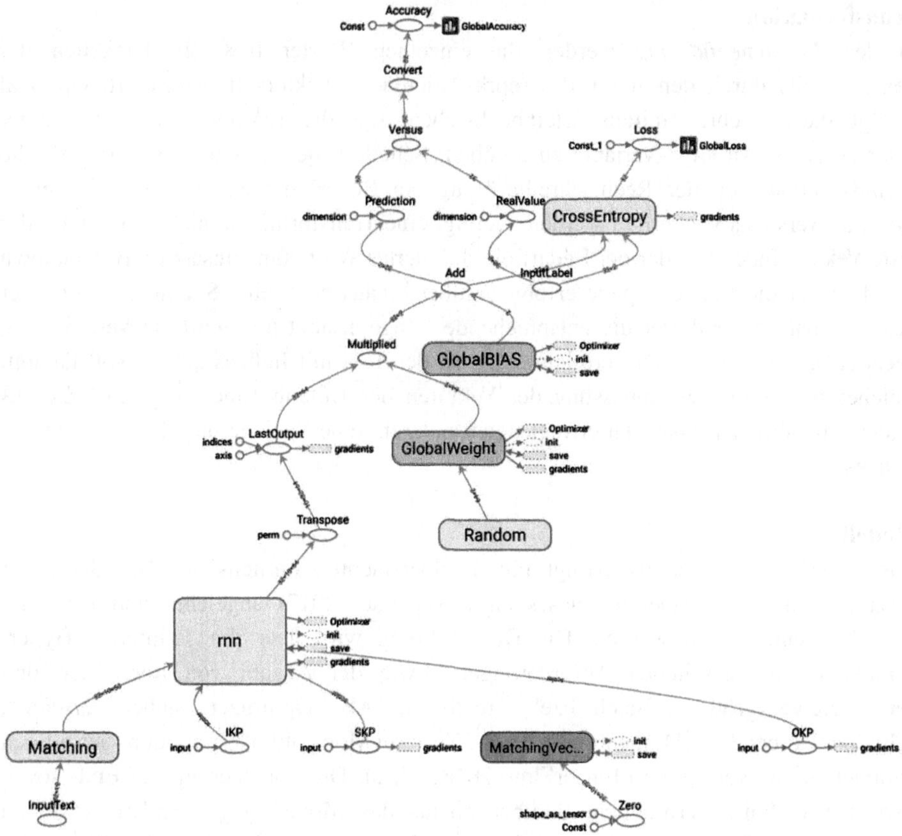

Abb. 23.4 Visualisierung des Modells mittels TensorBoard

Arrays konvertieren

Die Konvertierung von Arrays realisiert den Export von gespeicherten Informationen, welche sich anderenfalls nicht in einem allgemein verständlichen Format befinden, sodass weitere statistische Verarbeitungen möglich sind. Dabei wird die Ansteuerung der jeweiligen Konvertierung einheitlich in Verbindung mit den Managementfunktionalitäten der grafischen Benutzeroberfläche mittels Druckschalter „C" realisiert. Das Ergebnis der Vektorenverarbeitung inklusive eventueller Erweiterungen kann somit als CSV-Datei (Comma-Separated Values) exportiert werden. Gleiches gilt für die zusätzlich erfassten Informationen im Rahmen der Textverarbeitung und Zusammenführung. Darüber hinaus kann das trainierte sowie gespeicherte Modell zu den verfügbaren Zeitpunkten exportiert werden.

23.6 Programmierung

In der Phase der Programmierung, welche die praktische Umsetzung der Konzeption ermöglicht, ist aufgrund der fokussierten Ausrichtung des Beitrags auch die Qualitätssicherung angesiedelt. Im Regelfall stellen dessen Phasen das Pendant zur Entwicklung in einem ähnlichen Umfang.

23.6.1 Entwicklungs- und Ausführungsgrundlage

Angesichts der nach Schlusser und Reitz (2016, S. 29) nahezu perfekten Codevervollständigung sowie der hohen Akzeptanz im wissenschaftlichen Umfeld wird die IDE (Integrated Development Environment) PyCharm in der Community Edition des Unternehmens JetBrains (2019) eingesetzt, die auf der „Apache Lizenz Version 2" basiert.

Die Voraussetzung für die Ausführung der Plattform ist unter anderem ein entsprechender Interpreter für die Programmiersprachen Python. Auch für das Betriebssystem Windows wird dieser von der Python Software Foundation (2018) unter einer individuellen Lizenz bereitgestellt, welche zur „General Public License" kompatibel ist. Zusätzlich kommen neben dem ML-Framework TensorFlow die nachfolgenden Module unter Berücksichtigung ihrer Abhängigkeiten zum Einsatz. „matplotlib" von Hunter und Droettboom (2018) sowie „numpy" von Oliphant (2018) sind jeweils in der „Berkeley Software Distribution License" verfügbar. Des Weiteren sind „scikit_learn" nach Mueller (2018) basierend auf „New Berkeley Software Distribution License" und „stanfordcorenlp" von Guo (2018) über die „Massachusetts Institute of Technology License" verwendbar. Außerdem wird für die Kalkulationsvisualisierungen Ghostscript des Unternehmens Artifex (2018) auf Basis der „General Public Affero General Public License" zur Konvertierung der PostScript-Dateien in PDF-Dokumente (Portable Document Format) verwendet. Darüber hinaus sind eine Java- sowie Perl-Laufzeitumgebung für die Fremdkomponente NLP sowie der Funktionalitäten des Downloads und der Extraktion essenziell.

Eine GPU-Ansteuerung durch das ML erfolgt über das Python-Modul „tensorflow-gpu" sowie dessen Anforderungen, nach einer automatischen Deinstallation der CPU unterstützenden Version „tensorflow", mittels der identischen Programmierung. Hierbei steht das Modul ebenfalls unter der „Apache Software License Version 2" (Google 2018b). Der Abb. 23.5 kann die Startansicht der Plattform entnommen werden.

23.6.2 Qualitätssicherung der Entwicklung

In Verbindung mit dem V-Modell erfolgt die Qualitätssicherung in Anlehnung an die Entwicklung auf Grundlage der Basiselemente über vier aufeinander aufbauende Phasen. Zu Beginn erfolgt die Verifikation der einzelnen Fremdkomponenten als

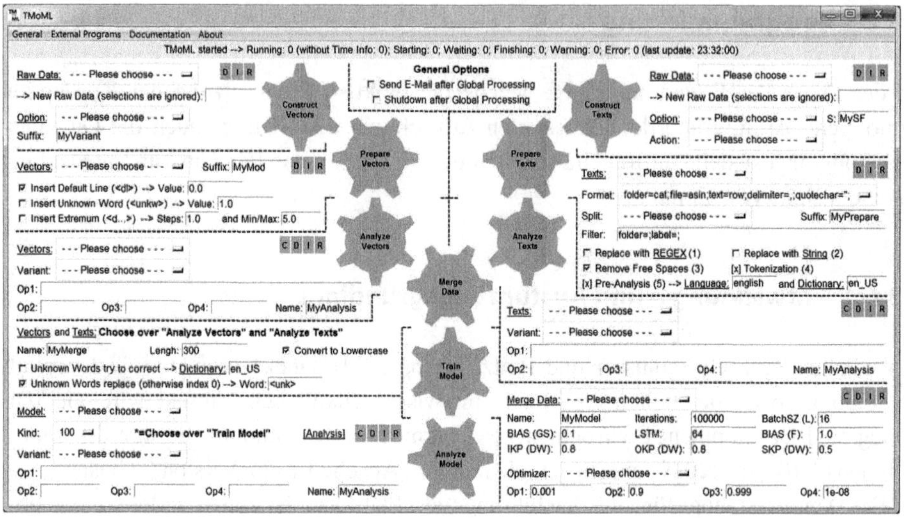

Abb. 23.5 Startansicht der Plattform

„Black-Box-Test" auf Grundlage der in der Plattform eingesetzten Ausführungsparameter und -arten. Im Anschluss wird der *Komponententest* dediziert für die Basiskomponenten und Plattformmodule als „White-Box-Test" umgesetzt.

Auf Grundlage der gegenseitigen Abhängigkeiten bzw. Nutzungsvoraussetzungen der Komponenten erfolgt daraufhin in sechs Schritten eine Zusammensetzung sowie Verifizierung der einzelnen Komponenten mittels „White-Box-*Integration*" in Anlehnung an eine „Top-Down-Strategie". Die Vorteile hierbei sind die Möglichkeit der direkten Ausführung einzelner Tests sowie die verhältnismäßig geringe Anzahl von „Stubs" durch die strukturorientierte Gruppierung von Komponenten in den einzelnen Integrationsschritten. Stubs (auch Platzhalter genannt) simulieren dabei die Funktionalität von einzelnen Komponenten, die noch nicht implementiert sind (Winter et al. 2013, S. 157 u. 161–172).

Im Vergleich zu den bisherigen Verifikationen erfolgt der *System-* sowie *Abnahmetest* nicht in der Entwicklungsumgebung, sondern mittels „Black-Box-Test" in einer definierten Test- bzw. in der geplanten Zielumgebung. Die Verifikation der integrierten Plattform wird beim Systemtest anhand des funktionalen und technischen Systementwurfs durchgeführt. Der abschließende Abnahmetest, der insbesondere die Entwicklung validiert, ist hingegen mittels der Nutzungsanforderungen umgesetzt.

23.7 Reflexion der Vorgehensweise

Mithilfe der Vorgehensweise ist, in Anlehnung an das V-Modell, eine strukturierte Entwicklung sowie Verifizierung und Validierung der Plattform erfolgt. Voraussetzungen für die effiziente Bearbeitung des sequenziellen Modells sind im Vorfeld definierte

Nutzungsanforderungen. Auf etwaige Änderungen kann dabei je nach Umfang und Phasenstand im Vergleich zum iterativen Vorgehensmodell nur sehr aufwendig reagiert werden. Des Weiteren stellt die späte Validierungsmöglichkeit über die Software selber ein gewisses Risiko dar (Beck und Andres 2004, S. 21–26; Sandhaus et al. 2014, S. 42–44). Durch den Umfang der Entwicklung und die kontinuierlichen Abstimmungen über den funktionalen sowie technischen Systementwurf, konnten die negativen Aspekte ausgeräumt werden. Insbesondere die Abbildung der inhaltlichen Anforderungen sowie der Entwurf der grafischen Benutzeroberfläche sind für das gemeinsame Verständnis unerlässlich. Die Methode der Persona hat darüber hinaus den Blickwinkel unterschiedlicher späterer Benutzer geschärft.

Die Programmierung über das Architekturmuster „Pipes and Filters" hat sich in Verbindung mit der Plattform bewährt, da beispielsweise optionale Anpassungen mittels trivialer Aktivitäten über den gesamten Prozess hinweg aktivierbar sind. Darüber hinaus ist eine parallele Verarbeitung der einzelnen Plattformmodule realisiert, wodurch eine nachteilige Performance aufgrund der Ausrichtung des „langsamsten" Filters reduziert werden konnte. Insgesamt steht dabei die Produktqualität im Fokus und die Benutzungsqualität wird vernachlässigt. Mögliche Auswirkungen in Form von umfassender Anpassung durch potenzielle Strukturänderung bzw. -erweiterung werden in zukünftigen Versionen von Bedeutung (Goll 2014, S. 304–312).

Die Verifizierung über die einzelnen Phasen mittels der Basiselemente gewährleistet unter Berücksichtigung der Durchführungsart einen möglichst fehlerfreien Betrieb auf dessen Grundlage. Vernachlässigt werden hier jedoch potenzielle Störungssituationen, welche nicht in diesen enthalten sind.

23.8 Zusammenfassung und Ausblick

Infolge des User-Generated Content über das Web 2.0 wird die wissenschaftliche Gewinnung neuer Erkenntnisse ermöglicht. Unter Berücksichtigung des steigenden Datenvolumens der nächsten Jahre erfolgt der effiziente Erhalt anhand von Textanalyseverfahren bzw. NLP.

Die im Rahmen dieses Beitrags entwickelte Plattform ermöglicht die Verarbeitung natürlicher Sprache in Form von unstrukturierten Texten. Bereits auf dieser Grundlage können statistische Rückschlüsse gezogen werden. Hierbei muss es sich nicht ausschließlich um User-Generated Content handeln. Angesichts einer Transformation der relevanten Texte unter Beachtung der Klassifizierung in eine mathematisch verarbeitbare Variante in Form von Vektoren ist die Anwendung von ML möglich. Durch die selbstständige Findung entsprechender Muster können daraufhin unter Berücksichtigung des Schwerpunktes neue wissenschaftliche Erkenntnisse gewonnen bzw. abgeleitet werden. Aufgrund der durchgängig dynamischen Verarbeitungsmöglichkeit der Plattform ist keine Ausrichtung an eine spezifische Fragestellung erfolgt. Die umfangreichen Parameter- und Optionsmöglichkeiten sowie die Ausgliederung des ganzheitlichen

Prozesses erlauben darüber hinaus ebenfalls die wissenschaftliche Betrachtung von Teilaspekten. Unter Anbetracht der umfangreichen, aber dennoch trivialen Bedienung sowie der verschiedenen Visualisierungsfunktionen ermöglicht die Plattform auch eine Vertiefung der Thematik.

Die Untersuchungen von Amazon.com-Rezensionen mittels ML in Bezug auf Sterne- und Nützlichkeitsbewertungen bestätigt, dass der Einsatz dieser Plattform nützlich und sinnvoll ist. Auch die entwickelte Schnittstelle zur integrierten Erstellung neuer Vektoren bzw. deren Verifizierungsmöglichkeit hinsichtlich qualitativer sowie quantitativer Aspekte bestätigt dies und findet ebenfalls innerhalb dieses Gesamtwerks Anwendung. Darüber hinaus ergeben sich weitere potenzielle Forschungsansätze in puncto der sprachlichen Entwicklung sowie Diversifikation durch die Aktualisierung und/oder Neuerstellung der Texte. Infolge der modularen sowie transparenten Realisierung bietet sich außerdem eine Weiterentwicklung der Plattform an. Hier zählt beispielsweise die Realisierungen zusätzlicher neuronaler Netzwerke sowie Modellanalysen.

Literatur

Artifex. (2018). Ghostscript. https://www.ghostscript.com/download/gsdnld.html. Zugegriffen: 10. Jan. 2019.

Balzert, H. (2011). *Lehrbuch der Softwaretechnik – Entwurf, Implementierung, Installation und Betrieb* (3. Aufl.). Heidelberg: Spektrum Akademischer Verlag. https://doi.org/10.1007/978-3-8274-2246-0_1.

Baumann, F. M., Huggenberger, M., Jacke, B., Naber, D., & Zeiler, K. (2017). German (de-DE frami) dictionaries. https://extensions.openoffice.org/project/dict-de_DE_frami. Zugegriffen: 17. Jan. 2019.

Beck, K., & Andres, C. (2004). *Extreme programming explained – Embrace change* (2. Aufl.). Bosten: Addison-Wesley Professional.

Bentley, J. L. (1975). Multidimensional binary search trees used for associative searching. *Communications of the ACM, 18*(9), 509–517. https://doi.org/10.1145/361002.361007.

Boehm, B. W. (1979). Guidelines for verifying and validating software requirements and design specifications. *Euro IFIP, 1,* 711–719.

Choudhury, N. (2014). World Wide Web and its journey from Web 1.0 to Web 4.0. *International Journal of Computer Science and Information Technologies, 5*(6), 8096–8100. http://citeseerx.ist.psu.edu/viewdoc/download?doi=10.1.1.666.6445&rep=rep1&type=pdf.

Coleman, M., & Liau, T. L. (1975). A computer readability formula designed for machine scoring. *Journal of Applied Psychology, 60,* 283–284. https://doi.org/10.1037/h0076540.

Cooper, A. (2004). *The inmates are running the asylum*. Indianapolis: Sams.

Cucerzan, S., & Brill, E. (2004). Spelling correction as an iterative process that exploits the collective knowledge of web users. EMNLP. https://www.microsoft.com/en-us/research/publication/spelling-correction-as-an-iterative-process-that-exploits-the-collective-knowledge-of-web-users.

Deshpande, A. (2017). Perform sentiment analysis with LSTMs, using TensorFlow. https://www.oreilly.com/learning/perform-sentiment-analysis-with-lstms-using-tensorflow. Zugegriffen: 10. Jan. 2019.

Dow, C. R. (2018). Jon Peddie Research releases update to the Q2, 2018 add-in board report. https://www.jonpeddie.com/press-releases/jon-peddie-research-releases-update-on-its-q2-2018-add-in-board-report. Zugegriffen: 16. Jan. 2019.

Esuli, A. (2017). Two perl scripts to download and parse Amazon's reviews. https://github.com/aesuli/Amazon-downloader. Zugegriffen: 10. Jan. 2019.

Gers, F. A., Schmidhuber, J., & Cummins, F. (2000). Learning to forget: Continual prediction with LSTM. *Neural Computation, 12*(10), 2451–2471. https://doi.org/10.1162/089976600300015015.

GitHub. (2018a). GloVe/src at master – stanfordnlp/GloVe. https://github.com/stanfordnlp/GloVe/tree/master/src. Zugegriffen: 2. Jan. 2019.

GitHub. (2018b). tensorflow/tensorflow: An Open Source Machine Learning Framework for Everyone. https://github.com/tensorflow/tensorflow. Zugegriffen: 26. Dez. 2018.

GitHub. (2018c). hunspell/hunspell: The most popular spellchecking library. https://github.com/hunspell/hunspell. Zugegriffen: 10. Jan. 2019.

GitHub. (2018d). tensorflow/rnn.py at master – tensorflow/tensorflow. https://github.com/tensorflow/tensorflow/blob/master/tensorflow/python/ops/rnn.py. Zugegriffen: 21. Jan. 2019.

GitHub. (2019). tensorflow/rnn_cell_impl.py at master – tensorflow/tensorflow. https://github.com/tensorflow/tensorflow/blob/master/tensorflow/python/ops/rnn_cell_impl.py. Zugegriffen: 21. Jan. 2019.

Goll, J. (2011). *Methoden und Architekturen der Softwaretechnik*. Wiesbaden: Vieweg+Teubner Verlag. https://doi.org/10.1007/978-3-8348-8164-9.

Goll, J. (2014). *Architektur- und Entwurfsmuster der Softwaretechnik – Mit lauff ähigen Beispielen in Java* (2. Aufl.). Wiesbaden: Springer Vieweg.

Goodfellow, I., Bengio, Y., & Courville, A. (2016). *Deep learning*. London: MIT Press.

Google. (2013). word2vec. https://code.google.com/archive/p/word2vec. Zugegriffen: 29. Jan. 2019.

Google (2018a). tensorflow. https://pypi.org/project/tensorflow. Zugegriffen: 10. Jan. 2019.

Google (2018b). tensorflow-gpu. https://pypi.org/project/tensorflow-gpu. Zugegriffen: 11. Jan. 2019.

Guo, L. (2018). stanfordcorenlp. https://pypi.org/project/stanfordcorenlp. Zugegriffen: 10. Jan. 2019.

Heinecke, A. M. (2012). *Mensch-Computer-Interaktion – Basiswissen für Entwickler und Gestalter* (2. Aufl.). Berlin: Springer-Verlag.

Hunter, J. D., & Droettboom, M. (2018). matplotlib. https://pypi.org/project/matplotlib. Zugegriffen: 10. Jan. 2019.

ISO 9241-110. (2006). Ergonomics of Human-System Interaction – Dialogue Principles.

ISO 9241-112. (2017). Ergonomics of human-system interaction – Principles for the presentation of information.

ITCandor. (2018). Server revenues grow 13% in Q2 2018, but most vendors are failing to sell to CSPs. http://www.itcandor.com/server-q218. Zugegriffen: 26. Dez. 2018

JetBrains. (2019). PyCharm – The Python IDE for Professional Developers. https://www.jetbrains.com/pycharm. Zugegriffen: 10. Jan. 2019.

Johner, C. (2018). V-Modell vs. Wasserfallmodell bei Softwareentwickung. https://www.johner-institut.de/blog/iec-62304-medizinische-software/v-modell. Zugegriffen: 14. Jan. 2019.

Jozefowicz, R., Zaremba, W., & Sutskever, I. (2015). An empirical exploration of recurrent network architectures Rafal. *Proceedings of the 32nd International Conference on Machine Learning, 37*, 2342–2350. http://proceedings.mlr.press/v37/jozefowicz15.pdf.

Kaisler, S., Armour, F., Espinosa, J. A., & Money, W. (2013). Big data: Issues and challenges moving forward. *Proceedings of the 46th Hawaii International Conference on System Sciences,* 995–1004. https://doi.org/10.1109/HICSS.2013.645

Kiser, M. (2016). Introduction to Natural Language Processing (NLP). https://blog.algorithmia.com/introduction-natural-language-processing-nlp. Zugegriffen: 17. Jan. 2019.

Mandl, P. (2014). *Grundkurs Betriebssystene – Architekturen, Betriebsmittelverwaltung, Synchronisation, Prozesskommunikation, Virtualisierung* (4. Aufl.). Wiesbaden: Springer Vieweg. https://doi.org/10.1007/978-3-658-06218-7.

Manning, C., Surdeanu, M., Bauer, J., Finkel, J., Bethard, S., & McClosky, D. (2014). The Stanford CoreNLP Natural Language Processing toolkit. *Proceedings of 52nd Annual Meeting of the Association for Computational Linguistics: System Demonstrations,* 55–60. https://doi.org/10.3115/v1/P14-5010

Marsden, N., Link, J., & Büllesfeld, E. (2014). Personas und stereotype Geschlechterrollen. *Gender-UseIT – HCI, Usability und UX unter Gendergesichtspunkten* (S. 91–104). Oldenbourg: De Gruyter.

Mikolov, T., Chen, K., Corrado, G., & Dean, J. (2013). *Efficient estimation of word representations in vector space*, 1–12. https://doi.org/10.1162/153244303322533223

Mudambi, S. M., & Schuff, D. (2010). What makes a helpful online review? A study of customer reviews on Amazon.com. *MIS Quarterly, 34*(1), 185–200.

Mueller, A. (2018). scikit-learn. https://pypi.org/project/scikit-learn. Zugegriffen: 10. Jan. 2019.

Net Applications. (2018). Operating system share. https://www.netmarketshare.com/operating-system-market-share.aspx. Zugegriffen: 26. Dez. 2018.

NVIDIA. (2018). Deep learning frameworks. https://developer.nvidia.com/deep-learning-frameworks. Zugegriffen: 26. Dez. 2018.

Olah, C. (2015). Understanding LSTM networks. http://colah.github.io/posts/2015-08-Understanding-LSTMs. Zugegriffen: 24. Jan. 2019.

Oliphant, T. E. (2018). numpy. https://pypi.org/project/numpy. Zugegriffen: 10. Jan. 2019.

Pang, B., Lee, L., & Vaithyanathan, S. (2002). Thumbs up? Sentiment classification using machine learning techniques. *Proceedings of the 2002 Conf. on Empirical Methods in Natural Language Processing (EMNLP).* https://doi.org/10.3115/1118693.1118704.

Pennington, J., Socher, R., & Manning, C. D. (2014). Glove: Global vectors for word representation. *Proceedings of the 2014 Conference on Empirical Methods in Natural Language Processing (EMNLP),* 1532–1543. https://doi.org/10.3115/v1/D14-1162.

Pfeifer, T., & Schmitt, R. (2014). *Masing Handbuch Qualitätsmanagement* (6. Aufl.). München: Hanser.

Pinto, M. A. G. (2019). English dictionaries for Apache OpenOffice. https://extensions.openoffice.org/de/project/english-dictionaries-apache-openoffice. Zugegriffen: 10. Jan. 2019.

Python Software Foundation. (2018). Download Python. https://www.python.org/downloads/release/python-367. Zugegriffen: 10. Jan. 2019.

Reinsel, D., Gantz, J., & Rydning, J. (2018). *The digitization of the world – From edge to core,* 1–28. https://www.seagate.com/files/www-content/our-story/trends/files/idc-seagate-dataage-whitepaper.pdf.

Royce, W. W. (1970). Managing the development of large software systems. *IEEE Westcon,* 1–9. https://doi.org/10.1016/0378-4754(91)90107-E.

Sandhaus, G., Berg, B., & Knott, P. (2014). *Hybride Softwareentwicklung – Das Beste aus klassischen und agilen Methoden in einem Modell vereint.* Berlin: Springer Vieweg.

Schlusser, T., & Reitz, K. (2016). *The Hitchhiker's guide to Python – Best practices for development.* Sebastopol: O'Reilly Media.

Schwarzer, F., Lotan, I., & Science, C. (2002). *Efficient Nearest-Neighbor Search in Large Sets of Protein Conformations,* (1), 1–17.

Senter, R. J., & Smith, E. A. (1967). Automated Readability Index, 1–14. https://apps.dtic.mil/dtic/tr/fulltext/u2/667273.pdf.

Spillner, A., & Linz, T. (2012). *Basiswissen Softwaretest – Aus- und Weiterbildung zum Certified Tester* (5. Aufl.). Heidelberg: dpunkt.verlag.

Stanford University. (2018). Stanford CoreNLP – Natural language software. https://stanfordnlp.github.io/CoreNLP. Zugegriffen: 10. Jan. 2019.

StatCounter. (2018). Desktop Operating System Market Share Worldwide. http://gs.statcounter.com/os-market-share/desktop/worldwide/#monthly-201806-201806-bar. Zugegriffen: 26. Dez. 2018.

Steyer, R. (2018). *Programmierung in Python – Ein kompakter Einstieg für die Praxis.* Wiesbaden: Springer Vieweg.

Sukanya, M., & Biruntha, S. (2012). Techniques on text mining. *Proceedings of the 2012 IEEE International Conference on Advanced Communication Control and Computing Technologies (ICACCCT), 2012*(978), 269–271. https://doi.org/10.1109/ICACCCT.2012.6320784.

TensorFlow. (2018a). API documentation. https://www.tensorflow.org/versions/r1.11/api_docs. Zugegriffen: 16. Jan. 2019.

TensorFlow. (2018b). Vector representations of words. https://www.tensorflow.org/tutorials/representation/word2vec. Zugegriffen: 10. Jan. 2019.

TensorFlow. (2018c). tf.train.AdamOptimizer. https://www.tensorflow.org/versions/r1.11/api_docs/python/tf/train/AdamOptimizer. Zugegriffen: 20. Jan. 2019.

TensorFlow. (2018d). tf.train.GradientDescentOptimizer. https://www.tensorflow.org/versions/r1.11/api_docs/python/tf/train/GradientDescentOptimizer. Zugegriffen: 20. Jan. 2019.

TensorFlow. (2018e). tf.train.MomentumOptimizer. https://www.tensorflow.org/versions/r1.11/api_docs/python/tf/train/MomentumOptimizer. Zugegriffen: 20. Jan. 2019.

TensorFlow. (2018f). TensorBoard: Visualizing Learning. https://www.tensorflow.org/guide/summaries_and_tensorboard. Zugegriffen: 20. Jan. 2019.

Thambawita, D. R. V. L. B., Ragel, R., & Elkaduwe, D. (2014). To use or not to use: Graphics Processing Units (GPUs) for Pattern Matching Algorithms. 2014 7th International Conference on Information and Automation for Sustainability: „Sharpening the Future with Sustainable Technology“, ICIAfS 2014, 1–4. https://doi.org/10.1109/ICIAFS.2014.7069585.

van der Maaten, L., & Hinton, G. (2008). Visualizing data using t-SNE. *Journal of Machine Learning Research, 9,* 2579–2605. http://www.jmlr.org/papers/volume9/vandermaaten08a/vandermaaten08a.pdf.

Völkl, G. (2018). Parallele Programmierung mit Python – Teil 1: Multitasking. *iX KOMPAKT, 1,* 54–58.

Wagenknecht, C. (2016). *Programmierparadigmen – Eine Einführung auf der Grundlage von Racket* (2. Aufl.). Wiesbaden: Springer Vieweg.

Winter, M., Ekssir-Monfared, M., Sneed, H. M., Seidl, R., & Borner, L. (2013). *Der Integrationstest – Von Entwurf und Architektur zur Komponenten- und Systemintegration.* München: Hanser. https://doi.org/10.3139/9783446429512.

Michel Sebastian Erhardt (M.Sc.) ist seit 2002 bei der Stadt Monheim am Rhein angestellt. Bis 2019 war er in der Informationstechnologie beschäftigt und fungierte dort zuletzt als verantwortlicher Netzwerkadministrator sowie Ausbilder von Nachwuchskräften. Aktuell ist er in der Organisationsabteilung als Informationssicherheitsbeauftragter und Projektmanager für das Dokumentenmanagementsystem tätig. Berufsbegleitend schloss Michel Sebastian Erhardt 2016 in der Fachrichtung Wirtschaftsinformatik, mit dem Fokus der IT-Sicherheit, den Bachelor of Science ab. Darauf aufbauend absolvierte er 2019 den Masterstudiengang IT Management mit dem Schwerpunkt der künstlichen Intelligenz ebenfalls an der FOM Hochschule für Oekonomie & Management. Seitdem engagiert er sich hier als nebenberuflicher Dozent sowie im ifid Institut für IT-Management & Digitalisierung.

Manuel Di Stefano (M.Sc.) ist seit 2008 in der Vaillant Group beschäftigt. Seine Tätigkeit umfasst unter anderem die Konzeption, Planung sowie Umsetzung internationaler Projekte zur sukzessiven Weiterentwicklung der IT-Landschaft für den Qualitätsbereich. Des Weiteren betreut Manuel Di Stefano die Lenkung und Steuerung von Dokumenten sowie automatischer Archivierung unter Berücksichtigung gesetzlicher Anforderungen. Aktuell ist er in der Funktion als Referent Quality Performance Management tätig und arbeitet in Themenfeldern wie beispielsweise Business Intelligence sowie Management Reporting. Seine akademische Ausbildung absolvierte Manuel Di Stefano berufsbegleitend an der FOM Hochschule für Oekonomie & Management. Während 2016 der Schwerpunkt der Thesis im Bachelor of Science im Studiengang Wirtschaftsinformatik auf der Entwicklung einer IT-Strategie im Qualitätsbereich lag, wurden 2019 im Rahmen der Abschlussarbeit zum Master of Science in der Fachrichtung IT-Management sowohl die Spezifikation für die Entwicklung einer Machine-Learning-Plattform erstellt als auch Analysen im Bereich der künstlichen Intelligenz durchgeführt. Darüber hinaus engagiert er sich beim ifid Institut für IT-Management & Digitalisierung.

Florian Bosten (M.Sc.) arbeitet seit 2013 als Anwendungsentwickler bei der CSB-System AG. Dort beschäftigte er sich zunächst intensiv mit der Planung und Realisierung komplexer Aufgabenstellungen im Bereich Lager und Beschaffung. Seit Dezember 2015 ist er als bereichsverantwortlicher Gruppenleiter für die Programmierung des Bereiches Rechnungswesen zuständig. Aktueller Schwerpunkt seiner Arbeit und Forschung sind Anwendungsmöglichkeiten der künstlichen Intelligenz unter anderem im Rahmen von Industrie 4.0. Während seines berufsbegleitenden Studiums zum Bachelor of Science an der FOM Hochschule für Oekonomie & Management in Düsseldorf sammelte Florian Bosten erste Erfahrungen im Bereich der Wirtschaftsinformatik und konnte diese parallel dazu in seiner Ausbildung zum Fachinformatiker praktisch ergänzen. Das anschließende Masterstudium im Bereich IT-Management weckte sein Interesse am Thema „Big Data“. Im Jahr 2016 untersuchte er im Rahmen seiner Master-Thesis die Nützlichkeitswertung von Amazon-Produktbewertungen im Jahr 2016 mittels Text Mining.

Prof. Dr. Rüdiger Buchkremer ist Professor für Wirtschaftsinformatik und Direktor des 2017 gegründeten ifid Institut für IT-Management und Digitalisierung an der FOM Hochschule. Seine Hauptforschungsthemen sind aktuell „Natural Language Processing“ und Systemmedizin. Er ist Gutachter für mehrere internationale Journale und Mitherausgeber der Fachzeitschrift „AI“. Vor der Tätigkeit an der Hochschule war er „CIO“ eines Healthcare-DAX-Unternehmens. Er studierte Chemie, Mathematik und Physik an der Ruhr-Universität in Bochum und promovierte zum „Doctor of Philosophy“ in Organischer Chemie an der Binghamton University in New York, USA. 2019 erhielt er den Forschungspreis der BCW-Gruppe.

Die Weiterentwicklung von Curricula an wirtschaftswissenschaftlichen Hochschulen mittels KI – Das Erkennen von Managementtrends

24

Nina Golowko, Holger Stein und Matthias Gehrke

Inhaltsverzeichnis

Zusammenfassung

Themen des Managements und damit verbunden der wirtschaftswissenschaftlichen Hochschulbildung unterliegen Trends und Entwicklungen. Bislang wurden solche Veränderungen nur mit zeitlicher Verzögerung erkannt. Mit Methoden der künstlichen Intelligenz können diese Trends und Entwicklungen zeitnah aufgespürt werden.

Die Titel der Abschlussarbeiten wurden von der Hochschule für Oekonomie und Management FOM im Rahmen des Projekts „LeMaKoTA – Lebenszyklen von Managementmethoden – Korpusanalyse auf Basis der Titel von Abschlussarbeiten" (ID 576) zur Verfügung gestellt

N. Golowko (✉) · H. Stein · M. Gehrke
FOM Hochschule, Frankfurt a. M., Deutschland
E-Mail: nina.golowko@fom-net.de

H. Stein
E-Mail: holger.stein@fom.de

M. Gehrke
E-Mail: matthias.gehrke@fom.de

R. Buchkremer et al. (Hrsg.), *Künstliche Intelligenz in Wirtschaft & Gesellschaft*, FOM-Edition, https://doi.org/10.1007/978-3-658-29550-9_24

Dabei bilden Abschlussarbeiten an Hochschulen eine geeignete Analysebasis für die kontinuierliche Erfassung thematischer Veränderungen. Auf dieser Datenbasis können neu aufkommende Themen oder auch inzwischen obsolete Problemstellungen identifiziert werden. Dieser Ansatz kann wiederum als Grundlage für die Ermittlung von Prognosen dienen, welche die Entwicklung bestimmter Managementkonzepte vorhersagen. Im Rahmen dieses Beitrages wird dieser neue Forschungsansatz auf die Entwicklung von Curricula an wirtschaftswissenschaftlichen Hochschulen übertragen.

24.1 Einleitung

Der technologische Wandel ist exponentiell (Kurzweil 2004), Dynamik und Komplexität nehmen in allen Bereichen der Wirtschaft zu, Entwicklungszyklen werden kürzer und Unternehmen müssen sich immer schneller den wechselnden Marktanforderungen anpassen (Brühl 2018). Die Universitäten sind von diesen Entwicklungen nicht ausgenommen und auch die Wirtschaftsstudiengänge sind sich der erheblichen Umfeldveränderungen bewusst. Dennoch ist beispielhaft an der Volkswirtschaftslehre zu sehen, wie langfristig Paradigmen erhalten bleiben und unterrichtet werden. So existiert schon seit etwa 50 Jahren Kritik vonseiten der Neuen Institutionenökonomik am neoklassischen Grundmodell der Volkswirtschaftslehre (May und Wiepke 2014), dennoch werden noch immer die meisten volkswirtschaftlichen Vorlesungen an Hochschulen insbesondere im Grundlagenstudium von diesem neoklassischen Modell dominiert. Grundsätzlich orientieren sich Lehrpläne vor allem an den traditionellen Lehrinhalten der Vergangenheit; die zukünftigen Inhalte der Studiengänge basieren auf heuristischen Vermutungen von Experten (Robinsohn 1967). Daher erfolgte bisher die Entwicklung von Curricula für einzelne Studiengänge auf Initiative einzelner Lehrender oder durch spezialisierte Abteilungen, die sich auf diese Tätigkeit konzentrieren.

Für das Lösen strategischer Probleme unter Beachtung von exponentiell zunehmenden Datenmengen in einer sich zunehmend wandelnden Umwelt wird in den letzten Jahren der Einsatz von künstlicher Intelligenz diskutiert. Künstliche Intelligenz wird in vielen Fällen in die beiden Bereiche der starken und der schwachen künstlichen Intelligenz unterschieden. Methoden der starken künstlichen Intelligenz versuchen Bearbeitungsweisen einer Problemstellung anzuwenden, die das menschliche Verhalten möglichst exakt modellieren und damit imitieren. Diese Bearbeitungsweisen nähern sich damit dem menschlichen Verhalten an. Dagegen ähneln die Methoden der schwachen künstlichen Intelligenz ingenieurwissenschaftlichen Bearbeitungsweisen zur Lösung komplexer Probleme. So werden kognitive Prozesse der Menschen simuliert, wenn auch teilweise mit höherem Erfolg als die Menschen selbst erreichen können (Barthelmeß und Furbach 2019; Kreutzer und Sirrenberg 2019; Lenzen 2002).

Die grundlegenden Fragen in diesem Zusammenhang lauten daher: Können Hochschulen durch die Anwendung künstlicher Intelligenz unter Beachtung der sich ändernden Anforderungen zukunftsorientierte Lehrpläne oder Studiengänge konzipieren? Der Fokus dieses Beitrags liegt auf Möglichkeiten der Anwendung schwacher künstlicher Intelligenz bei der Curriculumentwicklung, zumal nach der Bearbeitung des Ausgangsdatenmaterials die endgültige Inhaltsanalyse weiterhin durch Menschen erfolgt. Daher können die Universitäten dazu auf ihre eigenen (impliziten) Wissensbestände zurückgreifen, um Trends und Entwicklungen von Zukunftsthemen abzuleiten, um diese in die Curriculumentwicklung einfließen zu lassen.

24.2 Curriculumentwicklung an wirtschaftswissenschaftlichen Hochschulen

Um Studierenden den erfolgreichen Einstieg in den Arbeitsmarkt zu ermöglichen, sind es nicht mehr nur exzellente Forschung und herausragende Forscher, die eine Universität auszeichnen – auch gute Lehrmethoden und pädagogische Ansätze rücken in den Vordergrund. Neben einem ausgeprägten wissenschaftlichen Profil sind eine hohe Lehrprofessionalität, die Entwicklung innovativer Konzepte und Methoden sowie die Fähigkeit zur kontinuierlichen Weiterentwicklung der Vorlesungen Kriterien, die von den Lehrenden und Hochschulen erfüllt werden müssen. Im Bereich der Didaktik gibt es diesbezüglich eine ganze Reihe von aktuellen Forschungsprojekten, beispielsweise hat sich die mathematische Didaktik in den letzten Jahrzehnten stark weiterentwickelt (Klinger et al. 2018; Schubring 2016; Godino et al. 2016). Der größte Teil der Curriculumforschung findet jedoch im schulischen Kontext statt. Bei Universitäten und Hochschulen kann bezüglich der Curriculumgenese von einem erheblichen Forschungsbedarf ausgegangen werden. Der Prozess der Studiengangsentwicklung berücksichtigt zwar bereits den Wandel vom Lehren zum Lernen, betont aktuelle didaktische Prinzipien und entwickelt die Kompetenzen der Studierenden in Richtung Marktanforderungen (Deutscher Wissenschaftsrat 2017), dennoch müssen auch die Lehrpläne auf diese Anforderungen ausgerichtet sein (Gerholz und Sloane 2011). Im Kontext der Lehrplanpraxis an den Universitäten werden große Forschungsdefizite sowie ein Mangel an wissenschaftlicher Basis festgestellt, was zu einem steigenden Bedarf an Professionalität in diesem Bereich führt (Deutscher Wissenschaftsrat 2017; Großmann und Wolbring 2016; Niethammer et al. 2014). In der EU wurden Schlüsselkompetenzen für lebenslanges Lernen definiert, worunter jene Kompetenzen verstanden werden, die „alle Menschen für die persönliche Entfaltung und Entwicklung, Beschäftigung, soziale Inklusion und aktive Bürgerschaft benötigen" (Europäische Commission 2018). Diese sind jedoch vergleichsweise allgemein gehalten: mutter- und fremdsprachliche Kompetenz, mathematische sowie grundlegende naturwissenschaftliche und technische Kompetenz, Computer-, Lern-, Sozial- und Bürgerkompetenz, Eigeninitiative und unternehmerische Kompetenz, sowie Kulturbewusstsein und kulturelle Ausdrucksfähigkeit (Gnahs 2010). Eine konkrete Ausgestaltung der Curricula ergibt sich aus diesen

Schlüsselkompetenzen jedoch nicht. Auch im Bologna-Prozess kann keine genaue Formulierung der curricularen Standards und Prozesse gefunden werden, sie bleibt im primären Verantwortungsbereich jeder Universität bzw. ihrer Fakultäten (Gössling und Luft 2019).

Ein Curriculum ist eine systematische Darstellung der vorgesehenen Unterrichtseinheiten über einen bestimmten Zeitraum. Es handelt sich um ein einheitliches System aus verschiedenen Bereichen zur (optimalen) Vorbereitung, Durchführung und Auswertung des Unterrichts. Um ein Curriculum zu entwickeln, müssen zunächst die Qualifikationsbereiche analysiert und kategorisiert werden, dann müssen die Qualifikationen identifiziert werden, die notwendig sind, um den zukünftigen Aufgaben gewachsen zu sein. Drittens muss der Fokus auf die Lernbedingungen und die individuellen Ressourcen gelegt und schließlich auch der kulturelle Aspekt berücksichtigt werden (Niethammer et al. 2014). Die Curriculumtheorie (Robinsohn 1967) beschäftigt sich mit dem Problem der Definition relevanter Kriterien für die Auswahl von zukunftsgerichteten Fächern und anzuwendenden Methoden (Gerholz und Sloane 2011). Für die Legitimation der Auswahl und Begründung von Lernzielen und -inhalten lassen sich drei Prinzipien unterscheiden. Das Prinzip der Wissenschaft beschäftigt sich mit der Wahl der Fächer nach wissenschaftlichen Strukturen. Dies ist das dominierende Prinzip in der zeitgenössischen Entwicklung von Hochschul-Lehrplänen. An den Universitäten weniger üblich sind das Persönlichkeitsprinzip, das auf die individuellen Bedürfnisse nach Sozialisation, Emanzipation und Persönlichkeitsentwicklung ausgerichtet ist, und das Situationsprinzip, das sich auf die gegenwärtige und zukünftige Realität des Lebens der Studierenden konzentriert. Dabei sollen aus zukünftigen beruflich relevanten Handlungssituationen und den damit verbundenen Anforderungen die zu vermittelnden Inhalte abgeleitet werden, wobei das Problem darin besteht, typische sowie relevante zukünftige Situationen von Studierenden zu definieren (Reetz und Seyd 2006).

Die immer schnellere Digitalisierung erschwert hierbei die langfristige Konzeption von Curricula. So spricht beispielsweise das Management in den letzten Jahren vom Phänomen einer VUCA. Dieser Begriff steht als Akronym für Volatility, Uncertainty, Complexity und Ambiguity und wurde anfangs der 1990er-Jahre vom amerikanischen Militär geprägt, um die nach dem Ende des Kalten Krieges aufgetretene Komplexität der politischen Realität zu charakterisieren (Bennett und Lemoine 2014). Diese in den letzten Jahren zunehmende Dynamik, Volatilität und Komplexität spiegelt sich auch in starken wirtschaftlichen und sozialen Veränderungen mit weitreichenden Auswirkungen auf Managemententscheidungen in Unternehmen. Wenn bisherige Theorien, Ansichten, Verfahren und Konzepte neu identifizierte Probleme nicht erklären und lösen können, müssen neue Theorien und Konzepte entwickelt werden. In diesem Zusammenhang kommt dem Management die wichtige Rolle zu, Herausforderungen zu meistern und das Unternehmen an die neuen Bedingungen anzupassen, um das Überleben und die Entwicklungsfähigkeit des Unternehmens zu sichern. Für die Wirtschaftswissenschaften stellt sich damit die Frage, welche zukünftigen Managementansätze sich aus den veränderten Umweltbedingungen ableiten lassen (Gerhard 2013). Bei der Vermittlung von Managementkonzepten in der Betriebswirtschaftslehre ist es daher wichtig, immer wieder zu entscheiden, welche Konzepte den zukünftigen Entscheidungsträgern vermittelt werden sollen. Gerade in Zeiten immer schnellerer Veränderungen sind die Universitäten oft mit der Kritik aus der Praxis konfrontiert, dass sie „veraltete" Konzepte vermitteln würden (Hochschulrektorenkonferenz 2019; Breidis et al. 2011). Das heißt, traditionelle Forschungsmethoden dominieren nach wie vor die Sozial-, Pädagogik-, Psychologie- und Geisteswissenschaften. Diese Methoden zeigen allerdings nur eine begrenzte Auswahl möglicher Erkenntnisse in einer immer komplexeren Welt, in der es einfacher denn je ist, auf eine immer größer werdende Datenmenge zuzugreifen.

24.3 Management Fashion Theory – die Bedeutung von Managementtrends

Managementkonzepte sind im Allgemeinen mehr oder weniger konsistente Ansichten über die Unternehmensführung, die verbindlich definiert sind (Benders und Verlaar 2003). Sie umfassen somit Methoden, Verfahren, Prozesse oder Regeln, die in Unternehmen zur Erfüllung von Führungsaufgaben, zur Gestaltung von Veränderungen und zur Erreichung von Managementzielen eingesetzt werden (Geßner und Kölle 2016). Seit 1993 wird in der Bain's Management Tools and Trends Survey untersucht, welche Managementkonzepte von Unternehmen weltweit eingesetzt werden. In der jüngsten Umfrage von 2017 wurden 14.700 Antworten aus mehr als 70 Ländern ausgewertet. Top-10-Konzepte gemäß der neuesten Studie sind unter anderem die digitale Transformation, Benchmarking, Kundenzufriedenheit, Total-Quality-Management und Mission- sowie Vision-Statements, wobei die vier Letztgenannten seit der ersten Ausgabe konstant zu den Top 10 gehören. Andere Konzepte wie beispielsweise das Balanced-Scorecard-Konzept variieren im Laufe der Jahre. Die Balanced Scorecard gehörte erstmalig 2014 zu den Top 10, während sie 2017 bei der Nutzungshäufigkeit nur noch im Mittelfeld lag (Rigby und Bilodeau 2018).

Auch die Wissenschaft beschäftigt sich mit dem Phänomen, dass sich Managementinstrumente im Laufe der Zeit verändern und Trends zugrunde liegen (unter anderem Abrahamson 1996; Benders und Van Veen 2001; Madsen und Stenheim 2013). Wird ein Managementkonzept in einem Unternehmen eingeführt, ist dies der Versuch, die Komplexität der Umwelt zu reduzieren und Risiken bei Managemententscheidungen zu minimieren (unter anderem Krzysztof 2017; Rüling 2013; Jung und Kieser 2012; Clark 2004). Dabei treten die Konzepte sehr oft abrupt in der Geschäfts- und Wirtschaftspraxis auf, gewinnen nach ihrem ersten Auftreten zunächst meist langsam an Aufmerksamkeit, einige Konzepte boomen, gelten überwiegend als State of the Art und werden von vielen Unternehmen verfolgt (Abrahamson 1996). Nach einem Höhepunkt der Rezeption kommt es in der Regel zu einem Rückgang der Popularität. Dieses Verhalten wird in der wissenschaftlichen Literatur – ähnlich wie im Lebenszykluskonzept des Marketings – als Managementmode bezeichnet. Somit kann eine Managementmode als eine zeitlich begrenzte Überzeugung definiert werden, dass eine bestimmte Führungstechnik einen nennenswerten Managementfortschritt bewirkt (Baskerville und Myers 2009). Teilweise setzen sich jedoch auch Begriffe bzw. Konzepte nicht durch, wofür im englischen Sprachraum der Begriff der „fads“ geprägt wurde (Abrahamson 2009; Madsen und Stenheim 2016). Beispielsweise wurde das zuvor genannte VUCA-Konzept von anderen Autoren als „agiler Wettbewerb“ oder „agile Wettbewerbsbedingungen“ bezeichnet (Goldman et al. 1996), ohne dass sich diese Begriffe etablieren konnten (Scheller 2017).

Die Überzeugungskraft der Begriffe, die sich als „fashion“ durchsetzen, nimmt oft mit der Zahl der Unternehmen zu, die sie nutzen, was durch Akteure wie Berater oder Managementgurus, die aktiv an der Verbreitung und Institutionalisierung der von ihnen vertretenen Trends beteiligt sind, weiter gefördert wird (Madsen und Stenheim 2013), zumal diese Trends eng mit der aktuellen Wirtschaftslage und der Weltwirtschaft verbunden zu sein scheinen (Rigby und Bilodeau 2015). In der Management Fashion Theory wird daher versucht, Konzepte zu definieren und zu beschreiben, ihre Entstehung zu erklären, die Auswirkungen dieses Konzepts auf Organisationen zu untersuchen und zu verstehen, warum einige Konzepte langfristig vorherrschen, während andere nur kurzfristige Modeerscheinungen sind (unter anderem Nijholt und Benders 2007; Madsen und Stenheim 2013). Die Forschung konzentrierte sich in den letzten Jahren hauptsächlich auf die Erklärung, warum Manager welcher Mode folgen (Rüling 2013; Nicolai und Simon 2013), oder um vorherzusagen, wie geeignet eine bestimmte Managementmode für den wirtschaftlichen Erfolg und eine nachhaltige Business Excellence eines Unternehmens ist (Müller-Stewens 2004). Auch findet eine Konzentration auf die Rezeption eines Konzepts durch die Nutzer statt (Madsen und Stenheim 2013, 2016), da sich beginnend mit einem Schlagwort wie „Balanced Scorecard“ oder „Digitalisierung“ ein Thema durch verschiedene Texte, welche wiederum neue Texte generieren, multipliziert. Das Schlagwort wird in Handbüchern, Artikeln in Managementmagazinen, wissenschaftlicher Literatur, Workshops, der Kommunikation in den sozialen Netzwerken des Internets oder in Newsgroups usw. diskutiert. Der sich hieraus ergebende zentrale Forschungsansatz zur Erkennung von Managementmoden und deren Lebenszyklen ist die Textanalyse (Golowko et al. 2019; Madsen und Stenheim 2014; Braam et al. 2007; Benders et al. 2007; Giroux 2006). Um umfangreiche Daten wie z. B. Texte in elektronischen Archiven zu durchsuchen, müssen somit vorab Schlüsselwörter bestimmt werden. Da es Menschen insbesondere in Bezug auf die wachsende Anzahl an Publikationen nicht möglich ist, alle mittlerweile verfügbaren Texte zu lesen, können bisher unerkannte Themenbereiche jedoch nur schwer oder zufällig identifiziert werden. Dies führt dazu, dass nie das gesamte Textkorpus in Bezug auf alle enthaltenen Konzepte untersucht werden kann, sondern nur die Aspekte, die ohnehin bereits im Mittelpunkt des Interesses stehen.

24.4 Data Science in den Sozial- und Geisteswissenschaften

Durch den technologischen Fortschritt in der Informationswissenschaft und große Datenbanken, auf die im Internet zugegriffen werden kann, entstehen neue Möglichkeiten der digitalen Textanalyse, d. h. hinsichtlich des Zugriffs auf Texte, deren Inhalt und die darin verkörperten Konzepte oder Begriffe (Lansdall-Welfare et al. 2017; Bubenhofer 2016; Lin et al. 2012). Die Verwendung großer Datenmengen hat die Naturwissenschaften bereits revolutioniert und wird in den letzten Jahren zunehmend in den Sozial- und Geisteswissenschaften getestet, um neue Erkenntnisse zu gewinnen (Cummins 2019; Amato et al. 2018). Knowledge Discovery in Datenbanken (KDD) oder Data Mining ist dabei der Prozess der Entdeckung von Mustern in großen Datenmengen. Diese Muster werden verwendet, um nicht-triviale Vorhersagen auf der Grundlage neuer Daten zu generieren, indem automatisierte Prozesse und Algorithmen eingesetzt werden (Cummins 2019). Unterschieden wird hier zwischen unstrukturierten Mustern, die oft in Form einer Blackbox vorliegen, deren interne Struktur oder Prozesse nicht analysiert werden können, und strukturierten Mustern. Deren Analyse ermöglicht das Lösen von Problemen und Treffen zukünftiger Entscheidungen, z. B. die Ermittlung der Kundenbindung durch eine Analyse von Auswahlentscheidungen in Kombination mit Kundenprofilen oder die Ableitung von Loyalität durch bestimmte charakteristische Verhaltensmuster im Marketing. Auf die gleiche Weise lässt sich Lernen definieren: der Versuch, das Verhalten zu ändern, um in Zukunft eine bessere Leistung zu erzielen (Witten et al. 2017).

Neuere Ansätze nutzen hierzu maschinelles Lernen, um Daten basierend auf Forschungsmustern zu sortieren, abzurufen und zu analysieren (Roth et al. 2017; Cummins 2019). Eine beispielhafte Anwendung ist der Einsatz künstlicher Intelligenz, um historische oder kulturelle makroskopische Trends aus dem Inhalt von Büchern, Zeitungen oder Onlineforen zu extrahieren. Der Fokus kann beispielsweise auf geografische, technologische und politische Inhalte gelegt und anschließend bewertet werden (Lansdall-Welfare et al. 2017). In der Korpus- und Computerlinguistik werden wiederkehrende Muster im Sprachgebrauch identifiziert. Typische Aufgaben in diesem Zusammenhang sind die Auflistung aller in einem Text verwendeten Wörter oder Wörter bestimmter Worttypen, aber auch von abstrakten Phänomenen (z. B. Metaphern oder Allegorien) oder grammatikalischen Formen (z. B. Partizipien). Ein problematischer Aspekt ist hier die Mehrdeutigkeit des sprachlichen Ausdrucks (Homonyme, Homografen etc.) (Carstensen et al. 2010), weshalb linguistische Phänomene in digitalen Texten nicht völlig automatisch, sondern oft nur halbautomatisch unter Mitwirkung von menschlicher Intelligenz identifiziert werden können. Auf Grundlage der dadurch erkannten Muster können neuartige Erkenntnisse über das Funktionieren der Gesellschaft, die zeitgenössische Weltgeschichte (Leetaru 2011), den Wandel von Kultur und Sprache in Gesellschaft oder Politik (Heiberger und Koss 2018) oder Muster in Shakespeares Texten (Wallace und Feeney 2018) gewonnen werden. In der

Kultur- und Soziallinguistik werden diese Muster als Symptome mit kulturellen oder sozialen Phänomenen verknüpft (Dias et al. 2018; Bubenhofer und Scharloth 2015).

Data Mining, modellbasierte Methoden, maschinelles Lernen und Data Science im Allgemeinen stellen damit auch eine neue datenwissenschaftliche Grundlage für die Bildungsforschung dar (Gibson und Ifenthaler 2017). Diese evidenzbasierte Forschung ist, wenn große Datenmengen in den Bereichen Lernen und Lehren eingesetzt werden, ein theoretisch und methodisch grundlegender Wandel in den Methoden der pädagogischen und sozialwissenschaftlichen Forschung. Da digitales Lernen die Erfassung immer detaillierterer Daten ermöglicht, liefert es sehr weitreichende Einblicke in die Leistung von Lernenden und das Zusammenspiel institutioneller Kontexte, d. h. des Arbeitslernens und der notwendigen Unterstützungsstrukturen. Einige derzeitige Forschungsanstrengungen zielen darauf ab, Curricula und Bewertungsressourcen zu entwickeln, die auf den einzelnen Lernenden zugeschnitten sind, oder eine effektive Lehre bis hin zum lebenslangen Lernen vor und nach der Universität zu erproben (Gibson 2017). Im Rahmen des Paradigmas einer verstärkt am Markt orientierten Ausrichtung der Universitäten an den Bedürfnissen der Unternehmenspraxis und der sich immer schneller wandelnden Unternehmensumwelt werden innovative Ansätze immer dringlicher.

24.5 Künstliche Intelligenz in der Curriculumentwicklung

In der Systemtheorie ist das Prinzip der Autopoiesis ein zentrales Element. Ein System kann sich selbst erstellen oder aktualisieren, z. B. auf der Grundlage der dem System zur Verfügung stehenden Informationen. Diese Selbstreferenz wird bereits in verschiedenen Bereichen der Wissenschaft verwendet. Besonders technische Anwendungen sind weit verbreitet, wie z. B. die Beheizung eines Hauses, die mit Thermostaten temperaturabhängig gesteuert werden kann (Rosner 2018). Dieses Prinzip der Systemtheorie kann auch für die Entwicklung von Curricula für Universitäten genutzt werden. So können beispielsweise die von den Studierenden verfassten Abschlussarbeiten mit ihren jeweiligen Titeln als Element einer solchen Selbstreferenz verwendet werden. Die Möglichkeit der bisher im Business-Diskurs genutzten Dokumentenanalyse, wie z. B. in der Management Fashion Theory, hat bereits Ansatzpunkte für die Entwicklung zukünftiger Lehrinhalte gegeben. In einer Studie wurde gezeigt, dass die Titel von Abschlussarbeiten als Korpus für eine Inhalts- und Trendanalyse geeignet sind (Golowko et al. 2019). Mit den Methoden des Machine Learnings ist es nun möglich, dass dieses gesamte Textkorpus analysiert werden kann. Am Beispiel des Datensatzes der Titel aller wirtschaftswissenschaftlichen Abschlussarbeiten einer privaten deutschen Hochschule wurde gezeigt, dass aufkommende Managementtrends oder wesentliche Themenbereiche, die bisher nur auf der Grundlage der menschlichen Wahrnehmung und damit teilweise mit erheblicher Zeitverzögerung wahrgenommen wurden, frühzeitig erkannt werden können (Golowko et al. 2019).

Ein Werkzeug zur Erkennung von Mustern in Daten (Data Mining) oder Texten (Text Mining) sind probabilistische Algorithmen. Dies sind statistische Verfahren zur Analyse von Wörtern, ihrer Häufigkeit, ihrer Verbindung und ihrer zeitlichen Veränderungen. Das Latent-Dirichlet-Allocation (LDA) Topic Modeling wird häufig als probabilistisches Modell zur Analyse versteckter Themenstrukturen in groß angelegten Datenbanken verwendet (Blei 2012). Die Grundidee ist, dass Dokumente als zufällige Mischungen von Themen gesehen werden können, wobei jedes Thema durch eine Verteilung von gemeinsamen Wörtern gekennzeichnet ist. Topic Modeling identifiziert automatisch die Themen in ein Korpus, indem es diese Wörter organisiert und ein Modell aus verwandten Wörtern und Themen erstellt. Da einige Fälle eine größere Ähnlichkeit zueinander haben als andere, können die Wahrscheinlichkeiten berechnet werden, mit denen ein Begriff zu einer bestimmten Wortgruppe gehört (Murakami et al. 2017; Brookes und McEnery 2019). Dazu wird die Häufigkeit dieser Wörter und Themen (Wortgruppen) in einem Textkorpus bestimmt (Tamla et al. 2019; Barua et al. 2014; Rosen und Shihab 2016). Auf diese Weise können elektronische Archive so organisiert und konsolidiert werden, wie es für die menschliche Intelligenz undenkbar wäre. Die im untersuchten Korpus gefundenen Themen werden anschließend (durch Menschen) mit einem übergeordneten Schlüsselwort versehen, das den Charakter der enthaltenen Begriffe aus dem LDA-Topic-Modell beschreibt (Golowko et al. 2019).

Wenn den aus der Inhaltsanalyse der Abschlussarbeitstitel abgeleiteten Themenkomplexen ein Zeitstempel zugeordnet werden kann, dann lassen sich daraus die Lebenszyklen dieser Themen ableiten. Diese existieren damit zuerst für Vergangenheitswerte. Jedoch könnten auf dieser Basis die zukünftige Rezeption und Popularität dieser Themen vorhergesagt werden; beispielsweise gibt es hierzu bereits Ansätze aus dem Bereich der medizinischen Forschung (Nawroth et al. 2018; Rosen und Shihab 2016). Daraus wiederum können Empfehlungen für Universitäten abgeleitet werden, spezielle Themen (in der Betriebswirtschaftslehre) von Anfang an oder zu Beginn eines Trends zu kommunizieren, um sich zu positionieren. Auch lassen sich neue Wortkombinationen, die durch die Zusammenarbeit von interdisziplinären Teams entstanden sind, identifizieren. Solche Sachverhalte sind bisher schwer zu perzipieren. Weiterhin ist eine grundsätzliche Diskussion über die Qualität der zugrunde liegenden Daten zu führen. Zudem besteht durch den Fokus auf Hardfact-Themen die Gefahr, dass Softfacts wie die Persönlichkeitsentwicklung von Studierenden, die aufgrund von Individualisierungstendenzen in der Hochschulbildung zunehmend an Bedeutung gewinnen, vernachlässigt werden. Gleichermaßen ist im Verfahren eine Mainstream-Tendenz enthalten, sodass Aspekten der Vielfalt (Diversity) möglicherweise nicht die notwendige Aufmerksamkeit gewidmet werden. Auch ist derzeit eine vollständige Automatisierung noch nicht möglich, wobei zunehmend Forschungsbemühungen in diese Richtung angestrengt werden. Dies gilt insbesondere für kontextsensitives Wissen, das meist undurchsichtig und schwer zu verallgemeinern ist. Eine vollständige Automatisierung führt dabei oft zu Interpretationslücken und somit zu falschen Schlussfolgerungen. Daher bleibt die menschliche Beteiligung bis zu einem gewissen Grad nach wie vor unerlässlich (Shu et al. 2018). Die

Methode des Topic Modellings muss sich mit der Kritik auseinandersetzen, dass sie zwar objektiv und datengetrieben erscheint, dennoch ein hohes Maß an Subjektivität aufweist (Zhao et al. 2015).

Die Entwicklung des Curriculums ist ein Problemlösungsprozess, der ein Gleichgewicht zwischen der Regulierung durch konsistente Strukturelemente einerseits und der Initiierung neuer kreativer Spielräume andererseits herstellt (Reetz und Seyd 2006). Die Fächertradition muss erhalten bleiben, ebenso wie eine individuelle Profilierung jedes einzelnen Studierenden (Niethammer et al. 2014). Dennoch muss die Entwicklung eines gemeinsamen Lernens und Lehrens gefördert werden, damit die Studierenden das erworbene Wissen besser in spezifische Arbeitssituationen übertragen können. Die Gestaltung des Curriculums erfordert eine kontinuierliche Anpassung sowohl an neue Erkenntnisse der Lehr-Lernforschung und der einzelnen Fächer als auch an soziale oder technologische Entwicklungen. Sie ist daher als eigenständige permanente wissenschaftliche Aufgabe zu verstehen und zu erhalten (Deutscher Wissenschaftsrat 2017).

24.6 Zusammenfassung und Ausblick

Der hier vorgestellte Ansatz zeigt beispielhaft, wie neue, auf Basis der Digitalisierung entwickelte Untersuchungsmethoden in der wissenschaftlichen Praxis angewendet werden können. Eingesetzt für die Entwicklung von Curricula an Hochschulen ergeben sich vielfältige Anwendungsmöglichkeiten und Vorteile. So können Curricula erstellt werden, die den aktuellen Stand des wissenschaftlichen Diskurses abbilden, oder bestehende Curricula können auf ihre Aktualität überprüft werden. Universitäten müssen sich damit nicht mehr an veraltete Lehrinhalte halten. Dies hat insbesondere auch deshalb eine hohe Relevanz, weil viele zukünftige Berufe heute noch nicht existieren (Brühl 2018; Davis 2018). Auch kann ein Vergleich zwischen den Lehrplänen der Universitäten und den Themen, die in Medien wie Fachzeitschriften diskutiert werden, vorgenommen werden. Dies wiederum ermöglicht es einer Hochschule, ein Image aufzubauen oder zu schärfen, um als Bildungsinstitution mit modernen Inhalten zu gelten. Für die Forschung ergeben sich Vorschläge für neue Forschungsgebiete und -themen. Gleichzeitig wird ausdrücklich abgelehnt, dass sich das gesamte Curriculum einer Hochschule ausschließlich an marktdominierten Trends und Moden orientiert. Für jede Hochschulbildung sollte und wird es einen Kanon von Inhalten geben, der die Grundlage für die Hochschullehre eines bestimmten Faches bildet. Nicht behandelt wurde der Aspekt der Manipulation der hier vorgestellten Auswertungsverfahren. Die Verwendung von Ansätzen künstlicher Intelligenz kann jedoch zu einer schnelleren und vor allem objektiveren Wahrnehmung aktueller Trends und Veränderungen führen als in der Vergangenheit.

Literatur

Abrahamson, E. (1996). Management fashion. *Academy of Management Review, 21,* 254–285.

Abrahamson, E. (2009). Necessary conditions for the study of fads and fashions in science. *Scandinavian Journal of Management,* 235–239.

Amato, G., Candela, L., Castelli, D., Esuli, A., Falchi, F., Gennaro, C., Giannotti, F., Monreale, A., Nanni, M., Pagano, P., Pappalardo, L., Pedreschi, D., Pratesi, F., Rabitti, F., Rinzivillo, S., Rossetti, G., Ruggieri, S., Sebastiani, F., & Tesconi, M. (2018). How data mining and machine learning evolved from relational data base to data science. In S. Flesca, S. Greco, E. Masciari, & D. Saccà (Hrsg.), *A comprehensive guide through the Italian database research over the last 25 years, studies in big data* (S. 287–306). Cham: Springer International Publishing.

Barthelmeß, U., & Furbach, U. (2019). *Künstliche Intelligenz aus ungewohnten Perspektiven.* Wiesbaden: Springer Fachmedien Wiesbaden.

Barua, A., Thomas, S. W., & Hassan, A. E. (2014). What are developers talking about? An analysis of topics and trends in Stack Overflow. *Empirical Software Engineering, 19*(3), 619–654.

Baskerville und Myers. (2009). Fashion waves in information systems research and practice. *MIS Quarterly, 33*(4), 647–662.

Benders, J., Nijholt, J., & Heusinkveld, S. (2007). Using print media indicators in management fashion research. *Quality & Quantity, 41*(6), 815–829.

Benders, J., & Van Veen, K. (2001). What's in a fashion? Interpretative viability and management fashions. *Organization, 8,* 33–53.

Benders, J., & Verlaar, S. (2003). Lifting parts: Putting conceptual insights into practice. *International Journal of Operations & Production Management, 23*(7), 757–774.

Bennett, N., & Lemoine, G. J. (2014). What a difference a word makes: Understanding threats to performance in a VUCA world. *Business Horizons, 57*(3), 311–317.

Blei, D.M., 2012. Probabilistic topic models. *Communications of the ACM, 55*(4), 77.

Braam, G. J. M., Benders, J., & Heusinkveld, S. (2007). The balanced scorecard in the Netherlands: An analysis of its evolution using print-media indicators. *Journal of Organizational Change Management, 20,* 866–879.

Breidis, K., Heine, C., Konegen-Grenier, C., & Schröder, A.-K. (2011). Mit dem Bachelor in den Beruf. Arbeitsmarktbefähigung und -akzeptanz von Bachelorstudierenden und -absolventen. <https://www.stifterverband.org/publikationen_und_podcasts/positionen_dokumentationen/mit_dem_bachelor_in_den_beruf/mit_dem_bachelor_in_den_beruf.pdf>. Zugegriffen: 12.Sept.2019.

Brookes, G., & McEnery, T. (2019). The utility of topic modelling for discourse studies: A critical evaluation. *Discourse Studies, 21*(1), 3–21.

Brühl, V. (2018). *Wirtschaft des 21. Jahrhunderts* (2. Aufl.). Wiesbaden: Springer Fachmedien Wiesbaden.

Bubenhofer, N., (2016). „Korporatheken" : die digitale und verdatete Bibliothek. *027.7 Zeitschrift für Bibliothekskultur/Journal for Library Culture, 4*(2), 60–71.

Bubenhofer, N., & Scharloth, J. (2015). Maschinelle Textanalyse im Zeichen von Big Data und Data-driven Turn – Überblick und Desiderate. *Zeitschrift für Germanistische Linguistik, 43*(1),1-26.

Carstensen, K.-U., Ebert, C., Ebert, C., Jekat, S. J., Klabunde, R., & Langer, H. (Hrsg.). (2010). *Computerlinguistik und Sprachtechnologie.* Heidelberg: Spektrum Akademischer Verlag.

Clark, T. (2004). The fashion of management fashion: A surge too far? *Organization, 11,* 297–306.

Cummins, M.R. (2019). *Nonhypothesis-driven research: Data mining and knowledge discovery,* 341–356.

Davis, E. (2018). 21 Jobs der Zukunft. <https://www.humanresourcesmanager.de/news/21-jobs-der-zukunft.html> . Zugegriffen: 12. Sept. 2019.

Deutscher Wissenschaftsrat.(2017). Strategien für die Hochschullehre. Positionspapier. <https://www.wissenschaftsrat.de/download/archiv/6190-17.pdf;jsessionid=57ACD68A2A796E00F48C21B3D8CCFE2D.delivery2-master?__blob=publicationFile&v=3> Zugegriffen: 26. Aug. 2019.

Dias, L., Gerlach, M., Scharloth, J., & Altmann, E.G. (2018). Using text analysis to quantify the similarity and evolution of scientific disciplines. *Royal Society Open Science, 5*, 171545.

Europäische Commission. (2018). Vorschlag für eine Empfehlung des Rates zu Schlüsselkompetenzen für lebenslanges Lernen. <https://eur-lex.europa.eu/resource.html?uri=cellar:395443f6-fb6d-11e7-b8f5-01aa75ed71a1.0010.02/DOC_1&format=PDF>. Zugegriffen: 17. Aug. 2019.

Gerhard, T. (2013). In Gabler Edi (Hrsg.), *Moderne Management-Konzepte: Die Paradigmenwechsel in der Unternehmensführung*. Wiesbaden: Deutscher Universitätsverlag.

Gerholz, K., & Sloane, P. F. E. (2011). Lernfelder als universitäres Curriculum? – Eine hochschuldidaktische Adaption. Berufs- und Wirtschaftspädagogik – online. <http://www.bwpat.de/ausgabe20/gerholz_sloane_bwpat20.pdf>. Zugegriffen: 9. Sept. 2018.

Geßner, C., & Kölle, A. (2016). Wie gelingt nachhaltiges Wirtschaften im Alltag? *Chefsache Nachhaltigkeit* (S. 1–8). Wiesbaden: Springer Fachmedien Wiesbaden.

Gibson, D. (2017). Big data in higher education: Research methods and analytics supporting the learning journey. *Technology, Knowledge and Learning, 22*(3), 237–241.

Gibson, D. C., & Ifenthaler, D. (2017). Preparing the next generation of education researchers for big data in higher education. *Big data and learning analytics in higher education* (S. 29–42). Cham: Springer International Publishing.

Giroux, H. (2006). ‚It was such a handy term': Management fashions and pragmatic ambiguity. *Journal of Management Studies, 43*(6), 1227–1260.

Gnahs, D. (2010). Berichts- und Informationssysteme zur Weiterbildung und zum Lernen Erwachsener. In R. Tippelt & A. von Hippel (Hrsg.), *Handbuch Erwachsenenbildung/Weiterbildung* (S. 279–292). Wiesbaden: VS Verlag.

Godino, J. D., Batanero, C., Font, V., Contreras, A., & Wilhelmi, M. R. (2016). The theory of didactical suitability: Networking a system of didactics principles for mathematics education from different theoretical perspectives. Conference paper. In *13th International Congress on Mathematical Education Hamburg*. 24–31 July 2016, (S. 1–4).

Goldman, S. L., Nagel, R. N., Preiss, K., & Warnecke, H.-J. (1996). *Agil im Wettbewerb*. Berlin: Springer.

Golowko, N., Hell, C. R., & Foerster-Metz (2019). A Study on Dissertation topics as an indicator for management trends – by the example of ‚Balanced Scorecard' and ‚Sustainability'. In *Proceedings of INTED2019 Conference*. 11–13 March 2019. (S. 799–807). Valencia: Spain.

Golowko, N., Tamla, P., Stein, H., Böhm, T., Hemmje, M., & Onete, B. (2019). On the trail of future management topics with digital technology – How can artificial intelligence influence the didactic content of higher education in economics? In: *IBIMA, Education Excellence and Innovation Management through Vision 2020.* 10–11 April 2019, (S. 8145–8155). Granada: Spain.

Gössling, B., & Luft, B. E. (2019). Handlungsorientierungen von Hochschullehrenden im Umgang mit der Entwicklung lernergebnisbasierter Curricula. *Zeitschrift für Hochschulentwicklung, 14*(1), 57–78.

Großmann, D., & Wolbring, T. (2016). Stand und Herausforderungen der Evaluation an deutschen Hochschulen. *Evaluation von Studium und Lehre* (S. 3–25). Wiesbaden: Springer Fachmedien.

Heiberger, R. H., & Koss, C. (2018). Computerlinguistische Textanalyse und Debatten im Parlament. *Soziologie der Parlamente* (S. 391–418). Wiesbaden: Springer Fachmedien.

Hochschulrektorenkonferenz. (2019). Zahlen und Argumente zur Studienreform. Projekt nexus. <https://www.hrk-nexus.de/fileadmin/redaktion/hrk-nexus/07-Downloads/07-02-Publikationen/Mythenpapier_DIN_A4_20192908.pdf>. Zugegriffen: 19. Aug. 2019.

Jung, N., & Kieser, A. (2012). Consultants In The Management Fashion Arena. In M. Kipping & T. Clark (Hrsg.), *The Oxford handbook of management consulting* (S. 327–346). New York: Oxford University Press.

Klinger, M., Thurm, D., Barzel, B., Greefrath, G., & Büchter, A. (2018). Lehren und Lernen mit digitalen Werkzeugen: Entwicklung und Durchführung einer Fortbildungsreihe. In: R. Biehler, T. Lange, T. Leuders, B. Rösken-Winter, P. Scherer, & C. Selter (Hrsg.), *Mathematikfortbildungen professionalisieren. Konzepte und Studien zur Hochschuldidaktik und Lehrerbildung Mathematik,* S. 395–416. Wiesbaden: Springer Spektrum.

Kreutzer, R. T., & Sirrenberg, M. (2019). *Künstliche Intelligenz verstehen*. Wiesbaden: Springer Fachmedien.

Krzysztof, K. (2017). *Management fashions: Turning bestselling ideas into objects and institutions*. London: Routledge.

Kurzweil, R. (2004). The law of accelerating returns. In *Alan turing: Life and legacy of a great thinker,* S. 381–416. Berlin: Springer.

Lansdall-Welfare, T., Sudhahar, S., Thompson, J., Lewis, J., & Cristianini, N. (2017). Content analysis of 150 years of British periodicals. Proceedings of the National Academy of Sciences, January 24, 2017. S. E457–E465. https://doi.org/10.1073/pnas.1606380114.

Leetaru, K. (2011). Culturomics 2.0: Forecasting large-scale human behavior using global news media tone in time and space. *First Monday, 16*(9).

Lenzen, M. (2002). *Natürliche und künstliche Intelligenz – Einführung in die Kognitionswissenschaft*. Frankfurt: Campus.

Lin, Y., Michel, J., & Aiden, E. (2012). *Syntactic annotations for the google books ngram corpus.* In Proceedings of the 50th Annual Meeting of the Association for Computational Linguistics. Jeju, Republic of Korea, 8–14 July 2012: Association for Computational Linguistics, S. 169–174.

Madsen, D. Ø., & Stenheim, T. (2013). Doing research on ‚management fashions': Methodological challenges and opportunities. *Problems and Perspectives in Management, 11*(4), 68–76.

Madsen, D. Ø., & Stenheim, T. (2014). The impact of management concepts: A typology. *Problems and Perspectives in Management, 12*(4), 103–106.

Madsen, D.Ø., & Stenheim, T. (2016). Big *data viewed through the lens of management fashion theory*. Cogent Business and Management. 3. 10.1080/23311975.2016.1165072.

May, H., & Wiepke, C. (Hrsg.). (2014). *Lexikon der ökonomischen Bildung.* München: Oldenbourg.

Müller-Stewens, G. (2004). Auf die Prozesse kommt es an. *Harvard Business Manager, 26*(10), 28–32.

Murakami, A., Thompson, P., Hunston, S., & Vajn, D. (2017). ‚What is this corpus about?': Using topic modelling to explore a specialised corpus. *Corpora, 12*(2), 243–277.

Nawroth, C., Engel, F., Eljasik-Swoboda, T., & L. Hemmje, M. (2018). *Towards enabling emerging named entity recognition as a clinical information and argumentation support.* In Proceedings of the 7th International Conference on Data Science, Technology and Applications. SCITEPRESS – Science and Technology Publications, S. 47–55. DOI: 10.5220/0006853200470055.

Nicolai, A. T., & Simon, F. B. (2013). Kritik der Mode, Managementmoden zu kritisieren. In H. A. Wüthrich, W. B. Winter, & A. F. Phlilipp (Hrsg.), *Grenzen ökonomischen Denkens* (S. 501–524). Wiesbaden: Springer-Verlag.

Niethammer, C., Koglin-Hess, I., Digel, S., & Schrader, J. (2014). Herausforderung Curriculumentwicklung: Ein konzeptioneller Ansatz zur Professionalisierung. *Zeitschrift für Hochschulentwicklung, 9*(2), 27–40.

Nijholt, J.J., & Benders, J. (2007). Coevolution in Management Fashions. *Group & Organization Management. 32*(6)*, 628-652.*

Reetz, L., & Seyd, W. (2006). Curriculare Strukturen beruflicher Bildung. *Handbuch der Berufsbildung* (S. 227–259). Wiesbaden: VS Verlag.

Rigby, D., & Bilodeau, B. (2015). Management Tools & Trends 2015 – Bain Brief – Bain & Company. [online] Business insights, Bain & Company. <http://www.bain.com/publications/articles/management-tools-and-trends-2015.aspx>. Zugegriffen: 10. Aug. 2019.

Rigby, D., & Bilodeau, B. (2018). *Management tools & trends.* New York: Sciences-New York.

Robinsohn, S. B. (1967). *Bildungsreform als Revision des Curriculum.* Neuwied und Berlin: Luchterhand.

Rosen, C., & Shihab, E. (2016). What are mobile developers asking about? A large scale study using stack overflow. *Empirical Software Engineering, 21*(3), 1192–1223.

Rosner, S. (2018). *Systeme in Szene gesetzt.* Wiesbaden: Springer Fachmedien.

Roth, S., Clark, C., & Berkel, J. (2017). The fashionable functions reloaded. In *Research paradigms and contemporary perspectives on human-technology interaction*, S. 236–265. DOI: 10.1018/978-1-5225-1868-6.ch011.

Rüling, C.-C. (2013). *management fashion adoption: Sensemaking and identity construction in individual managers' adoption accounts.* Wiesbaden: Springer-Verlag.

Scheller, T. (2017). *Auf dem Weg zur agilen Organisation.* München: Vahlen.

Schubring, G. (2016). Die Entwicklung der Mathematikdidaktik in Deutschland. In *Mathematische Semesterberichte*, S. 3–18.

Shu, X., Araujo, F., Schales, D. L., Stoecklin, M. P., Jang, J., Huang, H., & Rao, J. R. (2018). *Threat Intelligence Computing.* In Proceedings of the 2018 ACM SIGSAC Conference on Computer and Communications Security – CCS '18. New York: ACM Press, S. 1883–1898.

Tamla, P., Böhm, T., Nawroth, C., Hemmje, M., & Fuchs, M. (2019). What do serious games developers search online ? A study of GameDev StackExchange. In *Collaborative European Research Conference (CERC 2019),* S. 131–142. Darmstadt.

Wallace, N., & Feeney, M. (2018). An introduction to text mining : How libraries can support digital scholars. *Qualitative and Quantitative Methods in Libraries (QQML), 7,* 23–30.

Witten, I. H., Frank, E., Hall, M. A., & Pal, C. J. (2017). *Data mining. Practical machine learning tools and techniques* (4. Aufl.). Cambridge: Morgan Kaufmann.

Zhao, W., Chen, J. J., Perkins, R., Liu, Z., Ge, W., Ding, Y., & Zou, W. (2015). A heuristic approach to determine an appropriate number of topics in topic modeling. *BMC Bioinformatics, 16*(13), S8.

Dr. Nina Golowko ist seit 2006 als freiberufliche Dozentin für allgemeine Betriebswirtschaftslehre an der FOM Hochschule tätig. Insbesondere Rechnungswesen und Controlling sowie Mathematik sind Schwerpunkte ihrer Lehrtätigkeit. Im Rahmen ihrer Promotion forschte sie unter anderem über die Nutzung künstlicher Intelligenz im Rahmen der Hochschullehre.

Prof. Dr. Holger Stein ist seit 2008 hauptberuflicher Dozent für allgemeine Betriebswirtschaftslehre und kooptierter Wissenschaftler am mis Institute of Management & Information Systems an der FOM Hochschule. Seine Arbeitsschwerpunkte liegen in den Bereichen Unternehmens- und Personalführung, Human Resources, Strategisches Management, Organisationsgestaltung und Organisationsentwicklung sowie Digitalisierung.

Prof. Dr. Matthias Gehrke ist seit 2008 hauptberuflicher Dozent für allgemeine Betriebswirtschaftslehre an der FOM Hochschule. Die Schwerpunkte seiner Lehrtätigkeit liegen in den Bereichen Statistik, Mathematik und Rechnungswesen. Im Rahmen des ifes Institut für Empirie und Statistik entwickelt er mit Kollegen und Kolleginnen die Didaktik der Statistiklehre an der FOM weiter. Seine Forschungsschwerpunkte sind Finanzmarktökonometrie und Statistikdidaktik.

Teil VI
Konsumentenforschung und Sales-Management

Rollenwechsel von Unternehmen im kybernetischen Kapitalismus

25

Potenziale der KI im Taylorismus 4.0

Friederike Müller-Friemauth und Rainer Kühn

Inhaltsverzeichnis

Zusammenfassung

Was bedeuten Effekte des digitalen Kapitalismus wie die Algorithmisierung von Entscheidungsstrukturen und der Einsatz von künstlicher Intelligenz für Rollen, Chancen und Risiken von Unternehmen? Zunächst schließen wir die ethische Perspektive als Antwortoption für diese Frage aus. Stattdessen wird die Übermacht einer technokratisch vereinseitigten Debatte durch digitale Eliten bzw. das Fehlen

F. Müller-Friemauth (✉)
FOM Hochschule, Köln, Deutschland
E-Mail: friederike.mueller-friemauth@fom.de

R. Kühn
Odenthal, Deutschland
E-Mail: kuehn@denkenaufvorrat.de

R. Buchkremer et al. (Hrsg.), *Künstliche Intelligenz in Wirtschaft & Gesellschaft*, FOM-Edition, https://doi.org/10.1007/978-3-658-29550-9_25

sozialwissenschaftlicher Expertise als Ursache für einen normativen blinden Fleck der Debatte identifiziert. Zudem fußt der aktuelle Technologieschub auf einem US-amerikanischen Mindset. Situationsbewertungen und Anforderungsprofile an Unternehmen fallen daher in der Alten und Neuen Welt erheblich auseinander. Der Beitrag zeigt unternehmerische Handlungsoptionen auf, die sich an den neuen Bedingungen orientieren und Risiken minimieren bzw. Chancen ausschöpfen können.

25.1 Let's talk about ethics

Philosophie und Ideengeschichte sind voller logischer Fehler und Denkfallen – das melden und belegen Neurowissenschaften und Verhaltensökonomik immer wieder aufs Neue. Menschen neigen aufgrund ihrer Gehirnstruktur zu ganz bestimmten Fehlannahmen. Dieses Phänomen zeigt sich auch in der Debatte um künstliche Intelligenz (KI). Diese ist nicht einfach eine fortgeschrittene Version der Digitalisierung, sondern ein eigenständiges Resultat „kybernetischen" Denkens: Einer technizistischen Sichtweise auf die Welt, die sich seit den 1930er-Jahren als Kombination aus Regelungstechnik, symbolischer Logik, Neurophysiologie, Rechenmaschinen und Kriegswissenschaft etablierte. Damit wurden technische und mathematische Denkansätze in die Sozial- und Humanwissenschaften eingeführt – auch in die Ökonomie. So versteht sich, warum der Ethnologe Claude Lévi-Strauss Kybernetik einst als „Mathematik vom Menschen" bezeichnete. Durch die Erforschung von Information, Kommunikation, Logik und Symbolverarbeitung sollen Zufälligkeit und Kontextgebundenheit menschlichen Verhaltens auf bestimmte Gesetzmäßigkeiten zurückgeführt werden, und zwar auf mathematisch-technische. Die „kybernetische Hypothese" ist ein steuerungstheoretischer Wunschtraum: Sie betrachtet „die biologischen, physischen und sozialen Verhaltensweisen als voll und ganz programmiert und neu programmierbar" (Tiqqun 2007, S. 13).

Kybernetischer Kapitalismus ist folglich ein ökonomisches Programm, das über kontrollgesellschaftliche Tiefenwirkung die Aufmerksamkeit, das Konsumverhalten und die Wirtschaftsinteressen der Konsumenten prognostiziert und idealerweise just-in-time bedient. Auf dieser Grundidee basieren sogenannte Prognosemärkte. Ihr Ziel: Dank KI können Unternehmen bereits *vor* der Kundenbestellung wissen, was der Kunde bestellen wird. In einer Amazon-Zukunftsvision zugespitzt: Man wünscht sich etwas (in fortgeschrittener Entwicklung: das Auslesen von Gedanken, vgl. Moses et al. 2019), muss lediglich per Fingerabdruck oder Iris-Scan auf dem Smartphone den in Echtzeit eingeleiteten Bestellvorgang bestätigen und wenige Minuten später liefert die Drohne das Paket aus. Zwar ist es die Digitalisierung, die dieses Szenario erst ermöglicht, aber es sind doch erst KIs, die solche ambitionierten Prognoseziele auch umsetzbar werden lassen: An jedem Kunde-Unternehmen-Touchpoint steuern Messungen (Tracking) und situativ feinjustierte, unbemerkte Trigger wie Nudges und Primes[1] das Verhalten des Nutzers – Prognosen in dieser Qualität sind praktisch Self-Fulfilling-Prophecies. Wie auf einer Art Bannstrahl aus für jeden Einzelnen individuell abgestimmten psychotechnischen, d. h. sinnlichen und mentalen Attraktoren werden Nutzerin oder Nutzer in genau den Aufmerksamkeitskorridor hineingezogen, der für diese Person passt, den sie in diesem Augenblick attraktiv findet (es gibt ein akutes sachliches Bedürfnis), der ihr gefällt (Design, soziale Symbolwelt, Lebensstilpassung, Ansprache etc.), der der situativen Stimmung entspricht (Tageszeit, gemessene Reaktionswerte und andere somatische Indikatoren) und den sie bezahlen kann. In allen drei Sinndimensionen des Sachlichen, Sozialen und Zeitlichen wirken gezielte Verhaltensanreize.

Damit bestätigt sich ein frühes Orakel des deutschen Computer-Erfinders Konrad Zuse: Dass es deutlich wahrscheinlicher sei, dass sich der Mensch der Maschine anpasse als die Maschine sich dem Menschen (Hersfelder Zeitung 2005). Diese Annahme wirkte über Jahrzehnte kontra-intuitiv, hat sich jedoch als korrekt herausgestellt und bestätigt sich fortlaufend. Die Menschen haben sich an den Dauerfluss von Push-Nachrichten auf ihr Smartphone gewöhnt. Personalisierte Werbung im Internet finden viele komfortabel und zeitsparend. Sie nutzen zunehmend Lieferdienste und Plattformen, lassen sich durch digitale Partnerbörsen Freundin oder Freund vermitteln, geben erstaunlich häufig freiwillig persönliche Daten preis, und selbst die bürgerliche Mitte akzeptiert digitale Bezahldienste. Die Aktienkurse entsprechender Firmen steigen kontinuierlich. Solche Aspekte sind Gründe und Treiber dafür, dass sich die Gesamtgesellschaft durch Maschinen schnell und tiefgreifend verändert – und der Wechsel ins Maschinenzeitalter scheint erst einmal gelungen.

25.1.1 Betriebswirtschaftliche Perspektive

Die zentralen Stellhebel, diese Situation zu meistern, sind jedoch nicht nur politischer und volkswirtschaftlicher Art (neue gesetzliche Regelungen, Grundeinkommensdebatte, staatliche Investitionen wie Start-up-Förderung etc.), sondern auch betriebswirtschaftlicher – und hier ist die Lage weit weniger klar. Uns geht es dabei nicht um die derzeit dominante Frage nach Hürden und Herausforderungen bei der Implementierung von Digitalwerkzeugen und KIs, sondern um die Perspektive „der" Gesellschaft *auf* Unternehmen. Das betrifft sowohl allgemeine Einstellungsmuster und Haltungen der Bevölkerung gegenüber Firmen im heraufziehenden kybernetischen Kapitalismus (also das unternehmerische Fremdbild: Image und Reputation), als auch konkret Menschen

[1]Trigger: Schlüsselreize, die bestimmte Reaktionen auslösen. Nudge: „Schubser", der Aufmerksamkeit und Interesse durch situations- und interessegerechte Angebote fördert (vgl. Thaler und Sunstein 2011). Prime: eine Bahnung, die Assoziationen oder Erinnerungen hervorruft, um Vorerfahrungen oder Gefühle anzusprechen (vgl. Kahneman 2011, S. 69–80).

in ihrer Rolle als potenzielle Kundinnen, Kunden und Mitarbeitende von technologieaffinen Firmen. Was Studien in diesen Bereichen bisher ausweisen, sind Zurückhaltung, Abwarten, Skepsis bis hin zu Kritik (z. B. DigitalBarometer Deutschland 2018).

- Das Vertrauen gegenüber der Wirtschaft beim Steuern der Digitalisierung ist dramatisch gering: Nur 18 % der repräsentativ Befragten glauben, die Verantwortlichen aus den Unternehmen würden den digitalen Wandel erfolgreich managen (DigitalBarometer Deutschland 2018, S. 5).
- Auch der Politik wird wenig zugetraut: Jeder Zweite hat Angst vor einer „totalen Überwachung". Der Wunsch nach Veränderungen im Umgang mit Daten ist groß: 55 % wünschen sich eine Stärkung der Verbraucherrechte (DigitalBarometer Deutschland 2018, S. 4).
- Jeder Zweite vertritt außerdem die Ansicht, die Digitalisierung führe zu einer Anonymisierung der Gesellschaft (DigitalBarometer Deutschland 2018, S. 4). Die negative Rolle von sozialen Medien wird dabei besonders hervorgehoben (Tendenz zu Oberflächlichkeit, Selbstdarstellung, „Hate-Speech"). Eine andere Studie zu speziell diesem Aspekt belegt diese Tendenz: 72 % der Bevölkerung sorgen sich, dass durch Hass im Netz die Gewalt im Alltag zunimmt (Geschke et al. 2019, S. 58).
- Parallel dazu diagnostiziert die jüngste Welle der Vermächtnis-Studie (2019) eine „Sehnsucht nach Zusammenhalt". Ein Wir-Gefühl sei wichtig, und das erwarten die Deutschen inzwischen nicht mehr von ihren Institutionen, sondern schauen auf sich. Denn nur 14 % denken, dass Schulen, Universitäten und Ausbildungsbetriebe gut auf die Digitalisierung vorbereitet seien; bei den heimischen Firmen unterstellen das auch in dieser Befragung nur 20 %.

Die Deutschen hätten sich von Eliten in Politik und Wirtschaft emanzipiert, soll heißen: von Versprechungen und Programmen. Sie glaubten an sich, aber nicht mehr an ihre Institutionen, lautet eine Quintessenz aus der Vermächtnis-Studie (Novotny 2019). In der öffentlichen Debatte zerfallen die Reaktionen auf diesen Stimmungstrend derzeit in zwei Lager: Die „Progressiven" argumentieren, dass man zwar die Gefahren von neuen Technologien nicht aus den Augen verlieren dürfe, dass die Gefahr aber weitaus größer sei, vor lauter Angst und falschen Vorstellungen die wichtigste Entwicklung unserer Tage zu verschlafen. Es sei entscheidend, nicht die Bedenken voranzustellen, sondern den Willen, vorne mit dabei zu sein, und die Vorbehalte aus der Gesellschaft durch eine verantwortliche, flankierende Ethik aufzufangen. Diese Tonlage findet sich in breiten Teilen der deutschen Wirtschaftsmedien wie auch in zahlreichen Digitalstudien internationaler Beratungs- und Wirtschaftsprüfungsgesellschaften, die in regelmäßigen Abständen Studien zu digitalen Fragestellungen publizieren.[2] Die „Apokalyptiker" wiederum surfen

[2]Die methodische Anlage solcher Empirie kann hier nicht detailliert werden. Gemeint sind Berichterstattungen zu Digitalisierung, Disruptionen, KI und anderen Innovationsthemen in

auf radikalen Innovationsideen und skurrilen Langzeitprojekten zukunftsorientierter Unternehmen, häufig aus dem Silicon Valley, und produzieren auf dieser Basis dystopischer Zukunftsbilder zu möglichen Fehlentwicklungen von Maschinenintelligenzen. Häufig zitierte, „transhuman" gedachte Visionen (zahlreiche in Kleber 2016, etwa von Sebastian Thrun, dem Gründer der Online-Universität Udacity, er würde gern die Gedanken seiner Freundin lesen können oder sein Leben digital aufzeichnen, um zu jeder Gelegenheit abrufen zu können, was er mit wem wann besprochen habe), sind für Europäer keine Wunsch-, sondern mehrheitlich Horrorszenarien. Auch solche Mindsets gehören zur öffentlichen Meinungsbildung und werden auf nahezu jedem Zukunftskongress diskutiert. Was aber bedeutet diese Situation konkret für Unternehmen?

Beide Positionen sind für betroffene Firmen nicht hilfreich – was die Unternehmen freilich anders sehen und sich ganz überwiegend der ersten Fraktion anschließen. Derzeit lässt sich der Trend zu einer stillschweigend konsentierten Position beobachten, die nicht nur die Debatte in den Leitmedien prägt, sondern auch akademisch Fuß fasst[3]: Wir bräuchten unbedingt ethische Richtlinien zur extensiven Nutzung von Maschinen,

---

liberalen Wirtschaftsmedien, Digital-Magazinen wie Ada (www.join-ada.com, inklusive aufschlussreichen personellen Überschneidungen bei den Autorschaften), die Tonlage zahlreicher Studien und Umfragen aus Beratungsunternehmen (z. B. Deloitte Innovation Survey, Umfragen von Capgeminis Digital Transformation Institute oder McKinseys Global Institute), Auftragsstudien von Unternehmen wie Commerzbank, Telekom und andere, aber auch von Verbänden wie etwa dem Bundesverband der Deutschen Industrie e. V. (BDI). Der dortige Arbeitskreis „Wertschöpfungsorientierte Innovationsstrategien" gab beispielsweise den Auftrag für eine Studie, die Z_punkt The Foresight Company, ein Beratungsunternehmen für strategische Zukunftsfragen, erstellt hat. Finanziert wurde sie von (überwiegend deutschen) Großunternehmen. Dort heißt es, die Ergebnisse basierten „auf einem eigens von Z_punkt entwickelten methodischen Zugang sowie einer intensiven und konstruktiven Diskussion mit den Mitgliedern des Arbeitskreises" (BDI/Z_Punkt 2012, S. 11). Die Beteiligten legten „im Auftrag des BDI/BDA-Ausschusses für Forschungs-, Innovations- und Technologiepolitik mit Unterstützung von Z_punkt […] ihre Einschätzungen zur Zukunft der Wertschöpfung in Deutschland 2030 vor. Die Ergebnisse gehen über die Fortschreibung von Trends oder die Verdichtung bestehender Studien zur Zukunftsforschung hinaus: Disruptionen, mögliche Entwicklungen […] stehen im Mittelpunkt der Analyse. […] Bei aller Vielfältigkeit der in der Studie geäußerten Einschätzungen und Schlussfolgerungen ist dabei das Ziel, das Industrieland Deutschland für die Zukunft zu stärken (BDI/Z_Punkt 2012, S. 5). – Näheres zur Methode erfährt man nicht. Solche Settings sind typisch für die hier bezeichnete zukunftsorientierte, technologielastige Umfrage- und Interpretationsindustrie.

[3]Paradebeispiel dafür ist die zukunftsforscherische Fachdebatte im Automotive-Bereich über autonomes Fahren (Maurer et al. 2015). Auftrag und Diskursstruktur von Ethik sind hier zentrales Thema (zu den Manövern der strategischen Verzerrung des Ethikbegriffs in dieser Debatte vgl. Müller-Friemauth und Kühn 2017, S. 145–148). Diese Diskussion kann als Vorbild mit hoher Strahlkraft auch für andere Technologiesektoren gelten, da diese Branche aufgrund des Innovationsgefälles zu kalifornischen Akteuren extremem Wandel ausgesetzt ist und ethische Fragen aus versicherungstechnischen Gründen unter hohem Zeitdruck entschieden werden müssen.

müssten Risiken diskutieren sowie eindämmen und dies dann glaubwürdig vermitteln – dann klappte es auch wieder mit dem Kunden und letztlich auch mit Digitalisierung und KIs. Anpassen an die neue technologische Welt müssten schließlich *wir* uns; die Technik selbst sei ein disruptives Neutrum, dessen Gestalt und Wirkungsziele feststünden und selbst nicht beeinflussbar seien. Die zentralen Fragen dieses Artikels lauten, ob diese Hypothese stimmt, was sich aus ihrer Beantwortung für Konsequenzen für Unternehmen ergeben und letztlich: Was könnten oder sollten Firmen in dieser Lage tun?

25.1.2 Forschungsinteresse

Die subtile Schwierigkeit dieser Fragestellung liegt im soziokulturellen Fundament europäischer Gesellschaften verborgen: In tief verankerten Werten, die das prägen, was wir hierzulande unter Staat, Wirtschaft und Unternehmen verstehen. Solche Grund- oder Eigenwerte verändern sich nicht in wenigen Jahren, auch nicht auf Zuruf, per Appell, Druck oder noch so „rationalen" Argumenten. Die Durch-Algorithmisierung von Wirtschaft und Konsum mag volkswirtschaftlich alternativlos erscheinen, reißt jedoch in Europa jahrhundertealte Normstandards. Insbesondere das unternehmerische Selbstverständnis in Deutschland mit seiner mittelstandsgeprägten Firmenkultur steht in diametralem Gegensatz dazu. Dieser *Clash of Deep Cultures,* der in erster Linie ein interkultureller Normkonflikt ist zwischen dem US-amerikanisch-kalifornischen Wirtschaftsleitbild (digitale Disruption aus dem Silicon Valley) und dem europäischen, historisch viel kulturalistischeren Verständnis des wirtschaftlichen Entwicklungsprozesses, wird derzeit in die Ethik *verschoben,* auf eine rein instrumentelle Frage von Risiken und Nebenwirkungen von Maschinen verkürzt – *und damit verharmlost.*[4] Die Gesellschaften spüren das, auch wenn die Artikulation dieses Vorgangs nicht ohne Weiteres möglich ist. Es ist vorstellbar, dass die sozialforscherisch gemessene Abwendung der Gesellschaft von ihren Institutionen (auch) eine Reaktion auf diese Verharmlosung darstellt – denn gegen einen unsichtbaren Normkonflikt kann man nicht auf

[4]Die Debatte über Algorithmen und Ethik wird von der Informatik dominiert, nicht von Philosophie oder Soziologie. Populäre aktuelle Beispiele, die als einschlägige Debattenbeiträge gehandelt werden, sind Spiekermann (2018) und Zweig (2019). In diesen Beschreibungen werden Wertungen positioniert, die derzeit nicht seriös beurteilbar sind: Etwa der Anspruch darstellen zu können, „wie die Natur (sic!) des Digitalen wirklich geartet ist" (Spiekermann 2018, S. 277); oder Behauptungen wie die Demonstrierbarkeit, „dass künstliche Intelligenz – auch wenn sie lernende Komponenten enthält – im Wesentlichen unkritisch ist, wenn über Dinge entschieden werden soll, die keinen direkten Bezug zu Menschen (…) haben" (Zweig 2019, S. 281). Inwieweit ein vorerst nur indirekter Bezug von KI auf Menschen auch schnell und womöglich unbeachtet in einen direkten umschlagen kann, vermag derzeit niemand zu sagen. Nach Art solcher ideologisch gefärbter Behauptungen beantwortet die Wirtschaftsinformatik gegenwärtig die soziale Frage des frühen 21. Jahrhunderts.

die Straße gehen, man kann nicht gegen ihn argumentieren oder ihn strategisch gegen Wirtschaft und Politik in Stellung bringen. Er bleibt schlicht latent.[5]

Hier liegt ein blinder Fleck gegenüber dem Wertefundament der Bevölkerung vor. Die Ursache dafür sehen wir nicht in Debattenverweigerung oder gar Ignoranz den sozialen Sensibilitäten gegenüber, sondern in der erdrückenden *Übermacht einer technokratisch vereinseitigten Debatte.* Geführt wird sie praktisch ausschließlich von Digital-Eliten: Software-Entwicklern, IT-Experten, Ingenieuren und Maschinenbauern. Betrachtet man allein die Speaker-Szene, Bildungs- und Kongresswirtschaft – also die Arenen der Multiplikatoren –, sind die vom Publikum aktuell begehrtesten Stichwortgeber zum Thema KI Unternehmens-Lobbyisten und kalifornische Investoren: Am liebsten möchte man „O-Töne" aus dem Silicon Valley hören. Hinterfragungen werden aufgrund des volkswirtschaftlichen Drucks zumeist umgehend diskriminiert (als Bedenkenträger, Gewerkschaftsmentalität, Kirchenposition, Technikfeindlichkeit, Konservatismus/Ewig-Gestrige, Bürokraten etc.).[6] Eine sozial- oder geisteswissenschaftliche Flankierung findet nicht statt.

Für Firmen ist diese Situation heikel, weil die genannten negativen Bewertungen und Einschätzungen – *trotz* der von Studien veröffentlichten Inkompetenz-Zuschreibungen, die doch eigentlich Warnzeichen sein müssten – dethematisiert bleiben. Hätte es aber in einer „Sozialen Marktwirtschaft", die zu sein Deutschland (immer noch) für sich beansprucht, tatsächlich keinerlei Folgen für Unternehmen, wenn immer mehr KIs und Roboter zum Einsatz kommen und die Kunden deren Hersteller und Verwender für rein digitalkapitalistisch funktionierende, am heimischen sozialen Wertekonsens vorbei agierende Gewinnmaschinen halten? Unwahrscheinlich. Unsere These lautet, dass zwar die organisatorisch-betrieblichen Nutzungen und Einsätze von Maschinen ethisch regulierbar sind, die gesellschaftlichen Effekte aber selbstverständlich nicht. Eigenwerte von Gesellschaften *unterliegen* jeder Ethik. Hier liegt ein Denkfehler vor: eine Vermischung unterschiedlicher logischer Ebenen. Wir halten Irrtümer solcher Art für

[5]Ein Umstand, der populistischen Bewegungen in ganz Europa in die Hände spielt. Auf diesem vagen und schwer thematisierbaren Zusammenprall gegensätzlicher Wertungsschemata surfen alle neurechten Parteien: Der stummen Frage, was die algorithmische Durchtechnologisierung der Gesellschaft für Jobs und Wirtschaft mittelfristig bedeutet, etwa für die Zukunftsperspektiven der eigenen Kinder; sowie dem Gefühl, gegenüber diesen Entwicklungen machtlos zu sein bzw. gar nicht erst gefragt zu werden.

[6]Als Beleg dafür kann nahezu jeder Digitalkongress dienen. Ein anschauliches Beispiel lieferte die Zuschaltung des Vortrags von Scott Galloway, US-amerikanischer Marketing-Professor aus New York, der auf der OMR (2018) (Online Marketing Rockstars, Hamburger Digitalkongress mit ca. 20.000 Teilnehmenden) die dramatischen Effekte der algorithmisierten Wirtschaft auf kleine und mittelständische amerikanische Unternehmen erläuterte. Die hysterische Reaktion des Moderators und betretene Mienen im Zuschauerraum sind dokumentiert, vgl. (OMR 2018). Kritische Kommentierungen gegenüber digitalen Entwicklungen auf offener Bühne sind innerhalb der Digital-Eliten überwiegend unerwünscht.

unsichtbare Effekte des Mangels an sozialwissenschaftlicher Beobachtungs- und Urteilskompetenz.

Bereits heute greifen Tracking- und verhaltensökonomisch formatierte Software-Tools tief in soziale Umgangs- und Kommunikationsmuster ein – und dafür sind Unternehmen mitverantwortlich: für den Geist, die kulturelle Mentalität und die humanen Effekte, die ein zunehmender Maschineneinsatz für alle Gesellschaftsmitglieder bedeutet. Zumindest in Europa wird dies so wahrgenommen (deshalb ist die EU derzeit Vorreiter im Bereich der informationstechnologischen Regulierung). Hier liegt der zentrale Unterschied zum Ursprungsland der Digitalisierung, den USA – und das Problem mit der Ethik, das für die KI-Debatte spezifisch und komplex ist. Hiesige Unternehmen übernehmen das Mindset hinter der Digitalisierung aus deren US-amerikanischer Heimat ganz überwiegend – unbewusst, unreflektiert und ungeprüft, und zwar *entgegen der normativen Grundüberzeugung der Bevölkerung.*

25.1.3 Vorschau

Diese Problembeschreibung gilt es zu überprüfen.[7] Dafür lohnt zunächst ein komprimierter Blick auf das, was wir Europäer unter Wirtschaft und Unternehmertum – im Unterschied zu den Technologievorreiter-Ländern – eigentlich verstehen. Dabei beschränken wir uns auf die deutsche Situation (auch, wenn das zutage tretende ökonomische Selbstbild als europäische Tendenzaussage gelten kann). Auf dieser Basis ordnen wir danach das Aufkommen von KI in die Managementgeschichte ein: In welche Richtung treibt in der fortgeschrittenen Digitalisierung das Verständnis von Unternehmensführung, -lenkung und -steuerung? Die Einbettung des KI-Phänomens in diese historische Entwicklung macht es leichter, das normative Grundproblem, was europäische Gesellschaften in der gegenwärtigen, US-lastigen Transformation haben, einzukreisen: Es erklärt einige Unsicherheiten und Schwierigkeiten, die wir mit der Bewertung der aktuellen Situation haben. Im letzten Teil geht es speziell um die unter-

[7]Wirtschaftspsychologisch präzisiert, wird dieser „Handlungsreflex“ der Unternehmen strategisch latent gehalten. Zwar tritt er ohnehin kollektiv nicht vor Augen, weil sich der zentrale Konflikt – also die Unvereinbarkeit der aktuellen sozioökonomischen Entwicklung mit eigenen Traditionen und historischer Erfahrung – im gesellschaftlichen Unbewussten vollzieht, was unterschwelligen, schwer fassbaren (und an der sozialen Oberfläche deshalb rätselhaften) Unwillen auslöst. Andererseits aber möchten die Führungseliten das so genau auch gar nicht wissen. In „marktkonformen“ Demokratien (Merkel) gelten bestimmte Entwicklungen als „alternativlos“ (auch wenn in der Politik dieses Wort von Bundeskanzlerin Angela Merkel, die das Handeln der Bundesregierung im Kontext der Finanzkrise so bezeichnete, niemand mehr wiederholen würde). Denn wenn auch die Digitalisierung in der globalen Ökonomie für den Wirtschaftsstandort Deutschland volkswirtschaftlich alternativlos ist, wie ließe sich dann mit diesem Unwillen umgehen? Also wird dieser gesamte Komplex tabuisiert: das ist die strategische Komponente.

nehmerische Detaillierung des eigentlichen „Clash“ der „Deep Cultures“: Wo entstehen Konfliktpotenziale für Firmen, neue Risiken und Chancen, welcher Art sind sie, und wo liegen Handlungsoptionen?

25.2 Unternehmensverständnis: Geschichte und Grundidee der „Sozialen Marktwirtschaft“

Die ursprüngliche Tradition, in welcher in der deutschen Wirtschaftsgeschichte über Unternehmen nachgedacht wurde, ist diejenige der politischen Ökonomie.[8] Die in dieser Tradition stehenden Ansätze wollten keine abstrakten Systeme erläutern, sondern Wirtschaft in den institutionellen Bedingungen ihrer Zeit darstellen. Wirtschaft, Politik, Gesellschaft und auch Moral wurden als aufs Engste miteinander verbunden vorgestellt. Deshalb dachte diese Institutionenökonomik, welche die deutsche Nationalökonomie des 18. und 19. Jahrhunderts prägte, von in einem sehr weiten Sinne gefassten Ressourcen her: Landschaft, Gewerbe, aber auch Recht, politische Formen, Mentalität, Kultur etc. Wenn es also Renditen und Kapitalzuwächse zu verzeichnen gab, waren diese nie nur ökonomischer, sondern immer auch soziokultureller Art. Die Gesellschaft profitierte ebenso, und die kreativen Impulse aus ihr waren wiederum der Antrieb, um die Produktivität – etwa durch Innovationen – weiter zu erhöhen.

Die philosophische Disposition für dieses prosozial-ökonomische Denken war zum einen die europäische Aufklärung, zum anderen aber die idealistische Philosophie. Außerdem studierten akademisch gebildete Ökonomen „Staatswissenschaften“, die Ausbildung war beamtennah. Diese Affinität zu staatlichen Problemstellungen sowie der idealistische Einschlag sorgten für eben diese – im Vergleich zur anglo-amerikanischen Tradition – viel stärkere Betonung von *subjektiven und imaginären Wertzuschreibungen* europäischer Institutionen, inklusive der Wirtschaftsorganisationen. Unternehmertum wurde hierzulande immer auch kulturalistisch bewertet, daher betraf Ökonomie umfänglich das Sozialleben, sie galt als praktische Wissenschaft. Debatten drehten sich etwa – wie beim Begriff der Ressourcen – um Produktivkräfte nicht nur im Sinne von Maschinen oder Menschen, sondern ebenso um Mut, Inspiration, Ideen („produktive Einbildungskraft“); es ging also um die Profilierung einer kulturfördernden Ökonomie, die antike Positionen praktischer Philosophie wiederaufleben ließ. Eine spezifisch deutsche Allokationsvision von Ressourcen und Produktivkräften findet sich beispielsweise in der Nationalökonomie des späten Novalis (1960), der die Entfaltung

[8]Die meisten assoziieren mit diesem Begriff den Namen Karl Marx, der aber nur einer unter vielen Begründern ist – und zudem eine ganz eigene, für sich stehende Version davon entwickelt hat. Die deutsche Nationalökonomie des 18. und 19. Jahrhunderts ist reich an solchen Konzepten, die heute jedoch in Vergessenheit geraten sind (Graf von Soden, List, Menger, Novalis, Schmoller und andere).

produktiver Kräfte nur mit höheren Zielen gemeinschaftlicher Gesinnung für möglich hielt. Diese „idealistische“ Indienstnahme höherer Zwecke zur Produktivitätssteigerung war für die Unternehmen anschlussfähig und wurde begierig aufgenommen. Dass nicht nur Güterresultate zählen, sondern auch die Kräfte und Energien, die sie hervorbringen, ist ein Glaubenssatz, der als *Eigenwert europäischen Wirtschaftens* gelten kann. Gesellschaft prägt Wirtschaft, das ist Grundbedingung und logische Basis einer Sozialen Marktwirtschaft. Insbesondere der amerikaerfahrene Ökonom Friedrich List (1982) steht für einen solchen sittlich qualifizierten Allokationsbegriff. Er versuchte auch Menschen, Qualifikationen und Dispositionspotenziale in seinem Konzept zu berücksichtigen (Human-Capital-Approach) und prägte den Begriff des geistigen Kapitals („Capital of Mind“).

Details dieses Denkens sind hier nicht erforderlich (Überblick und Konzeptdetails bei Priddat 1998). Als wichtig für unseren Zusammenhang stellen sich zwei Aspekte heraus, die die darauf folgende Phase prägten. Zum einen übernahm Europa in der Nachkriegszeit vollständig den Denkstil der quantifizierenden, positivistisch ausgerichteten US-amerikanische Business-Schools, und zwar sowohl für seine Bildungsinstitutionen als auch für die Wirtschaftsorganisationen. Legitimiert war diese radikale Zäsur durch die Weltkriegserfahrung und die Schulddebatte: Ein Bruch mit Traditionen, die in die historische Situation des Zweiten Weltkriegs hineingeführt hatten, musste nicht großartig begründet werden und vollzog sich quasi von selbst. Außerdem galten die angloamerikanischen Denkschulen als zeitgeistig und modern. Zum anderen aber wurden auch Restbestände der eigenen Tradition in die europäischen Nachkriegsökonomien mit eingespeist – die Geburtsstunde der Sozialen Marktwirtschaft. Dieses Label transportiert die alten europäisch-ökonomischen Eigenwerte. Zwar arbeiten wir nicht mehr im Rahmen einer politischen Ökonomie (Wirtschaft und Politik werden in funktional ausdifferenzierten Gesellschaften getrennt beobachtet), wollen aber deswegen nicht die utopische Idee aufgeben, dass ein harmonisches, zumindest koordiniertes Zusammengehen von politischem und ökonomischem System auch in einer globalen Wirtschaft möglich sei.

Die Soziale Marktwirtschaft flaggt diesen Anspruch bis heute aus. Es handelt sich dabei nicht um ein idealisiertes Kontrastbild einer „besseren“ Politik im Vergleich zur realen, sondern um eine (institutionalisierte) Facette unseres Selbstbildes. Europäer staffieren ihr politisches und wirtschaftliches Projekt, die moderne europäische Staatsidee, mit ihren ganz eigenen Ansprüchen und Erwartungen für jeden sichtbar aus. Sie rahmen ihre Zukunftserwartungen normativ und setzen dafür einen eigenen „Frame“. Den nehmen allerdings nicht nur Außenstehende, sondern auch die Bevölkerungen wahr und *bemessen folglich ihre Institutionen an der Einlösung dieses selbstgesetzten Anspruchs*. Dies gilt auch für den aktuellen Technologieschub.

Zwischenergebnis

Mit dem vorläufigen Resultat dieses Abgleichs sieht es zur Zeit, was eine historisch passende, sozial akzeptable soziokulturelle Flankierung des heraufziehenden Maschinenzeitalters anbelangt, nicht gut aus. Regelbedarf und Kontrolle, z. B. ethische, werden zwar reichlich reklamiert – aus Sicht der Gesellschaft jedoch noch nicht einmal die richtigen Fragen gestellt, auf die solche Regeln eine Antwort geben sollen, geschweige denn, dass Taten zu sehen wären. Nimmt man die (anfangs zitierte) Sozialforschung ernst, erwartet die Gesellschaft auch keine mehr: Die kollektive Orientierung wird selbstreferentiell. Was man derzeit misst, sind Absetzbewegungen der Bevölkerung von Mentalität, Denken und Einstellungen ihrer Führungseliten. Die Menschen verlieren die Geduld mit Entscheidungsträgern, die Gemeinwohlorientierung vorgeben und sie praktisch einkassieren – denn prosoziale, humane Werte sind in einer Maschinengesellschaft logisch nicht vermittelbar. Die entsprechende Diskussion aber findet, wie skizziert, nicht statt. Die zwar existente, bislang aber dünne Ethik-Debatte führen Informatiker und Informatikerinnen, welche die tiefenmanipulativen Wirkungen zahlreicher Algorithmen (Kaufempfehlungen von anderen Kunden, personalisierte Werbung etc.) ausblenden. Verhaltensökonomisch kalibrierte Entscheidungsofferten haben jedoch mentale und damit auch normative Effekte, für deren Bearbeitung das Weltbild der Informatik prinzipiell ungeeignet ist. Zweig etwa fegt die Annahme, „dass die Menschheit sogar zu doof ist, um die richtigen Fragen zu finden“, suggestiv vom Tisch und behauptet: „Für jede Frage, die wir als Gesellschaft verfolgen wollen, können einzelne schwache KI-Systeme ausprobiert werden“, und lernende Systeme könnten sich dabei gegenseitig verbessern (Zweig 2019, S. 280). Dass Menschen womöglich nicht die richtigen Fragen stellen, ist jedoch ohnehin nicht deren „Doofheit“ geschuldet (also ein polemisch motivierter argumentativer Pappkamerad, der sogleich abgeräumt wird), sondern eine Gegebenheit unserer zerebralen Beschaffenheit. Homo sapiens kann komplexe, volatile und hoch interdependente Zusammenhänge – insbesondere, was künftige Effekte betrifft – kognitiv nicht verarbeiten (in den Geistes- und Sozialwissenschaften ein Gemeinplatz, vgl. Harari 2018, 2019). Eine Debatte auf der wissenschaftlichen Höhe der Zeit über normative Chancen und Risiken einer durchalgorithmisierten Gesellschaft steht bislang aus.

25.3 Einordnung von Digitalisierung und KI in die Managementgeschichte

Die Lehre vom Management, wie sie die heutige Betriebswirtschaftslehre prägt, entstand in den 1880er-Jahren in den USA. Üblicherweise wird ihre Geschichte in drei Phasen erzählt (vgl. Kiechel III 2013): Die erste währte bis zum Zweiten Weltkrieg. Zunächst konstituierte sich eine selbsternannte, ingenieurslastige Elite, die nach Genauigkeit strebte. Ökonomie sei als Wissenschaft zu behandeln, gemäß systematischer Methoden und Prozesse. Einer ihrer ersten Meilensteine waren „The Principles of Scientific Management“ von Frederick Winslow Taylor, der mit einer detaillierten Vermessung der Tätigkeiten von Arbeitern in Fabriken, durch Zeitstudien und Rationalisierungsmethoden Präzision in die Steuerung von Unternehmen einführte. Er gab dieser ersten

Phase ihren Namen; noch heute sprechen wir von der frühen „tayloristischen" Blüte des Managements. Hier führten Zahlenmenschen das Wort.

Die zweite Phase dauerte von den späten 1940ern bis in die 1980er-Jahre. Die Managementlehre entwickelte sich und bekam viel Aufmerksamkeit und Zuspruch aus der Öffentlichkeit, insbesondere für ihren neuen Fokus auf mehr Menschlichkeit in der Produktion: Denn erstmalig brachen sich psychologische Themen Bahn. Die berühmten Hawthorne-Experimente der 1920er-Jahre über die Produktivität von Facharbeitern in der Fabrik von Western Electric in Cicero/Illinois führten erst dann zu einer intensiven Beschäftigung mit der Einsicht, dass Arbeiter am produktivsten sind, wenn sie respektiert werden. 1943 veröffentlichte Abraham Maslow seine „Bedürfnispyramide", bei der es nicht mehr nur um Grundbedürfnisse von Menschen ging, sondern auch um geistige Fragen und Ansprüche der „Selbstverwirklichung". Der Psychotherapeut Carl Rogers wandte seine Erkenntnisse auf das Management an, und vor allem Peter Drucker war es, der in den 1950er- und 1960er-Jahren ein menschenfreundlicheres Vokabular ins Management einführte. Die „Human Relations"-Bewegung setzte sich durch – bis in der dritten Phase seit den späten 1980er-Jahren die „Humans" zu „Ressourcen" wurden. Der Begriffswandel zeigt beispielhaft an, worum es ab jetzt ging: Das neue Credo hieß Optimierung. Effektivität und Effizienz beherrschten Köpfe und Debatten, und nach der weichen Welle psychotechnischer Themen bekamen die Zahlenmenschen wieder Auftrieb. Der Markt stand im Fokus, Spezialisierungen verstärkten sich, die Globalisierung begann und moralische Ansprüche wurden zurückgeschraubt. Manager wie Jack Welch (General Electric), in der Öffentlichkeit „Iron Jack" genannt, galten anfangs als Vorbilder, die mit harten Bandagen, radikaler Aussiebung nur der Besten und rücksichtsloser Konsequenz den Shareholder Value in ungeahnte Höhen trieben. Exzellenz-Studien lagen im Trend, die Produktivität stieg. Die BWL etablierte und professionalisierte sich, der MBA-Abschluss wurde zum Nonplusultra der Managementausbildung.

Die Entwicklung der Managementlehre wird häufig als Auf und Ab, als Konkurrenz dieser beiden Prinzipien beschrieben: Zahlenmenschen vs. Menschenversteher. Heute ist die Lage nicht mehr so übersichtlich. Die produktivitätssteigernden Managementkonzepte haben der Welt zu mehr Wohlstand und einem höheren Bildungsstandard verholfen, aber sie zeigen auch immer deutlicher ihre Schattenseiten. Im Westen gibt es eine hitzig geführte Debatte über Ungleichheit und Gerechtigkeit, die ökologische Frage ist unbeantwortet, Langfristeffekte technologischer Umbrüche kann niemand benennen. Unternehmen kämpfen aufgrund soziodemografischer Entwicklungen mit Fachkräftemangel. Das Effizienzparadigma wird vom Innovationsparadigma abgelöst – eine völlig andere Problemstellung, die zunächst mit Investitionen und hohen F&E-Kosten einhergeht, von denen niemand weiß, ob sie sich jemals auszahlen. Und zwar nicht nur aufgrund konventioneller Innovationsrisiken, sondern auch deswegen, weil womöglich ein Start-up eines Schwellenlandes dank Digitalisierung ein neuartiges Preismodell schneller, global und nachfragegerecht durchsetzen kann. Dieser Risikotypus ist neu und vorerst nicht beherrschbar.

Letztlich ist noch nicht entschieden, ob dieser vielschichtige Wandel eine nächste vierte Phase einleitet, die erneut auf Menschlichkeit abzielt, dieses Mal in Gestalt von mehr Partizipation, Autonomie, Selbstorganisation sowie einer Umstellung auf Netzwerke. Insbesondere der für viele Jobs inzwischen globale Arbeitsmarkt in Verbindung mit Fachkräftemangel stützt diese Perspektive – denn wie sehr sich das Management mit Bedürfnissen und Aspirationen von Arbeitnehmern auseinandersetzen, hängt davon ab, wie knapp diese Ressource gerade ist. Social Skills-Themen florieren genauso wie Achtsamkeits- und Resilienztrainings, es gibt „Meditation für Manager", agile Methoden, Selbstverantwortung, Enthierarchisierung und viele weitere VUCA-Themen[9], welche gegenwärtige die Debatte prägen.

Das hier interessierende Thema, die Digitalisierung inklusive ihrer maschinellen Folgeerfindungen wie Roboter und KIs, konterkarieren diesen Eindruck jedoch grundlegend. Denn was sind die Hauptmerkmale von digitalisierten Firmen?

1. In ihnen geht es nicht mehr nur darum, dank omnipräsenter Algorithmen in die Zahlen hinter Kosten, Kunden und Konkurrenten einzutauchen, maximale Markttransparenz und eine hohe Entscheidungsgeschwindigkeit herzustellen.
2. Man kann auf Basis dieser Technologie darüber hinaus problemlos die Organisationskultur lenken: interne Communities ermöglichen (Apps mit eigenen Gadgets) und soziale Märkte gründen; Arbeits- und Freizeit integrieren (Zeitkontrolle abschaffen, Homeoffice gestatten); für hohen Komfort und Wellness der Mitarbeiter sorgen (Wohlfühlfaktor). Sogenannte „Dashboards" an künftig nahezu jedem Arbeitsplatz spielen Echtzeitdaten ein, mit denen die Mitarbeiterinnen und Mitarbeiter sich selbst steuern und weiterentwickeln können (Details bei Ismail et al. 2017).
3. Und dann können Digital-Firmen heute noch etwas ganz anderes, revolutionär Neues: jeden Aspekt, jede Regung, jedes Verhaltens- und Kommunikationsmuster, jeden Teilaspekt der „Performance" ihrer Organisationsmitglieder detailliert vermessen, überwachen und optimieren. Idealerweise praktizieren sie das nicht mehr per Weisung, sondern mittels Technologie, und *darüber* dann *mit und durch die Menschen selbst.* Zahlreiche Programme und digitale Tools helfen dabei (Feedback-Systeme).

Es ist dieser Technologieschub, der den pseudo-humanistischen Oberflächenthemen des Managementdiskurses *unterliegt,* und den wir als Taylorismus 4.0 bezeichnen. Das Suffix „4.0" bezieht sich dabei nicht nur auf die informationstechnologische, kybernetische Dimension des Wandels, sondern genauso auf die psychosozialen Aspekte der Human-Themen, die mit und durch die neuen Technologien aufkommen und befriedigt werden sollen: Die eigenen individuellen Messwerte (Feedback) können zur freiwilligen und individuell gesteuerten Selbstoptimierung genutzt werden, niemand

[9]VUCA ist ein aus dem Militär stammendes, derzeit gehyptes Akronym, das eine neue Welt charakterisiert, die volatil, ungewiss, komplex und ambigue (mehrdeutig) ist.

weist mehr an. Die Verschränkung von Arbeits- und Freizeit (Homeoffice-Option, Vertrauensarbeitszeit etc.) erhöht die individuelle Autonomie, den Gestaltungsspielraum inklusive des privaten Lebens. Die auch vegane Kantine trägt veränderten modernen Lebensstilen Rechnung etc. Entstehung und Dynamik sozialer Strukturen sowie deren Kontrolle fließen ineinander: Das ist der psychotechnische Kern der kybernetischen Transformation. Der Taylorismus 4.0 macht aus Angestellten einerseits autonome Individuen, andererseits im gleichen Zuge aber auch Relaisstationen von Information und Emotion, die (wie alle anderen im Unternehmen auch) über sämtliche Daten über sich verfügen und daher Entscheidungen und Kommunikationen aus eigenem Antrieb optimieren, weil sie ihre Unzulänglichkeiten transparent und messbar abarbeiten *wollen.* Die Unterscheidung zwischen Quantifizierern und Menschenverstehern ist damit nicht mehr leicht zu treffen. Beide Perspektiven gehen vielmehr ineinander über, und mehr noch: Vor allem KIs schließen sie zunehmend kurz („meine Bestleistung kann ich jetzt viel schneller erreichen und auch noch ganz individuell gestalten!"). *Das* ist das Kern-Charakteristikum der vierten Phase des Managements. Im zu entwickelnden Internet der Dinge ist der Mensch, rein konzeptionell formuliert, nicht mehr als ein zwischengeschalteter Durchgangspunkt der Datenverarbeitung.

Zwischenergebnis

Die eingangs skizzierte technizistische Perspektive hat den Taylorismus 4.0 erst möglich gemacht. Europa ist in großem Stil dabei, über einen zunehmend kybernetisch formatierten Kapitalismus die Eigenwerte des kontinentalen Wirtschaftsverständnisses nicht einzudämmen, auch nicht abzuschaffen, sondern *ad absurdum* zu führen. Denn im Lichte dieser Entwicklung verschwinden die kulturalistisch intonierten Grundbegriffe der ursprünglichen Ökonomietradition (produktive Einbildungskraft, Capital of Mind etc.) nicht einfach, sondern erhalten einen *anderen Sinn.* Die kreative Einbildungskraft der Arbeitnehmerinnen und Arbeitnehmer gilt es nun noch produktiver zu machen, und die Firmen unterstützen dies. Das, was die Mitarbeitenden im Kopf haben, ist längst nicht mehr nur ihr Kapital, sondern immer mehr auch *das der Firma.* Die Organisationen greifen mittels KI auf Denken, Fühlen, Meinen, Entscheiden und Kommunizieren von Menschen über und bemächtigen sich des geistigen Kapitals ihrer Mitarbeiterinnen und Mitarbeiter. Und da dieser Übergriff mess- und belegbar für jede Einzelperson immer „bessere" Ergebnisse zeitigt (Selbstoptimierung), also mehr Leistung, Anerkennung und Lohn nach sich zieht, stimmen alle diesem Pakt zu.[10]

[10]In den USA stellt eines der anschaulichsten Beispiele für diese Entwicklungslogik die Self-Tracking-Bewegung dar, in der sich Menschen, häufig per Smartwatch, in ihren Leistungswerten vergleichen (Marathon-Training, Zeit zur Erledigung einer Tätigkeit, Ernährungskontrolle, Anzahl der Schritte pro Tag und vieles mehr). Bei uns entwickeln Start-ups KIs, die Kommunikationen überwachen und optimieren; die Beliebtheit dieser Maschinen wächst rasant. Beispiel Bewerbungsgespräch: Dies wird mit einer KI am Telefon geführt, die anschließend aus 20 min Sprachdaten ein Psychogramm des Bewerbers über 200.000 Kriterien erstellt. Unternehmen

Hier klärt sich der Tipping-Point der aktuellen Managemententwicklung: Dem *Clash* zwischen US-amerikanischer, kybernetisch intonierter Technisierung auf der einen, und einer *sozialen,* kulturalistisch gefärbten, mittelständischen Marktwirtschaft auf der anderen Seite, die in ihrem Namen ursprünglich einmal eine Utopie ausgewiesen hat, die das Gegenteil von dem anstrahlte, was gerade vollzogen wird. Denn „human" oder „sozial" nennen können das, was KIs in Sachen extrovertierter Erfolgswerte realisieren, nur Informatiker – Sozialwissenschaftler können es nicht, und Europäer wollen es auch nicht. „Die Gedanken sind frei" hieß es einst im Volkslied. Das erledigt sich gerade.

25.4 Was Unternehmen tun können

Unsere Rekonstruktion dessen, was der kybernetische Kapitalismus gesellschaftlich, vor allem wertekulturell bedeutet, fühlt sich dem sozialwissenschaftlichen Zweig der BWL verpflichtet. Dass diese Disziplin seit mehreren Jahrzehnten zu einer umfassend quantifizierenden Wissenschaft geworden ist, gibt immer wieder Anlass zu Kritik („Betriebswirtschaftsleere", vgl. Gloger 2016): Der Kanon ist regelgeleitet, methodenfixiert und häufig offen distanzierend gegenüber den eigenen sozialwissenschaftlichen Wurzeln („Laber-Fächer"). Dieses vereinseitigte Selbstverständnis macht es Unternehmen schwer, in der aktuellen Transformation eine Richtung zu finden: Orientierungswissen liefert die BWL nicht. Was können Unternehmer im neuen Taylorismus also aus zukunftsforscherischer Sicht tun, um als Arbeitgeber, als Marke und auch als sozialer Akteur (kulturalistisches Wirtschaftsverständnis) den normativen Anschluss an die Bevölkerung zu halten? Wir wagen es, im Folgenden Empfehlungen auszusprechen – auf Basis der hier skizzierten Lagebeurteilung.

wie Bewerber freuen sich, dass sie gut zueinander passen; ressourcensparend ist es auch. – Beispiel Hotline: Die KI überwacht Duktus, Tonlage, Sprechgeschwindigkeit, Sprachvarianz und anderes mehr der Telefonisten und gibt Tipps in Echtzeit, wie der Kunde besser bedient werden kann (beruhigend sprechen, kürzere Sätze, aufmunternd antworten, langsamer reden etc.). In Entwicklung sind KIs, die einem sagen, wann der sogenannte „Flow" eintritt (Spitzenleistungsniveau erreicht), oder wie man Mitarbeitern und Führungskräften motivierende Trigger geben kann, die individuell auf Persönlichkeitseigenschaften und Potenziale abgestimmt sind. Solche KIs werden auch für Trainingszwecke benutzt, Krankenkassen interessieren sich für Depressionschecks am Computer, auch die Alzheimer-Prophylaxe profitiert von solchen extrem detaillierten Sprach-Diagnose- bzw. Prognose-Tools. Betriebswirtschaftlich betrachtet, gibt es hier nur Gewinner. (Einer der Hot Spots solcher Entwicklungen ist das Massachusetts Institute for Technology in Boston, und hier das MIT Media Lab. In dessen Umfeld wird intensiv über entsprechende Forschungsfortschritte berichtet.).

25.4.1 Nicht diese Ethik!

Beginnen wir damit, was sie nicht tun sollten. An erster Stelle ist hier die Beteiligung an der unprofessionellen und am gesellschaftlichen Empfinden vorbeilaufenden Ethikdebatte zu nennen. Bevor das, was öffentlich unter ethischen Fragen von Digital-Experten (Entwicklern, öffentliche Gelder akquirierenden Maschinenbauern, Corporate Foresight- und F&E-Abteilungen in Konzernen, philosophisch zusatzqualifizierten Industrieberatern, Versicherungstechnikern) diskutiert wird, soziale Resonanz finden kann, müsste erst einmal das Verständnis von Ethik problemadäquat aufgestuft werden. Solche „anreichernden" Denkmanöver, die in der aktuellen Transformation zum Dauererfordernis werden, haben wir uns angewöhnt, „komplex" zu nennen: Um die Anwendungsfrage von KI auf der Höhe des gesellschaftlichen Problembewusstseins diskutieren zu können, brauchen wir ein *komplexeres Ethikverständnis*. Das wäre nicht weiter schwierig, wenn es denn gewollt wäre. Denn die zentrale, die Bevölkerung tatsächlich interessierende Frage liegt im Verhältnis *zwischen* den europäischen Eigenwerten des ökonomischen Selbstverständnisses (Soziale Marktwirtschaft, mittelständische Wirtschaftsstruktur, prosoziale Orientierungsmustern mit sozialstaatlicher Flankierung, Gemeinwohlorientierung etc.) und der unterkomplexen Schwundstufe dessen, was bisher Ethik genannt wird: Genügen Transparenzstandards und neue datenschutzrechtliche Verordnungen dem normativen Anspruch, den Europa für sich reklamiert? Der aktuelle öffentliche Ruf nach Ethik bezieht sich bisher fast gänzlich auf instrumentalistische Mahnungen zur schnellen Klärung von Fragen wie z. B.:

- Was dürfen KIs entscheiden und was nicht?
- Wie gewährleisten wir Datenschutz?
- Wie sichern wir Daten, die geteilt werden müssen (z. B. in der Gesundheitswirtschaft) vor analytischem Missbrauch (z. B. vor unerlaubten Auswertungen)? Fragen dieser Art stellen sich insbesondere bei der Nutzung externalisierter Cloud-Dienste.
- Wie gehen wir mit kulturell unterschiedlichen Entscheidungspräferenzen um? Etc.[11]

[11]Die Schmuddelecke solcher „Ethik" wächst, auch in der populären Zukunftsforschung. Für Europäer steigt dabei der Unterhaltungswert: Sollten Kindern Implantate für Fremdsprachen eingepflanzt werden? Ist es verantwortbar, dass ein Aktienhändler leistungssteigernde Mittel einnimmt? Soll ein autonomes Fahrzeug lieber das Leben von Fußgängern oder das der Mitfahrer schützen? Wie schaffen wir es, die ersten Marskolonien demokratisch zu gestalten? Untergraben Änderungen der DNA die Identität? Haben Roboter Rechte? Wird jemand durch den Upload seines Bewusstseins unsterblich? Fragen, die hierzulande kaum jemandem schlaflose Nächte bescheren, weil sie auf einer normativen Tiefenkultur aufsetzen, die nicht die unsere ist. In internationalen Medien, aber auch in der Marktforschung, die unsere hiesigen Firmen direkt betrifft, sind sie indes Standard (vgl. etwa die globalen Umfragen zu ethischen Urteilen bei lose-lose-Szenarien im Zusammenhang mit autonomem Fahren, der sogenannten „Moral Machine", Awad 2019).

Dass solche Fragen wichtig sind, bestreitet niemand – aber sind sie derzeit überhaupt vernünftig beantwortbar? Haben sie Priorität? Wie können wir das beurteilen, solange tabu bleibt, ob eine konkrete KI gemäß unseres Verständnisses von Unternehmertum, Mittelstand, Fürsorgepflicht des Arbeitgebers, Arbeitsschutz etc. (Eigenwerte) überhaupt infrage kommt, ob sie quasi „soziokulturell satisfaktionsfähig" ist, ob wir sie überhaupt wollen? Darauf zu beharren, Letzteres zuerst zu klären, womöglich sogar bestimmte KIs abzulehnen oder zu verlangsamen, bis Regularien vorliegen, ist keine Technikfeindlichkeit, keine Innovationsverweigerung und keine Haltung ewig Gestriger. Das ist (in Europa) gesunder Menschenverstand: Erst die Grundlage klären, dann die Details.

Algorithmenkontrolle zielt am Kernproblem vorbei und viele (außer IT-Experten) empfinden das. Europäer wollen nicht, dass künftig mathematische Werte die kulturellen definieren. Die unnachgiebige Weigerung der Digital-Eliten, vom US-Mindet à la Google, Facebook & Co. auf europäische Sozialverhältnisse umzuschalten, sollte das Problem der Digital-Eliten bleiben – dieses neuartige unternehmerische Risiko ist überflüssig. Unternehmerinnen und Unternehmer müssen sich diesen Schuh nicht anziehen, im Gegenteil: Zu wünschen ist, dass sie selbstverantwortlich entscheiden und Stellung beziehen. Kritisches Bewusstsein bedeutet keine Fortschrittsblockade, sondern Bedingung der Möglichkeit zu menschengerechtem Fortschritt.

25.4.2 Ohne unternehmerische Rolle geht nichts mehr

Aus dieser Situationsklärung ergeben sich neue Perspektiven, denn paralysierend ist die Lage nun auch nicht. Allerdings sind die auf der Hand liegenden To-dos anspruchsvoll, weil es keine Flankierung des Wandels aus der Wissenschaft gibt. Das, was derzeit unter dem Stichwort der digitalen Transformation verhandelt wird, ist – im Gegenteil – ein die etablierte Mentalität erhaltendes Programm: Nichts Gravierendes im Gesamtgefüge der Gesellschaft soll gestört oder geändert werden, während technologische Disruptionen Einzug halten. Innovationen, die die Unternehmen dafür einfordern, sind solche, die gerade keine größeren politischen, sozialen oder kulturellen Veränderungen bewirken sollen, sondern „nur" solche, die zum *amerikanischen* Digital Mind passen und *Europa dazu aufschließen lassen.* Wenn aber unsere Analyse stimmt – wenn also europäisches und angloamerikanisches Mindset in Sachen kybernetischer Kapitalismus zueinander in Widerspruch stehen und die Bevölkerungen eine Zwangssynthese nicht wollen –, bekommen Unternehmen in dieser Situation eine ganz neue Rolle. Die Innovationsstrategien der Firmen haben dann heute immer und unabwendbar eine politische Dimension, ob die Firmen das wollen oder nicht. Denn die Kunden prüfen, in welchem Geist hier gewirtschaftet wird; nicht unbedingt kritisch-bewusst, aber doch aufmerksam, quasi aus dem Augenwinkel, denn es trifft einen neuralgischen Punkt. Die entsprechende Sensibilität ist längst da, und sie dürfte zunehmen.

Hier liegt eine riesige Positionierungschance für standortbewusste Unternehmen. Ein in dieser Hinsicht vorbildhafter Motor sind Start-ups. In Deutschland gibt es zahlreiche

Gründungen, die sich instinktsicher genau solche Felder erschließen (Fairr.de, Kitchen Stories, KlinikumPlus, Marley Spoon, Voola, 24h-pflege-check und andere mehr): Und mithilfe von KIs nicht ein „Amazon für XY“ oder ein „europäisches Google“ werden wollen, sondern *soziale Problemlagen* zum Anlass der Algorithmisierung einer diesbezüglichen Entscheidungsfrage nehmen (Ungleichheit/Verteilungsgerechtigkeit, Verkehrsströme/logistische Effizienz, verschiedene soziale Hilfen etc.), *ohne dabei das Unternehmen selbst in Vorhersagemaschinen umzuwandeln.* Denn kybernetisch verfasste Firmen programmieren unseren europäisch-sozialen „Code“ um. Das europäische Verständnis von Subjektivität, der Würde des Einzelnen und in diesem Sinne auch von menschenwürdiger Mitarbeiterschaft beinhaltet seit jeher Aspekte wie ein Recht auf Unbeobachtetsein, auf Freiwilligkeit, auf eigene Erfahrungen, auf eine gewisse Eigentümlichkeit, auf Abgrenzung und Rückzug, auf Geheimnisse, auf Nichtwissen, darauf, etwas für sich haben zu wollen oder mal allein zu sein und vieles mehr. So etwas halten Europäer für menschlich („normal“). In vom Taylorismus 4.0 geprägten Firmen sind diese jedoch algorithmenbasierte Systeme, die nicht nur aufgrund der Dichte psychotechnischer Vermessungen diesen Normen gar nicht mehr gerecht werden können, sondern überdies nach ganz anderen Maßstäben funktionieren:

- Mitgliedschaft und Zugehörigkeit zur Organisation läuft über Systempassung und -konformität
- Führung = Menschen schnell, effektiv, effizient und verständlich in die Systemlogik bringen
- Verantwortung = Verpflichtung und Gewissenhaftigkeit gegenüber dem algorithmischen System, denn wenn das nicht funktioniert, ist das schlecht für die Menschen. (In dieser Perspektive sind Sozialpartner im konkreten Sinn überflüssig.)
- Erfahrung = Wissen aus der Vergangenheit
- Gute Leistung erbringen = präzise definierte Standards und Regeln genau befolgen
- Sehr gute Leistung erbringen = zusätzlich dafür sorgen, dass das System schneller und stärker wird
- Erfolg = ständige Reduzierung von Störfaktoren („menschlicher Faktor“: Konflikte, Tempobremsen, Fehler, Unaufmerksamkeit, Wissensdefizite, jede Form von Redundanz etc.)
- Unternehmen = Gesicht zum Markt (Marke), das als solches real zumeist nicht existiert. Was existiert, sind einzelne, unabhängig agierende Unternehmensteile (VerwaltungsGmbH, LogistikGmbH, VertriebsGmbH etc.).
- Vision = eine sich selbst incentivierende Organisation (die KI schlägt vor, wann ein neues Geschäftsfeld eröffnet, eine Fusion vollzogen, ein Unternehmensbereich abgestoßen, ein Sortiment erweitert werden soll etc.; detailliert und zahlreiche Beispiele bei Ismail et al. 2017).

Betriebswirtschaftlich – gemäß disziplinärem Mainstream verstanden – versprechen die hierdurch möglichen Prognosemärkten ein kapitalistisches Paradies. Firmen wissen, wer wann eine neue Brille kauft oder wohin reist, welcher neue Mitarbeiter am meisten leisten wird und wie viele Grillwürste am nächsten Wochenende im Supermarkt verkauft werden. Aber welches Versprechen bieten sie europäischen Menschen? Gesellschaftliche Folgen solcher Märkte: die „feindliche Übernahme" europäischer Eigenwerte durch den kybernetischen Code, sind ethisch nicht regulierbar. Die derzeit geführte Ethikdebatte trifft die normative Grundthematik erst gar nicht – darauf bezog sich unsere Eingangsthese.[12]

25.4.3 Geeks nicht führen, sondern programmieren lassen

So risikoreich eine unterbleibende Rollenklärung von Unternehmen im kybernetischen Kapitalismus ist, so chancenreich stellt sie sich dar, wenn sie aktiv und offen kommuniziert bzw. beworben wird. Hier kündigt sich eine weitere komplexe Aufstufung unserer Denkwelt an, und zwar im Bereich moderner Führung: sowohl nach außen (Employer Branding) als auch nach innen (Mitarbeiter-Attraktivität, Bindung, Identifikation). Auch, wenn die „Geeks" (umgangssprachlich für Computerfreaks) in den Unternehmen aufgrund ihrer Expertise immer mehr Macht erhalten: Europäische Unternehmen sollten darauf achten, den Informationstechnologen nicht die Diskurshoheit der Organisation abzutreten. Deren Aufgabe ist es zu programmieren, nicht zu führen. Informatiker sind Experten für Maschinenlogik, Sozialexperten sind andere. Unternehmen sollten eine Art internen Entscheidungsföderalismus erwägen: detailliert festlegen und sanktionieren, wer welche Entscheidungskompetenzen festzulegen hat. Zur Erinnerung: Die ethische Crux im kybernetischen Kapitalismus liegt mitnichten darin zu definieren, welche Entscheidungen die KI vorschlagen bzw. fällen darf und welche nicht, sondern darin, *wer das bestimmt* (komplexitätsorientierte Aufstufung des Führungsverständnisses).

---

[12]Solche neuartigen Prognosemärkte wären jedoch – jenseits von Wirtschaft – auch politisch steuerbar; dies geschieht nicht. Die in der aktuellen Sozialforschung gemessene Stimmungslage lässt diesbezüglich auf einen gesellschaftlichen Gestaltungswunsch schließen, der nicht eingelöst wird. Denn (wie skizziert): Die digitale Transformation ist seitens der Führungseliten ein mentalitätserhaltendes Programm. Es fußt auf der unausgesprochenen Vorstellung, dass sich Menschen und Institutionen der technologischen Welt um sie herum anpassen müssen, die Technologien selbst jedoch nicht mehr veränderbar sind (ein Technologieverständnis aus dem 19. Jahrhundert). Sie gelten quasi als monolithischer Block und geistern wie magische Wesen durch Köpfe und Debatten, nach Art „digitaler Dementoren", die Angst und Schrecken verbreiten. Das liegt jedoch nicht an den Technologien, sondern an den Imaginationen derer, die über sie das Wort führen – für Softwareentwickler sind Technologien in Struktur und Gestalt selbstverständlich fest definiert und nicht wandelbar. Dieses Mindset wird übernommen und propagiert.

25.5 Fazit

Die ökonomischen Wissenschaften fallen für solche Themen derzeit aus. Umso wichtiger, dass Unternehmen sich eigenständig ein Sensorium zulegen für die neuartigen, spezifischen Wettbewerbsattraktoren, die es im 21. Jahrhundert zu nutzen gilt. Und sich bewusst zu machen, dass die Wertungen, die hier im Zentrum stehen, keineswegs nur europäische sind: Die Gruppe derer, die sich auch in den USA und anderswo vom kalifornischen Kapitalismus-Modell distanziert, wird beständig größer und lauter. Scott Galloways Notruf an die Europäer auf dem Digitalkongress OMR (2018)[13] war kein Scherz, sondern ist inzwischen Programm: *Alternativen dringend gesucht,* lautet es, und potenzielle Abnehmer dafür existieren weltweit. Bei der Suche nach nicht nur technisch-instrumentellen, sondern auch sozial-normativ effektiven Regularien ist Europa inzwischen Vorbild. Genauso, wie es Zahlungsbereitschaften für nachhaltige Nahrungsmittel oder ökologische Werkstoffe gibt, gibt es auch Zahlungsbereitschaften dafür zu verhindern, dass aus KI mehr wird als ein Werkzeug in unserem Leben und sie womöglich hinterrücks zum allumfassenden Werte- und Regelsystem unserer zivilisatorischen Infrastruktur heranwächst. Allerdings: Ausgehen muss dieser Impuls für ein humanistisch motiviertes Stopp-Zeichen von Europa. Denn von hier stammen die Eigenwerte und damit auch das Bewertungsschema, das eine solche Lagebeurteilung überhaupt erst möglich und damit auch glaubwürdig macht. Für europäische Unternehmen bedeutet das eine völlig neuartige, „unique", d. h. vorerst nicht kopierbare Positionierungschance.

Literatur

Awad, E. (2019). Moral machine, http://moralmachine.mit.edu/hl/de. Zugegriffen: 15. Nov. 2019.

BDI/Z_Punkt. (Hrsg.). (2012). Deutschland 2030. Zukunftsperspektiven der Wertschöpfung. https://www.z-punkt.de//uploads/default/114/2012_bdi_deutschland_2030_de.pdf. Zugegriffen: 1. Dez. 2019.

DigitalBarometer Deutschland. (2018). Kooperationsstudie zur Digitalisierung in Deutschland, Hamburg: EARSandEYES GmbH. https://www.earsandeyes.com/wp-content/uploads/2018/12/Report_DigitalBarometer_DE_EARSandEYES_ISM.pdf. Zugegriffen: 7. Juli 2019.

Geschke, D. et al. (2019). Hass im Netz. Der schleichende Angriff auf unsere Demokratie. Eine bundesweite repräsentative Untersuchung. https://www.campact.de/wp-content/uploads/2019/08/Hass_im_Netz_-_Der_schleichende_Angriff.pdf. Zugegriffen: 2. Dez. 2019.

Gloger, A. (2016). Betriebswirtschaftsleere. Wem nützt BWL noch? Frankfurt a. M.: Neue Zürcher Zeitung/Frankfurter Allgemeine Buch

Harari, Y. N. (2018). *Homo Deus. Eine Geschichte von Morgen.* München: Beck.

Harari, Y. N. (2019). *21 Lektionen für das 21. Jahrhundert.* München: Beck.

[13]Vgl. OMR (2018). „We need a D-Day from Europe. We need Europe to do what we have been unable to do. (…) Europe (.), we need you!".

Hersfelder Zeitung. (2005). Artikel über das Bronze-Denkmal in Bad Herzfeld im Stiftungsbezirk ("Duden-Zuse-Denkmal"), Nr. 212 vom 12.9.2005.

Ismail, S., Malone, M. S., & van Geest, Y. (2017). *Exponentielle Organisationen. Das Konstruktionsprinzip für die Transformation von Unternehmen im Informationszeitalter.* München: Vahlen.

Kahneman, D. (2011). *Schnelles Denken, langsames Denken.* München: Siedler.

Kleber, C. (2016). Schöne neue Welt, ZDF-Dokumentation auf Youtube. https://www.youtube.com/watch?v=06Shjxl028k. Zugegriffen: 15. Nov. 2019.

Kiechel III, W. (2013). Das Jahrhundert des Managements – Wirtschaftsgeschichte. *Harvard Business Manager, 35*(1), 26–41.

List, F. (1982). *Das nationale System der politischen Ökonomie, hg. v. Günter Fabiunke* (Vol. Günter). Berlin: Akademie. [1841].

Maurer, M., et al. (Hrsg.). (2015). *Autonomes Fahren. Technische, rechtliche und gesellschaftliche Aspekte.* Heidelberg: Springer Vieweg.

Moses, D. A. et al. (2019). Real-time decoding of question-and-answer speech dialogue using human cortical activity, in: Nature Communications, Bd. 10, Article number 3096, https://doi.org/10.1038/s41467-019-10994-4. Zugegriffen: 20. Aug. 2019.

Müller-Friemauth, F., & Kühn, R. (2017). *Ökonomische Zukunftsforschung. Grundlagen – Konzepte – Perspektiven.* Wiesbaden: Springer Gabler.

Novalis. (1960). [1798-1802]: *Novalis Schriften. Das philosophische Werk in vier Bänden und einem Begleitband,* Bd. 2, hg. v. Samuel, R. Stuttgart: Kohlhammer.

Novotny, R. (2019. Die sonderbare Gelassenheit der Deutschen. Kommentar zur Vermächtnis-Studie in DIE ZEIT Nr. 20/2019 v. 9.5.2019, S. 14–16. https://live0.zeit.de/infografik/2019/Vermaechtnis-Studie_Broschuere_2019.pdf. Zugegriffen: 1. Dez. 2019.

OMR. (2018). Scott Galloway – A critical look at digital advertising and the world beyond, Ausschnitt des Kongresses "Online Marketing Rockstars", Hamburg. https://www.youtube.com/watch?v=Qq1VObfYOOc. Zugegriffen: 12. Juli 2019.

Priddat, P. B. (1998). *Produktive Kraft, sittliche Ordnung und geistige Macht. Denkstile der deutschen Nationalökonomie im 18. und 19. Jahrhundert.* Marburg: Metropolis.

Spiekermann, S. (2018). *Digitale Ethik. Ein Wertesystem für das 21. Jahrhundert.* München: Droemer.

Thaler, R. H., & Sunstein, C. R. (2011). *Nudge. Wie man kluge Entscheidungen trifft.* Berlin: Ullstein.

Tiqqun (Autorenkollektiv). (2007). *Kybernetik und Revolte.* Zürich: Diaphanes.

Vermächtnis-Studie. (2019). Das Vermächtnis. Wie wir leben wollen und was wir dafür tun müssen. Ergebnisse 2019, 2019 (DIE ZEIT/infas/WZB). https://live0.zeit.de/infografik/2019/Vermaechtnis-Studie_Broschuere_2019.pdf. Zugegriffen: 7. Juli 2019.

Zweig, K. (2019). *Ein Algorithmus hat kein Taktgefühl. Wo künstliche Intelligenz sich irrt, warum uns das betrifft und was wir dagegen tun können.* München: Heyne.

Prof. Dr. Friederike Müller-Friemauth ist seit dem Jahr 2014 Professorin für Allgemeine Betriebswirtschaftslehre, Strategisches Marketing und Innovationsmanagement an der FOM Hochschule für Oekonomie & Management in Köln. Im KCT KompetenzCentrum für Technologie- & Innovationsmanagement der FOM Hochschule vertritt sie den Bereich Zukunftsforschung. Parallel zu ihrer Tätigkeit als Professorin ist sie Mit-Inhaberin von „kühn denken auf vorrat“, einer Agentur für angewandte ökonomische Zukunftsforschung.

Dr. Rainer Kühn ist Sozialwissenschaftler und war über mehrere Jahre Dozent am politikwissenschaftlichen Institut der FU Berlin, in der Erwachsenenbildung sowie als stellvertretender Geschäftsführer einer Mediendienstleistungsagentur tätig. Heute ist er freier Publizist und Geschäftsführer von „kühn denken auf vorrat“, einer Agentur für angewandte ökonomische Zukunftsforschung.

Einflussfaktoren auf die Nutzungsabsicht von KI im privaten Umfeld

26

Oliver Gansser und Christina Reich

Inhaltsverzeichnis

O. Gansser (✉) · C. Reich (✉)
FOM Hochschule, München, Deutschland
E-Mail: oliver.gansser@fom.de

C. Reich
E-Mail: christina.reich@fom.de

R. Buchkremer et al. (Hrsg.), *Künstliche Intelligenz in Wirtschaft & Gesellschaft*,
FOM-Edition, https://doi.org/10.1007/978-3-658-29550-9_26

Zusammenfassung

Trotz der allgegenwärtigen medialen Präsenz künstlicher Intelligenz (KI) ist wenig darüber bekannt, was die individuelle Nutzungsabsicht von Produkten, die KI nutzen oder enthalten, beeinflusst. Der Zweck dieser Studie ist es, Faktoren zu untersuchen, die die Absicht einer Person bestimmen, Produkte mit KI im Alltag in den Anwendungsbereichen Haushalt, Gesundheit und Mobilität zu nutzen. Wir untersuchen die Faktoren Sicherheitsbedenken, Gesundheit, Praktikabilität, Nachhaltigkeit, Nützlichkeit, Aufwandsreduzierung, Gruppenzwang, Spaß, Innovationsfreude und Preiswertigkeit und beziehen einen Interaktionseffekt bezüglich der KI-Kenntnis in die Analyse mit ein. Die Ergebnisse der multiplen Regressionsanalysen bei 21.841 Auskunftspersonen zeigen einen starken positiven Einfluss insbesondere von Nützlichkeit und Innovationsfreude auf die Nutzungsabsicht. Aufwandsreduzierung, Gruppenzwang und Spaß haben einen mittleren positiven Einfluss auf die Nutzungsabsicht.

26.1 Einleitung

Künstliche Intelligenz (KI) hält zunehmend Einzug in viele Lebensbereiche von Menschen. KI soll das Leben der Menschen vereinfachen und sie in einer Vielzahl von Situationen unterstützen. Die Studie untersucht, welche Einflussfaktoren auf die Nutzungsabsicht von Produkten die KI enthalten (nachfolgend KI-Produkte genannt) eine Rolle spielen. Insbesondere für Hersteller von KI-Produkten lassen sich Faktoren identifizieren, die entweder ignoriert werden können oder bei der Produktentwicklung besondere Aufmerksamkeit erfordern. So kann es beispielsweise relevant sein zu wissen, ob Verbraucher oder Nutzer ein erhöhtes Interesse an der Sicherheit ihrer offenbarten Daten haben oder nicht. Dieses Wissen sollte vom Anbieter bei der Produktgestaltung und -kommunikation berücksichtigt werden. Um die Verwendung eines Produkts überhaupt in Betracht zu ziehen, setzt der Kunde Mindestanforderungen, die erfüllt sein müssen, um in sein relevantes Set aufgenommen zu werden. Die Fragestellung der Studie ist die Identifizierung, die Stärke und die Richtung der Einflussgrößen auf die Nutzungsabsicht, wobei der aktuelle Wissensstand der Menschen über KI eine Herausforderung darstellt. Das Konzept der KI mag den meisten Menschen bekannt sein, aber das tatsächliche Verständnis dessen, was genau KI ist, kann deutlich niedriger sein. Dies sollte sich auch auf die Stärke der Einflussfaktoren auswirken.

Wenn es in der Forschung um die Untersuchung der Nutzungsabsicht neuer Technologien geht, werden überwiegend die Unified Theory of Acceptance and Use of Technology (UTAUT) und das zugrunde liegende Technology Acceptance Model (TAM) von Davis (1986, 1989) in der Literatur verwendet. Da die ursprüngliche UTAUT mehr mit der Akzeptanz von Technologien in der direkten Arbeitsumgebung zu tun hat, bevorzugen wir die UTAUT2 von Venkatesh et al. (2012). In der aktuellen Marktforschung stellt dieses Modell die Erweiterung des UTAUT-Modells um weitere Faktoren (Price Value, Habit und Hedonic Motivation) dar, die es ermöglicht, die Akzeptanz neuer Technologien, insbesondere im privaten Umfeld bzw. mit einem stärker verbraucherorientierten Kontext, zu untersuchen (vgl. Venkatesh et al. 2012, S. 158). Das UTAUT2 untersucht die Auswirkungen von Performance Expectancy, Effort Expectancy, Social Influence, Facilitating Conditions, Hedonic Motivation, Price Value und Habit auf Behavioral Intension als medierende Variable und schließlich Use Behavior. Zusätzlich zu den Einflussgrößen aus dem UTAUT2-Modell nehmen wir analog zu Baudier et al. (2018) und Chen und Chang (2009) die Faktoren aus der Smart-Home-Forschung Sicherheitsbedenken, Gesundheit, Praktikabilität, Nachhaltigkeit und aus dem IT-Bereich Innovationsfreude mit auf. Use Behavior bzw. die tatsächliche Nutzung nehmen wir in unserer Modellanalyse nicht mit auf, da in den drei unterschiedlichen Bereichen auch verschiedene Anwendungen für KI vorkommen, und wir somit eine globale Analyse nicht als geeignet erachten.

Gegenstand der Untersuchung ist die Analyse der Einflussfaktoren auf die Nutzungsabsicht von KI-Produkten im Alltag. Zunächst werden theoriebasiert die Einflussgrößen auf die Nutzungsabsicht begründet. Hieraus werden Hypothesen abgeleitet, mit einer theoretisch begründeten Richtung der Einflussgrößen bezüglich der Nutzungsabsicht. Mittels einer empirischen Umfragestudie, die die operationalisierten theoretischen Konstrukte beinhalten, werden die vermuteten Zusammenhänge in Bezug auf die Richtung und die Stärke der Wirkung der verschiedenen Einflussgrößen auf die Nutzungsabsicht analysiert und interpretiert.

Zur Untersuchung der Fragestellung der Studie wurden im Rahmen der FOM-Sommerumfrage 2019 Face-to-Face-Interviews von Studierenden der FOM zu den Themen Mobilität, Haushalt und Gesundheit hinsichtlich der Meinungen und Nutzungsabsicht von KI-Produkten im Alltag durchgeführt. Die Daten wurden durch persönliche Interviews von Studierenden an der FOM bundesweit erhoben. Für die Quotierung der Stichprobenmerkmale wurde ein Quotenplan verwendet, mit der Verteilung der Merkmale Geschlecht, Altersgruppe und Anwendungsgebieten der KI-Produkte.

26.2 Theorie und Hypothesenentwicklung

In diesem Abschnitt untersuchen wir die theoretischen Hintergründe der unabhängigen Variablen, auf die wir uns konzentriert haben, als Prädiktoren für die Absicht, KI-Produkte in den drei untersuchten Bereichen (Haushalt, Gesundheit und Mobilität) einzusetzen. Diese sind 1) Sicherheitsbedenken, 2) Gesundheit, 3) Praktikabilität, 4) Nachhaltigkeit, 5) Nützlichkeit, 6) Aufwandsreduzierung, 7) Gruppenzwang, 8) Spaß, 9) Innovationsfreude, 10) Preiswertigkeit. Der im UTAUT2 mit aufgenommene Faktor Gewohnheit spielt unseres Erachtens nach im Kontext von KI-Produkten eine untergeordnete Rolle und wird bei der Hypothesenentwicklung nicht weiter berücksichtigt.

26.2.1 Sicherheitsbedenken

Neben dem Nutzen eines neuen Produkts stellt das damit verbundene Risiko in Form von Sicherheitsbedenken des Anwenders bei der Nutzung einen wichtigen Bestandteil für die beabsichtigte und tatsächliche Nutzung, insbesondere im Bereich der KI-Produkte, dar. Hubert et al. (2018), stellen fest, dass die Nutzer in diesem Zusammenhang nicht nur über den Verlust der Kontrolle über personenbezogene Daten oder den illegalen Zugriff Dritter auf das System besorgt sein könnten, sondern auch darüber, dass das System defekt ist und nicht wie vorgesehen funktioniert. Der Einflussfaktor Sicherheitsbedenken stellt daher eine wichtige Komponente für die beabsichtigte und tatsächliche Nutzung von KI-Produkten dar. Dies wird durch die Theorie des wahrgenommenen Risikos (Cox und Rich 1964; Cox 1967) unterstützt, die besagt, dass die wahrgenommene Bedeutung von unerwünschten Konsequenzen und die subjektiv wahrgenommene Wahrscheinlichkeit der unerwünschten Konsequenz für den Nutzer von Bedeutung sind.

Chao und Lin (2009, S. 70–71) unterstützen dies insbesondere für Fälle, in denen es um Datensicherheit geht. Nutzer befürchten häufig, dass Daten weitergegeben werden. Die Studie zeigt, dass, wenn die Nutzer die Nutzung und Verarbeitung der Daten als sicher empfinden, dies einen signifikanten positiven Effekt auf die beabsichtigte Nutzung hat. Bei der Untersuchung von Curran und Meuter (2005) wird die Nutzungsabsicht der Einstellung zur Nutzung vorangestellt. Der Begriff Risiko wird hier verwendet, um die Wahrscheinlichkeit bestimmter Ergebnisse eines Verhaltens und die daraus resultierende Gefahr für den Nutzer und das Ausmaß der negativen Folgen, zu beschreiben (Cunningham 1967). Es wird davon ausgegangen, dass der Nutzer im Rahmen seiner Kaufentscheidung versucht, das Risiko von zeitlichen, finanziellen, sozialen und psychologischen Verlusten zu minimieren (Peter und Tarpley 1975).

Im Servicekontext wird auf Murray (1991) verwiesen. Hier versuchen die Nutzer, so viele Informationen wie möglich zu sammeln, um das Risiko der negativen Folgen des Kaufs zu minimieren. Dabei stützen sich die Nutzer bei Bedarf hauptsächlich auf ihre eigene Erfahrung (vgl. Murray 1991, S. 105). Insgesamt kommen Curran und Meuter (2005) zu dem Schluss, dass es von der Technologie abhängt, ob das wahrgenommene Risiko ein wesentlicher Einflussfaktor für Selbstbedienungstechnologien ist. Es wurde ein signifikanter negativer Einfluss des wahrgenommenen Risikos im Onlinebanking festgestellt, nicht aber in den beiden anderen betrachteten Selbstbedienungstechnologien, Geldautomat oder Telefonbanking. Sie beziehen sich auch auf die Studie von Eastin (2002), in der gezeigt wird, dass die Sicherheitsbedenken von Nutzern auch bei der Akzeptanz von E-Commerce-Diensten wie Onlineshopping, -Banking, -Anlagen und Internetdiensten eine große Rolle spielen (vgl. Eastin 2002, S. 254). Die Ergebnisse der Studie zeigten auch Unterschiede in Abhängigkeit vom betrachteten E-Commerce-Kanal. So lassen sich im Onlinebanking und bei Online-Investitionen signifikante negative Einflüsse messen (vgl. Eastin 2002, S. 259). Ooi und Tan (2016) befassen sich mit der Akzeptanz von Smartphone-Kreditkarten mit NFC-Technologie. Sie schließen die

Ergebnisse der Studie von Cheong et al. (2014) mit ein, die zeigen, dass das wahrgenommene Risiko bei der Nutzung mobiler Dienste einen wesentlichen Einfluss auf die Nutzungseinstellung hat. Die Ergebnisse der Studie von Tan et al. (2014) wiederum zeigen keinen signifikanten Einfluss des wahrgenommenen Risikos auf die Nutzungsabsicht. Dimitriadi und Kyrezis (2010) sehen die zunehmende Bedeutung von Datenschutz und -sicherheit für die Kunden als ein wesentliches Hindernis für die Einführung von E-Kanälen und Online-Transaktionen. Die Ergebnisse der Studie zeigen jedoch keine signifikanten Auswirkungen der wahrgenommenen Transaktionssicherheit oder des Datenschutzes auf die Absicht des Nutzers, das Telefon oder Onlinebanking zu nutzen.

Jedoch gerade bei der Einführung von Produkten und Dienstleistungen, die neue, dem Nutzer weitestgehend unbekannte Technologien enthalten, spielt Sicherheit eine große Rolle. Besonders bei KI spielt die Verarbeitung von Daten eine zentrale Rolle, weswegen ein hohes Risiko im Sinne von Sicherheitsbedenken von Nutzern dabei ein großes Hindernis hinsichtlich der Nutzung darstellen kann. Wir leiten daraus folgende Hypothese ab:

▶ **H1** Je höher die wahrgenommenen Sicherheitsbedenken, desto geringer ist die Absicht KI-Produkte zu nutzen.

26.2.2 Gesundheit

In Übereinstimmung mit Chen und Chang (2009) zeigt auch eine Studie der Konrad-Adenauer-Stiftung (Pokorny 2017), dass für die Befragten Gesundheit der wichtigste Aspekt im Leben ist, gefolgt von Familie und Partnerschaft. Nach Angaben des Zukunftsinstituts sagt bereits ein Drittel der deutschen Bevölkerung aus, dass es gesundheitsbewusst lebt und bereit ist, hohe Kosten dafür in Kauf zu nehmen. Sogar 85 % der Befragten geben an, dass sie zumindest an Informationen über gesunde Ernährung und einem gesunden Lebensstil interessiert sind. Sie sehen Gesundheit als eine private Investition in ihr eigenes Lebensglück (Zukunftsinstitut 2018).

Die Studie von Lee und Lee (2018) beschäftigt sich mit der Akzeptanz von tragbaren Gesundheitsgeräten. Es wird argumentiert, dass Einzelpersonen, die mehr Interesse an Gesundheit haben, auch eine höhere Absicht haben, solche tragbaren Gesundheitsgeräte einzusetzen, da sie diese als hilfreich zur Erhaltung oder Verbesserung der eigenen Gesundheit angesehen werden (vgl. Lee und Lee 2018, S. 158). Dies wird durch das Ergebnis der Untersuchung, das einen signifikanten positiven Einfluss des gesundheitlichen Interesses des Nutzers auf die in der Untersuchung betrachtete Nutzungsabsicht, bekräftigt.

Zhang et al. (2017) untersuchen die Akzeptanz von tragbaren Technologien im Gesundheitsbereich. Dabei werden gesundheitliche Überzeugungen im Hinblick auf das Health Belief Model (Hochbaum 1958; Rosenstock 1966) berücksichtigt.

Dieses Modell berücksichtigt die Entscheidungsfindung im gesundheitlichen Umfeld hinsichtlich des individuellen Gesundheitsverhaltens, wie z. B. die Einstellung zum Screening oder der Suche nach geeigneten Behandlungsmethoden. Basierend darauf wird von Zhang et al. (2017) angenommen, dass die Wahrscheinlichkeit zunimmt, dass eine Person eine neue tragbare Technologie im Gesundheitsbereich annimmt, abhängig davon ist, wie stark die Person ihre eigene Gesundheit in Gefahr sieht. Aber auch davon, wie hoch die Wirksamkeit des vorgeschlagenen Gesundheitsverhaltens bewertet wird. Dies gilt auch für KI-Produkte. Da die Gesundheit in allen Lebensbereichen ein immer wichtigerer Bestandteil ist, kann der gesundheitsfördernde Aspekt eine wichtige Rolle bei der Akzeptanz von KI-Produkten spielen. Das Ergebnis der Studie von Zhang et al. (2017) kann dies durch einen signifikanten, positiven Einfluss des Gesundheitsbewusstseins auf den wahrgenommenen Nutzen bei der weiblichen Stichprobe unterstützen. Darüber hinaus zeigt die von Li et al. (2019) durchgeführte Untersuchung einen signifikanten, negativen Einfluss auf den Gesundheitszustand einer Person und die Akzeptanz der Nutzung tragbarer Technologien durch Erwachsene ab 60 Jahren. Wir leiten daraus folgende Hypothese ab:

- **H2** Je höher die erwartete Gesundheit durch ein KI-Produkt, desto höher ist die Nutzungsabsicht.

26.2.3 Praktikabilität

Laut Baudier et al. (2018) kann Bequemlichkeit und Komfort als ein weiterer Aspekt angesehen werden, der auch zur Akzeptanz von KI-Produkten beitragen kann, indem er dem Anwender einen komfortableren und bequemeren Alltag ermöglicht, und somit praktikabel erscheint. Die Untersuchung von Mert et al. (2008) zeigt, dass die Probanden eine positive Einstellung zu intelligenten Geräten haben, wenn sie erwarten, dass diese ihr Leben komfortabler und die Hausarbeit weniger zeitaufwendig machen (vgl. Mert et al. 2008, S. 17). Das Ergebnis der Studie von Guillen-Gamez und Mayorga-Fernandez (2019) ergibt, dass die physische Attraktivität von Wearables, welche die Komfortdimension beinhaltet, einen positiven Zusammenhang zur Nutzungsabsicht und auch zu Gefühlen und Emotionen bei der Verwendung der betrachteten Wearables hat (vgl. Guillen-Gamez und Mayorga-Fernandez 2019, S. 4). Wir leiten daraus folgende Hypothese ab:

- **H3** Je höher die Praktikabilität, desto höher ist die Nutzungsabsicht für KI-Produkte.

26.2.4 Nachhaltigkeit

Die starke Medienpräsenz von Themen wie Klimawandel oder globale Erwärmung erhöht das Bewusstsein für nachhaltiges Handeln in allen Lebensbereichen. PwC sieht KI als Motor der Vierten Industriellen Revolution, aber auch im privaten Umfeld wächst die Bereitschaft, einen Beitrag zur Nachhaltigkeit in der Gesellschaft zu leisten. Dies geht einher mit Kostenersparnissen, Energieersparnissen oder Rohstoffersparnissen (Fink 2018; PwC 2018).

Park et al. (2017) untersuchen die Akzeptanz eines Home-Energy-Management-Systems. Das Ergebnis zeigt ein signifikantes Ergebnis hinsichtlich des Einflusses der Umweltverantwortung auf den Nutzen. Sie beziehen sich auf die Studie von Averdung und Wagenfuehrer (2011), in der festgestellt wird, dass Menschen, die ein großes Interesse am Schutz und an der Verbesserung der Umwelt zeigen und für die Nachhaltigkeit eine große Rolle spielt, offener für umweltfreundliche Technologien sind und diese für sehr nützlich halten.

Stern (1992, S. 1224) beschäftigt sich mit der Frage, ob neue Technologien, die sowohl für den Verbraucher als auch für den Betreiber Geld sparen, vom Verbraucher akzeptiert werden, sobald er von deren Nutzen weiß. Dies ist jedoch nicht der Fall, da der Prozess der Verhaltensänderung wesentlich komplexer ist. Es wird argumentiert, dass der Kunde Energieeinsparung als Umweltverantwortung empfindet, da sie einen positiven Einfluss auf die Umwelt hat. Dies wird als nützlich empfunden, auch wenn der persönliche monetäre Vorteil nicht berücksichtigt wird (vgl. Stern 1992, S. 1229).

Diese Annahme steht im Einklang mit den Ergebnissen der Untersuchung von Mert et al. (2008). Ihre Probanden werden gefragt, ob sie die neue Technologie aus finanziellen oder ökologischen Gründen oder aus beiden Gründen akzeptieren würden. Es zeigt sich, dass eine Mischung aus beidem die größte Resonanz hat. Die Tatsache, dass nicht nur der finanzielle Aspekt eine Rolle spielt, unterstützt zusätzlich die Annahme, dass die Befragten ein Umweltbewusstsein haben und auch zu dessen Schutz beitragen wollen. Die Autoren stellen fest, dass der ökologische Aspekt den finanziellen Aspekt nicht überwiegt, aber es sich um einen willkommenen Nebeneffekt handelt, der sich positiv auf die Akzeptanz der neuen Produkte oder Technologien auswirkt (vgl. Mert et al. 2008, S. 30). Wir leiten daraus folgende Hypothese ab:

▶ **H4** Je größer die Nachhaltigkeit der KI-Produkte, desto höher ist die Nutzungsabsicht.

26.2.5 Nützlichkeit

Ein weiteres Konstrukt, welches die Nutzungsabsicht im UTAUT/UTAUT2 erklärt, ist die Leistungserwartung (Venkatesh et al. 2003, 2012). Es wird auch in TAM/TAM2/

TAM3 (Davis 1986, 1989; Venkatesh und Davis 2000; Venkatesh und Bala 2008) verwendet, und dort als wahrgenommene Nützlichkeit bezeichnet. Diese ist definiert als der Grad, in dem eine Person glaubt, dass die Verwendung eines neuen Produktes oder einer neuen Technologie dazu beiträgt, eine bessere Leistung in der jeweiligen Anwendung zu erzielen (vgl. Venkatesh et al. 2003, S. 447). Darüber hinaus gibt es nach Venkatesh et al. (2003) eine Reihe ähnlicher Konstrukte aus früheren Studien, die auch zur Nützlichkeit gehören.

Davis et al. (1992) beziehen sich auf die Motivationstheorie, durch die sie den Einsatz und das Verständnis neuer Technologien erklären. Sie gehen davon aus, dass es notwendig ist, dem Nutzer von außen ein bestimmtes Ziel (extrinsische Motivation) zu bieten, dessen Erreichung durch die Ausführung einer bestimmten Aktion erreicht werden kann, die jedoch nicht direkt mit dieser Aktivität zusammenhängt (vgl. Davis et al. 1992, S. 1112). Im übertragenen Sinne könnte dies im Hinblick auf die Anwendung von Produkten oder Technologien mit KI bedeuten, dass diese instrumentalisiert werden können, um die Nutzerziele besser und einfacher zu erreichen.

Ähnlich erwähnt das Model of PC Utilization von Thomson et al. (1991, S. 129) Technologien, die Einzelpersonen verwenden, weil sie ihre Arbeitsleistung verbessern sollen (Job-fit). Auch Moore und Benbasat (1991, S. 195) bezeichnen die Leistungserwartung als relativen Vorteil einer Innovation gegenüber ihrem Vorfahren in der adapted Innovation Diffusion Theory. Wir leiten daraus folgende Hypothese ab:

▶ **H5** Je höher die Nützlichkeit von KI-Produkten, desto höher ist die Nutzungsabsicht.

26.2.6 Aufwandsreduzierung

Um die Nutzungsabsicht zu erklären, ist die Aufwandsreduzierung eine der vier Einflussgrößen, die in UTAUT/UTAUT2 berücksichtigt werden (Venkatesh et al. 2003, 2012). Die Modelle TAM/TAM2/TAM3 (Davis 1986, 1989; Venkatesh und Davis 2000; Venkatesh und Bala 2008) verwenden dafür den Faktor als wahrgenommene Benutzerfreundlichkeit. In diesem Zusammenhang ist zu beachten, dass Benutzerfreundlichkeit im TAM und Aufwandsreduzierung im UTAUT entgegengesetzt formulierte Einflussgrößen sind, die aber den gleichen Inhalt messen. Der positive Einfluss der wahrgenommenen Benutzerfreundlichkeit erklärt sich somit daraus, dass eine neue Technologie vor allem dann eingesetzt wird, wenn sie aufwandslos/mühelos zu sein scheint (vgl. Davis et al. 1989, S. 985). Venkatesh et al. (2003, S. 450) argumentieren dagegen, dass die Nutzung des gegensätzlichen Konstrukts Aufwandsreduzierung insbesondere zu Beginn der Nutzung eines neuen Produkts oder einer neuen Technologie sinnvoller ist, wenn erste Hindernisse überwunden werden müssen.

Darüber hinaus wird nach Venkatesh (2003) das Konstrukt Aufwandsreduzierung auch von Thompson et al. (1991, S. 128) im Modell der PC-Nutzung verwendet, wo es als Komplexität in Bezug darauf erscheint, wie schwierig es wahrgenommen wird, ein System zu verstehen und zu benutzen. Basierend auf der Innovation Diffusion Theory von Rogers (1995) entwickelten und validierten Moore und Benbasat (1991) ein Modell mit Konstrukten zur individuellen Technologieakzeptanz (Moore und Benbasat 1991). Auch hier wird ein Konstrukt Benutzerfreundlichkeit verwendet, welches misst, wie schwierig es ist, eine neue Innovation einzusetzen (vgl. Moore und Benbasat 1991, S. 195). Dies bestärkt die Annahme, dass sich auch bei KI-Produkten eine Aufwandsreduzierung positiv auf die Nutzungsabsicht auswirkt.

Daher wird für die hier durchgeführte Studie das Konstrukt Aufwandsreduzierung nach Venkatesh et al. (2003) gewählt, da derzeit Produkte oder Technologien mit künstlicher Intelligenz noch weitgehend als sehr neu oder gar unbekannt für den Anwender wahrgenommen werden. Folglich erscheint es sinnvoller als die Benutzerfreundlichkeit, den erwarteten Aufwand für den Einsatz neuer Produkte oder Technologien zu messen, da nur neue Produkte mit geringer Anwendungsbarriere als in den Alltag integriert angesehen werden. Wir leiten daraus folgende Hypothese ab:

> **H6** Je höher die Aufwandsreduzierung durch KI-Produkte, desto höher ist die Nutzungsabsicht.

26.2.7 Gruppenzwang

Das Konstrukt Gruppenzwang basiert auf der Theorie der Theory of Reasoned Action (Fishbein und Ajzen 1975), die als Subjektive Norm bezeichnet und auch im TAM2 (Venkatesh und Davis 2000), der Theory of planned behavior (Ajzen 1991), der decomposed Theory of planned behavior (Taylor und Todd 1995b) und dem kombinierten Modell aus TAM und Theory of planned behavior (Taylor und Todd 1995a) verwendet wird. Darunter versteht man das Ausmaß, in dem Menschen, die für den Benutzer wichtig sind, denken, dass sie das neue Produkt oder die neue Technologie verwenden sollten (vgl. Venkatesh et al. 2003, S. 451). Das Modell der Personal-Computer-Nutzung (Thompson et al. 1991) betrachtet ein ähnliches Konstrukt mit sozialen Faktoren, basierend auf der Theorie des menschlichen Verhaltens von Triandis (1977). Einerseits wird die Verinnerlichung der subjektiven Kultur der Referenzgruppe von Thompson et al. (1991) erwähnt und andererseits die zwischenmenschlichen Vereinbarungen, die eine Person in bestimmten sozialen Situationen mit anderen getroffen hat. Laut Venkatesh et al. (2003) ist ein Faktor, der dem sozialen Einfluss ähnlich ist, der Imagefaktor, der in der Innovation Diffusion Theory basierend auf Rogers (1995) und angepasst von Moore und Benbasat (1991) erscheint. Es geht bei dieser Theorie um die Wahrnehmung, inwieweit der Einsatz einer Innovation das Image oder die Position im Sozialsystem verbessern kann. Wir leiten daraus folgende Hypothese ab:

- **H7** Je größer der Gruppenzwang bei KI-Produkten, desto stärker ist die Nutzungsabsicht.

26.2.8 Spaß

Das ursprüngliche UTAUT beinhaltet nur extrinsisch motivierte Faktoren und legt einen starken Fokus auf den Nutzenwert, der durch das Konstrukt der Leistungserwartung, im Sinne von Nützlichkeit, dargestellt wird, welches auch den stärksten Einflussfaktor für die Nutzungsabsicht im UTAUT darstellt (vgl. Venkatesh et al. 2003). Diese extrinsische Motivationskomponente wird nach Venkatesh et al. (2012) im UTAUT2 um die intrinsische bzw. hedonistische Komponente Spaß bzw. Vergnügen ergänzt. Spaß wird grundsätzlich als intrinsische Ergänzung aus der Perspektive der Motivationstheorie verstanden (vgl. Venkatesh et al. 2012, S. 160; vgl. Vallerand 1997, S. 271 ff.). Brown und Venkatesh (2005) zeigen, dass dies im Verbraucherkontext eine wichtige Größe hinsichtlich der Technologieakzeptanz und -nutzung darstellt. Somit führt mehr Spaß an einer neuen Technologie wie z. B. künstliche Intelligenz in Produkten des Alltags dazu, dass der Nutzer über eine höhere Nutzenabsicht verfügt, was wiederum die tatsächliche Nutzung begünstigt. Wir leiten daraus folgende Hypothese ab:

- **H8** Je mehr Spaß mit KI-Produkten in Verbindung gebracht wird, desto höher ist die Nutzungsabsicht.

26.2.9 Innovationsfreude

Innovationsfreude basiert auf der Forschung von Agarwal und Prasad (1998). Sie kommen zu dem Schluss, dass es Menschen gibt, die „informationstechnische Innovationen früher als andere übernehmen" (Agarwal und Prasad 1998, S. 205) und daher eine wichtige Rolle bei der Einführung neuer Technologien spielen. Gerade bei Produkten oder Dienstleistungen mit künstlicher Intelligenz spielt dies eine große Rolle, da eine gewisse Neugierde und Experimentierfreude unerlässlich sind, damit Menschen überhaupt über den Einsatz eines neuen Produkts oder einer neuen Technologie nachdenken können. Wir leiten daraus folgende Hypothese ab:

- **H9** Je stärker die persönliche Innovationsfreude bei KI-Produkten, desto größer ist die Nutzungsabsicht.

26.2.10 Preiswertigkeit

Eine weitere Komponente, die im UTAUT2 (Venkatesh et al. 2012) ergänzt wird, ist die Preiswertigkeit. Im Gegensatz zur Technologienutzung am Arbeitsplatz müssen Nutzer im privaten Umfeld die Kosten für neue Produkte oder Technologien selbst tragen. Das Model of Adoption of Technology in Households (MATH) von Brown und Venkatesh (2005) beschäftigt sich mit der Akzeptanz von PCs für den Heimgebrauch und stellen fest, dass die Kosten einen signifikanten negativen Einfluss auf die Nutzungsabsicht haben.

Zudem wird in dem Faktor Preiswertigkeit nach Venkatesh et al. (2012) eine Ergänzung des Faktors Aufwandsreduzierung gesehen, denn dieser befasst sich mehr mit der Investition von Zeit und Aufwand hinsichtlich der Akzeptanz und Nutzung von neuen Technologien. Somit wird durch die Preiswertigkeit dem Verbraucherkontext besser Rechnung getragen. Wenn die Vorteile aus der Nutzung eines Produktes die monetären Kosten des Produktes überwiegen, dann wird von einer positiven Preiswertigkeit ausgegangen. Wir leiten daraus folgende Hypothese ab:

▶ **H10** Je wertiger der Preis eines KI-Produktes beurteilt wird, desto größer ist die Nutzungsabsicht.

26.3 Methodik

In dieser Studie haben wir eine multiple Regressionsanalyse durchgeführt, hauptsächlich deswegen, weil die abhängige Variable und die unabhängigen Variablen metrisches Skalenniveau haben und wir mit den unabhängigen Variablen untersuchen wollen, welche Einflussfaktoren, in welcher Richtung und in welcher Stärke auf die abhängige Variable wirken.

26.3.1 Regressionsmodelle

Die abhängige Variable des Regressionsmodells ist die Absicht, Produkte aus dem Bereich Gesundheit, Haushalt und Mobilität zu nutzen. Mit den im vorherigen Abschnitt beschriebenen unabhängigen Variablen haben wir das folgende Regressionsmodell formuliert:

$\text{Nutzungsabsicht}_i = \beta_0 + \beta_1 * \text{Sicherheitsbedenken}_i + \beta_2 * \text{Gesundheit}_i + \beta_3 * \text{Praktikabilität}_i + \beta_4 * \text{Nachhaltigkeit}_i + \beta_5 * \text{Nützlichkeit}_i + \beta_6 * \text{Aufwandsreduzierung}_i + \beta_7 * \text{Gruppenzwang}_i + \beta_8 * \text{Spaß}_i + \beta_9 * \text{Innovationsfreude}_i + \beta_{10} * \text{Preiswertigkeit}_i + \varepsilon_i.$

wobei die unabhängigen Variablen Folgendes bedeuten:

- $Sicherheitsbedenken_i$ = Die Bedenken einer Person i über die Sicherheit und den Schutz der eigenen Daten bei der Nutzung von KI-Produkten.
- $Gesundheit_i$ = Die Person i geht davon aus, dass KI-Produkte die Gesundheit und das Wahlbefinden verbessern.
- $Praktikabilität_i$ = Die Person i findet es praktisch, dass KI-Produkte bestimmte praktische Funktionen beinhalten, die das Leben erleichtern und komfortabler machen.
- $Nachhaltigkeit_i$ = Die Person i geht davon aus, dass mit KI-Produkten ein nachhaltigerer Umgang mit der Umwelt möglich ist.
- $Nützlichkeit_i$ = Die Person i geht davon aus, dass KI-Produkte für den Alltag nützlicher sind.
- $Aufwandsreduzierung_i$ = Die Person i geht davon aus, dass KI-Produkte leicht zu erlernen und einfach zu bedienen sind.
- $Gruppenzwang_i$ = Die Person i geht davon aus, dass sie selbst KI-Produkte verwenden sollte, weil andere Menschen, die ihr wichtig sind, dies auch tun.
- $Spaß_i$ = Die Person i geht davon aus, dass die Verwendung von KI-Produkten Vergnügen und Freude bereiten.
- $Innovationsfreude_i$ = Die Person i probiert und experimentiert gerne mit neuen Technologien.
- $Preiswertigkeit_i$ = Die Person i geht davon aus, dass KI-Produkte ein gutes Preis-Leistungs-Verhältnis haben.

Die Auskunftspersonen mussten zu Beginn der Befragung angeben, ob sie wissen, was unter künstlicher Intelligenz verstanden wird. Diese Antwort konnten sie mit „Ja" (Variablenausprägung: Kenntnis/ja) oder „nein" (Variablenausprägung: Kenntnis/nein) beantworten. Um diejenigen nicht auszuschließen, die keine Kenntnis von KI hatten, wurde bei der Frage, wo KI im Alltag vorkommt, eine kurze Definition von KI präsentiert, damit sich alle Probanden eine Vorstellung zu den abgefragten Produktkategorien machen konnten. Um einen Einfluss der Kenntnis auf die Zusammenhänge des zuvor definierten Regressionsmodells messen zu können, wurde die bivariate Variable „Kenntnis" als Interaktionsvariable bei allen Einflussgrößen dem Regressionsmodell hinzugefügt, um einen moderierenden Effekt zu messen. Das Modell mit Interaktionsvariable sieht folgendermaßen aus:

$$Nutzungsabsicht_i = \beta_0 + \beta_1 * Sicherheitsbedenken_i + \beta_2 * Gesundheit_i + \beta_3 * Praktikabilität_i + \beta_4 * Nachhaltigkeit_i + \beta_5 * Nützlichkeit_i + \beta_6 * Aufwandsreduzierung_i + \beta_7 * Gruppenzwang_i + \beta_8 * Spaß_i + \beta_9 * Innovationsfreude_i + \beta_{10} * Preiswertigkeit_i + \beta_{11} * Sicherheitsbedenken_i * Kenntnis_i + \beta_{12} * Gesundheit_i * Kenntnis_i + \beta_{13} * Praktikabilität_i * Kenntnis_i + \beta_{14} * Nachhaltigkeit_i * Kenntnis_i + \beta_{15} * Nützlichkeit_i * Kenntnis_i + \beta_{16} * Aufwandsreduzierung_i * Kenntnis_i + \beta_{17} * Gruppenzwang_i * Kenntnis_i + \beta_{18} * Spaß_i * Kenntnis_i + \beta_{19} * Innovationsfreude_i * Kenntnis_i + \beta_{20} * Preiswertigkeit_i * Kenntnis_i + \varepsilon_i.$$

26.3.2 Stichprobenbeschreibung und deskriptive Statistik

In persönlichen Face-to-Face-Interviews wurden im Zeitraum vom 01.04.2019 bis 31.05.2019 von Studierenden der FOM bundesweit 21.841 Auskunftspersonen befragt. Die Interviews wurden mit einem standardisierten Fragebogen durchgeführt. Dabei mussten sie eine Quotierung nach Alter, Geschlecht und Produktbereich beachten. Es wurden drei Produktbereiche (Anwendungsgebiete) abgefragt: Mobilität, Gesundheit und Haushalt. Für die Quotierung der Altersgruppen wurden fünf Kategorien gebildet, die jeweils gleichgewichtet abgefragt wurden. Ebenso wurden das Geschlecht und das Anwendungsgebiet gleich gewichtet. Von den 21.841 Auskunftspersonen konnten 80,35 % (17.551 Personen) sagen, dass sie wissen, was unter KI verstanden wird. 195 Personen haben keine Angaben zu dieser Frage gemacht.

26.3.3 Messung der Modellvariablen

Die einzelnen Konstrukte des verwendeten Regressionsmodells zur Messung der Akzeptanz von KI-Produkten wurden über multiple Itemsets erfasst. Alle Konstrukte wurden nach ausführlicher Literaturrecherche und Bewertung der Reliabilität und Validität der Items ausgewählt worden. Bei allen Messinstrumenten handelt es sich um etablierte Indikatoren aus vorausgegangenen Studien mit ausreichend großem Cronbachs Alpha (α):

Aus der Studie Gansser und Krol (2017) wurden die Items zum Konstrukt Nutzungsabsicht ($\alpha = 0{,}86$) und der Aufwandsreduzierung ($\alpha = 0{,}94$) übernommen.

Aus der Studie von Baudier et al. (2018) wurden die Konstrukte: Nachhaltigkeit ($\alpha = 0.88$), Praktikabilität ($\alpha = 0{,}81$), Gesundheit ($\alpha = 0{,}91$), Gewohnheit ($\alpha = 0{,}86$), Gruppenzwang ($\alpha = 0{,}92$), Nützlichkeit ($\alpha = 0{,}73$) und Innovationsfreude ($\alpha = 0{,}83$) adaptiert.

Aus der Studie von Shuhaibera und Masha (2019) wurden die Items zu Sicherheitsbedenken ($\alpha = 0{,}96$) und Spaß ($\alpha = 0{,}94$) adaptiert.

Um die Struktur der Daten und die Voraussetzungen für die Regressionsanalyse für die unabhängigen Variablen zu überprüfen, wurde mit den Items der unabhängigen Variablen eine Hauptkomponentenanalyse (PCA) mit Varimax-Rotation durchgeführt. Mittels Scree-Tests wurden mehrere Methoden (optimal coordinates index, acceleration factor, Parallelanalyse und Kaiser-Kriterium) angewendet, um die Anzahl der Komponenten aus dem Pool der unabhängigen Variablen zu schätzen. Im vorliegenden Fall deuten drei der vier Methoden darauf hin, dass der Datensatz der unabhängigen Variablen zehn Komponenten hat. Die kumulierte Varianz der zehn Hauptkomponenten betrug dabei 0,76. Da die PCA versucht, unkorrelierte Linearkombinationen zu finden, die die maximale Varianz in den Daten erfassen, eignen sich somit alle zehn Hauptkomponenten als Einflussgrößen auf die Komponenten Nutzungsabsicht in einem multiplen Regressionsmodell. Die Ladungen und das Cronbachs Alpha

Tab. 26.1 Ladungen und Cronbachs Alpha der exogenen Einflussgrößen auf die Nutzungsabsicht

Konstrukt; Item	Ladung	Cronbachs Alpha
Gesundheit		0,93
Ein Produkt im Bereich M/G/H, das KI enthält, kann das Bewusstsein für meine Gesundheit und mein Wohlbefinden erhöhen	0,85	
Ein Produkt im Bereich M/G/H, das KI enthält, kann mir Informationen liefern, die mir helfen, bessere Entscheidungen für meine Gesundheit und mein Wohlbefinden zu treffen	0,83	
Ein Produkt im Bereich M/G/H, das KI enthält, kann mir mehr Kontrolle über meine Gesundheit und mein Wohlbefinden geben	0,82	
Ein Produkt im Bereich M/G/H, das KI enthält, kann meine Chancen auf eine gesündere Lebensweise erhöhen	0,82	
Ein Produkt im Bereich M/G/H, das KI enthält, kann meine Aktivitätenüberwachung verbessern, wenn ich ein tragbares Gerät verwende	0,62	
Praktikabilität		0,91
Es ist praktisch, dass Produkte im Bereich M/G/H, die KI enthalten, sich automatisch steuern und kontrollieren	0,76	
Es ist praktisch, dass Produkte im Bereich M/G/H, die KI enthalten, jedes elektrische Gerät durch einfache Bedienung steuern können	0,75	
Es ist praktisch, dass Produkte im Bereich M/G/H, die KI enthalten, den Zugriff auf viele Informationen ermöglichen können	0,73	
Es ist praktisch, dass Produkte im Bereich M/G/H, die KI enthalten, mir proaktiv und ohne menschliches Zutun helfen können	0,68	
Es ist praktisch, dass Produkte im Bereich M/G/H, die KI enthalten, mir helfen können, bessere Entscheidungen zu treffen	0,54	
Nachhaltigkeit		0,87
Menschen, die Produkte im Bereich M/G/H mit KI verwenden, können besser mit Verschwendung umgehen	0,80	
Menschen, die Produkte im Bereich M/G/H mit KI verwenden, können Ressourcen sparen	0,74	
Menschen, die Produkte im Bereich M/G/H mit KI verwenden, können Kosteneinsparungen erzielen	0,73	
Menschen, die Produkte im Bereich M/G/H mit KI verwenden, kennen genau ihren Verbrauch an Ressourcen (Zeit, Dauer, Kosten, verbrauchte Menge …)	0,70	
Menschen, die Produkte im Bereich M/G/H mit KI verwenden, haben eine umweltfreundliche Einstellung	0,66	
Sicherheitsbedenken		0,95
Ich bin besorgt über meine persönlichen Daten bei der Nutzung von Produkten im Bereich M/G/H, die KI enthalten	0,95	

(Fortsetzung)

Tab. 26.1 (Fortsetzung)

Konstrukt; Item	Ladung	Cronbachs Alpha
Ich bin besorgt über die Datensicherheit der Produkte im Bereich M/G/H, die KI enthalten	0,94	
Ich habe Datenschutzbedenken im Zusammenhang mit Produkten im Bereich M/G/H, die KI enthalten	0,93	
Ich habe Sicherheitsbedenken im Zusammenhang mit Produkten im Bereich M/G/H, die KI enthalten	0,90	
Aufwandsreduzierung		0,93
Die Interaktion/Verständigung mit Produkten im Bereich M/G/H, die KI enthalten, ist für mich klar und verständlich	0,81	
Ich finde Produkte im Bereich M/G/H, die KI enthalten, einfach zu bedienen	0,81	
Für mich ist die Benutzung von Produkten im Bereich M/G/H, die KI enthalten, leicht zu erlernen	0,80	
Es ist leicht, mit Produkten im Bereich M/G/H, die KI enthalten, das zu machen, was ich machen möchte	0,71	
Spaß		0,95
Die Verwendung von Produkten im Bereich M/G/H, die KI enthalten, wäre ein Vergnügen	0,79	
Die Verwendung von Produkten im Bereich M/G/H, die KI enthalten, würde mir Freude bereiten	0,78	
Die Verwendung von Produkten im Bereich M/G/H, die KI enthalten, würde Spaß machen	0,76	
Ich fühle mich begeistert, Produkte im Bereich M/G/H, die KI enthalten, zu nutzen	0,66	
Nützlichkeit		0,88
Die Verwendung von Produkten im Bereich M/G/H, die KI enthalten, helfen, Dinge schneller zu erledigen	0,73	
Die Verwendung von Produkten im Bereich M/G/H, die KI enthalten, steigert die Produktivität	0,69	
Die Verwendung von Produkten im Bereich M/G/H, die KI enthalten, erhöht die Chancen, Dinge zu erreichen, die wichtig sind	0,69	
Ich finde Produkte im Bereich M/G/H, die KI enthalten, nützlich im täglichen Leben	0,63	
Innovationsfreude		0,82
Wenn ich von einer neuen Technologie im Bereich M/G/H hören würde, würde ich nach Möglichkeiten suchen, damit zu experimentieren	0,75	
Unter meinen Kollegen bin ich in der Regel die Erste, die neue Technologien im Bereich M/G/H ausprobiert	0,74	

(Fortsetzung)

Tab. 26.1 (Fortsetzung)

Konstrukt; Item	Ladung	Cronbachs Alpha
Ich experimentiere gerne mit neuen Technologien im Bereich M/G/H	0,73	
Generell zögere ich, neue Technologien im Bereich M/G/H auszuprobieren	0,58	
Gruppenzwang		0,90
Menschen, die mein Verhalten beeinflussen, denken, dass ich Produkte im Bereich M/G/H, die KI enthalten, verwenden sollte	0,88	
Menschen, die mir wichtig sind, denken, dass ich Produkte im Bereich M/G/H, die KI enthalten, verwenden sollte	0,87	
Menschen, deren Meinungen ich schätze, bevorzugen die Verwendung von Produkten im Bereich M/G/H, die KI enthalten	0,79	
Preiswertigkeit		0,85
Produkte im Bereich M/G/H, die KI enthalten, haben ein gutes Preis-Leistungsverhältnis	0,83	
Ich finde, dass Produkte im Bereich M/G/H, die KI enthalten, preiswert sind	0,82	
Zum gegenwärtigen Preis bieten Produkte im Bereich M/G/H, die KI enthalten, einen guten Mehrwert.	0,72	

Anmerkung: M = Mobilität, G = Gesundheit, H = Haushalt

für die unabhängigen Variablen sind in Tab. 26.1 dargestellt. Das Cronbachs Alpha der drei Variablen für die Messung der Nutzungsabsicht war 0,92. Zur Messung der Items wurde eine einheitliche siebenstufige Likert-Skala gewählt. Die Fragen konnten auf einer Antwortskala von 1 = „stimme überhaupt nicht zu“ bis 7 = „stimme voll und ganz zu“ beantwortet werden. Mit den Werten dazwischen konnten die Auskunftspersonen ihr Urteil entsprechend abstufen.

26.4 Ergebnisse

Alle Konstrukte zeigen über alle Einflussfaktoren einen signifikanten Unterschied zwischen den Mittelwerten der beiden Gruppen Kenntnis/ja und Kenntnis/nein (siehe Tab. 26.2). Die t-Tests mit den Modellvariablen als abhängige Variablen und der Kenntnis als binäre kategoriale unabhängige Variable ergaben für alle elf Konstrukte t-Werte zwischen −4,14 und −48,08. Somit sind bei der Kenntnis über KI-Produkte über alle Konstrukte hinweg hochsignifikante Unterschiede feststellbar. Dies bestätigt unsere Einschätzung, dass auch für die Regressionsmodelle Interaktionseffekte zu erwarten sind.

Tab. 26.2 Ergebnisse der t-Tests aller Konstrukte zwischen KI-Kenntnis und keinen KI-Kenntnissen

	Keine Kenntnis	Kenntnis		Differenz der Mittelwerte
	Mittelwert	Mittelwert	t-Wert	95 % CI [LL; UL]
Sicherheitsbedenken	4,35	4,51	−4,76**	[−0,22;−0,09]
Gesundheit	3,40	4,03	−23,02**	[−0,69;−0,58]
Praktikabilität	3,72	4,49	−28,72**	[−0,83;−0,72]
Nachhaltigkeit	3,27	3,75	−19,42**	[-0,53;−0,44]
Nützlichkeit	3,62	4,54	−33,30**	[−0,98;−0,87]
Aufwandsreduzierung	3,02	4,38	−48,08**	[−1,42:−1,31]
Gruppenzwang	3,28	3,40	−4,14**	[−0,18;−0,06]
Spaß	3,23	4,12	−30,89**	[−0,95;−0,83]
Innovationsfreude	2,72	3,57	−33,91**	[−0,89;−0,79]
Preiswertigkeit	2,70	3,03	−14,16**	[−0,38;−0,28]
Nutzungsabsicht	2,89	3,91	−34,72**	[−1,08;−0,96]

Anmerkung: LL und UL geben die untere und obere Grenze eines Konfidenzintervalls (CI) an
* zeigt p<0,05 an. ** zeigt p<0,01 an

Um zu untersuchen, ob und wie stark die Einflussgrößen die Nutzungsabsicht von KI-Produkten beeinflussen und ob die Kenntnis von KI diesen Einfluss moderiert, wurden fünf Regressionsanalysen mit den Daten gerechnet Tab. 26.3 zeigt die β-Koeffizienten der Einflussgrößen auf die Nutzungsabsicht von KI-Produkten mit den über alle Anwendungsbereiche gepoolten Daten. Betrachtet man die Ergebnisse ohne Interaktionseffekte, so haben alle Einflussgrößen einen signifikanten Effekt auf die Absicht, KI-Produkte zu nutzen. Bis auf Nachhaltigkeit, Gesundheit und Sicherheitsbedenken sind Einflussgrößen positiv signifikant. Der mit Abstand deutlichste positive Einfluss hat der Faktor Nützlichkeit mit einem β von 0,45, gefolgt von Innovationsfreude mit 0,25 und Spaß mit 0,18. Fast gleich hoch wie Spaß ist der Einfluss von Gruppenzwang mit einem β von 0,16. Preiswertigkeit und Praktikabilität haben ein β von kleiner als 0,1 und sind somit auch weniger bedeutend, Gleiches gilt für die drei negativen Einflussgrößen Nachhaltigkeit, Gesundheit und Sicherheitsbedenken.

Um den moderierenden Effekt der binären Variable Kenntnis (ja/nein) im Regressionsmodell zu berücksichtigen und die drei verschiedenen Anwendungsgebiete zu unterscheiden, wurde ein Gesamtmodell mit Interaktionseffekt und jeweils ein Teilmodell mit den Anwendungsgebieten Gesundheit, Haushalt und Mobilität gerechnet. Tab. 26.4 zeigt die Ergebnisse der vier Regressionsanalysen mit dem Interaktionseffekt „Kenntnis“ als moderierende kategoriale Variable auf die unabhängigen Variablen. Um eine bessere Übersicht für die Interpretation der Ergebnisse zu bekommen, wurden alle Werte aus der Tabelle in jeweils einem Koeffizientenplot in Abb. 26.1 dargestellt.

Tab. 26.3 Regression ohne Interaktionseffekt über alle Anwendungsgebiete

Prädiktor	β	β 95 % CI [LL,UL]
Konstante	−0,68**	[−0,74; −0;61]
Sicherheitsbedenken	−0,01**	[−0,02; −0,00]
Gesundheit	−0,03**	[−0,05; −0,02]
Praktikabilität	0,04**	[0,03; 0,06]
Nachhaltigkeit	−0,08**	[−0,10; −0,07]
Nützlichkeit	0,45**	[0,43; 0,46]
Aufwandsreduzierung	0,11**	[0,10; 0,12]
Gruppenzwang	0,16**	[0,15; 0,17]
Spaß	0,18**	[0,17; 0,19]
Innovationsfreude	0,25**	[0,24; 0,26]
Preiswertigkeit	0,06**	[0,04; 0,07]

Anmerkung: $R^2 = 0,63$**; 95 % CI[0,62; 0,64]; Ein signifikantes β-Gewicht zeigt an, dass das Beta-Gewicht signifikant ist. β repräsentiert die unstandardisierten Regressionsgewichte. LL und UL geben die untere und obere Grenze eines Konfidenzintervalls (CI) an
* zeigt $p<0,05$ an. ** zeigt $p<0,01$ an

Die Koeffizienten der Einflussgrößen in der Gruppe mit Kenntnis (Kenntnis/ja) in Abb. 26.1 sind als Differenz zu den Koeffizienten der Gruppe ohne Kenntnis (Basiskategorie) zu interpretieren.

Interaktionseffekte liegen dann vor, wenn die Koeffizienten der Differenzen signifikant sind. Dann gibt es signifikante Unterschiede der Einflüsse im Vergleich zur Basiskategorie. Das Bestimmtheitsmaß des Gesamtmodells als auch der Teilmodelle liegt jeweils über 50 %, was bedeutet, dass über 50 % der Variation der Nutzungsabsicht durch das jeweilige Modell erklärt werden kann. In der Teilmenge Haushalt sind es sogar über 70 %. Wir stufen deshalb die Modellgüte sowohl vom Gesamtmodell als auch von den Teilmodellen als gut bis substanziell ein.

26.4.1 Überprüfung von H1, H2 und H3

In den gepoolten Daten aller drei Anwendungsgebieten haben in der Gruppe der Probanden ohne Kenntnis (Kenntnis/nein) die Einflussgrößen Praktikabilität, Gesundheit und Sicherheitsbedenken keinen signifikanten Einfluss auf die Nutzungsabsicht.

In der Gruppe der Probanden, die wissen, was unter KI im Allgemeinen verstanden wird (Kenntnis/ja), ist der Einfluss von Sicherheitsbedenken auf die Nutzungsabsicht um −0,03 signifikant kleiner als in der Gruppe ohne Kenntnis, womit ein signifikanter Interaktionseffekt in den gepoolten Daten sichtbar wird.

Tab. 26.4 Regression mit Interaktion

	Insgesamt		Haushalt		Gesundheit		Mobilität	
Prädiktor	β	β 95 % CI [LL,UL]	β	β 95 % CI [LL,UL]	β	β 95 % CI [LL,UL]	b	β 95 % CI [LL,UL]
Konstante	−0,64**	[−0,71; −0,57]	−0,63**	[−0,74; −0,52]	−0,58**	[−0,71; −0,46]	−0,59**	[−0,71; −0,46]
Sicherheits-bedenken	0,02	[−0,00; 0,03]	0,01	[−0,02; 0,03]	0,01	[−0,02; 0,04]	0,02	[−0,00; 0,05]
Gesundheit	−0,01	[−0,04; 0,03]	0,02	[−0,03; 0,08]	0,04	[−0,02; 0,11]	−0,04	[−0,09; 0,02]
Praktikabilität	0,01	[−0,02; 0,05]	0,02	[−0,04; 0,07]	−0,05	[−0,12; 0,01]	0,07*	[0,01; 0,13]
Nachhaltigkeit	−0,04**	[−0.08; −0,01]	−0,08**	[−0,13; −0,03]	−0,03	[−0,08; 0,03]	−0,03	[−0,09; 0,03]
Nützlichkeit	0,40**	[0,37; 0,43]	0,46**	[0,41; 0,52]	0,38**	[0,33; 0,44]	0,34**	[0,28; 0,39]
Aufwands-reduzierung	0,16**	[0,13; 0,19]	0,15**	[0,10; 0,20]	0,09**	[0,04; 0,15]	0,25**	[0,19; 0,31]
Gruppenzwang	0,12**	[0,09; 0,14]	0,08**	[0,04; 0,11]	0,18**	[0,14; 0,22]	0,08**	[0,04; 0,12]
Spaß	0,11**	[0,08; 0,14]	0,06*	[0,01; 0,12]	0,14**	[0,08; 0,20]	0,09**	[0,04; 0,15]
Innovations-freude	0,24**	[0,21; 0,27]	0,31**	[0,26; 0,37]	0,21**	[0,16; 0,26]	0,20**	[0,15; 0,26]
Preiswertigkeit	0,08**	[0,05; 0,12]	0,05	[−0,00; 0,10]	0,08**	[0,03; 0,14]	0,11**	[0,06; 0,17]
Sicherheits-bedenken: Kenntnis/ja	−0,03**	[−0,05; −0,02]	−0,04**	[−0,07; −0,02]	−0,02	[−0,04; 0,01]	−0,04**	[−0,07; −0,01]
Gesundheit: Kenntnis/ja	−0,03	[−0,07; 0,00]	−0,02	[−0,08; 0,04]	0,07	[−0,00; 0,14]	−0,01	[−0,07; 0,06]

(Fortsetzung)

Tab. 26.4 (Fortsetzung)

	Insgesamt		Haushalt		Gesundheit		Mobilität	
Prädiktor	β	β 95 % CI [LL,UL]	β	β 95 % CI [LL,UL]	β	β 95 % CI [LL,UL]	b	β 95 % CI [LL,UL]
Praktikabilität: Kenntnis/ja	0,04	[−0,00; 0,08]	0,01	[−0,05; 0,07]	0,05	[−0,02; 0,12]	0,02	[−0,05; 0,09]
Nachhaltigkeit: Kenntnis/ja	−0,04*	[−0,08; −0,01]	−0,02	[−0,08; 0,04]	−0,09**	[−0,15; −0,02]	-0,06	[−0,13; 0,00]
Nützlichkeit: Kenntnis/ja	0,05**	[0,02; 0,09]	0,06	[−0,00; 0,12]	−0,04	[−0,10; 0,03]	0,15**	[0,08; 0,12]
Aufwands-reduzierung: Kenntnis/ja	−0,07**	[−0,10, −0,03]	−0,09**	[−0,15; −0,03]	−0,02	[−0,08; 0,04]	−0,12**	[−0,18; −0,06]
Gruppenzwang: Kenntnis/ja	0,06**	[0,03; 0,09]	0,05*	[0,01; 0,09]	0,04	[−0,01; 0,08]	0,08**	[0,03; 0,12]
Spaß: Kenntnis/ja	0,08**	[0,05; 0,12]	0,11**	[0,05; 0,18]	0,03	[−0,03; 0,10]	0,07*	[0,00; 0,13]
Innovations-freude: Kenntnis/ja	−0,00	[−0,04; 0,03]	−0,04	[−0,10; 0,01]	0,02	[−0,04; 0,08]	0,01	[−0,05; 0,06]
Preiswertigkeit: Kenntnis/ja	−0,03	[−0,07; 0,00]	0,01	[−0,05; 0,07]	−0,04	[−0,10; 0,02]	−0,06	[−0,12; 0,00]
R^2	0,633** CI[.63,.64]		0,701** CI[.69,.71]		0,556** CI[.54,.57		0,631** CI[.62,.64]	

Ein signifikantes β-Gewicht zeigt an, dass das Beta-Gewicht signifikant ist. β repräsentiert die unstandardisierten Regressionsgewichte. LL und UL geben die untere und obere Grenze eines Konfidenzintervalls (CI) an
* zeigt $p<0{,}05$ an. ** zeigt $p<0{,}01$ an

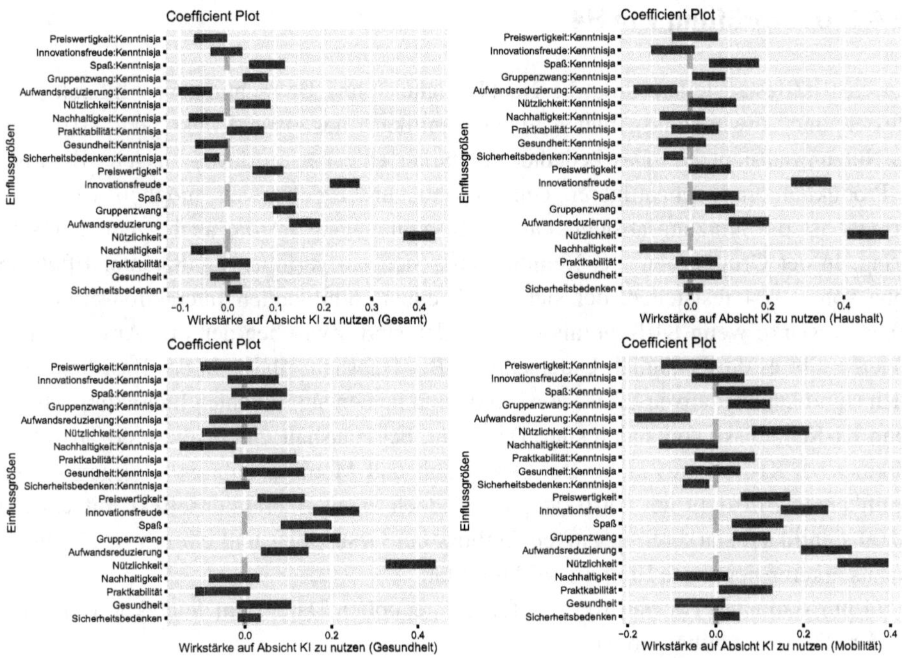

Abb. 26.1 Koeffizientenplots der Regressionsanalysen mit Interaktionseffekt

Gleiches gilt für die Teilmengen der Alltagsanwendungen in den Bereichen Haushalt und Mobilität mit einem signifikanten Interaktionseffekt von jeweils −0,04. Mit anderen Worten: Sicherheitsbedenken haben dann einen kleinen, aber negativen Einfluss auf die Nutzungsabsicht, wenn die Probanden Kenntnis über KI haben. Je größer die Sicherheitsbedenken bei Probanden mit Kenntnis sind, desto geringer ist die Nutzungsabsicht. Dies gilt für die Bereiche Haushalt und Mobilität. Im Bereich Gesundheit gibt es bezüglich dieser drei Einflussgrößen keine Interaktionseffekte.

Bei Praktikabilität und Gesundheit existieren keine signifikanten Änderungen im Vergleich zur Basiskategorie für die gepoolten Daten. Jedoch kann für die Teilmenge Mobilität ein positiv signifikanter Effekt in der Basiskategorie in Höhe von 0,07 festgestellt werden, jedoch ohne Interaktionseffekt.

H1 kann somit teilweise angenommen werden, und zwar dann, wenn die Menschen wissen, was unter KI im Allgemeinen verstanden wird. H2 muss für die gepoolten Daten und die einzelnen Anwendungsbereiche verworfen werden. H3 muss lediglich für die Teilanwendungen Haushalt und Gesundheit verworfen werden. Im Bereich Mobilität kann die Hypothese beibehalten werden und da kein Interaktionseffekt nachweisbar ist, gilt dies für beide Gruppen, also mit und ohne KI-Kenntnis.

26.4.2 Überprüfung von H4

Zunächst ist festzustellen, dass die Nachhaltigkeit ohne Betrachtung von Interaktionseffekten und Anwendungsgebieten einen signifikant negativen Effekt von −0,08 auf die Nutzungsabsicht hat. Das bedeutet, je stärker eine Person davon ausgeht, dass mit KI-Produkten ein nachhaltigerer Umgang mit unserer Umwelt möglich ist, desto geringer ist die Nutzungsabsicht. Dieser Zusammenhang ist da, auch wenn nur sehr gering. In der Gruppe ohne KI-Kenntnis lässt sich ein geringer signifikanter Effekt in Höhe von −0,04 feststellen, der sich durch einen signifikanten Interaktionseffekt um −0,04 verstärkt, wenn KI-Kenntnisse vorhanden sind. Zwischen den drei Anwendungsgebieten gibt es diesbezüglich Unterschiede. Bei Haushalt gibt es in der Basiskategorie einen signifikant negativen Effekt von −0,08 und keinen signifikanten Interaktionseffekt, wenn KI-Kenntnisse vorhanden sind. Das heißt, bei Haushalt gibt es diese negative Verstärkung bei KI-Kenntnis nicht. Bei Gesundheit und Mobilität gibt es hingegen keinen signifikanten Effekt in der Basiskategorie, jedoch einen Interaktionseffekt mit ein um −0,09 signifikant stärkeren negativen Einfluss bei Gesundheit und ein um −0,06 signifikant stärkeren negativen Einfluss bei Mobilität.

H4 muss somit verworfen werden, für die gepoolten Daten, mit Interaktionseffekten und für alle Anwendungsgebiete.

26.4.3 Überprüfung von H5 bis H10

Der größte Einfluss auf die Nutzungsabsicht von KI-Produkten ist die Nützlichkeit. Mit einer signifikanten Wirkstärke von 0,4 und einem signifikanten Interaktionseffekt von 0,05 können wir H5 annehmen, je größer die Nützlichkeit von Produkten, die KI enthalten, desto höher ist die Nutzungsabsicht. Die Annahme von H5 gilt für alle drei untersuchten Anwendungsgebiete. Einen Interaktionseffekt gibt es nur im Bereich Mobilität. In diesem Bereich steigt der Einfluss der Gruppe mit Kenntnis um signifikant 0,15 gegenüber der Basiskategorie.

Bei dem Einfluss der Aufwandreduzierung bei der Anwendung von KI-Produkten auf die Nutzungsabsicht stellen wir einen signifikanten Gesamteffekt von 0,11 fest. In der Basiskategorie ist dieser Effekt mit 0,16 um 0,05 höher und es existiert auch ein signifikanter Interaktionseffekt in Höhe von −0,07. Bei Personen mit KI-Kenntnissen ist der Einfluss somit signifikant niedriger als bei Personen ohne KI-Kenntnisse. H6 kann somit weiterhin angenommen werden. In den Bereichen Haushalt und Mobilität gibt es ähnliche Effekte, wobei die Ausprägungen des Interaktionseffektes bei Mobilität mit −0,12 am stärksten und bei Gesundheit der Interaktionseffekt nicht signifikant ist. In der Teilmenge Mobilität hat der Einfluss der Aufwandsreduzierung zudem das zweithöchste Beta zwischen den Anwendungsbereichen.

Beim Einfluss des Gruppenzwangs auf die Nutzungsabsicht gibt es insgesamt einen mit 0,16 positiven signifikanten Effekt. Zwischen den Anwendungsbereichen liegen mit

0,05 und 0,08 ungefähr gleich starke positiv signifikante Interaktionseffekte bei Haushalt und Mobilität vor, bei gleich großem signifikantem Basiseffekt in Höhe von 0,08. Hingegen ist der stark positive Basiseffekt in der Gruppe ohne KI-Kenntnisse von 0,18 bei Gesundheit um mehr als doppelt so groß wie in den beiden anderen Bereichen und es gibt keinen Interaktionseffekt. Wir können somit H7 für alle drei Anwendungsbereiche annehmen.

Ähnlich fällt das Ergebnis beim Einfluss von Spaß auf die Nutzungsabsicht aus. Auch hier gibt es einen signifikanten Gesamteffekt mit einem signifikanten Beta von 0,18. Die Effekte der Basiskategorie und die Interaktionseffekte der beiden Anwendungsbereiche Haushalt und Mobilität liegen in einem ähnlich moderaten Bereich wie beim Einfluss von Gruppenzwang und sind allesamt signifikant. Der Effekt im Bereich Gesundheit ist zwar nicht doppelt so hoch wie bei Gruppenzwang, jedoch um einiges höher als in den beiden anderen Bereichen und ebenso wie beim Gruppenzwang in diesem Bereich ohne Interaktionseffekt. Damit nehmen wir auch H8 für alle Anwendungsbereiche an.

Innovationsfreude hat mit einem Beta von 0,25 den zweitgrößten signifikanten Einfluss auf die Nutzungsabsicht von Produkten, die KI enthalten. Es gibt sowohl über alle Anwendungsgebiete hinweg als auch in den einzelnen Anwendungsgebieten keine signifikanten Interaktionseffekte. Im Bereich Haushalt ist der Einfluss auf die Nutzungsabsicht jedoch um einiges höher als in den anderen beiden Bereichen. Wir können also H9 beibehalten.

Preiswertigkeit hat von allen Einflussgrößen mit einem Beta von 0,06 den zweitniedrigsten signifikanten positiven Einfluss über die gepoolten Daten. Es gibt sowohl über alle Teilmengen hinweg als auch in den Teilmengen keine signifikanten Interaktionseffekte. In der Teilmenge Haushalt gibt es überhaupt keinen signifikanten Effekt. Am stärksten ist der Effekt bei Mobilität. H10 kann somit nur für die Teilmengen Gesundheit und Mobilität beibehalten werden.

26.5 Zusammenfassung

Zielsetzung der Studie war die Analyse der Einflussgrößen auf die Nutzungsabsicht von KI-Produkten im Alltag. Für die Analyse wurden Einflussgrößen und deren Wirkrichtung vorwiegend aus den Theorien der Akzeptanzforschung abgeleitet, operationalisiert und mittels einer Umfragestudie in den Anwendungsgebieten Haushalt, Gesundheit und Mobilität überprüft. Eine Analyse der Ergebnisse von 21.841 Befragten im Rahmen der FOM-Sommerumfrage 2019 ergab differenzierte Ergebnisse bei der Hypothesenprüfung. Es wurden insgesamt zehn Hypothesen überprüft, die die Absicht erklären sollen, KI-Produkte im Alltag einzusetzen und zu nutzen.

Von den zehn Hypothesen können fünf Hypothesen vollständig, d. h. sowohl für die gepoolten Daten als auch für die drei Anwendungsgebiete angenommen werden. Dies sind die Hypothesen H5 (Nützlichkeit), H6 (Aufwandsreduzierung), H7 (Gruppenzwang), H8 (Spaß) und H9 (Innovationsfreude). Alle fünf Wirkstärken der Regressionsanalyse der gepoolten Daten liegen signifikant über 0,1, Nützlichkeit sogar signifikant über 0,4. Bei der Nützlichkeit gibt es positiv signifikante Interaktionseffekte nur in der Teilmenge Mobilität. Personen mit KI-Kenntnissen in diesem Anwendungsgebiet haben eine um 0,15 signifikant höhere Wirkstärke auf die Nutzungsabsicht als Personen ohne KI-Kenntnisse (ß = 0,35). Die Interaktionseffekte bei der Aufwandsreduzierung sind hingegen signifikant negativ in den Bereichen Haushalt und Mobilität. Das heißt, hier ist der Effekt auf die Nutzungsabsicht in der Gruppe mit KI-Kenntnis nicht so stark wie in der Gruppe ohne KI-Kenntnis. Dies könnte darauf zurückzuführen sein, dass Personen, die sich mit KI auskennen, die Wirkung der Aufwandsreduzierung auf die Nutzungsabsicht im Bereich Haushalt und Mobilität als nicht so ausgeprägt wie von den Herstellern versprochen einschätzen. Der Einfluss von Gruppenzwang auf die Nutzungsabsicht scheint im Bereich Gesundheit im Vergleich zu den beiden anderen Bereichen besonders ausgeprägt zu sein, unabhängig von der KI-Kenntnis. In dieser Gruppe gibt es keinen Interaktionseffekt, aber einen vergleichsweise hohen Effekt im Vergleich zu den beiden anderen Bereichen in der Basiskategorie ohne KI-Kenntnisse. Es könnte hier vermutet werden, dass Personen gesundheitliche Maßnahmen mit KI trotzdem als notwendig erachten, weil es andere Personen als wichtig erachten, auch wenn die eigene Kenntnis zur dazugehörigen Technologie nicht vorhanden ist. Ähnlich verhält sich der Einfluss von Spaß auf die Nutzungsabsicht. Auch hier gibt es in der Teilmenge Gesundheit keinen Interaktionseffekt. Der Einfluss von Innovationsfreude ist unabhängig von der KI-Kenntnis und über alle untersuchten Anwendungsbereiche hinweg signifikant positiv. Grundsätzlich bedingt eine höhere Innovationsfreude bei Personen auch eine höhere Nutzungsabsicht von KI-Produkten, unabhängig von der Kenntnis und unabhängig vom Anwendungsgebiet.

Teilweise angenommen werden können die Hypothesen H1 (Sicherheitsbedenken), H3 (Praktikabilität) und H10 (Preiswertigkeit). Der vermutete negative Einfluss von Sicherheitsbedenken auf die Nutzungsabsicht kann nur für die Personen in den Anwendungsbereichen Haushalt und Mobilität mit KI-Kenntnissen angenommen werden. Der Einfluss ist sehr schwach, aber signifikant. Dies bedeutet, dass nur Personen mit KI-Kenntnissen bei stärkeren Sicherheitsbedenken weniger die Absicht haben, diese Produkte zu nutzen. Dies gilt nicht für alle Anwendungsbereiche. Hersteller könnten in den relevanten Anwendungsgebieten mit einer verstärkten Kommunikation anstreben, die Sicherheitsbedenken diesbezüglich zu reduzieren. Der Einfluss der Praktikabilität auf die Nutzungsabsicht ist nur in der Teilmenge Mobilität schwach positiv signifikant, ohne einen Interaktionseffekt bezüglich der KI-Kenntnis. Somit kann insbesondere in den Bereichen Haushalt und Mobilität die Empfehlung ausgesprochen werden, durch verstärkte Kommunikation der Praktikabilität von KI-Produkten die Nutzungsabsicht in der Population zu steigern. Der Einfluss der Preiswertigkeit auf die Nutzungsabsicht ist nur in der Teilmenge Gesundheit und Mobilität signifikant positiv, ohne signifikanten Interaktionseffekt. Es könnte vermutet werden, dass durch das Thema Smart Home von Herstellerseite schon bereits preiswerte Produktalternativen auf dem Markt sind und das Thema Preiswertigkeit deshalb in diesem Segment eine untergeordnete bzw. keine

Rolle bezüglich der Nutzungsabsicht spielt. Andererseits könnte in den Bereichen Gesundheit und Mobilität eine Risikoprämie vermutet werden, die sich bei Einsatz von KI-Produkten dahin gehend auswirkt, dass Personen nur mit zunehmender Preiswertigkeit eine höhere Nutzungsabsicht verfolgen.

Vollständig ablehnen müssen wir die Hypothesen H2 (Gesundheit) und H4 (Nachhaltigkeit). Beide Einflussgrößen haben sowohl in den gepoolten Daten als auch unter Berücksichtigung des Interaktionseffekts und für alle drei Anwendungsbereiche nicht den aus der Theorie abgeleiteten erwarteten Effekt. Der Einfluss von Gesundheit auf die Nutzungsabsicht ist bei allen gerechneten Modellen ohne signifikanten Einfluss. Anscheinend bringen die Probanden gesundheitliche Aspekte von KI-Produkten nicht in einen Zusammenhang mit der Nutzungsabsicht von KI-Produkten. Auch hier könnte die Ursache in der mangelnden Kommunikation der Hersteller diesbezüglich liegen. Nur wenn diese Aspekte auch bekannt sind und wahrgenommen werden, können positive Zusammenhänge auch empirisch festgestellt werden. Nach unserer theoretischen Herleitung sollte ein stärkerer nachhaltiger Umgang durch die Verwendung von KI-Produkten zu einer höheren Nutzungsabsicht führen. Auch diese Hypothese müssen wir ablehnen. Unsere Daten zeigen sogar einen leicht signifikant negativen Zusammenhang zwischen Nachhaltigkeit und Nutzungsabsicht in den gepoolten Daten mit einem leicht signifikanten negativen Interaktionseffekt. Es gibt hier zwar noch kleine Unterschiede in den drei Anwendungsbereichen, aufgrund der geringen Stärke des Beta-Koeffizienten ist dies aber vernachlässigbar und muss nicht interpretiert werden. Auch hier empfehlen wir eine stärkere Kommunikation seitens der Hersteller, nicht nur, weil Nachhaltigkeit ein aktuelles Thema in der Gesellschaft ist, sondern auch, weil Produkte, die KI enthalten, potenziell dazu geeignet sind, einen nachhaltigeren Umgang mit unserer Umwelt zu fördern.

Vor allem wegen der Schwierigkeit, alle möglichen Anwendungsgebiete in einer Umfragestudie zu untersuchen, konzentrieren wir uns in der vorliegenden Studie auf die drei Anwendungsgebiete Haushalt, Gesundheit und Mobilität. Die in dieser Studie gefundenen Ergebnisse, insbesondere wenn die gepoolten Daten mit den ähnlichen Ergebnissen der drei Anwendungsgebiete verglichen werden, lassen sich auch auf andere Anwendungsgebiete übertragen. Beispielsweise auf die Bereiche der Energiewirtschaft, der Finanzdienstleistungen, der Konsumelektronik, der Landwirtschaft, der Logistik, des Marketings/der Medien und in der Sicherheit. Da sich die Bedingungen, unter denen KI-Produkte verwendet werden, grundsätzlich unterscheiden, empfehlen wir, dass zukünftige Studien weitere Anwendungsgebiete mit in die Untersuchung aufnehmen. Weiterhin empfehlen wir die zusätzliche Aufnahme der tatsächlichen Nutzung in das Hypothesenmodell und eine Überprüfung eventueller Abhängigkeiten oder medierender Effekte in einem Strukturgleichungsmodell.

Literatur

Ajzen, I. (1991). The theory of planned behavior. *Organizational Behavior and Human Decision Processes, 50*(2), 179–211.

Agarwal, R., & Prasad, J. (1998). A conceptual and operational definition of personal innovativeness in the domain of information technology. *Information Systems Research, 9*(2), 204–215.

Averdung, A., & Wagenfuehrer, D. (2011). Consumers´ acceptance, adoption and behavioural intentions regarding environmentally sustainable innovations. *Journal of Business Management and Economics, 2*(3), 98–106.

Baudiera, P., Ammib, C., & Deboeuf-Rouchonc, M. (2018). Smart home: Highly-educated students' acceptance. *Technological Forecasting & Social Change.* https://doi.org/10.1016/j.techfore.2018.06.043.

Brown, S. A., & Venkatesh, V. (2005). model of adoption of technology in the household: A baseline model test and extension incorporating household life cycle. *Management Information Systems Quarterly, 29*(4), 399–426.

Chao, S.-L., & Lin, P.-S. (2009). critical factors affecting the adoption of container security service: The shippers' perspective. *International Journal of Production Economics, 1221*(1), 67–77.

Chen, S.-Y., & Chang, S.-F. (2009). A review of smart living space development in a cloud computing network environment. *Computer-Aided Design and Applications, 6*(49), 513–527.

Cheong, S.-N., Ling, H.-C., & The, P.-L. (2014). Secure encrypted steganography graphical password scheme for near field communication smartphone access control system. *Expert Systems with Applications, 41*(7), 3561–3568.

Cox, D. F. (1967). Risk handling in consumer behavior – An intensive study of two cases. In D. F. Cox (Hrsg.), *Risk taking and information handling in consumer behavior* (S. 34–81). Boston: Harvard University Press.

Cox, D. F., & Rich, S. V. (1964). Perceived risk and consumer decision-making: The case of telephone shopping. *Journal of Marketing Research, 1*(4), 32–39.

Cunningham, S. M. (1967). The major dimension of perceived risk. In D. F. Cox (Hrsg.), *Risk taking and information handling in consumer behavior* (S. 82–108). Boston: Harvard University Press.

Curran, J., & Meuter, M. (2005). Self-service technology adoption: Comparing three technologies. *Journal of Services Marketing, 19*(2), 103–113.

Davis, F. D. (1986). *A technology acceptance model for empirically testing new end-user information systems: Theory and results, doctoral dissertation, Sloan school of management, Massachusetts institute of technology.*

Davis, F. D. (1989). Perceived Usefulness, Perceived Ease of Use, and User Acceptance of Information Technology. *Management Information Systems Quarterly, 13*(3), 319–339.

Davis, F. D., Bagozzi, R. P., & Warshaw, P. R. (1992). Extrinsic and intrinsic motivation to use computers in the workplace. *Journal of Applied Social Psychology, 22*(14), 1111–1132.

Dimitriadis, S., & Kyrezis, N. (2010). Linking trust to use intention for technology-enabled bank channels: The role of trusting intentions. *Psychology & Marketing, 27*(8), 799–820.

Eastin, M. (2002). Diffusion of e-commerce: An analysis of the adoption of four e-commerce activities. *Telematics and Informatics, 19*(3), 251–267.

Fink, H. (2018). Studie: Mit Künstlicher Intelligenz gegen den Klimawandel. https://www.pwc.de/de/nachhaltigkeit/studie-mit-kuenstlicher-intelligenz-gegen-den-klimawandel.html. Zugegriffen: 20. Aug. 2019.

Fishbein, M., & Ajzen, I. (1975). *Belief, attitude, intention and behavior: An introduction to theory and research.* Reading: Addison-Wesley.

Gansser, O., & Krol, B. (2017). Potenziale von Location-based Services für die Marktforschung. In O. Gansser & B. Krol (Hrsg.), *Moderne Methoden der Marktforschung* (S. 93–110). Wiesbaden: Springer Gabler.

Guillen-Gamez, F. D., & Mayorga-Fernandez, M. J. (2019). Empirical study based on the perceptions of patients and relatives about the acceptance of wearable devices to improve their health and prevent possible diseases. *Mobile Information Systems.* https://doi.org/10.1155/2019/4731048.

Hochbaum, G. M. (1958). *Public participation in medical screening programs: A socio-psychological study. Public Health Service Publication,* S. 572. Washington: US Government Printing Office.

Hubert, M., Blut, M., Brock, C., Zhang, R. W., Koch, V., & Riedl, R. (2018). The influence of acceptance and adoption drivers on smart home usage. *European Journal of Marketing, 53*(6), 1073–1098.

Lee, S. Y., & Lee, K. (2018). Factors that influence an individual's intention to adopt a wearablehealthcare device: The case of a wearablefitness tracker. *Technological Forecasting and Social Change, 129,* 154–163. https://doi.org/10.1016/j.techfore.2018.01.002.

Li, J., Ma, Q., Chan, A. H., & Man, S. S. (2019). Health monitoring through wearable technologies for older adults: Smartwearables acceptance model. *Applied Ergonomics, 75,* 162–169. https://doi.org/10.1016/j.apergo.2018.10.006.

Mert, W., Suscheck-Berger, J., & Tritthart, W. (2008). *Consumer acceptance of smart appliances.* A report prepared as part of the EIE project „Smart Domestic Appliances in Sustainable Energy Systems (Smart-A)". https://www.ifz.at/eng/Media/Dateien/Downloads-IFZ/Energie-und-Klima/D-5.3-Consumer-acceptance-of-smart-appliances. Zugegriffen: 19. Febr. 2020.

Moore, G. C., & Benbasat, I. (1991). Development of an instrument to measure the perceptions of adopting an information technology innovation. *Information Systems Research, 2*(3), 192–222.

Murray, K. B. (1991). A test of services marketing theory: Consumer information acquisition activities. *Journal of Marketing, 55*(1), 10–25.

Ooi, K.-B., & Tan, G. W.-H. (2016). Mobile Technology acceptance model: An investigation using mobile users to explore smartphone credit card. *Expert Systems with Applications, 59,* 33–46. https://doi.org/10.1016/j.eswa.2016.04.015.

Park, E.-S., Hwang, B., Ko, K., & Kim, D. (2017). Consumer Acceptance analysis of the home energy management system. *Sustainability, 9*(12). https://doi.org/10.3390/su9122351.

Peter, J. P., & Tarpley, L. X. (1975). A comparative analysis of three consumer decision strategies. *Journal of Consumer Research, 2*(1), 29–37.

Pokorny, S. (2017). Gesundheit und Familie vor Arbeit und Einkommen – Studie zum sozialen Aufstieg in Deutschland. Analysen und Argumente, Konrad Adenauer Stiftung, 247. https://www.kas.de/analysen-und-argumente/detail/-/content/gesundheit-und-familie-vor-arbeit-und-einkommen-studie-zum-sozialen-aufstieg-in-deutschland. Zugegriffen: 20. Aug. 2019.

PwC. (2018). Fourth Industrial Revolution for the Earth harnessing Artificial Intelligence for the Earth. https://www.pwc.com/gx/en/sustainability/assets/ai-for-the-earth-jan-2018.pdf. Zugegriffen: 20. Aug. 2019.

Rogers, E. (1995). *Diffusion of innovations.* New York: Free Press.

Rosenstock, I. M. (1966). Why people use health services. *Milbank Memorial Fund Quarterly, 44*(3), 94–127.

Shuhaiber, A., & Mashal, I. (2019). Understanding users' acceptance of smart homes. *Technology in Society, 58.* https://doi.org/10.1016/j.techsoc.2019.01.003.

Stern, P. C. (1992). What psychology knows about energy conservation. *American Psychologist, 47*(10), 1224–1232.

Tan, G. W.-H., Ooi, K.-B., Chong, S.-C., & Hew, T.-S. (2014). NFC mobile credit card: The next frontier of mobile payment? *Telematics and Informatics, 31*(2), 292–307.

Taylor, S., & Todd, P. (1995a). Assessing IT usage: The role of prior experience. *Management Information Systems Quarterly, 19*(2), 561–570.

Taylor, S., & Todd, P. (1995b). Decomposition and crossover effects in the theory of planned behavior: A study of consumer adoption intentions. *International Journal of Research in Marketing, 12*(2), 137–155.

Thompson, R. L., Higgins, C. A., & Howell, J. M. (1991). Personal computing: Toward a conceptual model of utilization. *Management Information Systems Quarterly, 15*(1), 124–143.

Triandis, H. C. (1977). *Interpersonal behavior*. Monterey: Brooks/Cole.

Vallerand, R. J. (1997). Toward a hierarchical model of intrinsic and extrinsic motivation. In M. Zanna (Hrsg.), *Advances in experimental social psychology* (S. 271–360). New York: Academic.

Venkatesh, V., & Bala, H. (2008). Technology acceptance model 3 and a research agenda on interventions. *Decision Sciences, 39*(2), 273–315.

Venkatesh, V., & Davis, F. D. (2000). A theoretical extension of the technology acceptance model: Four longitudinal field studies. *Management Science, 45*(2), 186–204.

Venkatesh, V., Morris, M. G., Davis, G. B., & Davis, F. D. (2003). User acceptance of information technology: Toward a unified view. *Management Information Systems Quarterly, 27*(3), 425–478.

Venkatesh, V., Thong, J. Y., & Xu, X. (2012). Consumer acceptance and use of information technology: Extending the unified theory of acceptance and use of technology. *Management Information Systems Quarterly, 36*(1), 157–178.

Zhang, M., Meifen, L., Nie, R., & Zhang, Y. (2017). Technical attributes, health attribute, consumer attributes and their roles inadoption intention of healthcare wearable technology. *International Journal of Medical Informatics, 108,* 97–108.

Zukunftsinstitut. (2018). Healtness: Gesundheit wird ganzheitlich. Megatrend Dokumentation, Zukunftsinstitut September, URL: https://www.zukunftsinstitut.de/artikel/healthness-gesundheit-wird-ganzheitlich/. Zugegriffen: 20. Aug. 2019.

Prof. Dr. Oliver Gansser ist stellvertretender Direktor des ifes Institut für Empirie und Statistik an der FOM Hochschule für Oekonomie & Management. Er ist hauptamtlicher Professor für Betriebswirtschaftslehre, insbesondere Marketing, an der FOM Hochschule in München und Mitglied im Vorstand von Access Marketing Management (AMM) e. V. Seine Forschungsschwerpunkte liegen in den Feldern Verhaltenstypologien, Präferenzforschung, Kommunikationsforschung und Käuferverhalten sowie dem Management von Kundenbeziehungen.

Dr. Christina Reich ist seit 2015 wissenschaftliche Mitarbeiterin am ifes Institut für Empirie & Statistik der FOM Hochschule. Sie studierte Wirtschaftspädagogik an der Universität Konstanz (Dipl.-Hdl., 2011). Nach ihrer Tätigkeit bei einer Unternehmensberatung und Agentur als Junior Consultant und Projektmanagerin war sie wissenschaftliche Mitarbeiterin an der Hochschule München.

Akzeptanz von Sprachassistenten zur Steuerung von Smart Home Services

27

Bianca Krol und Silvia Boßow-Thies

Inhaltsverzeichnis

Zusammenfassung

Sprachassistenten sind bereits im Alltag eingezogen und helfen, diesen zu managen. So lassen sich Smart Home Services zunehmend über diese neue Mensch-Maschine-Schnittstelle verbal ansteuern, wodurch sich das Management der Services potenziell vereinfachen lässt. Dabei stellt sich die Frage, welche Faktoren

B. Krol (✉)
FOM Hochschule, Essen, Deutschland
E-Mail: bianca.krol@fom.de

S. Boßow-Thies
FOM Hochschule, Hamburg, Deutschland
E-Mail: silvia.bossow-thies@fom.de

R. Buchkremer et al. (Hrsg.), *Künstliche Intelligenz in Wirtschaft & Gesellschaft*, FOM-Edition, https://doi.org/10.1007/978-3-658-29550-9_27

die (zukünftige) Nutzung von Sprachassistenten zur Steuerung von Smart Home Services begünstigen oder verhindern. Auf Basis des Value-based Adoption Models (VAM) wurden zunächst Hypothesen abgeleitet und in ein komplexes Untersuchungsmodell überführt. Zur Überprüfung konnte ein Datensatz von mehr als 800 Personen, mit unterschiedlichen Erfahrungen in Bezug auf die bisherige Nutzung von Sprachassistenten, mittels einer Online-Befragung generiert werden. Die Analyse erfolgte mit PLS-SEM. Die Ergebnisse verweisen auf die besondere Bedeutung der Einflussfaktoren Nützlichkeit, Spaß und technische Zuverlässigkeit, während Sicherheitsbedenken keine Rolle spielen.

27.1 Sprachassistenten im Kontext von Smart Home Services

Sprachassistenten wird insbesondere im Zusammenhang mit Smart Home Services ein deutliches Wachstumspotenzial bescheinigt. Gemäß Statista (2020) lag der Umsatz für 2019 in Deutschland bei ca. 3643 Mio. EUR und soll bis zum Jahr 2023 auf 5999 Mio. EUR ansteigen. Somit liegt ein durchschnittliches jährliches Umsatzwachstum von 13,3 % (CAGR 2019 bis 2023) vor. Aktuell wird von 7,8 Mio. Smart-Home-Haushalten ausgegangen. Für 2023 geht die Statista-Prognose von 12,5 Mio. Haushalten aus. Im Durchschnitt prognostiziert Statista (2020) mit jedem Smart-Home-Haushalt einen Erlös von rund 515 EUR für das Jahr 2020. Weltweit ist Deutschland mit 4005 Mio. EUR aktuell auf dem vierten Platz im Umsatzvergleich. Führend sind die USA (22116 Mio. EUR), gefolgt von China (17946 Mio. EUR) und Japan (4039 Mio. EUR).

Für den Begriff Smart Home finden sich in der Literatur verschiedene Definitionsansätze. Nach Aldrich (2003) ist Smart Home ein mit Informationstechnologien ausgestatteter Wohnort, in dem durch das Management von Technologien der Komfort, die Sicherheit und die Unterhaltung positiv beeinflusst werden und somit auf die Bedürfnisse der Bewohnerinnen und Bewohner eingegangen wird. Bereits Lutolf (1992) definierte Smart Home über die Funktionen, die die Steigerung der Sicherheit, des Komforts sowie der Wirtschaftlichkeit umfassen und durch die Integration einzelner Systeme in einem Haushalt intelligent, funktional und flexibel beeinflusst werden. Anders als Lutolf (1992) und Aldrich (2003) umreißen Diegel et al. im Jahr 2005 Smart Home über die Komponente der Intelligenz. Wenn ein Haushalt intelligente Sensoren, intelligente Haushaltsgeräte, ein intelligentes Management sowie intelligente Kontrollmöglichkeiten besitzt, kann es als Smart Home bezeichnet werden. Firth et al. (2013) führen aus, dass Smart Home einen Haushalt beschreibt, in dem beispielsweise mittels Smartphone, des Internets oder mithilfe eines lokalen Netzwerks vorhandene Sicherheitssysteme, das Licht, die Heizung oder andere elektronische Geräte gesteuert und kontrolliert werden können. Dabei können die einzelnen Smart-Home-Angebote aus verschiedenen Bereichen, wie Entertainment, Energieeffizienz, Gebäude-/Gerätesicherheit, Gesundheit/Notfall, Komfort/Hausautomation individuell zusammengestellt werden (Boßow-Thies et al. 2011). Aus den angeführten Definitionen lässt sich die Grundidee hinter Smart Home ermitteln: Mittels Nutzung von Informations- und Kommunikationstechnologien werden Geräte und Services im Haushalt vernetzt (Peine 2008), um die individuellen Bedürfnisse der Bewohner zu befriedigen (Marikyan et al. 2019).

Mit Sprachassistenten werden künstliche Intelligenzen bezeichnet, die menschliche Sprache erkennen, verarbeiten und deuten können. Die Steuerung der Sprachassistenten erfolgt dabei mittels verbaler Ansprache durch den Nutzer und stellt eine neue Mensch-Maschine-Schnittstelle dar. Sprachassistenten greifen auf Spracherkennungs- und Sprachverarbeitungsalgorithmen zurück (Han und Yang 2018). Zunächst zeichnet der Sprachassistent das Gesprochene auf, um dieses an einen Server zur Verarbeitung der natürlichen Sprache zu senden. Der Server interpretiert das Gesprochene und sendet eine entsprechende Antwort zurück. Dieses Vorgehen ermöglicht es beispielsweise, über einen Sprachbefehl einen Anruf zu tätigen, eine Online-Suche zu starten oder angeschlossene technische Systeme zu kontrollieren und zu steuern (Goksel-Canbek und Mutlu 2016; Nasirian et al. 2017). Die zugrundeliegende Technologie erfährt dabei aktuell eine kontinuierliche Weiterentwicklung, ist aber gegenwärtig noch nicht mit echter menschlicher Kommunikation zu vergleichen (Hörner 2019). Die Anzahl der Dienste, die Sprachbefehle unterstützen, wird aktuell kontinuierlich erweitert, darüber hinaus integrieren viele Hersteller von Internet-of-Things-Geräten auch die Sprachsteuerung in ihre Produkte (Hoy 2018). Sprachassistenten sind auf Smartphones oder Smart Speakern verschiedenster Hersteller integriert. Hierbei ist zwischen den kaufbaren Smart Speakern Amazon Echo, Google Home, Apple HomePod usw., welche den jeweiligen Zugang zu dem eigentlichen Sprachassistenten wie Alexa, Google Assistent, Siri usw. bieten, zu unterscheiden. Der eigentliche Sprachassistent per se ist somit die Software, die in den jeweiligen Rechenzentren der Anbieter läuft (Hörner 2019). Tab. 27.1 gibt einen Überblick über die beliebtesten Sprachassistenten (Wendel 2019).

Zunächst waren Smart-Home-Systeme insbesondere über das Smartphone oder über Web-Oberflächen bedienbar. Mittlerweile gewinnt die Bedienung über sogenannte Sprachassistenten an Bedeutung (Milivojša et al. 2017; Statista 2020). Somit stellt sich die Frage, welche Faktoren die Akzeptanz von Sprachassistenten zur Steuerung von Smart Home Services wie stark beeinflussen. In der Literatur findet sich eine Reihe von Publikationen zur Analyse der Akzeptanz von Smart Home Services. Hervorzuheben sind hier die aktuelle Smart-Home-Metaanalyse von Marikyan et al. (2019) ebenso

Tab. 27.1 Die beliebtesten Sprachassistenten im Überblick. (Quelle: In Anlehnung an Wendel 2019)

Anbieter	Sprachassistent	Smart Speaker/nutzbar via
Amazon	Alexa	Amazon Echo, Echo Dot, Echo Show (mit Touchdisplay), Echo Spot, Echo Plus (inklusive Hub für Smart-Home-Steuerung), Echo Look/Tab (nur USA)
Apple	Siri	Apple HomePod, iPhones ab iPhone 4 s, MacBook/iMac, iPad, Apple TV, Apple Watch, Apple HomeKit (für Smart Home)
Google	Google Assistant	Google Home, Google Home Mini, Google Pixel
Microsoft	Cortana	HomeHub, Windows Phone 8.1, Windows 10 (PC-Anbindung), diverse Android Smartphones
Samsung	Bixby	Smartphone Galaxy S8, S8+, Galaxy Note9

wie die Akzeptanzstudien von Kim et al. (2017), Park et al. (2017), Yang et al. (2017), Baudier et al. (2018) und Hubert et al. (2018). Untersuchungen zur Akzeptanz von Sprachassistenten fallen hingegen übersichtlicher aus. Sie beziehen sich in erster Linie auf die Zufriedenheit bei der Nutzung von Sprachassistenten (Jiang et al. 2015; Kiseleva et al. 2016; Sano et al. 2016). Analysen der Einflussfaktoren zur Nutzungsabsicht finden sich bei Moorthy und Vu (2015) bezüglich der Nutzung von Sprachassistenten im öffentlichen Raum mit Fokus auf Privacy Concerns sowie Han und Yang (2018), welche sich auf die soziale Beziehung zwischen Sprachassistenten und Nutzer fokussieren. Umfassendere Forschungen zur Kombination der beiden Bereiche zur Erklärung des Mehrwertes und der Nutzungsintention hingegen fehlen. Hier setzt die vorliegende Untersuchung an.

27.2 Herleitung des Akzeptanzmodells

Das prominenteste Modell zur Untersuchung von Akzeptanz, der Adoption und Nutzung von Produkten oder Services im technologischen Umfeld, ist das Technology Acceptance Model (TAM) von Davis (1989). Das TAM wurde dabei ursprünglich auf Basis der Theory of Reasoned Action (Fishbein und Ajzen 1975) mit dem Ziel entwickelt, die Adoption traditioneller Technologien im organisatorischen Kontext zu erklären. Kosten und Nutzen werden in diesem Fall von dem jeweiligen Unternehmen getragen oder kommen diesem zugute. Das ist im privaten Kontext jedoch nicht der Fall. Das Value-based Adoption Model (VAM) von Kim et al. (2007) greift diesen Kritikpunkt auf und begreift individuelle Nutzer zugleich auch als Konsumenten des jeweiligen Produktes oder Services, wobei ein Schwerpunkt des Ansatzes auf die Erklärung der

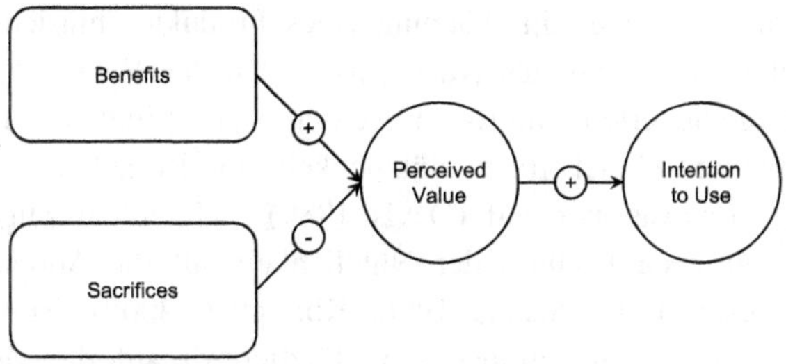

Abb. 27.1 Value-based Adoption Model (VAM). (Quelle: In Anlehnung an Kim et al. 2007)

Adoption und Verwendung neuer Informations- und Kommunikationstechnologien gelegt wird. Im privaten Kontext ist die Nutzung einer neuen Technologie freiwillig und die Kosten werden vom Nutzer selbst getragen. Dies führt zur grundlegenden Annahme der Wertmaximierung durch den jeweiligen Nutzer. Gemäß der Prospect Theory (Kahnemann und Tversky 1979) werden sich Kunden für den Kauf und die Nutzung einer neuen Technologie dann entscheiden, wenn die erbrachte Wertmehrung die anfallenden Kosten (materieller und immaterieller Natur) übersteigt. Kim et al. (2007) unterscheiden daher zwei wesentliche Gruppen von Einflussgrößen auf den wahrgenommenen Nutzen *(Perceived Value)* einer neuen Technologie, welcher wiederum als Prädiktor für die Nutzungsintention *(Intention to Use)* herangezogen wird: *Benefits* und *Sacrifices*. Abb. 27.1 zeigt die Grundzüge des Modells. Das Value-based Adoption Model wurde bereits für verschiedene Studien zur Erklärung der Adoption neuer Informations- und Kommunikationstechnologien herangezogen (Lin et al. 2010, 2012; Kim et al. 2014, 2017; Yu et al. 2017) und dient auch in dem vorliegenden Kontext als theoretische Basis.

Als *Benefits* werden im ursprünglichen Value-based Adoption Model auf Basis der Cognitive Evaluation Theory (Deci 1971) die Konstrukte Nützlichkeit *(Usefulness)* und Freude *(Enjoyment)* herangezogen. Es wird davon ausgegangen, dass neben dem Wert, der aus der faktischen Nützlichkeit eines Produktes entsteht, auch ein hedonistischer Mehrwert generiert werden kann. Die Vorteile werden im vorliegenden Fall durch solche *Benefits* ergänzt, die im sozialen Gefüge generiert werden können (Yang et al. 2017; Yu et al. 2017; Youn und Lee 2019). Diese entstehen insbesondere dann, wenn durch den Kauf oder die Nutzung eines Produktes oder Services der eigene Status in der jeweiligen Referenzgruppe erhöht oder gehalten und somit der sozialen Norm *(Social Norm)* entsprochen wird.

Nützlichkeit

Als *Benefit*-Größe im VAM ist Nützlichkeit *(Usefulness)* ein wesentlicher Treiber des wahrgenommenen Wertes *(Perceived Value)* eines Produktes oder Services. Kim et al. (2007) argumentieren hier über die Ähnlichkeit zum Marketing-Konstrukt „Produktqualität", welche als kognitive Einschätzung eines Produktes hinsichtlich seiner Performance beschrieben und somit als Nützlichkeit, den der Nutzer durch den Einsatz einer neuen Technologie erlebt, umrissen werden kann (Zeithaml 1988). Auch das Technology Acceptance Model führt Nützlichkeit als Kernelement der Akzeptanz technologiebasierter Innovationen auf (Davis 1989). Schließlich zeigen verschiedene Studien einen wesentlichen Einfluss der Nützlichkeit auf die Adoption einer neuen Technologie (Mathieson 1991; Szajna 1996; Kim et al. 2007). Hubert et al. (2018) können ferner einen positiven Einfluss von Nützlichkeit auf die Verwendung einer Smart-Home-Applikation nachweisen. Daher wird folgende Hypothese aufgestellt:

▶ **H1:** Je höher die Nützlichkeit *(Usefulness)*, die bei der Nutzung von Sprachassistenten zur Steuerung von Smart Home entsteht, desto höher ist der wahrgenommene Wert *(Perceived Value)* der Sprachassistenten.

Freude

Die Freude, die durch die Nutzung eines Sprachassistenten per se unabhängig von seiner Performance entsteht (Davis et al. 1992), wird in einem weiteren *Benefit*-Konstrukt erfasst. Gemäß der Cognitive Evaluation Theory beeinflussen neben den extrinsischen auch die intrinsischen Faktoren den wahrgenommenen Nutzen eines Produktes oder einer Dienstleistung (Deci 1971). Die Beurteilung eines Nutzers berücksichtigt somit neben kognitiven auch affektive Elemente. Es existieren neben den utilitaristischen, die aus dem faktischen Nutzen der Anwendung von Sprachassistenten zur Steuerung von Smart Home Services hervorgerufen werden, wie eine einfache und bequeme Regelung, auch hedonistischen Vorteile (Kim et al. 2007), wie Freude, die durch die Nutzung der Sprachassistenten entstehen. Um die Beziehung zwischen der Freude und dem wahrgenommenen Wert von Spracherkennungssystemen im Smart-Home-Umfeld erklären zu können, kann zusätzlich die Flow Theory herangezogen werden. Da unter anderem die Freude als Element des Flows zur Wiederholung der Aktivität führen kann, wird hier ein positiver Einfluss angenommen (Csikszentmihalyi 1990). Auch der Gamification-Ansatz unterstützt die Vermutung des positiven Einflusses der Freude (Huotari und Hamari 2012). Die Anwendung eines Spracherkennungssystems gleicht einer spielerischen Aktivität, aus der ein zusätzlicher emotionaler Wert bei dessen Nutzung zur Steuerung von Smart Home Services entstehen kann. Schließlich konnte in verschiedenen Studien neben dem Einfluss auf die Nützlichkeit auch der positive Einfluss von Freude auf den wahrgenommenen Wert eines Produktes herausgestellt werden (Kim et al. 2007; Yu et al. 2017). Daher wird folgende Hypothese formuliert:

▶ **H2:** Je höher die Freude *(Enjoyment)*, die bei der Nutzung von Sprachassistenten zur Steuerung von Smart Home entsteht, desto höher ist der wahrgenommene Wert *(Perceived Value)* der Sprachassistenten.

Soziale Norm
Soziale Norm beschreibt die Vorstellung einer Person, sich so zu verhalten, wie andere es von ihr oder ihm erwarten (Fishbein und Ajzen 1975). Der positive Einfluss der sozialen Norm auf die Einstellung zu einem Produkt, der Verhaltensintention bezüglich des Kaufs oder der Nutzung ist ein wesentlicher Bestandteil verschiedener Theorien, wie der Theory of Reasoned Action (Fishbein und Ajzen 1975) oder der Theory of Planned Behaviour (Ajzen 1991), und hat ebenso Eingang in das Technology Acceptance Model 2 (TAM2) gefunden (Venkatesh und Davis 2000). Als Quelle des Einflusses der sozialen Norm auf die Kaufentscheidung können neben der Regelkonformität auch die theoretischen Mechanismen Internalisierung und Identifizierung herangezogen werden. Dabei ist hier die Internalisierung der Meinung anderer, in der bestimmten Situation bedeutender Personen, heranzuziehen (Kelman 1958). Verwenden Meinungsführer im eigenen Umfeld Sprachassistenten zur Steuerung von Smart Home Services, können deren Erfahrungen bezüglich der Nutzung mit Sprachassistenten quasi als Beweis in die eigene Beurteilungsstruktur eingebaut werden. Darüber hinaus versuchen Individuen häufig, bestimmten sozialen Normen zu entsprechen. Hier ist es das Ziel, einen gewissen Status oder ein Image innerhalb ihrer Referenzgruppe zu erhalten oder zu erreichen. In diesem Fall kann der Wunsch nach der Identifikation mit der sozialen Gruppe als Quelle der sozialen Norm angeführt werden (Moore und Benbasat 1991). Die potenzielle Statuserhöhung oder -sicherung kann somit als *Benefit* angesehen werden, der durch die Nutzung von Sprachassistenten entstehen kann. Der Einfluss der sozialen Norm auf die Nutzungsintention konnte bereits in verschiedenen Studien (unter anderem Venkatesh und Davis 2000), auch mit Fokus auf Smart Home Services (Yang et al. 2017), herausgestellt werden.

> **H3:** Je höher die soziale Norm *(Social Norm),* die bei der Nutzung von Sprachassistenten zur Steuerung von Smart Home besteht, desto höher ist der wahrgenommene Wert *(Perceived Value)* der Sprachassistenten.

Den Gegenpol zu den *Benefit*-Größen bilden die Konstrukte, die unter die Kategorie *Sacrifice* fallen und somit den wahrgenommenen Wert beim Einsatz der Sprachassistenten zur Steuerung von Smart Home Services negativ beeinflussen. Hierzu zählen nicht nur die anfallenden Kosten *(Costs),* sondern auch potenzielle Schwierigkeiten hinsichtlich der technischen Zuverlässigkeit der Steuerung *(System Unreliability),* sowie das Risiko, das bei der Anwendung der Sprachsteuerung wahrgenommen wird *(System Security Risk).*

Kosten
Die insgesamt anfallenden Kosten, die bei der Nutzung eines neuen Produktes oder Services entstehen, können einen wesentlichen Faktor für dessen Adoption darstellen (Pal et al. 2018). Im vorliegenden Kontext werden die Kosten, die bei der Anschaffung und Inbetriebnahme, im laufenden Betrieb sowie bei Reparaturen von Sprachassistenten zur Steuerung von Smart Home Service anfallen, in einem Konstrukt subsumiert (Park

et al. 2017). Wird die monetäre Belastung als unangebracht angesehen, kann gemäß der Adaption Level Theory eine negative Denkweise ausgelöst und Ablehnung erzeugt werden, falls der individuelle Referenzpreis wesentlich überschritten wird (Grewal et al. 1998). Als *Perceived Fee* findet der Kostenaspekt im ursprünglichen VAM Berücksichtigung und wird als wesentliches Element der *Sacrifices* aufgenommen (Kim et al. 2007). Verschiedene Studien konnten darüber hinaus den direkten negativen Einfluss der (potenziell) anfallenden Gebühren auf den wahrgenommenen Nutzen (Chang und Wildt 1994; Kim et al. 2007) konstatieren. Somit wird folgende Hypothese aufgestellt:

> **H4:** Je höher die anfallenden Kosten *(Costs)*, die bei der Nutzung von Sprachassistenten zur Steuerung von Smart Home anfallen, desto niedriger ist der wahrgenommene Wert *(Perceived Value)* der Sprachassistenten.

Technische Unzuverlässigkeit

Unter technischer Zuverlässigkeit oder Systemreliabilität wird die Wahrnehmung der Nutzer verstanden, ob ein System seine Funktion innerhalb einer vorgegebenen Zeit unter bestimmten Umständen einwandfrei erfüllt (Zahedi 1987; Park et al. 2015). Bezogen auf Sprachassistenten beinhaltet die Systemreliabilität demnach die Erfüllung der Nutzeranforderungen, um Sprachassistenten im Bereich Smart Home zielgerichtet einsetzen zu können. Die Reliabilität, die ein Nutzer bei einem System feststellt, gilt als ein wichtiger Faktor für das Nutzungsverhalten (Yang et al. 2018). Darüber hinaus hängt das dem System entgegengebrachte Vertrauen entsprechend von der wahrgenommenen Zuverlässigkeit ab (Gefen und Straub 2003). Im Kontext des Value-based Adoption Models soll daher das Risiko einer fehlenden Systemreliabilität zu den *Sacrifices* gezählt werden. Die Nutzer von technischen Systemen müssen der Unsicherheit begegnen, die Folgen eines Systemausfalls gegebenenfalls zu tragen. Dazu können unter anderem monetäre Nachteile, aber auch psychologische Faktoren, wie z. B. Frustration, Spannungen und Ärger gehören (Bender 1964). Da bereits 2008 von Lu et al. die Systemreliabilität als eine wichtige Determinante der Technologieakzeptanz identifiziert wurde, lässt sich auf Basis des VAM folgende Hypothese aufstellen:

> **H5:** Je höher die technische Unzuverlässigkeit *(System Unreliability)*, die bei der Nutzung von Sprachassistenten zur Steuerung von Smart Home entsteht, desto niedriger ist der wahrgenommene Wert *(Perceived Value)* der Sprachassistenten.

Sicherheitsrisiko

Das wahrgenommene Sicherheitsrisiko, das potenziell bei der Nutzung von Sprachassistenten zur Steuerung von Smart Home Services besteht, kann als ein Umstand, Zustand oder das Ereignis beschrieben werden, bei dem Daten oder Netzwerkressourcen offengelegt, verändert, missbräuchlich genutzt, gehackt oder auch zerstört werden (Yang et al. 2017). Bedenken hinsichtlich des Datenschutzes werden in Politik, Wirtschaft und

Gesellschaft vor dem Hintergrund der Datensammlungsstrategien großer Konzerne gegenwärtig stark diskutiert (unter anderem Chen 2019). Dieser Aspekt ist in dem ursprünglichen Value-based Adoption Model nicht enthalten. Es wurde jedoch bereits von Kim et al. (2017) bezüglich der Adoption von Smart Home Services als *Privacy Risk* berücksichtigt und wird auch hier aufgrund der besonderen Bedeutung für das Thema als weiteres *Sacrifice* aufgenommen. Die Weitergabe eigener Daten und deren weitere Verwendung kann somit als Opfer angesehen werden, welches auf Basis des Value-based Adoption Models den wahrgenommen Wert der Sprachsteuerung negativ beeinflusst. Diese Beziehung wird ebenfalls durch die Theory of Innovation Resistance (Ram und Sheth 1989) gestützt. Hier wird die Wertwahrnehmung von Innovationen durch das wahrgenommene Risiko negativ beeinflusst, sodass Letzteres als eine wesentliche Adoptionsbarriere fungiert (Ram und Sheth 1989). Der negative Einfluss des Sicherheitsrisikos auf die Nutzungsabsicht konnte darüber hinaus in Bezug auf Smart Products bzw. im Smart-Home-Umfeld bereits in verschiedenen Studien herausgestellt werden (unter anderem Hsu und Lin 2016; Mani und Chouk 2017; Yang et al. 2017). Somit wird die folgende Hypothese formuliert:

> **H6:** Je höher das wahrgenommene Sicherheitsrisiko *(System Security Risk)*, das bei der Nutzung von Sprachassistenten zur Steuerung von Smart Home entsteht, desto niedriger ist der wahrgenommene Wert *(Perceived Value)* der Sprachassistenten.

Kompatibilität

Kompatibilität ist ein mehrdimensionales Konstrukt. In der vorliegenden Untersuchung stehen zwei Aspekte im Fokus: Zum einen wird die Kompatibilität als das Ausmaß definiert, inwiefern eine Innovation mit den vorhandenen Werten, Erfahrungen und Bedürfnissen potenzieller Nutzer übereinstimmt (Rogers 2003). Zum anderen bezeichnet die Kompatibilität die Fähigkeit unterschiedlicher Systeme oder Anwendungen, zuverlässig miteinander zu kommunizieren und so erfolgreich zusammenzuarbeiten (Geraci et al. 1991). Für den vorliegenden Untersuchungsgegenstand ist insbesondere der zweite Aspekt von Bedeutung. Die wahrgenommene Kompatibilität von Informationssystemen trägt wesentlich zur Sichtweise der Nutzer auf die Systeme bei (Islam 2016). Auch im Zusammenhang mit Untersuchungen zur Technologieakzeptanz ist die Kompatibilität als Einflussfaktor (Holahan et al. 2015) bereits untersucht worden. Konkret wurde dabei der Einfluss der Kompatibilität auf die erwartete Nützlichkeit der Technologie und auch auf den wahrgenommenen Wert der Technologienutzung untersucht (Lu et al. 2011; Park et al. 2018). Hinsichtlich der Beziehung zwischen der wahrgenommenen Kompatibilität und der Nutzerakzeptanz von Sprachassistenten im Kontext von Smart Home wird daher folgende Hypothese aufgestellt:

> **H7:** Je größer die Kompatibilität mit der vorliegenden Smart-Home-Infrastruktur *(Compatibility)*, die bei der Nutzung von Sprachassistenten zur Steuerung von Smart Home besteht, desto höher ist der wahrgenommene Wert *(Perceived Value)* der Sprachassistenten.

Unterstützende Bedingungen
Die unterstützenden Bedingungen sind definiert als der Grad, von dem eine Person glaubt, dass eine organisatorische und technische Infrastruktur zur Unterstützung der Nutzung eines Systems vorhanden ist (Venkatesh et al. 2003). Damit Systeme funktionieren, müssen bestimmte notwendige technische Voraussetzungen sowie entsprechendes Know-how gegeben sein. Sollten im Rahmen der Nutzung Probleme auftreten, so spielt eine potenzielle Unterstützung z. B. durch den Anbieter zur Behebung dieser Probleme eine wesentliche Rolle. Aus diesem Grund sind die sogenannten unterstützenden Bedingungen im Rahmen der Nutzung von Smart-Home-Systemen von Bedeutung (Raman und Don 2013) und wurden auch bereits im Kontext des Value-based Adoption Models als Einflussfaktor verwendet (Kim et al. 2017). Es wird folgende Hypothese aufgestellt:

- **H8:** Je besser die unterstützenden Bedingungen *(Facilitating Conditions),* die bei der Nutzung von Sprachassistenten zur Steuerung von Smart Home bestehen, desto höher ist der wahrgenommene Wert *(Perceived Value)* der Sprachassistenten.

Perceived Value
Nach Kim et al. (2007) stellt der wahrgenommene Wert *(Perceived Value)* ein gewichtetes Ergebnis dar, welches durch *Benefits* und *Sacrifices* bestimmt wird. Verhalten sich die *Sacrifices* konstant, ist ein positiver Effekt zwischen den *Benefits* und dem wahrgenommenen Wert zu beobachten. Stagnieren die *Benefits* jedoch bei zunehmenden *Sacrifices,* sinkt der wahrgenommene Wert. Aus diesem Grund erfolgt seitens der Verbraucher eine *Benefits-Sacrifices*-Bewertung, um eine Entscheidung für oder gegen einen Sprachassistenten zu treffen (Kim et al. 2007). Daher wird folgende Hypothese formuliert:

- **H9:** Je höher der wahrgenommene Wert *(Perceived Value),* der bei der Nutzung von Sprachassistenten zur Steuerung von Smart Home entsteht, desto höher ist die Intention zur Nutzung *(Intention to Use)* der Sprachassistenten.

27.3 Quantitative Studie

27.3.1 Operationalisierung

Bei den Konstrukten des entwickelten Untersuchungsmodell zur Akzeptanz von Sprachassistenten im Smart Home handelt es sich um latente Variablen, die auf Basis etablierter Skalen gemessen wurden. Die Skalen wurden auf den vorliegenden Kontext angepasst und ins Deutsche übersetzt. Zur Messung der Items wurde durchgehend eine siebenstufige Likert-Skala, von „1 = stimme überhaupt nicht zu“ bis „7 = stimme voll und ganz zu“, verwendet.

Während es sich bei dem Konstrukt *Unterstützende Bedingungen* um eine formative latente Variable handelt, wurden die übrigen latenten Variablen *Nützlichkeit, Freude, Soziale Norm, Kosten, Technische Unzuverlässigkeit, Sicherheitsrisiko, Kompatibilität, Wahrgenommener Wert* und *Nutzungsintention* reflektiv operationalisiert.

Auf der *Benefit*-Seite wurden die Items der latenten Variablen *Nützlichkeit* aus der Smart-Home-Studie von Hubert et al. (2018) entnommen, welche sich wiederum auf Davis (1989) bezieht. Die Operationalisierung von *Freude* entstammt der Studie von Koufaris (2002). Die *Soziale Norm* wurde auf Basis von Venkatesh et al. (2012) operationalisiert. Bezüglich der *Sacrifice-Größen* basiert die Operationalisierung des Konstruktes *Kosten* auf den Studien von Park et al. (2018) sowie Park et al. (2017). Für die Variable *Technische Unzuverlässigkeit* wurde die Operationalisierung von Park et al. (2018) herangezogen. Die latente Variable *Sicherheitsrisiko* wurde auf Basis von Chunxiang (2014) adaptiert.

Die Items des Konstruktes *Kompatibilität* entstammen der Studie von Park et al. (2017). Das Konstrukt *Unterstützende Bedingungen* basiert auf der Operationalisierung von Venkatesh et al. (2012), die sich ebenfalls in der Smart-Home-Studie von Baudier et al. (2018) findet, wobei der Kompatibilitätsaspekt aus diesem formativen Konstrukt aufgrund seiner besonderen Bedeutung herausgenommen wurde und als eigenständiges Konstrukt in das Untersuchungsmodell einfloss.

Das abhängige Konstrukt *Wahrgenommener Wert* wurde von Kim et al. (2007) adaptiert. Die Operationalisierung der *Nutzungsintention* erfolgte ebenfalls in Anlehnung von Kim et al. (2007) sowie Venkatesh et al. (2012).

27.3.2 Stichprobenbeschreibung und Untersuchungsdesign

Um die aus der Theorie abgeleiteten Hypothesen zu überprüfen, wurde ein Online-Fragebogen erstellt, der die in den Hypothesen enthaltenen Konstrukte misst. Die Datenerhebung erfolgte als Online-Befragung vom 03.05.2019 bis zum 19.05.2019 im Rahmen zweier Master-of-Science-Kurse der FOM. Somit handelt es sich um eine Gelegenheitsstichprobe. Insgesamt lagen 919 Rückläufer vor. Im Zuge der Datenbereinigung wurden alle Datensätze mit fehlenden Angaben von mehr als 20 % entfernt. Darüber hinaus wurden die Fälle entfernt, die ein zu schnelles Antwortverhalten aufwiesen (Time RSI >1,75). Zudem wurde ein Datensatz ausgeschlossen, der sowohl beim Alter als auch bei der Anzahl der Personen und Kinder im Haushalt 99 angegeben hatte. Nach der Datenbereinigung umfasste die Strichprobe 806 Datensätze.

Vergleicht man die vorliegende Stichprobe mit entsprechenden Marktstudien zur Nutzung von Smart Home Services, so schwanken die Nutzungsangaben in den Marktstudien zwischen einem Viertel (Berg 2018) bis zur Hälfte (Splendid Research 2019) der Gesamtbevölkerung zwischen 14 bzw. 18 und 69 Jahren. Von den Nutzern ist die Hälfte jünger als 40 Jahre (Splendid Research 2019). Das Alter der Befragten liegt in der vorliegenden Studie zwischen 16 und 71 Jahren. Der Altersdurchschnitt der Stichprobe beträgt 33 Jahre und ist somit konform mit existierenden Marktstudien. Bei der Abfrage des Geschlechts im Datensatz haben 390 Antwortpersonen weiblich, 413 Antwortpersonen männlich und eine Antwortperson divers angegeben. Durchschnittlich leben 2,25 Personen im Haushalt. In 74 % der Haushalte gibt es dementsprechend keine Kinder, in 11 % der Haushalte lebt ein Kind, in 8 % zwei Kinder. Maximal fünf Kinder gibt es in einem Haushalt. 34 % der Befragten wohnt im Eigentum, 59 % zur Miete. Die restlichen 7 % wohnen noch bei den Eltern. Das monatliche Haushaltsnettoeinkommen liegt durchschnittlich zwischen 2600 bis unter 3600 EUR und damit oberhalb des durchschnittlichen Haushaltsnettoeinkommens (Statistisches Bundesamt 2019).

Lediglich 7,5 % der Befragten gaben an, dass sie keinerlei Erfahrungen im Umgang mit Sprachassistenten haben. Weitere 7 % haben große und 4 % eine umfassende Erfahrung mit Sprachassistenten. Die restlichen Kategorien der Skala waren ungefähr gleich besetzt. Für die Erfassung von Erfahrungen mit Sprachassistenten speziell im Bereich Smart Home konnte eine Mehrfachauswahl der Antwortkategorien erfolgen: 31 % der Befragten haben selbst bereits einen Sprachassistenten im Bereich Smart Home genutzt. 44 % haben Bekannte, die Sprachassistenten im Bereich Smart Home nutzen. 31 % der Befragten haben keinerlei Erfahrung im Bereich Smart Home.

Das aufgestellte Untersuchungsmodell ist mit seinen zehn hypothetischen Konstrukten insgesamt als komplex zu bezeichnen. Um die neun aufgestellten Beziehungen zwischen den Konstrukten und deren Wirkung zu analysieren, bieten sich Mehrgleichungsstrukturmodelle an. Grundsätzlich ist hier zwischen varianz- und kovarianzbasierten Verfahren zu unterscheiden (Hair et al. 2017). Aufgrund des explorativen und prognoseorientierten Charakters (Fornell und Bookstein 1982; Chin 1995; Boßow-Thies und Panten 2009; Weiber und Mühlhaus 2014) der vorliegenden Untersuchung wurde der varianzbasierte Partial-Least-Squares-Ansatz (Chin 1998) gewählt. Die Auswertung erfolgt mithilfe der SmartPLS-Version 2.3.8.

Um die Methodenverzerrung (Common Method Bias) der Befragung möglichst gering zu halten, wurden einzelne empfohlene Ansätze von Podsakoff et al. (2003) sowie MacKenzie und Podsakoff (2012) berücksichtigt. So wurde den Teilnehmern Anonymität zugesichert und darauf hingewiesen, dass es keine richtigen oder falschen Antworten gibt. Ferner wurden die Messindikatoren mit Blick auf die vorliegende Untersuchung angepasst. Darüber hinaus wurde zur weiteren Beurteilung der Harman's Single-Factor Test (Harman 1976) herangezogen. Hierbei wird über alle Variablen eine explorative Faktorenanalyse auf einen Faktor ohne Rotation durchgeführt (Podsakoff et al. 2003). Der so gebildete latente Faktor erklärt in dem vorliegenden Fall 39 % der Gesamtvarianz und liegt damit unter dem Schwellenwert von 50 %. Zusammenfassend ist somit nicht von einem Common Method Bias in den Daten auszugehen. Insgesamt decken die Ausprägungen der einzelnen Items jeweils die gesamte Skalenbreite ab. Ferner zeigen die Mittelwerte sowie Standardabweichungen, Schiefe und Kurtosis der einzelnen Indikatoren keine Auffälligkeiten. Ähnliches gilt für die Ebene der latenten Variablen. Abb. 27.2 gibt unter anderem einen Überblick über die Mittelwerte und Standardabweichungen sowie Korrelationen der latenten Konstrukte.

27.3.3 Gütebeurteilung des Messmodells

Neun Variablen des Erklärungsmodells wurden reflektiv operationalisiert, eine hingegen formativ spezifiziert (vgl. Abschn. 27.4.1). Während bei reflektiven Messmodellen davon ausgegangen wird, dass die Ausprägungen der beobachtbaren Indikatoren durch das latente Konstrukt verursacht werden, ist dies bei formativen Messmodellen umgekehrt. Hier verursachen die Items die Ausprägungen des latenten Konstruktes (Eberl 2004). Die Gütebeurteilung erfolgt für die reflektiven und formativen Größen getrennt. Die Evaluation der reflektiven Konstrukte wird anhand der Internen-Konsistenz-Reliabilität sowie der konvergenten und diskriminanten Validität vorgenommen. Für die formative Größe werden Inhaltsvalidität sowie Multikollinearität überprüft (Hair et al. 2017). Bei reflektiven Konstrukten kann die interne Konsistenz mithilfe von Cronbach's Alpha sowie der Faktorreliabilität überprüft werden. Dabei wird der kritische Wert für Cronbach's Alpha von 0,7 (Nunnally und Bernstein 1994) von allen Konstrukten des vorliegenden Modells übertroffen. Auch die Werte der Faktorreliabilität liegen oberhalb des Schwellenwertes von 0,6 (Hair et al. 2017).

Zur Überprüfung der konvergenten Validität wird die Reliabilität der reflektiven Indikatoren anhand ihrer Ladung auf das ihnen zugeordnete Konstrukt beurteilt (Hulland 1999). Die Höhe der Ladungen sollte dabei einen kritischen Wert von 0,7 übertreffen. Bei Erfüllung der übrigen Gütekriterien können jedoch auch Ladungen zwischen 0,4 und 0,7 als akzeptabel angesehen werden (Hair et al. 2017). Im vorliegenden Fall sind die Ladungen sämtlich größer als 0,7 und darüber hinaus hochsignifikant ($p \leq 0{,}01$). Mithilfe der durchschnittlich erfassten Varianz (AVE) wird im Anschluss auf Konstruktebene überprüft, wie reliabel die latente Variable durch alle ihr zugeordneten Items wiedergegeben wird. Wie in Abb. 27.2 gezeigt, übersteigen dabei alle Konstrukte den geforderten Schwellenwert von 0,5 (Fornell und Larcker 1981; Bagozzi und Yi 1998). Alle verwendeten reflektiven Konstrukte sind somit als zuverlässig einzuschätzen und implizieren eine erfüllte Konvergenzvalidität.

In einem weiteren Schritt ist die Diskriminanzvalidität der reflektiven Messgrößen zu überprüfen. Hierzu werden das Fornell-Larcker-Kriterium sowie die Kreuzladungen und das Heterotrait-Monotrait-Verhältnis der Korrelationen (HTMT) verwendet. Die Überprüfung zeigt in Abb. 27.2 durchgängig kleinere Korrelationen zwischen den latenten Variablen im Vergleich zur Wurzel aus der durchschnittlich extrahierten Varianz (Fornell und Larcker 1981). Darüber hinaus laden alle Indikatoren am stärksten auf das eigene Konstrukt (Chin 1998). Schließlich übersteigen die HTMT-Werte den konservativen Schwellenwert von 0,85 (Henseler et al. 2015) nicht. Alle reflektiven latenten Variablen des Modells sind somit als eindimensional, reliabel und valide zu bezeichnen.

Auch die Güte formativer Konstrukte eines Modells sollte unterschiedlichen Gütekriterien genügen. Die Inhaltsvalidität beurteilt, inwieweit der Bedeutungsinhalt eines Konstruktes ausreichend abgedeckt und plausibel erfasst wird (Hair et al. 2017). In diesem Zusammenhang erfolgt eine Überprüfung der Relevanz und Signifikanz der

Konstrukt	MW	SD	1	2	3	4	5	6	7	8	9	10
1 Nutzungsintention	3.21	1.82	0.93 (0.87)									
2 Wahrgenommener Wert	3.61	1.26	0.69	0.84 (0.71)								
3 Kompatibilität	3.84	1.41	0.59	0.53	0.82 (0.67)							
4 Unterstützende Bedingungen	3.89	1.47	0.45	0.35	0.48							
5 Kosten	3.00	1.40	-0.09	-0.08	-0.09	-0.27	0.84 (0.71)					
6 Techn. Unzuverlässigkeit	3.91	0.90	-0.32	-0.43	-0.30	-0.26	0.06	0.90 (0.81)				
7 Sicherheitsrisiko	4.60	1.62	-0.44	-0.28	-0.28	-0.16	0.07	0.06	0.86 (0.74)			
8 Soziale Norm	2.95	1.61	0.41	0.36	0.37	0.23	0.02	-0.21	-0.16	0.97 (0.95)		
9 Nützlichkeit	4.36	1.54	0.60	0.63	0.54	0.30	0.04	-0.35	-0.27	0.39	0.88 (0.77)	
10 Freude	4.00	1.67	0.73	0.60	0.59	0.41	-0.01	-0.31	-0.38	0.36	0.71	0.92 (0.85)

Hinweis: Auf der Diagonalen befinden sich $\sqrt{AVE}$- und AVE-Werte (in Klammern), außerhalb der Diagonalen die Korrelationen.

Abb. 27.2 Deskriptive Statistik und Fornell-Larcker-Kriterium

Indikatoren. Eine Überprüfung des latenten Konstrukts *Unterstützende Bedingungen* zeigt, dass die Gewichte der Items zwischen 0,28 und 0,48 liegen und signifikant sind ($p \leq 0{,}01$). Die Kollinearitätsdiagnose der Indikatoren erfolgt anhand des Varianzinflationsfaktors (VIF). Der Schwellenwert von fünf (Diamantopoulos und Riefler 2008) wird von den Items des formativen Konstrukts nicht übertroffen. Das Messmodell erfüllt somit insgesamt sämtliche Gütekriterien. Auf dieser Basis kann nun in einem weiteren Schritt das Strukturmodell analysiert werden.

27.3.4 Gütebeurteilung des Strukturmodells

Um die Güte eines Strukturmodells zu beurteilen, werden ebenfalls mehrere Gütekriterien herangezogen. Zunächst wird überprüft, ob Multikollinearität bei dem endogenen Konstrukt vorliegt, welches durch mehr als ein exogenes Konstrukt beeinflusst wird. Im vorliegenden Untersuchungsmodell ist dies der *Wahrgenommene Wert.* Die Korrelationsmatrix in Abb. 27.2 zeigt zunächst bivariate Korrelationen auf. Bivariate Korrelationen größer als 0,5 können erste Hinweise auf Multikollinearität liefern. Für den Ausschluss von Multikollinearität wird der Varianzinflationsfaktor herangezogen (Weiber und Mühlhaus 2014). Kollineraritätsprobleme können bereits ab einem VIF von zwei auftreten. Weiber und Mühlhaus (2014) empfehlen eine genauere Inspektion ab VIF-Werten größer drei. Diese liegen im Modell nicht vor. Auf eine Überprüfung mittels

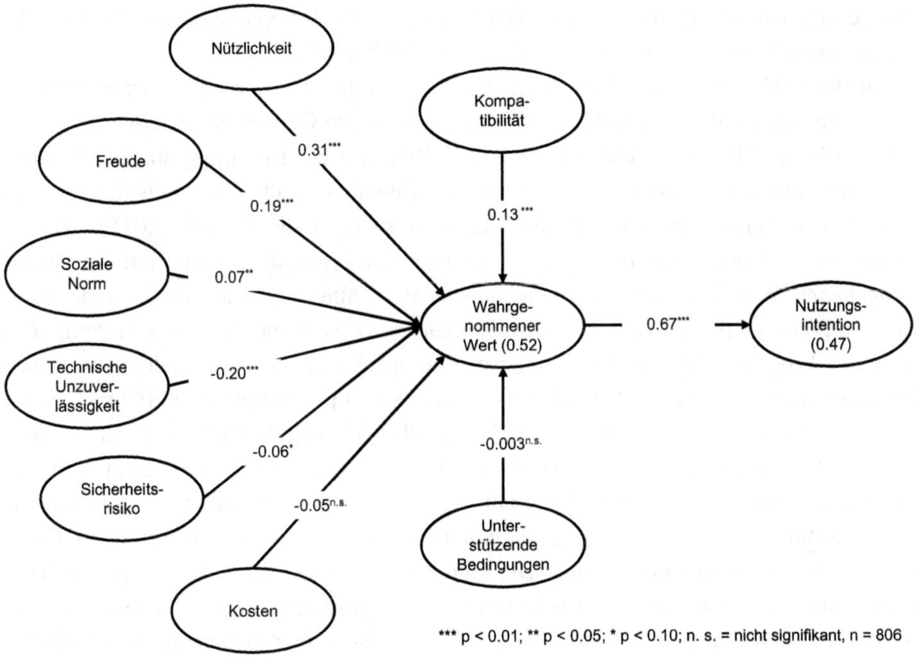

Abb. 27.3 Pfadanalyse mit Ergebnissen (R^2 endogener Konstrukte, Pfadkoeffizienten)

Konditionenindex kann daher verzichtet werden (Diamantopoulos und Winklhofer 2001).

Die vorrangigen Bewertungskriterien für ein Strukturmodell sind die erklärte Varianz (R^2) der endogenen Konstrukte sowie die Höhe und Signifikanz der Pfadkoeffizienten (Hair et al. 2017). Die *Nutzungsintention* weist ein R^2 von 0,47 auf, für den *Wahrgenommenen Wert* liegt das R^2 bei 0,52. Beide Werte liegen gemäß den Schwellenwerten nach Chin (1998) im akzeptablen Bereich.

Die Pfadkoeffizienten des Modells können als standardisierte Beta-Koeffizienten (β) interpretiert werden (Hair et al. 2017). Sie spiegeln die Wirkstärke einer Einflussgröße auf eine Zielgröße wider. Abb. 27.3 sind die Pfadkoeffizienten zu entnehmen.

Alle Vorzeichen der Pfadkoeffizienten sind erwartungsgemäß. Im Bereich der *Benefits* hat insbesondere die *Nützlichkeit* ($\beta = 0{,}31$, $p \leq 0{,}00$) einen positiven Einfluss auf den *Wahrgenommenen Wert.* Auch die *Freude* ($\beta = 0{,}19$, $p \leq 0{,}00$) wirkt positiv. Die *Soziale Norm* ($\beta = 0{,}07$, $p \leq 0{,}05$) hat ebenfalls einen positiven Einfluss, der aber vergleichsweise geringer ausfällt. Im Bereich der *Sacrifices* übt insbesondere die *Technische Unzuverlässigkeit* ($\beta = -0{,}20$, $p \leq 0{,}00$) einen negativen Einfluss auf den *Wahrgenommenen Wert* aus. Das *Sicherheitsrisiko* ($\beta = -0{,}06$, $p \leq 0{,}10$) wirkt weniger stark und die *Kosten* haben keinen signifikanten Einfluss. Die *Kompatibilität* hat einen positiven Einfluss ($\beta = 0{,}13$, $p \leq 0{,}00$) auf den *Wahrgenommenen Wert.* Die *Unterstützenden Bedingungen* haben hingegen keinen signifikanten Effekt. Der Einfluss vom *Wahrgenommenen Wert* auf die *Nutzungsintention* ist positiv und signifikant ($\beta = 0{,}67$, $p \leq 0{,}00$).

Um die Erklärungs- und Prognoserelevanz für endogene Konstrukte zu berechnen, werden zusätzlich die Effektstärke (f^2) und das Stone-Geisser-Kriterium (Q^2) (Hair et al. 2017) geprüft. Die Effektstärke zeigt die Relevanz der Erklärung eines endogenen Konstrukts durch ein exogenes Konstrukt an. Gemäß den üblichen Schwellenwerten (Hair et al. 2017) weisen lediglich die *Nützlichkeit* (0,09), die *Freude* (0,03) sowie die *Technische Unzuverlässigkeit* (0,07) eine geringe Effektstärke in Bezug auf den *Wahrgenommenen Wert* auf. Der *Wahrgenommene Wert* hingegen hat mit 0,9 eine deutliche Relevanz in Bezug auf die *Nutzungsintention.* Das Stone-Geisser-Kriterium (Q^2) misst die Prognoserelevanz der reflektiven endogenen Konstrukte. Beide endogenen Konstrukte weisen ein Q^2 größer null auf und sind somit prognoserelevant (Chin 1998).

Die Bewertung des inneren Modells bezüglich Multikollinearität, erklärter Varianz, Höhe und Signifikanz der Pfadkoeffizienten sowie der Prognoserelevanz ist als akzeptabel einzuschätzen. Dies lässt auf eine zuverlässige Schätzung des Strukturmodells schließen. Für den hier gewählten PLS-Ansatz existiert kein globales Gütekriterium für die Modellbeurteilung. Die Gütebeurteilung erfolgt daher als gesamthafte Beurteilung aller verwendeten Einzelkriterien. Somit wird davon ausgegangen, dass eine zuverlässige Schätzung des Strukturmodells erfolgt ist. Daher erfolgt im Anschluss die inhaltliche Interpretation der Ergebnisse.

27.4 Interpretation der Ergebnisse

Die Ergebnisse hinsichtlich des hier verwendeten theoretischen Modells, des Value-based Adoption Models, liefern einen Erklärungsbeitrag in Bezug auf die Forschungsfrage. Das VAM postulierte, dass der wahrgenommene Wert die Nutzung von Sprachassistenten zur Steuerung von Smart Home Services beeinflusst. Der wahrgenommene Wert wiederum wird beeinflusst sowohl von *Benefit*- als auch *Sacrifice*-Größen. Insgesamt unterstützen die Ergebnisse sieben der neun aufgestellten Hypothesen. Somit kann davon ausgegangen werden, dass extrinsische und intrinsische Vorteile als *Benefits* die Nutzungsabsicht steigern und monetäre sowie nicht-monetäre Kosten als *Sacrifices* Hindernisse in Bezug auf die Nutzungsabsicht darstellen.

Gemäß der Cognitive Evaluation Theory gibt es für eine Nutzungsabsicht (unter anderem) extrinsische als auch intrinsische Motivatoren (Deci 1971). Die Ergebnisse deuten darauf hin, dass im Rahmen der *Benefits* vor allem sowohl die Nützlichkeit als auch die Freude an der Nutzung den wahrgenommenen Wert beeinflussen. Die Freude ist ein intrinsischer Motivator und in der vorliegenden Untersuchung eine entscheidende Einflussgröße ($\beta = 0{,}19$, $p \leq 0{,}00$) auf den wahrgenommenen Wert. Dies entspricht den Postulaten der Flow Theory (Csikszentmihalyi 1990) ebenso wie dem Gamification-Ansatz (Huotari und Hamari 2012). Noch stärker als der Einfluss der Freude ist der der Nützlichkeit auf den wahrgenommenen Wert. Dieses Ergebnis stimmt überein mit früheren Studien zur Adoption von Produkten und Services im technologischen Umfeld (Davis 1989, Davis et al. 1989, Keil et al. 1995) und auch spezifische im Smart-Home-Kontext (Hubert et al. 2018). Auch in der vorliegenden Untersuchung ist die Nützlichkeit die vergleichsweise stärkste Einflussgröße ($\beta = 0{,}31$, $p \leq 0{,}00$) auf den wahrgenommenen Wert. Die soziale Norm spielt in der vorliegenden Untersuchung lediglich eine untergeordnete Rolle. Der Einfluss ($\beta = 0{,}07$, $p \leq 0{,}05$) ist vergleichsweise niedrig. Eine Erklärung könnte sein, dass sich die Sprachsteuerung für Smart Home Services eher im häuslichen Umfeld abspielt. Die Nutzung liegt im Privaten, anders als dies gegebenenfalls bei Technologien ist, die permanent durch Dritte beobachtet werden können, wie z. B. Wearables oder Smartphones. Somit kann gegebenenfalls die potenzielle Statuserhöhung oder -sicherung weniger ausgeprägt sein.

Im Bereich der *Sacrifices* wirkt insbesondere die technische Unzuverlässigkeit als Hindernis. Sicherheitsrisiken und auch die Kosten spielen eine untergeordnete bzw. keine Rolle. Wie in anderen Studien auch hat die technische Unzuverlässigkeit ($\beta = -0{,}20$, $p \leq 0{,}00$) eine besondere Bedeutung hinsichtlich des wahrgenommenen Wertes. Bereits Venkatesh et al. (2003) haben beschrieben, dass Konstrukte, die den Aufwand einer Anwendungsnutzung erfassen, gerade in frühen Phasen der Verbreitung einen vergleichsweise hohen Einfluss haben. Sprachassistenten zur Steuerung von Smart Home Services werden genutzt, um solche Services einfacher und effektiver zu steuern. Wenn die Steuerung jedoch nur unzuverlässig und nicht fehlerfrei funktioniert oder einen zeitlichen Aufwand darstellt, dann wird letztendlich der Einsatz eines Sprachsteuerassistenten grundsätzlich infrage gestellt. Dies deckt sich mit den Ergebnissen weiterer Studien (Kim et al. 2007; Lu et al. 2008). Das *Sicherheitsrisiko* ($\beta = -0{,}06$, $p \leq 0{,}10$) übt einen vergleichsweise geringen Einfluss auf den wahrgenommenen Wert aus. Obwohl gerade in jüngster Zeit verschiedene sicherheitsrelevante Szenarien in Bezug auf Sprachassistenten Thema waren, könnte eine wenig ausgeprägte digitale Bewertungskompetenz ein Grund sein, dass Sicherheitsrisiken von Sprachassistenten nicht korrekt eingeschätzt werden (Bogenstahl und Zinke 2017). Während der Digitalisierungs-Gesamtindex der deutschen Bevölkerung aktuell bei 55 Punkten liegt und insgesamt eine leichte Verbesserung zu den Vorjahren zu verzeichnen ist, liegt der Teilindex „Kompetenz" lediglich bei 49 Punkten und stagniert damit seit mehreren Jahren (Initiative D21 2019). Die Kosten haben im vorliegenden Modell keinen signifikanten Einfluss auf den wahrgenommenen Wert. Eine mögliche Erklärung könnte sein, dass die monetäre Belastung durch die Sprachassistenten im Zusammenhang mit Smart Home Services aktuell aus Sicht der Befragten nicht als unangebracht angesehen wird.

Insgesamt haben in der vorliegenden Untersuchung die *Benefits* einen höheren Einfluss auf den wahrgenommenen Wert als die *Sacrifices.* Eine Regression des wahrgenommenen Wertes auf die soziale Norm, die Nützlichkeit und die Freude führt zu einer erklärten Varianz des wahrgenommenen Wertes von 48 %. Eine Regression des wahrgenommenen Wertes auf die Kosten, die technische Unzuverlässigkeit und das Sicherheitsrisiko erklärt hingegen nur 30 % der Varianz des wahrgenommenen Wertes. Dieses Ergebnis widerspricht der Prospect Theory (Kahnemann und Tversky 1979) insofern, als dass dort davon ausgegangen wird, dass potenzielle Verluste höher als potenzielle Gewinne gewichtet werden. In der vorliegenden Studie sind das Sicherheitsrisiko ebenso wie die Kosten im Vergleich deutlich weniger wichtige Einflussgrößen auf den wahrgenommenen Wert als beispielsweise die Nützlichkeit und die Freude.

Außerhalb der Klassifikation in *Benefits* und *Sacrifices* wurden in der vorliegenden Studie noch die Kompatibilität sowie die unterstützenden Bedingungen untersucht. In Analogie zu weiteren Studien (Lu et al. 2011; Holahan 2015; Park et al. 2018) hat die Kompatibilität auch hier einen positiven Einfluss ($\beta = 0{,}13$, $p \leq 0{,}00$) auf den wahrgenommenen Wert. Die zuverlässige Kommunikation ist im vorliegenden Untersuchungskontext von besonderer Bedeutung. Nur wenn verschiedene Systeme (Sprachassistenten und die jeweiligen spezifischen Smart Home Services) zu verbinden sind, kann das Gesamtsystem seinen Wert für den Nutzer oder die Nutzerin entfalten. Die unterstützenden Bedingungen haben entgegen Befunden aus vorhandenen Studien (Kim et al. 2007; Venkatesh et al. 2003) im vorliegenden Kontext keinen signifikanten Einfluss auf den wahrgenommenen Wert.

Die Haupteinflussgröße auf die Nutzungsabsicht ist im vorliegenden Untersuchungsmodell der wahrgenommene Wert. Die Ergebnisse zeigen, dass der wahrgenommene Wert eine signifikante Rolle spielt ($\beta = 0{,}67$, $p \leq 0{,}00$), um die Nutzungsabsicht zu erklären. Dieses Ergebnis ist konform mit vorherigen Studien zum wahrgenommenen Wert (Kim et al. 2007; Chang und Wildt 1994).

27.5 Fazit und Ausblick

Künstliche Intelligenz ist auf dem Vormarsch und wird unseren Alltag nachhaltig verändern. Sprachassistenten als neue Mensch-Maschine-Schnittstelle vereinfachen potenziell die Nutzung dieser Intelligenz mittels verbaler Ansprache. Die Akzeptanz dieser relativ neuen Schnittstelle ist somit wichtig, um das Nutzungspotenzial der neuen Technologie auszuschöpfen. Smart Home Services können mithilfe von Sprachassistenten verbal gemanagt werden, sodass eine Akzeptanz von Sprachassistenten auch die Adoption von Smart Home Services vorantreiben kann. Entsprechend der Prospect Theory nehmen die Nutzerinnen und Nutzer einen Kosten-Nutzenvergleich vor, um auf Grundlage des angenommenen Mehrwertes dieser Schnittstelle zur Steuerung von Smart Home eine Nutzungsintention zu entwickeln. Auf der Plusseite ist dabei die Nützlichkeit der verbalen Steuerung herauszustellen. So sollten Services entwickelt werden, deren Mehrwert unmittelbar eingängig ist und in der Marketingkommunikation entsprechend herausgearbeitet werden kann. Diese finden sich vor allem in den Bereichen Gebäude-/Gerätesicherheit, Gesundheit/Notfall oder auch Energieeffizienz. Eine Kontrolle und Steuerung des eigenen Zuhauses oder auch das von z. B. unterstützungsbedürftigen Angehörigen ist jederzeit und auch ohne tiefergehende technische Vorkenntnisse möglich, sodass sich die Zielgruppe zukünftig entsprechend vergrößern dürfte. Darüber hinaus ist auch der Spaßfaktor nicht zu vernachlässigen. Auch wenn dieser im Vergleich zur Nützlichkeit eine geringere Rolle spielt, so besitzen auch Nice-to-Have-Services ihre Daseinsberechtigung. Dabei geht es jedoch scheinbar eher darum, wie Spaß bei der Nutzung beim einzelnen Individuum hervorgerufen werden kann. Eine Imageverbesserung oder gar ein sozialer Druck scheint in diesem Kontext als irrelevant eingestuft zu werden. Individuelle Lösungen aus dem Bereich Komfort und Entertainment, welche Spaß bei der Nutzung machen (individuell abgestimmtes Licht, Ansprache von Haushaltsgeräten aus der Ferne), sind hier zuzurechnen. Auch steht die Frage im Raum, ob die Entwicklung einer sozialen Beziehung zu dem Sprachassistenten in diesen Bereichen eine Rolle spielt (Han und Yang 2018). Beide Bereiche werden gegenwärtig noch dadurch beeinträchtigt, dass Sprachassistenten zum Teil nicht zuverlässig sind. Sprachassistenten, die dem Nutzer oder der Nutzerin mehrfach hintereinander kommunizieren, dass Letztere leider nicht verstanden wurden, schmälert nicht nur die Nützlichkeit, sondern auch den Spaßfaktor. Hierauf sollte ein wesentlicher Fokus gelegt werden. Der Datenschutz hingegen stellt scheinbar keine wesentliche Barriere dar, sodass das sogenannte Privacy Paradoxon (Norberg et al. 2007) auch hier zum Tragen kommt.

Bei der vorliegenden Studie handelt es sich um eine explorative Untersuchung eines relativ neuen Forschungsgegenstands. Die Ergebnisse liefern dabei erste Einblicke in die Einflussfaktoren auf die Akzeptanz von Sprachassistenten zur Steuerung von Smart Home Services. Trotz der guten Erklärungskraft des Modells sollten sich zukünftige Studien bemühen, das Modell um weitere Treiber zu erweitern. Auch sind detailliertere Analysen einzelner Bereiche von Smart Services anzustreben sowie die unterschiedlichen Bedürfnisse verschiedener Nutzungsgruppen – vielleicht über unterschiedliche Generationen hinweg – zu berücksichtigen.

Literatur

Ajzen, I. (1991). The theory of planned behavior. *Organizational Behavior and Human Decision Processes, 50*(2), 179–211.

Aldrich, F. K. (2003). Smart homes, past, present and future. In: R. Harper (Hrsg.), *Inside the Smart Home* (S. 17–39). London: Springer.

Bagozzi, R. P., & Yi, Y. (1988). On the evaluation of structural equation models. *Journal of the Academy of Marketing Science, 16*(1), 74–94. https://doi.org/10.1007/BF02723327.

Baudier, P., Ammi, C., & Deboeuf-Rouchon, M. (2018). Smart home: Highly-educated students' acceptance. *Technological Forecasting and Social Change*. https://doi.org/10.1016/j.techfore.2018.06.043. (In press).

Bender, W. (1964). Consumer purchase-costs – Do retailers recognize them? *Journal of Retailing, 40*(1), 1–52.

Berg, A. (2018). Home Smart Home. Vortrag des Bitkom-Präsidenten, 07. August 2018. Berlin. https://www.bitkom.org/sites/default/files/file/import/Bitkom-Praesentation-Home-Smart-Home.pdf. Zugegriffen: 26. Sept. 2019.

Bogenstahl, C., & Zinke, G. (2017). Digitale Souveränität – ein Mehrdimensionales Handlungskonzept für die Deutsche Wirtschaft. In: V. Wittpfahl (Hrsg.), *Digitale Souveränität, Bürger, Unternehmen, Staat* (S. 65–82). Berlin: Springer. https://doi.org/10.1007/978-3-662-55796-9.

Boßow-Thies, S., Moussa, H., Peetz, S., Sauthoff, M., Wagner, G., & Zimmermann, P. (2011). *Smart Home – Zukunftschancen Verschiedener Industrien – Executive Interviews und Repräsentative Umfrage.* München: Capgemini Deutschland.

Boßow-Thies S., & Panten G. (2009). Analyse Kausaler Wirkungszusammenhänge mit Hilfe von Partial Least Squares (PLS). In: S. Albers, D. Klapper, U. Konradt, A. Walter, & J. Wolf (Hrsg.), *Methodik der Empirischen Forschung* (S. 365–380). Wiesbaden: Gabler. https://doi.org/10.1007/978-3322-96406-9_24.

Chang, T. Z., & Wildt, A. R. (1994). Price, product information, and purchase intention: An empirical study. *Journal of the Academy of Marketing Science, 22*(1), 16–27.

Chin, W. W. (1995). Partial least squares is to LISREL as principal components analysis is to common factor analysis. *Technology Studies, 2*(2), 315–319.

Chin, W. W. (1998). The partial least squares approach to structural equation modeling. In: G. A. Marcoulides (Hrsg.), *Modern methods for business research* (S. 295–336). Mahwah: Lawrence Erlbaum Associates.

Chen, B. X. (2019). Hi, Alexa. How Do I Stop You From Listening In On Me? New York Times. https://www.nytimes.com/2019/08/21/technology/personaltech/alexa-siri-google-assistant-listen.html. Zugegriffen: 29. Sept. 2019.

Chunxiang, L. (2014). Study on mobile commerce customer based on value adoption. *Journal of Applied Science, 14*(9), 901–909.

Csikszentmihalyi, M. (1990). *Flow: The psychology of optimal experience.* New York: HarperCollins Publishers.

Davis, F. D. (1989). Perceived usefulness, perceived ease of use, and user acceptance of information technology. *MIS Quarterly, 13*(3), 319–340.

Davis, F. D., Bagozzi, R. P., & Warshaw, P. R. (1989). User acceptance of computer technology: A comparison of two theoretical models. *Management Science, 35*(8), 982–1003.

Davis, F. D., Bagozzi, R. P., & Warshaw, P. R. (1992). Extrinsic and Intrinsic motivation to use computers in the workplace. *Journal of Applied Social Psychology, 22*(14), 1111–1132. https://doi.org/10.1111/j.1559-1816.1992.tb00945.x.

Deci, E. (1971). Effects of externally mediated rewards on intrinsic motivation. *Journal of Personality and Social Psychology, 18*(1), 105–115.

Diamantopoulos, A., & Riefler, P. (2008). Formative Indikatoren: Einige Anmerkungen zu ihrer Art, Validität und Multikollinearität. *ZFB Zeitschrift für Betriebswirtschaft, 78*(11), 1183–1196.

Diamantopoulos, A., & Winklhofer, H. M. (2001). Index construction with formative indicators: An alternative to scale development. *Journal of Marketing Research, 38*(2), 269–277. https://doi.org/10.1509/jmkr.38.2.269.18845.

Diegel, O., Lomiwes, G., Messom, C., Moir, T., Ryu, H., Thomsen, F., Yoganathan, V., & Zhenqing, L. (2005). A bluetooth home design @ NZ: Four Smartness. In: A. Sloane (Hrsg.), *Home Oriented Informatics and Telematics: Proceedings of the IFIP WG 9.3 HOIT2005 Conference,* 13.–15. April 2005 (S. 87–99). Boston: Springer.

Eberl, M. (2004). *Formative und Reflektive Indikatoren im Forschungsprozess; Entscheidungsregeln und die Dominanz des Reflektiven Modells. Schriften zur Empirischen Forschung und Quantitativen Unternehmensplanung,* München.

Firth, S. K., Fouchal, F., Kane, T., Dimitriou, V., & Hassan, T. (2013). *Decision support systems for domestic retrofit provision using smart home data streams.* In: CIB W78 2013 30th International Conference on Applications of IT in the AEC Industry, Move Towards Smart Buildings: Infrastructures and Cities, 9.-12. Oktober 2013. Beijing.

Fishbein, M., & Ajzen, I. (1975). *Belief, attitude, intention and behavior: An introduction to theory and research.* Reading: Addison-Wesley.

Fornell, C., & Bookstein, L. (1982). Two structural equation models: LISREL and PLS applied to consumer exit-voice theory. *Journal of Marketing Research, 19*(4), 440–452.

Fornell, C., & Larcker, D. F. (1981). Evaluating structural equation models with unobservable variables and measurement. *Journal of Marketing Research, 18*(1), 39–50. https://doi.org/10.2307/3151312.

Gefen, D., & Straub, D. (2003). Managing user trust in B2C e-services. *E-Service Journal, 2*(2), 7–24. https://doi.org/10.2979/esj.2003.2.2.7.

Geraci, A., Katki, F., McMonegal, L., Meyer, B., Lane, J., Wilson, P., Radatz, J., Yee, M., Porteous, H., & Springsteel, F. (1991). *IEEE standard computer dictionary: Compilation of IEEE standard computer glossaries*. Piscataway: IEEE Press.

Goksel Canbek, N., & Mutlu, M. E. (2016). On the track of artificial intelligence: Learning with intelligent personal assistants. *Journal of Human Sciences, 13*(1), 592–601. https://doi.org/10.14687/ijhs.v13i1.3549.

Grewal, D., Monroe, K. B., & Krishnan, R. (1998). The effects of price-comparison advertising on buyers' perceptions of acquisition value, transaction value, and behavioral intentions. *Journal of Marketing, 62*(2), 45–59. https://doi.org/10.1177/002224299806200204.

Hair, J. F., Hult, G. T. M., Ringle, C., & Sarstedt, M. (2017). *A Primer on Partial Least Squares Structural Equation Modeling (PLS-SEM)*. Thousand Oaks: Sage.

Han, S., & Yang, H. (2018). Understanding adoption of intelligent personal assistants: A parasocial relationship perspective. *Industrial Management & Data Systems, 118*(3), 618–636. https://doi.org/10.1108/IMDS-05-2017-0214.

Harman, H. H. (1976). *Modern factor analysis*. Chicago: University of Chicago Press.

Henseler, J., Ringle, C. M., & Sarstedt, M. (2015). A new criterion for assessing discriminant validity in variance-based structural equation modeling. *Journal of the Academy of Marketing Science, 43*(1), 115–135.

Holahan, P. J., Lesselroth, B. J., Adams, K., Wang, K., & Church, V. (2015). Beyond technology acceptance to effective technology use: A parsimonious and actionable model. *Journal of the American Medical Informatics Association, 22*(3), 718–729.

Hoy, M. B. (2018). Alexa, Siri, Cortana, and More: An introduction to voice assistants. *Medical Reference Services Quarterly, 37*(1), 81–88. https://doi.org/10.1080/02763869.2018.1404391.

Hörner, T. (2019). *Marketing mit Sprachassistenten: So setzen Sie Alexa, Google Assistant & Co Strategisch Erfolgreich ein*. Wiesbaden: Springer.

Hsu, C.-L., & Lin, J. C.-C. (2016). An empirical examination of consumer adoption of internet of things services: Network externalities and concern for information privacy perspectives. *Computers in Human Behavior, 62*, 516–527. https://doi.org/10.1016/j.chb.2016.04.023.

Hubert, M., Blut, M., Brock, C., Zhang, R. W., Koch, V., & Riedl, R. (2018). The influence of acceptance and adoption drivers on smart home usage. *European Journal of Marketing, 53*(6), 1073–1098. https://doi.org/10.1108/EJM-12-2016-0794.

Hulland, J. (1999). Use of Partial Least Squares (PLS) in strategic management research: A review of four recent studies. *Strategic Management Journal, 20*(2), 195–204.

Huotari, K., & Hamari, J. (2012). *Defining gamification – A service marketing perspective*. Proceedings of the 16th International Academic MindTrek Conference (S. 17–22), 03.-05. Oktober 2012. Finnland.

Initiative D21. (2019). Digital Index 2018/2019, Jährliches Lagebild zur Digitalen Gesellschaft. https://initiatived21.de/app/uploads/2019/01/d21_index2018_2019.pdf. Zugegriffen: 28. Sept. 2019.

Islam, A. K. M. N. (2016). E-Learning system use and its outcomes: Moderating role of perceived compatibility. *Telematics and Informatics, 33*(1), 48–55.

Jiang, J., Hassan Awadallah, A., Jones, R., Ozertem, U., Zitouni, I., Gurunath Kulkarni, R., & Khan, O. Z. (2015). *Automatic online evaluation of intelligent assistants.* Proceedings of the 24th International Conference on World Wide Web (S. 506–516), 8.-22. Mai 2015. Florenz.

Kahnemann, D., & Tversky, A. (1979). Prospect theory: An analysis of decision under risk. *Econometrica, 47*(2), 263–291.

Keil, M., Beranek, P. M., & Konsynski, B. R. (1995). Usefulness and ease of use: Field study evidence regarding task considerations. *Decision Support Systems, 13*(1), 75–91.

Kelman, H. C. (1958). Compliance, identification, and internalization: Three processes of attitude change. *Journal of Conflict Resolution, 2*(1), 51–60.

Kim, H.-W., Chan, H. C., & Gupta, S. (2007). Value-Based adoption of mobile internet: An empirical investigation. *Decision Support Systems, 43*(1), 111–126.

Kim, D., Chun, H., & Lee, H. (2014). Determining the factors that influence college students' adoption of smartphones. *Journal of the Association for Information Science and Technology, 65*(3), 578–588. https://doi.org/10.1002/asi.22987.

Kim, Y., Park, Y., & Choi, J. (2017). A study on the adoption of IoT smart home service: Using value-based adoption model. *Total Quality Management & Business Excellence, 28*(9–10), 1149–1165. https://doi.org/10.1080/14783363.2017.1310708.

Kiseleva, J., Williams, K., Jiang, J., Hassan Awadallah, A., Crook, A.C., Zitouni, I., & Anastasakos, T. (2016). *Understanding user satisfaction with intelligent assistants.* Proceedings of the 2016 ACM on Conference on Human Information Interaction and Retrieval (S. 121–130), 13.-17. März 2016. Carrboro.

Koufaris, M. (2002). Applying the technology acceptance model and flow theory to online consumer behavior. *Information Systems Research, 13*(2), 205–223.

Lin, T.-C., Lee, C.-K., & Lin, J. C.-C. (2010). *Determinants of enterprise 2.0 adoption: A value-based adoption model approach VAM.* 2010 International Conference on Information Society (i-Society) (S. 12–18), 28.-30. Juni 2010. London.

Lin, T.-C., Wu, S., Hsu, J. S.-C., & Chou, Y.-C. (2012). The integration of value-based adoption and expectation-confirmation models: An example of IPTV continuance intention. *Decision Support Systems, 54*(1), 63–75.

Lu, Y., Cao, Y., Wang, B., & Yang, S. (2011). A study on factors that affect users' behavioral intention to transfer usage from the offline to the online channel. *Computers in Human Behavior, 27*(1), 355–364.

Lu, J., Liu, C., Yu, C.-S., & Wang, K. (2008). Determinants of accepting wireless mobile data services in China. *Information & Management, 45*(1), 52–64.

Lutolf, R. (1992). *Smart home concept and the integration of energy meters into a home based system.* In: Seventh International Conference on Metering Apparatus and Tariffs for Electricity Supply, 17.-19. November 1992. Glasgow.

MacKenzie, S. B., & Podsakoff, P. M. (2012). Common method bias in marketing: Causes, mechanisms, and procedural remedies. *Journal of Retailing, 88*(4), 542–555. https://doi.org/10.1016/j.jretai.2012.08.001.

Mani, Z., & Chouk, I. (2017). Drivers of consumers' resistance to smart products. *Journal of Marketing Management, 33*(1–2), 76–97. https://doi.org/10.1080/0267257X.2016.1245212.

Marikyan, D., Papagiannidis, S., & Alamanos, E. (2019). A systematic review of the smart home literature: A user perspective. *Technological Forecasting and Social Change, 138,* 139–154.

Mathieson, K. (1991). Predicting user intentions: Comparing the technology acceptance model with the theory of planned behavior. *Information Systems Research, 2*(3), 173–191. https://doi.org/10.1287/isre.2.3.173.

Milivojša, S., Ivanović, S., Erić, T., Antić, M., & Smiljković, N. (2017). *Implementation of voice control interface for smart home automation system.* In: 2017 IEEE 7th International

Conference on Consumer Electronics – Berlin (ICCCE-Berlin), 03.-06. September 2017. Berlin.

Moore, G. C., & Benbasat, I. (1991). Development of an instrument to measure the perceptions of adopting an information technology innovation. *Information Systems Research, 2*(3), 192–222.

Moorthy, A. E., & Vu, K.-P. L. (2015). Privacy concerns for use of voice activated personal assistant in the public space. *International Journal of Human-Computer Interaction, 31*(4), 307–333.

Nasirian, F., Ahmadian, M., & Lee, O.-K. (2017). *AI-based voice assistant systems: evaluating from the interaction and trust perspectives.* In: 23rd Americas Conference on Information Systems (AMCIS 2017), 10.-12. August 2017. Boston.

Norberg, P. A., Horne, D. R., & Horne, D. A. (2007). The privacy paradox: Personal information disclosure intentions versus behaviors. *The Journal of Consumer Affairs, 41*(1), 100–126.

Nunnally, J. C., & Bernstein, I. H. (1994). *Psychometric theory.* New York: McGraw-Hill.

Pal, D., Funilkul, S., Charoenkitkarn, N., & Kanthamanon, P. (2018). Internet-of-things and smart homes for elderly healthcare: An end user perspective. *IEEE Access, 6,* 10483–10496.

Park, E., Cho, Y., Han, J., & Kwon, S. J. (2017). Comprehensive approaches to user acceptance of internet of things in a smart home environment. *IEEE Internet of Things Journal, 4*(6), 2342–2350.

Park, E., Kim, S., Kim, Y., & Kwon, S. J. (2018). Smart home services as the next mainstream of the ICT industry: Determinants of the adoption of smart home service. *Universal Access in the Information Society, 17*(1), 175–190. https://doi.org/10.1007/s10209-017-0533-0.

Park, E., Kim, H., & Ohm, J. Y. (2015). Understanding driver adoption of car navigation systems using the extended technology acceptance model. *Behaviour & Information Technology, 34*(7), 741–751.

Peine, A. (2008). Technological paradigms and complex technical systems – The case of smart home. *Research Policy, 37*(3), 508–529.

Podsakoff, P. M., MacKenzie, S. B., Lee, J. Y., & Podsakoff, N. P. (2003). Common method biases in behavioral research: A critical review of the literature and recommended remedies. *Journal of Applied Psychology, 88*(5), 879–903. https://doi.org/10.1037/0021-9010.88.5.879.

Ram, S., & Sheth, J. N. (1989). Consumer resistance to innovations: The marketing problem and its solutions. *Journal of Consumer Marketing, 6*(2), 5–14. https://doi.org/10.1108/EUM0000000002542.

Raman, A., & Don, Y. (2013). Preservice teachers' acceptance of learning management software: An application of the UTAUT2 model. *International Education Studies, 6*(7), 157–164.

Rogers, E. M. (2003). *Diffusion of innovations* (5. Aufl.). The Free Press.

Sano, S., Kaji, N., & Sassano, M. (2016). *Prediction of prospective user engagement with intelligent assistants.* Proceedings of the 54th Annual Meeting of the Association for Computational Linguistics (Bd. 1: Long Papers), 07.-12. August 2016. Berlin.

Splendid Research. (2019). Smart home monitor 2019. Splendid Research GmbH. Hamburg 2019. https://www.splendid-research.com/de/smarthome.html. Zugegriffen: 18. Okt. 2019.

Statista (2020). Smart home | Digital markets. Marktprognose für Smart Home in der Welt bis 2023. https://de.statista.com/outlook/279/137/smart-home/deutschland. Zugegriffen: 12. Mai 2020.

Statistisches Bundesamt (2019). Verteilung der Privathaushalte in Deutschland nach monatlichem Haushaltsnettoeinkommen im Jahr 2018. https://de.statista.com/statistik/daten/studie/3048/umfrage/privathaushalte-nach-monatlichem-haushaltsnettoeinkommen/. Zugegriffen: 27. Sept. 2019.

Szajna, B. (1996). Empirical evaluation of the revised technology acceptance model. *Management Science, 42*(1), 85–92. https://doi.org/10.1287/mnsc.42.1.85.

Venkatesh, V., & Davis, F. D. (2000). A Theoretical extension of the technology acceptance model: Four longitudinal field studies. *Management Science, 46*(2), 186–204. https://doi.org/10.1287/mnsc.46.2.186.11926.

Venkatesh, V., Morris, M. G., Davis, G. B., & Davis, F. D. (2003). User acceptance of information technology: Toward a unified view. *MIS Quarterly, 27*(3), 425–478.

Venkatesh, V., Thong, J. Y. L., & Xu, X. (2012). Consumer acceptance and use of information technology: Extending the unified theory of acceptance and use of information technology. *MIS Quarterly, 36*(1), 157–178.

Weiber, R., & Mühlhaus, D. (2014). *Strukturgleichungsmodellierung. Eine Anwendungsorientierte Einführung in die Kausalanalyse von AMOS, SmartPLS und SPSS*. Heidelberg: Springer. https://doi.org/10.1007/978-3-642-35012-2.

Wendel, M. (2019). Alexa, Siri, Google, Cortana und Bixby Sprachsteuerung – Die 5 beliebtesten Sprachassistenten im Überblick. https://www.homeandsmart.de/smart-home-sprachassistenten. Zugegriffen: 31. Aug. 2019.

Yang, H., Lee, W., & Lee, H. (2018). IoT smart home adoption: The importance of proper level automation. *Journal of Sensors, 2018*, Article ID 6464036, 1–11. https://doi.org/10.1155/2018/6464036.

Yang, H., Lee, H., & Zo, H. (2017). User acceptance of smart home services: An extension of the theory of planned behavior. *Industrial Management & Data Systems, 117*(1), 68–89. https://doi.org/10.1108/IMDS-01-2016-0017.

Youn, S., & Lee, K.-H. (2019). Proposing value-based technology acceptance model: Testing on paid mobile media service. *Fashion and Textiles, 6*(13). https://doi.org/10.1186/s40691-018-0163-z.

Yu, J., Lee, H., Ha, I., & Zo, H. (2017). User acceptance of media tablets: An empirical examination of perceived value. *Telematics and Informatics, 34*(4), 206–223. https://doi.org/10.1016/j.tele.2015.11.004.

Zahedi, F. (1987). Reliability of information systems based on the critical success factors – Formulation. *MIS Quarterly, 11*(2), 187–203.

Zeithaml, V. A. (1988). Consumer perceptions of price, quality, and value: A means-end model and synthesis of evidence. *Journal of Marketing, 52*(3), 2–22.

Prof. Dr. Bianca Krol ist Gründerin und Direktorin des ifes Institut für Empirie & Statistik an der FOM Hochschule für Oekonomie & Management sowie Dekanin für Schlüsselkompetenzen und Methoden. Im Jahr 2010 erhielt sie nach zehnjähriger Berufstätigkeit als Unternehmensberaterin (zuletzt als Geschäftsführerin und Partnerin) die Berufung zur Professorin für Allgemeine Volkswirtschaftslehre, insbesondere Statistik und Wirtschaftsmathematik, an der FOM Hochschule. Sie engagiert sich in der Kompetenzentwicklung von Studierenden und Dozierenden im Bereich der empirischen Forschung sowie der operativen Unterstützung und methodischen Absicherung empirischer Fragestellungen im Rahmen von Forschungsprojekten der FOM Hochschule. Das eigene Forschungsinteresse liegt insbesondere auf der Durchführung von Marktanalysen und der Erforschung des Nachfrageverhaltens in verschiedenen Branchen sowie auf der Entwicklung von managementorientierten Gestaltungsansätzen durch den Einsatz von anwendungsorientierten empirischen Methoden.

Prof. Dr. Silvia Boßow-Thies ist seit 2014 Professorin für ABWL und Marketing an der FOM Hochschule für Oekonomie und Management. Nach dem Studium der BWL und Promotion im Bereich Online-Marketing war sie knapp zehn Jahre in der Unternehmensberatung, insbesondere bei Capgemini, für die Sektoren Telekommunikation, Medien sowie Entertainment international tätig. Schwerpunkte ihrer Arbeit liegen in der anwendungsorientierten quantitativen Forschung im Online-Marketing, insbesondere in der Akzeptanzforschung im Bereich der digitalen Medien. Ein weiterer Fokus ihrer Tätigkeit besteht in der Anwendungsförderung von Statistik in wissenschaftlichen Arbeiten von und mit Studierenden.

Prof. Dr. Silvia [illegible] [illegible] seit 2014 [illegible] für [illegible] Mathematik[illegible] [illegible] [illegible] [illegible] [illegible] [illegible]. [illegible].

Sales Forecasting – Ein Vergleich von ökonometrischen Methoden und Machine Learning

28

Frank Lehrbass

Inhaltsverzeichnis

Zusammenfassung

Die richtige Schätzung von Absatzmengen ist nach wie vor eine hohe Kunst, wie diese ausgearbeitete Fallstudie auf realen Daten eines internationalen Modekonzerns zeigt. Klassische ökonometrische Methoden treten dabei in Konkurrenz zum Machine Learning. Eine klare Rangordnung beider Modellfamilien in der Vorhersagegüte ergibt sich nicht. Das Bild ist überraschend gemischt. Neuere Verfahren werden dominiert von älteren. Ein interdisziplinärer Ansatz im Sinne der Data Science erscheint zielführend.

F. Lehrbass (✉)
FOM Hochschule, Essen, Deutschland
E-Mail: frank.lehrbass@fom.de

R. Buchkremer et al. (Hrsg.), *Künstliche Intelligenz in Wirtschaft & Gesellschaft*, FOM-Edition, https://doi.org/10.1007/978-3-658-29550-9_28

28.1 Einleitung: Der Nutzen von Absatzvorhersagen, Datenbasis und praxisrelevante Gütemaße

Die Vermeidung von *Bestandslücken* („*out-of-stock situations*", Seifert 2001, S. 100) ist ein zentrales Anliegen moderner Managementansätze, die üblicherweise unter dem Titel *„Efficient Consumer Response"* (Seifert 2001) subsumiert werden. Die Konsequenzen von Bestandslücken sind schwerwiegend und können bis zum Verlust der Kundenbeziehung führen („expected stockout costs", Coyle et al. 2003, S. 204). Trotz aller Anstrengungen in Wissenschaft und Praxis „ist die richtige Mengenabschätzung nach wie vor eine hohe Kunst" (Wilhelm 2019). Diese Techniken zur Erstellung von Vorhersagen sind auch unter dem Namen *Predictive Analytics* bekannt. Diese stellen einen Teilprozess der *Business Analytics* dar. Zu diesem möchte der Autor mit einem ausgearbeiteten Praxisbeispiel beitragen.

Nach einem kurzen Überblick und theoretischen Vorüberlegungen werden Methoden der Ökonometrie und des maschinellen Lernens auf einen Datensatz aus der Praxis angewandt, um Absatzvorhersagen zu tätigen. Die Daten stammen aus einem Projekt mit einem *internationalen Modekonzern,* der anonym bleiben möchte. Aus diesem Grunde werden die Daten nicht offengelegt – auch nicht mittelbar über deskriptive Statistiken. Für die vorliegende Studie wurde ein Laden mit einer Fläche von 1300 m^2 in Deutschland in einer Einkaufsstraße ausgewählt. Tägliche Absatzzahlen für Juli 2015 bis Juni 2017 liegen vor (Mo-Sa, insgesamt 621 Werte). Es ist dabei wichtig, dass jede Woche sechs Werte hat, weil sonst etwaige Schwingungsmuster nicht präzise erkannt werden können. Diese Anzahlen verkaufter Teile weisen ein typisches Muster auf, wie Abb. 28.1 zeigt. Die Abszisse zeigt die Tage an und die Ordinate den Absatz.

Die Achsen sind bewusst nicht skaliert, um die Daten zu schützen. Das erste Jahr von Juli bis Juni wird zur Konstruktion der Vorhersagemodelle genutzt (*in-sample,* 312 Werte, endet 30.06.2017). Deren Qualität wird im zweiten Jahr beginnend am 01.07.2015 *out-of-sample* getestet. Neben den üblichen statistischen Gütemaßen (*Korrelation* zwischen Vorhersage und wahrem Wert und *Root Mean Squared Error – RMSE,* Silva 2019, S. 11) wird zudem die aus einer Fehlprognose resultierende maximale prozentuale Unterschätzung des Absatzes des nächsten Tages als Gütemaß aus den eingangs angeführten Gründen herangezogen. Der Autor nennt diese Messgröße max-out-of-stock. Sie wird jedoch nicht in den Zielfunktionen der Schätz- bzw. Trainingsalgorithmen abgebildet. Diese sind wie üblich auf die Minimierung des RMSE ausgerichtet.

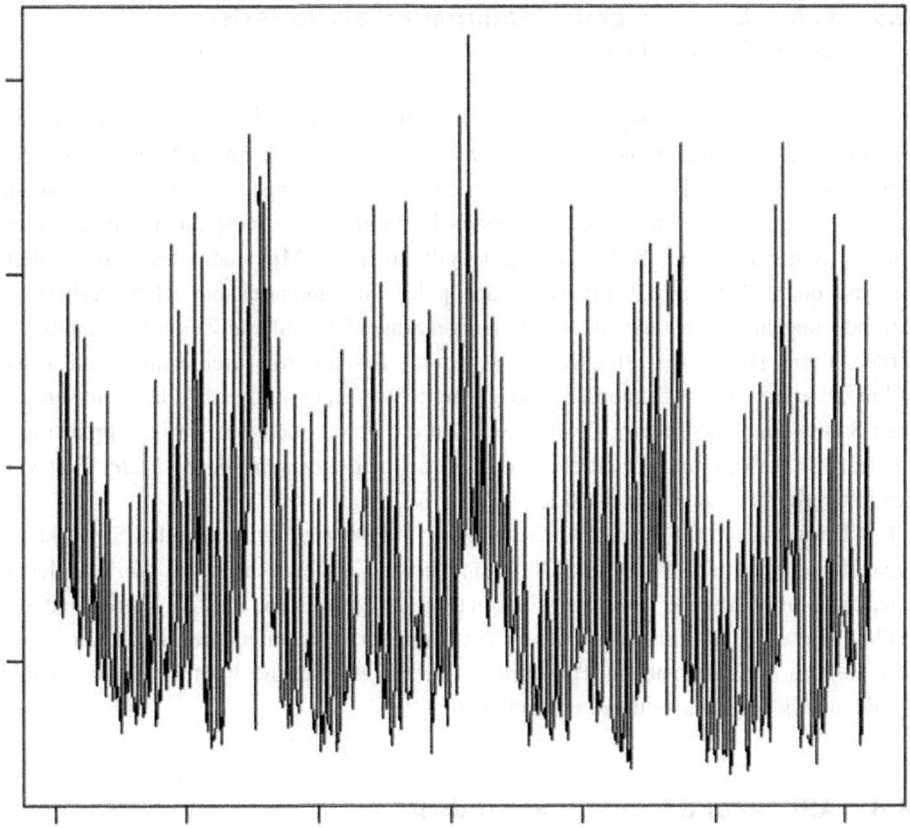

Abb. 28.1 Tägliche Absatzzahlen eines Ladens in Deutschland. (Quelle: Anonymer Modekonzern)

28.2 Überblick: Eingesetzte Vorhersagetechniken

Auf einer Online-Marketing-Konferenz im Mai 2019 wurde die Anwendung von maschinellem Lernen als überlegen gefeiert (Rabe 2019). In der Fachliteratur gibt es jedoch auch gegenteilige Ergebnisse (z. B. Silva 2019), sodass sich diese vergleichende Studie nicht von vornherein erübrigt. Eine aktuelle Übersicht über die Methoden liefern Ren et al. (2019). Sie stellen fest, dass *Artificial Neural Networks (ANN)* zu den populärsten Techniken zählen (Ren et al. 2019, Abschn. 2.1.2), aber auch ökonometrische Verfahren (Ren et al. 2019, Abschn. 2.1.1). In ihrem Praxisbeispiel (Ren et al. 2019, Abschn. 3.3.1) benennen sie Daten aus einem *ERP*-System als primären Teil der Datenbasis, der durch nutzergenerierte Informationen ergänzt werden kann („such as review system of e-commerce platform ... and social media", Ren et al. 2019, Abschn. 4.1). In der vorliegenden Studie verfährt der Autor jedoch minimalistisch. Nur die Eigendynamik der Absatzzeitreihe wird zu Vorhersagezwecken genutzt.

28.3 Fokus Eigendynamik: Stationarität als Basis der Zeitreihenanalyse

Damit aus der in der Vergangenheit ermittelten Eigendynamik Schlüsse für die Zukunft gezogen werden können, muss *Stationarität* vorliegen. Diese Eigenschaft der Absatzzeitreihe ist von zentraler Bedeutung. „Ökonometrische Schätzungen und Testverfahren auf Basis von nichtstationären Zeitreihen können leicht zu schwerwiegenden Fehlschlüssen führen" (Schröder 2002, S. 15). Dasselbe gilt auch für Methoden des maschinellen Lernens, denn Stationarität präzisiert die jeder vergangenheitsbasierten Vorhersage zugrunde liegende Annahme, dass aus der Vergangenheit auf die Zukunft geschlossen werden kann. Die quantitative Analyse beginnt deshalb mit drei Stationaritätstests. In Tab. 28.1 werden die Testergebnisse gezeigt. Der Autor nutzt für alle Analysen die Open Source *Statistiksoftware R.* Hier kommen die Funktionen unitrootTest, pp.test und kpss.test zur Anwendung. Dadurch kann man beim *Augmented Dickey-Fuller* Test von McKinnons's Verbesserungen profitieren.

Mit Blick auf die Größe der Stichprobe ist fünf Prozent ein sinnvolles Signifikanzniveau für das weitere Vorgehen. Die ersten beiden Testergebnisse in Tab. 28.1 legen nahe, die Nullhypothese der Nicht-Stationarität zu verwerfen. Der *KPSS-Test* hat die Nullhypothese der Stationarität. Diese kann somit dreifach unterstützt als Arbeitshypothese für das Weitere beibehalten werden. Die Absatzzeitreihe weist also eine stabile Eigendynamik auf, die es nun zu entdecken gilt.

28.4 ARIMA- und Regressionsmodelle

Die Standardmethoden der Zeitreihenökonometrie sind unter dem Namen *ARIMA* oder unter den Namen ihrer Pioniere Box-Jenkins bekannt. Eine Einführung bietet Verbeek (2012, Kap. 8). Der Autor nutzt die Funktion auto.arima in R und setzt das *Bayesian Informationskriterium (BIC)* als zu minimierende Größe. Dies führt zu einer sparsamen Parametrisierung, die bei Erhöhung des Stichprobenumfangs zum wahren datengenerierenden Prozess führt – so er denn ein ARIMA-Prozess ist (Verbeek 2012, S. 310). Konkret ergibt die Suche einen ARIMA(2,0,2). Der Integrationsgrad spiegelt die Tatsache wider, dass bereits Stationarität vorliegt. Überraschend ist, dass sowohl der „Auto Regressive" als auch der „Moving Average"-Teil nur zwei Vortage abdecken. Das Modell wird mit „Maximum Likelihood" geschätzt und hat $2+2+1=5$ Modellparameter. Die

Tab. 28.1 Testergebnisse

Name des Tests	Teststatistik	p-Wert (%)
Augmented Dickey-Fuller	−4,4418	0,1987179
Phillips-Perron Unit Root	−443,26	Kleiner als 1
KPSS	0,15542	Größer als 10

Diagnostik der Residuen (Vorhersagefehler) fällt unvorteilhaft aus, weil noch zu viel Struktur erkennbar ist. Um einen Ausgangspunkt für den Vergleich von Modellgüten zu schaffen, findet eine Berechnung der Gütemaße in Tab. 28.2 statt.

Aus Tab. 28.2 ist erkennbar, dass in-sample eine Situation eintreten kann, bei der der Laden 62,9 % Teile zu wenig bevorratet, wenn er sich auf das ARIMA-Modell verlässt (etwa: 100 Teile wurden verkauft, aber prognostiziert wurden nur 37). Dies könnte tolerierbar sein, wenn die sonstige Güte besser wäre. Statt einer Out-of-sample-Analyse folgt ein anderer klassisch ökonometrischer Ansatz: Eine multiple lineare Regression auf Wochentags-Dummies. Dabei zeigt der erste Dummy (binärer Regressor) Montage an mit dem Wert eins und null sonst und der sechste Dummy Samstage. Um dem Fluch der Dummies zu entgehen, wird der tägliche Absatz ohne Achsenabschnitt auf die Dummies regressiert. Faktisch wird somit für jeden Wochentag der durchschnittliche Absatz prognostiziert. Das Modell wird mit der Methode der kleinsten Quadrate geschätzt und hat 6 hochsignifikante Modellparameter, wobei erwartungsgemäß in ihrer Größenordnung Freitag und Samstag hervorstechen. Die Nullhypothese, dass alle Koeffizienten zugleich null sind, kann mit einem p-Wert nahe null verworfen werden. Tab. 28.3 informiert über die Gütemaße.

Aus Tab. 28.3 ist erkennbar, dass in-sample eine Bestandslücke von 1243 Stück eintreten kann. Dies ist intolerabel, auch wenn die sonstige Güte verbessert ist. Wegen Letzterem wird erstmals die Out-of-sample-Güte in Tab. 28.4 gezeigt.

Es lohnt eine Diagnostik, wobei nur das Korrelogramm der Residuen in-sample in Abb. 28.2 gezeigt wird. Passend zum gewählten Signifikanzniveau werden gestrichelte Linien für das 95 % Intervall eingezeichnet. Liegen zu viele Korrelationen außerhalb, so kann die Hypothese keine Autokorrelation nicht verworfen werden.

Offensichtlich sind die *Gauss-Markov-Annahmen* verletzt. Die geschätzten Koeffizienten sind somit nicht *Best Linear Unbiased* (*BLU,* Verbeek 2012, Kap. 2).

Tab. 28.2 Berechnung der Gütemaße

Modell	Stichprobe	RMSE	Korrelation	Max-out-of-stock
ARIMA(2,0,2)	In-sample	304	56,32	62,90 %

Tab. 28.3 Gütemaße

Modell	Stichprobe	RMSE	Korrelation	Max-out-of-stock
Multiple lineare Regression	in-sample	247	74,12	71,09 %

Tab. 28.4 Out-of-sample-Güte

Modell	Stichprobe	RMSE	Korrelation	Max-out-of-stock
Multiple lineare Regression	Out-of-sample	275	68,46	66,23 %

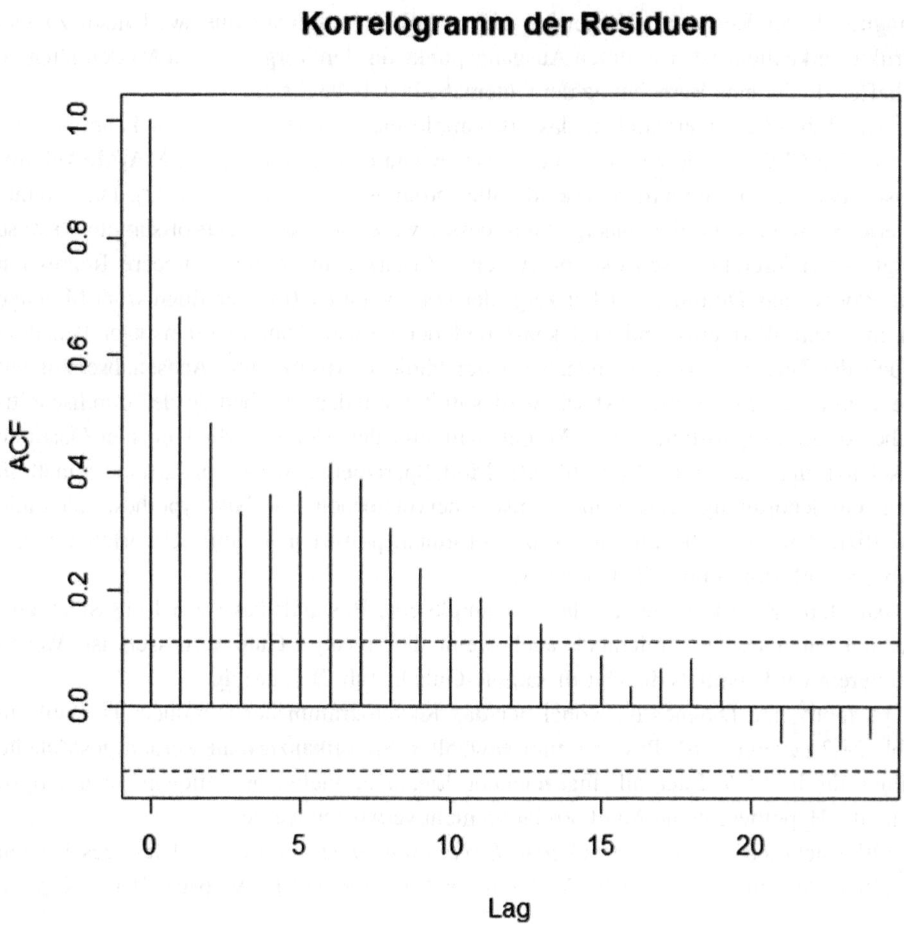

Abb. 28.2 Korrelogramm der Residuen

Das *Korrelogramm* der quadrierten Residuen in Abb. 28.3 indiziert, dass nicht-lineare Abhängigkeiten vorliegen.

Große Vorhersagefehler klumpen sich offenbar. Nach dem Satz von Taylor lohnte auch die Betrachtung der kubischen Terme. Die Darstellung ergäbe ein ähnliches Bild, welches mit Blick auf den Rahmen nicht gezeigt wird. Der Autor nimmt diese nicht-linearen Strukturen als Motivation zum maschinellen Lernen überzugehen. Dadurch können die *Nichtlinearitäten* in der Eigendynamik erfasst werden, die sich in den Residuen artikulieren.

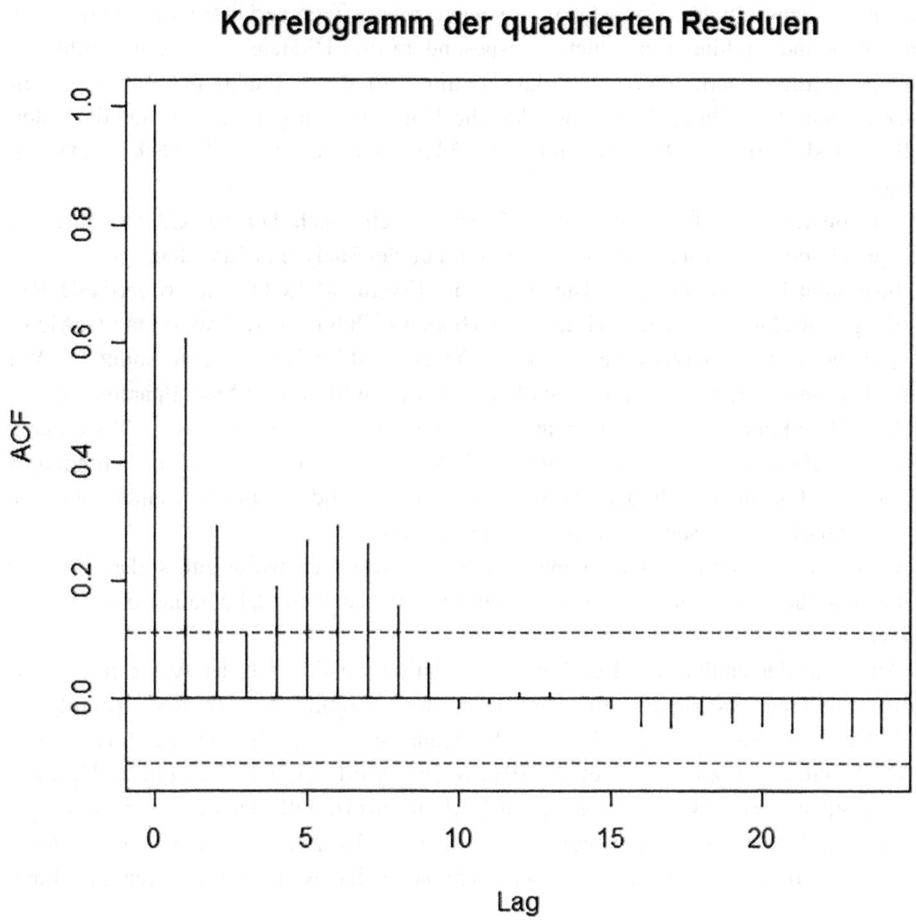

Abb. 28.3 Korrelogramm der quadrierten Residuen

28.5 Maschinelles Lernen

Für die Zeitreihenanalyse ist aus der Vielzahl der *ANN* das *Recurrent Neural Network* (*RNN,* Goodfellow et al. 2016, Abschn. 10.2) prädestiniert. Der Autor nimmt eine publizierte Anwendung auf eine ähnlich aussehende Zeitreihe als Vorlage (Beysolow 2017, S. 120), wobei dieses Vorgehen auch zu Problemen führen kann (Lehrbass 2018). Konkret wird gemäß der Vorlage der Vortageswert des Absatzes als Input verwendet. Zusammen mit der Rückführung innerhalb der Hidden-Schicht geht dieses Modell somit wie das ARIMA-Modell auf den ersten Blick nur zwei Tage zurück. Eine gewisse Vergleichbarkeit ist somit gegeben. Auf den zweiten Blick führt die Rekursion auf der Hidden-Schicht jedoch dazu, dass auch frühere Tage berücksichtigt werden. Die Trainings- und Architekturparameter (insbesondere drei Hiddens, 700 Lernschritte) der Vorlage werden übernommen. Für das Training mit der R-Funktion trainr vermittels *Back-Propagation Through Time* werden die Daten wie in der Vorlage auf das Intervall (0,1) skaliert (Min-Max-Scaling). Tab. 28.5 zeigt die Gütemaße nach Rücktransformation.

Das bisher beste Max-out-of-stock-Ergebnis zeigt sich bei Verschlechterung der übrigen Gütemaße. Deshalb lohnt eine Out-of-sample-Analyse in Tab. 28.6.

Insgesamt hat das Modell 4 Bias Gewichte (3x Input, 1x Output), 6 vertikale Verbindungsgewichte (3 x Input – Hidden, 3x Hidden – Output) und 9 rekurrente Gewichte (3 Hiddens form previous time step to 3 Current Hiddens), in Summe somit 19. Wir nennen diese Gewichte analog zu den ökonometrischen Methoden Modellparameter.

Eine Reduktion der Architektur auf 1 Hidden senkt die Summe auf 5 Modellparameter, bestehend aus 2 Bias Gewichten (1x Input, 1x Output), 2 vertikalen Verbindungsgewichten (1 x Input – Hidden, 1x Hidden – Output) und einem rekurrenten Gewicht. Die Gütemaße sind in-sample in Tab. 28.7 dargestellt.

Out-of-sample sind die Gütemaße in Tab. 28.8 vergleichsweise gut, sodass sich die Generalisierungsfähigkeit wie so oft durch eine sparsame Modellparametrisierung verbessert.

Aufgrund der enttäuschend geringen Korrelation wendet sich der Autor einer alternativen, älteren Architektur zu, anstatt an der Optimierung der RNN-Architektur und Trainingsparameter zu arbeiten. Betrachtet man eine in der Zeit ausgerollte RNN-Architektur (Goodfellow et al. 2016, S. 369) wird deutlich, dass ein RNN, das k Zeitschritte entfernte Hidden-Zustände zurückführt, prinzipiell auch durch ein Multilayer Perceptron (MLP, Goodfellow et al. 2016, S. 163) dargestellt werden kann, welches neben dem Input X(t) in der Eingabeschicht noch den weiter zurückliegenden Input

Tab. 28.5 Gütemaße nach Rücktransformation

Modell	Stichprobe	RMSE	Korrelation	Max-out-of-stock
RNN – 3 Hiddens	In-sample	352	29,30	62,89 %

Tab. 28.6 Out-of-sample-Analyse

Modell	Stichprobe	RMSE	Korrelation	Max-out-of-stock
RNN – 3 Hiddens	Out-of-sample	353	33,82	60,98 %

Tab. 28.7 Gütemaße In-sample

Modell	Stichprobe	RMSE	Korrelation	Max-out-of-stock
RNN – 1 Hidden	In-sample	406	31,11	66,23 %

Tab. 28.8 Gütemaße Out-of-sample

Modell	Stichprobe	RMSE	Korrelation	Max-out-of-stock
RNN – 1 Hidden	Out-of-sample	351	35,15	60,84 %

X(t-k) zugeführt bekommt. Statt eines rekurrenten Hidden-Gewichts hat man dadurch ein vertikal wirkendes Inputgewicht. Der Datensatz in-sample besteht aus 312 Werten, sodass der Autor 19 Modellparameter für das MLP für vertretbar hält, da ein Verhältnis von 16 Trainingsfakten zu 1 Gewicht resultiert.

Kommerzielle Überlegungen legen nahe, dass Wochenmuster vorliegen. Es werden nun insgesamt 7 Vortageswerte zugeführt, um auf nicht-rekurrente Art ein Gedächtnis zu bilden. Zusammen mit dem Bias ergibt dies 8 Gewichte. Die verbleibenden Gewichte werden für eine Hidden-Schicht mit 2 Hiddens verwendet. Somit resultieren 2 mal 8 gleich 16 Gewichte, ergänzt um 3 Verbindungsgewichte von Hiddens zu Output. In der Summe liegen wie beim RNN 19 Modellparameter vor. Wenn der datengenerierende Prozess eine stetige Funktion ist, so kann diese mit ausreichend Hiddens beliebig gut durch Anzahlerhöhung approximiert werden können (Hornik et al. 1989, S. 361). Die Trainingsparameter der Vorlage werden beibehalten. Tab. 28.9 zeigt die Gütemaße in-sample.

Tab. 28.10 zeigt die Gütemaße out-of-sample.

Es könnte jedoch sein, dass der wahre datengenerierende Prozess Unstetigkeiten aufweist. Ein MLP mit zwei Hidden-Schichten (Ripley 1993, S. 57) kann diesen im Prinzip ebenfalls gut approximieren. Wir ordnen die zwei Hiddens nun vertikal auf zwei Hidden-Schichten an und erhalten die Ergebnisse in Tab. 28.11 in-sample.

Tab. 28.12 zeigt die Gütemaße out-of-sample.

Bei fast allen Gütemaßen ist eine Schicht mit zwei Hidden-Neurons die bessere Wahl. Der Autor diagnostiziert deshalb nur dieses MLP mit einer Hidden-Schicht, welches zudem in- und out-of-sample ähnliche Ergebnisse hervorbringt. Im Fokus stehen die Residuen. Mit allen drei Tests lässt sich auf Stationarität schließen. Die Korrelogramme zeigen weniger verbliebene serielle Struktur als eingangs. Das Korrelogramm für die Residuen in-sample ist in Abb. 28.4 zu sehen.

Tab. 28.9 Gütemaße In-sample

Modell	Stichprobe	RMSE	Korrelation	Max-out-of-stock
MLP – 2 Hiddens	In-sample	214	81,56	65,67 %

Tab. 28.10 Gütemaße Out-of-sample

Modell	Stichprobe	RMSE	Korrelation	max-out-of-stock
MLP – 2 Hiddens	Out-of-sample	220	80,17	73,09 %

Tab. 28.11 Ergebnisse In-sample

Modell	Stichprobe	RMSE	Korrelation	Max-out-of-stock
MLP – 2 Layers	In-sample	227	79,01	77,96 %

Tab. 28.12 Gütemaße Out-of-sample

Modell	Stichprobe	RMSE	Korrelation	Max-out-of-stock
MLP – 2 Layers	Out-of-sample	224	79,27	69,67 %

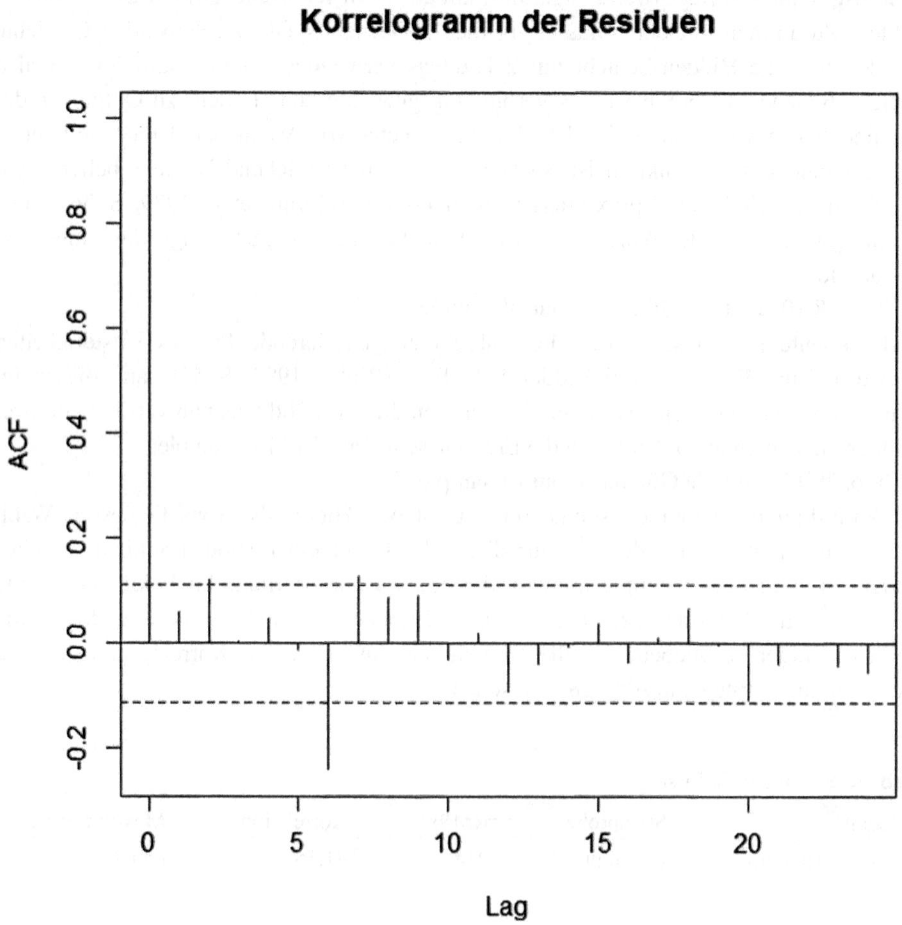

Abb. 28.4 Korrelogramm der Residuen

Für die quadrierten Residuen in Abb. 28.5 ist der Befund ähnlich.

Regressiert man die wahren Absatzzahlen auf die Vorhersagen des favorisierten MLP, so zeigt sich „in-sample“ als auch „out-of-sample“, dass der Achsenabschnitt insignifikant ist (p-Werte über 80 %). Es gibt somit keine systematische Verzerrung bei der Vorhersage mit dem MLP. Zudem sind beide p-Werte für den Koeffizienten des Regressors nahe null. Der Koeffizient selbst wird beides Mal als nahe 1 geschätzt. Beide R^2 liegen nahe 65 %, sodass zwei Drittel der Varianz der Absatzzahlen durch das MLP erklärt werden. Ähnlich hilfreich zeigte sich ein MLP in einer vergleichenden Simulationsstudie. „We find that the MLP produces the best results across all considered DGPs in absence of disturbances“ (Fischer et al. 2018, S. 3). Der vorliegende Befund könnte deswegen von allgemeinem Interesse sein.

Dieser Abschnitt endet mit einer Reflexion über die Maßzahl „max-out-of-stock“: Trainiert wurde das MLP mit dem Ziel, den RMSE zu minimieren. Eine Minimierung

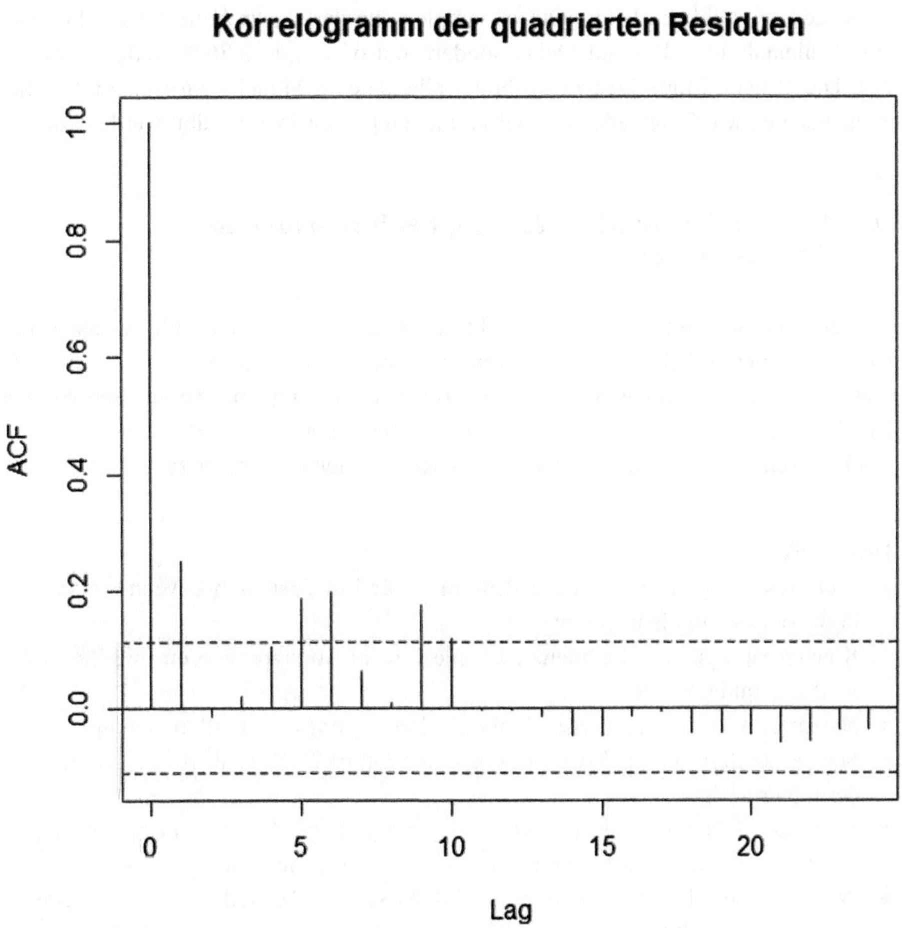

Abb. 28.5 Korrelogramm der quadrierten Residuen

Tab. 28.13 Gütemaße für das naive Modell

Modell	Stichprobe	RMSE	Korrelation	Max-out-of-stock
Naiv	In-sample	1278	0	0 %

Tab. 28.14 Out-of-sample-Güte der naiven Vorhersage

Modell	Stichprobe	RMSE	Korrelation	Max-out-of-stock
Naiv	Out-of-sample	1317	0	−3,86 %

des Maßes „max-out-of-stock" sähe hingegen wie folgt aus: In-sample würde das Maximum prognostiziert. Out-of-sample würde das Maximum der in-sample Absatzzahlen als Prognose verwendet. Die resultierenden Gütemaße für dieses naive Modell wären wie in Tab. 28.13.

Hingegen zeigt Tab. 28.14 die Out-of-sample-Güte der naiven Vorhersage. Man hätte demnach niemals eine Bestandslücke, sondern out-of-sample 3,86 % Teile zu viel an Vorrat. Die übrigen Maßzahlen fallen hinter alle anderen Modelle zurück. Im Ausblick wird angedeutet, wie Gütemaße und Zielfunktionen praxisnäher gewählt werden können.

28.6 Fazit und Ausblick – Was empfiehlt sich für den Praxiseinsatz?

Es ist gelungen, wesentliche serielle Strukturen zu erfassen und passable Absatzvorhersagen zu generieren. Mit einer Korrelation zwischen Vorhersage und Realität in Höhe von 80 % empfiehlt sich das MLP als im Prinzip praxistauglich. Die anderen Ansätze fallen klar zurück. Der vorliegende Rahmen lässt die folgenden, aus Sicht des Autors vor einem Praxiseinsatz mindestens notwendigen, Reflexionen nicht mehr zu:

Diagnostik

- Prüfung der Robustheit: Ist die Verteilung der Residuen stabil, wenn man von in- zu out-of-sample übergeht?
- Können verlässliche Konfidenzintervalle für die Absatzprognosen mithilfe des RMSE gebildet werden?
- Nutzung von Simulationstechniken (Resampling) zur Berechnung von Standardfehlern für das MLP (Maddala und Lahiri 2009, Kap. 16)– Signifikanz der Inputs?
- Sind die Resultate robust gegenüber Veränderung der Trainingsparameter, Initialisierung des Zufallszahlengenerators, Art der genutzten CPU usw.?
- Wie ist es um die Interpretier- und Erklärbarkeit des Modells bestellt (Roscher et al. 2019, S. 1)? Ist ein für die Wissenschaftlichkeit notwendiger Nachvollzug der Ergebnisse möglich?

Modellerweiterungen

- Wechsel der Problemstellung in Richtung *„News Vendor"*-Problem (Winston 2004, Kap. 13)? Mit Blick auf die geringen Beschaffungskosten und die Möglichkeit, in „Sales"-Aktionen zu einem Preis nahe derselben liegen gebliebene Ware verkaufen zu können, sind hohe Quantile im Fokus. Die Bevorratung wird somit auf ein 90+%-Quantil ausgerichtet sein. Typisch für Retail ist der Fokus auf ein Quantil um die 98 %. Deshalb muss dieses gut vorhergesagt werden können. Eine Komplexität resultiert daraus, dass die Verteilungsfunktion zeitlich instabil ist.
- Konsequenter Wechsel der ökonometrischen Lösungsansätze in Richtung *„Quantile Regression"* (Hao und Naiman 2007)? Einen ersten und damit vorläufigen Schritt dorthin stellt die erfolgte Betrachtung des naiven Modells dar, welches das 100 % Quantil schätzt.
- Nutzung von Modellen zur Erfassung konditionaler Heteroskedastizität (GARCH, vgl. Verbeek 2012, Abschn. 8.11)?
- Adaption der Zielfunktionen Richtung Quantilsvorhersagen beim Machine Learning?
- Backtesting der Quantilsvorhersagen, etwa mit dem Ansatz von Ziggel et al. (2014)?
- Wechsel auf multivariate Modelle? Simultane Prognose für mehrere Läden? Dies ermöglicht regelmäßig eine Erhöhung der Effizienz beim Schätzen/ Trainieren.
- Werbeerfolgskontrolle: Haben Werbeaktionen einen Einfluss auf den erwarteten Absatz? Wirken sie gleichmäßig auf die Quantile? Ist ihr Einfluss überhaupt signifikant (Lehrbass 2020)?

Datenbasis

- Erweiterung der Datenbasis, denn „even the worst algorithm at 10 million words is performing better than the best algorithm at 1 million" (Russel und Norvig 2014, S. 756). Diese Einsicht gilt prinzipiell auch außerhalb der Spracherkennung. Zudem könnten folgende Reflexionen lohnenswert sein:
- Integration weiterer ladenspezifischer Inputs wie geplante Marketingmaßnahmen (z. B. Werbeaktionen)?
- Integration weiterer markenspezifischer Inputs wie Social Media?

Es bleibt das Fazit, dass sich in einem realen Anwendungsfall Methoden des *Machine Learnings* als sinnvolle Ergänzung zur *Zeitreihenökonometrie* erwiesen haben. Dabei dominierten ältere Ansätze die Neueren. Deutlich geworden ist darüber hinaus, dass ein interdisziplinärer Ansatz zielführend sein kann. Die möglichen Modellerweiterungen unterstreichen die Interdisziplinarität: Sie basieren nicht nur auf einer Kombination von Methoden der Informatik und Statistik, sondern des Operations Research (News Vendor), der Ökonometrie (Quantile Regression, GARCH) und des Risikomanagements (Backtesting). Die weitere Forschung im Felde der Data Science verspricht spannend zu bleiben.

Literatur

Beysolow, T. (2017). *Introduction to deep learning using R. San Fransisco.* California: apress.

Coyle, J. C., Bardi, E. J., & Langley, C. J. (2003). *The management of business logistics*. Mason: South-Western.

Fischer, T., Krauss, C., &Treichel, A. (2018). Machine learning for time series forecasting – A simulation study. FAU Discussion Papers in Economics, No. 02/2018. https://www.econstor.eu/handle/10419/173659. Zugegriffen: 8. Aug. 2019.

Goodfellow, I., Bengio, Y., & Courville, A. (2016). *Deep learning*. Massachusetts: MIT Press.

Hao, L., & Naiman, D. Q. (2007). *Quantile regression*. Thousand Oaks: Sage.

Hornik, K., Stinchcombe, M., & White, H. (1989). Multilayer feedforward networks are universal approximators. *Neural Networks, 2*(5), 359–366.

Lehrbass, F. (2018). Deep nothing: How to hit the wall with deep learning. SSRN Working Paper. https://papers.ssrn.com/sol3/papers.cfm?abstract_id=3302491. Zugegriffen: 14. Juni 2019.

Lehrbass, F. (2020). Analyzing promotion effectiveness in fashion retailing using quantile regression. SSRN Working Paper 04/2020. https://papers.ssrn.com/sol3/papers.cfm?abstract_id=3576434, Zugegriffen: 6. Mai 2020.

Maddala, G. S., & Lahiri, K. (2009). *Introduction to econometrics*. Chichester: Wiley.

Rabe, J. C. (10. Mai 2019). Digitale Isolationshaft. *Süddeutsche Zeitung,* Nr. 108, 11.

Ren, S., Chan, H. L., & Siqin, T. (2019). Demand forecasting in retail operations for fashionable products:methods, practices, and real case study. Annals of Operations Research. https://link.springer.com/article/10.1007%2Fs10479-019-03148-8. Zugegriffen: 14. Juni 2019.

Ripley, B. D. (1993). Statistical aspects of neural networks. In O. E. Barndorff-Nielsen, J. L. Jensen, & W. S. Kendall (Hrsg.), *Networks and chaos – Statistical and probabilistic aspects* (S. 40–123). London: Chapman & Hall.

Roscher, R., Bohn,B., Duarte, M. F., & Garcke, J. (2019). Explainable machine learning for scientific insights and discoveries working paper, University of Bonn. http://rs.ipb.uni-bonn.de/wp-content/uploads/2019/05/roscher2019explainable.pdf. Zugegriffen: 1. Aug. 2019.

Russel, S., & Norvig, P. (2014). *Artificial intelligence: A modern approach.* London: Pearson.

Schröder, M. (2002). Statistische Eigenschaften von Finanzmarkt-Zeitreihen. In M. Schröder (Hrsg.), *Finanzmarkt-Ökonometrie* (S. 1–32). Stuttgart: Schäffer-Poeschel.

Seifert, D. (2001). *Efficient consumer response*. München: Hampp.

Silva, E. S., Hassani, H., Madsen, D. O., & Gee, L. (2019). Googling fashion: Forecasting fashion consumer behaviour using Google Trends. Social sciences. https://www.mdpi.com/2076-0760/8/4/111. Zugegriffen: 14. Juni 2019.

Verbeek, M. (2012). *A guide to modern econometrics*. Chichester: Wiley.

Wilhelm, S. (2019). Hohe Kunst – Interview mit QVC Deutschland Chef Mathias Bork über Verkaufssteuerung. *Der Handel, 5,* 30–31.

Winston, W. L. (2004). *Operations research.* Belmont: Thomson Learning.

Ziggel, D., Berens, T., Weiß, G., & Wied, D. (2014). A new set of improved value-at-risk backtests. *Journal of Banking & Finance, 48,* 29–41.

Prof. Dr. Frank Lehrbass ist seit 2015 Professor an der FOM Hochschule. Sein Lehr- und Forschungsgebiet sind Finance & Data Science. Er ist Inhaber der L*PARC Unternehmensberatung und berät Unternehmen aus Industrie, Handel und dem Finanzsektor bei der Analyse von Markt– und Unternehmensdaten sowie beim Management und der Modellierung von Marktpreis-, Kredit-, Liquiditäts-, operationellen und strategischen Risiken. Er verfügt über mehr als 20 Jahre Berufserfahrung außerhalb der Hochschule und beim Einsatz von quantitativen Methoden im Investment Banking und Commodity Trading.

[illegible]

29 Vergleichende Analyse der Word-Embedding-Verfahren Word2Vec und GloVe am Beispiel von Kundenbewertungen eines Online-Versandhändlers

Nils Horn, Michel Sebastian Erhardt, Manuel Di Stefano, Florian Bosten und Rüdiger Buchkremer

Inhaltsverzeichnis

N. Horn · M. S. Erhardt · M. Di Stefano · F. Bosten · R. Buchkremer (✉)
FOM Hochschule, Düsseldorf, Deutschland
E-Mail: ruediger.buchkremer@fom.de

N. Horn
E-Mail: nils.horn@fom-net.de

M. S. Erhardt
E-Mail: michel_sebastian.erhardt@fom-net.de

M. Di Stefano
E-Mail: manuel.di_stefano@fom-net.de

F. Bosten
E-Mail: florian.bosten1@fom-net.de

R. Buchkremer et al. (Hrsg.), *Künstliche Intelligenz in Wirtschaft & Gesellschaft*, FOM-Edition, https://doi.org/10.1007/978-3-658-29550-9_29

Zusammenfassung

Um eine zielgerichtete Aussage zu Inhalten in Texten zu liefern, werden Bedeutungen von Wörtern als Vektoren dargestellt. Zur Vektorisierung, welche auch als „Word-Embedding-Verfahren" bezeichnet werden, sind bereits existierende Verfahren zu überprüfen, denn die Wahl des Lernalgorithmus hat einen großen Einfluss auf die Genauigkeit des Gesamtanalyseergebnisses bei einer bestimmten Kategorie von Texten. Es wird beschrieben, wie die beiden populären Verfahren „Word2Vec" und „GloVe" für die Analyse von Online-Bewertungen konzipiert, implementiert und angewendet werden können. Eine quantitative Evaluation der Ergebnisse erfolgt auf Basis von Rezessionen des Versandhändlers Amazon.com. In einer abschließenden Diskussion sollen die Testergebnisse validiert und die Grenzen aufgezeigt werden.

29.1 Hintergrund

Wie eine Datenerfassung von Statista (2019) zeigt, wurden weltweit in einer gemessenen Minute im März 2019 knapp 188 Mio. E-Mails versendet. Innerhalb dieser Daten stecken zahlreiche ungenutzte, unstrukturierte Daten, die vielfältige Nutzungspotenziale bieten. Um der Masse an heterogenen Daten mächtig zu werden, finden Verfahren wie das maschinelle Lernen verstärkt Anwendung (O'Mahony et al. 2010).

Durch unterschiedliche Methodiken wie beispielsweise Datenclustering oder durch das Bilden neuronaler Netze kann eine Identifikation von zusammenhängenden Informationen durch die automatische Erkennung von Mustern erfolgen (Sukanya und Biruntha 2012). Die Grundlage der automatischen Textanalyse sowie die Erkennung von semantischen Kontexten resultiert aus für den Computer interpretierbaren Datenformaten, welche Wörter in Beziehung zueinander setzen und mathematisch darstellen. Für die maschinelle Verarbeitung hat sich die Darstellung in Form von Vektoren durchgesetzt (Levy und Goldberg 2014, S. 302; Lilleberg et al. 2015).

Bereits im Jahr 2002 zeigt Sebastiani (2002, S. 11) die Notwendigkeit auf, Wörter im Vektorformat darzustellen, um so Textanalysen mittels ML (Machine Learning) zu realisieren. Als Basiskomponente des Natural Language Processing (NLP) bilden Wortvektoren bzw. Word Embeddings die Grundlage für zahlreiche Anwendungen (Buchkremer et al. 2019).

Populäre Vertreter des Word Embeddings finden sich im von Mikolov et al. (2013b, S. 3111) entwickelten Verfahren „Word2Vec" sowie dem von Pennigton et al. (2014, S. 1532) vorgestellten Ansatz „GloVe". Beide Ansätze basieren auf Deep Learning, einer Teildisziplin des Machine Learnings sowie nutzen unüberwachte Lernalgorithmen zur Berechnung der Wortvektoren sowie der damit einhergehenden Bildung von Word Embeddings. Beide Verfahren finden Anwendung in zahlreichen Publikationen sowie Anwendungsgebieten. Aktuelle Veröffentlichungen, wie beispielsweise die Studien von

Manna und Nakai (2019, S. 158) befassen sich unter anderem mit der Klassifikation von Daten der Social-Media-Plattform Twitter.

Aufgrund des stetig wachsenden Volumens an Daten und dem darin enthaltenen Gut an unstrukturierten, nutzbaren Informationen ist es elementar, dass die zur automatischen Analyse benötigten Basiskomponenten bestmögliche Resultate generieren, um so Verzerrungen in den Analyseergebnissen zu vermeiden.

In den folgenden Abschnitten wird die Anwendung der Verfahren Word2Vec sowie GloVe, als populäre Vertreter des Word Embeddings, mit verschiedener Parametrisierung auf Bewertungsdaten eines Online-Versandhändlers dargestellt. Im Anschluss werden die Ergebnisse beider Ansätze miteinander verglichen, um abschließend ein Resümee über die Anwendbarkeit zu ziehen.

29.2 Natural Language Processing, Word Embedding und Algorithmen

NLP gilt als Oberbegriff für die Verarbeitung natürlicher Sprache durch Maschinen und wird innerhalb der Empirie als interdisziplinarisches Feld gesehen, das die Forschungsgebiete Computer Linguistik, Informatik, Kognitionswissenschaft sowie künstliche Intelligenz kombiniert (Rodriguez et al. 2018, S. 2). Als zentrale Komponente innerhalb von NLP gilt es, die Ansätze der Linguistik mit Verfahren der Informatik zu verbinden. Innerhalb dieser wird die Anwendung natürlicher Sprache grundsätzlich beispielsweise durch den anerkannten Zeichenraum, die Syntaktik und die Semantik definiert. In der Informatik werden diese Definitionen verwendet und es wird zusätzlich unter anderem auf statistische Datenerhebungen, bezogen auf die Häufigkeit der Verwendung einzelner Wörter, zurückgegriffen. Basierend auf den gewonnenen Erkenntnissen werden darüber hinaus stochastische Algorithmen sowie Programmlogiken implementiert, die es ermöglichen, natürliche Sprache maschinell verarbeiten zu können (Wang und Berwick 2012, S. 1 f.). Durch den Einsatz von intelligenten und selbstlernenden Systemen existieren zunehmend Ansätze innerhalb des Forschungsgebietes der künstlichen Intelligenz, die in der Lage sind, natürliche Sprache kognitiv zu interpretieren (Fahad und Yahya 2018, S. 1).

Eine Anwendungsform von NLP findet sich im Word Embedding, welche der automatischen Textverarbeitung sowie -interpretation zuzuordnen ist. Unter dem Begriff versteht sich allgemein ein Verfahren, das den Kontext von Wörtern vektoriell darstellt. Dabei bedient sich das Verfahren verschiedener NLP-Methodiken (Lai et al. 2016, S. 5). Es werden beispielsweise aus dem Bereich der Computerlinguistik die Verteilungssemantik und die damit verbundenen verteilungssemantischen Modelle verwendet (Bruni et al. 2012, S. 1). Allgemein ist die Annahme innerhalb der verteilungssemantischen Modelle, dass der Kontext eines Wortes anhand der Verwendung in einem Text abgeleitet werden kann (Sahlgren 2008, S. 1). Des Weiteren wird davon ausgegangen, dass Wörter, die in einem ähnlichen Zusammenhang gebraucht werden, semantisch ähnlich sind. Um die Wörter und deren Kontext zusammenzuführen, werden durch statistische Analysen semantische Repräsentationsmodelle in Form von hochdimensionalen Vektorräumen erzeugt (Mitchell und Lapata 2010, S. 1389).

Word Embeddings werden grundsätzlich auf der Basis von Textkörpern erzeugt, die aus variabel gewählten Texten bestehen können (Wang et al. 2014, S. 1592). Für die Erzeugung von Word Embeddings können verschiedene Methodiken bzw. Algorithmen angewandt werden. Grundlegend kann zwischen zwei Ansätzen unterschieden werden (Baroni et al. 2014, S. 239 f.).

Counting-based Ansatz

Bei counting-based Ansätzen wie beispielsweise One-Hot oder 1-of-n, beschreibt Goldberg (2016, S. 349 ff.), wird eine Vektormatrix aufgestellt, in der die eindeutige Kennung eines Wortes durch eine 1 und alle anderen Wörter im Textkorpus durch eine 0 markiert werden. Das folgende Beispiel soll die Methodik näher erläutern. Angenommen, es ist folgender Vektor „V" gegeben: V = {Have, a, good, day}. V hat vier Dimensionen und nach Anwendung eines counting-based Verfahrens würden die Wörter folgendermaßen wiedergegeben werden können: Have = [1, 0, 0, 0]; a = [0, 1, 0, 0]; good = [0, 0, 1, 0]; day = [0, 0, 0, 1]. Das von Pennington et al. (2014, S. 1532) entwickelte unsupervised ML-Verfahren verwendet den Ansatz zur Bildung von Word Embeddings und stellt diese durch eine Vektorrepräsentation da. GloVe betrachtet semantische Gemeinsamkeiten verschiedener Wörter global. Die Kontextberechnung findet somit auf den gesamten Trainingskorpus statt (Yu et al. 2018, S. 672). Wie Sravani et al. (2018, S. 2379) beschreiben, verwendet der Ansatz eine Co-Occurrence-Matrix, mit der alle vektorbasierten Berechnungen sowie Vorhersagen durchgeführt werden. Durch die Matrix führt der Algorithmus eine Reduktion der Dimensionen durch und verfolgt, wie häufig welche Wörter im Trainingskorpus auftreten (Lauren et al. 2017, S. 1818). Ebenfalls erläutern Lauren et al. (2017, S. 1818), dass jeder Eintrag in der Co-Occurrence-Matrix gewichtet wird, um so die Wortabstände einzelner Wörter eines Kontextes zu bestimmen. Dabei gilt: Je größer das jeweilige Gewicht, desto näher liegen die Wörter semantisch beieinander und je kleiner das jeweilige Gewicht, desto geringer ist der semantische Kontext. Die Gewichtung sowie das Befüllen der Co-Occurrence-Matrix erfordert mindestens einen Durchlauf durch den gesamten Trainingskorpus. Um die Größe der Matrix zu beschränken und somit Speicherproblematiken vorzubeugen, erörtern Chowdhury et al. (2018, S. 4), dass eine Faktorisierung der Co-Occurrence-Matrix vorgenommen wird. Gupta und Tripathy (2017, S. 1043) beschreiben GloVe als Modell der globalen logarithmischen Regression, das die Vorteile einer verallgemeinerten Koordinatentabelle mit den Methoden lokaler prädiktiver Word-Embedding-Ansätze wie beispielsweise Word2Vec kombiniert und dabei die gewonnenen statistischen Informationen effektiv nutzt, indem nur gewichtete Wörter ungleich null durch den ML-Algorithmus trainiert werden (Sharma et al. 2017, S. 230).

Nachfolgend wird zur vereinfachten Erklärung der Logik einer Co-Occurrence-Matrix ein Beispiel gebildet (siehe Tab. 29.1). Hierfür ist der Parameter „Window" W, zur

Tab. 29.1 Anwendung und Logik der Co-Occurrence-Matrix

	I	Love	AI	ML	Like	Math	.
I	0	2	0	0	1	0	2
Love	2	0	1	1	0	0	0
AI	0	1	0	0	0	0	1
ML	0	1	0	0	0	0	1
Like	1	0	0	0	0	1	0
Math	0	0	0	0	1	0	1
.	1	0	1	1	0	1	0

vereinfachten Erläuterung, mit dem Wert 1 gesetzt. Somit wird jeweils ein Wort links und rechts des beobachteten Wortes bzw. der Zeichenkette oder des Zeichens betrachtet. Das Beispiel wird anhand von folgendem Satz durchgeführt werden: „I love AI. I love ML. I like Math.“.

Die Matrix lässt erkennen, dass die Wörter „AI“, „ML“ sowie „Math“ denselben Co-Occurrence-Wert haben und somit eine semantische Ähnlichkeit aufweisen. Diese zählungsbasierte Logik kann auf alle sich in der Matrix befindenden Wörter übertragen werden. Dabei bestimmt der Hyperparameter W, wie viele Wörter gemeinsam betrachtet werden sollen.

Prediction-based Ansatz

Prediction-based Ansätze verfolgen eine andere Algorithmik. Die Verwendung von neuronalen Netzen ermöglicht es, dass einzelne Bestandteile eines eingegebenen Textes klassifiziert werden können. Dieses Verfahren wird unter anderem auch als neuronales Word Embedding bezeichnet. Funktional werden die Wörter und der jeweilige Kontext in einen niederdimensionalen Raum, innerhalb eines neuronalen Netzes, kurz NN, eingebettet, wobei jedes Netzwerk die Vorteile verdichteter Kontextinformationen sowie effizienter Berechenbarkeit erbt (Mikolov et al. 2013c, S. 746). Der von Mikolov et al. (2013b) entwickelte Ansatz Word2Vec bezeichnet einen Algorithmus, der durch die Nutzung neuronaler Netze sowie durch Anwendung prädiktiver Verfahren, die Relationen zwischen Wörtern vektoriell darstellt (Al-Amin et al. 2017, S. 1). Zur Zielerreichung erzeugt Word2Vec einen N-dimensionalen Vektorraum (Vektor Space), wobei jedem Wort ein eigener Vektor zugewiesen wird. Grawe et al. (2017, S. 409) beschreiben, dass während der Zuweisung die einzelnen Wortvektoren so positioniert werden, dass semantische Gemeinsamkeiten durch Rechenoperationen, wie beispielsweise der Berechnung Ähnlichkeit des Kosinus, erkannt werden können (Jin et al. 2018, S. 13). Dieses Ergebnis kann zwischen minus eins und plus eins liegen. Je näher das Ergebnis an der positiven Eins liegt, desto größer ist die semantische Ähnlichkeit (Al-Amin et al. 2017, S. 187; Zhang et al. 2018, S. 341). Grundsätzlich kann bei Word2Vec zwischen Continuous Bag of Words, kurz CBOW, und Skip-Gram als neuronale Architektur gewählt werden. CBOW bedient sich eines klassischen neuronalen

Netzes mit den drei Schichten Input-, Projection- sowie Output-Layer (Ling et al. 2017, S. 969), um Wörter anhand eines gegebenen Kontextes zu prognostizieren (Dodal und Kulkarni 2018, S. 2). Nach Mikolov et al. (2013a) ergibt sich folgender Term zu Distanzberechnung:

$$Q = N \times D + D \times \log_2(V)$$

Die Skip-Gram-Architektur verwendet ebendiese Schichten eines neuronalen Netzes, prognostiziert jedoch anders als die CBOW-Architektur den Kontext auf Basis vorhandener Wörter (Bhoir et al. 2017, S. 2). Dabei arbeitet Skip-Gram, nach Mikolov et al. (2013b), mit folgendem Term:

$$\frac{1}{T}\sum_{t=1}^{T}\sum_{-c\leq j\leq c, j\neq 0} \log p(w_{t+j}|w_t)$$

29.3 Vorbereitung und Verfahrensanwendung

29.3.1 Trainings- und Evaluierungsdaten

Für eine möglichst breite sowie zielorientiere Bildung von Word Embeddings bedarf es einer großen Menge an heterogenen Wörtern bzw. Texten (Van Tuan und Sato 2017, S. 1).

Die englischsprachige Wikipedia umfasste im Dezember 2018 ungefähr 36 Mio. Beiträge (Wikimedia Foundation 2018). In der Empirie wird der Wikipedia-Korpus, insbesondere aufgrund der hohen Qualität der Texte, oftmals für das Training von Wortvektoren eingesetzt (Urata und Maeda 2017, S. 344; Semberecki und Maciejewski 2017, S. 357; Mori und Satoh 2018, S. 486). Für das Training werden Textkörper des englischen Wikipedias der Größen 150, 300 sowie 500 MB verwendet.

Zur Evaluierung hinsichtlich der Anwendbarkeit der trainierten Wortvektoren werden Onlinerezessionen variable gewählter Produktkategorien des Versandhändlers Amazom.com verwendet. Insgesamt werden, zur Evaluierung der Anwendbarkeit der Wortvektoren sowie zum Verfahrensvergleich, 1.987.116 Bewertungstexte verwendet.

Zur Sicherstellung einer störungsfreien Evaluierung sind vorbereitende Textaufbereitungen zu realisieren. Da der Originalwortlaut der Amazon-Rezessionen zur Prüfung verwendet werden soll, gilt es durch Funktionen wie Search & Replace sowie Regular Expressions (RegEx), beispielsweise HTML-Tags wie „
" oder „..." sowie ASCII-Zeichen aus den Daten zu entfernen. Dies hat das Ziel, negative Einflüsse hinsichtlich der Güte der Wortvektoren zu vermeiden.

Neben der Textentfernung bzw. der Zeichenersetzung wird eine Tokenization mittels des von Manning et al. (2014, S. 55–60) entwickelten Toolkit CoreNLP der Bewertungstexte durchgeführt, sprich die Texte werden in verschiedene Zeichenketten nach beispielsweise Wörtern oder Phrasen aufgeteilt (Jettakul et al. 2018, S. 2). Eine Tokenization ist, wie Solangi et al. (2018, S. 2) erläutern, für die Weiterverarbeitung der Daten in verschiedenen NLP-Anwendungen notwendig.

29.3.2 Verfahrensanwendung und Parametrisierung

Damit auf beide Algorithmen auch ohne die Verwendung von Programmierung zugegriffen werden kann, wird zunächst eine Möglichkeit geschaffen, die den Aufruf der Algorithmen per direkt ausführbarer Datei (.exe) ermöglicht. Die Parametrisierung kann über jeweils eine Konfigurationsdatei ohne Anwendung einer Programmiersprache erfolgen.

Für die vergleichende Analyse beider Word-Embedding-Verfahren werden die Algorithmen mit wechselnder Parametrisierung auf die Trainingsdaten angewendet, um so bei der anschließenden Evaluierung den Einfluss des entsprechenden Hyperparameters auf die Richtigkeit bei der Anwendung auf Onlineproduktrezessionen zu bestimmen. Weiterhin variiert der Umfang der Trainingsdaten, wodurch die Auswirkungen des Umfangs der Trainingsdaten untersucht werden soll. Grundsätzlich werden beide Verfahren identisch parametrisiert, um so im Nachgang einen Verfahrensvergleich zu ermöglichen.

Das Training der Wortvektoren durch beide Verfahren wird auf verschiedenen Windows-Systemen durchgeführt.

Um den Einfluss des Umfangs der Trainingsdaten zu untersuchen, ist entscheidend, dass die jeweilige Textquelle in der Größe differenziert. Zum Training werden drei verschiedene Textquellen zu jeweils 150, 300 sowie 500 MB verwendet. Die Parametrisierung wird für die jeweils drei Textquellen identisch gehalten. Insgesamt werden so neun Modelle pro Textgröße erzeugt. Weiterhin wird die Auswirkung des Hyperparameters Iteration auf die Prädiktion der Modelle betrachtet. Für die jeweils erzeugten Modelle wird der Parameter Iteration = 15, Iteration = 50 sowie Iteration = 100 gesetzt. Die ausgewählten Werte sind grundsätzlich willkürlich ausgewählt. Basierend auf den trainierten Modellen soll eine vergleichende Analyse hinsichtlich der Verfahren GloVe und Word2Vec durchgeführt werden.

Allgemein werden identische Parameter für das Training des jeweiligen Modells gewählt werden. Dabei gilt es zwischen verfahrensspezifischen sowie allgemeinen Trainingsparametern zu unterscheiden. Nachfolgend werden nur Hyperparameter beschrieben, die direkten Einfluss auf den Trainingserfolg haben können.

Grundsätzlich ist für beide Trainingsalgorithmen „Min_Count“ auf 100 gesetzt worden, um die Word Embeddings auf Wörter zu beschränken, die mindestens eine entsprechende Präsenz innerhalb des Trainingskorpus aufweisen. Diese Beschränkung ist durchzuführen, um möglichst nur Wörter mit semantischem Einfluss innerhalb des Trainingskorpus zu berücksichtigen. Darüber wird durch den Parameter Vector_Size = 300 eine Dimensionsgröße gewählt, die durch die Empirie empfohlen ist (Zhang et al. 2016, S. 305; Ge und Moh 2017, S. 1798; Yuan et al. 2018, S. 4). Um beim Training sowohl semantische Informationen zu berücksichtigen als auch weiterhin das Untersuchungswort zu fokussieren, wird mit W = 5 ein mittlerer Wert gewählt, durch den beide Faktoren abgedeckt werden können. Als initiale Learning Rate (LR) wird in der derzeitigen Forschung oftmals ein Wert zwischen 0,01 und 0,1 verwendet. Für das Training der Modelle werden die Parameter ETA = 0,05 für GloVe sowie Alpha = 0,05 für Word2Vec verwendet. Diese Parameter bestimmen die (LR) der Algorithmen. Mit der LR wird festgelegt, wie groß die jeweiligen Einzelschritte zur Optimierung der Verlustfunktion sein sollen. Der Wert 0,05 befindet sich zwischen den in der Empirie empfohlenen Werten (Putra und Khodra 2016, S. 4; Chang et al. 2017, S. 566; Shen et al. 2018a, S. 2233) und ist gewählt, um ein Underfitting, sprich ein zu schwaches Training (Li et al. 2016, S. 667), sowie ein Overfitting zu vermeiden. Bei dem Trainingsalgorithmus GloVe soll aus Performancegründen zudem gemäß der Empfehlung von Pennington et al. (2014, S. 1535) die Gewichtungsfunktion durch das Setzen des Parameters x_max = 100 beschränkt werden. Chowdhury et al. (2018, S. 5) zeigen Szenarien auf, in denen mit der neuronalen Architektur Skip-Gram bessere Resultate hinsichtlich der Prädiktion erzielt werden können als bei der Verwendung von CBOW. Sumit et al. (2018, S. 3 f.) sowie Chaitanya et al. (2018, S. 1140 f.) bestätigen diese Ergebnisse durch das Aufzeigen weiterer Anwendungsfälle. Eigene Messungen bestätigen diese Ergebnisse. Somit wird im vorliegenden Beitrag Skip-Gram als neuronale Architektur verwendet. Dies bedeutet, dass der Parameter Sg = 1 gesetzt ist. Darüber hinaus wird der von Morin und Bengio (2005, S. 249 f.) vorgestellte Lernalgorithmus Hierarchical softmax (HS) mit dem Setzen des Parameters Hs = 1 anstelle von Negative Sampling (NS) Negative = 0 als Lernalgorithmus angewandt.

HS erzeugt ein internes Wörterbuch, wobei ein Binärbaum nach Huffman (1952, S. 1099) aufgebaut wird. Zusätzlich wird eine initiale Textbereinigung durch beispielsweise selten im Text auftretenden Wörter (Hyperparameter: min_count) vorgenommen (Islam et al. 2016, S. 364). Im Anschluss wird die semantische Ähnlichkeit der Wörter bzw. Zeichenketten oder Zeichen berechnet und für jedes Element ein n-dimensional großer Vektor als Ergebnisrepräsentation erzeugt (Zhang und Yu 2017, S. 262). NS hingegen geht davon aus, dass ein zufällig gewähltes Element aus dem Trainingskorpus mit großer Probabilität dem gegebenen Element unähnlich ist (Yi et al. 2017, S. 586).

Mikolov et al. (2013b, S. 6) zeigen auf, dass insbesondere bei Wörtern, die eine niedrigere Frequenz im Trainingskorpus aufweisen, mit Hierarchical Softmax überzeugende Ergebnisse erzielt werden können. Da durch den Parameter Min_count = 100 eine erhöhte Mindestfrequenz der Wörter vorhanden sein muss, wird Hierarchical Softmax für das Training der Modelle angewandt. Die Tab. 29.2 soll die verwendeten Trainingsparameter für beide Verfahren zusammengefasst darstellen.

Tab. 29.2 Parametrisierung der Word-Embedding-Verfahren im Überblick

Parameter	GloVe	Word2Vec
Verbose	2	–
Memory	15	–
Vocab_Min_Count/Min_Count	100	100
Vocab_Max_Count	100.000	–
Vector_Size/Size	300	300
Max_Iter/Iterations	100/50/15	100/50/15
Window_Size/Window	5	5
Binary	2	–
Num_Threads/Workers	8	8
X_Max	100	–
ETA/Alpha	0,05	0,05
Sg	–	1
Hs	–	1
Negative	–	0

29.3.3 Evaluierung der trainierten Word Embeddings

Die Evaluierung der trainierten Wortvektoren erfolgt über die von uns erstellte ML-Plattform, die ebenfalls in diesem Gesamtwerk weiter beschrieben ist. Die primär auf der Programmiersprache Python in der Version 3.6 basierte Plattform kann dazu verwendet werden, um Wortvektoren sowie Evaluierungstexte zusammenzuführen und mittels eines RNN (Rekurrenten neuronalen Netzes), sowie der Funktion Long Sort-Term Memory(LSTM), ML-Modelle trainieren.

Die Machine-Learning-Plattform bietet die Möglichkeit aus verschiedenen Optimierungsalgorithmen zu wählen. Darüber hinaus können Parameter wie unter anderem Learning Rate, LSTM und Iterations für das Training gesetzt werden.

Für das Training von ML-Modellen wird die Plattform mit folgenden Konfigurationen parametrisiert (siehe Tab. 29.3).

Neben der Parametrisierung bietet die Plattform die Möglichkeit, aus unterschiedlichen Trainingsalgorithmen zu wählen. Aus diesen wird für das Training des Modells der von Chilimbi et al. (2014, S. 571–582) veröffentlichte Adaptive Moment Estimation(Adam)-Optimizer ausgewählt. Ein von Taqi et al. (2018, S. 145) durchgeführter Vergleich verschiedener Optimizer zeigt auf, dass der Adam-Optimizer überzeugende Ergebnisse in der Praxis aufweist. In der von Alshahrani et al. (2017, S. 1475) durchgeführten Untersuchung scheint der Adam-Optimizer als am geeignetsten, was die Wahl des Optimizers für den vorliegenden Beitrag zusätzlich unterstreicht. Neben den bereits aufgeführten und für das NN relevanten Parameter, muss der Optimizer ebenfalls parametrisiert werden. Für die gesetzten Parameter des Optimizers gilt, dass für

Tab. 29.3 Parametrisierung der ML-Evaluierungsplattform

Trainingsparameter	Wert
Iterations	30.000
Batchsize per Label	16
BIAS	0,1
LSTM	128
Forget-BIAS	1,0
Input_keep_prob (DropoutWrapper)	0,8
Output_keep_prob (DropoutWrapper)	0,8
State_keep_prob (DropoutWrapper)	0,5

Tab. 29.4 Parametrisierung des Trainings-Optimizers der ML-Evaluierungsplattform

Learning Rate	0,005
Beta1	0,9
Beta2	0,999
Epsilon	1e-08

alle durchzuführenden Evaluierungen einheitliche Werte verwendet werden, um eine Vergleichbarkeit der erstellten Word Embeddings zu schaffen. Die verwendeten Parameter sowie deren Werte sind in der Tab. 29.4 aufgeführt.

Zur Berechnung der Accuracy (Güte) wird von der Funktion „Accuracy of Model" der Plattform mit einer Parametrisierung von 1000 zufälligen Testdurchläufen Gebrauch gemacht. Darüber hinaus soll sichergestellt werden, dass die Evaluierungsergebnisse auch auf andere Szenarien übertragbar sind. Um die Übertragbarkeit der Resultate nachzuweisen, empfehlen Sharma et al. (2018, S. 973), ein Modell nur auf einem Teil der Evaluierungsdaten zu bilden, mit diesen das Training durchzuführen und diese im Nachgang gegen die zurückgehaltenen Daten zu evaluieren. Bezugnehmend auf diese Empfehlung sollen nur 80 % der Evaluierungsdaten für ein Training verwendet werden. Die zurückgehaltenen 20 % der Daten sollen nach erfolgreichem Abschluss des Trainings gebraucht werden, um die Übertragbarkeit des Modells zu evaluieren.

Im Anschluss an die Evaluierung der Güte wird jeweils eine einfaktorielle Varianzanalyse, auch bekannt als Analysis of Variance, kurz ANOVA, angewendet, um sowohl den Einfluss des Umfangs der Trainingsdaten als auch die Auswirkungen der Anzahl der Trainingsiterationen auf die Anwendbarkeit der trainierten Wortvektoren des jeweiligen Word-Embedding-Ansatzes zu untersuchen. Darüber hinaus ist ein Honest Significant Difference Test nach Tukey (1949, S. 99–114), kurz Tukey HSD, zu praktizieren, um die Unterschiede zwischen den jeweiligen Untersuchungsgruppen darzustellen. Weiterhin wird zur vergleichenden Analyse der Verfahren Word2Vec sowie GloVe ein Zweistichproben-t-Test durchgeführt. Der t-Test soll zur Prüfung der Differenz innerhalb der ermittelten Werte beider Verfahren angewendet werden.

29.4 Ergebnispräsentation

29.4.1 Einfluss des Umfangs der Trainingsdaten auf die Accuracy

Zur Prüfung des Einflusses des Umfangs der Trainingsdaten auf die gemessenen Accuracy-Werte der Ansätze GloVe sowie Word2Vec wurde für jedes der Word-Embedding-Verfahren eine separate Varianzanalyse mit anschließenden Tukey HSD durchgeführt, um den Einfluss der Textgröße pro Verfahren unabhängig bewerten zu können. Das Konfidenzniveau wurde auf 95 % festgelegt.

GloVe
Bezogen auf das Verfahren GloVe hat der Untersuchungsparameter „Umfang der Trainingskörper" keinen Einfluss auf die Richtigkeitswerte. Die Modelle mit Wortvektoren aus Trainingskörpern von 150 MB weisen, in Zahlen ausgedrückt, die besten Ergebnisse auf. Der prozentual gemessene Richtigkeitswert liegt hier bei 60,11 Prozentpunkten und ist somit höher als der für die mit 500 MB trainierten Wortvektoren von 58,71 %. Das Ergebnis der Varianzanalyse zeigt auf, dass für GloVe keine Signifikanz zwischen den Vergleichswerten besteht, da der kalkulierte p-Wert von 0,78 größer ist als das verwendete Signifikanzniveau von 95 %. Somit gilt die Bedingung p-Wert $\leq \alpha$ als nicht erfüllt. Folglich wurde, basierend auf diesen Erkenntnissen, kein Tukey-HSD-Test durchgeführt. Es kann resümiert werden, dass der Untersuchungsparameter „Umfang der Trainingskörper" keinen Einfluss auf die gemessenen Accuracy-Werte des Verfahrens GloVe hat.

Word2Vec
Anders als beim GloVe-Algorithmus kann für Word2Vec ein signifikanter Unterschied zwischen den erzielten Prädiktionswerten durch die Varianzanalyse festgestellt werden, da der errechnete p-Wert mit 0,011 unterhalb des Signifikanzniveaus liegt und somit die Bedingung p-Wert $\leq \alpha$ erfüllt. Die gemessenen Werte zeigen auf, dass mit Wortvektoren, die auf Textkörpern mit höherem Umfang trainiert werden, bessere Resultate erzielt werden können. Können für die Modelle, basierend auf 150 MB großen Textkörpern, 54,44 % Richtigkeit im Durchschnitt gemessen werden, so übertreffen die Werte der 300 MB großen Trainingskörper diese mit einem Mittelwert von 62,96 %. Die besten Resultate können mit 500 MB großen Texten erzielt werden. Hier liegt der Prädiktionsmittelwert von neun Modellen bei 65,91 %. Somit übertrifft dieser Wert ebenso den maximal erzielten Richtigkeitswert von GloVe. Der Tukey-HSD-Test bestätigt die Resultate der Varianzanalyse und zeigt auf, dass in direkter Gegenüberstellung der Vergleichsgruppen „500 MB" und „150 MB" die höchste Differenz gemessen werden kann und dieser Unterschied signifikant ist. Somit ist festzustellen, dass beim Verfahren Word2Vec der Hyperparameter „Umfang der Trainingskörper" einen Einfluss auf die ermittelte Güte hat beim Word-Embedding-Verfahren Word2Vec.

29.4.2 Auswirkungen der Anzahl der Iterationen auf die Accuracy

Für die Untersuchung der Auswirkungen der Anzahl der Trainingsiterationen auf die Accuracy des jeweiligen Verfahrens wurde jeweils eine Varianzanalyse, mit einem gewähltem Konfidenzniveau von 95 %, durchgeführt. Die Analyse wurde genutzt, um zu überprüfen, ob die Differenz der Vergleichsgruppen „15 Iterationen", „50 Iterationen" sowie „100 Trainingsiterationen" signifikant ist. Im Anschluss an die Varianzanalyse wurde ein Tukey-HSD-Test angewendet.

GloVe

Allgemein kann festgehalten werden, dass der Hyperparameter Auswirkungen auf die gemessenen Accuracy-Werte des Word-Embedding-Verfahrens GloVe hat. Das Ergebnis der Varianzanalyse zeigt auf, dass die Differenz zwischen den Vergleichsgruppen und deren Resultaten signifikant ist. Der gebildete Mittelwert liegt für Modelle, die auf Wortvektoren mit einem Trainingsdurchlauf von 15 Iterationen trainiert wurden, bei 53,93 %. Durch die Erhöhung der Trainingsiterationen auf 50 erhöht sich der durchschnittliche Accuracy-Wert bei neun Modellen um 6,87 Prozentpunkte auf 60,80 %. Eine weitere Aufstockung der Iterationen auf 100 steigert den mittleren Richtigkeitswert bei exponentiell ansteigender Trainingszeit um gerade einmal 0,29 Prozentpunkte. Der durch die Varianzanalyse berechnete p-Wert von 0,094 ist kleiner bzw. gleich dem Signifikanzniveau von 0,1. Somit kann die Bedingung p-Wert $\leq \alpha$ als erfüllt angesehen werden. Es besteht ein Risiko von zehn Prozent, dass die gemessene Differenz der Vergleichswerte tatsächlich nicht vorhanden ist, da ein eher schwaches Signifikanzniveau von 0,1 erzielt wurde. Obwohl die Varianzanalyse einen signifikanten Unterschied zwischen den Vergleichsdaten aufzeigt, bestätigt der Tukey HSD dieses Ergebnis nicht. Durch die Anwendung des Tests kann festgestellt werden, dass die Vergleichsgruppen im jeweiligen Vergleich keine signifikanten Differenzen untereinander aufweisen. Die höchste Differenz der gemessenen Richtigkeitswerte findet sich zwischen den Vergleichsgruppen „15 Iterationen" und „100 Trainingsiterationen" mit 7,17 %. Der kalkulierte p-Wert liegt jedoch bei 0.17 und damit oberhalb des festgelegten Signifikanzniveaus. Die Bedingung p-Wert $\leq \alpha$ ist dementsprechend nicht erfüllt und folglich kann keine Signifikanz zwischen den Gruppen determiniert werden, was daraufhin deutet, dass der Hyperparameter Iterations bei den untersuchten Stichproben keinen Einfluss auf die Accuracy hat.

Word2Vec

Für Word2Vec lassen sich Unterschiede bei den Messwerten feststellen. Bei Wortvektoren mit 15 Iterationen fällt der durchschnittliche Richtigkeitswert der ML-Modelle auf 56,56 %. Wird die Anzahl der Durchläufe auf 50 gesteigert, kann ein mittlerer Richtigkeitswert von 62,58 % und so ein Anstieg von 6,02 Prozentpunkten erzielt werden. Durch eine weitere Erhöhung der Trainingsiterationen von 50 auf 100 kann der Güte-Wert bei verlängerter Trainingszeit um weitere 1,60 Punkte auf 64,18 % verbessert werden. Der durch die Varianzanalyse kalkulierte p-Wert liegt mit 0,19 unterhalb des Signifikanzniveaus und die Bedingung p-Wert $\leq \alpha$ ist nicht erfüllt. Ein Tukey-HSD-Test ist, aufgrund fehlender Signifikanz innerhalb der Differenz der determinierten Richtigkeitswerte, nicht anzuwenden. Die Diskrepanz zwischen den ermittelten Werten erfährt, wie die Varianzanalyse zeigt, keine Signifikanz. Somit kann geschlussfolgert werden, dass der Hyperparameter „Trainingsiterationen" keine signifikanten Auswirkungen auf die Richtigkeit der Modelle hat. Dies deutet daraufhin, dass die Anzahl der Trainingsiterationen keinen Einfluss auf die Ergebnisse hinsichtlich Güte bei den Stichproben hat.

29.4.3 Vergleich der Ergebnisse von GloVe und Word2Vec

Die vergleichende Analyse wurde durch zwei Stichproben-t-Tests durchgeführt. Für beide Tests wurde zu Anfang die Nullhypothese definiert, dass sich beide Verfahren nicht signifikant hinsichtlich der erzielten Accuracy-Werte voneinander unterscheiden. Dabei wird auf ein Konfidenzniveau von 95 % zurückgegriffen.

Zunächst wurde ein t-Test mit allen zur Verfügung stehenden Messungen beider Verfahren praktiziert. Die Messungen pro Verfahren enthalten stark abweichende Güte-Werte, bei denen davon ausgegangen werden kann, dass das Training der Machine-Learning-Modelle oder der Wortvektoren fehlerbehaftet war. Im Anschluss wurde dann ein weiterer Test mit bereinigten Daten durchgeführt. Somit entsteht ein sowohl bereinigtes Ergebnis, bei dem nur Werte innerhalb des Interquartilsabstands berücksichtigt werden, als auch ein tatsächliches Ergebnis, bei dem alle gemessenen Güte-Werte berücksichtigt werden sollen.

Der mit jeweils 27 unbereinigten Machine-Learning-Modellen durchgeführte t-Test liefert einen p-Wert von 0,11 sowie einen mittleren Prädiktionswert von 58,61 % für GloVe und 62,09 % für das Verfahren Word2Vec. Der errechnete Unterschied von 3,48 Prozentpunkten ist dem p-Wert nach nicht signifikant und die Bedingung p-Wert $\leq \alpha$ ist in diesem Fall nicht erfüllt. Eine signifikante Differenz kann somit nicht festgestellt werden. Das Ergebnis des zweiten t-Tests, bei dem nur Daten verwendet wurden, die innerhalb des Interquartilsabstands liegen, liefert einen p-Wert von 9,438e-11, womit die Bedingung p-Wert $\leq \alpha$ als erfüllt anzusehen ist. Die durchschnittlichen Prädiktionswerte entsprechen hier 60,89 % für das GloVe-Verfahren sowie 65,01 % für Word2Vec. Somit ergibt sich eine Differenz von 4,11 Prozentpunkten. Der Test zeigt mittels kalkuliertem p-Wert auf, dass die Differenz zwischen den gemessenen Güte-Werten beider Verfahren signifikant ist. Da davon ausgegangen wird, dass die abweichenden Messwerte auf fehlerhaften Trainings der einzelnen Komponenten beruhen, wird zur vergleichenden Verfahrensanalyse das Resultat des zweiten t-Test zurate gezogen. Aufgrund des signifikanten Differenzbetrags kann somit geschlussfolgert werden, dass der Ansatz Word2Vec, gemessen an der Accuracy, bessere Ergebnisse bei der Anwendung auf Onlineproduktbewertungen des Unternehmens Amazon.com liefert.

29.5 Diskussion der Resultate

Nachdem die Ergebnisse der unterschiedlichen Verfahren vorgestellt sind, werden nun die erzielten Resultate mit bereits vorhandenen wissenschaftlichen Erkenntnissen abgeglichen.

Einfluss der Textgröße auf die Accuracy

Hinsichtlich des Einflusses der Textgröße auf die Prädiktion von Wortvektoren kann die Aussage von Pennington et al. (2014, S. 1540) und Chiu et al. (2016, S. 166), dass die Größe des Trainingskorpus nicht pauschal Einfluss auf die Prädiktion hat, bestätigt werden. Wie die Untersuchungen dieses Beitrags zeigen, wirkt sich die Größe der Trainingstexte bei GloVe sogar negativ auf die Prädiktion aus. Bei Anwendung des Verfahrens Word2Vec zeigen die Tests jedoch, dass der Umfang der Texte Einfluss auf die Richtigkeit der Wortvektoren, bezogen auf die Onlineproduktbewertungen, hat und bestätigen somit die Studien von Al-Amin et al. (2017, S. 189) und Du et al. (2017, S. 264).

Einfluss der Trainingsiterationen auf die Accuracy

Die Erkenntnisse von Hellrich und Hahn (2016, S. 2791 f.) sowie Dekhtyar und Fong (2017, S. 489), dass durch die erhöhte Anzahl an Trainingsdurchläufen die Accuracy verbessert wird, können grundsätzlich durch die eigenen Proben bestätigt werden. Eine Erhöhung des Hyperparameters Iteration kann dazu beitragen, eine Verbesserung der Prädiktion der Wortvektoren, bezogen auf die Amazon.com Onlineproduktbewertungen, zu erzielen. Für beide Verfahren kann dieser Effekt beobachtet werden. Auch zeigt sich, dass eine Steigerung insbesondere zwischen 15 und 50 Iterationen erzielt werden kann, da sich die Accuracy ab etwa 50 Iterationen stabilisiert. Somit können die Studien von Savigny und Purwarianti (2017, S. 4) sowie Aghahadi und Talebpour (2018, S. 306), dass sich die Prädiktion ab einer bestimmten Anzahl an Trainingsdurchläufen nicht signifikant verändert, bestätigt werden.

Vergleichende Analyse von GloVe und Word2Vec

Entgegen den Erkenntnissen von Sravani et al. (2018, S. 2380) und Pennington et al. (2014, S. 1537–1541) kann durch die Tests aufgezeigt werden, dass das Verfahren Word2Vec höhere Richtigkeitswerte liefert als Glove. Allerdings ist zu beachten, dass die gesammelten Prädiktionswerte der erzeugten Modelle zunächst von Datenerfassungen bereinigt werden mussten, die außerhalb des Interquartils liegen. Die Auffassung von Baroni et al. (2014, S. 242 f.), Stratos et al. (2015, S. 1289) sowie TH et al. (2015, S. 161), dass prediction-based Ansätze bessere Resultate hinsichtlich der Accuracy erzielen, kann bestätigt werden. Katic und Milicevic (2018, S. 287 f.) zeigen in ihren Studien auf, dass mit dem GloVe-Algorithmus bessere Richtigkeitswerte bei der Evaluierung mit Amazon-Produktbewertungen erzielt werden können als mit Word2Vec. Dieser Studie kann durch eigene Tests widersprochen werden, da mit

Word2Vec eine höhere Prädiktion erzielt werden konnte. Somit können die Ergebnisse der Studie von Wint et al. (2018, S. 95), die ebenfalls die Accuracy beider Verfahren für Amazon-Onlineproduktbewertungen analysiert haben, bestätigt werden.

29.6 Implikationen für die Praxis

Nachfolgenden sollen mögliche Implikationen für die Praxis aufgeführt werden, da Word Embeddings die Grundlage zahlreicher Anwendungen innerhalb des Themenbereichs künstliche Intelligenz bilden.

Bedeutung für die automatisierte Textverarbeitung
Word-Embedding-Verfahren und die daraus resultierenden Wortvektoren bilden die Grundlage für die Textanalyse. Grundsätzlich werden Wortvektoren immer dann benötigt, wenn zusammenhängende Texte in natürlicher Sprache oder auch einzelne Wörter bzw. Zeichenketten oder einzelne Zeichen automatisch weiterverarbeitet werden und als Input für beispielsweise NLP-Anwendungen oder neuronale Netze dienen sollen. Da die Texte für eine automatische Verarbeitung in ein Format umgewandelt werden müssen, welches der Computer interpretieren kann, bedarf es einer Methodik, die Wörter mathematisch bzw. nutzbar darstellt (Buchkremer et al. 2019). Zudem müssen bei der automatischen Verarbeitung oftmals semantische Beziehungen zwischen Wörtern berücksichtigt werden, um diese korrekt zu interpretieren. Hauptaufgabe des Word Embeddings ist es, Relationen zwischen Wörtern darzustellen.

Universelle Anwendungsmöglichkeiten
Die Wortvektoren lassen sich in unterschiedlichen Anwendungen nutzen. Eine Anwendungsmöglichkeit stellt die Klassifikationsmöglichkeit von Rezessionen hinsichtlich Nützlichkeit dar. Darüber hinaus finden Word-Embedding-Verfahren Anwendung in vielen verschiedenen Gebieten der Empirie, wie beispielsweise der Medizin, Biologie oder Linguistik. Obwohl das Kernanwendungsgebiet sicherlich innerhalb der Textverarbeitung liegt, finden sich beispielsweise auch Anwendungen innerhalb der Audioverarbeitung (Shen et al. 2018b, S. 2231). Aufgrund der breitgestreuten Möglichkeiten ist es elementar, dass die auf Word Embeddings gebildete Basis bestmöglich trainiert ist, um die Ergebnisse der Anwendungsfälle nicht negativ zu beeinflussen, sondern möglichst durch Präzision zu unterstützen.

29.7 Zusammenfassung mit Forschungsausblick

Infolge der deutlich anwachsenden jährlichen Generierung von Daten gewinnen Text Mining und automatische Textanalysen immer mehr an Bedeutung. Damit die dadurch gewonnenen Erkenntnisse möglichst frei von Störfaktoren sind, müssen die

Basiskomponenten optimale Resultate liefern. In der vorliegenden Arbeit wurde der Einfluss verschiedener Hyperparameter auf die Prädiktion von Wortvektoren bei der Evaluierung durch Onlineproduktbewertungsdaten untersucht. Darüber hinaus wurden die zwei populären Word-Embedding-Verfahren Word2Vec und GloVe hinsichtlich Accuracy miteinander verglichen.

Da beide Verfahren als Algorithmen zur Verfügung stehen, aber keine Zugriffsmöglichkeit ohne die Verwendung von Programmierung, wurde zunächst eine Option geschaffen, die den Aufruf der Algorithmen per direkt ausführbarer Datei ermöglicht. Die Parametrisierung kann über jeweils eine Konfigurationsdatei ohne Anwendung einer Programmiersprache erfolgen. Die Datenevaluierung erfolgte durch die von uns ebenso in diesem Sammelwerk bereitgestellte sowie beschriebene ML-Plattform, die sich während der Prüfung von insgesamt 54 verschiedenen Modellen als sehr nützliches Hilfsmittel erwies.

Innerhalb der Untersuchung der Hyperparameter weist pro Verfahren jeweils ein Parameter einen signifikanten Einfluss auf die Prädiktion der Wortvektoren auf. Die Untersuchungsannahmen über den Einfluss der Hyperparameter stehen weitestgehend mit den bereits veröffentlichten empirischen Untersuchungen im Einklang und können die bekannten Ergebnisse bestätigen. Bei den Ergebnissen des Verfahrensvergleichs stehen sich unterschiedliche Meinungen und Studien gegenüber. Eine potenzielle Erklärung für die Abweichungen liefern Berardi et al. (2015, S. 6) über den Einfluss der Art und Herkunft der Evaluierungstexte. Die Untersuchungen innerhalb dieser Arbeit zeigen, dass Word2Vec bei der Evaluierung der Amazon-Rezessionen bessere Prädiktionsresultate liefert als GloVe. Die Differenz beider Verfahren weist Signifikanz auf.

Zusammengefasst zeigt der Beitrag auf, dass die Auswahl der Hyperparameter je nach Algorithmus variieren sollte, da der Einfluss bei beiden Verfahren unterschiedlich starke Ausprägungen erzielt. Die Verwendung von Word2Vec erweist sich bei der Evaluierung von Amazon-Bewertungen als sinnvoll. Dabei sollte allerdings stets eine Validierung der Ergebnisse stattfinden, um mögliche Fehler während des Trainings zu minimieren.

Neben der vergleichenden Analyse der Word-Embedding-Verfahren hinsichtlich Güte zeigt der Beitrag einen Forschungsausblick auf. Denkbar wären so weitere Untersuchungen in folgenden Themen.

Umfang und Herkunft der Trainingsdaten
Weitere Untersuchungen könnten zeigen, wie sich Texte differentieller Art auf die anschließende Prädiktion auswirken. Vorstellbar wäre dies in Bezug auf beispielsweise Wörterbücher aus den Rezessionsdaten selbst und dabei die Frage, wie hoch die Gefahr eines Overfittings bei einem solchen Training ist. Ebenfalls wären Wörterbücher auf Basis von sozialen Medien wie beispielsweise Twitter interessant zu prüfen, da Tweets oftmals in Alltagssprache verfasst sind. Dies würde den Gegensatz zu den in dieser Arbeit verwendeten sprach- und rechtschreibgeprüften Wikipedia-Texten bilden.

Art und Herkunft der Evaluierungsdaten

Zur Evaluierung der Prädiktion der Wortvektoren werden im Rahmen der vorliegenden Arbeit Rezessionsdaten des Unternehmens Amazon.com verwendet. Interessant wäre es zu untersuchen, ob die erzielten Prädiktionswerte auch auf Rezessionsdaten anderer E-Commerce-Plattformen übertragbar sind. Darüber hinaus besteht das Potenzial, die Wortvektoren auch mit anderen Textarten hinsichtlich Accuracy zu validieren.

Untersuchung weiterer Hyperparameter

Mithilfe dieser Untersuchung wird die Wirkung von zwei bereits bestehenden Erkenntnissen aus der Empirie auf Onlineproduktbewertungen übertragen. Analysepotenzial bieten insbesondere die bisher nicht untersuchten Hyperparameter. Bezüglich beider Word Embeddings wäre es so beispielsweise lohnenswert, den Einfluss des Parameters Window, sprich des Betrachtungsfensters, zu untersuchen. Insbesondere dieser Parameter wird in der gegenwärtigen Forschung viel diskutiert (Bernier-Colborne und Drouin 2016, S. 57; Chang et al. 2017, S. 567 f.). Weiterhin bietet der Hyperparameter Min_Count für beide Verfahren Analysemöglichkeiten, da hier untersucht werden könnte, ob sich die Prädiktion erhöht, wenn stark frequentierte Wörter mitberücksichtigt werden.

Evaluierung durch weitere NN sowie differentielle Trainings-Optimizer

Ebenfalls wäre es denkbar, andere NN zur Evaluierung der trainierten Word Embeddings zu verwenden. Ein Training durch differentielle Trainings-Optimizer birgt darüber hinaus weiteres Untersuchungspotenzial.

Literatur

Aghahadi, Z., & Talebpour, A. (2018). Word embedding in small Corpora: A case study in Quran. In 2018 8th International Conference on Computer and Knowledge Engineering (ICCKE). IEEE, S. 303–307.

Al-Amin, M., Islam, M. S., & Das Uzzal, S. (2017). Sentiment analysis of Bengali comments with Word2Vec and sentiment information of words. In 2017 International Conference on Electrical, Computer and Communication Engineering (ECCE). IEEE, S. 186–190.

Alshahrani, H., Alzahrani, A., Alshehri, A., et al. (2017). Evaluation of gradient descent optimization: Using android applications in neural networks. In 2017 International Conference on Computational Science and Computational Intelligence (CSCI). IEEE, S. 1471–1476.

Baroni, M., Dinu, G., & Kruszewski, G. (2014). Don't count, predict! A systematic comparison of context-counting vs. context-predicting semantic vectors. In Proceedings of the 52nd annual meeting of the association for computational linguistics. Association for computational linguistics, S. 238–247.

Berardi, G., Esuli, A., & Marcheggiani, D. (2015). Word embeddings go to Italy: A comparison of models and training datasets. In Italian Information Retrieval Workshop, S. 1–8.

Bernier-Colborne, G., & Drouin, P. (2016). Evaluation of distributional semantic models: A holistic approach. In Proceedings of the 5th international workshop on computational technology. Association for computational linguistics, S. 52–61.

Bhoir, S., Ghorpade, T., & Mane, V. (2017). Comparative analysis of different word embedding models. In 2017 International Conference on Advances in Computing, Communication and Control (ICAC3). IEEE, S. 1–4.

Bruni, E., Uijlings, J., Baroni, M., & Sebe, N. (2012). Distributional semantics with eyes. In Proceedings of the 20th ACM international conference on Multimedia – MM '12. ACM Press, New York, New York, USA, S. 1219.

Buchkremer, R., Demund, A., Ebener, S., et al. (2019). The application of artificial intelligence technologies as a substitute for reading and to support and enhance the authoring of scientific review articles. XX. https://doi.org/10.1109/access.2019.2917719.

Chaitanya, I., Madapakula, I., Gupta, S. K., & Thara, S. (2018). Word level language identification in code-mixed data using word embedding methods for Indian languages. In 2018 International Conference on Advances in Computing, Communications and Informatics (ICACCI). IEEE, S. 1137–1141.

Chang, C.-Y., Lee, S.-J., & Lai, C.-C. (2017). Weighted word2vec based on the distance of words. In 2017 International Conference on Machine Learning and Cybernetics (ICMLC). IEEE, S. 563–568.

Chilimbi, T., Suzue, Y., Apacible, J., & Kalyanaraman, K. (2014). Project Adam: Building an efficient and scalable deep learning training system. In Proceedings of the 11th USENIX Symposium on Operating Systems Design and Implementation. USENIX Association, Broomfield, S. 571–582.

Chiu, B., Crichton, G., Korhonen, A., & Pyysalo, S. (2016). How to train good word embeddings for biomedical NLP. In Proceedings of the 15th workshop on biomedical natural language processing. Association for computational linguistics, S. 166–174.

Chowdhury, H. A., Imon, M. A. H., & Islam, M. S. (2018). A comparative analysis of word embedding representations in authorship attribution of Bengali literature. In 2018 21st International Conference of Computer and Information Technology (ICCIT). IEEE, S. 1–6.

Dekhtyar, A., & Fong, V. (2017). RE data challenge: Requirements identification with Word2Vec and TensorFlow. In 2017 IEEE 25th international Requirements Engineering conference (RE). IEEE, S. 484–489.

Dodal, S. S., & Kulkarni, P. V. (2018). Multi-lingual information retrieval using deep learning. In 2018 9th International Conference on Computing, Communication and Networking Technologies (ICCCNT). IEEE, S. 1–6.

Du, X., Zheng, Z., Xiao, G., & Yin, B. (2017). The automatic classification of fault trigger based bug report. In 2017 IEEE International Symposium on Software Reliability Engineering Workshops (ISSREW). IEEE, S. 259–265.

Fahad, S. A., & Yahya, A. E. (2018). Inflectional review of deep learning on natural language processing. In 2018 International Conference on Smart Computing and Electronic Enterprise (ICSCEE). IEEE, S. 1–4.

Ge, L., & Moh, T.-S. (2017). Improving text classification with word embedding. In 2017 IEEE international conference on big data (Big Data). IEEE, S. 1796–1805.

Goldberg, Y. (2016). A primer on neural network models for natural language processing. *Journal of Artificial Intelligence Research, 57*, 345–420.

Grawe, M. F., Martins, C. A., & Bonfante, A. G. (2017). Automated patent classification using word embedding. In 2017 16th IEEE International Conference on Machine Learning and Applications (ICMLA). IEEE, S. 408–411.

Gupta, A., & Tripathy, B. K. (2017). Implementing GloVe for context based k-means++ clustering. In 2017 International Conference on Intelligent Sustainable Systems (ICISS). IEEE, S. 1041–1046.

Hellrich, J., & Hahn, U. (2016). Bad company-neighborhoods in neural embedding spaces considered harmful. In Proceedings of COLING 2016, the 26th international conference on computational linguistics. association for computational linguistics, S. 2785–2796.

Huffman, D. (1952). A method for the construction of minimum-redundancy codes. *Proceedings of IRE, 40,* 1098–1101. https://doi.org/10.1109/JRPROC.1952.273898.

Islam, M. S., Amin, M. A., & Das Uzzal, S. (2016). Word embedding with hellinger PCA to detect the sentiment of bengali text. In 2016 19th International Conference on Computer and Information Technology (ICCIT). IEEE, S. 363–366.

Jettakul, A., Thamjarat, C., Liaowongphuthorn, K., et al. (2018). A comparative study on various deep learning techniques for Thai NLP lexical and syntactic tasks on noisy data. In 2018 15th International Joint Conference on Computer Science and Software Engineering (JCSSE). IEEE, S. 1–6.

Jin, X., Zhang, S., & Liu, J. (2018). Word semantic similarity calculation based on Word2vec. In 2018 International Conference on Control, Automation and Information Sciences (ICCAIS). IEEE, S. 12–16.

Katic, T., & Milicevic, N. (2018). Comparing sentiment analysis and document representation methods of amazon reviews. In 2018 IEEE 16th International Symposium on Intelligent Systems and Informatics (SISY). IEEE, S. 283–286.

Lai, S., Liu, K., He, S., & Zhao, J. (2016). How to generate a good word embedding. *IEEE Intelligent Systems, 31,* 5–14. https://doi.org/10.1109/MIS.2016.45.

Lauren, P., Qu, G., Huang, G.-B., et al. (2017). A low-dimensional vector representation for words using an extreme learning machine. In 2017 International Joint Conference on Neural Networks (IJCNN). IEEE, S. 1817–1822.

Levy, O., & Goldberg, Y. (2014). Dependency-based word embeddings. In Proceedings ofthe 52nd annual meeting ofthe association for computational linguistics (Short papers), S. 302–308.

Li, S., Chua, T.-S., Zhu, J., & Miao, C. (2016). Generative topic embedding: A continuous representation of documents. In Proceedings of the 54th annual meeting of the association for computational linguistics. Association for computational linguistics, S. 666–675.

Lilleberg, J., Zhu, Y., & Zhang, Y. (2015). Support vector machines and Word2vec for text classification with semantic features. In 2015 IEEE 14th International Conference on Cognitive Informatics & Cognitive Computing (ICCI*CC). IEEE, S. 136–140.

Ling, Y., An, Y., Liu, M., et al. (2017). Integrating extra knowledge into word embedding models for biomedical NLP tasks. In 2017 International Joint Conference on Neural Networks (IJCNN). IEEE, S. 968–975.

Manna, S., & Nakai, H. (2019). Effectiveness of word embeddings on classifiers: A case study with tweets. In 2019 IEEE 13th International Conference on Semantic Computing (ICSC). IEEE, S. 158–161.

Manning, C. D., Surdeanu, M., Bauer, J., et al. (2014). The Stanford CoreNLP natural language processing toolkit. In Proceedings of 52nd annual meeting of the association for computational linguistics: System demonstrations, S. 55–60.

Mikolov, T., Chen, K., Corrado, G., & Dean, J. (2013a). Efficient estimation of word representations in vector space. In Proceedings of ICLR Workshop, S. 1–11.

Mikolov, T., Sutskever, I., Chen, K., et al. (2013b). Distributed representations of words and phrases and their com.positionality. Advances in Neural Information Processing Systems, 3111–3119.

Mikolov, T., Yih, W.-T., & Zweig, G. (2013c). Linguistic regularities in continuous space word representations. In Proceedings of NAACL-HLT. Association for computational linguistics, Atlanta, Georgia, S. 746–751.

Mitchell, J., & Lapata, M. (2010). Composition in distributional models of semantics. *Cognitive Science, 34,* 1388–1429. https://doi.org/10.1111/j.1551-6709.2010.01106.x.

Mori, Y., & Satoh, S. (2018). Co-cleansing of image and text dataset by automatic image annotation and proper noun analysis. In 2018 IEEE 7th Global Conference on Consumer Electronics (GCCE). IEEE, S. 485–487.

Morin, F., & Bengio, Y. (2005). Hierarchical probabilistic neural network language model. In Proceedings of the Tenth International Workshop on Artificial Intelligence and Statistics. AISTATS, S. 246–252.

O'Mahony, M. P., Cunningham, P., & Smyth, B. (2010). An assessment of machine learning techniques for review recommendation. In Lecture notes in computer science (including subseries lecture notes in artificial intelligence and lecture notes in bioinformatics), S. 241–250.

Pennington, J., Socher, R., & Manning, C. D. (2014). GloVe: Global vectors for word representation. In EMNLP 2014 – 2014 Conference on empirical methods in natural language processing, proceedings of the conference.

Putra, Y. A., & Khodra, M. L. (2016). Deep learning and distributional semantic model for Indonesian tweet categorization. In 2016 International Conference on Data and Software Engineering (ICoDSE). IEEE, S. 1–6.

Rodriguez, D. V., Carver, D. L., & Mahmoud, A. (2018). An efficient wikipedia-based approach for better understanding of natural language text related to user requirements. In 2018 IEEE Aerospace Conference. IEEE, S. 1–16.

Sahlgren, M. (2008). The distributional hypothesis. *Italian Journal of Linguistics, 20,* 33–54.

Savigny, J., & Purwarianti, A. (2017). Emotion classification on youtube comments using word embedding. In 2017 International Conference on Advanced Informatics, Concepts, Theory, and Applications (ICAICTA). IEEE, S. 1–5.

Sebastiani, F. (2002). Machine learning in automated text categorization. *ACM Computing Surveys, 34,* 1–47. https://doi.org/10.1145/505282.505283.

Semberecki, P., & Maciejewski, H. (2017). Deep learning methods for subject text classification of articles. In 2017 Federated Conference on Computer Science and Information Systems (FedCSIS). IEEE, S. 357–360.

Sharma, Y., Agrawal, G., Jain, P., & Kumar, T. (2017). Vector representation of words for sentiment analysis using GloVe. In 2017 International Conference on Intelligent Communication and Computational Techniques (ICCT). IEEE, S. 279–284.

Sharma, R., Bhattacharyya, P., Dandapat, S., & Bhatt, H. S. (2018). Identifying transferable information across domains for cross-domain sentiment classification. In Proceedings of the 56th annual meeting of the association for computational linguistics. association for computational linguistics, S. 968–978.

Shen, C.-H., Sung, J. Y., & Lee, H.-Y. (2018a). Language transfer of audio Word2Vec: Learning audio segment representations without target language data. In 2018 IEEE International Conference on Acoustics, Speech and Signal Processing (ICASSP). IEEE, S. 2231–2235.

Shen, C.-H., Sung, J. Y., & Lee, H.-Y. (2018b). Language transfer of audio Word2Vec: Learning audio segment representations without target language data. In 2018 IEEE International Conference on Acoustics, Speech and Signal Processing (ICASSP). IEEE, S. 2231–2235.

Solangi, Y. A., Solangi, Z. A., Aarain, S., et al. (2018). Review on Natural Language Processing (NLP) and its toolkits for opinion mining and sentiment analysis. In 2018 IEEE 5th International Conference on Engineering Technologies and Applied Sciences (ICETAS). IEEE, S. 1–4.

Sravani, L., Reddy, A. S., & Thara, S. (2018). A comparison study of word embedding for detecting named entities of code-mixed data in Indian language. In 2018 International Conference on Advances in Computing, Communications and Informatics (ICACCI). IEEE, S. 2375–2381.

Statista. (2019). User-generated internet content per minute 2018 | Statistic. https://www.statista.com/statistics/195140/new-user-generated-content-uploaded-by-users-per-minute/. Zugegriffen: 5 Sept 2019.

Stratos, K., Collins, M., & Hsu, D. (2015). Model-based word embeddings from decompositions of count matrices. In Proceedings of the 53rd annual meeting of the association for computational linguistics and the 7th international joint conference on natural language processing. Association for computational linguistics, S. 1282–1291.

Sukanya, M., & Biruntha, S. (2012). Techniques on text mining. In 2012 IEEE International Conference on Advanced Communication Control and Computing Technologies (ICACCCT). IEEE, S. 269–271.

Sumit, S. H., Hossan, M. Z., Al Muntasir, T., & Sourov, T. (2018). Exploring word embedding for Bangla sentiment analysis. In 2018 International Conference on Bangla Speech and Language Processing (ICBSLP). IEEE, S. 1–5.

Taqi, A. M., Awad, A., Al-Azzo, F., & Milanova, M. (2018). The impact of multi-optimizers and data augmentation on TensorFlow convolutional neural network performance. In 2018 IEEE Conference on Multimedia Information Processing and Retrieval (MIPR). IEEE, S. 140–145.

TH, M., Sahu, S. K., & Anand, A. (2015). Evaluating distributed word representations for capturing semantics of biomedical concepts. In Proceedings of the 2015 Workshop on Biomedical Natural Language Processing (BioNLP 2015). Association for Computer Linguistics, S. 158–163.

Tukey, J. W. (1949). Comparing individual means in the analysis of variance. *Biometrics, 5,* 99–114.

Urata, T., & Maeda, A. (2017). An entity disambiguation approach based on Wikipedia for entity linking in microblogs. In 2017 6th IIAI International Congress on Advanced Applied Informatics (IIAI-AAI). IEEE, S. 334–338.

Van Tuan, D., & Sato, H. (2017). Improving distributed representation by feature selection of Wikipedia. In 2017 Fourth Asian Conference on Defence Technology – Japan (ACDT). IEEE, S. 1–6.

Wang, Y., & Berwick, R. C. (2012). On formal models for cognitive linguistics. In 2012 IEEE 11th International Conference on Cognitive Informatics and Cognitive Computing. IEEE, S. 7–17.

Wang, Z., Zhang, J., Feng, J., & Chen, Z. (2014). Knowledge graph and text jointly embedding. In Proceedings of the 2014 Conference on Empirical Methods in Natural Language Processing (EMNLP). Association for computer linguistics, Doha, Qatar, S. 1591–1601.

Wikimedia Foundation. (2018). Wikimedia statistics – English Wikipedia – Pages to date. https://stats.wikimedia.org/v2/#/en.wikipedia.org/content/pages-to-date/normal%7Cline%7CAll%7C~total. Zugegriffen: 19 Jan. 2019.

Wint, Z. Z., Manabe, Y., & Aritsugi, M. (2018). Deep learning based sentiment classification in social network services datasets. In 2018 IEEE International Conference on Big Data, Cloud Computing, Data Science & Engineering (BCD). IEEE, S. 91–96.

Yi, X., Zheng, R., Wang, A., et al. (2017). Design and implementation of Word2Vec parallel algorithm based on HPC. In 2017 Chinese Automation Congress (CAC). IEEE, S. 585–590.

Yu, L.-C., Wang, J., Lai, K. R., & Zhang, X. (2018). Refining word embeddings using intensity scores for sentiment analysis. *IEEE/ACM Transactions Audio, Speech and Language Processing, 26,* 671–681. https://doi.org/10.1109/TASLP.2017.2788182.

Yuan, C., Wu, J., Li, H., & Wang, L. (2018). Personality recognition based on user generated content. In 2018 15th International Conference on Service Systems and Service Management (ICSSSM). IEEE, S. 1–6.

Zhang, C., Wang, X., Yu, S., & Wang, Y. (2018). Research on keyword extraction of Word2vec model in Chinese corpus. In 2018 IEEE/ACIS 17th International Conference on Computer and Information Science (ICIS). IEEE, S. 339–343.

Zhang, X., Lin, P., Chen, S., et al. (2016). Valence-arousal prediction of Chinese Words with multi-layer corpora. In 2016 International Conference on Asian Language Processing (IALP). IEEE, S. 304–307.

Zhang, X., & Yu, Q. (2017). Hotel reviews sentiment analysis based on word vector clustering. In 2017 2nd IEEE International Conference on Computational Intelligence and Applications (ICCIA). IEEE, S. 260–264.

Nils Horn (B.Sc.) ist seit 2015 bei der Esprit Europe GmbH in Ratingen angestellt. Seit seiner abgeschlossenen Berufsausbildung als Informatikkaufmann ist er Anwendungsberater, Programmierer sowie Projektleiter für internationale Projekte innerhalb der Applikation SAP im Modul Sales & Distribution (SD) sowie Materials Management (MM) in der globalen IT-Abteilung. Neben dem Beruf schloss Nils Horn 2019 in der Fachrichtung Wirtschaftsinformatik, mit dem Fokus der künstlichen Intelligenz, den Bachelor of Science ab. Darauf aufbauend hat er 2019 mit dem Masterstudiengang IT-Management, ebenfalls an der FOM Hochschule für Oekonomie & Management, begonnen. Seit Abschluss des Bachelorstudiums engagiert er sich im ifid Institut für IT-Management & Digitalisierung als Research Fellow.

Michel Sebastian Erhardt (M.Sc.) ist seit 2002 bei der Stadt Monheim am Rhein angestellt. Bis 2019 war er in der Informationstechnologie beschäftigt und fungierte dort zuletzt als verantwortlicher Netzwerkadministrator sowie Ausbilder von Nachwuchskräften. Aktuell ist er in der Organisationsabteilung als Informationssicherheitsbeauftragter und Projektmanager für das Dokumentenmanagementsystem tätig. Berufsbegleitend schloss Michel Sebastian Erhardt 2016 in der Fachrichtung Wirtschaftsinformatik, mit dem Fokus der IT-Sicherheit, den Bachelor of Science ab. Darauf aufbauend absolvierte er 2019 den Masterstudiengang IT Management mit dem Schwerpunkt der künstlichen Intelligenz ebenfalls an der FOM Hochschule für Oekonomie & Management. Seitdem engagiert er sich hier als nebenberuflicher Dozent sowie im ifid Institut für IT-Management & Digitalisierung.

Manuel Di Stefano (M.Sc.) ist seit 2008 in der Vaillant Group beschäftigt. Seine Tätigkeit umfasst unter anderem die Konzeption, Planung sowie Umsetzung internationaler Projekte zur sukzessiven Weiterentwicklung der IT-Landschaft für den Qualitätsbereich. Des Weiteren betreut Manuel Di Stefano die Lenkung und Steuerung von Dokumenten sowie automatischer Archivierung unter Berücksichtigung gesetzlicher Anforderungen. Aktuell ist er in der Funktion als Referent Quality Performance Management tätig und arbeitet in Themenfeldern wie beispielsweise Business Intelligence sowie Management Reporting. Seine akademische Ausbildung absolvierte Manuel Di Stefano berufsbegleitend an der FOM Hochschule für Oekonomie & Management. Während 2016 der Schwerpunkt der Thesis im Bachelor of Science im Studiengang Wirtschaftsinformatik auf der Entwicklung einer IT-Strategie im Qualitätsbereich lag, wurden 2019 im Rahmen der Abschlussarbeit zum Master of Science in der Fachrichtung IT-Management sowohl die Spezifikation für die Entwicklung einer Machine-Learning-Plattform erstellt als auch Analysen im Bereich der künstlichen Intelligenz durchgeführt. Darüber hinaus engagiert er sich beim ifid Institut für IT-Management & Digitalisierung.

Florian Bosten (M.Sc.) arbeitet seit 2013 als Anwendungsentwickler bei der CSB-System AG. Dort beschäftigte er sich zunächst intensiv mit der Planung und Realisierung komplexer Aufgabenstellungen im Bereich Lager und Beschaffung. Seit Dezember 2015 ist er als bereichsverantwortlicher Gruppenleiter für die Programmierung des Bereiches Rechnungswesen zuständig. Aktueller Schwerpunkt seiner Arbeit und Forschung sind Anwendungsmöglichkeiten der künstlichen Intelligenz unter anderem im Rahmen von Industrie 4.0. Während seines berufsbegleitenden Studiums zum Bachelor of Science an der FOM Hochschule für Oekonomie & Management in Düsseldorf sammelte Florian Bosten erste Erfahrungen im Bereich der Wirtschaftsinformatik und konnte diese parallel dazu in seiner Ausbildung zum Fachinformatiker praktisch ergänzen. Das anschließende Masterstudium im Bereich IT-Management weckte sein Interesse am Thema „Big Data". Im Jahr 2016 untersuchte er im Rahmen seiner Master-Thesis die Nützlichkeitswertung von Amazon-Produktbewertungen im Jahr 2016 mittels Text Mining.

Prof. Dr. Rüdiger Buchkremer ist Professor für Wirtschaftsinformatik und Direktor des 2017 gegründeten ifid Institut für IT-Management und Digitalisierung an der FOM Hochschule. Seine Hauptforschungsthemen sind aktuell „Natural Language Processing" und Systemmedizin. Er ist Gutachter für mehrere internationale Journale und Mitherausgeber der Fachzeitschrift „AI". Vor der Tätigkeit an der Hochschule war er „CIO" eines Healthcare-DAX-Unternehmens. Er studierte Chemie, Mathematik und Physik an der Ruhr-Universität in Bochum und promovierte zum „Doctor of Philosophy" in Organischer Chemie an der Binghamton University in New York, USA. 2019 erhielt er den Forschungspreis der BCW-Gruppe.

Analyse der Nützlichkeit von Amazon-Produktbewertungen mittels Text Mining

30

Florian Bosten, Manuel Di Stefano, Maren Hartmann, Sebastian Sauer und Rüdiger Buchkremer

Inhaltsverzeichnis

F. Bosten · M. Di Stefano · M. Hartmann · R. Buchkremer (✉)
FOM Hochschule, Düsseldorf, Deutschland
E-Mail: ruediger.buchkremer@fom.de

F. Bosten
E-Mail: florian.bosten1@fom-net.de

M. Di Stefano
E-Mail: manuel.di_stefano@fom-net.de

M. Hartmann
E-Mail: maren.hartmann@fom-net.de

S. Sauer
FOM Hochschule, Nürnberg, Deutschland
E-Mail: sebastian.sauer@fom.de

R. Buchkremer et al. (Hrsg.), *Künstliche Intelligenz in Wirtschaft & Gesellschaft*, FOM-Edition, https://doi.org/10.1007/978-3-658-29550-9_30

Zusammenfassung

Produktrezensionen haben inzwischen einen höheren Stellenwert bekommen als andere Marketingwerkzeuge wie Fragen- und Antwortseiten oder Herstellerforen. In diesem Beitrag wird gezeigt, wie stilistische und semantische Texteigenschaften die vom Leser empfundene Nützlichkeit und sein Abstimmungsverhalten im Hinblick auf dieses Empfinden beeinflussen. Zusätzlich dazu werden in einem separaten Schritt Meta-Informationen, in Form der von Amazon verliehenen Badges, untersucht. Dafür sind nahezu zwei Millionen Amazon-Kundenbewertungen erhoben worden. Dabei kann gezeigt werden, dass sowohl stilistische als auch semantische Eigenschaften und Meta-Informationen zum einen die empfundene Nützlichkeit als auch das Abstimmungsverhalten beeinflussen. Die Untersuchung von unterschiedlichen Produktkategorien zeigt, dass die Beobachtungen grundsätzlicher Natur und nicht auf eine einzelne Sparte oder ein einzelnes Produkt begrenzt sind. Die Ergebnisse zeigen auf, welche Kriterien ein Autor einer Bewertung berücksichtigen muss, um mit seiner Rezension an Reichweite zu gelangen.

30.1 Einleitung

Onlineproduktbewertungen haben einen hohen Einfluss auf das Treffen einer Kaufentscheidung. Laut einer Befragung US-amerikanischer Verbraucher[1] lesen 92 % der Konsumenten Rezensionen im Internet, bevor sie einen Kauf in einem Onlineshop tätigen (Nyblom 2010, S. 1). Eine weitere Umfrage zeigt, dass die durch das Lesen von Erfahrungsberichten anderer Käufer gewonnenen Informationen den höchsten Einfluss auf eine Kaufentscheidung haben (Freedman 2011, S. 9). Somit haben Produktrezensionen einen höheren Stellenwert bekommen als Marketingwerkzeuge wie Fragen- und Antwortseiten oder Herstellerforen.

Die Beliebtheit der Produktbewertungen führt dazu, dass für nahezu jedes Produkt im Internet eine unüberschaubare Anzahl dieser Erfahrungsberichte zu finden ist (Bazaarvoice 2015, S. 9). Das bringt zum einen den Vorteil mit sich, dass viele

[1]Zur einfacheren Lesbarkeit wird das generische Maskulinum in diesem Beitrag verwendet. An jeder Stelle sind alle Geschlechter in gleichem Maße angesprochen.

Informationen verfügbar sind, zum anderen muss der Interessent aus dieser Flut relevante Stellen herausfiltern und auswerten. Für den durchschnittlichen Leser ist das nicht möglich, da dieser weder die Zeit aufwenden kann, alle Bewertungen zu lesen, noch ohne weitere Hilfe die Fähigkeit besitzt, Rezensionen mit relevanten Informationen aus der Masse zu selektieren (Jones et al. 2004, S. 197). Um dieses Problem anzugehen, bieten viele Webseiten die Bewertung der Nützlichkeit jeder einzelnen Rezension durch andere Nutzer an. Als besonders hilfreich wahrgenommene Produktbewertungen können anhand dieser Wertung hervorgehoben werden. So wird für den zukünftigen Interessenten eine Vorauswahl getroffen, damit dieser nur noch die wenigen ausgewählten Bewertungen betrachten muss, um eine Kaufentscheidung zu treffen (Mudambi und Schuff 2010, S. 186). Ein Indiz für die Wirksamkeit dieser Funktion kann anhand des Umsatzes von Amazon.com gezeigt werden. Im Jahr 2008 konnte der Umsatz in den Produktkategorien, in denen die Möglichkeit der Nützlichkeitswertung angeboten worden ist, um 20 % gesteigert werden (Spool 2009, S. 3).

30.2 Text Mining von Produktbewertungen

30.2.1 Optische Präsenz und Textlänge

Eine Nachricht muss zunächst die Aufmerksamkeit des Lesers erregen, damit dieser sich mit der Nachricht auseinandersetzt. Das kann bei Produktbewertungen auf einem Portal wie Amazon.com im Wesentlichen über den Umfang des Textes erfolgen, da eine weitere Hervorhebung durch Farbe oder Ähnlichem nicht möglich ist. Je attraktiver ein Text scheint, desto größere Aufmerksamkeit zieht dieser auf sich und desto mehr Menschen setzen sich mit ihm auseinander (MacInnis et al. 1991, S. 36; Tversky und Kahneman 1974, S. 28). Im Rahmen der Forschung von Produktbewertungen ist der Textumfang deshalb auch relativ häufig untersucht worden. Oft bleibt die Perspektive jedoch auf die Nützlichkeitswertung beschränkt. Kuan et al. (2015, S. 59) nehmen zusätzlich die Wahrscheinlichkeit, die Rezension zu bewerten, in die Untersuchung auf und beobachtet einen positiven Einfluss der Textlänge auf das Abstimmungsverhalten.

Das lässt sich dadurch begründen, dass Interessenten eines Produktes Rezensionen vor allem lesen, um Informationen über das Produkt zu erhalten und so eine Kaufentscheidung zu treffen. Bei der Entscheidungsfindung konkurrieren somit Aufwand und Präzision miteinander. Ein umfangreicher Text verspricht mehr Informationen an einem Ort und so eine präzise Entscheidungshilfe zu relativ geringem Aufwand (Johnson und Payne 1985, S. 406).

Vergleicht der Leser nun mehrere Rezensionen, honoriert er die Bewertung, welche dieser Theorien zufolge die meisten Informationen und einen überzeugenden Umfang bietet mit einer positiven Nützlichkeitswertung.

Um diese Thesen zu überprüfen, wird im Folgenden mit dem Attribut *„WordCount“* die Anzahl der Worte in einem Bewertungstext herangezogen.

30.2.2 Stilistische Merkmale

30.2.2.1 Komplexität und Verständlichkeit

Die Komplexität und Verständlichkeit eines Textes ist wichtig, da der Leser diesen interpretieren können muss, um Informationen und damit einen Mehrwert aus einem gelesenen Text zu gewinnen. Übersteigt der Anspruch des Textes das durchschnittliche Bildungsniveau der Leserschaft, ist das Lesen zu aufwendig und der Text bietet zu wenig Mehrwert (Vessey 1991, S. 234).

Dem Wunsch nach einfacher Rezeption des Textes steht das Interesse des Lesers gegenüber, durch die Rezension einen Erkenntnisgewinn zu erzielen. Dazu muss dieser einen Text lesen, welcher von jemandem geschrieben worden ist, der über mehr Wissen bezüglich des Produkts besitzt als der Leser selbst. Werden Rezensionen von *„Experten"* geschrieben, so steigt tendenziell die inhaltliche Qualität (Connors et al. 2011, S. 5). Jedoch verwenden Experten nicht selten Begriffe und Formulierungen, die nicht trivial und damit schwieriger verständlich sind (Scholz und Dorner 2013, S. 148).

Kuan et al. (2015, S. 60) untersuchen unter anderem die Lesbarkeit und finden, dass Leser eher für anspruchsvollere Texte stimmen. Die Verwendung von komplexen Fachwörtern und das Renommee des Autors sind dem Leser demnach wichtiger als eine leichte Verständlichkeit (aber vgl. Hamilton und Nowak 2005, S. 536 für eine gegensätzliche Position).

Bezüglich der Nützlichkeitswertung kann laut Vessey (1991, S. 234) argumentiert werden, dass leicht verständliche Texte eher als nützlich erachtet werden, da das Textverständnis die Grundlage dafür schafft, eine Bewertung als hilfreich zu empfinden. Sherman (1893, S. 327) stellte bereits bei der Analyse von Gedichten fest, dass Texte, die sich an der täglichen Sprache orientieren, am ehesten Anklang finden. Durch die Verwendung komplexer Wörter und Formulierungen wird der Aufwand, den ein Leser betreiben muss, um den Text zu verstehen, erhöht. Bietet ein einfacherer Text vergleichbare Informationen, bevorzugt ein Leser diesen. Das kann wiederum laut Johnson und Payne (1985, S. 406) damit begründet werden, dass hier das Verhältnis zwischen Nutzen und Aufwand günstiger ist. Darüber hinaus muss berücksichtigt werden, welches Vokabular der täglichen Sprache entspricht. Scholz und Dorner (2013, S. 148) zufolge ist das Fachvokabular einer Domäne im Sinne der Wortstruktur oft für einen Außenstehenden schwieriger zu verstehen. Ein Fachtext ist entsprechend als schwer verständlich einzustufen, da die verwendeten Wörter oft lang und mehrsilbig sind. Das Fachvokabular ist weiterhin nicht jedem bekannt, wie es bei einer leichten Verständlichkeit gefordert wird (DuBay 2004, S. 3). Allerdings müssen Produktrezensionen nicht leicht verständlich sein, da nicht jeder die Bewertung verstehen muss, sondern nur Interessenten des Produkts, die meist einen gewissen Kenntnisstand der Domäne besitzen und denen die Fachbegriffe somit bekannt sind. Verwendet ein Autor nun diese Begriffe nicht, hinterlässt er beim Leser den Eindruck, domänenfremd zu sein, sodass von ihm kein Erkenntnisgewinn zu erwarten ist (Connors et al. 2011, S. 5). In Bezug auf die Analyse der Nützlichkeitswertung von Produktrezensionen konnte in ähnlichen Forschungsarbeiten gezeigt werden, dass anspruchsvolle Texte eher nützlich bewertet werden als einfach formulierte Texte (Chua und Banerjee 2014, S. 481; Korfiatis et al. 2008, S. 431; Korfiatis 2011, S. 215; Kuan et al. 2015, S. 60; O'Mahony und Smyth 2010, S. 168; Scholz und Dorner 2013, S. 148). Diese Beobachtungen sind kongruent zum Effekt der Lesbarkeit auf das Abstimmungsverhalten und stehen nicht im Widerspruch zu den vorgestellten Theorien von Vessey (1991, S. 234) und Johnson und Payne (1985, S. 406), da anspruchsvolle Fachbegriffe zum Alltagswortschatz der Leserschaft gehören (Sherman 1893, S. 327).

Zur maschinellen Untersuchung der zuvor beschriebenen Befunde, können Kennzahlen berechnet werden (Gunning 1952, S. 38). Dazu werden hierfür der *„Automated Readability Index"* (Smith und Kincaid 1970, S. 459), der *„Coleman-Liau Index"* (Coleman und Liau 1975, S. 284), der *„Gunning fog index"* (Gunning 1952, S. 213) und der *„Flesch–Kincaid grade level"* (Flesch 1949, S. 149) ermittelt. Um Schwächen eines dieser Algorithmen auszugleichen, wird der Mittelwert der Ergebnisse gebildet und als Eigenschaft *„Readability"* zur Untersuchung herangezogen (Ghose und Ipeirotis 2011, S. 1502).

30.2.2.2 Einfluss der Rechtschreibung

Eine Produktbewertung stellt im Wesentlichen eine Kommunikation zwischen Autor und Leser dar (Schindler und Bickart 2012, S. 236). Für diesen zwischenmenschlichen Informationsaustausch existieren Regeln, die von Grice (1975, S. 47) in Grundsätzen festgehalten worden sind. Eine dieser Grundsätze verlangt, dass eine Nachricht dem Empfänger so übermittelt werden muss, dass dieser sie auch verstehen kann. Wird diese Regel verletzt, verschlechtert das die Beziehung der beiden Kommunikationspartner.

Eine Häufung von Fehlern in einem Text ist ein Zeichen für fehlende Qualität und damit für die Unfähigkeit des Autors, sich verständlich auszudrücken. Jessmer und Anderson (2001, S. 338) haben mit einer Untersuchung von E-Mails gezeigt, dass die Regeln von Grice (1975, S. 47) auch auf elektronische Nachrichten in der heutigen Zeit übertragbar sind. Hier beeinflussen Rechtschreib- und Grammatikfehler die Glaubwürdigkeit eines Absenders negativ.

Da der jeweilige Leser in einem Text von einem unglaubwürdigen Autor keinen Informationsgewinn erwartet, wird dieser übersprungen und erfährt somit keine Wertung oder gegebenenfalls eine negative Nützlichkeitswertung (Korfiatis 2011, S. 216; Schindler und Bickart 2012, S. 239; Scholz und Dorner 2013, S. 148).

Die Ermittlung der Rechtschreibfehler wird an dieser Stelle mittels der Prüfsoftware *„Hunspell"* in Version 1.3.3 durchgeführt (Németh 2014, S. 1). Die Anzahl Rechtschreibfehler muss zur Bildung des Faktors *„SpellMistakeRatio"* in Bezug zur Wortanzahl gesetzt werden, um so den prozentualen Anteil der fehlerhaft geschriebenen Wörter am Text zu erhalten (Ghose und Ipeirotis 2011, S. 1500).

30.2.3 Semantische Analyse

30.2.3.1 Effekte des Abstraktionsgrades

Neben den zuvor erläuterten Eigenschaften einer Produktrezension, die vor allem das Erregen der Aufmerksamkeit des Lesers und die Auseinandersetzung mit dem Text berücksichtigen, kann mit dem Abstraktionsgrad eines Textes ein Kriterium untersucht werden, welches später im Ablauf der menschlichen Informationsverarbeitung steht. Abstrakte und konkrete Informationen beeinflussen die Meinungs- und Verhaltensänderung in unterschiedlicher Intensität. Begründet durch die intensivere Auseinandersetzung mit den geäußerten Informationen haben konkrete Angaben größeren Einfluss auf den Rezipienten (Borgida und Nisbett 1977, S. 266). Diese intensive Auseinandersetzung und die damit einhergehende Reflexion des eigenen Handelns führen dazu, dass entsprechende Rezensionen nicht in der Masse untergehen. Entsprechend werden diese Produktbewertungen eher bewertet und als nützlich angesehen (Li et al. 2013, S. 105).

Um Informationen über den Abstraktionsgrad einer Bewertung zu erhalten, wird das *„Linguistic Category Model"* analog zur Arbeit von Krishnamoorthy (Krishnamoorthy 2015, S. 3754) angewendet. Diese Vorgehensweise produziert ein Attribut *„AbsScore"*, welches den Abstraktionsgrad auf einer Skala von 1 (sehr konkret) bis 4 (sehr abstrakt) abbildet.

30.2.3.2 Sentiment der Bewertung

Beim Treffen von Kaufentscheidungen erfahren emotionsgeladene Botschaften besondere Beachtung, da damit Informationen unmittelbar und zweckdienlich übermittelt werden können (Bechara und Damasio 2005, S. 368). Wird die Rezension beachtet, ist die Chance größer, dass der Leser ein Urteil darüber fällt, sei es positiv oder negativ (Kuan et al. 2015, S. 59).

Der Effekt der Emotionalität bleibt nicht auf das Abstimmungsverhalten beschränkt, sondern setzt sich auch bei der Auseinandersetzung mit dem Inhalt der Nachricht fort. Hier trägt die Polarität des Textes im Wesentlichen zu den Empfindungen des Lesers gegenüber dem Produkt bei (Schindler und Bickart 2012, S. 240). Das beeinflusst wiederum die Kaufentscheidung. Eine emotional negative konnotierte Rezension wird Interessenten davon abhalten, das Produkt zu kaufen und umgekehrt. Das Gegenteil ist bei einer positiv formulierten Produktbewertung der Fall. Unabhängig von der tatsächlichen Ausprägung der Polarität ist der Einfluss auf die Kaufentscheidung durch den Einsatz von emotional formulierten Aussagen grundsätzlich vorhanden (Xia und Bechwati 2008, S. 9). Ein weiterer Faktor, der diesen Effekt noch verstärkt, ist dadurch gegeben, dass (emotional) wertende Aussagen als vertrauenswürdiger angesehen werden als neutrale (Peters und Kashima 2007, S. 794).

Um das Sentiment eines jeden Bewertungstextes zu erfassen, wird zunächst mittels eines eigens programmierten Python-Skriptes zu jedem Wort der Wortstamm gebildet und diese werden dann mit den Wortstämmen der *„General Inquirer"* Kategorien *„Positiv"* und *„Negativ"* abgeglichen (Stone et al. 1962, S. 485). Die Anzahl der emotionsgeladenen Wörter wird dann im Bezug zur Wortanzahl gesetzt und als Attribut *„SentimentRatio"* zur Untersuchung herangezogen.

Neben der eigentlichen Verwendung von Emotionen im Text kann unterschieden werden, welchen Einfluss jeweils positive und negative Emotionen haben. Weit verbreitet ist dabei der Ansatz, dass kritische Nachrichten als nützlicher erachtet werden. Das resultiert aus dem Umstand, dass Menschen eher über Gutes sprechen und schreiben. Wird dann Negatives geäußert, ist das etwas Besonderes und hat großen Einfluss, weil es aus der Masse der positiven Botschaften heraussticht (Rozin und Royzman 2001, S. 306). Überwiegen positive oder negative Emotionen in einer Nachricht, wird auch von einer positiven oder negativen Polarität gesprochen (Siering und Muntermann 2013, S. 113).

Die Polarität *„Polarity"* einer Nachricht wird deshalb hierfür durch folgende Formel erfasst:

$$\text{Polarity} = \frac{\text{Positiv} - \text{Negativ}}{\text{Positiv} + \text{Negativ}}$$

Die Werte dieses Attributs bewegen sich zwischen −1 für eine sehr negativ und +1 für eine sehr positiv formulierte Rezension.

30.2.4 Meta-Informationen

30.2.4.1 Verifizierter Kauf

Amazon Produktbewertungen können verschiedene Badges (Meta-Informationen) erhalten. Um Manipulationen von Bewertungen vorzubeugen, können Nutzer nur bis zu fünf Rezensionen pro Woche erfassen bei denen nicht nachgewiesen worden ist, dass sie das Produkt auch tatsächlich erworben haben. Ist der Kaufnachweis erbracht worden, wird die Bewertung mit dem Zusatz *„verifizierter Kauf"* versehen (Amazon 2019a, S. 1). Dieses Badge soll zeigen, dass der Rezensent reale Erfahrungen mit dem Produkt sammeln konnte und wird folglich als besonders vertrauenswürdige Bewertung klassifiziert (Amazon 2019b, S. 1). Ob dies auch durch die Untersuchung des Abstimmungsverhaltens und der Nützlichkeitswertung bestätigt werden kann, wird mit dem Attribut *„VerifiedPurchase"* untersucht.

30.2.4.2 Amazon Vine™ Voice

Seit einigen Jahren können Kunden gezielt zum *„Amazon-Vine-Programm"* eingeladen werden. Die Berufung beruht laut Amazon auf der Vertrauenswürdigkeit der Rezensenten. Die Teilnehmer erhalten die Produkte kostenfrei, um im Anschluss eine ausführliche Bewertung zu schreiben. Das Badge *„Amazon Vine™ Voice"*, siehe Datenattribut *„VineVoiceBadge"*, zeigt die Teilnahme des Autors an diesem Programm an. Ziel ist die Generierung von mehr ehrlichen und unvoreingenommenen Rezensionen. Im Speziellen gilt das für neue und vorabveröffentlichte Produkte (Amazon 2019c, S. 1).

30.2.4.3 Top-Reviewer

Anhand einer Kombination aus der Menge und Qualität der Bewertungen erstellt Amazon eine Rangliste der Rezensenten. Hierbei werden auch die Beliebtheit eines Artikels und die als hilfreich vergebenen Stimmen berücksichtigt. Folglich erhält ein Rezensent, welcher überwiegend Trendprodukte bewertet mehr Stimmen als einer, der obskure Artikel bewertet. Das Ranking der TOP-REVIEWER wird neben dem Namen des Rezensenten angezeigt und ist ein temporäres Badge, welches von Amazon für den Rezipienten veröffentlicht wird (Dhanasobhon et al. 2007, S. 94). Ebenso verleiht Amazon ein dauerhaftes Badge *„HALL OF FAME"* für Rezensenten, welche über einen Zeitraum von mehreren Jahren stetig hilfreiche Rezensionen schreiben (Amazon 2019d, S. 1). Verfügt der Autor zum Zeitpunkt der Datenerhebung über eines der beschriebenen Auszeichnungen, wird dies durch eines der Attribute *„TOP10", „TOP50", „TOP500", „TOP1000" oder „HallOfFame"* angezeigt.

30.3 Empirische Untersuchung

30.3.1 Beschaffung der Daten

Die meisten Artikel auf *Amazon.com* sind durch eine Amazon Standard-Identifikationsnummer (ASIN) eindeutig identifiziert. Mithilfe dieser Nummer kann nach Produktinformationen, wie auch Bewertungstexten gesucht werden (Amazon 2019a, S. 1). Jede ASIN ist mindestens einer Produktsparte zugeordnet, welche wiederum weiteren Produktkategorien zugeordnet werden kann.

Basierend auf der Definition von Nelson (1970, S. 312) sind aus der Gruppe der Suchgüter die Oberkategorien *„Digitalkamera"*, *„Drucker"* und *„Handy"* ausgewählt worden. Die Kategorien *„Filme nach Genre"*, *„Musik – CDs & Vinyl"* und *„Videospiele"* repräsentieren die Erfahrungsgüter (Ghose und Ipeirotis 2011, S. 1500; Krishnamoorthy 2015, S. 3755; Mudambi und Schuff 2010, S. 191; Siering und Muntermann 2013, S. 108).

Zur Beschaffung der Bewertungen sind zunächst die Kennungen der genannten Oberkategorien aus der Website *Amazon.com* ermittelt worden. Mithilfe derer sind dann Unterkategorien und Artikel in Form von ASINs mit einer C#-Implementation der *„Amazon Product Advertising API"* abgefragt worden. Grundlage der Programmierung ist das Projekt von Luxmore (2015, S. 1). Die Abfrage der Artikel erfolgt sortiert nach Platzierung in der Verkaufsliste. Anhand dieser Liste können dann Produktbewertungen anhand eines Skripts, welches die URL anhand der ASIN aufbaut und die Website abfragt, heruntergeladen werden. Dafür ist ein Perl-Skript verwendet worden, welches die Bewertungstexte auch gleich aufbereitet (Esuli 2015, S. 1).

So sind im Zeitraum vom 26.11.2015 bis zum 29.12.2015 1.987.116 Rezensionen zu 3.866 Produkten auf Amazon.com heruntergeladen worden. Diese Datenbasis ist um Dubletten und alle Rezensionen, die vor dem 01.11.2015 erstellt worden sind, bereinigt worden. So ist jeder Bewertungstext für einen ausreichenden Zeitraum für die

Verbraucher sichtbar gewesen und hat die Möglichkeit besessen, evaluiert zu werden (Kuan et al. 2015, S. 55). Somit verbleiben insgesamt 1.299.146 Texte zur weiteren Auswertung hinsichtlich des Abstimmungsverhaltens. Bei Betrachtung der Nützlichkeitswertung werden nur Bewertungen mit mindestens zehn Stimmen analysiert, weshalb sich die Datenbasis hier auf 49.467 Rezensionen reduziert.

30.3.2 Untersuchung der auf das Abstimmungsverhalten wirkenden Texteigenschaften

Zur Untersuchung des Abstimmungsverhaltens, bei der die binär kodierte abhängige Variable *„Voted"* untersucht wird, wird analog zu Weathers et al. (2015, S. 18) eine logistische Regression verwendet.

Dazu wird folgendes Modell aufgestellt:

$$\ln\left(\frac{p_1}{1-p_1}\right) = \beta_0 + \beta_1 * \mathit{WordCount} + \beta_2 * \mathrm{Re}\mathit{adability} + \beta_3 * \mathit{SpellMistakeRatio} + \beta_4 * \mathit{SentimentRatio} + \beta_5 * \mathit{Polarity} + \varepsilon$$

Des Weiteren werden die zwei Kontrollvariablen *„ElapsedDays" und „Extremity"* hinzugefügt, deren Effekt auf die Nützlichkeitswertung aus vorhergehenden Forschungsarbeiten bekannt ist. Erstere gibt an, wie viele Tage seit Publikation der Rezension vergangen sind. Je länger eine Produktbewertung im Internet verfügbar ist, desto höher ist die Chance, dass eine Bewertung erfolgt ist. Die zweite Variable erfasst die Differenz zwischen der Sternewertung der Rezension und dem Durchschnittswert aller Produktbewertungen dieses Produkts. Mudambi und Schuff (2010, S. 194) und Siering und Muntermann (2013, S. 13) zeigen, dass Produktbewertungen, deren Sternewertung sich extrem vom Durchschnitt abheben, eher als unnütz erachtet werden. Durch Berücksichtigung dieser Faktoren als Kontrollvariablen kann die Validität und Vergleichbarkeit der analysierten Daten gesteigert werden.

Als Gütekriterium des Modells wird McFadden's R2 verwendet (Krafft 1997, S. 629). Das Gesamtmodell besitzt final ein McFadden's R2 von 0,1818. Die Regressionsgewichte sind in Tab. 30.1 aufgeführt.

Zur Untersuchung des Einflusses der Produktkategorie auf das Abstimmungsverhalten ist die Variable *„ProductType"* in das Modell aufgenommen worden. Der Regressionskoeffizient der Variablen zeigt an, welche Unterschiede in der Neigung, eine Stimme abzugeben, zwischen den Produktkategorien besteht. Wie aus Tab. 30.1 zu erkennen ist, findet sich kein Beleg für einen Unterschied zwischen den Produktkategorien. Das kann aus dem Regressionskoeffizienten des Attributs *„ProductType"* erfasst werden, da dieser statistisch nicht signifikant ist. Tab. 30.1 zeigt weiterhin das Ergebnis der Analyse des moderierenden Effekts der Produktkategorie auf das Abstimmungsverhalten. Die erste Spalte von links mit der Bezeichnung *„Alle"* beinhaltet die Regressionskoeffizienten des

Tab. 30.1 Schätzung der Regressionsgewichte der optischen, stilistischen und semantischen Texteigenschaften zur Modellierung des Abstimmungsverhaltens

Attribut	Alle N=1.299.146	Suchgüter N=316.811	Erfahrungsgüter N=982.335
ProductType	0.0003	–	–
WordCount	0.4618[c]	0.4599[c]	0.4106[c]
Readability	−0.0065[c]	−0.0061[c]	−0.0115[c]
SpellMistakeRatio	−0.0538[b]	−0.0505[c]	−0.0440[c]
AbsScore	0.1873[c]	0.1484[c]	0.0782[c]
SentimentRatio	−0.0950[c]	−0.0899[c]	−0.0530[c]
Polarity	0.1094[c]	0.0386[b]	−0.0384[c]
ProductType*WordCount	−0.0560[c]	–	–
ProductType*Readability	−0.0043[a]	–	–
ProductType*SpellMistakeRatio	0.0102[b]	–	–
ProductType*AbsScore	−0.1138[c]	–	–
ProductType*SentimentRatio	−0.1735[a]	–	–
ProductType*Polarity	0.0447[c]	–	–
ElapsedDays	0.5864[c]	0.6514[c]	0.5810[c]
Extremity	−0.4409[c]	−0.3386[c]	−0.4942[c]
McFadden's R^2	0.1845	0.1377	0.2004

Kodierung des Signifikanzniveaus: [a] = 0.05, [b] = 0.01, [c] = 0.001

vollständigen Modells ohne Aufteilung der Daten nach Such- und Erfahrungsgütern. Entscheidend für die Analyse sind hier die Ergebnisse der mit *„ProductType"* moderierten Terme, da an diesen abzulesen ist, ob der Einfluss der Produktkategorie statistisch signifikant ist. Die beiden folgenden Spalten zeigen die Ergebnisse der logistischen Regression für Such- und Erfahrungsgüter. Die dargestellten Werte zeigen, dass alle Attribute einen signifikanten Einfluss auf das Abstimmungsverhalten besitzen. Im Fall von *„Polarity"* existiert ein derart großer Unterschied zwischen den Kategorien, dass das Vorzeichen des Regressionskoeffizienten wechselt.

Zur Untersuchung der auf das Abstimmungsverhalten wirkenden Amazon-Badges wird analog zur Analyse der Texteigenschaften eine logistische Regression verwendet. Dazu lässt sich folgende Modellgleichung aufstellen:

$$\ln\left(\frac{p_1}{1-p_1}\right) = \beta_0 + \beta_1 * \mathit{vineReviewFreeProduct} + \beta_2 * \mathit{vineVoiceBadge} + \beta_3 * \mathit{VerifiedPurchase} + \beta_4 * \mathit{HallOfFame} + \beta_5 * \mathit{TOP}10 + \beta_5 * \mathit{TOP}50 + \beta_5 * \mathit{TOP}500 + \beta_5 * \mathit{TOP}1000 + \varepsilon$$

Tab. 30.2 Schätzung der Regressionsgewichte der Meta-Informationen zur Modellierung des Abstimmungsverhaltens

Attribut	Alle N = 1.299.146	Suchgüter N = 316.811	Erfahrungsgüter N = 982.335
ProductType	−0.0494[c]	–	–
VerifiedPurchase	−1.0819[c]	−1.4389[c]	−1.0819[c]
VineVoiceBadge	0.7315[c]	1.3078[c]	0.7315[c]
TOP10	1.9966[c]	0.32	1.9966[c]
TOP50	1.0982[c]	0.1428	1.0982[c]
TOP500	1.0558[c]	0.7765[c]	1.0558[c]
TOP1000	0.8362[c]	0.965[c]	0.8362[c]
HallOfFame	−0.0584	1.2295[c]	−0.0584
ProductType*VerifiedPurchase	−0.357[c]	–	–
ProductType*VineVoiceBadge	0.5763[c]	–	–
ProductType*TOP10	−1.6767[c]	–	–
ProductType*TOP50	−0.9553[c]	–	–
ProductType*TOP500	−0.2792[c]	–	–
ProductType*TOP1000	0.1288	–	–
ProductType*HallOfFame	−0.0584	–	–
McFadden's R^2	0.063	0.077	0.028

Kodierung des Signifikanzniveaus: [a] = 0.05, [b] = 0.01, [c] = 0.001

Die weitere Vorgehensweise gestaltet sich wie zuvor. Tab. 30.2 zeigt die Ergebnisse der Untersuchung. Das Gesamtmodell zeigt eine geringe Modellgüte mit einem R2 von 0,063. Dennoch kann eine Aussage zum Forschungsansatz getroffen werden, da viele Variablen eine hohe Signifikanz mit einem p-Wert kleiner 0,0001 aufweisen.

30.3.3 Erforschung von Einflüssen auf die Nützlichkeitswertung

Um die Auswirkungen der unterschiedlichen Textmetriken auf die Nützlichkeitswertung zu untersuchen, wird in dieser Arbeit eine Tobit-Regressionsanalyse verwendet. Damit wird der trunkierte Wertebereich der modellierten Variable adäquat abgebildet (Pliskin und Kennedy 1987, S. 249–251).

Die nachfolgende Gleichung zeigt die angewendete Regression zur Untersuchung der abhängigen Variable „*HelpfulnessRatio*“. Diese definiert sich als Verhältnis von positiven Stimmen zur Gesamtanzahl der Abstimmungen:

Tab. 30.3 Schätzung der Regressionsgewichte der optischen, stilistischen und semantischen Texteigenschaften zur Modellierung der Nützlichkeitswertung

Attribut	Alle N=49.467	Suchgüter N=10.476	Erfahrungsgüter N=38.991
ProductType	-0.3552^{c}	–	–
WordCount	0.0580^{c}	0.0701^{c}	0.0706^{c}
Readability	0.0039^{c}	0.0028^{a}	0.0067^{c}
SpellMistakeRatio	-0.0042^{a}	−0.0037	−0.005
AbsScore	-0.0308^{c}	-0.0138^{a}	0.0140^{c}
SentimentRatio	−0.0167	−0.0037	0.0523^{c}
Polarity	−0.0081	0.0181	0.0128
ProductType*WordCount	0.0162^{c}	–	–
ProductType*Readability	0.0027^{a}	–	–
ProductType*SpellMistakeRatio	0.0037	–	–
ProductType*AbsScore	0.0465^{c}	–	–
ProductType*SentimentRatio	0.0742^{c}	–	–
ProductType*Polarity	0.0266^{b}	–	–
ElapsedDays	-0.001^{c}	-0.001^{c}	-0.001^{c}
Extremity	0.1040^{c}	0.0796^{c}	0.0111^{c}
Efron's R^2	0.4761	0.3288	0.4831

Kodierung des Signifikanzniveaus: $^{a}=0.05$, $^{b}=0.01$, $^{c}=0.001$

$$\begin{aligned} HelpfulnessRatio = {} & \beta_0 + \beta_1 * WordCount + \beta_2 * Readability + \beta_3 * SpellMistakeRatio \\ & + \beta_4 * SentimentRatio + \beta_5 * Polarity + \varepsilon \end{aligned}$$

Auch bei der Untersuchung der Nützlichkeitswertung werden die zuvor behandelten Kontrollvariablen *„ElapsedDays" und „Extremity"* aufgenommen. Sie gelten ebenso wie bei der logistischen Regression als Indikator für Verfahrensfehler und dienen der Vergleichbarkeit mit anderen Arbeiten.

Die weitere Vorgehensweise gestaltet sich analog der zuvor beschriebenen Herangehensweise bei der Anwendung der logistischen Regression. Die Ergebnisse der Teilschritte sind in Tab. 30.3 zu finden. Das Gesamtmodell besitzt ein Bestimmtheitsmaß gemessen anhand des Efron's R^2 von 0,4761.

Um die Einflüsse der Badges auf die Bewertung der Nützlichkeit zu untersuchen wird ebenfalls das Tobit-Modell verwendet. Die folgende Gleichung zeigt die angewendete Tobit-Regression zur Untersuchung der abhängigen Variablen *„HelpfulnessRatio":*

$$\begin{aligned} HelpfulnessRatio = {} & \beta_0 + \beta_1 * vineReviewFreeProduct + \beta_2 * vineVoiceBadge \\ & + \beta_3 * VerifiedPurchase + \beta_4 * HallOfFame + \beta_5 * Top10 + \beta_5 * Top50 \\ & + \beta_6 * Top500 + \beta_7 * Top1000 + \varepsilon \end{aligned}$$

Tab. 30.4 Schätzung der Regressionsgewichte der Meta-Informationen zur Modellierung der Nützlichkeitswertung

Attribut	Alle N=49.467	Suchgüter N=10.476	Erfahrungsgüter N=38.991
ProductType	−0.1549[c]	–	–
VerifiedPurchase	0.175[c]	0.0132[c]	0.0175[c]
VineVoiceBadge	0.132[c]	0.2478[c]	0.132[c]
TOP10	0.025	0.2082	0.0253
TOP50	0.164[c]	0.1835[b]	0.164[c]
TOP500	0.156[c]	0.2403[c]	0.156[c]
TOP1000	0.1959[c]	0.2314[c]	0.1959[c]
HallOfFame	0.1326	0.1004[c]	0.1324
ProductType*VerifiedPurchase	−0.0043	–	–
ProductType*VineVoiceBadge	0.1157[c]	–	–
ProductType*TOP10	0.183	–	–
ProductType*TOP50	0.0195	–	–
ProductType*TOP500	0.0842[b]	–	–
ProductType*TOP1000	0.0355	–	–
ProductType*HallOfFame	−0.0323	–	–
Efron's R^2	0.08	0.045	0.02

Kodierung des Signifikanzniveaus: [a]=0.05, [b]=0.01, [c]=0.001

Die verwendeten unabhängigen Variablen sind die definierten Badges, deren Regressionskoeffizienten als Basis zur späteren Thesenvalidierung herangezogen werden. Die in Tab. 30.4 dargestellten Ergebnisse zeigen ein vergleichsweise geringes Bestimmtheitsmaß bei dennoch hohen Signifikanzen der einzelnen unabhängigen Variablen.

30.4 Diskussion der Resultate

30.4.1 Einordnung und Auswirkung der Erkenntnisse in die gegenwärtige Forschung

30.4.1.1 Effekte des Textumfangs

Die vorliegenden Daten lassen darauf schließen, dass umfangreichere Rezensionen erstens eher bewertet werden und zweitens vermehrt als nützlich erachtet werden. Bezüglich der Nützlichkeitswertung ist dieser Zusammenhang häufig untersucht und auch beobachtet worden. Das Ergebnis der untersuchten Daten ist konsistent mit dem gegenwärtigen Stand der Forschung (Baek et al. 2012, S. 112; Chua und Banerjee 2014, S. 481; Kuan et al. 2015, S. 59; Mudambi und Schuff 2010, S. 194; O'Mahony und

Smyth 2010, S. 167, 2009, S. 308; Otterbacher 2009, S. 962; Schindler und Bickart 2012, S. 238).

Kuan et al. (2015, S. 59) beobachten hier im Hinblick auf das Abstimmungsverhalten im Gegensatz zum Ergebnis der vorliegenden Arbeit, dass ein geringerer Umfang positiv wirkt. Dabei werden allerdings nur Erfahrungsgüter untersucht. Das kann erklären, warum auch in dieser Arbeit ein schwächerer Zusammenhang bei den Erfahrungsgütern als bei Suchgütern beobachtet worden ist. Kuan et al. (2015, S. 59) bildet allerdings nicht den Logarithmus der Wortanzahl, wodurch die von Schindler und Bickart (2012, S. 238) und Baek et al. (2012, S. 112) beobachtete Erkenntnis, der mit steigendem Umfang nachlassenden Wirkung, keine Berücksichtigung findet.

Bei der Betrachtung des moderierenden Einflusses der Produktkategorie zeigt sich, dass der positive Einfluss des Umfangs auf die Wahrscheinlichkeit einer Produktrezension bewertet zu werden für Suchgüter stärker ausgeprägt ist als für Erfahrungsgüter. Diese Beobachtung entspricht den Erkenntnissen aus anderen Forschungsarbeiten, die sich allerdings auf die Nützlichkeitswertung fokussierten (Chua und Banerjee 2014, S. 481; Mudambi und Schuff 2010, S. 197).

Unter Berücksichtigung dieser Ergebnisse steht die Beobachtung des moderierenden Effekts der Produktkategorie auf den Textumfang im Hinblick auf die Nützlichkeitswertung nicht gänzlich im Einklang zu den zuvor genannten Arbeiten, da hier der positive Einfluss des Umfangs auf Erfahrungsgüter stärker als bei Suchgütern ausfällt. Dieses Resultat kann durch Gegebenheiten der selektierten Daten begründet werden. Während Mudambi und Schuff (2010, S. 197) und Chua und Banerjee (2014, S. 481) eine Datenbasis von weniger als 2000 Bewertungen nutzen, sind hier 49.467 Texte ausgewertet worden. Darüber hinaus sind in unserer Untersuchung Produktbewertungen, die mehr als zehn Stimmen erhalten haben, herangezogen worden. Chua und Banerjee (2014, S. 480) verwenden stattdessen nur Bewertungen von Gütern, die insgesamt mehr als 30 und weniger als 100 Rezensionen besitzen. Die Untergrenze dient hier dazu, unattraktive Produkte auszuschließen, während die Obergrenze dazu dient, Mitläufereffekte auszuschließen. Aufgrund der unterschiedlichen Datenbasis ist die Vergleichbarkeit der Ergebnisse eingeschränkt und bedarf weiterer Untersuchung.

30.4.1.2 Wirkung der Komplexität und Verständlichkeit

Die Analyse der Wirkung von Komplexität und Verständlichkeit, gemessen an der Lesbarkeit eines Textes, zeigt, dass anspruchsvollere Rezensionen nicht nur eher eine Stimme erhalten, sondern auch als nützlicher empfunden werden.

Der Produkttyp beeinflusst diesen Effekt. Während Chua und Banerjee (2014, S. 480) bei der Analyse der Nützlichkeitswertung feststellen, dass der Einfluss der Lesbarkeit nur für Suchgüter signifikant ist, liegt bei den in dieser Arbeit verwendeten Daten auch für Erfahrungsgüter ein signifikanter Einfluss vor.

Hervorzuheben ist hier die gegensätzliche Beobachtung bei der Analyse des Abstimmungsverhaltens, bei dem vor allem einfachere Texte bewertet werden. Somit liegt die Vermutung nahe, dass simple Formulierungen zwar zur Auseinandersetzung des Lesers mit dem Text führen, jedoch eher weniger Nutzen für diesen bieten. Diese Vermutung kann nun zu der Annahme verleiten, dass unnötig kompliziert formulierte Texte besonders hilfreich sind. Stattdessen muss an dieser Stelle bedacht werden, dass die Methodik zur Feststellung der Verständlichkeit nicht zwischen Fachvokabular und tatsächlich unverständlichen Formulierungen unterscheidet (Scholz und Dorner 2013, S. 148). Dieser Aspekt sollte in der weiteren Forschung mit neuen Methoden erforscht werden.

Vielversprechendere Ansätze dazu sind menschenunterstützte Verfahren, bei denen ein Modell, beispielsweise basierend auf Entscheidungsbäumen, trainiert wird und dann auf die zu untersuchende Datenmenge angewendet wird (Kate et al. 2010, S. 549).

30.4.1.3 Relevanz der Rechtschreibung

Die negativen Auswirkungen einer erhöhten Rechtschreibfehlerquote konnten in der vorliegenden Auswertung sowohl beim Abstimmungsverhalten als auch bei der Nützlichkeitswertung nachgewiesen werden. Der Annahme folgend, dass bei der Auseinandersetzung des Lesers mit der Bewertung Qualitätsaspekte im Vordergrund stehen, kann durch diese Beobachtung die Theorie von Jessmer und Anderson (2001, S. 338) bestätigt werden.

Wird die Produktkategorie bei der Untersuchung des Abstimmungsverhaltens als Moderator hinzugezogen, zeigt sich, dass Leser von Produktrezensionen über Suchgüter stärker von mangelhafter Rechtschreibung beeinflusst werden. Bei Erfahrungsgütern ist dieser Effekt schwächer, jedoch immer noch negativ. Bei der Untersuchung der Nützlichkeitswertung stellt sich heraus, dass die Wirkung der Rechtschreibfehlerquote nicht signifikant durch den Produkttyp beeinflusst wird. Die beobachteten Resultate entsprechen den Ergebnissen vorheriger Arbeiten (Schindler und Bickart 2012, S. 239; Scholz und Dorner 2013, S. 148). Dabei ist hervorzuheben, dass Schindler und Bickart (2012, S. 237) dazu keine Massendatenanalyse oder Text-Mining-Methoden verwenden.

30.4.1.4 Auswirkungen des Abstraktionsgrades

Bei der Untersuchung des Abstraktionsgrades zeigt sich ohne Berücksichtigung der Produktkategorie, dass ein hoher Abstraktionsgrad die Wahrscheinlichkeit erhöht, für eine Produktbewertung Stimmen zu erhalten. Im Gegensatz dazu ist bei der Betrachtung der Nützlichkeitswertung kein signifikanter Einfluss zu verzeichnen. In der Publikation von Li et al. (2013, S. 111) wird jedoch beschrieben, dass Versuchsteilnehmer konkrete Produktbewertungen eher schätzen als abstrakte. In diesem Experiment ist jedoch die Produktkategorie unberücksichtigt geblieben, im Gegensatz zur vorliegenden Untersuchung. Bei den evaluierten Produkten handelt es sich um fingierte Smartphones und Notebooks, beides Güter, die als Suchgüter eingestuft werden können, da sie vor dem Kauf anhand von Fakten verglichen werden können (Nelson 1970, S. 312).

Erst die Untersuchung des Effekts der Produktkategorie gibt hier weiteren Aufschluss und unterstützt die Ergebnisse von Li et al. (2013, S. 117). Durch Auftrennung der Daten in Such- und Erfahrungsgüter zeigt sich, dass der Abstraktionsgrad einer Bewertung positiv auf das Abstimmungsverhalten und die Nützlichkeitswertung wirkt. Die Produktkategorie hat hier einen signifikanten Effekt. Hervorzuheben ist dabei, dass der Effekt bei der Neigung zur Stimmabgabe bei Suchgütern größer ist als bei Erfahrungsgütern. Wird die Nützlichkeitswertung betrachtet, ist das Gegenteil der Fall. Ein höherer Abstraktionsgrad steigert aber in jedem Fall die Wahrscheinlichkeit, für eine Rezension eine Stimme zu erhalten und auch als nützlich bewertet zu werden.

30.4.1.5 Rolle der formulierten Emotionen

Leser bewerten eher Rezensionen, deren Anteil negativer Wörter überwiegt. Das kann als Bestätigung für den Ansatz gewertet werden, dass Negatives als interessanter gewertet wird, weil es aus der Masse heraussticht (Rozin und Royzman 2001, S. 306). Kuan et al. (2015, S. 60) kommen bei der Untersuchung des Abstimmungsverhaltens zu einem ähnlichen Ergebnis.

Im Gegensatz dazu kann bei der Analyse der Nützlichkeitswertung festgestellt werden, dass ein positives Sentiment eher als hilfreich angesehen wird. Hier kann die Tendenz zu negativen Informationen nicht bestätigt werden (Chua und Banerjee 2016, S. 550; Han et al. 2016, S. 16; Lim und Van Der Heide 2015, S. 75; Schindler und Bickart 2012, S. 238).

Nur wenige Arbeiten differenzieren darüber hinaus noch über die Produktkategorie, obwohl die Analyse zeigt, dass bei der Betrachtung des Abstimmungsverhaltens der Einfluss eines *„Sentiments"* nur für Erfahrungsgüter gilt. Diese Beobachtung kann als Bestätigung der Ergebnisse von Kuan et al. (2015, S. 55) betrachtet werden, da dessen Auswertung sich ausschließlich auf Erfahrungsgüter bezieht.

Für die Nützlichkeitswertung ist der moderierende Einfluss der Produktkategorie ebenfalls signifikant. Rezensionen mit positiver Polarität werden grundsätzlich hilfreicher bewertet. Insbesondere zeigt sich dieser Effekt bei Erfahrungsgütern. Hier besteht eine Abweichung zu Siering und Muntermann (2013, S. 113), welche als Fazit angeben, dass bei Erfahrungsgütern negative Emotionen die Nützlichkeit fördern.

Das Ergebnis dieser Arbeit lässt sich wie folgt erklären: Zum einen neigen Autoren von Bewertungen dazu, positive Passagen bevorzugt zu erfassen (Hu et al. 2009, S. 146). Diese Beobachtung ist unabhängig vom Produkttyp und beruht gegebenenfalls darauf, dass Kunden eher zum Autor einer Produktrezension werden, wenn sie ein positives Kauferlebnis hatten (Chua und Banerjee 2016, S. 551). Aufgrund der Masse der verfügbaren positiven Rezensionen ist demnach die Wahrscheinlichkeit höher, dass diese auch gelesen und als nützlich bewertet werden. Diese Erklärung entspricht allerdings nicht dem Resultat zum Abstimmungsverhalten, welches zeigt, dass Bewertungen mit überwiegend negativen Emotionen eher Stimmen erhalten. Hammond et al. (1998, S. 53) stellen fest, dass Interessenten eines Produkts vor dem Kauf nach Bestätigung suchen, um ihre Entscheidung zu rechtfertigen. Informationen, die vom Kauf abhalten, werden entsprechend als nicht zielführend und hilfreich angesehen. Negatives Sentiment erhält dementsprechend zwar mehr Stimmen, aber wird auch als weniger hilfreich angesehen. Die Unterschiede der Ergebnisse der verschiedenen Forschungsarbeiten zeigen einen erhöhten Untersuchungsbedarf der emotionalen Komponente einer Produktrezension. Dabei müssen sowohl Produkttyp und Autorenpräferenzen beim Verfassen einer Bewertung berücksichtigt werden.

30.4.1.6 Effekte des verifizierten Kaufs

Hinsichtlich des Abstimmungsverhaltens und der Nützlichkeitswertung ist ein signifikanter Einfluss des Merkmals zu erkennen. Zeichnet sich eine Bewertung mit einem verifizierten Kauf aus, so wird diese eher als nützlich angesehen, wogegen jedoch die Absicht grundsätzlich eine Stimme für die Bewertung abzugeben negativ beeinflusst wird. Da die Auswirkungen dieser Merkmale von Amazon-Bewertungen auf das Abstimmungsverhalten sowie die Nützlichkeitswertung bisher nicht direkt untersucht worden sind, lassen sich diese nicht mit dem bisherigen Stand der Forschung vergleichen. Schwerpunkte anderer Forschungsfragen sind jedoch die Anzahl an manipulierten Bewertungen in sozialen Netzwerken, welche die Rezipienten eher hinsichtlich der Nützlichkeit verunsichern (Mukherjee et al. 2012, S. 200; Ott et al. 2012, S. 210). Folglich lässt sich ableiten, dass Bewertungen, welche durch das Badge des verifizierten Kaufes als nicht manipuliert gekennzeichnet werden, eher als nützlich angenommen werden. Das Vertrauen ein relevanter Faktor für Rezipienten sein kann, ist bereits in einer anderen Forschungsarbeit erkannt worden (Kokkodis 2012, S. 546).

Betrachtet man den moderierenden Effekt der Produktkategorien, verfestigt sich das Bild hinsichtlich des Abstimmungsverhaltens. Auch hier ist ein hochsignifikanter moderierender Effekt zu beobachten, welcher einen negativen Einfluss auf das Abstimmungsverhalten zeigt. Dieser zeichnet sich stärker negativ bei Erfahrungsgütern aus als bei Suchgütern.

Abschließend kann festgehalten werden, dass Rezensionen mit dem Hinweis auf einen verifizierten Kauf weniger oft eine Stimme bekommen, diese jedoch eher als nützlich empfunden wird.

30.4.1.7 Wirkungen der Amazon Vine™ Voice

Mithilfe der logistischen Regressionsanalyse konnte ein hochsignifikanter Einfluss des Badges auf das Abstimmungsverhalten sowie auf die Nützlichkeitswertung nachgewiesen werden. Demnach bekommt eine Rezension mit dem Hinweis der Vine-Voice nicht nur eher eine Stimme, diese fällt auch eher positiv aus. In vorhergehenden Forschungsarbeiten, ist bereits beobachtet worden, dass der Status und das Fachwissen einer Person die Vertrauenswürdigkeit beeinflussen (Guéguen und Jacob 2002, S. 382). Da der Zusatz *„Amazon Vine Voice"* ein Ausdruck des Status ist, den der Rezensent innehat, entspricht dieses Ergebnis der gegenwärtigen Forschung (Cialidini 2001, S. 189).

Aufgrund der Kriterien, welche Amazon.com voraussetzt, um für das Programm eingeladen zu werden (Amazon 2019c, S. 1), könnte den Rezensionen auch ein höherer Informationsgehalt nachgesagt werden. Dieses unterstreicht ebenfalls die Tatsache, dass ein signifikanter und positiver Einfluss auf die Nützlichkeitswertung vorhanden ist und somit ebenfalls eine Konsistenz zur aktuellen Forschung besteht (Hennig-Thurau et al. 2004, S. 51; Hu et al. 2006, S. 201).

Die Resultate der Untersuchung des moderierenden Effekts der Produktkategorie lassen ebenfalls signifikante Einflüsse erkennen, welche für Erfahrungsgüter stärkere Ausprägungen haben. Das Ergebnis lässt sich mit der gegenwärtigen Forschung bedingt vergleichen, wenn die besondere Schwierigkeit der Informationsbeschaffung für Erfahrungsgüter betrachtet wird und der Rezipient somit gezwungen ist, sich auf die Erfahrung des Rezensenten zu verlassen. Hier lässt sich ableiten, dass die Nützlichkeit dieser Produkte höher eingestuft wird, wenn das Badge des Vine-Voice-Rezensenten hinterlegt ist und das Vertrauen in die Rezension entsprechend höher empfunden wird (Siering und Muntermann 2013, S. 113).

Zusammenfassend kann festgehalten werden, dass die Vine-Voice einen positiven Effekt auf das Abstimmungsverhalten sowie die Nützlichkeitswertung hat, sowohl für Suchgüter, als auch in besonderem Maße für Erfahrungsgüter.

30.4.1.8 Relevanz der Top-Reviewer

Der *„TOP10 REVIEWER“* ist mit einer geringen Anzahl vertreten, jedoch ausreichend, um in die Untersuchung aufgenommen zu werden. Dieser weist einen leicht signifikanten Effekt auf das Abstimmungsverhalten auf, wogegen die weiteren TOP-Reviewer einen hochsignifikanten Einfluss aufweisen. Ebenfalls lässt sich bei den einzelnen Badges ein statistisch signifikanter positiver Effekt auf die Nützlichkeitswertung beobachten.

Werden diese Zusätze vor allem als Indikator für die Anzahl der bereits formulierten Bewertungen der einzelnen Rezensenten betrachtet, kann bestätigt werden, dass die Quantität eine Auswirkung auf die Kaufentscheidung hat (Mudambi und Schuff 2010, S. 194; Otterbacher 2009, S. 962; Tversky und Kahneman 1974, S. 28). Des Weiteren lässt sich aus anderen Forschungsarbeiten ableiten, dass unter anderem ein Motiv für das Lesen von Rezensionen die Vorbeugung eines Fehlkaufes ist. Anhand der TOP-Reviewer bietet sich eine Plattform von Leuten, welche bereits eine hohe Anzahl an eigenen Erfahrungen gesammelt haben und so wird nicht nur eher für die Rezensionen gestimmt, sondern auch eher als nützlich bewertet (Hennig-Thurau et al. 2004, S. 51).

Die Produktkategorie weist auch hinsichtlich der Badges für den TOP10, 50 und 500 Rezensenten einen signifikant moderierenden Effekt auf das Abstimmungsverhalten auf. Die Betrachtung der Ergebnisse lässt erkennen, dass die positiven Auswirkungen stärker bei den Suchgütern sind. Hinsichtlich der Nützlichkeitswertung und des moderierenden Effektes der Produktkategorie ist ausschließlich bei dem Badge *„TOP500 REVIEWER“* eine Signifikanz zu erkennen. Es ist zu beobachten, dass eher Erfahrungsgüter eine positive Stimme bekommen im Gegensatz zu den Suchgütern. Hier können ebenfalls anhand der gegenwärtigen Forschung bezüglich der besonderen Schwierigkeit der Informationsbeschaffung für Erfahrungsgüter Vergleiche gezogen werden (Siering und Muntermann 2013, S. 113).

Es kann also zusammengefasst werden, dass die Badges der TOP-Reviewer grundsätzlich positive Auswirkungen auf das Abstimmungsverhalten sowie die Nützlichkeitswertung haben. Hinsichtlich der Produktkategorie ist das Abstimmungsverhalten stärker bei den Suchgütern vertreten, wogegen die Nützlichkeitswertung ausschließlich vom TOP500-Rezensenten signifikant stärker für Erfahrungsgüter beeinflusst wird.

30.4.1.9 Rolle des Badges *„HALL OF FAME"*

Das Badge *„HALL OF FAME"* weist einen statistisch signifikanten Effekt auf das Abstimmungsverhalten sowie die Nützlichkeitswertung auf. Somit werden Rezensionen, welche dieses Badge besitzen, eher eine bewertende Stimme erhalten, als wenn es nicht vorhanden ist. Zudem werden eher hilfreich angesehene Stimmen vergeben. Wird unterstellt, dass das Badge *„HALL OF FAME"* eine Rezension attraktiver gestaltet, so lässt sich dieses anhand aktueller Forschung vergleichen. Bisherige Forschungen haben gezeigt, dass attraktiv gestaltete Texte eher bewertende Stimmen erhalten (MacInnis et al. 1991, S. 36; Tversky und Kahneman 1974, S. 27).

Gleiches gilt, wenn dem – im Gegensatz zu den TOP-Badges – dauerhaft verliehenen Badge ein gewisser Status und Fachwissen des Rezensenten unterstellt werden. Unter dieser Annahme ist das Resultat dieser Untersuchung konsistent mit der gegenwärtigen Forschung, dass so ein höheres Vertrauen sowie eine höhere Compliance geschaffen werden (Guéguen und Jacob 2002). Zusammenfassend lässt sich festhalten, dass das Badge *„HALL OF FAME"* statistisch signifikante Auswirkungen sowohl auf das Abstimmungsverhalten, als auch auf die Nützlichkeitswertung hat, unabhängig von der Produktkategorie der Such- und Erfahrungsgüter.

30.4.2 Anwendungsmöglichkeiten der Ergebnisse in der Praxis

Für die Praxis ergeben sich aus den Resultaten dieser Arbeit weitere Ansätze. Aus den hier beobachteten Einflüssen verschiedener Texteigenschaften können neue Leitlinien für die Gestaltung von Produktbewertungen abgeleitet werden. Dadurch können derzeit nur rudimentär vorhandene Anleitungen und Schulungen für Autoren verbessert werden. Durch den Einsatz von Text-Mining-Methoden können auch während der Erfassung einer Rezension Hilfestellungen angeboten werden, falls bestimmte Parameter gewisse Toleranzen überschreiten. Zuletzt können Online-Marktplätze wie Amazon.com davon profitieren, indem sie Interessenten Produktbewertungen mithilfe maschineller Auswertung empfehlen.

30.4.3 Kritik und Einschränkungen der eingesetzten Methodik

Zunächst muss beachtet werden, dass zur Untersuchung lediglich Daten von Amazon.com berücksichtigt worden sind. Das bedeutet zum einen, dass die Erkenntnisse auf den englischsprachigen amerikanischen Markt beschränkt sind und zum anderen, dass die Resultate nicht ohne Weiteres auf Bewertungen anderer Plattformen und Branchen, wie beispielsweise der Hotelbranche, repliziert werden können.

In der Betrachtung der weiteren methodischen Vorgehensweise ergeben sich weitere Einschränkungen aus der Tatsache, dass mögliche menschliche Interpretationen durch Algorithmen nachgeahmt werden müssen. Beispielsweise werden mit der gewählten Methodik ironische oder sarkastische Formulierungen nicht erkannt, was die Ergebnisse durchaus verfälschen kann. Hierzu existieren Ansätze, um mit trainierten Modellen auch solche linguistischen Konstrukte zu erkennen (Schieber et al. 2012, S. 1163).

Zur Analyse der erhobenen Daten sind logistische und Tobit-Regressionsmodelle angewendet worden. Alternative Vorgehensweisen wären durch den Einsatz von Entscheidungsbäumen oder neuronalen Netzen gegeben. Bei diesen Ansätzen zeigt sich, dass die Vorhersagepräzision im Vergleich zu Regressionsanalysen besser ist (Quoc et al. 2015, S. 5). Allerdings spricht die höhere Interpretierbarkeit für Regressionsanalysen (Molnar 2019, S. 46).

30.5 Schlussbetrachtung und Fazit

Die vorliegende Auswertung führt die Untersuchung der Bewertungstexte in dreierlei Hinsicht weiter. Zum einen wird die Idee von Kuan et al. (2015, S. 51) fortgeführt, indem zwischen Faktoren, die dazu führen, dass eine Rezension bewertet wird und Eigenschaften, die der vom Leser empfundenen Nützlichkeit dienen, differenziert wird. Hier werden zudem neue Aspekte, wie der Abstraktheitsgrad und die Lesbarkeit im Hinblick auf ihren Effekt auf das Abstimmungsverhalten untersucht. Dabei zeigt sich, dass Effekte, die im Rahmen der Analyse der Nützlichkeitswertung beobachtet worden sind, nicht immer auf das Abstimmungsverhalten übertragbar sind. Hier ist weitere Forschung notwendig, um herauszufinden, wie eine gute Bewertung ausbalanciert werden kann. Weiterhin sind die in dieser Arbeit verwendeten Attribute zuvor nur in einzelnen Arbeiten unabhängig voneinander untersucht worden. Werden diese Attribute zusammengeführt, können Modelle mit einem höheren Erklärungspotenzial gebildet werden. Die automatisierte Analyse des Abstraktionsgrades durch das Linguistic Category Model bringt im Hinblick auf die Nützlichkeitswertung *„Erkenntnisse"* hervor, die der weiteren Untersuchung bedürfen. Dabei muss zwischen den unterschiedlichen Produktkategorien differenziert werden. Das deutet darauf hin, dass bestimmte Charakteristiken von Produkten auch unterschiedliche Bedürfnisse aufseiten des Lesers wecken. Rezensionen müssen also auch den speziellen Eigenschaften des Zielpublikums entsprechen, um erfolgreich zu sein.

Literatur

Amazon. (2019). About Amazon verified purchase reviews [WWW Document]. https://www.amazon.com/gp/help/customer/display.html?nodeId=201145140/. Zugegriffen: 31. Aug. 2019.

Amazon. (2019b). Community-Richtlinien [WWW Document]. https://www.amazon.de/gp/help/customer/display.html?nodeId=201929730/. Zugegriffen: 31. Aug. 2019.

Amazon. (2019c). What is Amazon Vine? [WWW Document]. https://www.amazon.com/gp/vine/help/. Zugegriffen: 31. Aug. 2019.

Amazon. (2019d). About badges [WWW Document]. https://www.amazon.com/gp/help/customer/display.html?ie=UTF8&nodeId=14279681. Zugegriffen: 31. Aug. 2019.

Baek, H., Ahn, J., & Choi, Y. (2012). Helpfulness of online consumer reviews: Readers' objectives and review cues. *International Journal of Electronic Commerce, 17,* 99–126. https://doi.org/10.2753/jec1086-4415170204.

BazaarVoice. (2015). The conversation index [WWW Document]. http://media2.bazaarvoice.com/documents/Bazaarvoice-Conversation-Index-9-DIGITAL.pdf. Zugegriffen: 11. Aug. 2019.

Bechara, A., & Damasio, A. R. (2005). The somatic marker hypothesis: A neural theory of economic decision. *Games and Economics Behaviour, 52,* 336–372. https://doi.org/10.1016/j.geb.2004.06.010.

Borgida, E., & Nisbett, R. E. (1977). The differential impact of abstract vs. concrete information on decisions. *Journal of Applied Social Psychology, 7*(3), 258–271.

Chua, A. Y. K., & Banerjee, S. (2014). Developing a theory of diagnosticity for online reviews. In S. I. Ao, O. Castillo, C. Douglas, D. D. Feng, & J.-A. Lee (Hrsg.), *Lecture notes in engineering and computer science* (S. 477–482). Hong Kong: Newswood Limited.

Chua, A. Y. K., & Banerjee, S. (2016). Helpfulness of user-generated reviews as a function of review sentiment, product type and information quality. *Computers in Human Behavior, 54,* 547–554. https://doi.org/10.1016/j.chb.2015.08.057.

Cialidini, R. B. (2001). *Science and practice* (4. Aufl.). Boston: Needham Heights.

Coleman, M., & Liau, T. L. (1975). A computer readability formula designed for machine scoring. *Journal of Applied Psychology, 60,* 283–284. https://doi.org/10.1037/h0076540.

Connors, L., Mudambi, S. M., & Schuff, D. (2011). Is it the review or the reviewer? A multi-method approach to determine the antecedents of online review helpfulness. In R. H. Sprague (Hrsg.), *Proceedings of the annual Hawaii international conference on system sciences* (S. 1–10). https://doi.org/10.1109/hicss.2011.260.

Dhanasobhon, S., Chen, P., Smith, M., & Smith, M. D. (2007). An analysis of the differential impact of reviews and reviewers at Amazon.com. Information Systems.

DuBay, W. (2004). *The principles of readability*, Online Submission. Costa Mesa: ERIC.

Esuli, A. (2015). Amazon reviews downloader and parser [WWW Document]. https://github.com/aesuli/Amazon-downloader. Zugegriffen: 11. Aug. 2019.

Flesch, R. (1949). *The art of readable writing, stanford law review.* New York: Harper. https://doi.org/10.2307/1225957.

Freedman, L. (2011). The 2011 social shopping study table of contents [WWW Document]. https://de.slideshare.net/retelur/the-2011-social-shopping-study-the-etail-group-powers-reviews-sep11. Zugegriffen: 11. Aug. 2019.

Ghose, A., & Ipeirotis, P. G. (2011). Estimating the helpfulness and economic impact of product reviews: Mining text and reviewer characteristics. *IEEE Transactions on Knowledge and Data Engineering, 23,* 1498–1512. https://doi.org/10.1109/TKDE.2010.188.

Grice, H. P. (1975). Logic and conversation. *Syntax and Semantics 3*(speech acts 3), 41–58. https://doi.org/10.1057/9780230005853_5.

Guégguen, N., & Jacob, C. (2002). Solicitation by e-mail and solicitor's status: A field study of social influence on the web. *Cyberpsychology Behavior, 5,* 377–383. https://doi.org/10.1089/109493102760275626.

Gunning, R. (1952). *The technique of clear writing, 1952.* New York: McGraw-Hill.

Hamilton, M. A., & Nowak, K. L. (2005). Information systems concepts across two decades: An empirical analysis of trends in theory, methods, process, and research domains. *Journal of Communication 55*(3), 529–553.

Hammond, J. S., Keeney, R. L., & Raiffa, H. (1998). The hidden traps in decision making. *Harvard Business Review, 76,* 47–54.

Han, H. J. „Spring", Mankad, S., Gavirneni, N., & Verma, R. (2016). What guests really think of your hotel: Text analytics of online customer reviews. *Cornell Hospitality Report, 16,* 3–17.

Hennig-Thurau, T., Gwinner, K. P., Walsh, G., & Gremler, D. D. (2004). Electronic word-of-mouth via consumer-opinion platforms: What motivates consumers to articulate themselves on the Internet? *Journal of Interactive Marketing, 18,* 38–52. https://doi.org/10.1002/dir.10073.

Hu, N., Pavlou, P.A., & Zhang, J. (2006). Can online reviews reveal a product's true quality? Empirical findings analytical modeling of online word-of-mouth communication. In *Proceedings of ACM conference electronic commerce* (S. 324–330).

Hu, N., Zhang, J., & Pavlou, P. A. (2009). Overcoming the J-shaped distribution of product reviews. *Communications of the ACM, 52,* 144. https://doi.org/10.1145/1562764.1562800.

Jessmer, S. L., & Anderson, D. (2001). The effect of politeness and grammar on user perceptions of electronic mail. *North American Journal of Pscyhology, 3,* 331–346.

Johnson, E. J., & Payne, J. W. (1985). Effort and accuracy in choice. *Management Science, 31,* 395–414. https://doi.org/10.1287/mnsc.31.4.395.

Jones, Q., Ravid, G., & Rafaeli, S. (2004). Information overload and the message dynamics of online interaction spaces: A theoretical model and empirical exploration. *Information Systems Research, 15,* 194–211. https://doi.org/10.1287/isre.1040.0023.

Kate, R. J., Luo, X., Patwardhan, S., Franz, M., Florian, R., Mooney, R. J., Roukos, S., & Welty, C. (2010). Learning to predict readability using diverse linguistic features. In C.-R. Huang & D. Jurafsky (Hrsg.), *Coling 2010 – 23rd international conference on computational linguistics, proceedings of the conference* (S. 546–554).

Kokkodis, M. (2012). Learning from positive and unlabeled Amazon reviews: Towards identifying trustworthy reviewers. In *WWW'12 – Proceedings of 21st annual conference World Wide Web Companion* (S. 545–546). https://doi.org/10.1145/2187980.2188119.

Korfiatis, N. (2011). Evaluating content quality and usefulness of online product reviews. *SSRN Electronic Journal, 11,* 205–217. https://doi.org/10.2139/ssrn.1156321.

Korfiatis, N., & Rodr, D. (2000). The impact of readability on the usefulness of online product reviews: A case study on an. *Emerging Technologies and Information Systems for the Knowledge Society, 5288,* 423–432.

Korfiatis, N., & Rodriguez, D., & Sicilia, M.-A. (2008). The impact of readability on the usefulness of online product reviews: A case study on an online bookstore. In M. D. Lytras et al. (Hrsg.), *Emerging technologies and information systems for the knowledge society 2008* (Bd. 5288, S. 423–432). Heidelberg: Springer.

Krafft, M. (1997). Der Ansatz der logistischen Regression und seine Interpretation. *Zeitschrift fur Betriebswirtschaft, 67,* 625–642.

Krishnamoorthy, S. (2015). Linguistic features for review helpfulness prediction. *Expert Systems with Applications, 42,* 3751–3759. https://doi.org/10.1016/j.eswa.2014.12.044.

Kuan, K., Hui, K.-L., Prasarnphanich, P., & Lai, H.-Y. (2015). What makes a review voted? An empirical investigation of review voting in online review systems. *Journal of the Association for Information Systems, 16,* 48–71. https://doi.org/10.17705/1jais.00386.

Li, M., Huang, L., Tan, C.-H., & Wei, K.-K. (2013). Helpfulness of online product reviews as seen by consumers: Source and content features. *International Journal of Electronic Commerce, 17,* 101–136. https://doi.org/10.2753/jec1086-4415170404.

Lim, Y., & Van Der Heide, B. (2015). Evaluating the wisdom of strangers: The perceived credibility of online consumer reviews on yelp. *Journal of Computer-Mediated Communication, 20*(1), 67–82.

Luxmore, J. (2015). AmazonProductAdvertising [WWW Document]. https://github.com/zoenberger/AmazonProductAdvertising. Zugegriffen: 11. Aug. 2019.

MacInnis, D. J., Moorman, C., & Jaworski, B. J. (1991). Enhancing and measuring consumers' motivation, opportunity, and ability to process brand information from ads. *Journal of Marketing, 55,* 32. https://doi.org/10.2307/1251955.

Molnar, C. (2019). *Interpretable machine learning. A guide for making black box models explainable.* Morrisville: Lulu.

Mudambi, S. M., & Schuff, D. (2010). What makes a helpful online review? A study of customer reviews on amazon.com. *MIS Quarterly Management Information Systems, 34,* 185–200. https://doi.org/10.2307/20721420.

Mukherjee, A., Liu, B., & Glance, N. (2012). Spotting fake reviewer groups in consumer reviews. In *Proceedings of the 21st international conference on World Wide Web* (S. 191). https://doi.org/10.1145/2187836.2187863.

Nelson, P. (1970). Information and consumer behavior. *Journal of Political Economy, 78*(2), 311–329. https://doi.org/10.1086/259630.

Németh, L. (2014). Hunspell: Open source spell checker [WWW Document]. http://hunspell.github.io/. Zugegriffen: 15. Sept. 2019.

Nyblom, V. (2010). The role of customer magazines [WWW Document]. http://www.emarketer.com/Article/Role-of-Customer-Product-Reviews/1008019. Zugegriffen: 11. Aug. 2019.

O'Mahony, M. P., & Smyth, B. (2009). Learning to recommend helpful hotel reviews. In L. Bergman & A. Tuzhilin (Hrsg.), *Proceedings of the third ACM conference on recommender systems* (S. 305). https://doi.org/10.1145/1639714.1639774.

O'Mahony, M. P., & Smyth, B. (2010). Using readability tests to predict helpful product reviews. In P. Gabriella (Hrsg.), *Adaptivity, personalization and fusion of …* (S. 164–167).

Ott, M., Cardie, C., & Hancock, J. (2012). Estimating the prevalence of deception in online review communities. In *WWW'12 – Proceedings 21st annual conference World Wide Web* (S. 201–210). https://doi.org/10.1145/2187836.2187864.

Otterbacher, J. (2009). Helpfulness in online communities: a measure of message quality. In W. E. Mackay (Hrsg.), *Proceedings of the 27th international conference on human factors in computing systems (ACM CHI '09)* (S. 955–964).

Peters, K., & Kashima, Y. (2007). From social talk to social action: Shaping the social triad with emotion sharing. – PsycARTICLES – ProQuest. *Journal of Personality and Social Psychology, 93,* 780–797.

Pliskin, J., & Kennedy, P. (1987). *A guide to econometrics.* Journal of the American Statistical Association. Cambridge: Blackwell. https://doi.org/10.2307/2288828.

Quoc, H. T., Ochiai, H., & Esaki, H. (2015). Hidden topics modeling approach for review quality prediction and classification. In *Proceedings of the 2015 7th international conference of soft computing and pattern recognition*, SoCPaR 2015. Tokyo. https://doi.org/10.1109/socpar.2015.7492821.

Rozin, P., & Royzman, E. B. (2001). Negativity bias, negativity dominance, and contagion. *Personality and Social Psychology Review, 5,* 296–320.

Schieber, A., Hilbert, A., & Stillich, C. (2012). Identifikation und Analyse von ironischen und sarkastischen Kundenrezensionen im Web. Multikonferenz Wirtschaftsinformatik 2012-Tagungsband der MKWI 2012 1157–1168.

Schindler, R. M., & Bickart, B. (2012). Perceived helpfulness of online consumer reviews: The role of message content and style. *Journal of Consumer Behaviour, 243,* 234–243. https://doi.org/10.1002/cb.1372.

Scholz, M., & Dorner, V. (2013). The recipe for the perfect review? *Business & Information Systems Engineering, 5,* 141–151.

Sherman, L. A. (1893). *Analytics of literature: A manual for the objective study of english prose and poetry*, Zhurnal Eksperimental'noi i Teoreticheskoi Fiziki. Ginn. London: Creative Media Partners.

Siering, M., & Muntermann, J. (2013). What drives the helpfulness of online product reviews? From stars to facts and emotions. In R. Alt, & B. Franczyk (Hrsg.), *11th International Conference on Wirtschaftsinformatik* (S. 103–118).

Smith, E. A., & Kincaid, J. P. (1970). Derivation and validation of the automated readability index for use with technical materials. *Journal of Human Factors Ergonomics Society, 12,* 457–564. https://doi.org/10.1177/001872087001200505.

Spool, J. M. (2009). The magic behind Amazon's 2.7 billion dollar question [WWW Document]. https://articles.uie.com/magicbehindamazon/. Zugegriffen: 11. Aug 2019.

Stone, P. J., Bales, R. F., Namenwirth, J. Z., & Ogilvie, D. M. (1962). The general inquirer: A computer system for content analysis and retrieval based on the sentence as a unit of information. *Behavioral Science, 7,* 484–498.

To, G. (2015). Evaluating the wisdom of strangers: The perceived credibility of online. *Journal on Computer Communications, 20,* 67–82. https://doi.org/10.1111/jcc4.12093.

Tversky, A., & Kahneman, D. (1974). Judgment under uncertainty: Heuristics and biases, science. *American Association for the Advancement of Science, 185,* 1124.

Vessey, I. (1991). Cognitive fit: A theory-based analysis of the graphs versus tables literature. *Decision Sciences, 22,* 219–240.

Weathers, D., Swain, S. D., & Grover, V. (2015). Can online product reviews be more helpful? Examining characteristics of information content by product type. *Decision Support Systems, 79,* 12–23.

Xia, L., & Bechwati, N. N. (2008). Word of mouse: The role of cognitive personalization in online consumer reviews. *Journal of Interacting Advertising, 9,* 3–13.

Florian Bosten (M.Sc.) arbeitet seit 2013 als Anwendungsentwickler bei der CSB-System AG. Dort beschäftigte er sich zunächst intensiv mit der Planung und Realisierung komplexer Aufgabenstellungen im Bereich Lager und Beschaffung. Seit Dezember 2015 ist er als bereichsverantwortlicher Gruppenleiter für die Programmierung des Bereiches Rechnungswesen zuständig. Aktueller Schwerpunkt seiner Arbeit und Forschung sind Anwendungsmöglichkeiten der künstlichen Intelligenz unter anderem im Rahmen von Industrie 4.0. Während seines berufsbegleitenden Studiums zum Bachelor of Science an der FOM Hochschule für Oekonomie & Management in Düsseldorf sammelte Florian Bosten erste Erfahrungen im Bereich der Wirtschaftsinformatik und konnte diese parallel dazu in seiner Ausbildung zum Fachinformatiker praktisch ergänzen. Das anschließende Masterstudium im Bereich IT-Management weckte sein Interesse am Thema „Big Data“. Im Jahr 2016 untersuchte er im Rahmen seiner Master-Thesis die Nützlichkeitswertung von Amazon-Produktbewertungen im Jahr 2016 mittels Text Mining.

Manuel Di Stefano (M.Sc.) ist seit 2008 in der Vaillant Group beschäftigt. Seine Tätigkeit umfasst unter anderem die Konzeption, Planung sowie Umsetzung internationaler Projekte zur sukzessiven Weiterentwicklung der IT-Landschaft für den Qualitätsbereich. Des Weiteren betreut Manuel Di Stefano die Lenkung und Steuerung von Dokumenten sowie automatischer Archivierung unter Berücksichtigung gesetzlicher Anforderungen. Aktuell ist er in der Funktion als Referent Quality Performance Management tätig und arbeitet in Themenfeldern wie beispielsweise Business Intelligence sowie Management Reporting. Seine akademische Ausbildung absolvierte Manuel Di Stefano berufsbegleitend an der FOM Hochschule für Oekonomie & Management. Während 2016 der Schwerpunkt der Thesis im Bachelor of Science im Studiengang Wirtschaftsinformatik auf der Entwicklung einer IT-Strategie im Qualitätsbereich lag, wurden 2019 im Rahmen der Abschlussarbeit zum Master of Science in der Fachrichtung IT-Management sowohl die Spezifikation für die Entwicklung einer Machine-Learning-Plattform erstellt als auch Analysen im Bereich der künstlichen Intelligenz durchgeführt. Darüber hinaus engagiert er sich beim ifid Institut für IT-Management & Digitalisierung.

Maren Hartmann arbeitet seit 2019 für ein großes Handelsunternehmen als Assistentin der Geschäftsführung, als welche sie hauptsächlich im Vertrieb unterstützend tätig ist. Ihr Masterstudium an der FOM Hochschule für Oekonomie & Management im Bereich Sales Management konnte sie mit ihrer Master-Thesis, welche die Untersuchung des Einflusses von Amazon-Badges auf das Abstimmungsverhalten sowie die wahrgenommene Nützlichkeit von Rezensionen thematisiert, erfolgreich abschließen. Sie ist zudem Research Fellow am ifid Institut für IT-Management & Digitalisierung.

Prof. Dr. Sebastian Sauer ist seit 2014 Professor an der FOM Hochschule; primär lehrt er Statistik für die Wirtschaftspsychologie. Sein Forschungsinteresse umfasst neue Methoden der statistischen Modellierung, die Psychologie politischer Prozesse sowie Achtsamkeit. Zusammen mit Frau Professor Dr. habil. Sandra Sülzenbrück leitet er das Institut für Wirtschaftspsychologie (iwp) an der FOM. Nebenberuflich ist er als Berater für Data Science tätig. Sebastian Sauer studierte, promovierte und habilitierte an der Universität Landau im Fach Psychologie. Nach Abschluss des Studiums war er zuerst als Unternehmensberater für Konzernzusammenschlüsse tätig. Später arbeitete er als Wissenschaftler an der Uni München.

Prof. Dr. Rüdiger Buchkremer ist Professor für Wirtschaftsinformatik und Direktor des 2017 gegründeten ifid Institut für IT-Management und Digitalisierung an der FOM Hochschule. Seine Hauptforschungsthemen sind aktuell „Natural Language Processing“ und Systemmedizin. Er ist Gutachter für mehrere internationale Journale und Mitherausgeber der Fachzeitschrift „AI“. Vor der Tätigkeit an der Hochschule war er „CIO“ eines Healthcare-DAX-Unternehmens. Er studierte Chemie, Mathematik und Physik an der Ruhr-Universität in Bochum und promovierte zum „Doctor of Philosophy“ in Organischer Chemie an der Binghamton University in New York, USA. 2019 erhielt er den Forschungspreis der BCW-Gruppe.

Analyse von Nützlichkeits- und Sterne-Online-Bewertungen mittels Machine Learning am Beispiel von Amazon

31

Manuel Di Stefano, Florian Bosten, Michel Sebastian Erhardt, Sebastian Sauer und Rüdiger Buchkremer

Inhaltsverzeichnis

M. Di Stefano · F. Bosten · M. S. Erhardt · R. Buchkremer (✉)
FOM Hochschule, Düsseldorf, Deutschland
E-Mail: ruediger.buchkremer@fom.de

M. Di Stefano
E-Mail: manuel.di_stefano@fom-net.de

F. Bosten
E-Mail: florian.bosten1@fom-net.de

M. S. Erhardt
E-Mail: michel_sebastian.erhardt@fom-net.de

S. Sauer
FOM Hochschule, Nürnberg, Deutschland
E-Mail: sebastian.sauer@fom.de

R. Buchkremer et al. (Hrsg.), *Künstliche Intelligenz in Wirtschaft & Gesellschaft*, FOM-Edition, https://doi.org/10.1007/978-3-658-29550-9_31

Zusammenfassung

Die Bedeutung von Online-Bewertungen wird wesentlich durch den Verbreitungsmechanismus geprägt, welcher auch Word-of-Mouth genannt wird. Infolge der großen Menge an Rezensionen steigt der kognitive Aufwand, um nützliche Informationen zu identifizieren. Im ersten Teil dieser Publikation werden Eigenschaften einer Rezension, charakterisierende Gesichtspunkte und beschreibende Wortarten analysiert. Als Bewertungskriterien werden die Nützlichkeit, die Sternewertung und der Produkttyp herangezogen. Im zweiten Teil werden neuronale Netzwerke trainiert, um Effekte von psychologischen Aspekten zu untersuchen. Im dritten Teil wird dargestellt, welche Dimensionen des neuronalen Netzwerkes von besonderer Bedeutung für die Analyse sind. Abschließend werden Implikationen für die Praxis beleuchtet, bei der die Bedeutung für die Wirtschaft und der Nutzen für die Verbraucher verdeutlicht wird. Zusätzlich werden, daraus abgeleitet, weitere potenzielle Anwendungszwecke für neuronale Netzwerke aufgezeigt.

31.1 Einleitung

Die ökonomische Bedeutung von E-Commerce steigt kontinuierlich an. Während nach vorliegenden Statistiken im Jahr 2017 der weltweite Umsatz 1.413,36 Mrd. EUR betrug, wird für das Jahr 2023 ein Umsatz von 2.476,12 Mrd. EUR prognostiziert (Statista 2018, S. 16). In den Jahren 2010 bis 2017 hat Amazon (2018, S. 21) nach eigenen Angaben jährlich eine Umsatzsteigerung von durchschnittlich 30 % verzeichnet. Nach Forman et al. (2008, S. 291–313) werden in Online-Communities identitätsbeschreibende Informationen bei dem Kaufentscheidungsprozess und der Evaluierung der Nützlichkeit verwendet. Solche Rezensionen werden eher positiv gewertet und sind mit zunehmenden Produktverkäufen verbunden. Auch nach Ghose und Ipeirotis (2011, S. 1498–1512) hat das Vorhandensein von Rezensionen eine Auswirkung auf wirtschaftliche Ergebnisse wie Produktverkäufe. Für Unternehmen kann eine Nützlichkeitswertung ebenso von hohem Interesse sein, denn laut Spool (2009) führt die Frage „Was this review helpful to you?" zu zusätzlichen Einnahmen in Höhe von 2,70 Mrd. US$ jährlich.

Gemäß Adamopoulos et al. (2018, S. 612–640) spielt die Mundpropaganda, auch WOM (Word-of-Mouth) genannt, eine zunehmend wichtigere Rolle bei der Gestaltung des Verhaltens und der Vorlieben der Verbraucher. Ferner wird aufgezeigt, dass WOM-Nachrichten von gleichgesinnten Personen die Kaufwahrscheinlichkeit um etwa 50 % erhöhen. Bei dem Einfluss von extrovertierten Personen auf introvertierte Personen kann eine Steigerung von über 70 % aufgezeigt werden. Dies liegt möglicherweise daran, dass Konsumenten stärker durch die kollektive Intelligenz beeinflusst werden als durch eine kleine Gruppe von Experten, welches von Huang und Chen (2006, S. 413–428) postuliert wird. Chen et al. (2014, S. 431–439) zeigen auf, dass anhand von Nutzern gepostete Informationen der Einfluss für die digitale WOM-Werbung in sozialen Netzwerken hervorgesagt werden kann. Ebenso sind nach Feldman und Lynch (1988, S. 421–435) der Glaube, die Haltung, die Absicht und die Verhaltensweise bei Entscheidungsprozessen von Bedeutung. Während vor dem Web 2.0 die Mundpropaganda primär verbal stattgefunden hat, erwarten laut Weathers et al. (2015, S. 12–23) die Konsumenten heutzutage, bedingt durch die steigende Verfügbarkeit von Social Media, dass auf Online-Marktplätzen Rezensionen ersichtlich sind.

Nach Angaben von Zhang et al. (2010, S. 1336–1341) wird diese Form von Mundpropaganda im Englischen auch eWOM (electronic Word-of-Mouth) genannt. Da die Rezensionen überwiegend von Gleichgesinnten, also Kunden, verfasst werden, steigt nach Weathers et al. (2015, S. 12–23) die Glaubwürdigkeit der Informationen, welches sonst als kritischer Faktor für den Einfluss von eWOM angesehen werden kann. Darüber hinaus ist es nach Angaben von Park und Kim (2008, S. 399–410) durch eWOM möglich, einen Großteil der eventuell vorliegenden Informationsasymmetrie zwischen Verkäufer und Kunde zu reduzieren. Somit können die kognitiven Aufwände gesenkt und die Entscheidungsprozesse der Kunden erleichtert werden, welches auch Weathers et al. (2015, S. 12–23) erklären. Eine Angabe zur Nützlichkeit oder ein Ranking der Rezensionen fördern laut Saumya et al. (2018, S. 78–89) die Kaufbereitschaft zusätzlich. Anhand der Vorteile für die Kunden können aber auch die Unternehmen profitieren. Nach Erkenntnissen von Weathers et al. (2015, S. 12–23) können bessere Entscheidungsprozesse den Umsatz steigern und möglicherweise die Kosten für Kundensupport oder Retouren senken.

Aufgrund des wachsenden Umsatzes ist es nicht verwunderlich, dass die Anzahl der Online-Rezensionen entsprechend jährlich ansteigt und somit eine Informationsflut entsteht. In den Jahren 2009 bis 2017 wuchs beispielsweise nach eigenen Angaben von Yelp (2018, S. 50) das Volumen der Online-Rezensionen von 8,83 Mio. auf 148,30 Mio. Infolge der großen Menge steigt laut Park und Kim (2008, S. 399–410) sowie Payne et al. (1992, S. 87–131) beim Onlineshopping der kognitive Aufwand, um nützliche Informationen zu identifizieren. Mit anderen Worten bedeutet dies, dass aufgrund der zunehmenden Anzahl von verfügbaren Produktrezensionen die Identifikation von hilfreichen Rezensionen eine wichtige Aufgabe ist, um die Informationsflut zu reduzieren (Siering und Muntermann 2013, S. 103–118).

31.2 Analysen mittels Text Mining und Machine Learning

31.2.1 Text Mining zur Untersuchung statistischer Merkmale

Im Rahmen der Analyse von Rezension werden in der Forschung unterschiedliche Schwerpunkte gesetzt. Während beispielsweise Otterbacher (2009, S. 955–964) sowie Ghose und Ipeirotis (2011, S. 1498–1512) die Sternewertungen untersuchen, konzentrieren sich Lee und Choeh (2014, S. 3041–3046) sowie Singh et al. (2017, S. 346–355) auf die Analyse der Nützlichkeitswertungen. In einigen Untersuchungen wird zusätzlich nach dem Produkttyp unterschieden, wie es bei Mudambi und Schuff (2010, S. 185–200) sowie Weathers et al. (2015, S. 12–23) der Fall ist.

Die Länge einer Rezension ist in vielen Fachpublikationen ein zentraler Bestandteil der Analysen. Korfiatis et al. (2012, S. 205–217) zeigen auf, dass die Länge einer Rezension durch die Sternewertung beeinflusst wird. Nach Mudambi und Schuff (2010, S. 185–200), Lee und Choeh (2014, S. 3041–3046), Kuan et al. (2015, S. 48–71) sowie Liu und Park (2015, S. 140–151) hat eine ausführlichere Rezension einen positiven Einfluss auf die Nützlichkeitswertung.

Nach Grice (1975, S. 41–58) lautet eine Regel, dass der Sender die Nachrichten so transportieren muss, dass der Empfänger sie verstehen kann. Nach Angaben von Cao et al. (2011, S. 511–521) sowie Ghose und Ipeirotis (2011, S. 1498–1512) führen Rechtschreibfehler zu einer negativen Nützlichkeitswertung. Hingegen besagen Singh et al. (2017, S. 346–355), dass die Verwendung von Wörtern, welche nicht im Wörterbuch stehen, weniger wichtig für die Nützlichkeitswertung ist. Deshalb wird geprüft, inwieweit Rechtschreibfehler eine Auswirkung für die Bewertungen aufzeigen.

Wang et al. (2018, S. 438–447) nutzen für die Ermittlung der Lesbarkeit den CLI (Coleman-Liau Index). Um einen „schwachen" Algorithmus zu vermeiden, empfehlen Ghose und Ipeirotis (2011, S. 1498–1512) die Verwendung mehrerer Indices. Sowohl Korfiatis et al. (2012, S. 205–217) als auch Liu und Park (2015, S. 140–151) leiten einen positiven Effekt der Lesbarkeit auf die Nützlichkeitswertung ab. Laut Chua und Banerjee (2014, S. 1–6) ist dies jedoch nur für Erfahrungsgüter zu beobachten. Inwieweit die Lesbarkeit einen Effekt auf Sterne- sowie Nützlichkeitswertungen hat und ob der Produkttyp eine Signifikanz aufweist, wird im Rahmen dieser Publikation überprüft.

Die Analyse der Stimmung ist Bestandteil vieler Analysen wie beispielsweise bei Schindler und Bickart (2012, S. 234–243), Chua und Banerjee (2016, S. 547–554), Hu et al. (2017, S. 436–449), Baek et al. (2012, S. 99–126), Salehan und Kim (2014, S. 1–15) sowie Ngo-Ye et al. (2017, S. 98–110). Nach Angaben von Ghose und Ipeirotis (2011, S. 1498–1512) existiert eine Beziehung zwischen der Stimmung einer Rezension und den Produktverkäufen. Auch nach Hu et al. (2012, S. 674–684) kann durch das Sentiment die Kaufentscheidung des Kunden beeinflusst werden. Zur Erfassung der Stimmung nutzt Tanawongsuwan (2010, S. 424–427) das sogenannte POS-Tagging (Part-of-Speech).

Die vier folgenden Fragestellungen werden ebenfalls auf Basis des POS-Taggings analysiert. Diese Vorgehensweise ist State-of-the-Art und wird in aktuellen Forschungen wie bei Hu et al. (2017, S. 436–449), Wu (2017, S. 92–103), Adamopoulos et al. (2018, S. 612–640), Lee et al. (2018, S. 436–445) und Ramiro et al. (2018, S. 2323–2328) verwendet.

- **Verwendung von Kardinalzahlen**
  Es soll überprüft werden, inwieweit die Angabe von quantitativen Werten (Kardinalzahlen) die Sterne- oder Nützlichkeitswertungen beeinflusst.
- **Verwendung von Fremdwörtern**
  Bei Fremdwörtern gilt es zu prüfen, ob diese den Eindruck erwecken, dass eine besondere Expertise des Reviewers vorliegt oder ob dieses als hinderlich empfunden wird.
- **Verwendung von Listenelementmarkierungen**
  Aufzählungen könnten zum einen als sehr übersichtlich empfunden werden oder auch als sehr kurz, sodass eine Liste als weniger hilfreich wahrgenommen werden könnte.
- **Verwendung von Symbolen**
  Symbole können in Form von Smileys sowohl als hilfreich empfunden werden, aber auch als missverständlich, welches einen entgegengesetzten Effekt bezwecken würde.

In den vier folgenden Vermutungen werden beschreibende Attribute analysiert, welche ebenfalls mithilfe des POS-Taggings durchgeführt werden. Ähnliche Untersuchungen wurden im Ansatz von anderen Autoren beschrieben, welche zur Orientierung dienen können. In dem in der psychologischen Literatur eingeführten LCM-Modell (Linguistic Category Model) gibt es fünf sprachliche Kategorien, welche ADJ (Adjectives), SV (State Verb), SAV (State Action Verbs), IAV (Interpretative Action Verbs) und DAV (Descriptive Action Verb) lauten. Nach Krishnamoorthy (2015, S. 3751–3759) ist in diesem Zusammenhang die Nützlichkeit für Erfahrungsgüter höher, da Rezensionen oft weitere Begriffe zur Produktnutzung beinhalten. Ferner zeigen Liu et al. (2013, S. 180–194) auf, dass sprachliche Merkmale, wie unter anderem Adjektive und Adverbien, einen signifikanten Einfluss auf die Nützlichkeit haben. Dabei sind laut Scholz und Dorner (2013, S. 141–151) Produktbewertungen mit extrem hoher oder extrem niedriger Häufigkeit der Adjektive bzw. der Adverbien weniger hilfreich als Bewertungen mit mäßig hoher Häufigkeit der Adjektive oder der Adverbien. In einer Untersuchung von Zhang und Varadarajan (2006, S. 51–57) werden vergleichende Adjektive und Adverbien sowie Adjektive und Adverbien im Superlativ analysiert. Das Set, in welches die genannten Wortarten einfließen, zeigt im Vergleich zu anderen Modellen der Untersuchung das höchste Bestimmtheitsmaß.

31.2.2 Analyse psychologischer Aspekte mittels Machine Learning

Für die Untersuchung der psychologischen Aspekte werden einige Bedürfnisse eines Menschen analysiert. In seiner Publikation „A Theory of Human Motivation" beschreibt Maslow (1943, S. 370–396) die fünf grundlegenden Bedürfnisse eines Menschen. In Kürze zusammengefasst bestehen diese aus physiologischen Bedürfnissen, Sicherheit, Liebe, Wertschätzung und Selbstverwirklichung. In der aktuellen Literatur werden auch Interpretationen wie Grund- und Existenzbedürfnisse, wie beispielsweise in Wessels (2019, S. 25–67) oder in Rucker und Baier (2012, S. 163–168), Sozialbedürfnisse sowie Anerkennung in Becker (2019, S. 27–34) verwendet. Da die Analyse von körperlicher Unversehrtheit eher medizinischen Analysen zuzuordnen ist, liegt der Fokus auf dem Bedürfnis nach Liebe bzw. einem Sozialbedürfnis oder Sicherheit.

- **Messung der Sozialbedürfnisse**
  Zur Überprüfung der sozialen Komponente wird beobachtet, ob und in welcher Art und Weise die Erwähnung von vertrauten Personen, wie beispielsweise Familie und Freunde, einen Einfluss auf Sterne- bzw. Nützlichkeitswertungen aufweist.
- **Indikator für Sicherheit**
  Der Aposematismus, häufig auch Warnfärbung genannt, wird von Tieren genutzt, um deren Fressfeinden eine Ungenießbarkeit zu signalisieren. Laut Mappes et al. (2005, S. 598–603) können in diesem Sinne Farben über Leben oder Tod entscheiden und dienen der eigenen Sicherheit. Auch wenn dieses Beispiel extravagant erscheinen mag, ist der Mensch Teil der Natur und Farben lösen in ihm ebenfalls unterschiedliche Emotionen aus, welches zahlreiche Studien belegen. Beispielsweise sind nach Valdez und Mehrabian (1994, S. 394–409) Farben mit langer Wellenlänge wie rot oder gelb anregender als Farben mit kurzer Wellenlänge wie blau oder grün. Daher ist vermutlich die Farbwahl von beispielsweise einer Verkehrsampel nicht willkürlich gewählt und trägt somit ebenfalls zur Sicherheit bei. Der Einfluss von Farben auf die Psyche wurde von Mayer de Groot et al. (2018, S. 1–35) und Sternad (2018, S. 1–26) bereits umfassend beleuchtet. Es werden Analysen hinsichtlich der Sterne- und Nützlichkeitswertung durchgeführt.

Sowohl in der Sterne- als auch in der Nützlichkeitswertung werden mittels Clusteranalyse ausschlaggebende Indikatoren ermittelt. Im Gegensatz zu den psychologischen Aspekten sind im Zusammenhang von neuronalen Indikatoren nicht die natürlichen Assoziationen wie im menschlichen Gehirn gemeint. Vielmehr geht es um die Analyse der Dimensionen des zu verwendenden Wörterbuches und das durch ML (Machine Learning) trainierte neuronale Netz bzw. Modell, auch wenn die technische Ausprägung vom menschlichen Gehirn abgeleitet ist. Der Schwerpunkt der Untersuchung liegt in der Identifikation von Dimensionen und Clustern, welche für eine Klassifizierung von Wörtern von besonderer Bedeutung sind.

31.3 Empirische Untersuchung

31.3.1 Beschaffung der Datenbasis

Im Rahmen dieser Analyse wird auf Amazon-Rezensionen zurückgegriffen, welche im Zeitraum vom 26.11.2015 bis zum 29.12.2015 von Amazon.com heruntergeladen wurden. Der Datenbestand umfasst 1.987.116 Rezensionen aus sechs Produktkategorien, in denen 3866 Produkte vertreten sind.

Die eindeutige Identifikation von Produkten bei Amazon erfolgt über die ASIN (Amazon Standard Identification Number), welche ähnlich einer EAN (European Article Number) ist und bei Büchern der ISBN entspricht. Damit die Daten von der Plattform technisch korrekt verarbeiten werden können, erfolgt im Bedarfsfall eine Konvertierung von ANSI (American National Standards Institute) nach UTF-8 (Universal Character Set Transformation Format). Damit können aufgrund nicht vorhandener oder erkannter Wörter 2387 Rezensionen identifiziert und verworfen werden. Zur weiteren Optimierung der Datenqualität erfolgt eine Prüfung auf Duplikate. Es verbleibt eine Grundgesamtheit von 1.681.478 Rezensionen für 3606 Produkte. Die Duplikate sind größtenteils auf Produktvariationen zurückzuführen.

Um im späteren Verlauf der Publikation nachzuweisen, dass die trainierten Modelle nicht nur für den spezifischen Datensatz die Klassifikation vorhersagen können, sondern auch auf andere Datensätze übertragbar sind, erfolgt eine Unterteilung in Trainings- und Testdatensatz. Um eine möglichst repräsentative Stichprobe zu erhalten, werden Daten nach Megabyte je Produkttyp und Untersuchungsart im Verhältnis von 80 zu 20 % aufgeteilt.

Nach Nelson (1970, S. 311–329) erfolgt eine Klassifikation von Gütern in Bezug auf den Aufwand, welcher für die Informationsbeschaffung aufgebracht werden muss, um Aussagen über die Produktqualität treffen zu können. Dabei kann die Güterart, welche auch Produkttyp genannt wird, ein Such- oder ein Erfahrungsgut sein.

- **Suchgüter**
  Laut Nelson (1970, S. 311–329) ist bei diesem Produkttyp der Aufwand für die Ermittlung der Güte eines Produktes ähnlich einer Auskunft über den Preis. Mudambi und Schuff (2010, S. 185–200) erweitern diese Definition, die besagt, dass Suchgüter auf Onlinemarktplätzen einfach zu vergleichen sind. Im Rahmen dieser Untersuchung werden repräsentativ Produkte der Kategorie Digitalkamera, Drucker und Smartphone genutzt.
- **Erfahrungsgüter**
  Für den Vergleich einiger Produkteigenschaften sind Erfahrungswerte notwendig. Daher sind nach Nelson (1970, S. 311–329) die Kosten für die Ermittlung der Güte abhängig von der Versorgungsverteilung. Mudambi und Schuff (2010, S. 185–200) zeigen auf, dass die Bewertung selbst eher einen subjektiven Charakter aufweist. Im

Rahmen dieser Publikation werden Filme, Musik und Videospiele als repräsentative Produkte für Erfahrungsgüter verwendet.

Zusätzlich existiert nach Darby und Karni (1973, S. 67–88) noch der Produkttyp Vertrauensgüter. Während bei Suchgütern die Güte des Produktes vor dem Kauf bekannt ist, kann bei Erfahrungsgütern erst nach Kauf eine Aussage zur Qualität getroffen werden. Bei Vertrauensgütern ist dies selbst nach dem Kauf nicht immer möglich. Im Folgenden wird daher ohne Vertrauensgüter nach Nelson (1970, S. 311–329) vorgegangen, welches ebenso bei Krishnamoorthy (2015, S. 3751–3759), Mudambi und Schuff (2010, S. 185–200) und Singh et al. (2017, S. 346–355) verwendet wird.

Bei der Klassifikation ist nach Okada (2005, S. 43–53) zu beachten, dass eine eindeutige Zuordnung nicht immer möglich ist. Ferner führt Nelson (1970, S. 311–329) an, dass es bei Erfahrungsgütern von Vorteil sein kann, eher die Marke zu bewerben als das Produkt.

31.3.2 Parametrisierung der Plattform

Zu den vortrainierten Wortvektoren stehen unter anderem „GloVe" von der Stanford University und „word2vec" von Google zur Verfügung. Während GloVe (Global Vectors for Word Representations) eine Matrix mit einem zählbasierten Verfahren verwendet, nutzt word2vec mit skip-gram und CBOW (Continuous Bag of Words) einen prädiktiven Ansatz. Bei einem Vergleich beider Verfahren führt laut Baroni et al. (2014, S. 238–247) letzteres Verfahren zu besseren Ergebnissen. Für eine genauere Beschreibung wird auf Mikolov et al. (2013, S. 1–9) verwiesen. Da die Wortvektoren bei word2vec jedoch verhältnismäßig groß sind (3,6 Gbyte), werden jene von der Standfort University mit 50 Dimensionen verwendet, da diese mit 170 Mbyte einfacher verwaltet werden können. Neben dem bereits vorhandenen Vektor für nicht erkannte Wörter „<unk>" wird zusätzlich ein Default Line „<dl>" für ungenutzte Timesteps hinzugefügt.

Im Rahmen der Verarbeitung der vorliegenden Rezension ist eine Textaufbereitung empfehlenswert, damit beispielsweise technische Steuerzeichen wie HTML-Tags (Hypertext Markup Language) sowie definierte ASCII-Zeichen (American Standard Code for Information Interchange) bereinigt werden und somit die Rezension im originalen Wortlaut verfügbar ist. Da Rezensionen von Amazon.com analysiert werden, wird zusätzlich der Parameter „english" für die Sprache mitgegeben, welcher auf alphanumerische Zeichen ohne länderspezifische Umlaute „A-z0-9" einschränkt. Ebenso ist das POS-Tagging aktiviert.

Da aus technischen Gründen die Längen der Rezensionen (Anzahl der Token) einheitlich sein müssen, ist eine Rezensionslänge zu definieren, welche für alle Rezensionen verwendet wird. Zwar wäre eine Definition anhand der maximal vorkommenden Länge denkbar, jedoch hat die Rezensionslänge auch einen Einfluss auf die Ressourcenallokation, welches zur Verringerung der Performance führen könnte und somit einen

Effekt auf die Wirtschaftlichkeit hätte. Zur genaueren Indikation des optimalen Parameters für die Rezensionslänge wird eine Pareto-Analyse herangezogen. Wenn etwa 80 % der Rezensionen in vollständiger Länge erfasst werden sollen, bedarf dies für Sternebewertungen einer Rezensionslänge von 150 Token und für Nützlichkeitswertungen werden 300 Token verwendet.

Nachdem die Basis aus Wortvektoren geschaffen und eine Bereinigung der Rezensionen erfolgt ist, können im nächsten Schritt die Hyperparameter gesetzt werden. Hyperparameter werden nach Claesen und De Moor (2015, S. 1–4) vom Benutzer gesetzt, um den Nutzen des Lernansatzes zu maximieren. Im engeren Sinne gehören nach Radhakrishnan (2017) hierzu auch Variablen, welche die Netzwerkstruktur bestimmen (z. B. Anzahl der Neuronen) sowie Variablen, welche bestimmen, wie das Netzwerk trainiert wird (z. B. Learning Rate).

Zur Optimierung eines neuronalen Netzes existieren mehrere mögliche Algorithmen. Zu den in der Praxis gängigen gehören nach Duchi et al. (2011, S. 2121–2159), Hinton et al. (2012) sowie Kingma und Ba (2014, S. 1–15) unter anderem AdaGrad (Adaptive Gradient Algorithm), RMSProb (Root Mean Square Propagation) und Adam (Adaptive Moment Estimation). Laut Kingma und Ba (2014, S. 1–15) sowie Kristiadi (2018) kombiniert Adam die Vorteile aus beiden anderen Algorithmen. Ferner zeigen empirische Ergebnisse nach Kingma und Ba (2014, S. 1–15) auf, dass Adam in der Praxis gut funktioniert und im Vergleich zu anderen stochastischen Optimierungsmethoden günstig ist. Ein Vergleich von den soeben genannten und weiteren Algorithmen durch Ruder (2017, S. 1–14) zeigt auf, dass Adam insgesamt die beste Wahl ist. Karpathy (2018) ist gleicher Auffassung, ergänzt jedoch, dass als Alternative ein Test mittels SGD+Nesterov Momentum (Stochastic Gradient Descent) lohnenswert sein kann. Letzterer konnte in eigens durchgeführten Tests keine bedeutenden Vorteile aufzeigen, weshalb der Adam-Algorithmus verwendet wird.

Die Learning Rate sollte mit Bedacht gesetzt werden. Ist diese niedrig, dann verläuft das Training eher linear und ist verhältnismäßig langsam. Ist die Rate jedoch zu hoch gewählt, verläuft das Lernen zwar schnell, erreicht aber nach Karpathy (2018), Prechelt (2012, S. 53–67) und Surmenok (2017) nicht die gewünschte Güte, welches sich in einer schwankenden Genauigkeit bemerkbar macht. Nach Angaben von Bengio (2012, S. 437–478) sollte die Learning Rate einen Wert zwischen „1" und „10^{-6}" annehmen. Anhand eines Vergleiches der bekanntesten ML-Bibliotheken nach Blocks (2015), Caffe (2018), Kingma und Ba (2014, S. 1–15), Keras (2018), Lasagne (2015), MxNet (2018), TensorFlow (2018) sowie Torch (2017) ist zu erkennen, dass jene überwiegend die Standard-Vorbelegungen der Werte aus der Fachpublikation zum Adam-Algorithmus adaptieren. Daher werden auch für die eigenen Untersuchungen diese Parameter vollständig übernommen. Eigens durchgeführte Tests haben gezeigt, dass dieser Wert bereits ein gewünschtes Verhalten der Plattform herbeiführt.

Neben der Auswahl und der Parametrisierung des Optimizers ist die Dauer eines Trainings zusätzlich von der Anzahl der Iterationen, der verwendeten Batch-Size sowie der Größe und der Art des neuronalen Netzes abhängig.

Für das Training werden 100.000 Iterationen verwendet. Da keine angemessene Abbruchbedingungen vorliegen, ist ein fixer Wert nach Bishop (2006, S. 259) und Prechelt (2012, S. 53–67) als Alternative zu „early stopping“ in der Praxis durchaus üblich. Hierbei werden, wie von Goodfellow et al. (2016, S. 246) beschrieben, laufend die Zustände zwischengespeichert und im Nachgang der gewünschte Zustand für die Analysen der Rezensionen ausgewählt.

Laut Masters und Luschi (2018, S. 1–18) hat die Batch-Size einen unmittelbaren Einfluss auf die Allokation des Speichers. Daher sollte nach Brownlee (2017) für diesen Parameter ein Wert zur Basis zwei verwendet werden. Eine kleinere Batch-Size ist nach Brownlee (2017), Masters und Luschi (2018, S. 1–18) sowie Zaremba et al. (2014, S. 1–8) üblich, weswegen ein Wert von 16 definiert wird. Ein zu geringer Wert hat zur Folge, dass die Justierung des neuronalen Netzes pro Iteration auf einer kleinen Anzahl an Rezensionen basiert und so die Genauigkeit im zeitlichen Verlauf schwankt. Ein zu großer Wert führt zu einer längeren Dauer des Trainings. Die Multiplikation aus der Anzahl der Iterationen und Größe der Batch-Size wird von Sharam (2017) als Epoche bezeichnet.

Damit das neuronale Netzwerk ein „Gedächtnis“ erhält, ist der Einsatz eines LSTM (Long Short-Term Memory) erforderlich. Bei der Definition des Parameters für das LSTM der Plattform kann eine Analogie zum Verhaltensmuster der Batch-Size aufgezeigt werden. Wenn der Wert für das LSTM zu gering ist, dann führt die unterdimensionierte Memory-Funktion nicht zu einer erwünschten Güte. Wenn im Gegenzug der Wert für das LSTM zu groß gewählt ist, dann führt dies ebenfalls zu einer längeren Trainingsdauer. In einer Sentimentanalyse von Gal und Ghahramani (2015, S. 1–14) wird ein LSTM von 128 genutzt. Eigens durchgeführte Untersuchungen zeigen auf, dass bei einer Reduzierung der LSTM-Neuronen von 128 auf 64 vergleichbare Ergebnisse erreicht werden, die Trainingszeit jedoch im Mittel um etwa 50 % reduziert werden kann. Für die Vermeidung von sogenannten verschwindenden oder explodierenden Gradienten, welche im Rahmen des Trainings bedingt durch die Größe des neuronalen Netzwerkes auftreten können, wird das Forget-Bias auf eins gesetzt, wovon auch in der Fachliteratur, wie beispielsweise bei Jozefowicz et al. (2015, S. 2342–2350), Gebrauch gemacht wird.

Um das trainierte Modell auch auf andere Rezensionen übertragen zu können, bedarf es eines Dropouts, damit ein unerwünschtes Overfitting ausgeschlossen wird. Nach Gal und Ghahramani (2015, S. 1–14) wird für ein Modell mittlerer Größe ein Dropout von 0,3 und für größere Modelle eine Rate von 0,5 empfohlen. Auch Hinton et al. (2012) erwähnen in ihren Analysen ein Dropout von 0,5 der Neuronen in dem Hidden-Layer. Während Zaremba et al. (2014, S. 1–8) bei Modellen mit 450 Neuronen ein Dropout von 50 % nutzen, verwenden sie bei 1500 Neuronen ein Dropout von 65 %. Srivastava et al. (2014, S. 1929–1958) konkretisieren ihre Angaben und verwenden ein Dropout von 20 % im Input- und 50 % im Hidden-Layer. Diese Aufteilung wird übernommen und weitere 20 % für den Output-Layer verwendet.

Zur Messung der Güte sowie der Wirtschaftlichkeit des trainierten Modells wurde ein speziell entwickeltes Kennzahlensystem kreiert. Die KPI (Key Performance Indicator) wiederum sind abhängig von den Parametern, welche für das Training innerhalb der Plattform genutzt werden. Auf der einen Seite ist die „Accuracy" (Genauigkeit) abhängig von der Worterkennung und dem Loss (Verlust). Letzteres wiederum steht in Abhängigkeit zum Overfitting. Auf der anderen Seite existieren Einflüsse für die Lerngeschwindigkeit wie beispielsweise die Anzahl der Iterationen, die verwendete Learning Rate oder die Länge der Rezensionen. Neben den direkten Einflüssen der Parameter auf die übergeordneten KPI existieren weitere Wechselwirkungen zwischen Modellgüte und Lerngeschwindigkeit. Die Worterkennungsrate liegt bei allen Datensätzen bereits bei 99 %. Durch eine hohe Accuracy und eine möglichst geringe Abweichung im Testing kann ein Overfitting ausgeschlossen werden. Die Accuracy für die Nützlichkeitswertungen liegt im gewünschten Bereich von etwa 80 %. Auch wenn der Eindruck entstehen kann, dass eine Accuracy von etwa 60 % für Sternewertungen etwas niedrig erscheinen mag, ist dies ein sehr gutes Ergebnis. Hier ist zu beachten, dass bei fünf Labels für eine korrekte Klassifizierung lediglich eine statistische Wahrscheinlichkeit von 20 % vorliegt, wenn man von zufälliger Auswahl ausgeht. Somit ist dieser Wert durch das Training um den Faktor 3 (200 %) gestiegen.

31.3.3 Textbasierte Aspekte

Untersuchung textbasierter Merkmale

Die Basis zur Analyse natürlicher Sprache bildet die CoreNLP-Software der Stanford University, welche auf Manning et al. (2014, S. 55–60) basiert. Die zu ermittelnden Variablen lassen sich in Eigenschaften einer Rezension, charakterisierende Merkmale und beschreibende Attribute unterteilen.

- **Eigenschaften der Rezension**
  Anhand der Anzahl der Token wird die Rezensionslänge ermittelt, welche nach Manning et al. (2018) über den Stanford Tokenizer realisiert ist und in der Variable „Length" hinterlegt wird. Da die Wahrscheinlichkeit eines Rechtschreibfehlers mit der Anzahl der Wörter in einer Rezension steigt, wird diese relativ durch die „WSR" (Wrong Spelling Ratio) wiedergegeben. Die Rechtschreibprüfung erfolgt mittels Hunspell, welche laut Németh (2018) unter anderem auch im OpenOffice und mehreren Web-Browsern zum Einsatz kommt. Für die Ermittlung der Lesbarkeit wird sowohl der ARI (Automated Readability Index), veröffentlicht durch Senter und Smith (1967, S. 1–14), als auch der CLI (Coleman-Liau Index), entwickelt durch Coleman und Liau (1975, S. 283–284), verwendet. Eine Validierung des ARIs ist anhand technischer Dokumente durch Smith und Kincaid (1970, S. 457–564) erfolgt. Zur Vermeidung von Seiteneffekten werden beide Verfahren durch das arithmetische Mittel kombiniert und auf einer Skala von eins bis 20 normiert. Die Variable für

diesen Wert lautet „CRI“ (Combined Readability Index). Für die Ermittlung des Sentiments wird die gleichnamige Funktion der CoreNLP-Software der Stanford University genutzt und an die Variable „Sentiment“ übergeben. Die von Socher et al. (2013, S. 1631–1642) entwickelte Skala verfügt über fünf Klassen und reicht von null (sehr negativ) bis vier (sehr positiv).

- **Charakterisierende Merkmale**
  Für die nun folgenden Variablen werden die gleichen POS-Tags verwendet, welche auch in dem Penn-Treebank-Projekt der University of Pennsylvania nach Marcus et al. (1993, S. 313–330) genutzt wurden. Für die Ermittlung der Kardinalnummern wird das Tag „CD“ (Cardinal Number) verwendet, womit natürliche Zahlen ermittelt werden. Die Fremdwörter erhalten das Tag „FW“ (Foreign Word), bei denen ebenfalls die Anzahl ermittelt wird. Die Identifikation von Listen erfolgt anhand von Listenelementmarkierungen, welche Buchstaben sowie Nummern enthalten können und mit dem Tag „LS“ (List Item Marker) versehen werden. Symbole werden mit „SYM“ (Symbol) abgekürzt und beinhalten sämtliche mathematischen, wissenschaftlichen oder technischen Symbole. Für eine spezifischere Definition des POS-Taggings wird auf die Guideline für das „Penn Treebank Project“ von Santorini (1990, S. 1–32) verwiesen.
- **Beschreibende Attribute**
  Zur Identifikation für Adjektive, welche im vergleichenden Kontext stehen, wird das Tag „JJR“ (Adjective, comparative) verwendet. Für Adjektive im Superlativ wird das Tag „JJS“ (Adjective, superlative) genutzt. Adverbien in vergleichender Form erhalten das Tag „RBR“ (Adverb, comparative) und Adverbien im Superlativ das Tag „RBS“ (Adverb, superlative). Auch bei den beschreibenden Attributen wird für eine genauere Erläuterung des POS-Taggings auf die Guideline für das „Penn Treebank Project“ von Santorini (1990, S. 1–32) referenziert.

Statistische Analyse

Die deskriptive Analyse sowie die Bestimmung der Lagemaße lassen vermuten, dass keine Normalverteilung vorliegt. Diese Annahme wird mit dem Anderson-Darling-Test bestätigt. Zur Annäherung werden die linkssteilen bzw. rechtsschiefen Daten logarithmisch transformiert. Mithilfe des Wilcoxon-Mann-Whitney-Tests kann überprüft werden, ob signifikante Unterschiede bestehen und somit die Attribute von Interesse sind. Damit mögliche Effekte einer Variablen zugeordnet werden können, wird als nächstes mittels Korrelationsanalyse überprüft, inwieweit jene voneinander unabhängig sind. Hierbei liegt nach Aeppli et al. (2016, S. 302) das Augenmerk auf den Korrelationskoeffizienten. Für die Sternewertung wird die logistische Regression verwendet, welche sich wie folgt gestaltet:

$$\begin{aligned} Stars = {} & \beta_0 + \beta_1 * Length + \beta_2 * WSR + \beta_3 * CRI \\ & + \beta_4 * Sentiment + \beta_5 * CD + \beta_6 * FW + \beta_7 * LS + \beta_8 * SYM \\ & + \beta_9 * JJR + \beta_{10} * JJS + \beta_{11} * RBR + \beta_{12} * RBS + \varepsilon \end{aligned}$$

Für die Nützlichkeitswertung wird das Tobit-Modell nach Tobin (1958, S. 24–36) verwendet, welches eine Regression von einer abhängigen Variablen mit zensiertem Wertebereich durchführt. Dieses Modell ist besonders geeignet, da bei Amazon eine Rezension lediglich als hilfreich oder als nicht hilfreich bewertet werden kann, welches wie bei Mudambi und Schuff (2010, S. 185–200), Liu und Park (2015, S. 140–151) sowie Wu (2017, S. 92–103) als eine eins oder eine null kodiert wird. Es besteht keine Möglichkeit eine Rezension als ungeeignet zu bewerten, welches einen Wert kleiner null darstellen würde. Nach Amemiya (1985, S. 360 ff.) und Long (1997, S. 187 ff.) liefert die Tobit-Regression adäquate Ergebnisse und findet daher Verwendung. Die Regression für die Nützlichkeitswertung ist wie folgt gestaltet:

$$\begin{aligned} Helpfulness = {} & \beta_0 + \beta_1 * Length + \beta_2 * WSR + \beta_3 * CRI \\ & + \beta_4 * Sentiment + \beta_5 * CD + \beta_6 * FW + \beta_7 * LS + \beta_8 * SYM \\ & + \beta_9 * JJR + \beta_{10} * JJS + \beta_{11} * RBR + \beta_{12} * RBS + \varepsilon \end{aligned}$$

Um sicherzustellen, dass die Ergebnisse valide sind, wird die Güte des Modells gemessen. Im Rahmen der Sternewertungen wird für die Messung der Modellgüte das Pseudo-Bestimmtheitsmaß nach McFadden (1973, S. 105–142) und für die Nützlichkeitswertung das Verfahren nach Efron (1978, S. 113–121) verwendet.

Für die Analyse der Produkttypen wird analog vorgegangen. Der einzige Unterschied besteht darin, dass der Produkttyp als moderierende Variable mit in die Regression aufgenommen wird. Eine null repräsentiert die Suchgüter, wohingegen eine eins für die Erfahrungsgüter steht. Da ein Moderator nach Baron und Kenny (1986, S. 1173–1182) gegebene Effekte lediglich verstärkt oder abschwächt, ist es erforderlich, dass das Attribut selbst eine Signifikanz aufzeigt.

31.3.4 Psychologische Aspekte

Untersuchung psychologischer Merkmale

Für die Analyse der psychologischen Aspekte werden drei weitere Funktionen der Plattform genutzt, welche für die Operationalisierung der Daten notwendig sind und im Folgenden erläutert werden.

- **Erstellung einer Wortfamilie**
  Mithilfe von GloVe können semantische sowie syntaktische Wortfamilien und auch Synonyme ermittelt werden. Ermöglicht wird dies durch den von Pennington et al. (2014, S. 1532–1543) entwickelten Aufbau des Vector-Spaces, bei dem Wörter, welche im gleichen Kontext verwendet werden, an ähnlicher Position stehen.
- **Klassifikation einer Rezension**
  Über einen Export können sämtliche Rezensionen und die dazugehörige Klassifikation ausgegeben werden. Für die Analyse der psychologischen Aspekte wird

dieser Export durch die technischen Index-Werte der Wortfamilien erweitert. Auf diese Weise kann analysiert werden, inwieweit psychologische Aspekte einen Einfluss auf die Klassifikation der Rezension haben.

- **Delta der Wortklassifikationen**
  Neben der Messung auf Rezensionsebene, werden auch mögliche Effekte auf Ebene eines einzelnen Wortes überprüft. Hierbei wird eine Rezension in sogenannte Timesteps, Token für Token unterteilt, sodass eine Klassifikation eines einzelnen Wortes ermöglicht wird.

Erforschung psychologischer Effekte

Für die Analyse der psychologischen Effekte werden zunächst die Wortfamilien „vertraute Personen" und „farbliche Aspekte" erstellt. Für vertraute Personen (engl. familiar people, kurz „fam") wird das Wort „family" und für die Identifikation von farblichen Aspekten (engl. color aspects, kurz „col") das Wort „red" verwendet. Die Reichweite wird auf die 200 Nachbarn mit der geringsten Distanz begrenzt, bei der bedarfsgerechte Justierungen vorgenommen werden. Für die Untersuchung der psychologischen Effekte wird schrittweise auf zwei Aggregationsebenen analysiert. Dies hat den Vorteil, dass ein Abgleich von Effekten auf höherer mit Effekten auf kleinerer Ebene ermöglicht wird. Es wird untersucht, inwieweit sich Rezensionen hinsichtlich der Klassifizierung unterscheiden, wenn ein Element aus der Wortfamilie vorhanden oder nicht vorhanden ist. Diese Analyse steht repräsentativ für den höheren Aggregationslevel. Das Pendant dieser Analyse stellt die Untersuchung der Klassifizierung des einzelnen Wortes dar. In diesem Fall wird jedoch vorausgesetzt, dass ein Element aus der Wortfamilie vorhanden ist und hierbei überprüft wird, ob dieses Wort tendenziell zur gewünschten Klassifizierung führt.

Identifikation klassifizierender Satzelemente

Um aufzuzeigen, wie Erkenntnisse mittels ML gewonnen werden können, werden im Folgenden zur Demonstration bewusst fiktive Rezensionen verwendet. Die positiv formulierte Rezension „i like this product very much" wird vom trainierten Modell mit fünf Sternen bewertet. Ausschlaggebend ist hier das Wort „like". Bei der negierten Formulierung „i do not like this product very much" führt die komplette Rezension zur einer 1-Stern-Bewertung. Das Wort „like" zeigt durch die Negation eine entgegengesetzte Tendenz von „1" auf. Bei der negativ formulierten Rezension „it is a bad product" erhält das Wort „bad" ein Delta von zwei und die Gesamtrezension wird mit nur einem Stern bewertet. In der negativ negierten Formulierung „it is not a bad product" erhält das Wort „bad" ein Delta von drei, welches auch die Gesamtbewertung der Rezension widerspiegelt. Zwar ist der Einfluss der Negation schwächer als im positiv formulierten Rezensionspaar, jedoch ist zu beachten, dass der Ausdruck „not bad" nicht unbedingt einer sehr guten Bewertung entsprechen muss.

31.3.5 Neurologische Aspekte

Untersuchung neurologischer Merkmale
Für die Analyse des neuronalen Netzes wird zum einen die Hauptkomponentenanalyse für die Ermittlung von gewünschten Effekten und zum anderen die Regression für die Ermittlung von signifikanten Dimensionen verwendet. Für beide Analysen wird ein trainiertes Modell vorausgesetzt. Es folgt die Beschreibung der Operationalisierung.

- **Hauptkomponentenanalyse**
  Zur besseren Übersicht sollen nach Bereinigung der Daten (unter anderem Duplikate) etwa 100 Token verfügbar sein. Hierfür wird nach Wörtern gefiltert, dessen Delta-Klassifikation den Wert „2“ für positiv oder nützlich annimmt und der Delta-Wert möglichst hoch ist. Bei Sternewertungen werden für vertraute Personen und farbliche Aspekte jeweils 0,5 und bei Nützlichkeitswertungen für vertraute Personen der Schwellwert 2,0 sowie 2,7 für farbliche Aspekte verwendet.
- **Dimensionsanalyse**
  Für die Identifikation der signifikanten Dimensionen werden sowohl statistische Analysen als auch Funktionen des MLs verwendet. Hierbei bildet die Basis ein trainiertes neuronales Netzwerk mit adäquater Güte. Es wird das gesamte Wörterbuch inklusive der zugehörigen Klassifikation exportiert. Mittels einer multiplen Regressionsanalyse können signifikante Dimensionen identifiziert werden.

Identifikation von Aspekten mit gewünschter Klassifikation
Um zu überprüfen, welche Aspekte einen möglichst großen positiven Effekt auf das Erreichen einer gewünschten Klassifikation bewirken, wird zunächst das zuvor beschriebene Verfahren zur Klassifikation einzelner Wörter verwendet. Zur Steigerung der Aussagekraft werden bei Bedarf hinderliche Wörter, wie beispielsweise Füllwörter, entfernt. Um von den identifizierten Wörtern auf Aspekte schließen zu können, werden die relevanten Wörter mithilfe einer Hauptkomponentenanalyse in Cluster zusammengefasst. Zur besseren Übersicht wird die Menge der Wörter auf etwa die TOP 100 mit den stärksten Effekten reduziert.

31.4 Ergebnisse

31.4.1 Analyse der Sternewertung

Betrachtung der textbasierten Merkmale
Zur Erstellung der Regression wird ein schrittweises Vorgehen angewendet, bei dem zunächst die Eigenschaften einer Rezension, dann die charakterisierenden Gesichtspunkte und anschließend die beschreibenden Wortarten hinzugefügt werden, welches

in Tab. 31.1 ersichtlich ist. Im ersten Schritt werden die Attribute überprüft, welche die Eigenschaften einer Rezension beschreiben. Bereits hier verfügt das Modell über eine Güte von über 0,2. Durch ein weiteres Hinzufügen charakterisierender Merkmale kann die Modellgüte leicht gesteigert werden. Alle Attribute zeigen zu diesem Zeitpunkt eine hohe Signifikanz auf. Erst durch die Aufnahme der beschreibenden Attribute schwindet die Signifikanz für Kardinalnummern bei wechselndem Vorzeichen. Die neu hinzugefügten Attribute beschreiben das Modell jedoch insgesamt besser, welches an dem erneut gestiegenen Bestimmtheitsmaß zu erkennen ist.

Überprüfung der psychologischen Eigenschaften

Innerhalb des Trainingsdatensatzes für vertraute Personen verfügt der überwiegende Teil der Rezensionen (83,5 %) über eine positive Sternewertung. In der Detailanalyse, welche sich in Tab. 31.2 befindet, wird überprüft, ob die Erwähnung von vertrauten Personen die Sternewertung beeinflusst.

Anhand der Daten ist zu erkennen, dass hier ein kleiner positiver Effekt (87,0 %) zu vermerken ist. Bei der Überprüfung, inwieweit dieser Anteil durch die Erwähnung von vertrauten Personen zu erklären ist, kann aufgezeigt werden, dass knapp ein Drittel (30,1 %) einen positiven Beitrag leisten.

Innerhalb der Trainingsdaten für farbliche Aspekte ist der überwiegende Anteil der Rezensionen positiv (83,5 %). Die Anzahl positiver Rezensionen, in denen farbliche

Tab. 31.1 Ergebnisse der logistischen Regression

Attribut	Eigenschaften	Charakter	Beschreibung
Rezensionslänge	−0,050067[c]	−0,064632[c]	−0,072229[c]
Rechtschreibfehler	0,093538[c]	0,086303[c]	0,086423[c]
Lesbarkeit	0,182177[c]	0,182414[c]	0,180700[c]
Sentiment	3,371760[c]	3,374291[c]	3,365646[c]
Kardinalzahl	–	0,042893[c]	−0,000974
Fremdwort	–	0,188785[c]	0,181127[c]
Listenelement	–	−0,152869[c]	−0,188549[c]
Symbol	–	0,166653[c]	0,130363[c]
Adjektiv – Vergleich	–	–	0,047510[c]
Adjektiv – Superlativ	–	–	0,244537[c]
Adverb – Vergleich	–	–	0,080825[c]
Adverb – Superlativ	–	–	0,452809[c]
McFadden's R^2	0,227464	0,227756	0,228178

Kodierung des Signifikanzniveaus: [c] = 0,001; [b] = 0,01; [a] = 0,05

Tab. 31.2 Analyse vertrauter Personen für Sternewertungen

Rezension	Total	Negativ	Anteil (%)	Positiv	Anteil (%)
Vertraute kommen vor (Unikate)	122.596	15.962	13,0	106.634	87,0
Negative Bewertungen	20.114	16.256	80,8	3.858	19,2
Positive Bewertungen	123.743	84.331	68,2	39.412	31,8
Summe der Bewertungen	143.857	100.587	69,9	43.270	30,1

Aspekte vorkommen, ist tendenziell etwas geringer (79,3 %), jedoch sind knapp drei Viertel (72,8 %) positiv bewertet, welches in Tab. 31.3 ersichtlich ist.

Erforschung der neuronalen Perspektive

Innerhalb der Analyse sind mehrere Cluster zu erkennen, welche sich zu zwei Hauptclustern zusammenführen lassen. Das eine Cluster repräsentiert Aspekte in Bezug auf das Produkt und das andere Cluster die Interpretation des Reviewers. Innerhalb der vertrauten Personen können für ersteres Cluster Subkategorien wie „positive Ausprägungen", „Bezug zum Preis", „Besonderheiten des Produkts" und „wertvolle Aspekte" identifiziert werden. Für letzteres Cluster ist eine Unterteilung in die Subcluster wie „Stimmung", „visuelle oder akustische positive Emotionen" und „positive Assoziationen" möglich. In der Analyse der farblichen Aspekte sind identische Hauptcluster zu erkennen. Ersteres lässt sich in „Ausprägungen des Produkts", „farbliche Aspekte" und „Besonderheiten des Produkts" aufteilen. Die Interpretation des Reviewers umfasst die „Stimmung", erneut „visuelle und akustische Aspekte" und „Aspekte des Lebens".

Der überwiegende Teil (82,0 %) der Dimensionen wird als hoch signifikant angesehen. Lediglich die Dimension 35 wird als sehr signifikant eingestuft. Die Dimensionen 19, 21 und 31 werden als signifikant klassifiziert. Die Dimensionen 10, 13, 30, 47 und 49 zeigen innerhalb der Regression keine signifikanten Merkmale auf. Die hohe Anzahl der signifikanten Dimensionen hängt mit der Anzahl der Labels zusammen. Sobald ein Label abweicht, liegt eine Signifikanz vor.

Tab. 31.3 Analyse farblicher Aspekte für Sternewertungen

Rezension	Total	Negativ	Anteil (%)	Positiv	Anteil (%)
Vertraute kommen vor (Unikate)	66.096	13.670	20,7	52.426	79,3
Negative Bewertungen	19.568	6.661	34,0	12.907	66,0
Positive Bewertungen	71.175	18.039	25,3	53.136	74,7
Summe der Bewertungen	90.743	24.700	27,2	66.043	72,8

Begutachtung der aufgestellten Annahmen

- **Stilistische Merkmale**
  Die Analysen zeigen auf, dass kürzere Rezensionen eher zu einer positiven Sternewertung führen. Die Annahme, dass mehr Rechtschreibfehler zu einer besseren Rezension führen sollen, kann bestätigt werden. Eine mögliche Erklärung hierzu erfolgt in der Diskussion. Ebenso kann bestätigt werden, dass ein höheres sprachliches Niveau im Sinne der Lesbarkeit eher zu positiveren Sternewertungen führt. Dass eine positive Stimmungslage eher in positiven Sternewertungen ersichtlich ist, erscheint logisch, ist nun jedoch auch statistisch nachvollziehbar. Die Analyse hinsichtlich der Kardinalzahlen verfügt über keine Signifikanz, sodass die Annahme nicht bestätigt werden kann. Hingegen führt die Verwendung von Fremdwörtern eher zu einer positiven Sternewertung. Ein steigendes Aufführen von Listenelementmarkierungen hat eher eine negative Sternewertung zur Folge. Die Verwendung von Symbolen, zu denen auch Smileys gehören, führen wiederum eher zu positiven Sternewertungen. Die Verwendung von vergleichenden Adjektiven und Adverbien sowie von Adjektiven und Adverbien im Superlativ tendieren eher zu einer positiven Sternewertung.
- **Psychologische und neurologische Indikatoren**
  Zwar führen Rezensionen mit Bezug zu vertrauten Personen eher zu einer positiven Wertung (87,0 %), jedoch ist dies nicht ausschließlich auf jene zurückzuführen (30,1 %). Anders sieht dies in Bezug auf Analysen aus, bei jener der Effekt hinsichtlich farblicher Aspekte untersucht wird. Der Anteil der Rezensionen mit farblichen Aspekten tendiert weniger häufig zu einer positiven Rezension (79,3 %). Die repräsentativen Wörter erreichen jedoch überwiegend eine positive Bewertung (72,8 %). Hinsichtlich der Dimensionen sind alle bis auf fünf signifikant. Ob manche Farben zu einer positiven und andere zu einer negativen Bewertung führen, bedarf einer eingehenderen Untersuchung.

31.4.2 Betrachtung der Nützlichkeitswertung

Erörterung rezensionsbasierter Charakteristiken

Zur Durchführung der Tobit-Regression wird analog zur logistischen Regression schrittweise vorgegangen. Zunächst werden die Attribute, welche die Eigenschaften einer Rezension darstellen, hinzugefügt. Alle Attribute sind hoch signifikant, wobei die Rechtschreibfehlerquote ein negatives Vorzeichen aufweist. Bereits jetzt weist das Gütemaß von Efron einen Wert von weit über 0,2 auf, welches als hoch angesehen werden kann. Sowohl die Kardinalzahlen als auch die Fremdwörter zeigen eine hohe Signifikanz auf, wohingegen Listenelementmarkierungen und Symbole nicht bzw. weniger signifikant sind. Hierbei ist zu beachten, dass der p-Wert für die Symbole bereits in der Korrelation nicht signifikant war und daher mit Vorsicht zu interpretieren ist. Im letzten Schritt werden beschreibende Wortarten in das Regressionsmodell eingefügt. Adjektive weisen eine höhere Signifikanz als Adverbien auf, dabei sind Superlative tendenziell signifikanter als vergleichende Wortausprägungen. Während der schrittweisen Erweiterung der Regression ist die Güte des Modells von etwa 0,279 auf rund 0,287 stetig angestiegen. Die beschriebenen Effekte sind in Tab. 31.4 aufzufinden.

Analyse psychologischer Komponenten

Zur Untersuchung von psychologischen Effekten wird die Erwähnung von vertrauten Personen sowie die wahrgenommene Nützlichkeit von farblichen Aspekten untersucht. In dem Trainingsdatensatz liegt ein ausgewogenes Verhältnis der Nützlichkeit für vertraute Personen (51,9 %) vor, welches aus statistischer Sicht zu erwarten war. In der Detailanalyse, welche in Tab. 31.5 ersichtlich ist, kann aufgezeigt werden, dass bei Rezensionen mit vertrauten Personen der Anteil auf knapp zwei Drittel (63,7 %) steigt. Bei Betrachtung der einzelnen Elemente der Wortfamilie fällt der Anteil unter die Hälfte (40,0 %).

Tab. 31.4 Resultate der Tobit-Regression

Attribut	Eigenschaften	Charakter	Beschreibung
Rezensionslänge	0,097493[c]	0,079749[c]	0,082248[c]
Rechtschreibfehler	−0,032262[c]	−0,030060[c]	−0,030135[c]
Lesbarkeit	0,061834[c]	0,067551[c]	0,067890[c]
Sentiment	0,302538[c]	0,302376[c]	0,305174[c]
Kardinalzahl	–	0,032289[c]	0,035729[c]
Fremdwort	–	−0,040275[c]	−0,039116[c]
Listenelement	–	−0,004759	−0,004268
Symbol	–	0,009527[a]	0,011150[a]
Adjektiv – Vergleich	–	–	0,009073[b]
Adjektiv – Superlativ	–	–	−0,032216[c]
Adverb – Vergleich	–	–	−0,008213
Adverb – Superlativ	–	–	−0,017144[a]
Efron's R^2	0,279098	0,285415	0,286822

Kodierung des Signifikanzniveaus: [c] = 0,001; [b] = 0,01; [c] = 0,05

Tab. 31.5 Analyse vertrauter Personen für Nützlichkeitswertungen

Rezension	Total	Negativ	Anteil (%)	Positiv	Anteil (%)
Vertraute kommen vor (Unikate)	6.476	2.353	36,3	4.123	63,7
Negative Bewertungen	6.569	4.012	61,1	2.547	38,8
Positive Bewertungen	3.387	1.960	57,9	1.427	42,1
Summe der Bewertungen	9.946	5.972	60,0	3.974	40,0

Innerhalb des Trainingsdatensatzes für die Nützlichkeitswertung für farbliche Aspekte beträgt der positive Anteil etwa die Hälfte (51,9 %). Der Anteil, in dem farbliche Aspekte erwähnt werden, verfügt über einen nützlichen Anteil von knapp zwei Drittel (63,4 %). Hingegen sinkt der nützliche Anteil bei der Betrachtung einzelner Elemente der Wortfamilie auf gut ein Drittel (37,4 %). Beide Sachverhalte der Detailanalyse sind in Tab. 31.6 ersichtlich.

Untersuchung neuronaler Aspekte

Die in der Analyse identifizierten Cluster stellen ebenfalls die Merkmale des Produkts und die Interpretation des Reviewers dar. Für die Nützlichkeit kommen Hinweise zur Bedienung neu hinzu.

Zu den nützlichen Aspekten mit Bezug zu vertrauten Personen in Hinsicht auf das Produkt zählen das konkrete Nennen des „Produkts- oder dessen Firmennamen", „Aussagen zur Güte des Produkts" und „Beschreibungen der Verbindungsmöglichkeiten". Innerhalb der Bedienung repräsentieren die Subcluster „mögliche Funktionen", „Zugangsmöglichkeiten", „Bedienungsweise" und „Probleme". Bei der Interpretation des Reviewers sind Kategorien wie „Vergleiche mit anderen Produkten", „Gefühlseindrücke", „persönliche Wertungen" und „Angaben zum Preis" ersichtlich.

In Bezug auf farbliche Aspekte sind ebenfalls die zuvor erkannten Hauptcluster vertreten. Hinsichtlich der Merkmale des Produktes können Subcluster wie „Produkteigenschaften" und „Produktbeschreibungen" identifiziert werden. Bei der Verwendung belaufen sich die hilfreichen Aspekte auf die „Funktion und Komponenten" sowie auf die „Bedienung" selbst. Der letzten Gruppierungen bezüglich der Interpretation des Reviewers sind drei Subcluster zugeordnet. Diese reichen von dem „Vergleich der Produkte" über die „Wertung durch andere Reviewers" bis hin zu der „Bewertung des Preises".

Im Vergleich zu der Regression für die Sternewertung sind für die Nützlichkeitswertung gut die Hälfte (54,0 %) der Dimensionen als signifikant identifizierbar. Der Anteil der hoch signifikanten Dimensionen beträgt knapp ein Drittel (32,0 %), die sehr signifikanten Dimensionen stellen exakt zehn Prozent dar und zwölf Prozent der Dimensionen sind signifikant. Zu den TOP-10-Werten mit der höchsten Signifikanz gehören die Dimensionen 4, 6, 19, 22, 27, 39, 41, 42, 45 und 48.

Tab. 31.6 Analyse farblicher Aspekte für Nützlichkeitswertungen

Rezension	Total	Negativ	Anteil (%)	Positiv	Anteil (%)
Vertraute kommen vor (Unikate)	7.868	2.876	36,6	4.992	63,4
Negative Bewertungen	8.746	5.613	64,2	3.133	35,8
Positive Bewertungen	4.549	2.712	59,6	1.837	40,4
Summe der Bewertungen	13.295	8.325	62,6	4.970	37,4

Validierung der Analysen

Der Anteil der als nützlich bewerteten Rezensionen beträgt in dem Trainingsdatensatz etwas mehr als die Hälfte (51,9 %). Anhand der statistischen Analysen ist zu erkennen, dass, sofern in einer Rezension eine vertraute Person erwähnt wird, ein Anstieg der Nützlichkeit nachgewiesen werden kann (63,7 %). Auf Basis der Analyse mittels des neuronalen Netzes kann dieser Effekt jedoch nur bedingt der Erwähnung der vertrauten Personen zugesprochen werden (40,0 %), wodurch jene nicht die Ursache dieses Effekts darstellen.

Bei den Analysen mit Bezug auf einen farblichen Aspekt werden im Trainingsdatensatz gut die Hälfte (51,9 %) der Rezensionen als nützlich erachtet. Die Teilmenge der als nützlich bewerteten Rezensionen innerhalb der statistischen Analysen steigt auf knapp zwei Drittel (63,4 %). Anhand der Analyse mittels ML ist jedoch ersichtlich, dass die Erwähnung von farblichen Aspekten zu gut einem Drittel (37,4 %) als nützlich angesehen wird und sich weniger als ausschlaggebender Effekt erweist.

Anhand der Analysen der Dimensionen ist zu erkennen, dass mehr als die Hälfte (54,0 %) einen signifikanten Einfluss haben.

31.4.3 Prüfung der Einflüsse nach Produkttypen

Vergleich der Attributeffekte mit der Produkttypsignifikanz

Zur besseren Übersicht werden die Erkenntnisse für die Sternewertungen in Tab. 31.7 zusammenfassend aufgezeigt. Anhand des ausgewiesenen Signifikanzniveaus in der zweiten Spalte ist zu erkennen, dass die Moderation des Produkttyps einen Effekt auf sämtliche Attribute bis auf die Verwendung von Symbolen hat. Die Wortarten im Superlativ erfahren hierbei jedoch eine geringere Signifikanz. Innerhalb der Produkttypen zeigen die Kardinalzahlen für Suchgüter sowie die vergleichenden Adverbien für Erfahrungsgüter ein geringeres und die Verwendungshäufigkeit von Fremdwörtern sowie von Adverbien im Superlativ jeweils für Suchgüter kein Signifikanzniveau auf. Alle anderen Attribute sind hoch signifikant. Die Modellgüte ist in allen drei Fällen über 0,2 und somit als gut zu interpretieren.

In Analogie zu den Sternewertungen folgt in Tab. 31.8 die Übersicht der Nützlichkeitswertungen. Bei den Attributen ist zu beobachten, dass der überwiegende Teil der charakterisierenden Merkmale und der beschreibenden Wortarten keine Signifikanz hinsichtlich des Produkttyps aufweisen. Die Adverbien im Superlativ und die Lesbarkeit sind als sehr signifikant gekennzeichnet. Alle anderen Attribute zeigen eine hohe Signifikanz in Bezug auf den Produkttypen auf. Werden nun die Such- und Erfahrungsgüter miteinander verglichen, ist erkennbar, dass diese überwiegend über das gleiche Vorzeichen je Attribut verfügen, sofern der Produkttyp eine Signifikanz aufzeigt. Die einzige Ausnahme stellen die Adverbien im Superlativ dar. Hier ist jedoch zu erkennen, dass der Wert für Erfahrungsgüter keine Signifikanz aufzeigt und somit nicht relevant für die weitere Auswertung ist. Die Modellgüte weist auch in dieser Analyse ein stabiles Niveau über 0,2 auf.

Tab. 31.7 Analyse des Einflusses der Produkttypen für Sternewertungen

Attribut	Gesamt N=1.681.478	Suchgüter n=428.324	Erfahrungsgüter n=1.253.154
Produkttyp	−0,358573[c]	–	–
Rezensionslänge	0,248802[c]	−0,261171[c]	−0,012370[c]
Rechtschreibfehler	−0,040080[c]	0,109879[c]	0,069799[c]
Lesbarkeit	−0,294814[c]	0,407777[c]	0,112963[c]
Sentiment	−0,235967[c]	3,554014[c]	3,318047[c]
Kardinalzahl	0,068007[c]	−0,028963[b]	0,039044[c]
Fremdwort	0,217485[c]	0,013312	0,230797[c]
Listenelement	−0,038613[c]	−0,174132[c]	−0,212745[c]
Symbol	−0,059160	0,157661[c]	0,098501[c]
Adjektiv – Vergleich	−0,614611[c]	0,449146[c]	−0,165465[c]
Adjektiv – Superlativ	−0,083238[a]	0,289202[c]	0,205964[c]
Adverb – Vergleich	−0,571174[c]	0,521292[c]	−0,049882[a]
Adverb – Superlativ	0,389416[a]	0,103436	0,492853[c]
McFadden's R^2	0,230853	0,247036	0,223488

Kodierung des Signifikanzniveaus: [c] = 0,001; [b] = 0,01; [a] = 0,05

Tab. 31.8 Analyse des Einflusses der Produkttypen für Nützlichkeitswertungen

Attribut	Gesamt n=55.007	Suchgüter n=12.789	Erfahrungsgüter n=42.218
Produkttyp	−0,152110[c]	–	–
Rezensionslänge	−0,017939[c]	0,100333[c]	0,082655[c]
Rechtschreibfehler	−0,012903[c]	−0,012438[c]	−0,025350[c]
Lesbarkeit	0,015160[b]	0,058999[c]	0,074298[c]
Sentiment	0,062479[c]	0,256323[c]	0,318999[c]
Kardinalzahl	0,026803[c]	0,000810	0,027556[c]
Fremdwort	−0,016351	−0,024276[c]	−0,040680[c]
Listenelement	−0,006315	−0,007205	−0,013527
Symbol	0,015619	−0,003530	0,012066
Adjektiv – Vergleich	0,002667	−0,012888[b]	−0,010315[b]
Adjektiv – Superlativ	0,003238	−0,015215[a]	−0,012052[b]
Adverb – Vergleich	0,006218	−0,006792	−0,000622
Adverb – Superlativ	0,060493[b]	−0,046754[a]	0,013701
Efron's R^2	0,330567	0,238948	0,304450

Kodierung des Signifikanzniveaus: [c] = 0,001; [b] = 0,01; [a] = 0,05

Betrachtung der psychologischen Perspektive

Im direkten Vergleich der Güterarten für Sternewertungen ist der Anteil der positiven Bewertungen für Erfahrungsgüter mit 84,4 % marginal größer als bei den Suchgütern mit 81,4 %. Auch in der Detailanalyse hinsichtlich der vertrauten Personen stellen die Erfahrungsgüter den größeren positiven Anteil mit 45,0 % dar und die Suchgüter zeigen 19,4 % auf. Bei den farblichen Aspekten zeigen die Erfahrungsgüter hingegen einen leicht kleineren positiven Anteil von 55,3 % und bei den Suchtgütern einen Anteil von 56,9 % auf.

Bei der Analyse von Nützlichkeitswertungen nach Produkttyp sind die positiven Effekte bei Suchgütern mit 68,1 % stärker ausgeprägt als bei den Erfahrungsgütern mit 44,8 %. Innerhalb der Detailanalyse für vertraute Personen ist ein ähnliches Verhältnis mit 57,2 % für Suchgüter und 40,1 % für Erfahrungsgüter zu beobachten. Bei den farblichen Aspekten beträgt der positive Anteil für Suchgüter 59,0 % und der Anteil für die Erfahrungsgüter 57,1 %.

Verfolgung neuronaler Interdependenzen

Von den 50 Dimensionen des verwendeten Wörterbuches zeigen bei Sternewertungen für Suchgüter fünf (10,0 %) keine Signifikanz auf und 45 (90,0 %) werden als hoch signifikant klassifiziert. Bei den 50 Dimensionen des verwendeten Wörterbuches der Sternewertungen für Erfahrungsgüter zeigen vier Dimensionen (8,0 %) keine Signifikanz auf, wohingegen die übrigen 46 Dimensionen (92,0 %) mit unterschiedlichem Niveau signifikant sind. Hiervon wiederum sind zwei Dimensionen (4,0 %) signifikant, eine (2,0 %) sehr signifikant und 43 (86,0 %) verfügen über ein hoch signifikantes Niveau.

Innerhalb der Nützlichkeitswertung gestaltet sich die Verteilung etwas anders. Hier verfügen von den 50 Dimensionen 35 (70,0 %) über ein unterschiedliches Signifikanzniveau. Von den Dimensionen des klassifizierten Wörterbuches bei Nützlichkeitswertungen für Suchgüter zeigen 25 (50,0 %) keine Signifikanz auf, wohingegen die anderen 25 (50,0 %) eine Signifikanz besitzen. Diese wiederum werden unterteilt in fünf (10,0 %) signifikante, acht (16,0 %) sehr signifikante und zwölf (24,0 %) mit einem hoch signifikanten Niveau. Bei den Erfahrungsgütern sind sieben (14,0 %) nicht signifikant, jedoch verfügen 43 (86,0 %) über eine Signifikanz. Das Niveau ist gestaffelt in einmal (2,0 %) signifikant, viermal (8,0 %) sehr signifikant und 38-mal (76,0 %) hoch signifikant.

Beurteilung der Mutmaßungen

Während bei den Eigenschaften einer Rezension für Sternewertungen stets ein größerer Effekt bei Suchgütern zu beobachten ist, verhält sich dies für charakterisierende Merkmale umgekehrt. Hierbei stellen die Symbole eine Ausnahme dar. Bei den beschreibenden Attributen ist bis auf für Adverbien im Superlativ ein größerer Effekt bei den Suchgüter zu erkennen.

Innerhalb der Nützlichkeitswertung ist für die Eigenschaften einer Rezension sowie die charakterisierenden Merkmale überwiegend ein größerer Effekt für Erfahrungsgüter zu erkennen. Ausgenommen sind die Rezensionslänge, bei der ein Effekt für Suchgüter stärker ausgeprägt ist und die Symbole, welche keine Signifikanz aufweisen. Bei den beschreibenden Attributen zeigen Adjektive und vergleichende Adverbien keine Signifikanz auf. Adverbien im Superlativ sind stärker für Suchgüter ausgeprägt.

Bei der Sternewertung ist ein stärkerer Effekt überwiegend für Erfahrungsgüter zu erkennen. Dies gilt für den allgemeinen Vergleich der Güterarten und bei den vertrauten Personen. Lediglich bei den farblichen Aspekten ist der Effekt bei den Suchgütern etwas stärker ausgeprägt. Bei der Nützlichkeitswertung hingegen ist stets ein größerer Effekt für Suchgüter ersichtlich.

Die Analysen der neuronalen Indikatoren zeigen auf, dass in Bezug auf den Produkttyp unterschiedliche Dimensionen signifikant sind.

31.5 Diskussion

31.5.1 Wissenschaftliche Betrachtung

Textbasierte Aspekte

Hinsichtlich der Rezensionslänge in Bezug auf Sternewertungen kann wie bei Korfiatis et al. (2012, S. 205–217) ein signifikanter Zusammenhang nachgewiesen werden, welcher ein negatives Vorzeichen aufweist. Die Beobachtungen von Mudambi und Schuff (2010, S. 185–200), Lee und Choeh (2014, S. 3041–3046) sowie Liu und Park (2015, S. 140–151) hinsichtlich der Nützlichkeitswertung können bestätigt werden, da ein positiver Zusammenhang besteht. Zusätzlich weist Kuan et al. (2015, S. 48–71) darauf hin, dass bei sehr ausführlichen Rezensionen die Nützlichkeit wieder abnimmt. Der Effekt der Rezensionslänge ist bei Suchgütern stets stärker ausgeprägt.

Bei der Quote der Rechtschreibfehler für Sternewertungen ist ein umgekehrter Effekt zu beobachten. Dies könnte daran liegen, dass positive Sternewertungen relativ kurz sind und Wörter wie „niiice“ die Quote beeinflussen. Hinsichtlich der Nützlichkeitswertung kann Cao et al. (2011, S. 511–521) sowie Ghose und Ipeirotis (2011, S. 1498–1512) gefolgt werden, welche besagen, dass eine steigende Anzahl an Rechtschreibfehlern eher zu einer negativen Nützlichkeitswertung führt. Ein größerer Effekt ist für Sternewertungen bei Suchgütern und bei Nützlichkeitswertungen für Erfahrungsgüter ersichtlich.

Ein positiver Effekt der Lesbarkeit ist sowohl bei der Sterne- als auch bei der Nützlichkeitswertung zu beobachten. Nach Chua und Banerjee (2014, S. 1–6) ist ein positiver Effekt für Erfahrungsgüter erkennbar, welcher trotz unterschiedlicher Produktkategorien bestätigt werden kann. Bei Sternewertungen ist der Effekt für Suchgüter größer.

Eine positive Stimmung führt bei der Sternewertung zu positiven Ergebnissen und bei der Nützlichkeitswertung zu einer als nützlich bewerteten Rezension. Die Ergebnisse sind jedoch mit Vorsicht zu genießen, da Baek et al. (2012, S. 99–126) einen negativen, während Salehan und Kim (2014, S. 1–6) einen neutralen Zusammenhang entdeckt haben. Forscher wie Schindler und Bickart (2012, S. 234–243), Chua und Banerjee (2016, S. 547–554) sowie Hu et al. (2017, S. 436–449) zeigen jedoch einen positiven Zusammenhang auf. Dies wird von Ghose und Ipeirotis (2011, S. 1498–1512) gestützt, welche eine Beziehung zwischen Stimmung und Produktverkäufen aufzeigen. Bei den Produkttypen ist der Effekt von dem Untersuchungsgegenstand abhängig.

Die Analyse der charakterisierenden Merkmale einer Rezension ist mittels des POS-Taggings erfolgt. Diese Vorgehensweise wird auch von Hu et al. (2017, S. 436–449), Wu (2017, S. 92–103), Adamopoulos et al. (2018, S. 612–640), Lee et al. (2018, S. 436–445) und Ramiro et al. (2018, S. 2323–2328) genutzt. Diese wird als State-of-the-Art angesehen und wie folgt interpretiert.

Da Kardinalzahlen sowohl positiv als auch negativ sein können, ist kein signifikanter Zusammenhang mit einer Sternewertung erkennbar. Für die Beurteilung einer Nützlichkeitswertung kann jedoch ein positiver Effekt aufgezeigt werden. Dies kann darauf zurückzuführen sein, dass Kardinalzahlen eine Messbarkeit ermöglichen, welche unter anderem in der quantitativen Forschung üblich ist (Kelle et al. 2017, S. 27–63). Ein größerer Effekt ist stets für Erfahrungsgüter ersichtlich.

Die Verwendung von Fremdwörtern führt bei der Untersuchung hinsichtlich der Sterne eher zu einer positiven Wertung. Dies könnte damit zusammenhängen, dass Autoren, die Fremdwörter nutzen, womöglich auch gewählter handeln und sich im Vorfeld genauer überlegen, welches Produkt erworben wird (Leonhardt 1973). Ebenso könnte die Verwendung von Fremdwörtern, je nach Kenntnissen, die Verständlichkeit reduzieren, welches eher zu einer nicht nützlichen Bewertung führt. In beiden Fällen ist der Effekt für Erfahrungsgüter stärker ausgeprägt.

Listenelementmarkierungen führen für Sternewertungen eher weniger zu einer positiven Wertung. Bei der Nützlichkeitswertung ist dieses Attribut nicht signifikant. Dies könnte daran liegen, dass Aufzählungen in der Regel kürzer gefasst sind und für eine Nützlichkeitswertung eher ausführliche Formulierungen gewünscht sind. Ein stärkerer Effekt ist bei Erfahrungsgütern zu erkennen.

Da den Symbolen auch Smileys zugeordnet werden können, ist eine Analogie zur Stimmung denkbar. Sowohl in der Sterne- als auch in der Nützlichkeitswertung ist ein positiver Zusammenhang zu erkennen. Während eine Signifikanz für den Produkttyp bei Nützlichkeitswertungen ausbleibt, ist bei Sternewertungen ein stärkerer Effekt bei Suchgütern aufzufinden.

Die Aufführung von vergleichenden Wortarten führt eher zu einer positiven Wertung und ist bis auf bei Adverbien im Superlativ stärker bei Suchgütern ausgeprägt. Nach Liu et al. (2013, S. 180–194) üben Adjektive und Adverbien einen signifikanten Einfluss auf die Nützlichkeitswertung einer Rezension aus. Dieser Aussage kann zugestimmt werden, wenn von einer zusätzlichen Granularität hinsichtlich der Aufgliederung in „vergleichend" und „Superlativ" abgesehen wird. In den Untersuchungen von Krishnamoorthy (2015, S. 3751–3759) wird veranschaulicht, dass die Verwendung von Adjektiven und Adverbien zu einer als hilfreich klassifizierten Nützlichkeitswertung führen. Innerhalb der Nützlichkeitswertung sind Effekte von vergleichenden Adjektiven und Adverbien im Superlativ für Suchgüter stärker ausgeprägt. Vergleichende Adverbien zeigen keine Signifikanz auf und Effekte für Adjektive im Superlativ sind eher bei Erfahrungsgütern ersichtlich.

Psychologische Aspekte und Neuronale Indikatoren

Innerhalb der Sternewertung führt die Erwähnung von vertrauten Personen eher zu einer positiven Wertung, jedoch ist dies nicht ausschließlich auf diese zurückzuführen. Die Hauptkomponentenanalyse lässt erahnen, dass Aspekte in Bezug auf das Produkt und Interpretationen durch den Reviewer einen höheren Effekt verzeichnen. Hingegen ist für Rezensionen, in denen farbliche Aspekte erwähnt werden, ein positiver Effekt zu erkennen. In Bezug auf den Produkttypen kann für vertraute Personen ein stärkerer Effekt für Erfahrungs- und für farbliche Aspekte ein stärkerer Effekt für Suchgüter verzeichnet werden. Bis auf fünf weisen alle Dimensionen eine Signifikanz auf.

Bei Nützlichkeitswertungen zeigen sowohl vertraute Personen als auch farbliche Aspekte eine vermutete Tendenz auf, jedoch sind andere Effekte in der Hauptkomponentenanalyse stärker vertreten. Bei den vertrauten Personen stehen die Hinweise zur Bedingung und bei den farblichen Aspekten die Interpretation der Reviewer im Vordergrund. Die Suchgüter zeigen einen stets größeren Effekt auf. Mehr als 50 % der Dimensionen sind signifikant.

31.5.2 Implikation für die Praxis

Die Erkenntnisse dieser Arbeit können in vielfältiger Weise in der Praxis eingesetzt werden.

Bedeutung für die Wirtschaft

Zum einen können die Hersteller anhand der Rezensionen durch beispielsweise die Sternewertungen mögliche Defizite bei den von ihnen angebotenen Produkten analysieren. Ebenso könnten Nützlichkeitswertungen Aufschluss über die genauen Bedarfe der Kunden geben. Zum anderen kann das Wissen auch dazu verwendet werden, Rezensionen zu verfassen, welche das Produkt positiv wirken lassen. In diesem Fall bietet die Onlineplattform eine Art Lobby für Influencer. Durch die steigende Bekanntheit könnte dieses Produkt zu einem Top-Seller werden und somit gewünschte Umsätze erzielen. Inwieweit dies auch dem Kunden zugutekommt, wäre fraglich. Prinzipiell können Rezensionen unter Berücksichtigung der hier ermittelten Parameter auch durch Natural Language Generation wie bei Wen et al. (2015, S. 1–11) erstellt oder vorgeschlagen werden.

Erhöhung der Transparenz

Das vorhandene Wissen könnte ebenso zur Verbesserung der Rezensionsgüte verwendet werden. Beispielsweise könnte der vorhandene Leitfaden um gewonnene Erkenntnisse erweitert werden. Somit könnten die Verfasser einer Rezension spezifischer auf den Informationsbedarf der Kunden eingehen und die Informationsasymmetrie zwischen Herstellern und Kunden verkleinern. Dies würde dem Modell des vollkommenen Marktes entgegenkommen. Theoretisch wäre auch der Einsatz von ML-Verfahren direkt beim Verfassen einer Nachricht möglich, welcher entsprechende Hinweise zur Erhöhung der Güte der Rezension liefert. Dies ist jedoch mit Vorsicht zu genießen, da sonst die Meinung des Verfassers „verwischen" könnte.

Universale Einsatzmöglichkeiten
Mittels ML ist somit eine Möglichkeit gegeben, neuronale Netzwerke mit Textbausteinen zu trainieren. Die Klassifikationsmöglichkeit, ob eine Rezension als nützlich oder weniger nützlich eingestuft wird, könnte beispielsweise auch auf Handbücher oder Anleitungen übertragen werden. Dies setzt allerdings voraus, dass eine ausreichende Menge klassifizierter Daten vorliegt. Sollte dies gelingen, könnten entsprechende Analysen, welche bisher nur von Menschen durchgeführt werden konnten, durch Computer unterstützt werden.

31.6 Schlussbetrachtung und Fazit

In der vorliegenden Untersuchung werden definierte Merkmale bezüglich der Sterne- und Nützlichkeitswertung sowie einer möglichen Differenzierung hinsichtlich des Produkttyps untersucht. Da keine kommerzielle Software zur Verfügung stand, welche sämtliche Anforderungen erfüllt, wird zunächst ein Lastenheft für die Entwicklung einer Plattform erstellt und entsprechende Abnahmetests vollzogen.

Bei der Durchführung der Analysen stellt sich heraus, dass die Kombination aus Statistik in Verbindung mit ML ein geeignetes Konstrukt ist, um zielgerichtet neue Erkenntnisse auf Basis von Rezensionen zu erlangen. Während die statistischen Analysen überwiegend auf Ebene der Rezension angewendet werden, ermöglicht das ML auch, Effekte einzelner Wörter innerhalb der Rezension zu analysieren. So können beispielsweise auch im Sinne von Text-Mining-Negationen berücksichtigt werden.

Im Rahmen der psychologischen Aspekte sowie der neuronalen Indikatoren kann für Analysen mit Bezug zu vertrauten Personen zwar stets ein positiver Effekt aufgezeigt werden, jedoch ist dieser nicht generalisierbar. Gegenteiliges ist für farbliche Aspekte bei Sternewertungen zu beobachten. Auch hinsichtlich der signifikanten Dimensionen sind Unterschiede festzustellen. Für die weitere Untersuchung psychologischer Aspekte sind beispielsweise Analysen in Bezug auf die Erwähnung von Ereignissen (z. B. Geburtstag), Tieren, Zeitangaben oder Räumlichkeiten (z. B. Büro) denkbar.

Literatur

Adamopoulos, P., Ghose, A., & Todri, V. (2018). The impact of user personality traits on word of mouth – Text-mining social media platforms. *Information Systems Research, 29*(3), 612–640. https://doi.org/10.1287/isre.2017.0768.

Aeppli, J., Gasser, L., Gutzwiller, E., & Tettenborn, A. (2016). Empirisches wissenschaftliches Arbeiten – Ein Studienbuch für die Bildungswissenschaften (4. Auf.). Stuttgart: UTB-Verlag.

Amazon. (2018). Umsatzentwicklung von Amazon und eBay in den Jahren 2010 bis 2017. https://de.statista.com/statistik/daten/studie/188042/umfrage/umsatzwachstum-von-amazon-und-ebay-zeitreihe/. Zugegriffen: 18. Jan. 2019.

Amemiya, T. (1985). *Advanced econometrics*. Cambridge: Harvard University Press.

Baek, H., Ahn, J., & Choi, Y. (2012). Helpfulness of online consumer reviews: readers' objectives and review cues. *International Journal of Electronic Commerce, 17*(2), 99–126. https://doi.org/10.2753/JEC1086-4415170204.

Baron, R. M., & Kenny, D. A. (1986). The moderator-mediator variable distinction in social psychological research: Conceptual, strategic, and statistical considerations. *Journal of Personality and Social Psychology, 51*(6), 1173–1182. https://doi.org/10.1037/0022-3514.51.6.1173.

Baroni, M., Dinu, G., & Kruszewski, G. (2014). Don't count, predict! A systematic comparison of context-counting vs. context-predicting semantic vectors. In Proceedings of the 52nd annual meeting of the association for computational linguistics, 238–247. https://doi.org/10.3115/v1/P14-1023.

Becker, F. (2019). *Inhaltstheorien der Motivation. In Mitarbeiter wirksam motivieren*. Berlin: Springer.

Bengio, Y. (2012). Practical recommendations for gradient-based training of deep architectures. Lecture notes in computer science (including subseries lecture notes in artificial intelligence and lecture notes in bioinformatics), 437–478. https://doi.org/10.1007/978-3-642-35289-8-26.

Bishop, C. M. (2006). *Pattern recognition and machine learning*. (M. Jordan, J. Kleinberg, & B. Schölkopf, Hrsg.). New York: Springer Science + Business Media.

Blocks. (2015). Adam. https://blocks.readthedocs.io/en/latest/api/algorithms.html. Zugegriffen: 5. Jan. 2019.

Brownlee, J. (2017). A gentle introduction to mini-batch gradient descent and how to configure batch size. https://machinelearningmastery.com/gentle-introduction-mini-batch-gradient-descent-configure-batch-size/. Zugegriffen: 5. Jan. 2019.

Caffe. (2018). Adam. http://caffe.berkeleyvision.org/tutorial/solver.html. Zugegriffen: 5. Jan. 2019.

Cao, Q., Duan, W., & Gan, Q. (2011). Exploring determinants of voting for the „helpfulness" of online user reviews: A text mining approach. *Decision Support Systems, 50*(2), 511–521. https://doi.org/10.1016/j.dss.2010.11.009.

Chen, Y.-L., Tang, K., Wu, C.-C., & Jheng, R.-Y. (2014). Predicting the influence of users' posted information for eWOM advertising in social networks. *Electronic Commerce Research and Applications, 13*(6), 431–439. https://doi.org/10.1016/j.elerap.2014.10.001.

Chua, A. Y. K., & Banerjee, S. (2014). Developing a theory of diagnosticity for online reviews. In Proceedings of the international multiconference of engineers and computer scientists 2014, I, 1–6. http://www.iaeng.org/publication/IMECS2014/IMECS2014_pp477-482.pdf.

Chua, A. Y. K., & Banerjee, S. (2016). Helpfulness of user-generated reviews as a function of review sentiment, product type and information quality. *Computers in Human Behavior, 54*, 547–554. https://doi.org/10.1016/j.chb.2015.08.057.

Claesen, M., & De Moor, B. (2015). Hyperparameter search in machine learning. MIC 2015: The XIMetaheuristics International Conference, 1–4. http://arxiv.org/abs/1502.02127.

Coleman, M., & Liau, T. L. (1975). A computer readability formula designed for machine scoring. *Journal of Applied Psychology, 60*(2), 283–284. https://doi.org/10.1037/h0076540.
Darby, M. R., & Karni, E. (1973). Free competition and the optimal amount of fraud. *Journal of Law and Economics, 16*(1), 67–88.
Duchi, J., Hazan, E., & Singer, Y. (2011). Adaptive subgradient methods for online learning and stochastic optimization. *Journal of Machine Learning Research, 12,* 2121–2159. https://doi.org/10.1109/CDC.2012.6426698.
Efron, B. (1978). Regression and ANOVA with zero-one data: Measures of residual variation. *Journal of the American Statistical Association, 73*(361), 113–121. https://doi.org/10.1080/01621459.1978.10480013.
Feldman, J. M., & Lynch, J. G. (1988). Self-generated validity and other effects of measurement on belief, attitude, intention, and behavior. *Journal of Applied Psychology, 73*(3), 421–435. http://bear.warrington.ufl.edu/brenner/mar7588/Papers/feldman-lynch88.pdf.
Forman, C., Ghose, A., & Wiesenfeld, B. (2008). Examining the relationship between reviews and sales: The role of reviewer identity disclosure in electronic markets. *Information Systems Research, 19*(3), 291–313. https://doi.org/10.1287/isre.1080.0193.
Gal, Y., & Ghahramani, Z. (2015). A theoretically grounded application of dropout in recurrent neural networks, 1–14. https://doi.org/10.1201/9781420049176.
Ghose, A., & Ipeirotis, P. G. (2011). Estimating the helpfulness and economic impact of product reviews. *IEEE Transactions on Knowledge and Data Engineering, 23*(10), 1498–1512. https://doi.org/10.1109/TKDE.2010.188.
Goodfellow, I., Bengio, Y., & Courville, A. (2016). *Deep learning*. London: MIT Press.
Grice, P. (1975). Logic and conversation. In P. Cole & J. Morgan (Hrsg.), *In speech acts – Syntax and semantics 3* (S. 41–58). New York: Academic. https://doi.org/10.1093/alcalc/agw081.
Hinton, G., Srivastava, N., & Swersky, K. (2012). Lecture 6a – Overview of mini-batch gradient descent. Neural networks for machine learning, 1–31. http://www.cs.toronto.edu/~tijmen/csc321/slides/lecture_slides_lec6.pdf.
Hu, N., Bose, I., Koh, N. S., & Liu, L. (2012). Manipulation of online reviews: An analysis of ratings, readability, and sentiments. *Decision Support Systems, 52*(3), 674–684. https://doi.org/10.1016/j.dss.2011.11.002.
Hu, Y. H., Chen, Y. L., & Chou, H. L. (2017). Opinion mining from online hotel reviews – A text summarization approach. *Information Processing and Management, 53*(2), 436–449. https://doi.org/10.1016/j.ipm.2016.12.002.
Huang, J.-H., & Chen, Y.-F. (2006). Herding in online product choice. *Psychology and Marketing, 23*(5), 413–428. https://doi.org/10.1002/mar.20119.
Jozefowicz, R., Zaremba, W., & Sutskever, I. (2015). An empirical exploration of recurrent network architectures Rafal. In Proceedings of the 32nd international conference on machine learning, 37, 2342–2350. http://proceedings.mlr.press/v37/jozefowicz15.pdf.
Karpathy, A. A. (2018). CS231n: Convolutional neural networks for visual recognition. http://cs231n.github.io/neural-networks-3/. Zugegriffen: 16. Juni 2018.
Kelle, U., Reith, F., & Metje, B. (2017). Empirische Forschungsmethoden. In *Lehrer-Schüler-Interaktion* (Bd. 24, S. 27–63). Wiesbaden: Springer Fachmedien. https://doi.org/10.1007/978-3-658-15083-9_2.
Keras. (2018). Adam. https://keras.io/optimizers/#adam. Zugegriffen: 5. Jan. 2019.
Kingma, D. P., & Ba, J. (2014). Adam: A method for stochastic optimization, 1–15. http://doi.acm.org.ezproxy.lib.ucf.edu/10.1145/1830483.1830503.
Korfiatis, N., García-Bariocanal, E., & Sánchez-Alonso, S. (2012). Evaluating content quality and helpfulness of online product reviews: The interplay of review helpfulness vs. review content.

Electronic Commerce Research and Applications, 11(3), 205–217. https://doi.org/10.1016/j.elerap.2011.10.003.

Krishnamoorthy, S. (2015). Linguistic features for review helpfulness prediction. *Expert Systems with Applications, 42*(7), 3751–3759. https://doi.org/10.1016/j.eswa.2014.12.044.

Kristiadi, A. A. (2018). Beyond SGD – Gradient descent with momentum and adaptive learning rate. https://wiseodd.github.io/techblog/2016/06/22/nn-optimization/. Zugegriffen: 16. Juni 2018.

Kuan, K. K. Y., Hui, K.-L., Prasarnphanich, P., & Lai, H.-Y. (2015). What makes a review voted? An empirical investigation of review voting in online review systems. *Journal of the Association for Information Systems, 16*(1), 48–71. https://aisel.aisnet.org/cgi/viewcontent.cgi?article=1700&context=jais.

Lasagne. (2015). Adam. https://lasagne.readthedocs.io/en/latest/modules/updates.html. Zugegriffen: 5. Jan. 2019.

Lee, P. J., Hu, Y. H., & Lu, K. T. (2018). Assessing the helpfulness of online hotel reviews: A classification-based approach. *Telematics and Informatics, 35*(2), 436–445. https://doi.org/10.1016/j.tele.2018.01.001.

Lee, S., & Choeh, J. Y. (2014). Predicting the helpfulness of online reviews using multilayer perceptron neural networks. *Expert Systems with Applications, 41*(6), 3041–3046. https://doi.org/10.1016/j.eswa.2013.10.034.

Leonhardt, R. W. A. (1973). Fremdwörter. https://www.zeit.de/1973/14/fremdwoerter/komplettansicht?print. Zugegriffen: 20. Jan. 2019.

Liu, Y., Jin, J., Ji, P., Harding, J. A., & Fung, R. Y. K. (2013). Identifying helpful online reviews: A product designer's perspective. *Computer-Aided Design, 45*(2), 180–194. https://doi.org/10.1016/j.cad.2012.07.008.

Liu, Z., & Park, S. (2015). What makes a useful online review? Implication for travel product websites. *Tourism Management, 47,* 140–151. https://doi.org/10.1016/j.tourman.2014.09.020.

Long, J. S. (1997). *Regression models for categorical and limited dependent variables*. Thousand Oaks: Sage.

Manning, C., Grow, T., Grenager, T., Finkel, J., & Bauer, J. (2018). Stanford Tokenizer. https://nlp.stanford.edu/software/tokenizer.html. Zugegriffen: 19. Jan. 2019.

Manning, C., Surdeanu, M., Bauer, J., Finkel, J., Bethard, S., & McClosky, D. (2014). The Stanford CoreNLP natural language processing toolkit. In Proceedings of 52nd annual meeting of the association for computational linguistics: System demonstrations, 55–60. https://doi.org/10.3115/v1/P14-5010.

Mappes, J., Marples, N., & Endler, J. (2005). The complex business of survival by aposematism. *Trends in Ecology & Evolution, 20*(11), 598–603. https://doi.org/10.1016/j.tree.2005.07.011.

Marcus, M. P., Marcinkiewicz, M. A., & Santorini, B. (1993). Building a large annotated corpus of english: The Penn treebank. *Computational Linguistics, 19*(2), 313–330. http://aclweb.org/anthology/J93-2004.

Maslow, A. H. (1943). A theory of human motivation. *Psychological Review, 50*(4), 370–396. https://doi.org/10.1037/h0054346.

Masters, D., & Luschi, C. (2018). Revisiting small batch training for deep neural networks, 1–18. http://arxiv.org/abs/1804.07612.

Mayer de Groot, R., Wild, M., Kess, R., & Stupperich, K. (2018). Die unbewusste Macht & Wirkung von Farben in Desing & Marketing – Verblüffende Neuigkeiten der Farbpsychologie, Hirn- & Marktforschung, Behavioral Economics sowie spannende Fallstudien. http://www.mayerdegroot.com/fileadmin/downloads/de/Veroeffentlichungen-2018/Die_unbewusste_Macht_von_Farben_in_Design_und_Marketing.pdf. Zugegriffen: 19. Jan. 2019.

McFadden, D. (1973). Conditional logit analysis of qualitative choice behaviour, 105–142.

Mikolov, T., Sutskever, I., Chen, K., Corrado, G., & Dean, J. (2013). Distributed representations of words and phrases and their compositionality, 1–9. https://doi.org/10.1162/jmlr.2003.3.4-5.951.

Mudambi, & Schuff. (2010). Research note: What makes a helpful online review? A study of customer reviews on Amazon.com. *MIS Quarterly, 34*(1), 185–200. https://doi.org/10.2307/20721420.

MxNet. (2018). Adam. https://mxnet.incubator.apache.org/api/python/optimization/optimization.html. Zugegriffen: 5. Jan. 2019.

Nelson, P. (1970). Information and consumer behavior. *Journal of Political Economy, 78*(2), 311–329. https://doi.org/10.1086/259630.

Németh, L. (2018). Hunspell. http://hunspell.github.io. Zugegriffen: 19. Jan. 2019.

Ngo-Ye, T. L., Sinha, A. P., & Sen, A. (2017). Predicting the helpfulness of online reviews using a scripts-enriched text regression model. *Expert Systems with Applications, 71,* 98–110. https://doi.org/10.1016/j.eswa.2016.11.029.

Okada, E. M. (2005). Justification effects on consumer choice of hedonic and utilitarian goods. *Journal of Marketing Research, 42*(1), 43–53. https://doi.org/10.1509/jmkr.42.1.43.56889.

Otterbacher, J. (2009). „Helpfulness" in online communities. In Proceedings of the 27th international conference on Human factors in computing systems – CHI 09, 955–964. https://doi.org/10.1145/1518701.1518848.

Park, D.-H., & Kim, S. (2008). The effects of consumer knowledge on message processing of electronic word-of-mouth via online consumer reviews. *Electronic Commerce Research and Applications, 7*(4), 399–410. https://doi.org/10.1016/j.elerap.2007.12.001.

Payne, J. W., Bettman, J. R., & Johnson, E. J. (1992). Behavioral decision research: A constructive processing perspective. *Annual Review of Psychology, 43*(1), 87–131. https://doi.org/10.1146/annurev.ps.43.020192.000511.

Pennington, J., Socher, R., & Manning, C. D. (2014). Glove: Global vectors for word representation. In Proceedings of the 2014 Conference on Empirical Methods in Natural Language Processing (EMNLP), 1532–1543. https://doi.org/10.3115/v1/D14-1162.

Prechelt, L. (2012). Early stopping – But when? Lecture notes in computer science (including subseries lecture notes in artificial intelligence and lecture notes in bioinformatics), 7700 LECTU, 53–67. https://doi.org/10.1007/978-3-642-35289-8-5.

Radhakrishnan, P. A. (2017). What are hyperparameters? and how to tune the hyperparameters in a deep neural network? https://towardsdatascience.com/what-are-hyperparameters-and-how-to-tune-the-hyperparameters-in-a-deep-neural-network-d0604917584a. Zugegriffen: 6. Jan. 2019.

Ramiro, C., Srinivasan, M., Malt, B. C., & Xu, Y. (2018). Algorithms in the historical emergence of word senses. *Proceedings of the National Academy of Sciences, 115*(10), 2323–2328. https://doi.org/10.1073/pnas.1714730115.

Rucker, A., & Baier, J. (2012). Motivationsfaktoren für Physiotherapie aus der Sicht des Patienten. *Physioscience, 8*(4), 163–168.

Ruder, S. (2017). An overview of gradient descent optimization algorithms, 1–14. http://arxiv.org/abs/1609.04747.

Salehan, M., & Kim, D. (2014). Predicting the performance of online consumer reviews: A sentiment mining approach. ICIS Proceedings, 1–15. https://doi.org/10.1016/j.dss.2015.10.006.

Santorini, B. (1990). Part-of-speech tagging guidelines for the penn treebank project. https://catalog.ldc.upenn.edu/docs/LDC99T42/tagguid1.pdf.

Saumya, S., Singh, J. P., Baabdullah, A. M., Rana, N. P., & Dwivedi, Y. K. (2018). Ranking online consumer reviews. *Electronic Commerce Research and Applications, 29,* 78–89. https://doi.org/10.1016/j.elerap.2018.03.008.

Schindler, R. M., & Bickart, B. (2012). Perceived helpfulness of online consumer reviews: The role of message content and style. *Journal of Consumer Behaviour, 11*(3), 234–243. https://doi.org/10.1002/cb.1372.

Scholz, M., & Dorner, V. (2013). The recipe for the perfect review? *Business & Information Systems Engineering, 5*(3), 141–151. https://doi.org/10.1007/s12599-013-0259-3.

Senter, R. J., & Smith, E. A. (1967). Automated readability index, 1–14. https://apps.dtic.mil/dtic/tr/fulltext/u2/667273.pdf.

Sharam, S. A. und P. (2017). Epoch vs batch size vs iterations. https://towardsdatascience.com/epoch-vs-iterations-vs-batch-size-4dfb9c7ce9c9. Zugegriffen: 5. Jan. 2019.

Siering, M., & Muntermann, J. (2013). What drives the helpfulness of online product reviews? From stars to facts and emotions. International Conference on Wirtschaftsinformatik, 103–118. https://aisel.aisnet.org/cgi/viewcontent.cgi?article=1006&context=wi2013.

Singh, J. P., Irani, S., Rana, N. P., Dwivedi, Y. K., Saumya, S., & Kumar Roy, P. (2017). Predicting the "helpfulness" of online consumer reviews. *Journal of Business Research, 70,* 346–355. https://doi.org/10.1016/j.jbusres.2016.08.008.

Smith, E. A., & Kincaid, J. P. (1970). Derivation and validation of the automated readability index for use with technical materials. *Human Factors: The Journal of the Human Factors and Ergonomics Society, 12*(5), 457–564. https://doi.org/10.1177/001872087001200505.

Socher, R., Perelygin, A., Wu, J. Y., Chuang, J., Manning, C. D., Ng, A. Y., & Potts, C. (2013). Recursive deep models for semantic compositionality over a sentiment treebank, 1631–1642. https://nlp.stanford.edu/~socherr/EMNLP2013_RNTN.pdf.

Spool, J. M. A. (2009). The magic behind Amazon's 2.7 Billion dollar question. https://articles.uie.com/magicbehindamazon/. Zugegriffen: 5. Jan. 2019.

Srivastava, N., Hinton, G., Krizhevsky, A., Sutskever, I., & Salakhutdinov, R. (2014). Dropout: A simple way to prevent neural networks from overfitting. *Journal of Machine Learning Research, 15,* 1929–1958. http://jmlr.org/papers/volume15/srivastava14a/srivastava14a.pdf.

Statista. (2018). Umsatz im E-Commerce-Markt weltweit im Jahr 2017 sowie eine Prognose bis 2023. https://de.statista.com/themen/2604/e-commerce-weltweit/. Zugegriffen: 18. Jan. 2019.

Sternad, D. (2018). Farbpsychologie: Farben – Ein ideales Manipulationsinstrument. http://www.grafixerin.com/bilder/Farbpsychologie.pdf. Zugegriffen: 9. Dez. 2019.

Surmenok, P. A. und P. (2017). Estimating an optimal learning rate for a deep neural network. https://towardsdatascience.com/estimating-optimal-learning-rate-for-a-deep-neural-network-ce32f2556ce0. Zugegriffen: 5. Jan. 2019.

Tanawongsuwan, P. (2010). Product review sentiment classification using parts of speech. 2010 3rd International Conference on Computer Science and Information Technology, 424–427. https://doi.org/10.1109/ICCSIT.2010.5563883.

TensorFlow. (2018). Adam. https://www.tensorflow.org/api_docs/python/tf/train/AdamOptimizer. Zugegriffen: 5. Jan. 2019.

Tobin, J. (1958). Estimation of relationships for limited dependent variables. *Econometrica, 26*(1), 24–36. https://web.sonoma.edu/users/c/cuellar/econ411/Tobin.pdf.

Torch. (2017). Adam. https://github.com/torch/optim/blob/master/adam.lua. Zugegriffen: 5. Jan. 2019.

Valdez, P., & Mehrabian, A. (1994). Effects of color on emotions. *Journal of Experimental Psychology: General, 123*(4), 394–409. https://doi.org/10.1037/0096-3445.123.4.394.

Wang, X., Tang, L. (Rebecca), & Kim, E. (2018). More than words: Do emotional content and linguistic style matching matter on restaurant review helpfulness? *International Journal of Hospitality Management, 77*(January), 438–447. https://doi.org/10.1016/j.ijhm.2018.08.007.

Weathers, D., Swain, S. D., & Grover, V. (2015). Can online product reviews be more helpful? Examining characteristics of information content by product type. *Decision Support Systems, 79,* 12–23. https://doi.org/10.1016/j.dss.2015.07.009.

Wen, T.-H., Gasic, M., Mrksic, N., Su, P.-H., Vandyke, D., & Young, S. (2015). Semantically conditioned LSTM-based natural language generation for spoken dialogue systems. Conference on empirical methods in natural language processing, 1–11. https://arxiv.org/pdf/1508.01745.

Wessels, M. (2019). *Ökonomische Grundlagen-Eine Einführung. In Pflegeökonomie*. Berlin: Springer.

Wu, J. (2017). Review popularity and review helpfulness: A model for user review effectiveness. *Decision Support Systems, 97,* 92–103. https://doi.org/10.1016/j.dss.2017.03.008.

Yelp. (2018). Cumulative number of reviews submitted to Yelp from 2009 to 2017. https://www.statista.com/statistics/278032/cumulative-number-of-reviews-submitted-to-yelp/. Zugegriffen: 18. Jan. 2019.

Zaremba, W., Sutskever, I., & Vinyals, O. (2014). Recurrent neural network regularization, 1–8. http://arxiv.org/abs/1409.2329.

Zhang, J. Q., Craciun, G., & Shin, D. (2010). When does electronic word-of-mouth matter? A study of consumer product reviews. *Journal of Business Research, 63*(12), 1336–1341. https://doi.org/10.1016/j.jbusres.2009.12.011.

Zhang, Z., & Varadarajan, B. (2006). Utility scoring of product reviews. In Proceedings of the 15th ACM international conference on Information and knowledge management – CIKM '06 (S. 51–57). New York USA: ACM Press. https://doi.org/10.1145/1183614.1183626.

Manuel Di Stefano (M.Sc.) ist seit 2008 in der Vaillant Group beschäftigt. Seine Tätigkeit umfasst unter anderem die Konzeption, Planung sowie Umsetzung internationaler Projekte zur sukzessiven Weiterentwicklung der IT-Landschaft für den Qualitätsbereich. Des Weiteren betreut Manuel Di Stefano die Lenkung und Steuerung von Dokumenten sowie automatischer Archivierung unter Berücksichtigung gesetzlicher Anforderungen. Aktuell ist er in der Funktion als Referent Quality Performance Management tätig und arbeitet in Themenfeldern wie beispielsweise Business Intelligence sowie Management Reporting. Seine akademische Ausbildung absolvierte Manuel Di Stefano berufsbegleitend an der FOM Hochschule für Oekonomie & Management. Während 2016 der Schwerpunkt der Thesis im Bachelor of Science im Studiengang Wirtschaftsinformatik auf der Entwicklung einer IT-Strategie im Qualitätsbereich lag, wurden 2019 im Rahmen der Abschlussarbeit zum Master of Science in der Fachrichtung IT-Management sowohl die Spezifikation für die Entwicklung einer Machine-Learning-Plattform erstellt als auch Analysen im Bereich der künstlichen Intelligenz durchgeführt. Darüber hinaus engagiert er sich beim ifid Institut für IT-Management & Digitalisierung.

Florian Bosten (M.Sc.) arbeitet seit 2013 als Anwendungsentwickler bei der CSB-System AG. Dort beschäftigte er sich zunächst intensiv mit der Planung und Realisierung komplexer Aufgabenstellungen im Bereich Lager und Beschaffung. Seit Dezember 2015 ist er als bereichsverantwortlicher Gruppenleiter für die Programmierung des Bereiches Rechnungswesen zuständig. Aktueller Schwerpunkt seiner Arbeit und Forschung sind Anwendungsmöglichkeiten der künstlichen Intelligenz unter anderem im Rahmen von Industrie 4.0. Während seines berufsbegleitenden Studiums zum Bachelor of Science an der FOM Hochschule für Oekonomie & Management in Düsseldorf sammelte Florian Bosten erste Erfahrungen im Bereich der Wirtschaftsinformatik und konnte diese parallel dazu in seiner Ausbildung zum Fachinformatiker praktisch ergänzen. Das anschließende Masterstudium im Bereich IT-Management weckte sein Interesse am Thema „Big Data". Im Jahr 2016 untersuchte er im Rahmen seiner Master-Thesis die Nützlichkeitswertung von Amazon-Produktbewertungen im Jahr 2016 mittels Text Mining.

Michel Sebastian Erhardt (M.Sc.) ist seit 2002 bei der Stadt Monheim am Rhein angestellt. Bis 2019 war er in der Informationstechnologie beschäftigt und fungierte dort zuletzt als verantwortlicher Netzwerkadministrator sowie Ausbilder von Nachwuchskräften. Aktuell ist er in der Organisationsabteilung als Informationssicherheitsbeauftragter und Projektmanager für das Dokumentenmanagementsystem tätig. Berufsbegleitend schloss Michel Sebastian Erhardt 2016 in der Fachrichtung Wirtschaftsinformatik, mit dem Fokus der IT-Sicherheit, den Bachelor of Science ab. Darauf aufbauend absolvierte er 2019 den Masterstudiengang IT Management mit dem Schwerpunkt der künstlichen Intelligenz ebenfalls an der FOM Hochschule für Oekonomie & Management. Seitdem engagiert er sich hier als nebenberuflicher Dozent sowie im ifid Institut für IT-Management & Digitalisierung.

Prof. Dr. Sebastian Sauer ist seit 2014 Professor an der FOM Hochschule; primär lehrt er Statistik für die Wirtschaftspsychologie. Sein Forschungsinteresse umfasst neue Methoden der statistischen Modellierung, die Psychologie politischer Prozesse sowie Achtsamkeit. Zusammen mit Frau Professor Dr. habil. Sandra Sülzenbrück leitet er das Institut für Wirtschaftspsychologie (iwp) an der FOM. Nebenberuflich ist er als Berater für Data Science tätig. Sebastian Sauer studierte, promovierte und habilitierte an der Universität Landau im Fach Psychologie. Nach Abschluss des Studiums war er zuerst als Unternehmensberater für Konzernzusammenschlüsse tätig. Später arbeitete er als Wissenschaftler an der Uni München.

Prof. Dr. Rüdiger Buchkremer ist Professor für Wirtschaftsinformatik und Direktor des 2017 gegründeten ifid Institut für IT-Management und Digitalisierung an der FOM Hochschule. Seine Hauptforschungsthemen sind aktuell „Natural Language Processing" und Systemmedizin. Er ist Gutachter für mehrere internationale Journale und Mitherausgeber der Fachzeitschrift „AI". Vor der Tätigkeit an der Hochschule war er „CIO" eines Healthcare-DAX-Unternehmens. Er studierte Chemie, Mathematik und Physik an der Ruhr-Universität in Bochum und promovierte zum „Doctor of Philosophy" in Organischer Chemie an der Binghamton University in New York, USA. 2019 erhielt er den Forschungspreis der BCW-Gruppe.

MIX
Papier aus verantwortungsvollen Quellen
Paper from responsible sources
FSC® C105338

Printed by Books on Demand, Germany